Von Aktie bis Zoll
Ein historisches Lexikon
des Geldes

Von Aktie bis Zoll

Ein historisches Lexikon des Geldes

Herausgegeben von
Michael North

Verlag C.H. Beck München

Mit 25 Abbildungen und 17 Karten und Tabellen

Übersetzung der fremdsprachlichen Texte von Michael North

Die Deutsche Bibliothek – CIP-Einheitsaufnahme

Von Aktie bis Zoll : ein historisches Lexikon des Geldes / hrsg. von Michael North. – München : Beck, 1995
ISBN 3-406-38544-3
NE: North, Michael [Hrsg.]

ISBN 3 406 38544 3

Satz: Fotosatz Otto Gutfreund GmbH, Darmstadt
Druck und Bindung: Ebner Ulm
Gedruckt auf säurefreiem,
aus chlorfrei gebleichtem Zellstoff hergestelltem Papier
Printed in Germany

Inhalt

Einleitung

Die Erforschung der europäischen Geldgeschichte hat seit den 70er Jahren Konjunktur. Damals entdeckten die Wirtschaftshistoriker das Gebiet der Geldgeschichte, das bis dahin eine Domäne der Numismatik gewesen war. Von nun an stand nicht mehr die einzelne Münze, sondern die Bedeutung des Geldes in Wirtschaft und Gesellschaft im Mittelpunkt des Interesses. Jedoch sind die vielfältigen Forschungsergebnisse zumeist in fremden Sprachen veröffentlicht und daher über den engeren Kreis der Geld- oder Wirtschaftshistoriker hinaus kaum bekannt geworden. Hierbei machte sich vor allem das Fehlen eines Nachschlagewerks schmerzlich bemerkbar, das einen schnellen Überblick über die neuen Erkenntnisse ermöglicht hätte.

Immer wieder fragten Studenten in den Lehrveranstaltungen, Kollegen aus den Geschichts- und Wirtschaftswissenschaften oder einfach geldgeschichtlich Interessierte, wo man die Begriffe und die «komplizierten» Zusammenhänge der Geldgeschichte (mit denen fast jeder einmal konfrontiert wird) nachschlagen könne. Man mußte dann jedesmal auf Friedrich von Schrötters «Wörterbuch der Münzkunde» aus dem Jahre 1930 verweisen, in dem man zwar die numismatischen, aber nur selten die gesuchten geldgeschichtlichen Begriffe findet. Deshalb kam mir die Initiative des Verlages C.H. Beck, ein historisches Lexikon des Geldes zu veröffentlichen, sehr entgegen.

Ziel des vorliegenden Lexikons ist es, im raschen Zugriff über die Begriffe der Geldgeschichte zu orientieren. Dabei bereiteten die Auswahl der Lemmata und die Aufteilung des begrenzten Raumes Probleme. Für die Auswahl leitend waren die verschiedenen Funktionen des Geldes als Wertaufbewahrungsmittel, Tauschmittel und Recheneinheit. In dem Lexikon sind daher neben den wichtigsten nationalen und internationalen Zahlungsmitteln (Münzen, Banknoten, Papiergeld) Begriffe aus dem Kredit- und Bankwesen, der Montangeschichte, der öffentlichen Finanzen und der internationalen Währungssysteme sowie der gesamtwirtschaftlichen Entwicklung – alle in historischer Perspektive – vertreten. Historische Persönlichkeiten, wie z.B. die Medici, die Rothschilds oder wichtige Geldtheoretiker werden allein exemplarisch für eine Epoche behandelt.

Ob und in welcher Form ein Stichwort zu bearbeiten war, entschieden die für die verschiedenen Gebiete ausgewiesenen Wissenschaftler zusammen mit dem Herausgeber. Ihre Zahl von 50 und ihre Herkunft aus neun Ländern verdeutlichen ein weiteres Anliegen des Lexikons, nämlich den Versuch, die Geldgeschichte europaweit zu erfassen und die Begriffe möglichst in ihren süd-, west- und mitteleuropäischen Variationen darzustellen. Dies konnte jedoch nicht für alle Epochen in gleichem Maße gelingen, da der Forschungsstand für die einzelnen Länder unterschiedlich ist und nicht immer Bearbeiter für ganz Europa zu finden waren. Das Lexikon der Geldgeschichte umfaßt einen Zeitraum, der grob gezogen von 800 bis 1914, d. h. von der – für die spätere europäische Geldgeschichte so bedeutsamen – Münzreform Karls des Großen bis zum Zusammenbruch des internationalen Goldstandards reicht. Daß das Lexikon nicht bis in die Gegenwart fortgeführt wird, hat in erster Linie zwei praktische Gründe. Zum einen hätte die Vielfalt der Begriffe und die notwendige Einbeziehung des amerikanischen und des asiatischen Raums einen zweiten Band erforderlich gemacht. Zum anderen sind die heutigen Geldbegriffe in der Regel bequem in den vorhandenen Wirtschaftslexika nachzuschlagen. Was fehlte, war ein historisches Lexikon des Geldes, und diese Lücke möchte das vorliegende Buch schließen und darüber hinaus – durch die Hinweise auf weiterführende Literatur – zur Beschäftigung mit diesem Thema der europäischen Geschichte anregen.

Zuletzt bleibt der Dank an die Mitarbeiter des Lexikons, die mir ihre Beiträge in verständlichem Deutsch, Englisch, Niederländisch, Französisch oder Italienisch lieferten und so meine Übersetzungs- und Redaktionsarbeit erleichterten. Dank der Tatsache, daß die Autoren ihre Abgabetermine gewöhnlich nicht mehr als ein halbes Jahr überzogen, konnte das Gesamtunternehmen in einem überschaubaren Zeitraum von gut drei Jahren erfolgreich zu Ende gebracht werden. Besonderen Dank schulde ich Karl Erich Born (Tübingen), Gert Hatz (Hamburg), Reinhold Mueller (Venedig), Gottfried North (Gießen), Heinz Rieter (Hamburg), Konrad Schneider (Frankfurt), Ekkehard Westermann (Karlsruhe) und Dieter Ziegler (Bielefeld), die mich in der Auswahl der Lemmata und der Mitarbeiter berieten und die Redaktionsarbeit mit nützlichen Hinweisen unterstützten.

Kiel, im Frühjahr 1994 *Michael North*

Abkürzungsverzeichnis

aengl.	altenglisch
afrz.	altfranzösisch
ahd.	althochdeutsch
and.	altnordisch
as.	angelsächsisch
BDLG	Blätter für deutsche Landesgeschichte
BM	Berliner Münzblätter
BMF	Blätter für Münzfreunde
BNF	Berliner Numismatische Forschungen
BNJ	The British Numismatic Journal
Born, Geld	K. E. Born, Geld und Banken im 19. Jh., Stuttgart 1977
CEHE	Cambridge Economic History of Europe
Comm.	Commentationes de nummis saeculorum IX–XI in Suecia repertis
Comm.NS	Commentationes de nummis saeculorum IX–XI in Suecia repertis, Nova Series
d	Denar (Pfennig)
DJN	Deutsches Jahrbuch für Numismatik
EHR	Economic History Review
engl.	englisch
EnzyLex	Enzyklopädisches Lexikon für das Geld-, Bank- und Börsenwesen, 2 Bde., Frankfurt 1957
fl.	Gulden
fläm.	flämisch
frz.	französisch
GG	Geschichte und Gesellschaft
gri.	griechisch
Grierson-Blackburn	P. Grierson, M. Blackburn, Medieval European Coinage, I: The Early Middle Ages, Cambridge 1986
HBN	Hamburger Beiträge zur Numismatik
Heß	W. Heß, Vom Taler zum Dollar 1486–1986, München 1986
HGbll.	Hansische Geschichtsblätter
HZ	Historische Zeitschrift
ital.	italienisch
JbLA	Jahrbuch für Geschichte von Staat, Wirtschaft und Gesellschaft Lateinamerikas

JEEH	The Journal of European Economic History
JEH	Journal of Economic History
Jesse	W. Jesse, Der Wendische Münzverein, Braunschweig 1928/1967
KHL	Kulturhistoriskt Leksikon för Nordisk Medeltid
Kluge	B. Kluge, Deutsche Münzgeschichte von der späten Karolingerzeit bis zum Ende der Salier (ca. 900 bis 1125), Sigmaringen 1991
lat.	lateinisch
LMA	Lexikon des Mittelalters
lt.	Livre tournois
Luschin	A. Luschin von Ebengreuth, Allgemeine Münzkunde des Mittelalters und der Neueren Zeit, München 1926
MBNG	Mitteilungen der Bayerischen Numismatischen Gesellschaft
mhd.	mittelhochdeutsch
mlat.	mittellateinisch
mndt.	mittelniederdeutsch
Mzst.	Münzstätte
ndl.	niederländisch
nhd.	neuhochdeutsch
NNÅ	Nordisk Numismatisk Årsskrift
North, Das Geld	M. North, Das Geld und seine Geschichte, München 1994
North (Hg.), Geldumlauf	M. North (Hg.), Geldumlauf, Währungssysteme und Zahlungsverkehr 1300–1800, Köln 1989
North, Geldumlauf und Wirtschaftskonjunktur	M. North, Geldumlauf und Wirtschaftskonjunktur im südlichen Ostseeraum an der Wende zur Neuzeit (1440–1570), Sigmaringen 1990
North (Hg.), Kredit	M. North (Hg.), Kredit im spätmittelalterlichen und frühneuzeitlichen Europa, Köln 1991
NZ	Numismatische Zeitschrift
OED	J. A. Simpson, E. S. C. Weiner (Bearb.), The Oxford English Dictionary, Oxford 1989
poln.	polnisch
RGA	Reallexikon der Germanischen Altertumskunde
Rittmann	H. Rittmann, Deutsche Geldgeschichte 1484–1914, München 1975
RN	Revue Numismatique
russ.	russisch
s	Solidus (Schilling)
v. Schrötter	F. Frhr. von Schrötter (Hg.), Wörterbuch der Münzkunde, Berlin 1930

Schüttenhelm	J. Schüttenhelm, Der Geldumlauf im südwestdeutschen Raum vom Riedlinger Münzvertrag 1423 bis zur ersten Kipperzeit 1618, Stuttgart 1987
sh	Shilling
SNR	Schweizerische Numismatische Rundschau
span.	spanisch
Spufford, Money	P. Spufford, Money and its Use in Medieval Europe, Cambridge 1988
Spufford, Münzverschlechterung	P. Spufford, Münzverschlechterung und Inflation im spätmittelalterlichen und frühneuzeitlichen Europa, North (Hg.), Geldumlauf, S. 109–26
toscan.	toscanisch
TRHS	Transactions of the Royal Historical Society
Van der Wee	H. Van der Wee, Monetary, Credit and Banking Systems, CEHE, V, Cambridge 1977, S. 290–392
Van Gelder	H. Enno van Gelder, De Nederlandse munten, Utrecht 1976
VSWG	Vierteljahrschrift für Sozial- und Wirtschaftsgeschichte
ZfN	Zeitschrift für Numismatik
ZfO	Zeitschrift für Ostforschung
ZgStW	Zeitschrift für die gesamte Staatswissenschaft
ZHG	Zeitschrift des Vereins für Hamburgische Geschichte
ZVLGA	Zeitschrift des Vereins für Lübeckische Geschichte und Altertumskunde

A

Abakus

Der Abakus (lat. *abacus*, gri. *abakion*) war ursprünglich eine sandbedeckte Tafel zum schriftlichen Rechnen. Schon in der Antike wurde die Bezeichnung auf die Rechentafel übertragen, ein arithmetisches Hilfsmittel mit einem Linienschema, auf dem mit Rechensteinen *(calculi, psephoi)* in den Grundrechenarten gerechnet wurde.

Hatten der Abakus der römischen Antike und der mittelalterliche Klosterabakus senkrechte Linien, so waren diese beim «Rechnen auf den Linien» im spätmittelalterlichen und frühneuzeitlichen Europa waagerecht. Die Zahlenwerte wurden dabei mit münzähnlich geprägten →Rechenpfennigen dargestellt: In der Regel standen Einer, Zehner, Hunderter, Tausender etc. auf den Linien; fünf Einheiten einer Stufe wurden durch einen Rechenpfennig im darüberliegenden Zwischenraum *(spatium)* ersetzt, zwei Einheiten in einem *spatium* wiederum durch einen Rechenpfennig auf der nächsthöheren Linie.

Entweder wurde das Linienschema auf Tisch oder Tafel gezeichnet oder eigens ein Rechentisch oder -tuch verwendet. Die Linien konnten bei Geldrechnungen auch für die Währungseinheiten stehen oder zusätzlich durch senkrechte Striche in *bankire* geteilt werden.

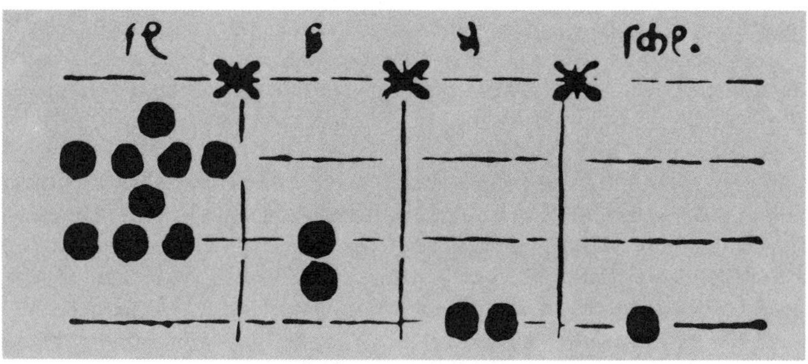

Linienschema aus Kaspar Hützlers Rekensbock (1547)

Von der weiten Verbreitung des Linienrechnens zeugen zahlreiche, seit dem späten 15. Jh. gedruckte, volkssprachliche Rechenbücher. Ihre Verfasser, meist städtische Schul- und Rechenmeister, sahen darin eine wichtige Übung für das schriftliche Rechnen mit indisch-arabischen Ziffern. Die spätmittelalterlichen *maestri d'abbaco* in den oberitalienischen Stadtrepubliken hatten dagegen in ihren Schulen ausschließlich die schriftlichen Methoden gelehrt – *abacus* bezeichnete hier das Rechnen überhaupt. Nördlich der Alpen hielt sich das Linienrechnen bis ins 18. Jh.

Wolfgang Starke

Lit.: J. Tropfke, Geschichte der Elementarmathematik, I, Berlin 1980, S. 178–86; K. Menninger, Zahlwort u. Ziffer, II, Göttingen 1958, S. 102–88; G. Ifrah, Universalgeschichte der Zahlen, Frankfurt 1986, S. 136–59.

Abdarrprozeß

Der Abdarrprozeß diente der Verhüttung silberhaltiger Kupfererze auf Rohkupfer und Seigerblei (Blei-Silber-Legierung), das in der anschließenden →Treibarbeit zu Silber und Bleiglätte weiterverarbeitet wurde. Daß das Montanrevier von Schwaz in Tirol nicht nur zur «unerschöpflichen Geldquelle ganz Oberdeutschlands» – so der Chronist Heinrich von Gundelfingen 1476 – aufsteigen, sondern wenig später gar zu europäischer Bedeutung, ja zur Weltgeltung gelangen konnte, verdankte es einerseits den reichen Kupfererzvorkommen des Falkenstein und benachbarter Bergzüge, andererseits metallurgischen Innovationen, die den Wirkungsgrad der Schmelzarbeiten wesentlich erhöhten. Letztere mündeten in den um 1500 bereits weitgehend ausgebildeten Tiroler Abdarrprozeß (abdarren = dürr machen, d. h. die Schmelzprodukte schrittweise arm an Silber und Blei machen). Dieser Hüttenprozeß war das Ergebnis einer Symbiose der älteren Schwazer Schmelzarbeiten mit Elementen der wohl kurz vor 1480 in Schwaz erprobten neuen Kupferseigertechnik (→Seigerhüttenprozeß). Damit entsprach er in besonderer Weise den spezifischen Erfordernissen der Fahlerzverhüttung in Tirol und trug wesentlich dazu bei, die Silberausbeute zu steigern und im Gefolge davon auch die Produktion an Garkupfer. Schwazer →Silber und →Kupfer wurden im übrigen zum Gegenstand umfangreicher Silber- und Kupferkäufe durch oberdeutsche Großhandelshäuser (→Fugger), die dafür den Regalherren, d. h. den Tiroler Landesfürsten, im voraus hohe Darlehen gewährten. Die Gewerken mußten den Handelshäusern daraufhin ihre Produktion erheblich unter den Marktpreisen verkaufen. Der Abdarrprozeß kam zwar in der Folgezeit nur vereinzelt in Hütten außerhalb Tirols zum Einsatz, bildete im unteren Inntal jedoch bis weit in das 19. Jh. hinein die Basis der Kupferhüttenarbeiten (z. B. in der Kupferhütte Brixlegg).

Lothar Suhling

Lit.: Lothar Suhling, Innovationen im Montanwesen der Renaissance. Zur Frühgeschichte des Tiroler Abdarrprozesses, Technikgeschichte, 42 (1975), S. 97–119; Ders., Innovationsversuche in der nordalpinen Metallhüttentechnik des späten 15. Jhs., ebd., 45 (1978), S. 134–47.

Abwertung

Als Abwertung (engl. *debasement*, frz. *affaiblissement*) bezeichnet man die Verringerung des Edelmetallanteils (Silber oder Gold) in einer Einheit des gebräuchlichen →Rechengeldes (Pfennig, Schilling, Pfund). Daher beinhaltet der Begriff Abwertung auch die als Münzverschlechterung bezeichnete Reduktion des →Feingewichts einer Münze, bei der man den Kupferanteil der Münze erhöhte oder die Münze insgesamt leichter ausprägte. So konnten aus der gleichen Gewichtseinheit Edelmetall mehr Münzen als vor der Abwertung geprägt werden. Im spätmittelalterlichen Europa gehörte zum →Münzrecht der finanzielle Nutzen. Abwertungen dienten deshalb vor allem in Kriegszeiten zur Erhöhung der Einnahmen aus der Münzprägung (→Schlagschatz). Eine erfolgreiche Abwertung steigerte nicht nur den Gewinn des Münzherrn, sondern sie vergrößerte auch nominell und absolut die →Geldmenge. Dafür gab es drei Möglichkeiten: 1. die umlaufenden Silber- und/oder Goldmünzen wurden eingeschmolzen, und aus ihrem Metall prägte die Münzstätte eine größere Zahl neuer Münzen mit gleichem →Nennwert, aber geringerem Feingewicht; 2. Gold- und Silbergeräte wurden eingeschmolzen und zu Münzen verarbeitet; 3. die Münzstätte zog Edelmetall aus dem Ausland an, indem sie mit den neuen Münzen einen nominell erheblich höheren Preis für das Prägemetall zahlte als die auswärtigen Münzstätten. Goldmünzen wurden seltener als Silbermünzen abgewertet. Der zehn- bis zwölffach höhere Wert der Goldmünzen und ihre fast ausschließliche Verwendung im internationalen Handel und in internationalen Transaktionen führten dazu, daß die Kaufleute Gewicht und Feingehalt stichprobenhaft überprüften. Deshalb griffen die Münzherren zum Mittel der Umprägung und setzten den Nennwert oder den Kurs der neuen Goldmünze (in →Rechengeld) herauf.

Bei den Gewinnen aus der Abwertung muß man deutlich zwischen nominellen und realen Gewinnen unterscheiden. Der Münzherr, der durch den erhöhten Schlagschatz mehr Münzen als bisher aus der Münzstätte erhielt, der Kaufmann, dem das Prägemetall zu einem besseren Preis von der Münzstätte abgekauft wurde, sowie der Normalverbraucher, der mit fünf neuen statt vier alten Münzen von dannen zog, sie alle erfreuten sich des vermeintlichen Gewinns nur solange, wie sie mit den Münzen auch mehr Waren als bisher kaufen konnten. Nachdem aber Münzen in Umlauf gelangt waren und die Bevölkerung die Verschlechterung der Münzen bemerkt hatte, stiegen die Preise, und die Inflation machte die anfänglichen Gewinne in wenigen Monaten zunichte. Wenn das so war, konnte der Münzherr eine neue Abwertungsrunde einläuten. Nach mehreren Abwertungen mußte der Münzherr oftmals auf Druck der Stände, die als Grundbesitzer und Rentenempfänger besonders unter den schlechten Münzen litten (→Geldtheorie), in einer →Aufwertung zu stabiler Münze zurückkehren. Abwertungen aus dem fiskalischen Motiv der →Kriegsfinanzierung waren für das gesamte Spätmittelalter charakteristisch. Sie setzten mit den Kriegen Philipps IV. von Frankreich in den 1290er Jahren ein, erlebten ihren Höhepunkt in Frankreich während des Hundertjährigen Krieges und machten auch vor England im 16. Jh. nicht halt, als Heinrich VIII. seine Kriege gegen Schotten und Franzosen durch das *Great Debasement* zu finanzieren suchte. Weitere Abwertungen in der Frühen Neuzeit brachten in Deutschland die →Kipper- und Wipperzeit zu Beginn des Dreißigjährigen Krieges sowie die preußische Kriegsfinanzierung während des Siebenjährigen Krieges, die ca. ein Drittel der Kriegskosten aus Abwertungen und anderen Münzmanipulationen aufbrachte.

John H. Munro

Lit.: J. H. Munro, Wool, Cloth, and Gold: The Struggle for Bullion in Anglo-Burgundian Trade, 1340—1478, Brussels 1973; Ders., Mint Policies, Ratios, and Outputs in the Low Countries and England, 1335—1420, Numismatic Chronicle 141 (1981), S. 71—116; Ders., Deflation and the Petty Coinage Problem in the Late-Medieval Economy: The Case of Flanders, 1334—1484, Explorations in Economic History 25 (1988), S. 387—423; Spufford, Money, Kap. 13; Ders., Münzverschlechterung.

Agrarkredit

Unter Agrarkredit versteht man den Kredit, der auf die spezifischen Bedingungen der landwirtschaftlichen Produktion ausgerichtet ist. Dabei sind nach der Verwendung der Kredite fünf Kreditarten zu unterscheiden: 1. der Besitzkredit zum Erwerb von Grundbesitz; 2. der Betriebskredit zum Ankauf von Betriebsmitteln und zur Deckung von Betriebsausgaben; 3. der Meliorationskredit zur Durchführung von Bodenverbesserungsmaßnahmen; 4. der Siedlungskredit zur Neuansiedlung von Bauern oder Landarbeitern; 5. der Handelskredit zur Finanzierung des Handels mit Agrarprodukten. Hiervon waren der Besitz- und der Betriebskredit am bedeutendsten. Durch den naturbedingten Produktionsrhythmus der Landwirtschaft mit der Zeitspanne zwischen Aussaat, Ernte und Verkauf der Agrarprodukte wurden seit alters Betriebskredite zum Erwerb von Saatgut oder Vieh benötigt. Im Notfall (Mißernten, Viehseuchen, Brandschaden) halfen Familienangehörige, Nachbarn, Kirche und Grundherrn mit Getreide oder Geld aus. Außerdem gaben →jüdische Geldverleiher und Händler Kredite gegen Zinsen, die zusätzlich durch Verpfändung von Vieh oder Getreide abgesichert wurden.

Daneben entwickelte sich im 14. und 15. Jh. als Besitz- und Meliorationskredit der sog. Renten- oder Gültkauf (*census consignativus,* →Rentenkredit). Hierbei erhielt ein Bauer für den Verkauf einer auf einem Grundstück liegenden Rente (d. h. er belastete das Grundstück damit) einen Geldbetrag als Darlehen, für das er einen jährlichen Zins (5—10 %) von seinem Ernteertrag zahlte. Die Gläubiger, die Käufer der Rente, waren

Klöster, andere kirchliche Institutionen und reiche Grundbesitzer, die beim Ausbleiben der Zinszahlung das belastete Grundstück in Besitz nahmen. Der Rentenkredit kann daher als Vorform der modernen Hypothek angesehen werden. Mit der Einführung von Grundbüchern und der Ausbildung des Hypothekarrechts im 17. und 18. Jh. nahm dann der agrarische Besitzkredit stark zu. Einerseits wuchs die Bereitschaft der Kapitalbesitzer, ihr Geld in Hypotheken anzulegen; andererseits erweiterte sich der Kreis der Käufer, die mit geringen Eigenmitteln Land erwarben. Die Verschuldungsmöglichkeit wuchs ebenso wie die Güterspekulation.

Dies hatte zur Folge, daß bei einem Rückgang der Bodenpreise viele Grundbesitzer in Kreditnot gerieten. In Preußen führte die Kreditkrise während des Siebenjährigen Krieges zur Errichtung der →Landschaften als Institute des ritterschaftlichen Kredits. Nutznießer des wachsenden Kreditangebots waren aber nur selten die Bauern, da ihre Kreditaufnahme bis ins 19. Jh. durch das grundherrliche Konsensrecht (der Grundherr mußte um Erlaubnis gefragt werden) und durch das fehlende Besitzrecht am Boden eingeschränkt wurde. Das änderte sich zwar mit den Agrarreformen im 19. Jh., in denen Grund und Boden verkehrsfähig und die bäuerlichen Dienste mit Geld ablösbar wurden; aber die hohen Ablösungssummen (z. B. 25facher Betrag der jährlichen Abgaben und Dienste) führten dazu, daß sich die Ablösungen bis zur Mitte des 19. Jhs. nur sehr schleppend vollzogen. Erst die Errichtung spezieller Tilgungskassen und staatlicher Rentenbanken sowie die Aufnahme der Bauern in die Landschaften beschleunigten den Ablösungsprozeß und damit die wirtschaftliche Selbständigkeit der Bauern. Jetzt konnte der Bauer in größerem Umfang Fremdkapital aufnehmen, das in der zweiten Jahrhunderthälfte auf dem Lande durch neue Finanzinstitutionen in wachsendem Maße bereitgestellt wurde. Hier sind neben den →Hypothekenbanken, die in erster Linie den städtischen Wohnungsbau finanzierten, vor allem die →Sparkassen und Kreissparkassen sowie die ländlichen →Kreditgenossenschaften zu nennen. *Michael North*

Lit.: G.-W. v. Waldthausen, Der bankmäßig organisierte Agrarkredit, Münster 1970; H. Wunder, Finance in the ‹Economy of Old Europe›: The Example of Peasant Credit from the Late Middle Ages to the Thirty Years War, P.C. Witt (Hg.), Wealth and Taxation in Central Europe, Hamburg–New York 1987; M. Blömer, Die Entwicklung des Agrarkredits in der preußischen Provinz Westfalen im 19. Jh., Frankfurt 1990; W. A. Boelcke, Der Agrarkredit in deutschen Territorialstaaten vom Mittelalter bis Anfang des 18. Jhs., North (Hg.), Kredit, S. 193–213.

Aktie

Das Wort Aktie (aus dem lat. *actio* = klagbarer Anspruch) ist niederländisch und deutet bereits an, wo erstmals aktienmäßige Beteiligungen vorkamen. Unter Aktie versteht man den Anteil des Aktionärs am Grundkapital einer Aktiengesellschaft.

Seit 1602 gab es bei der Niederländischen Ostindischen Kompanie die Form aktienmäßiger Beteiligung. Die ersten Aktien waren Namensaktien, d. h. sie lauteten auf den Namen des Aktionärs und waren schwerer übertragbar als die heute üblichen Inhaberaktien, die durch formlose Übereignung von Hand zu Hand gehen. Der Erwerber von Namensaktien mußte sich in das sog. Aktienbuch, ein von der Aktiengesellschaft geführtes Verzeichnis, eintragen lassen. Das Unternehmen war also noch nicht anonymisiert oder entpersönlicht, wie dies später bei den mit Inhaberaktien finanzierten Aktiengesellschaften der Fall war. Im übrigen lauteten die auf den Namen des Inhabers ausgestellten Aktien noch auf ungleiche Beträge und ihre Übertragung war an die Zustimmung der Gesellschaft gebunden, so daß ihre «Börsenfähigkeit» nur sehr eingeschränkt vorhanden war.

Ebenfalls börsenmäßig gehandelt wurden die (Namens)Aktien der 1621 gegründeten Niederländischen Westindischen Kompanie. Allerdings erhielten die Aktionäre auch hier keinerlei Anteilsbeweise, d. h. Aktienurkunden o. ä. Maßgeblich waren also lediglich die Aufzeichnungen in den Büchern der Gesellschaft. Dieses Fehlen von Anteilsbeweisen wurde im Börsenverkehr als beträchtlicher Mangel empfunden, worauf sich in der Praxis allerlei Surrogate herausbildeten. Häufig ließ man deshalb Aktienkäufe bzw. -verkäufe (sog. Aktien-Transporte) notariell beurkunden.

Bald entstanden auch in England Kolonialgesellschaften auf Aktienbasis. Gegen Ende des 17. Jhs. wurden Aktien dort zur beliebten Geldanlage, und mit ihnen stieg die Zahl der *joint-stock companies* sprunghaft an: Zählten sie 1688 in England und Schottland noch 24, kamen zwischen 1692 und 1695 150 weitere hinzu, von denen sich jedoch nur einige halten konnten. In Frankreich ist erstmals 1695 der Verkauf einer Aktie der Spiegelmanufaktur Saint-Gobain belegt, wobei hier wiederum keine Urkunde existiert haben dürfte, die Übertragung also durch Umschreibung erfolgte. 1717 brachte die – wenn auch später kläglich gescheiterte – →Lawsche Mississippigesellschaft die ersten Inhaberaktien heraus. Sicher ist auch, daß die Aktien der 1750 gegründeten Seeversicherungsgesellschaft, der Compagnie d'Assurances Maritimes, an der Börse von Paris notiert und gehandelt wurden.

Als erste deutsche Aktien dürfen wohl die der preußischen Kolonialgesellschaften zur Zeit Friedrichs des Großen angesehen werden. Es handelt sich um die Papiere der relativ unbedeutenden Asiatischen und der Bengalischen Kompanie, die 1756 auf den Kurszetteln in Berlin verzeichnet waren. 1786 folgten weitere. In den großen Hafenstädten hielt die Aktie über die Assekuranz-Kompanien auf Aktien Einzug in den Kapitalmarkt, wie etwa in Bremen. In Wien und Frankfurt wurden erst im Jahre 1820 Aktien börsenmäßig gehandelt. Im 19. Jh. erlangte die Aktie im Rahmen des Ei-

Aktie der Union Actiengesellschaft für Bergbau, Eisen- und Stahl-Industrie in Dortmund (1872)

senbahnbaus seit den 1840er Jahren eine herausragende Rolle als Finanzierungsinstrument. Ende 1847 waren im Berliner Kurszettel 30 Bahnaktien notiert, in Frankfurt Ende Januar 1848 acht Bahnaktien sowie die Aktien der →Privilegierten Österreichischen Nationalbank, der Bayerischen Hypotheken- und Wechselbank sowie der bayerischen Ludwigskanal-Gesellschaft. Dies bedeutet, daß in bezug auf den börsenmäßigen Aktienhandel Berlin bereits vor der Jahrhundertmitte den Vorrang vor Frankfurt hatte. In Köln entstand mit dem Schaaffhausen'schen Bankverein 1848 die erste deutsche Aktienbank. An der Wiener Börse stieg die Anzahl der notierten Aktien von 11 (1854) über 39 (1867) auf 378 (1873) an.

In der zweiten Hälfte des 19. Jhs. kamen verstärkt Industrieaktien hinzu. Es waren mehr und mehr Inhaberaktien mit der ihnen eigenen leichteren Übertragbarkeit, die im Laufe des 19. Jhs. für eine zunehmende Mobilisierung und Transferierung von Aktienkapital sorgten, gleichzeitig jedoch auch eine «Entpersönlichung» des Verhältnisses zwischen Aktionär und Gesellschaft mit sich brachten.

Die Ausgabe von Aktien war bis 1870 in Deutschland noch konzessionspflichtig. Seit dieser Zeit stellt die Aktie das wichtigste Beteiligungspapier am Kapitalmarkt dar, auch wenn temporär ihre Emission eingeschränkt wurde, da es zu spekulativen Umtrieben und Termingeschäften in

Aktien kam. Diesem Mißbrauch versuchte man durch neue Vorschriften im Rahmen des Börsengesetzes von 1896 und seiner Novelle 1908 zu begegnen. *Rolf Walter*

Lit.: R. Ehrenberg, Das Zeitalter der Fugger, II, Jena 1922; J. Strieder, Studien zur Geschichte kapitalistischer Organisationsformen, München 1925; G. Schmoller, Die geschichtliche Entwicklung der Unternehmung, Jahrbuch für Gesetzgebung, Verwaltung und Volkswirtschaft im Dritten Reich 17 (1893), S. 359–91, 959–1018; Deutsche Bankengeschichte, 3 Bde., Frankfurt 1982–83; H. Pohl (Hg.), Deutsche Börsengeschichte, Frankfurt 1992.

Aktiengesellschaft → Aktie

Akzeptkredit

Der Akzeptkredit ist eine Form des Bankkredits, wobei die Bank durch Annahme eines auf sie gezogenen →Wechsels zugunsten eines Kreditnehmers die zukünftige Zahlungsverpflichtung des Wechsels auf sich nimmt. Kreditnehmer ist meist ein Importeur, der mittels eines Wechsels die bei einem Exporteur entstandenen Verbindlichkeiten bezahlt. Dazu gibt der Importeur einer bestimmten Bank den Auftrag, gegen Vorlage eines Wechsels an dessen Verfallstag dem Inhaber des Wechsels, hier dem Exporteur, eine bestimmte Summe auszuzahlen. Wenn am Verfallstag das Guthaben des Importeurs bei der auf dem Wechsel genannten Bank nicht ausreicht, kann die Bank die Auszahlung verweigern. Um daher dem Gläubiger, dem Exporteur, mehr Sicherheit zu gewähren, bittet der Kreditnehmer, der Importeur, seine Bank, eine Erklärung abzugeben, daß sie am Verfallstag für die Auszahlung geradestehen wird. Erklärt die Bank sich einverstanden, ist der Wechsel von der Bank akzeptiert; sie garantiert die Auszahlung an den Gläubiger. Wegen des hiermit verbundenen Risikos berechnet die Bank eine Provision (Akzept- oder Annahmeprovision). Der Vorteil des Akzeptkredits besteht darin, daß der Aussteller des Wechsels oder der Wechselnehmer (Remittent) sicher zu seinem Geld kommt und daß der mit einem Bankakzept versehene Wechsel problemlos und zu günstigen Bedingungen →diskontiert werden kann. Die diskontierende Bank übernimmt dann die Rolle des Gläubigers vom Exporteur.

Das Akzeptgeschäft fand Ende des 17. Jhs. als neue Form des kurzfristigen, internationalen Handelskredits Eingang auf dem Amsterdamer Geldmarkt. Der Amsterdamer Fernhandel und auch der Fernhandel in Hamburg, London, Bordeaux usw. wurden mit Akzeptkrediten finanziert, weil die Amsterdamer →Merchant Bankers über ein weitverzweigtes Netz von Korrespondenten verfügten. Der Erfolg des Akzeptkredits im 17. Jh. soll aber nach zeitgenössischer Meinung als desintegrierender Faktor auf die

Position des holländischen Warenmarkts gewirkt haben, da ausländische Händler sich über diese Kreditmöglichkeit der Kapitalkraft der Republik bedient hätten, ohne gleichzeitig deren Schiffahrts-, Handels- und Hafeninfrastruktur in Anspruch zu nehmen. Der Akzeptkredit geriet wohl deshalb in den Niederlanden – anders als in Deutschland – nach 1775 außer Gebrauch, wurde aber in der zweiten Hälfte des 19. Jhs. wieder eingeführt. Das Akzeptgeschäft florierte zu dieser Zeit und bis etwa 1930 wegen des internationalen Handelsverkehrs aber auch in London.

Helma Houtman-De Smedt

Lit.: A. Houwink, Acceptcrediet. Economische en bankpolitieke beschouwingen over den in het bankaccept belichaamden credietvorm, Amsterdam 1929; R. J. Keutner, Akzeptkredit, EnzyLex, I, S. 48 ff.; A. Luwel, Begrippen van financiële economie. Bank- en beurswezen, Antwerpen 1967; H. Van der Wee (Hg.), De bank in Europa, Antwerpen 1991.

Albertustaler → Patagon

Albus

Der Albus (lat. = weiß) oder Weißpfennig war eine rheinische Groschenmünze des Spätmittelalters und eine → Scheidemünze der Frühen Neuzeit. Im Jahr 1368 schuf der Trierer Erzbischof Kuno von Falkenstein mit dem «wysse penning» eine neue Groschenmünze, die bis weit ins 15. Jh. auf der Vorderseite den heiligen Petrus im gotischen Gehäuse als Münzbild trug und durch den Münzvertrag der rheinischen Kurfürsten von 1385 zur wichtigsten rheinischen Silberwährungsmünze wurde. Der Münzvertrag von 1502 nannte das inzwischen auch im Münzbild veränderte Nominal zum ersten Mal amtlich Albus. Im 16. Jh. entwickelten sich verschiedene Albuswährungen:

1. Der niederrheinische Albus: Durch den → Münzverein von 1511 von Jülich, Kleve und Berg sowie der Stadt Köln mit den rheinischen Kurfürsten entstand am Niederrhein ein weitgehend einheitliches Währungsgebiet, doch schon bald stagnierte hier die Münzprägung. Nach 1560 münzten die niederrheinischen Herren Sechs- und Achthellerstücke (Halb- und Zweidrittelalbus), von denen besonders die letzteren, auch «Fettmännchen» genannt, zur charakteristischen niederrheinischen Scheidemünze des ausgehenden 16. und 17. Jhs. und wegen ihrer besonders von Kurköln vorgenommenen Verschlechterung zur Landplage wurden. Nach der → Kipper- und Wipperzeit galt am Niederrhein der Rechnungstaler 78 Albus. Albusstücke wurden selten, Doppelalbus im 17. Jh. dagegen häufig ausgeprägt. Von 1628 bis 1663 bestand im Unterquartier des Herzogtums

Jülich, im Niederstift Köln und der Stadt Neuss die Sonderwährung des «Albus leicht», von dem fünf Stück vier Kölner Albus entsprachen. Um 1660 versuchte das Stift Essen mit einem Albus zu 1/104 Taler einen allerdings kurzfristigen Alleingang. Im 18. Jh. wurde der Albus als ausgeprägte Münze am Niederrhein von dem von den Niederlanden her vordringenden →Stüber verdrängt.

2. Der trierische Albus: Im Erzstift Trier bildete sich im Laufe des 16. Jhs. eine eigene Währung auf der Grundlage des trierischen Albus heraus. Beliebt war der «Moselgulden» zu 24 Albus bis zum Ende des Kurstaates. Nach sporadischen Albusprägungen im 16. Jh. begann Kurfürst Lothar von Metternich bald nach seinem Regierungsantritt im Jahr 1599 mit einer zunehmenden Albusprägung. Die Verschlechterung der Pfennige führte 1609 zu einem letzten Münzvertrag der rheinischen Kurfürsten über einen besseren Pfennig, von dem 8 Stück auf den Albus, der 9 gewöhnlichen Pfennigen entsprach, gehen sollten. Nach der →Kipper- und Wipperzeit (1624) gingen 54 Trierer Albus, der Petrusdarstellung wegen auch «Petermännchen» genannt, auf den Reichstaler. Diese Petermännchen wurden im 17. Jh. in riesigen Mengen geprägt und waren wichtigstes Kleingeld am Mittelrhein. Im 18. Jh. gab es obrigkeitliche Versuche, Kurtrier an die Frankfurter Währung anzuschließen und die Rechnung nach Kreuzern einzuführen. Noch 1793 prägte Kurtrier Silberscheidemünzen mit der Wertbezeichnung Albus.

3. Der oberrheinische Albus: Zunächst gab es in Kurmainz und der Kurpfalz sowie angrenzenden Gebieten ähnliche Rechengulden wie in Kurtrier, die auf 24 bis 29 Albus lauteten. Praktischer war jedoch der süddeutsche Gulden zu 60 Kreuzern bzw. 30 oberrheinischen Albus, wie sie sich in der ersten Hälfte des 17. Jhs. herausbildeten, als der →(Halb-) Batzen und der Albus hier zu einem Nominal verschmolzen. Die erwähnte Pfennigreform von 1609 führte im Oberrheinischen Kreis zu einem ALBVS NOVVS zu 8 schweren Pfennigen, der bei zunehmender Verschlechterung bis 1612 geprägt wurde und nichts anderes war als der Halbbatzen.

4. Der (nieder)hessische Albus: Noch vor dem Beitritt zum Rheinischen Münzverein 1509 übernahm Hessen den Albus, der nach der Kipper- und Wipperzeit 1/32 Taler galt – wie bereits 1606 – und bis gegen Ende des 18. Jhs. geprägt wurde. Der Geltungsbereich der hessischen Albuswährung war auf Niederhessen beschränkt, während Oberhessen nach Gulden und Kreuzern rechnete. *Konrad Schneider*

Lit.: A. Noss, Der Niederrheinische Albus, MBNG 11 (1892), S. 1–46; F. Frhr. v. Schrötter, Geschichte des neueren Münz- und Geldwesens im Kurfürstentum Trier 1550–1794, Berlin 1917; A. Keller, Der kurrheinisch-hessische Münzverein von 1572, MBNG 38/39 (1920/21), S. 17–114; W. Diepenbach, Der rheinische Münzverein (Festschrift Eckert), Mainz 1949, S. 89–120; N. Klüßendorf, Kontinuität und Diskontinuität im hessischen Geldumlauf des frühen 17. Jhs., Hess. Jahrbuch für Landesgeschichte 38 (1988), S. 103–38; K. Schneider, Frankfurt und die Kipper- und Wipperinflation der Jahre 1619–1623, Frankfurt 1990, S. 38–42.

Amalgamation

Die Amalgamation (aus dem arab. *al malgham* = erweichende Salbe) war ein Verfahren, in dem mit Hilfe von →Quecksilber Gold und →Silber gewonnen wurden. Die Voraussetzung dafür ist die Fähigkeit des Quecksilbers, mit anderen Metallen Legierungen oder Amalgame zu bilden, von denen es wegen seines niedrigen Siedepunkts wieder leicht getrennt werden kann. Die Amalgamation wird schon von antiken und arabischen Autoren erwähnt und war auch im präkolumbischen Südamerika bekannt. Seit dem Spätmittelalter wurde sie bei der venezianischen Spiegelerzeugung und im Montanwesen Mitteleuropas bei der Goldgewinnung verwendet. Die Silberamalgamation war anscheinend jüngeren Ursprungs. Ihre größte Bedeutung erreichte sie seit der zweiten Hälfte des 16. Jhs., als das Verfahren in Amerika bei der Edelmetallgewinnung zur Anwendung gelangte. Bei dem hier entwickelten «Patio-Verfahren» wurde pulverisiertes Silbererz mit Wasser, Kochsalz, Kupfervitriol und Quecksilber vermischt, gestampft und der Sonne ausgesetzt, bis sich das Silberamalgam bildete. Durch Erhitzen wurde dann das Quecksilber vom reinen Silber getrennt. Für ein Pfund Silber benötigte man ein bis zweieinhalb Pfund Quecksilber. Bei der Goldgewinnung war der Quecksilberbedarf noch größer, doch konnte ein Teil davon wiederverwertet werden. Bis in die zweite Hälfte des 19. Jhs. war die Amalgamation bei der Gold- und Silbergewinnung vorherrschend und wurde dann durch die Zyanidlaugung und andere Verfahren weitgehend bedeutungslos. *Helfried Valentinitsch*

Lit.: C. Liesegang, Deutsche Berg- und Hüttenleute in Süd- und Mittelamerika, Hamburg 1949; M. Bargallo, La mineria y la metalurgia en la América española durante la época colonial, Mexico 1955.

Angel

Der Angel, benannt nach dem drachentötenden Erzengel Michael im Münzbild, wurde im März 1465 mit einem Feingewicht von 5,16 g (67½ Angel pro Towerpfund) und einem Nennwert von 6s 8d (⅓ Pfund) als Ersatz für den abgeschafften →Nobel herausgebracht. Ohne Veränderung des Feingewichts wurde die Anhebung seines →Nennwerts am 26. Aug. 1526 um 10 % auf 7s 4d und am 5. Nov. 1526 um weitere 2½ % auf 7s 6d verordnet. Am 16. Mai 1542 wurde das Feingewicht reduziert, der Nennwert jedoch auf 8s angehoben, was allerdings genau zwei Jahre lang geheimgehalten wurde. Zusammen mit dem Angelot (= ½ Angel) war der Angel von 1470 bis 1489 die einzige in England geprägte Goldmünze und blieb bis 1526 die Hauptgoldprägung des Landes. Der Angel empfahl sich im 15. Jh. hauptsächlich im englischen Inland, weil sein Nennwert (6s 8d) exakt eine halbe Mark Sterling (13s 4d) betrug, war aber auch (besonders bis 1526) auf den nordeuropäischen Geldmärkten als wertstabile Prägung geschätzt und wurde dort gehandelt. Über kontinentale Nachprägungen ist wenig bekannt, außer daß in Flandern nachgemachte Angel 1565 in England zirkulierten. Neben seiner Bedeutung als Handelsmünze wurde der Angel (besonders nach 1526) zunehmend zu zeremoniellen Zwecken verwendet. Während der Regierungszeit Heinrichs VII. (1485–1509) hatte es sich nämlich eingebürgert, daß denjenigen, die der König durch Handauflegen von der Skrofulose («King's Evil») «heilte», ein Almosen von 6s 8d in Form eines Angel gegeben wurde, den der Geheilte stets um den Hals tragen sollte, um einer Rückkehr der Krankheit vorzubeugen. Obwohl der Angel seit 1526 immer weniger geprägt wurde und folglich an Bedeutung als Handelsmünze verlor, setzte sich die Prägung dieser Münze zu diesem Zweck bis 1625/43 fort. Seine Rolle wurde dann von einer ihm ikonographisch nachempfundenen Medaille (Erzengel Michael und Schiff als → Münzbilder) bis ins frühe 18. Jh. übernommen. *Stuart Jenks*

Lit.: H. Farquhar, Royal Charities, I: Angels as Healing-Pieces for the King's Evil, BNJ 12 (1916), S. 39–135; C. Oman, The Coinage of England, Oxford 1931, S. 220ff.; C. H. V. Sutherland, English Coinage 600–1900, London 1973, S. 100ff.; C. E. Challis, The Tudor Coinage, Manchester 1978.

Anleihe → Obligation und Staatsfinanzen

Asiento

Asiento (span. = Vertrag) bezeichnet sowohl das von der spanischen Krone vergebene Monopol der Sklaveneinfuhr nach Amerika als auch einen zwischen der Krone und Bankiers geschlossenen Wechselvertrag. Dieser beruhte auf der Tatsache, daß Spanien zwar über die Edelmetallvorräte der Neuen Welt verfügte, aber nicht in der Lage war, das Silber dann zu mobilisieren, wenn es irgendwo in Europa benötigt wurde. Denn die spanische Silberflotte verkehrte nur einmal im Jahr. In den Asientos verpflichteten sich die oberdeutschen oder Genueser Bankiers, der Spanischen Krone z. B. in Antwerpen eine bestimmte Summe Geldes in verschiedenen Monatsraten bar vorzuschießen, die ihnen der Königliche Schatzmeister entweder direkt oder über die Messen von Medina del Campo wieder erstattete. Den *asientistas* wurde dabei ihr Kredit zu einem über dem Marktkurs liegenden Wechselkurs (d. h. mit Aufschlag) zurückgezahlt. Der Bankier transportierte nun aber nicht Münzgeld nach Antwerpen, sondern er versuchte, möglichst viele →Wechsel zu kaufen, die in Antwerpen fällig wurden und somit das Geld erbrachten, das die Spanische Krone dort für die Bezahlung von Truppen oder Heereslieferanten benötigte. Hierbei wendeten vor allem die Genueser das sog. →Ricorsa-Verfahren an. Sie bezahlten die Wechsel mit neuen Wechseln, die beispielsweise drei Monate später in Genua fällig wurden, und diese lösten sie wiederum durch die Ausstellung neuer Wechsel ein. Dieses Hin- und Herwechseln ging solange, bis das Darlehen durch Rückzahlung beendet war. Die Genuesen kamen so mit geringem Eigenkapital aus und verdienten trotzdem gut an dem Finanzbedarf der Spanischen Krone.

Michael North

Lit.: R. Ehrenberg, Das Zeitalter der Fugger, II, Jena 1922, S. 239 f.; M.-T. Boyer-Xambieu, G. Deleplace, L. Gillard, Monnaie privée et pouvoir des princes, Paris 1986, S. 294–308.

Assignaten

Die Bezeichnung ist von dem französischen Begriff *assignation* (= Anweisung) abgeleitet. Um das Haushaltsdefizit Frankreichs während der Revolution zu decken, beschloß die Nationalversammlung am 19. 12. 1789, für 400 Mill. lt. Assignaten (Anweisungen) auf den erwarteten Verkaufserlös der beschlagnahmten Kirchengüter auszugeben. Für die Emission der Assignaten wurde die Caisse de l'Extraordinaire errichtet. Diese ersten Assignaten waren noch keine Zahlungsmittel, sondern Schatzanweisungen und wurden mit 4 % verzinst. Am 9. 7. 1790 wurde die Emission von weiteren 800 Mill. Assignaten beschlossen. Diese wurden nicht mehr verzinst und galten als →gesetzliche Zahlungsmittel. Nunmehr waren die Assignaten Papiergeld, das durch den Verkauf der Nationalgüter gedeckt war. Das weitere Anwachsen des Haushaltsdefizits provozierte neue Assignaten-Emissionen: Ende 1792 waren 3,1 Mrd., Ende 1793 schon 6,6 Mrd. und im Januar 1796 über 45 Mrd. →Francs Assignaten im Umlauf. 1795 wurde der Franc anstelle der →Livre tournois mit gleicher Silberparität französische Währung.

Die Inflationierung führte seit 1793 zum Wertverfall der Assignaten. Ihr Kurswert fiel bis Dezember 1793 auf 50 %, bis Ende 1794 auf 17 % und im Januar 1796 auf 0,5 % des Nominalwertes. Am 19. 2. 1796 setzte das Direktorium die Assignaten außer Kurs und ersetzte sie durch ein neues, ebenfalls durch den Wert der Nationalgüter gedecktes Papiergeld, die sog. Territorial-Mandate. Da das nominelle Tauschverhältnis der Territorial-Mandate zu den Assignaten mit 1:30 festgelegt wurde, obwohl deren Relation zu den Silbermünzen gleichen Nennwertes 1:400 war, fiel der Kurswert der Territorial-Mandate in knapp 2 Monaten auf 10 % ihres Nennwertes. Am 4. 2. 1797, als der Kurswert auf 2 % gefallen war, wurden sie außer Kurs gesetzt und im Verhältnis 1:100 gegen Bons (Schatzscheine), die keine Zahlungsmittel waren, eingetauscht. *Karl Erich Born*

Lit.: F. J. Bosher, French Finances 1770–1795, Cambridge 1970; R. Sedillot, Le Franc. Histoire d'une monnaie des origines à nos jours, o. O. 1979.

Aufwertung

Aufwertung (franz.: *renforcement,* engl.: *revaluation*) bezeichnet das Gegenteil von →Abwertung, nämlich die Erhöhung des Edelmetallanteils in einer Einheit des gebräuchlichen Rechengeldes. Nach einer Serie von Abwertungen, in denen das →Feingewicht der Münzen drastisch reduziert worden war, hatte die Bevölkerung oftmals das Vertrauen in die Währung verloren. Der Münzherr sah sich gezwungen, die Währung zu stabilisieren und damit das Vertrauen wiederherzustellen. Dazu erhöhte er entweder das Rauhgewicht der Münze oder das Feingewicht der Münze, meistens sogar beide. Auf diese Weise wurden bei Beibehaltung des →Nennwerts der Münze aus jeder Gewichtseinheit Edelmetall weniger Münzen als bisher geprägt. Entsprechend erhöhte sich die Edelmetallmenge je Pfennig, Schilling oder Pfund des einheimischen →Rechengeldes. Die alten Münzen wurden verrufen und nur noch zu einem Teil ihres ursprünglichen Wertes entgegengenommen. Alle, die diese in Händen hatten, verloren. Bei den Goldmünzen erreichte der Münzherr einen Aufwertungseffekt, indem er den in der Abwertung angehobenen Kurs der Goldmünze senkte. So setzte man beispielsweise den Kurs eines vorher mit 39 d bewerteten →Ecu d'or auf 36 d herab. Folglich erhielt 1 d lokalen Rechengeldes nach der Aufwertung mehr Gold als zuvor. *John H. Munro*

Lit.: siehe Abwertung.

Augustalis

Der Augustalis ist eine mittelalterliche Goldmünze, deren zeitgenössischer Name sich von der Inschrift FRIDERICVS / IMP ROM CESAR AVG und der Darstellung auf der Vorderseite ableitet. Die Goldmünze, die Friedrich II. von Hohenstaufen aus dem Goldtribut des Emirs von Tunis herstellen ließ, wurde seit 1231 sowohl in Messina als auch in Brindisi geprägt. Die Prägung wurde vermutlich auch nach dem Tod des Kaisers (1250) fortgesetzt: →Rauhgewicht 5,26 g, →Feingehalt $^{855}/_{1000}$. Die Darstellung auf der Vorderseite zeigt eine idealisierte Darstellung des Kaisers, die Rückseite einen Adler. Man kann die Darstellungen bis auf römische Münzen aus der Zeit Augustus' zurückverfolgen. Das Münzporträt Friedrichs, der sich in antiker Gewandung und als lorbeerbekränzter Imperator darstellen ließ, war zuletzt im frühen 9. Jh. von Karl dem Großen und

Ludwig dem Frommen benutzt worden. Der Augustalis wurde schnell sehr bekannt und verbreitet, was auch damit in Zusammenhang stand, daß er sowohl in die byzantinischen als auch in die nordafrikanischen Münzsysteme paßte. Heute kennt man 334 Augustalen, die von 64 Vorderseite- und 94 Rückseitestempeln hergestellt sind. Obwohl viele Stempel sich in Stempelketten einordnen lassen (→Numismatik), sind nur (kleinere) Teile dieser Ketten zu rekonstruieren. Die Gesamtprägung muß deshalb umfangreich gewesen sein. Ein Teil der jetzt bekannten Augustalen kommt aus drei italienischen Funden vom Ende des 19. Jhs. und vom Anfang des 20. Jhs., andere stammen wahrscheinlich aus Funden der Levante. Zwei Augustalen sind als Einzelfunde aus Südwestdeutschland bekannt. Auch Halbaugustalen wurden geprägt, doch in kleinerem Ausmaß, nur 88 Stück sind bekannt (8 Vorderseite- und 14 Rückseitestempel).

Jørgen Steen Jensen

Lit.: H. Kowalski, Die Augustalen Kaiser Friedrichs II. von Hohenstaufen, SNR 55 (1976), S. 77–150 (Münzcorpus).

Ausbeutemünzen

Ausbeutemünzen sind Münzen, die aus der Ausbeute der Bergwerke geprägt wurden. Der Betrieb von erfolgreichem Edelmetallbergbau, gelegentlich aber auch der Abbau von Kupfererz, hat münzberechtigte und bergbautreibende Reichsstände bis zur Einführung der Reichswährung und zuletzt Preußen wegen des Mansfelder Reviers veranlaßt, vorwiegend attraktive Münzen in Talergröße auszubringen. Es wurden aber auch kupferne Kleinmünzen aus diesem Grund geprägt, wie um 1750 in der Grafschaft Wied-Neuwied.

Zu unterscheiden sind bei den Bergbaugeprägen die echten Ausbeutemünzen, die auf die Ausbeute der Gruben nach Abzug aller Kosten geprägt und dann gerne den Gewerken ausgezahlt wurden, von solchen, die auf das Ausbringen von gewonnenem Erz geprägt wurden. Daneben sind Bergbaumedaillen vorhanden, die auf irgendwelche Ereignisse im Zusammenhang mit dem Bergbau geprägt worden sind. In Europa kamen solche Gepräge im 16. Jh. auf – der Beuthener Bergbauheller von 1450 ist ein früher Beleg. Die meisten deutschen Bergbaugepräge stehen in Verbindung mit den ergiebigen Revieren im Harz – hier fallen die oft im Mehrfachgewicht des Talers geprägten Löser der Welfenherzöge besonders auf – und in Sachsen. Doch auch die kleineren Reviere im Westen und Süden wie zwischen Sieg und Main, in der Pfalz und im Schwarzwald, haben einen spürbaren Anteil an der deutschen Ausbeute- und Bergbauprägung, die die umfangreichste gewesen ist.

Im weitesten Sinne können auch die Münzen und Medaillen aus dem

Waschgold goldflitterhaltiger Flüsse hierzu gerechnet werden. Die letzten dieser Art sind im 19. Jh. nach den Korrektionen beispielsweise des Rheins geprägt worden. *Konrad Schneider*

Lit.: P. Arnold, W. Quellmalz, Sächsisch-thüringische Bergbaugepräge, Leipzig 1978; K. Müseler, Bergbaugepräge, 2 Bde., Hannover 1983; F. Spruth, Die Oberharzer Ausbeutetaler von Braunschweig-Lüneburg, Bochum 1986; Ders., Die Bergbauprägungen der Territorien an Eder, Lahn und Sieg, Bochum 1974; C. Lepper, Die Goldwäscherei am Rhein, bearb. v. R. Kunz u. W. Lizalek, Heppenheim 1980.

B

Banco de España →Banco de San Carlos

Banco della Piazza di Rialto

Der Banco della Piazza di Rialto war die älteste öffentliche Bank Venedigs und wurde nach zwanzigjähriger Diskussion und einem ersten Gründungsversuch 1584 im Jahre 1587 errichtet.

Der Banco brachte zwar in kredittechnischer Sicht keine Neuerungen im Vergleich zu den privaten →Wechselstuben oder →Banken, von denen eine große Zahl in Konkurs gegangen war; aber er bot durch die städtische Kontrolle eine größere Sicherheit für die Bankkunden. Seine Aufgabe war es, im monetären Chaos des späten 16. Jhs. ein stabiles Zahlungsmittel zu schaffen. Die Bank nahm Depositen (Einlagen) an, und die Kontoinhaber konnten per Überweisung über die eingezahlten Summen verfügen oder sie bar abheben. →Gesetzliches Zahlungsmittel für den Wechselverkehr wurde das →Bankgeld von 1593 an, als per Anordnung alle →Wechsel bei der Bank eingelöst werden mußten. Bis zur Gründung des →Banco Giro hatte sie auf diesem Gebiet das Monopol. Im ersten Jahrzehnt ihrer Existenz ließ die Bank für Einzahlungen nur hochwertige Münzen zu, aber mit der Zeit war sie gezwungen, auch kleine, minderwertige Münzen nach Gewicht anzunehmen. Da sie diese auch für Zahlungen verwendete, trug sie zur Infizierung des Geldumlaufs mit schlechten Münzen bei. In den 1620er und 1630er Jahren gingen die Funktionen der Bank an den Banco Giro über, so daß sie als überflüssig betrachtet und 1637 aufgelöst wurde. Die geld- und bankgeschichtliche Bedeutung des Banco della Piazza di Rialto liegt in seiner Vorbildfunktion für die Errichtung öffentlicher Wechselbanken in italienischen Städten, aber auch für die Gründung der →Wisselbank in Amsterdam oder des →Banco Publico in Nürnberg. *Ugo Tucci*

Lit.: E. Lattes, La libertà delle banche a Venezia dal. sec. XIII al XVII, Milano 1869; G. Luzzatto, Les banques publiques de Venise, J. G. van Dillen (Hg.), History of the Principal Public Banks, The Hague 1934, S. 39–78; U. Tucci, Mercanti, navi, monete nel Cinquecento veneziano, Bologna 1981.

Banco de San Carlos

Der Banco de San Carlos, aus dem die heutige Zentralbank, der Banco de España hervorging, war die erste spanische Nationalbank. Sie wurde 1782 zur Einlösung des spanischen →Staatspapiergeldes, der →Vales Reales, gegründet. Die Emission der Vales (4%ige Schuldverschreibungen) stand im Zusammenhang mit der anwachsenden Schuldenlast Spaniens im Amerikanischen Unabhängigkeitskrieg. Nachdem die Tilgung der Papiere und damit der Staatsschuld zum Problem geworden war, fanden die schon länger kursierenden Vorschläge zur Errichtung einer Nationalbank Gehör. Die Bank wurde mit einem Aktienkapital von 300 Mill. Reales ausgestattet, für das sich aber nicht genügend Zeichner fanden. Dennoch nahm die Bank sofort ihre Arbeit auf. Neben der Einlösung der Vales, die schnell Fortschritte machte, führte der Banco de San Carlos Geldüberweisungen für die Krone durch und betätigte sich als Ausrüster für die spanische Armee. Hinzu kam der Wechseldiskont und in geringerem Maße die Banknotenausgabe. Jedoch sollte sich die Verbindung mit den Staatsfinanzen dauerhaft als Belastung für das Bankgeschäft erweisen. 1793 verwendete der König die Edelmetallreserve der Bank zur Finanzierung des Krieges gegen Spanien, und in den Napoleonischen Kriegen wurden weitere Schulden angehäuft. Um 1820 bestanden so die Aktiva der Bank zum größten Teil aus Verpflichtungen des Staates. 1829 wurde der Banco de San Carlos durch eine neue Bank, den Banco Español de San Fernando ersetzt, der hauptsächlich als →Depositen- und Wechselbank arbeitete, aber auch weiterhin dem Staat Kredite gab. Durch Fusion mit dem Banco de Isabella II entstand 1847 der Nuevo Banco Español de San Fernando, der 1856 den bis heute gültigen Namen Banco de España annahm. Der Banco de España war auch weiterhin eine private Aktiengesellschaft, deren Präsident und zwei Vizepräsidenten von der Regierung ernannt wurden. 1874 erhielt der Banco für einen Kredit an den Staat das Notenausgabemonopol für das ganze Land, so daß sukzessive die umlaufenden Noten der Provinzbanken durch Noten des Banco de España ersetzt wurden. *Michael North*

Lit.: E. J. Hamilton, The First Twenty Years of the Bank of Spain, The Journal of Political Economy 54 (1946), S. 17–37, 116–40; P. Tedde de Lorca, El Banco de San Carlos (1782–1829), Madrid 1988; G. Tortella, Banking, Railroads and Industry in Spain, 1829–1879, New York 1977.

Banco Giro

In Venedig verstand man unter *giro* – anders als im allgemeinen Sprachgebrauch (→Giro) – die vom Staat erteilte Genehmigung, einen dem Staat gewährten Kredit als →Buchgeld für Zahlungen zu verwenden. Dies geschah im Falle des Banco Giro wie folgt: Als ein Kaufmann 1619 der venezianischen Münze Silber verkaufte, ließ er sich die Hälfte des Preises in bar erstatten und die andere Hälfte in den Büchern der zu diesem Zwecke errichteten Bank gutschreiben. Von seinem Guthaben, das eine Forderung an den Staat darstellte, konnte er Überweisungen tätigen, die dann wieder anderen Kaufleuten in den Büchern der Bank gutgeschrieben wurden. So entstanden abgeleitete Guthaben, die durch weitere Kredite an den Staat vermehrt wurden. Da der Banco auch noch private Einlagen erschloß, übernahm er überdies die Funktion einer öffentlichen Wechselbank und tätigte den Überweisungsverkehr für die Kaufleute, die bei ihm Konten unterhielten. Er gewährte aber keine Kredite an Privatleute. Abgesehen von zwei Perioden, in denen die Einlösung der Guthaben in Bargeld eingestellt wurde (1650–66, 1714–39), der bargeldlose Zahlungsverkehr aber weiterging, funktionierte der Bankbetrieb bis zum Ende der Republik Venedig (1797) zufriedenstellend. 1806 wurde die Bank liquidiert. Innerhalb der Bankgeschichte stellte der Banco Giro deshalb einen Fortschritt dar, weil er einen Geldumlauf schuf, der zwar vom Staat (als Gläubiger) garantiert, aber nicht oder nur zu einem geringen Teil durch eine Edelmetallreserve gedeckt war. Zahlungen *in partita* (→Buchgeld) verdrängten im Handel, bei den Steuern und bei der Zeichnung von Staatsanleihen das Münzgeld. *Ugo Tucci*

Lit.: A. Soresina, Il Banco Giro di Venezia, Venezia 1889; G. Luzzatto, Les banques publiques de Venise, J. G. van Dillen (Hg.), History of the Principal Public Banks, The Hague 1934, S. 39–78; U. Tucci, Convertibilità e copertura metallica della moneta del Banco Giro veneziano, Studi Veneziani 15 (1973).

Banco Publico

Der Banco Publico war eine Depositen- und Girobank in Nürnberg, die am 21. August 1621 ihre Tätigkeit aufnahm. Vorbilder waren die →Wisselbank in Amsterdam (gegr. 1609) und die →Hamburger Bank (gegr. 1619), Einfluß auf die Bankordnung hatte auch das Banksystem Venedigs. Der Rat der Stadt garantierte für die Einlagen und übte weitgehende Kontrollfunktionen aus. Ziel der Gründung war es, die Geld- und Währungsverhältnisse während der →Kipper- und Wipperzeit zu stabilisieren, um Sicherheit und Gerechtigkeit in den Schuldner-/Gläubigerbeziehungen zu gewährleisten. Der Rat verordnete mit Zustimmung der Handelsleute den Bancozwang für Handelsgeschäfte unter Kaufleuten ab einer Höhe von 200 fl. für alle Wechselzahlungen und für Depositeneinlagen, insofern ihnen eine Gewinnabsicht zugrunde lag. Gezahlt werden mußte mit «guten und gangbaren» Sorten, zur Hälfte mit groben, zur Hälfte mit kleinen Münzen, gemäß den Edikten der Stadt. Kompensationen von Schulden und Forderungen waren nicht erlaubt, Kredite wurden nicht vergeben, eine Gewinnabsicht lag nicht vor. Im Laufe der Zeit wurde die Ordnung verschiedentlich den Erfordernissen angepaßt. Rechnungseinheit war der Gulden (fl.) zu 20 Schilling bzw. 240 Pfennig. Der Reichstaler wurde zunächst zu 3¼ fl. gewechselt, nach der Abwertung am 22. 9. 1623 zu 1½ fl. Trotz Anlaufschwierigkeiten kann die erste Periode bis 1635 durchaus als Teilerfolg angesehen werden. Die erhaltenen Schuldbücher wurden neuerdings für die Jahre 1621–1624 systematisch ausgewertet. Die Zeit bis 1654 wird als bescheidene Wiederbelebung charakterisiert, danach kann bis zur Auflösung 1827 von einer auch nur annähernd erfolgreichen Tätigkeit im Sinne der ursprünglichen oder anderer bankpolitischer Zielsetzungen nicht mehr gesprochen werden. Der höchste Einlagenbestand vor der Abwertung betrug (28. 7. 1623) 1 061 899 fl. Die bekannten Zahlen für die ersten drei Jahre: 572, 765, 653 in- und ausländische Kaufleute unterhielten ein Konto; die gesamten Habenumsätze betrugen 23 717 020, 27 780 131 und 16 512 394 fl., der Durchschnittsumsatz je Konto lag bei 41 463, 36 313 und 25 286 fl., den höchsten verzeichneten im zweiten Geschäftsjahr die Italiener Lumago mit 1 237 786 fl.; die Anzahl der Buchungsvorgänge belief sich auf 11 624, 14 556 und 14 345. Die Schwierigkeiten und das schließliche Scheitern ergaben sich u. a. durch die Münzpolitik der Regalherren, die Beschränkung der Bankpflicht auf einen bestimmten Personenkreis, die zu zwei Währungen in der Stadt selbst und natürlich andernorts führte und zu Spekulationsgeschäften geradezu einlud, den Mangel an miteinander korrespondierenden Banken gleichen Typs, die hohen Kontributionsleistungen, die Nürnberg im Laufe des Dreißigjährigen Kriegs zu zahlen hatte und die teilweise – unerlaubt und ohne Wissen der Kaufmannschaft – mit Bankdepositen bedient wurden, schließlich durch das nicht immer konsequente und teilweise widerspruchsvolle Handeln des Rates, möglicherweise auch durch den Rückgang des Handels. *Lambert F. Peters*

Lit.: C. L. Sachs, Die Nürnberger Girobank (1621–1827) im Rahmen der kontinentalen Bankgeschichte (Festschrift Eheberg), Leipzig-Erlangen 1925, S. 139–61; R. Fuchs, Der Bancho Publico zu Nürnberg, Staatswiss. Diss., Nürnberg 1950; L. F. Peters, Der Handel Nürnbergs am Anfang des Dreißigjährigen Krieges, Stuttgart 1994; Ders., Quellen zur europäischen Handels- und Bankgeschichte, 3 Bde., Nürnberg 1995 (mit umfangreichem Zahlenmaterial auch für Amsterdam und Hamburg).

Bank

Die Begriffe Bank und Bankier wurden bereits in der Antike zur Bezeichnung eines Tisches und der hinter einem Wechseltisch Arbeitenden verwendet: *trapeza* – *trapeziti* (gri.); *bancus* – *bancherii* (lat.), *tabula* (lat.)/ *tavola* (ital.) – *tavolieri* (toscan.)/ *tafletier* (frz.)/ *tafelhouder* (fläm.). Die Dienstleistungen einer Bank im Mittelalter waren noch nicht spezialisiert. Der →*monetarius* war zugleich →Wechsler und arbeitete oft auch als Silber- oder →Goldschmied. Ein Beispiel ist der Hl. Eligius, der Schutzpatron der Münzer und der Goldschmiede. Er stieg im 7. Jh. vom *monetarius* zum Ratgeber der Merovinger-Könige und schließlich zum Bischof von Noyon auf. Dennoch ist es nützlich, drei Kategorien von Bankiers zu unterscheiden: →Merchant Bankers, →Wechsler und →Pfandleiher (auch wenn historisch der Unterschied nicht immer klar ist).

Die Merchant Bankers, internationale Handels- und Bankhäuser, kombinierten Fernhandel und Wechselgeschäft. Bereits im 12. Jh. liehen die in Marseille, Genua, Siena und Lucca tätigen Kaufleute den zu den Champagne-Messen (→Wechselmessen) reisenden Kaufleuten per Schuldurkunde (→*instrumentum ex causa cambii*) Geld, das auf der Messe zurückzuzahlen war. Am Ende jeder Messe wurden Forderungen und Verbindlichkeiten bilanziert, gegebenfalls mit Bargeld ausgeglichen oder mit Hilfe einer *lettre de foire* auf die nächste Messe vertagt. Die führenden europäischen Finanziers in dieser Zeit waren die Sieneser, geführt von den Bonsignori («den →Rothschilds des 13. Jhs.»), deren Bankrott 1298 den Abstieg der Sieneser Häuser von der europäischen Bühne einleitet. Sie wurden von den großen Florentiner Familienkompanien abgelöst, deren Aufstieg mit dem Niedergang der Champagne-Messen zeitlich zusammenfällt. Das goldene Zeitalter der Messen endete, weil sie überholt waren. Der seßhafte Merchant Banker nahm den Platz des reisenden Messekaufmanns ein und hatte neue Geschäftstechniken zur Verfügung: als wichtigste den →Wechsel, aber auch andere Innovationen wie →Floren, →Doppelte Buchführung, Seeversicherung und neue Formen der Geschäftspartnerschaft.

Die größten Florentiner Handelsgesellschaften waren die Bardi, die Peruzzi und die Acciaiuoli, «die Pfeiler der Christenheit», wie sie von den Zeitgenossen genannt wurden. Ihr Gesellschaftskapital *(corpo)* wurde von Familienmitgliedern, Verwandten und Dritten aufgebracht; Gewinne und Verluste proportional zu den Investitionen geteilt, obwohl die Haftung jedes einzelnen gesetzlich nicht beschränkt war. Die Gesellschaften hatten Filialen in ganz Europa, z. B. die Peruzzi 15 Niederlassungen von London bis Zypern. Die Gesellschaften fungierten als päpstliche Kollektoren, Steuerpächter und Kreditgeber der Fürsten und betrieben außerdem Fernhandel und das Wechselgeschäft. Zu Beginn der 1340er Jahre scheiterten die Bardi und Peruzzi, weil sie sich mit Krediten an die Stadt Florenz und vor allem an König Edward III. verausgabt hatten und letzterer Zinszahlung und Tilgung einstellte. Ihre Stelle wurde von neuen kleineren Gesellschaften eingenommen, die ihre Filialen auf der Basis separater Partnerschaften organisierten.

Klassische Beispiele (in bezug auf die Überlieferung) sind Francesco di Marco Datini, ein Kaufmann aus Prato, der seine Karriere als kleiner Kaufmann in Avignon begann und 1410 ein Vermächtnis von rund 100 000 fl. und ein Netz weitgespannter Filialen und Korrespondenten hinterließ sowie die →Medici. Letztere verteilten ihre Investitionen vorsichtig in die Woll- und Seidenherstellung sowie in eine lokale Bank in Florenz und bauten bald Filialen an allen bedeutenden europäischen Bankplätzen auf, denn ihr Hauptgeschäftszweig waren internationale Kredite und Kapitaltransfers mit Hilfe des Wechsels. Aber auch bei der Medici-Bank setzte nach dem Tode Cosimos de' Medici (1464) der wirtschaftliche Niedergang ein, wozu unautorisierte Kredite an die Englische Krone und Karl den Kühnen von Burgund sowie der Zusammenbruch der Lyoner Filiale beitrugen. Außerhalb Italiens sind als Merchant Bankers →Jacques Coeur von Bourges, der Finanzier und Hoflieferant der Französischen Krone, und die →Fugger zu nennen, die durch ihre weitverzweigten Investitionen in produktive Bereiche (Bergbau) den oberdeutschen Typ des Handels- und Bankhauses repräsentieren.

Während die Merchant Bankers ansehnliche Vermögen anhäuften und in Paläste und Kapellen investierten, war der lokale Wechsler und Bankier weniger sichtbar. Der lokale Bankier ging aus dem Beruf des →Wechslers hervor, wenn dieser Depositen (Einlagen) annahm und Überweisungen (→Giro) für seine Kunden durchführte. Die Genueser Notariatsarchive dokumentieren bereits für die Mitte des 12. Jhs. Bankdienstleistungen der Wechsler. Um die Mitte des 13. Jhs. hatte sich dann bereits ein lokales Bankensystem ausgebildet. Die *bancherii* führten Konten (→Kontokorrent) für ihre Kunden, tätigten Überweisungen, räumten Überziehungskredite ein und hielten nur noch eine Mindestreserve von den Einlagen ihrer Kunden in Münzgeld. Indem sie die darüber hinaus vorhandenen Gelder verliehen, schöpften sie Geld (→Geldschöpfung). Die lokalen Banken unterstanden der Aufsicht der Stadtverwaltung, die die Lizenzen verteilte und die Betreiber der Banken darauf verpflichtete, nicht zu stehlen und nicht zu betrügen und die städtischen Verordnungen einzuhalten. Lokale Banken oder Wechselstuben mit Bankdienstleistungen sind aus den großen städtischen Finanzplätzen wie Venedig, Florenz, Genua, Barcelona, Brügge, aber auch aus mittleren Städten, im deutschen Bereich aus Köln und Nürnberg, bekannt und erforscht. Sie fehlen im mittelalterlichen England, wo die Krone in der Münzpolitik des →Bullionismus den Wechsel monopolisierte. Hier übernahmen vermutlich die →Goldschmiede einen Teil der für die städtische Wirtschaft wichtigen Banktätigkeiten, und außerdem entwickelten sich einheimische Kreditinstrumente wie Schuldurkunde und →Inhaber-Schuldschein für den kommerziellen Kredit. In diesem Sinne hatte England Bankiers ohne Banken.

Auf der untersten Stufe des mittelalterlichen Bankwesens stand der Pfandleiher. Sein Darlehen, für das als Sicherheit ein Pfand hinterlegt und ein Zins gezahlt wurde, stellte eine wichtige Bankdienstleistung dar. Konsumtivkredite waren lebensnotwendig für die ärmeren Gesellschaftsschichten und befriedigten auch die Luxusbedürfnisse der Wohlhabenden. Während die Theologen bei der Kreditpraxis der Merchant Bankers und lokaler Bankiers darüber debattierten, ob es sich um unrechtmäßigen Gewinn oder →Wucher handelte, war die Pfandleihe in den Augen der Bevölkerung eindeutig Wucher. Der Pfandleiher ging einer «verdammten»

Beschäftigung nach, trotz der zentralen Rolle, die er spielte. Als offensichtlicher Wucher war die Pfandleihe überall verboten, aber im Einzelfall gegen eine spezielle Lizenz gestattet. So erhielt die Stadt Florenz bis 1430 jährlich ca. 3000 fl. aus dem Lizenzverkauf an christliche Wucherer. Auch mit →jüdischen Geldverleihern schlossen die italienischen Stadtregierungen Vereinbarungen oder Geleitverträge *(condotte)* ab, die dafür Darlehen an die Stadt gaben und die ihre Kreditzinsen einfroren, manchmal sogar senkten. Ebenfalls Konzessionen zum Betrieb ihrer Leihtafeln erwarben in vielen Gebieten Westeuropas die →Lombarden, christliche meist aus Asti und Chieri in Piemont stammende Pfandleiher. Vor allem gegen die jüdischen Pfandleiher richteten sich im 15. Jh. die Predigten der Franziskaner. Da die Vertreibung der Juden den lebensnotwendigen Pfandkredit zerstört hätte, erfanden sie den →Monte di Pietà, das öffentliche Pfandleihhaus, das sich im 16. Jh. durch Annahme verzinslicher Depositen vielfach zur öffentlichen Bank entwickelte. *Reinhold C. Mueller*

Die internationalen Geschäfte der Merchant Bankers bestanden auch in der Neuzeit ungebrochen fort. Kredite und Geldtransfers mittels →Wechsel erfuhren – begünstigt durch Innovationen wie →Indossament und →Diskont – eine erhebliche Ausweitung. Weitere Bankgeschäfte waren die Darlehen an Fürsten und Städte, die vor allem von den kapitalkräftigen oberdeutschen Handels- und Bankhäusern gewährt wurden. Da die Zahl ihrer Kunden (Schuldner) begrenzt war, blieb auch die Risikostreuung begrenzt. Das wurde vielen zum Verhängnis. Mehrere Staatsbankrotte Spaniens führten zum Konkurs der Welser (1614) und zum Rückzug der →Fugger aus dem Bankgeschäft. Die Risiken des Staatsanleihegeschäfts bekamen auch die öffentlichen Banken zu spüren, soweit sie für den Staatskredit tätig wurden, u. a. die 1408 von den Staatsgläubigern gegründete →Casa di San Giorgio in Genua und der 1619 gegründete venezianische →Banco Giro. Neben diesen öffentlichen Banken, die größere Kredite vergaben, wurden auch öffentliche Wechselbanken gegründet. Diese betrieben den städtischen Geldwechsel und führten für die Kunden, die bei ihnen Konten unterhielten, den Giroverkehr (→Giro) aus. Sie übernahmen damit die Funktionen der →Wechsler und lokalen Banken, von denen viele die Krise der →Edelmetallknappheit im 15. Jh. nicht überlebt hatten. Jedoch waren den Wechselbanken Kreditgeschäfte – es sei denn für die öffentliche Hand – verboten. Die erste Bank dieser Art war der 1587 in Venedig gegründete →Banco della Piazza di Rialto. Nach seinem Vorbild wurde 1609 die →Amsterdamsche Wisselbank errichtet, die wiederum zum Vorbild der →Hamburger Bank (1619) wurde.

Im 17. Jh. kam in England mit den Goldsmith Bankers und der →Bank of England ein neuer Banktyp auf, der seine Geschäfte auf der Grundlage von Depositen – sie wurden bis weit in das 19. Jh. noch nicht verzinst, sondern lediglich sicher aufbewahrt – und der Emission von →Banknoten betrieb. Eine große Rolle spielten im Bankwesen Angehörige religiöser Minderheiten, denen bis in die Zeit der Französischen Revolution der Zugang zu den meisten anderen Berufen versperrt war. Das waren in allen europäischen Staaten die Juden und in Frankreich seit der Aufhebung des Edikts von Nantes (1685) die Protestanten. So gab es in Frankreich etliche protestantische Privatbankiers, die sog. *Banque protestante* (u. a. Mallet, André, Necker, Perrégaux). In Deutschland wurde im 18. Jh. für einige jüdische Händler und Privatbankiers die Tätigkeit als →Hoffaktor (Hoflieferant und Hofbankier) der entscheidende Schritt zum wirtschaftlichen und sozialen Aufstieg (u. a. →Rothschild, Oppenheim, Kaulla).

Die merkantilistische Wirtschaftspolitik hat in einigen deutschen Staaten zur Errichtung von Staatsbanken geführt, also Banken, die ganz oder überwiegend im Staatsbesitz waren, von Staatsbeamten verwaltet wurden und auf Rechnung des Staates arbeiteten. Die bedeutendste unter ihnen war die Königliche Seehandlung (später: Preußische Staatsbank), die gleichzeitig Bank und Handelsunternehmen und in der ersten Hälfte des 19. Jhs. das stärkste Kreditinstitut Preußens war. Um den preußischen Rittergütern beim Wiederaufbau nach dem Siebenjährigen Kriege Kredithilfe zu geben, wurden seit 1771 in allen preußischen Provinzen →Landschaften gegründet. Sie waren die ersten Agrarkreditinstitute. Alle Rittergüter gehörten der Landschaft ihrer Provinz an und übernahmen die solidarische Generalhaftung für jeden Kredit an ein Rittergut dieser Provinz. Als Finanzierungsinstrument wurde für die Landschaften eine neue Form von Schuldverschreibung, der Pfandbrief, geschaffen.

Seit dem späten 18. Jh. begann in England der Aufstieg der Merchant Banks, einer Gruppe von Privatbankhäusern in der Londoner City, deren Tätigkeitsbereich die Finanzierung von Export- und Importgeschäften durch →Akzeptkredite war. Die ältesten und zugleich führenden dieser Banken: →Baring Brothers (gegr. 1763) und N. M. Rothschild & Sons (gegr. 1804) waren ursprünglich Handelsfirmen gewesen, die erst nach und nach in das Bankgeschäft einstiegen (daher die Bezeichnung Merchant Banks). Neben dem Handelskredit übernahmen die Merchant Banks auch die Emission fest verzinslicher Effekten, insbesondere ausländischer Staatsanleihen. Dagegen beteiligten sie sich nicht am industriellen Gründungsgeschäft. Nachdem 1826/33 das Verbot der Gründung von Aktienbanken in England und Wales aufgehoben worden war, entstanden in England kapitalstarke Aktienbanken: Westminster Bank und National Provincial Bank (1833), Midland Bank (1836), später noch Lloyds Bank und Barclays Bank. Auch diese Aktienbanken arbeiteten im kurzfristigen Handelskredit; aber sie brachten eine wichtige Neuerung, indem sie ihre Depositen verzinsten.

Erst mit der Gründung des →Crédit Mobilier durch die Brüder Péreire in Paris 1852 entstand ein Banktyp, der nun auch den langfristigen Kredit und das Emissions- und Beteiligungsgeschäft bei Industrieunternehmen und auch bei Eisenbahnen betrieb. Nach dem Vorbild des Crédit Mobilier, der schon 1867 ein Opfer seiner schlechten Geschäftsführung wurde, wurden auf dem europäischen Festland zahlreiche Aktienbanken gegründet, die entweder wie die Banque de Paris et des Pays Bas (gegr. 1870) als reine Anlagebanken (Banques d'affaires) arbeiteten oder wie die deutschen Großbanken (1851/56 Disconto-Gesellschaft, 1870 Deutsche Bank, 1872 Dresdner Bank) als →Universalbanken in allen Bereichen des Bankgeschäfts tätig wurden.

Mit der Industrialisierung begann das rasche Wachstum der Städte und der städtischen Bevölkerung. Für die Finanzierung des städtischen Wohnungsbaues durch hypothekarisch gesicherte langfristige Kredite wurden als Spezialinstitute →Hypothekenbanken geschaffen. Die erste große Hypothekenbank war der 1852/54 gegründete Crédit Foncier de France. Zur Mittelbeschaffung gaben die Hypothekenbanken nach dem Vorbild der preußischen Landschaften Pfandbriefe aus. Als Kreditinstitute der kleinen Handwerker und Gewerbetreibenden fungierten seit Ende des 15. Jhs. in manchen italienischen Städten die →Monti di Pietà, Leihhäuser, die gegen Pfand Kredite zu niedrigem Zins gaben. In deutschen Territorien wurden im 18. Jh. ebenfalls derartige Leihhäuser eingerichtet, von denen sich einige später zu Regionalbanken entwickelten.

Im 19. Jh. entstanden als Kreditinstitute des Mittelstandes die →Sparkassen und →Kreditgenossenschaften. Die ersten Sparkassen wurden Ende des 18. Jhs. in Norddeutschland (Hamburg, Oldenburg, Kiel) gegründet. Seit 1820 entstanden überall in Mittel- und Westeuropa Sparkassen (in Deutschland bis 1850 schon 1200). Sie entwickelten sich in Deutschland, Österreich und der Schweiz seit dem letzten Drittel des 19. Jhs. aus bloßen Sparinstituten für weniger Begüterte zu Universalbanken für eine mittelständische Kundschaft. Während die Sparkassen in Deutschland Einrichtungen von Städten und Landkreisen waren und blieben, wurden sie in der Schweiz genossenschaftlich organisiert, in Belgien nach dem Mißerfolg privater Kassen als zentrales Staatsinstitut eingerichtet und in England 1861 auf Initiative Gladstones eine Einrichtung der Post. Nach der Jahrhundertmitte wurde der in Großbritannien vor allem von Robert Owen propagierte Gedanke der Selbsthilfe durch genossenschaftlichen Zusammenschluß auch auf das Kreditwesen übertragen, und zwar durch den liberalen deutschen Politiker Schulze-Delitzsch. 1850 wurden in Delitzsch und Eilenburg die ersten Kreditgenossenschaften gegründet. Nach ihrem Beispiel entstanden bis 1913 in Deutschland fast 1500 gewerbliche Kreditgenossenschaften (Volksbanken, Vorschußvereine). Seit 1864 kamen auf Initiative von Raiffeisen und Haas auch landwirtschaftliche Kreditgenossenschaften hinzu. In Deutschland hat das genossenschaftliche Kreditwesen mehr Umfang und Bedeutung gewonnen als in anderen Ländern.

In den USA bestehen seit dem National Banking Act (1863) rechtlich zwei Bankensysteme. Das eine bilden die National Banks, die sich den Vorschriften dieses Gesetzes über Liquidität und Reservehaltung unterwerfen und die ihre Charter von der Unionsregierung erhalten. Das andere bilden die State Banks, d.h. alle jene Aktienbanken, die sich nach den weniger strengen Vorschriften der Einzelstaaten richten. Dazu gehören auch die in den USA als Aktiengesellschaften organisierten Savings Banks (Sparkassen).

Seit dem Ersten Weltkrieg herrschen in der Entwicklung des Bankwesens drei Tendenzen vor: 1. Der Konzentrationsprozeß hat an Intensität so zugenommen, daß sogar Großbanken miteinander fusionieren. 2. Die staatliche Regulierung und Kontrolle der Banken ist als Folge der Bankenkrisen – zum Teil bis zur Verstaatlichung der Banken – verstärkt worden. 3. Die internationale Kooperation der Großbanken wurde intensiviert und institutionalisiert. *Karl Erich Born*

Lit.: Y. Renouard, Les hommes d'affaires italiens du Moyen Age, Paris 1948; R. de Roover, Money, Banking and Credit in Mediaeval Bruges; Ders., The Rise and Decline of the Medici Bank, 1397–1494, Cambridge, Mass., 1963; Ders., Business, Banking and Economic Thought in Late Medieval and Early Modern Europe, Chicago 1974; The Dawn of Modern Banking, New Haven 1979; F.C. Lane, R.C. Mueller, Money and Banking in Medieval and Renaissance Venice, I, Baltimore 1985, Kap. 6; R.C. Mueller, I banchi locali a Venezia nel tardo Medioevo, Studi Storici 28 (1987), S. 145–55; F. Melis, La banca pisana e le origini della banca moderna, Firenze 1987; Banchi pubblici, banchi privati e monti di pietà nell'Europa preindustriale, 2 Bde., Genua 1991; North (Hg.), Kredit.

R. Ehrenberg, Das Zeitalter der Fugger, 2 Bde., Jena 1922; H. Lüthy, La Banque protestante en France de la révocation de l'Edit de Nantes à la Révolution, 2 Bde., Paris 1959–61; H. Feis, Europe the World's Banker 1870 to 1914, New York 1961; R. Cameron, Banking, in the Early Stages of Industrialization, New York 1967; Ders., V.I. Bovykin, International Banking, 1870–1914, New York 1991; Born, Geld; Deutsche Bankengeschichte, 3 Bde, Frankfurt 1982–83; S. Chapman, The Rise of Merchant Banking, London 1984; H. Pohl (Hg.), Europäische Bankengeschichte, Frankfurt 1993.

Bankengeschichte

Die Bankengeschichte beschäftigt sich mit der Geschichte des Kredit- und Bankwesens und ist wie die →Geldgeschichte und die Wirtschaftsgeschichte eine relativ junge Disziplin. Sie konnte sich erst seit den 1950er Jahren als Teilgebiet einer neuen quantitativen wirtschaftshistorischen Forschung etablieren. Jedoch kam der Geschichte der Banken nicht die gleiche Aufmerksamkeit zu wie anderen Sektoren der Wirtschaft, beispielsweise der Landwirtschaft, der Industrie oder dem Handel. Die Bankengeschichte hat daher verschiedene Wege hin zur selbständigen Fachrichtung beschritten. Ein Weg bildeten die Regionalgeschichten, in denen auch die lokale Kredit- und Bankengeschichte behandelt wurde. Hieraus entwickelten sich selbständige Untersuchungen über das Bankwesen in Venedig, Genua, Genf, Lyon, London etc. Ein weiterer Weg war die Personengeschichte, in der die Welt der mittelalterlichen Bankiers ebenso behandelt wurde wie die protestantischen →Privatbankiers in Frankreich (Herbert Lüthy). Ein dritter Weg bildete das Grenzgebiet zwischen der Geld- und Kreditgeschichte. Hier untersuchte z. B. Raymond de Roover die Entwicklung des →Wechsels, des →Geldmarkts sowie der Arbeitsteilung im mittelalterlichen Bankwesen am Beispiel Brügges. Ein letztes Feld waren die modernen Geschäftsbanken, wobei sowohl Privatbankhäuser als auch Bankinstitute auf der Grundlage ihrer Archive erforscht wurden (Bertrand Gille, Jean Bouvier).

An dem mühsamen Weg zur selbständigen Disziplin arbeiteten viele mit. Aus informellen Arbeitsgruppen entwickelten sich internationale Wissenschaftler-Vereinigungen, die einen wachsenden Publikationsstrom in Bewegung setzten. Hierbei betätigten sich einige Historiker als Anreger der Forschung. Rondo Cameron beispielsweise legte 1967 eine Publikation vor, in der er Alexander Gerschenkrons Behauptung über die Rolle der Banken in der Industrialisierung überprüfte. 1991 versuchten Cameron und Bovykin die Zusammenhänge zwischen nationalen Bankensystemen, dem Wachstum des internationalen Bankwesens, internationalen Kapitalströmen und der Entwicklung multinationaler Unternehmen zu klären, ohne jedoch eindeutige Korrelationen zu entdecken. 1991 wagte Herman Van der Wee, der die innovative Rolle Antwerpens für die europäische Bankengeschichte herausgearbeitet hat, eine erste Synthese von 25 Jahren bankhistorischer Forschung. 1993 legte das Institut für bankhistorische Forschung in Frankfurt eine Europäische Bankengeschichte vor, nachdem bereits Charles Kindleberger 1984 eine Finanzgeschichte Westeuropas veröffentlicht hatte. Die European Association for Banking History plant ebenfalls ein Handbuch zur Bankengeschichte und gibt eine neue Zeitschrift (Financial History Review) heraus. Im September 1992 fand unter dem bezeichnenden Titel «Wie schreibt man die Geschichte einer Bank?» ein Kongreß in den Niederlanden statt. Er trug dem zunehmenden Interesse der Banken an ihrer Geschichte Rechnung. Dabei bevorzugen die Banken inzwischen wissenschaftliche Publikationen anstelle «hagiographischer» Festschriften und fördern so die bankhistorische Forschung. Darüber hinaus organisieren die Banken ebenso wie die Sparkassen wissenschaftliche Kongresse, wovon eine Reihe wichtiger Sammelbände zeugt. *Helma Houtman-De Smedt*

Lit.: R. de Roover, Money, Banking and Credit in Mediaeval Bruges, Cambridge, Mass.,

1948; H. Lüthy, La Banque protestante en France de la révocation de l'Edit de Nantes à la Révolution, 2 Bde., Paris 1959–61; B. Gille, Histoire de la Maison Rothschild, 2 Bde., Genève 1965–67; Ders., La banque et le crédit en France au XIXe siècle, Genève 1970; Jean Bouvier, Le Crédit lyonnais 1863–1882, 2 Bde., Paris 1961–68; R. Cameron, Banking and the Early Stages of Industrialization, New York 1967; Ders., V. I. Bovykin, International Banking 1870–1914, New York 1991; C. Kindleberger, A Financial History of Western Europe, London 1984; H. Van der Wee (Hg.), De Bank in Europa, Antwerpen 1991; H. Pohl (Hg.), Europäische Bankengeschichte, Frankfurt 1993.

Bankgeld →Buchgeld

Banking-Theorie

Die Banking-Theorie oder Banking-Schule entstand in der Auseinandersetzung mit der →Currency-Theorie (→Geldtheorie). Gegen deren Thesen bemerkten während der parlamentarischen Behandlung der →Peelschen Bankakte die Begründer der Banking-Schule: →Thomas Tooke (*An Inquiry into the Currency Principle,* 1844) und John Fullarton (*On the Regulation of Currencies,* 1844), daß die →Banknote kein Geld, sondern nur ein Kreditpapier der emittierenden Bank sei. Wenn dieses Kreditpapier durch Münzmetall, kursfähige Münzen und leicht realisierbare Aktiva, z. B. erstklassige Handelswechsel, bankmäßig gedeckt sei (daher die Bezeichnung Banking-Theorie) und dadurch der Rückstrom der Banknoten zur →Notenbank gesichert sei, könne es eine Überemission von Banknoten gar nicht geben. Nach der Banking-Theorie genügte es, wenn der Notenumlauf einer Notenbank zu ⅓ in Münzmetall oder Münzgeld und zu ⅔ in erstklassigen Handelswechseln gedeckt war. In Mitteleuropa wurde der bedeutende Finanzwissenschaftler und Staatssozialist Adolph Wagner mit seinen Schriften *Die Geld- und Kredittheorie der Peelschen Bankakte* (1861) und *System der Zettelbankpolitik* (1873) zum Hauptvertreter der Banking-Theorie. Als erste Notenbank erhielt 1856 die →Preußische Bank eine Deckungsvorschrift nach dem Banking-Prinzip, d. h. mit einer Dritteldeckung in Münzmetall. Auch der amerikanische →National Banking Act (1863) schrieb für die →National Banks eine Dritteldeckung vor. Die →Reichsbank übernahm von der →Preußischen Bank, deren Erbe sie 1876 antrat, die Deckungsvorschrift nach dem Banking-Prinzip. Die meisten späteren Notenbankgesetze legten für die Notendeckung ebenfalls das Banking-Prinzip zugrunde. *Karl Erich Born*

Lit.: C. Rist, Geschichte der Geld- und Kredittheorien von John Law bis heute, Bern 1947; G. Stavenhagen, Geschichte der Wirtschaftstheorie, Göttingen 1964; F. W. Fetter, Development of British Monetary Orthodoxy, Cambridge, Mass., 1965; W. Ehrlicher, Geldtheorie und Geldpolitik, III; Geldtheorie, Handwörterbuch der Wirtschaftswissenschaft, III, Stuttgart 1981, S. 374–91.

Banknote

Banknoten sind heute als →Papiergeld ebenso wie Münzgeld ein →gesetzliches Zahlungsmittel, sie sind Bargeld. Ursprünglich waren Banknoten – bis zur Mitte des 19. Jhs. wurden sie als «Zettel» oder «Bankzettel» bezeichnet – kein Geld, sondern nur ein Zahlungsversprechen derjenigen Bank, die sie in den Verkehr gebracht hatte. Während heute der Text auf einer Banknote u. a. angibt, wieviel Geld sie ist, besagte er früher, wieviel Bargeld, also Münzgeld, die Notenbank bei Einlieferung dieser Note zu zahlen versprach! Banknoten kamen in der ersten Hälfte des 17. Jhs. in England in Gebrauch. Damals gaben reiche Privatleute ihr Geld oder Gold und Silber einem →Goldschmied oder Geldwechsler zur sicheren Aufbewahrung. Über diese Depositen (Einlagen) wurden in Teilbeträge gestükkelte →Depositenscheine ausgestellt, die als Goldsmith's Note oder Banker's Note bezeichnet wurden. Sie stellten eine schnell realisierbare Forderung dar und wurden daher als leicht transportables Zahlungsmittel benutzt. Aufgrund der Erfahrung, daß niemals alle Noten gleichzeitig zur Einlösung in das deponierte Geld oder Edelmetall präsentiert wurden, brachten die Goldschmiede und Geldwechsler mehr Noten in den Zahlungsverkehr, als sie Einlagen hatten. Durch diese Ausgabe von nicht durch Einlagen gedeckten Noten verschafften sie sich selbst Kredit und konnten ihren Kunden mehr Kredit einräumen; denn sie zahlten die Kredite in ihren Noten aus. Dabei mußten sie die Ausgabe von Noten, die nicht durch den Barvorrat gedeckt waren, so begrenzen, daß sie die zur Einlösung präsentierten Noten stets in Bargeld oder die entsprechende Edelmetallmenge einlösen konnten. So entstand das Kreditgeschäft der Bankers, d. h. derjenigen →Privatbankiers, die ihr Geschäft durch Hereinnahme von Depositen und Emission von Banknoten finanzierten.

Nach dem Vorbild der englischen Privatnotenbanken wurde 1668 in Schweden die erste →Zentralnotenbank, die staatseigene →Sveriges Riksbank errichtet. Als erste Notenbank auf Aktien durften 1694 die Zeichner der damaligen englischen Staatsanleihe die →Bank of England gründen. Das Aktienkapital bestand aus dem Betrag der Staatsanleihe, war also vollständig an den Staat ausgeliehen, der dafür 8 % Zinsen zahlte. In Schottland, das bis 1707 nur in Personalunion, aber noch nicht in Realunion mit England verbunden war, wurde das Bankgeschäft mit Depositen und Banknoten von eigenen Aktienbanken, u. a. der Bank of Scotland (1695 gegründet), betrieben. Bei der Erneuerung des Notenprivilegs der Bank of England 1833 wurden ihre Banknoten zum gesetzlichen Zahlungsmittel (legal tender) erklärt. Ihre Noten waren damit im Unterschied zu den Banknoten der privaten Notenbanken nunmehr Geld. Durch die →Peelsche Bankakte 1844 wurde der Bank of England eine Zweidrittel-Deckung für ihre Noten entsprechend dem →Currency-Prinzip vorgeschrieben. Gleichzeitig leitete die Bankakte die Entwicklung zur Zentralnotenbank ein; denn sie bestimmte, daß in England und Wales keine neuen Notenbanken mehr konzessioniert werden durften, daß ferner die bestehenden privaten Notenbanken ihr Notenkontingent nicht mehr erhöhen durften und daß der Bank of England die Notenkontingente aller Notenbanken zufallen sollten, die ihr Emissionsrecht aufgaben oder verloren. Von den fast 300 Privatnotenbanken (1844) verlor die letzte, Fox Fowler & Co., 1921 ihr Emissionsrecht, als sie von der Lloyds Bank übernommen wurde. Nur die vier schottischen Notenbanken behielten noch ein begrenztes Notenemissionsrecht.

In Frankreich scheiterten die beiden ersten Notenbanken: die von Law gegründete →Banque Royale (1716–1720) und die von Panchaud gegründete Caisse d'Escompte (1776–1793) wegen ihrer übermäßigen Inanspruchnahme für den Staatskredit. Erst die nach einer Anregung von Perrégaux 1800 vom Ersten Konsul Bonaparte gegründete →Banque de France war dauerhaft. Obwohl ihr keine Notendeckung vorgeschrieben war, hatte sie im 19. Jh. gewöhnlich eine Bardeckung (→Notendeckung) von 75–90 % für ihren Notenumlauf. Nach der Suspendierung der Einlösungspflicht im Kriege 1870/71 wurden ihre Banknoten zum gesetzlichen Zahlungsmittel erklärt. Das blieben sie auch nach der Wiederherstellung der Einlösungspflicht (1873).

In Deutschland begann die Entwicklung der Banknote 1765 mit der Errichtung des Kgl. Giro- und Lehnbanco in Berlin. Dieser gab seine geringe Notenemission 1806 auf, als Preußen in größerem Umfange →Staatspapiergeld, →Kassenscheine, in Umlauf gebracht hatte. Die staatliche Königliche Bank wurde 1846 durch die →Preußische Bankakte in die öffentlich-rechtliche Aktiengesellschaft →Preußische Bank umgewandelt. Diese nahm die Notenemission mit einem auf 21 Mill. Taler begrenzten Kontingent wieder auf. Als sie 1856 das gesamte noch umlaufende Staatspapiergeld zum Umtausch in Banknoten übernahm, wurde die Kontingentierung aufgehoben. Der Umfang der Notenemission wurde nunmehr an eine Dritteldeckung in Gold und Silber nach dem →Banking-Prinzip gebunden. Neben der Preußischen Bank entstanden in Deutschland bis 1871 weitere 32 öffentlich-rechtliche oder private Notenbanken, u. a. die Bayerische Hypotheken- und Wechselbank (1835), die Frankfurter Bank (1854), die Sächsische Bank (1865), die Württembergische Notenbank (1871). Demgegenüber war die 1816 errichtete →Österreichische Nationalbank, die das österreichische Staatspapiergeld in Banknoten allmählich eintauschen sollte, von vornherein eine →Zentralnotenbank, da ihr das Notenmonopol verliehen wurde. Ihre Noten wurden 1841 gesetzliches Zahlungsmittel.

Das deutsche Banknotenwesen wurde nach der Reichsgründung im Bankgesetz 1875 geregelt. Es schrieb allen Notenbanken eine Dritteldekkung in Goldbarren oder Goldmünzen – Deutschland hatte 1873 die

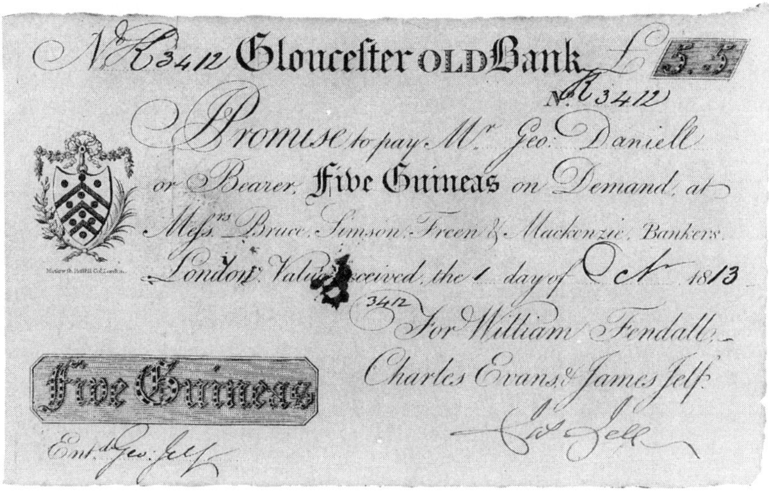

Banknote, 5-Guineas-Note einer Country-Bank, der Gloucester Old Bank (1813)

→Goldwährung eingeführt – vor. Als Zentralnotenbank wurde auf Initiative des Reichstags die →Reichsbank errichtet. Hierzu wurde die Preußische Bank an das Reich verkauft und in die Reichsbank umgewandelt. Sie nahm am 1. 1. 1876 ihre Tätigkeit auf. Da sie im Bankgesetz gegenüber den anderen Notenbanken bei der Notensteuer bevorzugt war und da sie als einzige Notenbank im ganzen Reichsgebiet Filialen einrichten durfte, gaben die meisten anderen Notenbanken ihr Emissionsrecht bald auf. 1910 emittierten neben der Reichsbank nur noch die Bayerische Notenbank, die Sächsische Bank, die Badische Bank und die Württembergische Notenbank Banknoten. Die Reichsbanknoten wurden 1909 gesetzliches Zahlungsmittel. *Karl Erich Born*

Lit.: Born, Geld; C. A. Conant, A History of Modern Banks of Issue, New York—London 1927; J. Clapham, The Bank of England. A History, 2 Bde., Cambridge 1966; C. Lebeau, La Banque de France: ses fonctions, ses opérations, son histoire, Paris 1930; S. Pressburger, Österreichische Notenbank 1816—1966, Wien 1966; Deutsche Bundesbank (Hg.), Währung und Wirtschaft in Deutschland 1876—1975, Frankfurt 1976.

Bank of England

Die Bank of England wurde 1694 durch eine Gruppe von Kaufleuten der Londoner City unter Führung des Schotten William Paterson gegründet. Zwar war der Anlaß für die Gründung gerade zu diesem Zeitpunkt die extreme Finanznot des Staates aufgrund des Krieges, den der neu ernannte

König Wilhelm III. gegen den abgesetzten Jacob II. und dessen Protektor, den französischen König Ludwig XIV. führte. Aber die Verhältnisse in London waren reif für eine derartige Bank. Die vorangegangenen Diskussionen um die Gründung einer großen Bank in London nach kontinentalem Vorbild und der außerordentliche Erfolg des Subskriptionsverfahrens läßt keinen anderen Schluß zu, als daß auch ohne diesen konkreten Anlaß wenig später eine Bankgründung erfolgt wäre.

Die neue Bank unterschied sich von den kontinentalen Vorbildern wie Amsterdamsche →Wisselbank und →Hamburger Bank in erster Linie dadurch, daß sie nicht von einer städtischen Behörde, sondern von einer privaten Korporation gegründet wurde und als Assoziation privater «Aktionäre» das Recht erhielt, Bankgeschäfte aller Art zu unternehmen. Dieses weitgehende Privileg kann als Gegenleistung für die offen formulierte und bereits bei der Aufnahme der Geschäftstätigkeit zutagetretende enge Bindung der Bank an die Kreditbedürfnisse des Staates angesehen werden. Denn mit der Gründung war ein Kredit an den Staat in der vollen Höhe des Eigenkapitals von 1,2 Mill. Pfund verbunden.

Mit Aufnahme ihrer Geschäftstätigkeit begann die Bank damit, →Depositenscheine auszugeben, die, nachdem sie kurze Zeit später zu Inhaberpapieren wurden und jederzeit zahlbar waren, als →Banknoten zirkulierten. Im Jahr 1697 erhielt die Bank außerdem das Privileg, daß keine andere Bankgesellschaft in England mehr durch Parlamentsbeschluß konzessioniert werden durfte. Dieses Privileg wurde 1708 dahingehend präzisiert, daß keine private Gesellschaft von mehr als sechs Personen Bankgeschäfte treiben und Noten ausgeben durfte («Sechs-Partner-Regel»).

Wegen der hohen Nennwerte der Noten blieb die Zirkulation allerdings lange Zeit nur mäßig. Denn die Banknoten wurden (noch) nicht als Möglichkeit der →Geldschöpfung angesehen, sondern nur als Mittel zur Vereinfachung des Zahlungsverkehrs. Erst um die Mitte des 18. Jhs. begann die Bank damit, kleinere Noten auszugeben und damit die Noten anderer Londoner Banken zu verdrängen. Sie besaß damit de facto nicht nur ein Aktienbankmonopol, sondern seit dem späten 18. Jh. auch ein Notenbankmonopol für London. Keine der etablierten Londoner Privatbanken konnte auf Dauer ihren Noten ein vergleichbares Prestige verleihen, wie es die Noten der größten (und angesehensten) Bank im Lande besaßen. In der Provinz allerdings, wohin die Bank-of-England-Note, die allein in London zahlbar war, von wenigen Ausnahmen abgesehen nur selten vordrang, schossen zu dieser Zeit private →Zettelbanken, die sog. →Country Banks, wie Pilze aus dem Boden. Von einem nationalen Monopol war die Bank-of-England-Note zu diesem Zeitpunkt noch sehr weit entfernt.

Die starke Inanspruchnahme durch den Finanzbedarf des Staates während der Revolutionskriege führte 1797 schließlich dazu, daß die Bank ihre Barzahlungen (d.h. die Einlösung ihrer Noten gegen ein festes Quantum Metall) einstellen mußte. Gleichzeitig wurden alle Vorbehalte gegen Banknoten mit sehr niedrigen Nennwerten aufgegeben, damit die Banknote auch im Kleinverkehr das zunehmend knapper werdende Metallgeld ersetzen konnte. In der Folgezeit wurde die Bank-of-England-Note bei Zahlungen nur mit einem erheblichen Abschlag gegenüber Barzahlungen akzeptiert. Diese völlig neue Situation löste vor dem Hintergrund der →Assignateninflation auf dem Kontinent eine der produktivsten theoretischen und politischen Diskussionen über den Charakter des Geldes aus. Die Diskussionen des parlamentarischen Untersuchungsausschusses *on the high price of gold bullion* («über den hohen Preis des Goldes») des Jahres 1810 und die davon ausgehend weitergeführte Debatte zwischen →Currency-Theorie und →Banking-Theorie können auch heute noch als die Grundlage der modernen →Geldtheorie angesehen werden.

Parallel zur theoretischen Auseinandersetzung begann nach dem Ende der Napoleonischen Kriege eine einmalige Experimentierphase im britischen Währungssystem, die erst mit der →Peelschen Bankakte im Jahr 1844 ihr Ende finden sollte. Ausgangspunkt aller Experimente war die schnelle Wiederherstellung des Metallstandards, wie sie bereits im sog. *Bullion-Report* des Jahres 1810 verlangt worden war. Durchgesetzt werden konnte sie jedoch, nicht zuletzt wegen des erklärten Widerstandes der Bank of England, erst durch ein Gesetz aus dem Jahr 1819. Gerade diese Haltung der Bank erwies sich aber schließlich als kontraproduktiv und sollte ihre Autorität in grundlegenden währungspolitischen Fragen für die folgenden Jahrzehnte unterminieren. Denn durch die Aufhebung der Noteneinlösepflicht und das Anschwellen der Staatsschuld hatte nicht zuletzt sie selber enorm profitiert.

Die Dividende, die im 18. Jh. meist zwischen 4,5 % und 5,5 % pro Jahr betragen hatte, war ab 1805 auf 10 % und mehr gestiegen. In einer Zeit, als die Zinssätze für jegliche Art von Krediten durch die Wuchergesetzgebung einen Satz von 5 % nicht überschreiten durften, wurde eine solche Dividende als exorbitant hoch angesehen. Der Preis für Bank-of-England-Aktien hatte sich in dieser Zeit entsprechend mehr als verdoppelt. Pascoe Grenfell gab dem allgemeinen Unbehagen über die Politik der Bank Ausdruck, indem er forderte, daß die Privilegien der Bank, die diesen Gewinn ermöglichten, nicht mehr gerechtfertigt seien. Auf der Aktionärsversammlung des Jahres 1816 verlangte er deshalb, die Bank solle freiwillig auf einen Teil dieser Privilegien verzichten.

Zu einer Einschränkung der Privilegien kam es jedoch zunächst nicht. Auch der Vorschlag von →David Ricardo aus dem Jahr 1824, eine «Nationalbank» zu errichten, hatte keine praktischen Konsequenzen. Nach der Krise des Jahres 1825 jedoch, als die Bank erneut im Mittelpunkt der Kritik stand, ging die Regierung unter Premierminister Liverpool daran, die Währungsgesetzgebung zu reformieren und die Privilegien der Bank zu beschneiden. Die für die Bank einschneidendste Reform des Jahres 1826 war die Aufhebung des Aktienbankmonopols, das – dem Beispiel der Bank of Ireland folgend – auf einen Radius von 65 Meilen um die Londoner City beschränkt wurde. Außerhalb dieses Radius durften von nun an Zettelbanken auch als Aktienbanken errichtet werden. Gleichzeitig brach Lord Liverpool endgültig den Widerstand der Direktoren gegen die Errichtung von Filialen in der englischen Provinz.

Der Schock des Verlustes wichtiger Privilegien hatte eine außerordentlich positive Wirkung. Denn innerhalb der Direktorenschaft setzte sich nun eine Fraktion durch, die – erstmals in der Geschichte – Vorstellungen für eine moderne →Zentralbank entwickelte und auch praktisch umzusetzen suchte. Nach der sog. «Palmer Rule», die seit den frühen dreißiger Jahren die Politik der Bank bestimmte, sollte sich die Bank of England aus der Konkurrenz zu den Geschäftsbanken zurückziehen und einen Teil ihrer Ressourcen für den Fall bereithalten, daß der Markt einer Erhöhung der Liquidität bedurfte. Auf diese Weise sollte ein sofortiges Durchschlagen von Zahlungsbilanzungleichgewichten auf die Binnenkonjunktur verhindert werden. Durch den Verzicht auf einen Teil ihrer Geschäftsbankaktivitäten konnte die →Notendeckung deutlich über das als notwendig erachtete Drittel hinaus ansteigen, so daß die Bank in schwierigen Situationen Interventionsspielraum gewann.

Durch ihre Filialen versuchte die Bank unter Governor John Horsley Palmer (1830–33) und seinen drei Nachfolgern außerdem, die Bank-of-England-Note in der Provinz zu etablieren, um weiteren geldpolitischen Interventionsspielraum zu gewinnen und ein Unterlaufen der eigenen Politik durch die Zettelbanken zu verhindern. Auch in der Provinz zog sich die Bank aus der Konkurrenz zu denjenigen Banken zurück, die sich bereit erklärten, ihre Notenemission aufzugeben und nur noch Bank-of-England-Noten auszugeben (Contract Banks). Auf diese Weise sollte ein Ausgleich für die Einkommensverluste geschaffen werden, die den Banken durch die Aufgabe ihrer eigenen Notenemission entstanden waren. Ein positiver Nebeneffekt war für die Bank dabei, daß durch die Rediskontaktivitäten der Filialen die Gewinnausfälle durch den Rückzug aus der aktiven Konkurrenz in London teilweise ausgeglichen werden konnten.

Das Problem der Palmer-Politik bestand jedoch darin, daß die Bank noch nicht über eine ausreichende Erfahrung verfügte, wann und wie lange sie ihre Goldreserven zusammenschrumpfen lassen durfte und wann die Sicherung der Sterlingkonvertibilität eine Anpassung notwendig machte. Wartete die Bank zu lange, konnte sich der Anpassungsprozeß schmerzhafter gestalten, als wenn sie gar nicht interveniert, sondern sich von vornherein an die «rules of the (→gold standard) game» gehalten hätte. Zwei derartige Fehleinschätzungen und ein massiver Druck auf die Dividende

(z. T. ausgelöst durch den weiteren Verlust von Privilegien im Jahr 1833) beendeten schließlich dieses, für die Zeit einzigartig innovative Zentralbank-Experiment.

Durch die Peelsche Bankakte wurde nun die Verantwortung für die Sterling-Konvertibilität von der Geschäftsbankfunktion institutionell abgetrennt, so daß die Bank durch ihre Bank-Abteilung wieder wie eine normale Geschäftsbank agieren konnte. Sie tat dies auch, indem sie ihre Zinssätze den Verhältnissen auf dem Geldmarkt anpaßte und dadurch wieder im Diskontgeschäft gegen die Geschäftsbanken und →Bill Brokers (bzw. Diskonthäuser) konkurrierte. In der Provinz wurden die Sonderkonditionen für die Contract Banks zurückgezogen, da man erwartete, daß sich das Problem des Zettelbankwesens durch die Bestimmungen der Peelschen Bankakte von selber lösen werde.

Es sollte drei Geldmarktkrisen und drei Suspendierungen der Peelschen Notendeckungsvorschriften dauern, bis Ende der sechziger Jahre die Zentralbankverantwortung der Bank of England wieder zum Thema wurde. In seinem Buch über *Lombard Street* forderte der Wirtschaftsjournalist Walter Bagehot, daß die Bank in Krisenzeiten nicht zum Mittel der Kreditrestriktion greifen dürfe, sondern Kredit gewähren müsse, wenn die Sicherheiten den sonst üblichen Gepflogenheiten entsprächen. Zur Verteidigung ihrer Metallreserve müsse sie sich auf das Instrument der Zinshöhe beschränken.

Ob die Bank dieser Maxime wirklich folgte, wie die Mehrheit der Bank-of-England-Historiker glaubt, oder ob die Ausschließung wichtiger Marktsegmente die Bank of England als zu unzuverlässig für die →Lender-of-Last-Resort-Funktion erscheinen ließ, ist zwar umstritten. Unbestritten ist aber einerseits auch, daß die Bank während der →Baring-Krise des Jahres 1890 durch ihr sehr beherztes Eingreifen eine Katastrophe verhinderte, die möglicherweise schon zu diesem Zeitpunkt der Londoner City die Stellung als Weltfinanzzentrum gekostet hätte. Andererseits läßt sich aber ebenfalls nicht bestreiten, daß die Bank durch ihre unkooperative Haltung insbesondere gegenüber den Geschäftsbanken eine ökonomischere Ausnutzung der nationalen Goldvorräte verhinderte. Denn die Geschäftsbanken sahen sich kurz vor Ausbruch des Ersten Weltkrieges gezwungen, eigene Goldhorte aufzubauen, da sie befürchteten, daß die Bank of England entsprechende (unverzinste) Einlagen der Geschäftsbanken lediglich dazu benutzen würde, um aggressiver gegen sie konkurrieren zu können. Angesichts dieser Ambivalenz des Entwicklungsstandes der Zentralbankpolitik in England vor dem Ersten Weltkrieg steht eine abschließende Beurteilung noch aus. *Dieter Ziegler*

Lit.: W. Bagehot, Lombard Street. The Description of the Money Market, London 1873; R. D. Richards, The First Fifty Years of the Bank of England, J. G. van Dillen (Hg.),

History of the Principal Public Banks, The Hague 1934, S. 201–72; J. Clapham, The Bank of England, 2 Bde., Cambridge 1944; F. W. Fetter, Development of British Monetary Orthodoxy, Cambridge, Mass., 1965; R. S. Sayers, The Bank of England 1891–1944, 3 Bde., Cambridge 1976; M. Collins, Money and Banking in the United Kingdom, London 1988; C. A. E. Goodhart, The Evolution of Central Banks, Cambridge, Mass., 1988; D. Ziegler, Das Korsett der «Alten Dame». Die Geschäftspolitik der Bank of England 1844–1913, Frankfurt 1990; Ders., Zentralbankpolitische Steinzeit? Bank of England und Preußische Bank im Vergleich, GG 19 (1993), S. 457–87.

Bankogeld → Kurantgeld

Bank van Lening

Die Bank van Lening (ndl. *lening* = Darlehen) in Amsterdam wurde 1614 als städtisches Pfandleihhaus gegründet und entwickelte sich bald als das wichtigste seiner Art innerhalb der nördlichen Niederlande. Der öffentlichen Zielsetzung nach sollte die Anstalt sich nur mit dem Konsumtivkredit befassen. Das Vorbild der älteren italienischen →Monti di Pietà und der daraus hervorgegangenen Bergen van Barmhartigheid in den südlichen Niederlanden galt offensichtlich als maßgebend. Genau wie diese sollte die Bank van Lening als öffentliche Kreditanstalt der Gefahr, daß notleidende Arme Wucherzinsen zahlen mußten, vorbeugen. Die Bemühungen der Amsterdamer Stadtregierung um die Pfandleihe begannen spätestens 1477. Schon damals versuchte die Stadt →Wucher zu verhindern, und während des 16. Jhs. folgten, wie auch sonstwo, abwechselnd neue Bestimmungen und Berufsverbote für Privatpfandleiher. Viel Erfolg hatten die verschiedenen Maßnahmen jedoch nicht. Schließlich übernahm die Stadt daher selbst das Leihamt.

In Wirklichkeit jedoch war die Bank im Anfang auch als Handels- und →Warenkreditanstalt tätig. Das ergibt sich schon aus der Gründungsverfügung, in der nicht nur kleinere, aber teuere Pfandleihkredite von weniger als 100 fl. (zu 16¼ %), sondern auch billigere Darlehen von mehr als 500 fl. (zu 8 %; seit 1656: 6 %) vorgesehen wurden. Die Bank verdankte ihren großen sofortigen Erfolg höchstwahrscheinlich gerade dieser Bestimmung: In kurzer Zeit war das der Stadtkasse entliehene Anfangskapital von 400 000 fl. völlig verbraucht. Innerhalb von zwei Jahren folgte eine Kapitalaufstockung auf 1,2 Mill. fl. Zur Zeit der frühen Entfaltung des Amsterdamer Handelskapitalismus während der ersten Hälfte des 17. Jhs. füllte die Bank offensichtlich eine nicht unwichtige Lücke, die die →Wisselbank, der es nicht gestattet worden war, Privatkredite zu verschaffen, gelassen hatte. In der zweiten Hälfte des 17. Jhs. verringerte sich jedoch die kommerzielle Bedeutung des öffentlichen Leihhauses, da die Finanzierung des internationalen Handelsgeschäfts sich jetzt fast ausschließlich im Privatbereich der großen Händler und Bankiers abspielte. Die Bank van Lening entwickelte sich infolgedessen mehr und mehr gemäß dem ursprünglichen Ziel als städtisches Leihhaus für bedürftige Leute. Bis in die zweite Hälfte des 19. Jhs. blieb die Bank als solche ein bedeutender Zufluchtsort für die unteren Schichten der Bevölkerung von Amsterdam. Mit dem Aufkommen und der Entwicklung des modernen Bankwesens seit 1860 und dem zunehmenden Wohlstand im 20. Jh. nahm ihre Bedeutung jedoch immer mehr ab. *Peter W. Klein*

Lit.: L. Jansen, Geschiedenis van de Stads Bank van Lening te Amsterdam 1614–1964, Amsterdam 1964.

Banque de France

Die Banque de France wurde im Jahr 1800 durch die Umwandlung der erst kurz zuvor im Jahr 1796 errichteten Caisse des Comptes Courants als öffentlich-rechtliche Bank in der Form der Aktiengesellschaft gegründet. Die Aktien befanden sich überwiegend im privaten und nur zu einem geringen Teil in staatlichem Besitz. Dennoch wurden der Gouverneur der Bank und seine beiden Stellvertreter seit 1806 vom Staatsoberhaupt ernannt und nur noch die Direktoren (Régents sowie die beratenden Censeurs) von den Anteilseignern gewählt. Mit der Erteilung des Rechtes auf die Ausgabe von Banknoten im Jahr 1803 wurden die bestehenden Pariser →Zettelbanken gezwungen, ihre Notenausgabe einzustellen. Im Jahr 1808 wurde das Notenmonopol der Banque de France auch auf diejenigen Städte ausgedehnt, in denen die Bank Niederlassungen unterhielt.

Diese weitgehende Privilegierung unterstreicht deutlich, daß es dem Staat nicht in erster Linie darum ging, den Zahlungsverkehr zu erleichtern, sondern daß er eine Bank benötigte, die die Kassengeschäfte des Staates zu führen in der Lage war, ohne das Vertrauen des Publikums wieder aufs Spiel zu setzen. Denn nach den Erfahrungen mit der →Banque Royale des →John Law und mit den →Assignaten während der Französischen Revolution war das Vertrauen des französischen Publikums in jegliche Art von →Papiergeld noch wesentlich leichter zu erschüttern als in den anderen kontinentaleuropäischen Staaten. In ihrer Geldpolitik war die Banque de France deshalb im allgemeinen im 19. Jh. außergewöhnlich konservativ. Die Bardeckung ihrer Noten war mit 75 bis 90 % deutlich höher als die anderer europäischer →Zentralbanken. Dennoch führte die enge Bindung der Banque de France an den Staat dazu, daß die Bank – etwa im Gegensatz zur →Bank of England – ihre Politik zur Sicherung der Franc-Konvertibilität nicht immer durchhalten konnte. So gab es durchaus Situationen, in denen die Regierung die Bank gegen den Widerstand des Gouverneurs und gegen die Mehrheit der Régents zwang, ihren Diskontsatz zu senken, um eine konjunkturelle Erholung zu erleichtern.

Von besonderer Bedeutung war in diesem Zusammenhang auch die Stützung des →Crédit Mobilier im Jahr 1867, die eine einigermaßen geregelte Liquidation ermöglichte und damit eine Kreditkrise wie im Jahr zuvor in England verhinderte. Diese Maßnahme war in der Bank keineswegs unumstritten, aber die Regierung fürchtete unabsehbare Folgen für die politische Stabilität des Kaiserreichs und setzte ihr Interesse auch gegen den Widerstand aus der Bank durch. Von ähnlich großer Bedeutung war auch die Rettungsaktion für das Comptoir d'Escompte de Paris im Jahr 1889, als die Banque de France das Vorbild für die Bank of England abgab, die nur ein Jahr später eine ähnliche Initiative zur Rettung des Bankhauses →Baring ergriff. *Dieter Ziegler*

Lit.: M. Marion, La fondation de la Banque de France et ses premières années, J. G. van Dillen (Hg.), History of the Principal Public Banks, The Hague 1934; C. Lebeau, La Banque de France, Paris 1930; A. Plessis, La Banque de France et ses deux cents actionnaires sous le Second Empire, Genève 1982; Ders., La politique de La Banque de France de 1851 à 1870, Genève 1985; J. Bouvier, The Bank of France and the State, G. Toniolo (Hg.), Central Banks' Independence in Historical Perspective, Berlin 1988, S. 73 ff.

Banque Royale

Die Banque Royale wurde 1718 durch königlichen Beschluß aus der Banque Générale errichtet, die →John Law zwei Jahre zuvor als Depositen- und Diskontbank gegründet und mit einem Aktienkapital von 6 Mill. lt. ausgestattet hatte. Von Beginn an arbeitete die Banque Générale als Institut des öffentlichen Kredits, denn 75 % ihres Kapitals waren mit staatlichen Schuldverschreibungen (Billets d'Etat) gezeichnet, die 70–80 % ihres Wertes verloren hatten. Außerdem gab die Bank Noten für die Einzahlung von Edelmetall oder Billets d'Etat aus und erleichterte somit den Staat von einem Teil seiner Schulden. Die dabei entstehenden Verluste deckte die Bank mit Gewinnen aus dem Wechsel- und Diskontgeschäft. Dem ersten Schritt zur Entschuldung des Staates ließ Law zwei weitere folgen: die Gründung der Compagnie d'Occident, die das Handelsmonopol mit Louisiana erhielt und für Billets d'Etat Aktien ausgab, und die Umwandlung der Banque Générale in die Banque Royale. Letztere wurde durch die Auszahlung der Aktionäre zu einer staatlichen →(Zentral)Notenbank. 1719 entstand die Compagnie des Indes als alleinige Überseehandelskompanie, der der Staat die öffentlichen Einnahmen aus dem See- und Kolonialhandel sowie aus der Münzprägung übertrug. Die Compagnie des Indes und die Banque Royale, die 1720 miteinander fusionierten, bildeten die zwei Pole des zur Staatsentschuldung erdachten *Système Law.* Während die Compagnie die Billets d'Etat in Aktien umwandelte, benutzte die

Banque Royale das Aktienkapital der Compagnie zur →Notendeckung. Als im Frühjahr 1720 die Hoffnung auf steigende Kurse ein regelrechtes Spekulationsfieber in Gang setzte und Aktien mit einem Nennwert von 500 lt. in kurzer Zeit mit 10 000 lt. gehandelt wurden, kurbelte die Hausse der Aktienkurse auch die Banknotenemission an. Law sah die Gefahr für sein System. Um zu verhindern, daß die Bevölkerung von der Einlösung der Banknoten in Münzen Gebrauch machte, wurden die Banknoten zum →gesetzlichen Zahlungsmittel erklärt und die Münzen durch Verringerung der Kurse aus dem Umlauf gedrängt. Weitere deflatorische Maßnahmen, die die Kurse der Aktien und der Banknoten senken sollten, schürten aber nur Mißtrauen unter der Bevölkerung. Als im Juli 1720 eine Menschenmenge in die Bank stürmte und die Einlösung ihrer Banknoten in Münzgeld verlangte, mußte die Banque Royale ihre Zahlungsunfähigkeit erklären. Die Banknoten verloren mehr als die Hälfte des Wertes, die Aktienkurse stürzten in den Keller. Die Aktieninhaber verloren ihr Kapital, während von dem Banknoten- und Staatspapierbesitz rund 1,6 Mrd. lt. als Staatsschuld anerkannt und als Renten mit 2—2½ % verzinst wurden. Banknoten und Staatspapiergeld waren ebenso diskrediert wie die erste französische Zentralnotenbank. Erst 80 Jahre später wurde mit der Gründung der →Banque de France ein erneuter Versuch gewagt.

Zheng Kang

Lit.: A. Thiers, Histoire de J. Law, Paris 1858; H. Lüthy, La Banque protestante en France de la révocation de l'Edit de Nantes à la Révolution, 2 Bde., Paris 1959—61; E. Faure, La banqueroute de Law, Paris 1977.

Bardeckung →Notendeckung

Baring

Baring Brothers & Co., heute ein international tätiges britisches Privatbankhaus, dominierte im 19. und 20. Jh. den Londoner und zeitweilig sogar den europäischen Kapitalmarkt. Mit den →Rothschilds rivalisierten die Barings weltweit um die Führung auf dem Gebiet der Staatsanleihen und der Industrieobligationen. Den Barings wurde eine solche Macht zugeschrieben, daß der Herzog von Richelieu nach einer Emission einer französischen Staatsanleihe die europäischen Großmächte wie folgt beschrieb: Großbritannien, Frankreich, Preußen, Österreich, Rußland und Baring Brothers.

Die Barings, die ursprünglich aus Bremen stammten und sich seit 1717 als Tuchhändler in Exeter betätigten, gründeten 1762 eine Niederlassung in London. Diese diente als Filiale für Exeter, trieb aber auch auf eigene Rechnung Import- und Exporthandel. Außerdem arbeiteten die Londoner

Barings auf Kommissionsbasis als Agenten für Kaufleute in Übersee. Mit der Zeit dehnten sie ihre Dienstleistungen auf das Gebiet der Handelsfinanzierung aus, indem sie diesen Kaufleuten Akzepte einräumten, d. h. die Einlösung ihrer fälligen Wechsel gegen eine Kommissionsgebühr garantierten. Die Einnahmen aus dem →Akzeptkredit wurden zu einer festen Einnahme für Londoner Akzepthäuser wie die Barings. Während des amerikanischen Unabhängigkeitskrieges erweiterten die Barings ihr Dienstleistungsprofil um die Emission britischer Staatsanleihen. Sie übernahmen Teile von Staatsanleihen und brachten diese unter das Publikum. In kurzer Zeit wurden sie zum wichtigsten Partner für die Emission von Staatsanleihen für die britischen Alliierten auf dem Kontinent, insbesondere für Portugal. Das wichtigste Geschäft in dieser Zeit war die Finanzierung – zusammen mit Hope & Co. aus Amsterdam – des Ankaufs von Louisiana, das die USA 1803 von Frankreich erwarben und damit ihr Territorium verdoppelten.

Im 19. Jh. überholte London Amsterdam als führender internationaler Kapitalmarkt. Regierungen und Firmen aus der ganzen Welt versuchten, dort Kredite zu erhalten. Die Barings spezialisierten sich auf die USA, Argentinien, Rußland und Kanada. Neben Anleihen für diese Staaten dehnten sie ihre Aktivitäten auch auf den privaten Sektor aus, als sie 1886 für Arthur Guinness Son & Co., Ltd., die damals größte Brauerei der Welt, eine Anleihe auflegten. 1890 erlitt das Bankhaus eine Liquiditätskrise, die als Baring-Krise in die Geschichte eingegangen ist. Die Barings hatten in großem Stil südamerikanische, insbesondere argentinische Anleihen zur Emission übernommen, dafür aber keine Anleger gefunden. Der Zusammenbruch wurde nur durch ein Darlehen der →Bank of England vermieden, für das die britische Bankenwelt die Garantie übernahm. Dies war die erste Rettungsaktion für eine britische Bank. Das Privatbankhaus wurde in eine Gesellschaft mit beschränkter Haftung umgewandelt, die weiterhin unter der Kontrolle der Familie Baring blieb. Bis zur Jahrhundertwende hatte das Bankhaus seine führende Rolle auf dem Londoner Kapitalmarkt wiedergewonnen. Die Spezialisierung in der Emission von Staatsanleihen und Obligationen und im Akzeptkredit blieb, wogegen man das Handelsgeschäft aufgab. Neue Dienstleistungen wie Privatkundengeschäft, Depotgeschäft und Vermögensverwaltung kamen hinzu. Die Verbindungen zu den langjährigen Klienten – USA, Argentinien und Rußland – wurden weiterhin gepflegt, zum zaristischen Rußland während des Ersten Weltkriegs sogar ausgebaut. *John Orbell*

Lit.: R. Hidy, The House of Baring in American Trade and Finance: English Merchant Bankers at Work, 1763–1861, Cambridge, Mass., 1949; J. Orbell, Baring Brothers & Co., Ltd., A History to 1939, London 1985; P. Ziegler, The Sixth Great Power: Barings 1762–1929, London 1988.

Barren → Edelmetallströme und Grivna

Batzen

Das Wort Batzen ist nach wahrscheinlichster Interpretation wohl über das gleichzeitige Rollenbatzen als pejorative Bezeichnung im Sinne von Dreckklumpen zu deuten. Die Prägung entstand durch die Münzreform der Stadtrepublik Bern im Jahre 1492 als doppelter, doch zugleich reduzierter Plappart mit einem → Rauhgewicht von 3,34 g. Durch seine Bewertung zu 4 Kreuzern, 1/5 → Dicken/Testone und 1/15 Gulden stellte er ein praktisch verwertbares Nominal zwischen kleinen Silbermünzen und groben Sorten dar und verbreitete sich rasch in der Schweiz, Süddeutschland und Oberitalien (Rollabasso), so daß die Prägung sich auf ca. 40 Münzstätten erstreckte und der Umlauf darüber hinaus bis nach Schlesien und Preußen reichte. Auch Halbbatzen (→ Albus) wurden ausgebracht. Unterschiedliche Ausprägungen und ein überhöhter Zahlwert brachten den Batzen in Verruf, so daß 1535 und 1536 durch Münzvereine von Augsburg und Nürnberg die Prägung in Süddeutschland zu Ende ging, in Oberitalien bis Mitte des 16. Jhs. weiterlief, aber in der Schweiz als Währungseinheit bis in das 19. Jh. fortdauerte. Der Name tauchte noch einmal in der → Kipperzeit für 3- und 6-Bätzner und im 18. Jh. für Kleinmünzen in Teilen Süddeutschlands auf. Die Münzbilder zeigen bei den Schweizer Geprägen Wappen und in den Winkeln verzierte Kreuze, bei den deutschen oftmals den Adler.

Gert Hatz

Lit.: v. Schrötter, S. 63 f.; A. Luschin v. Ebengreuth, Die Rollbatzen, NZ 12, (1880), S. 379–96; H.-U. Geiger, Der Beginn der Gold- und Dickmünzenprägung in Bern, Bern 1968, S. 83 ff.; Ders., Entstehung und Ausbreitung des Batzen, SNR 51 (1972), S. 145–54; Schüttenhelm, S. 459 ff.

Belagerungsmünzen → Notgeld

Berg- und Hüttenwesen → Montanwirtschaft

Bergregal

Das Bergregal zählte seit der Mitte des 12. Jhs. unter Rückgriff auf tatsächliches oder vermeintliches römisches Kaiserrecht zu den vorwiegend finanziell nutzbaren Hoheitsrechten, deren Vergabe die Deutsche Krone unter Lehnrecht vor allem an geistliche Fürsten als Instrumente staatlicher Politik einzusetzen suchte. Bereits 1155 und 1158 in Einzelprivilegien (Grafen von Besançon und Erzbischof von Trier) als Regal definiert, finden sich in dem von Friedrich I. 1158 veranlaßten berühmten Regalienweistum Bologneser Juristen von Roncaglia *argentariae* (Silberbergwerke) zu den kaiserlichen Rechten gezählt, über deren Nutzung und Vergabe der Herrscher zu verfügen habe, wie dies auch für Münze, Zoll oder Einkünfte aus Fischerei und Salinen gelte. Beanspruchte das Königtum bereits seit 1028 gelegentlich das Recht auf Vergabe von Metall- und Salzvorkommen auf kirchlichem Grund und Boden (Basel), so vermehrten sich diese Vergaben seit der zweiten Hälfte des 12. Jhs., wobei die Staufer 1189 (Brixen und Minden) bei der Übertragung von Silberminen eine Ertragsbeteiligung in Höhe der Hälfte bzw. eines Drittels verlangten. Die strikte Ausbildung des Bergregals und seine königliche Verleihung stehen ganz im Zeichen der ersten, hochmittelalterlichen Bergbaukonjunktur, vor allem in der Alpenregion (Trient, Brixen) und im sächsischen Revier Freiberg (→Montanwirtschaft). Das Bergregal, das in sich das unveräußerliche Obereigentum zunächst des Königs, dann des von ihm belehnten Landesherren (Meissen seit 1185, Trient seit 1189, Bayern seit 1219) an den Bodenschätzen beinhaltete, schuf in der Hand der Landesherren die juristische Grundlage zur Herausbildung des staatlichen Monopols an Lagerstätten und zugleich zur Genese der allgemeinen Abbaufreiheit, auch wenn der Sachsenspiegel um 1230 («Vogtei») und manche spätere Bergordnung noch Rechte der Grundherren an Edelmetallvorkommen behaupten. Bereits 1356 erhielten mit der «Goldenen Bulle» Kaiser Karls IV. die Kurfürsten von Reichs wegen das Bergregal, 1648 mit den Friedensschlüssen von Münster und Osnabrück die übrigen Reichsstände. *Dieter Hägermann*

Lit.: A. Zycha, Das Recht des ältesten deutschen Bergbaues bis ins 13. Jahrhundert, Berlin 1899; W. Ebel, Über das landesherrliche Bergregal, Zeitschrift für Bergrecht 109 (1968), S. 146–83; D. Hägermann, Deutsches Königtum und Bergregal im Spiegel der Urkunden. Eine Dokumentation bis zum Jahre 1272, W. Kroker, E. Westermann (Hgg.), Montanwirtschaft Mitteleuropas vom 12. bis 17. Jahrhundert, Bochum 1984, S. 13–23.

Bergwerksmünzen →Ausbeutemünzen

Billets des Receveurs Généraux
Die Billets de Receveurs Généraux waren Schuldscheine, die im absolutistischen Frankreich von den Generalsteuereinnehmern (Receveurs Généraux) im Hinblick auf zukünftige Einnahmen des Staates ausgegeben wurden. Dazu gründete man im Jahre 1710 eine Caisse des Receveurs Généraux, die unter dem Namen Caisse Legendre (nach einem Herrn Legendre) bekannt wurde. Abgesehen von den Steuern, die sie eintrieb, beschaffte die Caisse dem Staat Geld von den Kapitalbesitzenden durch die Ausgabe der

Billets. Die mit den Unterschriften der 12 Generalsteuereinnehmer versehenen Schuldscheine stellten eine zinstragende Forderung an das Schatzamt (Trésor) dar und waren übertragbar.

Mit einer Verzinsung von 6 % waren die Billets als kurzfristige Anleihen gedacht, mit deren Hilfe der Staat bequemer und preiswerter Geld aufnehmen konnte als bei den Bankiers. Wie bei allen anderen Staatspapieren bestand natürlich die Gefahr, daß von dieser Art der Anleihe exzessiver Gebrauch gemacht wurde. 1715 waren Billets für 32 Mill. lt. im Umlauf, die nicht mehr eingelöst werden konnten. Der Zusammenbruch der Caisse Legendre war unausweichlich. Bei einer Überprüfung der Staatsschulden wurden die Billets wie alle anderen Schuldverschreibungen unter dem alleinigen Namen Billets d'Etat zusammengefaßt. Im weiteren 18. Jh. – nach dem Scheitern des →John Law – gaben dann die Generalsteuereinnehmer ebenso wie die Königlichen Schatzmeister Schuldscheine unter dem Namen Billets de Ferme heraus. *Zheng Kang*

Lit.: A. M. de Boislisle, Correspondances de contrôleurs généraux des finances avec les intendants des provinces, 2 Bde., Paris 1883; R. Mousnier, L'évolution des finances publiques en France et en Angleterre pendant les guerres de la Ligue d'Augsbourg et de la Sucession d'Espagne, Revue Historique 205 (1951), S. 1–23.

Billon

Billon (engl. *bullion*, span. *vellón*, ital. *biglione*) war im Münzwesen eine Legierung von Kupfer und Silber, die mehr Kupfer als Silber enthielt, also einen Feingehalt von weniger als 500/1000 aufwies. Billon wurde zur Prägung von →Scheidemünzen verwandt und deshalb auch Scheidemünzsilber genannt. So waren aus Billon noch im 19. Jh. z. B. die preuß. 1/6-Talerstücke, die norddeutschen Silber- und Neugroschen und die süddeutschen 6- und 3-Kreuzer geprägt. In seiner ursprünglichen Bedeutung (Frankreich nach 1250) galt Billon als ungemünztes Edelmetall. Die Bedeutungsverengung erfolgte seit dem 15. Jh., als mit der Ausdehnung des Handels das Schwarzsilber, eine Mischung aus Silber und Kupfer, bei der das Kupfer das Silber um mehr als die Hälfte überwog, verstärkt in Gebrauch kam.

In Frankreich wurden Kupferscheidemünzen, oft jede Silberscheidemünze, gleichviel ob hoch- oder geringwertig, als Billon bezeichnet, z. B. der Billon d'or (mit einem Goldanteil unter 12 Karat) oder der Billon d'argent (mit einem Silberanteil geringer als 8lötig). Billon blanc war dagegen die mindestens halbfeine Billonlegierung (500/1000 oder 6 Deniers fein), aber auch die Münzen zu 12 Deniers (Douzain) und zu 10 Deniers (Dizain) galten als Blancmünzen, wenngleich sie weniger als 6 Deniers fein waren. Der spanische →Real, als Silbermünze zuerst 1497 geprägt, kam in der zweiten Hälfte des 16. Jhs. durch den Handel massenhaft in Umlauf, wobei er, zum

Billon- oder Kupferreal (Real de vellón) gestreckt, die Funktion einer Rechenmünze erhielt.

In der →Kipper- und Wipperzeit (1618–22) wurden dann in Deutschland – ebenso wie zur gleichen Zeit in Spanien – Münzen zunächst aus Billon geprägt, wobei die Ausprägung kleiner Münzsorten (Groschen, 1/24-Taler) zu immer geringerem →Münzfuß führten. Billonage war der Handel mit verbotenen Münzsorten bzw. die Aussonderung schlechter Münzen zum Einschmelzen; ein Billonneur war ein Mensch, der schlechtes Geld in Umlauf brachte.

Die silberarmen Billonmünzen erhielten nach der Prägung durch längeres Weißsieden (→Prägetechnik), damit das Kupfer aus der Oberfläche verschwand, das Aussehen von Silbermünzen. Die Oberflächen wurden jedoch leicht dunkelgrau bis schwarz, da sie gegen Umwelteinflüsse empfindlich blieben. *Hans-Joachim Kraschewski*

Lit.: v. Schrötter, S. 74f.; Luschin, S. 89–106; W. Jesse, Münz- und Geldgeschichte Niedersachsens, Braunschweig 1952, S. 76f.; Spufford, Money, S. 359–67.

Bimetallismus

Als Bimetallismus oder Doppelwährung bezeichnet man (im Gegensatz zum →Monometallismus) eine Währung, in der zwei Währungsmetalle (Gold und Silber) – in fester Wertrelation miteinander verbunden – gleichzeitig als gesetzliches Zahlungsmittel fungieren. Der Staat ist innerhalb einer Doppelwährung verpflichtet, beide Metalle in unbegrenzter Höhe aufzukaufen und auszuprägen. Der Einführung einer Doppelwährung lagen häufig wirtschaftspolitische Erwägungen zugrunde: so die Befürchtung, Gold allein könnte auf die Dauer für die Erfordernisse einer modernen Wirtschaft eine zu schmale Währungsbasis abgeben (→Deflation), ferner die Hoffnung, den zunehmenden Preisverfall des Silbers ab der Mitte des 19. Jhs. dadurch aufzuhalten, daß man Silber die Funktion eines Währungsmetalls verlieh bzw. nicht aberkannte. Die staatlich festgesetzte Wertrelation zwischen beiden Edelmetallen geriet jedoch immer dann ins Wanken, wenn eines der beiden Metalle auf dem Weltmarkt billiger angeboten wurde, als es die Währungsgesetze vorsahen und der Staat im Rahmen seiner Annahmepflicht Opfer internationaler Spekulation zu werden drohte. Die erste Doppelwährung wurde 1803 von der französischen Republik mit einer festen Gold-Silber-Relation von 1:15,5 eingeführt. In den Ländern der →Lateinischen Münzunion bestand die Doppelwährung formell bis 1926, wenn auch seit 1876 die Prägefreiheit für Silbermünzen aufgehoben war (Hinkende Doppelwährung). *Friedrich Zellfelder*

Lit.: v. Schrötter, S. 156f.; N. W. J. Baas, Die Doppelwährungspolitik Frankreichs 1850–1885, Florenz 1984.

Blaffert

Der Name wird vom ndl. *blaf* (breit) (mndt. *blaff* = schlicht) abgeleitet. Er bezeichnet einseitig geprägte norddeutsche Münzen im Werte von 2 Pfennigen (Gewicht um 0,50 g, sinkender Feingehalt), die wie die →Hohlpfennige aus dünnem Silberblech bestanden, aber größer waren. Die Prägung ging (nach 1365?, wohl nicht bereits 1329) von Lübeck aus und wurde seit dem 15. Jh. nicht nur im Zentrum des Wendischen Münzvereins – Hamburg, Lüneburg und Wismar – aufgegriffen, sondern auch von weiteren niederdeutschen Münzstätten, u. a. Rostock, Stralsund, Greifswald, Hannover. Die schriftlosen Gepräge zeigen ihre Herkunft durch Wappenbilder an, die von einem Strahlenrand umgeben sind. Die Ausprägung dauerte bis in die Mitte des 16. Jhs. Die Nachahmung von Blafferten reichte bis nach Dänemark, wo die Könige Friedrich I. (1523–33) und Christian III. (1533–59) entsprechende Münzen (mit Wappen oder gekrönten Initialen) prägen ließen, u. a. in Flensburg. In der älteren und der dänischen Literatur werden gelegentlich auch zweiseitige Doppelpfennige als Blafferte bezeichnet. *Gert Hatz*

Lit.: v. Schrötter, S. 76 f.; C. Curtius, Der Münzfund von Travemünde und die lübeckischen Hohlmünzen, ZVLGA 6 (1892), S. 161–99; E. Nöbbe, Flensborgske Blafferte og Penninge fra Tiden 1546–1571, NNÅ 1938, S. 154–62; Jesse, S. 75 f. passim; G. Galster, Unionstidens udmøntninger, København 1972, S. 60, 67.

Blei

Blei (lat. *plumbum*, Pb) ist ein chem. Element, silbergraues Metall; spez. Gew. 11,3, Schmelzpunkt 327 °C, Siedepunkt 1740 °C. Es war wegen seiner Weichheit und geringen Widerstandsfähigkeit gegen Oxidation als Münzmetall ungeeignet. →Kurantmünzen sind daher aus Blei regulär nicht geprägt worden, wenngleich es gelegentlich, weil leicht zu gießen und zu formen, zu Notmünzen und Marken (Danzig, Niederlande, England) verwendet wurde.

Von großer Bedeutung war Blei seit Beginn des 16. Jhs. für die Gewinnung von Brandsilber (→Silber) als Rohstoff für die Erzeugung von Münzen. Den Anstoß, der die Bleiförderung in der zweiten Hälfte des 15. Jhs. stimulierte, hatten Verbesserungen in der Schmelztechnik der Hüttenbetriebe gegeben, nämlich das neuartige →Seigerverfahren, das Silber aus solchen Kupfererzen zu gewinnen ermöglichte, die zuvor nicht hatten entsilbert werden können, da sie zu wenig Silber enthielten. Mittels des Seigerverfahrens wurden aus silberhaltigen Kupfererzen unter Zusatz des Treibmittels Blei (→Treibarbeit) Silber und Garkupfer erzeugt. Um die Kupferabtrennung zu erleichtern, bedurfte es eines ca. 16fachen Überschusses an Blei beim →Kupellationsvorgang. Mit der Errichtung der ersten Seigerhütten seit 1453 in Nürnberg, dem anschließenden Transfer dieser Technologie in das Mansfelder Revier, nach Thüringen und Sachsen, erhielt nicht nur die Kupfererzeugung, sondern auch die Bleierzförderung und -produktion einen starken Wachstumsimpuls: In Mitteleuropa stieg die Silbergewinnung zwischen 1470 und 1540 um das Fünffache. Der jährliche Bleibedarf aller Thüringer Seigerhütten, die Mansfelder Rohkupfer seigerten, lag zwischen 10 000–12 000 Zentner, die entsprechenden Anlagen in der Mittelslowakei verarbeiteten 3500–6000 Zentner und in Kuttenberg (Böhmen) über 3000 Zentner pro Jahr. Das innovative Verfahren, das auf die Abscheidung von Silber aus einer Kupfermatrix durch Umkristallisation des Kupfers im Lösungsmittel Blei zielte, bekräftigte die führende Stellung deutscher Länder in Mitteleuropa in der Bergbautechnik und der Silber- und Kupfermetallurgie der Frühen Neuzeit.

Schwerpunkte der mitteleuropäischen Bleigewinnung und -bearbeitung im 16. Jh. waren Bergbaureviere in England (Cumberland/Cornwall), in Polen (Olkusz, Tarnowitz), Schlesien (Beuthen), im Harz (Goslar, Oberharz) sowie teilweise in Kärnten (Bleiberg-Villach). Auf den in Frankfurt/M. gelegentlich der Messen abgehaltenen Bleimärkten wurde neben niederrheinischem und westfälischem (kölnischem) auch Blei aus dem Elsaß (Straßburg) und aus der Pfalz in geringen Mengen angeboten. Auf dem mitteleuropäischen Metallmarkt spielte dieses Blei jedoch keine nennenswerte Rolle mehr. Mit Beginn des 19. Jhs. standen die Vereinigten Staaten von Amerika mit jährlich ca. 150 000–350 000 t an der Spitze der Bleiproduktion (Leadville/Colorado, Missouri); reich an Blei war auch nach wie vor Spanien (Linares/Jaén). Deutschland produzierte Ende des 19. Jhs. mit 60 Haupt- und 40 Nebenbetrieben bei 13 000 Beschäftigten 150 000 t Bleierz, und zwar im Rheinland, in Westfalen, Schlesien, Nassau, im Harz und im sächsischen Erzgebirge. Die Verhüttung dieser Erze erfolgte in Stolberg und Mechernich bei Aachen, in Düsseldorf, in Freiberg, im Harz und in Oberschlesien.

Für die Gewinnung von Blei war der Bleiglanz das bei weitem wichtigste Erz, der je nach Reinheit auf verschiedene Weise verarbeitet wurde. Der Verhüttung ging eine Konzentration des Bleiglanzes im Erz auf mechanischem Wege voraus (Aufbereitung). Die Verhüttung erfolgte durch Niederschlagsarbeit, durch Röstarbeit und durch Röstreduktionsarbeit. Niederschlagsarbeit (16./17. Jh.) war die Zerlegung des Bleiglanzes durch Eisen oder eisenhaltige Materialien. Es bildeten sich hierbei neben Schlacken und Bleistein metallisches Blei. Infolge der unvollkommenen Gewinnung des Bleis und verhältnismäßig hoher Betriebskosten wurde dieses Verfahren eingestellt und weitgehend durch das Röstverfahren ersetzt (18. Jh.), das prinzipiell starkem Erhitzen sulfidischer Erze unter Luftzutritt folgte, wobei der Sulfidschwefel zu Schwefeldioxid verbrannte und in dieser Form gasförmig entwich. Nach der Röstreduktionsmethode (18./19. Jh.) wurden Bleiglanze bearbeitet, die viel Schwefelmetalle oder quarzreiche Gangart enthielten. Die geröstete Masse wurde unter Zusatz von Schlacke zur Aufnahme der Erden und Metalloxide und unter Zusatz von Kohle einer reduzierenden Schmelzung unterworfen, wobei aus Bleioxid metallisches Blei entstand.

Das nach diesen Verfahren in Flamm- und Schachtöfen erhaltene Blei (Werkblei) enthielt noch Antimon, Arsen, Kupfer, Zink, Eisen und Silber und mußte deshalb durch einfaches Umschmelzen bei niedriger Temperatur gereinigt werden. Das leichtflüssige Blei seigerte aus, während eine kupfer-, zink- und eisenreichere Bleilegierung auf der Oberfläche der eisernen Kessel schwamm (Gekrätz) und abgezogen werden konnte. Unreines Blei mußte im Flammofen eingeschmolzen und durch Zufuhr von Luft gereinigt werden. Nach 1878 wurde die elektrolytische Raffination von Blei (und →Kupfer) entwickelt. *Hans-Joachim Kraschewski*

Lit.: v. Schrötter, S. 79; L. Suhling, Der Seigerhüttenprozeß. Die Technologie des Kupferseigerns nach dem frühen metallurgischen Schrifttum, Stuttgart 1976; K.-H. Ludwig, F. Gruber, Gold- und Silberbergbau im Übergang vom Mittelalter zur Neuzeit, Köln-Wien 1987; E. Westermann, Silbererzeugung, Silberhandel und Wechselgeschäft im Thüringer Saigerhandel 1460–1620. Tatsachen und Zusammenhänge, Probleme und Aufgaben der Forschung, VSWG 70 (1983), S. 192–214; D. Molenda, Der polnische Bleibergbau und seine Bedeutung für den europäischen Bleimarkt vom 12. bis 17. Jh., W. Kroker, E. Westermann (Hgg.), Montanwirtschaft Mitteleuropas vom 12. bis 17. Jh., Bochum 1984, S. 187–98; Norddeutsche Affinerie (Hg.), 125 Jahre Norddeutsche Affinerie Aktiengesellschaft (1866–1991), Hamburg 1991; H.-J. Kraschewski, Über Relationen zwischen Produktionsmenge, Kosten und Preisen von Harzer Blei und Glätte in der zweiten Hälfte des 16. Jhs., Der Anschnitt 39 (1987), S. 53–64.

Bodenkreditanstalt →Realkreditinstitut

Bodin, Jean (1529/30–1594)

Der französische Kronjurist war der bedeutendste Staatsrechtler des 16. Jhs. In seinem Hauptwerk *Les six livres de la république* (1576) begründete er die Souveränität des frühneuzeitlichen Staates. Außerdem verfaßte er 1568 den geldtheoretischen Traktat *La Response de Maistre Jean Bodin advocat en la Cour au paradoxe de monsieur de Malestroit...*, in dem er die →Quantitätstheorie des Geldes formulierte. Es handelte sich dabei um eine wissenschaftliche Polemik um die Ursachen des Preisanstiegs im Frankreich des 16. Jhs. Der Staatsbeamte Jean de Malestroit hatte im Auftrag des Königs die allgegenwärtige Teuerung erforscht und war in seiner Schrift *Paradoxes du Seigneur de Malestroict sur le faict de monnoyes* zu folgendem Ergebnis gekommen: Die langfristige Entwertung des →Rechengeldes, d. h. die Verringerung des Silbergehalts der →Livre tournois, führe zur Steigerung der in Livres ausgedrückten Preise. In seiner

Erwiderungsschrift belehrte dann Bodin seinen Kontrahenten: «Die vornehmste Ursach, warum alle Dinge teuer sind, es sei wo es wolle, ist die Menge dessen, welches denselben ihren Tax und Preis gibt.» Demnach verringere die Vermehrung der Edelmetalle ihren Wert bzw. ihre →Kaufkraft, so daß Preissteigerungen unvermeidlich seien. Bodin beschrieb, wie die französischen Edelmetallvorräte durch den Zufluß aus dem Ausland, insbesondere aus Spanien, gewachsen seien, und versuchte, einen Zusammenhang zwischen Edelmetallmenge und Preisniveau nachzuweisen. Er ist deshalb als Begründer der →Quantitätstheorie bezeichnet worden. Dabei übersieht man aber früheres quantitätstheoretisches Gedankengut bei →Oresmius und →Copernicus ebenso wie die Arbeiten des Dominikanerpaters Martín de Azpilcueta Navarro (1493–1586), der ein Jahrzehnt vor Bodin in Salamanca die Quantitätstheorie formulierte. Azpilcueta verglich Preise in Europa und Amerika und machte den Edelmetallimport aus der Neuen Welt für die europäische →Preisrevolution verantwortlich. D. h., Azpilcueta und Bodin erzielten nahezu gleichzeitig einen geldtheoretischen Erkenntnisfortschritt, indem sie den variablen (Tausch)Wert der Edelmetalle in Abhängigkeit von ihrer Menge nachwiesen, und müssen daher beide als weitere Väter der Quantitätstheorie angesehen werden.

Michael North

Lit.: H. Hauser, La response de Jean Bodin à M. de Malestroit 1568, Paris 1932; M. Grice-Hutchinson, The School of Salamanca, London 1952; G. Schmölders, Geldpolitik, Tübingen 1962, S. 54f.; H. Denzer, Bodin, H. Maier et al. (Hgg.), Klassiker des politischen Denkens, I, München 1979, S. 321–50, 409–12; A. Wolff, Die Geldlehre Jean Bodins (1529–1596) und ihr wirtschafts- und dogmenhistorisches Umfeld, Diss. St. Gallen 1990.

Börse

Die Börse, die vom spätlat. *bursa* (= Lederbeutel) oder der Brügger Kaufmannsfamilie Van der Buerse abgeleitet wird, ist eine Marktveranstaltung in vertretbaren (fungiblen), abwesenden Gütern bei zeitlicher (vorgeschriebene Börsenzeiten) und örtlicher Konzentration (räumlich klar begrenzter Treffpunkt). Sie stellt also einen regelmäßig stattfindenden Punktmarkt dar, der durch staatliche oder berufsständische Vorschriften geregelt ist. Die Vorschriften beinhalten die Zulassungsvoraussetzungen für Personen und Objekte sowie die Marktüberwachung. Börsengegenstand sind ausschließlich vertretbare Güter, also solche, die nach Maß, Zahl oder Gewicht gehandelt werden können, wobei jede Einheit des einen Gutes durch jede andere derselben Gattung ersetzbar ist. Die Vertretbarkeit (Fungibilität) ermöglicht den Handel ohne Besichtigung, d. h. den Tausch abwesender Güter, womit die Börse zu einem Markt hohen Abstraktionsgrades wird. Die Fungibilität unterscheidet die Börse auch von anderen Marktveranstaltungen. Sowohl bei Groß-, Wochen- und Jahrmärkten als auch bei Auktionen ist sie nicht gegeben. Bei Messen wiederum fehlen oft andere Voraussetzungen hinsichtlich konkreter Uhrzeit, genauem Ort und Statut.

Die Börse realisiert mehrere Funktionen: Sie wirkt marktbildend, sorgt für gesteigerte Zirkulation und übernimmt Finanzierungsfunktionen.

Generell zu unterscheiden sind Effekten- und Warenbörsen. Auf letztere wird hier nicht gesondert eingegangen.

Auch wenn börsenähnliche Versammlungen schon für bedeutende Handelsplätze im Altertum belegt sind und im ausgehenden Mittelalter Waren, →Wechsel, Sorten, fungible Zinspapiere (Vorläufer der später üblichen Anleihen), →Kuxe usw. an den Spezialmärkten des Mittelalters wie den Messen gehandelt wurden, wird man dennoch nur eingeschränkt von Börse sprechen dürfen, da in der Regel konkrete Nachweise dafür fehlen, daß die Marktveranstaltungen wirklich regelmäßig zu einem bestimmten Zeitpunkt unter genau definierten Regeln an genau präzisierten Orten stattfanden. Davon abgesehen wird man auch die Fungibilität der genannten Börsengegenstände noch als eingeschränkt ansehen müssen, sei es, daß ihre Übertragung des →Indossaments bedurfte, sei es, daß es sich um Namenspapiere handelte, deren Transferierung nur durch Zession (Abtretung) möglich war.

Mit Beginn der Neuzeit verstärkte sich das Geschäft mit Zinspapieren. Die →Obligationen, Kammerbriefe oder «Handschryften», wie man sie im Ostseeraum nannte, wurden zunehmend an professionell organisierten Kapitalmärkten gehandelt, wobei die Börsen in West- und Mitteleuropa zunächst im Mittelpunkt standen. Dabei ist die Entwicklung wohl von Brügge ausgegangen, wo 1409 die erste Börse Europas gegründet wurde. Es folgten Antwerpen 1460 und Lyon 1462. Diese drei Plätze dürften die einzigen sein, die man als mittelalterliche Börsenplätze ansprechen kann. Im 16. Jh. gewann Amsterdam zunehmende Bedeutung und entwickelte sich zur ersten Börse, die man im engeren Sinne als →Effektenbörse bezeichnen kann. Dort kamen erstmals festverzinsliche Wertpapiere, etwa die sog. Rentmeisterbriefe, aber auch andere Anleihen bzw. →Obligationen mit überregionaler Reichweite an den Markt. Durch die Emission der →Aktien der Niederländischen Ostindischen Kompanie ab 1602 und ihrer Einführung an der Amsterdamer Börse kam dann das Geschäft in Dividenden- bzw. Beteiligungspapieren hinzu, wodurch Amsterdam zum führenden Börsenort der damaligen Welt avancierte. Der Aufschwung des Indienhandels im 17. Jh. steigerte die Umsätze an den bestehenden Börsen der Mutterländer wesentlich.

In London wurde 1554 mit der Royal Exchange (die London Stock Exchange wurde erst 1773 errichtet) wiederum eine «Weltbörse» ins Leben gerufen, die bis zur Gegenwart von eminenter Bedeutung blieb. In Frankreich gehörten zu den ersten gesetzlich organisierten Börsen jene von

Lyon und Toulouse (1546) sowie Rouen (1566). Die Pariser Börse wurde 1724 gesetzlich anerkannt. Mit der Gründung der Wiener Börse 1753 und dem Entstehen der New York Stock Exchange 1792 erhielt das internationale Börsenwesen zwei weitere zentrale Kapitalumschlagsplätze ersten Ranges. Im Zuge der weltwirtschaftlichen Verflechtung in der zweiten Hälfte des 19. Jhs. erlangten einerseits die bisherigen Börsen weitere umsatzträchtige Zentralität, andererseits entstanden allenthalben in den industrialisierten Ländern Kapitalmärkte zweiten und dritten Grades.

Was schließlich die deutschen Börsen anbelangt, kam es im 16. Jh. zu ersten «Börsengründungen» unterschiedlicher Provenienz und Bedeutung, wobei Schwerpunkte in Oberdeutschland, besonders in Augsburg und Nürnberg (1540) und in der zweiten Jahrhunderthälfte in Hamburg (1558), Köln (1566) und Danzig (1593) lagen. Zu Beginn des 17. Jhs. folgten Lübeck (1605), Königsberg (1613), Bremen (1614), Frankfurt am Main (1615) sowie Leipzig (1635), und Anfang des 18. Jhs. (1716) kam die Berliner Börse hinzu. Es handelte sich hierbei im wesentlichen noch um Wechselbörsen und erst nach und nach, schwerpunktmäßig im 19. Jh., kam es zur Mobilisierung fungibler Inhaberpapiere auf breiterer Basis und zu dem, was Werner Sombart einmal die «Demokratisierung des öffentlichen Kredits» nannte, womit er die wachsende Zahl von Kapitalmarkt-Gläubigern aus allen Vermögenslagen umschrieb. Hierzu trugen auch neue Kommunikationsmittel, etwa die Börsenzeitungen und der Telegraph, wesentlich bei.

Frankfurt und Berlin waren bis in die 1860er Jahre etwa gleichrangig die beiden wichtigsten deutschen Börsen, wobei mit der Reichsgründung Berlin eine neue Zentralität gewann und Frankfurt überflügelte. Während Frankfurts Bedeutung sehr stark aus seiner überragenden Handels- und Messefunktion resultierte und hierbei auch jüdische Finanzkreise mit engen Beziehungen zur Wiener Börse eine wichtige Rolle spielten, hatte Berlin derlei Handelstradition nicht aufzuweisen. Sein Wachstum als Kapitalmarkt verdankte es wesentlich der Tatsache, daß sich in seinem Umfeld eine junge, kapitalbedürftige Industrie angesiedelt hatte und die Zentralität der neuen Reichshauptstadt auch dem Finanzsektor zugute kam. Frankfurt trug stärker den Charakter einer Anleihebörse als Berlin, wo das Aktiengeschäft im Vordergrund stand. *Rolf Walter*

Lit.: R. Ehrenberg, Börsenwesen, Handwörterbuch der Staatswissenschaften, III, Jena 1909, S. 168–98; W. Engels, Börsen und Börsengeschäfte, Handwörterbuch der Wirtschaftswissenschaft, II, Stuttgart 1980, S. 56–69; B. Baehring, Börsen-Zeiten. Frankfurt in vier Jahrhunderten zwischen Antwerpen, Wien, New York und Berlin, Frankfurt 1985; H. Pohl (Hg.), Deutsche Börsengeschichte, Frankfurt 1992.

Brakteat

Brakteaten (aus lat. *bractea, brattea* = dünnes Metallblättchen) und Hohlpfennige (hole penninghe, *denarii concavi*) sind einseitig mit Ober- oder Unterstempel auf einer weichen Unterlage oder in einer Hülse geprägte Denare. In der numismatischen Terminologie werden seit dem späteren 17. Jh. die einseitigen Prägungen des 12./13. Jhs. als Brakteaten, diejenigen des 14./15. Jhs., die →Scheidemünzen der dann aufkommenden größeren Nominale, als Hohlpfennige bezeichnet; ihre Ausprägung reichte in Ausläufern bis ins 17. Jh. Die Brakteatenherstellung verbreitete sich seit ca. 1130/40 von Meißen-Thüringen ausgehend oder teilweise eigenständig über Magdeburg nach Niedersachsen (Harz), Brandenburg, Holstein, Mecklenburg, Pommern und in das Gebiet des Deutschen Ordens, nach Obersachsen und Schlesien, nach Hessen und in die Wetterau; ein weiteres Gebiet bildete sich um den Bodensee herum. Auch in Skandinavien, Polen, Böhmen, Mähren, Ungarn und der Schweiz wurden zeitweise Brakteaten geschlagen. Die Ausbildung der Brakteatentechnik wurde im Zusammenhang mit der am Beginn des 12. Jhs. immer differenzierter werdenden Denarprägung gesehen und von den in einigen Regionen aufkommenden →Dünnpfennigen oder Halbbrakteaten abgeleitet. Möglicherweise handelt es sich bei den Brakteaten aber doch um eine selbständige technische Entwicklung. Neuerdings ist die Brakteatenprägung auch in Verbindung mit den häufigen →Münzverrufungen und mit der Ausweitung der Geldwirtschaft in den intensiveren Markt-Umland-Beziehungen als kostensparende, infolge leichter Teilbarkeit praktische Münzform gedeutet worden. Die größeren Durchmesser der Brakteaten, bis zu 50 mm, gestatteten künstlerische Stempelschnitte. Die späteren kleinen Hohlpfennige sanken oftmals zu groben, schlecht erkennbaren Geprägen ab. – Die vorwiegend skandinavischen Goldbrakteaten des 5./6. Jhs. und die silbernen, wohl aus karolingischen Vorbildern entwickelten Schmuckbrakteaten der Wikingerzeit des 10./11. Jhs., die in Nordwestdeutschland und im Ostseegebiet vorkommen, dienten als Amulette und Schmuck; sie waren keine Münzen.

Gert Hatz

Lit.: v. Schrötter, S. 83, 269–73, 604 f.; G. L. Schlumberger, Des Bractéates d'Allemagne, Paris 1873; P. Berghaus, Smyckebrakteater, KHL 16 (1971), Sp. 273 ff.; E. Nau, Münzen der Stauferzeit, R. Haussherr (Hg.), Die Zeit der Staufer, I, Stuttgart 1977, S. 108–88; Dies., Münzen und Geld in der Stauferzeit, ebd., III, Stuttgart 1977, S. 87–102; E. Munksgaard et al., Brakteaten, RGA 3 (1978), S. 337–61; J. Weschke, Brakteaten der Stauferzeit 1138–1254, Frankfurt (1978); B. Kluge, Probleme der Brakteatenforschung, Staatliche Museen zu Berlin, Forschungen und Berichte 19 (1979), S. 127–38; W. Steguweit, Thüringische Brakteaten des Münzkabinetts Gotha, Gotha 1981.

Broker I (Bill)
Bill Brokers bzw. Diskonthäuser sind bis heute eine Besonderheit des Londoner Geldmarktes. Das Aufkommen der Bill Brokers zu Anfang des 19. Jhs. hing direkt mit der Verbreitung von →Zettelbanken in der englischen Provinz (→Country Banks) zusammen. Denn diese waren entweder auf eine Refinanzierung angewiesen, wenn sie in Regionen operierten, wo beispielsweise wegen der einsetzenden Industrialisierung der Kreditbedarf sehr hoch war. Oder sie suchten Anlagemöglichkeiten, wenn sie in Regionen operierten, in denen «Kapitalüberschuß» herrschte. Der notwendige interregionale Ausgleich erfolgte durch den Ankauf und Verkauf von Inlandswechseln über London, den die Bill Brokers vermittelten.

Seit der Mitte des 19. Jhs. beschränkten sich die größeren Wechselmakler nicht nur auf die Vermittlung, sondern begannen im großen Stil auf eigene Rechnung zu kaufen und gleichzeitig kurzfristige Einlagen der Banken (Money at Call) anzunehmen. Da die Geschäftsbanken Wechsel selbst bei der →Bank of England grundsätzlich nicht rediskontierten und deshalb ständig bemüht sein mußten, ihr Portfolio möglichst liquide zu halten, waren sie sehr daran interessiert, einen Teil ihrer Gelder nur sehr kurzfristig auszuleihen. Die Laufzeiten der Money-at-Call-Kredite beliefen sich daher nur auf wenige Tage, während allerdings der Zinssatz auch nur wenig über dem Depositenzinssatz lag. Für die Diskonthäuser, an die diese Kredite vergeben wurden, handelte es sich damit um eine billige, aber auch sehr unberechenbare Möglichkeit der Ressourcenbeschaffung, da die Banken nicht zögerten, die Vergabe dieser Kredite im Notfall drastisch einzuschränken. Im Gegensatz zu den Banken waren die Bill Brokers deshalb auf Refinanzierungsmöglichkeiten angewiesen. Diese Funktion nahm seit etwa 1830 die Bank of England wahr, die die Refinanzierung allerdings zwischen 1858 und 1890 aus Gründen der Konkurrenz zu den Diskonthäusern und Bill Brokers im Wechseldiskontgeschäft auf Lombardkredite zum Quartalswechsel beschränkte. *Dieter Ziegler*

Lit.: E. T. Powell, The Evolution of the Money Market, 1385–1915, London 1915, S. 377 ff.; W. T. C. King, History of the London Discount Market, London 1936.

Broker II (Stock)
Die ersten Ansätze zum organisierten und spezialisierten Wertpapierhandel in London gehen auf das späte 17. Jh. zurück, als sich eine Handvoll Stock Brokers regelmäßig in einem Kaffeehaus in der Londoner City trafen. Mit der Errichtung des neuen Börsengebäudes 1802 verlagerte sich das Geschäft dorthin. Die Londoner →Börse hatte jedoch von Anfang an mindestens ebenso sehr den Charakter eines Clubs wie den eines Marktes.

Denn zugelassen waren nur «Mitglieder», und Mitglied konnten nur unabhängige Personen werden. Banken waren demzufolge ausgeschlossen und bei ihren Wertpapiergeschäften seitdem auf die Kooperation mit einzelnen Brokern angewiesen.

Bei der Gründung der Börse hatte sich die Funktion des Börsenmaklers jedoch nicht nur endgültig von der der Banken abgetrennt, sondern auch innerhalb der ursprünglich gut 500 Personen umfassenden Mitgliedschaft war es zu einer Funktionstrennung zwischen Broker und →Jobber gekommen, indem sich der Broker auf den Außenkontakt mit dem Publikum (einschließlich der Banken und institutioneller Investoren) spezialisierte. Er erhielt von seinem Kunden eine Provision für die jeweils in dessen Auftrag getätigten Abschlüsse. Die Zusammenarbeit mit den Brokern war für die Banken insbesondere im Emissionsgeschäft sehr wichtig. Als sich gegen Ende des 19. Jhs. immer häufiger Konsortien bei der Emission von Wertpapieren bildeten und das Emissionsgeschäft gleichzeitig durch das Garantiegeschäft *(Underwriting)* ergänzt wurde, wurden die größeren Brokerhäuser durch die Konsortien (unter)beteiligt und konnten ihr Geschäftsfeld auf diese Weise entscheidend erweitern. Neben den offiziellen Börsenmaklern bildete sich im Laufe des 19. Jhs. auch der graue Wertpapiermarkt der Outside Brokers heraus, die mit solchen Wertpapieren handelten, die (noch) keine Notierung an der offiziellen Börse erlangt hatten.

Dieter Ziegler

Lit.: F. Lavington, The English Capital Market, London 1921; E. V. Morgan, W. A. Thomas, The Stock Exchange, London 1962; P. L. Cottrell, Industrial Finance, 1830–1914, London 1979, S. 145 ff.; R. C. Michie, The London and New York Stock Exchanges 1850–1914, London 1987.

Buchführung →Doppelte Buchführung

Buchgeld

Buchgeld, Bankgeld oder Giralgeld werden die in den Büchern der Bankiers und Banken stehenden jederzeit fälligen Guthaben (Sichteinlagen) genannt, über die die Kunden mit →Scheck, Überweisung oder Barabhebung verfügen können. Buchgeld entsteht durch Einzahlung auf ein Konto, Gutschrift einer Überweisung oder eines →Wechsels sowie durch Gewährung eines Kredits.

Geldhistorisch bedeutsam wurde Buchgeld bereits vor 1200, als die Genueser →Wechsler begannen, ihren Kunden Bankdienstleistungen anzubieten (→Bank, →Geldschöpfung).

Michael North

Lit.: G. Schmölders, Geldpolitik, Tübingen 1962, S. 31–36.

Bullionismus

Der Begriff Bullionismus leitet sich vom engl. *bullion* (= Edelmetall) ab und bezeichnet eine Fiskal- und →Münzpolitik, die den Edelmetallabfluß aus einem Land zu verhindern und den Zufluß von Edelmetall in die Münzstätten zu fördern versuchte. Dazu gehörten das Verbot der Edelmetallausfuhr, das Verbot des freien Edelmetallhandels sowie die Einrichtung lizensierter →Wechselstuben, die den Edelmetallankauf monopolisierten und das Metall direkt an die Münzstätte lieferten. Hinzu kamen im Falle Englands Anweisungen an die Kaufleute, sich ihre Exporte bar mit Edelmetall bezahlen zu lassen und nicht auf Kredit zu verkaufen. Der Bullionismus verkörpert damit eine Philosophie, die den Reichtum und die Macht eines Landes in seinen Edelmetallvorräten begründet sah, und kann als Vorläufer des frühneuzeitlichen Merkantilismus angesehen werden.

Im Spätmittelalter erlebte Europa zahlreiche →Abwertungen aus fiskalischen Gründen (zur →Kriegsfinanzierung). Die Münzherren verschlechterten die Münzen, um den →Schlagschatz, d. h. den Gewinn aus der Münzprägung zu erhöhen. Deshalb versuchten sie mit bullionistischen Maßnahmen, alles verfügbare Edelmetall in die Münzstätten zu kanalisieren. Daher gestatteten sie weder den Export von Edelmetall noch den Umlauf verdächtiger auswärtiger Münzen. Denn letztere verdrängten, wenn sie schlechter als die einheimischen waren, diese nach dem →Greshamschen Gesetz aus dem Umlauf. Allein England stellte in dieser Epoche der Abwertungen aufgrund seiner langen monetären Stabilität eine Ausnahme dar. Dennoch mußte England, um selbst kein wehrloses Opfer der fremden Abwertungen zu werden, seinerseits zu bullionistischen Maßnahmen greifen. Es verbot deshalb in einzigartiger Weise sowohl den Umlauf fremder Münzen (sogar von italienischen →Gulden und →Dukaten) als auch die Ausfuhr seiner eigenen Münzen.

Viele Historiker haben den Bullionismus als Reaktion auf die →Edelmetallknappheit im Spätmittelalter gesehen. Dies ist aber nur zum Teil richtig. Münzabwertungen und begleitende bullionistische Maßnahmen aus fiskalischen Motiven gab es schon um die Mitte des 14. Jhs., während sich die ersten Anzeichen der Edelmetallknappheit in den 1370er und 1380er Jahren einstellten. Erst in dieser Zeit und im folgenden 15. Jh. war die Furcht berechtigt, daß die Münzstätten aus Mangel an Prägemetall schließen mußten. Insgesamt verschärften die bullionistischen Maßnahmen die Edelmetallknappheit und behinderten die internationalen →Edelmetallströme ebenso wie den internationalen Handel. Jedoch förderten sie gleichzeitig die Verbreitung von Kreditinstrumenten, insbesondere des →Wechsels, da die Kaufleute sparsamer mit dem knapperen Edelmetall umgingen, Verluste durch Piraten, Räuber und Soldaten vermieden und Kontrollen des Edelmetalltransfers zu umgehen versuchten.

John H. Munro

Lit.: J. H. Munro, Wool, Cloth, and Gold: The Struggle for Bullion in Anglo-Burgundian Trade, 1340–1478, Brussels 1973; Ders., Billon-Billoen-Billio: From Bullion to Base Coinage, Revue belge de philologie et d'histoire 52 (1974), S. 293–305; Ders., Bullionism and the Bill of Exchange in England, 1272–1663, The Dawn of Modern Banking, New Haven 1979, S. 169–240.

C

Caisse des Emprunts

Die 1674 durch den französischen Finanzminister Jean Baptiste Colbert gegründete Caisse des Emprunts war eine der direkten Kontrolle der Finanzverwaltung unterstehende Depositenbank, die Einlagen (Depositen) annahm und mit 5 % verzinste. Die Laufzeit der Einlagen (Kündigungsfrist) betrug ein Jahr. Als Quittung gab die Caisse die sog. Promesses aus, mit denen man seine Steuern zahlen konnte und die übertragbar waren. Indem sich die Caisse direkt an die Kapitalbesitzenden wandte, sparte sie die teuren Vermittlungsdienste der Bankiers. Von Colbert nur als Instrument der →Kriegsfinanzierung gedacht, stellte die Caisse ihre Tätigkeit mit dem Frieden von Rijswijk (1697) ein. Nach Ausbruch des Spanischen Erbfolgekriegs wurde sie 1702 reaktiviert. Aber die Erfahrung war weniger glücklich. Um überhaupt Einlagen zu mobilisieren, mußte die Caisse den Anlegern einen hohen Zins von 8 % zahlen. Dies hatte einen allgemeinen Zinsanstieg zur Folge, der nicht nur den Schuldendienst des Staates verteuerte, sondern auch die Caisse in eine schwierige Lage gegenüber ihren Gläubigern brachte. Nachdem die Caisse 1704 die Einlösung der Promesses für ein halbes Jahr aussetzen mußte, konnte sie nur noch durch ein Zinsangebot von 10 % die Gelder ihrer Kunden halten. Jedoch schmolz das Vertrauen in die Caisse dahin, die Einlagen wurden knapp und die Caisse zahlungsunfähig. Die Caisse bemühte sich, die Einlagen zur Hälfte in Bargeld und zur anderen Hälfte in Billets de Monnaie (Münzscheine, die auch die Besitzer eingezogener Münzen erhielten) zurückzuzahlen. 1709 stellte die Caisse endgültig alle Zahlungen ein. Versuche des Staates, seine Gläubiger zu befriedigen, schlugen fehl. Das Fehlen einer öffentlichen Bank wie der →Bank of England oder der →Wisselbank, die dem Staat im Bedarfsfall Kredit gab, war spürbar geworden; und diesem Mangel sollte schon bald →John Law mit seiner Bankgründung abhelfen.

Zheng Kang

Lit.: P. Clément, Histoire de Colbert et de son administration, 2 Bde., Paris 1874, Ndr. Genève 1980; D. Dessert, Argent, pouvoir et société au Grand siècle, Paris 1984.

Casa di San Giorgio

Die Casa di San Giorgio *(Officium comperarum et bancorum Sancti Georgii)* war ein Konsortium der Gläubiger des Stadtstaates Genua. Sie verwaltete von 1407 bis 1805 die öffentliche Schuld der Stadt und fungierte

Innenansicht des Palazzo di San Giorgio, des Sitzes der Casa di San Giorgio

gleichzeitig als Bank. Die Gründung der Casa di San Giorgio stand im Zusammenhang mit der öffentlichen Schuld Genuas, die in den Kriegen mit Venedig stark angewachsen war; denn die steigenden Kriegsausgaben konnten nur durch immer neue Zwangsanleihen (→Compera) unter der Bürgerschaft aufgebracht werden. 1407 konsolidierte die Stadt alle alten Anleihen, indem sie sie in einer mit 7 % zu verzinsenden Gesamtanleihe zusammenfaßte und diese unter den Schutz des Stadtheiligen, des Hl. Georg stellte. Die Schuldenverwaltung übernahm die Casa di San Giorgio, die 1408 auch mit dem Bankbetrieb begann. Sie war damit neben der 1401 in Barcelona gegründeten →Taula di cambi die erste öffentliche europäische Bank, die Einlagen annahm und Überweisungen tätigte. Sie gewährte dem Staat Kredite und verwaltete neben den neuen Anleihen auch die Genueser Kolonien Caffa, Famagusta, Korsika etc. Im 17. und 18. Jh., als der Staat die Verwaltung seiner Schulden selbst übernahm, spielte die Casa di San Giorgio als →Wechselbank eine wichtige Rolle in der Genueser Finanzwelt. Nach dem Zusammenbruch der Genueser Adelsrepublik 1797 blieb die Casa di San Giorgio als einfache Bank bestehen, mußte aber 1805, als Genua vom Frankreich Napoleons annektiert wurde, ihre Pforten schließen. *Giuseppe Felloni*

Lit.: H. Sieveking, Genueser Finanzwesen mit besonderer Berücksichtigung der Casa di San Giorgio, 2 Bde., Freiburg 1898–99; E. Marengo et al., Il banco di San Giorgio, Genova 1911; G. Felloni, L'archivio della Casa di San Giorgio di Genova (1407–1805) ed il suo ordinamento, Atti della Società Ligure di Storia Patria 24 (1984), S. 352–62.

Cash Credit

Nach allgemeiner Auffassung war das schottische Bankensystem das erste der Welt, das sich frühzeitig den Erfordernissen des Industrialisierungsprozesses anpaßte und dadurch entscheidend dazu beitrug, diesem zum Durchbruch zu verhelfen. Die finanztechnische Innovation, die diese Leistung ermöglichte, war der Cash Credit, ein Vorläufer des modernen →Kontokorrentkredits (Overdraft). Dabei handelte es sich um einen Personalkredit, der bis zu einer verabredeten Höhe vom Kreditnehmer abgerufen werden konnte. Zinsen mußten nur für die tatsächlich in Anspruch genommene Summe gezahlt werden. Die Auszahlung des Kredits erfolgte bar in Noten der den Kredit gewährenden →Zettelbank, die auf diese Weise ihre Noten in Umlauf brachte.

Das Bemerkenswerte daran war, daß das schottische Publikum diese Noten akzeptierte, als auf dem europäischen Kontinent durch die →Banque Royale des John Law und die →Assignateninflation jegliche Art von →Papiergeld in Verruf gekommen war. Das Vertrauen des Publikums gründete sich auf die außerordentliche Stabilität des schottischen Bankwesens. Denn die schottischen Provincial Banking Companies, die diese Praxis von den privilegierten Edinburger Banken (Royal Bank of Scotland, Bank of Scotland) erlernt und perfektioniert hatten, litten nicht wie die englischen →Country Banks unter einer Begrenzung der Zahl der Teilhaber, so daß ihre Kapitalbasis weitaus größer war. Außerdem erlaubten die niedrigeren Nennwerte der schottischen Banknoten neben der ökonomischeren Ausnutzung des im Lande vorhandenen Münzmetalls ein Eindringen der Banknote in den «Kleinverkehr» und damit eine schnellere Gewöhnung des Publikums an das neue Zahlungsmittel. *Dieter Ziegler*

Lit.: R. Cameron, Banking in the Early Stages of Industrialization, Oxford 1967, S. 60ff.; S. G. Checkland, Scottish Banking. A History 1695–1973, Glasgow 1975; Ch. W. Munn, The Scottish Provincial Banking Companies, 1747–1864, Edinburgh 1981.

Census Consignativus →Rentenkredit

Centime →Münze, Livre tournois und Lira

Coeur, Jacques, ca. 1395–1456

Der Krämersohn aus Bourges war der bedeutendste Kaufmann und Bankier (→Merchant Banker), den Frankreich im Spätmittelalter hervorgebracht hat. Die Quelle seines Aufstiegs bildete das Amt des *Argentier*, des Königlichen Hoflieferanten und Schatzmeisters, das er 1438 erhielt. Die Aufgabe des *Argentier* bestand darin, die königliche Familie mit Kleidern, Schmuck, Mobiliar, Pferden und Waffen zu versorgen. Dazu mußte er die geforderten Waren an den verschiedenen Handelsplätzen in Frankreich und im Mittelmeerraum zusammentragen. So erhielt er die Möglichkeit, gleichermaßen im Auftrag des Königs und auf eigene Rechnung internationalen Handel zu betreiben. Als Geldquelle nutzte er hierfür die zur Unterhaltung der *Argenterie* gedachten Anteile an den Steuereinnahmen und vermengte dabei seine Finanzen mit denen des Königs. Dies sollte ihm später, nachdem er durch eine Intrige alle Ämter verloren hatte, vor Gericht vorgeworfen werden. Aus dem Handel entstand das Bankgeschäft: Jacques Coeur räumte Kunden und Lieferanten Kredit ein, führte Geldüberweisungen französischer Bistümer nach Rom durch (→Kurialer Zahlungsverkehr) und finanzierte die französische Rückeroberung der Normandie in der Endphase des Hundertjährigen Krieges. In der säkularen →Edelmetallknappheit des 15. Jhs. kämpfte Coeur ständig mit dem Problem der Geldbeschaffung. So versuchte er, durch den Abbau silberhaltigen Bleis im Lyonnais Silber für die Münzstätten und seinen Mittelmeerhandel zu gewinnen. Außerdem ließ er Silbermünzen, Schmuckstücke und

Tafelsilber ansammeln und zu Barren einschmelzen. Denn jede Galea, die in seinem Auftrag nach Rhodos oder Ägypten segelte, hatte 3000 bis 4000 Mark Silber an Bord, um damit die Einkäufe zu bezahlen (→Edelmetallströme). Als ihm der Edelmetallexport aus Frankreich vorgeworfen wurde (→Bullionismus), verteidigte er ihn mit dem gleichen Argument wie fast 200 Jahre später →Thomas Mun: «...er werde zeigen, daß er für jede Mark Silber eine Mark Gold ins Königreich zurückgebracht habe.»

Michael North

Lit.: M. Mollat, Der königliche Kaufmann Jacques Coeur oder der Geist des Unternehmertums, München 1991.

Compera

Der ital. Begriff Compera (pl. Compere) bezeichnet verschiedene Schuldformen der Genueser Stadtschuld im Mittelalter und der Frühen Neuzeit. Seit Anbeginn versuchte der Stadtstaat, die notwendigen finanziellen Mittel auf unterschiedliche Weise zu beschaffen. Zusätzlich zu den Einnahmen aus Steuern und Abgaben verpachtete Genua bestimmte Einkünfte für ein Jahr gegen einen festen Betrag an Privatleute. Die Kommune konnte so mit einer sicheren Einnahme rechnen und planen und überließ außerdem dem Pfandinhaber das Risiko der Steuereintreibung. Die Verpachtung der Einnahmen wurde als Compera (erstmals 1149) bezeichnet. Falls die daraus fließenden Mittel nicht ausreichten, griff die Stadt auf Anleihen von Gläubigerkonsortien zurück und verpfändete diesen dafür bestimmte Einnahmen als Zins und Tilgung. Auch diese Anleiheform wurde – ebenso wie das Konsortium der Pfandinhaber – Compera genannt. Mit der Zeit setzte sich dann die Bezeichnung Compera oder Compere für die anderen Anleiheformen der Stadt durch (→Staatsfinanzen). *Giuseppe Felloni*

Lit.: H. Sieveking, Genueser Finanzwesen mit besonderer Berücksichtigung der Casa di San Giorgio, 2 Bde., Freiburg 1898–99; D. Gioffrè, Il debito pubblico genovese, Atti della Società ligure di storia patria 6 (1966), S. 11–336.

Conto corrente →Kontokorrent

Copernicus, Nicolaus (dt. Koppernigk), 1473–1543

Der in Thorn an der Weichsel geborene Theologe, Jurist und Astronom verfaßte in den Jahren zwischen 1517 und 1526 drei geldtheoretische Schriften, die wie die meisten Arbeiten zur →Geldtheorie aus aktuellem Anlaß entstanden. Copernicus war nach seinem Studium als Domherr für die Verwaltung der Güter des Bistums Ermland zuständig, das aufgrund seiner Binnenlage (zwischen dem zu Polen gehörenden Königlichen Preußen und dem Ordensland Preußen) von preußischen und polnischen Münzen überschwemmt wurde. Seit Beginn des 16. Jhs. war die Diskussion über die Münzreform im Gang, an der Copernicus für das Ermland und auf Seiten der königlich-preußischen Stände teilnahm. Die Situation verschärfte sich, als der polnische König Sigismund I. das Münzwesen vereinheitlichte und dazu den niedrigen polnischen →Münzfuß auch in Preußen einführte. Gegen diese Veränderung der herrschenden Geldordnung und die damit verbundene Entwertung ihrer Renteneinkommen setzten sich die königlich-preußischen Stände zur Wehr, wobei ihnen Copernicus' Denkschrift *Monete cudende ratio* von 1526 als Grundlage diente. Darin beschwor Copernicus wie einst →Oresmius die negativen Folgen einer schwachen Währung: «Was ist nun anderes zu gewärtigen, wenn nicht bald Abhilfe geschaffen wird, als daß Preußen demnächst von Gold und Silber entblößt ist und nur noch über Kupfermünze verfügt, so daß die Einfuhr fremdländischer Waren und aller Großhandel binnen kurzem zum Erliegen kommen müssen! Welcher fremde Kaufmann möchte wohl seine Waren für Kupfermünze hergeben, und welcher einheimische Handelsmann könnte dann mit einer solchen Münze überhaupt noch an fremden Gestaden exotische Waren einkaufen?» Daneben betonte Copernicus wie seine akademischen Vorläufer die Autorität der Stände in Fragen der Geldordnung: «Ohne reifliche Beratung der Ältesten und ohne einstimmigen Beschluß darf die Münze nicht erneuert werden.» Neu war an Copernicus' Argumentation die Entwicklung einer Geldwertlehre. Er weist nach, daß unter geordneten Münzverhältnissen eine Münze mehr Wert hat, als sie Edelmetall enthält. Der Wert der Münze ist deshalb für ihn eine objektiv bestimmbare Größe, die sich aus dem Metallwert und einem die Prägekosten widerspiegelnden Zusatzwert zusammensetzt. Damit widerlegte Copernicus die zu seiner Zeit weit verbreitete Auffassung, der Wert einer Münze reduziere sich auf den Wert des in ihr enthaltenen Edelmetalls. Gleichzeitig finden sich bei Copernicus Ansätze der →Quantitätstheorie, wenn er den Wert der Münzen mit der geprägten Menge in Beziehung setzt: «Am häufigsten vermindert sich diese [Bewertung] durch die Übermenge, wenn nämlich so viel Silber in Münze verwandelt worden ist, daß die Leute dann lieber ungeprägtes Silber anstelle von Münze haben wollen.» Im Gegensatz zu der Reformergruppe um Oresmius war den königlich-preußischen Ständen und den Vorschlägen des Copernicus in der Auseinandersetzung mit dem polnischen König kein Erfolg beschieden. Copernicus zog sich aus der öffentlichen Tätigkeit zurück und konzentrierte sich auf die Erforschung des Sonnensystems. So ist er als Begründer des heliozentrischen Weltbildes in die Geschichte eingegangen.

Michael North

Lit.: I. Jastrow, Kopernikus' Münz- und Geldtheorie, Archiv für Sozialwissenschaft und Sozialpolitik 38 (1914), S. 734–51; E. Sommerfeld, Die Geldlehre des Nicolaus Copernicus, Berlin 1978.

Country Bank

Als Country Banks wurden im 18. Jh. und im frühen 19. Jh. alle →Zettelbanken in der englischen Provinz bezeichnet. Dabei konnte es sich um relativ große Banken mit einem Eigenkapital von mehreren zehntausend Pfund in Handels- und Industriemetropolen wie Liverpool oder Birmingham handeln oder um kleine Bankgeschäfte in Kleinstädten mit einem Eigenkapital von etwa tausend Pfund. Einer Konzessionierungspflicht unterlagen sie nicht.

Seit der Mitte des 18. Jhs., im Zuge der einsetzenden Industrialisierung, schossen überall in der Provinz Country Banks wie Pilze aus dem Boden. Bereits um 1780 existierten in allen Teilen des Landes rund 100 solcher Zettelbanken. Den Höhepunkt ihrer Entwicklung erlebten sie Mitte der zwanziger Jahre des 19. Jhs., als ihre Zahl auf über 600 angestiegen war. In der Krise des Jahres 1825 brachen jedoch knapp 100 Country Banks zusammen. Die Ursache hierfür wurde vor allem in der schlechten Eigenkapitalausstattung gesehen. Denn nach einem Gesetz von 1708 war es keiner Bank in England und Wales neben der →Bank of England gestattet, mehr als sechs Teilhaber zu besitzen. Im Jahr 1826 wurde diese «Sechs-Partner-Regel» aufgehoben und die Gründung von Aktien-Zettelbanken (allerdings ohne beschränkte Haftung) in der Provinz zugelassen.

Diese Provincial Joint Stock Banks verdrängten in den dreißiger Jahren die Country Banks in den größeren Orten zunehmend, so daß im Jahr 1844 immerhin 72 Aktien-Zettelbanken nur noch 207 Country Banks gegenüberstanden. Durch die Bestimmungen der →Peelschen Bankakte von 1844 wurden jedoch beide Zettelbanktypen gleichermaßen diskriminiert, so daß sie relativ schnell das Depositengeschäft entwickeln mußten und als Zettelbanken bis zum Ende des 19. Jhs. weitgehend verschwanden.

Da in Schottland die Sechs-Partner-Regel nicht galt, konnten dort schon im 18. Jh. sog. Provincial Banking Companies entstehen, die sich aufgrund ihrer besseren Eigenkapitalausstattung und aufgrund der Möglichkeit, Noten mit niedrigen Nennwerten ausgeben zu können, als leistungsfähiger und stabiler erwiesen als die englischen Country Banks. Sie waren deshalb auch für die Propagandisten der «Bankfreiheit» auf dem europäischen Kontinent als Vorbild besser geeignet. *Dieter Ziegler*

Lit.: G. Rae, The Country Banker, London 1885; S. E. Thomas, The Rise and Growth of Joint Stock Banking, London 1934; L. S. Pressnell, Country Banking in the Industrial Revolution, Oxford 1956; R. Cameron, Banking in the Early Stages of Industrialization,

Oxford 1967, S. 15 ff., 60 ff.; C. W. Munn, The Scottish Provincial Banking Companies, 1747–1864, Edinburgh 1981.

Crédit Mobilier

Der Crédit Mobilier war die erste französische →Universalbank. Die erste Bank dieses Namens wurde 1852 von den Brüdern Jacob Emile und Isaac Péreire gegründet. Sie waren Anhänger von Saint-Simon, der sich für die Demokratisierung des Kredits aussprach und Personen, die nicht über Kapital, wohl aber über unternehmerische Qualitäten verfügten, mit Hilfe einer Bank die Möglichkeit zu unternehmerischer Tätigkeit bieten wollte. Der Crédit Mobilier, der dann in Form einer Aktiengesellschaft und mit Unterstützung Napoleons III. zustande kam, investierte in die Entwicklung der Eisenbahn und der Schwerindustrie. Das Kapital beschafften sich die Péreires durch die Ausgabe von →Aktien. Sie strebten auch die Ausgabe von lang- und kurzfristigen →Obligationen an, erhielten dafür aber von der Regierung keine Genehmigung, da diese um den Absatz der eigenen Staatsobligationen fürchtete. Dadurch sah sich die Bank genötigt, zur Deckung der Investitionen ihre beschränkten Finanzmittel mit den bei ihr kurzfristig deponierten Geldern aufzustocken. So gelang ihr die Verwirklichung großer Industrieprojekte nicht nur im Inland (Eisenbahnbau, Ausbau des Hafens von Marseille, Urbanisierung von Paris usw.), sondern auch im Ausland, u. a. in Österreich, der Schweiz, Italien, Spanien und Rußland, wo der erste Schritt zur Industrialisierung noch ausstand. Nach Ansicht der beiden Brüder sollten in allen diesen Ländern Crédit Mobiliers gegründet werden, um unter Führung der Muttergesellschaft auf dem ganzen Kontinent eine Harmonisierung der Investitionen herbeizuführen. Nach glänzendem Start sah sich der Crédit Mobilier aber mit einer mächtigen und ihm feindlich gesinnten Koalition aus den →Rothschilds, den Vorständen der →Banque de France und den großen Eisenbahnunternehmen konfrontiert. Überdies war das fast ausschließlich langfristig angelegte Kapital der Grund für die schleichende Lähmung, die das Institut befiel. Der Tätigkeitsbereich wurde immer mehr eingeschränkt. An den Folgen des Konkurses einer ihrer Filialen ging denn auch die Muttergesellschaft 1867 zugrunde. Trotz des Mißlingens war die Bank Beispiel für einige Nachfolger, bis das französische Bankwesen sich gegen Ende des 19. Jhs. vom Péreire-Modell der Universalbank verabschiedete und sich für eine klare Trennung zwischen →Depositen- und Geschäftsbanken aussprach. Der Crédit Mobilier war der Prototyp der Universalbank auch sonstwo in Europa und hat in nicht geringem Maße zur Entwicklung des europäischen Bankwesens beigetragen. Am Ende des 19. Jhs. nahmen vor allem die deutschen Großbanken das Konzept des Crédit Mobilier wieder auf; stärker als in anderen Ländern gelang hier eine enge Zusammenarbeit zwischen Bank und Industrie. *Helma Houtman-De Smedt*

Lit.: R. Cameron, France and the Economic Development of Europe, 1800—1914, Princeton 1961; R. Cameron, Banking in the Early Stages of Industrialization, New York 1967, S. 100—28; C. Kindleberger, Economic Growth in France and Britain, 1851—1958, Cambridge, Mass., 1964; Ders., A Financial History of Western Europe, London 1984, S. 108; M. Levy-Leboyer, Les banques européennes et l'industrialisation internationale dans la première moitié du 19e siècle, Paris 1964.

Cruzado de ouro

Die wegen des Kreuzes im Münzbild Cruzado de ouro (Krusat) genannte portugiesische Goldmünze (zunächst mit einem Feingewicht von 3,76 g) wurde in ihrem Herkunftsland seit König Alfons V. (1438—1481) geprägt und im Laufe des 16. Jhs. auf ein Feingewicht von 2,84 g verringert. Nach der Mitte des 16. Jhs. wurde sie kaum noch geprägt. Ihr Wert in →Rechengeld betrug dann nur noch 400 Reis (im Singular →Real de prata = Silber). Ihr Anteil am mitteleuropäischen Geldumlauf war groß. Die Reichsmünzordnung von 1559 unterschied Krusaten mit kurzem (griechischem) Kreuz von solchen mit langem (Cruzado calvario) und ließ sie mit 96 bzw. 95 Kreuzern als etwas leichtere Goldmünzen auf der Wertstufe der →Dukaten zu. Cruzados mit lateinischem Kreuz wurden nur unter Johann III. (1521—1557) gemünzt. Cruzados sowie deren Doppel- und Vierfachstücke wurden in Portugal bis in die zweite Hälfte des 17. Jhs. geschlagen. Ihnen äußerlich ähnlich, aber schwerer, waren die von König Sebastian im 16. Jh. geprägten Engenhosos zu 500 Reis, die samt ihren Teil- und Mehrfachstücken die Cruzados ablösten. Ein bekanntes Mehrfachstück des Engenhoso war der Milreis, zeitweise Grundlage der brasilianischen Währung. Die Cruzados teilten das Schicksal vieler verbreiteter Nominale und wurden in den Niederlanden (Batenburg) nachgeahmt.

Konrad Schneider

Lit.: v. Schrötter, S. 117, 176; P. Batalha Reis, Preçário das Monedas Portuguesas de 1140 a 1640, Lissabon 1956; U. Hagen-Jahnke, R. Walburg, Neuzeitliche Goldmünzen, Frankfurt 1985, Tafel 12; Zur Bewertung in der Reichsmünzordnung von 1559: Neue und vollständigere Sammlung der Reichsabschiede, III, Frankfurt 1747, S. 196.

Currency-Theorie

Die Bezeichnung Currency-Theorie oder Currency-Schule, einer besonderen Ausprägung der →Quantitätstheorie, rührt daher, daß sie die →Banknote als Geld *(currency)* definierte (→Geldtheorie). Als 1797 während des Krieges gegen Frankreich die →Bank of England von der Goldeinlösungspflicht für ihre Banknoten befreit worden war und bald darauf die Preise stark stiegen und der Wechselkurs des englischen →Pfundes sich verschlechterte, machte Walter Boyd in seinem *Letter to the Right Honorable William Pitt* (1800) die Ausgabe von zu vielen Banknoten dafür verantwortlich. Der bedeutendste Vertreter der Currency-Theorie wurde →David Ricardo mit seiner Schrift *The High Price of Bullion, a Proof of the Depreciation of Bank Notes* (1809). Er stellte fest, «daß eine Entwertung des in Umlauf befindlichen Tauschmittels die notwendige Folge seiner Überfülle ist». Daher verlangte er, daß die umlaufenden Banknoten grundsätzlich zu 100 % in Gold gedeckt sein müßten. Ricardos Schüler, vor allem Samuel J. Loyd, der spätere Lord Overstone, modifizierten die Currency-Theorie für die Praxis. Loyd forderte 1844 in seinen *Thoughts on the Separation of the Departments of the Bank of England,* daß die umlaufenden Banknoten zu ⅔ in Gold gedeckt sein müßten. Dieser Forderung entsprach 1844 die →Peelsche Bankakte in England und 1862 die →Plenersche Bankakte in Österreich. Als theoretische Grundlage für die Notendeckungsvorschriften wurde die Currency-Theorie meist schon im 19. und vollends im 20. Jh. durch die →Banking-Theorie verdrängt.

Karl Erich Born

Lit.: C. Rist, Geschichte der Geld- und Kredittheorie von John Law bis heute, Bern 1947; G. Stavenhagen, Geschichte der Wirtschaftstheorie, Göttingen 1964; F. W. Fetter, Development of British Monetary Orthodoxy, Cambridge, Mass., 1965; W. Ehrlicher, Geldtheorie und Geldpolitik, III: Geldtheorie, Handwörterbuch der Wirtschaftswissenschaft, III, Stuttgart 1981, S. 374–91.

D

Danegeld

Der Terminus ist zuerst in der Mitte des 11. Jhs. bezeugt und wird allgemein als Sammelbezeichnung für Freikäufe von Plünderungen durch (dänische) Wikinger verwendet (auch *tributum, pecunia pro pace, census* u. ä.). Es lassen sich zwei Phasen von Danegelderhebungen unterscheiden: In der Zeit 845–926 erfolgten, nach voraufgehenden begrenzten Unternehmungen gegen Friesland, 13 solcher Überfälle auf das Frankenreich, von denen für 7 die eingetriebenen Zahlungen überliefert sind, insgesamt 39 700 Pfund Silber. Abgesehen von kleineren lokalen Plünderungen setzten die großen Tribute in England im Jahre 991 ein, sie machten in 8 herausragenden Zahlungen bis 1040 248 647 Pfund Silber aus, was fast 60 Mill. Pennies entsprechen würde. Ab 1012 wandelten sich die Freikäufe zu einer Art staatlichen Schutzgelderhebung oder Landesverteidigungssteuer, die unter dem Namen «Heregeld» bekannt und bis 1051 den Wikingern geleistet wurde. Als Danegeld sind auch spätere in England erhobene Grundsteuern bis in das 12. Jh. hinein bezeichnet worden. Archäologisch haben diese großen Silberzahlungen unterschiedliche Spuren hinterlassen. Funde karolingischer Münzen in Skandinavien sind recht selten; es ist anzunehmen, daß viel Silber durch die Normannen bei ihren teilweise langen Aufenthalten im Frankenreich verblieb. Die zahlreichen Funde angelsächsischer Münzen in Nordeuropa werden wegen zeitlich nicht immer deutlicher Übereinstimmung mit den großen Tributen unterschiedlich interpretiert. Vereinzelt weisen auch schwedische Runensteine auf die Gelderhebungen in England hin. Es ist eine offene Frage, ob die Abgaben immer in geprägter Form geleistet wurden, die Gewichtseinheiten Silbers können auch in anderen Objekten, in Kirchengerät, Schmuck, Barren und dergleichen bestanden haben. *Gert Hatz*

Lit.: v. Schrötter, S. 120; C. Plummer, J. Earle (Hgg.), Two of the Saxon Chronicle, II, Oxford 1899, S. 360 s. v. Danegeld; E. Joranson, The Danegeld in France, Rock Island, Ill., 1923; H. Nielsen, Danegæld, KHL 2 (1957), Sp. 639 ff.; S. B. F. Jansson, Runinskrifter i Sverige, Stockholm-Göteborg-Uppsala 1963, S. 76 ff.; K. Skaare, Die karolingischen Münzfunde und der Schatzfund von Hon, HBN 20 (1966), S. 393–408; H. Beck, H. R. Lyon, Danegeld, RGA 5 (1984), S. 225 ff.; D. M. Metcalf, Can we believe the very large figure of £72,000 for the geld levied by Cnut in 1018?, Numismatiska Meddelanden 35 (1990), S. 165–76.

Darlehnskassenscheine → Kassenscheine

Dealer →Jobber

Deflation

Im Gegensatz zur →Inflation versteht man unter Deflation ein anhaltendes Absinken des allgemeinen Preisniveaus, das einer Steigerung des →Geldwerts und damit einer Erhöhung der Kaufkraft entspricht. Eine Deflation tritt meist in Verbindung mit einer wirtschaftlichen Depression auf, also mit einer kumulativen Abwärtsbewegung der gesamtwirtschaftlichen Aktivität.

Realwirtschaftliche Ursache der Deflation ist ein Überhang des gesamtwirtschaftlichen Angebots (bei kostendeckenden Preisen) über die gesamtwirtschaftliche Nachfrage (deflatorische Lücke), der zu sinkenden Preisen und damit zu einem steigenden Geldwert führt. Gründe dafür liegen entweder in binnen- oder außenwirtschaftlichen Faktoren, die zu einem Rückgang der Gesamtnachfrage führen, wie z. B. Erhöhung der Sparquote, Rückgang der Auslandsnachfrage, Aufwertung der inländischen bzw. Abwertung der ausländischen Währung.

Quantitätstheoretisch läßt sich die Deflation auch als eine Verknappung der Geldmenge im Verhältnis zum gesamtwirtschaftlichen Güterangebot interpretieren (→Quantitätstheorie). Zu einer solchen Konstellation kann es kommen, wenn das Wachstum der →Geldmenge über einen längeren Zeitraum kleiner ist als das Wachstum des realen Sozialprodukts. In diesem Sinne sind die sinkenden Preise des Spätmittelalters (14./15. Jh.) von manchen Autoren auf einen Mangel an Edelmetallen zurückgeführt worden (→Edelmetallknappheit). Weitere Deflationsperioden lassen sich zu Ende des 17. Jhs. und am Anfang des 18. Jhs. feststellen. Die bislang schwerste Deflation trat im Verlauf der Weltwirtschaftskrise 1929–1933 auf.

Rainer Metz

Lit.: O. Kraus, Inflation und Deflation, Hamburg 1952; H. Giersch, Deflation, Handwörterbuch der Sozialwissenschaften, II, Stuttgart 1959, S. 552–57; H. A. Miskimin, Money, Prices and Foreign Exchange in 14th-Century France, New Haven 1963.

Denar

Der Denar (aus dem lat. *denarius* = Zehner) war die früh- und hochmittelalterliche Hauptmünze und als solche ein Nachfolger der bis ins 3. Jh. geprägten römischen Denare. Im Frankenreich des späten 7. und frühen 8. Jhs. wurden kleine Silbermünzen ausgemünzt, aus denen in den Münzreformen Pippins und Karls des Großen (am wichtigsten war die Reform Karls von 794) der karolingische Denar entstand. Dieser karolingische Denar wurde im Frankenreich, d. h. im heutigen Frankreich, in den Niederlanden, Westdeutschland und in Italien mit einem Gewicht von 1,7 g geprägt.

Unter den ottonischen und salischen Nachfolgern der Karolinger prägten im Deutschen Reich (einschl. der heutigen Niederlande und Elsaß-Lothringen) mehr als 150 Münzstätten Denare. Die Prägungen dieser Münzstätten kommen nur in geringem Maße in Deutschland selbst vor. Sie sind aber massenweise im Norden (Skandinavien, besonders Gotland) und Osten (Estland und Nordrußland) belegt. In Schweden gibt es mehr als 60 000 deutsche Münzen in genau auswertbaren Funden aus dieser Zeit. Die hohen Fundzahlen im Ausland lassen vermuten, daß die Münzen auf dem Wege des Handels dorthin gelangt sind. Deshalb hat man vom Fernhandelsdenar gesprochen. Dennoch ist die merkwürdige Diskrepanz zwischen den in Deutschland verhältnismäßig wenig gefundenen Münzen und dem reichen Fundbestand in Nord- und Osteuropa noch nicht endgültig geklärt. Der Denar entwickelte sich in Deutschland im Laufe des 12. und 13. Jhs. zu ganz dünnen →Brakteaten, deren Münzbilder oft kleine Kunstwerke sind. Der Reichtum an Münztypen hängt sowohl mit der Zersplitterung des →Münzrechts als auch mit der →Münzverrufung zusammen, in der die Münzherren ihre Münzen bisweilen mehrmals im Jahre zwangsweise einzogen und durch neue ersetzten. Auch in Frankreich wurde der Denar (Denier) nicht nur von Königen, sondern auch von Herzögen, Grafen und Städten kraft ihrer Privilegien geprägt.

Anders waren die Verhältnisse in England, wo König Offa die Münzreformen Karls des Großen nachahmte und das Münzwesen dauerhaft zentralisiert blieb. Mit der neuen Münzordnung (973/75) König Eadgars bekam England regelmäßige Münzverrufungen mit Prägeperioden von drei bis sechs Jahren bis zur Mitte des 12. Jhs. Die englische Denarmünze wurde in königl. Münzstätten überall im Lande geprägt und seit dem späten 11. Jh. →Sterling genannt.

Obwohl der Bedarf nach größeren Münznominalen im 13. Jh. (→Groschen) den Denar zur →Scheidemünze reduzierte, wurde die Prägung dieser kleinen Nominale in Form von Hohlpfennigen bis zum Anfang des 18. Jhs. fortgesetzt. Ein →Schilling bestand aus 12 Denaren oder Pfennigen, ein →Groschen aus neun, ein →Sechsling aus sechs, ein →Witten aus vier, ein Dreiling aus drei und ein →Blaffert aus zwei Denaren. Der →Obol oder halber Denar, den man früher oft durch Halbierung einer Münze schon in der Münzstätte hergestellt hatte, wurde am Anfang des 15. Jhs. unter dem Namen Scherf geprägt. *Jørgen Steen Jensen*

Lit.: v. Schrötter, S. 128–31; K. F. Morrison, H. Grunthal, Carolingian Coinage, New York 1967; St. Suchodolski, Początki mennictwa w Europie Środkowej, Wschodniej i Północney, Warszawa 1971; H. Frère, Le Denier du Xe au XIIIe siècle, Louvain 1973; Ders., Le Denier Carolingien, spécialement en Belgique, Louvain-la-Neuve 1977; G. Hatz, Handel und Verkehr zwischen dem Deutschen Reich und Schweden in der späten Wikingerzeit, Stockholm 1974; Grierson-Blackburn; P. Grierson, The Coins of Medieval Europe, London 1991; Spufford, Money; Kluge.

Depositenbanken

Depositenbanken ist die in Deutschland im frühen 20. Jh. üblich gewordene Bezeichnung für englische Banken, deren Finanzmittel fast ausschließlich aus Depositen, d. h. den Geldeinlagen ihrer Kunden, stammten. Weil diese Einlagen hauptsächlich Sichtforderungen darstellten, die jederzeit in Bargeld konvertierbar sein mußten, haben die Depositenbanken fast nur kurzfristige bzw. hochliquide Aktivgeschäfte (wie Wechseldiskontierung, kurzfristige Darlehen, etc.) gepflegt. Manche Bankhistoriker verstehen unter dem Begriff Depositenbanken alle Banken, die seit dem Spätmittelalter Einlagen annahmen.

Tatsächlich sind die Depositenbanken nur im Rahmen der englischen Bankengeschichte sinnvoll zu betrachten. Im frühen 19. Jh. waren Banken in England eigentlich →Notenbanken, d. h. sie gewannen ihre Finanzmittel hauptsächlich durch die Emission von Papiergeldscheinen – Noten –, die von Wirtschaftssubjekten als Zahlungsmittel benutzt wurden, die aber Zahlungsversprechen der Banken waren und jederzeit in Bargeld (in Münzen) umgetauscht werden konnten (→Banknote). Da es mehrmals zu Krisen gekommen war, in denen Notenbanken ihre Noten nicht in Bargeld einlösen konnten, wurde das Notenemissionsrecht in England stark eingeschränkt (→Peelsche Bankakte). Weil aber der Bedarf an Zahlungsmitteln bzw. an →Bankgeld wuchs, sind englische Banken dazu übergegangen, die Depositenguthaben ihrer Kunden über das Instrument des →Schecks mobilisieren zu lassen. Weil die britische Bevölkerung diese Innovation aufgriff, wurden solche Zahlungsmittel in der zweiten Hälfte des 19. Jhs. zur Hauptkomponente des englischen Geldumlaufs, wobei die Depositenbanken, die diese Art von Passivgeschäft mit den o. a. liquiden, kurzfristigen Aktivgeschäften verbanden, zum dominanten Bankentyp Großbritanniens aufstiegen. Als gegen Ende des 19. Jhs. die Konzentration unter den Depositenbanken fortschritt und die übriggebliebenen Institute Clearing-Vereinbarungen zum Ausgleich der gegeneinander auflaufenden Forderungen getroffen hatten, wurden diese Banken Clearing Banks genannt. In der wirtschaftshistorischen Literatur wird nicht nur die eindrucksvolle geldökonomische Effizienz dieser Banken thematisiert, sondern auch die Möglichkeit, daß ihre Konzentration auf hochliquide Aktivgeschäfte auf Kosten einer adäquaten Versorgung der britischen Industrie mit Krediten realisiert worden ist.

In anderen Ländern ist es auch zur Entwicklung von Geschäftsbanken gekommen, die Depositen annahmen und über Schecks oder scheckähnliche Instrumente mobilisieren ließen. Nicht überall bedeutete dies jedoch eine Konzentration der Banken auf hochliquide, kurzfristige Geldgeschäfte. Sowohl in Frankreich als auch in Belgien z. B. war die Entwicklung von privaten Aktienbanken im 19. Jh. zunächst sehr stark von Anlage- oder →Universalbanktypen geprägt. Banken, die auch Wertpapieremissions- und Beteiligungsgeschäfte mit kurzfristigen Banktransaktionen (einschließlich Depositen) mischten. Erst durch Mißerfolge dieser Universalbanken setzten sich hier Depositenbanken durch, ja in Frankreich wurden sie seit den 1880er Jahren dominierende Institutionen. Im Laufe des 20. Jhs. haben diese Depositenbanken andere Kreditinstitute gegründet bzw. übernommen, die auch langfristige Finanzgeschäfte betrieben, während sich andere Banken entwickelten, die von vornherein Universalbanken waren. Deshalb läßt sich weder hier noch sonst auf dem europäischen Festland von der Dominanz der Depositenbanken sprechen. Das gilt nur für Großbritannien. *Richard H. Tilly*

Lit.: Born, Geld; A. Weber, Depositenbanken und Spekulationsbanken. Ein Vergleich deutschen und englischen Bankwesens, München 1922; C. A. E. Goodhart, The Business of Banking 1891–1914, London 1972; W. P. Kennedy, Industrial Structure, Capital Markets and the Origins of British Economic Decline, Cambridge 1987; M. Collins, Money and Banking in the U. K., London 1988.

Depositenscheine

Depositenscheine waren papiergeldartige Urkunden über die Einzahlung von Geld (Depositen) und damit eine Form von Papiergeld, das kein Kreditgeld darstellte und deshalb nicht der Spekulation ausgesetzt war. Depositenscheine waren voll gedeckt. Im Jahr 1798 gab der 1765 gegründete preußische Kgl. Giro- und Lehnbanko banknotenähnliche Bankkassenscheine als übertragbare Quittungen für hinterlegtes Silbergeld aus. Ein interessantes Beispiel sind die Frankfurter Rechneischeine, die nach der Ablehnung von Notenbankprojekten in der Zeit von 1826 bis 1855 in Frankfurt zum Nennwert von 500 Gulden umliefen und zunächst gegen Edelmetall und Münzsorten zu bestimmten, etwas unter dem Marktwert liegenden Kursen beim städtischen Rechneiamt erworben werden konnten und nur der Großkaufmannschaft nutzten. 1848 wurden die ursprünglich mit begrenzter Umlaufszeit emittierten, dann aber immer wieder verlängerten Rechneischeine, von denen ein Teil der städtischen Münze zur Verfügung stand, auch gegen bestimmte Sachwerte, außerdem Hypotheken und Frankfurter Stadtobligationen ausgegeben. Wir haben es also hier mit einer frühen Abweichung von der Metalldeckung zu tun, die nicht spekulativen Zwecken diente. Nach der Gründung der Frankfurter →(Zettel)Bank mit Notenausgaberecht 1854 waren die Rechneischeine überflüssig und wurden eingezogen. Während des Krieges von 1870 gab diese Bank gemeinsam mit einer örtlichen Interessengemeinschaft Depositenscheine zu 500 Gulden gegen englische →Sovereigns und französische Zwanzigfrancstücke aus. *Konrad Schneider*

Lit.: R. Winterwerb, Die Frankfurter Bank 1854–1923, Frankfurt 1929, S. 93–96; A. Pick, Papiergeld, Braunschweig 1967, S. 143; K. Schneider, Die Frankfurter Rechneischeine, Bankhistorisches Archiv, 16,2 (1990), S. 79–95.

Deut

Der Deut war eine niederländische Kleinmünze (Duit) im Wert von ⅛ →Stüber bzw. ¼ Groschen, ab 1573 aus Kupfer. Im 17. und 18. Jh. prägten die Provinzen und münzberechtigten Städte der Niederländischen Republik Deute nicht zuletzt als →Handelsmünzen und zu Spekulationszwecken in großen Mengen, ebenso niederländische Grafen und Herren und benachbarte Reichsstände wie Brandenburg in Kleve und die ganz auf das niederländische Währungssystem ausgerichtete Grafschaft Bentheim. Mißbrauch und Spekulation führten 1702 zur Abwertung aller alten Deute und zur Schaffung eines neuen Münzbildes mit Namen und Wappen der ausprägenden Provinz, was sie jedoch nicht vor →Nachahmungen schützte. Die Niederländische Ostindische Kompanie (VOC) exportierte riesige Mengen von Deuten nach Niederländisch-Indien, wo sie zu höherem Kurs abzusetzen waren. Ab 1724 mußten die von ihr von den Münzstätten der Provinzen bezogenen Deute mit den Buchstaben VOC (Vereenigte Oost-Indische Compagnie) versehen werden. Nach 1800 und besonders nach Einführung des dezimalen Münzsystems in den Niederlanden wurden bis 1845 mehr als 50 Mill. fl. in Deuten und anderen nicht zuletzt nur für diesen Zweck geprägten europäischen Kupfermünzen nach Niederländisch-Indien exportiert. Dort konnten die Deute zum fast doppelten Wert abgesetzt werden. Sie gehörten auch zum alltäglichen Kupfergeldumlauf in Deutschland und wurden planmäßig aus den Niederlanden importiert. *Konrad Schneider*

Lit.: Van Gelder, S. 128, 152 ff.; 245 ff.; A. Pol, Tot gerieff van India. Geldexport door de VOC en de muntproductie in Nederland 1720–1740, Jaarboek voor Munt- en Penningkunde 72 (1985), S. 65–195.

Dinar

Der Dinar stellt die arabische Fortsetzung der spätantiken Goldmünze des Solidus dar, obwohl sich seine Benennung vom →Denar ableitete. Mit leicht reduziertem Gewicht von 4,25 g seit der für das islamische Münzwesen grundlegenden Reform des Umayyadenkalifen ʿAbd al-Malik 696/7 AD. in feinem Gold geprägt, lief der Dinar zunächst hauptsächlich in Nordafrika, Ägypten und Syrien um. Der Dinar verbreitete sich zur Zeit Karls des Großen als →Mancusus im nördlichen Mittelmeerraum und im Verlauf des 9. Jhs. auch im traditionell Silber bevorzugenden islamischen Osten, dagegen in Spanien und Marokko erst im 10. Jh. Seit dieser Zeit entstanden vielfältige regionale Dinararten, großteils nur unter Fixierung des Feingehalts bei schwankendem Gewicht, so daß Zahlungen in jedem Fall zugewogen werden mußten, wobei man sich des dem klassischen Dinargewicht entsprechenden Miṯqāl bediente. Die wichtigsten Dinararten waren die guthaltigen Nīšāpūrer Dinare (ca. 900–1200), die Amīrī-

Dinare von Bagdad (12./13. Jh.), und der fāṭimidische Dinar und dessen ägyptische Nachfolger (ca. 900—1400). Gewichtsnormierte Dinararten des islamischen Westens, der Dinar al-Murābiṭī=Marabotinus (11./12. Jh.) von nur 4,15—4,20 g und anschließend der vor allem als Doppelstück (Dobla) ausgebrachte leichte almohadische Dinar von 2,3 g transportierten die reichen Goldausbeuten aus Ghana unter anderem nach Europa, wo sie die Verbreitung eigener Goldmünzen im 13. Jh. vorbereiteten (→Floren). Während sich die Dobla im Westen bis nach 1600 hielt, wurde in Ägypten und im islamischen Osten im späten Mittelalter nach Anfangserfolgen des Floren der venezianische →Dukat dominant, dessen islamische Gewichtsäquivalente, seit 1425 der Ašrafi und daneben seit 1467 der osmanische Sulṭānī Altun bis ins 18. Jh. geprägt, den Dinar ablösten.

Lutz Ilisch

Lit.: R. Brunshvig, Esquisse d'histoire monétaire Almohado-Hafside, Mélanges William Marcais, Paris 1950, S. 63—94; J. L. Bacharach, The Dinar versus the Ducat, International Journal of Middle East Studies 4 (1973), S. 77—96; siehe auch unter Dirham.

Dirham

Der Dirham war eine arabische Silbermünze, die nach der in den Perserreichen über fast ein Jahrtausend hinweg annähernd unverändert geprägten Drachme entstand und nach ihr benannt wurde. Das →Rauhgewicht lag nach der Münzreform des Umayyadenkalifen 'Abd al-Malik von 698 bei ca. 2,85 g, seit der Mitte des 8. Jhs. aber bei 2,97 g. Zwischen 800 und ca. 970 war der in einer stetig zunehmenden Zahl (über 500) von Münzstätten zwischen Spanien und Zentralasien geprägte Dirham die wichtigste Münze des Fernhandels, insbesondere im gesamten slavischen, baltischen und skandinavischen Raum (mit mehr als 80 000 nachweisbaren Fundstücken von der ungewöhnlich schatzreichen Insel Gotland und über 200 000 Stücken aus Rußland). Grundlegend war der in diesem Zeitraum besonders ertragreiche Silberbergbau im Atlas (Mzst. Tudga), im jemenitischen Bergland, in Armenien (Mzst. Ma'din Bagunays) und vor allem in den zentralasiatischen Abbaugebieten (Mzst. Panghir, Andaraba und al-Sas). Da die Prägung seit der Mitte des 9. Jhs. zunehmend ohne festgelegtes Gewicht erfolgte, mußten die Münzen bei Zahlungen zugewogen und gegebenenfalls zerbrochen oder zerschnitten werden. Dies führte zur Übernahme eines den Münzen entsprechenden orientalischen Gewichtssystems und östlicher Wiegetechnik in Ost- und Nordeuropa und zur Benutzung des sogenannten Hacksilbers, das vor allem im westslavischen Bereich (also in Deutschland unter anderem in Pommern, Mecklenburg und Holstein) zu kleinster Fragmentierung und entsprechendem Umgang mit gewichtsnormierten westlichen Münzen und Schmuck führte. Nachahmungen, insbesondere zentralasiatischer Dirhams der Samanidendynastie, entstanden bei den islamischen Bulgaren am Wolgaknie während des 10. Jhs. Der Niedergang des Dirhamexports dürfte in erster Linie Währungsveränderungen innerhalb der islamischen Welt zuzuschreiben sein, die unter dem Begriff «Silberkrise» in der Wirtschaftsgeschichte mancherlei Deutungsversuche erfahren haben. Im Verlauf des 10. Jhs. zerfiel der Dirham, dessen Bedeutung als Hauptwährungsmünze des islamischen Ostens schon zuvor durch die Ausbreitung des goldenen →Dinars beschränkt worden war, parallel zum politischen Zerfall des islamischen Kalifats in zahlreiche Regionalwährungen unterschiedlicher Feingehalte. Nur wenig früher als die südeuropäische Denarprägung wurde der Dirham im 11. Jh. überall zwischen Spanien und Zentralasien zur →Billonmünze, die wie zahlreiche überprägte Exemplare syrischer Provenienz nahelegen, periodisch →verrufen wurden. Daher eignete sich der Dirham nicht mehr zur Thesaurierung. Hieraus erklärt sich die Seltenheit entsprechender Dirhams in heutigen Sammlungen, welche den aus Stempelvergleichen einschätzbaren Prägemengen widerspricht. Zahlreicher sind unter den Funden dagegen die feinhaltigen Dirhams vertreten, die von 1177/78 (Damaskus) an unter dem Einfluß europäischer Silberexporte geprägt wurden. Neben dem europäischen Export von Barrensilber, das im 13. und 14. Jh. in Syrien und dem islamischen Osten für größere Zahlungen verwendet wurde, trat die Nachahmung syrischer Dirhams in Akkon um die Mitte des 13. Jhs. Im späteren Mittelalter verschwand der Dirham infolge fortschreitender Abwertungen im islamischen Osten, während er im Westen als Münzgewicht und Rechnungseinheit fortbestand bei gleichzeitiger Ausprägung halbdirhamgewichtiger Münzeinheiten, des Qirat im Magrib, der während der zweiten Hälfte des 13. Jhs. besonders in Katalonien und Südfrankreich für den Export nachgeahmt wurde, und des Mu'ayyadi/Maydin in Ägypten und Syrien.

Lutz Ilisch

Lit.: S. Lane Poole, Catalogue of Oriental Coins in the British Museum, 10 Bde., London 1875–90; H. Lavoix, Catalogue des monnaies musulmanes de la Bibliothèque Nationale, 3 Bde., Paris 1887–96, fortgesetzt von G. Hennequin, Paris 1985; S. D. Goitein, A Mediterranean Society, I: Economic Foundations, Berkeley 1967, S. 229–66, 368–92; M. Bates, Crusader Coins with Arabic Inscriptions, K. M. Setton (Hg.), A History of the Crusades, VI, Madison 1989, S. 421–82.

Diskont

Diskont (ital. *sconto*) ist eine spezielle Form des Zinses, der vom Nennbetrag eines Kreditpapiers abgezogen wird, wenn dieses vor dem Verfallstag zur Einlösung kommt. Wie das geschah, zeigt das folgende Beispiel: Am 1. Juli 1690 verkaufte Kaufmann A Waren im Wert von 100 Pfund an Kaufmann B, die dieser mit einem Schuldschein bezahlte. Darin versprach er, ein Jahr später (am 1. Juli 1691) 110 Pfund an Kaufmann A oder den

Inhaber des Schuldscheins zu zahlen. 6 Monate nach dem Kauf, am 1. Januar 1691, benötigte Kaufmann A plötzlich Geld und entschloß sich, den Schuldschein an einen →Merchant Banker C zu verkaufen. Dieser diskontierte den Schuldschein, d. h. er kaufte ihn mit Zinsabzug für 104 Pfund. C wurde somit zum neuen Gläubiger und behielt den Schuldschein bis zum Verfallstag 6 Monate später (1. Juli 1691), an dem er ihn Kaufmann B präsentierte und 110 Pfund kassierte. Da jeder Zahlungsaufschub Geld kostete, mußte Kaufmann B bei der ersten Transaktion für Waren im Wert von 100 Pfund ein Jahr später 110 Pfund, d. h. 10 % Zins zahlen. Da Kaufmann A nicht bis zum Verfallstag warten konnte, erhielt er nur 4 Pfund Zinsen für ein halbes Jahr (= aufs Jahr gerechnet 8 %). Den größten Gewinn, nämlich 6 Pfund von 104 Pfund für ein halbes Jahr (= aufs Jahr gerechnet 11,54 %), machte aber Bankier C, der das größte Risiko einging, weil er vermutlich B nicht kannte und dessen Kreditwürdigkeit nicht einschätzen konnte.

Voraussetzung für die Diskontierung waren zum einen die Übertragbarkeit und die Veräußerbarkeit von Kreditinstrumenten und zum anderen die Legalisierung der Zinsforderung. Dies erklärt, warum der Diskont eine Errungenschaft der Frühen Neuzeit ist. Zwar wurden bereits im Mittelalter Schulden und Kreditpapiere übertragen, aber Rechtsschutz erhielten solche Übertragungen erstmals durch eine Entscheidung des Londoner Kaufmannsgerichts von 1437. Spätestens mit den Kaiserlichen Mandaten von 1537 und 1541 wurden dann →Inhaber-Schuldscheine und →Wechsel in den Niederlanden an der Antwerpener Börse handelbar und diskontierbar, zumal die Habsburger Regierung 1541 auch Darlehen mit einem Zinssatz von 12,5 % sanktioniert hatte. England folgte 1571 mit der Legalisierung eines Zinssatzes von maximal 10 %. Bis dahin hätte eine Diskontierung, da sie den Zinssatz offenlegte, die Exkommunikation und Verfolgung wegen →Wucher zur Folge haben können.

Das erste bekannte Beispiel für Diskontierung, ein englischer Inhaber-Schuldschein, ist für das Jahr 1536 in Antwerpen, kurz vor der Habsburgischen Gesetzgebung zur Veräußerbarkeit und zum Zins, nachgewiesen. Jedoch handelt es sich dabei nach seinem «Entdecker» Herman Van der Wee um eine Ausnahme, da sich die Diskontierung in der Antwerpener Kaufmannschaft nicht vor dem Ende des 16. Jhs. verbreitete und sich erst im 17. Jh. zusammen mit dem →Indossament richtig durchsetzte. Im Laufe des 17. Jhs. fand der Diskont dann vor allem in England Verbreitung, wo die →Goldschmiede-Bankiers Inhaber-Schuldscheine, Wechsel und sogar →Exchequer Bills diskontierten, obwohl erst der *Promissory Notes Act* von 1704 den vollen gesetzlichen Schutz für die Übertragung dieser Papiere mittels Indossament bot. Im 18. und 19. Jh. wurde dann die Diskontierung zu einem der wichtigsten Zweige des englischen Bankgeschäfts. →Country Banks mobilisierten die Ersparnisse der ländlichen Bevölkerung, transferierten die Überschüsse auf den Londoner Geldmarkt, wo →Diskonthäuser oder Bill Brokers die Wechsel aus den entstehenden Industrieregionen diskontierten und damit die Industrielle Revolution finanzierten. Die Wechsel konnten die Bill Brokers bei der Bank of England zum Rediskont einreichen und sich auf diese Weise refinanzieren. In Deutschland wurde vom Diskont ebenso wie in Frankreich seltener Gebrauch gemacht, da die Rediskontierungsmöglichkeiten fehlten. Dies änderte sich erst, als die →Reichsbank seit 1876 die Wechseldiskontierung zu einem wichtigen Tätigkeitsfeld erhob. Über ihre Filialen kaufte die Reichsbank direkt Wechsel des Handels und der Industrie an und bot auch den Banken die Möglichkeit der Refinanzierung, indem sie Wechsel rediskontierte. Insgesamt wurden so von der Reichsbank 30—40 % der umlaufenden Wechsel diskontiert, die dann wiederum der →Notendeckung dienen. *John H. Munro*

Lit.: Van der Wee, S. 322—32; Ders., The Growth of the Antwerp Market and the European Economy, II, The Hague 1963, Teil 2, Kap. 3; W. T. King, The History of the London Discount Market, London 1936; E. Kerridge, Trade and Banking in Early Modern England, Manchester 1988; J. H. Munro, Die Anfänge der Übertragbarkeit: einige Kreditinnovationen im englisch-flämischen Handel des Spätmittelalters (1360—1540), North (Hg.), Kredit, S. 39—70; Deutsche Bankengeschichte, 3 Bde., Frankfurt 1982—83; siehe auch unter Broker I und Country Banks.

Diskonthäuser →Broker I

Dobla →Escudo de oro

Doblón →Escudo de oro

Dollar

Der Name Dollar leitete sich von →Taler ab, der von 1519 an in Joachimstal geprägten Münze. Mit Dollar wurden im England des 18. Jhs. die als →Kurantgeld für den täglichen Handel umlaufenden spanischen →Reales de a ocho oder Pesos bezeichnet. Insgesamt kann man folgende Dollars unterscheiden:

1. Spanischer bzw. mexikanischer Dollar: Englische und amerikanische Bezeichnung für den spanischen bzw. mexikanischen →Peso, als →Handelsmünze in beiden Amerikas, im Indischen Ozean, in Süd- und Ostasien, in Afrika sowie in Australien weit verbreitet.

2. US-Dollar (abgekürzt durch übereinandergeschriebenes *U* und *S*,

wobei später der zweite Längsstrich durch das *S* weggelassen wurde [$]): Der spanische Peso mexikanischer Ausprägung wurde am 6. 7. 1785 durch den Kongreß unter der Bezeichnung Dollar – unterteilt in Zehntel (Dime), Hundertstel (Cent) und Tausendstel (Mill) – zur Idealwährungseinheit der Vereinigten Staaten von Amerika erklärt (nach dem Münzgesetz von 1792 mit 24,06 g Feinsilber, seit 1794/95 mit 24,26, seit 1834 mit 24,06 und seit 1853 mit 22,39 festgelegt). Der Dollar in Gold wurde seit 1837 mit 1,505 g Feingold ausgeprägt und durch den *Gold Standard Act*, der gesetzlichen Einführung des →Goldstandards in den USA vom 14. 3. 1900 zur Währungseinheit der USA erklärt, während →Papiergeld in der Zirkulation vorherrschte. Der US-Dollar war ferner im Britischen Dominium Kanada Umlaufsmünze, der der kanadische Dollar als Währungseinheit gleichgestellt war, und seit dem 1. 3. 1899 auf Kuba gesetzliches Zahlungsmittel. Darüber hinaus wurde zwischen 1873 und 1877 (Ummünzung ab 1887) noch der US-Trade-Dollar, eine Handelsmünze im Wert von ca. 1,04 US-Dollar in Gold geprägt, um den mexikanischen Dollar im Ostasienhandel zu verdrängen. Der Trade-Dollar konnte nur kurzfristig in den dortigen englischen und französischen Kolonien sowie in einigen chinesischen Häfen Eingang finden, verlor aber nach dem Silberpreisverfall von 1877 jegliche Bedeutung im internationalen Handel.

3. Kurant-Dollar: Rechengeld auf Mauritius und im Indischen Ozean auf der Basis des spanischen Dollars (durchschnittlich etwa 24,04 g Feinsilber).

4. Britischer bzw. Hongkong-Dollar: Nach dem Vorbild des mexikanischen Dollars in Hongkong 1866–68 geprägter Dollar (24,26 g Feinsilber), 1866 als Standard-Münzeinheit und gesetzliches Zahlungsmittel in der Kolonie eingeführt, seit 1895 als Neuer britischer Dollar in großen Mengen in Bombay geprägt und in die ostasiatischen Häfen exportiert.

5. Straits-Settlements-Dollar: Standard-Umlaufsmünze (24,26 g Feinsilber, ab 1907 18,20 g Feinsilber) und gesetzliches Zahlungsmittel in der britischen Kronkolonie Straits Settlements (Malakka, Penang, Singapur) seit 1904, 1906 infolge der Einführung des →Goldstandards gesetzlich in feste Relation zum →Sterling gebracht (7 Pfund = 60 Dollars).

6. Südamerikanischer (Patriot) Dollar: Sammelbezeichnung im 19. Jh. für die verschiedenen Nachfolgeprägungen des spanischen (bzw. mexikanischen) Dollars im westlichen Südamerika (Kolumbien, Chile, Peru sowie Bolivien). *Markus A. Denzel*

Lit.: O. Swoboda, Die Arbitrage in Wertpapieren, Wechseln, Münzen und Edelmetallen, Berlin 1913; M. A. Denzel, Der Aufstieg und die Einbindung der Vereinigten Staaten von Amerika in die Weltwirtschaft, J. Schneider (Hg.), Währungen der Welt, I, Stuttgart 1991, S. 146–79; O. Schwarzer et al., Ostasiatische, indische und australische Wechselkurse, J. Schneider (Hg.), Währungen der Welt, IV, Stuttgart 1992, S. 1–65.

Doppelschilling

Bald nach der Einführung des →Schillings (12 Pfennige) entstand in dessen Kerngebiet, dem Bereich des Wendischen Münzvereins, der Bedarf an einer noch größeren Münzeinheit. Von rheinischen Geprägen nach Turnosenvorbild im doppelten Schillingwert (→Albus, 1357) abgesehen, kam es nach längeren Vorverhandlungen 1468 zur Prägung des Doppelschillings (24 Pfennige, Sollgewicht 3,34 g), zunächst offenbar nur in Lübeck und Hamburg, 1492 auch in Lüneburg und Wismar. Die Wappenkombinationen im Münzbild verdeutlichten die Gemeinschaftsprägung der vier Städte. Doppelschillinge wurden im 16. Jh. zunächst auch von den mecklenburgischen Landesherren in großem Umfang (ab 1567 mit der bald sehr verbreiteten DS-Rückseite), dann in weiten Teilen Norddeutschlands von Pommern bis zur Weser geprägt. Die kontinuierliche Verschlechterung der Doppelschillinge seit dem 16. Jh., die auch durch vereinzelte Besserungsversuche in Talersilber nicht aufgehalten werden konnte, erreichte ihren Höhepunkt in der inflationären →Kipper- und Wipperzeit (1619–22), so daß vielerorts (Lübeck, Hamburg, Bremen, Mecklenburg, Pommern) zur Kennzeichnung besserer oder gültiger Stücke umfangreiche Gegenstempelungen vorgenommen wurden. 1622 kam auf dem Münztag zu Hamburg das Ende der stark abgesunkenen eigentlichen hansisch-norddeutschen Doppelschillinge, die im Laufe des 17. Jhs. allenfalls ihre Fortsetzung in den nach polnischen Dreigröschern →Düttchen benannten Prägungen fanden (Dreischillingstücke). Hier bestehen aber noch terminologische Unklarheiten. In Hamburg reichten die Ausläufer der Schillinge mit der Wertzahl 2 bis 1763, ab 1623 wegen des Abweichens von der Reichs- und Kreismünzordnung als Stadtgeld, später als Hamburger Current gekennzeichnet. *Gert Hatz*

Lit.: v. Schrötter, S. 155 f.; B. Dorfmann, Doppelschillinge und Dütchen, HBN 1 (1947), S. 53–73; Jesse, S. 116 passim; N. Klüßendorf, Der Doppelschilling, Numismatisches Nachrichtenblatt 20 (1971), S. 318 ff.; Ders., Neue Forschungen zu gegengestempelten Doppelschillingen der Kipper- und Wipperzeit, HBN 24/26 (1970/72, 1977), S. 101–50; E. Schnuhr, Doppelschillinge oder Düttchen?, Berliner Numismatische Zeitschrift 33 (1972), S. 210 ff.; M. Kunzel, Mecklenburgische Münzkunde, Berlin 1985, S. 32 ff.

Doppelte Buchführung

Die doppelte Buchführung (ital. *partita doppia*) zeichnet sich – wie der Name bereits sagt – dadurch aus, daß alle externen Transaktionen ebenso wie alle internen Bestandsveränderungen (z. B. die Wertminderung von Kapitalgütern) auf zwei verschiedenen Konten eines Hauptbuchs, einem Konto auf der Soll-Seite (links) und einem auf der Haben-Seite (rechts) verbucht werden. Beide Einträge registrieren den gleichen Betrag, weisen ihn aber mit unterschiedlichem Vorzeichen (Soll und Haben) aus. Folglich müssen die Umsätze aller Soll-Buchungen in der Summe den Umsätzen aller Haben-Buchungen entsprechen. Daß dies auch der Fall ist, wird rechnerisch festgestellt. Bei der doppelten Buchhaltung werden Personenkonten (für Lieferanten und Kunden), Bestandskonten (Waren, Kasse etc.) sowie verschiedene Konten für Aufwand und Ertrag geführt. Frühe Buchführungsformen vor der doppelten Buchführung hatten gewöhnlich Personenkonten, und einige Transaktionen wurden durch zwei gegensätzliche Einträge in zwei verschiedenen Personenkonten verbucht, z. B. beim Überschreiben von einem Konto auf das Konto eines anderen Kunden im Hauptbuch eines Bankiers (→Giro). Es ist denkbar, daß die doppelte Buchführung dadurch entstand, daß man die Praxis der doppelten Verbuchung von einer Transaktion auf alle anderen Transaktionen ausdehnte. Dabei fand dann auch die Terminologie der Personenkonten (*deve dare – deve avere;* soll geben – soll haben) Eingang in die Bestandskonten und die übrigen Konten. Die Konten im Hauptbuch ermöglichen die Aufstellung einer Gewinn- und Verlustrechnung und die Erstellung einer Bilanz. In ersterer werden Aufwendungen und Erträge zur Ermittlung des Unternehmensergebnisses (in einem Rechnungszeitraum) gegenübergestellt, wogegen die Bilanz auf der einen Seite die Verwendung der eingesetzten finanziellen Mittel (Aktiva) und auf der anderen Seite die Ansprüche der Gläubiger und des Unternehmers (Passiva) daran zeigt.

Die ältesten überlieferten Rechnungsbücher, die nach den Grundsätzen der doppelten Buchführung geführt wurden, stammen von Florentiner Kaufleuten aus der Zeit um 1300. Das System entwickelte sich vermutlich gleichzeitig, aber unabhängig in verschiedenen italienischen Handelszentren. Über Jahrhunderte war die doppelte Buchhaltung in Europa als «italienische» Methode bekannt, und deren Kenntnis verbreitete sich von Italien zu den westeuropäischen Handelszentren und von dort über die restliche Welt. Für die Diffusion der doppelten Buchhaltung, die nicht als Geschäftsgeheimnis behandelt wurde, gab es mehrere Wege: Handelskontakte zwischen Italienern und ausländischen Kaufleuten auf den Messen und in den ausländischen Niederlassungen in Italien (Fondaco dei Tedeschi in Venedig); deutsche und andere Handelsgesellen, die zum Erlernen der Handelspraxis nach Italien geschickt wurden; Filialen italienischer Handelsgesellschaften im Ausland; Veröffentlichungen zu diesem Thema, unter denen der Abschnitt *De computis et scripturis* in Luca Paciolis Leitfaden *Summa de arithmetica* (Venedig 1494) nur der Beginn eines anschwellenden Wissensstroms war. Man kann nicht rekonstruieren, in welchem Maße die doppelte Buchführung in einzelnen Ländern zu verschiedenen Zeiten angewendet wurde. Bis zum ausgehenden 19. Jh. machten selbst große Unternehmen einschließlich der →Fugger in Augsburg und der Niederländischen Ostindischen Kompanie davon keinen Gebrauch.

Doppelte Buchführung: Jan Luiken «De Koopman» (1718)

Jedoch war die Nutzung der doppelten Buchführung nicht auf die Welt des Handels, der Banken und der Industrie beschränkt. Aufgrund ihrer vielseitigen Anwendungsmöglichkeiten findet man diese Technik auch bei Klöstern, Hospitälern und Regierungen.

Die doppelte Buchführung schrieb weder vor, zu welchen Preisen (Einkaufs- oder Marktpreise) Waren verbucht noch zu welchem Zeitpunkt Gewinn und Verlust auf den verschiedenen Konten registriert werden mußten. In der Vergangenheit trafen Geschäftsleute und ihre Buchhalter solche Entscheidungen oft nach Gutdünken ohne erkennbare Logik. Bis zum Aufstieg der Aktiengesellschaft in der zweiten Hälfte des 19. Jhs.

hatten auch die Buchführungslehrbücher wenig oder nichts zur Bewertung von Aktiva oder zur Verbuchung von Gewinnen und Verlusten zu sagen. Dennoch benutzten bereits toskanische Handelsgesellschaften wie die Datini-Gesellschaft oder die Medici-Bank Techniken zur Führung der Gewinn- und Verlustkonten sowie zum Erstellen der Bilanz, die uns auch heute noch modern vorkommen. Jedoch wurden erst im 20. Jh. Buchführungs- und Bilanzrichtlinien gesetzlich vorgeschrieben, wobei die Veröffentlichung von Unternehmensbilanzen einen zusätzlichen Vereinheitlichungseffekt hatte.

Über die Bedeutung der doppelten Buchführung für den Aufstieg des Kapitalismus ist vielfach spekuliert und geschrieben worden. Hier ragt der deutsche Nationalökonom Werner Sombart hervor, der der doppelten Buchführung eine wichtige Rolle bei der Entwicklung einer kapitalistischen Wirtschaftsgesinnung und einer rationalen Profitmaximierung zuschrieb. Noch übertriebener erscheint das Urteil des französischen Historikers Robert-Henri Bautier, der die doppelte Buchführung für eine der größten Errungenschaften der mittelalterlichen Zivilisation hielt.

Basil S. Yamey

Lit.: F. Melis, Storia della ragioneria, Bologna 1950; R. de Roover, New Perspectives on the History of Accounting, Accounting Review 30 (1955), S. 405–20; B. S. Yamey, Accounting and the Rise of Capitalism: Further Notes on a Theme by Sombart, Journal of Accounting Research 2 (1964), S. 117–36; B. S. Yamey, Bookkeeping and Accounts, 1200–1800, S. Cavaciocchi (Hg.), L'Impresa industria commercio banca secc. XIII–XVIII, Firenze 1991, S. 163–87.

Doppelwährung → Bimetallismus

Doppia → Escudo de oro

Doublone → Escudo de oro

Dreipölker

Der Name Dreipölker leitet sich vom poln. *pól* (= halb) ab und bezeichnet anderthalbfache polnische Groschen. Sie wurden als Nachahmungen der Reichsgroschen nach den → Reichsmünzordnungen mit deren Wertbezeichnungen «3» = 3 Kreuzer bzw. «24» im Reichsapfel = 1/24 Taler geprägt und stellten Polens Beitrag zu den Prägungen der → Kipper- und Wipperzeit dar. Sie liefen gemeinsam mit den minderwertigen deutschen Kippergroschen um, wie die einschlägigen Funde belegen. König Sigismund III. Wasa von Polen begann 1614 mit der Ausprägung der Dreipölker in der Kronmünzstätte Bromberg, der damaligen Hauptmünzstätte Polens. Der Münzfuß von 128 Stück aus der 7½lötigen Mark wurde schon bald gesenkt und die in riesigen Mengen geprägten Dreipölker zur Landplage, bis der polnische Reichstag vorläufig 1627 jegliche Prägung von Kleingeld verbot. König Johann Kasimir ließ von 1650 bis 1652 noch einmal Dreipölker schlagen, ebenso August III. von Sachsen hundert Jahre später in der Münzstätte Leipzig. Polens Nachbarn ahmten dieses Nominal nach, so die Herzöge von Pommern und Preußen sowie Schweden (als Landesherr von Livland in Riga, aber auch als Besatzungsmacht im Königlichen Preußen in Elbing). In der Stadt Riga und in Siebenbürgen wurde dieses Nominal ebenfalls geprägt. Die jüngsten livländischen Dreipölker tragen die Jahreszahl 1669. *Konrad Schneider*

Lit.: M. Gumowski, Handbuch der polnischen Numismatik, Graz 1960; B. Ahlström, Sveriges besittningsmynt – Die Münzen der schwedischen Besitzungen 1561–1878, Stockholm 1967; A. Mikołajczyk, Einführung in die neuzeitliche Münzgeschichte Polens, Łódź 1988.

Dresdener Münzvertrag → Münchener Münzvertrag

Dritteldeckung → Notendeckung

Dünnpfennig
In der Münzprägung kommen gelegentlich sehr dünne Silberpfennige vor, die wahrscheinlich durch größer werdende Schrötlinge bei gleichbleibendem Gewicht entstanden, bei denen die Eindrücke der beiden Stempel sich stören und auf der jeweiligen Gegenseite negativ erscheinen. Diese Münzen sind deshalb oft sehr undeutlich. Derartige Prägungen begegnen im 9. Jh. in Norditalien, im 10. Jh. in Haithabu/Dänemark, im 11./12. Jh. in der Schweiz und insbesondere im 12. Jh. in Bayern, Niedersachsen, Thüringen und Rheinfranken. Die Stücke sind als Vorläufer der → Brakteaten angesehen worden, bei denen dann schließlich ein Stempel weggelassen wurde. Die Brakteatenprägung setzt aber wahrscheinlich andere Techniken voraus, so daß es sich dabei wohl doch um eine eigenständige Entwicklung handelte. Auch schloß sich an die Dünnpfennige keineswegs in allen Gebieten eine Brakteatenprägung an. Da die Dünnpfennige zweiseitig geprägt wurden, dürfte diese Bezeichnung zutreffender sein als der verbreitete Terminus Halbbrakteat. Für den Bereich der Haithabu-Münzen (und anderer Prägungen) ist der Versuch gemacht worden, die Grenze zwischen Denar und Dünnpfennig (bzw. Brakteat) exakt durch die Bestim-

mung eines Gewicht-Durchmesser-Indexes festzulegen. Als Trennlinie ergab sich der Quotient 35. *Gert Hatz*

Lit.: v. Schrötter, S. 165 f.; L. v. Bürkel, Die Bilder der süddeutschen breiten Pfennige, MBNG 22/23 (1903/04), S. 1–127; Luschin, S. 88 f.; B. Malmer, Nordiska mynt före år 1000, Bonn-Lund 1966, S. 151–54; B. Kluge, Probleme der Brakteatenforschung, Staatliche Museen zu Berlin, Forschungen und Berichte 19 (1979), S. 127–38; W. Kühn, Sind die Dünnpfennige die Vorstufe der Brakteaten? Geldgeschichtliche Nachrichten 23 (1988), S. 51–58.

Düttchen

Das Düttchen war ein Dreigroschenstück, dessen Name sich aus dem poln. *dudek* (= Wiedehopf) als Spottname für den poln. Adler ableitet. Polen begann 1528 mit der Prägung von Dreigroschenstücken mit dem Brustbild des Königs auf der Vorderseite und dem Adler sowie der Wertbezeichnung auf der Rückseite, die im Laufe des 16. und 17. Jhs. bis 1662 zeitweise und in riesigen Mengen auch in Litauen, im Königlichen Preußen, in Danzig, Elbing, Reval und Riga geprägt wurden. In Polen sank ihr Feingewicht von rechnerisch 2,01 g im Jahr 1580 auf 0,90 g im Jahr 1623. Zusammen mit den →Dreipölkern strömten sie nach Mittel- und Südosteuropa und wurden ebenso häufig nachgeahmt wie in Elbing während der schwedischen Besetzung im Dreißigjährigen Krieg, aber u. a. auch im Herzoglichen Preußen, Kurland, Schlesien-Teschen und -Liegnitz-Brieg, Brandenburg, Siebenbürgen und der Moldau. Die siebenbürgischen Düttchen flossen über die rumänischen Fürstentümer großenteils ins Osmanische Reich ab, für das auch die italienischen Nachahmungen (Coreggio, Modena, Pesaro, Urbino) sowie die der Republik Ragusa (ab 1626) weitgehend bestimmt waren.

Ebenfalls Düttchen genannt wurde die Nachfolgemünze des →Doppelschillings nach der →Kipper- und Wipperzeit, vornehmlich in Norddeutschland im Wert von 1/16 Taler bzw. drei Schilling lübisch im 17. Jh.

Konrad Schneider

Lit.: E. Schröder, Düttchen, Jahrbuch des Vereins für niederdeutsche Sprachforschung 33 (1907), S. 109 ff.; B. Dorfmann, Doppelschillinge und Dütchen, HBN 1 (1947), S. 53–73; M. Gumowski, Handbuch der polnischen Numismatik, Graz 1960; A. Mikołajczik, Einführung in die neuzeitliche Münzgeschichte Polens, Łódź 1988; G. Buzugdan et al., Monede şi Bancnote Româneşti, Bukarest 1977; C. Gamberini di Scarfèa, Le imitazione e le contraffazioni monetarie nel mondo, IV, Bologna 1972, S. 234 ff.; J. Buza, Báthori Gábor dutkája a délnémet pénzforgalomban – Die Dreigröscher (Düttchen) des siebenbürgischen Fürsten Gabriel Báthori (1608–1613), Numizmatikai Közlöny 88/89 (1989/90), S. 89–97.

Dukat

Als Dukat (ital. Ducato d'oro) und seit dem 16. Jh. als Zechine (von ital. *zecca* = Münzstätte) wird die langlebigste, bis heute produzierte, europäische Goldmünze bezeichnet. Ihr Name leitet sich von der Legende *(Sit tibi Christe datus quem tu regis iste ducatus)* ab. Der Dukat wurde 1284 in Venedig mit dem gleichen Gewicht von 3,54 g (24 Karat) wie der →Floren aus ungarischem Gold geprägt. Das Münzbild zeigt auf der Vorderseite den Hl. Markus, der den knieenden Dogen mit der Fahne belehnt, und auf der Rückseite einen stehenden Christus. Mit dem Dukaten schuf Venedig eine Goldmünze, die das bisher im Levantehandel gebräuchliche Silbergeld ablöste und in der zweiten Hälfte des 14. Jhs. die dominierende →Handelsmünze im Nahen und Mittleren Osten wurde. Im 15. Jh. exportierte Venedig jährlich rund 300 000 Dukaten zum Kauf von Gewürzen und anderen Waren in den Nahen Osten (→Edelmetallströme). Die Stadtrepublik Venedig prägte den Dukaten nahezu unverändert (von einer Gewichtsreduktion auf 3,49 g im Jahre 1526 abgesehen) bis zum Ende der Republik 1797.

Bereits im 15. Jh. ahmte man den Dukaten sowohl im östlichen Mittelmeerraum als auch im westlichen Mittelmeerraum nach. In Aragón wurde er zu dieser Zeit – über Aragóns süditalienische Besitzungen – als Ducado heimisch und nach der Vereinigung der Reiche von Kastilien und Aragón zur Standardgoldmünze. Nach der Eroberung Granadas von den Mauren schufen die Katholischen Könige Ferdinand und Isabella 1497 aus maurischem Gold nach dem Münzfuß des Ducado den Excelente (de la Granada). In Mittel- und Westeuropa setzte sich der Dukat seit dem ausgehenden 15. Jh. durch, als z. B. in Hamburg die Dukatenproduktion den Guldenausstoß übertraf. Wichtiger war die Entscheidung Erzherzog Ferdinands von 1527, in den Habsburgischen Erblanden nur noch den Dukaten als Goldmünze zuzulassen. 1559 erklärte die →Reichsmünzordnung den Dukaten zur Hauptgoldmünze des Reiches. Von dieser Zeit an wurde der Dukat (oft auch als Doppeldukat) in Deutschland bis über das Ende des Alten Reiches (1806) hinaus, in Österreich bis in unsere Tage geprägt. Geldhistorisch bedeutsam waren auch die niederländischen Dukaten, die seit 1586 von den nördlichen Provinzen, der späteren Republik der Niederlande in großen Mengen geschlagen wurden. Sie waren im 17. und 18. Jh. die bedeutendste goldene Handelsmünze im Ostseeraum und wurden bis in unser Jahrhundert auch für den Handel in Südostasien geprägt (→Edelmetallströme).

Michael North

Lit.: v. Schrötter, S. 167 f.; N. Papadopuli-Aldobrandini, Le monete di Venezia, 4 Bde., Venezia 1893–1919; F. C. Lane, R. C. Mueller, Money and Banking in Medieval and Renaissance Venice, I, Baltimore 1985, Teil 3; U. Hagen-Jahnke, R. Walburg, Neuzeitliche Goldmünzen, Frankfurt 1985.

Dukaton

Das Dukaton war eine Großsilbermünze der Spanischen und der Österreichischen Niederlande, die von 1618 bis 1729 unverändert mit einem Feingewicht von 30,68 g geprägt wurde. Jedoch erhöhte man ihren ursprünglichen Kurs von 3 fl. oder 60→Stüber auf 65 Stüber (1680), 66 Stüber (1701) und 80 Stüber (1711). Die geldgeschichtliche Bedeutung der Dukatone war aber nicht auf die südlichen Niederlande beschränkt. Zusammen mit den →Patagonen strömten sie in den Norden in die junge Republik der Niederlande. Da sie dort im Vergleich zu ihrem Silbergehalt überbewertet wurden, verdrängten sie die einheimischen →Löwentaler aus dem Umlauf (→Greshamsches Gesetz). Dennoch ging die Produktion der einheimischen Taler weiter, da sie im Ausland sehr gefragt waren. Man kann also zweierlei feststellen: Die niederländischen Münzstätten produzierten hochwertige Silbermünzen, die die Kaufleute als *negotiepenningen* im Handel mit dem Ostseeraum, der Levante und Südostasien gebrauchten. Deshalb wurde der Geldumlauf im Norden in zunehmendem Maße durch die südniederländischen Dukatone und →Patagone beherrscht, die 1638 auch offiziell in der Republik zum Umlauf zugelassen wurden. 1659 brachte die Niederländische Republik mit dem Silbernen Reiter (Rijder) eine neue Großsilbermünze in Anlehnung an das Dukaton in Verkehr. Diese verdrängte aufgrund ihres geringeren Feingewichts jetzt das Dukaton aus dem Umlauf, das in großen Mengen von der Niederländischen Ostindischen Kompanie zum Wareneinkauf nach Asien verschifft wurde.

Erik Aerts

Lit.: H. Enno van Gelder, Munthervorming tijdens de Republiek 1659–1694, Amsterdam 1949; V. Janssens, Het ontstaan van de dubbele koers courantgeld-wisselgeld in het geldwezen van de Zuidelijke Nederlanden, Bijdragen voor de Geschiedenis van de Nederlanden 9 (1955), S. 1–18; A. Van Keymeulen, Munten van de Zuidelijke Nederlanden van Albrecht en Isabella tot Willem I, Brussel 1981.

E

Ecu d'or (Ecu d'or au soleil)
Der Ecu d'or (frz. = Goldener Schild), dessen Name sich vom Münzbild (Lilienschild) ableitet, war die älteste französische Goldmünze, die man später wegen des thronenden Königs auch Ecu à la chaise oder Chaise nannte. Sie wurde zuerst von König Ludwig IX., dem Heiligen, um 1270 geprägt und damit zeitgleich mit dem → Gros tournois. 58⅓ Stück wurden aus der 24karätigen Pariser → Troymark geprägt. König Philipp IV. ordnete 1337 einen neuen Ecu d'or mit leicht verändertem Gehalt an. Dieser Typ erreichte außerordentliche Beliebtheit und wurde in Südwesteuropa (Navarra, Portugal) nachgeahmt, aber auch in den Niederlanden ab 1337 durch Kaiser Ludwig den Bayern. Weitere Nachahmer folgten im 14. und 15. Jh. in den Niederlanden und selbst in Gestalt des Kölner Erzbischofs Walram von Jülich. Im westlichen Deutschland waren die Goldenen Schilde durchaus geläufig, so daß im Geschäftsschriftgut zur Unterscheidung davon die → Gulden «kleine» Gulden genannt wurden.

Ähnliche Verbreitung und Beliebtheit erreichte der von Ludwig XI. im Jahr 1475 geschaffene Ecu d'or au soleil, die sog. Sonnenkrone, die bis ins 16. Jh. metrologisch einige Male verändert wurde. Die Sonnenkrone, die ihren Namen wegen einer kleinen aufgeprägten Sonne über dem Lilienschild zur Unterscheidung von den früheren Kronen führte, wog zunächst 3,367 g und ab 1519 3,439 g fein und wurde in Frankreich bis 1653 gemünzt. Wiederum in den Niederlanden erreichte sie Bedeutung und wurde nachgeahmt, nachdem sie um 1535 die Rolle einer Haupthandelsmünze (Zonnekroon) übernommen hatte. In den südlichen Niederlanden wurden sie bis in die Regierungszeit Philipps IV. von Spanien geschlagen

Ecu d'or au soleil (Sonnenkrone) Franz' I. (1515–47) (2:1)

und auch von zahlreichen anderen niederländischen Ständen (Batenburg, Gronsveld, Holland) geprägt, oftmals unterwertig, so daß der Umlauf dieser Sonnenkronen im Reich untersagt war. *Konrad Schneider*

Lit.: v. Schrötter, S. 115, 170f.; A. Delmonte, Le Bénélux d'or, Amsterdam 1964; U. Hagen-Jahnke, J. Weschke, Mittelalterliche Goldmünzen, Frankfurt 1982; Dies., R. Walburg, Neuzeitliche Goldmünzen, Frankfurt 1985; J. Duplessy, Les monnaies françaises royales de Hugues Capet à Louis XVI. (987–1793), 2 Bde., Paris 1988–89.

Edelmetallknappheit

Als Edelmetallknappheit (engl. *bullion famine*) bezeichnet man die Verringerung der europäischen Edelmetallvorräte in der zweiten Hälfte des 14. Jhs. und im 15. Jh. Während des 14. Jhs. war die mitteleuropäische Silberförderung fast völlig zum Erliegen gekommen (→Montanwirtschaft). Das afrikanische →Gold floß ebenfalls immer spärlicher, da Tuareg-Invasionen den Transsaharahandel bedrohten. Die europäischen Münzstätten reduzierten ihre Produktion, wenn sie sie nicht sogar völlig einstellten. John Day hat geschätzt, daß sich die globale europäische Münzproduktion zwischen 1331/40 und 1491/1500 um rund 80 % verringerte. Jedoch war der Rückgang nicht gleichmäßig, da Phasen stärkerer Münzverknappung wie 1395–1415 und 1440–60 mit Zeiten wiederbelebter Münzproduktion (1420–30) abwechselten und außerdem regionale Unterschiede bestanden. So waren beispielsweise England und Kastilien aufgrund ihrer Einnahmen aus dem Wollexport weniger stark als die übrigen Länder von der Edelmetallknappheit betroffen. Insgesamt nahm das Geldangebot ab, zumal das permanente Handelsdefizit Europas mit dem Osten einen ständigen Edelmetallabfluß in diese Richtung zur Folge hatte (→Edelmetallströme). Weiterhin gingen dem Geldumlauf Münzen durch Abnutzung und durch →Hortung verloren. Dabei wurde Bargeld durch Schatzbildung kurz- bis mittelfristig der Zirkulation entzogen, wenn es nicht sogar dauerhaft zu Gold- und Silbergeräten, Brokattuchen, Innendekorationen usw. verarbeitet wurde. Für die Bevölkerung bedeutete dies zeitweilig akute Zahlungsmittelengpässe. Als 1451 eine mit Waren beladene Galea des französischen Kaufmanns →Jacques Coeur in den Hafen von Valencia einlief, hatten die Einwohner der Stadt kein Geld, um irgend etwas davon zu kaufen. Mit dem Edelmetall verknappte und verteuerte sich der Kredit, da Kreditpapiere wie der →Wechsel das Bargeld nur vorübergehend durch Papier ersetzten. Die Kreditzinsen schossen in die Höhe; die Preise fielen, und eine langfristige Deflation war die Folge. Ob das verringerte Geldangebot oder der säkulare Rückgang der Bevölkerung die Deflation und damit auch die wirtschaftliche Depression im spätmittelalterlichen Europa auslösten, ist unter den Historikern umstritten. Während die Monetaristen die abnehmende →Geldmenge für den Preisverfall und das Konjunkturtief verantwortlich machen, argumentieren die Neo-Malthusianer (sog. nach dem englischen Bevölkerungstheoretiker Thomas Robert Malthus) mit dem Bevölkerungsrückgang (→Geldgeschichte). Dadurch sank die Getreidenachfrage: Brot und Bier verbilligten sich, und die freiwerdende Kaufkraft wurde auf teurere Nahrungsmittel und die gewerblichen Erzeugnisse umgelenkt, so daß deren Preise weniger stark fielen, die Löhne infolge des geringen Arbeitskräfteangebots sogar stiegen. Jedoch ist der empirische Befund der oftmals nur fragmentarisch überlieferten Preis- und Lohndaten nicht so eindeutig, daß er die behaupteten Veränderungen der Preisrelationen bestätigt. Eher ließe sich an ein Zusammenwirken demographischer und monetärer Faktoren als Ursachen des unterschiedlich starken Preisverfalls denken. Dabei war die Wirkung jeweils des einen oder des anderen Faktors von Region zu Region und von Land zu Land verschieden und kann nur durch empirische Regionalstudien erforscht werden. *Michael North*

Lit.: J. Day, The Great Bullion Famine of the 15th Century, Past & Present 79 (1978), S. 3–54; J. H. Munro, Bullion Flows and Monetary Contraction in Late-Medieval England and the Low Countries, J. F. Richards (Hg.), Precious Metals in the Later Medieval and Early Modern Worlds, Durham, N. C., 1983, S. 97–158; P. Spufford, Money, Kap. 15; North, Geldumlauf und Wirtschaftskonjunktur, Kap. 4,2; Ders., Das Geld, Kap. 2.

Edelmetallströme

Edelmetallströme verteilten auf regionaler und internationaler Ebene das in den Bergwerken geförderte Silber und das in Flüssen gewaschene Gold, so daß die Edelmetalle in den →Münzstätten zu Münzen verprägt werden konnten. Aus den Bergstädten gelangte das Edelmetall auf verschiedene Weise in den Verkehr. Die Bergleute gaben das Silber für Nahrungsmittel und Luxuswaren aus, und die Bergbauunternehmer, die als Finanziers Anteil an der Ausbeute hatten (→Kux), handelten damit. Auf diese Weise floß das Silber in Form von Barren in die Handelszentren. Wenn im Spätmittelalter ein Kaufmann in einer Stadt einkaufen wollte, mußte er mit lokaler Münze bezahlen und deshalb sein Silber in der dortigen Münzstätte wechseln lassen. Die Münzstätte erhielt so den Rohstoff für die Münzprägung. Im Fernhandel war das nicht anders. Deutsche Kaufleute brachten das →Silber aus dem Alpenraum und aus Böhmen in die Münzstätten Venedigs, um dort die Luxuswaren des Südens und der Levante einzukaufen. Hansekaufleute führten Freiberger Silber zum Einkauf nach Rußland und vor allem auf die Messen in der Champagne. Wohin das Silber von dort floß, bestimmten die Bilanzen im internationalen Handel. Da das Leder und die Gewürze, die die italienischen Kaufleute auf den Champagne-Messen verkauften, wertvoller waren als die von ihnen erworbenen flämischen Tuche, erzielten sie einen Überschuß, den sie in

Form von Münzen oder Barren nach Italien transferierten. Von Norditalien floß das Silber weiter in den Süden und in den Osten. Genueser und Pisaner Kaufleute mußten ihre Einkäufe in Sizilien mit Silber bezahlen, und auch der genuesische und venezianische Levantehandel (mit Baumwolle, Zucker, Gewürzen) zog einen wachsenden Silberstrom nach sich, da die Einfuhren aus dem Nahen Osten die Lieferungen aus Norditalien wertmäßig weit übertrafen. Aus den gleichen Gründen floß →Gold aus den Produktionsgebieten an den Oberläufen des Niger und des Senegal in die nordafrikanischen Handelszentren sowie weiter nach Italien (vgl. Karte) und ermöglichte dort die Aufnahme der Goldmünzenprägung (→Tarì, →Floren).

Am Ende des Mittelalters bildeten sich dann zwei Haupteinzugsgebiete des Edelmetalltransfers heraus, die auch noch in der Frühen Neuzeit Bestand haben sollten. Zum einen strömte Edelmetall in den Ostseeraum und auf den russischen Markt. Hier waren die Getreide- und Holzimporte aus Preußen und Polen und die Pelz- und Wachssendungen aus Livland und Rußland wertvoller als die Salz-, Fisch- und Fertigwarenlieferungen aus dem Westen. Zum anderen schickte Venedig jährlich rund 300 000 →Dukaten zum traditionellen Wareneinkauf in den Nahen Osten. Diese Edelmetallsendungen reduzierten die europäischen Edelmetallvorräte und verschärften die allgemeine →Edelmetallknappheit. Neue Dimensionen erreichten die Edelmetallströme in der Frühen Neuzeit durch die Erschließung neuer Silbervorkommen in Spanisch Amerika (→Silber II) und die Expansion des europäischen Handels nach Übersee. Ende des 16. Jhs. flossen jährlich 260 Tonnen Edelmetall (überwiegend Silber) nach Europa und übertrafen damit deutlich die Ausfuhren in den Osten (vgl. Tabelle). Ein Teil des amerikanischen Silbers floß über Spanien – sowohl durch den

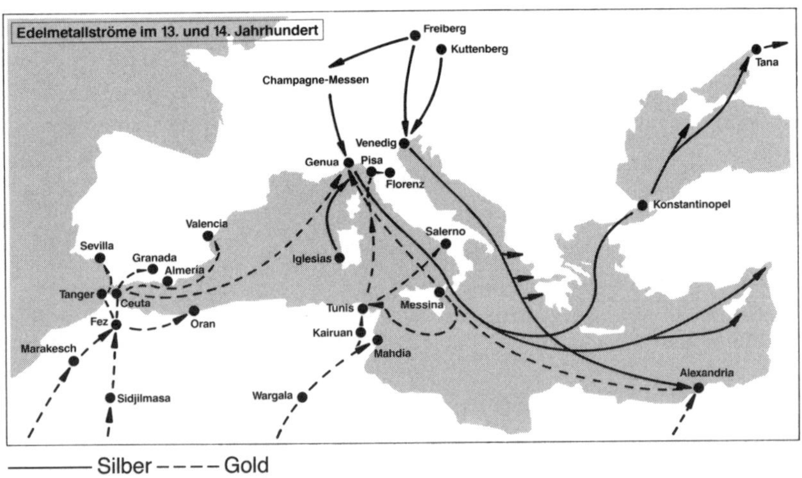

——— Silber - - - - Gold

Handel als auch durch politisch-militärische Geldsendungen – in die europäischen Münzstätten. Dabei berechneten Handelshäuser wie die →Fugger aufgrund der Prägekosten und des Silberpreises ganz genau, auf welchem Edelmetallmarkt (Genua, Florenz, Mailand, Venedig, Rom, Antwerpen, Nürnberg) das Silber mit dem größten Gewinn in Verkehr gebracht werden konnte.

Europäische Edelmetalleinfuhren und -ausfuhren 1600–1780 (in Tonnen pro Jahr)

	1600	1650	1700	1750	1780
Einfuhren nach Spanien/Portugal	260	221	299	559	533
Ausfuhren nach:					
Ostseeraum	52	65	52	52	104
Naher Osten	26	52	52	65	65
Ostasien	36,4	33,8	117	200,2	213,2
Insgesamt	114,4	150,8	221	317,2	382,2

Die Hälfte bis zwei Drittel der Edelmetalleinfuhren aus der Neuen Welt flossen wieder nach Osten ab, wobei neben dem Ostseeraum und dem Nahen Osten Ostasien zunehmend an Bedeutung gewann. Seit der Entdekkung des Seewegs nach Indien mußte für Pfeffer und andere Gewürze Silber nach Indien und in den indonesischen Archipel gebracht werden. Mit der Aufnahme des Asienhandels durch die Niederländische Ostindische Kompanie und die englische East India Company schwoll dann im 17. Jh. der Edelmetallstrom nach Ostasien an, um im 18. Jh. als Folge des wachsenden europäischen Tee- und Kaffeekonsums alle anderen Edelmetallströme zu überholen. Dennoch übertrafen die Edelmetallmengen, die aus Amerika kamen, aufgrund der brasilianischen Goldförderung und des Aufschwungs der Silberproduktion die Ausfuhren in den Osten, so daß sich die europäische Edelmetallversorgung spürbar verbesserte. Das 19. Jh. ist durch die Verbilligung des Goldes aufgrund der Funde in Kalifornien und Australien, die Etablierung des internationalen →Goldstandards, den Verfall des Silberpreises und die Entstehung des modernen Bankensystems geprägt. Dabei machten sich Edelmetallhändler die schnellen Veränderungen der →Gold-Silber-Relation zunutze, indem sie Gold oder Silber in die Länder einführten, in denen die Gold-Silber-Relation wie in Frankreich gesetzlich festgelegt war und daher nicht schnell genug der Marktentwicklung angepaßt werden konnte. Im ausgehenden 19. Jh. machte dann der Übergang der meisten Länder zum →Goldstandard mit seinem automatischen →Zahlungsbilanzausgleich die Edelmetallversendung in großem Stil überflüssig, denn nun wurden eventuelle Ungleichgewichte der Zahlungsbilanzen durch das internationale Bankensystem mit Hilfe von Devisenvorräten bzw. Forderungen auf ausländische Guthaben ausgeglichen.

Michael North

Lit.: A. Attman, The Bullion Flow between Europe and the East, 1000–1750, Göteborg 1981; Ders., American Bullion in the European World Trade, 1600–1800, Göteborg 1986; Spufford, Money, Kap. 6 u. 7; North, Das Geld.

Effekten

Als Effekten bezeichnet man urkundlich verbriefte Wertpapiere, die vertretbar und börsenfähig sind. Die Urkunden verbriefen Mitgliedschafts-, Anteils- oder Forderungsrechte. Sie sind meist leicht zu übertragen (fungibel), damit an der Effektenbörse handelbar und eignen sich für die Kapitalanlage.

Die Begriffe Effekten und Wertpapier sollten definitorisch streng unterschieden werden, da zwar alle Effekten Wertpapiere darstellen, aber nicht alle Wertpapiere als Effekten anzusprechen sind (z. B. Banknoten, Wechsel etc.). Die am meisten gebräuchlichen Effekten sind → Aktien und → Kuxe, also Effekten über Mitgliedschaftsrechte (Teilhaber-E.), sodann Schuldverschreibungen auf den Inhaber (→ Obligationen und → Pfandbriefe von öffentlich-rechtlichen Körperschaften oder Industrieunternehmen) und schließlich Zertifikate über Anteile an Investmentfonds.

Da die Fungibilität im Mittelalter nur bedingt gegeben war, ist es schwer, den Ursprung der Effekten genau zu bestimmen. Die Versachlichung und Mobilisierung von Forderungsrechten fand auf breiterer Basis erst im 17. und 18. Jh. statt. Dieser Prozeß, der keineswegs revolutionär vor sich ging, kam wesentlich unter dem Druck wachsenden Finanzbedarfs und verstärkter Verschuldung der öffentlichen Hand zustande. Die Ursprünge des Effektenwesens sind deswegen dort zu suchen, wo erstmals solcher Finanzbedarf in ungewöhnlich umfangreicher Form auftrat. Dies war zunächst im Bergbau der Fall (Kuxe), dann mit der überseeischen Expansion im Kolonialgeschäft bzw. im Schiffbau (Namensaktien), sodann im Rahmen der Staatsverschuldung (festverzinsliche Anleihen, Obligationen, Rentmeisterbriefe etc.) und schließlich bei der Durchsetzung der Industriellen Revolution mit besonderen Schwerpunkten im Eisenbahnbau (Inhaberaktien). Das 20. Jh. brachte dann im Rahmen umfangreicher Finanzinnovationen auch Investmentzertifikate und ähnliche Formen von Effekten.

Spezielle Ausprägungen dieser Wertpapiere und organisierte Effektenmärkte bildeten sich an den Ursprungsorten heraus. So konzentrierte sich der Kuxhandel auf die mittel-, ost- und südosteuropäischen Bergbaugebiete, das große Anleihengeschäft auf West- und Südwesteuropa und der organisierte Aktienmarkt auf West- und Nordwesteuropa. Von diesen Schwerpunkten ausgehend erfolgte die weitere Diffusion der in Effekten gebundenen Kapitalströme, wobei im Zuge der Internationalisierung, Globalisierung und weltweiten Vernetzung der organisierten Kapitalmärkte eine völlige räumliche Trennung von Angebot und Nachfrage nach Kapital stattfand. *Rolf Walter*

Lit.: Deutsche Bankengeschichte, 3 Bde., Frankfurt 1982–83; H. Pohl (Hg.), Deutsche Börsengeschichte, Frankfurt 1992.

Engelot → Angel

Escudo de oro (Dobla, Doblón, Doublone, Doppia, Pistole)
Eine regelrechte und auch verzweigte Familie europäischer Goldmünzen, die sich parallel zu →Floren und →Dukaten entwickelte, fußt auf der goldenen →Krone, genauer auf der 1537 zuerst geprägten spanischen Variante, Escudo de oro mit einem Normfeingewicht von 3,38 g, dessen Name sich vom Schild (span. Escudo = Schild) im Münzbild ableitet. Das 1566 eingeführte Doppelstück, die Doublone, wurde zunächst auch in Italien und Malta nachgeprägt (Doppia) und verbreitete sich ebenso wie die goldene Krone über ganz Europa. Bis ins 19. Jh. waren die spanischen Goldmünzen dieses Systems, das bis zum Achtescudostück (Quadrupel) reichte, weltweit beliebt und wurden in großen Mengen insbesondere aus den Golderträgen der Kolonien (Peru, Mexiko, Nueva Granada) geprägt, aber nach der Unabhängigkeitsbewegung zu Beginn des 19. Jhs. auch von den neuen Staaten auf ehemaligem Kolonialboden. Das Doppelstück erhielt auch den Namen Pistole, ohne daß dies etymologisch erklärbar ist. Von besonderer Bedeutung für die Verbreitung der Pistole in Mitteleuropa war die französische Münzreform Ludwigs XIII. von 1640, die sie als →Louis d'or übernahm. Die Expansionskraft der auf Louis d'or und →Louis blanc begründeten neuen französischen Währung führte zu deren Dominanz in Europa bis zum Ende des Ancien Régime. Der Louis d'or übernahm zeitweise die Funktion der wichtigsten Goldmünze und verdrängte im Reich den Dukaten. Hier wurde er allerdings in einem anderen metrologischen System im Goldguldenfuß als →Karolin nach 1726 vorwiegend in Süddeutschland übernommen. Im Grenzgebiet zwischen dem Reich und Frankreich sowie in der Schweiz hatte die Pistole als Einfach- und Doppelstück schon ab dem Ende des 16. Jhs. Eingang gefunden (Lothringen, Bouillon, Neuenburg, Uri, Fribourg, Genf, Orange). In der Schweiz, die im 18. Jh. zum erheblichen Maße monetär von Frankreich abhängig geworden war, erlebte die Doublone gegen Ende des 18. Jhs. eine

Wiedergeburt. In Deutschland war ihre Übernahme zunächst durch Brandenburg-Preußen 1737 als Wilhelmsdor und 1750 als Friedrichsdor von nachhaltiger Bedeutung. Da Preußen und andere deutsche Staaten, wie Kurhannover, Braunschweig, Sachsen, Hessen-Kassel, zu ihrer Verbreitung beitrugen, wurde die Pistole zu der norddeutschen Goldmünze. Bremen entwickelte nach 1760 auf der Grundlage der umlaufenden Goldmünzen, d.h. der Louis d'or und der norddeutschen Pistolen, die erste deutsche →Goldwährung der Neuzeit, die es bis zur Einführung der Reichsgoldwährung beibehielt. In Süddeutschland wurden die auch von anderen europäischen Ländern wie Polen, Portugal (Dobra) übernommenen Pistolen zwar bewertet und notiert, doch nicht ausgeprägt.

Konrad Schneider

Lit.: v. Schrötter, S. 157, 163 f.; U. Hagen-Jahnke, R. Walburg, Neuzeitliche Goldmünzen, Frankfurt 1985, Tafel 8, 21, 45, 50, 54, 55, 56, 61, 64; Stammbaum des Nominals am Schluß des Bandes auf ungezeichneten Seiten; zu den deutschen Pistolen und zur Bremer Goldwährung siehe Rittmann, S. 360–81, 403–13.

Excelente →Dukat

Exchequer Bills

Exchequer Bills waren Schuldverschreibungen des englischen Staates, die das Schatzamt (Exchequer) für geliehenes Geld und gelieferte Waren ausgab oder als Anspruch auf zukünftige Staatseinkünfte ausstellte. Die Ausgabe der Exchequer Bills hatte ihre Ursache im Finanzbedarf des Staates, der die regulären Einnahmen überstieg (→Staatsfinanzen). Bereits zu Beginn des 17. Jhs. nahm das Schatzamt bei den Kapitalbesitzern kurzfristige Kredite auf und gab als Quittung Kerbhölzer (Talleys) aus, in die die Schuld eingekerbt war. Mit dem Kerbholz war es möglich, sich das geliehene Geld nach einer bestimmten Zeit vom Exchequer wieder auszahlen zu lassen. Wenn man nicht einen festgelegten Zeitraum auf Rückzahlung warten wollte, gab man das Kerbholz zur Bezahlung weiter. Da man ein Stück Holz aber nur schwer indossieren (→Indossament) konnte, wurden die Talleys seit den 1670er Jahren zunehmend durch die papiernen Anweisungen des Exchequer, die Exchequer Bills, ersetzt. Diese brachten bis zu 6 % Zinsen, waren übertragbar und zirkulierten gleichsam als →Staatspapiergeld. Da die Exchequer Bills eine beliebte Anlageform waren, wurden davon immer mehr in immer kleineren Beträgen in Verkehr gebracht. Das Kreditvolumen der Talleys und Exchequer Bills wurde so groß, daß die massiven Forderungen nach ihrer Einlösung am 1. Januar 1672 zur Zahlungseinstellung des Exchequer (*Stoppage of the Exchequer*) und zum Zusammenbruch zahlreicher →Goldschmiede-Banken führten. Denn diese hatten in großem Stil Exchequer Bills →diskontiert. Nach der Gründung der →Bank of England verkaufte diese die Exchequer Bills und löste sie am Verfallstag in Bargeld ein. Durch die Verwaltung der Bank und die Garantie des Parlaments entwickelten sich die Exchequer Bills im 18. Jh. zu einem wichtigen Instrument der Staatsschuld und wurden erst in der zweiten Hälfte des 19. Jhs. von den →Schatzwechseln (Treasury Bills) abgelöst. *Michael North*

Lit.: R. D. Richards, The First Fifty Years of the Bank of England (1694–1744), J. G. van Dillen (Hg.), History of the Principal Public Banks, The Hague 1934, S. 201–72; H. E. Fisk, English Public Finance, New York 1980; H. Pohl (Hg.), Europäische Bankengeschichte, Frankfurt 1993, S. 156–66.

F

Falschmünzerei

Geld wird gefälscht, seit es existiert. Zu unterscheiden ist die Falschmünzerei, d. h. die Fälschung von →gesetzlichen Zahlungsmitteln und damit ein Verbrechen gegenüber der Obrigkeit, von der Fälschung von Münzen, die dem Zweck des Sammelns dienen und unter den gewöhnlichen Betrug fallen. Wir kennen bereits aus der Antike Falschmünzen. Die sog. Falschmünzerförmchen aus Ton können durchaus auch der lokalen Versorgung mit Geld in der beginnenden Wirtschafts- und Geldkrise des dritten nachchristlichen Jhs. gedient haben. Die mittelalterliche und frühneuzeitliche Strafjustiz rechnete die Falschmünzerei zu den todeswürdigen Verbrechen; die Todesstrafe wurde hier oft besonders grausam durch Sieden des Delinquenten in einem mit Wasser oder Öl gefüllten Kessel vollstreckt. Die Peinliche Halsgerichtsordnung Kaiser Karls V. von 1532 sah für Falschmünzer den Feuertod vor. Die Todesstrafe für Falschmünzerei wurde bis weit ins 18. Jh. immer als rechtens anerkannt, doch zunehmend in Freiheitsstrafen umgewandelt. Solange das Geld aus Münzen bestand, wurden Fälschungen trotz der zu erwartenden schweren Bestrafung entweder gegossen oder geprägt, wobei die Prägungen die gefährlichere Variante darstellten, insbesondere seit der allgemeinen Einführung der Spindelpresse (Balancier), die nicht nur in den offiziellen Münzstätten eine saubere Prägung erlaubte (→Prägetechnik), sondern auch in den Werkstätten der Knopfmacher und Posamentierer, aus denen sich ein deutlicher Teil der Falschmünzer rekrutierte. Insbesondere während inflationärer Geldkrisen blühte das Falschmünzergewerbe, nicht zuletzt in Gebieten, in denen ohnehin Metall aller Art verarbeitet wurde. Mit dem Aufkommen des →Papiergeldes setzte auch seine Fälschung ein. Selbst die immer wertloseren französischen →Assignaten der Revolutionszeit waren von einer wahren Flut von Fälschungen begleitet. Um 1800 wurde industriell hergestelltes Falschgeld aus England (u. a. Birmingham), wo die Herstellung von Kupfergeld in privater Hand lag, auf den Kontinent verhandelt und dort organisiert weiterverteilt.

Die Fälschung von Münzen zum Betrug von Sammlern hat eine nicht so lange Tradition. Bekannt ist hier der um 1800 wirkende fürstlich-isenburgische Hofrat Becker mit seinen Erzeugnissen von der Antike bis ins 18. Jh., mit denen er einen schwunghaften Handel trieb. *Konrad Schneider*

Lit.: v. Schrötter, S. 187f.; H. Voigtländer, Falschmünzer und Münzfälscher, Münster 1976; N. Klüßendorf, Falsche Münzen als Beilagen zu Archivalien, Hessisches Jahrbuch für Landesgeschichte 27 (1977), S. 161–79; als Beispiel für den archäologischen Nachweis einer Fälscherwerkstätte: K. Schneider, Die Falschmünzerwerkstatt vom Hohenseelbachskopf, Nassauische Annalen 101 (1990), S. 49–57; Ders., Der Hamburger Falschgeldfund von 1884. Ein Beitrag zum Falschgeldhandel im frühen 19. Jh., HBN 33/35 (1979/81, 1988), S. 181–93; F. Vanhemelryck, Punishment for Counterfeiting in the Ancien Regime, E. van Cauwenberghe (Hg.), Money, Coins and Commerce, Leuven 1991, S. 503–20.

Fede di credito

Eine Fede di credito war eine Einzahlungsquittung, die die öffentlichen Banken Neapels und Siziliens seit der zweiten Hälfte des 16. Jhs. ausstellten. Wenn jemand Geld auf sein Konto bei der städtischen Bank einzahlte, erhielt er dafür eine Fede di deposito oder Fede di credito genannte Quittung. Die Fede war durch →Indossament übertragbar. Der neue Inhaber des Papiers konnte dieses als Zahlungsmittel für verschiedene Transaktionen verwenden, den Betrag auf sein Konto bzw. auf das eines Geschäftspartners einzahlen oder schließlich das Papier in Münzgeld umtauschen. Da die Fedi di credito oft vier- oder fünfmal weitergegeben wurden, bevor sie ein Gläubiger auf seinem Konto gutschreiben ließ, kann man sie als Vorläufer der →Banknote ansehen. Im Laufe des 17. Jhs. wurden dann von den meisten italienischen Banken Fedi di credito ausgegeben, die in Genua Biglietti di credito hießen. *Giuseppe Felloni*

Lit.: Banco di Napoli: Cenni storici, Archivi storici delle aziende de credito, I, Roma 1956, S. 449–83; E. de Simone, Storia della banca dalle origini ai nostri giorni, Napoli 1987, S. 105; Archivio di stato di Genova, Inventario dell'archivio del Banco di San Giorgio (1407–1805) sotto la direzione di G. Felloni, III/4, Roma 1991, S. 170.

Feingehalt (Korn)

Unter Feingehalt oder Korn versteht man den verhältnismäßigen Anteil von Edelmetall in Münzen, Barren und Silbergerät. Bevor sich hier das dezimale System nach dem französischen Vorbild von 1803 durchsetzte, wie im →Münchener Münzvertrag von 1837 und dem →Wiener Münzvertrag für das gesamte Zollvereinsgebiet, verwendete man in Europa verschiedene Systeme auf der Grundlage von →Mark und →Pfund fein. In Deutschland zerfiel die feine Mark bis ins 16. Jh. in 16 Lot zu je 4 Quentchen zu je 4 →Richtpfennigen, bis dann das französische System (12 Deniers zu 24 Grains, also 288 Grains) übernommen wurde. Die Unterteilungen waren bei Gold und Silber verschieden: Bei Gold wurde die Mark in 24 Karat zu je 12 Grän unterteilt, bei Silber in 16 Lot zu je 18 Grän. Auf den britischen Inseln setzte sich das Pfund fein aus 12 Unzen zu je 240 Pennyweights zusammen. Seit Annahme des Dezimalsystems wird allgemein der Feingehalt in Tausendteilen chemisch reinen Metalls, d.h. die Einheit in $^{1000}/_{1000}$ angegeben. Das im Spätmittelalter mit den damaligen metallurgischen Methoden hergestellte Feinsilber von umgerechnet $^{958}/_{1000}$ nannte man in Frankreich «Königssilber». *Konrad Schneider*

Lit.: Luschin, S. 183, 200–206.

Feingewicht
Das Feingewicht ist das Nettogewicht einer Münze, d.h. die Menge Edelmetall, die in einer Münze enthalten ist. Dagegen ist das auch als Schrot bezeichnete Rauhgewicht das Bruttogewicht, d.h. das Gesamtgewicht der Münze (Edelmetall + Kupferbeimischung) oder eines Edelmetallbarrens. Das Rauhgewicht ließ sich mit einer →Münzwaage, das Feingewicht mit Methoden der →Probierkunde ermitteln. *Konrad Schneider*

Lit.: v. Schrötter, S. 191, 549.

Finanzmärkte
Eine Binnendifferenzierung der Finanzmärkte hat sich historisch zu keiner Zeit eindeutig herausgebildet und ist deshalb definitorisch nur sehr allgemein möglich. Gemeinhin versteht man unter Kapitalmarkt den Markt für langfristige Kapitalien, während der Geldmarkt der Markt für kurzfristige Gelder ist. Eine andere begriffliche Scheidung, etwa nach Art der jeweiligen Kredit- bzw. Kapitalnehmer, hat sich als nicht praktikabel erwiesen. Eine weitgehende Gleichsetzung von Kapitalmarkt mit →Börse scheint selbst bei den hoch arbeitsteiligen britischen Verhältnissen unangebracht. Denn auch an der Börse spielt der Geldmarkt durch sehr kurzfristige Lombardkredite an →Jobber direkt in den Kapitalmarkt hinein.

Historisch läßt sich in allen europäischen Ländern kurzzeitig eine Herausdifferenzierung von Kapitalmarkt und Geldmarkt mit der Herausbildung eines nationalen Finanzmarktes beobachten. Besonders ausgeprägt war dieser Differenzierungsprozeß in Großbritannien. Durch die Zerstörung regional weitgehend abgeschotteter Finanzmärkte, wo die Provinzbanken, insbesondere in Schottland, ein primitives *mixed banking* betrieben, und durch deren Vernetzung mit Hilfe verbesserter Kommunikationsstrukturen wurde ein höherer Grad von Arbeitsteilung nötig. Diese Arbeitsteilung war nun aber nicht mehr regional, sondern funktional und auf London konzentriert. Es entstanden deshalb verschiedene, hochspezialisierte Finanzintermediäre, die allein auf dem jeweiligen Teilmarkt operierten (Bill →Broker, Diskonthäuser, Stock →Broker und →Jobber, →Investment Trusts usw.).

In den meisten kontinentaleuropäischen Ländern kam es gar nicht erst zu einer solchen funktionalen Ausdifferenzierung. Vielfach bereits in den Anfängen, spätestens jedoch bis zum Ende des 19. Jhs. wurden derartige

Tendenzen wieder durch die Herausbildung von universellen, d. h. sowohl auf dem Geld- als auch auf dem Kapitalmarkt operierenden Finanzinstitutionen verwischt (*mixed banking*). Gerade hier zeigen sich die Schwierigkeiten einer genaueren Abgrenzung des Geld- und Kapitalmarktbegriffes. Denn in der Theorie mag man zwar Geldmarktgeschäfte als in erster Linie der Finanzierung des Warenumsatzes dienend ansehen, tatsächlich aber werden kurzfristige (insbesondere →Kontokorrent-) Kredite durch die →Universalbanken auch zur Vorfinanzierung langfristiger Anlagebedürfnisse eingesetzt. Die Konsolidierung solcher nominell kurzfristigen Kredite (bzw. deren Überwälzung an das Börsenpublikum) durch die Emission von →Aktien und später auch von →Obligationen gehörte schon um die Mitte des 19. Jhs. zum Repertoire der entstehenden Universalbank.

Die Leistungsfähigkeit beider Systeme ist bis heute umstritten. Vielfach wird behauptet, daß eine institutionelle Verbindung von Geld- und Kapitalmarktgeschäften vorteilhaft für die Industriefinanzierung sei, während das System einer vergleichsweise strikten Trennung von Geld- und Kapitalmarktgeschäften eine größere Stabilität der Finanzmärkte insgesamt gewährleiste. Die historische Erfahrung scheint zumindest den letzteren Punkt zu bestätigen. Denn die Funktionsfähigkeit des Kapitalmarktes wird im gemischten System zu einer direkten Voraussetzung für die Funktionsfähigkeit des Geldmarktes. Versagt der Kapitalmarkt und werden seine Funktionen zunehmend dem Geldmarkt zugemutet, können sich gefährliche Spannungen durch die unterschiedliche Fristigkeit von Verbindlichkeiten und Forderungen ergeben. Eine Krise, wie die Deutsche Bankenkrise von 1931, die auch eine Krise des «gemischten Systems» war, ist bislang dem funktional arbeitsteiligen britischen System erspart geblieben.

Dieter Ziegler

Lit.: Born, Geld, S. 307ff.; B. Gille, Bankwesen und Industrialisierung in Europa, 1730–1914, C. Cipolla, K. Borchardt (Hgg.), Europäische Wirtschaftsgeschichte, III, Stuttgart 1976, S. 165ff.

Finanzplatz

Ein Finanzplatz ist das finanztechnische Zentrum eines Wirtschaftsraumes. Er entsteht aus der (langfristigen) Vermittlung des Kapitaltransfers sowie des überregionalen →Zahlungsverkehrs als der wichtigsten Dienstleistungen in einem ökonomischen Zentrum. Unterstützt wird die Entwicklung eines Finanzplatzes zugleich durch einen sich herausbildenden →Geldmarkt mit einem in der Regel eigenen →Rechengeldsystem.

Welche Stadt innerhalb eines Wirtschaftsraumes zum übergeordneten Finanzplatz aufsteigt, hängt von der jeweils kostengünstigsten Deckung des Bedarfs an Dienstleistungen ab, den die Einwohner der Region haben. Dadurch siedeln sich weitere Gewerbe- und Dienstleistungsbetriebe in der entsprechenden Stadt an, und sie erhält einen zusätzlichen Wachstumsimpuls. Deswegen ist dieses Zentrum in der Regel größer als seine «Konkurrenten» im Raum. Durch langfristiges wirtschaftliches Wachstum können Reserven (Kapital) über die binnenwirtschaftlichen Investitionen hinaus akkumuliert werden, die außerhalb des eigenen Raumes angelegt werden können. Spricht man von Finanzplätzen, so steht daher implizit stets dahinter, daß diese miteinander zu einem Netz verbunden sind. Dies bedeutet, daß Bankiers der einzelnen Plätze gegenseitige →Kontokorrentbeziehungen unterhalten. Sie vermitteln dadurch bargeldlos überregionale und internationale Zahlungen. Die Akzeptanz der eigenen Währung durch auswärtige Bankiers als Transfer-Medium garantiert dabei Vermittlungsprovisionen.

Mit der Veränderung des Transaktionskostenniveaus zwischen Wirtschaftsräumen wandelt sich die Anzahl der zur Vermittlung des Zahlungsverkehrs notwendigen Finanzplätze, da effizientere Kommunikations- und Vermittlungsformen weniger effiziente ablösen. Verfolgt man die Entwicklung im historischen Zeitverlauf, so findet man jeweils in der rauminternen Entwicklung den Schlüssel für die Veränderungen in der Finanzplatzstruktur, die aus z. B. überregionalen bzw. internationalen →Wechselkursnotierungen zu rekonstruieren sind. Internationale Finanzplätze (Finanzzentren) emittierten überregional verwendete Währungen oder Münzen, sog. →Leitwährungen bzw. -münzen. Von europaweiter Bedeutung waren z. B. im Spätmittelalter Florenz und Brügge, im 16. Jh. Antwerpen, im 17. und 18. Jh. Amsterdam sowie im 19. Jh. London. Mit der Errichtung von →Zentralbanken und der Entwicklung eines internationalen Abrechnungs- oder Clearing-Systems der Banken wurde die eigenständige Vermittlungsfunktion der «alten» Finanzplätze für den internationalen Zahlungsverkehr allmählich überflüssig.

Markus A. Denzel und Oskar Schwarzer

Lit.: R. Klump, Entstehung und Verwendung von Schlüsselwährungen, Hamburg 1986; O. Schwarzer unter Mitarb. v. M. A. Denzel u. F. Zellfelder, Das System des internationalen Zahlungsverkehrs, J. Schneider (Hg.), Währungen der Welt, I, Stuttgart 1991, S. 1–34.

Fisher, Irving (1867–1947)
Der gelernte Mathematiker promovierte 1891 mit einer wirtschaftstheoretischen Arbeit an der amerikanischen Yale University. Nach einem Studienaufenthalt in Europa kehrte er an seine Heimatuniversität zurück, wo er von 1895 bis 1935 als Professor für Ökonomie wirkte. Das Hauptfeld seiner vielseitigen Aktivitäten lag jedoch außerhalb der Hochschule. Er war zeitlebens zugleich Ingenieur und Erfinder, Unternehmer und Manager, Friedenskämpfer, Geldreformer und Gesundheitsapostel sowie

Schriftsteller, Redner und Publizist. Was er machte, tat er gründlich, selbstsicher und oft spektakulär. Er wurde verehrt und bewundert, aber auch belächelt und verspottet. Als Wirtschaftswissenschaftler zählt Fisher zu den kreativsten Köpfen seiner Zunft. Schon mit seiner Dissertation *Mathematical Investigations in the Theory of Value and Prices* (1892) gelang ihm ein Meisterstück. In strikter Analogie zur hydraulischen Mechanik modellierte Fisher darin Zug um Zug die mikroökonomische Wert- und Preisbildung anhand von Nutzenfunktionen. Durch die einfache Annahme, daß «jedes Individuum gemäß seinen Wünschen handelt», gelang es ihm, den Grenznutzen eines Gutes ohne Rückgriff auf die psychische oder ethische Handlungsmotivation durch meßbare Relationen von Gütermengen zu definieren. Fisher verfolgte damit die Absicht, die neoklassische Ökonomik endgültig in eine exakte, d. h. mathematische und quantitative Wissenschaft zu verwandeln. Dieses Ziel verlor er in seinen theoretischen Arbeiten nie aus den Augen. Mit zwei einflußreichen Werken zur Kapital- und Zinstheorie (*The Rate of Interest*, 1907; revidiert: *The Theory of Interest*, 1930) erweiterte er sein Modell des allgemeinen Tauschgleichgewichtes um intertemporale Aspekte. Dabei schob er die althergebrachte Frage nach dem Wesen des Zinses weitgehend beiseite und beschäftigte sich gezielt mit der Bestimmung der Zinshöhe. Er sah sie «determined by impatience to spend income and opportunity to invest» («bestimmt durch die Ungeduld, Einkommen auszugeben, und die Gelegenheit, zu investieren»). Der Zinssatz war damit real bestimmt durch die Grenzrate der Zeitpräferenz zugunsten einer gegenwärtigen Bedürfnisbefriedigung und durch die Rendite («rate of return over cost») alternativer Investitionsmöglichkeiten. Durch den Vergleich dieser Marginalgrößen mit dem (gegebenen) Marktzinssatz ließen sich die Gleichgewichtsbedingungen modellmäßig ableiten, unter denen sich ein (gedachtes) Wirtschaftssubjekt auf vollkommenen Kredit- und (Real)Kapitalmärkten optimal verhält, d. h. sein Einkommen bestmöglich zwischen gegenwärtigem und zukünftigem Konsum aufteilt, um somit auch intertemporal seine Nutzenfunktion zu maximieren. Ebenso wegweisend war der Versuch, *The Nature of Capital and Income* (1906) grundsätzlich zu klären und damit die theoretischen Voraussetzungen für ein einzel- wie gesamtwirtschaftliches Rechnungswesen zu schaffen. Darüber hinaus gehört Fisher zu den Vätern der Ökonometrie. Er entwickelte u. a. die Theorie der zeitlich verteilten Verzögerungen («distributed lags») statistischer Massen und war einer der Gründer der *Econometric Society* im Jahre 1930 sowie deren erster Präsident. Mit besonderer Hingabe widmete sich Fisher schließlich der Geld- und Konjunkturtheorie sowie der Währungspolitik. Dafür gab es einen tieferen Grund. Fisher sah die zentrale und segensreiche Rolle, die das Geld in entwickelten Gesellschaften spielt, stark gefährdet, sobald der → Geldwert schwankt bzw. seine Schwankungen nicht (richtig) wahrgenommen werden (*The Money Illusion*, 1928). Dies zerstöre auf Dauer die «Ethik des Geldsystems», weil →Inflation wie →Deflation «soziale Ungerechtigkeiten» erzeugten und die «Moral bei der Geldausgabe und beim Geldrückzuge durch unsere nationalen Notenbanken» untergraben würden. Daher sei wertbeständiges Geld (*Stable Money*, 1934) «wirtschaftlich gesehen die wichtigste Sache in der Welt». Fisher missionierte für diese Idee mit größtem Einsatz und weit über Amerikas Grenzen hinaus. Er dachte jedoch nicht – wie die meisten seiner Zeitgenossen – an einen stabilen Außenwert, abzulesen am Stand der →Wechselkurse, sondern an die Stabilisierung des Binnenwertes, also der →Kaufkraft des Geldes, gemessen an einem allgemeinen Preisniveau (*Stabilizing the Dollar, A Plan to Stabilize the General Price Level without Fixing Individual Prices*, 1920). Um eine solche Idee verwirklichen zu können, war es zunächst nötig, die Veränderungen des Preisniveaus so genau wie möglich zu erfassen. Fisher tat deshalb viel dafür, *The Making of Index Numbers* (1922/27) konzeptionell und technisch zu verbessern, er gründete und betrieb sogar ein eigenes *Index Number Institute*. Im Grunde verfolgte er zwei Geldreformpläne: Zum einen sollte die Recheneinheit Geld – physikalischen Maßeinheiten vergleichbar – als zuverlässige Meßlatte im Wirtschaftsleben fungieren. Das sei im Rahmen eines modifizierten →Goldstandards zu erreichen, indem jede Preisindexbewegung regelmäßig durch eine entsprechend gegenläufige Veränderung der offiziellen Goldparität des Geldes sichtbar gemacht wird (Prinzip des «compensated dollar»). Zum anderen sollte die Funktionsfähigkeit des Geldes als Zahlungs- und Wertaufbewahrungsmittel dadurch sichergestellt werden, daß eine ungebremste →Geldschöpfung bzw. -vernichtung automatisch blockiert wird. So verlangte Fisher in Anbetracht des damals stark anschwellenden bargeldlosen →Zahlungsverkehrs und der Bankenzusammenbrüche während der Großen Depression, eine volle Reservepflicht für die Sichtdepositen von Geschäftsbanken einzuführen (*100 % Money*, 1935, sowie der von Fisher stark inspirierte sog. Chicago-Plan, 1933). Derartige Regelbindungen der Geldpolitik stehen in einer Tradition, die spätestens mit der →Currency-Theorie begonnen hat und – nicht zuletzt dank Fishers Wirken – bis heute fortlebt (Neo-Monetarismus der Chicago-Schule). Das gemeinsame Fundament dieser monetaristischen Philosophie war und ist stets die →Quantitätstheorie des →Geldwertes. Fisher griff auf deren klassische Version zurück und benutzte dabei die von Simon Newcomb 1885 aufgestellte, heute meist mit Fishers Namen verbundene →Verkehrs(Quantitäts)gleichung: $M \cdot V + M' \cdot V' = P \cdot T$. Aus dieser definitorischen Gleichheit gewann er eine Funktionsgleichung zur Bestimmung der →Kaufkraft des Geldes, indem er das allgemeine Preisniveau P als das «alleinige passive Element» und alle anderen Variablen – die umlaufende Menge an Bargeld M, das Buchgeldvolumen M′, die jeweiligen Umlaufgeschwindigkeiten V und V′ sowie das volkswirtschaftliche Transaktions(Handels)volumen T – als dessen Determinanten behandelte: P = f (M, M′, V, V′, T). Da indes die →Geldmenge die «wichtigste aktive Variable» sei, reduziere sich der Funktionsausdruck zu der eigentlich quantitätstheoretischen Aussage, daß «das Preisniveau direkt mit der Geldmenge variiert» bzw. eine Funktion allein der Bargeldmenge ist [P = f (M)], wenn M' in einem gleichbleibenden Verhältnis zu M steht. Die Beziehung ist proportional (P = a · M, wobei a = konstant), wenn die übrigen Bestimmungsgründe von P zumindest kurzfristig gegeben und voneinander unabhängig sind. Nach Fisher ist davon «unter normalen Umständen» auszugehen, weil V und V′ vor allem institutionell durch das Zahlungssystem sowie die Zahlungssitten und T durch die Produktionstechnik sowie die Bedürfnis- und Infrastruktur der Volkswirtschaft bestimmt seien. Fisher wußte selbstverständlich, daß bei dynamischer Betrachtung ein proportionaler Zusammenhang zwischen M und P unwahrscheinlich ist, denn im Prozeß der Anpassung von P an die Schwankungen von M bzw. M′ sind wechselseitige Einflüsse aller Variablen der Quantitätsgleichung wirksam. Warum Fisher dennoch am Proportionaltheorem festhielt, hat Schumpeter (*Geschichte der ökonomischen Analyse*, II, Göttingen 1965, S. 1338f.) mit dem Hinweis zu erklären versucht, daß Fisher diese schlichte Quantitätstheorie «als ein Gerüst für statistische Arbeiten aufgefaßt (hat), die wiederum der Gesellschaftspolitik dienen sollten», denn «für den Erfolg eines praktischen Projektes [wie die Fishersche Geldreform] ist die Einfachheit von großer Bedeutung». Fishers Beschäftigung mit der Geldwertproblematik hat die Wirtschaftswissenschaft dennoch bleibend bereichert. Besonders fruchtbar war seine Sicht makroökonomischer Preisniveauwirkungen. Dafür schuf er ein wichtiges Werkzeug, die sog. Fisher-Gleichung i = r + p, die den nominalen Zinssatz i als Summe aus dem realen Zinssatz r und der Inflationsrate p errechnet. Sie wird seit Fisher nicht nur definitorisch benutzt, sondern dient – unter bestimmten Annahmen – als Gleichgewichtsbedingung in Finanzmarkt-Modellen wie als Ansatz zur empirischen Erforschung des Zusammenhanges zwischen →Zins- und Preisniveauentwicklung. Fisher analysierte ferner die Effekte von Geldwertschwankungen auf Produktion und Beschäftigung im Konjunkturzyklus (*Booms and Depressions*, 1932). Seine ursprünglich betont monetäre Konjunkturerklärung korrigierte er unter dem Eindruck der Weltwirtschaftskrise. Er vertrat nun eine *Debt-Deflation Theory of Great Depressions* (1933), die von dem Gedanken getragen war, daß die deflationsbedingte Umverteilung der Vermögen zwischen Gläubigern und Schuldnern wegen unterschiedlicher Ausgabenneigungen für den Abschwung ursächlich ist. Auch diese Arbeit Fishers ist für die Forschung nach wie vor aktuell. Wiederum erweist sich, wie zeitlos Fishers theoretische Ansätze zu sein scheinen.

Heinz Rieter

Lit.: I. N. Fisher, A Bibliography of the Writings of Irving Fisher, New Haven 1961; M. Allais, Fisher, Irving, International Encyclopedia of the Social Sciences, V, New York 1968, S. 475–85; J. Tobin, Fisher, Irving (1867–1947), The New Palgrave: A Dictionary of Economics, II, London–New York 1987, S. 369–76; H. G. Monissen, Irving Fisher (1867–1947), J. Starbatty (Hg.), Klassiker des ökonomischen Denkens, II, München 1989, S. 211–30, 348 ff.; D. Laidler, The Golden Age of the Quantity Theory, Princeton, N. J., 1991, Kap. 3; H. Hagemann, Irving Fisher – Genialer Ökonom und ‹komischer Kauz›, Das Wirtschaftsstudium 22 (1993), H. 5, S. 425–28.

Floren (Gulden)

Der Floren (ital. Fiorino = Florentiner) oder Gulden war die bedeutendste mittelalterliche Goldmünze. 1252 nahmen Genua und Florenz mit der Einführung des Genovino und des Floren (Fiorino) die Goldprägung auf, nachdem in Europa für 500 Jahre fast ausschließlich Silbermünzen (→Münze) geprägt worden waren. Der Wiederbeginn der Goldprägung hatte mehrere Gründe. Zum einen benötigten die Stadtrepubliken Goldgeld für den Handel mit Süditalien, Spanien und Sizilien; zum anderen erbrachte der Handel mit Nordafrika erstmals genügend afrikanisches →Gold zur Münzprägung (→Edelmetallströme). Genovino und Floren wurden aus 3,53 g bzw. 3,54 g reinen Goldes (24 Karat) geprägt und in die lokalen →Rechengeldsysteme eingepaßt (der Floren entsprach einer Lira zu 20 Soldi). Das Münzbild des Floren zeigt das Stadtsymbol der Lilie auf der Vorderseite und den Stadtheiligen Johannes den Täufer auf der Rückseite. Schon bald nach der Prägung wurde die neue Goldmünze anerkanntes Zahlungsmittel in Italien, Frankreich, England und in der Levante. Die ersten Florene oder Gulden nördlich der Alpen wurden 1325 in Ungarn geprägt, das über die reichsten europäischen Goldvorkommen verfügte. Obwohl Johannes der Täufer im Münzbild durch den Hl. Ladislaus ersetzt wurde, orientierte sich Ungarn in Gewicht und Feingehalt am Floren und hielt daran wie Florenz bis ins 16. Jh. fest.

In den deutschen Landen wurde die Guldenprägung nach Florentiner Vorbild in den 1340er Jahren von den rheinischen Kurfürsten und kleineren Territorialherren aufgenommen. Als Goldquelle nutzten sie die am Rhein und seinen schiffbaren Nebenflüssen erhobenen Durchgangszölle. Der seit 1386 als Gemeinschaftsprägung der Kurfürsten ausgegebene rheinische Gulden wurde so im späten Mittelalter zur →Leitmünze im Reich und Westeuropa, auf die die Münz- und Währungssysteme bezogen wurden. Dabei behielten die rheinischen Kurfürsten →Münzbild und →Münzfuß der Florene nur kurze Zeit bei. Der Gulden von 1386 hatte nur noch einen Goldgehalt von 3,4 g, der bis 1550 auf 2,48 g absank. Der Floren und der ungarische Gulden wurden daher bald als →Dukaten bezeichnet und gerechnet. Als erste deutsche Stadt hatte Lübeck im Jahre 1340 das Privileg der Goldprägung erhalten und, nachdem Gold in Brügge gekauft

Floren von 1324 (2:1)

und italienische Münzmeister angeworben worden waren, Gulden geprägt. Weitere Privilegien wurden in der ersten Hälfte des 15. Jhs. vergeben, als auch die deutschen Könige in den Münzstätten Frankfurt, Nördlingen, Basel, Nürnberg und Dortmund eine Reichsgoldprägung aufnahmen. Am Ende des 15. Jhs. und zu Beginn des 16. Jhs. vergrößerte sich die Zahl der Gulden prägenden Münzherren noch einmal. Bei den meisten stand aber ein Repräsentationsbedürfnis im Vordergrund, da die oft kleinen Emissionen wirtschaftlich nicht ins Gewicht fielen. Im Laufe des 16. Jhs. verringerte sich die Guldenprägung kontinuierlich, da viele Münzherren keine Goldmünzen mehr produzierten bzw. die Gulden durch →Dukaten ersetzten. Im →Geldumlauf wie als Leitwährung löste der silberne Guldengroschen oder →Taler, der genausoviel wert war wie ein goldener Gulden, diesen ab. Um Verwechslungen vorzubeugen, wurde der Gulden in der →Reichsmünzordnung 1559 als Goldgulden bezeichnet. Allein in den Niederlanden, die schon immer geringwertige (1/3 des rheinischen Guldens) Gulden für den Export geprägt hatten, schlug man in der ersten Hälfte des 16. Jhs. noch einmal in großen Mengen Gulden, insbesondere die 1521 von Karl V. eingeführten Karolusgulden. *Michael North*

Lit.: v. Schrötter, S. 228–30; M. Bernocchi, Le monete della repubblica fiorentina, 4 Bde., Firenze 1974–78; U. Hagen-Jahnke, J. Weschke, Mittelalterliche Goldmünzen, Frankfurt 1982; M. North, Das Geld, Kap. 1, 2.

Franc

Der Franc oder Franken bezeichnet drei verschiedene Münzen. Der erste Franc war eine mittelalterliche französische Goldmünze, geprägt seit ungefähr 1360 mit dem König zu Pferde (Franc à cheval), unter König Karl V. auch mit dem stehenden König (Franc à pied), mit Feingewichten von 3,885 bzw. 3,826 g und entsprach im Gegenwert einer →Livre tournois.

Der zweite Franc war eine von 1575 an geprägte Silbermünze zu einer

Livre, die an die Stelle der nunmehr verbotenen →Testone trat. Die Francs waren 0,833 fein und wogen 14,188 g. Ihr Feingehalt entsprach dem der →Philippstaler, die man damit bequem umprägen konnte. Die Francs entsprachen einem Drittel des erst nach der Währungsreform Ludwigs XIII. von 1640 ausgeprägten Ecu d'argent (→Louis blanc). Francs dieser Art und in größeren Mengen deren Teilstücke wurden bis in die Regierungszeit Ludwigs XIII. geprägt.

Der dritte Franc war eine Münze und eine Währungseinheit, die am 15. August 1795 die Livre als Grundlage des französischen Währungs- und Münzsystems ersetzte und als Silbermünze mit einem Feingewicht von 4,5 g ausgeprägt wurde. Im 19. Jh. breitete sich der Franc insbesondere in den romanischsprachigen Ländern Europas aus. Zunächst übernahm ihn 1832 Belgien, dann 1850 die Schweiz. Über die 1865 abgeschlossene →Lateinische Münzunion erfaßte er mit allerdings reduziertem Feingewicht weitere Länder, wenn auch mit einheimischen Währungsbezeichnungen.

Konrad Schneider

Lit.: v. Schrötter, S. 201; R. Sedillot, Le franc. Histoire d'une monnaie des origines à nos jours, Paris 1953; J. Duplessy, Les monnaies françaises royales de Hugues Capet à Louis XVI (987–1793), 2 Bde., Paris 1988–89.

Friedrichsdor →Escudo de oro und Louis d'or

Fugger

Das schwäbische Geschlecht der Fugger war seit 1367 in Augsburg ansässig und betrieb zunächst die für Oberdeutschland typische Barchentweberei. Jakob I. († 1469), der Stammvater der Linie Fugger von der Lilie, gründete das Fuggersche Handelshaus, das dann bereits durch seine Söhne Ulrich (1441–1510), Georg (1453–1506) und Jakob II. (1459–1525), den man auch «den Reichen» nannte, Weltgeltung und ein bedeutendes Vermögen erlangte. Das Gesellschaftsvermögen betrug um die Mitte des 16. Jhs. ca. 5 Mill. fl. und lag damit um ein Mehrfaches über dem anderer vermögender Gesellschaften. Zur Zeit Jakobs II. engagierte sich das Unternehmen im Montanbereich, legte jedoch auch den Grundstein für ein weitvernetztes Bank- und Finanzgeschäft, das die Fugger alsbald zu den führenden Bankiers ihrer Zeit werden ließ. Seit 1496 wurde das Fuggersche Handelsgeschäft offiziell als →Bank bezeichnet. Charakteristisch für das Fuggersche Unternehmen blieb sowohl unter Jakob als auch unter Anton Fugger die Kombination des Handels mit Luxuswaren und Metallen mit dem großen Bankgeschäft. Neben dem →Kupfer-, →Silber- und Gewürzhandel war Jakob II. Bankier nicht nur der Kurie, sondern auch der Kaiser Maximilian I. und Karl V., dessen Wahl er 1519 wesentlich finanzierte.

Dieses charakteristische Zusammenrücken von Politik und Wirtschaft war es, was die Nachwelt retrospektiv vom «Zeitalter der Fugger» sprechen ließ.

Jakobs II. Neffe Anton Fugger (1493–1560) baute das Handels-, Finanz- und Bankwesen des Hauses Fugger weiter aus und betätigte sich insbesondere als Finanzier von Kaiser Karl V., mit dessen zunehmendem Kreditbedarf das Finanzierungsgeschäft immer stärker in den Vordergrund trat, auch wenn gleichzeitig eine vorsichtige Politik der Loslösung vom Haus Habsburg versucht wurde. Zu eng waren jedoch die Verflechtungen zwischen Anton Fugger und dem Spanischen Hof, als daß die Augsburger Bankiers von der schwindenden Bonität der Habsburger unbeschadet geblieben wären. Zu den hohen spanischen Staatsschulden kam schließlich noch die unternehmerische Unzulänglichkeit eines der Nachfolger Anton Fuggers, Johann Jakob (1516–1575). Der andere Neffe, Markus (1529–1597), schaffte es zwar, die Ertragslage zu bessern, sah sich jedoch außerstande, die Kredite an Spanien einzutreiben, immerhin eine Summe von ca. 5,8 Mill. fl. (1577).

Das eigentliche Bankgeschäft der Fugger umfaßte die wesentlichsten Teile des Aktiv- und Passivgeschäftes. Im Vordergrund stand neben der Hereinnahme von Einlagen (Depositen) die Darlehensvergabe und das Anleihengeschäft sowie der Wechselhandel und die Durchführung eines weitverzweigten internationalen Zahlungsverkehrs.

Im Rahmen der Kreditgeschäfte spielten jene mit dem Kaiser eine besondere Rolle, wobei bereits die Wahl Karls V., d. h. die Aufwendungen für Stimmenkauf und Wahlgeschenke, zu knapp 64 % allein durch die Fugger finanziert wurde. Die Verbindlichkeiten der Spanischen Krone gegenüber dem Bankhaus Fugger betrugen 1563 rund 4 Mill. fl. Durch die Staatsbankrotte Spaniens, insbesondere jenen von 1607, verloren die Fugger Gulden-Forderungen in siebenstelliger Höhe. Sie konnten ihre spanischen Beziehungen erst 1645 auflösen, wobei Forderungen von 4 bis 5 Mill. fl. ungedeckt blieben.

Die Fugger besaßen das bestfunktionierende Informations- und Kommunikationssystem des 16. Jhs., was sie in besonderer Weise in die Lage versetzte, das Arbitragegeschäft zu betreiben, d. h. die →Wechselkursdifferenzen an verschiedenen Orten zum selben Zeitpunkt zu ihrem Vorteil zu nutzen. Faktoren und Filialleiter der Fugger an den zentralen Punkten des Welthandels, insbesondere in den Hafenstädten wie Lissabon, Antwerpen und Cádiz/Sevilla sowie an führenden Messe- bzw. Börsenplätzen wie Lyon, Piacenza, Medina del Campo etc. gehörten zu den bestinformierten Trägern des Bank- bzw. Finanzgeschäfts ihrer Zeit. Ihr Zusammenwirken mit der Zentrale in Augsburg machte die Stadt am Lech zum wichtigsten Großkreditmarkt im Deutschland des 16. Jhs.

Die bekannten umfangreichen Aktivgeschäfte der Fugger wären nicht möglich gewesen, wenn ihnen nicht – einmalig in dieser Zeit – Depositen sowohl sehr bedeutender als auch recht kleiner Einleger zur Verfügung gestanden hätten. Dazu gehörten z. B. die geheimen Depositen des Brixener Fürstbischofs Melchior von Meckau, die z. T. aus der Verpfändung der Tiroler Silberausbeute stammten. Es war also kirchliches Vermögen, das die Fugger hier zu mäßigen Zinsen überlassen bekamen. Andere Einlagen stammten von einer Vielzahl von «Sparern», zu denen wohlhabende Augsburger Bürger ebenso gehörten wie Faktoren, Bedienstete und «kleine» Leute wie Hausknechte, Kellerverwalter, Stallmeister, Knechte und Mägde. Nur so war es den Fuggern möglich, Kredit- und Anleihegeschäfte in dem bekannten Umfang zu realisieren.

Der europaweite Fuggersche Wechsel- und Geldtransfer brachte bemerkenswerte Transaktionsgewinne, die aus Provisionen sowie Kursgewinnen beim Einlösen von Wechseln und bei der Einwechslung von Münzen resultierten. Hier waren es schon die Größenordnung bzw. der Umfang der Fuggerschen Logistik, welche die Augsburger Bank für die ganz großen Transfers im Transeuropageschäft geradezu prädestinierten, weshalb sich sowohl die Kurie als auch die bedeutendsten Herrscherhäuser ihrer bedienten. Schon früh waren sie mit dem Transfer von → Peterspfennig und Ablaßgeldern an den päpstlichen Stuhl nach Rom betraut. Dies wiederum mehrte das Ansehen bzw. die Solvenz und Bonität des Hauses, das mit Anton Fugger seine höchste Blüte erreichte. Doch auch noch zu Zeiten der Georg Fuggerschen Erben sind bedeutende Transfers des Augsburger Hauses bekannt, auch wenn es seine dominierende Position inzwischen verloren hatte.

Die erwirtschafteten Erlöse legten die Fugger bereits frühzeitig in umfangreichen Grundbesitz an und schufen sich luxuriöse Landsitze, auf die sich die Generationen nach Marcus Fugger mehr und mehr zurückzogen.

Rolf Walter

Lit.: R. Ehrenberg, Das Zeitalter der Fugger, 2 Bde., Jena 1922; J. Strieder, Jacob Fugger der Reiche, Leipzig 1926; G. Frhr. von Pölnitz, Die Fugger, Frankfurt 1960; Ders., Jakob Fugger, Kaiser, Kirche und Kapital in der oberdeutschen Renaissance, 2 Bde., Tübingen 1949–51; Ders., Anton Fugger, 5 Bde. (davon III/2 von H. Kellenbenz), Tübingen 1958–86; H. Kellenbenz, Die Fuggersche Maestrazgopacht (1525–1542), Tübingen 1967; Ders., Die Fugger in Spanien und Portugal bis 1560, 3 Bde., München 1990; R. Hildebrandt, Die «Georg Fuggerischen Erben». Kaufmännische Tätigkeit und sozialer Status 1555–1600, Berlin 1966.

G

Gegenstempelung

Das Gegenstempeln von Münzen, d.h. das Versehen der Münzen mit kleinen gestempelten Markierungen, ist seit dem 4. Jh. v.Chr. als Mittel bekannt, um fremden Münzen im Währungsgebiet des eigenen Geldes Gültigkeit zu verschaffen; es wurde aber auch beim eigenen Geld angewandt. Zu unterscheiden ist zwischen:

1. der Gegenstempelung der vollwertigen Sorten zur Unterscheidung von den unterwertigen; 2. der Gegenstempelung der unterwertigen, die dadurch einen bestimmten reduzierten Wert erhielten. Im Mittelalter machte im Reich die Vielfalt der →Groschenmünzen, aber auch der →Florene Gegenstempelungen vornehmlich der guten Sorten erforderlich. Insbesondere angesichts der Verschlechterung der Meißner und hessischen Groschen, aber auch der einstmals hochwertigen Prager Groschen erwies sich diese Maßnahme im 15. Jh. geradezu als zwingend. Während der →Kipper- und Wipperzeit wurden nach Absprache von Hamburg, Lübeck und Mecklenburg die der Geldentwertung besonders unterworfenen →Doppelschillinge gegengestempelt. Nach 1680 wurden die ständig schlechter werdenden →(Silber)Gulden der Zweiten →Kipperzeit zur Unterscheidung von den besseren gegengestempelt, zunächst im seit 1681 französischen Straßburg und dem Erzstift Salzburg. 1688 beschloß der Niederrheinisch-Westfälische Kreis die Gegenstempelung der besseren Gulden. Nach der Einführung des →Leipziger Fußes nahm die Gegenstempelung der Gulden zu. Es ließen stempeln: Aachen, Hanau, Hessen-Kassel, Jülich-Berg, Stadt und Kurfürstentum Köln und mit besonderem Erfolg der Fränkische Reichskreis ab 1693, mit dem Ziel, die Gulden über eine klassifizierende Bewertung allmählich aus dem Verkehr zu ziehen.

Gegenstempel konnten auch verwendet werden, um bestimmten Sorten einen höheren Nennwert zu geben, insbesondere aus Gründen der →Kriegsfinanzierung. Holland und Seeland ließen deshalb 1573 das umlaufende Geld gegenstempeln. Spanien kontermarkierte aus dem gleichen Anlaß in der ersten Hälfte des 17. Jhs. seine kleineren Sorten (Vellóninflation) und Rußland importierte Taler (→Jefimok).

Häufig gegengestempelt wurden die spanisch-amerikanischen →Piaster; manche von ihnen sind von chinesischen Wechslerzeichen regelrecht übersät. Nach 1816 wurden in den Kantonen Bern und Waadt französische →Laubtaler zum Kurs von 40 Batzen gegengestempelt.

Konrad Schneider

Lit.: v. Schrötter, S. 211–14; H. J. Erlanger, The Counterstamp of the Franconian Circle of 1693, The American Numismatical Society Museum Notes 3 (1948), S. 67–86; Ders., Some German Counterstamps of the Late 17th Century and the Standard of the Leipzig Convention, ebd. 7 (1957), S. 143–84; K. Friederich, Ein Beitrag zur Geschichte des Kontermarkenwesens, Münster 1970; H. Krusy, Gegenstempel auf Münzen des Spätmittelalters, Frankfurt 1974; N. Klüßendorf, Neue Forschungen zu gegengestempelten Doppelschillingen der Kipper- und Wipperzeit, HBN 24/26, (1970/72, 1977), S. 101–50; K. Schneider, Die hessen-kasselische Guldengegenstempelung von 1691, Hessisches Jahrbuch für Landesgeschichte 30 (1980), S. 283–97.

Geld

Was Geld ist, war und sein wird, ändert sich im Laufe der geschichtlichen Entwicklung. Daher wird die Frage nach dem «Wesen des Geldes» in jeder Epoche unterschiedlich beantwortet (→Geldtheorie). Während das Geld in den wenig entwickelten Gesellschaften als Hortgeld oder als Repräsentations- und Sakralgeld zur Repräsentation und zur Wertanlage Verwendung fand, wird es in den modernen Volkswirtschaften meistens nach seinen drei Grundfunktionen, des allgemein anerkannten Tauschmittels, des Wertaufbewahrungsmittels und der Recheneinheit definiert. Die Funktion des Geldes als Tauschmittel resultiert aus der räumlichen und zeitlichen Diskrepanz zwischen dem Kauf und Verkauf von Gütern im Zuge der zunehmenden Arbeitsteilung der Wirtschaft. Man tauscht nicht länger Gut gegen Gut, z. B. nicht mehr Getreide gegen Vieh, sondern wandelt das Gut in das allgemein anerkannte Tauschmittel Geld um, das wiederum auf anderen Märkten zum Wareneinkauf verwendet werden kann. Aufgrund des Zeitunterschiedes zwischen Kauf und Verkauf ist es notwendig, die aus dem Wareneinkauf gewonnene Kaufkraft über einen längeren Zeitraum bis zum nächsten Einkauf zu bewahren. Dabei erfüllt das unverderbliche Geld die Funktion des Wertaufbewahrungsmittels. Darüber hinaus dient das Geld der Vermögensanlage und damit der Bewahrung der ökonomischen Entscheidungsfreiheit in der Zukunft. Schließlich ermöglicht die Funktion der Recheneinheit, Preise in festen Geldeinheiten auszudrücken und damit über Räume und Zeiten hinweg zu vergleichen. Welche Funktionen das Geld in einer Epoche übernahm und welche Stoffe (Nichtmetall – Metall – Papier) und welche Übertragungsformen (Zeichengeld – Bargeld – Buchgeld) als Geld verwendet wurden, bestimmte der jeweilige Entwicklungsstand der Geldwirtschaft, d. h. die →Monetarisierung der Gesellschaft. *Michael North*

Lit.: W. Gerloff, Die Entstehung des Geldes und die Anfänge des Geldwesens, Frankfurt 1943; R. Schilcher, Geldfunktionen und Buchgeldschöpfung, Berlin 1973; G. Schmölders, Geldpolitik, Tübingen 1962, S. 18–30; W. Ehrlicher, Geldtheorie und Geldpolitik, III: Geldtheorie, Handwörterbuch der Wirtschaftswissenschaft, III, Stuttgart 1981, S. 374–91.

Geldgeschichte

Geldgeschichte ist die Geschichte der Zahlungsmittel, der Münzen, des →Papiergeldes und des →Buchgeldes, und daher ein Teilgebiet der Wirtschaftsgeschichte. Daneben gibt es Anknüpfungspunkte mit der politischen Geschichte (→Münzpolitik), mit der Institutionengeschichte (→Münzorganisation), der Technikgeschichte (→Prägetechnik), der Sozialgeschichte (→Kaufkraft der Bevölkerung), der Rechtsgeschichte (→Münzrecht, →Münzfälschung), der Ideengeschichte (→Geldtheorie) und der Kunstgeschichte (→Münzbild). Dennoch sind die Verbindungen zur Wirtschaftsgeschichte am engsten. Der berühmte französische Mediävist Marc Bloch hat das treffend formuliert: «Die monetären Phänomene dominieren das Wirtschaftsleben; dabei sind sie zugleich Symptom und Folge.» Die Geldgeschichte kann beispielsweise der Handelsgeschichte wertvolle Informationen über die Güter- und Geldströme liefern. Eine Studie über den Geldumlauf vermag Auskunft über folgende ökonomische Probleme zu geben: die Handels- und →Zahlungsbilanz, den Wohlstand eines Landes (Pro-Kopf-Ausstattung mit Geld, Kapitalbildung, Volkseinkommen), die →Monetarisierung, die Entwicklung von Preisen und Löhnen. Dagegen sind für Studien zur Geschichte der Buchführung, einer Bank oder eines Handelshauses Kentnisse der Geldgeschichte, insbesondere der Münzen und des →Rechengeldes notwendig. Wirtschafts- und Sozialhistoriker, die Kaufkraft und Lebensstandard erforschen, müssen mit den →Aufwertungen und →Abwertungen der Münzen und der Entwicklung des →Geldwertes vertraut sein.

Das Quellenmaterial der Geldgeschichte kann in zwei Gruppen eingeteilt werden: in archäologische und schriftliche Quellen. Von den archäologischen Quellen besitzen die →Münzfunde, insbesondere die Schatzfunde, die größte Aussagekraft. Den Geldhistoriker interessiert ein Münzschatz dabei als zufällige repräsentative Stichprobe des Geldumlaufs. Dabei spiegeln kurzfristig aus dem aktuellen Umlauf entnommene und verborgene Münzen (sog. Neubarschaft) den Geldumlauf natürlich genauer wider als über mehrere Generationen zusammengetragene Schätze (sog. Altbarschaft). Die Aussage dieser archäologischen Quellen muß aber stets durch schriftliche Quellen ergänzt werden. Hierzu gehören normative Quellen wie Münzordnungen (→Reichsmünzordnungen) und →Valvationen, aber auch überlieferte Kassenbestände, Nachlaßinventare sowie verschiedene Rechnungsquellen. Sehr wertvoll sind die Rechnungen von Münzstätten oder der Münzverwaltung, auf deren Grundlage man die Münzproduktion berechnen kann.

Obwohl sich die Gelehrten seit dem Altertum Gedanken über das Geld machen (→Geldtheorie), ist die Geldgeschichte ebenso wie die Wirtschaftsgeschichte eine vergleichsweise junge Wissenschaft. Während die Wirtschaftsgeschichte als letzte von Klios (der Muse der Geschichte)

Nachkommen Ende des 19. Jhs. entstand, entwickelte sich die Geldgeschichte erst in den 20er Jahren dieses Jahrhunderts zu einem eigenständigen Gebiet der Wirtschaftsgeschichte. Dabei hielt die Geldgeschichte Abstand zur →Numismatik, die im 19. Jh. als Dienstmagd der Muse der Geschichte Triumphe feierte, aber nach dem Urteil des englischen Geldhistorikers Peter Spufford «der Muse nur vergleichsweise wenige Dienste geleistet hat».

Ihre vollständige Anerkennung unter den Wirtschaftshistorikern erhielt die Geldgeschichte durch den Amerikaner Earl J. Hamilton, der 1928 und 1934 die Ergebnisse seiner Studien in spanischen Archiven veröffentlichte. Hamilton kam darin zu der Überzeugung, daß die sog. →Preisrevolution des 16. Jhs. ihre Ursache in dem starken Wachstum der →Geldmenge hatte, und dieses führte er auf die massiven Silbereinfuhren aus Spanisch-Amerika zurück. Zum ersten Mal wurde damit der monetäre Faktor als Schlüssel zur Erklärung gesellschaftlicher Veränderungen, wie des Reallohnfalls, der wachsenden sozialen Ungleichheit, der Profitinflation der Kaufleute und Unternehmer etc. benutzt. Dennoch war Hamiltons Erklärung nicht so neu; wir finden sie schon im Jahre 1568 bei →Jean Bodin. Bemerkenswert an Hamiltons Untersuchung ist, daß er die numismatisch-deskriptive Methode verließ und statt dessen die verfügbare ökonomische Theorie, insbesondere die von →Irving Fisher entwickelte →Verkehrsgleichung, in der Geldgeschichte anwendete. Nach der Euphorie kam die Kritik. Einige Historiker wendeten ein, daß in den meisten europäischen Ländern die Preise bereits in der ersten Hälfte des 16. Jhs. – noch vor der Ankunft des amerikanischen Silbers – stiegen. Andere stellten den Zusammenhang von Geldmenge und Preisentwicklung und damit die monetäre Erklärung der Preisrevolution überhaupt in Frage. Hier sind vor allem die Vertreter der neo-malthusianischen Schule (sog. nach dem englischen Bevölkerungstheoretiker Thomas Robert Malthus) zu erwähnen. Diese erklären die Preissteigerung des 16. Jhs. mit dem starken Bevölkerungswachstum und der sich daraus ergebenden Diskrepanz zwischen Nahrungsmittelnachfrage und -angebot.

Die Debatte zwischen den Monetaristen und den Neo-Malthusianern prägt auch ein weiteres Arbeitsfeld der Geldgeschichte, die spätmittelalterliche →Edelmetallknappheit und die Depression. Dabei wird diskutiert, ob der Rückgang der europäischen Silberförderung und der Münzprägung zur wirtschaftlichen Depression führte (John Day), oder ob hierfür in erster Linie die Bevölkerungsverluste im Zeitalter der großen Pest verantwortlich waren (Wilhelm Abel, Michael Postan). Jedoch bleibt jede Diskussion müßig, solange es nicht gelingt, die Geldmenge einigermaßen verläßlich zu schätzen.

In den letzten Jahrzehnten haben daher verschiedene Historiker versucht, aufgrund der Münzproduktion Aufschluß über die Veränderungen der Geldmenge zu erhalten oder diese sogar zu berechnen (Franklin Spooner für das neuzeitliche Frankreich, Eddy van Cauwenberghe für die südlichen Niederlande im 18. Jh.). Ebenfalls wurde die Geldmenge durch die Kombination von Münzproduktion und Münzfunden geschätzt (von Nicholas Mayhew für England im 14. Jh., Erik Aerts für die Burgundischen Niederlande im 15. Jh., Michael North für Norddeutschland im 16. Jh.).

Neue Erkenntnisse in der Zukunft versprechen die vermehrte Anwendung quantitativer Methoden und die Einbeziehung der →Geldtheorie sowie die Zusammenarbeit mit der →Bankengeschichte, der →Montangeschichte und der Historischen →Metrologie. *Erik Aerts*

Lit.: E. J. Hamilton, American Treasure and the Price Revolution in Spain, Cambridge, Mass., 1934; M. Postan, Some Economic Evidence of Declining Population in the Later Middle Ages, EHR, 2. Ser. 2 (1950), S. 221–46; W. Abel, Agrarkrisen und Agrarkonjunktur, Hamburg 1966; F. Spooner, The International Economy and Monetary Movements in France, 1493–1725, Cambridge, Mass., 1972; H. Eichhorn, Der Strukturwandel im Geldumlauf Frankens zwischen 1437 und 1610, Wiesbaden 1973; N. J. Mayhew, Numismatic Evidence and Falling Prices in the 14th Century, EHR, 2. Ser. 27 (1974), S. 1–15; J. Day, The Great Bullion Famine of the 15th Century, Past & Present 79 (1978), S. 3–54; D. O. Flynn, A New Perspective on the Spanish Price Revolution: The Monetary Approach to the Balance of Payments, Explorations in Economic History 15 (1978), S. 388–406; E. van Cauwenberghe, F. Irsgler (Hgg.), Münzprägung, Geldumlauf und Wechselkurse, Trier 1984; Schüttenhelm; E. Aerts, La circulation monétaire française aux XVIIe et XVIIIe siècles, Revue Historique 280, 2 (1988), S. 395–409; Ders., Der Geldumlauf der Burgundischen Niederlande in der Mitte des 15. Jhs., North (Hg.), Geldumlauf, S. 25–44; North, Geldumlauf und Wirtschaftskonjunktur; R. Metz, Geld, Währung und Preisentwicklung. Der Niederrheinraum im europäischen Vergleich 1350–1800, Frankfurt 1990; J. H. Munro, Bullion Flows and Monetary Policies in England and the Low Countries, 1350–1500, Hampshire 1992.

Geldmarkt →Finanzmärkte

Geldmenge

Definition und Abgrenzung der Geldmenge haben im Laufe der Jahrhunderte zahlreiche Veränderungen erfahren (→Geldtheorie). Heute arbeitet die Deutsche Bundesbank mit den drei Geldmengenbegriffen M_1, M_2 und M_3, die sie wie folgt definiert: M_1 = Bargeldumlauf (Münzgeld und Banknoten) + Sichteinlagen (täglich fällige Einlagen) inländischer Nichtbanken; $M_2 = M_1$ + Termineinlagen (mit Bindung bis unter vier Jahren) inländischer Nichtbanken; $M_3 = M_2$ + Spareinlagen inländischer Nichtbanken mit gesetzlicher Kündigungsfrist. Darüber hinaus finden die Begriffe Zentralbankgeldmenge (= Bargeldhaltung der Nichtbanken und Mindestreserven der Kreditinstitute bei der →Zentralbank) und Geldbasis (= Bargeldhaltung der Nichtbanken und Einlagen der Nichtbanken und

Entwicklung und Zusammensetzung der Geldmenge in Großbritannien, Frankreich und Deutschland 1850–1913

Großbritannien

Jahr	Mill. £	Münzen	Banknoten	Einlagen
1850	255,4	23,9%	12,9%	63,2%
1875	638,7	16,5%	6,8%	76,7%
1900	1002,5	12%	4,4%	83,6%
1913	11303,6	12%	3,8%	84,2%

Frankreich

Jahr	Mrd. fr.	Münzen	Banknoten	Einlagen
1850/54	4,58	77,2%	12,6%	10,2%
1875/79	8,02	53,1%	28,8%	18,1%
1900	15,4	40%	27%	33%
1913	23,4	33%	23%	44%

Deutschland

Jahr	Mrd. M	Münzen	Papiergeld	Einlagen
1850	1,379	–	–	–
1875	4,481	42,4%	23,4%	34,2%
1900	9,114	25,4%	16,5%	58,1%
1913	18,308	18,3%	13,5%	68,2%

der Kreditinstitute bei der Zentralbank) Verwendung. Jedoch ist mit den modernen Geldmengendefinitionen in der Geldgeschichte allein mit Einschränkungen zu arbeiten. Zum einen läßt das vorhandene Datenmaterial selbst im 19. Jh. noch keine genaue Berechnung der Geldmenge und ihrer Komponenten zu, da Sicht-, Termin- und Spareinlagen nicht getrennt zu erfassen sind. Zum anderen bildete sich die moderne durch die Bankeinlagen geprägte Geldmengenstruktur in Deutschland und Frankreich erst um 1900, in Großbritannien um die Mitte des 19. Jhs. aus (vgl. Tabelle). Im Mittelalter hatte die Geldmenge ausschließlich aus Münzgeld bestanden. Allein dort, wo die →Wechsler Bankfunktionen erfüllten, ergänzten

Sichteinlagen bei den Wechslern in geringem Maße die Geldmenge (→Buchgeld). In der Frühen Neuzeit dominierte das Münzgeld weiterhin die Geldmenge, wenn auch im 16. Jh. von Hand zu Hand zirkulierende bzw. durch →Indossament übertragene Kreditinstrumente wie →Inhaberschuldscheine und →Wechsel hinzukamen. Seit dem späten 17. Jh. bereicherten die aus den Goldsmith Notes (→Goldschmiede) entstandenen →Banknoten die Geldmenge in England und bald auch in anderen Ländern, ohne aber (bis 1914) das Münzgeld wert- und mengenmäßig zu übertreffen.

Finanzinnovationen haben in der Geschichte immer wieder die Diskussion um die Abgrenzung der Geldmenge belebt (→Banking-Theorie, Currency-Theorie), so daß auch die modernen Geldmengenkonzepte abhängig von theoretischen und praktischen Fragestellungen ständig weiterentwikkelt werden. *Michael North*

Lit.: Deutsche Bundesbank, Monatsberichte; O. Issing, Einführung in die Geldtheorie, München 1991, Kap. 1.; R. Tilly, Zeitreihen zum Geldumlauf in Deutschland 1870–1913, Jahrbücher für Nationalökonomie und Statistik 187 (1973), S. 330–63; B. Sprenger, Geldmengenänderungen in Deutschland im Zeitalter der Industrialisierung (1835 bis 1913), Köln 1982; M. Collins, Long-Term Growth of the English Banking Sektor and Money Stock, 1844–80, EHR, 2. Ser. 36 (1983), S. 374–94; Cameron, Banking in the Early Stages of Industrialization, New York 1967, S. 42; North, Das Geld, Kap. 6,4.

Geldschöpfung

Als Geldschöpfung bezeichnet man den Vorgang, bei dem Geld «neu aus dem Nichts entsteht oder geschaffen wird» (Günter Schmölders). Dabei muß man zwischen der Geldschöpfung des Staates und des Bankensystems unterscheiden. Der Staat schöpft Geld, wenn er wie jeder andere →Münzherr auch aufgrund seines →Münzregals Münzen prägt und diese in Verkehr bringt oder →Staatspapiergeld ausgibt. Dagegen beruht die Geldschöpfung der Banken seit dem Spätmittelalter auf der Eigendynamik des →Zahlungsverkehrs. Wenn beispielsweise die norditalienischen →Wechsler des Spätmittelalters für ihre Kunden Zahlungen erledigten, indem sie Guthaben und Verpflichtungen in ihren Büchern umschrieben (→Giro), oder ihnen Überziehungskredite gewährten (→Kontokorrent), schöpften sie →Buchgeld oder Kredit. Denn sie konnten von der Tatsache ausgehen, daß die eingeräumten Kredite nicht in bar abgehoben wurden, und daß sich die daraus ergebenden Forderungen und Verpflichtungen gegenüber anderen Kunden oder Wechslern großenteils ausglichen. Eine weitere Art der privaten Geldschöpfung stellte die Ausgabe von Noten durch die Londoner →Goldschmiede und später die →Zettelbanken dar. Da sie erkannt hatten, daß niemals alle Noten gleichzeitig zur Einlösung präsentiert wurden, brachten sie mit der Zeit mehr Noten in Umlauf als sie Edelmetallreserven besaßen. In der neueren Zeit wurde die traditionelle Geldschöpfungslehre zu einer Geldangebotstheorie weiterentwickelt, die die den Umfang des Geldangebots bestimmenden Faktoren analysiert.

Michael North

Lit.: R. Schilcher, Geldfunktionen und Buchgeldschöpfung, Berlin 1973; O. Issing, Einführung in die Geldtheorie, München 1991, Kap. 3.

Geldtheorie

Die Geldtheorie erklärt die Bedeutung des Geldes in Wirtschaft und Gesellschaft. Dabei war das Geld immer für mehrere Wissenschaften von theoretischem Interesse. Für die Fragestellung der Ökonomen ist der politische Charakter der monetären Probleme von hoher Bedeutung. So sind fast alle großen geldtheoretischen Diskussionen durch aktuelle Gestaltungsfragen der Geldpolitik oder Geldordnung ausgelöst worden. Das gilt schon für die geldtheoretischen Überlegungen der Scholastiker, die mit der Frage nach der Berechtigung des Zinses (→Wucher) einerseits und der Münzverschlechterungen andererseits Fragen der Geldordnung aufnahmen. Die Merkantilisten erörterten die Bedeutung der Geldvermehrung für die wirtschaftliche Entwicklung eines Landes und legten damit Ansätze für eine Geldwirkungslehre. Die Kontroverse zwischen der →Currency-Theorie und der →Banking-Theorie um die Bestimmungsgründe des →Geldwerts wurde durch die Frage nach der zweckmäßigen Notenbankverfassung ausgelöst. Mit dem Wandel, dem die Geldwirtschaft im historischen Prozeß unterliegt, verändern sich auch die von der Geldtheorie behandelten Probleme.

Werner Ehrlicher

Die mittelalterliche Geldtheorie beschäftigte sich in erster Linie mit dem Wesen des Geldes und Fragen der Geldordnung. Dabei war das Geld für die Scholastiker (wie für Aristoteles) keine Naturerscheinung, sondern ein von Menschenhand «geschaffenes Werkzeug, natürliche Reichtümer leichter auszutauschen» (Oresmius). Was die Geldordnung betraf, so herrschte in Westeuropa bis ins 14. Jh. die unumstößliche Auffassung vor, daß der Fürst den Wert einer Münze und damit den Geldwert bestimme. Er allein hätte das Recht, den →Münzfuß nach seinem Belieben zu verändern. Diese Meinung wurde im 13. Jh. von Papst Innozenz III. und von Thomas von Aquin vertreten. Sie konnten sich dabei auf die Heilige Schrift berufen, in der der römische Denar als «des Kaisers» bezeichnet wird. Selbst in dem *Songe du Vergier*, einer Sammlung französischer anti-päpstlicher Traktate aus dem späten 13. und beginnenden 14. Jh., erscheinen Münzwesen und Währung als Hoheitsrechte der Krone, auf deren Ausübung der regierende

König – zum Schaden seiner Nachfolger – nicht verzichten konnte. Jedoch wurde diese Auffassung um die Mitte des 14. Jhs. von Ständeversammlungen in vielen Teilen Europas in Frage gestellt. Während eines Konflikts zwischen König Johann II. und einer Gruppe seiner Magnaten formulierte →Nicolaus Oresmius in seinem *Traictie des Monnoies* (1355) eine alternative Theorie, die er später in *De Moneta* (1358) ausarbeitete. Kernstück der neuen Geldtheorie war die These, daß Münze und Währung eine Sache der Allgemeinheit und nicht des Herrschers seien. Deshalb dürfe nicht der Herrscher, sondern nur die Allgemeinheit die Münze bzw. den Münzfuß verändern. Obwohl Oresmius die Folgen von Abwertungen für schädlich hielt, gestand er der Allgemeinheit in Notzeiten das Recht zu, zur Münzverschlechterung Zuflucht zu nehmen. Aber nur die Allgemeinheit – vertreten durch die Stände – bestimmte, was ein Notfall war. Falls es in Krisenzeiten nicht gelang, die Stände einzuberufen, dann mußte der Herrscher zu anderen Mitteln der Geldbeschaffung greifen.

Oresmius' Traktat wurde zur neuen Orthodoxie für die nächsten zweihundert Jahre. Abschriften seines Traktats finden sich in den Bibliotheken zahlreicher Fürsten, und sie beeinflußten die Münzpolitik in der Praxis. Oresmius' Thesen wurden aber auch zum Gegenstand des akademischen Diskurses. In Paris nahmen Vertreter des Nominalismus wie Heinrich von Langenstein seine Gedanken auf. Letzterer trat gleichzeitig für ein Generalkonzil zur Beendigung des Großen Schismas ein. Dabei paßte die Auffassung von einem gemeinschaftlich kontrollierten – in Wirklichkeit aber adlig bestimmten – Münzwesen gut mit der Forderung einer konziliaren Kontrolle der Kirche zusammen. Daher wurde auch in Padua und Bologna diese Argumentation von dem Kirchenrechtler Nicola de Tudeschi übernommen, der später als Erzbischof von Palermo unter dem Namen Panormitanus bekannt werden sollte. Im späten 15. Jh. schrieb Gabriel Biel, einer der ersten Professoren in Tübingen, einen *Tractatus de Postestate et Utilitate Monetarii*, in dem er Oresmius und Panormitanus beifällig zitierte. Seine Überzeugung, daß die Allgemeinheit die Autorität in Münz- und Währungsfragen besitze, wurde bis ins 16. Jh. tradiert. So betonte →Nicolaus Copernicus 1526 in *Monete Cudende Ratio*: «Ohne reifliche Beratung der Ältesten und ohne einstimmigen Beschluß darf die Münze nicht erneuert werden.» In England schrieb 1549 Sir Thomas Smith – wie zweihundert Jahre zuvor Oresmius – einen Traktat für die Adelsopposition. Sein in der damals modernen Form des Dialogs abgefaßter *Discourse of the Common Weal of this Realm of England* wiederholt die von Oresmius und Copernicus bekannten Thesen und empfiehlt eine strenge →Münzpolitik zur Vermeidung von Kaufkraftverlusten der Grundherren. Im Oktober 1551 kam die hinter ihm stehende Adelspartei an die Macht, er wurde Minister, und England kehrte zu einer festen Münze zurück. Aber der Preisanstieg hörte nicht auf. In einer revidierten Form des *Dis-*

course drückt Smith darüber seine Verwunderung aus und erklärt in einer frühen Version der →Quantitätstheorie die Preissteigerungen mit einer Zunahme der Münzmenge. *Peter Spufford*

Die neuzeitliche Geldtheorie kann man in vier Hauptbereiche unterteilen: 1. die Geldwesenslehre, 2. die Geldwertlehre, 3. die Geldwirkungslehre und 4. die Lehre von den Geldordnungen.

1. Die neuere Geldtheorie definiert Geld als Institution, die bestimmte Dienste leistet; das Wesen des Geldes ist danach in seinen Funktionen – des Tauschmittels, der Wertaufbewahrung, des gesetzlichen Zahlungsmittels und der Recheneinheit – begründet. In der Dogmengeschichte wurden – meist entsprechend dem Entwicklungsstand der Geldwirtschaft – wechselnd einzelne dieser Funktionen in den Vordergrund gestellt. In den metallistischen Theorien wird die Wertaufbewahrungsfunktion betont; der unabhängig vom Geldgebrauch existierende selbständige Gebrauchswert der Geldware wird als wesensbestimmend angesehen. Metallisten findet man unter den frühen Merkantilisten, den Physiokraten und den englischen Klassikern; für die spätere Zeit wären Karl Marx und die Mehrzahl der Vertreter der historischen Schule zu nennen. Die Zahlungsmittelfunktion steht bei jenen Theoretikern im Vordergrund, die das Wesen des Geldes in rechtlicher Setzung begründet sehen. Vertreter dieser Auffassung finden sich von den Scholastikern über die Konventionstheoretiker bis zu Georg Friedrich Knapp, der Geld als Geschöpf der Rechtsordnung definiert. Die Tauschmittelfunktion stellen die Funktionswerttheoretiker, zu denen vor allem die Vertreter der subjektiven Werttheorie gehören, in den Vordergrund. Aus der Funktion der Recheneinheit erklären die Anweisungs- oder Zeichentheoretiker wie Joseph Schumpeter, Gustav Cassel oder Robert Liefmann das Wesen des Geldes.

2. Die verschiedenen Geldwerttheorien haben sich nebeneinander entwickelt; einzelne Autoren kombinieren Elemente verschiedener Theorien.

Die Produktionskostentheorie des Geldwertes basiert auf den Vorstellungen der objektiven Wertlehre. Der Grundgedanke geht dahin, daß die Produktionskosten des als Geld benutzten Edelmetalls den Geldwert bestimmen. In Ansätzen finden sich diese Vorstellungen bei William Petty; seine Gedanken wurden weiter entwickelt von Nassau William Senior und Karl Marx. Bei →David Ricardo und John Stuart Mill wird die Produktionskostentheorie mit der Quantitätstheorie kombiniert.

Die →Quantitätstheorie wurde in einer makroökonomischen und einer mikroökonomischen Version entwickelt. Der Grundgedanke beider Ansätze geht dahin, daß die →Geldmenge unter Berücksichtigung des vorhandenen Gütervolumens den →Geldwert bestimmt. In der makroökonomischen Version wird der Einfluß der Geldmenge als Determinante des Geldwertes durch die →Umlaufgeschwindigkeit modifiziert. Auf diesen

Zusammenhang haben schon im 16. Jh. etwa gleichzeitig →Jean Bodin in Frankreich und Bernardo Davanzati in Italien hingewiesen. Von den Merkantilisten wurde der Gedanke wieder aufgenommen und in der englischen Klassik – insbesondere von den →Currency-Theoretikern – weiter vertieft. Den Stand der Diskussion kurz vor dem Ersten Weltkrieg repräsentiert vor allem →Irving Fisher. In der mikroökonomischen Version wird die Umlaufgeschwindigkeit als Determinante des Geldwertes durch die Kassenhaltung bzw. die Nachfrage nach Geld ersetzt. Die Umlaufgeschwindigkeit wird als nur symptomatische Größe kritisiert; die Kassenhaltung bzw. Nachfrage nach Geld sei demgegenüber ein Aktionsparameter der Wirtschaftseinheiten. Nach Ansätzen bei Knut Wicksell und Carl Menger wurde eine geschlossene Theorie von der Cambridger Schule – Alfred Marshall, Arthur Cecil Pigou, Dennis Holme Robertson – entwickelt.

Der Grundgedanke der Einkommenstheorie geht dahin, daß die Vorgänge der Einkommensentstehung und Einkommensverwendung in ihrem Kreislaufzusammenhang die Entwicklung des Geldwertes erklären. Die Einkommensentstehung beeinflußt das Preisniveau von der Kosten- bzw. Angebotsseite, die Einkommensverwendung von der Nachfrageseite. In der Einkommenstheorie wird der in der Quantitätstheorie von der Geldmenge auf das Preisniveau gerichtete Zusammenhang umgekehrt: Das durch den Kreislaufzusammenhang determinierte Preisniveau bestimmt die Geldmenge. Dieser Gedanke der umgekehrten Kausalität war schon bei der →Banking-Theorie deutlich ausgeprägt; eine systematische Formulierung erfuhr die Einkommenstheorie bei Knut Wicksell, eine weitgehende Abrundung bei John Maynard Keynes.

3. In den Geldwirkungslehren wird der Zusammenhang zwischen der Entwicklung der Geldversorgung und dem realen Niveau der Wirtschaftstätigkeit erörtert. Geldwirkungstheoretische Ansätze finden sich bei den frühen Merkantilisten, die einen Zusammenhang zwischen den Goldvorräten und dem Volkswohlstand behaupteten. Später – etwa bei →Thomas Mun oder →John Law – wurde dieser Zusammenhang weiter differenziert. Dieser Vorstellung einer aktiven Rolle des Geldes für die Entwicklung der Wirtschaft setzten die Klassiker ihre Neutralitätsthese entgegen, etwa in der vielzitierten Äußerung John Stuart Mills, daß es in der Gesellschaft nichts unwesentlicheres als das Geld geben könne. Eine Wiederbelebung erfuhr die Geldwirkungslehre in der Diskussion über die Ursachen einer generellen Absatzstockung. Die damit aufgenommenen Probleme wurden systematisch in der monetären Konjunkturtheorie weiterverfolgt. Schon zu Beginn des 19. Jhs. von Henry Thornton aufgenommen, wurden diese Gedanken um die Jahrhundertwende von Henry Sidgwick, Robert Giffen, Joseph Shield Nicholson und Knut Wicksell weitergeführt; in den zwanziger Jahren fanden sie verbreitete Anhängerschaft und wurden zu einer Theorie der monetären Wirtschaftspolitik weiterentwickelt.

4. Die heute übliche Unterscheidung zwischen nationaler Geldordnung und internationaler Währungsordnung bildete sich erst nach dem Ersten Weltkrieg heraus. In der bis dahin vorherrschenden →Goldwährung, in der Gold als nationales und internationales Zahlungsmittel fungierte, bestand für diese Trennung noch kein Anlaß. Als spezifisch internationale Probleme wurden die Verteilung der Goldvorräte auf die nationalen Wirtschaften und der Ausgleich der →Zahlungsbilanz diskutiert. Zwischen beiden Problemkomplexen wurde insofern ein Zusammenhang gesehen, als die von der Nivellierungstheorie vertretene Vorstellung der gleichmäßigen Verteilung der Goldvorräte über die Mechanismen des Zahlungsbilanzausgleichs bewirkt wird. Die hier angesprochenen Probleme wurden schon von den merkantilistischen Autoren diskutiert, in der Vorklassik weiter verfolgt und in der englischen Klassik breit differenziert. Die für die Geldwertlehre aufgezeigten kontroversen Vorstellungen der Banking-Theoretiker und Currency-Theoretiker über die Bedeutung der Geldmenge traten hier in der Form auf, daß die Currency-Theoretiker in dieser Größe die maßgebliche Determinante auch der →Wechselkursentwicklung sahen, während die Banking-Theoretiker ihr eine solche Bedeutung auch für die außenwirtschaftlichen Zusammenhänge absprachen und die Entwicklung der →Wechselkurse wiederum in realen Faktoren (als Ausgangspunkt wurde beispielhaft meist der Fall einer Mißernte diskutiert) begründet sahen.

Diese kontroversen Positionen schlugen sich auch in den Stellungnahmen zu Fragen der nationalen Geldordnung, insbesondere der Notenbankverfassung, im Rahmen der Bullionistendebatte nieder. Die Bullionisten bzw. Currency-Theoretiker – Samuel Jones Loyd (Lord Overstone), Robert Peel, Robert Torrens – vertraten die Auffassung, daß Noten nicht nur in Gold einlösbar, sondern auch voll gedeckt sein müßten; die Banking-Theoretiker – John Fullarton, Henry Thornton, →Thomas Tooke – waren demgegenüber der Meinung, daß neben der Golddeckung auch eine Deckung durch Handelswechsel nicht nur zulässig, sondern zweckmäßig sei, da die Wirtschaft dadurch zum einen hinreichend, zum anderen aber – wegen des Rückstroms der durch Handelswechsel gedeckten Noten – nie übermäßig mit Geld versorgt würde. *Werner Ehrlicher*

Lit.: K. Helfferich, Geld und Banken, 1: Das Geld, Leipzig 1903; C. Rist, Geschichte der Geld- und Kredittheorien, Berin 1947; F. Lütge, Einführung in die Lehre vom Gelde, München 1948; A. Kruse, Geschichte der volkswirtschaftlichen Lehrmeinungen, München 1948; A. Forstmann, Geld und Kredit, Göttingen 1952; G. Stavenhagen, Geschichte der Wirtschaftstheorie, Göttingen 1969; W. Ehrlicher, Geldtheorie, Handwörterbuch der Sozialwissenschaften, IV, Stuttgart 1965, S. 231–58; Ders., Geldtheorie und Geldpolitik, I: Einführung, III: Geldtheorie, Handwörterbuch der Wirtschaftswissenschaft, III, Stuttgart 1981, S. 355–60, 374–92; Spufford, Münzverschlechterung.

Geldumlauf
Mit dem Begriff Geldumlauf wird das bei den Banken (außer den Notenbanken) und Nichtbanken vorhandene Geld bezeichnet. Dabei kann man den Geldumlauf in seine Bestandteile Münzgeldumlauf, Notenumlauf bzw. →Papiergeldumlauf unterteilen. Wenn dagegen die Geldhistoriker oder Numismatiker vom Geldumlauf sprechen, dann verstehen sie darunter meist nur den Münzgeldumlauf, weil allein dieser durch →Münzfunde oder schriftliche Quellen (Münzmeisterrechnungen, Kassenbestände) für Mittelalter und Neuzeit überliefert ist. Außerdem zeichneten sich Ansätze eines Papiergeld- bzw. Notenumlaufs erst im 17. Jh. ab (→Geldmenge). Für die geldgeschichtliche Forschung steht die Untersuchung des Geldumlaufs seit einiger Zeit im Mittelpunkt des Interesses. Geldhistoriker erforschen, mit welchen Münzen man zu einer bestimmten Zeit in einer bestimmten Region bezahlte (z. B. im südwestdeutschen Raum oder in Norddeutschland im 15. und 16. Jh.). Außerdem versuchen sie, die →Umlaufgeschwindigkeit des Geldes, die Pro-Kopf-Ausstattung der Bevölkerung mit Geld oder den →Monetarisierungsgrad der Gesellschaft zu rekonstruieren und liefern damit wertvolle Erkenntnisse für die Wirtschafts- und Sozialgeschichte. *Michael North*

Lit.: Deutsche Bundesbank, Monatsberichte; Schüttenhelm; E. Aerts, Der Geldumlauf der Burgundischen Niederlande in der Mitte des 15. Jhs., North (Hg.), Geldumlauf, S. 25–44; North, Geldumlauf und Wirtschaftskonjunktur.

Geldumlaufgeschwindigkeit →Umlaufgeschwindigkeit

Geld- und Währungspolitik
Unter Geld- und Währungspolitik versteht man alle (staatlichen) Maßnahmen, die der Ordnung des Geldwesens im Inland (Geldpolitik) und im Außenwirtschaftsverkehr (Währungspolitik) dienen und ein Mittel zur Durchsetzung wirtschaftspolitischer Ziele eines Gemeinwesens sind. Geld- und Währungspolitik war in der Zeit vor dem 19. Jh. →Münzfußpolitik (Otto Veit), basierend auf der Tatsache, daß Edelmetalle die alleinig anerkannte Grundlage der Währungen darstellten und die beiden hauptsächlich genutzten Edelmetalle, Gold und Silber, in einem mittelfristig relativ konstanten Verhältnis (→Gold-Silber-Relation) zueinander standen. Da eine Änderung von Benennungen und Einteilungen, d. h. der traditionellen Rechengewohnheiten, dem menschlichen Beharren, in gewohnten Bahnen zu bleiben, zuwiderlief, blieb für eine staatliche Geld- und Währungspolitik nur die Münzfußpolitik.

So betrieben bereits die hellenistischen Könige und die römischen Imperatoren durch die Emission von (neuen) Münzen «Geldpolitik». In gleicher

Weise verfuhren auch viele Herrscher des Mittelalters zur Belebung des jeweiligen Außenhandels. →Auf- und Abwertungen von Münzen (Veränderungen des →Münzfußes oder des →Feingewichts) dienten dabei den Interessen des Fürsten – so auch Macchiavelli – in der Ausgestaltung seiner (politischen) Macht; für Kaufleute hingegen stand der Aufbau einer ökonomischen Potenz und die Sicherung der Währungsstabilität im Mittelpunkt ihres Interesses. Besonders vorteilhaft war es dabei für die Kaufleute, wenn die eigene Basismünze zur →Leitmünze einer größeren Region wurde; sie ersparten sich somit Transaktionskosten (vor allem Kursverluste) im Zahlungsverkehr mit Partnern außerhalb des lokalen Bereichs. Zu einem wichtigen Medium einer «Währungspolitik» in Spätmittelalter und Früher Neuzeit wurden die →Banken, die meist zur Konsolidierung städtischer oder →staatlicher Finanzen und mit dem Ziel einer stabilen Währung (zur Förderung des Handels) gegründet wurden: die barcelonesische →Taula di Cambi, die genuesische →Casa di San Giorgio, der venezianische →Banco della Piazza di Rialto, die Amsterdamer Wisselbank, die →Hamburger Bank und die →Bank of England. Vielfach wurden diese Institute dann zur Regulierung des Zahlungsverkehrs herangezogen.

Auch über weite Teile des 19. Jhs. hinweg war Geld- und Währungspolitik gleichbedeutend mit Münzfußpolitik und mit der Frage nach dem Metallstandard (Silber- und/oder →Goldstandard). Dies belegen die niederländische Münzreform von 1816, die preußische von 1821, die amerikanische von 1834/37 und von 1900, die schwedische von 1855/56 oder die österreichische von 1858 und die in diesen Zusammenhängen geführten Diskussionen. Mit der Demetallisierung der Währung durch die Einführung von →Banknoten mit staatlich garantierten Deckungsquoten wurden Noten- bzw. Zentralbankpolitik, Fragen der Papiergeldemission und -einlösung sowie die Regelung der monetären Außenwirtschaftsbeziehungen grundlegende Themen der Währungspolitik. Ziele der Währungspolitik waren – in Interdependenz mit der jeweiligen Wirtschaftspolitik – die Stabilität der eigenen Währung gegenüber ausländischen Währungen und die Sicherung der staatlichen Liquidität, während die Stabilität des →Geldwertes im Inland das Ziel der Geldpolitik wurde. Um diese Ziele (staatlicherseits) zu erreichen, privilegierte oder gründete der Staat eine oder mehrere →Notenbanken. In letzterem Fall mußte er dann spätestens in der Zeit des →Goldstandards bemüht sein, ein Notenbankmonopol für die von ihm präferierte Notenbank durchzusetzen, die damit zur →Zentralbank des Staates wurde.

Geld- und Währungspolitik wurde in der zweiten Hälfte des 19. Jhs. auch zu einer supranationalen Angelegenheit, wie an den Bemühungen und Diskussionen um →Leitwährungen und Münzunionen zu erkennen ist. Sie mußte auf dem Weg zu einer polyzentrischen Weltwirtschaft notwendigerweise supranational werden, um so das Vertrauen der Privaten in den nicht mehr durch →Edelmetallströme zu deckenden internationalen Handel aufrechterhalten zu können.

Markus A. Denzel und Oskar Schwarzer

Lit.: O. Veit, Grundriß der Währungspolitik, Frankfurt 1961; J. Schneider (Hg.), Währungen der Welt, I, Stuttgart 1991.

Geldwert (Kaufkraft des Geldes)

Der Wert bzw. die Kaufkraft des Geldes läßt sich mit Hilfe der Gütermenge ausdrücken, die man für eine bestimmte Geldeinheit kaufen kann. Da bekanntlich der Preis die Dimension Währungseinheit je Mengeneinheit hat, ist die Kaufkraft des Geldes durch den Preis dieser Güter festgelegt und verändert sich mit diesem. Einen ständigen und dauerhaften Preisniveauanstieg bezeichnet man auch als →Inflation, weshalb diese oft mit dem Begriff des Geldwertverlustes gleichgesetzt wird. In metallistischen Währungssystemen kann man aufgrund der Existenz von →Rechengeld und umlaufendem Münzgeld drei verschiedene Geldwertbegriffe unterscheiden:

1. Wert (= Kaufkraft) einer Rechengeldeinheit (*valor impositus*)
2. Wert (= Kaufkraft) einer Gewichtseinheit Silber und Gold (*valor intrinsecus*)
3. Wert (= Edelmetalläquivalent) einer Rechengeldeinheit.

Im ersten Fall handelt es sich um die Kaufkraft der nominellen Geldeinheit und im zweiten um die Kaufkraft der in diesen Geldeinheiten repräsentierten Edelmetallmenge. Spricht man vom Wert einer nominellen Geldeinheit (Rechengeld), kann man dabei sowohl seine Kaufkraft als auch seinen Edelmetallgehalt (*valor intrinsecus*) meinen, wobei beide Komponenten völlig unterschiedliche Wertaspekte darstellen. Im folgenden soll lediglich die Kaufkraftproblematik erörtert werden, da das Problem der Bestimmung des Edelmetalläquivalents einer Rechengeldeinheit (drittens) eine gesonderte Darstellung erfordert (→ Rechengeld). Es lassen sich zwei Fragestellungen unterscheiden. Zum einen wird nach der Methode gefragt, mit der man den Wert des Geldes empirisch zuverlässig darstellen kann (Problem der Kaufkraftmessung). Zum anderen interessieren die Faktoren, die den Wert des Geldes und damit Geldwertveränderungen bestimmen. Bis heute werden diese Faktoren in den verschiedenen «Theorien des Geldwerts» kontrovers diskutiert. Die folgenden Ausführungen beschränken sich auf das Problem der Kaufkraftmessung. Die Bestimmungsfaktoren des Geldwerts werden bei den Inflationsursachen erörtert (→Inflation).

Für die im 19. Jh. zahlreich entstandenen preisgeschichtlichen Arbeiten war primäres Erkenntnisziel ein «Preismaß», das die objektive Darstellung des Geldwerts in der Geschichte erlauben sollte. Häufig sah man gar das letzte Ziel jeder Preisgeschichte in der Ermittlung der Kaufkraft des Geldes. Prinzipiell versuchten diese Autoren, den Geldwert mit Hilfe eines außerhalb des jeweiligen historischen Währungssystems gelegenen Maßstabes zu messen. Voraussetzung war ihrer Meinung nach ein Maßstab, der selbst keinen oder nur geringen Veränderungen unterworfen war. So z. B. das Getreide oder das Arbeitsquantum, das gerade ausreicht, um das physische Existenzminimum zu sichern. Auch in der Umrechnung älterer Währungsangaben in moderne, d. h. in die für den jeweiligen Bearbeiter zeitgenössische Währung sah man eine Möglichkeit der Kaufkraftmessung und damit des Kaufkraftvergleichs. Gegen diese Art der Kaufkraftmessung wurde schon früh heftige Kritik vorgebracht. Jean-Baptiste Say hat die Darstellung der Kaufkraft des Geldes als die Quadratur des Kreises in der Nationalökonomie bezeichnet, und Werner Sombart schreibt: «Wir müssen uns endlich von dem Irrwahn befreien, die Kaufkraft des Geldes für eine bestimmte Zeit festzustellen oder gar die Veränderung der Kaufkraft des Geldes im Ablauf der Jahrhunderte in einer Ziffer ausdrücken zu können.» Zu Recht wurde betont, daß es keine Kaufkraft schlechthin gibt, sondern immer nur in bezug auf bestimmte Komplexe von Gütern und Dienstleistungen.

Unabhängig von diesen inhaltlichen und methodologischen Problemen versucht die heutige Wirtschaftsstatistik, den Geldwert mit Hilfe repräsentativer Durchschnittspreise, meist in Form von Preisindexziffern, zu messen. Veränderungen dieser Preisindizes werden als Veränderungen des Geldwertes (→Inflation/Deflation) interpretiert. Ein Anstieg bedeutet einen Geldwertverlust und ein Fallen einen Geldwertzuwachs. Kaufkraftmessung reduziert sich in dieser Weise auf die Erarbeitung repräsentativer Preisindexziffern und wird im Rahmen der Preisstatistik thematisiert.

Mit Hilfe des zeitlichen Vergleichs von Preisindizes kann man angeben, wie viele Währungseinheiten zu einem bestimmten Zeitpunkt notwendig sind, um die gleichen Arten und Mengen von Gütern zu kaufen, die im Basiszeitraum für 100 Währungseinheiten gekauft werden konnten. Im internationalen Vergleich geben Preisindizes an, wie viele Währungseinheiten einer in Vergleich gezogenen Volkswirtschaft notwendig sind, um unter den dortigen Preisverhältnissen die gleichen Sorten und Mengen von Gütern zu kaufen, die für 100 Währungseinheiten in der Volkswirtschaft gekauft werden können, auf die sich der Vergleich bezieht. Für die Berechnung der Preisindizes gibt es unterschiedliche Methoden (z. B. Index nach Laspeyres oder Paasche). Das Grundmaterial besteht aus den einzelnen Preisreihen und den Wägungszahlen. Als bestimmend für die Ergebnisse der Indexberechnung sind neben der Güterauswahl und der Entwicklung der Preisreihen die Wahl der Basis als Bezugsgröße für die Preisverhältnisse, die Wahl der Wägungszahlen und der Berechnungsformel.

Bereitet schon die Darstellung vergleichbarer Preisindizes für das 20. Jh.

große Schwierigkeiten, so gilt dies um so mehr für die vorstatistische Zeit und besonders dann, wenn dies über längere Zeiträume oder gar über Jahrhunderte erfolgt; dies nicht nur aufgrund der häufig fehlenden Daten, sondern auch wegen nachhaltiger Veränderungen in der Bedeutung einzelner Güter. Obwohl aus diesem Grund Kaufkraftvergleiche mit Hilfe solcher Preisindizes nur für relativ kurze Zeitspannen – im Bereich von 1–2 Menschenaltern – einen wirtschaftlichen und sozialen Sinn ergeben, fehlt es nicht an Versuchen, sehr lange Reihen solcher Preisindizes aufzustellen. Bedenkt man die jeder Indexberechnung inhärenten Probleme sowie die Tatsache, daß Preisveränderungen nicht nur Ausdruck monetärer, sondern auch realwirtschaftlicher Faktoren sind, z. B. der Produktions- und Verbrauchsverhältnisse, können solche Indizes Geldwertveränderungen in der vorstatistischen Zeit nur in sehr grober Annäherung und auch nur in ihrer allgemeinsten Tendenz wiedergeben. *Rainer Metz*

Lit.: G. Bombach, Kaufkraftmessung, Handwörterbuch der Sozialwissenschaften, V, Stuttgart 1956, S. 585–89; J. Rosen, Die Entwicklung der Kaufkraft 1226–1939. Ein Versuch zu ihrer Bestimmung, Schweizer Münzblätter 44 (1962), S. 75–79; A. Jacobs, Preis, I: Preisgeschichte, Handwörterbuch der Sozialwissenschaften, VIII, Stuttgart 1964, S. 459–76; G. Schmölders, Gutes und schlechtes Geld. Geld, Geldwert und Geldentwertung, Frankfurt 1968; B. Sprenger, Preisindizes unter besonderer Berücksichtigung verschiedener Münzsorten als Bezugsgrößen für das 16. und 17. Jh. – dargestellt anhand von Getreidepreisen in Frankfurt/M., Scripta Mercaturae 1 (1977), S. 57–72; H. Van der Wee, Prices and Wages as Development Variables: A Comparison between England and the Southern Netherlands, 1400–1700, Acta Historiae Neerlandicae 10 (1978), S. 58–78; H. Phelps Brown, S. Hopkins, Price of a Composite Unit of Consumables in Southern England, 1264–1954, Dies., A Perspective on Wages and Prices, London 1981, S. 13–59; B. R. Mitchell, International Historical Statistics: Europe 1750–1988, Houndmills 1992.

Gesetzliches Zahlungsmittel

Gesetzliches Zahlungsmittel sind die kraft Gesetzes anerkannten Münzen und Banknoten, für die Annahmezwang bei Zahlungen besteht. Mit der Ausbildung des →Münzregals war es Sache des Münzherrn, festzulegen, was in seinem Machtbereich als gesetzliches Zahlungsmittel dienen sollte. Mit der Übernahme des Münzrechts (→Münzregal) durch territoriale Gewalten im Hochmittelalter setzte sich die Territorialität der Münze durch. Ein Pfennig war nur dort gesetzliches Zahlungsmittel, wo er geschlagen wurde. Darüber hinaus entwickelten sich im späteren Mittelalter mit den →Groschen oder →Florenen und →Dukaten wertbeständige →Handelsmünzen, die außerhalb ihrer Heimat Umlaufsgebiet gewannen und mit der Zeit per →Valvation auch offiziell als Zahlungsmittel zugelassen wurden. An dieser Praxis änderte sich bis ins 19. Jh. wenig. Dann wurde mit der Einführung der →Goldwährung in mehreren Staaten das Gold das alleinige gesetzliche Zahlungsmittel, so in Großbritannien, wo das Gesetz von 1816 den Annahmezwang für Silbermünzen auf 2 Pfund begrenzte. Ebenfalls beschränkt (auf 20 Mark) wurde die Annahmepflicht für Silbermünzen, als das Deutsche Reich 1873 die Reichsgoldwährung einführte. Eine weitere Neuerung war die Zulassung der Banknote zum gesetzlichen Zahlungsmittel. Auch hierbei ging Großbritannien 1833 voran. Von da an mußten die Noten der Bank of England in England und Wales (in Schottland 1845) für Beträge von über 5 Pfund angenommen und bei Bedarf von der Bank in Gold eingelöst werden. Frankreich (1870) und Deutschland (1909) folgten erst erheblich später. *Michael North*

Lit.: Luschin, S. 276–88; M. Collins, Money and Banking in the UK, London 1988; North, Das Geld, Kap. 6,2.

Giralgeld → Buchgeld

Giro

Giro ist eine Form des bargeldlosen Zahlungsverkehrs und meint die Überschreibung (mittels Gut- oder Lastschrift) eines Betrags (in Bank- oder Buchgeld) von einem Konto (→ Kontokorrent) auf ein anderes. Der Überweisungsauftrag konnte mündlich oder schriftlich (→ Scheck) erteilt werden. Es war nicht nur bequem zu zahlen, ohne daß jedesmal Münzen gezählt werden mußten, sondern man sparte auch Transaktionskosten (Wechselgebühren, Kursverluste etc.). Ebenfalls wurden Überziehungskredite erleichtert. Überweisungen auf ein Konto mit einem simplen Federstrich waren das Charakteristikum der venezianischen Banken, der *banchi di scritta* (*scritta* war die zeitgenössische Bezeichnung für Giro), die auf mündliche Anweisung der Kunden arbeiteten. Indem die Bankiers so ihre Kunden vom Bezahlen mit Münzen entwöhnten, machten sie die knappen Münz- und Edelmetallvorräte anderen Zwecken verfügbar, z. B. dem Handel mit der Levante (→ Edelmetallströme). Bezeugt ist das Giro in Genua bereits für das 12. Jh., und es erfuhr in der Folgezeit weite Verbreitung in Barcelona, Brügge, auf den Champagne-Messen (→ Wechselmessen), aber auch in Städten des Binnenlandes wie Bologna. Toskanische Bankhäuser machten davon seltener Gebrauch. Einen weiteren Schub erhielt das Giro seit dem ausgehenden 16. Jh. durch die städtischen Wechsel- oder Girobanken (→ Banco della Piazza di Rialto, → Banco Giro, → Wisselbank, → Hamburger Bank), die dort, wo sie entstanden, die Überweisungstätigkeit der privaten Bankiers übernahmen. Ein landesweiter Giroverkehr bildete sich aber erstmals mit Hilfe des → Schecks im England des 19. Jhs. aus. *Reinhold C. Mueller*

Lit.: R. de Roover, Money, Banking and Credit in Mediaeval Bruges, Cambridge, Mass., 1948; R. C. Mueller, The Role of Bank Money in Venice, 1300–1500, Studi Veneziani, n. s. 3 (1979), S. 47–96; F. C. Lane, R. C. Mueller, Money and Banking in Medieval and Renaissance Venice, I, Baltimore 1985, Kap. 6; F. Melis, La banca pisana e le origini della banca moderna, Firenze 1987.

Girobank →Wechselbank

Gold

Gold (lat. *aurum*, Au) ist eines der seltenen chemischen Elemente; spez. Gew. 19,3, Schmelzpunkt 1063 °C, Siedepunkt 3080 °C. Das begehrte, gegen Säuren, Basen, Salze überaus resistente Edelmetall tritt als Berggold gediegen und annähernd rein bis mehr oder weniger silberhaltig vor allem in Quarzgängen, in Eisen-, Kupfer-, Arsenkies und Antimonglanz auf oder aber, im allgemeinen sekundär gebildet, als Wasch- oder Seifengold (mhd. *sîfe* = Schlucht mit Wasserlauf) in der Ablagerung von Flüssen und Bächen. Das wohl größte Goldreservoir bilden lösliche Natriumkomplexsalze der Ozeane, doch fehlt eine kostengünstige Gewinnungsmethode. Im Produktionsbereich wurde zusätzlich zu älteren Ausschmelzprozessen mit der →Amalgamation spätestens im ersten nachchristlichen Jahrhundert ein Verfahren entwickelt, Goldpartikel mit Hilfe von Quecksilber aus gemahlenem Erz bzw. aus Sand herauszulösen. Als entsprechende Technologie des industriellen Zeitalters gilt die 1887 und 1888 patentierte Cyanidlaugung. Aufgrund seiner Duktilität ist reines Gold (24karätig) außerordentlich gut zu bearbeiten, jedoch so weich, daß für Gebrauchszwecke, auch für die schon dem Altertum bekannte Feuervergoldung von Kupfer-/Bronze-Gegenständen, nur Legierungen mit Silber, Kupfer, Platin, Nickel usw. in Frage kommen. Frühzeitig erfolgten Standardisierungen, um eine Anerkennung des echt «Goldenen» zu sichern. So waren nach der Heidelberger Goldschmiedeordnung von 1563 mindestens 18 Karat erforderlich, die am einfachsten durch die Nadelstichprobe mit Probierstein und Farbvergleich (→Probierkunde) ermittelt wurden.

Vor- und frühgeschichtliche Kulturen nutzten Gold für Kult- und Kunstgegenstände sowie zur Schatzbildung. Die ägyptischen Pharaonen, die in Nubien neben der älteren Seifengoldgewinnung erstmals auch Golderzbergbau organisierten, nahmen das Metall auch schon als Tausch-Wertmesser. Während der römischen Kaiserzeit verlagerte sich der Schwerpunkt der Erzeugung von Afrika und Asien nach Europa. Die Goldgewinnung stieg aufgrund verbesserter Produktionsmethoden sowie neu entdeckter Lagerstätten an, und zwar vor allem auf der iberischen Halbinsel und in Gallien, in Thrakien und Dakien (Siebenbürgen) bis zum Karpatenbogen sowie in den Hohen Tauern. Die zwischen 50 v.Chr. und 500 n.Chr. auf 1,5 Millionen Kilogramm geschätzte europäische Goldproduktion kam in der Völkerwanderungszeit weitgehend zum Erliegen.

Die im europäischen Früh- und Hochmittelalter betriebene Seifengoldgewinnung – in Asturien, im Garonne- und Ariège- sowie im Rhoneeinzugsgebiet, in Irland, am Rhein, in den Sudeten, den Karpaten, den Ost- und Südalpen und nicht zuletzt auf dem Balkan – vermochte den Bedarf nicht zu decken. Die karolingische Münzreform des 8. Jhs. machte →Silber zum Basismaterial der Münzprägung.

Erst um die Mitte des 12. Jhs. floß das afrikanische Gold wieder so reichlich, daß Genua und Florenz mit der Prägung von Genovino und →Floren beginnen konnten. Daß das Gold, oder besser der Goldstaub, aus den Produktionsgebieten an den Oberläufen von Niger und Senegal nach Nordafrika und dann weiter nach Italien gelangte, lag an dem ungleichen Austausch zwischen den Gebieten nördlich und südlich der Sahara. Der Norden lieferte wertvollere Güter als der Süden, u.a. Textilien aus Ägypten und Europa, Glas, Kupfer und vor allem Salz, das im Süden hochgeschätzt und in Gold aufgewogen wurde (→Edelmetallströme).

Schon die mittelalterliche Seifengoldgewinnung stellte die Frage des herrschaftlichen Rechts auf Edelmetall, die in der Staatsquote bei Käufen und Verkäufen in abgewandelter Form bis heute aktuell geblieben ist. Ein um 1027 angefertigtes Verzeichnis der königlichen Kammer in Pavia beanspruchte neben der Silbermünzprägung der Paveser und Mailänder Pfennige auch das Seifengold Oberitaliens. Die Goldwäscher wurden eidlich verpflichtet, ihr Arbeitsprodukt zu festgesetzten Preisen der Kammer zu verkaufen. Sie hatten den Zehnten zu entrichten, so daß bereits beide Abgaben bzw. Einnahmen als fiskalisch nutzbare Rechte auftauchten, die später zum →Berg- und →Münzregal gehörten: der Wechsel, die Differenz zwischen dem Preis beim Pflichtverkauf und dem Marktpreis, sowie vorab der zehnte Teil vom gewonnenen Produkt. Im Bergbaubetrieb hingegen bezog sich der Zehnte, im deutschen Sprachraum auch «Frone» genannt, auf das geförderte Roherz.

Die technische Ausbeute der europäischen Berggoldlagerstätten gewann im 13. Jh. neue Bedeutung. Golderzbergbau kam damals in Böhmen, Schlesien, den Nordkarpaten auf, auch bei Korbach (Waldeck). Langfristig wichtig wurde die Produktion, die unter Karl Robert von Anjou-Neapel als König von Ungarn in der ersten Hälfte des 14. Jhs. aufgrund planmäßiger Exploration vor allem im Gebiet von Kremnitz, dem südöstlich angrenzenden Erzgebirge sowie im alten «Siebenbürger Goldviereck» begann. Im Königreich Ungarn sollen im letzten Viertel des 15. Jhs., als die Erzeugung ihren Höhepunkt bereits überschritten hatte, noch immer rund 3000 kg jährlich gewonnen worden sein. Damals trat der ungarische Goldgulden häufiger neben die rheinischen Gulden und die älteren Florene, Genovini und →Dukaten aus dem Mittelmeerraum. Die ungarische Goldproduktion übertraf die auf dem Gebiet des Heiligen Römischen Reiches führende Salzburger Erzeugung von Gastein und Rauris mit ihrem Höhepunkt im Jahre 1557 – 830 kg Gold – ganz erheblich. Kleinere spätmittelalterliche/frühneuzeitliche Golderzabbaugebiete befanden sich noch bei Goldkronach im Frankenwald, im oberen Lavanttal in Kärnten sowie im Kärntner Teil der Hohen Tauern. Die beiden zuletzt genannten Reviere produzierten Anfang der 60er Jahre des 16. Jhs. durchschnittlich rund 110 kg.

Die Blütezeit des Golderzbergbaus in den deutschsprachig besiedelten Mittelgebirgen und im Ostalpenraum währte bis in die zweite Hälfte des 16. Jhs. hinein. Danach waren die Lagerstätten weitgehend erschöpft. Weil sich keine privaten Investoren mehr fanden, sprang der Staat wiederholt als Unternehmer ein. In Südosteuropa konnte die Goldproduktion, die sich vom 16. bis zum 18. Jh. unter habsburgischer Herrschaft jährlich auf rund 1000 kg belaufen hatte, im 19. Jh. fortgeführt und in ganz Österreich-Ungarn im ersten Jahrzehnt des 20. Jhs. unter Einsatz moderner Technik kurzfristig auf durchschnittlich 3400 kg gesteigert werden. Auch Frankreich erhielt im 19. und vor allem Anfang des 20. Jhs. überraschend den Rang eines europäischen Goldlandes. Mit einem Höhepunkt im Jahre 1934 (3147 kg) gewann man das begehrte Edelmetall aus Arsenkieslagerstätten, die im Altertum bekannt, dann vergessen worden waren: u. a. bei La Lucette in der Bretagne, Villanière und Salsigne nahe Carcassonne, La Bellière (Dep. Maine et Loire).

In der Neuzeit spielte die europäische Produktion allerdings eine immer geringere Rolle. Steigende Bedeutung erhielt wieder das Gold Afrikas. An der Westküste des Kontinents betätigten sich schon seit dem 14. Jh. Franzosen, Portugiesen, Spanier, Italiener und Engländer als Aufkäufer. Das Metall selbst stammte aus größeren Seifen im Landesinneren, während die Berggoldgewinnung an der Goldküste (Brit. Westafrika, heute Ghana) 1903 in Gang kam. Nach der von der *auri sacra fames* getragenen Entdekkung der Neuen Welt und der Erbeutung des Goldes der Azteken in Mexiko sowie der Inkas in Peru hatte schon vor der Mitte des 16. Jhs. die organisierte Ausbeutung der Minen Südamerikas (Kolumbien, Ecuador, Venezuela) begonnen. Im 18. Jh. wurde Brasilien, insbesondere Minas Gerais, mit einer Jahresproduktion von durchschnittlich 8400 kg zum ersten Goldland der Erde. Im 19. Jh. kam es erneut zu größeren Veränderungen und Verschiebungen in der Produktionsstatistik: Rußland steigerte seine Erzeugung in Asien (Ural, Sibirien). Anfang 1848 setzte der Goldrausch in Nordamerika ein, drei Jahre später in abgeschwächter Form in Australien. Allein in Kalifornien wurde im Verlauf von nur 25 Jahren mehr Gold gewonnen als weltweit seit Entdeckung der Neuen Welt. Noch ehe auch das Gold Kanadas, der Philippinen und Neu-Guineas im 20. Jh. auf dem

Weltmarkt erschien, trat seit 1885/86 Südafrika mit seiner Produktion an die erste Stelle. Mit der Erschließung der goldhaltigen Quarzit-Konglomeratbänke der «Reefs» des Witwatersrandes wurde das Land mit Abstand größter Goldlieferant, dessen Jahresproduktion bald 100000 kg überschreiten und sich bis in unsere Zeit hinein noch vervielfachen sollte.

Karl-Heinz Ludwig

Lit.: H. Quiring, Geschichte des Goldes, Stuttgart 1948; H. Wießner, Geschichte des Kärntner Bergbaues, I. Teil, Klagenfurt 1950; G. Probszt, Die niederungarischen Bergstädte, München 1966; H. Wilsdorf, W. Quellmalz, Bergwerke und Hüttenanlagen der Agricola-Zeit, Berlin 1971; F. Gruber, Altböckstein und die jüngere Geschichte der Tauerngeldproduktion, Leoben 1979; El Dorado – der Traum vom Gold, Hannover 1979; H. Kellenbenz (Hg.), Precious Metals in the Age of Expansion, Stuttgart 1981; K.-H. Ludwig, F. Gruber, Gold- und Silberbergbau im Übergang vom Mittelalter zur Neuzeit, Köln-Wien 1987; K.-H. Ludwig, V. Schmidtchen, Metalle und Macht 1000–1600, Berlin 1992, S. 35–42 u. 230.

Goldschmiede

Die Londoner Goldschmiede waren wie die Goldschmiede in anderen europäischen Städten eine fest organisierte Gilde. Die innere Festigung dieser Berufsgruppe ist durch die seit 1272 nachzuweisende treuhänderische Tätigkeit der Vorsteher der Gilde von St. Dunstan belegt. Bereits im frühen 13. Jh. zog die Englische Krone die Londoner Goldschmiede zu Aufgaben heran, die der Aufrechterhaltung der Währungsstabilität dienten. Ab 1238 wurde ihnen verboten, Silber unterhalb des für die Münze geltenden →Feingehalts (925/1000) zu bearbeiten, offenbar um Münzfälschern das Rohmaterial zu entziehen. 1300 wurde dieses Verbot auf Gold unterhalb des Standards von Paris (800/1000) ausgedehnt, und die auswärtigen Goldschmiede wurden verpflichtet, die Londoner Feingehaltsstandards einzuhalten. Ab 1327 wandelte eine Reihe königlicher Privilegien diese Pflicht in ein Aufsichtsrecht der Vorsteher der Londoner Goldschmiede um, zunächst für die auf den englischen Messen (1404), dann in den englischen Städten (1462) zum Verkauf angebotenen Waren. Wegen ihrer metallurgischen Kenntnisse (→Probierkunde) wurden die Londoner Goldschmiede auch direkt in die Münzaufsicht eingebunden. Bereits im 13. Jh. auffallend häufig als Inhaber des Königlichen Wechselamts in London bezeugt, brachten die Londoner Goldschmiede im 14./15. Jh. nahezu alle Münzämter dauerhaft in ihre Hand. An der Wende zum 16. Jh. ist nachzuweisen, daß die Londoner Goldschmiede als Stellvertreter in den Münzämtern fungierten, auch wenn sie nicht als Amtsinhaber auftraten, was wohl auch schon früher der Fall war. Es gibt zudem Anzeichen, daß die Londoner Goldschmiede bereits im 15. Jh. Protobankfunktionen erfüllten. Der mit Bewertung und Ankauf ausländischer Währungssorten verbundene Handwechsel ist in dieser Zeit nachzuweisen, und sie sind auffallend oft an

Goldschmiedewerkstatt, Kupferstich von Etienne Delaune (1576)

Wechselprotesten im späten 15. Jh. beteiligt. Ausländische, hauptsächlich aus den Niederlanden und dem weiteren niederdeutschen Raum stammende Goldschmiede siedelten sich im 15. Jh. häufig nicht im Gewerbezentrum der Goldschmiede in Cheapside an, sondern in der Lombard Street, dem Sitz des Londoner Kreditmarkts und seit 1378 des Königlichen Wechselamts. 1469 machten die Londoner Goldschmiede die Lese- und Schreibfähigkeit zur Bedingung für die Aufnahme als Lehrling, und zwar mit der vielsagenden Begründung, daß analphabetische Goldschmiede gezwungen seien, Schreibkundige zur Erledigung ihrer Schreibarbeiten anzustellen, so daß die Geheimnisse der Zunft nicht gewahrt würden.

Im 17. Jh. offerierten die Londoner Goldschmiede ein breites Angebot moderner Bankdienstleistungen. Kaufleute und adlige Grundbesitzer unterhielten beim Goldschmied ein Konto (→Kontokorrent), das sie sowohl für Überziehungskredite als auch für Überweisungen nutzten. Die Goldsmith Bankers →diskontierten Wechsel, Schuldscheine und Staatspapiere; aber das eigentlich Neue war die Ausgabe von →Banknoten, der sog. Goldsmith Notes. Sie entwickelten sich aus den verzinslichen Quittungen, die der Goldschmied für die Einlagen seines Kunden ausstellte und die sein Versprechen enthielten, zu gegebener Zeit an den Kunden zu zahlen. Im Laufe der Zeit gaben die Goldschmiede sog. Promissory Notes aus, die auf den Inhaber zahlbar und mit Hilfe des →Indossaments zu übertragen waren. Da nie alle Noten gleichzeitig eingelöst wurden, konnte der Goldschmied mehr Noten ausgeben, als durch seine Einlagen gedeckt waren. Er verschaffte damit sich und seinen Kunden Kredit. Eine besondere Qualität erhielt die Tätigkeit der Goldsmith Bankers auch dadurch, daß sie Staatspapiere wie die →Exchequer Bills diskontierten bzw. handelten und so die Emission staatlicher Kreditpapiere förderten. Dies wurde ihnen 1672 zum Verhängnis, als der Exchequer die Einlösung der fälligen Exchequer Bills einstellte. Viele Goldschmiedebanken brachen zusammen, und langfristig verlagerten sich ihre Dienstleistungen zu der →Bank of England.

Stuart Jenks und Michael North

Lit.: T. F. Reddaway, The Early History of the Goldsmiths' Company, 1327–1509, London 1975; Ders., The London Goldsmiths circa 1500, TRHS 5. Ser. 12 (1962), S. 49–62; Van der Wee, S. 350ff., Born, Geld, S. 15ff.; F. T. Melton, Sir Robert Clayton and the Origins of English Deposit Banking, 1658–1685, Cambridge 1986, S. 30ff.; S. Jenks, Kredit im Londoner Außenhandel um die Mitte des 15. Jhs., North (Hg.), Kredit, S. 71–102.

Gold-Silber-Relation

Die Gold-Silber-Relation oder das Wertverhältnis zwischen Gold und Silber drückt den Wert einer Einheit Gold in Einheiten Silber aus (1 : 10, 1 : 11 etc.). Seit der Wiedereinführung der Goldprägung in Genua und Florenz 1252 bestimmten die Gold-Silber-Relation und ihre regionalen Schwankungen die internationalen →Edelmetallströme und die territoriale →Münzpolitik. Indem ein Münzherr die Gold-Silber-Relation zugunsten des Goldes (1 : 11) oder des Silbers (1 : 10) durch →Abwertung oder →Valvation veränderte, favorisierte er den Zustrom des besser bewerteten Metalls. Dennoch brachte ein Kaufmann nicht unverzüglich sein Gold von dem einen Land (1 : 10) in ein anderes Land (1 : 11), um durch den Umtausch von Gold und Silber Kursgewinne zu machen. Neben den Transportkosten und dem Risiko standen einem derartigen Geschäft weitere Hindernisse entgegen: 1. gab es im Zeitalter des →Bullionismus keinen freien Edelmetallhandel und -transfer; 2. bezahlten die Münzstätten, die Edelmetall ankauften, für Gold mit Goldmünzen und für Silber mit Silbermünzen; 3. gestaltete sich der Ankaufspreis der Münzstätte in Abhängigkeit von →Schlagschatz und →Münzkosten. D. h., nur wenn der Ankaufspreis einer fremden Münzstätte für eine Einheit Gold bedeutend höher war (um mindestens 10–15 %) als ihr Wert in einheimischen Münzen, lohnte sich der Transfer.

Entsprechend nutzten die Kaufleute die Unterschiede der Gold-Silber-Relation nicht so sehr für spekulative Edelmetallgeschäfte, sondern im internationalen Handel, indem sie entweder mit Goldgeld oder mit Silbergeld zahlten. Wenn ein italienischer Kaufmann beispielsweise in Flandern und England Waren einkaufen wollte, brachte er Edelmetall mit, das er in einer flämischen oder englischen Münzstätte in lokale Münzen verprägen ließ, um damit zu bezahlen. Da England das Gold höher bewertete (1 : 11) als Flandern (1 : 10), war es für den Kaufmann am günstigsten, sein Gold in England und sein Silber in Flandern vermünzen zu lassen. Denn er bekam für Gold relativ mehr Waren in England und für Silber relativ mehr Waren in Flandern. D. h. die Goldmünzen besaßen eine höhere →Kaufkraft in England als in Flandern, und bei den Silbermünzen war es umgekehrt. Die überlieferten Münzstatistiken für England und Flandern zeigen dies deutlich. Während England seit den 1350er Jahren das Gold favorisierte und fast ausschließlich Goldmünzen prägte, schwenkte Flandern 1389/90 von einer Pro-Gold-Politik auf Silber um, so daß die flämischen Kaufleute nun zum Wollkauf auf dem (englischen) Stapelmarkt in Calais Goldmünzen verwendeten. 1425/26 ging der neue burgundische Landesherr von Flandern (Philipp der Gute) abrupt zu einer Pro-Gold-Politik über, indem er die Gold-Silber-Relation auf 1 : 12 und mehr anhob und damit das Gold stärker als England (1 : 10,3) favorisierte. Entsprechend prägte Flandern jetzt überwiegend Goldmünzen und England Silbermünzen, während die Kaufleute auf dem Calaiser Markt ihre Wolle jetzt mit Silbergeld bezahlten.

John H. Munro

Die Gold-Silber-Relation auf ausgewählten Märkten (10-Jahresdurchschnitte)

Jahre	London	Mexiko	Indien	Jahre	London	Mexiko	Indien
1561–1570	10,69			1741–1750	14,57	14,93	13,37
1571–1580	10,69			1751–1760	14,14	14,56	14,10
1581–1590	10,69		9,00	1761–1770	14,39	14,81	
1591–1600	10,64		9,00	1771–1780	14,37	14,64	
1601–1610	11,01		10,00	1781–1790	14,37	14,76	
1611–1620	12,48		10,23	1791–1800	14,78	15,42	
1621–1630	12,58		12,29	1801–1810	14,64	15,61	
1631–1640	12,58		12,75	1811–1820	16,02		
1641–1650	12,58		14,00	1821–1830	15,61		
1651–1660	12,58		15,20	1831–1840	15,65		
1661–1670	13,74		15,17	1841–1850	15,64		
1671–1680	14,03		13,12	1851–1860	15,17		
1681–1690	14,03		12,81	1861–1870	15,29		
1691–1700	14,53	14,96	13,19	1871–1880	16,73		
1701–1710	15,07	15,27		1881–1890	19,67		
1711–1720	14,72	15,15	12,98	1891–1900	29,96		
1721–1730	14,45	15,09	12,03	1901–1910	35,59		
1731–1740	14,51	15,07	12,51	1911–1914	35,91		

Mit der europäischen Expansion nach Übersee veränderte sich auch die Gold-Silber-Relation, die bisher zwischen 1:10 und 1:11 geschwankt hatte. Ihr Anstieg (vgl. Tabelle) spiegelt die zunehmend wachsende Nachfrage nach Gold im Zuge der Ausweitung des internationalen Handels wider. Dabei blieb das Gold vor allem dem innereuropäischen Handel vorbehalten, während →Silber sowohl in den Ostseeraum als auch nach Asien floß (→Edelmetallströme). Mit der weltwirtschaftlichen Integration in der zweiten Hälfte des 19. Jhs. harmonisierte sich dann auch die Gold-Silber-Relation weltweit. *Oskar Schwarzer*

Lit.: J. H. Munro, Wool, Cloth, and Gold: The Struggle for Bullion in Anglo-Burgundian Trade, 1340—1478, Brussels 1973; Ders., Bullionism and the Bill of Exchange in England, 1272–1663, The Dawn of Modern Banking, New Haven 1979, S. 169–240; Ders., Mint Policies, Ratios and Outputs in the Low Countries and England, 1335–1420, Numismatic Chronicle 141 (1981), S. 71–116; F. C. Lane, R. C. Mueller, Money and Banking in Medieval and Renaissance Venice, I, Baltimore 1985; A. Soetbeer, Edelmetall-Produktion und Werthverhältnis zwischen Gold und Silber seit der Entdeckung Amerikas bis zur Gegenwart, Gotha 1879; R. H. Ridgway, Summarized Data of Gold Production, Washington, D. C., 1929; C. W. Merill, Summarized Data of Silver Production, Washington, D. C., 1930; R. Jastram, The Golden Constant, New York 1977; Ders., Silver – The Restless Metal, New York 1981; J. Casas Pardo (Hg.), Economic Effects of the European Expansion, Stuttgart 1992.

Goldstandard

Goldstandard und Goldwährung sind Begriffe der Geldgeschichte, die miteinander zusammenhängen, aber verschieden definiert werden. Eine Goldwährung liegt vor, wenn die Währungseinheit (z. B. Pfund oder Mark) eines Landes in einer festen Goldmenge ausgedrückt wird. Von Goldstandard dagegen kann man erst sprechen, wenn sich eine Reihe von Ländern mit Goldwährung an die folgenden Regeln hält:

– ungehinderte Konvertibilität von Geld in Gold und umgekehrt;
– ungehinderte Ein- und Ausfuhr von Gold;
– ein festes Regelwerk, das die Geldmenge eines Landes an die Goldreserven bindet.

In den meisten europäischen Ländern nahm der Goldstandard die Form einer Goldkernwährung an, in der – bei einer weitgehenden «Abwesenheit eines Goldumlaufs» (Fritz Machlup) – die umlaufenden Banknoten durch den Goldbestand der Notenbank gedeckt waren. Damit verbunden war die Einlösepflicht, die jedoch nicht in Gold erfolgen mußte. Den Luxus einer Goldumlaufswährung, d. h. einen Goldmünzenumlauf mit Notenanteil, leisteten sich nur wenige Länder wie das Deutsche Reich oder Frankreich, die über große Goldreserven verfügten bzw. zu diesem Zwecke ansammelten. Die Besonderheit des Goldstandards bestand nach der klassischen, erstmals von →David Hume formulierten und später von →David

Ricardo verbreiteten Theorie in dem sog. Goldautomatismus, der die internationalen Wechselkurse stabil hielt. Sobald der Kurs einer Währung im Vergleich zu einer anderen über die mit der Goldversendung verbundenen Kosten (Transport und Versicherung) hinaus anstieg, floß Gold aus dem Land der schwächeren Währung in das der stärkeren. Der Goldabfluß, d. h. die Verringerung der Reserven, führte zur Einschränkung des Notenumlaufs, zum Anstieg der Zinsen und letztlich zu Preissenkungen und verbesserten Exportmöglichkeiten des einen Landes. Dagegen weitete der Goldzufluß in dem anderen Land den Notenumlauf aus, senkte die Zinsen, begünstigte den Preisanstieg und drosselte den Export. Wenn dieser Punkt erreicht war, drehte sich der Goldstrom um, das Gold floß in das Land mit den höheren Zinsen und der größeren Goldnachfrage, die Waren in die entgegengesetzte Richtung. Das Ungleichgewicht der → Zahlungsbilanz wurde beseitigt, der Wechselkurs stabilisiert.

In der Praxis funktionierte dieser Goldautomatismus aber nur bedingt, denn anders als lange behauptet wurde, hielten sich die Zentralbanken nicht an die genannten «Spielregeln». Weder verknappten sie das Geld bei einem Handelsbilanzdefizit und in Zeiten des Goldabflusses, noch weiteten sie die Notenemission im umgekehrten Falle aus. In der Regel floß ohnehin nur wenig Gold, da die internationalen Banken ihre Forderungen und Verpflichtungen gegenseitig aufrechneten und die → Zentralbanken durch die Ansammlung von Devisenreserven und von Forderungen auf ausländische Guthaben (z. B. von Wechseln, die binnen dreier Monate fällig wurden), den Goldabfluß gering hielten. Wenn man dennoch dem Goldstandard einen Erfolg bei der Währungs- und Wechselkursstabilität vor dem Ersten Weltkrieg zusprechen kann, dann lag das in erster Linie daran, daß das Vertrauen in die Konvertibilität Geld gegen Gold nie ernsthaft in Frage gestellt wurde. Erst als im Jahre 1914 der allgemeine Run auf das Gold die Goldreserven weit überschritt und die Forderungen auf ausländische Guthaben nicht mehr realisiert werden konnten, brach der internationale Goldstandard zusammen. *Michael North*

Lit.: F. Machlup, Die Goldkernwährung, Halberstadt 1925; A. Ford, The Gold Standard, 1880–1914, Oxford 1962; A. Bloomfield, Monetary Policy under the International Gold Standard, 1880–1914, New York 1959; M. de Cecco, The International Gold Standard, New York 1984; M. A. Bordo, A. J. Schwartz (Hgg.), A Retrospective on the Classical Gold Standard 1821–1931, Chicago 1984; B. Eichengreen (Hg.), The Gold Standard in Theory and History, New York 1985; J. Foreman-Peck, R. Michie, The Performance of the 19th Century International Gold Standard, W. Fischer et al. (Hgg.), The Emergence of a World Economy, 1500–1914, II, Stuttgart 1986, S. 383–411; O. Schwarzer, Goldwährungssysteme und internationaler Zahlungsverkehr zwischen 1870 und 1914, E. Schremmer (Hg.), Geld und Währung vom 16. Jh. bis zur Gegenwart, Stuttgart 1993, S. 191–221.

Goldwährung → Goldstandard

Graumannscher Fuß

Als Graumannschen Fuß bezeichnet man den 1750 von dem Generalmünzdirektor Johann Philipp Graumann in Preußen eingeführten 14-Taler-Fuß, der den → Leipziger Fuß ablöste und mit geringen Abweichungen bis 1871 galt. Neben dem neuen leichten Taler (14 aus der Kölner → Mark) schuf Graumann den goldenen → Friedrichsdor und damit eine → Doppelwährung in Preußen. Der neue – irreführenderweise «Reichstaler» genannte – Taler wurde in 24 Gute Groschen und nach der preußischen Münzreform von 1821 in 30 Silbergroschen geteilt. Nach 1830 gewann der 14-Taler-Fuß in Nord- und Mitteldeutschland an Boden (Kurhessen, Hannover, Braunschweig, Sachsen, Kleinstaaten). Der → Wiener Münzvertrag übernahm den preußischen Taler unverändert als Vereinstaler, und dieser hielt sich im Deutschen Reich bis 1908 trotz der gesetzlichen → Goldwährung als → Währungsmünze zu 3 Mark.

Konrad Schneider

Lit.: F. Frhr. v. Schrötter, Das preußische Münzwesen im 18. Jh. Münzgeschichtlicher Teil, 4 Bde., Berlin 1904–13.

Greshamsches Gesetz

Das Greshamsche Gesetz, benannt nach Thomas Gresham (1519–79), Finanzberater der Königin Elisabeth I. von England, besagt, daß schlechtes Geld gutes Geld verdrängt: Wenn jemand zwei Münzen mit gleichem → Nennwert, aber unterschiedlichem → Metallwert besaß, gab er die geringerwertige aus und hortete die wertvollere. Auch wenn es sich nicht um zwei gleiche Münzen handelte, traf er die gleiche Wahl und gab zuerst die Münze aus, bei der der Unterschied zwischen Nennwert und Metallwert am größten war. Als Zahlungsmittel war die «schlechte» Münze überbewertet, so daß die «gute» Münze als Edelmetall (Ware) einen höheren Wert als als Zahlungsmittel besaß.

Jedoch konnte das Greshamsche Gesetz nur unter folgenden Bedingungen wirken: 1. Beide Münzen waren → gesetzliches Zahlungsmittel; 2. beide Münzen wurden bei Käufen wie für Steuerzahlungen zum Nennwert ohne Abzug akzeptiert; 3. diejenigen, die sowohl über gute als auch schlechte Münzen verfügten, konnten sich frei entscheiden, mit welcher Münze sie bezahlten, und waren nicht gezwungen, ihr ganzes Geld auszugeben; 4. der Verkauf oder Export der guten Münzen lohnte sich, d. h. der Unterschied zwischen dem Edelmetallpreis der Münze und ihrem Nennwert war so groß, daß er die Kosten für Transport, Verkauf, Einschmelzen sowie das damit verbundene Risiko deckte.

Im Mittelalter setzten Münzverschlechterung oder →Abwertung das Greshamsche Gesetz in Kraft. Abwertung war eines der Mittel, mit dem die Fürsten in kurzer Zeit große Gewinne für die Staatskasse erwirtschafteten. Dabei überschwemmten die Fürsten in «Währungskriegen» die Nachbarländer mit immer schlechteren Münzen. Die Münzen des Nachbarlandes wurden in geringerer Qualität nachgemacht und dort in Verkehr gebracht, was einen Wertverfall der Währung und einen allgemeinen Preisanstieg zur Folge hatte. Damit stieg ebenfalls der Preis des Edelmetalls, wodurch der Preisunterschied für gute und schlechte Münzen nivelliert wurde. Deshalb sortierten die Kaufleute die guten Münzen aus und verkauften sie als Edelmetall über Mittelsmänner ins Ausland.

Die Folgen des Greshamschen Gesetzes bewirkten, daß das von den schlechten Münzen betroffene Territorium seinerseits defensive Abwertungen durchführte. Dabei senkte der Münzherr das →Feingewicht der guten einheimischen Münzen unter das der verschlechterten auswärtigen Münzen. Wenn die Abwertung, d. h. die Feingewichtsreduktion groß genug war, konnte der Münzherr einen nominell erheblich höheren Preis für das in die Münzstätte gebrachte Edelmetall zahlen. Seine schlechten Münzen verdrängten seine guten; nur flossen diese nicht länger außer Landes, sondern in die eigene Münzstätte. So machte auch er sich das Greshamsche Gesetz zunutze.

Auch wenn das Gesetz nach Thomas Gresham benannt ist, sprach er nur aus, was seit 200 Jahren in Westeuropa bekannt war. Seine Essenz findet sich in →Oresmius' *De Moneta* ebenso wie in einer Petition des englischen Parlaments von 1364. Außerdem rechtfertigten die Münzherren in den Münzordnungen des Spätmittelalters ihre Abwertungen mit dem – natürlich noch nicht so genannten – Greshamschen Gesetz. Sie behaupteten, die Abwertung wäre das einzige Mittel gegen den Einstrom schlechter Münzen aus dem Nachbarland. Denn diese wären die Ursache dafür, daß «der größere Teil unserer Münzen, obwohl aus besserem Metall, aus dem Land und in die benachbarten Münzstätten zur Wiedervermünzung gebracht würden, zum großen Schaden für unser Land». *John H. Munro*

Lit.: H. Laurent, La loi de Gresham au moyen âge: essai sur la circulation monétaire entre la Flandre et le Brabant à la fin du 14e siècle, Bruxelles 1933; R. de Roover, Gresham on Foreign Exchange, Cambridge, Mass., 1949; C. Johnson (Hg.), The De Moneta of Nicholas Oresme and English Mint Documents, London 1956; J. H. Munro, Wool, Cloth, and Gold: The Struggle for Bullion in Anglo-Burgundian Trade 1340–1478, Brussels 1973; H. Miskimin, The Enforcement of Gresham's Law, A. Vannini Marx (Hg.), Credito, banche e investamenti secoli XIII–XX, Firenze 1985, S. 147–61.

Grivna

Etymologisch soll das Wort Grivna vom russischen *griva* (Mähne, Halsband?) abzuleiten sein. Es bezeichnet eine im mittelalterlichen Rußland lange verwendete Geld-, Gewichts- und Recheneinheit, faßbar in der Gestalt von Silberbarren. Zwischen dem Ende des Einstroms fremder Münzen (orientalische →Dirhams, westeuropäische →Denare) bzw. der kurzfristigen eigenen Prägung in der Alten Rus' und der erneuten Münzeinfuhr (Goldene Horde, Prager →Groschen) bzw. dem Beginn der Prägung in den russischen Teilfürstentümern, also etwa vom 12. Jh. bis in die zweite Hälfte des 14. Jhs., gab es in der russischen Geldgeschichte die sog. «münzlose» Periode. In dieser Zeit wurde der Zahlungsverkehr mit der durch zahlreiche Funde nachgewiesenen Silber-Grivna abgewickelt. Das Metall wurde, da Rußland über keine Silbergewinnung verfügte, großenteils über Novgorod eingeführt und dann umgeschmolzen. Diese Barren sind in verschiedenen Formen mit standardisierten Gewichten überliefert. Als die beiden Haupttypen erscheinen die ältere Kiever Grivna (längliches Sechseck, ca. 160 g) und die dann dominierende jüngere Novgoroder Grivna (Stangenform, ca. 200 g), mit verschiedenen Varianten u. a. aus Litauen und Černigov; auch runde Gußkuchen und längliche Stücke mit zungenförmig abgeplatteten Enden kommen vor. Eingeritzte Namen werden auf die Gießer bzw. Silberwäger, vielleicht auf die Eigentümer bezogen. Neben der Silber-Grivna als Gewichtseinheit gab es noch in geregelter Relation dazu (etwa 1:4) eine Grivna-Kun (von *kuna* = Marder), eine Recheneinheit für bestimmte Zahlgrößen, die, mit weiteren Unterteilungen, für Münzen und, in der münzlosen Zeit, besonders für das «Kleingeld» in Form von Pelztierfellen verwendet wurde. *Gert Hatz*

Lit.: v. Schrötter, S. 61 f., 237 f.; L. K. Goetz, Deutsch-russische Handelsgeschichte des Mittelalters, Lübeck 1922, S. 329–33; N. Bauer, Die Silber- und Goldbarren des russischen Mittelalters, NZ 62 (1929), S. 77–120; 64 (1931), S. 61–100; B. A. Romanow, Das Geld und der Geldumlauf, N. N. Woronin (Hg.), Die materielle Kultur der Alten Rus', Berlin 1959, S. 345–72; M. P. Sotnikova, Epigrafika serebrjanych platežnych slitkov Velikogo Novgoroda XII–XV vv., Numizmatika 2, Trudy Gosudarstvennogo Ermitaža 4, Leningrad 1961, S. 44–91; M. P. Sotnikova, I. G. Spasskij, Russkie klady slitkov i monet v Ermitaže, V. M. Potin (Hg.), Russkaja Numizmatika XI–XX vekov, Leningrad 1979, S. 48–94; I. G. Spasskij, Das russische Münzsystem, Berlin 1983, S. 48 ff.

Groat

Der Groat, der sich sprachlich unmittelbar vom flämischen Groten (→Groschen), daher nur mittelbar von dessen französischen und italienischen Vorläufern ableitet, war eine englische Silbermünze, die von Anfang an einen Nennwert von 4d besaß. Der erste, 1279 unternommene Versuch, einen Groat mit einem Rauhgewicht von 5,77 g einzuführen, scheiterte wohl deshalb, weil der →Penny und dessen Fraktionen noch im späten 13. Jh. für alle notwendigen tagtäglichen Zahlungen ausreichten, und die Herstellung des Groat wurde spätestens 1286 eingestellt. Der zweite, 1351 unternommene Versuch war erfolgreicher, und von diesem Zeitpunkt an teilte der mit einem Rauhgewicht von 4,66 g und einem Feingehalt von 925/1000 herausgebrachte Groat das Schicksal des Penny. Bei gleichbleibendem Feingehalt wurde das Gewicht des Groat 1411 auf 3,89 g, 1464 auf 3,11 g und am 24. Juli 1526 auf 2,77 g reduziert. Im Zuge des *Great Debasement* Heinrichs VIII. wurde der →Feingehalt des Groat bei gleichbleibendem Gewicht (2,59 g) reduziert: am 16. Mai 1542 auf 833/1000, am 28. Mai 1544 auf 750/1000, am 27. März 1545 auf 500/1000 und am 1. Apr. 1546 auf 333/1000. D. h. der Groat enthielt nur noch 333 Tausendteile Silber, aber 667 Tausendteile Kupfer. Unter Mary Tudor wurde der Feingehalt des Groat am 20. Aug. 1553 auf 916/1000 angehoben, das Gewicht jedoch auf 2,07 g reduziert, und Elizabeth I. hat am 8. Nov. 1560 den Feingehalt des Groat auf 925/1000 bei gleichbleibendem Gewicht leicht erhöht. Im Zuge ihrer Münzreform (1561/2) stellte man die Prägung des Groat zugunsten von Schilling-, Sechspfennig- und Dreipfennigstücken ein. Bis zu diesem Zeitpunkt jedoch bestand die Silbermünzmenge Englands wohl mindestens zur Hälfte, wenn nicht sogar zu zwei Dritteln aus Groats. Der Groat war hauptsächlich eine Inlandsmünze und wurde auf dem Kontinent anscheinend weder gehandelt noch nachgeprägt. Allein in Schottland wurden englische Groats (seit 1357) nachgeahmt. Der Groat wurde zwar wieder am 11. Jan. 1601 mit einem Gewicht von 1,14 g und einem unveränderten Feingehalt kurzfristig (bis 1603) eingeführt und spielte bei den Provinzprägungen Karls I. (1638–49) eine gewisse Rolle, hatte aber als fester Bestandteil der englischen Nominalstruktur ausgespielt. Seit Karl II. diente er nur noch als *maundy money*, d. h. als am Gründonnerstag gespendete Almose des Herrschers an Bedürftige. *Stuart Jenks*

Lit.: C. Oman, The Coinage of England, Oxford 1931, S. 176 ff.; J. J. North, English Hammered Coinage, II: Edward I to Charles II, 1272–1662, London 1960, bes. S. 137 ff.; C. H. V. Sutherland, English Coinage 600–1900, London 1973, S. 67 f., 78 ff.; Spufford, Money, S. 234 ff.; C. E. Challis, The Tudor Coinage, Manchester 1978.

Gro(o)t →Groschen und Pfund Grote

Groschen

Der Groschen (frz. Gros, engl. Groat) leitet sich von lat. Grossus ab und bezeichnet Münzen, die ein Vielfaches des →Denars darstellen. Der früheste war der römische Gros (1253), der bei weitem wichtigste der französische Gros tournois. Die Prägung der Groschen stand mit einer allgemeinen europäischen Münzreform in Zusammenhang. In dieser Reform schuf man – begünstigt durch die Entdeckung neuer Silberminen – erstmals größere Nominale als die Denare.

Der Gros tournois wurde in Verbindung mit einer Münzreform von Ludwig IX., dem Heiligen, von Frankreich im Jahre 1266 eingeführt. Die Münze hatte ein Gewicht von 4,22 g und einen →Feingehalt von $^{958}/_{1000}$ und war eine der ersten großen westeuropäischen Silbermünzen. Sie entsprach 12 Deniers tournois (Tourer Denare). Die Vorderseite zeigt ein Kreuz, das vom Namen des Münzherrn umgeben war, und als äußere Umschrift ein Zitat aus der Bibel (vergl. Psalter 113,2): *Benedictum Sit Nomen Domini Nostri Die Ihesu Christi.* Die Rückseite stellt das Stadttor der französischen Stadt Tours dar und trägt die lateinische Inschrift TVRONVS CIVIS. Darum war eine Bordüre von 12 Lilien, wahrscheinlich um anzudeuten, daß die Münze ein Vielfaches von 12 Deniers war.

Die Prägung der Gros tournois wurde auch von Ludwigs Nachfolgern, Philip III. und Philip IV. fortgesetzt, später besonders unter Philip V. Allmählich verringerte man Gewicht und Feingehalt, und in der zweiten Hälfte des 14. Jhs. wurden die Gros tournois von anderen Sorten abgelöst. Der Feingehalt der Gros tournois war schon unter der Regierung Philipps IV. schwankend. Die Gros tournois wurden bald in den Niederlanden und Westdeutschland verbreitet und hier meist Turnosen genannt, aber auch oft nachgeahmt. Die Münze drang bis nach Skandinavien vor, besonders nach Dänemark, wo sie in den Münzfunden häufig ist. Nach der Mitte des 14. Jhs. wurde die Münze in West- und Nordwestdeutschland sehr beliebt, und in diese Zeit fällt der Höhepunkt der westdeutschen Turnosenprägung, z. B. durch Wilhelm II. von Jülich. Man hat auch vermutet, daß ein Teil der angeblich frühen Gros tournois, die in nordwestdeutschen Funden dieser Zeit auftreten, tatsächlich örtliche Imitationen sind.

In England nahm man im Jahre 1279 für kurze Zeit die Prägung von →Groats auf, die aber erst im Jahre 1351 wirklich begann. Diese Münze prägte man jahrhundertelang, obwohl sie allmählich eine reine →Scheidemünze wurde.

In den Niederlanden wurden Groot-Münzen als Imitationen vom Typ Gros tournois von Floris V. von Holland und Johan II. von Brabant im späten 13. Jh. geschlagen, später auch von Ludwig I. von Flandern. Die niederländische Groot-Münze hatte eine eigene Entwicklung, besonders als Löwengroschen oder Blanc au Lion, der um und nach der Mitte des 14. Jhs. mit schlechtem Münzfuß in sehr großen Mengen und von vielen Münzherren geschlagen wurde. Weiter entwickelten sich aus dem Groot sowohl kleinere Nominale, wie der flandrische Drittelgros, als auch größere Nominale, wie der Doppelgros oder Plak. In der unteren Wesergegend wurde der Gros tournois Groten Turnos oder einfacher Grote genannt, und diese Münze lebte in Bremen als Kleinmünze bis ins 19. Jh., in Oldenburg bis um 1800 fort.

In Böhmen hat man nach den großen Silberfunden in Kuttenberg (Kutná Hora) im Jahre 1300 mit einer großen Produktion von Prager Groschen angefangen, und die Prager Groschen drangen tief nach Mittel- und Osteuropa hinein. Sie wurden bis zum Jahre 1547 geprägt, damals aber schon lange als Scheidemünze. In Ungarn fing die Groschenprägung im Jahre 1329 in Kremnitz (Kremnica in der heutigen Slowakei) an und dauerte mit Unterbrechung bis zum Jahre 1369. Nach der Münzreform von Matthias I. 1467 wurde sie erneuert.

In Sachsen hat man ebenfalls (vom Jahre 1338 und nicht – wie früher angenommen – vom Jahre 1307 an) die Meißner Groschen geschlagen. Diese Münze entwicklete sich zu einer sehr wichtigen Groschenmünze. Im Laufe der Zeit ist der Groschen auch hier zu einer Scheidemünze geworden, deren Verhältnis z. B. zum →rheinischen Gulden am Anfang des 16. Jhs. 1 : 21 betrug, später – etwa ab 1570 – war das Verhältnis zum →Taler 1 : 24. Diese Relation galt noch im 18. Jh. für den Guten Groschen, wogegen sie beim →Mariengroschen mit 1:36 niedriger war. Heute wird ein 10-Pfennig-Stück Groschen genannt. *Jørgen Steen Jensen*

Lit.: J. Lafaurie, Les monnaies des rois de France, I, Paris 1951, S. 24–35; R. Kiersnowski, Wielka reforma monetarna XIII–XIV w., Warszawa 1969; Les commencements de la grosse monnaie et de la monnaie d'or en Europe Centrale (1250–1350), Numismaticky sborník 12 (1971–72); K. Castelin, Grossus Pragensis. Der Prager Groschen und seine Teilstücke 1300–1547, Braunschweig 1973; G. Krug, Die Meissnisch-Sächsischen Groschen 1338–1500, Berlin 1974; N. Klüssendorf, Studien zu Währung und Wirtschaft am Niederrhein vom Ausgang der Periode des regionalen Pfennigs bis zum Münzvertrag von 1357, Bonn 1974; F. Lindahl, Møntfundet fra Ebbelnæs på Møn, NNÅ 1952, S. 41–47; Gros tournois d'imitation frappées en Allemagne du Nord, RN, 6. sér., 29 (1987), S. 109–17.

Gros tournois →Groschen

Grundgewicht →Münzgrundgewicht und Reichsgrundgewicht

Guinea →Sovereign

Gulden (Gold) →Floren

Gulden (Silber)

Der Silbergulden, in Norddeutschland auch Zweidrittel genannt, war eine im Heiligen Römischen Reich (17.–19. Jh.) geprägte silberne →Kurantmünze.

Die Währungsprobleme nach 1650 führten zur Ausprägung von kuranten Münzen auf der Grundlage des ortsüblichen →Rechengeldes (außerhalb des Systems des →Reichstalers). Vorreiter war der Pfälzer Kurfürst, der ab 1658 Gulden im Wert von 60 Kreuzern in einem Fuß von 10⅔ Talern schlagen ließ, die keine Land- oder Scheidemünzen sein sollten, sondern Kurantmünzen mit kreditmäßiger Unterlage, denn sie waren nach der →Reichsmünzordnung nur 51 Kreuzer wert. Zunächst wurden sie in Süddeutschland verrufen, dann aber von einer Reihe von Ständen des Oberrheinischen Kreises sowie Kurmainz übernommen.

Die südwestdeutschen Gulden vermischten sich bald mit denen der Systeme von Zinna und →Leipzig. Je nach Region trugen sie als Wertbezeichnung ⅔ (Taler), 60 (Kreuzer), 16 (Gute Groschen) bzw. 24 (Mariengroschen). Solange die Möglichkeit der Spekulation bestand, prägte man die Gulden auch für den Export in andere Teile des Reiches. Nach 1700 wurden die Zweidritteltaler nach dem Leipziger Fuß eine vorwiegend norddeutsche Münze, die insbesondere von den Welfenherzögen aus Harzer Silber geprägt wurde, oft sogar in Feinsilber. Ihr stabiler Wert machte sie gegen Ende des 18. Jhs. zu einer beliebten →Handelsmünze in Norddeutschland und im Ostseeraum, die bis ins 19. Jh. auch von Staaten geprägt wurde, die den Leipziger Fuß längst aufgegeben hatten wie Preußen, aber auch von Hannover (bis 1834) und Mecklenburg-Schwerin (bis 1845). Sie hießen jetzt Neu ⅔. Das Vordringen des →Graumannschen Münzfußes in Norddeutschland führte zur Verdrängung und Demonetisierung der ⅔.

In Süddeutschland hingegen wurden in der ersten Hälfte des 18. Jhs. nur Teilstücke des Guldens zu 60 Kreuzern ausgeprägt, in erster Linie unterwertig wie die vielen Halbgulden bis weit ins vierte Jahrzehnt beispielsweise aus Bayern, Baden und Württemberg, die metrologisch nichts mit dem Leipziger Fuß gemeinsam haben. Erst mit dem →Münchener Münzvertrag vereinbarten die süddeutschen Zollvereinsstaaten die Ausprägung von ganzen und halben Gulden im →Kronentalerfuß, an denen sie bis zur Einführung der Reichswährung festhielten.

In den Niederlanden wurde ab 1601 als Äquivalent des goldenen Guldens zu 28 →Stübern bis zum Ende des 17. Jhs. ein silberner Gulden in großen Mengen geprägt, insbesondere in Kampen. Deventer und Zwolle. Ostfriesland, Emden und Oldenburg prägten sie nach. 1679 beantragten Holland und Friesland die Ausprägung von Gulden als Hauptwährungsmünze und begannen mit der Prägung; andere Provinzen folgten. Mit der Währungsreform von 1694 wurde der Gulden zu 20 Stübern Grundlage der niederländischen Währung – bekannt ist das Dreiguldenstück (Staatendaalder). 1816 wurde der kaum veränderte Gulden in 100 Cents unterteilt. *Konrad Schneider*

Lit.: W. Schwinkowski, Die Reichsmünzreformbestrebungen in den Jahren 1665–1670, VSWG 14 (1918), S. 1–87; H. Gebhart, Die oberdeutschen Gulden und die norddeutschen Münzreformen im 17. Jahrhundert, Numismatik 1 (1931), S. 101–6; A. Kappelhoff, Emder «Silbergulden» und «Löwentaler», Jahrbuch der Gesellschaft für bildende Kunst und vaterländische Altertümer zu Emden 42 (1961), S. 150–64; Van Gelder, passim, bes. S. 226–28, 235–37, 261; Heß, Taler, S. 120–26; K. Schneider, Hamburgs Münz- und Geldgeschichte im 19. Jahrhundert bis zur Einführung der Reichswährung, Koblenz 1983.

Guldiner → Taler

H

Halbbrakteat → Dünnpfennig

Hamburger Bank
Die Hamburger Bank wurde am 2. 3. 1619 als erste öffentliche Wechselbank im Heiligen Römischen Reich auf Initiative des Rats und unter maßgeblichem Einfluß der einheimischen und der dort ansässigen englischen und niederländischen Kaufleute errichtet. Zu den ersten Einlegern gehörten auch aus Portugal und Spanien vertriebene jüdische Händler, die in Hamburg Zuflucht gefunden hatten. Die Bank bestand bis 1875, als sie in ein Institut der → Reichsbank umgewandelt wurde. Vorbild war die 1609 gegründete → Wisselbank in Amsterdam. Beide Institute ihrerseits waren richtungweisend bei dem 1621 gegründeten → Banco Publico in Nürnberg. Die gemeinsame Zielsetzung der drei Banken, in den Wirren der → Kipper- und Wipperzeit durch eine Depositen- und Girobank für stabile Währungsverhältnisse zu sorgen, und das weitgehend identische methodische Instrumentarium führten jedoch nicht zu einer engen Kooperation und zu gegenseitigen Überweisungsmöglichkeiten. Als wertstabile Verrechnungseinheit in Hamburg wurde die Mark → Banko geschaffen, alle anderen Währungen wurden zu ihr in Beziehung gesetzt. Die Mark Banko zählte ⅓ des vollgewichtigen Reichstalers, die alte lübische Mark fixierte man auf 3 Reichstaler, 1½ Gulden zahlte man für einen Taler. Im übrigen wurde die Bankordnung im Laufe der Zeit veränderten Geldmarktsituationen angepaßt, so z. B. 1621, 1636, 1639 und 1719; im Mai 1623 kam es zu einer Abwertung der Bestände um 11 %, im 18. Jh. ging man zu einer Fundierung auf Silberbarren über. Die in Hamburg ansässigen Kaufleute sollten ab einer Summe von 400 Mark (Banko, nicht lübisch!) alle Handelsgeschäfte über die Bank abwickeln, Wechsel dagegen mußten ab einer Höhe von 400 Mark lübisch bei der Bank eingelöst werden. Übertretungen wurden mit Strafen belegt. Eine Abschrift aus dem Jahre 1826 vom ersten Bankjahr 1619 erweist, daß damals 539 Firmen ein Konto unterhielten, mit einem gesamten Habenumsatz bis zum Jahresende von 16. 342. 535 Mark Banko; auf Rudolff und Arnolt Amsinck entfielen davon 641. 846 Mark Banko. Verbunden mit der Bank war eine Lehnbank, die dem Staat Vorschüsse gewährte. Privatleute konnten gegen 6¼ % Zins Geld auf Pfänder leihen; das Institut durfte Gold und Silber ankaufen, Münzen prägen und war mit dem städtischen Kornhandel betraut, zeitweise nahm es Geld gegen Zinsen auf. Durch eine solide Geschäftspolitik überstand die

Das Rathaus und die Bank von Hamburg (um 1835)

Bank alle Krisen, die Mark Banko wurde zu einer der beliebtesten Handelswährungen Europas und die Hamburger Bank zum führenden Geldinstitut Deutschlands. *Lambert F. Peters*

Lit.: H. Sieveking, Die Hamburger Bank, J. G. v. Dillen (Hg.), History of the Principal Public Banks, The Hague 1934, S. 125–60; H. Kellenbenz, Unternehmerkräfte im Hamburger Portugal- und Spanienhandel, 1590–1625, Hamburg 1954; K. Schneider, «Banco, Species und Courant», Koblenz 1986; L. F. Peters, Der Handel Nürnbergs am Anfang des Dreißigjährigen Krieges, Stuttgart 1994; Ders., Quellen zur europäischen Handels- und Bankgeschichte, 3 Bde., Nürnberg 1995 (mit umfangreichem Zahlenmaterial auch für Amsterdam und Hamburg).

Handelsbilanz → Zahlungsbilanz

Handelsmünzen

Handelsmünzen sind Münzen, deren Warenwert (Metallwert) aufgrund ihrer Beliebtheit über ihrem → Nennwert liegt. Sie bringen daher einen größeren Erlös, wenn man sie als Ware verkauft, als wenn man mit ihnen bezahlt. Handelsmünzen liefen – neben den in der Regel für einen Staat oder ein bestimmtes Währungsgebiet vorgesehenen → Währungsmünzen –

überregional oder sogar über mehrere Kontinente um. In ihren Herkunftsländern waren sie meist nicht →gesetzliche Zahlungsmittel, genossen aber deren Qualitätsgarantie. Zu nennen sind besonders die spanisch-amerikanischen →Piaster, die auch im pazifisch-ostasiatischen Raum unentbehrliches Zahlungsmittel waren. In Europa nahmen die französischen →Louis d'or und →Laubtaler im 18. Jh. die Funktion von Handelsmünzen ein. Sehr verbreitet waren auch die niederländischen →Dukaten nach der Münzreform von 1586, die u. a. auch in Rußland nachgeprägt wurden. Im Ostseehandel waren die ursprünglich spanisch-niederländischen →Patagone oder Albertustaler als Handelsmünzen beliebt, deren Herstellung z. B. von Dänemark und Kurland übernommen wurde, ebenso im 18. und 19. Jh. die vollwertigen Zweidrittel nach dem →Leipziger Fuß (Neu ⅔). Für den Handel Mitteleuropas mit dem Orient wurden große Mengen von →Maria-Theresien-Talern geprägt, die dort ebenso wie in Nordafrika bis in das 20. Jh. unentbehrliches Zahlungsmittel waren. *Konrad Schneider*

Lit.: v. Schrötter, S. 252f.

Heckenmünze

Als Heckenmünze bezeichnet man eine illegale Münzstätte. Die →Reichsmünzordnungen des 16. Jhs. setzten für jeden Reichskreis eine bestimmte Anzahl von Münzstätten fest, in denen die münzberechtigten Kreisstände ihre Münzen prägen lassen durften. Alle anderen Münzstätten sollten als «Heckenmünzen» verboten sein. Von vornherein hatte dieses System schwere Fehler: Der Kaiser eximierte seine Münzstätten von den Reichsmünzordnungen, die Kurfürsten durften ihre eigenen Münzstätten unterhalten, ebenso diejenigen Reichsstände, die Edelmetallgruben betrieben. Hierin lag das Hauptproblem, denn einige der kleineren und kleinsten Reichsstände nutzten dies schamlos aus. Der bereits im letzten Drittel des 16. Jhs. einsetzende Verfall des Münzwesens und die Mißachtung der Reichsgesetze selbst durch kreisausschreibende Fürsten führte zu einem Anwachsen der Anzahl von Münzstätten, wenn immer dies Spekulationsgewinn verhieß, wie in den Geldkrisen des 17. Jhs. (→Kipper- und Wipperzeit, →Gulden, →Kriegssechstel). Der Kampf gegen das Heckenmünzwesen ist Inhalt vieler Reichs- und Kreistagsbeschlüsse und landesherrlicher Mandate. Erst mit der vorläufigen Stabilisierung des deutschen Münzwesens durch den →Konventionsfuß im Süden und der preußischen Kriegsgeldprägung im Norden um 1760/64 lohnte sich der Betrieb illegaler Münzstätten nicht mehr; selbst die Zahl der legalen Münzstätten ging in der zweiten Hälfte des 18. Jhs. wegen mangelnder Rentabilität zurück. Mancher Kreisstand wählte deshalb wieder eine zugelassene Kreismünzstätte für seine oftmals nur gelegentliche Münzprägung. *Konrad Schneider*

Lit.: v. Schrötter, S. 256f.; F. Frhr. v. Schrötter, Das deutsche Heckenmünzwesen im letzten Viertel des 17. Jahrhunderts, DJN, 1 (1938), S. 39–106; Beispiel für die gelegentliche Prägung in Kreismünzstätten: K. Schneider, Die oberrheinische Kreismünzstätte Hanau als Auftragsmünze der nassau-oranischen Regierung in Dillenburg, Siegerland 55 (1978), S. 129–34.

Heller

Der Name Heller (Haller, Hallensis) wird abgeleitet von der Reichsmünzstätte Schwäbisch-Hall, wo Ende des 12. Jhs. unter Kaiser Friedrich I. eine geringhaltige Pfennigprägung mit dem charakteristischen Bild der Hand (deshalb auch Händelheller) und dem Gabelkreuz einsetzte (Rauhgewicht 0,55 g), welche die Münzgeschichte Süd-, Mittel- und Westdeutschlands (Rheinland) stark beeinflußte. Die anfangs noch mehr oder minder deutlich den Münzherrn (Friedrich I., Heinrich VI.) und im Verlaufe des 13. Jhs. in zunehmender Entstellung die Münzstätte (Halla) nennenden, zeitweise viereckigen Pfennige wurden schließlich schriftlos. 1396/97 ging das Münzrecht an die Stadt Hall über, wo die Hellerprägung dann in der ersten Hälfte des 15. Jhs. auslief. Die in Gewicht und Feingehalt stark sinkenden Heller (1376 0,44 g, 1437 0,32 g) wurden in großen Mengen ausgebracht und überflügelten, regionale Umlaufgebiete sprengend, sehr rasch benachbarte, bessere Sorten. Das führte im 14. Jh. zur Einführung weiterer königlicher Hellermünzstätten in Frankfurt, Speyer, Nürnberg, Ulm, aber auch zu zahlreichen Verleihungen des Prägerechts an weltliche und geistliche Gewalten und zu Nachprägungen. 1356 wurde deshalb die Kennzeichnung der Heller mit zusätzlichen Buchstaben oder Wappen durch Karl IV. verordnet. Ihre weiteste Verbreitung fanden die Heller, teilweise mit abgewandelten Münzbildern, im 14. Jh.; die häufig belegte Rechnungseinheit von einem Pfund Heller (240 Stück) entsprach einem Gulden. Die ständige Verschlechterung führte insbesondere in der Neuzeit dazu, daß die Heller einerseits als Mehrfachstücke (u. a. in Köln und Aachen) erschienen, andererseits zu halben Pfennigen, zu Hälblingen, absanken und in Kupfer ausgebracht wurden. In Bayern wurden 1856 die letzten Heller geprägt, in Frankfurt 1865. Eine Wiederbelebung fand die Nominalbezeichnung 1892 in Österreich (bis 1918), Ungarn (Fillér) und Böhmen/Tschechoslowakei (Haléř) sowie 1904–16 in den Prägungen für Deutsch-Ostafrika. *Gert Hatz*

Lit.: v. Schrötter, S. 259ff.; W. Hävernick, Der Heller am Mittelrhein, BMF 65 (1930), S. 27–31, 33–35; F. Wielandt, Der Heller am Oberrhein, HBN 5 (1951), S. 32–61; Ders., Probleme der Hellerforschung, E. Boehringer (Hg.), Wissenschaftliche Abhandlungen des deutschen Numismatikertages in Göttingen 1951, Göttingen 1959, S. 77–91; E. Nau,

Haller Pfennige, Württembergisch Franken 44 (1960), S. 25–62; N. Klüßendorf, Studien zu Währung und Wirtschaft am Niederrhein vom Ausgang der Periode des regionalen Pfennigs bis zum Münzvertrag von 1357, Bonn 1974, S. 182–89; A. Raff, Die Münzen und Medaillen der Stadt Schwäbisch Hall, Freiburg 1986, S. 6–12, 30–44.

Hoffaktoren

Der Begriff Hoffaktor bezeichnet den Leiter einer Faktorei (daher der Name), d. h. einen im Auftrage anderer (hier eingeengt auf einen Fürsten bzw. Hof) tätigen Ein- und Verkäufer, der mit Waren und Geld handelte und das Interesse des Auftraggebers wie sein eigenes zu beachten hatte. Vor allen Dingen war der Bedarf der Hofhaltung an Lebensmitteln, Kleidung und Luxusgütern ebenso wie seine Finanzierung sicherzustellen; wenn der Rahmen der Tätigkeit einen größeren Umfang annahm, konnten Hoffaktoren auch als Kommerzienräte oder Kommerzien-Kommissionäre bezeichnet werden. Entsprechend weisen Titel wie Milizfaktor, Kriegsfaktor oder Kammeragent auf die eingeschränkte Zuordnung zu einem Tätigkeitsbereich hin, der gleichwohl immer wieder überschritten wurde. Der Faktor stand in einem vertraglichen Dienstverhältnis zum fürstlichen Auftraggeber; er konnte derartige Verträge auch bündeln, also gleichzeitig für mehrere Höfe tätig werden. In der Regel handelte es sich um Juden (deshalb auch der häufig synonym gebrauchte Titel «Hofjude»), die durch die Faktorenstelle in ein Schutz- und gegenseitiges Abhängigkeitsverhältnis zu den Fürsten traten, das weit über die Stellung eines Schutzjuden hinausging. Die Tätigkeit als Hoffaktor wurde häufig mit der eines Judensteuereinnehmers, auch des Judenleibzollerhebers, kombiniert; die Vertrauensstellung im fürstlichen Finanzsystem ermöglichte die Erwirkung von weiteren Gnadenerweisen, zu denen die Erlaubnis zur verstärkten Schutzaufnahme, zum Synagogenbau, zur Anlage eines Friedhofes gehören konnte. Der Hoffaktor verfügte also auch gegenüber seinen Glaubensgenossen über eine herausgehobene Stellung, die nicht immer spannungsfrei blieb. Einen erheblichen Teil des Geschäfts bildeten die Rohstofflieferverträge für die landesherrlichen Münzstätten, die häufig die – reichsrechtlich verbotene – Verpachtung der Münzstätten an Juden verschleierten. Geschäftliche Beziehungen der Hoffaktoren beruhten meist auf einem engen familiären bzw. Großsippen-Zusammenhalt. Die diplomatische Absicherung wurde durch die Ernennung zum Residenten erreicht, die auch Immunität gewähren konnte. Die Eigenkapitaldecke der Geschäfte war häufig nicht groß; ergänzend traten Einlagen auch christlicher Geldgeber hinzu, wobei die hohen Zinsspannen an die Gläubiger weitergegeben wurden. Daraus resultierte der Wuchervorwurf, begründet in geringen Sicherheiten, wie sie etwa in den geringen Auszahlungsquoten bei Wechselgeschäften deutlich werden. Die Funktion der Hoffaktoren stand in engem Zusammenhang mit dem Ausbau der zentralistischen und absolutistischen Verwaltung der deutschen Territorien und dementsprechend mit den Auseinandersetzungen zwischen landständischer Verfassung und Absolutheitsanspruch des Fürsten.

Schon im 12. Jh. sind Juden in fürstlichen Finanzverwaltungen nachzuweisen. Als erster jüdischer Hoffaktor gilt Salomon oder Salman, der 1315 als Hof- und Küchenmeister Herzog Heinrichs VI. von Breslau genannt wird. Wenig später sind in Halberstadt und Magdeburg Hoffaktoren bezeugt, die in Vertretung des Erzbischofs tätig wurden. Samuel von Derenburg diente bis zur Jahrhundertwende vier Magdeburger Kirchenfürsten. Burggraf Friedrich VI. von Hohenzollern beschäftigte als erster Kurfürst seinen Juden Joseph. Als Hoffaktoren im umfassenden Sinne sind erst Bankier Michael und Münzmeister Lippold des Kurfürsten Joachim II. anzusehen. Lippold, aus einer Prager Judenfamilie stammend, wurde 1556 zum Obersten aller märkischen Juden ernannt, der damit auch deren Schatzung kontrollierte. Zur Verwaltung der Schatullgelder kam seit 1565 die Münzmeisterstelle, die mit der Beschaffung des Münzmetalls und der Verwertung des Schlagschatzes einherging; auch die Aufnahme von Juden in den landesherrlichen Schutz bot eine neue Einnahmequelle und Einflußmöglichkeit Lippolds. Der Tod des Kurfürsten hatte den Sturz des Münzmeisters zur Folge; dem Prozeß folgten Vierteilung und Verbrennung. Berühmter wurde der kaiserliche Oberhoffaktor Samuel Oppenheimer, der seit der Finanzierung der Befreiung Wiens mit seinem Neffen Samson Wertheimer zum Geldbeschaffer der Habsburger wurde. Ihm war der nach der Ausweisung von 1670 eindrucksvolle Wiederaufbau der jüdischen Gemeinde zu verdanken. Der Tod Oppenheimers 1703 wurde Anlaß zum Nachlaßbankrott, dem die Hofkammer nur knapp entging. Ein weiterer Kreis von Hoffaktoren ist mit der Familie Aaron-Schulhoff-Liebmann angesprochen. Herz Moses Gomperz gehörte mit Itzig, Ephraim und Isaak zu den Hofmünzern Friedrichs des Großen. Seit der Errichtung der Neuen Münze in Berlin 1751 gewannen die Verträge mit den Münzjuden ein erhebliches Gewicht, das während des Siebenjährigen Krieges durch die Münzverschlechterungen Ephraims mit Ausmünzungen in Leipzig und Dresden einen Höhepunkt erreichte. Seit 1763 erteilte Friedrich II. den Hoffaktoren Generalprivilegien mit den Rechten der christlichen Kaufmannschaft; sie gelten als Wegstein der Emanzipation. Das Institut der Hoffaktoren wurde trotzdem auch unter Friedrich Wilhelm II. beibehalten, und ihre Zahl erhöhte sich nach dem Zusammenbruch Preußens unter seinem Nachfolger noch erheblich. Oberhof- und Kammeragent in Hessen-Kassel wurde 1792 Feidel David, der seit 1756 für den Landgrafen nicht zuletzt das Subsidiengeschäft mit England vermittelt hatte. Sein wichtigster Konkurrent, der ihn dann auch überrundete, wurde Meyer Amschel →Rothschild. Seit 1789 hat er die dem Fürsten aus dem Soldatenhandel zufließenden Gelder gewinnbringend angelegt und schließlich eine Monopolstellung eingenommen; aus den Vermittlungsgeldern der britischen Anleihen Kurfürst Wilhelms I. erwuchs der Aufstieg des Finanzhauses. Für eine große Zahl von Höfen wirkten in Frankfurt bis zum Ende des Alten Reiches Isaak Löw Bär zur Kann und seine Familie. In Württemberg hatte die Verfassung von 1498 die Ausschließung der Juden aus dem Lande festgelegt; die Herzöge haben dann aber am Ende des 17. Jhs. sich die Einzelerlaubnis vorbehalten, so daß 1697 zwei Frankfurter Juden zu Hoffaktoren ernannt wurden. Der bedeutendste war unter Karl Alexander 1733 →Joseph Süß Oppenheimer, der nach dem Tod seines Gönners hingerichtet wurde. Im benachbarten Hechingen wurden Kaula Raphael, die spätere Madame Kaulla, und ihr Bruder Jakob Raphael zunächst in den Diensten des Hauses Fürstenberg, dann als Heereslieferanten des Stuttgarter Hofes in den Kriegen Napoleons und bei Transaktion von Subsidien zu einer der wichtigsten Hoffaktorenfamilien Südwestdeutschlands. *Jürgen Rainer Wolf*

Lit.: H. Schnee, Die Hoffinanz und der moderne Staat, 5 Bde., Berlin 1953–65; Ders., Die Nobilitierung der ersten Hofjuden, Archiv für Kulturgeschichte 43 (1961), S. 62–99; A. Schröcker, Jüdische Finanziers des Fürstbischofs Lothar Franz von Schönborn (1655–1729), Jahrbuch für Landesgeschichte 37 (1977), S. 125–37; U. Duch, Jüdische Hoffaktoren des Kurfürstentums Mainz, H. Duchhardt (Hg.), Beiträge zur Geschichte der Mainzer Juden in der Frühneuzeit, Mainz 1981, S. 147–54; B. Schedlitz, Leffmann Behrens. Untersuchungen zum Hofjudentum im Zeitalter des Absolutismus, Hildesheim 1984.

Hohlpfennig →Brakteat

Hortung →Münzfunde

Hume, David (1711–1776)

Der gebürtige Schotte gehört zu den einflußreichsten Denkern der Neuzeit, er ist einer der Väter der modernen Sozial- und Wirtschaftswissenschaften. Während er sich in jüngeren Jahren als Kaufmannsgehilfe, Sekretär und Bibliothekar verdingen mußte, diente er später der Englischen Krone als Diplomat und Staatsbeamter. Sein großes wissenschaftliches Werk schuf er als Privatgelehrter, denn ein Universitätslehrstuhl, um den er sich mehrfach bemüht hatte, blieb ihm zeitlebens versagt. Humes wissenschaftliches Programm war anspruchsvoll. Er wollte eine umfassende – moralische, psychische, ökonomische, soziale, politische, historische wie ästhetische Aspekte miteinander verbindende – Human- und Gesellschaftswissenschaft systematisch begründen (*Essays, Moral, Political, and Literary;* 1741/42 bzw. 1758). Die Grundlage dazu bildete sein Hauptwerk *A Treatise of Human Nature* (1739/40), in dem er die erkenntnistheoretischen, anthropologischen und ethischen Eckpunkte seiner Aufklärungsphilosophie festgelegt hatte. Hume mißtraute nicht nur metaphysischen, sondern auch (rein) rationalistischen Deutungen der Welt. Er plädierte für einen ganz anderen, nämlich empiristischen – durch Beobachtung, Experiment und Erinnerung geebneten – Erkenntnisweg, wie ihn →John Locke bereits vorgezeichnet hatte. Damit war der philosophische Rahmen auch für seine Wirtschaftslehre abgesteckt; sie trug er zusammenhängend vor in den *Political Discourses* (1752), die oft als «Wiege der Ökonomie» apostrophiert worden sind (G. Streminger). Sieben von ihnen behandeln in klassischer Manier ökonomische Themen: Handel, Geld, Zinsen, Steuern, Staatskredit, Handelsbilanz. In all diesen Wirtschaftsfragen bezog Hume eine individualistisch-liberale und damit weitgehend anti-merkantilistische Position. Sie war geeignet, die aufkommende bürgerliche Wirtschaftsgesellschaft zu rechtfertigen. Zwar sah Hume – wie die Merkantilisten – im «Aufstieg und Fortschritt des Handels, des Gewerbes und der Künste» probate Mittel, «die Macht des Staates ebenso wie den Reichtum und das Glück der Einwohner zu vergrößern» (denn «der Handel reißt die Menschen aus ihrem Müßiggang, ... vermehrt den Fleiß... und steigert die Sparsamkeit»), doch zog er daraus den entgegengesetzten Schluß: Handel und Gewerbe müßten sich grundsätzlich frei von staatlicher Bevormundung entfalten können. Zudem erschien ihm angesichts der wachsenden Weltwirtschaft die herrschende Meinung obsolet, der Außenhandel könne den (Geld)Reichtum zwischen den Ländern nur umverteilen, aber nicht vermehren. Vom Freihandel würden ganz im Gegenteil beide Seiten profitieren. Hume verwarf überhaupt die merkantilistische Gleichsetzung von Reichtum und (Edelmetall)Geldmenge. Für ihn war der Vorrat an menschlicher Arbeitskraft der entscheidende Wohlstands- und Wachstumsfaktor, denn: «Alles in der Welt wird durch Arbeit erkauft.» Hume spielte die ökonomische Rolle des Geldes herunter: «Es ist nicht eines der Räder des Handels, es ist das Öl, das die Räder leicht und glatt laufen läßt.» Und: «In der Tat ist offensichtlich, daß Geld nichts weiter als die Repräsentation von Arbeit und Waren ist und nur als Mittel dient, um diese zu bewerten oder zu schätzen.» Geld ist danach nicht mehr und nicht weniger als ein durch Übereinkunft geschaffenes Tausch- und Wertvergleichsmittel. Entsprechend flüchtig war seiner Ansicht nach auch der Einfluß der Geldmenge auf die Zinshöhe, sie werde letztlich durch die Kreditnachfrage (in Abhängigkeit von den erwarteten «Profiten in Gewerbe und Handel») und durch das Kreditangebot (in Abhängigkeit von den verfügbaren «Reichtümern») bestimmt. Entschieden wandte sich Hume ferner gegen das merkantilistische Postulat von der aktiven Handelsbilanz. Der damit gerechtfertigte Edelmetallzufluß könne bei ungehindertem internationalem Güteraustausch nicht von Dauer sein. Die Geldvermehrung bewirke inländische Preissteigerungen und mache folglich das betreffende Land importfähiger und exportunfähiger, wodurch sich die Geld- und Güterströme umkehrten. Dieser Gedankengang fußt auf zwei fundamentalen geld- bzw. währungstheoretischen Hypothesen – der →Quantitätstheorie des →Geldwertes sowie der Lehre vom automatischen Ausgleich der →Zahlungsbilanz in einem →Goldstandardsystem (Geldmengen-Preis-Mechanismus). Humes quantitätstheoretische Überlegungen richteten sich zunächst darauf, die Elemente der →Verkehrsgleichung zu präzisieren: Es «ist offensichtlich, daß die Preise nicht so sehr von der absoluten Menge von Waren und Geld in einer Nation abhängig sind, sondern von der Menge an Waren, die auf den Markt kommt oder kommen könnte und dem zirkulierenden Geld». Die im eigentlichen Sinne quantitätstheoretische Aussage, daß «die Preise der Waren sich immer nach der Geldmenge richten», revidierte er gleichfalls in einem wichtigen Punkt. Von einem strikt proportionalen Zusammenhang zwischen Geldmengen- und Preisniveauänderung (sog. naive Quantitätstheorie, vgl. →Locke) dürfe nicht ausgegangen werden, da einerseits auch die →Umlaufgeschwindigkeit des Geldes preiswirksam sei und andererseits eine Variation der Geldmenge nicht auf einen Schlag alle Preise verändere. «Vielmehr braucht es einige Zeit, bis das Geld im ganzen Staat zirkuliert und in allen Schichten des Volkes seine Wirkung zeigt. Anfänglich ist keine Veränderung festzustellen, nach und nach steigen die Preise, zunächst einer Ware, dann einer anderen, bis das Ganze schließlich im richtigen Verhältnis zur neuen Menge des Hartgeldes im Königreich steht.» Hume übersah dabei nicht, daß sich während dieses Anpassungsprozesses die Preisrelationen verschieben werden. Infolgedessen können Bewegungen auf der Geldseite – zumindest temporär – doch reale (güterwirtschaftliche) Effekte auslösen. Die (klassische) These von der Neutralität des Geldes wurde von Hume insoweit nur eingeschränkt vertreten. Wie dogmengeschichtlich bedeutsam sein Beitrag zur Geldlehre ist, kommt in Friedrich A. von Hayeks Urteil zum Ausdruck, daß erst mit Richard Cantillon und David Hume die Entwicklung der modernen Geldtheorie begonnen habe (zit. nach McGee). *Heinz Rieter*

Lit.: T.H. Green, T.H. Grose (Hgg.), David Hume, The Philosophical Works, 4 Bde., London 1874–75, Ndr. Aalen 1964; D. Hume, Politische und ökonomische Essays, übersetzt von S. Fischer, 2 Teilbde., Hamburg 1988; E. Rotwein, Hume, David, The New Palgrave: A Dictionary of Economics, II, London–New York 1987, S. 692–95; R.W. McGee, The Economic Thought of David Hume, Hume Studies 15 (1989), S. 184–204; G. Streminger, David Hume, Sein Leben und sein Werk, Paderborn 1993.

Hypothekenbanken

Hypothekenbanken ist die deutsche Bezeichnung für Spezialinstitute, die hypothekarisch gesicherte Realkredite gewähren und ihrerseits zinstragende, jederzeit veräußerbare →Pfandbriefe mit langen Laufzeiten zur

Finanzierung des Hypothekenkredits ausgeben bzw. an Kapitalisten verkaufen. Das Finanzierungsinstrument des Pfandbriefs ist schon von den preußischen →Landschaften im 18. Jh. als Mittel zur Finanzierung des Kreditbedarfs der ostdeutschen Rittergüter entwickelt worden. In dieser Form verband es den hypothekarischen Rechtsanspruch gegenüber Grundeigentümern mit der Haftung einer Kreditinstitution (Landschaften), allerdings hatte diese Institution quasi-genossenschaftlichen Charakter.

Die Hypothekenbanken sind erst seit den 1860er Jahren ins Leben gerufen worden. In gewisser Weise folgten sie dem französischen Vorbild des Crédit Foncier de France (gegründet 1854), der nach dem Pfandbriefprinzip organisiert war. Allerdings sind die deutschen Institutionen als private Aktienbanken gegründet worden, während der Credit Foncier öffentlich-rechtlichen Status hatte. Im Unterschied zu den preußischen Landschaften und im Einklang mit ihrem französischen Vorbild haben die Hypothekenbanken fast ausschließlich städtischen Grundbesitz beliehen. Damit sind die engen Beziehungen zum deutschen Urbanisierungsprozeß angesprochen. Denn die rasche Urbanisierung Deutschlands seit den 1860er Jahren bedeutete einen stark steigenden Wohnungsbedarf, der finanziert werden mußte.

Hypothekenbanken waren einer von mehreren Trägern dieser Finanzierungslast. Ihr Pfandbriefumlauf von ca. 11 Mrd. Mark im Jahre 1913 – der genau die Hypothekenfinanzierung widerspiegelte – entsprach einem Sechstel des geschätzten Wertes nichtlandwirtschaftlicher Wohnungen in Deutschland, und in manchen Jahren vor 1914 deckte die Neuausgabe ihrer Pfandbriefe über ein Drittel der Neuinvestitionen in diesem Wirtschaftssektor. Im 20. Jh. ging die Bedeutung der privaten Hypothekenbanken für die Finanzierung der Wohnungswirtschaft in Deutschland zurück, besonders nach dem Zweiten Weltkrieg, als öffentliche Träger und Bausparkassen überproportional wuchsen.

Das Wachstum der Hypothekenbanken war schon allein wegen des Pfandbriefemissionsrechtes strengen staatlichen Regulierungsvorschriften unterworfen. Besonders erwähnenswert ist das Hypothekenbankgesetz von 1899, weil es – in Zusammenhang mit dem Inkrafttreten des bürgerlichen Gesetzbuches 1900 – die bisher geltenden einzelstaatlichen Regeln in Deutschland vereinheitlichte. Man kann darüber spekulieren, ob sich diese Regulierung als Marktzutrittsbarriere interpretieren läßt, welche die Solidität, aber auch die Profitabilität der Operationen bereits bestehender Hypothekenbanken erhöhte (Bedürfnisprüfung z. B.). Sie sorgte aber jedenfalls dafür, daß die Hypothekenbanken als Gruppe niemals eine dominierende Position im deutschen Immobilienmarkt einnahmen. In anderen Ländern entstanden auch Mischsysteme der Hypothekenfinanzierung. Für Großbritannien z. B. lassen sich neben öffentlich-rechtlichen Institutionen die Versicherungsgesellschaften und vor allem die Building Societies – eine Art Bausparkasse mit quasi-genossenschaftlichem Charakter – als wichtigste Akteure nennen. In den Vereinigten Staaten sind die Hauptträger der Hypothekenfinanzierung immer die Savings & Loan Associations gewesen, die in ihrer Organisationsstruktur den britischen Building Societies ähneln. Weder in Großbritannien noch in den USA gab es Hypothekenbanken im deutschen Sinne. Diese haben eigentlich nur in Österreich und z. T. in der Schweiz eine größere Rolle gespielt. *Richard H. Tilly*

Lit.: Born, Geld; F. Hecht, Die Organisation des Bodenkredits in Deutschland, 2 Bde., Leipzig 1901; W. G. Hoffmann et al., Das Wachstum der deutschen Wirtschaft seit der Mitte des 19. Jhs., Berlin 1965; K. Borchardt, Realkredit- und Pfandbriefmarkt im Wandel von 100 Jahren, Rheinische Hypothekenbank (Hg.), 100 Jahre Rheinische Hypothekenbank 1871–1971, Mannheim 1971; M. Pohl, Entstehung und Entwicklung des Universalbankensystems, Frankfurt 1986.

I

Indossament

Als Indossament bezeichnet man einen auf die Rückseite (ital. *in dosso*) eines →Wechsels geschriebenen Vermerk, der eine am bisherigen Wechselgeschäft noch nicht beteiligte Person ermächtigt, den Wechsel zu präsentieren. Mit Hilfe des Indossaments wird folglich die aus dem Wechsel herzuleitende Forderung einem anderen übertragen, was die *in dosso* geleistete Unterschrift bekräftigt.

Die Übertragbarkeit von Kreditinstrumenten (z. B. Wechseln) war dem römischen, germanischen, islamischen und kanonischen Recht unbekannt und wurde erst durch das in Italien entwickelte Indossament gewährleistet. Dieses kam vereinzelt in Vorformen schon im ausgehenden 14. Jh. vor. Im Genueser Zahlungsverkehr des beginnenden 15. Jhs. finden sich bereits einmal indossierte Wechsel, wobei für die Durchführung der Indossierung die Anwesenheit des Bezogenen ebenso wie der beiden Begünstigten zwingend erforderlich war. Eine derartige Übertragung hatte nur im Rechtskreis einer Stadt bzw. eines Territoriums Gültigkeit, denn die Frage der Haftung im Falle, daß der Wechsel platzen sollte, war juristisch noch nicht geklärt.

Größere Bedeutung im internationalen Zahlungsverkehr erlangte das Indossament auf dem *marché permanent* der Neuen Börse in Antwerpen mit ihrem täglichen Wechselhandel in der zweiten Hälfte des 16. Jhs. Um den Zahlungsverkehr möglichst sicher und reibungslos zu gestalten, führte man das Indossament und den →Diskont ein; der Wechsel wurde so zu

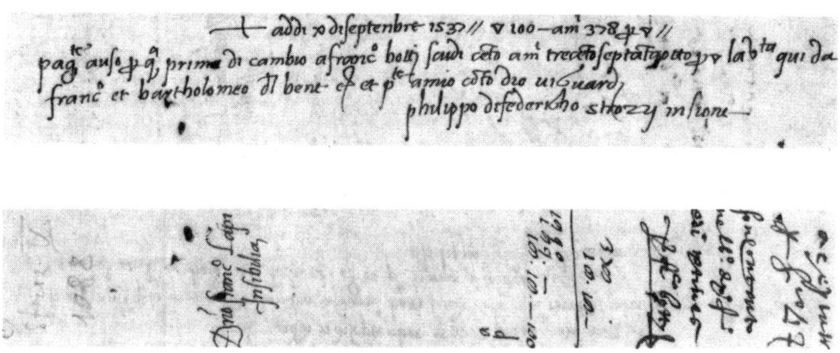

Wechsel mit Indossament, ausgestellt von Filippo di Federico Strozzi in Lyon zugunsten von Francesco Botti in Sevilla, der ihn indossierte (1537)

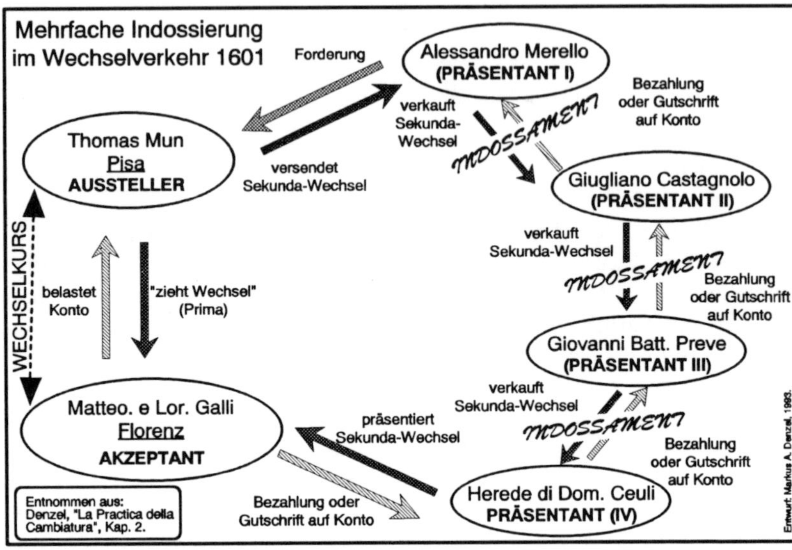

einem negotiablen Papier, das börsenmäßig gehandelt werden konnte. Die enge Verbindung zur Institution →Börse verhalf dem Indossament zu weiter geographischer Verbreitung – zumal an den Börsenplätzen Nordwesteuropas mit ihren Giro- oder →Wechselbanken – und zur Durchsetzung der mehrfachen Indossierung auf einem Wechsel (zwischen 1610 und 1640). Der börsenmäßige Handel von Wechseln benötigte und ermöglichte erst den umfangreichen Einsatz des Indossaments durch →Merchant Bankers bzw. Privatbankiers, die (indossierte) Wechsel kauften, um sie wieder zu verkaufen. Die Anzahl der zu ziehenden Wechsel konnte sich damit so drastisch verringern, daß vor allem Messestädte wegen des Funktionsverlustes der Meßbankiers das Indossament bzw. die Annahme «girierter» (= indossierter) Wechsel oftmals verboten. An den →Finanzmärkten des Heiligen Römischen Reiches wurde das Indossament deshalb meist nicht vor der zweiten Hälfte des 17. Jhs. zugelassen; in Italien sperrten sich manche Städte (Venedig, Bozen, Novi, Neapel, Florenz) noch im 18. Jh. gegen die neue Technik. *Markus A. Denzel*

Lit.: G. Schaps, Zur Geschichte des Wechselindossaments, Stuttgart 1892; P. Opitz, Der Funktionswandel des Wechselindossaments, Berlin 1968; J. Schneider, Hat das Indossament zum Niedergang der Wechselmessen im 17. und 18. Jahrhundert beigetragen? North (Hg.), Geldumlauf, S. 183–93; M. A. Denzel, «La Practica della Cambiatura». Europäischer Zahlungsverkehr vom 14. bis zum 17. Jh., Stuttgart 1994.

Inflation
Der Begriff Inflation ist bis heute nicht eindeutig definiert. Ausgehend von der Erfahrung, daß zumindest alle (Hyper)Inflationen infolge von Kriegen oder Revolutionen entstanden sind, verband man mit Inflation die Vorstellung einer über die Steigerung des Warenangebots hinausgehenden übermäßigen Ausweitung der Geldmenge. In der gegenwärtigen wissenschaftlichen Praxis versteht man unter Inflation einen Prozeß anhaltender allgemeiner Preissteigerung, gemessen an einem bestimmten Preisindex, z. B. der Lebenshaltungskosten, der Erzeugerpreise, der Inlandsnachfrage oder des Bruttosozialprodukts. Nach der Höhe der Preissteigerungen wird zwischen schleichender, trabender oder galoppierender Inflation (Hyperinflation) unterschieden, wobei letztere häufig mit allgemeinen Währungskrisen verbunden ist. Diese am Symptom der Preissteigerung ansetzenden Definitionen erfassen nicht den Sonderfall der zurückgestauten Inflation. Kennzeichnend für diese ist ein allgemeiner Nachfrageüberhang, bei dem Preissteigerungen durch Zwangsmaßnahmen verhindert werden, wie z. B. in Deutschland während des Zweiten Weltkrieges (Bezugsscheine, Schwarzmärkte). Dagegen heben andere Definitionen auf spezielle Ursachen der Inflation ab. Hier spricht man von geldmengen-, angebots- und nachfrageinduzierter oder importierter Inflation. Empirisches Erscheinungsbild der so definierten Inflation sind ebenfalls nachhaltige Preissteigerungen.

Zur Messung der Inflation müßten die Preise aller Güter und Dienstleistungen laufend beobachtet und in geeigneter Weise zusammengefaßt werden. Dies ist bereits aus erfassungstechnischen Gründen unmöglich, und so behilft man sich damit, bestimmte Preise zu Preisindizes zusammenzufassen. Da die verschiedenen Preisindizes häufig unterschiedliche Werte annehmen, zeigt sich, wie problematisch es ist, Inflation eindeutig messen zu wollen. Noch erheblich stärker eingeschränkt ist die Repräsentativität der für die vorstatistische Zeit verfügbaren Preisindizes. Ähnlich große Probleme treten bei der Messung von Inflation auch dann auf, wenn man von der für die Preisniveauentwicklung relevanten → Geldmenge ausgeht. Da Geldmengenvariationen im Rahmen der → Quantitätstheorie entscheidende Bedeutung für das Preisniveau beigemessen werden, läge es u. U. nahe, Inflation mit Hilfe der Geldmenge zu messen. Abgesehen davon, daß es für die vorstatistische Zeit unmöglich ist, die gleichfalls relevante → Umlaufgeschwindigkeit zu messen, scheitert ein solcher Versuch auch an dem Mangel geeigneter Quellen. Selbst wenn man die gesamte geprägte Münzgeldmenge kennt, läßt sich damit die preisbestimmende Geldmenge nicht zuverlässig ermitteln (→ Geldgeschichte).

Ebenso vielschichtig wie die Definitionen der Inflation sind deren Ursachen. Grob schematisierend lassen sich drei verschiedene, theoretisch unterscheidbare Faktorenbündel nennen: monetäre, realwirtschaftliche und außenwirtschaftliche. Dabei unterscheidet man den Erklärungsansatz der einfachen Quantitätstheorie und den monetaristischen Ansatz. Im realwirtschaftlichen Bereich unterscheidet man nachfrage- und angebotsinduzierte Inflationsursachen. Außenwirtschaftlich kann Inflation über einen direkten oder indirekten Preiszusammenhang verursacht werden.

Geht man von der →Quantitätsgleichung aus, so ist das Preisniveau streng proportional zur Geldmenge, wodurch Preisniveausteigerungen letztlich auf eine Erhöhung der Geldmenge zurückzuführen sind und Senkungen des Preisniveaus auf Geldmengenkontraktionen (→Deflation). Hierbei muß jedoch beachtet werden, daß in metallistischen Währungssystemen die (nominelle) Münzgeldmenge auf verschiedene Weise erhöht werden kann. Erstens durch eine Verringerung des Münzfußes der Währungsmünzen (→Abwertung) und zweitens durch eine Mehrausprägung der Währungsmünzen. Werden bei insgesamt konstanter Edelmetallmenge die Münzen mit einem schlechteren Münzfuß ausgeprägt, können mehr Münzen in Umlauf gebracht und damit die Geldmenge erhöht werden. Eine Folge davon ist die Verringerung des Edelmetalläquivalentes des →Rechengeldes. Können aufgrund steigender Edelmetallvorräte mehr Münzen ausgeprägt werden, läßt sich die umlaufende Münzgeldmenge erhöhen, ohne daß es dabei zu Verschlechterungen des Münzfußes kommt. In diesem Fall verändert sich das Edelmetalläquivalent des Rechengeldes nicht. Diese beiden theoretisch unterscheidbaren Entwertungsprozesse des Münzgeldes lassen sich in der Geschichte meist nie isoliert, sondern fast immer nur gemeinsam beobachten. Dieser Umstand, zusammen mit der Tatsache, daß weder die repräsentative Geldmenge noch der repräsentative Edelmetallwert des Rechengeldes empirisch sicher zu bestimmen ist, erschwert die exakte Zurechnung von Preissteigerungen zu den beiden genannten Entwertungsprozessen. Ein prominentes Beispiel dafür ist der Streit zwischen Jean Malestroit und →Jean Bodin über die Ursachen der Preissteigerungen des 16. Jhs. Gegenüber dem einfachen quantitätstheoretischen Ansatz kommt der Monetarismus in Friedmanscher Prägung zu einem differenzierteren Ergebnis. Danach führen Geldmengenveränderungen kurzfristig zu einer Erhöhung des realen Wachstums, langfristig verschwindet jedoch dieser reale Effekt und es kommt zu einer dauerhaften Anhebung der Inflationsrate auf einem höheren Niveau. Unterstellt man jedoch «Freiheit von Geldillusion» (Münzverschlechterungen oder Preissteigerungen werden sofort bemerkt), kommt es zu unmittelbaren Anpassungsprozessen, in deren Folge die Preise steigen, so daß Geldmengenerhöhungen keine realwirtschaftlichen Effekte nach sich ziehen.

Eine nachfrageinduzierte Inflation liegt vor, wenn die gesamtwirtschaftliche Nachfrage das produzierbare reale Sozialprodukt übersteigt und die dadurch entstehende inflatorische Lücke durch steigende Preise geschlossen wird. Die nachfrageinduzierte Inflation ist kausal unabhängig von Geldmengenvariationen und resultiert primär aus realwirtschaftlichen

Vorgängen, wie z. B. einer Senkung der Sparquote, einer Investitionsausweitung oder einer erhöhten Exportnachfrage. Die angebotsinduzierte Inflation resultiert entweder aus preistreibenden Gewinnen oder aus Kostenzuwächsen, die über den Produktivitätszuwachs hinausgehen (Kostendruckinflation).

Werden Preissteigerungen aus dem Ausland z. B. über importierte Rohstoffe auf das Inland übertragen, kommt es zu einem Inflationsimport aufgrund eines direkten Preiszusammenhangs. Ein solcher Inflationsimport kann auch über einen indirekten Preiszusammenhang entstehen, wenn aufgrund von Exporterhöhungen das inländische Angebot sinkt, bei eventuell gleichzeitig steigender Inlandsnachfrage, in deren Folge die Preise steigen. Ursächlich sind hier Wechselkurse, die die unterschiedlichen Inflationsraten nicht kompensieren, wie es gemäß der Kaufkraftparitätentheorie zu erwarten wäre.

Eine Geschichte der Inflation kann zwei Aspekte im Auge haben. Einmal die in Form der Preisindizes sichtbar werdenden allmählichen und dauerhaften Preissteigerungen und das andere Mal die Hyperinflationen oder Währungskrisen. Der erste Aspekt ist mit einer Geschichte der Preise eng verbunden und läßt sich anhand geeigneter Preisindizes darstellen. Dabei werden die Preise häufig auf ihre Edelmetalläquivalente umgerechnet, um den Malestroit-Effekt auszuschalten. Solchermaßen aufbereitete Reihen zeigen einen säkularen Preisanstieg im 16. Jh., der als → «Preisrevolution» in die Geschichte eingegangen ist. Ein zweiter säkularer Preisanstieg, der wieder mit einer Vermehrung des Edelmetallbestandes in Verbindung gebracht wird, zeigt sich international ab der Mitte des 18. Jhs.

Neben diesen schleichenden Inflationen kennt die Geschichte eine Reihe von Hyperinflationen, die sich meist in Form allgemeiner Währungskrisen über relativ kurze Zeitspannen erstreckten, meist nur über wenige Jahre, dafür aber verheerende wirtschaftliche und soziale Auswirkungen zeigten bzw. nach sich zogen.

Anlaß waren häufig zerrüttete Staatsfinanzen bzw. ein enormer Geldbedarf infolge oder in Vorbereitung von Kriegen. Kennzeichnend für die meisten Hyperinflationen ist eine drastische Verringerung des Edelmetallgehaltes der kleineren Silbermünzen, häufig gekoppelt mit einer Ausgabe von Kupfergeld, das die Silber- und Scheidemünzen ersetzen sollte. Damit hatte das kleine Geld seine Tauschmittel- und Wertaufbewahrungsfunktion (→ Geld) eingebüßt. Das gute Geld wurde gehortet, wodurch es ebenfalls seine Tauschmittelfunktion eingebüßt hatte. Durch den akuten Mangel an gutem Geld wurden die Preise aller Güter sowie die Kurse der guten umlaufenden Gold- und Silbermünzen (→ Gulden, → Dukaten, → Taler), ins Astronomische erhöht. Die Folge davon war, daß der Geldmarkt solange außer Funktion war, bis das Vertrauen in den Kleinmünzenbereich wiederhergestellt worden war.

Ein Beispiel dafür ist die Zeit der →Schinderlinge (1457–60) in Österreich und Süddeutschland. Im Zusammenhang mit dem Erbstreit zwischen Kaiser Friedrich III. und seinem Bruder Herzog Albrecht VI. kam es zur katastrophalen Verschlechterung der Pfennige und Kreuzer, in deren Folge der Kurs des ungarischen Goldgulden von 270 (1457) bis auf 3686 Pfennige (1460) anstieg. Auch Heinrich VIII. von England ließ 1542 beim *Great Debasement* Münzen prägen, die, bei unverändertem Nennwert, nur noch ein Drittel des Silbergehalts der bisherigen Münzen enthielten. Dies führte zur Hortung der guten Münzen und zu starken Preissteigerungen, da die Bezahlung mit schlechtem Geld nur unter entsprechenden Preisaufschlägen akzeptiert wurde. Zur Vellóninflation in Spanien (1599–1660) kam es, als die Vellónmünzen, die zunächst noch einen geringen Silberanteil besaßen (→Billon), als reine Kupfermünzen ausgeprägt wurden und zudem noch, um die nominelle Geldmenge zu erhöhen, mit einem höheren Nominalwert überstempelt wurden. Zu Beginn des Dreißigjährigen Krieges kam es aufgrund der massenhaften Ausgabe unterwertiger Silber- und Kupfermünzen zu einer Inflation, die unter dem Namen →Kipper- und Wipperzeit in die deutsche Geldgeschichte eingegangen ist. Für solche Münzgeldinflationen lassen sich weitere Beispiele nennen, so 1656–63 der Versuch, in Rußland Kupferkopeken im selben Wert der silbernen auszugeben, die Inflation in Schweden unter Karl XII. oder die Münzverschlechterung in Preußen unter Friedrich dem Großen im Verlauf des Siebenjährigen Krieges.

Zur ersten Papiergeldinflation kam es in Frankreich nach dem Spanischen Erbfolgekrieg durch das Papiergeldexperiment des →John Law und der →Banque Royale. Wiederum eine Krise der Staatsfinanzen war die Ursache für die erneute Papiergeldinflation nach der Französischen Revolution. Zur Deckung des Geldbedarfs wurden Staatsobligationen, die sog. →Assignaten, ausgegeben, die durch den beschlagnahmten Grundbesitz der Kirche, des Königshauses und der Emigranten gedeckt sein sollten. Die Ausgabe der Assignaten wurde jedoch immer mehr gesteigert, so daß ihr Kurs schnell fiel. Auch sie erhielten einen Zwangskurs und wurden zum →gesetzlichen Zahlungsmittel erklärt, wodurch sie wiederum zu inflationärem →Staatspapiergeld geworden waren. Erst nach dem Staatsstreich Bonapartes gelang die Schaffung stabilen Geldes. Zur bislang schwersten Inflation führte der Erste Weltkrieg speziell in Deutschland, Österreich, Ungarn und Rußland. *Rainer Metz*

Lit.: R. Gaettens, Inflationen. Das Drama der Geldentwertungen vom Altertum bis zur Gegenwart, München 1955; G. Schmölders, Gutes und schlechtes Geld. Geld, Geldwert und Geldentwertung, Frankfurt 1968; F.C. Spooner, The International Economy and Monetary Movements in France, 1493–1725, Cambridge, Mass., 1972; H. Frisch, Die Neue Inflationstheorie, Göttingen 1980; N. Schmukler, E. Marcus (Hgg.), Inflation through the Ages. Economic, Social, Psychological and Historical Aspects, New York

1981; R. Pieper, Die Preisrevolution in Spanien (1500–1640), Wiesbaden 1985; E. van Cauwenberghe, R. Metz, Coinage and the Coin (Money) Stock: Problems, Possibilities and First Results, E. van Cauwenberghe (Hg.), Precious Metals, Coinage and the Changes of Monetary Structures 1500–1800 in Latin America, Europe and Asia, Leuven 1989, S. 7–24.

Inhaber-Klausel

Die Inhaber-Klausel oder Order-Klausel ist ein auf einem Kreditpapier angebrachter schriftlicher Vermerk, der seit Ende des 14. Jhs. die Übertragung des Kreditpapiers ermöglicht. Dies war im 12. und 13. Jh. noch nicht der Fall. Wenn ein Kaufmann einen Schuldschein ausstellte, konnte er nicht sicher sein, daß der Begünstigte auch persönlich zur festgesetzten Zeit am festgesetzten Ort die Rückzahlung in Empfang nahm. Deshalb machte er das Kreditpapier an einen Vertreter oder Bevollmächtigten des Begünstigten zahlbar, indem er dem Namen des Begünstigten die Order- oder Inhaber-Klausel hinzufügte. Diese lautete gewöhnlich *vel suo certo nuncio* («oder seinem bestimmten Boten») bzw. *vel suo certo attornata* («oder seinem bestimmten Vertreter»). Das älteste Beispiel stammt vermutlich aus Genua aus dem Jahre 1156. Dabei versprach ein Schuldner eine bestimmte Summe «an Dich oder Deinen bestimmten Boten zurückzuzahlen» *(tibi dare promitto vel tuo certo misso)*. Auch die Bezeichnung «Überbringer» oder «Inhaber», die in diesem Zusammenhang auftauchte, meinte oft nur einen Boten oder einen Vertreter des Begünstigten bzw. Gläubigers. Ein frühes westeuropäisches Beispiel einer solchen Inhaber-Klausel findet sich in einem flämischen Inhaber-Schuldschein von 1250. Darin verspricht ein Bürger von Ypern «an Simon de Trezele, Bürger von Aras und in seinem Auftrag an den, der die vorliegende Urkunde bringen wird» *(a Simon de Trezele, borgois de Aras, u a son commandement u a chieli qui cheste presente chartre partie aportera)*, eine bestimmte Summe auf der Messe von Thorhout zu zahlen. Seit dem Ende des 14. Jhs. setzte sich in der Handelspraxis die Weitergabe von Schuldscheinen mit der Inhaber-Klausel durch. Damit beglich man Forderungen, und jeder neue Inhaber des Scheins konnte die Zahlung des Schuldners in Empfang nehmen (→Inhaber-Schuldschein). Während solche Übertragungen auf gegenseitigem Vertrauen beruhten, entwickelte sich erst mit dem →Indossament die bis heute gültige Order-Klausel (an X oder an seine Order), die Wechsel und später Schecks übertragbar machte. *John H. Munro*

Lit.: H. Brunner, Forschungen zur Geschichte des deutschen und französischen Rechtes, 3 Bde., Stuttgart 1894; J. M. Holden, The History of Negotiable Instruments in English Law, London 1955; Van der Wee, S. 322–32, 347–51; B. Kirchgässner, Zur Geschichte und Bedeutung der Order-Klausel am südwestdeutschen Kapitalmarkt im 14. und 15. Jh., J. Schneider (Hg.), Wirtschaftskräfte und Wirtschaftswege (Festschrift Kellenbenz), I, Stuttgart 1978, S. 373–86; J. H. Munro, Die Anfänge der Übertragbarkeit:

einige Kreditinnovationen im englisch-flämischen Handel des Spätmittelalters (1360–1540), M. North (Hg.), Kredit, S. 39–69; M. North, Credit and Banking in Northern Germany in the 15th and 16th Centuries, Banchi pubblici, banchi privati e monti di pietà nell'Europa preindustriale, II, Genova 1991, S. 811–26.

Inhaber-Schuldschein

Der Inhaber-Schuldschein (mit →Inhaber-Klausel) oder der einfache Schuldschein (engl. *bill obligatory*, frz. *cédule obligatoire*) waren ein Kredit- und Transferinstrument, das im lokalen, regionalen und internationalen Handel Nordwesteuropas, aber auch des Ostseeraums Verwendung fand. Der Inhaber-Schuldschein entsprach in seinen Funktionen dem →*instrumentum ex causa cambii* und dem →Wechsel. Unterschiede betrafen die Führung des Handels selbst. Während der Wechsel im 14. Jh. auf den sog. niedergelassenen italienischen Handel mit Filialen im Ausland (→Bank) zugeschnitten war, entsprachen *instrumentum* und Inhaber-Schuldschein den Bedürfnissen des wandernden Messehandels, dem italienischen Handel auf den Champagne-Messen im 12. und 13. Jh. und dem Handel auf den niederländischen Messen bis ins 17. Jh. Daher benötigten *instrumentum* und Inhaber-Schuldschein – anders als der Wechsel – nur zwei oder drei Parteien: 1. den Kaufmann, der das Geld aufnahm und es selbst nach dem Verkauf der Waren auf der nächsten Messe zurückzahlte; 2. den Kaufmann, der das Geld gab, um es auf der Messe wieder selbst in Empfang zu nehmen oder von einem Vertreter in Empfang nehmen zu lassen; 3. den Vertreter des Geldgebers, der für ihn die Rückzahlung kassierte.

Ein Bezogener oder Akzeptant, der wie beim Wechsel vom Schuldner zur Zahlung an den Gläubiger oder dessen Vertreter beauftragt wurde, war überflüssig.

Wie das *instrumentum* war auch der Schuldschein ein Zahlungsversprechen, das zumindest im 13. Jh. noch von professionellen Notaren (*scriveners*) als unterzeichnete, gesiegelte und registrierte Urkunde aufgesetzt wurde. Zum Schutz der Gläubiger legte das englische Parlament 1283 im Statut von Acton Burnell fest, daß ein Gläubiger seinen Schuldner dazu verpflichten konnte, sein Darlehen vor den Bürgermeistern von York, London, Bristol und anderer «guter Städte» sowie vor den Messegerichten anzuzeigen. Die Stadtschreiber trugen dann die Schuld in eine *Roll of Recognizance* ein und fertigten für den Gläubiger einen entsprechenden Schuldschein *(escrit de obligacion)* mit den Siegeln des Schuldners und des Königs an. Die Eintragung der Schuld berechtigte den Gläubiger, bei Zahlungsverzug den Schuldner ins Gefängnis werfen zu lassen und sein Land und sein Vieh zu pfänden.

Seit der Mitte des 14. Jhs. machten dann die Kaufleute zunehmend von eigenhändigen, formlosen Schuldscheinen Gebrauch, obwohl diese, anders als die eingetragene Schuld *(recognizance)*, nicht durch Gesetz geschützt waren. Dennoch verdrängten die formlosen Schuldscheine die *recognizances* auch im auswärtigen Handel, da sie einfacher zu benutzen und außerdem noch erheblich billiger waren (keine Kosten für die Anfertigung durch einen Schreiber und die gerichtliche Eintragung). Begünstigt wurde die Verwendung der Schuldscheine durch die Existenz von Kaufmannsgerichten, die Rechtsschutz in allen Handelsfragen, d. h. auch für Schuldschein und Wechsel, gewährten.

Ein zentrales Problem, das sowohl die Kaufmannsgerichte als auch die Historiker beschäftigte, war die Übertragbarkeit von Schulden und von Schuldscheinen. Während ein italienischer Kaufmann von seinem Bankkonto (→Bank, →Kontokorrent, →Wechsel) Überweisungen tätigen und es zu diesem Zweck auch überziehen konnte, mußte sein englischer Kollege, sollte sein Geld bis zur Fälligkeit der Schuld nicht brachliegen, die Schuld formell übertragen oder abtreten. Zur Zahlung an Kaufmann B trat Kaufmann A einen Geldbetrag ab, den ihm Kaufmann C schuldete. Da die formelle Abtretung mit Urkunde bzw. Vollmacht für den Gläubiger umständlich war, setzte sich in der Praxis die Weitergabe von Schuldscheinen mit der →Inhaber-Klausel durch. Danach konnten nicht nur der ursprüngliche Gläubiger oder Begünstigte, dessen Name auf dem Inhaber-Schuldschein stand, sondern jeder weitere Inhaber des Scheins die Zahlung des Schuldners in Empfang nehmen. Auf diese Weise wurde der Inhaber-Schuldschein im nordwesteuropäischen Handel seit dem ausgehenden 14. Jh. zu einem populären Zahlungsmittel. Man bezahlte nicht nur mit Schuldscheinen, sondern gab diese auch zum Begleichen anderer Verbindlichkeiten weiter. Im konkreten Fall funktionierte das so: Ein englischer Wollexporteur verkaufte Wolle an einen Brabanter Kaufmann, der ihm dafür einen Inhaber-Schuldschein ausstellte, der 3 bis 6 Monate später auf dem St.-Bavo-Jahrmarkt in Antwerpen fällig wurde. Der Tuchexporteur übergab den Schuldschein einem englischen Importkaufmann (Mercer), der den Schuldschein in Antwerpen einlöste und mit dem Geld Waren für die Einfuhr nach England einkaufte. Der Mercer gab dem Tuchexporteur im Gegenzug ein weiteres Kreditpapier (Inhaber-Schuldschein oder Wechsel), mit dem sich der Exporteur sein Geld bei der Firma des Importkaufmanns in London wieder holen konnte. Dieses Verfahren der Weitergabe von Inhaber-Schuldscheinen funktionierte aber nur, solange es sich in einem überschaubaren Miteinander bekannter Kaufleute abspielte, die auch die Kreditwürdigkeit ihres Geschäftspartners einschätzen konnten. Als aber die Kreditinstrumente frei zu zirkulieren begannen und derjenige, der den Schuldschein dem Aussteller präsentierte, nur der letzte in einer langen Kette von Gläubigern war, die den Schuldschein in Zahlung genommen hatten, bedurfte es gesetzlicher Regelungen zur Rechtssicherung des Zahlungsverkehrs. Nachdem bereits das Londoner Kaufmannsgericht 1437 dem Inhaber eines Wechsels denselben Anspruch wie dem ursprünglichen Begünstigten zugesprochen hatte, räumten auch das Antwerpener Stadtgericht (1507) und die Kaiserlichen Mandate von 1537 und 1541 dem Inhaber eines Inhaber-Schuldscheins in den Niederlanden dieselben Rechte wie dem ursprünglichen Gläubiger ein. Damit war der Weg frei für den Handel mit Inhaber-Schuldscheinen an der Antwerpener →Börse. Seit dem ausgehenden 16. Jh. verdrängte der Wechsel den Inhaber-Schuldschein als internationales Kreditinstrument in den Niederlanden, in England und später auch im Ostseeraum, obwohl dieser im Inland weiterhin große Bedeutung besaß. *John H. Munro*

Lit.: J. M. Holden, The History of Negotiable Instruments in English Law, London 1955; M. Postan, Medieval Trade and Finance, Cambridge 1973; A. Hanham, Foreign Exchange and the English Wool Merchant in the Late 15th Century, Bulletin of the Institute of Historical Research of the University of London 46 (1973), S. 160–75; Van der Wee, S. 322–32, 347–51; J. H. Munro, Die Anfänge der Übertragbarkeit: einige Kreditinnovationen im englisch-flämischen Handel des Spätmittelalters (1360–1540), North (Hg.), Kredit, S. 39–69; M. North, Credit and Banking in Northern Germany in the 15th and 16th Centuries, Banchi pubblici, banchi privati e monti di pietà nell'Europa preindustriale, II, Genova 1991, S. 811–26.

Instrumentum Ex Causa Cambii

Das *instrumentum ex causa cambii* (lat. = Wechselinstrument) war wie der →Wechsel ein kombiniertes Kredit- und Transferinstrument, das der Exportfinanzierung und der Geldüberweisung diente, ohne daß Edelmetall verschickt werden mußte. Es wurde von italienischen Kaufleuten für den Handel auf den internationalen Messen, insbesondere auf den Champagne-Messen, im 12., 13. und frühen 14. Jh. entwickelt und ist als Vorläufer des Wechsels anzusehen. Von diesem unterschied sich das *instrumentum* mehr in der Form als in der Funktion. Während der Wechsel einen persönlich abgefaßten informellen Zahlungsauftrag darstellte, war das *instrumentum* ein formelles Zahlungsversprechen in Form einer von einem Notar abgefaßten Schuldurkunde. Außerdem betraf das *instrumentum* nicht vier (wie beim Wechsel), sondern nur drei, manchmal auch nur zwei Parteien: 1. den Kaufmann, der einen Kredit in Genua aufnahm, die Schuld anerkannte, die Rückzahlung versprach und darüber vom Notar eine Urkunde ausstellen ließ; 2. den Kaufmann oder Gläubiger, der den Kredit gab und dem man die Rückzahlung schuldete; 3. den Vertreter des Gläubigers auf der Messe, der an dessen Stelle die Zahlung empfing. Da das *instrumentum* für den wandernden Messehandel gedacht war und der Kaufmann, der den Kredit aufgenommen hatte, seine Waren gewöhnlich persönlich zur Messe begleitete, benötigte er keinen Beauftragten, der an seiner Stelle zahlte, d.h. keinen Bezogenen oder Akzeptanten wie beim →Wechsel. Gemeinsam war *instrumentum* und Wechsel die (Geld)Wechseloperation, da der Kredit beispielsweise in Genueser Währung aufgenommen wurde, die Rückzahlung aber in der Währung der Champagne-Messen erfolgte. Dafür wurde ein Wechselkurs höher als der Marktkurs festgelegt, da darin der Kreditzins zur Vermeidung des Wuchervorwurfs (→Wucher) versteckt war (je später die Rückzahlung, desto höher die Kursdifferenz).

Falls der Kaufmann, der das Darlehen aufgenommen hatte, nicht selbst auf die Messe fuhr, schickte er mit dem formellen *instrumentum* noch einen formlosen Zahlungsauftrag *(littera)*, in dem er einen Faktor, Diener oder Partner in der Champagne mit der Zahlung der fälligen Summe beauftragte. Aus der *littera* entwickelte sich der Wechsel. Als zu Beginn des 14. Jhs. – bedingt durch die Gefährdung und Unterbrechung des Überlandhandels – der Niedergang der Champagne-Messen einsetzte, gründeten die großen italienischen Handels- und Bankhäuser ständige Niederlassungen in den wichtigsten Handelszentren: in Barcelona, Paris, Brügge, London etc. (→Bank). Die Anforderungen an den Zahlungsverkehr wuchsen, so daß der Wechsel als relativ preiswertes Finanzierungsinstrument das umständlichere und teurere *instrumentum* verdrängte. *John H. Munro*

Lit.: R. Doehaerd, Les relations commerciales entre Gênes, la Belgique et l'Outremont d'après les archives génoises aux XIIIe et XIVe siècles, 3 Bde., Bruxelles 1941; R. de Roover, Le contrat de change depuis la fin du treizième siècle jusqu'au début du dixseptième, Revue belge de philologie et d'histoire 25 (1946/47), S. 111–28; Ders., L'évolution de la lettre de change, XIVe–XVIIIe siècles, Paris 1953; Ders., The Cambium Maritimum Contract according to the Genoese Notarial Records of the 12th and 13th Centuries, R. S. Lopez, D. Herlihy (Hgg.), Economy, Society and Government in Medieval Italy (Festschrift Reynolds), Kent, Ohio, 1969, S. 15–33; R. Face, Techniques of Business in Trade between the Fairs of Champagne and the South of Europe in the 12th and 13th Centuries, EHR, 2. Ser. 10 (1957/58), S. 427–38.

Investment Trusts

Investment Trusts sind Anlagegesellschaften, deren Aufgabe in der gewinnbringenden Vermögensanlage ihrer Einleger besteht. Diese spezifisch britischen Finanzinstitutionen entwickelten sich seit den späten 1860er Jahren mit dem Ziel, «Investoren bescheidener Mittel dieselben Vorteile wie großen Kapitalisten zu geben». Ihr Ursprung lag in den informellen Treuhandgesellschaften (Trust), die reiche Grundbesitzer mit ihren Anwälten und Finanzberatern zur Vermögensanlage bildeten. Die Investment Trusts, die in den 1860er Jahren entstanden, legten ihr Kapital sowohl in festverzinslichen Wertpapieren, insbesondere in ausländischen Eisenbahnobligationen, aber auch in hohen Zins tragenden überseeischen Papieren an. Ihre Investitionsmittel beschafften sie sich durch die Ausgabe von

→Aktien und →Obligationen. Der erste Investment Trust war der 1868 von dem Londoner Privatbankier Bertram Wodehouse Currie gegründete The Foreign and Colonial Government Trust, der es «der Öffentlichkeit ermöglichen sollte, in ausländische und koloniale Wertpapiere zu investieren, ohne das Risiko des individuellen Kaufs zu haben». Ein nächster Schritt zur Gründung von Investment Trusts kam aus Schottland, wo Robert Fleming, der Buchhalter einer Textilfabrik in Dundee, in den 1870er Jahren mehrere Scottish American Investment Trusts gründete und deren Kapital in amerikanische Aktien und Obligationen investierte. In den 1880er Jahren schossen dann Investment Trusts wie Pilze aus dem Boden. Bedingt durch den Kapitalüberfluß einerseits und die Zinssenkung für britische Staatspapiere andererseits suchten die Briten für ihre Ersparnisse neue Anlagemöglichkeiten. Diese sollten höhere Zinsen als die Staatspapiere bringen, aber vergleichsweise sicher sein; und das war genau das, was die Investment Trusts mit ihren Auslandsanlagen boten. Eine letzte Gründungswelle sah das Jahrzehnt vor dem Ersten Weltkrieg, das ebenso wie die 70er und 80er Jahre des 19. Jhs. durch große britische Kapitalexporte geprägt war. Dabei veränderten die Investment Trusts ihre Anlagestrategie, indem sie sich nicht mehr ausschließlich auf sichere Wertpapiere konzentrierten, sondern (amerikanische) Industrieaktien kauften und diese auch emittierten. *Philipp L. Cotrell*

Lit.: H. Burton, D.C. Corner, Investment and Unit Trusts in Britain and America, London 1968; W. Turrentine Jackson, The Enterprising Scot, Edinburgh 1968; P.L. Cottrell, Investment Banking in England, 1856–1881, New York-London 1985.

J

Jefimok

Jefimok war die russische Bezeichnung für westeuropäische Taler. Bis zur Regierungszeit Peters des Großen hatte das russische Münzwesen einen mittelalterlichen Charakter (→Kopeke, →Rubel). Seit dem 16. Jh. strömten im Zuge der Öffnung Rußlands nach Europa von Westen her Talermünzen nach Rußland, deren Umlauf jedoch zunächst verboten war, während der Staat den Handel mit ihnen monopolisierte. Sie dienten auch als →Pagament und wurden für die Herstellung der Kopeken eingeschmolzen. Die Bezeichnung Jefimok ist auf Joachim zurückzuführen, also auf den →(Joachims)Taler. Vor Beginn des ersten Nordischen Krieges (1654–1667) begann Zar Aleksej Michajlovič mit einer längst überfälligen Modernisierung des russischen Münzwesens und ließ die ersten →Rubel als Münzen prägen. Weil der Moskauer Münzhof die technischen Probleme der Großsilberprägung noch nicht bewältigte, entschloß man sich 1655, europäische Taler – vorwiegend deutsche und niederländische – gleichermaßen und ohne Berücksichtigung ihres inneren Wertes zuzulassen und mit dem Bild des reitenden Zaren gegenzustempeln. Sinn dieser Maßnahme war die Finanzierung des Krieges. Diese Jefimki hatten den offiziellen Kurs von 64 Kopeken, ohne daß man ihren Münzfuß berücksichtigte. Damit wurden sie zu höherem Kurswert ausgegeben, denn ihr Ankaufspreis lag für den russischen Staat bei 48 bis 50 Kopeken. Die Anzahl der gegengestempelten Jefimki wird auf rund 800 000 geschätzt. Sie wurden bereits 1659 für ungültig erklärt und eingezogen. Die Funde belegen, daß die Jefimki nach 1659 noch in der Ukraine und in Weißrußland umgelaufen sind, bzw. das Verbot von 1659 dort im Gegensatz zu Großrußland nicht unbedingt gegriffen haben muß. Im Zusammenhang mit der →Kriegsfinanzierung wurden auch kupferne Jefimki – Fünfzigkopekenstücke oder Poltinniks – als →Notgeld geprägt.

Konrad Schneider

Lit.: Heß, S. 136 f.; I. G. Spasskij, Das russische Münzsystem, Berlin 1983, S. 104–8; Ders., Russkie Jefimki. Issledovanije i katalog (Russische Jefimki. Abhandlung und Katalog), Novosibirsk 1988.

Jobber

Ursprünglich war Jobber eine abfällige Bezeichnung für Stock →Broker. Der Begriff zielte insbesondere auf Spekulanten, die Wertpapiere in geringen Mengen *(jobbets)* ankauften. Mit der Entstehung eines organisierten

Kapitalmarktes, insbesondere seit der Gründung der Londoner Börse, trennte sich die Funktion des Jobber (oder Dealer) von der des Broker. Letzterer kaufte oder verkaufte im Auftrag eines Kunden ein bestimmtes Wertpapier, indem er zu einem Jobber ging, der sich auf die entsprechende Wertpapierklasse spezialisiert hatte. Der Broker fragte den Jobber nach der Notierung eines bestimmten Wertpapieres und bekam von diesem zwei Preise genannt, den Ankaufs- und den Verkaufspreis. Erst jetzt und wenn der Broker mit dem Preis einverstanden war, eröffnete dieser dem Jobber, ob er das Papier kaufen oder verkaufen wollte. Seinen Gewinn erzielte der Jobber durch die Kursspanne zwischen An- und Verkaufspreis *(turn)*. Die Kursspanne selbst hing von den Umsätzen ab, die in einer bestimmten Wertpapierklasse erzielt wurden. Waren die Umsätze hoch (etwa bei britischen Staatsschuldtiteln), war die Spanne niedrig. Waren die Umsätze niedrig (etwa bei vielen Klassen industrieller Papiere), war die Spanne entsprechend hoch.

Zu Anfang des 19. Jhs. beschränkte sich das *jobbing* nur auf die britische Staatsschuld, im weiteren Verlauf des Jhs. erfaßte es jedoch alle Klassen von →Effekten. Es blieb aber eine Londoner Besonderheit, da die Umsätze der Börsen in Schottland, Irland und in der englischen Provinz zu gering waren, um eine Funktionstrennung herbeizuführen. Auch in London war die Trennung zwischen beiden Funktionen anfangs noch nicht sehr strikt. Seit 1847 war eine Überschneidung der Broker- und Jobber-Tätigkeit allerdings verboten. *Dieter Ziegler*

Lit.: E. V. Morgan, W. A. Thomas, The Stock Exchange, London 1962.

Joint-Stock Company →Aktie

Jüdische Geldverleiher

In der christlichen Polemik des Spätmittelalters waren Juden und Geldverleiher fast gleichgesetzt, eine Vorstellung, die teilweise bis in die Neuzeit fortdauerte, wie z. B. bei Werner Sombarts Formulierung von der Genese des Kapitalismus. Jenseits des Mythos von dem Wucherjuden aber lassen sich in der Geschichte des jüdischen Geldverleihs drei Epochen erkennen: 1. das Hochmittelalter, als jüdische und christliche Geldverleiher kaum zu unterscheiden waren; 2. das Spätmittelalter und die Frühe Neuzeit, die Phase des jüdischen Pfandleihgeschäfts; und 3. das Zeitalter des Merkantilismus, in dem die jüdischen →Hoffaktoren eine bedeutende Rolle spielten.

Trotz des →Zinsverbots der mittelalterlichen Kirche war der Geldverleih unumgänglich für das Wachstum der städtischen Wirtschaft. Neben

Juden betätigten sich auch christliche Geldverleiher, vorwiegend die →Lombarden im Bankgeschäft. Vor dem 14. Jh. bestand ihr Kundenkreis hauptsächlich aus dem Adel und dem adligen Klosterwesen, aber im Laufe des 14. Jhs. waren jüdische Geldverleiher zunehmend auf bürgerliche Schuldner angewiesen, wodurch der Anteil der Bürger an den Judenverfolgern 1348/50 und die darauffolgenden Vertreibungen der Judengemeinden aus den Reichsstädten zu erklären sind. Schwer erschüttert von den Verfolgungen, Schuldentilgungen und Steuerforderungen des Spätmittelalters, schrumpfte der jüdische Anteil am Kapitalmarkt am Anfang des 15. Jhs. weitgehend auf das Pfandleihgeschäft, das eine Art Konsumtivkredit für die Handwerker und Bauern und den niederen Klerus darstellte. Auf kurzfristigen Termin gesetzt, waren die Darlehen in der Regel kleine Summen; die hohen Zinsen (bis auf 100 % jährlich) entsprachen den ungünstigen Verhältnissen für zahlungsschwache Kunden auf dem Kapitalmarkt. Zwei Klauseln des jüdischen Geldverleihs verursachten ein allgemeines Ressentiment und viele Klagen: Zum einen die Pfändungsklausel, die den Verkauf der Pfänder nach Ablauf der Zahlungsfrist erlaubte, was den Juden ermöglichte, eine Art Warenhandel gegen die Zunftverordnungen zu treiben; zum anderen das Schadennehmen, ein Verfahren, bei dem ein Gläubiger, nachdem das entlehnte Geld fällig war, die gleiche Summe auf Konto des Schuldners bei einem anderen Geldleiher aufnahm und seine Forderungen an diesen abtrat.

Zurückgedrängt auf das Pfandleihgeschäft und jederzeit ersetzbar durch christliche Geldverleiher, wurden den Juden Wucherzins, Annahme gestohlener Pfänder und die Unterminierung bürgerlichen Unterhalts vorgeworfen. Die Einführung der →Monti di Pietà in Italien während des 15. Jhs., gefördert von den Franziskanern und Magistraten, bot eine christliche Alternative zu jüdischem Geldverleih an, deren Erfolg mangels Kapitals allerdings beschränkt war. In Deutschland gipfelte die Antiwucher-Kampagne in der Reformationsbewegung und in der Gesetzgebung des Augsburger Reichstags 1530. Die Zinsen sanken bis auf 5–10 % im Laufe des 16. Jhs., nicht so sehr wegen der Gesetzgebung allein, sondern wegen der verbesserten Edelmetallversorgung in Mitteleuropa.

Nach einer jahrhundertelangen Welle von Vertreibungen waren im 16. Jh. nur drei reichsstädtische Judengemeinden übriggeblieben: Die Juden in Prag, Frankfurt und Worms beschäftigten sich immerhin noch mit Geldverleih; die in Kleinstädten und Landgemeinden verstreut angesiedelten Juden nahmen neue Funktionen im Handel ein. Da ihnen der Ackerbau und das Handwerk verboten waren, spielten die Landjuden eine wichtige Rolle im Handel zwischen Stadt und Umland. Der Verkauf von Pferden, Vieh und Getreide übertraf den Geldverleih an Bedeutung für die Juden und schuf auch die Grundlagen für ihre bevorzugte Stellung als Kriegslieferanten während des Dreißigjährigen Krieges.

Die Juden im Reich überstanden die Kriegsjahre in einer gestärkten Position. Das Jahrhundert 1650–1750 stellte eine Blütezeit der jüdischen Geldverleiher als Hofjuden und Bankiers dar. Nach der Vertreibung der Marranos aus Spanien teilten sich die europäischen Juden auf in die *Sephardim,* vorwiegend in Italien und den Niederlanden, und die *Ashkenazim,* vorwiegend im Reich und Polen. Die Sephardim engagierten sich stark als Geldverleiher und Bankiers in den neuen Handels- und Finanzzentren Antwerpen, Amsterdam und Hamburg, wogegen die deutschsprachigen Ashkenazim als Kriegs- und Hoffaktoren eng an die deutschen Höfe gebunden waren.

Ein Beispiel für die Sephardim war die Familie Texeira in Hamburg, die aus dem portugiesischen Adel stammte. Der katholische Diego Texeira war Mitte des 17. Jhs. spanischer Konsul in Antwerpen und siedelte 1646 als Jude Abraham nach Hamburg über, wo er und sein Sohn Manuel das größte Kreditinstitut leiteten. Unter den Schuldnern der Texeiras waren das Königshaus von Dänemark und die Königin Christina von Schweden. Dank ihrer Kontakte zu Spanien dehnten die Texeiras ihre Geschäfte über den Atlantik aus.

Unter den vielen →Hoffaktoren im Zeitalter des Merkantilismus sind Samuel Oppenheimer und Samson Wertheimer, Onkel und Neffe, beide zu Wien, Leffmann Behrens in Hannover und Bernd Lehmann in Dresden besonders zu nennen. Als Kriegsfaktor der Habsburger war Oppenheimer unentbehrlich in den militärischen Unternehmungen der Kaiser gegen Frankreich und das Osmanische Reich am Ende des 17. Jhs. Seine Erben wurden nach Samuels Tod 1703 in den Bankrott getrieben, weil die Habsburger sich weigerten, die geschuldeten 6 Mill. fl. zurückzuzahlen. Im protestantischen Deutschland wurde die politische Ambition ebenfalls von jüdischen Geldverleihern finanziert: Um die neunte Kurwürde zu erlangen, ließ Ernst August von Hannover 1,1 Mill. Taler von seinem Hoffaktor Behrens aufbringen; August der Starke, der Kurfürst von Sachsen, verschwendete sogar 88 Mill. Taler bei der Wahl zum polnischen König, darunter belief sich der Beitrag des Hoffaktors Lehmann schon auf 10 Mill.

Das Aufbringen solch großer Summen bezeugte einerseits die unternehmerische Potenz der Hofjuden, andererseits die Existenz eines internationalen Konsortiums von großen und mittleren jüdischen Geldverleihern, die teilweise mit den Spitzenfiguren der Hofjuden verwandt waren. Sie stellten ihr Geld in den Finanzmärkten von Frankfurt und Amsterdam zur Verfügung. Obwohl die größten Firmen der Hofjuden im Laufe des 18. Jhs. untergingen, konnten die jüdischen Bankiers ihren Platz auf dem Kapitalmarkt bis zur neuen Blütezeit der jüdischen Privatbankiers im 19. Jh. behaupten. *R. Po-chia Hsia*

Lit.: H. Schnee, Die Hoffinanz und der moderne Staat. Geschichte und System der Hoffaktoren an deutschen Fürstenhöfen im Zeitalter des Absolutismus, 5 Bde., Berlin 1953–65; H. Kellenbenz, Sephardim an der Unterelbe. Ihre wirtschaftliche u. politische Bedeutung vom Ende des 16. Jhs. bis zum Beginn des 18. Jhs. Wiesbaden 1958; S. Jenks, Judenverschuldung und Verfolgung von Juden im 14. Jh.: Franken bis 1349, VSWG 65 (1978), S. 309–56; S. Jersch-Wenzel, Juden und ‹Franzosen› in der Wirtschaft des Raumes Berlin/Brandenburg zur Zeit des Merkantilismus, Berlin 1978; M. Toch, Der jüdische Geldhandel in der Wirtschaft des deutschen Spätmittelalters: Nürnberg 1350–1499, BDLG 117 (1981), S. 283–310; Jonathan I. Israel, European Jewry in the Age of Mercantilism, 1550–1750, Oxford 1985; K. Matzel, J. Reicke (Hgg.), Das Pfandregister der Regensburger Juden vom Jahre 1519, Zeitschrift für Bayerische Landesgeschichte 51 (1988), S. 767–806; M. J. Wenninger, Juden und Christen als Geldgeber im hohen und späten Mittelalter, A. Ebenbauer, K. Zatloukal (Hgg.), Die Juden in ihrer mittelalterlichen Umwelt, Köln-Wien 1992, S. 281–99; R. Po-chia Hsia, The Usurious Jew: Economic Structure and Religious Representations in an Anti-Semitic Discourse, R. Po-chia Hsia, H. Lehmann (Hgg.), In and Out of the Ghetto: Jewish-Gentile Relations in Late Medieval and Early Modern Germany, Cambridge 1993.

Julius-Turm

Der Julius-Turm der Festung Spandau in Berlin war der Ort, an dem nach kaiserlicher Verordnung vom 22. Januar 1874 der deutsche Reichskriegsschatz von 40 Mill. Taler in gemünztem Gold aufbewahrt wurde. Der Name Julius-Turm für den Turm der Spandauer Zitadelle geht zurück auf Herzog Julius von Braunschweig-Wolfenbüttel (1568–89), dem es durch seine Wirtschafts- und Finanzpolitik gelang, aus einem verschuldeten Territorialstaat ein wohlhabendes Fürstentum zu machen. Als ein Instrument hierzu diente die Schaffung eines Reservefonds in Form von silbernen →Ausbeutemünzen, den Julius-Lösern, die im Kriegsfall eingezogen und in gangbare Münzen umgeprägt werden konnten.

Der Reichskriegsschatz, orientiert am Beispiel Preußen, das vor 1866 einen Kriegsschatz von 30 Mill. Taler besessen hatte, sollte zur Deckung der Kosten einer Mobilmachung dienen. Die Rücklage wurde aus der französischen Kriegsentschädigung durch Gesetz vom 11. November 1871 gebildet, aber in den Materialschlachten des Ersten Weltkriegs schmolz sie schnell dahin. *Hans-Joachim Kraschewski*

Lit.: F. Dehn, Der Reichskriegsschatz, München 1901; W. Jesse, Münz- und Geldgeschichte Niedersachsens, Braunschweig 1952; H.-J. Kraschewski, Wirtschaftspolitik im deutschen Territorialstaat des 16. Jhs.: Herzog Julius von Braunschweig-Wolfenbüttel, Köln-Wien 1978.

Julius-Turm in Spandau

Juro

Bei den Juros handelte es sich um langfristige, übertragbare Schuldverschreibungen der Spanischen Krone, die vom 15. bis zum 18. Jh. ausgegeben wurden. Die Darlehenszinsen erhielt der Juro-Inhaber aus einer in der Juro-Urkunde festgelegten Steuer oder sonstigen Einkunftsart der Krone. Im 15. Jh. wurden die Juros zunächst nur an Bankiers, d.h. die Gläubiger der Krone, ausgegeben. Ein Fälligkeitsdatum legte man bei den Juros al quitar nicht fest, sie waren jederzeit von der Krone kündbar. Daneben gab es lebenslange und erbliche Juros (Juros de por vida, Juros de heredad). Die Zinssätze schwankten je nach der Laufzeit, der Einkunftsart, aus der die Zinsen bezahlt wurden und der Geldmarktsituation zwischen 2,5 % und 14,3 %. Eine Sonderform stellten die bis 1575 ausgegebenen Juros de resguardo dar. Sie ermöglichten es den zumeist genuesischen Kaufleuten und Bankiers (→Asiento), die Juros de resguardo in Spanien vorzulegen, noch bevor sie der Spanischen Krone Geld in Flandern oder einem anderen Messeplatz außerhalb der Iberischen Halbinsel bereitgestellt hatten. Der größte Teil der Juros wurde im 16. und zu Beginn des 17. Jhs. als Folge der Staatsbankrotte ausgegeben. Die erste Zahlungseinstellung der Neuzeit dekretierte Philipp II. 1557. Hierbei wandelte die Krone ihre kurzfristigen Verbindlichkeiten in langfristige, durch Juros verbriefte Darlehen um und setzte gleichzeitig die Zinssätze für bereits ausgegebene Juros herab. Da die Juros, die eine hinreichend kleine Stückelung besaßen, seit 1557 von den Bankiers an die Bevölkerung weitergegeben werden konnten, entwickelte sich ein schwunghafter Handel mit diesen Rentenpapieren. Sie stellten eine beliebte Form der finanziellen Absicherung von Kindern oder Witwen dar. Die Belastung der königlichen Einkünfte durch die Juros erhöhte sich von 3,2 Mill. Reales um 1500 auf 70,6 Mill. Reales um 1640. Die wiederholten Zahlungseinstellungen der Krone und die damit verbundenen Zinssenkungen entwerteten die Papiere aber seit dem Ende des 16. Jhs. drastisch, so daß dieses Kreditinstrument in der zweiten Hälfte des 17. Jhs. keine Abnehmer mehr fand. Erst unter Philipp V., zu Beginn des 18. Jhs., kam es erneut zur Emission von Juros, die zunächst mit 3 % verzinst wurden. Im Verlauf des 18. Jhs. und insbesondere im Zuge der Napoleonischen Kriege stieg die durch Juros verbriefte Schuld bis 1808 auf 1.266 Millionen Reales an, die dann nur noch mit 1⅓ % verzinst wurden. Insgesamt trat die Bedeutung der Juros als staatliche Schuldverschreibung aber hinter andere Formen staatlicher Kreditaufnahme (→Vales Reales) zurück, denn am Ende des Ancien Régime repräsentierten sie nur noch 18 % der gesamten spanischen Staatsverschuldung. *Renate Pieper*

Lit.: A. Castillo Pintado, Los juros en Castilla, Hispania 23 (1963), S. 43–70.

K

Kammergraf

Die Kammergrafen waren im mittelalterlichen Ungarn Pächter und Leiter der verschiedenen territorial getrennten Münz-, Berg- und Salzkammern (die erste Erwähnung 1211, die letzte 1557). Sie waren Privatangestellte des Königs, zugleich aber meistens Exponenten des italienischen oder des oberdeutschen Großkapitals. Ihre Aufgabe war, mit dem ihnen privatrechtlich untergebenen Personal, die Münzprägung zu besorgen, das Edelmetall (insbesondere das → Gold) und das Salz in Umlauf zu bringen. Die Münz- und Bergkammern wurden Mitte des 14. Jhs. vereinigt; die zwei Salzkammern blieben weiterhin selbständig. Die Aufgaben der Münz-, Berg- und Salzkammern hat nach 1528 allmählich die neuerrichtete königlich ungarische Kammer übernommen. Nur die Kremnitzer Kammer blieb mit ihrem Gold-, Silber- und Kupferbergbau erhalten als eine 1548 der niederösterreichischen, vom 17. Jh. an der kaiserlich-königlichen Hofkammer unterstellte staatliche Behörde, und zwar mit dem vom König ernannten Niederungarischen Oberstkammergrafen an ihrer Spitze. Das Oberstkammergrafenamt in Kremnitz, später in Schemnitz, war bis 1873 die höchste Instanz für das Bergwesen in Ungarn. Danach wurden die staatlichen Berg- und Hüttenwerke dem ungarischen Finanzministerium unterstellt.

Gusztáv Heckenast

Lit.: F. Eckhart, A fóbánya grófi hivatal szervezése, Századok 48 (1914), S. 197–213; T. A. Horváth, L. Huszár, Kamaragrófok a középkorban, Numizmatikai Közlöny 54–55 (1955/56), S. 21–33; L. Huszár, Kamaragrófok a középkorban, Numizmatikai Közlöny 64–65 (1965/66), S. 55–59; W. v. Stromer, Die ausländischen Kammergrafen der Stephanskrone unter den Königen aus den Häusern Anjou, Luxemburg und Habsburg, Exponenten des Grosskapitals, HBN 27–29 (1973–75, 1982), S. 85–106, Taf. 12–17.

Kapitalmarkt → Finanzmärkte

Karat → Feingehalt und Mark I

Karls-Pfund (pondus Caroli)

Als «Karls-Pfund» *(pondus Caroli)* wird allgemein ein angeblich von Karl dem Großen als → Grundgewicht der Münzprägung eingeführtes Pfundgewicht bezeichnet. Um 793/94 reformierte Karl das Münz-, Maß- und Gewichtswesen für das in alle Himmelsrichtungen wachsende Frankenreich. Dabei setzte er neben das römische Gewicht *(libra)* das Karlsgewicht *(pondus)*. Auf ein Münz-Pondus (408, 240 g) rechnete man 20 →Solidi (Schillinge) zu je 12 →Denaren (Pfennige) oder 240 Normdenare (1,701 g). Aus dem Pfund wurden also 240 silberne Denare zu 1,7 g geprägt. Die Grundeinheit des Gewichtswesens war eine Unze zu 16 karolingischen Denaren (27,216 g) mit ihren Vielfachen und Teilen – 16 Unzen wog das Gewichts-Pondus (435,456 g). Eng benachbart finden sich seither diese Unze neben einer römischen Unze zu 6 konstantinischen Solidi (27,2875 g) und auch zwei verschiedene *librae* zu 12 Unzen als Grundlage des europäischen Münz- und Gewichtswesens bis zur Einführung des metrischen Systems (326,592 g bzw. 327,450 g).

Die Ordnung der Welt wurde in fränkischer Zeit in festen Relationen der Dinge zueinander gedacht, ausgedrückt in Zahlen. Geld- und Wertvorstellungen waren statisch, jedoch in der Praxis im Westen und Süden des Reiches bereits weiter entwickelt als im Osten und Norden. Das *Capitulare Saxonicum* (797) setzte einen Solidus von 12 Silberdenaren (im Reich) gleich einem einjährigen Ochsen (der Sachsen) gleich 40 Scheffel Hafer oder 20 Scheffel Roggen der Nordleute *(Septemtrionales)* gleich 30 Scheffel Hafer oder 15 Scheffel Roggen der Westfalen *(Bortrini)* – Scheffel von etwa 78 l und 39 l bzw. 58 l und 29 l. Der geprägte Silberdenar verkörperte als Grundgewicht Einheit und Zahl eines bestimmten Gutes und war die Basis eines Systems konstanter Geld-Sach-Werte in der Verwaltung des Reiches (Edelmetall, Vieh, Getreide, Tuch etc.). Karls Kapitulare verklammerten unterschiedliche regionale Traditionen, sorgten für eine konstante Vergleichbarkeit *(aequalitas)* von Geld, Ware, Gut, Erträgen und Leistungen mit Hilfe der Zahl.

Für gleiche Gewichte Gold und Silber – Metall wie Münze – galt ein (Wert-Tausch-)Verhältnis von 12:1 und damit auch die →Gold-Silber-Relation als naturgegeben. Es ist der Schlüssel zum Verständnis des älteren Geldwesens, zum Zählen, Rechnen, Wiegen und Zahlen. Gold – Silber (1:12) und Denar – Solidus (1:12) standen über Relationen ganzer Zahlen in festen Gewichtsbeziehungen. Als Münze gab es nur den Pfennig, zum Wiegen aber für die gestaffelten Einheiten die zugehörigen Gewichtsstücke. In Zeiten des Übergangs im hohen Mittelalter blieben Währung und Münzgewichte mit Hilfe von Begriffen und Einheiten einer neuen Ordnung in ganzzahligen Relationen zur alten Ordnung gesichert. Dem Auftauchen benannter regionaler Einheiten im 11. Jh. (1075 «Solidi Kölner Münze») folgte das Verschwinden des *pondus Caroli* und «pfundiger» Münzen (240 Stück je Gewichtseinheit) im 12./13. Jh. Die Relationen der karolingischen Gold-Silber-Rechnung verloren jedoch ihre ordnende Funktion erst mit der Einführung einer →Parallelwährung durch die

Reichsmünzordnung von 1566. Zur gleichen Zeit erlebte England eine letzte öffentliche Diskussion über die Gold-Silber-Relation von 1:12 als der natürlichen Grundlage guten Geldes. Die Leitgewichte der karolingischen Zeit lebten darüber hinaus bis zur Einführung des metrischen Systems in den Grundgewichten der nationalen Währungen Europas unmittelbar fort. *Harald Witthöft*

Lit.: F. Leblanc, Traité historique des monnoyes de France, Paris 1690; A. Soetbeer, Geld- und Münzwesen im fränkischen Reich unter den Karolingern, Forschungen zur deutschen Geschichte, Göttingen 1866, IV, S. 241–354, VI, S. 1–112; P. Grierson, Money and Coinage under Charlemagne, W. Braunfels, H. Schnitzler (Hg.), Karl der Große, I, Düsseldorf 1965, S. 501–36; K. F. Morrison, Carolingian Coinage, New York 1967; H. Witthöft, Münzfuß, Kleingewichte, pondus Caroli und die Grundlegung des nordeuropäischen Maß- und Gewichtswesens in fränkischer Zeit, Ostfildern 1984; Ders., Die Rechnung und Zahlung mit Gold und Silber nach Zeugnissen des 6. bis 9. und 13./14. Jhs., HBN 30/32 (1976/78, 1985), S. 3–36; Ders., Maß und Gewicht im 9. Jh., VSWG 70 (1983), S. 457–82.

Karolin

Der Karolin war in seiner äußeren Gestalt eine Nachahmung des →Louis d'or, ansonsten jedoch ein Nachkömmling des →Guldens und zwar seiner bayerischen Variante, des Max d'or, mit deren Herstellung Kurfürst Max Emanuel 1715 begann. Dabei war der Max d'or als doppelter bayerischer Goldgulden weniger wert als zwei der älteren Gulden. Nach dem Regierungsantritt Karl Albrechts 1726 brachte dieser Dreifachgoldgulden aus 7,5 g Gold zum überhöhten Kurs von 10 Gulden Rechnungsmünze in den Verkehr, die nach ihm benannten Karoline. In einer Zeit währungspolitischer Orientierungslosigkeit wurde der Karolin von einer Reihe süddeutscher Reichsstände gerne übernommen und besonders während des Polnischen Erbfolgekrieges in stattlichen Mengen und unterschiedlicher Qualität geprägt, so von der Kurpfalz, Hessen-Darmstadt, Baden-Durlach, Württemberg, Brandenburg-Ansbach und Montfort. Jedoch bekämpften der Kaiser und der Regensburger Reichsprobationstag von 1737/38 die Karoline und bereiteten ihrer Ausprägung ein Ende. Noch lange liefen beschnittene und sonstwie im Wert verminderte Karoline im Reich um und belasteten den Zahlungsverkehr und die landesherrlichen Kassen. Eine Besonderheit war der in Frankfurt noch bis gegen Ende des 18. Jhs. verwendete «Wechselkarolin» zu 9 Gulden 42 Kreuzern als fiktive Verrechnungseinheit. *Konrad Schneider*

Lit.: Rittmann, S. 292f.; J. R. Wolf, Joseph Süß Oppenheimer («Jud Süß») und die Darmstädter Goldmünze, Neunhundert Jahre Geschichte der Juden in Hessen, Wiesbaden 1983, S. 215–61.

Kassenscheine

Kassenscheine oder Tresorscheine waren →Staatspapiergeld, das seit den Kriegen der Französischen Revolution von den deutschen Staaten zur Finanzierung außerordentlicher Staatsausgaben in Umlauf gebracht wurde. Die Kassenscheine waren aber keine →gesetzlichen Zahlungsmittel. Nur die öffentlichen Kassen des emittierenden Staates mußten sie als Zahlungsmittel annehmen oder auf Verlangen zum Nennbetrag in Münzgeld einlösen. Um möglichst wenig Kassenscheine zur Einlösung präsentiert zu bekommen, gaben die Staaten diese hauptsächlich in kleiner Stückelung aus, da der Anreiz zum Einlösen von Geldscheinen mit niedrigem Nennwert gering war. Während in den meisten Staaten der Kurs des Papiergeldes nur vorübergehend unter den Nennwert sank, wurde die österreichische Geld- und Finanzordnung durch die Kriege gegen das revolutionäre und das napoleonische Frankreich ruiniert. 1816 mußte das österreichische Papiergeld offiziell auf 7 % seines Nennwertes abgewertet werden. Die verbleibenden 650 Mill. fl. Papiergeld sollten von der neugegründeten →Privilegierten Österreichischen Nationalbank allmählich eingezogen und in Banknoten umgetauscht werden, die ihrerseits in Münzgeld einlösbar waren. Die Einlösung des Papiergeldes zog sich fast 50 Jahre hin.

Im Interesse eines stabilen Geldwertes verbot der Norddeutsche Bund durch Gesetz vom 16. 6. 1870 seinen Mitgliedstaaten die weitere Ausgabe von Papiergeld. Mit der Reichsgründung galt dies Verbot auch für die süddeutschen Staaten. Im Münzgesetz vom 9. 7. 1873, das die Vereinheitlichung des Münzsystems und den Übergang zur →Goldwährung in Deutschland abschloß, wurde die Einziehung des einzelstaatlichen Papiergeldes bis zum 1. 1. 1876 vorgeschrieben. Um den Einzelstaaten die Einziehung ihres Papiergeldes zu erleichtern, wurden durch das «Gesetz betr. die Ausgabe von Reichskassenscheinen» 120 Mill. Mark Reichskassenscheine geschaffen und an die Einzelstaaten entsprechend ihrer Bevölkerungszahl verteilt. Dieses Reichspapiergeld sollte das einzelstaatliche Papiergeld ersetzen. Da mit diesem Betrag nur ⅔ des einzelstaatlichen Papiergeldes eingelöst werden konnten, durfte das Reich weitere Reichskassenscheine als Vorschuß, d. h. Kredit, geben. So wurden insgesamt 174,7 Mill. Mark Reichskassenscheine emittiert. Sie waren wiederum kein gesetzliches Zahlungsmittel. Nur die öffentlichen Kassen mußten sie als Zahlungsmittel annehmen. 1913 und 1915 wurden nochmals für je 120 Mill. Mark Reichskassenscheine ausgegeben. Seit der finanziellen Mobilmachung am 4. 8. 1914 waren die Reichskassenscheine auch gesetzliche Zahlungsmittel. Sie verschwanden erst mit dem Ende der großen Inflation.

Zum Typ der Kassenscheine gehörten ebenfalls die im Ersten Weltkrieg emittierten Darlehnskassenscheine, die von den mit den Reichsbankfilialen verbundenen Reichsdarlehnskassen ausgegeben wurden. Sie befriedigten den erhöhten Kreditbedarf der Privatwirtschaft durch Lombardkredite,

Kassenschein des Deutschen Reiches über 50 Mark (1899)

trugen aber auch, da sie von der Reichsbank zur →Notendeckung verwendet werden konnten, zur Aufblähung des Geldumlaufs und damit zur →Inflation bei. *Karl Erich Born*

Lit.: A. Soetbeer, Deutsche Münz- und Bankverfassung, Erlangen 1881; K. E. Born, Der Ausbau der Reichsinstitutionen und das Notenbankproblem: Die Herstellung der Währungseinheit und die Entstehung der Reichsbank, J. Kunisch (Hg.), Bismarck und seine Zeit, Berlin 1992, S. 257–79.

Kaufkraft →Geldwert

Kaufmannsnotizbücher

Als Kaufmannsnotizbücher bezeichnet man die handschriftlichen Bücher mit Informationen über die tägliche Handelspraxis, die italienische Kaufleute im 14. und 15. Jh. entweder selbst zusammenstellten oder von den älteren Aufzeichnungen anderer Kaufleute abschrieben. Im Italienischen firmieren diese Bücher unter dem Sammelbegriff *pratiche della mercatura* (Handelspraktiken), *tariffe* (Tarife) oder *zibaldoni* (Notizbücher). Viele dieser Bücher haben junge Toskaner, vor allem Florentiner kompiliert, als sie als Faktoren in den ausländischen Niederlassungen ihrer Handelsgesellschaften (→Bank) arbeiteten. Dabei scheint das Zusammenstellen oder zumindest das Kopieren eines Notizbuches ein regulärer Teil der Kaufmannsausbildung gewesen zu sein. Für die mittelalterliche Geldgeschichte stellen die Kaufmannsnotizbücher eine erstrangige Quelle dar. Die Kaufleute in der zyprischen Filiale notierten beispielsweise, welche Münzen und welches Edelmetall nach Syrien oder Armenien geschickt werden sollte und wie es auf den dortigen Märkten bewertet wurde, und ermöglichen so dem heutigen Historiker die Rekonstruktion der →Edelmetallströme. Andere Hinweise betreffen die →Wechselkurse, die saisonalen Schwankungen der →Geldmärkte sowie die Techniken des Handels und des →Zahlungsverkehrs. *Peter Spufford*

Lit.: Spufford, Money, Kap. 6; Ders., Spätmittelalterliche Kaufmannsnotizbücher als Quelle zur Bankengeschichte, North (Hg.), Kredit, S. 103–20 (mit einer Zusammenstellung der bisher edierten Notizbücher).

Kauri →Naturalgeld

Kawertschen

Kawer(t)schen (mlat. *ca(u)vercinus, caorsinus,* afrz. *c(h)a(h)orsin,* mhd. *ka(u)(werzin)* bezeichnet christliche, vor allem landfremde Geldverleiher bzw. →Wucherer in England, Frankreich sowie in den westlichen und südlichen Reichsgebieten. Der Begriff entstand wohl mit Bezug auf die südfranzösische Stadt Cahors, die an der Wende zum 13. Jh. zu einem Handelsplatz mit internationaler Bedeutung aufstieg und deren Kaufleute sich im westlichen Mittelmeerraum und in England bis in die zweite Hälfte des 13. Jhs. behaupten konnten, bald aber zur Inkarnation des wuchertreibenden, d. h. gegen das kirchliche →Zinsverbot verstoßenden Geldhändlers wurden (Dante). Namentlich in England erlangten die hier seit 1205 nachweisbaren Cahorsins zunächst als Großkaufleute, insbesondere im Weinimport, als Zwischenhändler in London und als Hoflieferanten, aber auch schon als Finanziers des Königshauses einen beträchtlichen Einfluß, wurden damit aber zunehmend den Anfeindungen der einheimischen Kaufleute und des Adels ausgesetzt (Matthäus Paris: *Caursinorum pestis abominanda*). Obwohl ihr Geldhandel (wenigstens in England) nur eine geringe Rolle spielte, bezeichnete der Begriff auch hier bis zur Mitte des 13. Jhs. den ausländischen, besonders den aus (Ober)Italien kommenden Wucherer mit eindeutig pejorativer Konnotation: *Usurarii transalpini, quos Caursinos appellamus* (Matthäus Paris). Die rasche Verbreitung des Begriffs auf dem Kontinent stand zumindest im Norden Frankreichs, in den südlichen Niederlanden (Hennegau, Flandern, Brabant) sowie in den maasländisch-rheinischen Territorien offenkundig nicht im Zusammenhang mit dem Auftreten von Kaufleuten aus Cahors in diesen Regionen. Vielmehr wurde Kawer(t)sche/*Caorsinus* hier frühzeitig – in Trier 1227, in Ypern 1230 – zum Synonym für fremde Geldverleiher, vor allem für die piemontesischen Kaufleute, die →Lombarden, die bis zum Ende des 14. Jhs. den Geldhandel auf allen Ebenen des Wirtschaftslebens beherrschten. Gleichwohl stand die rein technische Bedeutung gegenüber dem geographischen Bezug im Vordergrund, so daß der Begriff Kawertsche den Geldwucherer schlechthin bezeichnete und insbesondere im deutschen Sprachraum die in zunehmendem Maße auftretenden einheimischen Geldverleiher einschloß. *Winfried Reichert*

Lit.: N. Denholm-Young, The merchants of Cahors, Medievalia et Humanistica 4 (1946), S. 37–44; Ph. Wolff, Le problème des Cahorsins, Annales du Midi 62 (1950), S. 229–38; C. Tihon, Aperçus sur l'établissement des Lombards dans les Pays-Bas aux XIIIe et XIVe siècles, RB 39 (1961), S. 334–64; Y. Renouard, Les Cahorsins, hommes d'affaires français au XIIIe siècle, TRHS, 5.Ser. 11 (1961), S. 43–67; M. Mollat, Usure et hérésie: les «Cahorsins» chez eux, Studi in memoria di Federigo Melis, I, Napoli 1978, S. 269–78; N. Fryde, Die Kaufleute aus Cahors im England des 13. Jhs.; North (Hg.), Kredit, S. 25–37.

Kipper- und Wipperzeit
Die Bezeichnung der weite Teile Mitteleuropas erfassenden Geldkrise der Kipper- u. Wipperzeit rührt von der illegalen Verwendung von Schnellwaagen (→Münzwaage) zum Auswiegen übergewichtiger Exemplare einer Geldsorte her. Die Geldkrise, die im Reich fast alle Reichskreise erfaßte, aber auch Böhmen und Polen, beschränkte sich vorwiegend auf die kleineren und mittleren Münzsorten. Taler- und Goldmünzen blieben beständig, obgleich der Kaiser, die Kurfürsten von Sachsen und Bayern und andere Reichsstände ebenfalls «Kippertaler» prägten, die nichts anderes waren als Vielfache des entwerteten Kleingeldes. Im Reich war die Ursache des Problems in den wohlmeinenden →Reichsmünzordnungen zu suchen, die für die kleineren Sorten (Groschen, Halbbatzen) derart hohe Münzfüße vorschrieben, die von redlich prägenden Münzherren und dann insbesondere solchen, die ihr Silber einkaufen mußten, ohne Verlust nicht eingehalten werden konnten. Weniger skrupellose Münzherren begannen bereits um 1570 mit der Verschlechterung der kleineren Sorten, gegen die Reichs- und Kreistage machtlos waren. Andererseits haben sich auch kreisausschreibende Fürsten, deren eigentliche Aufgabe eine Kontrolle des Geldwesens war, an der Geldverschlechterung beteiligt, wie in der Frühphase der Bischof von Worms und der Pfalzgraf von Simmern (Oberrheinischer Kreis) und später Kursachsen (Obersächsischer Kreis) und andere mehr. Der Großgeldumlauf, der zunehmend von niederländischen →Philippstalern und anderen niederländischen Großsilbermünzen beherrscht wurde, war hiervon nur insoweit betroffen, als die Preise dieser Nominale im Verhältnis zum Kleingeld regional verschieden stark anstiegen. Es bestanden also zwei Währungen: Für die eine konnte man auf dem Markt alles erhalten, während die andere ständig und ab 1617/19 sprunghaft entwertet wurde. Viele Prägeberechtigte, beim Kaiser angefangen, beteiligten sich jetzt an der Herstellung schlechten Geldes. Eine von Kursachsen und Braunschweig-Wolfenbüttel angewandte Methode war ein flächendeckendes Überziehen ihrer Länder mit →Heckenmünzen, eine andere das Nachahmen gängiger Sorten für den Export in Regionen, in denen diese üblich waren, so beispielhaft im kleinen Ardennenfürstentum Château-Renault. Geprägt wurden vorwiegend Groschen, von denen die braunschweig-wolfenbüttelischen durch ihre Vielfalt einschließlich der ihnen aufgeprägten Sprüche bekannt sind, →Schreckenberger bzw. Dreibätzner (12 Kreuzer), Adlerschillinge, aber auch regionale Sorten und nicht zuletzt kleine Kupfermünzen, deren Nominalbezeichnung «Flitter» bereits aufschlußreich genug ist.

Die Münzherren verfügten über gut ausgebaute Vertriebsorganisationen, die das schlechte Geld in andere Regionen transportierten und es dort gegen besseres «aufwechselten», das in die Münzstätten ihrer Auftraggeber floß, um dort in Kippermünze verwandelt zu werden. Eine allgemeine

Spekulationslust war die Folge einer solchen Entwicklung. Festbesoldete, die ihre Einkommen in solchem Geld erhielten, waren die Hauptbetroffenen, während die Erzeuger landwirtschaftlicher und gewerblicher Produkte harte Währung wie Reichs- und Philippstaler verlangen konnten. Zwar verboten dies die Obrigkeiten, konnten sich hier aber ebensowenig durchsetzen wie mit Höchstpreisverordnungen. Die Betroffenen machten ihrem Unmut mit einer reichen Flugblattliteratur Luft, deren Herkunft vorwiegend in Mitteldeutschland zu suchen ist.

Als die Landesherren erkannten, daß der von ihnen erzielte Münzgewinn nur ein scheinbarer war und sie das von ihnen emittierte Geld in Form von Steuern und Abgaben zurückerhielten, begann ab 1621 eine Umkehr: Das schlechte Kippergeld wurde verrufen, eingezogen, unter großen Kosten geschieden und zumeist in Taler und deren Teilstücke umgeprägt. Um 1624 war der Spuk vorbei.

Jedoch die Bezeichnung «Kipper- und Wipper» blieb lebendig und lebte dann wieder auf, wenn von neuem Währungsmanipulationen zu erkennen waren, so im Falle der «Zweiten Kipperzeit», die grob gesehen das letzte Drittel des 17. Jahrhunderts umfaßte (→Gulden, →Leipziger Fuß), und der Zeit der schlechten Kleingeldsorten und →Kriegssechstel um und nach 1750, die auch als «Dritte Kipperzeit» bezeichnet werden kann.

Konrad Schneider

Lit.: Die Literatur zu diesem Thema, insbesondere die regionale, ist reich, so daß hier nur eine beschränkte Auswahl geboten werden kann: J. O. Opel, Deutsche Finanznoth beim Beginn des dreißigjährigen Krieges, HZ 16 (1866), S. 213–68; G. Freytag, Der dreißigjährige Krieg. Die Kipper und Wipper und die öffentliche Meinung, Bilder aus der deutschen Vergangenheit, III, Leipzig 1898, S. 145–87, L. Behrens, Kippen und Wippen, BM 31 (1910), S. 405–10, F. Frhr. von Schrötter, Das deutsche Heckenmünzwesen im letzten Viertel des 17. Jhs., DJN 1 (1938), S. 39–106; R. Gaettens, Inflationen, München 1955, S. 74–99; Rittmann, S. 224–70; E. Holzmair, Der Umfang der österreichischen Münzprägung der Jahre 1659–1680, NZ 89 (1974), S. 51–59; K. Schneider, Frankfurt in der Kipper- u. Wipperinflation der Jahre 1619–1623, Frankfurt 1990.

Körtling

Der Körtling (= Kurzling) war eine kleine niedersächsische Groschenmünze. Als eine der ersten niedersächsischen Groschenmünzen entstand 1409 unter der Regentschaft Herzog Bernhards I. von Braunschweig-Lüneburg ein kleiner Groschen im Wert des →Sechslings des Wendischen Münzvereins. Niedersächsische Fürsten und Städte folgten. Die Körtlinge waren im Leine- und Oberwesergebiet mit Schwerpunkt Göttingen sehr beliebt und wurden hier lange geprägt, insbesondere in Göttingen, aber in der ersten Hälfte des 16. Jhs. auch von einigen nord- und mitteldeutschen Reichsständen. Die Währungsbezeichnung breitete sich im 16. und 17. Jh. auf verschiedene Nominale, auch in Westfalen, so in Ravensberg zu

6 Hellern, aus. Falsch ist jedoch die Anwendung des Begriffs auf die süddeutschen Dreier. Der Körtling wurde als Drittelstück des →Mariengroschens vollständig in dessen System integriert. *Konrad Schneider*

Lit.: v. Schrötter, S. 313, der auf mögliche frühere bislang unbekannte Körtlinge von Göttingen hinweist; B. Dorfmann, Norddeutsche Körtlinge nach Kreuzertyp, HBN 3 (1949), S. 70–80; E. Stange, Geld- und Münzgeschichte der Grafschaft Ravensburg, Münster 1951; W. Jesse, Münz- und Geldgeschichte Niedersachsens, Braunschweig 1952; B. G. Meinhardt, Münz- und Geldgeschichte der Stadt Göttingen, Göttingen 1961, bes. S. 175–80.

Kontermarkierung →Gegenstempelung

Kontokorrent

Kontokorrent (aus dem ital. *conto corrente*) oder laufende Rechnung nennt man eine Geschäftsverbindung zwischen einem Bankier und seinem Kunden (aber auch zwischen zwei Bankiers), in der die entstehenden beiderseitigen Ansprüche und Verbindlichkeiten gegeneinander aufgerechnet werden. Der Kunde eröffnet dazu beim Bankier ein Konto, auf dem er Zahlungen von Schuldnern empfängt und von dem aus er Zahlungen an Gläubiger per →Giro, mündliche oder schriftliche Anweisung (→Scheck) tätigt. Das Kontokorrent unterscheidet sich dadurch vom Sparkonto, das der sicheren Aufbewahrung und der Verzinsung eines Guthabens dient. Der Bankier, der das Konto verwaltet, fungiert als Kassierer des Kunden, indem er eingehende Zahlungen gutschreibt und aus dem Guthaben fällige Forderungen tilgt, bzw. die Guthaben bei Bedarf in Münze verwandelt. Durch seine Buchführung schafft er ein Surrogat für Edelmetall, das Bank- oder →Buchgeld. Bei gegenseitigem Vertrauen erlaubt der Bankier dem Kunden, sein Konto zu überziehen, wofür Zinsen fällig werden. Diese Überziehungskredite stellen seit dem 14. Jh. eine wichtige Form des Investitionskredits der Banken und gleichzeitig einen Beitrag der Banken zum Wachstum der →Geldmenge dar. Außerdem kann der Bankier jederzeit mit den brachliegenden Guthaben seiner Kunden arbeiten, d. h. diese gewinnbringend investieren. Obwohl die Bezeichnung *conto corrente* erstmals in Florenz im 15. Jh. belegt ist, dokumentieren die Genueser Notariatsarchive bereits für die Mitte des 12. Jhs. Zahlungen per →Giro auf ein *conto corrente*, und große Bedeutung gewann diese Form des Zahlungsverkehrs seit dem 13. Jh. in den venezianischen *banchi di scritta* (→Bank), aber auch in Genua, Barcelona oder Brügge. In diesen Städten war es üblich, Wechsel auf ein *conto corrente* zu ziehen; nach Einrichtung der städtischen Wechselbanken (→Banco di Piazza di Rialto, →Banco Giro, →Wisselbank) im ausgehenden 16. und im 17. Jh. wurde dies sogar obligatorisch. Neben dem Kontokorrent bei der städtischen Wechselbank unterhielten die Kaufleute der Frühen Neuzeit solche Konten auch beim →Wechsler, beim →Goldschmied sowie im 18. und 19. Jh. beim →Privatbankier und der →Country Bank, was den Aufstieg neuer Kreditformen und Zahlungsmittel wie des →Akzeptkredits und des →Schecks förderte. Hierfür ebenso wichtig waren die Kontokorrentbeziehungen zwischen den international tätigen Banken, die gegenseitige Forderungen verrechneten und so die Expansion des bargeldlosen Zahlungsverkehrs ermöglichten. *Reinhold C. Mueller*

Lit.: M. Spallanzani, A Note on Florentine Banking in the Renaissance: Orders of Payment and Cheques, JEEH 7 (1978), S. 145–68; R. C. Mueller, The Role of Bank Money in Venice, 1300–1500, Studi Veneziani, n. s. 3 (1979), S. 47–96; F. C. Lane, R. C. Mueller, Money and Banking in Medieval and Renaissance Venice, I, Baltimore 1985, Kap. 6; F. Melis, La banca pisana e le origini della banca moderna, Firenze 1987; siehe auch unter Scheck.

Konventionsfuß

Der Konventionsfuß war der von Österreich 1750 eingeführte neue 20-Gulden-Fuß, in dem 20 Gulden oder 10 Taler auf die Kölner →Mark gingen. Österreich versuchte dem neuen Münzfuß in Süddeutschland Verbreitung zu verschaffen und schloß dazu 1753 mit Bayern eine Konvention über die Ausprägung von 10 Talern aus der Mark, die den Talern ihren Namen Konventionstaler gab. Bereits im Jahr danach kündigte Bayern die Übereinkunft, weil es sich mit Österreich nicht über die Bewertung der neuen Taler einigen konnte und ihren Kurs auf 2 Gulden 24 Kreuzer setzte. Während Österreich bis 1856 am 20-Gulden-Fuß festhielt, rechnete Bayern durch seine Höherbewertung jetzt 24 Gulden auf das Münzgrundgewicht. Dieser Kurs setzte sich bis 1766 in weiten Teilen des Reiches durch und wurde nach dem Siebenjährigen Krieg als 24-Gulden-Fuß in Süd- und Südwestdeutschland, aber ebenfalls in West- und Mitteldeutschland übernommen. Auch einige norddeutsche Reichsstände (Oldenburg, Mecklenburg-Strelitz, Braunschweig-Wolfenbüttel, Hildesheim) prägten nach ihm und 1765 sogar Polen. Nach 1800 führte sogar noch Hannover den 24-Gulden-Fuß ein, doch zu diesem Zeitpunkt hatte er seine Bedeutung bereits verloren. Viele Konventionstaler flossen in die Levante ab; bekanntester ist der →Maria-Theresien-Taler. *Konrad Schneider*

Lit.: G. Probszt, Österreichische Münz- und Geldgeschichte, Wien 1973; Heß.

Kopeke

Die russische Münzreform von 1534 schuf mit der Novgorodka oder Kopeke (russ. Kopejka) eine Münze, die doppelt so schwer war wie die bisher geprägte Den'ga. Diese wurde seit der zweiten Hälfte des 14. Jhs. in einer Reihe von russischen Großfürsten- und Fürstentümern geprägt, ebenso in den Städten Novgorod und Pskov. Ihr ovales Aussehen resultierte aus der Prägetechnik: Gleichschwere Drahtstücke wurden plattgeschlagen und anschließend beprägt. Dieses Verfahren wurde bis in die Zeit Peters des Großen beibehalten. Die häufige deutschsprachige Bezeichnung «Tropfkopeke» ist daher falsch. Die in der Reform von 1534 entstandene Kopeke trug im Münzbild einen Reiter mit Speer (russ. kop'e), die Den'ga einen mit dem Schwert. Mit dem Moskauer →Rubel zu 100 Kopeken war die russische Währung dezimal. In der Zeit der Wirren zu Beginn des 17. Jhs. prägten die polnischen und schwedischen Besatzer ebenfalls russische Münzen, desgleichen Dänemark für den Handel sogenannte «Denninge». Eine Besonderheit in Dänemark und Schleswig-Holstein waren Zwei- und Vierschillingstücke nach dem lübischen System im Stil der Den'ga, die dort kurzfristig nach 1620 geprägt wurden.

Zar Peter der Große gab 1704 im Zuge einer grundlegenden Münzreform die dem Substanzverlust unterworfenen Silberkopeken auf und ersetzte sie durch kupferne. Der Kupfermünzfuß schwankte. Ähnlich wie bei den französischen «Reformationen» wurde das russische Kupfergeld in der zweiten Hälfte des 18. Jhs. überprägt und zu verändertem Wert wieder ausgegeben. Zeitweise wurden für Sibirien und die Moldau eigene Kopeken emittiert. *Konrad Schneider*

Lit.: v. Schrötter, S. 132, 317 f.; G. Hatz, Denninge, Zeitschrift für Ostforschung 11 (1962), S. 77–114; I. G. Spasskij, Das russische Münzsystem, Berlin 1983.

Kredit

Kredit leitet sich vom lat. *credere* (= glauben, anvertrauen) ab und bezeichnet die Hingabe eines Gutes zur Nutzung in der Gegenwart gegen den Anspruch auf Gegenleistung in der Zukunft. Kredit setzt das Vertrauen des Kreditgebers (Gläubigers) in die Leistungsfähigkeit (Zahlungsfähigkeit) bzw. -willigkeit des Kreditnehmers (Schuldners) voraus. Kredit ist nicht →Geld, vielmehr ist Geld – von Naturalkrediten abgesehen – der Gegenstand des Kredits. In der Geschichte und auch in der Gegenwart kann man Kredite nach einer Vielzahl von Kriterien unterscheiden:

1. nach der Art bzw. Technik: →Kontokorrent-, →Wechsel-, →Akzept- oder →Lombardkredite;
2. nach der Sicherheit: Personalkredit (Vertrauen in den Gläubiger) oder Realkredit (Pfandrecht auf Mobilien oder Immobilien, →Rentenkredit);
3. nach dem Gläubiger: Bankkredite (→Banken, →Sparkassen, →Hypothekenbanken) oder Privatkredite (→Warenkredite);

4. nach dem Schuldner: öffentliche Kredite (→Staatsfinanzen) und/ oder private Kredite;
5. nach der Kreditverwendung: Produktionskredite oder Konsumtivkredite;
6. nach der Befristung: kurz-, mittel- oder langfristige Kredite.

Den Historiker interessieren davon vor allem die verschiedenen Kreditarten bzw. -techniken in ihrer historischen Entwicklung, ihr Einfluß auf die Gesamtwirtschaft (Konjunktur), die sozialen Aspekte des Kredits (Gläubiger und Schuldner) sowie die Bedeutung des Kredits in der ökonomischen Theorie (→Geldtheorie). *Michael North*

Lit.: C. Föhl, Kredit (II), Handwörterbuch der Sozialwissenschaften, V, Göttingen 1965, S. 301–17; North (Hg.), Kredit.

Kreditgenossenschaft

Kreditgenossenschaften sind Gesellschaften mit nicht geschlossener Mitgliederzahl, deren Ziel es ist, mittels eines gemeinschaftlichen Geschäftsbetriebes durch Gewährung von Darlehen und Durchführung sonstiger bankmäßiger Geschäfte den Erwerb oder die Wirtschaft ihrer Mitglieder zu fördern.

Den Genossenschaften liegt der Gedanke des solidarischen «Einer für alle, alle für einen» zugrunde, d. h. die Vertretung gemeinsamer Interessen zur Lösung gemeinsamer Aufgaben. Dieser Gedanke fand um die Mitte des 19. Jhs. Eingang in das deutsche Kreditwesen und weist stark lokale Bezüge auf.

Aus Vereinen meist karitativen Charakters entwickelten sich genossenschaftliche Kreditinstitute, deren Aufgabe zunächst im wesentlichen der Linderung der Kreditnot der Bauern und Kleingewerbetreibenden galt. Bereits 1831 schlug der bayerische Medizinalrat A. Ryß in seiner Schrift *Über Viehassekuranz-Kreditanstalten* die Errichtung von Viehkreditkassen vor. Weitere frühere Formen entstanden z. B. 1844 in Berlin mit dem Centralverein für das Wohl der arbeitenden Klassen, in Bonn mit der Darlehenskasse, im Darlehensverein für Koblenz und Ehrenbreitstein oder im Kreditverein zu Dortmund. 1848 wurde in der Gemeinde Homburg vor der Höhe eine Hilfskasse zur Anschaffung von Vieh für unbemittelte Gutsbesitzer gegründet. Im gleichen Jahr wurde in Elbing die Handwerkerbank ins Leben gerufen. Sie richtete sich ebenso an die städtische Bevölkerung wie die Vorschußvereine in Cüstrin (1849) und Delitzsch (1850), die als Wohltätigkeitsvereine (1847) gegründet wurden.

Die Vorschuß-Vereine nach Franz Hermann Schulze aus Delitzsch (Volksbanken), die als Selbsthilfeeinrichtungen des gewerblichen Mittelstandes begründet wurden (die erste gewerbliche Kreditgenossenschaft

1850), betrieben im Unterschied zu den Raiffeisenbanken, die oft bis in die Gegenwart auch das Warengeschäft pflegen, ausschließlich Bankgeschäfte. Schulze-Delitzsch war es auch, der 1849 die erste Genossenschaft Deutschlands gründete, wobei es sich jedoch um eine (Rohstoff)Einkaufsgenossenschaft handelte.

Den gewerblichen Kreditgenossenschaften gelang es zunehmend, sich neben dem Privatbankbereich zu behaupten und den (vor allem kurzfristigen) Kreditbedarf der gewerblichen Wirtschaft zu tragbaren Zinssätzen zu befriedigen.

In den erwähnten ländlichen Darlehenskassenvereinen gehörten nahezu ausschließlich Landwirte zu den «Genossen». Sie waren anfänglich (um 1846/47) als Hilfsvereine für notleidende Landwirte auf dem Prinzip der Wohltätigkeit aufgebaut. Ihre Tätigkeiten, die auf die Gedanken von Friedrich Wilhelm Raiffeisen (daher Raiffeisenbanken) zurückgingen, konzentrierten sich mit Rücksicht auf den landwirtschaftlichen Produktionsprozeß auf die Gewährung von mittel- und langfristigen Krediten, wohingegen die entstehenden Volksbanken eher die kurzfristige Kreditnachfrage bedienten. Die Mittelaufbringung geschah in den frühen Hilfsvereinen dadurch, daß wohlhabende Landwirte ihre Beiträge an minder- oder unbemittelte Bauern gering- oder unverzinslich vergaben. Dabei wies der Kreditfonds ein recht begrenztes Volumen auf. Erst mit einer Verspätung von über einem Jahrzehnt gegenüber den gewerblichen entstanden durch Raiffeisen landwirtschaftliche Kreditgenossenschaften auf Selbsthilfebasis. Der 1862 in Anhausen gegründete Darlehensverein darf als erste Raiffeisengenossenschaft angesprochen werden. Neben dem genossenschaftlichen blieb jedoch auch weiterhin der Gedanke der Wohltätigkeit lebendig.

Unabhängig von Raiffeisen entstanden ab 1872 landwirtschaftliche Genossenschaften und später Kreditgenossenschaften, die auf Gedanken von Wilhelm Haas zurückgingen und strikt nach dem Selbsthilfeprinzip organisiert waren (sog. Offenbacher System). Im Laufe der Zeit glichen sich jedoch die beiden Systeme soweit an, daß sich ihre Spitzenverbände 1930 vereinigten.

Die ländlichen Kreditgenossenschaften, von denen es 1868 41 und im Jahr darauf bereits 70 gab, nahmen zahlenmäßig eine enorme Entwicklung: 1890: 1729; 1900: 9793; 1920: 18 331; 1927: 20 230. Danach ging ihre Zahl zurück. *Rolf Walter*

Lit.: Born, Geld; H. Faust, Geschichte der Genossenschaftsbewegung, Frankfurt 1977; Deutsche Bankengeschichte, 3 Bde., Frankfurt 1982–83.

Kreditmünzen → Scheidemünzen

Kreuzer

Der Kreuzer (auch Tirolino, Zwainziger, Vigintiarius) war ein Mehrfachpfennig (20 Veroneser Denare oder Berner), den Graf Meinhard II. von Tirol ab 1271/74 in Meran in Anlehnung an den voraufgegangenen Adlergroschen (Aquilino) prägen ließ (Rauhgewicht 1274 1,63 g). Die namengebende Vorderseite («Cruzaer» u.ä.) zeigt ein großes und ein um 45° versetzt daraufgelegtes kleines Kreuz (bis 1363 mit dem Namen des ersten Münzherrn), die Rückseite zeigt den Tiroler Adler. Der Münztyp wurde lange beibehalten, auch als 1363 Tirol an Habsburg fiel und 1477 die Münzstätte von Meran nach Hall überging. Die als Handelsmünzen verwendeten, massenhaft geprägten, später im Wert sinkenden Kreuzer drangen nach Oberitalien, in die Schweiz sowie besonders nach Österreich und im 16. Jh. nach Süddeutschland vor, wo sie Eingang in die regionalen Münzsysteme fanden (u.a. Baden, Württemberg), so daß sie 1551 und 1559 in die Reichsmünzordnungen aufgenommen wurden; es kam zu der in Süddeutschland nachhaltig wirksamen Festsetzung von einem Reichsgulden zu 60 Kreuzern à 4 Pfennigen. Seit 1482 gab es auch Mehrfachkreuzer unterschiedlichster Wertstufen, wobei im 17./18. Jh. besonders die 15- und 20-Kreuzer weit verbreitet waren. Die neuzeitlichen kupfernen Kreuzer waren Scheidemünzen, die in den süddeutschen und einigen mitteldeutschen Staaten bis weit in das 19. Jh., in Österreich bis 1891 geprägt wurden.
Gert Hatz

Lit.: v. Schrötter, S. 313, 324f.; B. Dorfmann, Norddeutsche Körtlinge nach Kreuzertyp, HBN 3 (1949), S. 70–80; G. Probszt, Österreichische Münz- und Geldgeschichte, Wien 1973, S. 267ff.; E. Tobler, Kreuzerprägungen in der Schweiz, Helvetische Münzenzeitung 10 (1975), S. 494–97, 529–40; 11, 1976, S. 1–10, 49–58, 97–109, 147; H. Moser et al., Tiroler Münzbuch, Innsbruck 1984, S. 45ff., passim; Schüttenhelm, S. 274ff., 437ff.; H. Rizzolli, Münzgeschichte des alttirolischen Raumes im Mittelalter, I, Bozen 1991, S. 127ff.

Kriegsfinanzierung

Als Kriegsfinanzierung wird die Aufbringung der Mittel für kriegerische Konflikte bezeichnet. Da die Kriegsausgaben bereits im Spätmittelalter die ordentlichen Einnahmen aus Domänen und Regalien überschritten (→Staatsfinanzen), griffen Fürsten und Staaten auf außerordentliche Mittel zurück. Dazu gehörten Kredite, Steuern und die Münzverschlechterung. Anleihen wurden sowohl von den eigenen Untertanen als auch von Handels- und Bankhäusern aufgenommen. Die italienischen Stadtrepubliken Florenz, Genua oder Venedig baten beispielsweise seit dem 13. Jh. ihre Bürger in Kriegszeiten mit Zwangsanleihen zur Kasse und zahlten nach Kriegsende die Schulden aus erhöhten indirekten →Steuern zurück. Als die häufigen Kriege im 14. Jh. eine schnelle Tilgung der Steuern nicht mehr zuließen, schuf man eine permanente Staatsschuld, aus der die Gläubiger regelmäßige Zinseinnahmen bezogen (→ Staatsfinanzen). Ganz andere Dimensionen erreichten die Kredite, die die europäischen Herrscher bei einheimischen wie bei internationalen Handels- und Bankhäusern aufnahmen. So ließ sich der englische König Edward III. am Vorabend des Hundertjährigen Krieges Darlehen von mehr als 1,5 Mill. Floren von den Bardi und Peruzzi aus Florenz geben, um damit Bundesgenossen zu werben. Als Edward den Schuldendienst einstellte, brachen die Bankhäuser zusammen. Dennoch hielt der Ruin der Bardi und Peruzzi später Bankhäuser wie die → Medici oder die → Fugger nicht ab, sich an der Kriegsfinanzierung Burgunds im 15. Jh. und der Spanischen Krone im 16. Jh. zu beteiligen.

→ Steuern, die im Mittelalter als außerordentliche Hilfen erbeten wurden, dienten ebenfalls der Kriegsfinanzierung. Die italienischen Stadtstaaten erhoben direkte Vermögenssteuern, wenn die Staatsschuld nicht weiter erhöht werden konnte. In Frankreich führte König Karl V. 1360 die – 20 Jahre lang zumeist als Herdsteuer – erhobene Taille ein, um aus dem Aufkommen das Lösegeld für seinen in Gefangenschaft geratenen Vater Johann II. zu bestreiten. Dagegen scheiterten in den 1420er Jahren die Bemühungen des deutschen Königs Sigismund, eine Reichskriegssteuer zur Finanzierung der Hussitenkriege zu erheben, am Widerstand der Reichsstände. Im ausgehenden 14. und 15. Jh. verfügte allein England über ein effektives Steuersystem, das ihm zusammen mit seinen Einnahmen aus dem Wollexportzoll im Hundertjährigen Krieg lange Zeit die finanzielle und militärische Überlegenheit sicherte.

England war daher auch nicht wie sein französischer Rivale auf Münzverschlechterungen bzw. → Abwertungen angewiesen. Bereits in der Anfangsphase des Kriegs versuchten die französischen Könige Philipp VI. und Johann II., durch kontinuierliche Abwertung die Kriegskosten zu bestreiten. Indem ein Münzherr bei Beibehaltung des → Nennwerts den Silbergehalt (→ Feingewicht) seiner Münzen reduzierte, konnte er aus jeder Gewichtseinheit Silber mehr neue Münzen als bisher schlagen, und damit seine Einnahmen aus der Münzprägung (→ Schlagschatz) steigern. Dabei erfreute sich der Münzherr so lange des vermeintlichen Gewinns, bis die Bevölkerung die Verschlechterung bemerkt hatte und die Preise stiegen. Wenn das der Fall war, läuteten die Münzherren wie in Frankreich von 1417 an ständig neue Abwertungsrunden ein. Erst der Druck der Stände, deren Renteneinnahmen unter der Geldentwertung dahinschmolzen, bewogen den König zur Rückkehr zur stabilen Münze. Die Wiedereroberung Frankreichs von den Engländern wurde durch die erneut eingeführte Taille finanziert, von der die adligen Ständevertreter interessanterweise befreit waren.

Michael North

In der Neuzeit führte die «militärische Revolution» (Parker) zu wachsenden, mit Feuerwaffen ausgerüsteten Massenarmeen, die zunächst für einen Feldzug aufgestellt, seit dem Dreißigjährigen Krieg aber dauernd unterhalten wurden. Die Finanzierung hielt mit der raschen Ausbildung der neuen Militärverfassung und -technik nicht Schritt. So mußten die Kriegsherren weiterhin zu außerordentlichen Mitteln greifen, bis mit der Einführung der Kontribution als ständiger Militärsteuer (im Reich 1653) regelmäßige Einkünfte zur Bezahlung der Militärmacht zur Verfügung standen.

Aufstellung und Unterhaltung der modernen Söldnerarmeen lag zunächst in der Hand privater Kriegsunternehmer: Sie warben in staatlichem Auftrag Reiter und Fußsoldaten an und zahlten ihnen Anritt- und Laufgeld für Reisekosten zum Musterplatz, Sold für den Kriegsdienst und Löhnungen für die Verpflegung. Die Kosten einer Armee ließen sich nach Mannschaftsstärke und Dauer ihrer Aktivität genau kalkulieren; die berechneten Summen mußten die Kriegsherren pünktlich und in bar auszahlen. Die meisten Staaten gerieten dabei in erhebliche Schwierigkeiten, weil ihre Finanzierung noch überwiegend domänenwirtschaftlich fundiert war und kaum Spielraum für außerordentliche, hohe Geldausgaben ließ. Nur in Ausnahmefällen konnte man auf einen angesparten Staatsschatz zurückgreifen. Kreditaufnahme war in der Regel unumgänglich: Großkredit bei den Kriegsunternehmern oder anderen Gläubigern – häufig gegen Verpfändung von Liegenschaften oder Landesteilen –, Kleinkredit oder Zwangsanleihen bei Einwohnern und Amtsträgern des Landes – ebenfalls gegen Verpfändung staatlichen Grundbesitzes oder gar von Beamtenstellen. Nur bei guten Siegesaussichten ließen sich die erforderlichen Kredite beschaffen und nur im Fall des Sieges zügig abzahlen; anderenfalls gerieten die Staatsfinanzen durch Kriegsunternehmungen sogleich in eine tiefe Krise. Den Sieg aber konnte nur eine Partei davontragen. Seit dem frühen 16. Jahrhundert gewannen Subsidien wachsende Bedeutung für die Kriegsfinanzierung: Geldzahlungen auswärtiger Mächte an Kriegsparteien, die dann als eine Art fürstlicher Kriegsunternehmer deren außenpolitische Interessen mit verfochten. Manchmal griffen die Kriegsherren zum Mittel der Münzverschlechterung, um Geld zu schöpfen. In größerem Maßstab geschah dies in der Anfangsphase des Dreißigjährigen Krieges, der Zeit der Kipper und Wipper. Wegen der damit verbundenen allgemeinen Zerrüttung des Geldwesens ließ man jedoch davon bald wieder ab.

Die Zivilbevölkerung sollte von den Aktivitäten der neuen Armeen nicht negativ betroffen sein; denn die Söldner sollten Proviant sowie benötigte Ausrüstungsgegenstände käuflich erwerben und keine Gewalt ausüben. Nur im Fall der Eroberung eines Ortes, der die Kapitulation verweigert hatte, waren Plünderung und Brandstiftung (in Geld ablösbar durch Brandschatzung) durch die Söldner zulässig. Die Wirklichkeit sah jedoch anders aus. Viele, wenn nicht gar die meisten Kriegsherren wurden schnell zahlungsunfähig; und wenn dann Sold und Löhnungen ausblieben, nahmen die Söldner gewaltsam alles, was sie brauchten, ohne Bezahlung. Waren sie verabschiedet, zogen sie in Gruppen als sogenannte gartende Knechte bewaffnet und dadurch wirksam bettelnd durch die Lande in ihre Heimat oder zum nächsten Kriegsherrn. So wurde die Zivilbevölkerung im Krieg wie im Frieden zunehmend drangsaliert und willkürlich zum Unterhalt der neuen Militärmacht gezwungen.

Die erst im Lauf des Dreißigjährigen Krieges entwickelte ordentliche Kriegsfinanzierung durch Kontributionen läßt sich auf drei Wurzeln zurückführen: 1. Militärgesetzgebung des Reiches; 2. Türkensteuerbeschlüsse des Reiches; 3. Erfahrungen in den Türkenkriegen in Ungarn.

1. Die vom Reichstag in Speyer 1570 verabschiedete Reiter- und Fußknechtbestallung, die auf Ferdinands I. Kriegsartikel von 1527 fußte, beschränkte Plünderungen auf eroberte Städte und verbot Beutezüge ebenso wie gewaltsame Eigenversorgung. Nur wenn der Sold ausblieb, mußten die Söldner ohne Bezahlung unterhalten werden; dann sollten Wirte und Lieferanten Quittungen erhalten, die später durch den Kriegspfennigmeister zu begleichen waren (Artikel 91, 92, 182). Das jedoch geschah so gut wie nie, so daß Eigenversorgung der Söldner bei ausbleibendem Sold reichsrechtlich legitimiert war.

2. Die Türkenkriege erforderten seit 1526 hohe militärische Anstrengungen des Reiches, deren Finanzierung nur durch die Erhebung außerordentlicher Steuern zu sichern war. Um die Last gerecht, das heißt nach der Leistungsfähigkeit zu verteilen, beschloß der Reichstag von Speyer 1544 einheitliche Grundsätze der Veranlagung, die im wesentlichen zu einer direkten Besteuerung von Grundbesitz führten; sie galten bis zum Ende des Reiches. Das damit eingeführte Taxationsinstrument ließ sich leicht in die Erhebung territorialer oder militärischer Steuern übernehmen.

3. Die sehr erfolgreichen türkischen Massenheere zeigten die Effektivität ihrer Finanzierung: Sie beruhte zum großen Teil auf der Einteilung des osmanischen Reiches in Unterhaltsbezirke (timar), welche eine bestimmte Zahl von Reitern oder Fußsoldaten auszurüsten und zu besolden hatten. Die habsburgischen Truppen ahmten dieses System nach.

Wegen mangelhafter Zahlungsfähigkeit der Kriegsherren setzten die großen Armeen im Dreißigjährigen Krieg das Prinzip *bellum se ipse alet* («Der Krieg ernährt den Krieg») in zwei Stufen durch: Zunächst wurden die Unterhaltungskosten, sodann auch die Besoldungen auf die besetzten – möglichst feindlichen – Gebiete abgewälzt. Ersteres ist 1623 im obersächsischen Reichskreis belegt, der laut Kreistagsbeschluß zur Verteidigung aufgestellte eigene Truppen bei den eigenen Untertanen einquartierte. Mit sogenannten Ordonnanzen wurden die täglichen Rationen an Proviant für die Soldaten sowie an Hafer, Heu und Stroh für die Pferde auf Wochen- und Monatsbedarfe hochgerechnet, welche die in Kontributionsbezirke zusammengefaßten Städte und Ämter für festgelegte Truppenkontingente liefern mußten. Die Soldaten waren in der Regel in den Haushalten einquartiert und erhielten dort ihre tägliche Verpflegung; zusätzlich hatte der Hauswirt ihnen Servisgeld (für Brennholz, Licht und Salz) zu zahlen. Für die gerechte Verteilung der gesamten Lasten hatten in den Städten die Magistrate, auf dem Land Beamte in Zusammenarbeit mit Vertretern der Dorfgemeinden zu sorgen. Sie bedienten sich dabei der durch die Türkensteuern eingeführten Steuerverfassung und ihrem Erhebungsmodus. Für die Sammlung und Verteilung des erforderlichen Getreides entstanden zum Teil besondere Magazine. Handelte es sich hier um den Unterhalt der Armee im eigenen Land, der wie eine Sondersteuer von den Ständen bewilligt worden war, so wandte Tilly ebenfalls 1623 das gleiche System in Hersfeld auf besetztes Feindesland an und verlangte die nach einer Ordonnanz nötigen Naturalien oder eine entsprechende Ablösesumme in Geld, dazu Servisgeld. Seine überhöhten Forderungen trieb er mit militärischer Gewalt ein und dachte nicht an Rückzahlung.

Wallenstein erhielt in seiner Instruktion von 1625 die Befugnis, «in den eroberten Ortern und Landschaften zur Erhaltung der Soldatesca leidliche Contributiones und Anlagen zu machen», sollte aber ohne kaiserlichen Befehl «keine Städte noch Landschaften brandschätzen oder Geld mit Gewalt abpressen» (Quellen, S. 92). Dennoch tat er es, weil Zahlungen des Kaisers für Sold ausblieben, ja seine Ordonnanz von 1625 schloß die Kosten der Besoldung ausdrücklich ein, und später verlangte er auch die Erstattung der Aufstellungskosten (Anritt- und Laufgeld, 1. Monatssold) seiner Armee von den besetzten Gebieten. Nach diesen Grundsätzen suchten in der Folge alle Kriegsparteien ihre Armeen zu finanzieren – am spektakulärsten Schweden. Dabei vermied man es möglichst, die Wirtschaftskraft der besetzten Gebiete ganz zu zerstören, sondern teilte sie in Kontributionsbezirke ein, die – auch unter Mitwirkung der betroffenen Kommunen – zur Leistung veranlagt und zu maximalen Beiträgen zur Kriegsfinanzierung herangezogen wurden; dabei war der Einsatz von Gewalt durch militärische Exekution üblich. Oft ließen sich die geforderten Summen nur durch Kreditaufnahme bereitstellen; damit begann die weit bis ins 18. Jahrhundert reichende hohe Verschuldung insbesondere der Städte. Die betroffenen Länder gerieten schließlich in den Ruin. Die Bevölkerungsverluste des Krieges sind ein klarer Beleg dafür; und Martin Opitz klagte berechtigt, «es ist kein tieffere See, welche das Geld so hauffenweise verschlinge» wie der Krieg (zit. nach Stolleis).

Nach dem Westfälischen Frieden 1648 behielten viele Territorien als sogenannte «Armierte Stände» ihre stehenden Heere und nahmen sie nun in staatliche Regie, weil das private Kriegsunternehmertum zu unerträglichen Mißständen geführt hatte. Die Finanzierung blieb jedoch zwischen Fürsten und Landtagen strittig, bis der «Jüngste Reichs-Abschied» 1654 festlegte, die Stände hätten zum Unterhalt der Garnisonen beizutragen, was allgemein als Pflicht zur Bewilligung der Kontribution für das stehende Heer galt. So wurde praktisch im gesamten Reich die Kontribution als ordentliche Steuer zur Finanzierung des Militärs eingeführt, die bis ins 19. Jahrhundert gültig blieb. Sie konnte als direkte Grundsteuer oder indirekte Verbrauchssteuer – Akzise in Brandenburg-Preußen – erhoben werden. Ihre Höhe erreichte oder überstieg die überkommenen staatlichen Abgaben und brachte eine erhebliche Mehrbelastung für die Bevölkerung mit sich.

Hoffnungen auf einen langen Frieden nach dem Dreißigjährigen Krieg erfüllten sich nicht. Vielmehr versetzte die regelmäßige Finanzierung des Militärs die Staaten in die Lage, jeden Konflikt mit Gewalt auszutragen. Weitreichende Bündnissysteme führten zur Eskalation kriegerischer Handlungen: Die Zahl der beteiligten Soldaten wuchs ebenso wie die Dauer der Feldzüge. Dagegen hielten sich militärtechnische Neuerungen in Grenzen. Auch die Instrumente der Kriegsfinanzierung wandelten sich nicht wesentlich: Staatsschatz, Kredite, Subsidien, Sondersteuern, Geldschöpfung durch Münzverschlechterung. Eine Befolgung des Prinzips «Der Krieg ernährt den Krieg» suchte man weitgehend zu vermeiden, bezahlte die Truppen aus der eigenen Kriegskasse und versorgte sie aus besonderen Magazinen. Außerordentliche Kontribution wurde zwar in besetzten feindlichen Gebieten erhoben, aber sie traf die Bevölkerung nicht mehr so hart wie im Dreißigjährigen Krieg. Preußen konnte noch in den Schlesischen Kriegen auf seinen Staatsschatz zurückgreifen und befand sich damit in erheblich besserer Ausgangslage als seine Gegner. Kredite – sowohl Zwangsanleihen bei den eigenen Untertanen wie auf dem internationalen Kapitalmarkt aufgenommene Darlehen – deckten häufig den größten Teil der Kriegskosten. Um den Kredit der Habsburger Monarchie zu verbessern, wurde 1706 – mitten im Spanischen Erbfolgekrieg – die Wiener Stadtbank gegründet. Für den Kapitaldienst wollte man neue Einnahmequellen erschließen: in Österreich ein staatliches Tabak- und Salzmonopol, in Preußen ein Tabak- und Kaffeemonopol, eine Lotterie und zeitweise Verpachtung von Steuern und Zöllen. Die größten Subsidienzahler im 18. Jh. waren England und Frankreich, die bekanntesten Empfängerstaaten Preußen im Siebenjährigen Krieg und Hessen-Kassel im Amerikanischen Unabhängigkeitskrieg. Direkte wie indirekte Sondersteuern sollten überall die Kriegsfinanzen aufbessern; in Österreich hatte die Geistlichkeit ein *subsidium ecclesiasticum* zu leisten. Verschlechterung der Münze durch Verringerung des Edelmetallgehaltes der Großmünzen sowie Ausbringen großer Mengen Scheidemünze vermehrten die Geldmenge und brachten damit kurzfristig Erleichterung. Von diesem Mittel machte insbesondere Preußen im Siebenjährigen Krieg Gebrauch. Österreich ging bereits 1762 noch einen Schritt weiter und gab →Papiergeld – 12 Millionen Gulden in Banco-Zetteln –

aus; Preußen war dazu erst 1805 mit der Ausgabe seiner Tresorscheine gezwungen. Der Finanzbedarf der Revolutionskriege und der Napoleonischen Kriege sprengte schließlich den Rahmen der frühneuzeitlichen Kriegsfinanzierung. Über Privatbankiers wurden vor allem in Großbritannien, aber auch auf dem Kontinent Staatsanleihen zur Finanzierung der Kriegsausgaben aufgenommen. Die Staatsverschuldung stieg überall ins Unermeßliche und führte beispielsweise in Österreich 1811 zum teilweisen Staatsbankrott, dem Preußen mit Not entging. Für die Sanierung der Staatsfinanzen bedurfte es eines neuen Steuersystems, dessen Einführung sich aber mit der Repräsentationsfrage verband. Deshalb gelang es im 19. Jh. allein Großbritannien, die Hälfte (Krimkrieg) bis ein Drittel (Burenkrieg) der Kriegsausgaben durch Steuereinnahmen zu decken, während Frankreich alle seine Kriege durch Schuldenaufnahme finanzierte.

Kersten Krüger

Lit.: M. Ritter, Das Kontributionssystem Wallensteins, HZ 90 (1903), S. 193–249; W. Sombart, Krieg und Kapitalismus, München 1913; E. Russell, The Societies of the Bardi and the Peruzzi and their Dealings with Edward III, 1327–45, G. Unwin (Hg.), Finance and Trade under Edward III, Manchester 1918, Ndr. London 1962, S. 93–135; F. Redlich, De Praeda Militari. Looting and Booty 1500–1815, Wiesbaden 1956; Ders., The German Military Enterpriser and his Work Force, Wiesbaden 1964; E. Klein, Geschichte der öffentlichen Finanzen in Deutschland, Wiesbaden 1974; W. Schulze, Reich und Türkengefahr im späten 16. Jh., München 1978; E. Isemann, Reichsfinanzen und Reichssteuern im 15. Jh., Zeitschrift für Historische Forschung 7 (1980); K.-R. Böhme, Schwedische Finanzbürokratie und Kriegsführung 1611–1721, G. Rystad (Hg.), Europe and Scandinavia, Lund 1983, S. 51–58; M. Stolleis, Pecunia nervus rerum. Zur Staatsfinanzierung der frühen Neuzeit, Frankfurt 1983; K. Krüger, Schwedische und dänische Kriegsfinanzierung im Dreißigjährigen Krieg bis 1635, K. Repgen (Hg.), Krieg und Politik 1618–1648, München 1988, S. 275–98; Spufford, Münzverschlechterung; G. Parker, Die militärische Revolution. Die Kriegskunst und der Aufstieg des Westens 1500–1800, Frankfurt 1990; L. Neal, The Rise of Financial Capitalism, Cambridge 1990.

Kriegsschatz → Kriegsfinanzierung und Julius-Turm

Kriegssechstel

Das nach dem Kriegsgeld des Siebenjährigen Krieges benannte Nominal gehörte als Fünfzehnkreuzerstück seit 1659 (Zweite → Kipperzeit) als fester Bestandteil zum deutschen Geldumlauf. Im 18. Jh. ruhte seine Prägung außerhalb Bayerns und Österreichs zunächst weitgehend, während Dreißigkreuzer unter anderem von Bayern, Baden und Württemberg bis um 1735 geprägt wurden. Die weitere und zunächst unkontrollierbare Geldverschlechterung des 18. Jhs. führte bald nach der Jahrhundertmitte zur

Prägung von Sechsteltalern nach preußischem Vor- und Münzbild auch anderswo (z. B. in Wied-Neuwied und Brandenburg-Bayreuth 1752, Sayn-Altenkirchen 1755). Mit dem Ausbruch des auch finanzpolitisch von Preußen vorbereiteten Siebenjährigen Krieges, dem 1755 mit der Verpachtung der preußischen Münzstätten an jüdische Firmen die Kommerzialisierung des Münzwesens in Preußen vorausgegangen war, entwickelte sich die Ausprägung von Kriegssechsteln schnell fort (→Kriegsfinanzierung). Doch es waren nicht nur Preußen und die entweder von ihm und seinen Münzunternehmern abhängigen oder mit ihm verbündeten Regierungen von Anhalt-Bernburg und -Zerbst, Mecklenburg-Schwerin und -Strelitz, Holstein-Plön und Braunschweig-Wolfenbüttel, die ebenso wie die von Preußen besetzte Münzstätte Leipzig Kriegsgeld prägten, sondern auch die Gegenseite, zu der Schweden mit seiner pommerschen Münzstätte Stralsund gehörte. Zahlreiche Münzstätten um Frankfurt, die von Frankfurter Bankiers mit Edelmetall beliefert wurden, prägten in deren Auftrag ebenfalls Kriegssechstel: die Münzstätten der Regenten von Fulda, Wied-Neuwied und -Runkel, Kurtrier, Sayn-Altenkirchen, Pfalz-Zweibrücken und Hessen-Hanau-Lichtenberg. Ferner beteiligten sich an der Kriegsgeldprägung Württemberg, die Brandenburger Markgrafen in Ansbach und Bayreuth, Montfort, Sachsen-Hildburghausen und die Reichsstadt Dortmund. Geprägt wurden in erster Linie Sechsteltaler, aber auch Drittel und Zwölftel sowie regionale Werte. Haupthandelsplätze für das Kriegsgeld waren Frankfurt, das ab 1759 französisch besetzt war und die Truppen des Kaisers und seiner Verbündeten belieferte, sowie Hamburg und Bremen, wo britische Subsidien in Kriegsgeld jeder Art umgewechselt wurden. Das kaiserliche Mandat vom 13. August 1759 und die hierauf in Frankfurt eingesetzten kaiserlichen und kurrheinischen Kommissionen bereiteten 1760 in Süd- und Westdeutschland dem Kriegsgeldgeschäft ein schnelles Ende. In Preußen sowie im sonstigen Norddeutschland geschah dies erst mit der Rückkehr Preußens zum →Graumannschen Fuß 1764.

Konrad Schneider

Lit.: F. Frhr. von Schrötter, Das preußische Münzwesen im 18. Jh. Münzgeschichtlicher Teil, III, Berlin 1910; Ders., Über den Münzhandel in Frankfurt am Main während des Siebenjährigen Krieges, ZfN 33 (1922), S. 260–73; K. Schneider, Zum Geldhandel in Hamburg während des Siebenjährigen Krieges, ZHG 69 (1983), S. 61–82.

Krone

Der Name Krone (frz. Couronne, engl. Crown) bezeichnet verschiedene europäische Gold- und Silbermünzen. Die Goldkrone (Couronne d'or, →Ecu d'or au soleil) war eine französische mittelalterliche Goldmünze, die nach 1385, unter Philipp VI., zum ersten Mal mit 5,44 g Feingewicht geprägt, dann im Gewicht reduziert und 1474/75 vom Ecu d'or au soleil

(Sonnenkrone) abgelöst wurde. In den südlichen Niederlanden wurde der als →Handelsmünze wichtig gewordene Ecu d'or au soleil nach 1540 nachgeprägt und Couronne d'or au soleil oder Zonnekroon genannt und bis zur Mitte des 17. Jhs. geprägt, aber auch von Lüttich, Cambrai und nordniederländischen Herren sowie in der Schweiz und Italien übernommen. England führte die goldene Crown zu 5 Schilling mit 2,85 g Gold 1526 ein, verringerte sie bald und ersetzte sie 1663 durch die →Guinea.

Die Silberkrone oder Crown war die erste englische Großsilbermünze, die von 1551 an zu 5 Schilling geprägt wurde. Nach vorübergehender Prägung bis 1554 wurde die Crown mit einem Feingewicht von zunächst 28,55 g seit Beginn des 17. Jhs. häufiger geprägt, bis 1920 aus Silber. Mit der Einführung der reinen Goldwährung im Vereinigten Königreich 1816 verfiel sie zur →Scheidemünze und wog 26,16 g fein.

Im Jahr 1618 begann Christian IV. von Dänemark mit der Prägung einer «Corona Danica» nach britischem Vorbild, deren →Schlagschatz er spekulativ nutzen wollte und daher weit überbewertete. Die neue Münze sollte 1 ½ Speziestaler wert sein, entsprach aber nur 1 ⅓, so daß die Krone 1625 reduziert werden mußte und ihre Bedeutung verlor, nicht jedoch ihr Halbstück zu ⅔ Speziestaler bzw. zu 4 →Mark dänisch, das den deutschen →Gulden einschließlich den hamburgisch-lübischen →Zweimarkstücken im Wert entsprach und bis weit ins 18. Jh. in Dänemark und Norwegen geprägt wurde. Zuletzt sind die Goldkronen des 19. Jhs. zu erwähnen. Auf der →Wiener Münzkonferenz von 1856/57 wurde eine «Vereinsgoldmünze» zu 1/50 des Zollpfundes mit der Bezeichnung Krone geschaffen, die jedoch als Handelsmünze keinen Erfolg hatte und nur in Bremen mit seiner rund 100 Jahre alten Goldwährung →gesetzliches Zahlungsmittel wurde. Das goldene 10-Mark-Stück des Deutschen Reiches wurde offiziell auch Krone genannt. Als die Staaten Nordeuropas nach 1870 zur →Goldwährung übergingen, nannten sie ihre Währungsmünze ebenfalls Krone. *Konrad Schneider*

Lit.: v. Schrötter, S. 113–116, 170f., 328; A. Nielsen, Specier, Kroner, Kurant, 1671–1726, Kopenhagen 1907; A. Delmonte, Le Bénélux d'or, Amsterdam 1964; Heß, S. 103 ff.

Kronentaler

Der Kronentaler war eine burgundisch-niederländische Talermünze. In den Österreichischen Niederlanden wurden nach der Münzreform von 1755 Kronentaler bis 1797 als ein neues Talernominal mit einem Feingewicht von 25,9 g geprägt. Sie lösten hier die Brabanter →Dukatone ab und trugen mit dem Burgunderkreuz das traditionelle Münzbild des →Patagons. In der Zeit der Koalitionskriege prägten die habsburgischen Münzstätten zur →Kriegsfinanzierung Kronentaler in großer Menge. Gegen

Ende des 18. Jhs. begannen die von Habsburg nur bis 1800 geprägten Kronentaler, die Konventionstaler (→Konventionsfuß) insbesondere in West- und Süddeutschland aus dem Umlauf zu verdrängen. Sie hatten auf österreichischen Druck hin einen Kurs von 2 fl. 42 Kr. und waren damit rund 2 % überbewertet. Im frühen 19. Jh. gaben die süddeutschen Staaten die Prägung von Konventionstalern auf und gingen zum Kronentaler über, dessen in Süddeutschland schwankender Fuß bei rund 24 ½ Gulden lag. Die im Umlauf befindlichen österreichischen Kronentaler, insbesondere jedoch die in Süddeutschland nicht geprägten, wohl aber benötigten Halb- und Viertelstücke, hatten durch Abrieb, aber auch durch Beschneiden und Ausbohren stark an Substanz verloren und trugen damit zur allgemeinen süddeutschen Währungsmisere der Zeit vor Abschluß des →Münchener Münzvertrages 1837 bei. Die Münchener Münzkonferenz übernahm den jetzt auf 24 ½ Gulden festgelegten Kronentalerfuß für ihre →Gulden, so daß dieser Fuß bis zur Reichsgründung in Kraft blieb. Zugleich demonetisierte sie die Kronentalerteilstücke. Bei Einführung der Reichswährung waren immerhin noch so viele Kronentaler im Umlauf, daß ihre Einwechslung geregelt werden mußte. *Konrad Schneider*

Lit.: Heß, S. 156–58, Rittmann, S. 463–76.

Kupellation →Probierkunde

Kupfer

Kupfer (lat. *cuprum,* Cu) ist ein rötlich glänzendes, zähes, dehnbares, ziemlich weiches Schwermetall; spez. Gew. 8,9, Schmelzpunkt 1083 °C, Siedepunkt 2595 °C. Als einziges unter den Buntmetallen gesellt es sich dauerhaft den Münzmetallen →Gold und →Silber zu. Obwohl Kupfer in der Natur auch in gediegener Form vorkommt, überwiegen seine mineralischen Verbindungen bei weitem. In jedem Fall sind diese Erze in den Lagerstätten innig mit taubem Gestein verwachsen, müssen also bergmännisch gefördert werden. Vor Ort gewinnt man demnach feste Gemenge aus einem oder mehreren Kupfermineralen mit kupferfreiem Gestein und nicht selten weitere, vor allem eisenhaltige Minerale. Meistens enthalten die Kupfererzlagerstätten «oxidische» und «sulfidische» Kupferminerale. Letztere bevorzugen die Schwefelverbindung und bilden die Basis der primären Kupfererzvorkommen. Im Bereich des Grundwasserspiegels entstanden aus ihnen unter Einwirkung von Luftsauerstoff sowie sauren und basischen Sickerwässern oftmals lokale Anreicherungen von oxidischen Kupfermineralen. Gegenüber dem primären Erz im Erzgang weisen diese sekundären Erze nicht nur einen höheren Kupfergehalt, sondern auch einen geringeren Eisen-, Schwefel- und oft auch Arsen- und Antimongehalt auf. Diese Umstände erklären die Anziehungskraft derartiger Vorkommen auf die frühen Berg- und Hüttenleute, die bei ihrer Erzsuche im «Eisernen Hut» ein untrügliches Indiz dafür besaßen. Die Umsetzungsvorgänge nämlich, die zur Kupferanreicherung in der unteren Schicht der Oxidationszone führten, bewirkten zugleich auch eine Eisenanreicherung in deren oberer Schicht. Die Entscheidung für den Erzabbau hing auch davon ab, welche Metalle noch mit dem Kupfer vergesellschaftet waren und hüttenmäßig isoliert werden konnten. Zu solchen erwünschten Kuppelprodukten zählten insbesondere das →Silber-Bleiglanz (PbS; →Blei) und Zinkblende (ZnS).

Für die Herstellung von Geräten und Münzmetall ist Bronze die am meisten verwendete Kupferlegierung. Sie besteht aus Mischungen von 80–95 % Kupfer und 20–50 % Zinn, dessen Zusatz Kupfer gießbarer und härter macht.

Obwohl die spanische Silber- und Kupferproduktion auch unter maurischer Herrschaft von erheblicher Bedeutung war, verlagerte sich das Schwergewicht der europäischen Kupfererzeugung seit dem 10. Jh. nach Zentraleuropa. Mit den ersten schriftlichen Zeugnissen ab 968 n.Chr. trat der Unterharzer Kupfer- und Bleibergbau am Rammelsberg bei Goslar in eine Wachstumsphase ein, wobei der Silbergehalt dieses Vorkommen besonders attraktiv machte. An der Wende vom 12. zum 13. Jh. wurde der Kupferbergbau bei Massa Marittima in der Toskana wieder aufgenommen und das reiche Kupferschiefervorkommen der Mansfelder Mulde ebenso erschlossen wie das mittelschwedische Kupfererzvorkommen von Falun. Fränkische und dann sächsische Bergleute beuteten die reichen Lagerstätten silberhaltiger Kupfererze an den Südhängen der Niederen Tatra aus. Hinzu kamen die Funde zu Kupferberg/Schlesien, Kuttenberg und Graslitz, in Stadtberge (Marsberg) und im Oberharz. Der Abbau dieser Vorkommen trat seit Ende des 13. Jhs. wegen technischer Probleme bei Entwässerung bzw. Bewetterung und/oder Kapitalmangel in eine kritische Phase ein, welche durch die großen Pestzüge seit Mitte des 14. Jhs. endgültig in einen hundertjährigen Niedergang, ja Stillstand mündete. Das führte am Anfang des 15. Jhs. zu einem fühlbaren Mangel bei den Münzmetallen Silber und Kupfer (→Edelmetallknappheit).

Mit dem Auffinden der stark silberhaltigen Fahlerze des Falkenstein bei Schwaz/Tirol um 1410/20 und der großbetrieblichen Nutzung des →Seigerverfahrens im Nürnberger Raum ab 1450 setzte um 1460 eine Montankonjunktur ein, die eine mitreißende Wirkung auf den →Silber- und →Bleibergbau ausübte. Die Einführung des →Abdarrverfahrens in den Schmelzhütten der Nordtiroler Reviere um 1480/85 gestattete – bei wachsender Erzeugung – eine erheblich günstigere Nutzung der Fahlerze. Die Garkupfer- und Silberproduktion der vorrangig mit Nürnberger Kapital ab 1461 am Thüringer Wald errichteten Seigerhütten samt dem von ihnen verarbeiteten Rohkupfer aus dem Mansfelder Revier stieg ebenfalls. Dazu traten im letzten Drittel des 15. Jhs. weitere Vorkommen: Kufstein, Kitzbühel (Jochberg), Rattenberg und Prettau in Tirol; Kuttenberg in Böhmen; auch im Erzgebirge stieß man immer wieder auf Kupfererz. Insgesamt fanden diese Kupfermengen Absatz bei den kupfer-, bronze- und messingverarbeitenden Gewerben Nürnbergs, Braunschweigs, Aachens und Mailands; Kupfer floß über Venedig in die Levante und verteilte sich über Antwerpen in ganz Nord- und Westeuropa, wurde überall auch in den Münzstätten verbraucht. Die wachsende Nachfrage Portugals, insbesondere nach Messingwaren für den Afrikahandel, ließ die Firma →Fugger 1494 nach den ungarischen Kupfergruben Neusohls greifen, deren Ausbringung massiv steigern und nach Erreichen Indiens die Kupferströme von Venedig nach Antwerpen umlenken. Das alles mündete 1510/15 in einer Überproduktionskrise. Danach war die portugiesische Nachfrage fester Bestandteil im Kalkül der Kupferanbieter. Erzeugt in deutschen Kupferhütten, liefen z. B. im heutigen Nigeria die Kopoho-Manillas im Gewicht von 250 g je Stück als Zahlungsmittel um (bis 1948).

Obwohl in Rude bei Samobor/Kroatien und ab 1540 am Röhrerbühel neue Kupferbergwerke aufgetan wurden, fiel die europäische Kupfererzeugung seit Ende der zwanziger Jahre des 16. Jhs. ständig. Zwischen 1540 und 1570 verdoppelte sich der Kupferpreis und signalisierte um 1620 eine nochmalige Verdoppelung. Diese Entwicklung reizte im letzten Drittel des 16. Jhs. zu neuen und erfolgreichen Investitionen im Kupferbergbau in Cornwall und Cumberland, in den Vogesen, in Großarl und in Radmer an der Hasel sowie in Schweden. Damit wurden in diesen Jahrzehnten knapp 50 % des europäischen Kupfers im Ostalpenraum gewonnen, während die schwedische Erzeugung Hamburg und Amsterdam zu zentralen Absatzplätzen in Nordwesteuropa werden ließ. Im Windschatten der enormen schwedischen Produktion im 17. Jh. traten ab 1630 norwegische Kupferbergwerke zu Kvikne und später zu Røros bei Trondheim auf den Plan. Während starker Einbrüche der schwedischen Erzeugung holte man japanisches Kupfer über Amsterdam auf den europäischen Markt. China kam als Kupferlieferant nicht in Frage. Obwohl es in manchen Phasen seiner Geschichte durchaus ein Großerzeuger an Kupfer war, verbrauchte es diese Mengen im eigenen Lande, insbesondere für die Herstellung von Käschmünzen. Das sind kleine Münzen mit einem quadratischen Loch in der Mitte zum Aufziehen auf Schnüre und zur Barzahlung bestimmt (engl. *to cash*), welche bis zur Ming-Zeit (1368–1644) aus Bronze und danach aus Messing waren.

Am Ende des 17. Jahrhunderts wurde das Mansfelder Vorkommen erneut und bis heute genutzt. Kupfer aus dem Ural und Kaukasus lieferte das Zarenreich im 18. Jh; wichtiger aber wurden die Vorkommen von Wales,

Cornwall und der Insel Anglesea, welche Großbritannien bis zum Ende des 18. Jhs. an die Spitze der Kupfererzeuger brachten. Die Neuaufnahme des uralten Kupferbergbaus vom Rio Tinto in Südspanien ab 1727 ließ dieses Revier erst Ende des 19. Jhs. für kurze Zeit eine Spitzenposition einnehmen. Im Laufe dieses Jahrhunderts wurden die überseeischen Kupfererzvorkommen immer wichtiger: in den USA ab 1846 Copper-Harbor am Oberen See in Michigan, 1883 die Anaconda-Grube in Montana, dann Vorkommen in Arizona, Colorado und der Tagebau in Bingham/Utah; in Kanada ab 1886 Sudbury/Ontario. Hinzu kamen die bedeutenden Vorkommen Chiles, Perus und Australiens. In Afrika begann der Kupferbergbau der Moderne mit den Vorkommen am Oranjefluß in Südafrika ab 1845 und erreichte seit den zwanziger Jahren des 20. Jhs. die weltweit größten Vorkommen im heutigen Zaire und Zambia. Die traditionellen Kupferverwender verschwanden im Zuge der Industrialisierung rasch; an ihre Stelle trat bei zahlenmäßig gewaltig höherem Verbrauch zuerst die Elektro- und später die Automobilbranche. *Ekkehard Westermann*

Lit.: H. Knoblich, Der Kupfer-Weltmarkt, Nürnberg 1962; J. Vlachovič, Slovenská med' v 16. a 17. storočí, Bratislava 1964; Bertil Boëthius, Kopparbergslagan fram till 1570-talets genombrott. Uppkomst, Medeltid, tidig vasatid, Uppsala 1965; H. Kellenbenz (Hg.), Schwerpunkte der Kupferproduktion und des Kupferhandels in Europa 1500–1650, Köln 1977; E. Westermann, Zur Silber- und Kupferproduktion Mitteleuropas vom 15. bis zum frühen 17. Jh. Über Bedeutung und Rangfolge der Reviere von Schwaz, Mansfeld und Neusohl, Der Anschnitt 38 (1986) S. 187–211; L. Suhling, Vom Erz zum Metall. Zur Montangeschichte des technisch wichtigsten Buntmetalls, C. Kleinert (Hg.), Der Schlag, der in den Ohren schallt. Zur Geschichte der Kupfergewinnung und Kupferverarbeitung, Hagen 1990 S. 27–72.

Kurant

Als Kurantmünze (von franz. *courant* = laufend) oder -geld bezeichnet man die vollwichtig ausgeprägte Landesmünze, bei der →Nenn- und Metallwert übereinstimmten (Grob-Kurant). Dieses Geld wurde von staatlichen Stellen ausgegeben. Kam der Staat seiner «Verpflichtung» zur vollwertigen Ausprägung nicht nach, so konnte eine bereits vorhandene oder zu diesem Zweck eigens gegründete Bank ein sog. Bank(o)geld in fixer Relation zur ortsüblichen Gewichtseinheit Edelmetall einführen. Die fortwährende Münzverschlechterung hatte sich nämlich seit dem Mittelalter im alltäglichen Verkehr dadurch bemerkbar gemacht, daß immer mehr kurante Münzen notwendig waren, um den Wert einer Gewichtsmark Silber zu repräsentieren. In der gewöhnlich nicht ausgeprägten Bankowährung erfolgten dann im Großhandel Zahlungen durch Anweisung auf das Konto des jeweiligen Geschäftspartners am Ort oder im internationalen →Zahlungsverkehr durch →Wechsel. Grundlage für die Stabilität der Bankowährung war eine vollständige Deckung durch Edelmetalldeposita,

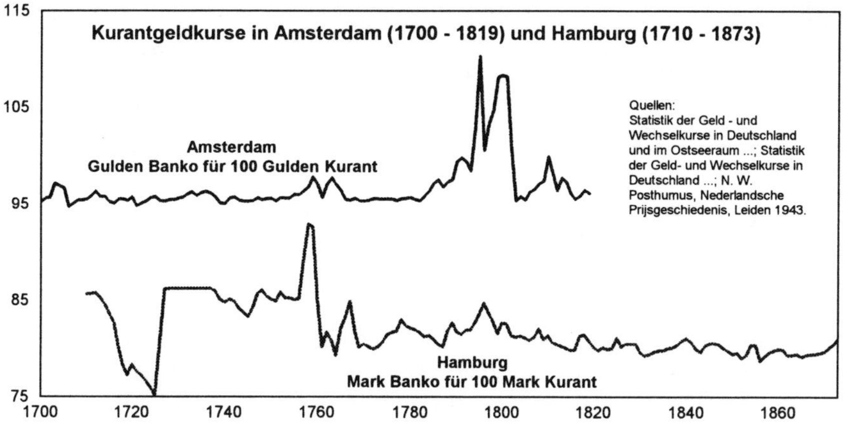

vollwichtige Münzen oder Barren. Mit der Einführung einer stabilen Umlaufswährung von staatlicher Seite (→Währungspolitik) verlor das autonome Bankogeld seine Notwendigkeit für den →Zahlungsverkehr und wurde aufgrund politischer Entscheidungen abgeschafft.

Wichtige Bankowährungen in Europa:

1. Lira Banco der Casa di San Giorgio in Genua (bis 1826, Gegenwert von 4,67 g Feinsilber in Kurantmünzen);
2. Ducato Banco in Venedig (1587–1806 Banco della Piazza di Rialto, Banco Giro);
3. Gulden Banko in den Niederlanden (1609–1806/16, Gegenwert von 9,59 g Feinsilber in Kurantmünzen; Vorbild: Schwerer →Reichstaler nach deutschem →Münzfuß von 1586 zu 45 →Stüber; 1659 feste Relation von 48:50 zwischen Gulden Banko und Gulden Kurant);
4. Mark Banko in Hamburg (1619–1873, Gegenwert von 8,66 g Feinsilber in Kurantmünzen);
5. Reichstaler Banko in Schweden (1661–1776 bzw. bis ins 19. Jh., verschiedene Banknoten der Schwedischen →Riksbank in Stockholm);
6. Livre (Pfund) preußisch Banko in Schlesien (nach Edikt vom 29. 10. 1766 ist der Taler Kurant [16,70 Gramm Feinsilber im 14-Taler-Fuß] festgesetzt zu 31,25 % Verlust gegen Banko, d. h. 16 Livres Banko entsprachen 21 Taler Kurant).

Markus A. Denzel und Oskar Schwarzer

Lit.: Chr. Noback, Vollständiges Handbuch der Münz-, Bank- und Wechsel-Verhältnisse aller Länder und Handelsplätze der Erde, Rudolstadt 1833; A. Soetbeer, Beiträge und Materialien zur Beurteilung von Geld- und Bankfragen mit besonderer Rücksicht auf Hamburg, Hamburg 1855; N. W. Posthumus, Nederlandsche Prijsgeschiedenis, Leiden 1943; J. Schneider (Hg.) Statistik der Geld- und Wechselkurse in Deutschland und im Ostseeraum (18./19. Jh.), St. Katharinen 1992; Ders. (Hg.), Währungen der Welt, I bzw. VI, Stuttgart 1991–92.

Kurswert → Nennwert

Kux

Die Bezeichnung Kux ist dem slawischen Wort *kukux* oder *kus* (= Anteil an einem Teil) entlehnt. Es bedeutet Anteil an einer Gewerkschaft, die eine Bergwerksgrube bzw. einen Stollen betreibt. Ausgehend von der ursprünglichen Zahl von vier «Anteilen» oder «Schichten» stieg sie mit zunehmender Feldesgröße und Höhe des für den Erzabbau benötigten Kapitals auf 32 und schließlich auf meistens 128 Teile. Inbegriffen waren dabei sog. Erb- oder Freikuxe für den Grundeigentümer, für Schneeberg z. B. vier, für die Kirche eine und die Armen/das Spital ebenfalls eine. Ihre Inhaber hatten an der Ausbeute teil, mußten aber keine Zubuße leisten. Nachdem Adolf Zycha 1921 den einzigen Beleg für Kux im böhmischen Bergrecht aus der Kuttenberger Urkunde von 1327 entkräftet hat, spricht vieles für seine Ansicht, daß Kux eine Neuerung des sächsischen Bergrechts aus der zweiten Hälfte des 15. Jhs. ist. Weitab vom Bergwerk wurden Kuxe oder ihre Stückelungen durch Kuxkränzler (= *proxenetae*, Partierer) vertrieben, stellen also handelsfähige Papiere dar. Wegen ihrer Ortsferne beauftragten die Gewerken Verleger, welche zu den in den Bergordnungen festgesetzten Terminen Zubußen, Wochen- oder Quatembergelder entrichteten bzw. die jeweilige Ausbeute entgegennahmen. Letztere wurde auch durch gedruckte Ausbeutezettel öffentlich bekannt gemacht. Die Höhe von Zubuße bzw. Ausbeute wurde auf der Basis der vom → Silberbrenner erstellten Unterlagen durch den regalherrlichen Zehntner und den Schichtmeister der Grube festgelegt. Wer seine Zubuße nicht mehr zahlte, ließ seinen Kux ins sog. Retardat fallen, d. h. der Kux ging seinem Eigentümer verloren. Diese Regeln gelten für das sächsische Bergrecht und die ihm verpflichteten Bergordnungen. Sie enden mit den großen Bergrechtsformen der deutschen Länder in der Mitte des 19. Jhs. *Ekkehard Westermann*

Lit.: A. Zycha, Das Wort ‹Kux›, Zeitschrift für Bergrecht 62 (1921), S. 407–12; A. Laube, Studien über den erzgebirgischen Silberbergbau von 1470 bis 1546, Berlin 1974, S. 56f, 82–110, 127–81; G. Boldt, Kux, Handwörterbuch zur Deutschen Rechtsgeschichte, II, Berlin 1978, Sp. 1325–28; C. Bartels, Vom frühneuzeitlichen Montangewerbe zur Bergbauindustrie. Erzbergbau im Oberharz 1635–1866, Bochum 1992, S. 295–300.

L

Landschaft →Bank und Pfandbrief

Larghezza
Larghezza (ital. meist gebraucht zusammen mit seinem Antonym →*strettezza*) bezeichnete seit dem 14. Jh. einen flauen Geldmarkt mit geringer Nachfrage, niedrigen Wechselkursen bzw. Kreditzinsen. Bernardo Davanzati leitete 1581 den Begriff metaphorisch vom Öffnen oder Lösen einer Faust ab. Nachfrage auf dem Wechselmarkt bedeutete Kreditnachfrage in Form von →Wechseln sowie Nachfrage nach Edelmetall. Bei geringer Nachfrage kauften weniger Wechselnehmer Wechsel. Falls sich *larghezza* abzeichnete, floß das Edelmetall zu Plätzen, wo man *strettezza* erwartete, d. h. wo nach Aussage der →Kaufmannsnotizbücher und der Geschäftskorrespondenz das Geld knapp zu werden schien. Eine gewisse Vorhersehbarkeit der Marktentwicklung begünstigte spekulative Kreditoperationen auf dem Wechselmarkt: Bankiers und Wechsler wußten im allgemeinen, wann der Markt günstig für die Kreditvergabe (Wechselnehmer) und wann günstig für die Kreditaufnahme (Wechselgeber) war.

Reinhold C. Mueller

Lit.: R. de Roover, Money, Banking and Credit in Mediaeval Bruges, Cambridge, Mass., 1948, S. 66f.; R. C. Mueller, ‹Chome l'uciello di passagio›: la demande saisonnière des espèces et le marché des changes à Venise au Moyen Age, J. Day (Hg.), Etudes d'histoire monétaires, Lille 1984, S. 195–219.

Lateinische Münzunion
Die Lateinische Münzunion oder der Lateinische Münzbund war der 1865 geschlossene →Münzvertrag der Frankenländer Belgien, Frankreich, Italien und der Schweiz. Die seit dem 7. 4. 1803 bestehende französische →Doppelwährung auf der Basis des →Franc war bis 1862 ohne gegenseitige Absprachen von Belgien (1832), der Schweiz (1850 für Silber-, 1860 für Goldmünzen) und Italien (1862) übernommen worden. Griechenland übernahm das französische System erst 1868. Infolge des unterschiedlichen →Feingehalts der Silberscheidemünzen kam es wiederholt zu Wechselkursschwankungen und Spekulationshandel. Um diesen Mißständen zu begegnen, wurde am 23. 12. 1865 die Lateinische Münzunion gegründet. Ziel der Union war die Herstellung eines gemeinsamen Münzumlaufs, die Erleichterung des Zahlungsverkehrs sowie ein Rückgang der Wechselkurs-

schwankungen. Inhaltlich beschränkte sich der Vertrag auf die Regelung einheitlicher Präge- und Umlaufbestimmungen sowie die Festlegung des Standards, jedoch ohne die Einrichtung einer übergeordneten Kontrollinstanz. Frankreich setzte gegen den Willen der Partner die Doppelwährung durch. Wegen des Silberpreisverfalles ab 1873 wurde die freie Ausprägung von Silbermünzen 1878 eingestellt, wodurch künftig eine «hinkende» →Goldwährung herrschte. Die Hauptziele des Münzbundes wurden nie dauerhaft erreicht. Die steigende Bedeutung von Kreditzahlungsmitteln, Fragen der Diskontpolitik sowie der Einsatz von ausländischen Wechseln als Währungsreserve (Golddevisenstandard) blieben unberücksichtigt. Obwohl längst Makulatur geworden, bestand die Lateinische Münzunion offiziell bis 1926. *Friedrich Zellfelder*

Lit.: J. B. Esslen, Münzbund, Handwörterbuch der Staatswissenschaften, VI, Jena 1926, S. 664–68. F. Zellfelder. Der Lateinische Münzbund. Grundlagen, Entstehung und Scheitern, J. Schneider (Hg.), Währungen der Welt, I, Stuttgart 1991, S. 105–21.

Laubtaler →Louis blanc

Law, John (1671–1729)
Der aus einer alten schottischen Familie stammende Sohn eines Goldschmiedes war eine der schillerndsten Gestalten des 18. Jhs. Er ist als Geldtheoretiker und Finanzfachmann in die Geschichte eingegangen, der wie so viele seiner Kollegen Theorie und Praxis miteinander verband. Nach seinem College-Studium und einem längeren Auslandsaufenthalt in den Niederlanden und Italien entwarf Law Finanzprojekte und suchte hochstehende Persönlichkeiten, die ihm Gelegenheit zu deren Realisierung gaben. Wissenschaftlich untermauerte Law die Projekte in seinen geldtheoretischen Schriften. Geldtheoretisch ist Law als Vertreter einer Geldwirkungslehre (→Geldtheorie) einzuordnen, die sich mit den Zusammenhängen zwischen monetärer und allgemeiner wirtschaftlicher Entwicklung befaßt. Für Law war die staatliche →Geldpolitik immer auch Wirtschaftspolitik, da die Geldmenge die Handelsaktivitäten und damit den allgemeinen Wohlstand bedingte: «Der Handel und die Zahl der Menschen, die den Reichtum und die Macht eines Staates ausmachen, hängen von der Menge und der Ordnung der Münzen ab.» Danach beeinflußte die Geldmenge deutlich die Produktion. Denn durch die Vermehrung der Geldmenge wurde das Geld billiger, der Kreditzins sank, und das betreffende Land gewann einen Vorsprung vor den konkurrierenden Ländern mit höherem Zins, die Investitionen wurden stimuliert und letztlich mehr Menschen in den Produktionsprozeß einbezogen. Für das zweckmäßigste Mittel hielt Law eine Papiergeldwährung, da er eine Münzverschlechte-

John Law (1720)

rung aufgrund des inflatorischen Effekts ablehnte und ihm eine →Goldwährung aufgrund der Schwankungen der Goldproduktion nicht realisierbar schien. Was Law hier in seiner *Mémoire sur les banques* (1715) theoretisch durchdachte, scheiterte, als er im folgenden Jahr die Möglichkeit zur praktischen Durchführung erhielt. Ursache dafür, daß der französische Staat jetzt und nicht schon 10 Jahre zuvor Laws Angebot aufgriff, war die katastrophale Situation der französischen Staatsfinanzen nach dem Spanischen Erbfolgekrieg. In einer solchen Situation erschien Laws Vorschlag, «Ordnung in den Finanzen zu schaffen, die Landwirtschaft, die Manufakturen und den Handel wieder aufzurichten, zu erhalten und zu vermehren, die Zahl der Bevölkerung und der allgemeinen Einkünfte des Königreiches zu erhöhen, ...die Staatsschuld zu vermindern, ohne die Gläubiger zu schädigen» geradezu verlockend. Der Herzog von Orléans, der Regent für den unmündigen König Ludwig XV., griff nach dem angebotenen «Strohhalm», und die rasante Karriere des John Law begann (→Banque Royale). Sie endete abrupt 1720 mit dem Konkurs der Banque Royale, dem Zusammenbruch der Compagnie des Indes und der Flucht John Laws aus Frankreich. Das *Système Law* war gescheitert, und das hat ihn auch als Geldtheoretiker diskreditiert. Er starb 1729 – in Vergessenheit geraten – in Venedig. *Zheng Kang*

Lit.: P. Harsin (Hg.), Oeuvres complètes de John Law, 3 Bde., Paris 1934; E. Levasseur, Recherches historiques sur le Système de Law, Paris 1854; A. Thiers, Histoire de J. Law, Paris 1858; R. Staudte, John Law (1671–1729), Winterthur 1953; E. Faure, La banqueroute de Law, Paris 1977.

Leihhäuser →Pfandleihhäuser

Leipziger Fuß

Der Leipziger →(Münz)Fuß war die wichtigste Währungsvereinbarung des 17. Jhs. und legte fest, daß künftig 12 Taler aus dem →Münzgrundgewicht der Kölner →Mark geprägt werden sollten. Um die Mitte des 17. Jhs. veranlaßten steigende Silberpreise und die Kleinmünzenverschlechterung die Münzherren, brauchbares grobes Umlaufgeld außerhalb der →Reichsmünzordnungen zu prägen. Einer der ersten, der dies tat, war 1658 der Pfälzer Kurfürst, der →(Silber)Gulden in einem 10⅔-Taler-Fuß als →Kurantmünzen mit kreditmäßiger Grundlage prägen ließ, die eine wesentliche Neuerung darstellten und nach 1660 von weiteren südwestdeutschen Reichsständen, nicht zuletzt von Kurmainz und Frankfurt, übernommen wurden.

Ähnliche Überlegungen im Obersächsischen Kreis mündeten 1667 in den Vertrag von Zinna zwischen Kursachsen und Kurbrandenburg, der einen 10 ½-Taler-Fuß zunächst für Groschen zum Gegenstand hatte. Nach dem Beitritt der Welfenherzöge 1668 wurde dieser Fuß auch für Grobkurantmünzen angewandt, die denen nach kurpfälzischem Vorbild sehr ähnelten. Die gut gemeinte Reform führte jedoch durch Münzregalmißbrauch zu der sog. Zweiten →Kipperzeit, als zahlreiche Münzherren bis nach 1690 ihre Gulden bzw. Zweidritteltaler verschlechtert ausbrachten. Nach 1680 wurde der Zinnaische Fuß nicht mehr beachtet und 1690 von den Vertragspartnern von 1667/68 durch den Leipziger Fuß ersetzt, der zwölf Taler bzw. 18 Gulden aus der feinen Mark vorsah. Für die kleineren Sorten wurden in Torgau noch leichtere, nach Nominalen gestaffelte Münzfüße vereinbart, so daß man auch vom Leipzig-Torgauer System spricht. Der Leipziger Fuß behauptete sich vorwiegend in Nord- und Mitteldeutschland, in Hannover beispielsweise bis ins 19. Jh. Beliebt waren in der zweiten Hälfte des 18. Jhs. und im frühen 19. Jh. vielfach feinsilberne Zweidritteltaler (Neu ⅔) nach dem Leipziger Fuß als →Handelsmünzen. Auch wenn der Leipziger Fuß 1738 vom Reichstag nach langwierigen und kontroversen Verhandlungen zum «Reichsfuß» erhoben wurde, hat er diese Funktion nie erfüllt, denn die Währungsprobleme des 18. Jh. gingen über ihn hinweg und führten schon wenige Jahre danach zu Veränderungen des bis dahin unangegriffenen Talers. *Konrad Schneider*

Lit.: W. Schwinkowski, Die Reichsmünzreformbestrebungen in den Jahren 1665–1670, VSWG 14 (1918), S. 1–87; H. Gebhart, Die oberdeutschen Gulden und die norddeutschen Münzreformen im 17. Jh., Numismatik 1 (1931), S. 101–06; F. Frhr. v. Schrötter, Das deutsche Heckenmünzwesen im letzten Viertel des 17. Jhs., DJN 1 (1938), S. 39–106; Rittmann, passim; Heß, passim.

Leitmünze (Leitwährung)

Unter einer Leitmünze ist eine Münze zu verstehen, die im überregionalen Zahlungsverkehr, d. h. über den eigenen Geltungsbereich hinaus, die Funktion einer Münz- oder Recheneinheit wahrnimmt. Im Mittelalter und in der Frühen Neuzeit ergab sich diese Funktion zumeist aus einem hohen, über lange Zeit sehr stabilen Edelmetallgehalt (Vollwichtigkeit) und dem daraus resultierenden psychologischen Effekt. Im Mittelalter waren dies in Silber z. B. im 12./13. Jh. der →Sterling, im 13./14. Jh. der →Gros tournois, im 14./15. Jh. der Prager →Groschen, in Gold der →Floren und der venezianische →Dukat. Darüber hinaus waren politische Machtverhältnisse von Bedeutung, wie die Rechnung in Brügge nach dem französischen →Ecu d'or und den daraus abgeleiteten Unterteilungen Ende des 14. Jhs. belegt. Neben der Rechnung nach einer Leitmünze bestand auch die Möglichkeit, diese Münze nachzuprägen, wie dies mit dem Gros tournois in vielen Münzstätten in ganz Nordwesteuropa geschah. Eine Leitmünzenfunktion hatten seit der Frühen Neuzeit in (aus europäischer Sicht) peripheren Gebieten ohne (stabiles) Münz- bzw. Währungssystem oftmals auch die sog. →Handelsmünzen. Der niederländische Albertustaler (→Patagon) galt im Ostseeraum des 17./18. Jhs. ebenso als Leitmünze wie der spanische →Peso in Ostasien und Afrika vom 17. bis zum 19. Jh. oder der →Maria-Theresien-Taler im 19. und beginnenden 20. Jh. in Arabien und Afrika. Schien der Gebrauch einer Leitmünze als oberste Recheneinheit sinnvoll, wie beispielsweise für den Zahlungsverkehr auf einer internationalen Messe, vermochte sich aber keine verwendete, gängige Münze als solche durchzusetzen, so griff man auf eine vorhandene (ältere) Einheit zurück – in Genf und Lyon auf eine Einheit Gold – oder schuf eine neue, künstliche Einheit, wie den Scudo di marche (Ecu de marc) auf den Genuesischen Wechselmessen, als Basis für alle Zahlungsverkehrsoperationen.

Seit dem 17. Jh. übernahmen Währungen nordwesteuropäischer →Finanzplätze aufgrund der herausragenden Position dieser Region im gesamten europäischen Handels- und Zahlungsverkehr die Funktion von international gebräuchlichen Fakturawährungen, d. h. einer Leit- bzw. Schlüsselwährung. So wurden im Ostseeraum Buch und Rechnung im 17./18. Jh. häufig in →Gulden, später auch in →Pfund Sterling gehalten und vornehmlich in diesen Währungen →Wechsel für den internationalen →Zahlungsverkehr ausgestellt. Diese Position vermochte die Londoner City im 19. Jh. für weite Teile der Welt auszubauen, insbesondere für Lateinamerika und Ostasien. Die Bedeutung der →Bank of England als Emittent des Pfund Sterling und →Lender of Last Resort für die gesamte internationale Liquidität wurde in der Zeit des →Gold(devisen)standards verstärkt durch die Notwendigkeit, internationale Schlüsselwährungen zur Reservehaltung der eigenen →Notendeckung «im Portefeuille zu halten». Weitere Schlüsselwährungen neben dem Pfund Sterling – jedoch deutlich abgesetzt – waren in der Zeit vor dem Ersten Weltkrieg die deutsche Mark und der französische Franc, daneben für den außereuropäischen Bereich auch der US-Dollar.

Mit dem Vorhandensein eines von der nationalen →Währungspolitik nicht beeinflußbaren Faktors der Geldversorgung, der Wertstabilität des Goldes, und dem daraus resultierenden, relativ fixen Wechselkurssystem in der Zeit des Goldstandards ergaben sich im wesentlichen drei Grundmodelle für die Beziehung einer Währung zu einer anderen als ihrer Leitwährung: Zum einen konnte sich ein Staat aus handelspolitischen Gesichtspunkten an der Währung und an der Währungspolitik eines anderen Staates orientieren; die Währung des anderen wurde damit zur Leitwährung der eigenen; z. B. orientierte sich Portugal an Großbritannien (Fall I). Zum anderen bestand die Möglichkeit, daß nicht nur Grundzüge der Währungspolitik (Ziele, Instrumente, Vorgehensweisen) eng aufeinander abgestimmt wurden, sondern auch die Münzpolitik selbst im engeren Sinne einer «Ausmünzungspolitik». Dies geschah im Falle der →Lateinischen

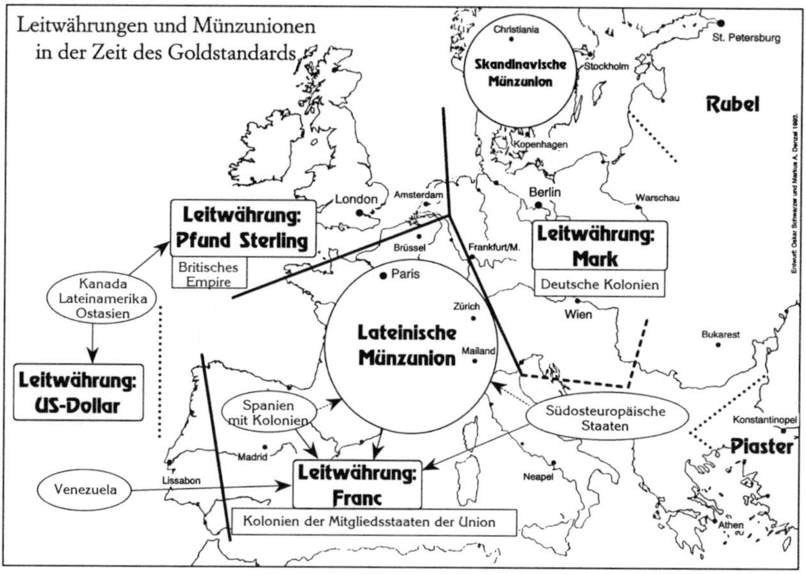

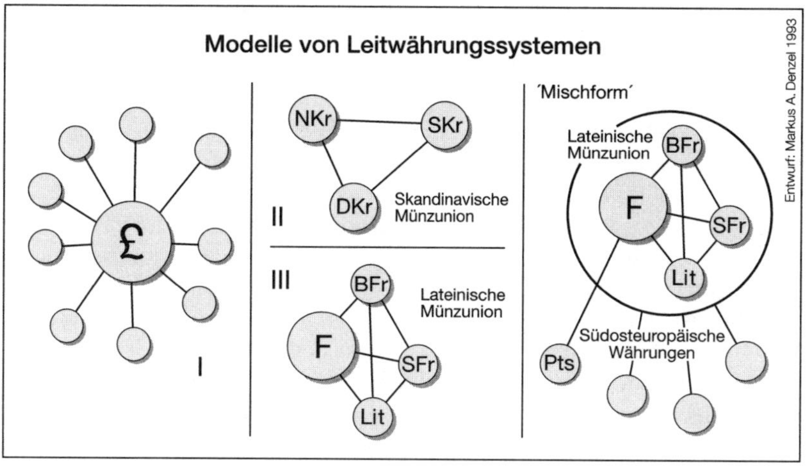

Münzunion und der →Skandinavischen Münzunion. Dabei ist zu unterscheiden zwischen dem Zusammenschluß (relativ) gleichrangiger Partner (z. B. Schweden, Dänemark, Norwegen; Fall II) und dem Zusammenschluß politisch und ökonomisch unterschiedlich starker Partner (z. B. hegemoniale Position Frankreichs gegenüber seinen «Partnern»; Sonderstellung Italiens innerhalb der Union; Fall III). Mischformen waren eine dritte Möglichkeit, so die doppelte Funktion des Franc als dominierende Währung der Lateinischen Münzunion und zugleich als Leitwährung für nicht der Union angehörende Staaten (z. B. Spanien, Venezuela).

Markus A. Denzel und Oskar Schwarzer

Lit.: P. H. Lindert, Key Currencies, and Gold, 1900–1913, Princeton (N. J.) 1969; R. Klump, Entstehung und Verwendung internationaler Schlüsselwährungen, Hamburg 1986; M. A. Denzel, «La Practica della Cambiatura». Europäischer Zahlungsverkehr vom 14. bis zum 17. Jh., Stuttgart 1994; Ders., Münz- und Währungssysteme in der Levante nach Pegolottis ‹Practica della Mercatura›, D. Ahrens (Hg.), Ordo et Mensura, III, St. Katharinen 1994.

Lender of Last Resort

Die Lender-of-Last-Resort-Funktion beschreibt die Aufgabe der modernen →Zentralbank als Reservebank (Bank der Banken). Die Herausbildung und die Durchsetzung dieses Prinzips ist eng mit der Herausbildung der modernen Zentralbankpolitik verknüpft.

Der Begriff geht auf eine Äußerung des Londoner Bankiers Sir Francis →Baring im Zusammenhang mit den Aufgaben der →Bank of England als Londoner Zentralnotenbank nach der Aufhebung der Goldeinlösepflicht im Jahr 1797 zurück. Die theoretische Begründung für die Lender-of-Last-Resort-Funktion einer Zentralnotenbank gegenüber den →Finanzmärkten eines Landes wurde allerdings erst 1873 von dem Wirtschaftsjournalisten Walter Bagehot in seinem klassischen Werk über *Lombard Street* geliefert. Darin heißt es: «It is the proper function of the Bank of England to keep money available at all times to supply the demands of bankers who have rendered their own assets unavailable.» («Es ist die eigentliche Aufgabe der Bank of England, jederzeit Geld verfügbar zu halten, um die Bankiers zu versorgen, deren Aktiva nicht verfügbar sind.») Der Historiker Richard S. Sayers präzisierte die Bagehotsche Position später schlagwortartig: «The central bank must never refuse to help the market. It can charge whatever rate it thinks fit, but it must lend.» («Die Zentralbank darf sich niemals weigern, dem Markt zu helfen. Sie kann jeden Zinssatz fordern, aber sie muß helfen.»)

Diese Verpflichtung bedeutet, daß die Zentralbanken höhere Reserven halten müssen, als es für ihr eigenes Bankgeschäft notwendig wäre. Da dadurch ihre Fähigkeit, die ihnen zur Verfügung stehenden Mittel möglichst gewinnbringend anzulegen, stark eingeschränkt war, dauerte es sehr lange, bis sich die uneingeschränkte Anerkennung dieses Prinzips durch die Zentralbanken durchsetzte. Zwar lassen sich viele Beispiele zitieren, in denen Zentralnotenbanken im 18. Jh. und im frühen 19. Jh. den Märkten oder einzelnen Instituten in Krisensituationen beisprangen, aber derartige Entscheidungen folgten keinem Grundprinzip und waren deshalb eher zufällig. Denn dieselben Banken verweigerten genauso gut dieselbe Hilfe in ähnlicher Situation in anderen Fällen – etwa um unliebsame Konkurrenz loszuwerden. Als ein klassischer Fall von Hilfeleistung nach dem Lender-of-Last-Resort-Prinzip wird in der Literatur allgemein die Hilfsaktion der Bank of England für das Londoner Merchant Bankhaus →Baring im Jahr 1890 angesehen. Ob die Bank damit jedoch endgültig das Prinzip der Last-Resort-Intervention für sich als Leitlinie akzeptiert hat, ist umstritten. Ähnliches gilt für die →Banque de France, die zwar im Jahr 1888 dem Comptoir d'Escompte zu Hilfe kam, aber nur sechs Jahre vorher der Union Générale des unliebsamen katholischen Außenseiters Bontoux die Hilfe verweigert hatte. Unklar war deshalb auch hier, wie sich die Bank in einem solchen Fall in Zukunft verhalten würde.

Gerade diese Berechenbarkeit der Zentralpolitik wurde von den Kritikern des Lender-of-Last-Resort-Prinzips abgelehnt. Wenn nämlich die Geschäftsbanken damit rechnen konnten, sich im Notfall über die Zentralbank unbegrenzt, wenn auch zu hohen Kosten, refinanzieren zu können, konnten einige dazu verführt werden, sich auf zu riskante Geschäfte einzulassen. Aus diesem, sicherlich nicht von der Hand zu weisenden Grund ist die Lender-of-Last-Resort-Funktion der Zentralbanken nicht nur theoretisch sondern auch praktisch notwendigerweise mit dem Einstieg in neuartige Überwachungs- und Kontrollfunktionen verbunden gewesen. Es ist deshalb auch nicht übertrieben, zu behaupten, daß die Durchsetzung des Lender-of-Last-Resort-Prinzips als Schlüssel für die moderne Zentralbankpolitik angesehen werden kann. *Dieter Ziegler*

Lit.: W. Bagehot, Lombard Street. A Description of the Money Market, London 1873; V. C. Smith, The Rationale of Central Banking, London 1936; R. S. Sayers, Central Banking after Bagehot, Oxford 1957; C. Rist, Geschichte der Geld- und Kredittheorien, Bern 1947, S. 346ff; C. Kindleberger, A Financial History of Western Europe, London 1984, S. 277ff; C. A. E. Goodhart, The Evolution of Central Banks, Cambridge, Mass., 1988.

Lira

Das italienische Wort Lira leitet sich vom lateinischen *libra* (= Pfund) ab und bezeichnet sowohl die Währung des modernen italienischen Staates als auch die →Rechengeldsysteme der italienischen Territorien des Mittelalters. Die Lira geht wie die anderen europäischen Rechengeldsysteme auf das in den Münzreformen Karls des Großen (793/94) entstandene «Karls-Pfund» (1 Pfund = 20 →Solidi = 240 →Denarii) zurück. Bis zum 13. Jh. stellten die in Italien gebräuchlichen Lire Vielfache der einzigen ausgeprägten Münze, des Denars, dar. Dabei unterschieden sie sich nur in bezug auf den Edelmetallgehalt des in den einzelnen Münzstätten verschieden ausgeprägten Denars. So existierte eine Lira veneziana, eine Lira imperiale (in der Lombardei), eine Lira lucchese etc. Als die Städte im 13. Jh. mit den sog. Grossi erstmals größere Nominale als die Denare prägten, wurde die Bezeichnung Lira auf 240 Stück dieser Groschen übertragen, wodurch sich die Zahl der unterschiedlichen Lire noch vermehrte. Als Recheneinheit hielt sich die Lira di piccoli (wie man die karolingischen Denare nannte). Zum ersten Mal in Silber ausgeprägt wurde die Lira 1472, als der venezianische Doge Nicolò Tron eine Silbermünze von 6,52 g (Feingewicht 6,18 g) prägen ließ, die berühmte Lira Tron. In der Neuzeit behielt die Lira in den einzelnen italienischen Staaten so lange ihren unterschiedlichen Wert, bis die Napoleonische Zeit (1805–14) das Dezimalsystem und eine Silberlira à 100 Centesimi brachte. Diese Lira wurde 1861 zur offiziellen Münze des neuen italienischen Staates. *Andrea Saccocci*

Lit.: E. Martinori, La moneta, Roma 1915, S. 247–51; C. M. Cipolla, Le avventure della lira, Bologna 1975.

Livre tournois

Die Livre tournois war das →Rechengeldsystem Frankreichs bis zur Einführung des Dezimalsystems im Jahre 1795. Ihr Name leitet sich vom lateinischen *libra* (= Pfund) und von der Stadt Tour ab. Die Livre geht wie die anderen europäischen Rechengeldsysteme auf das →«Karls-Pfund» zurück und ist in 20 Sols (Schillinge) à 12 Deniers (Pfennige) unterteilt, so daß 240 Deniers auf eine Livre kommen. Jedoch war die Livre tournois nicht die einzige Recheneinheit im spätmittelalterlichen Frankreich. Mit ihr konkurrierte beispielsweise die Livre parisis (= 25 lt.), die der Königshof für seine Rechnungsführung verwendete. 1667 wurde die Livre parisis offiziell abgeschafft, so daß die Livre tournois zum alleinigen Rechengeld- und →Währungssystem in Frankreich wurde. Die Livre tournois war wie die meisten europäischen →Rechengeldsysteme einer starken Entwertung unterworfen. Durch regelmäßige Münzverschlechterungen oder →Abwertungen verringerte sich der Edelmetallgehalt einer Livre kontinuierlich. Hatte sie unter König Philippe August im Jahre 1220 ca. 98 g Silber enthalten, so waren es kurz vor der Revolution nur noch 5 g. Dennoch gab es selbst im 18. Jh. Perioden relativer Stabilität wie in den Jahren 1724–85. Während der Revolution leiteten die gesetzgebenden Versammlungen die Vereinheitlichung aller Maße, Gewichte einschließlich der Münzen und Rechengeldeinheiten ein. Der Konvent harmonisierte endgültig das französische Münzwesen auf der Grundlage des metrischen Systems. Am 18. Germinal des Jahres III (7. April 1795) wurde das neue auf dem Meter und der Dezimaleinteilung basierende Maß- und Gewichtssystem eingeführt. Der →Franc, der in 10 Décimes bzw. 100 Centimes unterteilt wurde, ersetzte die Livre tournois. Sein gesetzlich festgelegtes Feingewicht von 4,5 g Silber orientierte sich am Edelmetallgehalt der Livre. *Zheng Kang*

Lit.: H. Coste, Les institutions monétaires de la France avant et depuis 1789, Paris 1885; G. d'Avenel, Fortune privée à travers sept siècles, Paris 1895; M.-T. Boyer-Xambieu, G. Deleplace, L. Gillard, Monnaie privée et pouvoir des princes, Paris 1986, S. 423.

Locke, John (1632–1704)
Sein Denken war bahnbrechend. Der große Oxforder Gelehrte hat die empiristische (sensualistische) Erkenntnistheorie maßgeblich geformt und der Aufklärung wie dem Liberalismus die Richtung gewiesen, als er in seiner Staats- und Religionsphilosophie dem Individuum natürliche Rechte zusprach. Zudem bekleidete er öffentliche Ämter und beriet verschiedene Politiker. In diesem Zusammenhang befaßte er sich auch mit wirtschaftlichen Fragen seiner Zeit. Er analysierte sie Schritt für Schritt, unterschied dabei Ursache und Wirkung und sammelte Fakten, um seine Erklärungen zu belegen. Insofern gehört er zu den Wegbereitern einer positiven (explikativen) Ökonomik, die sich gegen bestimmte normative Postulate (eingeschränkte Eigentumsrechte, distributive Gerechtigkeit, →Zins- bzw. Wucherzinsverbot, moralische Ächtung der →Münzverschlechterung) der damals noch vorherrschenden aristotelisch-scholastischen Wirtschaftslehre wandte. Locke ging davon aus, daß die «Erde und alles, was auf ihr ist, den Menschen zum Unterhalt und Genuß ihres Daseins gegeben ist» *(Two Treatises of Government, 1689)*. Um sich und damit den Staat erhalten zu können, hätten sie das ursprüngliche Recht, mit ihrer Hände Arbeit sich die Erde anzueignen. Doch zu deren gerechter und »vollständiger Erschließung» bedarf es des Geldes, da sonst jene Früchte der Natur verderben würden, die die Bodeneigentümer nicht selbst verbrauchen können. So «kamen die Menschen überein, daß ein kleines Stück gelbes Metall, das sich weder abnützt noch verdirbt ... den gleichen Wert haben soll wie ein großes Stück Fleisch oder ein ganzer Haufen Getreide» (ebd., zit. nach Binswanger). Ist es aber legitim, Geld zu verwenden, so darf es auch gewinnbringend ausgeliehen und vermehrt werden. Das Geld fungiere nicht bloß als Tauschmittler, es sei vielmehr der Motor der Wirtschaft, wenn es nur ausreichend zirkulieren kann und nicht gehortet wird. Locke korrigierte auf diese Weise frühmerkantilistische (→bullionistische) Ansichten über die thesaurierende Funktion des Geldes. Seine in Jahrzehnten gereiften Geldauffassungen legte er 1691 zusammenhängend in einem Brief an ein Mitglied des Parlaments dar. Der Text erschien 1692 zunächst anonym *(Some Considerations of the Consequences of Lowering the Interest and Raising the Value of Money)* und wurde 1695 durch *Further Considerations Concerning Raising the Value of Money* ergänzt. Locke sprach sich vor allem dagegen aus, den Zinssatz für Kredite staatlich regulieren zu wollen. Solche Eingriffe schadeten der Volkswirtschaft und müßten auf Dauer erfolglos bleiben, wenn die gesetzlich fixierte Zinsrate vom «wah-

ren und natürlichen Wert» abweicht. Denn für Locke ist der Zins ein Preis wie jeder andere, der den Marktkräften gehorcht. Dabei speist sich das Kreditangebot sowohl aus Sparen als auch aus einer ausgeweiteten →Geldmenge. Die Geldmenge beeinflusse jedoch nicht nur das Zinsniveau (monetäre Zinslehre) sowie Wachstum und Verteilung des Volkseinkommens, sondern auch das Preisniveau (→Quantitätstheorie des Geldwertes), da die Nachfrage nach Geld «immer genügend, oder mehr als genügend» sei. Nach Locke ist ein bestimmtes Verhältnis zwischen Geldmenge und Handelsvolumen normalerweise nötig, er versuchte sogar, es numerisch zu bestimmen. Er erkannte auf diese Weise die →Umlauf- bzw. Kreislaufgeschwindigkeit des Geldes sowie deren Kehrwert, den Kassenhaltungskoeffizienten, als weitere Bestandteile der →Verkehrsgleichung. Locke bedachte zudem die außenwirtschaftlichen Bedingungen der Geldwirtschaft. Ohne nennenswerte inländische Edelmetallgewinnung sei eine Geldmengenexpansion und Reichtumsmehrung wesentlich vom Import der Währungsmetalle (→Edelmetallströme) abhängig. Er forderte daher – diesmal im Sinne der merkantilistischen Doktrin – eine aktive →Zahlungsbilanz. Andererseits löste sich Locke in seiner antischolastischen Wirtschaftslehre bereits vom (früh)merkantilistischen Denken. Im Ansatz ist sie schon eine liberalistische Marktökonomik, die die Eigengesetzlichkeit des Wirtschaftslebens in einem naturrechtlichen Gesellschaftssystem betont. Insoweit gehört Locke zu den Vordenkern der klassischen Nationalökonomie. Dies gilt jedoch nicht im Hinblick auf seine Überzeugung von der aktiven Rolle des Geldes (Geldkapitals) im Wirtschaftsprozeß, denn klassische Autoren wie →David Hume und →David Ricardo maßen dem Geld keine so große reale (güterwirtschaftliche) Bedeutung bei.

Heinz Rieter

Lit.: J. Locke, Two Treatises of Government, 1689, repr. in The Works of John Locke, London 1823, Ndr. Aalen 1963; P. H. Kelly (Hg.), Locke on Money, 2 Bde., Oxford 1991; J. Bonar, Locke on Currency, The Palgrave's Dictionary of Political Economy, II, London 1896, S. 634–37; H. C. Binswanger, Geld und Wirtschaft im Verständnis des Merkantilismus, F. Neumark (Hg.), Studien zur Entwicklung der ökonomischen Theorie, II, Berlin 1982, S. 93–129; Ders. et al., John Lockes «Some Considerations of the Consequences of the Lowering of Interest, and Raising the Value of Money». Vademecum zu einem Klassiker der merkantilistischen Geldtheorie, Düsseldorf 1993; B. P. Priddat, Das Geld und die Vernunft. Die vollständige Erschließung der Erde durch vernunftgemäßen Gebrauch des Geldes. Über John Lockes Versuch einer naturrechtlich begründeten Ökonomie, Frankfurt am Main 1988.

Löwentaler

Der Löwentaler (ndl. Leeuwendaalder), benannt nach dem Löwen im Münzbild, war mit einem Rauhgewicht von 27,68 g und einem Feingewicht von 20,74 g die früheste eigenständige Münze im niederländischen

Währungssystem. Im Unabhängigkeitskrieg gegen Spanien begann Holland 1575 mit ihrer Herstellung, die meisten Provinzen und münzenden Städte folgten. Die letzten Löwentaler wurden 1713 in Friesland geschlagen. Sie galten anfangs 32 →Stüber und damit 3 Stüber mehr als ihr innerer Wert. Der so erzielte Münzgewinn diente der Finanzierung des Unabhängigkeitskrieges. Die niederländische Münzreform von 1606 bewertete den Löwentaler mit 38 Stübern. Besondere Bedeutung erreichten die Löwentaler als →Handelsmünzen in Ostmitteleuropa, auf dem Balkan und im vorderen Orient. Zu diesem Zweck wurden sie in großen Mengen ausgeprägt. Ihre Beliebtheit führte zu Nachprägungen, so in Brandenburg, Emden, Jever, Rietberg, Dänemark, den Münzstätten kleinerer niederländischer Herren wie 's-Heerenberg und Batenburg, aber auch in Siebenbürgen sowie im ohnehin nachprägefreudigen Italien. Trotz der zahlreichen Nachprägungen und Fälschungen waren sie im Orient beliebt, liefen dort bis ins 19. Jh. um, wurden trotz unterschiedlichem Feingewicht mit Aufgeld gehandelt und waren für den europäischen Orienthandel von großer Wichtigkeit. Im Osmanischen Reich überprägte man im 17. Jh. Löwentaler, achtete aber darauf, daß Legende und Herkunft noch zu erkennen waren. Im 18. Jh. traten andere Handelsmünzen an ihre Stelle, zunächst spanische →Piaster und dann vor allem die →Maria-Theresien-Taler.

Konrad Schneider

Lit.: v. Schrötter, S. 359f.; Van Gelder, S. 79f., 221f., 230f.; Heß, S. 98f.; C. Gamberini di Scarfèa, Studio sul löwenthaler ed il mezzo löwenthaler delle Provincie Unite d'Olanda e sulle imitazione e contraffazioni italiane e straniere, Brescia 1977; J. Buza, Der Kurs der Löwentaler in Ost-Mitteleuropa (mit besonderer Rücksicht auf Siebenbürgen und Ungarn), Acta Historica Academiae Scientiarum Hungaricae 27 (1981), S. 335–57.

Lombarden

Der Ausdruck Lombarden (mlat. *lombardus, lumbardus,* afrz. *lombar(d),* mhd. *lumbard, lamparter, lamperter*) bezeichnet die seit dem 12. Jh. im nordalpinen Europa auftretenden ober- und mittelitalienischen Kaufleute, die vor allem durch die Vermittlung technisch-gewerblicher und finanztechnischer Innovationen die Entwicklung der Geldwirtschaft und des Finanzwesens nachhaltig beeinflußten. Nach Herkunft, zeitlichem Beginn und regionalen Schwerpunkten ihres Wirkens sowie der Art ihrer Geschäfte im «Ausland» sind zwei Hauptgruppen zu unterscheiden.

1. Die aus den großen italienischen Wirtschafts- und Handelsstädten (Florenz, Siena, Lucca, Genua, Venedig, Mailand) kommenden Kaufleute. Sie sind seit dem späten 12. Jh. auf den Messen der Champagne sowie in den flandrischen Messe- und Tuchproduktionsstädten nachweisbar. Trotz ihres Ausgreifens auf Ostmitteleuropa, namentlich des Engagements im Bunt- und Edelmetallbergbau des Karpatenraumes und im kleinpolnischen

Salinenwesen, blieb (Nord)Westeuropa ihr Hauptwirkungsgebiet. Besonders die toskanischen Bank- und Handelshäuser, straff organisierte, oft um einen Familienverband gruppierte Gesellschaften mit der Zentrale am Heimatort und eigenen Faktoren an den wichtigsten Waren- und Kapitalmessen des Kontinents (→Bank), übernahmen seit dem beginnenden 13. Jh. den Transfer der zunächst über die Champagne-Messen, seit dem 14. Jh. vor allem über Brügge fließenden enormen Geldsummen an die päpstlichen Kurien in Rom und Avignon (→Zahlungsverkehr der Kurie). Einen zweiten Schwerpunkt ihres Wirkens bildete der Warenhandel, besonders der Wollexport aus England und der Tuchhandel mit Flandern. Die zur Erlangung oder Absicherung von Handelsprivilegien gewährten Kredite ließen einige Firmen seit der Mitte des 13. Jhs. zu Kronbankiers in Frankreich und England aufsteigen, sicherten ihnen phasenweise einträgliche Handels- und Exportmonopole, führten aber auch zum völligen Bankrott großer Bankhäuser (Frescobaldi, Bardi, Peruzzi). Auf Reichsgebiet traten diese Gesellschaften dagegen nur gelegentlich in Erscheinung (Köln, vorübergehend Lübeck und Mainz).

2. Die östlich der Maas im Waren- und Geldhandel tätigen Piemontesen. Die vor allem aus Asti und Chieri kommenden Kaufleute erschienen seit dem beginnenden 13. Jh. im nordalpinen Raum; sie wurden 1225 für Paris, 1235 für Provins in der Champagne und 1247 für Douai privilegiert. Bis zur Jahrhundertmitte waren sie an zahlreichen Orten Frankreichs und Flanderns präsent, schufen in der zweiten Hälfte des 13. Jhs. ein dichtes Netz von Niederlassungen (Leihtafeln, *casanae*) in Burgund, Oberlothringen und der Schweiz, seit der Wende zum 14. Jh. auch am Mittel- und Niederrhein. Wie in Frankreich waren sie auch im Westen des Reiches in erster Linie im Geldverleih und Wuchergeschäft in Konkurrenz zu den →jüdischen Geldverleihern tätig. In Lothringen und im Rheinland, wo die Begriffe Lombarde und →Kawertsche häufig synonym gebraucht wurden, gelang den in relativ lockeren und kurzlebigen Gesellschaften organisierten Astigianen aufgrund des schwachen Engagements der toskanischen Bankhäuser vielfach der Einstieg in die politische Finanz und die Übernahme der wichtigsten Bereiche der territorialen Finanzadministration, vor allem der hochspezialisierten und kapitalintensiven Münzprägung und →Zollverwaltung. Trotz des über den territorialen Verwaltungsdienst führenden Aufstiegs einiger Familien in den Adel befanden sich die Piemontesen als →Wucherer in einer durch latente Anfeindungen bedrohten gesellschaftlichen Randposition und wurden ungeachtet ihrer Schutzbriefe und Privilegien häufig zum Objekt fiskalisch motivierter Landesverweisungen, Steuererhöhungen und Besitzbeschlagnahmungen durch die bei ihnen verschuldeten Herrschaftsträger. Im modernen Sprachgebrauch erinnern an die Lombarden der Lombardkredit, ein kurzfristiges durch die Verpfändung marktgängiger Sachen gesichertes Darlehen, und der Lom-

bardsatz. Zu diesem Zinssatz können sich die Geschäftsbanken durch die Verpfändung von →Effekten bei der →Zentralbank refinanzieren.

Winfried Reichert

Lit.: A. Schulte, Geschichte des mittelalterlichen Handels und Verkehrs zwischen Westdeutschland und Italien mit Ausschluß von Venedig, 2 Bde., Leipzig 1900; G. Bigwood, Le régime juridique et économique du commerce de l'argent dans la Belgique du moyen âge, 2 Bde., Bruxelles 1921–22; A. Sapori, The Italian Merchant in the Middle Ages, New York 1970; M. Prestwich, Italian Merchants in Late 13th and Early 14th Century England, The Dawn of Modern Banking, New Haven-London 1979, S. 77–104; W. von Stromer, Medici-Unternehmen in den Karpatenländern: Versuche zur Beherrschung des Weltmarkts für Buntmetalle, Aspetti della vita economica medievale, Firenze 1985, S. 370–97; F. Irsigler, Juden und Lombarden am Niederrhein im 14. Jh., A. Haverkamp (Hg.), Zur Geschichte der Juden im Deutschland des späten Mittelalters und der frühen Neuzeit, Stuttgart 1981, S. 122–58; W. Reichert, Lombarden zwischen Rhein und Maas, Rheinische Vierteljahrsblätter 51 (1987), S. 188–223. Siehe auch unter Kawertschen.

Lombardkredit →Lombarden

Lombardsatz →Lombarden

Louis blanc

Der Louis blanc oder Laubtaler, benannt nach dem Königsporträt bzw. dem Lorbeerkranz im Münzbild, war die Silbergroßmünze des absolutistischen Frankreich. Dieses begann erst 1641 mit der Ausprägung von Talermünzen, als Ludwig XIII. eine grundlegende Münzreform vornahm (→Louis d'or). Der Laubtaler mit Normfeingewicht von 27,45 g entsprach zunächst 3 →Livres tournois. Die Louis blanc wurden in großen Mengen geprägt, obwohl Frankreich nur geringe Silbervorkommen besaß. Seine aktive Handelsbilanz, hier besonders gegenüber Spanien, führte zu einem ständigen Silberzustrom. Die Louis blanc breiteten sich schnell über die Landesgrenzen aus und wurden eine europäische Münzsorte schlechthin. Sie verdrängten im Laufe des späten 17. Jhs. die niederländischen Talernominale aus der Rolle europäischer →Handelsmünzen. Im Reich waren sie unverzichtbarer Bestandteil des Geldumlaufs («Franzgeld»). Frankreich benutzte zur Finanzierung seiner Kriege ab 1689 das Mittel der «Reformation». Seine Louis d'or und Louis blanc wurden eingezogen und mit wechselnden Rückseitendarstellungen umgeprägt, oft nur roh überprägt und zu verändertem Nennwert in der Rechenmünze Livre tournois wieder ausgegeben. Die älteren Typen wurden abgewertet und eingezogen. Das Feingewicht der Louis blanc variierte wegen des in Frankreich großzügiger gehandhabten →Remediums stets ein wenig. Bis 1709 blieb der Louis blanc in Gewicht und Feingehalt stabil, erlebte dann eine Zeit der Veränderungen, bis die Währungsreform von 1726 neue Stabilität verschaffte.

Unter Ludwig XV. wurde 1726 das Geldwesen stabilisiert und ein neuer Ecu (blanc) zu 6 Livres ausgegeben. Die in großen Mengen ausgeprägten Laubtaler waren bis gegen Ende des 18. Jhs. die wichtigste grobe →Kurantmünze im westlichen und südlichen Deutschland und trotz eines den Reichstalern gegenüber geringerem Feingewicht diesen oft gleichgerechnet und überdies gerne gefälscht. Ihr Normfeingewicht lag bis 1783 bei 26,94 g. Dann verringerte Frankreich dieses leicht, was im Reich zunächst auf die großzügige Auslegung des Remediums zurückgeführt wurde. Als Frankreich durch sein Münzgesetz von 1785, das im wesentlichen die Veränderung der →Gold-Silber-Relation zum Gegenstand hatte, diesen verringerten Feingehalt gesetzlich sanktionierte, wurden im Reich die jüngeren und die älteren Laubtaler teilweise unterschiedlich bewertet, bis man dieses umständliche Verfahren aus Gründen der Praxis bald wieder aufgab. In der Schweiz waren die dort Neutaler oder Ecu neuf genannten Laubtaler noch unentbehrlicher. Sie beherrschten den Zahlungsverkehr bis 1829 derart, daß sie zur eigentlichen Landeswährung wurden. In Bern, wo sie 40 Batzen galten, und im Kanton Waadt versah man sie im frühen 19. Jh. mit →Gegenstempeln. *Konrad Schneider*

Lit.: F. C. Spooner, The International Economy and Monetary Movements in France 1493–1725, Cambridge, Mass., 1972, S. 182–207; Rittmann, 373–81; Heß, 132f.; J. Duplessy, Les monnaies françaises royales de Hugues Capet à Louis XVI (987–1793), II, Paris 1989.

Louis d'or

Der Louis d'or, benannt nach dem Königsporträt im Münzbild, war die Hauptgoldmünze des absolutistischen Frankreich. In der Währungsreform von 1640 schuf Frankreich neben dem silbernen →Louis blanc auch ein neues Goldnominal, den Louis d'or; beide waren durch ein festes Verhältnis von 1:4 im Sinne der →Parallelwährung aneinander gebunden. Die Rechnungseinheit blieb die →Livre tournois. Als metrologisches Vorbild diente der doppelte spanische →Escudo de oro (auch Pistole genannt), der bereits in Europa durch Nachahmungen eine gewisse Verbreitung außerhalb Spaniens erlangt hatte. Die ersten Louis d'or hatten einen →Feingehalt von 22 Karat und ein Normfeingewicht von 6,19 g, das wegen des in Frankreich großzügig gehandhabten →Remediums nie erreicht wurde. Die Bewertung in Livres war der Entwicklung des Goldpreises angeglichen. Die in großen Mengen aus amerikanischem Importgold geprägten Louis d'or verbreiteten sich schnell in Europa und wurden bald unentbehrlicher Bestandteil des deutschen Goldumlaufes. Ebenso wie die Louis blanc wurden sie ab 1689 den sog. Reformationen der französischen Währungsmünzen unterworfen, also eingezogen und um- oder überprägt, um dann unter Beibehaltung des ediktmäßigen Feingehaltes von 22 Karat zu höherem Kurswert wieder ausgegeben zu werden, während die älteren abgewertet und eingezogen wurden, sofern sie nicht nach Osten über die Reichsgrenze oder in die Niederlande abflossen.

In der Währungsreform von 1725/26 (nach dem Scheitern des →Lawschen Papiergeldexperiments) schuf Frankreich mit dem Schild-Louis d'or eine neue Goldmünze, die bis zum Ende des Ancien Régime für Mitteleuropa eine beherrschende Stellung einnahm und für große Teile Deutschlands unverzichtbarer Bestandteil des Zahlungsverkehrs wurde. In Frankreich galt er schließlich 24 lt. und besaß bei unverändertem Feingehalt ein Normfeingewicht von 7,48 g. Das tatsächliche Gewicht war nach wie vor dem in Frankreich üblichen Remedium unterworfen. Die Preisentwicklung auf dem Edelmetallmarkt und die von ihr abhängige Verschiebung der →Gold-Silber-Relation führte in Frankreich 1785 zu einer leichten Reduktion des Schild-Louis d'or auf 7,01 g fein. Ein letztes Mal wurde der Louis d'or 1793 – zugleich erste Goldmünze der Republik – geprägt.

Die Verbreitung der Louis d'or im Reich ist vielfach durch Funde, Mandate und Kasseninventare belegbar. Wegen ihrer Unentbehrlichkeit wurden sie zumeist mit Aufgeld gehandelt, gegen das mancher Währungspolitiker vergeblich anzugehen versuchte. In Deutschland, der Schweiz, Rußland, Dänemark und Polen fanden sie Nachahmer, die die Louis d'or bzw. Pistolen mit zum Teil anderer metrologischer Grundlage übernahmen. Bekannteste der deutschen Pistolen war der preußische Friedrichsdor, der bis ins 19. Jh. hinein geprägt wurde, aber auch Hannover, Sachsen, Braunschweig, Hessen-Kassel und andere vorwiegend norddeutsche Reichsstände prägten ab der Mitte des 18. Jhs. derartige Goldmünzen. Der Louis d'or diente auch als Vorbild für den bayerischen Max d'or. In Bremen bildete sich nach dem Siebenjährigen Krieg auf der Grundlage der umlaufenden Louis d'or und Pistolen eine für Deutschland einmalige →Goldwährung heraus. *Konrad Schneider*

Lit.: F. C. Spooner, The International Economy and Monetary Movements in France 1493–1725, Cambridge, Mass., 1972; J. Duplessy, Les monnaies françaises royales de Hugues Capet à Louis XVI (987–1793), II, Paris 1989.

Luogo

Der Begriff Luogo (pl. luoghi) leitete sich von lateinisch *locum* (pl. *loca*) ab und bezeichnete einen Kapitalanteil. Er wurde im 12. Jh. in der Genueser Reederei gebraucht. Hier hießen die Anteile der Reeder an einem Schiff *loca.* Von der Schiffahrt ging der Ausdruck auf die Verpachtung und

Verpfändung von städtischen Einkünften (→Compera) über und bezeichnete den Anteil an dem Kapital der Pachtsumme. Im 14. Jh. wurden die öffentlichen Anleihen (→Compera, →Monte) in Luoghi mit einem Nennwert von 100 Lire des lokalen Rechengeldes gesplittet. *Giuseppe Felloni*

Lit.: G. Rezasco, Dizionario del linguaggio italiano storico ed amministrativo, Firenze 1881; M. Chiaudano, I ‹loca navis› nei documenti genovesi dei secoli XI e XIII, Studi in onore di Enrico Besta, IV, Milano 1938.

M

Mancus

Mancus ist die Bezeichnung des arabischen goldenen →Dinars im Umlauf des christlichen Abendlandes, erstmals 778 in Sesto, Friaul, urkundlich erwähnt. Der Name ist sicher vom arabischen *manqūš* übernommen, einem Terminus, der in arabischer Überlieferung für die nach der Münzreform des ʿAbd al-Malik (696–698) geprägten Silber- und Goldmünzen arabischen Typs nachweisbar ist. Da in einer Urkunde aus Casauria, Bistum Chieti, vom Jahr 953, ausnahmsweise die Rede von *mancosi argentei* ist, darf auf eine ursprünglich gleiche Wortbedeutung geschlossen werden. Es lassen sich hauptsächlich zwei Umlaufperioden unterscheiden: Eine frühe im Karolingerreich ging hauptsächlich von Italien aus und führte zu Nachahmungen (unter denen ein Unikum den angelsächsischen König Offa von Mercia als Prägeherrn nennt). Der wichtigste Fund der ersten Periode wurde 1857 im Bett des Reno bei Bologna geborgen. Nach der Einführung von Goldmünzen im islamischen Spanien 929/30 folgte mit einem halben Jahrhundert Verzögerung die zweite Verbreitungsperiode von Mancusi, wobei insbesondere in Barcelona, vermutlich aber auch in Frankreich und Norditalien, Nachahmungen der islamisch-spanischen Goldmünzen entstanden. Im 12. und 13. Jh. setzte sich die Verbreitung arabischen Goldes in Mitteleuropa unter spezifischen Namen (Marabotini, Oboli de Musce für westliche arabische Münzen, Bezante oder Byzantii für arabische Dinare des Ostens) fort. *Lutz Ilisch*

Lit.: J. Duplessy, La circulation des monnaies arabes en Europe occidentale du VIIIe au XIIIe siècle, RN 1956, S. 101–63; N. Lowick, A New Type of Solidus Mancus, Numismatic Chronicle, 7 Ser., 13 (1973), S. 173–82; G. C. Miles, ‹Bonnom de Barcelone›, Études d'orientalisme dédiées à la mémoire de Lévi-Provençal, Paris 1962, S. 683–93.

Maravedí

Der Maravedí war die seit 1497 in Kastilien und seit 1718 in ganz Spanien bis 1855 gebräuchliche Recheneinheit, die an die jeweils kleinste →Billon- bzw. Kupfermünze gebunden war. Während der Kolonialzeit wurden der Maravedí und seine Vielfachen auch in Hispanoamerika als Recheneinheit verwendet. 34 Maravedís entsprachen einem →Real, und der →Peso, auch als Real de a ocho bezeichnet, wurde mit 272 Maravedís bewertet. Zu Beginn des 18. Jhs. rechnete man weiterhin mit einem Real zu 34 Maravedís, dem Real de vellón, sowie mit einem Peso de vellón, der 15 Reales und 2 Maravedís oder 512 Maravedís entsprach. Bis 1253 war der

Maravedí eine Goldmünze der Almoraviden gewesen, die in Anlehnung an den →Dinar geprägt wurde. Unter christlicher Herrschaft übernahm man die Bezeichnung zunächst für eine Silbermünze, die jedoch im Gefolge der politischen und monetären Wirren des 15. Jhs. ihren Silbergehalt weitgehend einbüßte. 1497 setzten die Katholischen Könige im Rahmen der für Kastilien gültigen Münzreform für den halben Maravedí, die Blanca, ein Rauhgewicht von 1,2 g und einen Silbergehalt von 2,43 % fest. Gleichzeitig legten sie das Wertverhältnis dieser Billonmünze zu der damals gültigen Silbermünze, dem Real fest. Im Verlauf des 16. Jhs. kam es zu einer weiteren Herabsetzung des Silbergehalts der Billonmünzen bis schließlich der Maravedí durch reine Kupfermünzen repräsentiert wurde. Die letzten Maravedís, die noch 0,35 % Silber enthielten, wurden 1596 unter Philipp II. geprägt. 1599 entsprach ein Maravedí einer Kupfermünze mit einem Gewicht von 1,6 g. In der Kupfergeldinflation *(inflación de vellón)* des 17. Jhs. wurden der Kupfergehalt des Maravedí weiter verringert, im Verlauf des 17. Jhs. aber wieder erhöht. Nach der Eroberung Aragóns durch den Bourbonen Philipp V. führte dieser 1718 eine einheitliche Kupfermünze und Recheneinheit in ganz Spanien ein und legte das Gewicht eines Maravedí mit 2,2 g fest. Diese Bestimmung blieb jedoch nicht lange in Kraft, da die Krone das Münzgewicht wieder verringerte. Als 1855 die letzten Mehrfachwerte des Maravedí geprägt wurden, entsprachen 68 Maravedís einer →Peseta, die ihn als Recheneinheit ablöste. *Renate Pieper*

Lit.: O. Gil Farrés, Historia de la moneda española, Madrid 1959.

Maria-Theresien-Taler

Der nach der Kaiserin Maria-Theresia im Münzbild benannte Taler war eine der bedeutendsten →Handelsmünzen im 18. u. 19. Jh. Er wurde nach den Bestimmungen der Bayerisch-Österreichischen Münzkonvention von 1753 (→Konventionsfuß) mit der gleichbleibenden Jahreszahl 1780 ausgeprägt. Aus einer Wiener Mark Feinsilber wurden 12 Taler mit einem Feingehalt von 833/1000 geschlagen. Die Etablierung des Talers als internationale Handelsmünze war im 18. Jh. durch die negative Bilanz des europäischen Orienthandels bedingt, dessen Defizite mit Silber ausgeglichen werden mußten. Arabische Zwischenhändler sorgten dafür, daß das Umlaufgebiet des Talers im Laufe des 19. Jhs. nahezu die ganze islamische Welt umspannte. Mit der Einführung der österreichischen Währung zum 27. 4. 1858 verlor der Taler seine gesetzliche Zahlkraft, blieb jedoch weiterhin – auch über die Währungsreform von 1892 hinaus – in Umlauf. In Äthiopien, wo er seit dem späten 18. Jh. faktisch die Landeswährung darstellte, wurde er erst während des Zweiten Weltkrieges durch die Einführung bargeldlosen Geldtransfers aus seiner dominierenden Position verdrängt und am 29. 5. 1945 demonetisiert. Bis 1961 verließen 320 Millionen Stück Maria-Theresien-Taler Prägestätten in aller Welt. Der Taler fand Verwendung als Währungsgeld, Spekulationsobjekt, Schmuck, Tiegelgut, Gewichtseinheit wie auch als Gegenstand religiös motivierter Silberhortung. Konstanter Feingehalt, gleichbleibendes Erscheinungsbild sowie die währungstechnische Rückständigkeit seiner Hauptumlaufgebiete machten den Maria-Theresien-Taler zu einer der erfolgreichsten und langlebigsten Handelsmünzen der Geldgeschichte. *Friedrich Zellfelder*

Lit.: C. Peez, J. Raudnitz, Geschichte des Maria-Theresien-Thalers, Wien 1898; J. Hans, Maria-Theresien-Taler. Zwei Jahrhunderte 1751–1951. Epilog 1951–1961, Leiden 1961.

Mariengroschen

Der Mariengroschen, dessen Name sich von der stehenden Mutter Gottes mit dem Kind im Münzbild ableitet, war eine niedersächsische Groschenmünze des 16. bis 19. Jhs. Abgesehen von der Nachahmung von Meißner →Groschen durch Mitglieder des Welfenhauses im 15. Jh. begann in Niedersachsen die Groschenprägung spät. Eine Besonderheit der Region war ein durch die mächtigen und im Spätmittelalter weitgehend unabhängigen Städte bestimmtes Münzwesen. Im 15. Jh. entstanden allmählich Groschennominale verschiedener Wertstufen. Nach 1505 löste der dem lübischen →Schilling wertgleiche Mariengroschen ein 1501 von Fürsten und Städten geschaffenes Groschensystem ab. Zuerst prägte Goslar das neue Nominal. Andere Städte und auch das Welfenhaus folgten mit Mariengroschen unterschiedlichen Gewichts einschließlich dem nach dem Goslarer Matthiasgroschen benannten Matthier. Die Braunschweiger Münzgenossenschaft von 1555, der wiederum Fürsten und Städte Niedersachsens angehörten, ersetzte den Mariengroschen, der seit 1527 an Wert verlor, durch den schwereren Fürstengroschen nach sächsischem Vorbild, ohne daß der Mariengroschen endgültig verdrängt wurde. Nach der →Kipper- und Wipperzeit lebte die Prägung der Mariengroschen (1/36 Taler) – oft sogar aus Feinsilber – samt ihren Mehrfachstücken wieder auf und breitete sich auch nach Westfalen hin aus. Hier wurden die Mariengroschen und ihre Mehrfachstücke massiv verschlechtert und dienten im Laufe des 17. und im frühen 18. Jh. auch zum spekulativen Export in den Niedersächsischen Kreis. Die nach 1667/68 ausgeprägten Zweidrittelstücke wurden auch mit der Wertbezeichnung 24 Mariengroschen ausgebracht und im Herzogtum Braunschweig bis 1834 geprägt. *Konrad Schneider*

Lit.: H. Buck, Das Geld- und Münzwesen der Städte in den Landen Hannover und Braunschweig, Frankfurt 1935; W. Jesse, Münz- und Geldgeschichte Niedersachsens, Braunschweig 1952; Ders., Goslars Münzgeschichte im Abriß, Beiträge zur Geschichte der Stadt Goslar 13 (1952), S. 51–70.

Mark I

Der Name Mark leitet sich aus dem Altnordischen ab und bezeichnet neben verschiedenen Münzen (→Mark II) eine Gewichtseinheit und eine Recheneinheit (Zählmark). Ihre münz- und geldgeschichtliche Bedeutung erhielt die Gewichtsmark dadurch, daß sie in ihren lokalen Ausprägungen wie der Kölner Mark und der Mark von Troyes (Troymark) zu →Münzgrundgewichten überregionaler Bedeutung wurde. Die Marken des Nordens und die *pondera* Karls des Großen (→Karls-Pfund) standen zueinander über einfache, ganze Zahlen in festen Relationen. Ein *pondus* Silber der karolingischen Gold-Silber-Rechnung (300 *novi denarii*) wog das Doppelte einer späteren Nürnberger Mark (255,150 g). Teilbare Waren mußten je zur Hälfte auf beiden Schalen einer gleicharmigen Waage gewogen werden. Deshalb ist zu vermuten, daß die *marca* aus der Halbteilung eines *pondus* hervorgegangen ist und mit der Wägepraxis auf einer ungleicharmigen Schnellwaage (→Münzwaage) in Verbindung gebracht werden kann. So erinnert auch das Lot (in das die Mark unterteilt wird) an ein hängendes Gewicht, «dessen man sich beim Uenzel, der Schnellwaage, bedient», um auf der Lastseite ein Mehrfaches zu wiegen (H. Grote).

Die Mark taucht mit dem 9. Jh. in angelsächsischen und dänischen Quellen auf. In Kölner Überlieferungen erscheint sie seit 1045, als Mark *coloniensis ponderis et puritatis* (Kölner Gewichts und Feinheit) gegen Ende des Jahrhunderts. Erst für 1185 nennt eine französische Urkunde eine Mark von Troyes *(ad pondus Trecense)*. Im 12. Jh. findet sich ein «Lot» in Kölner Quellen, und im 13. Jh. wird erstmals zwischen einer Gewichtsmark und einer Zählmark unterschieden. Regionale →Denare gaben den Leitmarken ihre Namen: Köln (233 g), Troyes (244 g), Nürnberg (255 g) oder Wien (280 g). Diese mittelalterlichen Leitmarken waren umgeben von weiteren originären oder abgeleiteten Einheiten gleichen Namens nach festen Münz- und Gewichtsrelationen. Noch um 1450 wurden 16 *loet colsch gewicht* zu 152 Engels (19/20 ndl. Troymark) unterschieden von *unsse colsche marck* zu 153 Engels (235, 317 g).

Jede Mark war durch externe Vergleichungen und ihre Einteilung definiert. Eine Zählmark hielt 1250 in Lübeck 16 s (192 d), 1170 in Köln 12 s (144 d). In Köln gingen daraus die Essaygewichte der Marken Gold (24 Karat) und Silber (16 Lot) zu je 288 Grän hervor. Die Gewichtsmark (16 Lot) rechnete man in Köln vermutlich seit dem 13. Jh. zu →256 Richtpfennig oder 512 →Heller. 1524 wurde die Kölner Mark als →Reichsgrundgewicht eingeführt. Seit dieser Zeit legte man für die Festsetzung des →Münzfußes die Kölner Mark zugrunde, die erst 1857 im →Wiener Münzvertrag durch das Zollpfund (500 g) ersetzt wurde. Dagegen entwikkelte sich die Troymark bzw. das Troypfund (373 g) zum dominierenden Münzgrundgewicht in Westeuropa. *Harald Witthöft*

Lit.: G. Agricola, Zwölf Bücher vom Berg- und Hüttenwesen, Düsseldorf 1961 (1556[1]); B. Hilliger, Studien zu mittelalterlichen Maßen und Gewichten, Historische Vierteljahrschrift 1900, S. 161–215; H.-W. Nicklis, Geldgeschichtliche Probleme des 12. und 13. Jhs. im Spiegel zeitgenössischer Geschichtsschreibung, Hamburg 1983; R. D. Connor, The Weights and Measures of England, London 1987; H. R. Jenemann, Entwicklung der Präzisionswaage, Handbuch des Wägens, Braunschweig–Wiesbaden 1989, S. 745–79; H. Witthöft, Sizilische tari – italienische libbra – nordwesteuropäische Mark. Pegolottis ‹Pratica della Mercatura› (1310–1340) in neueren Forschungen, U. Bestmann et al. (Hgg.), Hochfinanz, Wirtschaftsräume, Innovationen, (Festschrift v. Stromer), I, Trier 1987, S. 421–68; Ders., Die Kölner Mark zur Hansezeit, North (Hg.) Geldumlauf, S. 51–74; Ders., Über den lübischen und andere norddeutsche Münzfüße nach metrologischen Sach- und Schriftzeugnissen des 12. bis 14. Jhs., ZVLGA 69 (1989), S. 75–120; Ders., Von der mittelalterlichen Handhabung des Gewichts in Nordeuropa: Brügge in Flandern, K. Friedland (Hg.), Brügge-Kolloquium, Köln 1990, S. 33–68; Ders., Die Markgewichte von Köln und von Troyes im Spiegel der Regional- und Reichsgeschichte vom 11. bis ins 19. Jh., HZ 253 (1991), S. 51–100; Ders., Die Marken zu 233 g in Köln und aus Augsburg nach dinglichen Überresten des 17. bis 19. Jhs., J.-C. Hocquet (Hg.), Acta Metrologiae Historicae, III, St. Katharinen 1992, S. 290–305.

Mark II

Neben der weit verbreiteten →Gewichts- und Zählmark (→Mark I) wurden seit 1500 auch verschiedene Silbermünzen mit dieser Bezeichnung geprägt.

1. Markstücke des Wendischen Münzvereins: Im Zuge der Entwicklung von Großsilbermünzen versuchten die Städte des Wendischen Münzvereins, mit der Ausprägung ihrer bisherigen Rechnungsmark zu 16 Schilling einen eigenen Weg zu gehen. In einem 1501 geschlossenen Rezeß beschlossen sie zunächst die Ausprägung von Silbermünzen zu ⅔ und ⅓ lübischer Mark, die jedoch nur von Lübeck und Lüneburg in geringer Anzahl geprägt wurden. Die lübische Mark entsprach einem halben Lübecker →Floren, der im Norden führenden Goldmünze. 1504 beschlossen die Vertragspartner den Übergang zur vom Gold unabhängigen Großsilberprägung in Gestalt von Markstücken mit einem Feingewicht von 20 g sowie Halb- und Viertelmarkstücken, die sie bis 1506 und dann noch einmal um die Jahrhundertmitte prägen ließen. Inzwischen hatte sich jedoch der →Taler nach dem sächsischen Fuß in Norddeutschland durchgesetzt. Markprägungen wurden auch vom Erzstift Bremen und Mecklenburger Herzögen vorgenommen.

2. Nordeuropäische Markprägungen: Einen dem Wendischen Münzverein analogen eigenen Weg zur Großsilberprägung versuchten zunächst auch nordeuropäische Staaten: Holstein, der livländische Orden, Schweden (1512) und Dänemark (1541) sowie Riga und Reval. In Dänemark und Schweden hat die Mark bald an Wert verloren und wurde zur kuranten Münze. In Dänemark wurden im 17. Jh. Mehrfachstücke der Mark

geprägt, wobei zwei Mark dänisch einer Mark lübisch entsprachen und die Viermarkstücke den deutschen → (Silber)Gulden des letzten Jahrhundertdrittels. Finnland übernahm 1860 die Mark zu ¼ Rubel.

3. Norddeutsche Kurantmarkstücke: Um 1670 begannen Hamburg und Lübeck mit der Ausprägung von Mark- und Zweimarkstücken, die im Wert den dänischen Zwei- und Viermarkstücken und den besseren (Silber)Gulden sowie den um 1660 in Oldenburg und im Herzogtum Bremen-Verden geprägten Nominalen gleicher Wertstufe glichen. Neben der Spezies- und Bankwährung (→ Hamburger Bank) entwickelte sich jetzt eine → Kurantwährung, für die im Jahr 1726 ein 34-Mark-Fuß eingeführt wurde, dem sich Lauenburg und 1763 Mecklenburg-Schwerin anschlossen. Eine Münzfußgleichheit mit Dänemark und Schleswig-Holstein blieb zunächst gewahrt. Die Hamburger Bank notierte die drei Währungsarten getrennt voneinander.

4. Die Aachener Mark: Sie wurde als kleine und mittlere Sorte in Aachen (1 Mark = 1/26 Reichstaler) ab 1577 geprägt.

5. Die Mark des Deutschen Reiches: Sie war von 1871 an das Drittelstück des preußischen Talers. *Konrad Schneider*

Lit.: v. Schrötter, S. 372, 568; Jesse, S. 125, 131; Heß, S. 32–35; K. Schneider, Banco, Species und Courant, Koblenz 1986; North, Geldumlauf und Wirtschaftskonjunktur.

Matthier → Mariengroschen

Max d'or → Karolin

Medaille → Schaumünze

Medici

Florentiner Familie, vermutlich im 12. Jh. aus dem Mugello eingewandert. Der Schicht der Popolanen entstammend, waren sie zunächst in der *Arte di Calimala* (Wollimport und Tuchveredelung), dann in der *Arte del Cambio* (Geldwechsel) eingeschrieben. Seit der zweiten Hälfte des 13. Jhs. wurden sie häufiger in Ämtern genannt. Doch waren die Aktivitäten der Familie noch in der zweiten Hälfte des 14. Jhs. weniger eindrucksvoll, als die offizielle Medici-Geschichtsschreibung später wahrhaben wollte: keine bedeutenden Geschäfte, die Zweige der Familie heftig miteinander verfeindet und in fortwährendem Konflikt mit dem Gesetz, anmaßendes Auftreten ohne Anhang.

Der Aufstieg begann mit Giovanni di Bicci (1360–1429), der zunächst als Juniorpartner des damals einzigen erfolgreichen Medici-Kaufmanns

Vieri di Cambio († 1395), ab 1393 selbständig, in die Papstfinanz einstieg, die während der Kirchenspaltung (1378–1415) auf die guten Dienste toskanischer Bankiers besonders angewiesen war. 1385–97 in Rom, fortan von Florenz aus mit Filiale bei der Kurie, besorgte Giovanni für die Apostolische Kammer Kredite und den bargeldlosen Transfer kirchlicher Einkünfte aus aller Christenheit über die üblichen italienischen Wechselplätze (→Zahlungsverkehr der Kurie). Giovanni überstand die teilweise kompromittierende (Zeugenaussagen auf dem Konstanzer Konzil) Zusammenarbeit mit Bonifaz IX. und dem vom Konzil abgesetzten Johannes XXIII. ohne Diskriminierung und mit hohem Gewinn: Die römische Filiale machte bis 1420 50 % der Gewinne des Gesamtunternehmens! Das Medici-Unternehmen trug die Züge jener mittelgroßen florentinischen Firmen mit relativ selbständigen Filialen unter starkem Dach, die nach der bösen Erfahrung der großen Florentiner Bankrotte um 1345 an die Stelle der überdimensionierten, zentral gelenkten Firmen mit zahllosen Auslandskontoren und großem Gesellschaftskapital (z. B. Bardi und Peruzzi) getreten waren (→Bank). Giovannis Firma umfaßte bereits neben der *Tavola di Firenze* und zwei Wollmanufakturen die Filialen Rom, Venedig und Neapel, die mit Geld, Waren und Dienstleistungen handelten.

Giovanni stieg zum zweitreichsten Bürger von Florenz auf. Doch erst sein Sohn Cosimo (*il Vecchio,* 1389–1464) setzte Reichtum in politische Macht um. Die bislang herrschende Oligarchen-Partei der Albizzi entmachtend und gestützt auf wachsende Anhängerschaft im *popolo* (Schlachtruf *palle!* nach den 5 Kugeln des Medici-Wappens), lenkte Cosimo seit 1434 unter Wahrung der republikanischen Formen unauffällig die Geschicke der Stadt: mit hoher politischer Begabung, aber auch durch Manipulation der Wahlverfahren, durch Sonderausschüsse *(balie)* und politische Besteuerungspraxis zum Ruin des Gegners (*catasto* mit Progression). Außenpolitisch trat er, erst Venedig dann Mailand favorisierend, für ein Gleichgewicht der fünf großen italienischen Mächte ein. Gleich bedeutend als Politiker, als Unternehmer und als Mäzen förderte und finanzierte er großzügig Kunst und Wissenschaft, wobei er die Firmengewinne zeitweilig nicht nur nicht reinvestierte, sondern für seine Bauaufträge dem Unternehmen sogar Kapital entzog. Doch ertrug die gutgehende Firma solche mäzenatischen Anwandlungen noch ohne weiteres: Die Gewinne, bis 1420 durchschnittlich 6600 fl. im Jahr, erreichten zwischen 1420 und 1435 durchschnittlich 12 400, zwischen 1435 und 1450 sogar 19 300 fl. jährlich. Auch in der Produktion – in Wollmanufaktur und Seidenverarbeitung – engagierte sich Cosimo, vielleicht auch mit sozialpolitischer Intention (2 *botteghe di lana* seit 1402 bzw. 1408, 1 *bottega di seta* seit 1433, jeweils im Verlagssystem betrieben und, wie die Filialen, relativ selbständig geführt). Die Firma, die 1435 wie schon 1420 völlig umorganisiert wurde (Gesellschaftskapital 1420: 24 000; 1435: 32 000; 1439:

44 000 fl.; davon drei Viertel Medici, je ein Achtel die zwei Gesellschafter Antonio Salutati und Giovanni Benci; Gewinnanteil zwei Drittel an Medici, je ein Sechstel an Gesellschafter), expandierte kräftig mit neuen Außenstellen in Genf (seit 1426, ab 1467 in Lyon), in Brügge (1439–80), in Pisa (1442–89), in London (1446–80), in Avignon (1446–79), in Mailand (1452–78) und zeitweilig in Basel (1433–43) während des Konzils. Doch blieb die Filiale an der Kurie, die dem Papst gegebenenfalls auch in andere Residenzorte folgte, zunächst weiterhin die erfolgreichste und erwirtschaftete, ohne daß sie auch nur mit eigenem Kapital hätte ausgestattet werden müssen, zwischen 1420 und 1435 nicht weniger als 63 % aller Firmengewinne, bis 1450 dann immer noch 30 %. Später war sie zeitweilig sogar mit der Vermarktung der neugefundenen päpstlichen Alaunvorkommen in Tolfa beauftragt. Cosimos glückliche Hand bei der Auswahl seiner Mitarbeiter trug sehr zum Erfolg bei. Das kurze Zwischenspiel seines unternehmerisch unerfahrenen Sohnes Piero di Cosimo (*il Gottoso*, 1416–69, Firmenchef seit 1464) läßt bereits deutliche Anzeichen des Abstiegs erkennen: Sein restriktiver statt expansiver Kurs trug ihm zugleich das unternehmerisch wie politisch gleich gefährliche Odium ein, für die Florentiner Firmenzusammenbrüche von 1464/65 mitverantwortlich zu sein.

Der Niedergang der Medici-Bank nahm rapiden Verlauf unter Pieros Sohn Lorenzo (*il Magnifico*, 1449–92, Firmenchef seit 1469, zunächst mit seinem Bruder Giuliano bis zu dessen Ermordung in der Pazzi-Verschwörung 1478). Lorenzo, der Florenz auf den Höhepunkt der Renaissance führte (die höfische Geschichtsschreibung konzentrierte allen Glanz auf ihn, erst die neuere Forschung hat Cosimo aus seinem Schatten hervorgeholt), vermochte zwar geschickt und kühn die politische Position gegen innen und außen zu bewahren und zu steigern, nicht aber den Niedergang des Bankhauses aufzuhalten. Grund für den Niedergang war, neben Lorenzos anderen Prioritäten, jedenfalls auch schlechtes Management sowohl in der Zentrale (der allmächtige Generalmanager Francesco Sassetti las lieber im Cicero als in den Kontobüchern) als auch in den Filialen (darum Trennung Lorenzos von den Portinari, die z. B. Karl dem Kühnen zu weit entgegengekommen waren); aber vor allem auch: Veränderungen in der allgemeinen konjunkturellen Lage, das wachsende wirtschaftliche Gewicht Mitteleuropas, Schwierigkeiten beim Ausgleich der Handelsbilanz zwischen Nord und Süd (eine Situation, die damals auch anderen Florentiner Firmen sehr zu schaffen machte). Die Außenstellen in Mailand, Brügge und London wurden bis 1480 geschlossen, dann geriet auch Lyon in Schwierigkeiten; das Geschäft mit der Papstfinanz kam durch die politische Entfremdung zwischen Lorenzo und Sixtus IV. zum Erliegen (mochte Lorenzo es unter Innozenz VIII. auch wieder in Gang bringen). Detaillierte Reorganisationsprogramme wurden ausgearbeitet, aber nicht verwirklicht. Als Lorenzo 1492 starb, war die Medici-Bank praktisch schon bank-

Lorenzo de' Medici
Büste von Andrea del Verrocchio

rott; als sein Sohn Piero (1471–1503) 1494 durch den Einmarsch Karls VIII. von Frankreich vertrieben wurde, wurde die Bank geschlossen, die Medici-Familie verbannt, ihr Besitz konfisziert.

Damit endet der wirtschaftsgeschichtlich relevante Teil ihrer Familiengeschichte. Doch waren die Medici, wie dann auch andere Kaufleute der Frühen Neuzeit, inzwischen auf ein anderes Schiff umgestiegen, von Kaufleuten zu Fürsten geworden: Mit ihrer Rückführung nach Florenz 1512 und dem Einsetzen der jüngeren Linie 1537 (Cosimo I.) wurden die Medici Herzöge, dann Großherzöge (1531 bzw. 1569), die Florenz und die Toskana bis zu ihrem Aussterben 1737 beherrschten und darüber hinaus historische Gestalten von europäischem Rang hervorbrachten: 2 Päpste (Leo X. 1513–21, Clemens VII. 1523–34), 2 Königinnen von Frankreich (Katharina † 1589, Maria † 1642). *Arnold Esch*

Lit.: Archivio Mediceo avanti il Principato. Inventario edd. F. Morandini e A. D.'Addario, 4 Bde., Roma 1951–63; G. Camerani Marri, I documenti commerciali del fondo diplomatico mediceo nell'Archivio di Stato di Firenze (1230–1492). Regesti, Firenze 1951; G. A. Brucker, The Medici in the 14th Century, Speculum 32 (1957), S. 1–26; R. de Roover, The Rise and Decline of the Medici Bank 1397–1494, New York 1966; G. Holmes, How the Medici became the Pope's Bankers, N. Rubinstein (Hg.), Florentine Studies, London 1968, S. 357–80; A. Esch, Bankiers der Kirche im Großen Schisma, Quellen und Forschungen aus italienischen Archiven und Bibliotheken 46 (1966), S. 277–398; N. Rubinstein, The Government of Florence under the Medici, 1434 to 1494, Oxford 1966; G. C. Garfagnini (Hg.), Lorenzo de'Medici. Studi, Firenze 1992; M. Bullard, Fortuna della banca medicea nel tardo Quattrocento, Roma capitale, Atti del IV convegno del Centro Studi sulla Civiltà del Tardo Medioevo, S. Miniato 1992 (im Druck).

Merchant Bankers

Als Merchant Bankers oder Kaufleute-Bankiers bezeichnet man die Handelshäuser, die Handel und Bankgeschäft miteinander verbanden. Dies war zum ersten Mal bei den toskanischen Handelsgesellschaften des 13. Jhs. der Fall. Firmen wie die Bonsignori und im folgenden Jahrhundert die Acciaiuoli, Bardi und Peruzzi kombinierten nicht nur Fernhandel und Wechselgeschäft, sondern dienten auch als päpstliche Kollektoren (→Peterspfennig), Steuerpächter und Kreditgeber der Fürsten (→Bank). An diesem Dienstleistungsprofil der Handelsgesellschaften änderte sich im 15. Jh. (→Medici) und 16. Jh. (→Fugger) nur wenig. Neuerungen traten im 17. Jh. auf, als in Amsterdam, dem Zentrum des damaligen Welthandels, einzelne Kaufleute zusätzlich zu ihrem Handel das Wechselgeschäft aufnahmen und bald auch →Akzeptkredite für Kaufleute im In- und Ausland gewährten (d. h. die Einlösung ihrer fälligen Wechsel gegen eine Kommissionsgebühr garantierten). Als im 18. Jh. das Akzeptgeschäft genügend einbrachte und die Merchant Bankers so kapitalkräftig wurden, um sich auf das Bankgeschäft zu konzentrieren, entstanden aus Handelsunternehmen mit Banktätigkeit Privatbankhäuser. Sie finanzierten mit Krediten den Außenhandel und emittierten internationale Staatsanleihen. Dies war in London nicht anders, wo zu Beginn des 19. Jhs. die →Baring zusammen mit den aus Amsterdam übergesiedelten Hope das internationale Staatsanleihegeschäft beherrschten. Hier waren die Merchant Banks genannten Privatbankhäuser bis ins 20. Jh. für die Finanzierung des Welthandels und die Anleiheemission zuständig, obwohl im britischen Bankwesen zunehmend →Depositenbanken dominierten. Die Anleihen des Staates und der internationale Großhandel standen ebenfalls im Mittelpunkt des Geschäfts französischer Privatbanken, die von Protestanten schweizerischer oder französischer Abkunft geführt wurden und als *Banque protestante* in die Geschichte eingegangen sind. Auch in Deutschland waren das Handels- und Speditionsgeschäft neben der Tätigkeit als jüdischer →Hoffaktor die wichtigste Grundlage der Privatbankiers. Diese gewährten Handelskredite, finanzierten auf regionaler Ebene die frühe Industrie und den Eisenbahnbau, plazierten Staatsanleihen und beherrschten so bis in die zweite Hälfte des 19. Jhs. den Kredit- und →Zahlungsverkehr. Erst seit den 1870er Jahren wurden sie durch die →Universalbanken zunehmend aus dem Kreditgeschäft verdrängt. *Michael North*

Lit.: Y. Renouard, Les hommes d'affaires italiens du Moyen Age, Paris 1948; Born, Geld; J. C. Riley, International Government Finance and the Amsterdam Capital Market, 1740–1815, Cambridge 1980; Deutsche Bankengeschichte, 3 Bde., Frankfurt 1982–83; S. Chapman, The Rise of Merchant Banking, London 1984; K. A. Donaubauer, Privatbankiers und Bankenkonzentration in Deutschland von der Mitte des 19. Jhs. bis 1932, Frankfurt 1988; H. Pohl (Hg.), Europäische Bankengeschichte, Frankfurt 1993.

Metallwert →Nennwert

Metrologie (**historische**)

Die Metrologie ist die historische Wissenschaft von Zahl, Maß und Gewicht, vom Zählen und Rechnen, Messen und Wiegen. In bezug auf Numismatik und Geldgeschichte hat es die (historische) Metrologie zu tun mit der Einteilung der Münzsysteme, dem →Münzfuß, der Einheit des Währungsmetalls, dem →Münzgrundgewicht, dem →Feingehalt der Münzen und dazu mit ihrem (heutigen) Metallwert. Die Münze erscheint als Verkörperung eines bestimmten, durch die Prägung bestätigten Metallgewichts – als physikalische Größe, die «aus einer Zahl und einer Einheit» besteht (Simon/Stahl). Ihr Gewicht an Metall macht sie zu einem Element der Geldmaterie. Der historisch sachgerechte Zugang bleibt jedoch verschlossen, solange diese Größen nur metrisch abstrakt verstanden werden. Er öffnet sich ausschließlich einem zeitgenössischen Denken in Relationen – über ein Netz von «Vergleichungen» und «Einteilungen», die die Quellen nennen.

Die historische Metrologie ist ihrem Ursprung nach eine humanistische Disziplin des 16. Jhs., erwachsen aus dem Bemühen, die Überlieferung *de mensuris et ponderibus* (von den Maßen und Gewichten) bestimmter antiker Wissensbereiche zu verstehen. Sie erhielt ihre Konturen in einer literaturwissenschaftlichen, auf das legale Maßwesen herrschaftlich verfaßter Territorien gerichteten Tradition. Das Mittelalter blieb lange Zeit ausgespart, dann unverstanden. Der antike Gegensatz zwischen den *artes liberales*, den sieben freien Künsten des Unterrichts, und «den mit körperl[icher] Arbeit verbundenen banaus[ischen] oder handwerksmäßigen Künsten *(artes sordidae, technai banausoi)*» (Fengler) wirkte fort in den Vorbehalten der jüngeren Geschichtswissenschaft gegen eine Erforschung der materiellen und sozio-ökonomischen Grundlagen des älteren Maßwesens.

Bereits Agricola folgte in seinen metrologischen Schriften (1533–1549) einer Methode, die die Forschung der folgenden Jahrhunderte geprägt hat. Zur «Wiederfeststellung der Maße und Gewichte» der Antike (1549) schlug er eine Brücke bis in seine, durch den sächsischen Münzstreit geprägte Gegenwart. Dabei ließ er die vielen kaufmännischen Einheiten in Stadt und Land beiseite und suchte ausschließlich nach der «behördlich festgelegten Schwere». Einen «sicheren Richtweg» boten ihm «wohlbekannte Dinge», die «teils in der Natur gegeben» (Körner, Samen), «teils künstlich geschaffen» sind (alte Münzen, römische *libra* und *pes*). Die Rekonstruktion der Grundeinheiten und ihr Übertragen in zeitgenössische Größen verband seither aufs engste die allgemeine mit der numismatischen Metrologie. Münze war Gewicht, und Edelmetall war das älteste gewogene Gut – ihr Standard war ein gemeinsamer. Die Suche nach dem römischen Pfund *(libra)* seit dem 16. Jh., nach dem → «Karls-Pfund» *(pondus Caroli)* seit dem späten 17. Jh. und nach der Kölner → Mark seit dem frühen 19. Jh. markiert die Perioden der historisch metrologischen Sachforschung.

Als Hermann Grote 1863 seine «Bruchstücke» zu einer numismatischen «Metrologie des Mittelalters» veröffentlichte, betrachtete er die Forschungen zum Altertum «durch Böckh's Werk [1838] fast als abgeschlossen; für das Mittelalter und die neuere Zeit ist sehr wenig geschehen, namentlich gibt es für die neuere Metrologie fast nichts als die unkritischen, für den Gebrauch der Kaufleute bestimmten Hand- und Taschenbücher der Maß- und Gewichtskunde». An diesem Stande der Forschung hat sich bis in die jüngste Zeit wenig geändert. Grote wußte noch, daß das Muttergewicht einer Kölner Mark von 233 g seit dem 17. Jh. mit Gewißheit in Amsterdam lag, daß neben dieser eine weitere Mark von 231 g in Köln gebraucht worden war, und er vermutete in den Territorien des Reiches eine eigenständige Gewichtstradition – zeitlich und räumlich differenziert. Seine Erkenntnisse haben jedoch keine Schule gemacht.

Erst im 20. Jh. wurden diese Forschungen – gefördert von dem 1973 gegründeten «Comité International pour la Métrologie Historique (CIMH)» – wiederbelebt. Mehrere Projekte zur historischen Metrologie und begleitende Forschungen haben seit 1980 an der Universität GH Siegen die grundlegende Bedeutung der materiellen Kultur und mit ihr der *artes mechanicae* als urtümliche und wesenhafte Quellen für die ältere europäische Metrologie sichtbar werden lassen. Die Ergebnisse gestatten es, die Epoche zwischen dem 11. und dem 16. Jh. als eine des Übergangs aus einer statischen in eine dynamische Kultur zu beschreiben. Dabei spielen die numismatische Überlieferung und die Erforschung der Geldgeschichte eine zentrale Rolle. Karolingische Kapitulare setzen ein statisches

Wertverständnis der Tauschgüter, auch der Edelmetalle voraus; erst mit den Reichsmünzordnungen von 1559/1566 wurde die Vorstellung eines konstanten (Wert)Verhältnisses von Gold und Silber als Grundlage der Währung endgültig aufgegeben. Die Metrologie erweist sich als ein Feld elementarer historischer Fakten und Entwicklungen von langer Dauer.

Harald Witthöft

Lit.: G. Agricola, Schriften über Maße und Gewichte (Metrologie), Berlin 1959 (1550[1]); A. Böckh, Metrologische Untersuchungen über Gewichte, Münzfüße und Maße des Alterthums in ihrem Zusammenhange, Berlin 1838, Ndr. Karlsruhe 1978; H. Grote, Die numismatische Metrologie, Münzstudien, Leipzig 1863, S. 1–62; G. Karsten, Maß und Messen, G. Karsten et al. (Hgg.), Einleitung in die Physik, Leipzig 1869, S. 414–92; Luschin, S. 156–70; C. Brinkmann, Vorbemerkungen zu einem Corpus Metrologicum Medii Aevi, VSWG 37 (1944), S. 46–53; J. O. Fleckenstein, Metrologische Methodik und metrosophische Spekulation in der Wissenschaftsgeschichte, Travaux du Ier Congrès International de la Métrologie Historique, Zagreb 1975, S. 445–58; H. Witthöft, Zur Entwicklung von Gegenstand und Methode der historischen Metrologie und zum Stand der Forschung in der Bundesrepublik Deutschland, G. Otruba (Hg.), Acta Metrologiae Historicae, Linz 1985, S. 5–38; Ders., Georg Agricola über Maß und Gewicht der Antike und des 16. Jhs. – als Arzt, Humanist und Ökonom, Historia socialis et oeconomica (Festschrift Zorn), Stuttgart 1987, S. 338–69; Ders., Die Münzordnungen und das Grundgewicht im Deutschen Reich vom 16. Jh. bis 1871/72, E. Schremmer (Hg.), Geld und Währung vom 16. Jh. bis zur Gegenwart, Stuttgart 1993, S. 45–68; Ders., Deutsche Maße und Gewichte des 19. Jhs. Nach Gesetzen, Verordnungen und autorisierten Publikationen deutscher Staaten, Territorien und Städte, 3 Bde., St. Katharinen 1993–94; B. Garnier et al. (Hgg.), Introduction à la Métrologie Historique, Paris 1989.

Miliaresion

Das Miliaresion war eine byzantinische Silbermünze, deren Name sich aus dem lat. *miliarense* (von *mille*) ableitet, da sie zur Zeit Konstantins des Großen 1/1000 des Goldpfundes entsprochen haben soll. Das Wort soll eine römische Silbermünze im 4. Jh. bezeichnet haben, dann im 6. Jh. eine byzantinische. Die neue und wichtigste Miliaresion-Münze wurde von Leo III. im Jahre 720 eingeführt und bis zum Jahre 1092 gemünzt. Auf der einen Seite war eine kaiserliche Inschrift mit mehreren Linien angebracht, auf der anderen Seite ein Kreuz, später eine Darstellung von Maria oder Christus. Das Gewicht betrug zwischen 2 und 3 g, im 11. Jh. fiel es bis auf 1,4 g. Der Silbergehalt war im Anfang des 11. Jhs. hoch, bis zu 96 %, später fiel er auf 70 %. Das Verhältnis zwischen einer Nomisma aus Gold und dem Miliaresion betrug 1:12. Das Miliaresion war vom arabischen →Dirham beeinflußt, und es gibt Beispiele dafür, daß die Dirhams zum Miliaresion überprägt worden sind. Im 11. Jh. wurden auch Drittel und Zweidrittel geprägt. In den schwedischen Münzfunden treten Miliaresien auf, die im wikingerzeitlichen Handel dorthin gelangt sind.

Jørgen Steen Jensen

Lit.: v. Schrötter, S. 390; P. Schreiner, P. Berghaus, Miliaresion, LMA, VI, München 1993, S. 625; P. Grierson, Catalogue of the Byzantine Coins in the Dumbarton Oaks Collection and in the Whittemore Collection, III, 1–2, Washington, D. C., 1973; M. F. Hendy, Studies in the Byzantine Monetary Economy c. 300–1450, Cambridge 1985, S. 503 ff.; I. Hammarberg et al., Byzantine Coins Found in Sweden, Stockholm-London 1989.

Monetagium → Münzverrufung, Münzpolitik und Steuern

Monetarisierung

Unter Monetarisierung versteht man den Entwicklungsstand der Geldwirtschaft in einer Region oder einem Land. Dieser wird von der Bedeutung des Geldes in Wirtschaft und Gesellschaft bestimmt. Von einer fortgeschrittenen Monetarisierung oder einer Durchsetzung der Geldwirtschaft gegenüber der Naturalwirtschaft kann man von dem Zeitpunkt an sprechen, an dem die Mehrheit der Bevölkerung das → Geld als Tauschmittel, Wertaufbewahrungsmittel und Recheneinheit verwendete. Bis dahin sollten mehrere Jahrhunderte vergehen. So war das Karolingerreich, abgesehen von einigen Handelszentren wie Dorestad, durch das Fronhofsystem und damit naturalwirtschaftlich geprägt. Um einen Fron- oder Herrenhof konzentrierten sich zahlreiche Bauernhöfe, deren leibeigene Besitzer auf den Feldern des Fronhofes arbeiteten und gleichzeitig Naturalabgaben leisteten. Die einzelnen Fronhöfe bildeten autarke Wirtschaftseinheiten und traten deshalb auf dem Markt als Käufer ebensowenig in Erscheinung wie die Bauern als Produzenten. Dennoch sind in den karolingischen Kerngebieten im Pariser Becken oder zwischen Maas und Rhein – bedingt durch eine zunehmende Arbeitsteilung auf den Fronhöfen seit dem ausgehenden 8. Jh. – Marktbeziehungen der Bauern festzustellen. Die Bauern verkauften ihre Produkte gegen Geld, so daß manche Grundherren bereits Geldzinse von ihren Hörigen forderten. Östlich des Rheins waren in dieser Zeit Münzen nahezu unbekannt. Selbst die im 10. Jh. in zahlreichen neuen Münzstätten geprägten → Denare kamen fast ausschließlich dem Fernhandel zugute. Erst mit den im 12. Jh. erschlossenen mitteleuropäischen Silberbergwerken wurden Wirtschaft und Gesellschaft europaweit monetarisiert. Durch Städtegründungen und die Auflösung der Fronhofverfassung entstanden Ware-Geld-Beziehungen zwischen Stadt und Land, und die gestiegenen Edelmetallvorräte reichten erstmals für den Geldverkehr breiter Bevölkerungsschichten aus. Ein Indiz dafür sind die Münzfunde, die in Deutschland in größerem Umfang für das 12. Jh. vorliegen, aber erst im 13. Jh. an Zahl und Ausdehnung deutlich zunehmen, während die deutschen Münzen in den Jahrhunderten davor überwiegend als Fernhandelsdenare im Ausland und nicht im Binnenland umgelaufen waren. Jedoch läßt sich auch weiterhin ein Monetarisierungsgefälle feststellen, das sich von Italien über Flandern, Frankreich, West- und Süddeutschland nach Nord- und Ostdeutschland zog. Ursache hierfür waren auch die →Edelmetallströme. So floß das Edelmetall aus den Produktionsgebieten in den europäischen Süden, wo die meisten und wertvollsten Waren herkamen, und nur in geringerem Maße in den Norden. Die folgenden Jahrhunderte sind durch eine weitere Expansion der Geldwirtschaft in geographischer wie sozialer Hinsicht geprägt. Das Monetarisierungsgefälle wurde geringer, so daß sich die Unterschiede nicht mehr in der Münzverwendung, sondern im Gebrauch von Kreditinstrumenten oder im Besitz von Bankkonten äußerten. Dennoch gab es in Zeiten der →Edelmetallknappheit auch immer wieder Rückschläge für die Monetarisierung von Wirtschaft und Gesellschaft. *Michael North*

Lit.: P. Dollinger, Der bayerische Bauernstand vom 9. bis zum 13. Jh., München 1982; Spufford, Money; G. Hatz, Der Handel in der späten Wikingerzeit zwischen Nordeuropa (insbesondere) Schweden und dem Deutschen Reich nach numismatischen Quellen, K. Düwell et al. (Hgg.), Untersuchungen zu Handel und Verkehr der vor- und frühgeschichtlichen Zeit in Mittel- und Nordeuropa, IV, Göttingen 1987, S. 86–112; North, Das Geld.

Monetarius →Münzer

Monometallismus

Beim Monometallismus handelt es sich, im Gegensatz zum →Bimetallismus (Doppelwährung), um eine Edelmetallwährung, bei der nur ein Währungsmetall frei ausprägbar ist. Zwei Arten von Monometallismen sind zu unterscheiden: die Goldwährung (Monochrysismus) und die Silberwährung (Monoargyrismus). Kennzeichen sind die unbegrenzte Ausprägbarkeit des jeweiligen Währungsmetalls zu einem bestimmten →Münzfuß, sowie unbeschränkte Ein- und Ausfuhr. Hinzu kam die unbedingte Einlösbarkeit von →Banknoten oder Scheidemünzen in das Währungsmetall und eine Bareinlösungsgarantie der nationalen →Notenbanken. Letztere hatten zur Aufrechterhaltung der Metalldeckung des Währungsumlaufes einen festen Grundstock des betreffenden Metalls zu halten. Reine →Goldwährungen wurden im 19. Jh. u. a. von England (1816), Deutschland und den Staaten der →Skandinavischen Münzunion (1873) sowie den Niederlanden (1875) und Rußland (1898) in unterschiedlicher Form (Goldkern- und Goldumlaufwährung) eingeführt und mehr oder weniger konsequent («hinkende» Goldwährung) aufrechterhalten. Reine Silberwährungen wurden, zumindest formell, zwischen 1857 und 1873 in Deutschland, ab 1847 in den Niederlanden und seit 1852 in Britisch-Indien unterhalten. *Friedrich Zellfelder*

Lit.: Luschin, S. 190f., v. Schrötter, S. 231f. und 636f.

Montangeschichte

Die Montangeschichte oder Geschichte des Berg- und Hüttenwesens umschreibt alle Bemühungen, Zeugnisse montanwirtschaftlicher Tätigkeiten menschlicher Gruppen aufzuspüren, zu erfassen, zu ordnen und kritisch kombiniert in eine historische Darstellung einzubringen. Die schriftliche und nichtschriftliche Überlieferung kann dabei befragt werden nach den geologischen Bedingungen der Fundstätte, nach rechtlicher Gestalt und verwaltungsmäßiger Organisation, nach technischer Ausstattung und wirtschaftlicher Ordnung, nach kulturellem Zuschnitt und religiösem Leben, nach sprachlicher Ausdrucksweise und sozialer Verfassung der unter und über Tage arbeitenden und lebenden Menschen. Im Sinne einer Art Selbstvergewisserung der Autoren scheinen die verschiedenen Epochen der Montangeschichtsschreibung auf eine noch nicht genauer untersuchte Weise mit den großen Veränderungen verknüpft zu sein, welche sich im Gefolge von konjunkturellen Auf- und Abschwüngen der europäischen →Montanwirtschaft einstellten. So schickte der Urvater aller Montanwissenschaften Georgius Agricola seinem Werk *De re metallica libri XII* von 1556 zehn Jahre früher (1546) die erste Bergbaugeschichte *De veteribus et novis metallis libri II* voraus. Die Umwandlung montanistischer Lehranstalten in Bergakademien bzw. entsprechende Gründungen ab 1770 brachten außer der systematischeren Forschung in den Montanwissenschaften und der Anwendung ihrer Ergebnisse auch eine Reihe von Veröffentlichungen zur Bergbaugeschichte hervor: Johann Georg Lori 1764, Henning Calvoer und Joseph von Sperges 1765, Franz Ludwig von Cancrinus 1767/1787, Johann Thadäus Anton Peithner 1780, Johann Friedrich Gmelin 1793, Christian Hieronymus Lommer und Johann Friedrich Reitemeyer 1785, Karl Immanuel Löscher 1786, Christoph Wilhelm Jacob Gatterer 1787, 1798/99, August Ludwig Schlözer 1791, Thomas von Wagner 1791/94, Anton Lenz 1801, Christian Gottlob Flade 1805, Carl Friedrich Mosch und Franz Alexius Schmid 1829, Kaspar Graf Sternberg 1836/37; auch die Werke Agricolas wurden übersetzt (Ernst Johann Traugott Lehmann 1806/12, Franz Alexius Schmid 1806). Einige dieser Autoren waren Mitglieder der von Ignaz von Born und Friedrich Wilhelm Heinrich von Trebra ins Leben gerufenen internationalen «Societät der Bergbaukunde» (1786–1790), welche einen freien Meinungsaustausch über die Hauptarbeitsgebiete der physischen Geographie, Chemie, Mineralogie, Bergbautechnik sowie dem Hüttenwesen und ausdrücklich auch der Geschichte des Bergbaus pflegen wollte.

Mit den großen Bergrechtsreformen in der Mitte des 19. Jhs. (1851: Sachsen und Hannover, 1851–65: Preußen, 1854: Österreich) wurden die bisher gültigen Rechts- und Eigentumsverhältnisse im mitteleuropäischen Bergbau gesprengt, und eine stark rechtsgeschichtlich orientierte Literatur trat hervor: Franz Xaver Matthias Zippe 1857, Rudolf Klostermann 1866/71, Heinrich Achenbach 1871, Hermann Brassert 1888, Adolf Arndt 1885/1888/1916, Adolf Zycha 1899/1900. Davon nehmen bis heute die Werke Adolf Zychas zur Rechtsgeschichte des mittelalterlichen deutschen Bergbaus einen festen Platz ein. Mit seinen Sammelbesprechungen von Werken zur Montangeschichte (von 1907/08, 1918 und 1940/41) in der Vierteljahrschrift für Sozial- und Wirtschaftsgeschichte hat er zudem ihre weitere Erforschung stark gefördert. Ähnlich kräftige Anstöße brachten die Werke Jakob Strieders (1914/1925/1938) und seiner Schüler zur Rolle von Bergbau und Hüttenwesen im oberdeutschen Frühkapitalismus, wenn es dabei auch manche Einseitigkeiten wegen der günstigen Überlieferung durch das Firmenarchiv der →Fugger gab. Der Technikgeschichte des Berg- und Hüttenwesens besonders verpflichtet war dann Franz Kirnbauer (1940/41), der mit seiner Reihe der Leobener Grünen Hefte ab 1950 ein wichtiges Publikationsorgan der Montangeschichte schuf, welches in einer NF bis heute existiert. In dieser Reihe wurden viele Arbeiten veröffentlicht, die religiöses Leben, Lied- und Sagengut, Brauchtum und Arbeitswelt der Berg- und Hüttenleute schildern. Dazu haben insbesondere auch Gerhard Heilfurth (1936/1965/1967) und Georg Schreiber (1962) wichtige Bücher vorgelegt. Die marxistisch orientierte montangeschichtliche Forschung in der ehemaligen DDR legte eine ganze Serie von Veröffentlichungen in den Freiberger Forschungsheften vor und gruppierte andere Untersuchungen um die Edition des Werkes von Georgius Agricola. Allen Bereichen der Montangeschichte widmete sich seit 1970 der lockere Kreis, welchen Jiři Majer vom Technischen Museum Prag regelmäßig in Příbram versammelte. Seit Ende der sechziger Jahre zeichnen sich mehrere Schwerpunkte montanhistorischer Forschung ab: 1. die Bergbau- und Industriearchäologie; 2. die wirtschaftsgeschichtlich orientierte Analyse des Berg- und Hüttenwesens mit quantitativem Einschlag, und 3. Reviergeschichten. 1. sind zu nennen der seit 1987 interdisziplinär zur Frühgeschichte des Erzbergbaus und der Verhüttung im südlichen Schwarzwald arbeitende Freiburger Kreis, die andauernden archäologischen Untersuchungen zum mittelalterlichen Bergbau im Erzgebirge und Erzgebirgsvorland von Wolfgang Schwabenicky (1991), ähnlich geartete Forschungen zum frühneuzeitlichen Bergbau der Vogesen durch Pierre Fluck und seinen Kreis um die Zeitschrift Pierres et Terre sowie die stupende Bestandsaufnahme technischer Denkmäler der BRD durch Rainer Slotta. Hinzu kommen die beiden Bände zum Metallerzbergbau 1983 sowie das Gegenstück für das Gebiet der DDR von Eberhard Wächtler und Otfried Wagenbreth 1983. 2. sind die von Hermann Kellenbenz veranlaßten Forschungsbilanzen zum Eisen-, Kupfer- und Edelmetallbergbau und

-handel (von 1974, 1977 und 1981) anzuführen, deren ausführliche Zusammenfassungen immer europaweit, teilweise sogar global sind. Dortige, auf Mengen ausgehende Aufsätze wurden durch die quantitativ orientierten Untersuchungen von Ekkehard Westermann (1986, 1988) weitergetrieben. 3. sind die Arbeiten von Karl-Heinz Ludwig und Fritz Gruber über das Salzburger Bergbaurevier in der Frühen Neuzeit (1982, 1987) und die Darstellung des Oberharzer Bergbaureviers von 1635 bis 1866 von Christoph Bartels (1992) zu nennen. *Ekkehard Westermann*

Lit.: M. Koch, Geschichte und Entwicklung des bergmännischen Schrifttums, Goslar 1963; H. Baumgärtel, Zur Periodisierung der Geschichte der Bergbauwissenschaften, Freiberger Forschungshefte D 46, Leipzig 1964, S. 71–90; G. List, Adressaten, Autoren, Akteure. Über Partizipation an der Geschichte, Historia Integra (Festschrift Hassinger), Berlin 1977 S. 409–26; O. Wagenbreth, Geschichtsschreibung als Kriterium für die Herausbildung einer Wissenschaft am Beispiel der Montanwissenschaften, Dresdener Beiträge zur Geschichte der Technikwissenschaften 20 (1992), S. 40–46; die beste Orientierung über das Schrifttum bietet die seit 1949 erscheinende Zeitschrift Der Anschnitt. Zeitschrift für Kunst und Kultur im Bergbau. Seit spätestens Mitte der siebziger Jahre ist sie ein internationales Organ, das mit seinen Aufsätzen, Buchbesprechungen, Tagungsberichten und der jährlichen Bibliographie von Zeitschriftenaufsätzen ausgezeichnet informiert.

Montanwirtschaft

Montanwirtschaft, Montanwesen oder Berg- und Hüttenwesen umfaßt alle auf das Ziel gerichteten Tätigkeiten menschlicher Gruppen (Organisation, Technik und Kapitaleinsatz), sich die in der Erdkruste vorhandenen Mineralien wie Erze, Salze, fossile Rohstoffe und Steine nutzbar zu machen. Nicht abbauwürdige Mineralablagerungen bezeichnet man als Vorkommen, abbauwürdige hingegen als Lagerstätten. Über die Abbauwürdigkeit einer Lagerstätte entscheiden der Anreicherungsgrad des Minerals, z. B. der Erzgehalt im erzführenden Gestein, die Art des Erzes (Oxid, Sulfid, Karbonat o. ä.), sein Metallgehalt und seine Vergesellschaftung mit anderen Erzen. Im wesentlichen sind flözartige von massigen und gangartigen Lagerstätten zu unterscheiden, und entsprechend fallen die zugehörigen berg- und hüttenmännischen Arbeiten aus. Das Aufsuchen der Lagerstätte erfolgte durch systematische Beobachtung der Erdoberfläche. Bei positivem Befund schloß sich fast sofort der oberflächennahe Erzabbau an, dem der weitere Aufschluß der Lagerstätte im Stollen- oder Tiefbau samt den meist Hand in Hand gehenden Gewinnungsarbeiten folgte. Der Grubenausbau in Holz oder Stein beachtete Fahrung (Stollenführung) und Förderung, wobei Streckenförderung durch Mensch und/oder Tier von Schachtförderung über Seilrolle und Haspel zu unterscheiden ist. Die Wasserlösung erfolgte durch tiefer gelegene Stollen, durch Menschenhand oder Wasserhebemaschinen (Schöpf- und Schneckenrad, Saug- und Druckpumpe). Die Bewetterung stellte man durch Wetterfeuer, -schächte und -strecken und Durchhiebe sicher, während man sich Licht unter Tage nur durch das Geleucht in Form der Kien-, Fett-, Unschlitt- oder Öllampe verschaffen konnte. Der Anlage von Stollen, Strecken und Schächten ging die Vermessung durch den Markscheider voraus. Bei größer werdendem Bergbau bedurfte die Abstimmung aller dieser Arbeiten aufeinander einer straffen Organisation mit klarer hierarchischer Ordnung. Die Berg- und Hüttenleute, die mitbauenden oder nur Kapital einschießenden Gewerken und alle dem Berg- und Hüttenwesen verbundenen Personen bildeten seit dem Mittelalter die Berggemeinde. Der prinzipiellen Freizügigkeit der Bergleute, ihrem Recht, überall nach Erzen zu schürfen und Waffen zu tragen, stand das aus dem →Bergregal fließende Recht des Regalinhabers gegenüber, Bergbau und Hüttenwesen durch Rechtsvorschriften zu ordnen, durch Bergbeamte deren Einhaltung zu erzwingen und alle Rechtsbrüche durch den Bergrichter im Verein mit den aus der Berggemeinde gewählten Geschworenen zu ahnden. Diese Faktoren wirkten im jeweiligen Revier nach dessen besonderen Bedingungen zusammen; über die Beschaffung von Roh- und Hilfsstoffen und Ge- und Verbrauchsgütern sowie über den Metallhandel vermittelt, beeinflußten sie aber auch andere Zweige der europäischen Wirtschaft. Konzentriert man sich auf die Produktion von Münzmetallen, sind in der montanwirtschaftlichen Entwicklung Europas seit dem 10. Jh. mehrere Phasen zu unterscheiden. Die erste Phase ist bestimmt vom →Silber, setzte definitiv mit dem Rammelsberger Bergbau bei Goslar ein und erreichte im 13. Jh. ihre größte Bedeutung. Sie korrespondierte mit der massenhaften Entstehung von Städten in Europa und einer Vielzahl neuer →Münzstätten, welche der so entstehenden arbeitsteiligen Verkehrswirtschaft die notwendigen Zahlungsmittel verschafften. Seit Ende des 13. Jhs. mehrten sich krisenhafte Zeichen in vielen europäischen Bergbaurevieren, die meist auf eine relative Erschöpfung der Lagerstätten samt zunehmendem Wasserandrang in größerer Teufe zurückgingen. Verschärft wurden sie durch regionale und lokale Besonderheiten wie Versorgungskrisen, Grubeneinstürze, Wassereinbrüche, Erdbeben, kriegerische Auseinandersetzungen oder sachlich ungeeignete Reformen. Die großen Pestzüge seit Mitte des 14. Jhs. brachten der bergbauenden Bevölkerung erhebliche Verluste, unterbrachen die mündliche Weitergabe von Fachkenntnissen und machten die Krisis des Bergbaus insbesondere durch Wassernot für ein Jahrhundert allgemein. Sie führte ab 1380 zu der schon von Werner Sombart konstatierten Unterversorgung mit Münzmetallen, der großen →Edelmetallknappheit. Die folgende Phase der montanwirtschaftlichen Entwicklung Europas ab etwa 1460 wurde von Silber und →Kupfer bestimmt. Herausgefordert durch den Mangel an Münzmetallen entstand aus dem Zusammenspiel von investitionsbereiten, berg- und hüttentechnisch interessierten Fernkaufleuten, den für neue Organisationsformen von Kapital und Arbeit aufgeschlossenen und zur entsprechenden Vergabe von Privilegien bereiten Fürsten und nicht zuletzt durch einsatzwillige Bergleute eine zweite Montankonjunktur. Zeitlich verschoben von Revier zu Revier reichte sie bis zum Beginn des letzten Drittels des 16. Jhs. Sie weist im Vergleich zum 13. Jh. folgende, miteinander verflochtene Merkmale auf: größere Teufen mit zugehörigen Anlagen für Bewetterung und Wasserhaltung (Heinzen- und Bulgenkunst, Becherwerk, Saugpumpe, Kehrrad u. a.), bessere Erzaufbereitung (Trocken- und Naßpochwerke, verbesserte Waschwerke), neue Schmelzverfahren (Goldamalgamation, →Seigerverfahren, →Abdarrverfahren), größere Zahl von Erwerbspersonen mit günstigerer Arbeitsorganisation, erheblich erhöhter Kapitaleinsatz (→Kux, Privileg Nürnbergs von 1461, daß bei Gesellschaften für Produktion und Vertrieb von Metallen stille Teilhaber nur mit ihrem Anteil haften), wesentlicher Ausbau der Montanverwaltung (erhöhte Rechtssicherheit durch ständige Verbesserung der Bergordnungen, Einführung arabischer Ziffern und →doppelter Buchführung). Durch die Freizügigkeit der Bergleute und den Austausch von Fachleuten für Wasserhaltung und Verhüttung erhielt diese Montankonjunktur immer wieder neue Anstöße. Dennoch gerieten viele europäische Bergbaureviere mit vorherrschender Silberproduktion im zweiten Drittel des 16. Jhs. in eine ungünstigere Kosten-Erlös-Situation. Weiter steigende Kosten waren durch höhere Silberpreise nicht abzufangen, da die Zufuhr amerikanischen Silbers rasch zunahm. Das bedeutete das Aus für viele europäische Bergwerke und die Dominanz amerikanischen Silbers vom ausgehenden 16. bis zum beginnenden 19. Jh. Für die Folgezeit stellt sich in Europa die Rangfolge der gewonnenen Metalle von Land zu Land verschieden dar. Neben einer allmählichen Zunahme der Betriebsgröße seit der zweiten Hälfte des 17. Jhs. zeichnete sich eine Verschiebung in der montanwirtschaftlichen Erzeugung zu gewerblich nutzbaren Metallen und Bergprodukten ab, obwohl in Sachsen, im Harz, in Norwegen oder später in Rußland beachtenswerte Mengen an Silber erzeugt wurden. Insbesondere seit dem 18. Jh. fanden Eisenerz, Braun- und Steinkohle, aber auch die wissenschaftliche Vertiefung der Berg- und Hüttenkunde an Bergakademien (→Montangeschichte) vermehrte Aufmerksamkeit. Sieht man von der bergrechtlichen Orientierung am Grundeigentümer in Großbritannien ab, dann stieß das am sächsischen Vorbild orientierte Direktionsprinzip bald überall an die Grenzen seiner Rentabilität. Daher wurden durch die großen Bergrechtsreformen in der Mitte des 19. Jhs. auch das Berg- und Hüttenwesen der Gewerbefreiheit geöffnet: Der Weg in das Zeitalter von Kohle und Stahl war frei. *Ekkehard Westermann*

Lit.: L. Suhling, Aufschließen, Gewinnen und Fördern. Geschichte des Bergbaus, Reinbek 1983; W. Kroker, E. Westermann (Hgg.), Montanwirtschaft Mitteleuropas vom 12. bis 17. Jh., Bochum 1984; E. Westermann (Hg.), Quantifizierungsprobleme bei der

Erforschung der europäischen Montanwirtschaft des 15. bis 18. Jhs., St. Katharinen 1988; Ders., Über Wirkungen des europäischen Ausgriffs nach Übersee auf den europäischen Silber- und Kupfermarkt des 16. Jhs., A. Reese (Hg.), Columbus: Tradition und Neuerung, Idstein 1992, S. 52–69; K.-H. Ludwig, V. Schmidtchen, Metalle und Macht 1000 bis 1600, Berlin 1992.

Monte

In den italienischen Quellen des Spätmittelalters und der Frühen Neuzeit bezeichnete der Begriff Monte sowohl eine karitative Einrichtung wie den →Monte di Pietà als auch die Stadtschuld und ihre Verwaltung. Im Monte wurden die noch nicht getilgten Anleihen (schwebenden Schulden) der Städte konsolidiert, d. h. in langfristige Anleihen mit regelmäßiger Zinszahlung umgewandelt. Die Monte-Anteile (→Luoghi) wurden gehandelt und waren eine beliebte Investition für die Kapitalbesitzenden. Wenn der Monte eine Anleihe nicht selbst verwaltete, teilte er sich manchmal die Verwaltung mit dem Bank- und Versicherungsgewerbe. In Florenz erhielt der Monte des Jahres 1415 treuhänderisch Geld und der von 1423 zahlte den Anlegern eine Leibrente. Erfindungsreicher war der Monte doti («Mitgiftsmonte») des Jahres 1424. Wenn die Anleger innerhalb der nächsten siebeneinhalb oder fünfzehn Jahre heirateten, erhielten sie 250 % bzw. 500 % der ursprünglichen Einlage; falls sie aber vorher starben oder nicht heirateten, verfiel diese zugunsten der öffentlichen Hand. Neben diesen öffentlichen Monti wurden in Rom seit dem 16. Jh. verschiedene private Monti baronali aufgelegt, mit denen Patrizier langfristige Darlehen aufnahmen. *Giuseppe Felloni*

Lit.: H. Sieveking, Genueser Finanzwesen mit besonderer Berücksichtigung der Casa di San Giorgio, I–II, Freiburg 1898–99; G. Rezasco, Dizionario del linguaggio italiano storico ed amministrativo, Firenze 1881; B. Barbadoro, Le finanze della repubblica fiorentina. Imposta diretta e debito pubblico fino alla istituzione del monte, Firenze 1929; G. Luzzatto, I prestiti della repubblica di Venezia, I, Padova 1929; A. Lodolino, I ‹monti camerali› nel sistema della finanza pontificia, Archivi storici delle aziende di credito, I, Roma 1956, S. 263–90; G. Felloni, Kredit und Banken in Italien, 15.–17. Jh., North (Hg.), Kredit, S. 18 f.

Monti di Pietà →Pfandleihhäuser

Mouton d'or

Mouton d'or (frz. = Goldenes Lamm) heißt eine französische Goldmünze, deren Name sich aus einer Darstellung des Lamm Gottes mit der Kreuzfahne im Münzbild ableitet. Sie wurde vom französischen König Philipp IV., dem Schönen, im Jahre 1311 eingeführt, mit dem Gewicht von

4,196 g, von den Nachfolgern mit einem kleinen Gewichtsunterschied (4,136) weiter geprägt, und erneut von König Johann dem Guten im Jahre 1355 mit einem erhöhten Gewicht (4,70 g) eingeführt (jedesmal mit einem →Feingehalt von 24 Karat). Die Münze wurde zum letzten Mal von Karl VII. im Jahre 1427 geprägt, jetzt aber nur mit einem Gewicht von 2,549 g und geringerem Feingehalt. Um die Darstellung des Lammes war die lateinische Inschrift *Agnus Dei qvi tollis Peccata mvndi miserere nobis* («Du Lamm Gottes, Du trägst die Sünden der Welt, erbarme Dich unser») aus dem altchristlichen Abendmahlslied und dem Johannesevangelium (I,29) gruppiert. Diese Münze, die zu den international weit verbreiteten spätmittelalterlichen Goldmünzen gehört, war besonders in den Niederlanden beliebt und wurde dort mehrmals in der zweiten Hälfte des 14. Jhs. imitiert (Brabant, Flandern, Lüttich, Gelderland und Holland) und ist auch als halbes Stück geprägt worden. Als doppeltes Nominal (Gewicht 5,53 g) wurde es in Brabant 1365 und in Holland 1367 geprägt. Die Münze wurde in Holland Lam genannt. *Jørgen Steen Jensen*

Lit.: v. Schrötter, S. 402; U. Hagen-Jahnke, J. Weschke, Mittelalterliche Goldmünzen, Frankfurt 1982; J. Duplessy, Les monnaies françaises royales de Hugues Capet à Louis XVI (987–1793), I, Paris 1988; R. Kiersnowski, Moneta w kulturze wieków średnich, Warszawa 1988, S. 335 ff.

Münchener Münzvertrag

Seit dem Inkrafttreten des Deutschen Zollvereins zum 1. 1. 1834 erwies es sich als notwendig, auch eine gemeinsame →Währungspolitik zu betreiben. Mit dem Münchener Münzvertrag vom 25. 8. 1837 erhielt das Münzwesen der süddeutschen Staaten eine gemeinschaftliche Basis. Gemeinsames Münzgewicht wurde die preußische Variante der →Kölner Mark mit 233,855 Gramm Feinsilber. Hauptmünze der →(Silber)Gulden zu 60 Kreuzern im 24 ½-Gulden-Fuß. Statt der alten Lot- und Grän-Teilung wurde erstmals in der deutschen Münzgeschichte ein dezimaler Feingehalt (900/1000) festgelegt. Die →Kurantmünzen aller süddeutschen Staaten sollten unabhängig von ihrem Ausprägungsort Gültigkeit haben. Einen Schritt weiter auf dem Weg der Währungsharmonisierung führte der Dresdener Münzvertrag vom 30. 7. 1838. Künftig sollte es im Bereich des Deutschen Zollvereins nur noch zwei Währungssysteme geben. Den süddeutschen 24½-Gulden-Fuß und den norddeutschen 14-Taler-Fuß, beide auf der Basis der Kölner Mark. Ein Taler entsprach 1 ¾ Gulden, ein Gulden 4/7 Taler. Ferner wurden verbindliche Regelungen über Umlauf, Ausprägung und Annahmepflicht der Scheidemünzen getroffen. Zur Erleichterung des gegenseitigen Zahlungsverkehrs wurde eine gemeinsame Hauptsilbermünze, die sog. Vereinsmünze mit einem Feingehalt von 900/1000 eingeführt. Die Vereinsmünze galt 2 Taler bzw. 3 ½ Gulden. Im Dresdener Münzvertrag erfuhr die dominierende Stellung des preußischen Talers, die bisher nur für die norddeutschen Staaten galt, auch in den süddeutschen Gulden-Ländern Anerkennung. *Friedrich Zellfelder*

Lit.: H.-D. Kahl, Hauptlinien der deutschen Münzgeschichte vom Ende des 18. Jhs. bis 1878, Frankfurt 1972; B. Sprenger, Währungswesen und Währungspolitik in Deutschland von 1834–1875, Köln 1981.

Münzbild

Das für die Identifizierung und die Akzeptanz einer Münze zumal in Zeiten mangelnder Schriftkenntnisse entscheidende «Bild» wurde in der Regel von der prägeberechtigten Instanz dem Münzmeister oder dem Stempelschneider vorgeschrieben, der die Prägestempel durch Gravur oder durch Punzen herstellte. Bei zweiseitigen Münzen unterscheidet man zwischen der für die Bestimmung ausschlaggebenden Vorderseite und der Rückseite, wobei es aber keine festen Regeln gibt. Das Münzbild war im Laufe der Jahrhunderte mannigfachen Veränderungen unterworfen und spiegelte oft im Kleinen die allgemeine Kunstentwicklung wider. Auf die Meisterleistungen griechischer Stempelschneider und die mit Darstellungen von Herrschern, Göttern, Personifikationen, Bauten, Programmen als ergiebige Bildquelle der Geschichte wichtigen römischen Münzen folgte in der späten Kaiserzeit ein Verfall, der sich auf die pseudoimperialen Münzen der Völkerwanderungsreiche übertrug, die überwiegend den Kaiserkopf und die Victoria zeigten. Die kleinen merowingerzeitlichen Monetar-Münzen sowie die anglo-friesischen →Sceattas boten keine sonderliche Entfaltungsmöglichkeit. Erst die Karolinger schufen bei straffer Zentralisierung nach einer von Schriftlichkeit dominierten Periode klarere, größere Münzbilder (u. a. Kaiserkopf, Monogramm), von denen sich besonders das Kreuz mit Kugeln in den Winkeln und der aus der Antike überkommene Tempel in der Folge durchsetzten. Im Verlaufe des Mittelalters kamen allmählich neue Bildelemente durch die Erweiterung des Kreises der Münzberechtigten (weltliche und geistliche Fürsten, später Städte) hinzu: Bildnisse der Prägeherren (Topos oder Porträt?), Heilige, Architekturdarstellungen, christliche Symbole (z. B. Hand Gottes, Agnus Dei), Ornamente, Tiere, Wappen. Auch bei Verwendung gleichartiger Bildelemente entwickelten sich innerhalb der deutschen und der europäischen Prägungen deutliche stilistische Unterschiede. Bei den byzantinischen Münzbildern überwogen statuarische Kaiser- und Christusdarstellungen sowie Inschriften, die auch die islamischen Gepräge beherrschten. Bis weit in das Mittelalter hinein wurden nur die relativ kleinen Denarsorten ausgebracht, bei denen lediglich die →Brakteaten des 12. Jhs. mehr Gestaltungsmöglichkeiten boten. Erst das Aufkommen größerer Nominale (→Groschen, Goldmünzen) seit dem 13./14. Jh. gab den Stempelschneidern einen breiteren Raum. Aus der kaum noch schematisch zu fassenden Entwicklung traten einige Haupttypen hervor, die durch Nachahmungen weite Verbreitung fanden, wie beispielsweise die →Florene mit Johannes dem Täufer und der Lilienblüte. Mit den italienischen →Testoni der Spätrenaissance setzte sich das Porträt durch. Das Erscheinungsbild der Neuzeit wurde wesentlich von den →Talern bestimmt, wobei sich insbesondere die Kombination Münzherr/Wappen, mit der Blüte im Barock, behauptete, neben zahllosen kleineren Nominalen mit unterschiedlichsten Darstellungen. Die zunehmende Mechanisierung der →Prägetechnik seit dem 16. Jh. und die Stempelherstellung über Patrizen-Matrizen im Senkverfahren seit dem 19. Jh. führten zu einer weitgehenden Vereinfachung der Münzbilder, der eine auch durch die Automatenindustrie bedingte Verflachung der Reliefs folgte. Vom Münzbild wurde gelegentlich die (volkstümliche) Münzbezeichnung abgeleitet (z. B. →Kreuzer). – Zum Münzbild gehört in der Regel auch die Schrift: Umschrift (oder Legende), Inschrift im Münzfeld, Randschrift auf der Kante. Die Sprache der Münzschriften war in Europa bis in die Neuzeit hinein überwiegend lateinisch, die Schriftart zumeist die römische Majuskel. Auf die ausführliche Beschriftung römischer Münzen folgte in der Völkerwanderungszeit eine Barbarisierung, die erst unter den Karolingern schwand, dann aber wieder einer teilweisen, vorübergehenden Verwilderung wich, die mit sinnlosen Buchstabenreihungen oder buchstabenähnlichen Zeichen (Trugschrift) von der Unkenntnis der Stempelschneider zeugte. Es gab im Mittelalter auch schriftlose, sog. stumme Münzen. Außer den gängigen Angaben über den Münzstand finden sich auf neueren Münzen häufiger fromme Sprüche oder Devisen sowie Titelhäufungen in rigorosen Abkürzungen. Monogramme und Initialen machen gelegentlich das Münzbild aus, kleine Buchstaben zeigen oftmals die Münzstätte an. Jahreszahlen auf europäischen Münzen setzten sich, von seltenen Ausnahmen abgesehen, erst im 15. Jh. durch; Wertbezeichnungen, außer wenigen Vorläufern, wurden seit dem 16. Jh. die Regel, vorher erkannte man das Nominal neben Größe und Gewicht vor allem am Bild.

Gert Hatz

Lit.: v. Schrötter, S. 404–15, 608–15; F. Friedensburg, Die Symbolik der Mittelaltermünzen, 3 Bde., Berlin 1913–22, S. 311–438; Luschin, S. 56–76; J. Sydow, Anregungen und Probleme der Münzepigraphik, Historisches Jahrbuch 71 (1952), S. 259–67; W. Jesse, Münzbild und Münzaufschrift, P. Berghaus, G. Hatz (Hgg.), Dona Numismatica (Festschrift Hävernick), Hamburg 1965, S. 5–18; P. Berghaus, Die Darstellung der deutschen Kaiser und Könige im Münzbild, P. E. Schramm, Die Deutschen Kaiser und Könige in Bildern ihrer Zeit 751–1190, Berlin 1983, S. 133–44 passim; Kluge, S. 79–87.

Münze

Die Münze (von lat. *moneta* = Münze, die römische Münzstätte lag im Tempel der Göttin Juno Moneta) ist ein «als →Geld dienendes, vom Staate durch Stempelung auf Gewicht und Gehalt garantiertes Stück Metall», wobei sich Metallwert und →Nennwert auseinanderentwickelten. Die europäische Münzentwicklung des Mittelalters läßt sich – grob schematisiert und mit fließenden Zeitgrenzen – etwa in folgende Perioden gliedern: 1. Prägungen der Völkerwanderungsreiche (5.–7. Jh.), 2. der Karolinger (8.–9. Jh.), 3. der Nationalstaaten (10.–15. Jh.).

1. Die völkerwanderungszeitliche Prägung fußt auf dem römischen Erbe. Römische Münzen zirkulierten nicht nur innerhalb des Imperiums, sondern drangen über dessen Grenzen als Sold- und Tributzahlungen sowie im Handelsverkehr bis nach Skandinavien vor. Die Völkerwanderungsreiche kamen unmittelbar mit dem römisch-byzantinischen Münzwesen in Berührung und übernahmen es teilweise. Die wichtigsten Nominale waren Goldmünzen (Solidi und →Tremisses), aber auch silberne Siliquae und Kupferstücke (Nummi, Folles) kamen vor. Wegen der Fortführung der römischen Vorbilder einschließlich der Kaisernamen insbesondere bei der Goldprägung spricht man von pseudoimperialen Münzen. Bestimmte Zuweisungen sind oft nur anhand regionaler Stilunterschiede möglich. Prägungen sind überliefert von den Vandalen in Nordafrika (435–534), von den Sweben in Galicien (419–585), zahlreich von den Westgoten in Südfrankreich und Spanien (418–711), von den Burgundern in Ostfrankreich (443–534), zahlreich von den Ostgoten in Italien (476/493–553) und gleichfalls den Langobarden (568–774, mit Fortsetzung im Herzogtum Benevent). Bei den merowingischen Franken (482–751), wo vorher im römisch-fränkischen Teilreich der *magistri militum Galliarum* leichte Silbermünzen entstanden, erschien unter Theudebert I. (534–548) zum ersten Male der Königsname auf einem Solidus; die Goldprägung galt bislang immer noch als kaiserliche Prärogative. Von Auflösungserscheinungen war die Spätzeit der Merowingerprägung gekennzeichnet, als geistliche und weltliche Gewalten und insbesondere ca. 2000 →*monetarii* in ca. 800 Orten →Tremisses (ca. 580–670), dann kleine silberne →Denare ausbrachten.

2. Die Karolinger strafften das Münzwesen und stellten die königliche Münzhoheit wieder her. Durch die Reformen Karls des Großen (771, besonders 793/4, 812) wurden die Münzen in der Gewichtsnormierung und im Bild verändert. Das auf das ganze Mittelalter wirkende, wohl in der zweiten Hälfte des 8. Jhs. entwickelte Rechnungssystem 1 Pfund *(libra)* = 20 Schillinge (Solidi) = 240 Pfennige (Denarii) setzte sich durch; ausgeprägt wurden nur Pfennige, bei denen sich die sog. Christiana-Religio-Gepräge als *type immobilisé* herausbildeten, abgesehen von seltenen Goldmünzen, die unter Ludwig dem Frommen und in argen Verwilderungen in

Friesland eine gewisse Bedeutung erlangten. Etwa parallel dazu verlief die Entwicklung in England von den goldenen Thrymsas über die →Sceattas zu den →Pennies der verschiedenen Königreiche. Unter den späteren Karolingern mit den Reichsteilungen und der sich abzeichnenden endgültigen Trennung in das West- und Ostfränkische Reich sowie italienischen Sonderformen zerfiel die Einheitlichkeit des Münzwesens, wenn auch an der Denarprägung vorerst noch festgehalten wurde.

3. Die nachkarolingischen nationalen Münzprägungen des Mittelalters sind sehr vielfältig und erschweren einen knappen Überblick. Die generelle Tendenz zeigt, mit regionalen und zeitlichen Abweichungen, die Entwicklung vom Denar zu größeren Silber- und Goldmünzen mit entsprechend gestaffelten Systemen, wobei für die geringsten Wertstufen auch gelegentlich Kupfer ausgeprägt wurde. Für die Gliederung der deutschen Münzen bietet sich, stark vereinfacht, folgende Periodisierung an: a) Fernhandelsdenar (10./11. Jh.), b) Regionaler Pfennig (12./13. Jh.), c) Groschen und Goldmünzen (14./15. Jh.). a) In der sächsisch-salischen Kaiserzeit (10./11. Jh.) drang die Münzprägung, die bislang, von Ausnahmen abgesehen, an der Rheinlinie verharrt hatte, nach Osten vor (Harzumland); es lassen sich rund 150 Münzstätten nachweisen. Münzherren waren neben den Königen jetzt auch weitere weltliche und insbesondere geistliche Fürsten, die durch entsprechende Verleihungen in die Reichsverwaltung eingebunden werden sollten. Charakteristisch für die Periode ist der durch den wikingerzeitlichen Handel im Ostseebereich konzentrierte Fundreichtum, zu dem insbesondere die orientalischen →Dirhams (vornehmlich der Sāmāniden) sowie die deutschen und englischen Münzen beitrugen, an dem in geringerem Maße aber auch byzantinische →Miliaresia und Denare aus den königlichen Münzstätten Italiens sowie den jetzt mit der Münzprägung beginnenden Ländern wie Dänemark, Norwegen, Schweden, Böhmen und Ungarn teilhatten. Polnische Münzen waren an diesem Verkehr vor allem in Form späterer →Sachsenpfennige beteiligt; die Prägung in Rußland (Kiev, Novgorod) hatte einen geringen Umfang. Französische (Feodal)Münzen verließen kaum das Land; in Spanien dominierten die Münzen der Kalifen von Córdoba bzw. ihrer Nachfolger, lediglich im Norden zeigten sich Anfänge einer Denarprägung nach französischem Muster. b) Im 12./13. Jh. herrschte weiterhin der Denar vor, allerdings mit zunehmenden Differenzierungen in der Qualität, so daß man für das Deutsche Reich vom regionalen Pfennig spricht. Es entstanden Gebiete von leichten und schweren Pfennigen. Äußerlich wurden die Unterschiede deutlich in der leichten →Brakteaten/Hohlpfennigprägung, die sich nicht nur in Deutschland, sondern auch in Skandinavien, Polen, Böhmen, Mähren, Ungarn und der Schweiz ausbreitete. Die unterschiedliche Wertigkeit der Prägungen führte dazu, daß sich bevorzugte Typen herausbildeten, die sich als Handelsmünzen übergreifend durchsetzten. Dazu rechneten etwa

der altbekannte Kölner Pfennig im Rheingebiet oder der Friesacher Pfennig (seit 1125/30) im Südosten mit ihren weitreichenden Nachprägungen. Dazu gehörte ferner der englische →Sterling, der als stabiler Penny (ab 1180) auf dem Kontinent als Mehrfach-Pfennig gewertet und besonders in den Niederlanden und Westfalen nachgeahmt wurde. Ende des 12. Jhs. begann aber auch die Prägung des geringwertigen →Hellers, der sich nach den Regeln des →Greshamschen Gesetzes überregional ausbreitete. In Italien bahnten sich zukunftsweisende Veränderungen an: Schon Ende des 12. Jhs. wurden in Oberitalien Denarii grossi und in der zweiten Hälfte des 13. Jhs. in Genua, Florenz und Venedig Goldmünzen geprägt (Genovino, →Floren, →Dukat); die Goldprägung war im Mittelmeerraum seit der Antike durch byzantinische und arabische Vermittlung bewahrt geblieben. c) In der Periode der Groschen und Goldmünzen (14./15. Jh.) wurde die bisherige Vorherrschaft der Denare endgültig überwunden; internationale Verbindungen und neuerschlossene Silber- und Goldvorkommen führten zu tiefgreifenden monetären Veränderungen. An größeren Silbermünzen entstanden 1266 der Gros tournois (12 Deniers) in Frankreich, 1271 der Tiroler →Kreuzer (20 Veroneser Denare), 1300 der namengebende Prager Groschen (12 Denare), die alle in der Folge lebhaft nachgeprägt wurden. Zahlreiche weitere Groschennominale kamen im 14. Jh. in ganz Europa hinzu, wie etwa die mannigfachen, unmittelbar von →Gros/Groschen abzuleitenden Bezeichnungen, ferner Gigliato, →Real, →Schilling, →Albus, Halbschoter u. a. m. Auch kleinere Nominale, wie z. B. der hansische →Witten (4 Pfennige), der schwedische →Örtug (8 Pfennige), Dreilinge und →Sechslinge wurden geprägt. Insbesondere nahm die Zahl der verschiedenen Goldmünzen zu, nicht nur mit den Nachahmungen von Gulden und Dukaten, wobei vor allem die Prägungen im Rheinland und in Ungarn hervortraten, sondern auch mit weiteren, zum Teil noch größeren Nominalen wie etwa Royal-, →Ecu-, →Mouton-, Franc-, Salut d'or, →Noble, →Angel, →Dobla und →Excelente. Wichtig waren im Deutschen Reich, wo es im Mittelalter kein zentralistisch geordnetes Münzwesen gab, regionale, auch unter dem wachsenden Einfluß der Städte zustandegekommene Übereinkünfte einzelner Münzstände, sog. →Münzvereine wie der Wendische, Rheinische, Schwäbische, Fränkische und der Rappenmünzbund in Südwestdeutschland. Mit dem Zwang, den Goldmünzen geprägte Silberäquivalente entgegenzustellen, mit der Ausbringung von →Talern, vollzog sich dann in der Münzgeschichte der Übergang in die Neuzeit.

Gert Hatz

Auch in der Neuzeit waren die Begriffe Geld und Münze lange Zeit identisch. Separat zu behandeln sind hier die Gedenk- und Schaumünzen (→Medaille), →Banknoten und →Papiergeld.

An dem aus dem Mittelalter überkommenen dreistufigen Münzsystem

(Goldmünzen – Groschenmünzen – Kleingeld) änderte sich im 16. Jh. wenig. Neben die höchsten goldenen Wertstufen traten zunächst deren silberne Äquivalente, bis die gewünschte →Gold-Silber-Relation nicht mehr einzuhalten war und die Kurse der goldenen Sorten eine eigenständige Entwicklung nahmen. Europas Währungen waren zunächst entweder reine →Silberwährungen oder →Parallelwährungen, in denen man versuchte, die Spitzenwerte in Gold und Silber aneinander zu binden. Die mittleren Wertstufen sanken vom Status silberner Währungsmünzen, wie sie die Groschenmünzen des Mittelalters noch gewesen waren, zu →Scheidemünzen herab; das Kleingeld wurde immer unansehnlicher und verlor an Silber, bis schließlich seine Ausprägung in Kupfer der einzig sinnvolle Weg war. Dieser wurde jedoch von vielen deutschen Staaten noch nicht einmal im 19. Jh. gewählt, weil sie es vorzogen, winzige Kreuzer und Pfennige aus →Billon zu prägen und diese weißzusieden. →Kupfer galt in den Reichsmünzgesetzen nicht als eigenständiges Münzmetall, so daß seine Verwendung frei war. In den Niederlanden ging man schon im 16. Jh. auf Kupfer für die niedrigsten Wertstufen über, dann bald auch in Westfalen und kurzfristig anderswo wie in Norddeutschland sowie während der →Kipper- und Wipperzeit und im 17. Jh. in Frankreich und Polen. In den Mittelmeerländern wurden ebenfalls frühzeitig Kupfermünzen geprägt. Erst im 18. Jh. konnte sich eine größere Anzahl deutscher Reichsstände zur Kupferprägung durchringen. Platin erlangte vorübergehend Bedeutung als Münzmetall im Rußland des 19. Jhs., nachdem die Metallurgen wegen seines unschönen Aussehens und seiner schlechten Legierungsfähigkeit zunächst nur wenig mit ihm anfangen konnten.

Das zwar schon in Rußland geläufige Dezimalsystem (→Rubel) wurde durch die dezimale Währung der USA und die Umstellung der französischen Währung auf das Dezimalsystem im 19. Jh. (→Franc) allmählich verbreitet und die unterste Wertstufe vielfach nach ihm benannt: Cent, Centime, Centavo, Céntimo, Centesimo.

Die Zeit bis zum Beginn des Ersten Weltkrieges kann im großen und ganzen als die Zeit der →Währungsmünzen bezeichnet werden, d. h., entweder goldene oder silberne Nominale bildeten das Rückgrat der Währung des betreffenden Landes oder waren als Parallel- bzw. →Doppelwährung miteinander verbunden. Im 19. Jh. setzte sich jedoch die →Goldwährung allmählich, wenn auch gegen große Widerstände, durch. →Papiergeld wurde im 19. Jh. – durch begründetes Mißtrauen – lange als «Surrogat» angesehen und war auf Wunsch jederzeit in die jeweiligen Währungsmünzen umzuwechseln (wie auf ihm auch vermerkt). Nach 1914 gab es kaum noch Währungsmünzen. Die Zeit der Goldwährung endete vielfach mit dem Ausbruch des Ersten Weltkrieges. Im Bereich der →gesetzlichen Zahlungsmittel wurden die Begriffe «Münze» und «Scheidemünze» identisch.

Neben den Währungsmünzen sind noch die →Handelsmünzen zu erwähnen, die in ihren Herkunftsländern nicht unbedingt den Charakter gesetzlicher Zahlungsmittel haben mußten, anderswo aber als Geld zugelassen waren. Bekannte Beispiele waren die niederländischen →Dukatone, die →Patagone, die →Löwentaler, die spanischen →Piaster, die →Maria-Theresien-Taler. *Konrad Schneider*

Lit.: v. Schrötter, S. 415; H. Dannenberg, Die deutschen Münzen der sächsischen und fränkischen Kaiserzeit 1–4, Berlin 1876–1905; A. Engel, R. Serrure, Traité de numismatique du moyen âge 1–3, Paris 1891–1905; F. Friedensburg, Münzkunde und Geldgeschichte der Einzelstaaten des Mittelalters und der neueren Zeit, München-Berlin 1926; U. Klein, Münzstätten der Stauferzeit (etwa 1140–1270) in Deutschland und Italien, SNR 56 (1977), S. 171–278; E. Nau, Münzen der Stauferzeit, R. Haussherr (Hg.), Die Zeit der Staufer, 1, Stuttgart 1977, S. 108–188; Münze und Geld in der Stauferzeit, ebd. III, Stuttgart 1977, S. 87–102; Grierson-Blackburn; P. Grierson, The Coins of Medieval Europe, London 1991; Kluge; P. Berghaus et al., Münze, Münzwesen, LMA VI, München 1993, Sp. 921–31; North, Das Geld.

Münze →Münzstätte

Münzer

In der Zeit vom 6. bis zum 12. Jh. war der Münzer oder *monetarius* (Monetar) verantwortlich für die Ausgabe von Münzen. Im Spätmittelalter und der Frühen Neuzeit bezeichnete man als Münzer nur noch diejenigen, die die Münzen in den fabrikähnlichen →Münzstätten herstellten. Bereits im 6. Jh. schickte Theoderich, der König der Ostgoten, Instruktionen über die *monetarii* nach Spanien, die dort wie in allen übrigen Nachfolgestaaten im Westen des Römischen Reichs tätig waren. Als öffentliche Funktionsträger setzten sie ihren Namen auf die Münze und garantierten so ihre Umlauffähigkeit. Aus dem 7. und 8. Jh. sind so die Namen von rund 2000 verschiedenen *monetarii* auf den goldenen →Trienten und den silbernen →Denaren des Merowingerreichs überliefert. In der Karolingerzeit wurde dann unter Pippin und Karl dem Großen die Münzprägung an den königlichen Pfalzen zentralisiert. Aber mit den Münzrechtsverleihungen an Adel und Geistlichkeit übertrug man vom 9. Jh. an oftmals auch das Münzeramt und die Münzgerätschaften an die Berechtigten. In vielen Teilen Europas wurde das Recht, eine Münzstätte (oft in Kombination mit einem →Wechseltisch) zu betreiben, erblich. Oft vergab der König das Stempelschneiden für diese Münzstätten ebenfalls als Privileg. Im 11. Jh. übertrug Wilhelm I. von England die Aufgabe des Stempelschneidens an Otes und seine Familie und stattete sie dafür mit Ländereien in Essex und Suffolk aus. Diejenigen, die diese Privilegien erhielten, waren große städtische Grundbesitzer oder ländliche Adlige mit Burgen und eigenen Vasallen. Sie waren – soweit sie bekannt sind – reich, obwohl man nicht weiß, ob ihr Reichtum aus dem Betrieb der →Münzstätte stammte, oder ob sie diese nur bekommen hatten, weil sie schon reich waren. Beispiele finden sich überall in Europa. In Mailand betrieb die Familie des Benedetto Rozo erblich Münzstätte und Wechsel von den 930er bis in die 1020er Jahre. In London produzierte die Familie Deorman Münzen in einer Münzstätte. 1229 gestattete die Gräfin von Flandern einem der privilegierten Brügger →Wechsler, die die Münzstätten und Wechselstuben betrieben, sein ererbtes Privileg an Nicolas Calkar und dessen Erben auf Dauer zu verkaufen. Im 13. Jh. hören die Erwähnungen privilegierter *monetarii* auf, da die vielen kleinen Münzstätten durch wenige große – fabrikähnliche – Münzstätten ersetzt wurden (→Münzorganisation). In Brügge verblieben die Wechselstuben als Privilegien, wogegen die Münzstätten ihren Nutzern entzogen und in eine einzige gräfliche Münzstätte für Flandern umgewandelt wurden. In Frankreich kaufte Ludwig der Heilige der Familie Plastrart ihr Stempelschneideprivileg ab, und in Lucca erwarb die Stadt die erbliche Münzstätte der Masneri.

In den neuen großen Münzstätten des 13. Jhs. reichte die Arbeitsteilung vom Schmelzen des Edelmetalls bis zum Schlagen der Münzen (→Prägetechnik). Nur diejenigen, die die fertigen Münzen prägten, wurden Münzer genannt. Jedoch waren die Münzer zusammen mit den übrigen Münzarbeitern, den Münzgesellen, Mitglied in den Münzergenossenschaften, die von direkter Besteuerung, Zöllen, Militärdienst ausgenommen waren und ihre eigene Gerichtsbarkeit besaßen. Diese Korporationen waren nicht an bestimmte Städte gebunden, sondern an Regionen, so daß ihre Mitglieder in den verschiedenen Münzstätten der Region arbeiten konnten. So gab es eine *Societas operariorum et monetariorum Lombardie,* in der sich die Münzer und Münzgesellen der Toskana und der Lombardei zusammengeschlossen hatten. Im französischsprachigen Gebiet erhielten die Korporationen den Namen *Serment* nach dem Eid, der bei der Aufnahme in die Genossenschaft abzulegen war. Dabei unterschied man zwischen dem Serment de l'Empire (Dauphiné, Savoyen, Provence sowie Gebiete östlich der Rhone), dem Serment de France (Ile de France) und dem Serment de Brabant oder Serment de Bourgogne für die Niederlande. Der Beruf des Münzers konnte im Mannesstamme oder in der weiblichen Linie vererbt werden. Töchter, Ehefrauen und Witwen arbeiteten mit in der Münze, verrichteten aber zumeist untergeordnete Tätigkeiten. Mitglied der Genossenschaft wurde man nach einer Lehre durch den Nachweis seiner handwerklichen Fertigkeiten und die formelle Aufnahme in die Korporation. Da sich in den mittelalterlichen Münzstätten Phasen hektischer Prägeaktivität mit längeren Prägepausen abwechselten, gingen die Münzer und Münzgesellen meist noch anderen Beschäftigungen, beispielsweise im Handel nach, wobei ihnen ihre Steuerprivilegien zugute kamen. *Peter Spufford*

Lit.: R. S. Lopez, An Aristocracy of Money in the Middle Ages, Speculum 28 (1953), S. 1–43; N. J. Mayhew, P. Spufford (Hgg.), Later Medieval Mints, Oxford 1988.

Münzfälschung → Falschmünzerei

Münzfunde

Als Münzfunde bezeichnet man alle aufgefundenen Münzen. Dabei werden Münzfunde zum einen nach ihrer Größe in Schatz- und Einzelfunde unterschieden, zum anderen nach ihrem Fundort als Siedlungs-, Grab-, Opferplatz- oder Kirchenfunde klassifiziert. Schatzfunde bestehen, wie die Bezeichnung aussagt, aus mehr als einer Münze, wobei einige Historiker einen Schatz bei zwei zusammengehörenden Münzen, andere erst bei drei geschlossen aufgefundenen Münzen beginnen lassen. Meistens wurden Münzschätze mit Absicht verborgen, worauf die verschiedenen Gefäße und Behältnisse ebenso hinweisen wie z. B. die Einmauerung in Wandnischen. Die Ursachen der Schatzverbergung werden von Historikern und Numismatikern kontrovers erklärt. Einerseits bringt man die Schatzfunde mit kriegerischen Ereignissen in Verbindung. Diese Deutung erscheint plausibel, da sie sowohl das Verbergungsmotiv, die Angst vor Verlust, als auch die Nichtwiederaufnahme des Schatzes durch den Tod des Besitzers erklärt. Andererseits hat man darauf hingewiesen, daß das Vergraben von Schätzen die natürliche Aufbewahrungsart des erworbenen Geldes war, wobei der Boden die Tresorfunktion übernahm. Entsprechend verbarg man zu allen Zeiten Münzen, vorausgesetzt es waren dazu welche vorhanden. Eine Häufung von Münzfunden finden wir deshalb sowohl während des Dreißigjährigen Krieges als auch im – was das Reich betrifft – relativ friedlichen 15. Jh. Insbesondere im 15. Jh. kam es zu einer über das Maß der alltäglichen Münzverbergung hinausgehenden Hortung. Sie kann als Folge der allgegenwärtigen → Edelmetallknappheit und der wirtschaftlichen Depression erklärt werden, in der die Bevölkerung die knappen Münzen für bessere Zeiten aufbewahrte. Damit wurde das Münzgeld – wie durch das Einschmelzen und die Verarbeitung zu Gold- und Silbergeräten – dem Geldumlauf mittel- bis längerfristig entzogen.

Den Geldhistoriker interessieren Münzfunde in erster Linie als Quellen zur Rekonstruktion des → Geldumlaufs (→ Geldgeschichte). Er untersucht dabei die gefundenen Münzen als Stichprobe aus der Gesamtheit der im Umlauf befindlichen Münzen. Er fragt daher vor allem nach der Repräsentativität der Münzfunde für den Geldumlauf einer bestimmten Zeit. Diese wird im Falle der Schatzfunde durch mehrere Faktoren beeinträchtigt. So ist anzunehmen, daß aus Gründen der praktischen Wertaufbewahrung bevorzugt die größeren, wertvolleren, wertbeständigeren und leichter verrechenbaren Münzen gehortet wurden. Auf den ersten Blick ein unmittelbares Bild vom Geldumlauf bieten dagegen die Einzelfunde, d. h. die zufällig verlorengegangenen Münzen. Aber auch hier sind Einschränkungen hinsichtlich der Repräsentativität zu machen, da die Wahrscheinlichkeit des Verlustes bei kleinen Silbermünzen viel größer war als bei →Gulden oder →Talern. Entsprechend spiegeln Münzfunde den Geldumlauf nur annähernd wider, und ihre Aussage muß in jedem Fall an der schriftlichen Überlieferung überprüft werden. *Michael North*

Lit.: P. Grierson, The Interpretation of Coin Finds, I, Numismatic Chronicle, 7. Ser. 5 (1965), S. I–XIII; II, Numismatic Chronicle, 7. Ser. 6 (1966), S. I–XV; H. Eichhorn, Der Strukturwandel im Geldumlauf Frankens zwischen 1437 und 1610, Wiesbaden 1973; P. Ilisch, Münzfunde und Geldumlauf in Westfalen in Mittelalter und Neuzeit, Münster 1980; Schüttenhelm; North, Geldumlauf und Wirtschaftskonjunktur.

Münzfuß

Der Münzfuß ist eine Feststellung des →Münzherrn und legt fest, wie viele Münzen aus einer Gewichtseinheit Metall (→Münzgrundgewicht) und mit welcher Legierung geprägt werden sollten. Durch den Münzfuß wurden so →Fein- und Rauhgewicht der Münzen eines Währungssystems bestimmt. *Konrad Schneider*

Lit.: Luschin, S. 197–206.

Münzgewinn →Schlagschatz

Münzgrundgewicht

Die metrologische Basis eines jeden Münzsystems ist das Münzgrundgewicht. Aus einer bestimmten Gewichtseinheit wird eine genau festgelegte Anzahl von Münzen geschlagen (→Münzfuß). Vor der Einführung des Kilogrammes nach französischem Vorbild wurden verschiedene →Pfund- und →Markgewichte als Grundlagen verwendet, so die →Marken von Köln, Troyes und Wien. Im →Wiener Münzvertrag von 1857 wurde das Zollpfund zu 500 g Grundlage der Vereinsgold- und Silbermünzen.

Konrad Schneider

Lit.: Luschin, S. 198.

Münzherr

Als Münzherr oder Münzstand bezeichnet man den Inhaber des →Münzregals. Der Münzherr setzte den →Münzfuß fest und bestimmte so, wieviel Münzen aus einer Gewichtseinheit Metall (→Münzgrundgewicht) hergestellt wurden. Als Münzberechtigtem kam dem Münzherrn der finanzielle Nutzen aus der Münzprägung, der →Schlagschatz zu.

Michael North

Lit.: v. Schrötter, S. 419 f.

Münzkosten

Als Münzkosten oder Prägekosten (engl. und frz. *brassage*) bezeichnet man den Betrag, den der →Münzmeister zur Erstattung seiner Aufwendungen bei der Münzprägung geltend machte. Von den aus einer →Mark Silber oder Gold geprägten Münzen zog der Münzmeister einen Teil als →Schlagschatz für den →Münzherrn und einen anderen Teil als Münzkosten für sich selbst ab. In den Münzkosten steckte der Gewinn (anstelle eines Gehaltes) für den Münzmeister, für den die Münzprägung durch die Gewinnbeteiligung attraktiv war. Dennoch verschlangen die Ausgaben für Löhne, Werkzeuge und Materialien den größten Teil der Münzkosten. Von den Materialien ist an erster Stelle das →Kupfer zu nennen, mit dem alle Münzen legiert wurden. Selbst die größten Nominale mit dem höchsten →Feingehalt enthielten kleine Kupferbeimischungen, um die aus weichem Edelmetall hergestellten Münzen hart und haltbar zu machen. Der unterschiedlich hohe Kupferanteil erleichterte – neben der Größe – die Unterscheidung der verschiedenen Nominale. Außerdem ermöglichte die Zugabe von Kupfer zeitweilige →Abwertungen der Silber- oder der Goldmünzen, indem man unter Beibehaltung des →Nennwerts mehr Münzen als bisher aus einer Gewichtseinheit Edelmetall schlug. Aus diesem Grund waren die Münzkosten umgekehrt proportional zum Edelmetallgehalt der geschlagenen Münze. Denn für die Produktion großer →Nominale mit hohem Edelmetallgehalt benötigte die Münzstätte vergleichsweise weniger Kupfer und Arbeitszeit je Münze als für die kleinen stärker mit Kupfer legierten Münzen.

John H. Munro

Lit.: v. Schrötter, S. 420 f.; J. H. Munro, Wool, Cloth, and Gold: The Struggle for Bullion in Anglo-Burgundian Trade, 1340–1478, Brussels 1973; Ders., Bullion Flows and Monetary Policies in England and the Low Countries, 1350–1500, Hampshire 1992.

Münzmeister

Münzmeister leiteten und verwalteten die →Münzstätten. Da die spätmittelalterlichen und frühneuzeitlichen Münzstätten neben Bergwerken und Staatswerften (wie in Venedig) zu den größten gewerblichen Unternehmen ihrer Zeit zählten, erforderte ihr Betrieb erhebliches Arbeitskapital ebenso wie ein großes Maß an Erfahrung im Management. Diese brachten die Münzmeister mit, die von Beruf oft Kaufleute waren und die Münzstätten – nach öffentlicher Versteigerung – für einen Zeitraum zwischen 1 und 6 Jahren pachteten. Obwohl der Staat die Gebäude und die großen Gerätschaften stellte, mußten die Münzmeister das erforderliche Kapital selbst aufbringen. Sie versuchten daher, die Münzstätten als gewinnorientierte Unternehmen zu führen, mußten sich aber von den Wardeinen, den staatlich bestellten Aufsichtsbeamten, in die Bücher schauen lassen. In einigen italienischen Stadtrepubliken wie Florenz, Genua oder Venedig wurden die Münzstätten direkt vom Staat durch gewählte Beamte betrieben, die die Ämter des Wardeins und des Münzmeisters miteinander verbanden. Diese *signori della zecca* stammten meist aus den städtischen Oligarchien und übten ihr Amt für kürzere Zeiträume von manchmal nur sechs Monaten aus. In den meisten Ländern Europas dominierte aber die Münzverpachtung. Die Münzmeister und -pächter kamen aus der lokalen Kaufmannschaft, viele waren aber auch norditalienische Finanziers, die ironischerweise von den reichen Handelsdynastien der Stadtstaaten abstammten, die ihre Münzstätten nicht verpachteten. Norditaliener tauchten als Münzmeister vor allem im 14. Jh. auf, als sie überall von Neapel bis Flandern und England, von Frankreich bis Lübeck und von Dublin und Edinburg bis Kuttenberg und Breslau größere Münzstätten betrieben. In den folgenden Jahrhunderten kamen dann vermehrt lokale Unternehmer in den Genuß der Münzpacht, woraus sich mit der Zeit ganze Münzmeisterdynastien entwickelten. Bemerkenswert ist außerdem die im 17. und 18. Jh. zunehmende Münzpacht durch jüdische Unternehmer, insbesondere durch jüdische →Hoffaktoren in den deutschen Staaten nach dem Dreißigjährigen Krieg. In Deutschland wurde auch als erstes mit dem Aufbau einer staatlichen Münzverwaltung begonnen, in der der Münzmeister nicht mehr Unternehmer, sondern Beamter mit einem festen Gehalt war. Gleichzeitig wurde dem Münzmeister die Beschaffung des Edelmetalls für die Münzprägung und damit eine mögliche Gewinnquelle entzogen. Dagegen hielt sich das Unternehmertum der Münzmeister in England bis in die zweite Hälfte des 19. Jhs., in Frankreich und den Niederlanden noch länger.

Peter Spufford

Lit.: v. Schrötter, S. 404, 424; N. J. Mayhew, P. Spufford (Hgg.), Later Medieval Mints, Oxford 1988.

Münzpolitik

Bis zur Mitte des 12. Jhs. ist Münzpolitik mit dem Bemühen der Fürsten gleichzusetzen, in ihren Territorien nur Münzen der eigenen Münzstätten und der letzten eigenen Emission als →gesetzliches Zahlungsmittel zuzulassen. Auf diese Weise sollten →Münzverrufungen ermöglicht werden, die dazu dienten, alle im Umlauf befindlichen Münzen aus dem Verkehr zu ziehen und durch neue, äußerlich unterschiedene zu ersetzen. Wenn ein Münzherr eine Münzverrufung oder *renovatio monetae* in Abständen zwischen sechs Monaten und drei Jahren durchführte, dann änderte er nicht unbedingt →Rauhgewicht oder →Feingewicht der Münze, sondern er gab seinen Untertanen weniger neue, Münzen als er alte eingezogen hatte. Dadurch besteuerte er seine Untertanen, indem er einen Teil des Reichtums in seiner Herrschaft abschöpfte. Dieses Verfahren wurde im 12. und 13. Jh. aus zwei Gründen aufgegeben. Zum einen war es nicht länger möglich, die wachsende Münzmenge innerhalb kurzer Zeit aus dem Verkehr zu ziehen, zum anderen boten die Stände alternative Formen der Besteuerung an. Für diese Herdsteuern, die manchmal Münzsteuern *(monetagia)* genannt wurden, verzichtete der Münzherr auf die Münzverrufung für eine bestimmte Periode oder auf immer, es sei denn die Untertanen gaben ihre Zustimmung.

Im späteren Mittelalter wurde die Münzpolitik der Fürsten und Städte komplexer. Auch spätmittelalterliche Herrscher versuchten, den Anteil fremder Münzen in Relation zur eigenen Währung möglichst geringzuhalten, was ihnen aber nicht gelang. Eine Ausnahme bildeten die englischen Könige, die durch die Insellage ihres Reiches begünstigt wurden. Dennoch konnten sie den Zufluß schottischer und niederländischer Münzen nicht verhindern. Andere Münzherren verbanden ein lokales oder nationales Prestige mit der äußeren Gestalt ihrer Währung. So veränderte die Republik Venedig ihre →Dukaten vom späten 13. bis zum ausgehenden 18. Jh. ebensowenig wie ihre silbernen Grossi vom beginnenden 13. bis zur Mitte des 15. Jhs., obwohl diese dann selbstbewußt archaisch wirkten. Am Ende des Mittelalters hatten sich in bezug auf die Münzpolitik verschiedene, miteinander rivalisierende Gruppeninteressen herausgebildet. Diese werden in zwei nahezu gleichlautenden Memoranden des königlichen Schatzmeisters und eines durchreisenden Florentiner Bergbauspezialisten (offensichtlich hatten sie voneinander abgeschrieben) an den König von Navarra (1340er Jahre) deutlich. Die Autoren unterscheiden drei gesellschaftliche Gruppen: 1. die von ihrer Hände Arbeit leben und von weicher Münze profitieren; 2. die von ländlichen Renten und in →Rechengeld festgesetzten Einkommen leben und eine feste Münze wünschen; und 3. die Kaufleute, die einen Mittelweg zwischen weicher und fester Münze bevorzugen. Die Interessen der Fürsten als der größten Grundbesitzer in ihren Territorien waren meist mit denen, die von ländlichen Renten lebten, identisch, aber in Krisenzeiten war es genau umgekehrt, da sie aus einer →Abwertung ihrer Währung großen Gewinn ziehen konnten.

Die spätmittelalterliche Münzpolitik spiegelt diese Interessenkonflikte wider. In Kriegszeiten werteten die Fürsten ab, z. B. die französischen Könige 1295, 1336 und wieder 1413, als die Kosten des Krieges zu stark stiegen. Jedesmal protestierten der Adel und die hohe Geistlichkeit dagegen lautstark in den Ständeversammlungen, indem sie den dramatischen Kaufkraftverfall der Grundbesitzer (vor allem bei importierten Luxusgütern) beklagten. So schnell wie möglich kehrten die französischen Könige deshalb zu fester Münze zurück. Wenn das geschehen war, protestierten diejenigen, die von ihrer Arbeit lebten, – erheblich weniger effektiv – mit Tumulten dagegen, daß für sie alles teurer wurde. Allein die Reichen und Mächtigen gewannen durch die Ständeversammlungen zunehmenden Einfluß auf die Münzpolitik, der soweit ging, daß der Münzherr nur noch mit Zustimmung der Stände die Münze verändern durfte. Natürlich konnten die Münzen nicht völlig unverändert bleiben. Nach einer Generation im Umlauf waren die Münzen durch Abnutzung viel leichter als die neu auszugebenden Münzen geworden, so daß man die neuen Münzen durch die Verringerung des Silbergehalts an die alten im Umlauf befindlichen anpaßte. Falls sich eine Regierung, wie beispielsweise in Aragón, gegenüber den Ständen zur Beibehaltung des →Münzfußes verpflichtet hatte, mußte sie diese bei jeder Reduktion des Gewichts um Zustimmung bitten.

Eine stabile Währung war also die Norm im spätmittelalterlichen Europa, und sie wurde nur im Falle größerer Abwertungen aus fiskalischen Gründen und durch kleinere Gewichtsanpassungen zur Aufrechterhaltung einer geregelten Münzprägung durchbrochen. Es gibt keine Anzeichen dafür, daß das Gewicht oder der Feingehalt der Münzen zur Förderung des Handels reduziert wurden, aber es ist für den Historiker klar, daß Abwertungen der Exportwirtschaft zugute kamen: den Tuchexporten Flanderns im 14. Jh. und Englands im 16. Jh. sowie den kastilischen Wollexporten im 15. Jh. Es spricht auch nichts dafür, daß Währungen abgewertet wurden, um in Zeiten knappen Münzgeldes die Zahlungsmittel zu vermehren, wie einige Historiker vermuten. Am nächsten kamen die Herrscher diesem Ziel noch, wenn sie kleine Mengen der kleinsten Münzen auf Staatskosten für die Armen herstellen ließen.

Eine weitere Spielart spätmittelalterlicher Münzpolitik war der →Bullionismus, der vor allem in Zeiten verschärfter →Edelmetallknappheit die Münzpolitik dominierte. Dabei versuchten die Fürsten, einerseits die Exporteure einheimischer Produkte zur Bezahlung mit Edelmetall zu zwingen und andererseits zu verhindern, daß die Importeure ausländischer Waren Edelmetall aus dem Land führten. Wenn zwei Handelspartner, wie Burgund und England im 15. Jh., zur gleichen Zeit zu einer solchen Politik übergingen, wurde der Handel stark behindert. Die Konkurrenz um das knappe Edelmetall konnte in einen Währungskrieg ausarten, wenn an verschiedenen Plätzen aus fiskalischen Gründen abgewertet wurde. In den Jahren 1417–22 überboten sich z.B. die drei rivalisierenden Regierungen in Frankreich gegenseitig, indem sie immer höhere Preise für Prägesilber festsetzten und daraus immer schlechtere Münzen prägten, während sie die Gewinne daraus zur Kriegführung gegeneinander verwendeten. Die →Abwertungen in Krisenzeiten nutzten auch die →Falschmünzer, die in solchen Perioden desolater Münze ihre Fälschungen nahezu ungestört in Verkehr bringen konnten und nicht wie im Normalfall die Entdeckung durch staatliche Organe und die Verurteilung zum Tode fürchten mußten. In der Neuzeit blieb die Münzpolitik im Grunde unverändert, da sich die →Geld- bzw. Währungspolitik in erster Linie auf Veränderungen des →Münzfußes beschränkte. *Peter Spufford*

Lit.: P. Spufford, Assemblies of Estates, Taxation and Control of Coinage in Medieval Europe, Studies Presented to the International Commission for the History of Representative and Parliamentary Institutions, XXXI, Louvain 1966, S. 115–30; Ders., Monetary Problems and Policies in the Burgundian Netherlands, 1433–1496, Leiden 1970; Ders., Münzverschlechterung; T. N. Bisson, Conservation of Coinage, Monetary Exploitation and its Restraint in France, Catalonia and Aragon, c. 1000–1225 AD, Oxford 1979.

Münzregal

Das Münzregal gehörte als Teil des Münzrechtes als staatlicher Prärogative seit der Mitte des 12. Jhs. zu den vorwiegend finanziell nutzbaren Hoheitsrechten der Krone. Dem antiken Vorbild Roms verpflichtet, beanspruchten auch die fränkischen Könige (und Kaiser) seit Karl dem Großen die strikte Münzhoheit mit der alleinigen Zuständigkeit für Münzfuß, Münzprägung und -nutzung sowie für Neuerrichtung und Verlegung von Münzstätten im Reich. Bereits im Laufe des 9. Jhs. geriet das Münzrecht, zumeist verbunden mit Zoll- und Marktrecht, durch königliches Privileg in die Hand geistlicher Empfänger, zugleich mit der Erlaubnis, eine neue Prägestätte einzurichten. Seit dem 11. Jh. erhielten Grafen und Herren derartige Vergünstigungen, später auch Städte. Usurpiert oder «autonom» wahrgenommen wurde das Münzrecht u. a. von den Herzögen von Bayern und Sachsen, während es die geistlichen Fürsten seit dem Investiturstreit im 11. Jh. auch im Rahmen der lehnsrechtlichen Temporalienleihe empfingen. Mit dem staufischen Regalienweistum von Roncaglia (1158) beanspruchten die Staufer verstärkt das Münz- wie das Zollregal in Form einer «Steuer» aus →Schlagschatz und Münzwechsel als unveräußerliches Kaiserrecht insbesondere gegenüber den italienischen Kommunen, die seit dem Hochmittelalter die wenigen älteren usurpierten und neuen Münzstätten und deren Ertrag an sich zogen. Reichsgesetze Friedrichs II. von 1220 und 1232 führten zu einer Selbstbeschränkung der Krone bei der

Ausübung des Münzregals und bei der Neuerrichtung von Münzstätten in den Gebieten der «Landesherren». 1356 ging das Münzregal wie das →Bergregal mit der «Goldenen Bulle» Karls IV. von Reichs wegen an die Kurfürsten, 1648 an die übrigen Reichsstände über. Gleichwohl blieb das Münzwesen als staatliches Monopol bis zum Ende des Alten Reiches (1806) ein wesentlicher Bestandteil kaiserlicher Oberhoheit.

Führte in Frankreich der Weg von der frühen Zersplitterung des Münzrechts mit dem Aufstieg der kapetingischen Monarchie vor allem im 13. Jh. zur erneuten königlichen Münzhoheit, so blieb in England im Zeichen der normannischen Eroberung das Münzrecht der Krone stets gewahrt, in deren Namen allein gemünzt wurde. *Dieter Hägermann*

Lit.: Luschin, S. 235–54; N. Kamp, Moneta regis, Phil. Diss. Göttingen 1957; R. Kaiser, Münzprivilegien und bischöfliche Münzprägung in Frankreich, Deutschland und Burgund im 9.–12. Jh., VSWG 63 (1976), 289–338; E. Wadle, Münzwesen (rechtlich), Handwörterbuch zur Deutschen Rechtsgeschichte, III, 1984, Sp. 770–90 (mit Bibl.).

Münzstätte

Als Münzstätte oder Münze bezeichnet man die Werkstatt, in der Münzen hergestellt werden. Bis zum 13. Jh. waren dies kleine Werkstätten, in denen →Münzer die Münzen prägten. Kleine Städte hatten eine einzige Münzstätte, größere Städte wie Brügge vier und London sogar 9 oder 10 (12. Jh.). Im 13. Jh. setzte ein Konzentrationsprozeß ein, in dem kleinere Städte ihre Münzstätten einbüßten und größere Städte ihre zahlreichen Münzwerkstätten durch eine große fabrikähnliche Münzstätte ersetzten, die Münzen millionenfach produzieren konnte. Der Staat stellte die Gebäude und die großen Gerätschaften und beaufsichtigte die Münze, die von einem →Münzmeister geleitet und verwaltet wurde. Aufgrund der Arbeitsteilung bestand die Münzstätte aus zahlreichen Räumen, die verschiedenen Zwecken dienten: Räume mit Ladentischen für das Kundengeschäft, in denen Edelmetall angekauft und neue Münzen ausgeliefert wurden, Arbeitsräume der Schreiber, Tresore für das Edelmetall, Räume für die Schmelzöfen, Räume zum Herstellen der →Schrötlinge und zum Schlagen der Münzen. Außerdem gab es gemeinsame Küchen und Kapellen sowie eine Wohnung für den Münzmeister. Die Ausrüstung der Münzstätte war ebenfalls sehr umfangreich. Es gab nicht nur →Münzwaagen, sondern auch Waagen, die bis zu 100 Mark (25 kg) an Edelmetall wiegen konnten. Eine Münzstätte konnte 30 bis 40 Schmelzöfen mit Blasebälgen, Feuerhaken und Holzkohlekästen haben. Daneben benötigte man Eisentische mit Rinnen, in die das flüssige Metall aus den Öfen floß, Eiseneimer zum Ausglühen des Metalls, Kupfereimer zum Weißsieden (→Prägetechnik), Mörser zum Mixen von Chemikalien. Nicht zu vergessen ist die «Büroausstattung» mit Rechentüchern für die Rechentische oder Probiernadeln zur Feststellung der →Feinheit des in die Münze gebrachten Edelmetalls (→Probierkunde). Die Werkzeuge der Stempelschneider, die Hämmer und Scheren zur Herstellung der Schrötlinge und die Prägehämmer gehörten manchmal zur Einrichtung der Münze, meistens wurden sie aber vom Münzmeister, den Münzern oder den Münzgesellen selbst gestellt, wie auch heute ein Zimmermann oft noch mit seinem eigenen Werkzeug arbeitet, obwohl er bei einer großen Baufirma angestellt ist.

Kontrolliert wurde die Münzstätte von einem staatlichen Beamten, dem Wardein, der ebenfalls die Währung und den Geldwechsel beaufsichtigte. Der Wardein war für die Unterhaltungskosten der Münze ebenso wie für die Gewinne aus der Münzprägung verantwortlich. Der Probierer der Münzstätte und der oder die Stempelschneider waren ebenfalls meist in staatlichem Dienst. Daneben gab es oft noch eine weitere, von der Kaufmannschaft oder der Stadt bezahlte Aufsichtsperson (*contre-garde* oder *comtroller*), die die Interessen der Kaufmannschaft an einem geordneten Münzbetrieb gegenüber dem Staat- und dem Münzmeister vertreten sollte.

Damit eine Münzstätte Münzen in Größenordnungen von 1 Mill. und mehr pro Monat prägen konnte, bedurfte es einer ausgeprägten Arbeitsteilung und einer großen Zahl von Arbeitskräften in der Münze. Große Münzstätten wie in Venedig beschäftigten normalerweise bis zu 200 Personen und waren so die größten Arbeitgeber im mittelalterlichen Europa. Nur diejenigen, die wirklich die Münzen prägten, vielleicht ein Fünftel des Personals, bezeichnete man als Münzer, was ihnen ein größeres Prestige als der übrigen Münzarbeiterschaft, den Münzgesellen, verlieh. Sowohl die Münzer wie die Münzgesellen wurden von den Münzmeistern nach Bedarf aus ihren Korporationen rekrutiert (→Münzer). *Peter Spufford*

Die Entwicklung der neuzeitlichen Münzstätten stand zunächst im Zeichen technologischer Neuerungen. Zwar prägte man mancherorts bis weit ins 18. Jahrhundert mit dem Hammer, doch ersetzten Präge- und sonstige Maschinen zunehmend die Menschenkraft (→Prägetechnik). Die größere Produktivität der modernen Betriebe sowie Bestrebungen zur Zentralisierung des Münzwesens führten europaweit zu einer zahlenmäßigen Verringerung der Münzstätten. Im Heiligen Römischen Reich nahm die Zahl der Münzstätten mit der Rückkehr zu stabilen Münzverhältnissen nach Beendigung des Siebenjährigen Krieges stark ab. Die politischen Veränderungen des 19. Jhs. (Reichsdeputationshauptschluß 1802/03, Reichsgründung 1871) trugen dann zu einer weiteren Konzentration der Münzstätten in Deutschland bei. *Konrad Schneider*

Lit.: N. J. Mayhew, P. Spufford (Hgg.), Later Medieval Mints, Oxford 1988; H. D. Kahl, Hauptlinien der deutschen Münzgeschichte vom Ende des 18. Jhs. bis 1878, Frankfurt 1972.

Münzvereine

Die Regionalisierung des deutschen Geldumlaufes im späten Mittelalter führte in Verbindung mit dem Fehlen einer zentralen Ordnungsmacht zur Bildung von Münzvereinen, in denen Fürsten, Grafen und Städte durch freiwilligen Zusammenschluß regionale Währungsgebiete mit Hilfe genormter Geldsorten begründeten. Dieses System war durchaus auch von längerer Dauer, obwohl seine Blütezeit im Spätmittelalter lag und die →Reichsmünzordnungen mit ihrem Ziel einer Entregionalisierung des deutschen Münzwesens das Ende nahezu aller Münzvereine bedeuteten. Die Gründung von Münzvereinen war jedoch nicht auf Deutschland beschränkt: Der wohl jüngste und zugleich größte Münzverein war die →Lateinische Münzunion von 1865.

Grundprinzip dieser Vereinigungen war die Freiwilligkeit, mit der sich die einzelnen Mitglieder zusammenschlossen. Als weitere Prinzipien sind beispielsweise die gegenseitige Annahmegarantie für die Münzen der Vertragspartner, gemeinsam vereinbarte →Münzfüße in Verbindung mit einheitlich gestalteten Münzbildern und schließlich auch gemeinsam betriebene Münzstätten zu nennen.

Schwerpunkte waren im Reich der Südwesten und der Westen mit ihrer besonderen Dichte von Münzberechtigten; daneben bildeten sich jedoch auch anderswo im Reich Münzvereine wie unter den niedersächsischen (1382) und pommerschen (1395) Städten und verschiedentlich in Westfalen (1394, 1430, 1488/89) mehr oder weniger lockerer Art. Der bedeutendste von ihnen war der Wendische Münzverein, dessen Dauer und Bedeutung den großen Münzvereinen im Westen und Südwesten durchaus entsprach.

Die erste dieser Konventionen wurde zwischen dem Herzog von Bayern und dem Regensburger Bischof über die Verbreitung des Regensburger Pfennigs um die Mitte des 12. Jhs. geschlossen. Weitere Vereinbarungen können an dieser Stelle nur aufgezählt werden, wie die der Münzstätteninhaber am Bodensee von 1240 und die von Hamburg und Lübeck aus dem Jahr 1255 über eine gemeinschaftliche Währung, die bis 1873 bestand. Ab 1282 wissen wir von Einigungsbestrebungen im Rheinland, die zum Rheinischen Münzverein von 1385/86 führten, der mit Unterbrechungen und regionalen Veränderungen als mainzisch-pfälzisch-hessischer Münzverein formell bis 1806 ein Gefühl der Gemeinsamkeit bewahrt hat. Auch in den Niederlanden ist es zur Bildung von Münzvereinen gekommen.

Der zeitliche Schwerpunkt der Münzvereinsgründungen lag im ausgehenden 14. Jh. Hier entstanden der Münzverein der vier rheinischen Kurfürsten, der sich 1348 herauszubilden begann, und der Münzverein der vier wendischen (Hanse)Städte Hamburg, Lübeck, Lüneburg und Wismar, die beide bis ins 16. Jh. Bestand gehabt haben.

Am Oberrhein bildete sich um 1400 der Rappenmünzbund; die schwäbischen Städte schlossen sich zu einem Münzverein zusammen, dem sich 1423 im Riedlinger Vertrag das Bodenseegebiet anschloß. Auch in Franken entwickelte sich ein Münzverein. Neben dem Wendischen Münzverein, der in Norddeutschland eine große Bedeutung erreichte, war der Rheinische Münzverein der wichtigste, als es gelang, die Interessen von Köln und Trier einerseits und von Mainz und Pfalz, die schon während des 14. Jhs. und auch noch später immer wieder Sonderverträge schlossen, miteinander zu verbinden. 1502/15 erreichte der Rheinische Münzverein, dem sich die wesentlichen Mächte des Niederrheins, Hessen nach seiner Hinwendung zur rheinischen Währung und der Bischof von Speyer angeschlossen hatten, seine größte territoriale Ausdehnung. Danach zerfiel er in ein oberrheinisches, ein trierisches und ein niederrheinisches Währungsgebiet. Wiederbegründungsversuche (1572) und ein letzter Pfennigvertrag der vier Kurfürsten konnten die Einheit nicht wiederherstellen. Der Zusammenhalt von Kurmainz und Kurpfalz blieb bestehen und wurde unter Beitritt zusätzlicher Mitglieder 1623, 1658, 1693 und 1764/66 erneuert.

Ohne daß es formaler Münzvereinsgründungen bedurfte, haben sich im 17. Jh. ohne Beteiligung der Reichsgewalt neue Münzfüße auf vertraglicher Grundlage herausgebildet, so die Münzfüße von Zinna und →Leipzig. Im 19. Jh. schlossen die süddeutschen Zollvereinsstaaten 1837 untereinander den →Münchener Münzvertrag über einen gemeinschaftlichen Münzfuß bei genauer Regelung auch des Münzbildes und ein Jahr später mit den nord- und mitteldeutschen Mitgliedern des Deutschen Zollvereins den →Dresdener Münzvertrag; 1857 folgte der alle Zollvereinsstaaten umfassende →Wiener Münzvertrag. *Konrad Schneider*

Lit.: J. Cahn, Der Rappenmünzbund, Heidelberg 1901; W. Diepenbach, Der Rheinische Münzverein, (Festschrift Eckert), Mainz 1949, S. 89–120; W. Jesse, Der Wendische Münzverein, Braunschweig 1967, darin Überblick über die deutschen Münzvereine des Mittelalters; N. Klüßendorf, Studien zu Währung und Wirtschaft am Niederrhein vom Ausgang der Periode des regionalen Pfennigs bis zum Münzvertrag von 1357, Bonn 1974; H. Eichhorn, Der Strukturwandel im Geldumlauf Frankens zwischen 1437 und 1610, Wiesbaden 1973; Schüttenhelm.

Münzverrufung

Münzverrufung (lat. *renovatio monetae*) nannte man das Einziehen aller oder bestimmter im Umlauf befindlicher Münzen und ihre Ersetzung durch neue. Ursprünglich dazu gedacht, das Land von Zeit zu Zeit mit einer neuen einheitlichen Münze zu versorgen, dienten die Verrufungen den Münzherren im Spätmittelalter dazu, oft mehrmals jährlich die Münzen einzuziehen und durch neue (manchmal auch leichtere) zu ersetzen. Die Münzverrufung brachte dem Münzherrn einen Gewinn, dem Münzbesitzer einen realen Verlust und stellte gleichsam eine Form indirekter Besteuerung dar. Wenn, wie in vielen Fällen, 12 alte Denare gegen 9 neue gegeben wurden, entsprach das – auf den Nennwert bezogen – einer Kapitalsteuer von 25 %. Daher forderten Münzherren, die auf ihr Recht der Münzverrufung verzichteten, als Ersatz das sog. *monetagium*, das als Herd- oder Verbrauchssteuer auf Brot und Wein in Spanien, Frankreich und den Niederlanden im 12. und 13. Jh. erhoben wurde (→ Steuern).

Michael North

Lit.: Luschin, S. 260–65; v. Schrötter, S. 440ff.; W. Hävernick, Münzverrufungen in Westdeutschland im 12. und 13. Jh., VSWG 24 (1931), S. 129–41; Spufford, Münzverschlechterung, S. 110.

Münzverschlechterung → Abwertung

Münzverträge → Münzvereine

Münzwaage

Feinwaagen zum Nachwägen von Münzen sind schon seit der Antike bekannt und waren bis zum Ende der Goldwährung in unserem Jahrhundert ein wichtiges Hilfsmittel bei der Abwicklung des Bargeldverkehrs. Zu unterscheiden sind als Grundtypen: 1. die Balkenwaage und 2. die Schnellwaage. Zu der Balkenwaage gehörte ein Satz von normierten Münzgewichten sowie ein Satz kleiner Ausgleichsgewichte. Die aus Messing gegossenen Münzgewichte trugen in der früheren Zeit stilisierte Abbildungen der entsprechenden Nominale, später eingepunzte Buchstaben. Die Ausgleichsgewichte dienten u. a. zur Bestimmung des Abganges, also des Verlustes, der insbesondere bei Goldmünzen durch normalen Abrieb, aber auch durch betrügerisches Beschneiden der Ränder entstand. Der andere, schon im Byzantinischen Reich verwendete Typus, die Schnellwaage, basierte ebenfalls auf dem Prinzip des Balkens; nur war auf der einen Seite des Balkens bereits das Gewicht eingearbeitet, so daß diese Schnellwaage nur für eine oder bestenfalls wenige Münzsorten verwendet werden konnte. Diese Art von Schnellwaage, die «Geldkippe», hat der → Kipper- und Wipperzeit ihren Namen gegeben. Sie fand bis in unser Jahrhundert vorwiegend für Goldmünzen Verwendung. Im frühen und hohen Mittelalter waren Münzwaagen nicht in Gebrauch, denn die Pfennigmünzen wurden nach ihrer Prägung nicht Stück für Stück nachgewogen. Man verbot sogar den Gebrauch der Waage, da dieser zum Ausseigern oder «-kippen» (Aussortieren) der übergewichtigen Stücke führen konnte. Die zunehmende Bedeutung von Goldmünzen im Spätmittelalter machte dann die Verwendung von Münzwaagen zwingend, denn jetzt lohnte sich das

Beschneiden der Goldstücke am Rande. Außerdem waren Veränderungen im Gewicht bestimmter wichtiger Sorten zu berücksichtigen. Es hat in der Frühen Neuzeit bestimmte Zentren der Waagenherstellung gegeben, so Köln, Nürnberg und die Niederlande. Ab der Mitte des 18. Jhs. beherrschten die Waagenmacher des Bergischen Landes und der Grafschaft Mark mit ihren beliebten Präzisionsgeräten den Markt. *Konrad Schneider*

Lit.: Luschin, S. 156f.; T. Sheppard, J. F. Musham, Money Scales and Weights, London 1975 (Nachdruck von Aufsätzen aus dem Numismatic Circular 1920–1923); Kölner Münzkabinett Tyll Kroha, Auktion 52, Münzwaagen und Münzgewichte, 19. März 1991.

Mun, Thomas (1571–1641)

Der Sohn eines englischen Tuchhändlers wurde ebenfalls Kaufmann. Er war zunächst einige Jahre in Italien tätig. Als sein Handelsunternehmen in Konkurs ging, kehrte er um 1609 nach England zurück. Seine fortan erfolgreichen Geschäfte im Fernhandel machten ihn wohlhabend. Darüber hinaus erwarb er sich hohes Ansehen als Wirtschaftsfachmann. Ökonomischer Rat war damals gefragt, denn die Zeiten waren schlecht. Religionskriege, dynastische Fehden und Aufstände erschütterten Europa in der ersten Hälfte des 17. Jhs.; sie verursachten Staatsbankrotte und Wirtschaftskrisen, die durch Mißernten und eine unzureichend produktive Landwirtschaft bei insgesamt wachsender Bevölkerung noch verschärft wurden. Obwohl seit den spanisch-portugiesischen Eroberungsfeldzügen in Süd- und Mittelamerika reichlich Gold und Silber aus der «Neuen Welt» nach West- und Mitteleuropa floß (→ Edelmetallströme), blieb das Geld knapp. Dies lag sowohl am zunehmenden Welthandel als auch daran, daß die importierten Edelmetalle nur zum Teil ausgemünzt und zudem vorhandene Münzbestände durch → Hortung dem → Geldumlauf entzogen wurden. In England warf man vor allem der 1600 gegründeten East India Company vor, dazu wesentlich beizutragen. Um Luxusgüter wie Seide, Kattun und Gewürze einzuführen, exportiere sie (ausländisches) Silber(geld) nach Asien, das dort jedoch überwiegend gehortet würde. In seiner Schrift *A Discourse of Trade, from England unto the East-Indies ...* (1621) verteidigte Mun die Handlungsweise der Gesellschaft, deren Direktorium er seit 1615 angehörte, u. a. mit einem bemerkenswerten Argument: Der Geldexport finanziere zwar den Import von Waren, von denen aber nur ein Teil im Inland konsumiert, während der Rest in andere Länder re-exportiert würde, wodurch England – mit dem nötigen kaufmännischen Geschick – ein Mehrfaches des scheinbar verlorenen Edelmetalls (zurück)gewänne und damit seinen Reichtum vergrößere. So könne man «mit einer Sprotte eine Makrele fangen» (Charles Wilson). Mun vertrat diesen Standpunkt des weiteren in mehreren *Memoranden* (1622/23), die er einem königlichen Untersuchungsausschuß vorlegte, offenbar so überzeugend, daß die Kommission in ihrem Abschlußbericht empfahl, die Ausfuhr von Edelmetall(geld) nicht zu verbieten. Mun verallgemeinerte und vertiefte seine Ansichten in der spätestens 1628 abgeschlossenen, aber erst 1664 posthum von seinem Sohn publizierten Schrift mit dem programmatischen Titel *England's Treasure by Forraign Trade, Or, The Ballance of our Forraign Trade is the Rule of our Treasure*. In diesem Hauptwerk unterzog Mun einige markante Entwicklungen seiner Zeit – wie die Expansion und Wettbewerbsverschärfung im Außenhandel – einer differenzierten merkantilistischen Betrachtung. Er suchte die Fähigkeiten eines Kaufmannes zu beschreiben, der den Herausforderungen zunehmenden Wettbewerbs gewachsen ist, er entwarf ein Schema für die →Zahlungsbilanz eines Landes, um den Handelserfolg exakter berechnen zu können, und er sann über die ökonomischen Wirkungen internationaler Geld- und Güterbewegungen nach. Dabei erkannte er zwar noch nicht, wie später →David Ricardo, unter welchen Bedingungen einer arbeitsteiligen Weltwirtschaft freier Warenaustausch für alle Beteiligten von Vorteil sein kann, doch es war ihm bereits klar, daß es nicht auf die Bilanz der bilateralen, sondern auf die der multilateralen Handelsbeziehungen ankommt, wenn die Kaufleute eines Landes (und damit das Land selbst) Nutzen aus dem Außenhandel ziehen wollen. Insoweit befürwortete Mun nur in bestimmten Fällen protektionistische Maßnahmen wie Exportsubventionen und Importverbote. Ein Land, das über keine eigenen Edelmetallvorkommen verfüge, sei besonders auf eine aktive Handelsbilanz angewiesen. Doch dürfe es nicht das Ziel sein, die durch den internationalen Handel gewonnenen Edelmetallmengen (bloß) anzuhäufen (→Bullionismus), sie müßten vielmehr dazu dienen, die natürlichen und künstlichen Ressourcen eines Landes, die seinen eigentlichen Reichtum bilden, nutzbar zu machen. So dachte Mun an die steuerliche Abschöpfung überschüssiger Edelmetallbestände. Er wandte sich auch gegen staatliche Währungs- und Wechselkursmanipulationen, da sich langfristig doch die Marktkräfte durchsetzen dürften. In seinen diesbezüglichen Überlegungen kam er der Vorstellung von einem automatischen →Zahlungsbilanzausgleich in einer Währungsordnung mit →Goldstandard nahe, ohne jedoch – wie später →David Hume – den diesem System zugrundeliegenden Geldmengen-Preis-Mechanismus zu erkennen. Nichtsdestoweniger zählt Mun zu den Wegbereitern der modernen (monetären) Außenwirtschaftstheorie. *Heinz Rieter*

Lit.: T. Mun, Discourse of Trade, from England unto the East-Indies: Answering to diverse Obiections which are usually made against the same, London 1621; England's Treasure by Forraign Trade, Or, The Ballance of our Forraign Trade is the Rule of our Treasure, London 1664; W. Eltis, Mun, Thomas, The New Palgrave: A Dictionary of Economics, III, London–New York 1987, S. 576f.; H. C. Recktenwald (Hg.), Vademecum zu einem frühen Merkantilisten, Kommentar zur Faksimile-Ausgabe von Thomas Mun, England's Treasure by Forraign Trade, Düsseldorf 1989.

N

Nachahmungen

Als Nachahmungen oder Beischläge bezeichnet man die Imitation von Münzen fremder Herkunft. Sie unterscheiden sich von Falschmünzen dadurch, daß sie zumeist in landesherrlichen Münzstätten entstanden und im Geldverkehr beliebte Vorbilder zur Erreichung der Kreditwürdigkeit ausnutzten, ohne aber die Qualität ihrer Vorbilder zu erreichen. Oftmals wurden sie für den grenzüberschreitenden Verkehr geprägt, weil ihre Hersteller hofften, daß in Gebieten mit geringerer Sortenkenntnis die Nachahmung nicht auffiel. Beispiele gibt es genug; einige besonders markante sollen hier aufgezählt werden wie die niederelbischen Agrippiner als Nachahmungen der Köln-Andernacher Denare, die ihrerseits im Gebiet der Westslaven abermals und bis zur Unkenntlichkeit imitiert wurden. Auch die Kölner →Denare der Zeit wurden gerne nachgeahmt, ebenso die →Turnosen und →Florene, aber auch andere →Groschen- und Kleinmünzen, wie sie gegen Ende des 15. Jhs. die Grafen von Hoya und Diepholz imitierten. Aus der Neuzeit sind besonders die vielen italienischen Nachahmungen deutscher, schweizerischer und niederländischer Münzen, so der als →Handelsmünzen weitverbreiteten →Dukaten und →Löwentaler der Republik der Vereinigten Niederlande bekannt, aber auch kaiserlicher und anderer Sorten aus dem Reich. Als Imitator trat ebenfalls das kleine Fürstentum Château-Renault an der Maas hervor, das sich der Münzen aller Nachbarn als Vorbilder bediente, wie dies niederländische Herren bereits seit der Mitte des 16. Jhs. getan hatten. Wir kennen Nachahmungen der niederländischen Dukaten außer aus Südeuropa, Württemberg, Polen und Rußland. Wichtig war vor allem eine überregionale Verbreitung, wie z. B. bei den ursprünglich polnischen →Dreipölkern und →Düttchen und den französischen 1/12 Ecu-Stücken, die im Orient sehr beliebt waren (Timmin) und die zahlreiche Nachahmer aus spekulativen Gründen fanden. Für die Herstellung des Kriegsgeldes des Siebenjährigen Krieges (→Kriegssechstel) wurde diese Methode gleichfalls angewandt; so gleichen die Sorten von Anhalt-Bernburg den preußischen und die Sechstel von Wied-Neuwied denen von Mecklenburg-Strelitz. Auch der als Handelsmünze besonders bekannte →Maria-Theresien-Taler ist nachgeahmt und -geprägt worden. Während der lateinamerikanischen Unabhängigkeitskriege benutzten die Aufständischen das traditionelle Münzbild des spanischen →Piasters, das diesem weltweiten Kredit verschaffte. *Konrad Schneider*

Lit.: H. Grote, Geld- und Münzgeschichte der Grafschaft Hoya, Münzstudien, IV, Leipzig 1865, S. 211–51; J. u. A. Erbstein, Italienische Nachahmungen schweizerischer, deutscher und niederländischer Gepräge, Dresden 1883; B. Engelke, Die Grafen von Diepholz, ihr Wappen und ihre Münzen, BM 32 (1911), S. 131–35, 155–60; H. Descharmes, Les monnaies de Château-Regnault, Nouvelle Revue de la Champagne 1932, S. 86–123; C. Gamberini di Scarfèa, Le principali imitazione e le contraffazioni monetarie nel mondo, III, IV, Bologna 1956–59; L. Ilisch, Levantinische Gegenstempel auf französischen Münzen des 17. Jhs., Lagom (Festschrift Berghaus), Münster 1981, S. 315–26; K. Schneider, Die Ausprägung von Mariatheresientalern im Auftrage des Oberkommandos der Wehrmacht für Zwecke der Auslandsabwehr im Winter 1941/42 und ihre Vorgeschichte, HBN 30/32 (1976/78, 1985), S. 197–204.

Naturalgeld

Als Naturalgeld, Surrogatgeld oder Warengeld bezeichnet man Gegenstände, die als Tauschmittel und Wertmaßstab stellvertretend für alle anderen Güter gegeben und angenommen werden. Nach Material und Abstraktionsgrad (in Abhängigkeit vom Entwicklungsstand einer Gesellschaft) sind folgende Gruppen von Warengeld zu unterscheiden: 1. Steingeld (Feuersteine); 2. Ring- und Zahngeld (Süd-Pazifik, Neu-Guinea); 3. Schmuckgeld (in Amerika, Süd-Pazifik, Afrika, Südostasien; Bernstein im Ostseeraum; Ketten mit geschliffenen Muscheln in Melanesien [Diwarra] und Nordamerika [Wampum]; in engl. Kolonien bis 1670 legales Zahlungsmittel [180 Wampums = 2½ sh], unter Siedlern bis 1709, unter Indianern bis 1825 in Gebrauch); 4. Kleidergeld (Pelze im alten Rußland, Sibirien und Nordamerika; Rindenstoffe in Ozeanien; Stoffstücke [Quatchtli] bei den Azteken; Baumwollstoffe als Scheidegeld in Zentralafrika [Hedja bei den Haussa, Bérne bei den Fulbe; Ende 19. Jh.]); 5. Nutzgeld (Nahrungs- und Genußmittel [getrocknete Fische in Island]; Reis in Korea; Pedan-Mandeln in Indien [Kleingeld bis zum 18. Jh.]; Tee-Ziegel in Zentralasien; Kakaobohnen in Alt-Mexiko und in Nicaragua; Salzgeld im Ostseeraum sowie in Südchina [z. Zt. Marco Polos]; Körbe mit geschälten Zerealien in Guinea; Tabak in Virginia und Maryland [17. Jh.]; Pfeffer, Salztafeln, -brote und -stangen in Äthiopien und im Süd-Sudan [18./19. Jh.], auch Viehgeld [lat.: *pecus – pecunia;* sanskr.: *rupa* – Rupie; gri.: *bous* – Rind, Silbermünze]); 6. ungeformtes und geformtes Metall-Geld (Eisengeld in Sparta; römisches *aes rude* [Erzklumpen]; Beile und kleine Metallscheiben im keltischen Gallien; Zinnstücke in Alt-Mexiko; Stangen, dünne Platten, Haken und Speerspitzen im Sudan und in Inner-Ostafrika, Messingdrähte [Massango] in Sansibar und am Horn von Afrika, Kupferkreuze im Kongobecken sowie Gold- und Silberringe im oberen Nigergebiet [19. Jh.]).

Das Warengeld mit der größten geographischen Verbreitung waren die jahrhundertelang bei verschiedensten Völkern im Raum des gesamten Indischen Ozeans und der angrenzenden Gebiete Asiens und Afrikas wie Münzen zirkulierenden Kauri-Muscheln (von altind.: *kaparda,* Porzellanschnecke; *Cypraea moneta*). Der arabische Reisende Ibn Batutta berichtet um 1325 von der Verwendung der Kauris auf den Malediven, von denen zwischen 400000 und 1,2 Mill. 1 →Dinar galten, und nach Marco Polo waren sie auch in Süd-Asien als Kleingeld im Umlauf. Im 17. Jh. wurden sie sogar in Indien (als Untereinheit der Rupie) und auf den Philippinen als Geld benutzt, in Siam unter der Bezeichnung Bia noch gegen Ende des 19. Jhs. (1000–1200 Kauris = 1 Fuang [Korb]; 100 Kauris = 3,2–4 Pfennige; 18. Jh.: 1 Taël = 25000 Kauris); eine Tonne Kauris kostete auf Ceylon 70–75 Pfund Sterling. Arabische Händler exportierten die Kauris aus Indien – die Portugiesen später direkt von den Malediven – und verbreiteten sie im gesamten Raum des Indischen Ozeans. Von der ostafrikanischen Küste gelangten sie über den Sudan bis Ober-Guinea, Mauretanien und zu den Berbern. Ihr Wert nahm mit zunehmender Entfernung von ihrem Herkunftsort zu. Das Hauptverbreitungsgebiet der Kauris war um die Jahrhundertwende Afrika, wo sie als →Scheidegeld zirkulierten (1 Makuta in Angola = 2000 Kauris; 1 Penny in Uganda = 50 Kauris [bis 1897]). Der Hauptstapelplatz für den Kauri-Handel war Sansibar an der Ostküste, wo sie insbesondere zum Umwechseln des →Maria-Theresien-Talers oder des spanischen →Peso dienten. In Zentralafrika mit dem Zentrum Jola war die größte Rechnungsmünze der Sack Kauri-Muscheln (ca. 20000 Stück = 7 Francs in Dahomé bis 1907), der einem Baumwolltuch von der Größe eines Kleides gleichgesetzt und in sog. Banos (eiserne Haken einer bestimmten Form; 1 Bano = 170–250 Kauris) bzw. Karsen (Messingstange zu 2 Banos) unterteilt wurde. An der westafrikanischen Küste wurde mit Kauris vor allem das Palmöl bezahlt (40 Kauris = 1 Schnur; 50 Schnüre = 1 Kopf; 10 Köpfe = 1 Sack).

Ende des 19. Jhs. waren das Landesinnere von Ostafrika (Sansibar) und Abessinien/Äthiopien mit die wichtigsten Länder, in denen die Umlaufswährung im wesentlichen aus Warengeld bestand: In Ostafrika tätigte man Zahlungen in nordamerikanischen Baumwollstoffen (Domestics, Merikani) sowie in venezianischen Glas- und Porzellanperlen (arab.: *charas;* suahel.: *uschanga*). An der Küste rechnete man die Schucka Baumwollstoff (ca. 1,83 m) zu etwa ¼ Dollar, im Landesinneren zu 1 Dollar; für 1 Dollar erhielt man in Sansibar ca. 5–6 Pfund weiße Porzellanperlen, deren Wert in verschiedenen Gegenden stark variierte. Haupttauschmittel in Abessinien war das Gabi, ein Stück Baumwollstoff von 20 abessinischen Ellen Länge (ca. 9,14 m), unterteilt in Hälften (Karanna) und Viertel (Gerbab; Stoff für etwa ein Kleid). Zahlungen geringerer «Summen» erfolgten in Süd-Abessinien und ganz Zentralafrika durch Stücke unreinen Steinsalzes (amharisch: *amulè;* tigré: *kehle*) in der Form eines Wetzsteines. Für 1 Maria-Theresien-Taler erhielt man um 1870 in Adowa (Tigré) 30–40 Amulè, in Gondar 20–30, in Ankóber (Schoa) 20, in Abessinien 18–20, in Simäu 52–54 und in Wochni (Nubien) 17. Im Kleinhandel (z. B. um Massawah) bestimmten Glasperlen (Borjookes) den Umlauf; dabei rechnete man 3 Borjookes = 1 Kebir, 40 Kebir = 1 Harf oder Dahab und etwa 1½ Harf = 1 Abulè. *Markus A. Denzel und Oskar Schwarzer*

Lit.: F. Noback, Münz-, Maass- und Gewichtsbuch, Leipzig 1877; R. Klimpert, Lexikon der Münzen, Maße, Gewichte, Zählarten und Zeitgrößen aller Länder der Erde, Berlin 1896, Ndr. Graz 1972; R. A. Austen, African Economic History, London–Portsmouth 1987; R. Sedillot, Muscheln, Münzen und Papier, Frankfurt 1992.

Nennwert

Die Bewertung von Münzen, aber auch von →Papiergeld im 18. und 19. Jh. ist in früheren Zeiten häufig ein schwieriges Problem und Anlaß für Auseinandersetzungen und →Valvationen gewesen. Während heute der vom Gesetzgeber festgelegte Nennwert *(valor impositus)* der Münze in der Regel aufgeprägt ist und im Inlandverkehr jedermann die Münze zu diesem annimmt, wurden Geldsorten in früheren Zeiten gerne mit Zwangskurs ausgegeben (bei dem der Nennwert über dem Metallwert lag), um möglichst hohen →Münzgewinn zu erzielen. Der Metallwert *(bonitas intrinseca, valor intrinsecus)* einer Münze und damit die reale Wertgrundlage wurde durch den →Münzfuß festgelegt. Seine Ermittlung gehörte zum Tätigkeitsbereich der →Wardeine, die Bekanntgabe war Gegenstand der Valvationen. Der Metallwert war auch die Basis für die Bewertung der Münzen. Einzubeziehen waren dabei →Remedium und →Schlagschatz. Differenzen entstanden in der Regel bei unterwertigen Kreditmünzen, deren Nennwert über dem Realwert lag. In solchen Fällen wurden die betreffenden Münzen mit Disagio gehandelt. Auch der umgekehrte Fall ist vielfach belegt. Besonders beliebten und knappen Sorten wurden Kurswerte verliehen, die den Metallwert überschritten, so beispielsweise im 18. Jh. →Dukaten und →Louis d'or, zeitweise auch dem →Karolin. Das Verlangen und das freiwillige Bezahlen des Agios war den Gesetzgebern zwar ein steter Dorn im Auge, konnte aber auf dem Verordnungsweg nicht unterbunden werden. *Konrad Schneider*

Lit.: Luschin, S. 223–34.

Nobel

Der Nobel war die erste erfolgreiche englische Goldprägung. Nach dem Fehlschlag des sog. Leoparden von Edward III. wurde er ab 1344 mit einem Rauhgewicht von 8,86 g (39½ Nobel pro Towerpfund) und einem →Feingehalt von $^{995}/_{1000}$ bzw. 23⅞ Karat geprägt und galt 6 s 8 d oder £ ⅓ (Halb- und Viertelnobel entsprechend). Unter Beibehaltung von Feingehalt und Nennwert wurde das Gewicht des Nobel 1346 auf 8,33 g, 1351 auf

Nobel Edwards IV. (1461–70 1471–83) (1:1)

7,78 g und 1411 auf 7,0 g (50 Nobel pro Towerpfund) reduziert. Nachdem im September 1464 der Versuch, den Nennwert ohne sonstige Änderung der Münze auf 8 s 4 d auf dem Verordnungsweg zu erhöhen, fehlgeschlagen war, wurde der Nobel durch den →Angel und den Rosenobel (Ryal) abgelöst. Der Nobel setzte sich bis Ende des 14. Jhs. als →Leitmünze im Nord- und Ostseehandel durch (früheste schriftliche Belege stammen z. B. aus Danzig [1350/60], Schonen [1389] und Novgorod [1406]), was wohl mit dem englischen Vordringen in den Ostseeraum zusammenhängt. Infolge seiner Beliebtheit als wertstabile →Handelsmünze wurde der Nobel in Schottland und besonders in den Burgundischen Niederlanden häufig nachgeprägt. *Stuart Jenks*

Lit.: C. Oman, The Coinage of England, Oxford 1931, S. 173 ff.; J. Craig, The Mint, Cambridge 1953, S. 63 ff.; A. Feavearyear, The Pound Sterling, Oxford 1963, S. 28 ff.; P. Spufford, Continental Coins in Late Medieval England, BNJ 32 (1963), S. 127–39; C. H. V. Sutherland, English Coinage, 600–1900, London 1973, S. 73 ff.

Nominal

Als Nominal (von lat. *nomen* = Benennung) bezeichnet man sowohl den →Nennwert einer Münze als auch alle Münzen desselben Nennwerts. Bis zum Aufkommen des →Groschens im 13. Jh. wurden als einziges Nominal der →Denar oder – anders gesagt – nur Pfennignominale geprägt.

Michael North

Lit.: siehe unter Münze.

Notenbank →Zettelbank und Zentralbank

Notendeckung

Die Notwendigkeit, eine bestimmte Edelmetalldeckung seitens der Notenbank (→Zentralbank und/oder →Zettelbank) einzuhalten, ergab sich in der Zeit der Metallwährungen (d.h. in der Zeit des reinen →Goldstandards, aber auch des Silberstandards oder des →Bimetallismus) allein daraus, daß sich die Notenbanken eines Landes (zumindest jedoch die Zentralnotenbank) verpflichten mußten, ihre →Banknoten gegen eine bestimmte, gesetzlich festgelegte Menge «Bargeld» (verstanden als Münzgeld oder ungeprägtes Münzmetall) einzulösen. Schon die frühen →Goldschmiede-Bankiers hatten erkannt, daß niemals alle Noten gleichzeitig zur Einlösung präsentiert würden. Sie brachten deshalb mit der Zeit mehr Noten in Umlauf, als sie Metallreserven besaßen.

Während in den meisten europäischen Ländern das Notenbankwesen wegen staatlicher Restriktionen oder wegen mangelnder Nachfrage sich nur sehr langsam entwickelte, konnten die Notenbanken in England und Schottland bereits im 18.Jh. wichtige Erfahrungen über die notwendige Höhe der Mindestreserven an Münzmetall zur Deckung des eigenen Banknotenumlaufs sammeln. Als Erfahrungswert und Faustregel setzte sich im ersten Viertel des 19.Jhs. in England schließlich die sogenannte «Dritteldeckung» durch und erhielt durch entsprechende Äußerungen des →Bank of England-Governor Palmer von 1832 bis zur Verabschiedung der →Peelschen Bankakte (1844) einen offiziösen Charakter.

Obwohl die Dritteldeckung in der Peelschen Bankakte durch ein →Notenkontingent als Sicherungsmechanismus gegen eine zu große Ausdehnung der (Noten)Geldmenge ersetzt worden war, nahmen die Gesetzgeber anderer Staaten das Prinzip der Dritteldeckung später vielfach wieder auf. Das galt beispielsweise für die →Preußische Bankordnung von 1846 und deren Novelle von 1856, als die Dritteldeckung nach Abschaffung des Notenkontingents auch praktische Bedeutung erlangte, sowie für das Reichsbankgesetz von 1875, als man sich als Ergänzung zur Dritteldeckung auf die «indirekte Kontingentierung» beschränkte. In der Praxis wurde die Deckung sowohl der Noten der Preußischen Bank als auch der Reichbanknoten deutlich über dem Mindestsatz gehalten, um für Krisenzeiten Spielräume zu gewinnen. Ähnlich war die Situation bei der →Banque de France. Obwohl ihre Noten keinerlei Deckungsregeln unterworfen waren, hielt sie die im Durchschnitt höchste Bardeckung aller Zentralnotenbanken in Europa.

Die Deckung des nicht durch Metall gedeckten (fiduziären) Notenumlaufs war unterschiedlich geregelt und hing ganz von der geldtheoretischen Ausrichtung ab, die der Währungsgesetzgebung des jeweiligen Landes zugrunde lag. Die Peelsche Bankakte, im wesentlichen von Anhängern der →Currency-Theorie formuliert, sollte unter anderem erreichen, daß sich die Geldmenge (Noten und Münzen) wie bei einer reinen Metallwährung verhielt. Insofern war die Art der Deckung der fiduziären Emission relativ belanglos (in diesem Fall Schulden des Staates bei der Bank of England). Wichtiger war, daß die fiduziäre Emission kontingentiert und eine Veränderung der →Geldmenge nur durch den Abfluß bzw. den Zufluß von Währungsmetall zur Notenbank möglich war.

Anders war die Situation bei der novellierten Preußischen Bankordnung von 1856, die den Prinzipien der →Banking-Theorie folgte, indem sie allein auf die (Silber)Dritteldeckung und eine Deckung der fiduziären Emission durch erstklassige Handelswechsel zur Sicherung der Taler-Konvertibilität setzte und das Notenkontingent aufhob. Denn die Banking-Theorie ging davon aus, daß es zu einer Überemission von Banknoten nicht kommen könne, wenn diese Noten durch leicht realisierbare Aktiva (insbesondere durch erstklassige Handelswechsel, die eine wirkliche Zahlungsfunktion ausüben) gedeckt würden. Durch den stetigen Rückfluß der Banknoten zur Notenbank sei eine jederzeitige Anpassung der Geldmenge an die Erfordernisse des Zahlungsverkehrs gewährleistet. *Dieter Ziegler*

Lit.: A. Wagner, Die Geld- und Kredittheorie der Peelschen Bankakte, Wien 1862; R. H. I. Palgrave, History of the Separation of the Departments of the Bank of England, Washington 1910; F. W. Fetter, Development of British Monetary Orthodoxy, Cambridge, Mass., 1965; W. Mosbacher, Reichsbank und Bank von England im Goldstandard vor 1914, Bankhistorisches Archiv 1 (1976), S. 20ff.; D. Ziegler, Zentralbankpolitische Steinzeit? Bank of England und Preußische Bank im Vergleich, GG 19 (1993), S. 457–87.

Notenkontingent

Als Notenkontingent wird der gesetzlich festgelegte Betrag bezeichnet, zu dem Notenbanken (→Zentralbanken und/oder →Zettelbanken) →Banknoten ausgeben dürfen. In einer Zeit, als Banknoten noch nicht als Geld, sondern nur als Geldsurrogat verstanden wurden, für das die Notenbank Geld (verstanden als Münzgeld) auszuzahlen versprach, wurde das Notenkontingent neben den Vorschriften zur →Notendeckung als zentraler Sicherungsmechanismus gegen die Überemission von Banknoten durch die Notenbank angesehen. Obwohl deshalb in der Zeit des klassischen →Goldstandards die Notenausgabe der meisten Notenbanken kontingentiert war, waren die Vorschriften unterschiedlich restriktiv. Denn die Kontingentierung konnte auf unterschiedliche Art erfolgen:

1. Vollständige Begrenzung der Notenausgabe auf einen bestimmten Betrag: Als die →Banque de France im Jahr 1848 von der Verpflichtung befreit wurde, ihre Noten in Metallgeld einzulösen, war ihre Notenemission auf einen Betrag von höchstens 350 Mill. Francs begrenzt worden. Dieses Kontingent wurde auch nach der Wiedereinführung der Einlösepflicht beibehalten, jedoch im Laufe der Zeit dem steigenden Zahlungsmittelbedarf angepaßt. Notendeckungsvorschriften als zusätzliche Sicherung

gegen die Überemission von Banknoten gab es nicht. Auch die Notenemission der →Preußischen Bank unterlag seit 1846 einer absoluten Begrenzung. Hier galt allerdings zusätzlich die «Dritteldeckungs»-Vorschrift.
2. Teilweise Begrenzung der Notenausgabe: Das bekannteste Beispiel hierfür ist die, auf der →Currency-Theorie fußende Kontingentierung der fiduziären (d. h. der nicht durch Metall gedeckten) Banknotenausgabe der →Bank of England durch die →Peelsche Bankakte. Diese Regelung unterschied sich von der vollständigen Begrenzung der Notenausgabe der Zettelbanken (→Country-Banks) dadurch, daß die Bank of England im Falle des Ansteigens der Metallreserven ihrer Noten-Abteilung auch entsprechend mehr Banknoten ausgeben und über ihre Bank-Abteilung in Umlauf bringen konnte.
3. Steuerfreies Notenkontingent («indirekte Kontingentierung»): In diesem Fall war die Emission von Banknoten über das Kontingent hinaus nicht grundsätzlich ausgeschlossen. Aber für die Noten, die über das steuerfreie Kontingent hinaus ausgegeben wurden, hatte die Notenbank (etwa die →Reichsbank seit 1876) eine Notensteuer zu entrichten. Die Refinanzierung über die Zentralbank sollte auf diese Weise in Zeiten starker Kreditanspannung lediglich verteuert, nicht aber unmöglich gemacht werden. Aus diesem Grund waren die institutionellen Rahmenbedingungen für die Annahme der →Lender-of-Last-Resort-Funktion durch die Reichsbank wesentlich günstiger als für andere Zentralbanken, deren Notenausgabe strikter kontingentiert war. *Dieter Ziegler*

Lit.: R. H. I. Palgrave, History of the Separation of the Departments of the Bank of England, Washington 1910; F. W. Fetter, Development of British Monetary Orthodoxy, Cambridge, Mass., 1965; W. Mosbacher, Reichsbank und Bank von England im Goldstandard vor 1914, Bankhistorisches Archiv 1 (1976), S. 20ff.

Notgeld

Im Falle von Notsituationen, sei es in belagerten Festungen oder Städten, sei es aus akutem Mangel an baren Zahlungsmitteln, wurden seit dem Mittelalter immer wieder Geldzeichen aus den verschiedensten Werkstoffen ausgegeben, die man als Notgeld bezeichnet. Es handelt sich einerseits um vollwertige Münzen wie die der belagerten Festungen Jülich und Landau aus dem frühen 17. Jh. bzw. dem Spanischen Erbfolgekrieg, die aus zerschnittenem silbernem Tafelgeschirr hergestellt worden sind, andererseits aber auch um Geldzeichen aus Pappe wie in der belagerten Stadt Leiden 1572. Notgeld ist immer wieder im Gefolge von Kriegen zumeist mit begrenzter Laufzeit ausgegeben worden. Ursache war oft ein kurzfristig zu sättigender Geldbedarf, der mit der normalen Menge zur Verfügung stehender Zahlungsmittel nicht zu befriedigen war, wie z. B. 1812 in Schleswig-Holstein.

Im Deutschen Reich trat ein solcher sehr bald nach Beginn des Ersten Weltkrieges ein, als die Kleinmünzen aus Kupfer und Kupfernickel für den Bedarf der Rüstungswirtschaft eingezogen wurden. Die vom Reich ausgegebenen Ersatzmünzen aus unedlem Metall reichten nicht aus, um die Lücke zu füllen, und so gaben Kommunen, Kammern und Firmen Notgeldmünzen und -scheine aus, entdeckten aber schon bald ein reges Interesse der Sammler hierfür. Die einschlägigen Akten belegen dies auf eindrucksvolle Weise. Dieser Mißbrauch, erweitert um Notgeld aus Keramik und anderen Werkstoffen, führte 1922 zum Notgeldausgabeverbot durch das Reichsfinanzministerium, das unter dem Zwang der nunmehr galoppierenden Inflation schon bald aufgehoben werden mußte. Gegen Ende der Hyperinflation wurde wertbeständiges Notgeld auf Dollarbasis ausgegeben. Mit der Stabilisierung der deutschen Währung endete die Zeit des Notgeldes. *Konrad Schneider*

Lit.: v. Schrötter, S. 462–464; P. Mailliet, Catalogue descriptif/Atlas des monnaies obsidionales et de la nécessité, 4 Bde., Bruxelles 1868–1873; A. Pick, Papiergeld, Braunschweig 1967, S. 221–28, S. 432, 435 u. 437 (bibliographische Erfassung der zahlreichen Arbeiten von A. Keller zum deutschen und österreichischen Papiernotgeld); F. Funck, Die Notmünzen der deutschen Städte, Gemeinden, Kreise, Länder, Münster 1973; J.-U. Rixen, Das schleswig-holsteinische Notgeld von 1812, HBN 30/32 (1976/78, 1985), S. 159–96.

Numismatik

Numismatik (vom griech. *nomisma* = Münze) bedeutet Münzkunde und bezeichnet das Studium aller Zahlungsmittel wie Münzen, Banknoten, Privatgeld, aber auch von Medaillen, Jetons und Rechenpfennigen. Die Beschäftigung mit Münzen reicht in das Zeitalter des Humanismus zurück, als antike Münzen erstmals als Quellen herangezogen wurden. Im 17. Jh. setzen dann Zusammenstellungen der zeitgenössischen und historischen Münzen in sog. Taler- oder Groschenkabinetten bzw. in «Münzbelustigungen» ein. Diese unterhaltsame Beschäftigung mit Münzen wurde durch die Entwicklung der wissenschaftlichen Numismatik im 19. Jh., z. B. durch Hermann Grote in Deutschland, Roger Ruding in England oder Faustin Poey d'Avant in Frankreich verlassen, lebt aber bisweilen im Kreis der Münzsammler bis heute fort.

Die klassische Frage der Numismatik ist die Bestimmung einer gegebenen Münze: Wer hat sie wann und wo schlagen lassen? Diese Frage kann entweder durch das genaue Studium der Münze selbst oder durch einen Blick in die numismatische Literatur beantwortet werden. Aufgrund der schlechten Überlieferung mancher Münzen als Fundmünzen sind zur Bestimmung der Münze oftmals ein mühsames vergleichendes Studium (Buchstabe für Buchstabe) der Münzinschriften sowie eine Analyse des

Fundzusammenhangs nötig. Die Untersuchung der Münzstempel nahm in der zweiten Hälfte des 19. Jhs. mit den antiken griechischen Münzen ihren Anfang und spielt seit den 1950er Jahren auch bei den Mittelaltermünzen eine große Rolle.

Bei der Prägung der Münzen wurden normalerweise zwei Stempel verwendet, ein Unterstempel mit dem Bildnis des Herrschers und ein Oberstempel mit der Rückseite. Der Oberstempel, der vom Hammer bei der Prägung berührt wird, hat eine kürzere Haltbarkeit als der Unterstempel, und durch die Verwendung von neuen Stempeln können bisweilen ganze Stempelketten entstehen. Diese Ketten sind beispielsweise beim Studium der Imitationen der angelsächsischen →Sterlinge des späten 10. und frühen 11. Jhs. wichtig und ausschlaggebend und auch beim Studium der frühen skandinavischen Münzen derselben Zeit. Ähnliches gilt für Stempelstudien beim →Augustalis.

Die Stempelanalyse ist auch für andere Zwecke wichtig, denn man kann durch eine Zählung der Stempel (oft von einer mathematischen oder statistischen Analyse begleitet) bei einem gegebenen Münztyp oder einer Münzserie einen Eindruck von der Münzproduktion bekommen. Die jährliche Münzproduktion im 10. und 11. Jh. in Deutschland oder England muß in die Millionen gehen, und dasselbe gilt sicherlich auch in anderen Ländern, auch in späteren Jahrhunderten. Die Münzen sind dadurch zu den ersten in Massen produzierten Gütern zu zählen.

Eine wichtige Quelle der Numismatik ist die Analyse der →Münzfunde. Man teilt die Funde in zwei Hauptgruppen, Schatzfunde und Einzelfunde, ein. Der Wert der Schatzfunde ist schon seit der Mitte des 19. Jhs. anerkannt; denn durch sie kann man sowohl eine relative als auch oft eine absolute Chronologie gewinnen, und man erhält durch die Analyse mehrerer Funde einen Eindruck von der gesamten Münzzirkulation. Seit neuestem haben die Einzelfunde (z. B. durch archäologische Ausgrabungen in Kirchen, Städten u. auf Marktplätzen) zunehmend Aufmerksamkeit gefunden, was vielleicht damit in Zusammenhang steht, daß die Liebhaber der Metalldetektoren in immer größeren Massen neue Einzelfunde ans Licht bringen. Dank der Tätigkeit mit Metalldetektoren hat sich die Zahl der Einzelfunde seit den 1970er Jahren bedeutend vermehrt.

Beispiele für eine weitergehende Benutzung der Funde z. B. für wirtschaftsgeschichtliche Zwecke sind die große Monographie von Gert Hatz über den deutschen Handel nach Schweden im 11. Jh. sowie die Darstellung des Geldumlaufes und der Wirtschaftskonjunkturen im südlichen Ostseeraum im 15. und 16. Jh. durch Michael North.

Durch systematische Analysen des gesamten europäischen Münzmaterials kann man aber auch wichtige kulturgeschichtliche Erkenntnisse gewinnen, wie die neueste Untersuchung durch Richard Kiersnowski zeigt.

Neben der Analyse des Münzmaterials spielt das Studium der numismatischen Literatur eine bedeutende Rolle. Sammlungskataloge verschaffen einen Überblick. Ein bekannter, älterer Katalog, der ganz Europa im Mittelalter umfaßt, ist der der Sammlung Christian J. Thomsen, der sich jetzt in der Kgl. Münz- und Medaillensammlung im Dänischen Nationalmuseum befindet. Ein ganz modernes, groß angelegtes Beispiel stellt der vielversprechende Katalog der Sammlungen Philip Grierson und des Fitzwilliam Museums, Cambridge, dar, der sowohl als Münzkatalog als auch als Geldgeschichte dient. Daneben können sich Privatsammlungen, die auf ein enges Gebiet beschränkt sind, durch Katalogisierung für Versteigerungszwecke ebenfalls zu nützlichen und oft zitierten Handbüchern entwickeln. Es gibt aus allen europäischen Ländern einschlägige Kataloge der Münzprägung, sog. Corpus-Werke. Sie sind aber bisweilen ziemlich alt, vom Ende des 19. und vom Anfang des 20. Jhs. Meistens werden sie dann durch moderne Detailstudien in den einschlägigen Jahrbüchern und Zeitschriften ergänzt.

Normalerweise wird man die größte Auswahl der numismatischen Literatur in den größeren öffentlichen Münzkabinetten finden, seltener ist sie in den Nationalbibliotheken vollständig vertreten. Den besten Überblick über den jetzigen Stand der Forschung bieten die anläßlich der internationalen numismatischen Kongresse, z. B. Zürich 1979, London 1986, Bruxelles 1991, zusammengestellten Bibliographien *(Survey of Numismatic Research)*.

Jørgen Steen Jensen

Lit.: Luschin; G. Hatz, Handel und Verkehr zwischen dem Deutschen Reich und Schweden in der späten Wikingerzeit, Stockholm 1974; P. Grierson, Numismatics, Oxford 1975; Grierson-Blackburn; P. Spufford, Money; R. Kiersnowski, Moneta w kulturze wieków średnich, Warszawa 1988; Ders., Wstęp do numizmatyki polskiej wieków średnich, Warszawa 1964; B. Malmer, The Sigtuna Coinage c. 955–1005, Stockholm–London 1989; North, Geldumlauf und Wirtschaftskonjunktur; C. Morrison, La Numismatique, Paris 1992; Catalogue de la Collection de Monnaies de C. J. Thomsen, II. Les Monnaies du moyen-âge, 3 Bde., Kopenhagen 1873–76 (Bd. 1 liegt in einer amerikanischen Bearbeitung vor, Medieval Coins in the Christian J. Thomsen Collection, South Salem, New York 1992).

O

Obligation

Die Obligation (lat.: *obligatio* = Bindung, Haftung, Verpflichtung) stellt eine Urkunde dar, in der sich der Aussteller dem Gläubiger gegenüber zu einer Geldleistung mit laufender Verzinsung verpflichtet (Schuldverschreibung). Im Grunde handelt es sich um ein langfristiges Darlehen, das dem Anleihe-Emittenten von den Käufern (Obligationären) der – auf runde Beträge lautenden – Teilschuldverschreibungen gewährt wird. Zu den ersten Anleihen gehörten die sog. Rentmeisterbriefe, die um die Mitte des 16. Jhs. in den Niederlanden ausgegeben wurden, wobei die von den Rentmeistern (Steuereintreibern) einzunehmenden Steuern als Darlehenssicherheit dienten. Bald darauf folgten Anleihen der Länder bzw. Staatsanleihen zur langfristigen Deckung der Staatsschulden. Schließlich wurden Obligationen von Städten und Gemeinden (Kommunalanleihen), öffentlich-rechtlichen Körperschaften, Realkreditinstituten (→ Pfandbriefe) und emissionsfähigen Industrieunternehmungen (Industrieobligationen) ausgegeben.

Während Obligationen zunächst mehr im Rahmen der lokalen → Kapital- und Kreditmärkte (z. B. als Kammerbriefe oder Handschriften, wie man sie im Ostseeraum nannte) vorhanden und noch beschränkt negotiabel waren, gelangten sie, wie erwähnt, erstmals in den Niederlanden um die Mitte des 16. Jhs. auf einen organisierten Kapitalmarkt. Eine gewisse Breitenwirkung bzw. einen besonderen Stellenwert bekam die Partial-Obligation dadurch, daß vor allem die öffentliche Hand in der Frühen Neuzeit zunehmend kapitalbedürftig wurde und diese Papiere zur Finanzierung ehrgeiziger Vorhaben von Fürsten und Staaten am geeignetsten erschienen (→ Staatsfinanzen).

In Deutschland tauchten sie an der Börse, namentlich in Leipzig, erst im späteren 18. Jh. auf. Die sächsischen Obligationen, die nach dem Siebenjährigen Krieg ausgegeben wurden, lauteten bereits auf runde Beträge, waren gedruckt und wurden mit 3 % verzinst. Sehr bald wurde Frankfurt unter Führung des Bankhauses Gebrüder Bethmann der wichtigste deutsche Kapitalmarkt für Obligationen und blieb es bis in die Gegenwart.

Rolf Walter

Lit.: J. Tracy, A Financial Revolution in the Habsburg Netherlands: Renten and Renteniers in the County of Holland, 1515–1565, Berkeley 1985; H. Pohl (Hg.), Deutsche Börsengeschichte, Frankfurt 1992.

Obol

Das Wort Obol wird abgeleitet von dem antiken Gerätegeld (gri. *obelós* = Eisenspieß); es bezeichnete als Obolós (1/6 Drachme) in der griechischen Numismatik eine Kleinmünze. Der mittelalterliche Obolus galt als halber →Pfennig, er wurde in Glossaren gleichgesetzt mit Hälbling (Hellinc u. ä.) und Scherf, ein Wort, das auf lat. *scripulum* (Gewichtseinheit, ahd. *scerf* von *scarbōn* = zerschneiden) zurückgeführt wird. Beim Absinken des →Hellers zu einem halben Pfennig wurde auch dieser Terminus synonym mit Obol bzw. Scherf verwendet. Obole wurden im Mittelalter anfangs selten, seit der Stauferzeit häufiger ausgeprägt. Allerdings erfolgte die Herstellung von halben Pfennigwerten auch durch das Zerschneiden ganzer Stücke. Als Scherfe bezeichnete Kupfermünzen wurden seit dem 16. Jh. wiederholt vorwiegend in Norddeutschland geprägt; in Erfurt gab es in der →Kipperzeit sogar Mehrfachstücke. *Gert Hatz*

Lit.: v. Schrötter, S. 468, 594; E. Schröder, Scherf, Korrespondenzblatt des Vereins für niederdeutsche Sprachforschung 36 (1917/18), S. 35 f., 39; J. Menadier, Hälblinge, Deutsche Münzen, II, Berlin 1892–1922, S. 53 ff.

Öre

Das Wort Öre wird von nordisch *eyrir* abgeleitet, das wiederum auf lat. *aureus* (= golden) zurückzuführen ist. Es handelt sich ursprünglich um eine im Norden verbreitete Gewichts- und Recheneinheit, deren Bezeichnung später auf eine Münze übertragen wurde. Das zugrundeliegende System war gegliedert: 1 Mark = 8 Öre = 24 →Örtugar. Aus überlieferten Objekten zeichnet sich für den Öre ein Gewicht von etwa 24 g ab, doch gab es räumliche und zeitliche Abweichungen. Als nichtgeprägte Rechenmünze galt der Öre in Schweden in landschaftlicher Differenzierung 24, 36 oder 48 Pfennige, ab 1300 einheitlich 24 Pfennige, in Dänemark 30 oder 36, in Norwegen 30 Pfennige. Als Münze wurde der Öre (auch Rundstycke genannt) in Schweden zuerst 1522 mit einem Rauhgewicht von 4,39 g ausgebracht; er galt 2 Örtugar. Die Münzbilder zeigen den heiligen König Erik bzw. den Münzherrn und Wappendarstellungen; sie wurden zunehmend vereinfacht. Die Prägung, auch von Mehrfach- und Teilstükken, gelegentlich in Klippenform, endete nach Unterbrechungen bei ständig sinkendem Feingehalt und ab 1624 in Kupfer vorerst im Jahre 1778. Öre-Münzen wurden gleichfalls in den schwedischen Besitzungen in Reval und Narva geschlagen. In einer Münzreform von 1855 wurde auf den Öre als kleinste Münzeinheit zurückgegriffen (1/100 Riksdaler Riksmynt, seit 1873 1/100 Krona). Infolge der →Skandinavischen Münzunion wurde der Öre 1873/75 ebenfalls in Dänemark und Norwegen, später auch in Island eingeführt. *Gert Hatz*

Lit.: v. Schrötter, S. 469 f.; A. W. Brøgger, Ertog og Øre, Kristiania 1921, S. 74 ff.; S. Aakjær (Hg.), Mønt, Nordisk Kultur 29, Stockholm–Oslo–København 1936, S. 11 passim, 210; S. Aakjær (Hg.), Maal og Vægt, Nordisk Kultur 30, Stockholm–Oslo–København 1936, S. 11 ff., 78 ff.; L. O. Lagerqvist, E. Nathorst-Böös, Mynt, Stockholm 1968, S. 286; K. Skaare, Coins and Coinage in Viking-Age Norway, Oslo–Bergen–Tromsö 1976, S. 49 ff.; K. Skaare et al., Øre, KHL 20 (1976), Sp. 716–24.

Örtug

Die Etymologie von Örtug (and. *ertogr*) ist unsicher. Der Örtug war eine Gewichts- und Rechengröße; er galt bei einem Gewicht von ca. 8 g (Wikingerzeit) als 1/3 →Öre bzw. 1/24 Mark und zählte in Schweden als nichtgeprägte Recheneinheit mit regionalen Unterschieden 8, 12 und 16 Pfennige, später generell 8 Pfennige, in Dänemark 10 oder 12 und in Norwegen 10 Pfennige. In geprägter Form begegnet der Örtug nur in Schweden, zuerst um 1370, als König Albrecht nach dem Vorbild der hansischen →Witten (ab 1365) eine mehrfache Pfennigmünze einführte, die 8, ab 1523 12 Pfennige galt (Rauhgewicht anfangs ca. 1,30 g, Feingehalt stetig absinkend). Die Münzbilder sind ziemlich gleichförmig, sie zeigen Wappen, Initialen, Kreuze, einen gekrönten Kopf; die Umschriften nennen neben dem Münzherrn oft auch die Münzstätte. Die Örtug-Prägung dauerte bis 1534, mit einem Ausläufer 1589–91. Die Örtugar waren im Spätmittelalter die Hauptmünze Schwedens. Nach einem Versuch unter König Erich wurden 1478–1534 auch halbe Örtugar (sog. Fyrkar, 1/4 Öre) im Werte von 4 bzw. 6 Pfennigen (Kennzeichen Krone) geprägt. Diese Nominalbezeichnung lebte in anderem Zusammenhang wieder auf und endete 1660 als kleinste Einheit des Kupfermünzfußes. *Gert Hatz*

Lit.: v. Schrötter, S. 470; S. Aakjær (Hg.), Mønt, Nordisk Kultur 29, Stockholm–Oslo–København 1936, S. 36 ff., 210 f.; B. Tingström, Svensk numismatisk uppslagsbok, Stockholm 1963, S. 14 passim; L. I. Jönson, B. Saxin, Mynt från Sveriges medeltid, Göteborg 1969, S. 831 ff. (aus H. Hildebrand, Sveriges medeltid, Stockholm 1879–1903); L. O. Lagerqvist, Svenska mynt under vikingatid och medeltid (ca. 995–1521) samt gotländska mynt (ca. 1140–1565), Stockholm 1970, S. 107 ff.; K. Skaare et al., Ørtug, KHL 21 (1977), Sp. 18–31.

Österreichische Nationalbank →Privilegierte Österreichische Nationalbank

Oppenheimer, Joseph Süß (1698–1738)

Joseph Süß Oppenheimer, Sohn des Heidelberger Handelsmanns Bär Süßkind Oppenheimer und seiner Frau Michaele, war einer der interessantesten →Hoffaktoren des 18. Jhs. Wohl seit 1717 betrieb er bis nach Frankfurt das übliche Geschäft mit Waren und Wechseln; seit 1723 sind in Mannheim Wechselprozesse Oppenheimers mit anderen Juden bezeugt. Der württembergische Hoffaktor Isaak Simon Landauer vermittelte 1731 die Bekanntschaft mit dem kaiserlichen Feldmarschall Karl Alexander von Württemberg, der Joseph Süß zum Hof- und Kriegsfaktor ernannte und zusammen mit seiner Gemahlin Maria Augusta von Thurn und Taxis dem Landgrafen Ernst Ludwig von Hessen-Darmstadt empfahl. Das Projekt einer minderwertigen Goldmünzprägung wurde für den Landgrafen wegen des in die Kabinettskasse fließenden → Schlagschatzes für den Ernestdor angesichts seiner Finanznot vorübergehend zum Rettungsanker. Die Thronfolge Herzog Karl Alexanders in Württemberg machte den Hoffaktor 1734 zu einem der wichtigsten Helfer bei der Finanzierung der Hofhaltung und zum Exponenten des Absolutismus im Kampf gegen die Stände. Zur Geldbeschaffung beim Aufbau eines stehenden Heeres zählten ein Münzvertrag, Heereslieferungen, Juwelenhandel, Geldleihe, Monopole; weit über die üblichen Funktionen hinaus ging 1736 die Ernennung zum Geheimen Rat. Der allmächtige «Geheime Finanzienrat, Kabinetts-Fiskal und Resident zu Frankfurt» wurde nach dem plötzlichen Tod des Herzogs 1737 in einem von politischen Motiven beeinflußten Prozeß am 4. 2. 1738 verurteilt und vor den Toren Stuttgarts am Galgen gerichtet.

Jürgen Rainer Wolf

Lit.: H. Schnee, Der Geheime Finanzienrat Joseph Süß Oppenheimer als württembergischer Hoffaktor, Ders., Die Hoffinanz und der moderne Staat, IV, Berlin 1963, S. 109–48; J. R. Wolf, Joseph Süß Oppenheimer («Jud Süß») und die Darmstädter Goldmünze. Ein Beitrag zur hessen-darmstädtischen Finanzpolitik unter Landgraf Ernst Ludwig, Neunhundert Jahre Geschichte der Juden in Hessen, Wiesbaden 1983, S. 215–61; Ders., Joseph Süß Oppenheimer («Jud Süß») und die Darmstädter Goldmünzprägung unter Landgraf Ernst Ludwig, Numismatisches Nachrichtenblatt 30 (1981), S. 93–106; B. Gerber, Jud Süß. Aufstieg und Fall im frühen 18. Jh., Hamburg 1990.

Order-Klausel → Inhaber-Klausel

Oresmius, Nicolaus (um 1320/25–1382)

Der nominalistische Philosoph, Theologe und Mathematiker schrieb als Gelehrter an der Universität Paris den bedeutendsten geldtheoretischen Traktat des Mittelalters. Oresmius' Traktat entstand vor dem Hintergrund der starken → Abwertungen, mit denen König Johann II. das französische Engagement im Hundertjährigen Krieg zu finanzieren versuchte. Oresmius verfaßte sein *Traictie des Monnoies* vermutlich für die Stände der Langue d'Oil, die im Dezember 1355 vom König eine Rückkehr zu fester Münze verlangten. Im März 1357 erneuerte diese «Reformergruppe», die aus

Vertretern des hohen Klerus und des Adels bestand, ihre Forderungen gegenüber dem Dauphin Karl, der während der Gefangenschaft seines Vaters in England die Regierungsgeschäfte führte. Ein Jahr später berief der Regent eine Ständeversammlung in Compiègne ein, für die Oresmius vermutlich die längere lateinische Version seines Traktats *De Moneta* schrieb. Denn von 1358 an stellten die Reformer mit Guillaume de Melun, Erzbischof von Sens, und Jean de Melun, Graf von Tancarville, die wichtigsten Ratgeber des Regenten und späteren Königs Karl V. Ihre Politik einer festen Münze wurde Regierungspolitik und Oresmius' Traktat, das ursprünglich für die Opposition geschrieben worden war, wurde in seiner revidierten Fassung zum Standardtext französischer Münzpolitik.

Geldtheoretisch neu war Oresmius' Traktat in mehrfacher Hinsicht. Oresmius analysierte erstmalig die Auswirkungen der Abwertungen auf Wirtschaft und Gesellschaft: «Aufgrund dieser Münzverschlechterungen wird gute Ware oder natürlicher Reichtum nicht länger in das Königreich gebracht, in dem man die Münze so verändert, denn die Kaufleute gehen lieber an die Orte, wo sie eine gute und feste Münze erhalten. Außerdem stören und verhindern diese Münzveränderungen den Binnenhandel in dem Königreich, da dadurch Geldrenten, jährliche Zahlungen, Pachten, Zinsen und ähnliches nicht gut und gerecht festgesetzt oder abgeschätzt werden können. Auch kann Geld nicht sicher verliehen oder als Kredit gegeben werden... Dabei sind Edelmetall, Kaufleute und all die anderen nützlichen Dinge für die Menschheit notwendig oder außerordentlich nützlich, wogegen ihr Fehlen für die gesamte Gesellschaft schädlich und nachteilig ist.»

Oresmius formulierte damit rund 200 Jahre vor Thomas Gresham das nach diesem benannte → Greshamsche Gesetz («schlechtes Geld verdrängt gutes Geld») und ließ in Gedanken bereits die spätere → Quantitätstheorie anklingen, wenn er von den inflatorischen Wirkungen der Münzverschlechterung sprach. Außerdem stellte Oresmius zum ersten Mal das von den Scholastikern bestätigte Hoheitsrecht des Herrschers, Münzen zu prägen und den Münzfluß zu verändern, in Frage. Für ihn waren Münze und Währung eine Sache der Allgemeinheit. Deshalb dürfe nur sie und nicht der Herrscher die Münze verändern. Obwohl Oresmius die Folgen von Abwertungen für schädlich hielt, gestand er der Allgemeinheit in Notzeiten das Recht zu, zur Münzverschlechterung Zuflucht zu nehmen. Aber nur die Allgemeinheit – vertreten durch die Stände – bestimmte, was ein Notfall war. Falls es in Krisenzeiten nicht gelang, die Stände einzuberufen, mußte der Herrscher zu anderen Mitteln der Geldbeschaffung greifen. Diese These wurde die herrschende Lehre der spätmittelalterlichen → Geldtheorie, deren praktischer Erfolg Oresmius den Bischofsstuhl von Lisieux in der Normandie einbrachte. *Peter Spufford*

Lit.: C. Johnson (Hg.), The De Moneta of Nicholas Oresme and English Mint Documents, London 1956; G. Schmölders, Geldpolitik, Tübingen 1962, S. 12f., 53, 110; P. Spufford, Münzverschlechterung.

Ort

Der Ort war ursprünglich eine Bezeichnung für ein Viertelstück: Zwei sich schneidende Linien bilden vier Winkel oder «Orte». Hieraus leiten sich verschiedene Münzbezeichnungen ab. Ein Ortstaler war ein Vierteltaler, ein Ortsgulden ein Viertelgulden, ein Örtgen ein Viertelstüber und ein Ortelin ein Straßburger Vierteldenar. Viertelstücke des Reichstalers wurden vornehmlich nach der →Kipper- und Wipperzeit geschlagen und tragen auch die Währungsbezeichnung Reichsort, also auch den Hinweis auf die →Reichsmünzordnungen. Halbe Reichsorte sind dann Achteltaler. In Polen und Preußen wurden im 17. Jh. große Mengen von Orten im polnischen Talerfuß geschlagen. Bedingt durch den Verfall des polnischen Währungssystems wurde dann im Verlauf des 17. Jhs. aus dem Viertel ein Fünftel: der Achtzehngröscher oder Tympf. Ortsgulden oder Fünfzehnkreuzerstücke wurden ab 1659 zunächst vom Kaiser, dann aber von vielen Prägeherren geschlagen und bildeten neben den →(Silber)Gulden das Hauptnominal der sog. Zweiten →Kipperzeit. In der Schweiz wurden die 1656–1811 geprägten Viertelgulden analog hierzu Örtli genannt. Viertelstüber oder Örtgen (auch: Oordje, Ortje) gehören in die niederländisch-niederrheinische Heimat des →Stübers und wurden auch in Ostfriesland geprägt. In den Niederlanden wurden die im französischen Teil Liard genannten Örtgen schon im 16. Jh. in Kupfer ausgebracht.

Konrad Schneider

Lit.: v. Schrötter, S. 475; A. Engel, E. Lehr, Numismatique de l'Alsace, Paris 1887, S. 185; Deutsches Wörterbuch, VII, Leipzig 1889, Sp. 1352; M. Gumowski, Handbuch der polnischen Numismatik, Graz 1960; A. Kappelhoff, Die Münzen Ostfrieslands vom frühen 14. Jh. bis 1628, Aurich 1982.

Otto-Adelheid-Pfennig

Die Bezeichnung Otto-Adelheid-Pfennig bzw. -Denar bildete sich in der Diskussion um diese Prägung im 19. Jh. Die Silbermünzen (ca. 1,5 g) zeigen ein Kreuz und ein Gebäude (sog. Holzkirche) bzw. einen Kopf, sie nennen in der Beschriftung mehr oder minder deutlich einen König Otto und eine Adelheid. Typologisch lassen sich sechs Gruppen unterscheiden; zwei dieser Gruppen sind infolge fortschreitender Entstellungen als Nachprägungen anzusehen. Die Deutung der Münzen entweder als Gemeinschaftsprägung Ottos I. mit seiner Gemahlin Adelheid oder als Regentschaftsprägung Kaiserin Adelheids mit ihrem Enkel Otto III. war lange

Otto-Adelheid-Pfennig (2:1)

Zeit umstritten. Aufgrund der Funddatierungen kommt die Zeit Ottos I. nicht in Betracht; diskutiert wird noch, ob die Prägung bereits 983/4 beim Beginn der Regentschaft (Kaiserin Theophano) oder 991 (Kaiserin Adelheid) einsetzte. Das zweite Datum erscheint plausibler; allerdings stellen die Pfennige eine der umfangreichsten deutschen Münzprägungen des Mittelalters dar, und die Regentschaft dauerte nur bis 994, so daß viele der Münzen, wie die Funde zeigen, als sog. *type immobilisé* bis ca. 1040 (Nachahmungen bis 1050) weitergeprägt wurden. Als Münzstätte kommt vornehmlich Goslar in Betracht, da das Silber der Denare zu einem großen Teil aus dem Rammelsberg stammte. Überliefert sind die Otto-Adelheid-Pfennige, die dem münzgeschichtlichen Zeitalter des Fernhandelsdenars angehören, fast alle aus den «Auslandsfunden» rings um die Ostsee.

Gert Hatz

Lit.: v. Schrötter, S. 475 ff.; V. Jammer, Die Anfänge der Münzprägung im Herzogtum Sachsen, Hamburg 1952, S. 61–64; V. Hatz, Zur Frage der Otto-Adelheid-Pfennige, Comm. 1, Stockholm 1961, S. 105–44; B. Kluge, «Hatz I/Dbg. 1164», P. Berghaus et al. (Hgg.), Commentationes Numismaticae 1988 (Festschrift Hatz), Hamburg 1988, S. 103–24; Ders., Überlegungen zu den Otto-Adelheid-Pfennigen, Comm. NS 6, Stockholm 1990, S. 167–81; G. Hatz et al., Otto-Adelheid-Pfennige, Comm. NS 7, Stockholm 1991.

P

Pagament

Pagament war das aus alten Münzen, Gold- und Silbergeräten oder Edelmetallabfällen erschmolzene Silber, das als →Münzmetall wiederverwendet wurde. Bei fehlender oder zu geringer Ausbeute des Bergbaus auf Silber und gleichzeitig steigendem Geldbedarf vor allem des Handels waren Münzstätten häufig gezwungen, das zu Neuprägungen erforderliche Edelmetall durch Einschmelzen alter Münzen etc. zu gewinnen. Dies führte allerdings regelmäßig zu einem Sinken des →Feingewichts der Münzen und damit zum Verlust ihrer Güte. So rührte die Bezeichnung Pagaments- oder Kaufmannsgulden, einem 1398 im Erzbistum Köln vom Goldgulden abgespaltenen →Rechnungsgulden zu 20 Albus, von der sinkenden Qualität der Silbermünzen her. Seit der Frühen Neuzeit wurde Pagament zur Verarbeitung granuliert, d.h. in Granalien (Körner) überführt. Daneben gab es die Barrenform von Pagament, an Gewicht, Größe und Feinheit sehr verschiedene Stangen, in die das Metall vor seiner Verwendung geformt wurde. Die dünnen Barren nannten die Münzgesellen «Planschen» (franz. *planches* = Platten), die kegelförmigen «Könige», obgleich beide Bezeichnungen auch synonym gebraucht wurden.

Hans-Joachim Kraschewski

Lit.: C. Berwardus, Interpres Phraseologiae Metallurgicae oder Erklärung der fürnehmsten Terminorum und Redearten, welche bey den Bergleuten, Puchern, Schmelzern, Probierern und Müntzmeistern ... gebräuchlich sind, Frankfurt 1673; E. Westermann, Die Listen der Brandsilberproduktion des Falkenstein bei Schwaz von 1470 bis 1623, Wien 1988.

Papiergeld

In der Zeit der Metallwährungen entwickelten sich neben dem Münzgeld zwei Arten von Papiergeld: die →Banknote, nach der älteren Geldtheorie auch «uneigentliches» Papiergeld genannt, und das «eigentliche» Staatspapiergeld. Während sich das Vertrauen in die Banknote darauf gründete, daß die Notenbanken verpflichtet waren, ihre Noten jederzeit gegen Münzgeld einzutauschen, war der Staat von der Verpflichtung befreit, sein Papiergeld gegen anderes Geld einzutauschen. Statt dessen mußte er ihm entweder als →gesetzlichem Zahlungsmittel die Währungseigenschaften kraft staatlicher Autorität verleihen (Staatspapiergeld mit Zwangskurs) oder das Papiergeld dadurch garantieren, daß er sich verpflichtete, es bei bestimmten Zahlungen (Steuern) jederzeit zum Nennwert anzunehmen

(Staatspapiergeld mit Kassenkurs). Da das Staatspapiergeld damit in gewisser Weise einer staatlichen (unverzinsten) Schuldverschreibung glich, lag in einer Papierwährung dann eine große Gefahr für die Geldwertstabilität, wenn der →Geldumlauf nach fiskalischen und nicht nach geldpolitischen Gesichtspunkten «gesteuert» wurde. Hatte der Staat zur Bestreitung hoher Aufwendungen (insbesondere in Kriegszeiten) zuviel Papiergeld in Umlauf gebracht, wurden die Scheine vom Publikum nicht mehr zum Nennwert akzeptiert. Staatliche Versuche, statt einer Begrenzung der Zirkulation dem Papiergeld Zwangskurs zu verleihen, hatten bestenfalls kurzzeitig Erfolg. Um eine Abwertung kam der Staat in diesem Fall mittelfristig nicht herum, wie im Fall der →Assignaten und der Territorial-Mandate während der Französischen Revolution, die 1797 außer Kurs gesetzt wurden, als sich ihr Kurs im Promille-Bereich der ursprünglichen Assignaten-Nennwerte bewegte. Ähnlich erging es auch dem österreichischen Staatspapiergeld, der «Wiener Währung», dessen Kurswert 1816 nur noch bei gut 20 % des Nominalwertes lag und weiter abgewertet wurde. Diese Erfahrungen führten dazu, daß die meisten europäischen Staaten nach dem Ende der Napoleonischen Kriege eher vorsichtig mit der Ausgabe von Staatspapiergeld umgingen, zumal der zunehmende Zahlungsmittelbedarf besser durch die beim Publikum eher akzeptierten (weil konvertiblen) Banknoten zu befriedigen war. In einigen Staaten – so etwa in einigen deutschen Staaten sowie später im Deutschen Reich – konnte es deshalb (bis zum Ersten Weltkrieg) zu einem reibungslosen Nebeneinander von Münzgeld, Banknoten und Staatspapiergeld mit Kassenkurs (→Kassenscheinen) kommen.

Neben dem Staatspapiergeld gab es auch Kommunalpapiergeld, d.h. Papiergeld mit Kassenkurs bei den Kassen der ausgebenden Gemeinde, sowie Privatpapiergeld. Während ersteres im 19. Jh. keine Rolle und nur während der Hyperinflation in Deutschland nach dem Ersten Weltkrieg als →Notgeld eine gewisse (traurige) Berühmtheit erlangte, stellte das Privatpapiergeld eher ein seltenes Kuriosum der Geldgeschichte dar, wie beispielsweise die seit 1838 ausgegebenen Ein-Taler-Scheine der privaten sächsischen Leipzig-Dresdner Eisenbahngesellschaft. Die moderne →Geldtheorie kennt den Unterschied zwischen Staatspapiergeld und Banknoten nicht mehr. Denn seit der Aufhebung der Metallbindung der Währungen sind die modernen Banknoten keine Banknoten mehr im klassischen Sinne, sondern de facto Staatspapiergeld mit Zwangskurs. Im Unterschied zur Staatspapiergeldzirkulation im 18. und 19. Jh. werden die Banknoten heute aber von →Zentralbanken ausgegeben, die als Währungsbanken die →Geldmenge nicht mehr nach fiskalischen, sondern nach geldpolitischen Gesichtspunkten zu steuern haben. Die Geldwertstabilität ist dabei eines, wenn nicht das entscheidende geldpolitische Ziel.

Dieter Ziegler

Lit.: A. Wagner, Theoretische Sozialökonomie, 2. Abt., II.: Geld und Geldwesen, Leipzig 1909, S. 672 ff.; F. Aftalion, L'économie de la Révolution française, Paris 1987, S. 101 ff.; B. Sprenger, Währungswesen und Währungspolitik in Deutschland von 1834 bis 1875, Köln 1981, S. 63 ff.

Parallelwährung

Als Parallelwährung bezeichnet man eine Währung, bei der die Metalle Gold und Silber oder zwei andere Währungseinheiten gleichzeitig →gesetzliches Zahlungsmittel oder zumindest umlauffähig sind. Im Gegensatz zur →Doppelwährung besteht jedoch kein gesetzliches Umtauschverhältnis zwischen beiden Zahlungsmitteln. Seit dem Mittelalter war bei Steuern, Warenpreisen und Kontrakten in der Regel festgelegt, welches Metall für die jeweilige Zahlung zu verwenden war. Fehlte eine Festlegung des Zahlungsmittels, wurde zumeist die Zahlung in Silbergeld angenommen. Voraussetzung für das Funktionieren der Parallelwährung war ein annähernd konstantes Wertverhältnis zwischen beiden Edelmetallen. Mit dem Verfall des Weltmarktpreises für Silber in der zweiten Hälfte des 19. Jhs. wurden Parallelwährungen unmöglich. In Preußen bestand – durch die Ausprägung des goldenen Friedrichsdor – bis 1850 eine Parallelwährung.

Friedrich Zellfelder

Lit.: v. Schrötter, S. 485, W. Lexis, Parallelwährung, Handwörterbuch der Staatswissenschaften, V, Jena 1893, S. 117 ff.

Parität →Wechselkurse

Passiergewicht

Das Passiergewicht ist das Gewicht einer Münze, das unter Einbeziehung des →Remediums auch durch verkehrsbedingten Abrieb nicht unterschritten werden darf, d. h. das Mindestgewicht. Es ist leichter als das vom →Münzfuß vorgeschriebene Normgewicht abzüglich des Remediums. Neben den für die →Münzwaagen hergestellten Normgewichten wurden für die Teilnehmer am Zahlungsverkehr eigens als solche gekennzeichnete Passiergewichte hergestellt. Im Falle eines Unterschreitens des Passiergewichtes wurden von den Münzen – in der Regel waren hier Goldmünzen betroffen – je Gewichtseinheit (in Deutschland je kölnischem As = 0,054 g) bestimmte und auch amtlich festgelegte Abzüge vorgenommen.

Konrad Schneider

Lit.: Luschin, S. 202 f.

Patagon

Patagon oder Albertustaler waren populäre Namen des niederländischen →Sovereign, einer Großsilbermünze, die in den Spanischen Niederlanden von 1612 bis 1712 nahezu unverändert mit einem Feingewicht von 24,54 g geprägt wurde. Jedoch paßte man ihren ursprünglichen Kurs von 49 Stübern mehrere Male an (z.B. auf 52 Stüber 1680). Die geldgeschichtliche Bedeutung der Patagone war aber nicht auf die südlichen Niederlande beschränkt. Zusammen mit den →Dukatonen strömten sie in den Norden, in die junge Republik der Niederlande. Da sie dort im Vergleich zu ihrem Silbergehalt überbewertet wurden (50 statt 48 Stüber), verdrängten die Patagone die einheimischen Reichstaler aus dem Umlauf (→Greshamsches Gesetz). Dennoch ging die Produktion der einheimischen Taler weiter, weil sie im Ausland, insbesondere im Ostseeraum sehr gefragt waren. Nach einigem Widerstand wurden die Patagone 1633 in der Republik zum Umlauf zugelassen. Angesichts ihres – im Vergleich zum Reichstaler – geringeren Silbergehalts bedeutete dies de facto eine Verringerung des seit 1606 geltenden Münzfußes. Dies wurde 1659 erkannt. Die Existenz zweier verschiedener Großsilbermünzen (des leichteren Patagons für den heimischen Umlauf und des schwereren Reichstalers für den Export) führte zur Entstehung einer doppelten Rechenmünze, des →Kurantguldens und des Bankguldens. Der Kurantgulden basierte auf dem Patagon und war 5 % weniger wert als der dem Reichstaler entsprechende Bankgulden. Letzterer wurde im →Giroverkehr der →Wisselbank verwendet und mit der Zeit auch Wisselgulden genannt. Beide Rechenmünzen waren sowohl im Süden als auch im Norden in Gebrauch, erfüllten aber unterschiedliche Aufgaben: Der Wisselgulden diente als Rechenmünze des Großhandels und der Bankiers, der Kurantgulden als Rechenmünze im Detailhandel und alltäglichen Geldverkehr. Dieser Unterschied blieb bis ins 19. Jh. bestehen. *Erik Aerts*

Lit.: H. Enno van Gelder, Munthervorming tijdens de Republiek 1659–1694, Amsterdam 1949; V. Janssens, Het ontstaan van de dubbele koers courantgeld-wisselgeld in het geldwezen van de Zuidelijke Nederlanden, Bijdragen voor de Geschiedenis van de Nederlanden 9 (1955), S. 1–18; A. Van Keymeulen, Munten van de Zuidelijke Nederlanden van Albrecht en Isabella tot Willem I, Brussel 1981.

Peelsche Bankakte

Vordergründig handelt es sich bei der Peelschen Bankakte (engl. *Peel's Act*) des Jahres 1844 um eine Reform der internen Organisation der →Bank of England im Zuge der regelmäßig fälligen Neuerteilung der Charta der Bank. Gleichwohl wurde dieses Gesetz mit dem Ziel «to regulate the issue of bank notes, and for giving the Governor and Company of the Bank of England certain privileges for a certain period» («die Notenausgabe zu regulieren und dem Governor und der Gesellschaft der Bank of England bestimmte Vorrechte für eine bestimmte Zeit zu geben») zur Grundlage des internationalen →Goldstandards des 19. Jhs. und zum Vorbild für die Währungsgesetzgebung in den meisten anderen europäischen Staaten.

Dieser, zur Unterscheidung von anderen *Bank Charter Acts* nach dem konservativen Premierminister Robert Peel benannte *Peel's Act* beendete eine mit der Wiedereinführung der Goldwährung nach den Napoleonischen Kriegen einsetzende Reform- und Experimentierphase in der englischen Währungspolitik und setzte die Lehre der →Currency School in die Praxis um. Kernpunkt der Reform der Organisationsstruktur der Bank of England war die Trennung der Bank in zwei Abteilungen. Während in der Bank-Abteilung die regulären Bankgeschäfte weitgehend frei von besonderen gesetzlichen Vorschriften abgewickelt werden sollten, war die über die Noten-Abteilung erfolgende Emission der Banknoten weitgehend der Eingriffsmöglichkeit der Direktoren entzogen. Das Ideal war eine →Geldmengen-Bewegung nach den Spielregeln einer reinen Metallgeldwährung. Zu diesem Zweck wurde die fiduziäre (d. h. nicht durch Metall gedeckte) Notenemission kontingentiert, so daß sich die Summe der von der Noten-Abteilung emittierten Banknoten nur entsprechend den Änderungen im Metallbestand der Noten-Abteilung verändern konnte. Das Prinzip des *Laissez faire* schien dadurch geradezu optimal verwirklicht zu werden, weil sich die Währungspolitik nun vollkommen automatisch nach den scheinbar natürlichen Erfordernissen des Zahlungsbilanzausgleichs ausrichtete.

Daß eine derart restriktive Währungsgesetzgebung nicht zum sofortigen Zusammenbruch der Zahlungsmittel- und Kreditversorgung des Landes führte, lag erstens an der pragmatischen Bereitschaft der Regierung, die Deckungsregeln im Notfall zu suspendieren sowie zweitens an der naiven Geldmengen-Definition der Currency School, die →Buchgeld nicht als Geld betrachtete und damit auch dessen Kontingentierung «versäumte». Auf diese Weise war es möglich, im Zahlungsverkehr die knappen Banknoten durch →Wechsel und insbesondere durch →Schecks zu ersetzen.

Da die Bank of England im 19. Jh. keineswegs die einzige Bank in England war, die Noten emittierte, wurden durch das Gesetz auch →Notenkontingente für die englischen →Zettelbanken erlassen, um ein Unterlaufen des Goldautomatismus (→Goldstandard) auch von dieser Seite auszuschließen. Zu diesem Zweck wurde die durchschnittliche Notenzirkulation der Zettelbanken während der Monate Februar bis April 1844 zur gesetzlichen Obergrenze erklärt. Auf diese Weise hoffte man, das Banknotengeschäft so unattraktiv zu machen, daß die Zettelbanken es «freiwillig» aufgeben und somit der Bank-of-England-Note eine Monopolstellung überlassen würden. In dieser Hinsicht war der Erfolg des Gesetzes aber nur mäßig. Denn die meisten Zettelbanken verzichteten trotz des Aufbaus eines Depositengeschäftes nur selten freiwillig auf das →Notenkontingent. Das ändert jedoch nichts an der Tatsache, daß es ihnen seit 1844 unmöglich war, die Währungspolitik in irgendeiner Weise entscheidend zu beeinflussen. In Schottland, für das – wie für Irland – ein entsprechendes Gesetz im Jahr 1845 verabschiedet wurde, waren die Restriktionen gegen die Zettelbanken nicht ganz so streng. Dort hatte sich im 18. Jh. und frühen 19. Jh. im Gegensatz zu England keine →Zentralnotenbank herausbilden können, sondern mehrere Banken zirkulierten etwa gleich viele Noten. Diese Banken wurden deshalb im Gesetz gleich behandelt, indem bei allen, wie auch bei der Bank of England, nur die fiduziäre Emission kontingentiert wurde. Dieses Zugeständnis sowie die Bestimmung, daß der Kreis der in dieser Weise privilegierten Banken nicht mehr erweitert werden konnte, wird allgemein als ein Schachzug gewertet, um den massiven schottischen Widerstand gegen eine Übertragung der Peelschen Bankakte auf Schottland zu spalten. *Dieter Ziegler*

Lit.: T. E. Gregory, Select Statutes, Documents and Reports Relating to British Banking 1832–1929, Oxford 1929, 1, S. 129ff.; J. Clapham, The Bank of England, II, Cambridge 1944, S. 177ff.; P. Barrett Whale, A Retrospective View of the Bank Charter Act of 1844; R. S. Sayers (Hg.), Papers in English Monetary History, Oxford 1953; F. W. Fetter, Development of British Monetary Orthodoxy, Cambridge, Mass., 1965, S. 165ff.; L. H. White, Free Banking in Britain. Theory, Experience and Debate, 1800–1845, Cambridge 1984, S. 51ff.

Penny

Der Penny, der englische Pfennig, war vom 8. bis zum 14. Jh. die englische →Währungsmünze und zugleich eine internationale →Handelsmünze. Dabei sind drei Perioden zu unterscheiden:

1. Die frühangelsächsische Zeit: Der englische Pfennig wurde zuerst in den 670er Jahren in Südostengland mit einem Gewicht von 1,30 g geprägt. Für diese frühen Pfennigmünzen hat sich der as. Name →Sceat (= Schatz) in der Numismatik durchgesetzt, um sie von den später geprägten, flacheren und schwereren Pennies zu differenzieren. Die Sceattas orientierten sich in Gewicht und Feingehalt an den friesischen Pfennigen und dienten deshalb wohl als internationale →Handelsmünzen, worauf auch das Fehlen des Münzherrennamens hindeutet. Ab 760/5 wurden die Sceattas von Pennies abgelöst, die zunächst im Königreich Kent geprägt wurden und sich in Durchmesser und Gewicht an die ab 755 geprägten Pfennige Pippins anpaßten. Die entscheidende Entwicklung des Pennys geschah unter König Offa von Mercia (757–96; Prägung von Pennies ab 783/4), als zum ersten Mal hohe Prägezahlen erreicht wurden. Das Gewicht des Pennys wurde 792 auf etwas mehr als 1,30 g angehoben, um ihn der karolingi-

schen Prägung genauer anzupassen; danach kam es bis auf die Zeit König Knuts (1014/6–1035) zu keiner wesentlichen Änderung von Gewicht oder Feingehalt. Unter Offa setzte sich auch die bis 1247 eingehaltene Regel durch, daß →Münzherr und →Münzer auf dem Geldstück zu nennen waren.

2. Die spätangelsächsische Zeit: Ab dem 9. Jh. koppelte sich die Entwicklung des Pennys von seinen bisherigen kontinentalen Vorbildern ab, weil die englische Währung stabil blieb und national wurde. Die um 865 in Wessex und Mercia erkennbaren Ansätze zur Einführung einer gemeinsamen Währung für ganz England kamen ca. 930 mit dem gesetzlichen Umlaufverbot ausländischer Prägungen zum Abschluß. Die Zahl der Prägestätten wuchs im 9. Jh. allmählich, im 10. Jh. rasch an, so daß an der Wende zum 11. Jh. Pennies in 75, ca. 24 km (etwa eine Tagesreise) voneinander entfernten, Münzstätten geprägt wurden; parallel dazu setzte sich das königliche Münzregal im 10. Jh. endgültig durch.

3. Die Zeit nach der Eroberung (1066): Die normannische Eroberung (1066) führte zu keiner wesentlichen Änderung. Wilhelm der Eroberer stabilisierte nur das Gewicht der Münze auf ca. 1,30–1,43 g sowie seinen Feingehalt auf 925/1000 und übertrug die Herstellung der Prägestöcke als Erbmonopol auf Otes den Goldschmied und seine Nachfahren (bis ins 14. Jh.). Der Penny verlor unter Heinrich I. (1100–35) und Stephan I. (1135–54) an Gewicht (schwankt zwischen 0,91 und 1,30 g) und Feingehalt. Diese Entwicklung wurde durch die Münzreform Heinrichs II. 1156/7 aufgefangen, in deren Rahmen der seit spätangelsächsischer Zeit übliche, regelmäßige Typenwechsel (→Münzverrufung) aufgegeben, die Zahl der Prägestätten radikal gesenkt (auf 10 bis 20) und Gewicht (1,43 g) sowie der Feingehalt (925/1000) des Pennys stabilisiert wurden. Charakteristisch wurden nun langjährige Prägereihen, trotz aller Herrscherwechsel mit unverändertem Münzbild (z. B. der Short Cross Penny, der von 1180 bis 1247 geprägt wurde). Mit der Einführung des Long Cross Penny (1247–79) wurde die Zahl der Prägestätten auf die für den Rest des Mittelalters gültige Zahl (4, davon 3 geistlich) reduziert. Vom Ende des 12. Jhs. an gehörte der Penny zu den bedeutendsten europäischen Handelsmünzen. Er war in Schottland, Skandinavien, den Niederlanden und im Rheinland weit verbreitet und erreichte über die Champagne-Messen Italien und den östlichen Mittelmeerraum. Während dieser Zeit wurde der Penny ausnehmend oft nachgeprägt, so in Westfalen (ca. 1230–50) und in den Niederlanden, Luxemburg, im Rheinland und im lothringischen Raum (1290–ca. 1350). Mit der Einführung des →Nobel verlor der Penny seine Bedeutung als führende englische Handelsmünze. Danach flossen ausländische Nachprägungen nur bei Mangel an einheimischem Kleinsilber nach England, so z. B. die minderwertigen «Lushburnes» (in Luxemburg nachgemachte Pennies), «Galley Halfpennies» (venezianische Soldini) und schottische

Pfennige ca. 1400–16. In der Neuzeit wurde das stets knappe englische Kleinsilber in zunehmendem Maße durch private, seltener städtische (z. B. Bristol, Norwich) →Scheidemünzen aus Blei und anderen Buntmetallen ersetzt und von 1797 an der Penny nur noch in Kupfer ausgeprägt.

Stuart Jenks

Lit.: P. Berghaus, Die Periode des Sterlings, HBN 1 (1947), S. 34–53; S. E. Rigold, The Trail of the Easterlings, BNJ 26 (1949/51), S. 31–55; M. Mate, Monetary Policies in England, 1272–1307, BNJ 41 (1972), S. 34–79; C. H. V. Sutherland, English Coinage 600–1900, London 1973; Spufford, Money, S. 28 ff.; C. E. Challis, The Tudor Coinage, Manchester 1978; N. J. Mayhew (Hg.), Edwardian Monetary Affairs (1279–1344), Oxford 1977; Ders., Sterling Imitations of Edwardian Type, London 1983.

Peseta

Die Peseta war ursprünglich ein Viertelstück des →Peso, wovon sich auch ihr Name (span. = kleiner Peso) ableitet. D. h. die Peseta entsprach 2 (silbernen) →Realen bzw. 4 Billon-Realen (Reales de vellón). In der Münzreform des Jahres 1848 wurde das Feingewicht der Peseta mit 4,73 g neu festgelegt. Nach der Gründung der →Lateinischen Münzunion (1865) orientierte Spanien sein Währungssystem an dem neuen Vorbild, ohne dem Bund jedoch förmlich beizutreten. Neue Währungseinheit wurde die Peseta zu 100 Céntimos, deren ausgemünztes Stück (Feingewicht 4,157 g) metrologisch dem französischen →Franc entsprach. *Konrad Schneider*

Lit.: v. Schrötter, S. 502; O. Gil Farrés, Historia de la moneda española, Madrid 1959.

Peso

Der Peso oder Real de a ocho war die Welthandelsmünze der Frühen Neuzeit. Sein Name Peso (span. = Gewicht), wird von der Tatsache abgeleitet, daß die Spanier in Amerika – vor der Einrichtung einer Münzstätte (1535) – Silberstücke gleichen Gewichts als Geld verwendeten. In Europa, insbesondere im Mittelmeerraum hieß der Peso Piaster. Die Bezeichnung Real de a ocho (deutsch: Stück von Achten) dagegen besagt, daß es sich um einen achtfachen Real handelte. Der in Spanisch Amerika in den 1530er Jahren eingeführte (aber erstmals 1566 in Spanien mit 272 →Maravedís bewertete) Peso hatte ein (Norm)Feingewicht von 25,56 g, de facto aber von 25 g, das bis 1728 unverändert galt. In diesem Jahr wurde es auf 24,62 g und weiter auf 24,43 g (1772), 23,66 g (1848), 23,49 (1850), 23,36 (1854), 22,5 (1868 = 5 →Pesetas) gesenkt. Während die ersten Pesos in Mexiko geprägt worden waren, nahm die Pesoproduktion mit der Ausbeutung der Silberlager in Peru, insbesondere des Cerro Rico in Potosí, gewaltige Ausmaße an. Hier wurden in der ersten Hälfte des 17. Jhs. jährlich 5–6 Mill. Pesos, in der zweiten Hälfte 2–3 Mill., d. h. ungefähr zwei

Drittel der spanischen Silbereinfuhren, produziert (→Silber II). Aufgrund der großen Mengen wurde die Prägung nur sehr grob ausgeführt; in Europa dachte man deshalb, die Reales seien erst während der Überfahrt der Silberflotten geschlagen worden, was ihnen den zusätzlichen Namen Schiffsgeld oder Piratengeld eintrug. Die nach Spanien gebrachten Pesos blieben nicht in Spanien, sondern flossen aufgrund seiner allseits negativen Handelsbilanz und der spanischen Kriegsführung (→Asiento) nach Italien, Frankreich, den Niederlanden und England, wo sie zum Rohstoff der Münzprägung wurden. Außerdem exportierte sie die Niederländische Ostindische Kompanie in großen Mengen als Handelsmünzen nach Asien, insbesondere im Austausch gegen Gewürze in den indonesischen Archipel (→Edelmetallströme). Mit dem Aufschwung der kolonialen Silberförderung in Mexiko setzte dort im 18. Jh. die maschinelle Pesoprägung (→Prägetechnik) ein. Die neuen Münzen verdrängten bald das Schiffsgeld und fanden als mexikanische →Dollars weite Verbreitung. *Michael North*

Lit.: v. Schrötter, S. 503 f.; O. Gil Farrés, Historia de la moneda española, Madrid 1959; Heß, S. 93 ff.; H. E. Cross, South American Bullion Production and Export, 1550–1750, J. F. Richards (Hg.), Precious Metals in the Later Medieval and Early Modern Worlds, Durham, N. C., 1983, S. 397–423; M. North, Bullion Transfer from Western Europe to the Baltic and to Asia, 1550–1750, E. Van Cauwenberghe (Hg.), Money, Coins and Commerce, Leuven 1991, S. 185–95.

Peterspfennig

Der Peterspfennig (lat. *denarius sancti Petri*) war zeitweise eine wichtige Einnahmequelle des Heiligen Stuhles aus den drei Bereichen England/Irland, Skandinavien und Polen/Ungarn. Die Abgabe in England wird zurückgeführt auf eine Schenkung König Offas von Mercia im Jahre 787 für die Armen und den Erhalt der Kirchenlichter in Rom. Daraus entwickelte sich im 10. Jh. eine jährlich mit einem Denar zu entrichtende Herd- oder Haussteuer bzw. eine Einkunftsbesteuerung (→Steuern) der Bevölkerung, die von den Bischöfen im Namen des Königs erhoben und dann nach Rom gesandt wurde. Es handelte sich um einen Devotionszins, um Opfergaben, die keine von der Kirche angestrebte Überordnung der geistlichen über die weltliche Macht oder gar Lehnshoheit bedeuteten. Dänemark übernahm den Peterspfennig wohl während des Gesamtreiches unter Knut dem Großen. In Norwegen und Schweden setzte der päpstliche Kardinallegat Nicolaus Breakspear (Papst Hadrian IV. 1154–59) die Abgabe durch, die während des ganzen Mittelalters erhoben wurde. Für Island stammt der früheste Beleg aus dem Jahre 1275. Auch in Polen entwickelte sich der dort zu besonderer Bedeutung gelangende Peterspfennig seit der ersten Hälfte des 12. Jhs. aus oder neben einer ursprünglich offenbar fürstlichen Abgabe zu einer allgemeinen Herd- und 1318 dann sogar Kopfsteuer, wobei es Komplikationen mit der deutschen Bevölkerung, die eine Exemtion von vielen polnischen Rechtsverpflichtungen besaß, und insbesondere mit dem Deutschen Orden gab. Die Erhebungen wurden von der Kurie zunehmend als Subjektionszins und somit als politisches Instrument angesehen. Die Zahlungen des Peterspfennigs endeten überall im 15./16. Jh. Eine Wiederbelebung erfolgte, als der Kirchenstaat 1860/70 im Königreich Italien aufging und es zu organisierten Sammlungen für den Unterhalt des Papstes kam, die 1871 offiziell als Spende der Bistümer in einer Enzyklika festgelegt wurden. *Gert Hatz*

Lit.: v. Schrötter, S. 504; F. Merzbacher, Peterspfennig, Lexikon für Theologie und Kirche, VIII, Freiburg 1963, S. 321 f.; H. Nielsen, C. Strandberg, Peterspenge, KHL 13 (1968), Sp. 249–53; E. Maschke, Der Peterspfennig in Polen und dem deutschen Osten, Sigmaringen 1979; H.-J. Becker, Peterspfennig, Handwörterbuch zur deutschen Rechtsgeschichte, III, Berlin 1984, Sp. 1638 f.

Pfandbrief

Pfandbriefe sind festverzinsliche Inhaberpapiere (selten: Namenspapiere), die als Teilschuldverschreibungen gestückelter Anleihen von privaten →Hypothekenbanken, öffentlich-rechtlichen Kreditanstalten und Schiffspfandbriefbanken ausgegeben werden. Sie dienen der Finanzierung von Krediten. Die speziellen Vorschriften für die Emission und Deckung der Pfandbriefe sind für Hypothekenbanken im Hypothekenbankgesetz (erste Fassung 13. 7. 1899), für öffentlich-rechtliche Grundkreditanstalten im öffentlichen Pfandbriefgesetz (21. 12. 1927) und für Schiffshypothekenbanken im Schiffsbankgesetz (8. 4. 1943) geregelt. Die ersten Pfandbriefe wurden von den preußischen Landschaften ausgegeben. Dabei handelte es sich um genossenschaftlich organisierte →Realkreditinstitute, also bankähnliche Institute, die man zu den Vorläufern der Hypothekenbanken zählen kann. Sie waren nach dem Siebenjährigen Krieg entstanden, um den Rittergütern Wiederaufbaukredite zu gewähren. Schlesien war von dem Krieg am stärksten heimgesucht worden. Es verwundert daher nicht, daß die Entwicklung von der 1771 eingerichteten Schlesischen Landschaft ausging. Diesem Kreditverband gehörten alle Eigentümer von Rittergütern mit einem Taxwert von mindestens 10 000 Talern an, also nicht nur die Besitzer jener Güter, auf die Pfandbriefe ausgestellt waren. Die Landschaft gewann ihre Mittel durch die Ausgabe namentlich auf Güter lautender Pfandbriefe. In der Regel haftete der gesamte adelige Grundbesitz der Provinz, von Ausnahmen wie dem Kur- und Neumärkischen Ritterschaftlichen Kreditinstitut (Märkische Landschaft; gegründet 1777) abgesehen, bei dem die Haftung nur die beliehenen Güter umfaßte. 1781 entstand in Stettin die Pommersche Landschaft, ebenfalls nach schlesischem Vorbild. Ihr Pfandbriefumlauf betrug im Gründungsjahr 1 165 300 Taler, 1790

5 104 025 Taler und 1810 7 230 375 Taler. 1787 entstand die Westpreußische, 1788 die Ostpreußische Landschaft. 1790 wurde das Ritterschaftliche Kreditinstitut des Fürstentums Lüneburg in Celle ins Leben gerufen, dessen Hauptzweck die Kredithilfe für die solidarisch haftende Ritterschaft war. Es war insofern fortschrittlicher als die preußischen Landschaften, da die gewährten Darlehen von vornherein zweckgebunden und eine Zwangstilgung vorgesehen waren. In Rostock entstand 1818 der Mecklenburgische Ritterschaftliche Creditverein. Ihm waren bis 1848 116 Güter beigetreten. Auf Anregung der Ritterschaft wurde auch in Hannover 1825 der Calenberg-Göttingen-Grubenhagen-Hildesheim'sche Ritterschaftliche Creditverein ins Leben gerufen. 1826 kam es in Stade zur Errichtung des Bremenschen Ritterschaftlichen Creditinstitutes, der dritten Landschaft im Königreich Hannover. Bei ihnen erfolgte die Kreditbeschaffung durch Schuld- und Pfandbriefe. Auch der 1844 in Leipzig gegründete Erbländische Ritterschaftliche Creditverein in Sachsen, der Anfang 1845 seine Geschäftstätigkeit aufnahm, war in Anlehnung an preußische Vorbilder entstanden.

In Süddeutschland ist der Württembergische Kreditverein erwähnenswert, nicht nur, weil er als ältestes Realkreditinstitut des Königreichs Württemberg angesprochen werden kann, sondern weil er der erste nach dem Vorbild der Landschaften gegründete Kreditverein war und neben ländlichen Grundbesitzern auch städtische Hausbesitzer, Gemeinden und sonstige öffentliche Körperschaften zu seinen Mitgliedern zählte.

Das von den Landschaften ausgehende System funktionierte in der Weise, daß die Darlehensnehmer von den Realkreditinstituten den Darlehensbetrag nicht in bar, sondern in Pfandbriefen ausgezahlt bekamen. Der Pfandbrief bescheinigte die Solidarhaftung der ausgebenden Landschaft und enthielt Angaben über den Betrag, den Zinssatz und die Fälligkeit sowie eine genaue Bezeichnung der beliehenen Immobilie. Die Rückzahlung erfolgte ebenfalls in Pfandbriefen, so daß das Pfandbriefdarlehen in der Zeit schwach ausgebildeter Kapitalmärkte unbar vor sich ging. Erst die Hypothekenbanken betrieben Selbstemission von Pfandbriefen und gewährten Bardarlehen. Merkwürdigerweise waren die Pfandbriefe bis gegen Ende der 1830er Jahre von seiten der Landschaft unkündbar, die Pfandbriefbesitzer konnten sie jedoch jederzeit kündigen.

Die Pfandbriefe der Landschaften gehörten zu den ersten Wertpapieren, die im späten 18. Jh. an der Berliner →Börse gehandelt wurden. Sie trugen wesentlich zu einer Erhöhung der Mobilität des Rittergutsbesitzes bei. Die Schlesische und Ostpreußische Landschaft nahmen 1808 den preußischen Staat als Domänenbesitzer in ihren Mitgliederkreis auf. Durch den Verkaufserlös der auf die Domänen ausgestellten Pfandbriefe konnte Preußen in beachtlichem Umfang Mittel zur Finanzierung der Reparationsleistungen an Frankreich gewinnen. In der Folgezeit halfen die im Vergleich zu den Privathypotheken zinsgünstigen und unkündbaren Landschaftsdarlehen vielen Grundbesitzern über die wirtschaftliche Krise hinweg. Für einige Kreditorganisationen wie den 1821 gegründeten Landschaftlichen Kreditverein im Großherzogtum Posen war die Erweiterung des Kreditangebots für die Gutsbesitzer und damit die Entschuldung der eigentliche Gründungsanlaß. Mit diesem Institut fand auch das Amortisationsprinzip Eingang in das landschaftliche Kreditwesen. Dadurch, daß die Pfandbriefgläubiger statt 4 nur noch 3½ % Zins bekamen und die Schuldner weiterhin 4 % bezahlten, blieb ½ % zur Amortisation übrig. Damit war die Tilgungshypothek in Form der Tilgungsfondshypothek geschaffen, auch wenn die Zwangsamortisation bei den Gutsbesitzern keine günstige Aufnahme fand. So ging denn auch die Bedeutung der Landschaften gegenüber dem Privatkreditwesen im weiteren Verlauf des 19. Jhs. zurück. Nach Erhebungen im Rahmen der Hypothekenbankenquete von 1868 betrug der Anteil der Landschaften an den Hypothekarkrediten nur noch ungefähr 10 %.

Mit dem Aufkommen privater Hypothekenbanken im zweiten Drittel des 19. Jhs. gewann das Pfandbriefgeschäft beträchtlich an Bedeutung. In der zweiten Jahrhunderthälfte kam es zur Errichtung öffentlich-rechtlicher Stadtschaften und schließlich zur Ausdehnung des Pfandbriefgeschäfts auf die Wohnungsfinanzierung. *Rolf Walter*

Lit.: Felix Hecht, Die Landschaften und landschaftsähnlichen Kreditinstitute in Deutschland, Leipzig 1908; K. E. Born, Geld; Deutsche Bankengeschichte, 3 Bde., Frankfurt 1982–83.

Pfandleihhäuser

Pfandleihhäuser, auch bekannt als Monti di Pietà, sind öffentliche Einrichtungen, in denen man auf die Verpfändung beweglichen Gutes Kredit bekommt. Die ersten Pfandleihhäuser wurden im Spätmittelalter errichtet. Man wollte damit dem Mißbrauch der von →Lombarden oder Wucherern betriebenen privaten Pfandleihe abhelfen.

Die Entstehungsgeschichte der Pfandleihhäuser ist ein kontroverses Thema. Seit dem Anfang dieses Jahrhunderts gilt der 1462 in Perugia gegründete Monte dei Poveri als das erste öffentliche Pfandleihhaus. Im Jahre 1973 aber wiesen zwei spanische Historiker darauf hin, daß die schon 1431 in den Bistümern Burgos, Calahorra und Palencia funktionierenden Arcas de Limosnas als die ersten öffentlichen Pfandleihhäuser betrachtet werden müßten.

Das Beispiel von Perugia fand in Italien so schnell Nachfolge, daß Ende des 15. Jhs. gut achtzig Städte über einen Monte di Pietà verfügten. Bedürftige konnten dort bis zu einem festgelegten Maximum und für eine beschränkte Zeit Geld auf Pfand leihen. In manchen Einrichtungen wurden bei der Rückzahlung der beliehenen Summe keine, bei den meisten aber schon Zinsen erhoben. Die Berechtigung dieser Zinserhebung wurde im 15. und 16. Jh. von den Dominikanern Thomas de Vio alias Cajetanus, Silvester da Prierio und Dominicus de Soto bestritten. Der Franziskaner Bernardinus von Feltre und später die Jesuiten Luis de Molina und Leonardus Lessius dagegen plädierten für die Zinserhebung in den Monti di Pietà.

Die italienischen Pfandleihhäuser waren tatsächlich errichtet zur Kreditgewährung für die Minderbemittelten. Sie hatten also eine große soziale Bedeutung. Doch können sie nicht ausschließlich als karitative Einrichtungen betrachtet werden. Es ist bekannt, daß auch die besseren Kreise von manchen Pfandleihhäusern Gebrauch machten und dies nicht nur für Konsumtivkredit, sondern auch für Produktionskredit.

Das erste öffentliche Pfandleihhaus außerhalb des Mittelmeerraums wurde 1534 in Ypern eröffnet. Für die Beleihung in der sog. Leenbeurze dieser Stadt wurden keine Zinsen erhoben. Andere städtische, kostenlos beleihende Pfandleihhäuser in den Niederlanden wurden in Brügge (1573) und in Lille (1607) errichtet. Aus der Analyse der Buchführung des Berg van Charitate in Brügge zeigt sich, daß es sich um eine ausgesprochene Leihanstalt für Bedürftige handelte.

Im Jahre 1618 eröffnete Wenzel Coberger (1560–1634) in Brüssel den ersten von fünfzehn sog. Bergen van Barmhartigheid in den Spanischen Niederlanden. Gegen Zinserhebung hatte jeder Zutritt mit seinen Pfändern. Die Beleihung geschah völlig anonym. Die aufbewahrte Buchführung lehrt, daß von diesen Einrichtungen viel Gebrauch gemacht wurde und daß sie die Konjunkturschwankungen auf eine ganz eigene Weise wiedergeben.

In der Republik der Niederlande wurden im 17. Jh. einige →Banken van Lening errichtet. Das geschah zum ersten Male 1614 in Amsterdam und nachher in etwa elf Städten. In Amsterdam, Middelburg und Rotterdam steuerte die lokale →Wechselbank Geld zur Bildung des Betriebskapitals bei. Man muß aber die Banken van Lening eher als die Fortsetzung der kommerziellen Leihhäuser der →Lombarden denn als karitative Einrichtungen betrachten. Sie gewährten nicht nur Konsumtivkredit, sondern auch Produktionskredit, den letzten gegen Sicherheit von Handelsgütern und Wertpapieren. In der 1871 in Amsterdam errichteten Stadsbeleeningskamer konnte man sogar nur Handelskredite bekommen.

Das erste öffentliche Pfandleihhaus in Deutschland wurde 1590 von der Stadt Augsburg gegründet. Andere Pfandleihhäuser wurden in Hannover (1598), Nürnberg (1618), Hamburg (1619) und Ulm (1650) eröffnet. Es dauerte bis 1739, als in Frankfurt am Main ein neues Pfandleihhaus dazukam. Später folgten München (1754), Dresden (1769) und Potsdam (1781). In Polen wurden in verschiedenen Städten öffentliche Pfandleihhäuser errichtet, zum ersten Male 1584 in Krakau. Nach dem Amsterda-

STATVTI
DEL
SACRO MONTE
DELLA PIETA
DI ROMA.

TV FONS, VNDE MONS PIETATIS

IN ROMA
Nella Stamperia della Reu. Camera Apostolica. M.DC.XVIII.
Ristampati l'Anno M.DC.LVIII.

Pfandleihhaus, Statuten des Monte della Pietà in Rom (1618/1658) mer Beispiel funktionierte seit 1668 in Stockholm neben der Wexelbank eine Länebank (→Sveriges Riksbank). In Rußland wurden sowohl in Sankt Petersburg als in Moskau im 18. Jh. verschiedene Leihanstalten errichtet, wo man Kredit gegen Pfand aufnehmen konnte.

Im Jahre 1702 wurde in Madrid ein Monte de Piedad gegründet. Satzungsgemäß war die Beleihung völlig kostenlos. Doch war es üblich, daß der Entleiher bei der Tilgung des Darlehens eine freiwillige Spende gab. Das Pfandleihhaus von Madrid wurde hauptsächlich, aber nicht ausschließlich von Leuten aus den unteren Bevölkerungsschichten besucht. Andere Montes de Piedad wurden im Laufe des 18. Jhs. in Barcelona, Granada, Jaén, Mexiko, Las Palmas, Salamanca und Zaragoza errichtet.

Von 1707 bis 1731 funktionierte in London eine nach dem Beispiel der italienischen Monti di Pietà errichtete Charitable Corporation for Lending Money to Industrious but Necessitous Poor. Ansonsten hat sich die öffentliche Pfandleihe bis heute in der angelsächsischen Welt nicht durchgesetzt.

In Paris wurde erst im Jahre 1777 ein Mont de Piété gegründet. Der hohe Durchschnittswert der Pfänder zeigt, daß auch die bessergestellten Kreise oft Gebrauch davon machten. Im Laufe des 19. Jhs. wurden in den meisten größeren Städten Frankreichs ähnliche Monts de Piété errichtet.

Das Phänomen der Pfandleihhäuser hat sich allmählich über nahezu ganz Kontinentaleuropa verbreitet. Einige dieser Einrichtungen funktionieren bis zum heutigen Tag. Die Arbeitsweise unterscheidet sich kaum von der vergangener Jahrhunderte. *Paul Soetaert*

Lit.: G. Garrani, Il carattere bancario e l'evoluzione strutturale dei primigenii Monti di Pietà, Milan 1957; S. Majarelli, U. Nicolini, Il Monte dei Poveri di Perugia, Perugia 1962; L. Jansen, Geschiedenis van de Stads Bank van Lening te Amsterdam, Amsterdam 1964; J. López Yepes, Bibliografía del ahorro, cajas de ahorros y montes de piedad, 3 Bde., Madrid 1969–70; Ders., Historia urgente de las Cajas de Ahorro y Montes de Piedad en España, Madrid 1973; Y. Marec, Le ‹clou› rouennais des origines à nos jours, Rouen 1983; P. Soetaert, De Bergen van Barmhartigheid in de Spaanse, de Oostenrijkse en de Franse Nederlanden (1618–1795), Brussel 1986; T. van Houdt et al., Tussen woeker en weldadigheid. Leonardus Lessius over de Bergen van Barmhartigheid (1621), Leuven–Amersfoort 1992; H. A. J. Maassen, Tussen commercieel en sociaal krediet: de ontwikkeling van de Bank van Lening in Nederland van Lombard tot Gemeentelijke Kredietbank 1260–1940, Amsterdam 1993; C. B. Menning, Charity and State in Late Renaissance Italy: the Monte di Pietà of Florence, Ithaca 1993.

Pfennig →Denar

Pfund Grote

Das Pfund (flämischer) Grote (ndl. Pond groot) war ein Doppelbegriff, in dem der →Groot als Basis der →Rechenmünze des Pfunds fungierte. Der

Groot war die wichtigste Silbermünze des Spätmittelalters. In den Niederlanden wurden die ersten Grote in Flandern geprägt, der in ökonomischer Hinsicht fortschrittlichsten Provinz, die auch auf monetärem Gebiet Vorbild für andere Landesteile war. In Reichsflandern, einem Lehen des Heiligen Römischen Reiches, wurde im letzten Viertel des 13. Jhs. ein *grosse monnaie blanche,* in Wirklichkeit ein doppelter →Sterling geprägt, dessen Wert zwei Dritteln eines Gros tournois (→Groschen) entsprach. Obwohl in Schriftquellen der Jahre 1299 und 1300 erwähnt, schlug man die ersten flämischen Grote kurz nach 1302 mit dem gleichen Gewicht wie die französischen Groschen. Zwischen 1317 und 1319 wurden diese Grote zur Grundlage des flämischen Rechengelds. In den Rechnungen war seit dieser Zeit vom Pfund Grote die Rede, wobei 1 Pfund = 240 Grote war. Der Groot übernahm damit die Funktion des Pariser Pfennigs (Denier Parisis), der bis dahin als Grundmünze des flämischen Rechengeldes gedient hatte. Von 1337 gingen die flämischen und französischen Groschen getrennte Wege. Der flämische Groot verlor deutlich an Wert. Während er 1337 noch 3,6 g Silber enthalten hatte, waren es 1389 nur noch 0,78 g. Die Nachfrage nach schwereren Silbermünzen wuchs, so daß von 1356 an Doppelte und von 1466 an auch Vierfache Grote geschlagen wurden. 1433 erklärte Herzog Philipp der Gute den Doppelten (flämischen) Groot zur Standardmünze in den Burgundischen Niederlanden, was auch zur Dominanz der darauf basierenden Rechenmünzen des Pfundes beitrug. Dennoch erhielt das Pfund von 240 Grote zur selben Zeit Konkurrenz durch ein Pfund von 40 Grote und das daraus entstandene Rechengeldsystem, in dem 1 fl. = 40 Grote war. Dieses neue System wurde offiziell 1526 eingeführt, und im Laufe des 16. und des 17. Jhs. übernahmen die beiden Rechenmünzen unterschiedliche Aufgaben: In Pfund zu 240 Grote rechneten der Großhandel, die internationale Geschäftswelt und die Bankiers, wogegen das Pfund zu 1 fl. bzw. 40 Grote die Rechenmünze des Detailhandels und der Behörden wurde. Beide Rechenmünzen blieben bis zum Ende des Ancien Régime in den südlichen Niederlanden in Gebrauch.

Erik Aerts

Lit.: H. Van Werveke, Munt en politiek. Frans-Vlaamse verhoudingen vóór en na 1300, Ders., Miscellanea Mediaevalia, Gent 1968, S. 209–26; P. Spufford, Monetary Problems and Policies in the Burgundian Netherlands, 1433–1496, Leiden 1970, S. 17–20.

Pfund Sterling

Das Pfund Sterling (Pound Sterling) bezeichnete vom Beginn der Prägung des englischen →Pennys in angelsächsischer Zeit bis zum Jahre 1971 240 englische Pfennige. Es blieb bis zur Prägung des ersten →Sovereign unter Heinrich VII. 1489 lediglich eine Zähleinheit, die sich eingebürgert hatte, weil zwischen 680/700 und 1279 mit seltenen Abweichungen exakt 240

Pfennige aus einem Towerpfund geprägt wurden. Die normannische Eroberung 1066 führte zu keiner Änderung des Münzgewichtssystems, da Wilhelm der Eroberer das angelsächsische Münzpfund, das Towerpfund, übernahm. Das Pfund Sterling ist bis 1266 metrologisch nur induktiv faßbar. In jenem Jahr wurde die Praxis kodifiziert, indem das Pfenniggewicht als 32 Weizenkörner von der Mitte der Ähre definiert wurde. 1280 folgte die seither übliche Definition des Pfenniggewichts als 24 Weizenkörner (0,0648 g), was jedoch keine Änderung des Statuts von 1266 bewirkte. Bis ins 14. Jh. hinein bedeutete «Pfennig» in England sowohl eine Münze als auch 1/240 Pfund, und Silber wurde in Pfund, Schilling (1/20 Pfd.) und Pfennigen gewogen. Im mittelalterlichen England unterteilte man das Pfund Sterling nicht nur, wie auf dem Kontinent üblich, in Schilling und Pfennig, sondern auch in Mark Sterling, eine aus dem Danelaw übernommene Zähleinheit zu 160 d bzw. 13 s 4 d (2/3 Pfund).

Im 19. Jh. wurde das Pfund Sterling, bedingt durch die Führungsrolle Großbritanniens in der Weltwirtschaft, zur wichtigsten internationalen →Leit- oder Schlüsselwährung. In der Währung des Pfund Sterling wurden im 19. Jh. ca. zwei Drittel des Welthandels finanziert und der größte Teil der Währungsreserven gehalten. *Stuart Jenks*

Lit.: P. Grierson, Sterling; R. M. H. Dolley (Hg.), Anglo-Saxon Coins, London 1961, S. 266–83; A. Feavearyear, The Pound Sterling, Oxford 1963; R. Klump, Entstehung und Verwendung internationaler Schlüsselwährungen, Hamburg 1986, S. 211–41.

Philippstaler

Philippstaler oder Königstaler hießen die (seit 1557) von Philipp I. von Spanien in seinen niederländischen Besitzungen in großen Mengen geschlagenen Taler. Sie hatten ein Feingewicht von 28,21 g und entsprachen im Wert dem halben goldenen →Real der Habsburgischen Niederlande. Diese neuen Talermünzen aus amerikanischem Importsilber breiteten sich schnell über Mitteleuropa aus und wurden samt ihren Teilstücken unverzichtbare Bestandteile des →Geldumlaufs. Zahlreiche Schatzfunde und Sortenbuchungen in schriftlichen Quellen belegen dies. Weil diese Taler nicht den →Reichsmünzordnungen entsprachen, versuchten das Reich und die Reichskreise, sie zu bekämpfen und aus dem Geldumlauf zu verdrängen, hatten ihnen aber keine entsprechende eigene Talerprägung entgegenzusetzen. Nach dem Reichsabschied von 1566 stellten die Spanischen Niederlande die Philippstalerprägung für einige Jahre ein und führten den Burgundischen Reichstaler ein. Doch schon 1571 kehrten sie zum Philippstaler zurück. Die meisten Philippstaler sind wohl in der Brabantischen Münzstätte Antwerpen hergestellt worden. Bis weit ins 17. Jh. haben die Philippstaler, deren Ausmünzung mit dem Tod Philipps II. 1598 endete, eine beherrschende Rolle gespielt, die sie dann an →Patagon,

→Dukaton und →Louis blanc abtraten. Von den Teilstücken haben die ebenfalls in großen Mengen geschlagenen Fünftelphilippstaler (Kopfstücke) als mittlere Nominale eine wichtige Stellung eingenommen.

Konrad Schneider

Lit.: Van Gelder, S. 71 f., 266 f.; Heß, S. 97.

Pistole →Escudo de oro

Plattenmünze

Als Plattenmünze (schwed. Platmynt) bezeichnet man die in Schweden im 17. Jh. als Zahlungsmittel verwendeten Kupferplatten. In Schweden, das an Silberknappheit litt, aber über große Kupfervorkommen in Falun und Dalarna verfügte, die es zeitweise zum größten Kupferproduzenten der Welt machten, führte Furcht vor einem Verfall des Kupferpreises nach 1624 zur Einführung einer Art Kupferwährung vorerst unter Wahrung des Wertverhältnisses zwischen Silber und →Kupfer. Zunächst wurden Kleinmünzen geprägt (→Öre samt Teil- und Doppelstücken), dann aber unter dem Eindruck eines weiteren Kupferpreisverfalles ab 1644 die sog. Plattenmünzen bis zum Wert von zehn Talern und einem Gewicht von fast 20 kg bei Ausmaßen bis zu 60 × 30 cm, die schon bald der Geldentwertung im Lande unterworfen wurden. Diese unhandliche Form von Zahlungsmitteln machte eigene Transportmittel und der leichteren Handhabbarkeit wegen nach 1661 →Papiergeld (Kreditivsedlar) erforderlich, das bis zur Wiedereinführung der Silberwährung auch auf Taler Kupfermünze lautete. Das ursprüngliche Verhältnis ließ sich jedoch nicht halten, so daß der Taler Plattenmünze, der bis zur Währungsreform von 1776 im Umlauf war, bis auf einen Dritteltaler Silbermünze fiel. In Gestalt der Plattenmünze wurde schwedisches Kupfer gerne ausgeführt. Im Zusammenhang mit der schwedischen Kupferwährung sind die als reine Kredit- und Notmünzen ausgegebenen Notdaler aus der Regierungszeit Karls XII. zu erwähnen, die 1715 durch dessen Finanzberater Graf Görtz eingeführt und bis 1719 ausgegeben wurden. Zugleich mit der Ausgabe der Notdaler ließ Karl XII. den Nennwert der Plattenmünzen um 50 % erhöhen, damit ihre Besitzer sie zum Nutzen des Staates in Notdaler einwechselten, und nahm ihnen damit den Charakter des Währungsgeldes; 1718 erhielten sie kurzfristig ihren alten Kurs zurück, wurden aber schon bald zur →Gegenstempelung aufgerufen, die ihren Kurs wieder um die Hälfte heraufsetzte. *Konrad Schneider*

Lit.: O. P. Eklund, B. Hohnberg, Copper Coins of Sweden: Coinage of Swedish Plate Money, Salina 1962; E. P. Heckscher, N. L. Rasmusson, The Monetary History of Sweden, Stockholm 1964; Heß, S. 140 f.

Plenersche Bankakte →Privilegierte Österreichische Nationalbank

Portugalöser (Portuguêz)
Der plötzliche Reichtum Portugals und insbesondere seine Goldeinfuhr aus Afrika zog eine erhebliche Goldmünzprägung nach sich (→Cruzado). Die schwerste Goldmünze dieser Art war der in Portugal bis 1538 geprägte Portuguêz (Cruzado), ein zehnfacher Cruzado zu ungefähr 10 →Dukaten. Die Münzbezeichnung leitet sich von dem gleichschenkligen Kreuz des portugiesischen Christusordens ab.

Diese repräsentative und als Geschenk gut geeignete Goldmünze fand in Norddeutschland und -europa als Portugalöser bald Nachahmung. Dabei hat wohl Hamburg die meisten außerportugiesischen Portugalöser geschlagen. Aber auch in Schleswig-Holstein, Dänemark und Magdeburg wurden Portugalöser geprägt. Während die einfachen Cruzados vom Reich als etwas leichtere Dukaten geduldet wurden, wurde die Prägung von Portugalösern verboten, weil die →Reichsmünzordnungen von 1551 und 1559 nur die Ausmünzung von →Dukaten und goldenen Gulden zuließen und die ausländischer Goldmünzen verboten. Insgesamt dienten die großen und wenig handlichen Goldmünzen eher Schmuckzwecken als dem Geldumlauf. In Hamburg hat sich die Bezeichnung Portugalöser bis zum heutigen Tag gehalten. Darunter versteht man seit 1653 Goldmedaillen, die zu bestimmten Anlässen im genauen Gewicht von 10 Dukaten geprägt werden. *Konrad Schneider*

Lit.: P. Bathala Reis, Preçário das Monedas Portuguesas de 1140–1640, Lisboa, S. 40ff. M. v. Bahrfeldt, Über die älteren Hamburger Portugalöser, Norddeutsches Jahrbuch für Münzkunde und verwandte Gebiete 1 (1979), S. 87–123; U. Hagen-Jahnke, R. Walburg, Neuzeitliche Goldmünzen, Frankfurt 1985, Tafel 6, 18, 20.

Prägetechnik
Die Prägetechnik, die praktische Durchführung der Münzherstellung, hat von ihrem Beginn in der Antike bis ins 16. und mancherorts bis ins 18. Jh. keine grundsätzlichen Neuerungen erfahren: Geprägt wurde zumeist von Hand mit dem Hammer und zwei Münzstempeln, wobei der Münzer mit dem Hammer auf den Oberstempel schlug. Gegossene Münzen waren selten und zumeist →Notgeld. Der Einsatz von arbeitskräftesparenden Maschinen wurde ebenso wie in anderen Bereichen der Technik durch massiven Widerstand der Münzgesellen verhindert. So wurde beispielsweise in der wichtigen Münzstätte Zellerfeld im Harz bis 1743 von Hand mit dem Hammer gemünzt.

Vor dem Prägevorgang stand die Herstellung des Schrötlings (des rohen Münzstücks, heute Ronde genannt). Nach der entsprechenden Legierung des Münzmetalls wurden in der Antike die Schrötlinge einzeln in Formen gegossen. Später goß man dünne, Zaine genannte Barren und walzte sie seit dem 16. Jh. im «Streckwerk» auf die gewünschte Dicke aus. Die Schrötlinge wurden dann entweder mit einer Blechschere ausgeschnitten oder im moderneren Münzbetrieb mit dem Durchschlag ausgestanzt. Parallel zur Schrötlingsherstellung lief der Vorgang des →Probierens der Schrötlinge auf den korrekten Feingehalt. Kleinmünzen aus geringhaltiger Silberlegierung wurden vor dem Prägen «weißgesotten», d. h. die Kupferbestandteile der Legierung wurden an der Oberfläche auf chemischem Wege herausgelöst – eine Maßnahme, die den Schein der Silbermünze aber nicht lange wahren konnte.

Ein besonderes Verfahren war das Prägen der einseitigen →Brakteaten. Hier war nur ein Stempel erforderlich, in der Regel der untere, der das Münzbild trug. Zur Prägung wurde dann eine innen ausgefütterte eiserne Kappe oder Büchse benutzt, die genau auf den Stempel paßte und ein Verrutschen beim Prägen verhinderte.

Bei der Herstellung der bis ins 19. Jh. vom Graveur von Hand geschnittenen Stempel wurden als Hilfsmittel bei der Gestaltung von Wappen und Legenden gerne Punzen verwendet. Die erst nachträglich vorgenommene Härtung des Eisenstempels barg die Gefahr des Stempelsprunges oft schon beim ersten Prägeversuch und wurde vielfach im Vertrag zwischen Münzherrn und Stempelschneider berücksichtigt. Im 19. Jh. wurde der Pantograph wichtigstes Hilfsmittel der Graveure, der ein größeres Positivmodell mechanisch auf den Stempel übertrug und die Stempelherstellung mechanisierte und zugleich zu einem Niedergang der Medailleurskunst führte.

Prägemaschinen und andere technische Hilfsmittel kamen im 16. Jh. auf. Ein einfaches Gerät war das Klippwerk, in dem der Oberstempel in einer Führung lief und eine präzisere Hammerprägung ermöglichte. Um die Mitte des 16. Jhs. setzte man Walzwerke ein, die die Münzen mit Wasserkraft auf dem durchlaufenden Zain prägten, mit dem Nachteil, daß sie oft queroval und immer leicht gebogen sind. Das einfachere Taschenwerk kann mit der Hand betrieben werden. Statt der Walzen wurden bis ins 17. Jh. pilzförmige Taschen verwendet, zwischen die die Zaine durchgezwängt wurden. Diese Methode wurde vorwiegend in Süd- und Südwestdeutschland bis in die Mitte des 18. Jhs. verwendet. Die ebenfalls gebogenen Münzen sind längsoval. Die wirkungsvollste Maschine war das Spindelwerk oder der Balancier, bei dem die Energie mittels eines in Drehbewegungen versetzten großen Gewindes auf die Schrötlinge übertragen wurde und Prägungen guter Qualität erzeugte. Das Spindelwerk wurde ebenfalls um die Mitte des 16. Jhs. erfunden, setzte sich aber erst gegen Ende des 17. Jhs. durch. Es beherrschte die Münzstätten bis ins frühe 19. Jh., als es der 1817 von dem Grevenbroicher Mechaniker Uhlhorn erfundenen Kniehebelpresse Platz machte, die vom Prinzip des Stoßes, das die Münzprägung seit ihrem Beginn beherrscht hatte, abging und die Hebelkraft nutzte. *Konrad Schneider*

Lit.: Luschin, S. 77–87; E. Schlösser, Münztechnik, Hannover 1885; J. Kowarzik, Über die Entwicklung der Münzen- und Medaillentechnik, Frankfurter Münzzeitung 8 (1908), S. 357–64, 375–79, 385–93; Zur Technik der Brakteatenprägung: R. Gaettens, Das Geld- und Münzwesen der Abtei Fulda im Hochmittelalter, Fulda 1957, S. 132–43.

Preisrevolution

Der Begriff Preisrevolution wurde 1895 von Georg Wiebe für eine →Inflation geprägt, die in ganz Europa während des 16. Jhs. zu beobachten war. In dieser Zeit erhöhte sich das allgemeine Preisniveau um das Drei- bis Vierfache. Damit lagen die durchschnittlichen jährlichen Preissteigerungsraten bei 1,2–1,5 %. An heutigen Inflationsraten gemessen würde man die Preisentwicklung des 16. Jhs. als stabil oder allenfalls als schleichende Inflation bezeichnen, nicht jedoch als Preisrevolution. In einer Epoche, in der man die Inflationsraten nicht antizipierte, sondern von weitgehend festen Preisen und Löhnen ausging, und in der vielerorts Naturalabgaben durch einmal fixierte Geldzahlungen abgelöst worden waren, konnte eine Verdoppelung der Preise innerhalb von 25 Jahren zu einer Halbierung des Einkommens führen und damit einschneidende Konsequenzen für die Bezieher fester Einnahmen haben. Aus diesem Grunde scheint die Verwendung des Begriffs Preisrevolution gerechtfertigt, zumal vor 1500 das Preisniveau relativ stabil war und sich nach 1600 – sieht man von konjunkturellen Schwankungen ab – auf dem einmal erreichten, höheren Niveau hielt.

Innerhalb des allgemeinen, ansteigenden Preistrends bestanden im 16. Jh. regionale Preisunterschiede für gleiche oder ähnliche Güter. So war Weizen in den Kornkammern Osteuropas erheblich billiger als in den Ballungsgebieten der Niederlande. Der Anstieg des Preisniveaus betraf nicht alle Güter in gleichem Maße, und so kam es zu Verschiebungen der relativen Preise in Abhängigkeit von der Nachfrageelastizität der einzelnen Waren. Die Preise lebensnotwendiger Nahrungsmittel wie Weizen stiegen stärker als die von Wein oder Bier. Auch die Kohlepreise erhöhten sich nicht so stark wie die der Grundnahrungsmittel. Dagegen verlief die Preisentwicklung bei Textilien bzw. den entsprechenden Rohstoffen wie Wolle, Baumwolle, Flachs oder Hanf weitgehend parallel zu den Getreidepreisen, da diese Produkte europaweit nachgefragt und gehandelt wurden.

Bei der Untersuchung langfristiger Preistrends erhält man unterschiedliche Ergebnisse in Abhängigkeit von den Münzsorten, die der Berechnung zugrunde gelegt werden. Dies liegt daran, daß besonders die →Scheidemünzen von den sich seit der zweiten Hälfte des 16. Jhs. häufenden →Münzverschlechterungen betroffen waren. Ihr ohnehin geringer Silbergehalt wurde soweit verringert, daß sie zu Beginn des 17. Jhs. vielfach nur noch aus Kupfer bestanden. Zusätzlich reduzierte man auch noch das Münzgewicht. Diese Entwicklung wurde durch die gegenläufige Entwicklung der Silber- und Kupferpreise während des 16. Jhs. teilweise aufgefangen, denn seit 1540 stieg der Wert des →Kupfers im Verhältnis zum Silber auf den europäischen Märkten, nachdem er zunächst (seit dem ausgehenden 15. Jh.) gesunken war. Untersucht man die Entwicklung der Weizenpreise anhand der in Scheidemünzen oder Kupfergeld zu zahlenden Beträge, so fällt die durchschnittliche Preissteigerung in Europa zwischen 1510 und 1590 um fast ein Drittel höher aus, als wenn man den Wert des Weizens in Silber bemißt. Die lange Zeit praktizierte Umrechnung der Preise in Gramm Silber schließt daher einen Teil der Effekte aus, die durch die häufigen Münzverschlechterungen hervorgerufen wurden. Eher entsprechen die Preisreihen, die auf der Basis des →Rechengelds rekonstruiert wurden, den wirtschaftlichen Bedingungen des 16. Jhs., da der größte Teil der Bevölkerung, soweit er überhaupt über Bargeld verfügte, mit den unterwertig ausgeprägten Scheide- oder Kupfermünzen zahlte.

Die Ursachen der Preisrevolution des 16. Jhs. sind Gegenstand zahlreicher Untersuchungen und kontroverser Debatten (→Geldgeschichte) gewesen. So entwickelte der spanische Scholastiker Martín de Azpilcueta Navarro 1557 eine vereinfachte Version der →Quantitätstheorie des Geldes, indem er für die Preissteigerungen die durch die ungewöhnlich hohen Edelmetallimporte aus der Neuen Welt stark angestiegene →Geldmenge verantwortlich machte. Diesen Überlegungen schlossen sich 1568 der in Sevilla lebende Dominikaner Tomás de Mercado und der französische Staatstheoretiker →Jean Bodin an. Andere Zeitgenossen sahen eine wesentliche Ursache für die zu beobachtenden Teuerungen in den Münzverschlechterungen der Zeit und nicht im Zufluß amerikanischer Edelmetalle. Die moderne (monetaristische) Forschung hat darauf hingewiesen, daß das Geldangebot im Verlauf der Preisrevolution nicht nur durch Edelmetallzuflüsse und Münzverschlechterungen anstieg, sondern auch durch eine erhöhte Umlaufgeschwindigkeit des Geldes. Außerdem muß der Einfluß der Silberexporte in die Levante und nach Osteuropa berücksichtigt werden, weil diese Ausfuhren die in Europa zur Verfügung stehende Edelmetallmenge verringerten (→Edelmetallströme). Um die relativen Preisveränderungen und die zeitliche Verschiebung zwischen den amerikanischen Edelmetallimporten und der Preisentwicklung in Europa zu erklären, müssen die Faktoren berücksichtigt werden, die zu einem Wachstum der Geldnachfrage führten. Hierzu zählen der in ganz Europa zu beobachtende Anstieg der gewerblichen und landwirtschaftlichen Produktion, die Intensivierung des regionalen und überregionalen Handels sowie die Ausdehnung der Geldwirtschaft. Einige Autoren vertreten die Auffassung, daß das während des 16. Jhs. zu beobachtende Bevölkerungswachstum die Nahrungsmittelnachfrage und damit das Preisniveau erhöht habe, was ihnen den Beinamen Neo-Malthusianer (nach Thomas Robert Malthus) eingetragen hat.

Bei den Untersuchungen der Auswirkungen, die die Preisrevolution hatte, stand vor allem die Frage im Vordergrund, inwieweit die zeitliche Verzögerung des Lohnanstiegs gegenüber den Preiserhöhungen zu einer Kapitalakkumulation geführt habe und damit die Entstehung des Handelskapitalismus und protoindustrieller Produktionsformen begünstigte. Ein derartiger Zusammenhang konnte bislang nicht ausreichend nachgewiesen werden. Insgesamt wird man sagen können, daß die Preisrevolution zu einer Einkommensumverteilung zugunsten der Bezieher flexibler Einkommen führte. Hierzu zählten Angehörige der untersten Bevölkerungsschichten, wie die Tagelöhner, ebenso wie reiche Kaufleute. Aber die in langfristigen Arbeitsverhältnissen stehenden Bediensteten, Adelige, Angehörige des Klerus und des städtischen Bürgertums, soweit sie in Geld fixierte Renteneinkünfte bezogen, sowie die Verwaltungen der Territorialstaaten, deren Steuereinnahmen teilweise festgelegt waren, erlebten durch die Preisrevolution drastische Einkommenseinbußen. *Renate Pieper*

Lit.: Die Literatur zur Preisrevolution ist nahezu unübersehbar; den wichtigsten Überblick bieten R. Pieper, Die Preisrevolution in Spanien (1500–1640), Wiesbaden 1985; R. Metz, Geld, Währung und Preisentwicklung. Der Niederrheinraum im europäischen Vergleich 1350–1800, Frankfurt 1990; North, Geldumlauf und Wirtschaftskonjunktur; Ders., Das Geld; J.H. Munro, The Central European Mining Boom, Mint Outputs, and Prices in the Low Countries and England, 1450–1550, E. Van Cauwenberghe (Hg.), Money, Coins, and Commerce, Leuven 1991, S. 119–83; siehe auch unter Geldgeschichte.

Preußische Bank

Die Preußische Bank wurde im Jahr 1765 als Kgl. Giro- und Lehnbanco durch König Friedrich II. gegründet. Diese Gründung war ausschließlich fiskalisch motiviert. Ein Bedürfnis von Handel und Gewerbe bestand noch nicht. Deshalb scheiterte sowohl der Versuch, die Bank als Aktienbank nach dem Vorbild der →Bank of England zu gründen, als auch sie als →Notenbank zu etablieren. Da privates Kapital nicht bereit und der Staat nicht in der Lage war, der Bank eine ausreichende Eigenkapitalbasis zu verschaffen, blieb ihre Bedeutung für die Belebung von Handel und Gewerbe gering. Bis zum Ende des 18. Jhs. entwickelten sich deshalb das Depositengeschäft zum wichtigsten Passiv- und der Hypothekarkredit zum wichtigsten Aktivgeschäft.

Nach der militärischen Niederlage Preußens im Jahr 1806 hatte die Bank ihre Zahlungen einstellen müssen und konnte ihr Bankgeschäft in nennenswertem Umfang erst wieder 1819 aufnehmen. Um ihr hohes (geheim gehaltenes) Defizit zu decken, verfolgte sie in den folgenden Jahren eine aktive, gewinnorientierte Geschäftspolitik und hatte damit auch einigen Erfolg. Die mangelhafte Eigenkapitalausstattung blieb aber weiterhin ein ungelöstes Problem, das einer Ausweitung der Aktivitäten der Bank zur Unterstützung von Handel und Gewerbe klare Grenzen setzte.

Als Anfang der vierziger Jahre der durch die Belebung des Eisenbahnbaus ausgelöste industriewirtschaftliche Wachstumsschub in einen immer größeren Widerspruch zu den begrenzten Möglichkeiten des Geldmengenwachstums geriet, wurden die Forderungen liberaler Unternehmer und Bankiers nach «Bankfreiheit», d.h. nach der Gründungsgenehmigung für private →Zettelbanken, immer nachdrücklicher. Die preußische Regierung versuchte schließlich im Jahr 1846, diesen, auch politisch motivierten Druck durch eine Reform der Struktur der Königlichen Bank abzufangen. Als Grundvoraussetzung für die Umwandlung der Bank in eine Notenbank mußte jedoch zunächst das Problem der mangelnden Eigenkapitalausstattung gelöst werden. Zu diesem Zweck konnte das Publikum Bankanteile erwerben, die mit einer staatlichen Zinsgarantie versehen waren. An den Entscheidungen der Bank waren die Anteilseigner allerdings nur beratend beteiligt. Das in der →Preußischen Bankordnung von 1846 festgelegte →Notenkontingent erwies sich jedoch recht bald als unzureichend, so daß die Kritiker der Preußischen Bank Mitte der fünfziger Jahre darangingen, in den deutschen Kleinstaaten eigene Zettelbanken zu gründen. Wollte die preußische Regierung die Kontrolle über den →Geldumlauf nicht verlieren und die Talerwährung nicht durch unzureichend gedeckte kleinstaatliche Taler-«Zettel» unterminieren lassen, mußte sie die Preußische Bank von den restriktiven Vorschriften der Bankordnung von 1846 befreien und eine Anpassung der →Geldmenge an das realwirtschaftliche Wachstum zulassen. Aus diesem Grund wurden im Jahr 1856 das Notenkontingent abgeschafft und allein die Vorschriften zur →Notendeckung (Dritteldeckung) als Sicherheitsmechanismus der Noteneinlösung belassen.

Durch diese Reform der Bankordnung gelang es, die preußischen Banknoten relativ schnell als Zahlungsmittel im gesamten norddeutschen, durch den →Wiener Münzvertrag festgelegten Talergebiet zu etablieren. Nach den Kriegen der Jahre 1866 und 1870/71 verbreitete die Preußische Bank ihre Noten auch im jetzt zu Preußen gehörenden Finanzzentrum Frankfurt am Main und in Elsaß-Lothringen. Sie war deshalb prädestiniert, nach der Neuregelung der Währungsverhältnisse im Deutschen Reich zur →Zentralbank des Reiches (durch Verkauf an das Reich) umgewandelt zu werden. Die Bestimmungen des Reichsbankgesetzes von 1875 änderten an der alten Preußischen Bankordnung relativ wenig. Allerdings wurde vor dem Hintergrund des inflationären Drucks während der «Gründerjahre» ein Notenkontingent eingeführt, das aber flexibler zu handhaben war (indirekte Kontingentierung) als in den Vorschriften der Bankordnung von 1846. *Dieter Ziegler*

Lit.: M. Niebuhr, Geschichte der Kgl. Bank in Berlin, Berlin 1854, Ndr. Glashütten 1971; W. Lotz, Geschichte und Kritik des deutschen Bankgesetzes vom 14. März 1875, Leipzig 1888; H. von Poschinger, Bankwesen und Bankpolitik in Preußen, Berlin 1878, Ndr. Glashütten 1971, I, S. 109 ff., II, S. 15 ff., III, S. 21 ff.; C. Schauer, Die Preußische Bank, Halle 1912; R. Tilly, Financial Institutions and Industrialization in the Rhineland 1815–1870, Madison 1966, S. 30 ff.; P. C. Martin, Monetäre Probleme der Frühindustrialisierung am Beispiel der Rheinprovinz (1816–48), Jahrbücher für Nationalökonomie und Statistik 181 (1967/68), S. 117 ff.; D. Ziegler, Zentralbankpolitische Steinzeit? Bank of England und Preußische Bank im Vergleich, GG 19 (1993), S. 457–87.

Preußische Bankordnung

Ähnlich der →Peelschen Bankakte von 1844 regelte auch die Preußische Bankordnung von 1846 die Währungsverhältnisse des Landes durch eine Reform der →Zentralnotenbank. Obwohl die Vorbildfunktion der englischen Gesetzgebung unübersehbar ist, waren die Währungsverhältnisse Mitte der vierziger Jahre in Preußen noch derart unterentwickelt, daß eine Übertragung auf preußische Verhältnisse gravierende Abänderungen gegenüber dem Vorbild unumgänglich machte.

Während das Problem in England darin bestand, die →Geldmenge den scheinbar natürlichen Erfordernissen des →Zahlungsbilanzgleichgewichtes anzupassen, ging es in Preußen zunächst darum, überhaupt eine ausreichende Versorgung mit Zahlungsmitteln sicherzustellen. Denn seit der Einziehung der von der Königlichen Bank und zwei anderen Banken emittierten banknotenähnlichen →Kassenscheine im Jahr 1836 war die preußische Talerwährung – abgesehen von einem wenig bedeutenden →(Staats)Papiergeld-Anteil – zu einer reinen Metallgeldwährung geworden. Da Buchgeldverkehr und Wechselzirkulation ebenfalls noch völlig unterentwickelt waren, stand die Anpassungsmöglichkeit der Geldmenge in keinem Verhältnis zum Zahlungsmittelbedarf der einsetzenden Industrialisierung. Da die preußische Regierung jedoch den Forderungen nach der Konzessionierung von privaten →Zettelbanken nicht nachkommen wollte, um die Kontrolle über den →Geldumlauf im Lande nicht aus der Hand zu geben, wandelte sie die staatliche Königliche Bank durch die Preußische Bankordnung unter Beteiligung privaten Kapitals in eine Notenbank, die →Preußische Bank, um. Die Vorschriften für die →Notendeckung waren anfangs allerdings noch sehr restriktiv. So wurde nicht nur die fiduziäre (d. h. die nicht durch Metall gedeckte) Emission kontingentiert, sondern die gesamte, von der Preußischen Bank zu emittierende Notenmenge durfte die Summe von 15 Mill. Talern (zuzüglich 6 Mill. Talern eingezogenen Staatspapiergeldes) nicht überschreiten. Innerhalb dieses Kontingentes galt die «Drittelдекkung», d. h. mindestens ein Drittel der ausgegebenen Noten mußte durch «baares Geld oder Silberbarren» gedeckt sein. Damit war innerhalb des Kontingentes eine gewisse geldpolitische Flexibilität möglich.

Es zeigte sich aber ziemlich schnell, daß das Kontingent viel zu niedrig angesetzt war. Die Metalldeckung betrug nicht selten mehr als 100 %, so daß die Bankordnung ihr eigentliches Ziel, die bessere Zahlungsmittelversorgung bei gleichzeitiger Sicherung der Konvertibilität der Taler-Noten in Silber, verfehlte. Unter dem Druck kleinstaatlicher Zettelbankgründungen, deren Noten die Zahlungsmittellücke in Preußen zwar verringerten, aber andererseits die Kontrolle der preußischen Regierung über den Geldumlauf gefährdeten, verließ die Regierung 1856 mit der Novellierung der Bankordnung den «englischen» Weg, hob das →Notenkontingent auf und leitete einen Prozeß des «Entsilberns» des Geldumlaufs durch die Einführung kleinerer Nennwerte der preußischen Banknoten ein. Diese, im Vergleich zur Peelschen Bankakte sehr viel weniger restriktiven Deckungsregeln dürften nicht unwesentlich zu einer insgesamt gelungenen monetären Stützung des Industrialisierungsprozesses seit der Mitte der fünfziger Jahre beigetragen haben. Die Einführung einer «indirekten Kontingentierung» im Reichsbankgesetz von 1875 änderte an der relativ hohen geldpolitischen Flexibilität, die der Gesetzgeber der →Zentralbank 1856 eingeräumt hatte, nichts Wesentliches.

Dieter Ziegler

Lit.: W. Lotz, Geschichte und Kritik des deutschen Bankgesetzes vom 14. März 1875, Leipzig 1888; H. von Poschinger, Bankwesen und Bankpolitik in Preußen, II, Berlin 1878, Ndr. Glashütten 1971, S. 15 ff.; C. Schauer, Die Preußische Bank, Halle 1912, S. 15 ff.; B. Sprenger, Währungswesen und Währungspolitik in Deutschland von 1834 bis 1875, Köln 1981, S. 63 ff.; D. Ziegler, Zentralbankpolitische Steinzeit? Preußische Bank und Bank of England im Vergleich, GG 19 (1993), S. 457–87.

Privatbankiers →Merchant Bankers

Privilegierte Österreichische Nationalbank

Die Privilegierte Österreichische Nationalbank war die erste auf dem Gebiet des Deutschen Bundes gegründete →Zentralnotenbank. Sie verdankte ihre Entstehung der österreichischen →Kriegsfinanzierung während der Napoleonischen Kriege. Österreich hatte versucht, seinen Finanzbedarf durch die massive Emission von →Staatspapiergeld (Bancozettel) zu dekken; trotzdem mußte es 1811 den Bankrott erklären. Ein Währungsschnitt war notwendig. Das im Umlauf befindliche Papiergeld im Wert von 1061 Mill. fl. wurde auf ein Fünftel abgewertet und in sog. Einlösungsscheine gewechselt, was den Papiergeldumlauf auf 212 Mill. fl. reduzierte. Dennoch gab der Staat in der Folgezeit neues Staatspapiergeld aus. Um das

Staatspapiergeld sukzessive aus dem Verkehr zu ziehen und durch vertrauenswürdige Banknoten zu ersetzen, wurde nach Friedensschluß (1816) die Privilegierte Österreichische Notenbank gegründet. Ihre Banknoten waren →gesetzliches Zahlungsmittel und in Silbergeld einlösbar, unterlagen aber im Gegensatz zu heute keinem Annahmezwang im privaten Geldverkehr. Der österreichische Gebietsgewinn 1815 und die französischen Kriegsentschädigungen schufen günstige Bedingungen für die Sanierung der Währung und der Finanzen. Jedoch brachten der Ungarische Aufstand (1848/49) und der Italienische Krieg (1859) Rückschläge. Jedes Mal kam es zu einem Run der Banknotenbesitzer auf die Bank, zur Einstellung der Bareinlösung, zur Ausgabe von Staatspapiergeld und zur Inanspruchnahme der Bankreserven durch den Staat. Der Wiedereinführung der Bareinlösung 1862 ging eine lebhafte Diskussion zwischen Anhängern der Currency- und der Banking-Theorie über die Prinzipien der →Notendeckung voraus. Heraus kam als Kompromiß die Plenersche Bankakte (sog. nach dem österreichischen Finanzminister), die ein zweistufiges Deckungssystem einführte. Während 200 Mill. fl. durch Wechsel und Wertpapiere gedeckt waren, mußte der darüber hinausgehende Notenumlauf eine volle Silberdeckung aufweisen. Mit steigender Notenemission erhöhte sich also die Deckungsquote der Banknoten, die sich nach dem Intermezzo des Deutschen Krieges (1866) und der Einführung der →Goldwährung (1892) zunächst zwischen 60 % und 70 %, später sogar zwischen 70 % und 80 % bewegte. Mit dem Oesterreich-Ungarischen Ausgleich (1867) wurde die Nationalbank unter dem neuen Namen Österreichisch-Ungarische Bank die Zentralnotenbank der Doppelmonarchie und übernahm in zunehmendem Maße auch die Refinanzierung der Geschäftsbanken durch →Diskont- und Lombardkredite. *Michael North*

Lit.: O. Bachmayer, Die Geschichte der österreichischen Währungspolitik, Wien 1960; S. Pressburger, Österreichische Notenbank 1816–1966, Wien 1966; Ders., Das österreichische Noteninstitut 1816–1966, 7 Bde., Wien 1959–76; J. Liese, M. S. Schulze, Geldpolitik und Konjunktur in Österreich: Die «Plener'sche Stagnation» 1862 bis 1866, VSWG 80 (1993), S. 510–30; H. Pohl (Hg.), Europäische Bankengeschichte, Frankfurt 1993.

Probierkunde

Mit Probierkunde, Probierkunst bzw. Dokimasie (von gri. *dokimaxein* = prüfen, erproben, untersuchen) wird die Summe analytischer Kenntnisse (probieren = analysieren) im Hütten-, Gießerei- und Münzwesens sowie in den alchemischen und chemisch-technischen Laboratorien bezeichnet. Was heute zu einem Teilgebiet der Chemie geworden ist, entwikkelte sich über viele Jahrhunderte hinweg eigenständig als frühes Erfahrungswissen vom quantitativen Ermitteln bestimmter Bestandteile (zumeist Metalle) in Erzen, metallischen Legierungen (Schmuck, Münzen, Hüttenprodukten) und Verbindungen (Mineralien, Salzen u. a.).

Die Dokimasie bediente sich traditionell «trockener», d. h. pyrotechnischer, Aufschlüsse und Scheideverfahren, seit dem späten Mittelalter zuweilen auch «nasser» Trennmethoden (mit Hilfe von Scheidewasser). Das Separieren der Bestandteile (Abtrennen von Verunreinigungen) bildete naturgemäß die Voraussetzung für die anschließende Gehaltsbestimmung. Die Probierwaage und die Probiergewichte zählten daher zu den zentralen, besonders sorgsam gefertigten und gehüteten Instrumenten des Probierers oder Münzwardeins. Was der Probierer als Grundausstattung benötigte und was man von ihm im Tiroler Metallwesen erwartete, schildert das Schwazer Bergbuch von 1556 in knappen Worten:

Daß er nämlich «im Probieren auf Silber, Kupfer, Gold, Eisen, Blei und andere Metalle geschickt und erfahren ist. Er muß immer mit guten Geräten versehen sein wie: Korn- und Schlichwaage, Scheidewasser, silberfreies Blei, gute Tiegel, Muffeln, Kapellen und Modeln, Öfen, Blasebälgen und anderem Gerät zum Scheiden und Probieren ... Er soll dabei keinen Betrug und keine Arglist gebrauchen, damit es weder Armen noch Reichen schadet oder nützt.»

Gewann der Schmelzmeister in den Hütten, Gießereien oder Münzstätten die gewünschten Metalle oder Legierungen im «großen Feuer», so stellte sie der Probierer oder Wardein im «kleinen Feuer» her, indem er die metallurgischen Prozesse im Probier-Maßstab nachahmte. Dabei entsprach der im Analyseverfahren auftretende systematische Fehler prozentual dem im technischen Prozeß – z. B. beim Aufarbeiten von Münzbruch (→Pagament). Somit lieferten die Probierergebnisse eine zutreffende Voraussage über das Ausbringen bei den Schmelzoperationen im «großen Feuer».

Ein metallurgischer Prozeß, der in den abendländischen Revieren als Produktions- und Probiermethode eine grundlegende Rolle spielte, war die →Treibarbeit bzw. die «Kupellation». Diese Prozeßvarianten nutzten den Umstand, daß Blei in einem Schmelzbad bei Luftzutritt schnell zu festwerdender Bleiglätte (PbO) oxidiert und dabei auch unedlere Bestandteile der Schmelze (wie Eisen, Arsen, Antimon, Kupfer, Zinn...) in oxidischer Form aufnimmt; sie werden beim Abzug der Glätte von der Badoberfläche mitgeführt, während Edelmetalle zurückbleiben. Im «großen Feuer» erfolgte die Abtrennung mechanisch mit Hilfe von Haken; im «kleinen Feuer» (beim Probieren) wurden die Oxidationsprodukte vom Wandmaterial (vor allem Holz- und Knochenasche) der Kapellen (Probiertiegel) aufgenommen.

Zu erwähnen sind darüber hinaus die zahlreichen Methoden der «Zementation», über die wir seit den spätantiken Rezeptsammlungen, den mittelalterlichen chemisch-technischen und alchemistischen Traktaten sowie den handschriftlichen und gedruckten Probier- und Kunstbüchlein des 16. Jhs. wie auch aus dessen «großer» Literatur zum Schmelzwesen (Biringuccio, Agricola, Ercker...) reiches Quellenmaterial besitzen. Ihnen ist gemeinsam, daß sie im Unterschied zur Kupellation als Trenn- oder Reinigungsvorgang eine selektive Mineralisation nutzen. So wurde z. B. bei edelmetallhaltigem Kupfer mit Hilfe eines «Zements» (Gemisch von Mineralstoffen, Salzen, Schwefel u. dergl.) das unedlere Kupfer in einem längeren Siedevorgang im Zementierofen mineralisiert, während die Edelmetalle größtenteils unzersetzt blieben und mechanisch abgetrennt wurden. – Mit einem entsprechendem Zement vermochte man auch die Edelmetalle Gold und Silber voneinander zu trennen, sofern man (später) nicht die nasse Methode (mittels Scheidewasser) vorzog.

Als eine erste, unmittelbar auf Gold und Silber angewandte Probiermethode diente häufig die Strichprobe. Dieses optische Vergleichsverfahren bediente sich eines Probiersteins (schwarzer Kieselschiefer) und verschiedener Probiernadeln (Blechstreifen aus definierten Gold- und Silberlegierungen). Man zog mit der Probe (Münzen, Schmuckstücke, Kunstgegenstände etc., die nicht beschädigt werden sollten) einen Strich auf dem Probierstein und verglich dessen Farbe mit jenen daneben gezogener Probiernadelstriche, was eine zwar schnelle, doch nur näherungsweise Gehaltsbestimmung ergab. Häufig diente diese Grobanalyse den Probierern als Vorprobe zur eigentlichen «Feuerprobe». *Lothar Suhling*

Lit.: B. Kerl, Metallurgische Probierkunst, 1882; C. Schiffner, Einführung in die Probierkunde, Halle 1925; P. R. Beierlein, Lazarus Ercker: Beschreibung der allervornehmsten mineralischen Erze und Bergwerksarten vom Jahre 1580, Berlin (Ost) 1960; H. Winkelmann (Hg.), Lazarus Ercker: Drei Schriften, Bochum 1968; Georg Agricola, Zwölf Bücher vom Berg- und Hüttenwesen, München 1977, S. 188–230.

Q

Quantitätstheorie
Die Quantitätstheorie ist eine →Geldtheorie, die einen kausalen Zusammenhang zwischen Veränderungen der →Geldmenge und der Güterpreise annimmt. Den Anstoß zur Erklärung der Einflüsse der Geldmenge auf den →Geldwert gab die →Preisrevolution des 16. Jhs., die als Folge des Edelmetallzustroms aus Amerika interpretiert wurde. 1568 bemerkte →Jean Bodin in seiner *Response ... aux paradoxe de monsieur de Malestroit touchant l'enchérissement de toutes les choses et des monnoyes,* daß die starke Erhöhung der Geldmenge im Vergleich zur Gütermenge Ursache der Preissteigerung sei, daß also Geldmenge und Geldwert im umgekehrten Verhältnis zueinander ständen. Ähnlich erklärten Bernardo Davanzati (*Lezione della monete,* 1588) und →Thomas Mun (*England's Treasure by Forraign Trade,* 1664) das Verhältnis von Geldmenge und Geldwert. →John Locke (*Some Considerations of the Consequences of the Lowering of Interest and Raising the Value of Money,* 1692; *Further Considerations Concerning Raising the Value of Money,*1695) stellte fest, daß die →Umlaufgeschwindigkeit die Wirksamkeit der Geldmenge und den Geldwert stark beeinflusse, während gehortetes Geld keine Wirkung auf den Geldwert habe. Seit Locke gilt für die Quantitätstheorie die knappe Formulierung: Das Preisniveau ist das Ergebnis von Geldmenge × Umlaufgeschwindigkeit, dividiert durch die Warenmenge. Lockes Geldtheorie wurde im gleichen Sinne ausgebaut durch Richard Cantillon (*Essai sur la nature du commerce en général,* 1755) und →David Hume (*Of Money,* 1742).

Im 19. Jh. wurde die Entwicklung der Quantitätstheorie durch die Kontroverse zwischen →Currency-Theorie und →Banking-Theorie beherrscht. Die theoretische Voraussetzung der Currency-Schule war die These, daß die Geldmenge das Preisniveau bestimme, während nach der Ansicht der Banking-Schule das Preisniveau die Geldmenge bestimmt. Nachdem bereits Thomas Robert Malthus in seinen *Principles of Political Economy* 1820 darauf hingewiesen hatte, daß der Geldwert auch durch veränderte Produktionsmethoden und Produktionskosten von der Güterseite her beeinflußt werden kann, wurde die Quantitätstheorie 1911 durch →Irving Fisher *(The Purchasing Power of Money)* verbessert und formalisiert. Er verbesserte die Bestimmung der Geldmenge durch Einbeziehung des Buchgeldes, der Bankdepositen, und stellte die Quantitätstheorie algebraisch in seiner →Verkehrsgleichung dar: $M \cdot V + M' \cdot V' = P \cdot T$. Darin ist M die Menge des während des Jahres umlaufenden Bargeldes (Münzen

+ Banknoten), V die Umlaufgeschwindigkeit des Bargeldes, M' das Buchgeldvolumen, V' die durchschnittliche Umlaufgeschwindigokeit des Buchgeldes (Überweisungen), P das Preisniveau, T das Transaktions(Handels)volumen, d. h. die Menge der mit Geld gekauften Waren.

Die Quantitätstheorie zeigt den funktionalen und quantitativen Zusammenhang zwischen den einzelnen Faktoren, die den Geldwert bestimmen. Als Kausalerklärung in dem Sinne, daß Veränderungen des Preisniveaus hauptsächlich durch die Faktoren auf der Geldseite (Geldmenge und Umlaufgeschwindigkeit) verursacht werden, gilt sie nur, wenn die anderen Faktoren und Umstände konstant bleiben *(ceteris paribus)*.

Karl Erich Born

Lit.: C. Rist, Geschichte der Geld- und Kredittheorien von John Law bis heute, Bern 1947; G. Stavenhagen, Geschichte der Wirtschaftstheorie, Göttingen 1964; H. G. Monissen, Irving Fisher (1867–1947), J. Starbatty (Hg.), Klassiker des ökonomischen Denkens, II, München 1989, S. 211–30.

Quecksilber

Quecksilber (lat. *hydrargyrum*, Hg) ist ein chem. Element, silberglänzend, das einzige bei gewöhnlicher Temperatur flüssige Metall; es beginnt bereits bei Zimmertemperatur zu verdampfen; spez. Gew. 13,5, Schmelzpunkt 38,9 °C, Siedepunkt 356,6 °C. Von den Alchimisten wurde es wegen seiner Flüchtigkeit *mercurius* genannt und mit dem gleichnamigen Gott bzw. Planeten in Verbindung gebracht. Das wichtigste Mineral für die Gewinnung von Quecksilber ist der Zinnober (HgS). Gediegenes Quecksilber (Jungfrauenquecksilber) kommt nur gelegentlich in kleinen Mengen vor. Die Quecksilbererze werden bergmännisch gefördert, weisen aber meist einen sehr geringen Hg-Anteil auf.

In der Antike wurde Zinnober als Farbstoff und für medizinische Zwecke verwendet. In Almadén (Spanien) wurde vermutlich schon von den Phöniziern, sicher aber von den Römern und Arabern Quecksilber gewonnen. An der Wende vom Mittelalter zur Neuzeit fand Quecksilber in der Medizin (bes. gegen Syphillis), der Alchimie und bei der → Amalgamation Verwendung. Zinnober wieder war ein gefragter Farbstoff. Zwischen 1460 und 1530 erfolgte in Europa eine so bedeutende Erweiterung der Verwendungsmöglichkeiten, daß in Mitteleuropa (Rheinpfalz, Böhmen, Steiermark, Kärnten, Welschtirol) und am Balkan (Siebenbürgen, Bosnien, Serbien) zahlreiche kleine Quecksilbergruben eröffnet wurden. 1493 begann in Idria/Idrija (heute Slowenien) die Ausbeutung der größten Quecksilbererzlagerstätten Mitteleuropas, die 1508 an die Habsburger gelangten. Nach der Eroberung Südamerikas durch die Spanier entstand ab 1564 in Huancavelica bei Lima ein neues großes Quecksilberbergwerk. Trotz dieser Konkurrenz blieb aber Almadén weiterhin der größte Quecksilberproduzent. Die wichtigsten Handelszentren waren Venedig und Antwerpen. Das europäische Quecksilber wurde teils auf dem Kontinent, teils in der Levante verbraucht.

Die größte Bedeutung für die Wirtschafts- und Geldgeschichte erlangte das Quecksilber jedoch seit der zweiten Hälfte des 16. Jhs., als man damit begann, bei der amerikanischen Edelmetallproduktion die Amalgamation (um 1550 in Mexiko, ab etwa 1570 in Peru) anzuwenden. Erst mit diesem Verfahren konnten die hoch gelegenen und in waldarmen Regionen befindlichen Erzlagerstätten optimal ausgewertet werden. Die enorme Produktion von →Silber in Amerika beruhte einerseits auf der Zwangsarbeit von Sklaven und Indianern und andererseits auf der ständigen Zufuhr von billigem Quecksilber. Für mehr als 250 Jahre flossen nun riesige →Edelmetallströme von Amerika nach Europa und teilweise weiter nach Asien. In welchem Ausmaß sich dieser Zufluß in den einzelnen europäischen Ländern auf Konjunktur, Preisentwicklung und Geldverkehr auswirkte, ist teilweise noch umstritten (→Preisrevolution).

Die peruanische Quecksilberproduktion war nicht immer ausreichend. Zwischen 1570 und 1820 wurde deshalb die Versorgung Amerikas mit Quecksilber von mehreren Zyklen bestimmt, wobei sich Huancavelica, Almadén und Idria ergänzten bzw. ablösten. Hingegen wurden die wiederholt ventilierten Pläne, in Amerika chinesisches Quecksilber einzuführen, nicht verwirklicht.

Obwohl die drei größten Quecksilberbergwerke im Einflußbereich der spanischen bzw. der österreichischen Habsburger lagen, konnten diese aus Kapitalmangel ihre Monopolstellung nicht voll ausnutzen. Zwischen 1524 und 1645 verpachtete die spanische Krone Almadén an die →Fugger. In Peru überließ sie den Abbau privaten Unternehmern, die dann das Quecksilber zu festen Preisen an den Staat weiterverkauften. Nachdem Erzherzog Ferdinand 1524 den idrianischen Quecksilberhandel zum Staatsmonopol erklärt hatte, wurde dieses von den österreichischen Habsburgern an verschiedene süddeutsche Großhandelshäuser (Höchstetter, Paumgartner, Haug, Langenauer, Link & Co.) verpachtet. Als die in Idria engagierten Gesellschaften um 1575 zusammenbrachen, verlagerte sich der idrianische Quecksilberhandel nach Venedig und schließlich nach Genua. Ab 1659 übernahmen die österreichischen Habsburger in Eigenregie auch den Quecksilberhandel, der sich nun jahrzehntelang nach Amsterdam ausrichtete. Von hier aus gelangte Quecksilber aus Idria und Almadén auch auf neue Märkte in Afrika und Asien. Um 1700 geriet die gesamte idrianische Quecksilberproduktion unter die Kontrolle der niederländischen Geldgeber des Kaisers. Durch die Schaffung des Freihafens Triest vollzog sich erneut eine Umorientierung.

In der zweiten Hälfte des 17. und in der ersten Hälfte des 18. Jhs. führten Strukturänderungen der spanischen und portugiesischen Edelme-

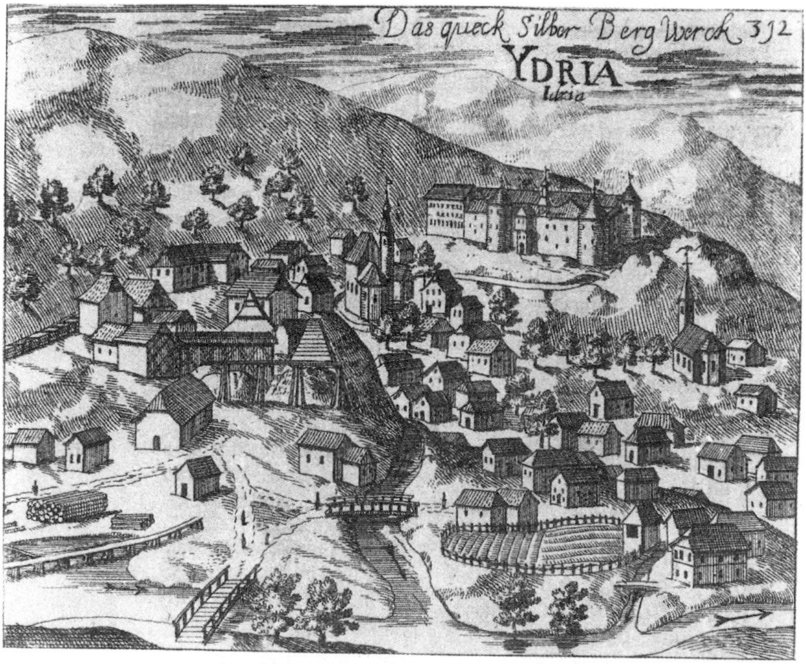

Quecksilber-Bergwerk Idria (17. Jh.)

tallproduktion in Amerika dazu, daß der Goldausstoß gegenüber dem Silber beständig an Wert gewann. Nach 1765 kam es zu einer Renaissance der amerikanischen Silberproduktion, die erneut auf dem Einsatz von billigem Quecksilber beruhte.

Nachdem die Amalgamation bei der Gold- und Silbergewinnung ihre bestimmende Rolle weitgehend verloren hatte, traten in der ersten Hälfte des 20. Jhs. verschiedene andere Verwendungszwecke des Quecksilbers in den Vordergrund (Rüstungsindustrie, Batterien). *Helfried Valentinitsch*

Lit.: A. P. Whitaker, The Huancavelica Mercury Mine, Cambridge, Mass., 1941; G. Lohmann Villena, Las minas de Huancavelica en los siglos XVI y XVII, Sevilla 1949; A. Matilla Tascón, Historia de las minas de Almadén, 2 Bde., Madrid 1958; L. J. Goldwater, Mercury: A History of Quicksilver, Baltimore, MD, 1972; H. Valentinitsch, Das landesfürstliche Quecksilberbergwerk Idria 1575–1659, Graz 1981; Ders., Quecksilberbergbau, -verhüttung und -handel in der frühen Neuzeit, W. Kroker, E. Westermann (Hgg.), Montanwirtschaft Mitteleuropas vom 12. bis 17. Jh., Bochum 1984, S. 199–203; J. Blanchard, Russia's «Age of Silver». Precious-Metal Production and Economic Growth in the 18th Century, London-New York 1989.

R

Rappen

Die Herleitung des Wortes ist umstritten. Es wird auf schlechte, dunkle Basler Pfennige oder auf Münzen der Herren von Rappoltstein (Rabenwappen) oder – am wahrscheinlichsten – auf Freiburger Hohlpfennige (ab ca. 1290) mit dem vom Adler- zum Rabenkopf umgedeuteten Gepräge (mhd. *rappe* = Rabe) zurückgeführt, die ab 1322 offenbar Rappen Freiburger Münze o. ä. genannt wurden. Jedenfalls war der Terminus am Oberrhein im 14. Jh. für einseitige, oft eckige Münzen bekannt, bevor er dann durch den sog. Rappenmünzbund (→Münzvereine) seine besondere Bedeutung erlangte. Vorausgegangen waren z. T. weiträumige Münzkonventionen (z. B. 1377 Schaffhausen, auch als Beginn des Münzbundes angesehen, 1387 Basel, 1399 Ensisheim) zur Neuordnung der oberrheinischen Pfennige, womit zugleich das Ende der Epoche des Breisgauer Pfennigs verbunden war. Daraus entstand 1403 in Neuenburg der engere Rappenmünzbund, der zwischen der vorderösterreichischen Landvogtei (Elsaß, Breisgau, Sundgau: später Münzstätte Thann) sowie den Städten Basel, Freiburg, Colmar und Breisach abgeschlossen wurde und der Sicherung einer guten Silberwährung galt. Grundlage waren der (nach dem Vorbild eines Basler Pfennigs) so benannte «Stäbler» und sein Doppelstück, der «Rappenphening» oder Zweier (1425: 0,49 g). Es galten einheitliche Vorschriften für Gewicht, Feingehalt und Form der Prägungen, die das Wappen des jeweiligen Münzstandes zeigten. Ein Pfund Pfennige (240 Stück) entsprach einem rheinischen →Gulden. In der Folgezeit gab es zahlreiche weitere Vereinbarungen des Bundes, mit denen auch größere Nominale eingeführt wurden, wodurch Stäbler und Rappen zu →Scheidemünzen absanken. Durch die Unterwerfung unter die →Reichsmünzordnung von 1559 kam die Wirksamkeit des Münzbundes, der die Geldverhältnisse am Oberrhein fast zweihundert Jahre beeinflußt hatte, allmählich nach 1564 zum Erliegen; er wurde 1584 schließlich aufgelöst. In der Schweiz lebt der Rappen als Scheidemünze bis in die Gegenwart fort.

Gert Hatz

Lit.: v. Schrötter, S. 546 ff.; J. Cahn, Der Rappenmünzbund, Heidelberg 1901; E. Schröder, Der Rappen, BMF 38 (1903), Sp. 2884–91; B. Harms, Die Münz- und Geldgeschichte der Stadt Basel im Mittelalter, Tübingen 1907, S. 85–169; F. Wielandt, Der Breisgauer Pfennig und seine Münzstätten, Hamburg 1951, S. 17 ff.; H. Schweizer, Der Rappenmünzbund, Helvetische Münzenzeitung 3 (1969), S. 157–65, 197–204, 241–49, 289–93; Schüttenhelm, S. 286 ff.

Rauhgewicht → Feingewicht

Real

Unter der Bezeichnung Real (abgeleitet von span. *rey* = König) wurden in den Währungssystemen der Iberischen Halbinsel und – zeitweise – auch der Niederlande verschiedene Münzen unterschieden:

1. Spanien: Seit der Mitte des 14. Jhs. wurden in Spanien Groschenmünzen von zunächst 3,24 g Feinsilber mit der Bezeichnung Real geprägt. Die Vereinigung von Aragón und Kastilien hatte auch monetäre Folgen, als mit dem → Peso (zu 8 Realen) ein neues, bis ins 19. Jh. bestehendes Währungssystem entstand. Die in großen Mengen geprägten einfachen Reale mit dem neuen spanischen Wappen sowie Joch und Pfeilbündel hatten am europäischen Geldumlauf des 16. und teilweise des 17. Jhs. einen erheblichen Anteil. In der permanenten spanischen Währungskrise des 18. Jhs. wurde neben dem Silbernen Real (Real de plata) ein Real aus → Billon (Real de vellón) geschaffen, so daß im 19. Jh. acht silberne Reale zwanzig Realen aus Billon entsprachen.

2. Portugal: Der portugiesische Real (Plural: Reis) wurde um die gleiche Zeit eingeführt wie der spanische, jedoch nach schwankenden Münzfüßen geprägt und verlor deutlich an Wert. Als Portugal um 1500 mit der Prägung von → Testonen (Tostãos) begann, endete die Ausprägung von Silberrealen, die in der Folgezeit zu kupfernen → Scheidemünzen herabsanken, aber noch weiterhin Berechnungsgrundlage blieben (→ Cruzado de ouro).

3. Niederlande: Hier wurden unter Maximilian I. silberne Reale als Groschenmünzen und goldene im Gewicht von 14,91 g geprägt. Unter Karl V. und Philipp II. folgten neue goldene Reale mit einem Feingewicht von 5,27 g, deren Halbstücke im Wert den in großen Mengen geprägten → Philippstalern entsprachen. Im Niederländischen Unabhängigkeitskrieg ließen die aufständischen Provinzen nach dem englischen Statthalter Leicester benannte Leicesterreale nach dem Fuß des Philippstalers prägen. Ein letztes Mal wurden silberne Reale während der Herrschaft des Statthalterehepaares Albert und Isabella in den Spanischen Niederlanden (1598–1621) im Wert von 5 → Stübern geprägt. *Konrad Schneider*

Lit.: v. Schrötter, S. 550f.; O. Gil. Farrés, Historia de la moneda española, Madrid 1959; Van Gelder, S. 91, 267.

Real de a ocho → Peso

Realkreditinstitute
Realkreditinstitute sind private, öffentlich-rechtliche oder genossenschaftliche Bankbetriebe, deren Hauptaktivgeschäft darin besteht, langfristige, durch Grundstücksrechte gesicherte Kredite zu gewähren. Die Beschaffung der dafür erforderlichen Mittel, d.h. die Refinanzierung, erfolgt durch Ausgabe von →Pfandbriefen (daher die frühere Bezeichnung Pfandbriefanstalten) und Kommunalobligationen. Zu den privaten Realkreditinstituten gehören die →Hypothekenbanken und Schiffspfandbriefbanken.

Öffentlich-rechtliche Realkreditinstitute entstanden als Ritterschaften, Stadtschaften und in sonstigen Formen. In der zweiten Hälfte des 18. Jhs. schuf man in Deutschland auch die →Landschaften als öffentlich-rechtliche Zwangsgenossenschaften von Grundbesitzern, deren Zweck die Vermittlung landwirtschaftlicher Hypothekenkredite war. Darüber hinaus gab es neben diesen reinen Agrarkreditinstituten Staats- oder öffentliche Banken, die sich auch, aber eben nicht ausschließlich, als Realkreditinstitute betätigten, wie z. B. das 1765 ins Leben gerufene Fürstliche Leyhaus in Braunschweig, der späteren Braunschweigischen Staatsbank. Ihr war bereits bei der Gründung das Recht der Ausgabe von →Obligationen und deren Verwendung zur Realkreditvergabe zugestanden worden. Insofern kann sie als ältestes Realkreditinstitut in Deutschland angesprochen werden.

Zu den nicht ausschließlich Realkredite vergebenden Instituten gehörten seit 1792 auch die Kammerleihbank in Sachsen-Altenburg, sodann die 1834 in Sigmaringen entstandene Spar- und Leihkasse für die Hohenzollernschen Lande und die 1848 ins Leben gerufenen Stadtbanken in Chemnitz und Breslau. Schließlich wäre die 1844 gegründete Landständische Bank des königlich sächsischen Markgrafentums Oberlausitz in Bautzen zu nennen, die u. a. Hypothekendarlehen an Grundbesitzer des Königreichs Sachsen gewährte und Pfandbriefe ausgab.

Seit den 1830er Jahren entstanden die von den Landschaften zu unterscheidenden Landeskreditkassen, die nicht wie jene auf dem Zusammenschluß und der Selbstverwaltung der Grundbesitzer beruhten, sondern öffentlich-rechtliche Bodenkreditinstitute waren. Die älteste deutsche war die am 23. Juni 1832 für den bäuerlichen Kreditbedarf gegründete Landeskreditcasse in Cassel. 1840 entstand in Hannover die Creditanstalt für Ablösung, später Hannoversche Landescredit-Anstalt. Im gleichen Jahr war in Wiesbaden die Landescreditcasse entstanden, die 1848 in der Nassauischen Landesbank aufging.

In den 1850er Jahren kamen in Königsberg sowie Niederschlesien und in den 60er Jahren in Wolfenbüttel, Halle, Görlitz, Dresden und Berlin öffentlich-rechtliche Bodenkreditinstitute hinzu. Nach 1870 bis zum Ersten Weltkrieg folgten weitere in Stettin, Berlin, Münster, Schleswig-Holstein, Oldenburg, Posen, Kiel, Detmold und Hannover.

1835 wurde in München mit der Gründung der Bayerischen Hypotheken- und Wechselbank die erste Realkredit-Aktienbank ins Leben gerufen, die dem Hypothekenbankwesen neue Impulse verlieh und einen neuen Kundenkreis erschloß. Sie war auch →Notenbank, und die Ausgabe der →Banknoten wiederum war an die Verpflichtung geknüpft, daß sie 60 % ihres Kapitals ländlichen und städtischen Grundbesitzern als Kredite zur Verfügung stellte. Da sie jedoch erst 1864 das Pfandbriefprivileg erhielt, war sie davor keine reine Hypothekenbank. Dagegen waren die beiden 1862 gegründeten Institute, nämlich die Frankfurter Hypothekenbank in Frankfurt/M. und die Deutsche Hypothekenbank in Meiningen von Anfang an ausschließlich auf die Vergabe von Grundkrediten ausgerichtet. In Preußen dauerte es bis Ende 1863, bis die Erste Preußische Hypotheken-Actiengesellschaft in Berlin gegründet wurde. Ihr folgte 1864 die Preußische Hypotheken-Actien-Bank und 1866 in Köslin die Pommersche Hypotheken-Actien-Bank.

Das Recht der privaten Hypothekenbanken war im 19. Jh. in den einzelnen Staaten Deutschlands unterschiedlich ausgestaltet und beeinflußte so die Gründungstätigkeit dieses Banktyps. So waren z. B. die preußischen Normativbestimmungen vom 6. Juli 1863 so eng gefaßt, daß Hypothekenbanken stärker in außerpreußischen Gebieten entstanden. Die 1870 auf Initiative des Bankhauses Bleichröder und der Discontogesellschaft erfolgte Gründung der Preußischen Central-Bodencredit-Aktien-Gesellschaft war jedoch ebensowenig wie die Frankfurter Hypothekenbank an diese Normativbestimmungen gebunden. Eine reichseinheitliche Regelung wurde erst mit dem Hypothekenbankgesetz vom 13. Juli 1899 geschaffen. Bis dahin waren jedoch in einigen Regionen Deutschlands bereits bedeutende Hypothekenbanken entstanden, so z. B. 1867 die Württembergische Hypothekenbank in Stuttgart, 1869 die Bayerische Vereinsbank und die Bayerische Handelsbank in München, 1871 die Braunschweig-Hannoversche Hypothekenbank in Hannover und im gleichen Jahr ähnliche Institute in Hamburg, Schwerin, Mannheim, München und Nürnberg. 1872 entstand in Berlin die Deutsche Hypothekenbank als Aktiengesellschaft. Einzige Hypothekenbank in der Rechtsform der Genossenschaft war die Bayerische Landwirtschaftsbank eGmbH.

1907 existierten in Deutschland 40 Hypothekenbanken in der Rechtsform der Aktiengesellschaft mit einem Kapital von insgesamt über 751 Mill. Mark.

Rolf Walter

Lit.: Deutsche Bundesbank (Hg.): Deutsches Geld- und Bankwesen in Zahlen, Frankfurt 1976; Born, Geld; Deutsche Bankengeschichte, 3 Bde., Frankfurt 1982–83.

Rechengeldsystem

Ein Rechengeldsystem (engl. *money of account*, frz. *monnaie de compte*) besteht aus Rechnungseinheiten, den Rechenmünzen, die zueinander in einem bestimmten konstanten Verhältnis stehen, wobei den Rechenmünzen nicht unbedingt eine wirklich umlaufende Münze entsprechen muß. Das Rechengeldsystem ist auf der untersten oder einer der untersten Rechengrößen als Meßeinheit aufgebaut. Ein Rechengeldsystem ist demnach durch die Werteinheiten sowie durch die jeweilig besondere Zählweise, mit der diese Werteinheiten zusammengefaßt werden, gekennzeichnet. So ist z. B. bei dem Gulden-Kreuzer-System die Werteinheit der Kreuzer und die Zählweise 1 Gulden = 60 Kreuzer.

Während in modernen funktionierenden Währungssystemen das umlaufende Geld alle →Geldfunktionen (Wertaufbewahrung, Tausch- u. Zahlungsmittel und Recheneinheit) gleichzeitig erfüllt, trifft das für die mittelalterlichen und frühneuzeitlichen Währungssysteme nicht zu. Bis zum Ende des 18. Jhs., teilweise sogar bis zur Mitte des 19. Jhs. existierte bezüglich der Funktion des Geldes eine wesentliche, das gesamte Geldsystem prägende Dichotomie. Die umlaufenden Münzen konnten die Rechenfunktion und die Tauschmittelfunktion höchstens vorübergehend, aber nie auf Dauer gleichzeitig erfüllen. Sie waren vor allem Mittel des Tausches und der Wertaufbewahrung. Dagegen erfüllte das Rechengeld die Zähl- bzw. die Meßfunktion, wobei die Preise von Waren genauso in Rechengeldeinheiten ausgedrückt wurden wie der Wert umlaufender Münzen (→Valvationen).

Ihren Ursprung haben die Rechengeldsysteme in dem →«Karls-Pfund». Die Reform Karls des Großen von 793/794 setzt die Prägung von 240 Pfennigen (Denaren) aus dem Pfund *(pondus)* fest. Der Schilling (Solidus) galt dabei als Zähleinheit für 12 Pfennige, so daß 20 Schillinge einem Pfund, das sowohl Gewichts- als auch Zähleinheit war, entsprachen. Das Pfund als Zähleinheit für 20 Schillinge und der Schilling als Zähleinheit für 12 Pfennige verbreiteten sich in der Folgezeit als System von Zählmünzen in ganz Westeuropa, sowie in Spanien, Italien und seit dem 11. Jh. auch in England. Durch die kontinuierliche Verschlechterung der Pfennige bestand die Identität von Gewichts- und Zähleinheit nicht allzu lange. Obwohl also das reale Gewicht von 240 Pfennigen bald nicht mehr dem Pfund *(pondus)* entsprach, rechnete man trotzdem 240 Pfennige für ein Pfund. Damit hatte sich das Pfund als Zähleinheit von 240 Münzen von der Gewichtseinheit getrennt. Ab der Mitte des 11. Jhs. trat in Deutschland die →Mark als Gewichts- und Zähleinheit neben das Pfund. In England entwickelte sich die Mark, die als Gewichtsmark ⅔ des →Pfund Sterling ausmachte, zur Zähleinheit für 160 (= ⅔ von 240) Pfennige.

Zu nachhaltigen Veränderungen dieses Systems kam es, als man im 13. Jh. damit begann, Münzen im Wert der bisherigen Rechenmünzen zu prägen. Sowohl bei der Goldmünzen- als auch bei der Silbermünzenprägung orientierte man sich an dem dominierenden →Libra-System. So entsprach der von Florenz geprägte →Floren (Fiorino d'oro) in seinem Wert 20 Soldi und damit einer →Lira, dem Florentiner Zählpfund. Die 1472 in Venedig geprägte Lira Tron war die erste Silbermünze im Wert von einem Zählpfund.

Den seit 1484 in Tirol geprägten →Guldiner rechnete man wertgleich zum Goldgulden zu 60 Kreuzern oder 240 Pfennigen. Diese Relation, die die alte Pfundrechnung zu 1 Pfund Pfennig = 8 Schillinge (à 30 Pfennige) = 240 Pfennige verdrängte, hielt sich als Rechensystem in Österreich bis 1857, als das Dezimalsystem 1 Gulden = 100 Kreuzer an seine Stelle trat. Im Gegensatz zu Frankreich, England und Spanien, wo es den Königshäusern gelang, das Münzwesen zu zentralisieren, lag die Münzprägung im Heiligen Römischen Reich in den Händen zahlreicher →Münzstände. Eine Folge davon war die territoriale Zersplitterung des Münzwesens, die zu einer Vielzahl städtischer und territorialer Rechengeldsysteme führte. Wie kompliziert und undurchsichtig die Währungsverhältnisse in nur einer Stadt sein konnten, zeigt das Beispiel Köln. Hier rechnete man für die Mark →Pagament 12 Schillinge oder 144 Pfennige. Parallel dazu kam es in Kurköln aber auch in der Stadt zur Ausbildung mehrerer Rechnungsgulden. Der bedeutendste davon war der oberländische Gulden zu 4 Mark = 24 Albus = 288 Heller, der aus der offiziellen Kursrelation des rheinischen Münzvertrags von 1437 hervorging.

Trotz der kaum überschaubaren Vielfalt frühneuzeitlicher Rechengeldsysteme hatten sie alle ein gemeinsames Schicksal: einen stetigen Wertverlust von etwa 1300 bis 1800. Dieser Wertverlust läßt sich auf drei unterschiedlich zu gewichtende Faktoren zurückführen: 1. auf die offizielle →Münzpolitik; 2. auf die Destabilisierung des Münzwährungssystems durch fremde, meist kleine und minderwertig ausgeprägte →Scheidemünzen und 3. auf Veränderungen des Wertverhältnisses zwischen Gold und Silber (→Gold-Silber-Relation).

Für die Wertbestimmung des Rechengeldes gibt es daher mehrere Möglichkeiten, die häufig zu unterschiedlichen Ergebnissen führen und deren Gültigkeit nicht immer zweifelsfrei aus den Quellen belegt werden kann. Die zwei wichtigsten seien hier genannt:

1. Der Wert des Rechengeldes basiert auf einer ausgeprägten Münze, die gleichzeitig sowohl Bestandteil des Rechensystems als auch des realen Münzumlaufs ist (sog. Basismünze oder link-money). Damit wird der Wert der Rechenmünzen durch den →Münzfuß der Basismünze quasi über die offizielle Münzpolitik festgelegt (südliche Niederlande, aber auch Frankreich, England und Spanien).

2. Der Wertverlust des Rechengeldes kommt – prinzipiell unabhängig von der offiziellen Münzpolitik und damit auch von der Basismünze – in

Tabelle: Silberwertverlust der Rechengeldsysteme Europas: 1350 bis 1800*

Land/Stadt	Anfangswert in Gramm Silber	Endwert in Gramm Silber	Endwert in Prozent vom Anfangswert
England (Pfennig)**	1,15	0,5	43
Antwerpen (Groot)	1,02	0,21	21
Frankreich (Pfennig)	0,21	0,021	10
Luzern (1471) (Doppelschilling)	1,0	0,24	24
Danzig (1389) (Groschen)	1,48	0,154	10
Krakau (1369) (Groschen)	1,39	0,093	7
Holland (1372) (Pfennig)	0,0255	0,0051	20
Köln (1372) (Heller)	0,145	0,0148	10
Aachen (1372) (Heller)	0,059	0,00166	3
Xanten (Heller)	0,175	0,024	14
Frankfurt (Heller)	0,165	0,041	25
Speyer (1362) (Pfennig)	0,212	0,058	27
Würzburg (1377) (Pfennig)	0,257	0,073	28
München (1400) (Pfennig)	0,262	0,045	17
Augsburg (1399) (Pfennig)	0,233	0,046	20
Straßburg (Pfennig)	0,308	0,088	29
Wien (1354) (Pfennig)	0,263	0,049	19

* Sofern für 1350 noch keine Angaben vorliegen, wurde das früheste Jahr, für das Angaben vorliegen, in Klammern angegeben.
** Alle in dieser Spalte genannten Münzen sind Rechengeldmünzen und können nicht ohne weiteres mit umlaufenden Münzen gleichgesetzt werden.
Quelle: Metz (1990).

Kurssteigerungen von Grobmünzen zum Ausdruck. Der Wert des Rechengeldes wird dabei nicht mehr durch den Wert der Basismünze, sondern durch ein Konglomerat minderwertig ausgeprägter, eigener und fremder kleiner Silber- und →Billonmünzen bestimmt. Dieses Konglomerat treibt den Kurs der groben Münzen in die Höhe, so daß deren Kursanstieg den Wertverlust des Rechengeldes indiziert.

Die Tabelle zeigt den langfristigen Edelmetallverlust einiger wichtiger Rechengeldsysteme. Besonders schwerwiegend war die Wertminderung in Frankreich, Polen und vor allem im rheinischen Raum. Die englische Währung war mit nur 57 % Wertverlust die stabilste Währung überhaupt. Allerdings sollten diese Zahlen nicht darüber hinwegtäuschen, daß es immer Zeiten eines schnelleren und langsameren Wertverfalls gegeben hat und daß immer stabilere und weniger stabile Systeme gleichzeitig nebeneinander bestanden. Dies zeigt sich z. B. an den jahresdurchschnittlichen Entwertungsraten (in Prozent) des Rechengeldes in Köln im Vergleich zum englischen Pfund für folgende Zeiträume: 1350–1400: 0.57 (Köln) / 0.21 (England); 1401–1450: 0.54 / 0.37; 1451–1511: 1.33 / 0.37; 1512–1600: 1.23 / 0.47; 1601–1700: 0.37 / 0.0; 1701–1800: 0.34 / 0.0.

Bis heute sind nur für wenige Städte und Territorien im Deutschen Reich die Rechengeldsysteme in einer den Erfordernissen der Geldgeschichte entsprechenden Form aufgearbeitet, so daß ein beträchtliches Forschungsdesiderat zu beklagen ist. *Rainer Metz*

Lit.: H. van Werveke, Monnaie de compte et monnaie réelle, Revue belge de philologie et d'histoire 13 (1934), S. 123–52; F. Braudel, F. C. Spooner, Prices in Europa from 1450 to 1750, CEHE, IV: Economy of Expanding Europe in the 16th and 17th Centuries, Cambridge 1967, S. 378–486; F. C. Lane, R. C. Müller, Money and Banking in Medieval and Renaissance Venice, I, Coins and Moneys of Account, Baltimore–London 1985; Spufford, Money; R. Metz, Geld, Währung und Preisentwicklung. Der Niederrheinraum im europäischen Vergleich: 1350–1800, Frankfurt 1990.

Rechenpfennig

Rechenpfennige waren geprägte Metallmarken und wurden seit dem 13. Jh. auf dem waagerechten →Abakus, beim Rechnen auf den Linien, verwendet. Mit ihnen wurden die Zahlenwerte auf dem Rechentisch oder -tuch dargestellt. Die auch Zahl-, Raitpfennige oder Raitgroschen genannten Stücke übernahmen oft Bilder von Münzen, warnten dann aber durch ihre Aufschrift vor Verwechslung.

Die zuerst in Frankreich nachgewiesenen Rechenpfennige *(jetons, gectoirs)* fanden sich im Spätmittelalter auch in England *(counter)*, den Niederlanden *(legpenninge, werpgeld)* und Oberdeutschland. In den Niederlanden waren sie, vor allem während des Freiheitskampfes am Ende des 16. Jhs., häufig Mittel politischer Propaganda. Im absolutistischen Frankreich wurden in Gold oder Silber geprägte Rechenpfennige vom König alljährlich an hohe Hofämter vergeben und *vice versa.*

Nürnberg war vom 15. bis 19. Jh. das europäische Zentrum der Rechenpfennigproduktion. Die dort ansässige Zunft der Rechenpfennigmacher fertigte billige, vor allem für den Export bestimmte Stücke aus Kupfer oder Messing. Vielfach wurden französische, niederländische und englische Motive übernommen. Nach dem Ende des Linienrechnens im 18. Jh. dienten diese Rechenpfennige nurmehr als Spielmarken. *Wolfgang Starke*

Lit.: Luschin, S. 35–38; v. Schrötter, S. 551–53; A. Nagl, Die Rechenpfennige und die operative Arithmetik, NZ 19 (1887), S. 309–68; C. F. Gebert, Die Geschichte der Nürnberger Rechenpfennigschläger, MBNG 35 (1917), S. 1–138; M. Pastoureau, Jetons, méreaux et médailles, Turnhout 1984; K. Menninger, Zahlwort und Ziffer, II, Göttingen 1958, S. 189–204.

Rechneischeine → Depositenscheine

Reichsbank

Die Reichsbank war 1876–1945 die →Zentralnotenbank des Deutschen Reiches. Sie wurde aufgrund des Bankgesetzes von 1875, mit dem die Ausgabe von →Banknoten einheitlich geregelt wurde, errichtet, jedoch erst auf Druck des Reichstags; denn im Regierungsentwurf des Gesetzes war eine Reichsbank nicht vorgesehen. Die Reichsbank ging aus der →Preußischen Bank hervor, die von Preußen an das Reich verkauft wurde, wobei den Aktionären die Aktien zum Nennwert in Reichsbankaktien umgetauscht wurden. Das Aktienkapital der Reichsbank betrug 120 Mill. Mark, 1901 wurde es auf 150 und 1905 auf 180 Mill. erhöht. Für ihren Banknotenumlauf mußte die Bank eine Dritteldeckung (→Notendeckung) in Gold halten. Diese Mindestdeckung wurde erstmalig 1886 erreicht und dann bis 1916 gehalten, aber meist deutlich übertroffen. Bei der Banknotensteuer von 1 %, die für den nicht in Gold gedeckten Teil des Notenumlaufs zu zahlen war, wurde die Reichsbank gegenüber den anderen deutschen Notenbanken stark bevorzugt. Außerdem durfte sie als einzige Notenbank im ganzen Reichsgebiet Zweigstellen einrichten, weshalb von den anderen 32 Notenbanken bis 1905 28 die Notenemission einstellten. Bis zum Ersten Weltkrieg betrachtete die Reichsbank sich nur als Hüterin eines soliden Banknotenumlaufs auf der Grundlage einer kräftigen Goldreserve. Von den Möglichkeiten einer konjunkturpolitischen Einflußnahme, die sie mit den ihr erlaubten Geschäften besaß, machte sie keinen Gebrauch. Bis 1922 war der Reichskanzler *de iure* weisungsberechtigter «Chef» der Reichsbank. Bismarck nutzte das 1887 aus, um durch das Verbot der Lombardierung russischer Anleihepapiere bei der Reichsbank den deutschen Kapitalmarkt für die russische Regierung zu sperren. 1909 wurden die Reichsbanknoten →gesetzliche Zahlungsmittel. Trotzdem hatten bis 1914 Goldmünzen den höchsten Anteil am →(Bar)Geldumlauf (42 %); der Anteil der Reichsbanknoten erreichte 39 3 %; der Rest der Geldzirkulation bestand aus Noten der anderen Notenbanken, aus Reichskassenscheinen und Scheidemünzen. *Karl Erich Born*

Lit.: M. Seeger, Die Politik der Reichsbank im Lichte der Spielregeln der Goldwährung, Berlin 1968; Deutsche Bundesbank (Hg.), Währung und Wirtschaft in Deutschland 1876–1975, Frankfurt 1976; K.E. Born, Der Ausbau der Reichsinstitutionen und das Notenbankproblem: Die Herstellung der Währungseinheit und die Entstehung der Reichsbank, J. Kunisch (Hg.), Bismarck und seine Zeit, Berlin 1992, S. 257–79.

Reichsgrundgewicht

Die Reichsmünzordnung von 1524 bestimmte die Kölner →Mark zum →Münzgrundgewicht der Währung im Deutschen Reich, d.h. zum Reichsgrundgewicht. In Gutachten war auch die Nürnberger Mark vorgeschlagen worden. Regionale Interessen und die einer Gold- und einer Silberpartei waren im Spiel. Jede weitere Bestimmung dieser Mark fehlt; ein Reichsnormal (→Urgrundgewicht) gab es nicht, es war auch keines vorgesehen. Nach spätmittelalterlichem Verständnis war die Kölner Mark ausreichend definiert durch ihre Einteilungen (144 oder 160 →Denare, 16 Lot u.a.) und externen Vergleichungen (152 niederländische Engels, 19/20 →Troymark, 5/6 Wiener Mark, 11/12 Nürnberger Mark). Zwischen 1496/97 und 1527 vollzog sich auch in England mit dem Übergang vom Tower- zum Troypfund eine grundlegende Änderung des Münzgewichts. Zur gleichen Zeit verfügten sowohl die Niederlande als auch Frankreich bereits über gesicherte Normale einer zentralen (Münz)Gewichtsaufsicht. Die französische Pîle de Charlemagne (1460–1510), ein Einsatzgewicht von 50 poids de marc, war ein erstes technisch anspruchsvolleres Instrument. In einer realen Vergleichung erwies sich 1529 die Mark der Pariser Münze (um 1790 = 244,7529 g) «um einen Denier zu 24 grains» schwerer als die niederländische Troymark, eine Relation von 193:192. Nürnberger Gewichtemacher gewannen in der zweiten Hälfte des 16. Jhs. für runde 200 Jahre eine geradezu monopolartige Stellung in der Fertigung der Einsatzgewichte in Europa. Auch Kölner Eichmeister bezogen sie bis zur Mitte des 18. Jhs. ausschließlich aus Nürnberg – metrologisch nur verständlich vor dem Hintergrund einer *aequalitas* (Vergleichbarkeit) im mitteleuropäischen Gewichtswesen seit fränkischer Zeit. 1566 zogen in Köln Münzmeister des Westfälischen Kreises und Brabanter Gesandte des spanischen Königs zum Vergleich eine viereckige Unze aus dem Archiv der Stadt heran. 1568 ließ der Niedersächsische Kreis «ein gewisses Cöllnisch Mark-Gewicht auf Silber und Gold» anfertigen und in Lüneburg sowie

Braunschweig verwahren. Der Obersächsische Kreis folgte 1610 mit Eichgewichten «nach der Cöllnischen und Erfurtischen Mark» in Frankfurt/O. und Leipzig. 1761 einigten sich die süddeutschen Münzstände gemeinsam auf die Augsburger Kölner Mark, nicht auf die Wiener Mark, und verteilten sorgfältig gearbeitete Kopien (233,924/233,957 g); diese Mark lag auch der Wiener Gewichtsreform von 1767 zugrunde. «Das einzig wahre Muttergewicht» der Stadt-Kölner Mark war jedoch seit dem 17. Jh. fraglos «das bei der Amsterdamer Bank gebrauchte Normal-Gewicht der dortigen Troy-Mark» von 246,08386 g (H. Grote). Die Kölner Normalgewichte der deutschen Münzstände hatten je ihre eigene Geschichte und waren metrisch nicht identisch – um 1820 kannte man Marken zwischen 233,171 g (Koblenz, Bonn) und 234,03 g (Augsburg). Erst das nach 1816 für das Königreich Preußen geschaffene Urnormal des Kölner Pfundes (M. = 233,855 g) wurde 1837/38 von allen Mitgliedern des Deutschen Zollvereins als Grundgewicht anerkannt – als erster real gefertigter gemeinsamer Standard einer deutschen Münzmark. Es hatte bis zum →Wiener Münzvertrag von 1857 Bestand, in dem mit dem Zollpfund (dem Zollgewicht des Deutschen Zollvereins) zum ersten Mal ein metrisches Münzgrundgewicht zu 500 g eingeführt wurde. *Harald Witthöft*

Lit.: T. Christmann, Das Bemühen von Kaiser und Reich um die Vereinheitlichung des Münzwesens, Berlin 1988; H. Witthöft, Das Fundament des Gewichts in Köln nach schriftlichen Überlieferungen des 14.–19. Jhs., Jahrbuch des Kölnischen Geschichtsvereins 61 (1990), S. 35–57; Ders., Der Staat und die Unifikation der Maße und Gewichte in Deutschland im späten 18. und im 19. Jh., J.-C. Hocquet (Hg.), Acta Metrologiae Historicae, III, St. Katharinen 1992, S. 50–74; Ders., Die Münzordnungen und das Grundgewicht im Deutschen Reich vom 16. Jh. bis 1871/72, E. Schremmer (Hg.), Geld und Währung vom 16. Jh. bis zur Gegenwart, Stuttgart 1993, S. 45–68.

Reichskassenscheine →Kassenscheine

Reichsmünzordnungen

Die von Kaiser Maximilian I. eingeleitete Reichsreform sollte auch das Münzwesen im Reich reformieren. Im Jahre 1524 verabschiedete der Reichstag in Esslingen eine erste Reichsmünzordnung, die die Kölner →Mark zur verbindlichen Grundlage machte und ein einheitliches Währungssystem mit dem silbernen →Guldiner nach der sächsischen Münzordnung von 1500 an der Spitze schaffen wollte, neben dem der Gulden (→Gold-Silber-Relation) fortbestehen sollte. Die Esslinger Münzordnung wurde wegen der Differenzen zwischen den Reichsständen, die Bergwerke besaßen und den bergwerkslosen zum Mißerfolg. Die sächsischen Wettiner hatten ihren Münzfuß gegenüber dem von 1500 um 1 % gesenkt und hätten ihre →Taler umprägen müssen. Die Habsburger akzeptierten die Esslinger Ordnung ebenfalls nicht. Karl V. eximierte seine Dynastie Habsburg von ihr und führte auf der Grundlage der Wiener →Mark einen leichteren Fuß ein; die österreichischen Guldiner waren 1/64 Mark (ein Quentchen) leichter (sog. Quintelprivileg, →Taler).

In Augsburg wurde 1551 eine neue Reichsmünzordnung unter Einbeziehung des Hauses Habsburg auf der Grundlage eines silbernen Reichsguldiners zu 72 Kreuzern verabschiedet, der dem Goldgulden wertgleich sein sollte, aber im Vergleich dazu zuviel Silber enthielt. Neben ihm wurden Münzen bis hinab zum Kreuzer festgelegt und die regionalen Sonderwährungen gebilligt. Die Taler nach dem sächsischen Fuß galten 68 Kreuzer und waren damit unterbewertet. Die Augsburger Reichsmünzordnung von 1551 blieb ähnlich wirkungslos wie die Esslinger, weil sie die insbesondere in Nord- und Mitteldeutschland bestehende und nicht mehr zu brechende Vormacht des sächsischen Talers negierte.

Kaiser Ferdinand I. bemühte sich daher um eine Neuregelung. Das Ergebnis der Augsburger Reichsmünzordnung von 1559 war neben einer Novelle der Probierordnung von 1551 ein fast nur in Süddeutschland geprägter silberner →Gulden zu 60 Kreuzern als Äquivalent zu dem in Süddeutschland heimisch gewordenen Rechnungsgulden samt seinen Teilstücken in Kreuzerwährung. Neben ihm bestand der Goldgulden fort, der nicht mehr als 75 Kreuzer gelten sollte. Neu war der →Dukat zu 104 Kreuzern, der in zunehmendem Maße die Rolle der Reichsgoldmünze übernahm. Wiederum wurde der Taler, dessen Weiterprägung verboten wurde, nur mit 68 Kreuzern bewertet, so daß Sachsen diese auf süddeutsche Verhältnisse zugeschnittene Reichsmünzordnung nicht akzeptierte. Erst mit dem Reichsabschied von 1566 wurde der Taler als Reichsmünze legalisiert und setzte sich bald gegenüber den Guldinern und Gulden durch. Formell blieben die Reichsmünzordnung von 1559 und der Reichsabschied von 1566 bis zum Ende des Reichs 1806 in Kraft, auch wenn sie schon bald nach ihrer Verabschiedung ausgehöhlt wurden, weil sie das Problem einer vernünftigen →Scheidemünzenprägung nicht lösten.

Die Reichstage nach 1570 beschäftigten sich zunächst häufig mit dem Münzwesen, jedoch beschränkten sie sich auf Verbote bestimmter Sorten und Eindämmungsversuche für das immer schlechter werdende Kleingeld, die ähnlich wirkungslos waren wie die von Reichskreisen und -ständen verabschiedete Mandateflut. Die Reichskreise waren ebenfalls ein Ergebnis der Reichsreformen und unter anderem für die Münzpolizei zuständig. Zu ihren Aufgaben gehörte die Durchführung von Kreismünzprobationstagen, auf denen die Münzen der eigenen Kreisstände auf ihre vorschriftsmäßige Qualität zu prüfen waren, ebenso eine Analyse des Geldumlaufes im jeweiligen Kreis, der dann mit Hilfe von Kreismandaten reglementiert werden sollte. 1613 verschob der Reichstag die Diskussion der anstehenden Probleme des Münzwesens. Der erste Reichstag nach dem Dreißigjährigen Krieg 1653/54 sah die Notwendigkeit einer Währungsreform ebenso ein wie später der «immerwährende Reichstag» (1663–1766/67). Nach einer langen Sitzungsperiode nahm der Reichstag 1738 den →Leipziger Fuß als Reichsfuß an, ohne damit die Probleme dauerhaft zu lösen. Einen letzten Versuch unternahm Kaiser Joseph II. 1766/67, als er dem Reich unter Verzicht auf die Eximierung der Habsburgischen Erblande von den Münzgesetzen des Reiches zu einer →Leitwährung verhelfen wollte.

Konrad Schneider

Lit.: Neue und vollständigere Sammlung der Reichsabschiede, 4 Bde., Frankfurt 1747; F. Frhr. von Schrötter, Das Münzwesen des Deutschen Reiches von 1500 bis 1566, Schmollers Jahrbuch 35 (1911), S. 129–72, 36 (1912), S. 99–128; Rittmann, S. 185–208; F. Blaich, Die Wirtschaftspolitik des Reichstags im Heiligen Römischen Reich, Stuttgart 1970, S. 1–66; Heß, S. 36–81; Zum Münzwesen der Kreise vgl. K. Schneider, Zur Tätigkeit der Generalwardeine des Oberrheinischen Reichskreises, insbesondere im 18. Jh., Westdeutsches Jahrbuch für Landesgeschichte 17 (1991), S. 95–128.

Reichspfennigmeister

Der Reichspfennigmeister oder Reichskassierer stand an der Spitze der im Zuge der Reichsreform von 1495 entworfenen Reichsfinanzverwaltung (die jedoch in der geplanten Form nicht zustande gekommen war). Die von den Reichsständen nach der Reichsmatrikel von 1521 erhobenen Reichsabgaben wie Römermonate und Kammerzieler wurden in den «Legstätten» Frankfurt, Nürnberg, Regensburg, Augsburg und Leipzig durch die hierfür zuständigen Reichskreise empfangen und dem Reichspfennigmeister – später waren es mehrere – abgeliefert. Die ursprünglich von den Beiträgen der Reichsstände zum Krönungszug nach Rom abgeleiteten Römermonate wurden auf der Grundlage von Bewaffneten zu Pferd und zu Fuß erhoben und dienten der →Kriegsfinanzierung, der Kammerzieler der Unterhaltung des Reichskammergerichts. Die Reichspfennigmeister waren dem Reichstag gegenüber zur Rechnungslegung verpflichtet. Die wohl bekannteste Persönlichkeit auf diesem Posten war Zacharias Geizkofler v. Reifenegg (1560–1617), der dieses Amt von 1589 bis 1603 verwaltet hat. Geizkofler kann zu Recht als Finanz- und Währungspolitiker bezeichnet werden und hat in beiden Bereichen auch Veröffentlichungen vorgelegt.

Konrad Schneider

Lit.: F. Blendinger, Geizkofler, Neue deutsche Biographie, VI, Berlin 1964, S. 166ff.; G.-C. v. Unruh, Die Wirksamkeit von Kaiser und Reich, K. G. A. Jeserich et al. (Hgg.), Deutsche Verwaltungsgeschichte, I, Stuttgart 1983, S. 277f.

Remedium

Die ältere Münztechnik war vielfach nicht in der Lage, die genauen Bestimmungen des →Münzfußes in die Wirklichkeit umzusetzen und im Falle der höherwertigen, Stück für Stück kontrollierten Nominale stets gleichgewichtige Münzen zu liefern. Hier räumte ihnen der Gesetzgeber einen Toleranzbereich ein, das Remedium, das dann allerdings nicht unterschritten wurde (→Passiergewicht). Bekannt ist, daß in Frankreich im 18. Jh. das Remedium großzügiger gehandhabt wurde als im Währungsgebiet des deutschen →Konventionsfußes. *Konrad Schneider*

Lit.: Luschin, S. 202 f.; vgl. die 1786 in Augsburg anonym erschienene Schrift: Anzeige einer gemachten genauen Untersuchung des Gehalts der französischen Laub- oder Federthaler vom Jahre 1726 bis 1786 etc.

Rentenkredit

Der Rentenkredit war im späten Mittelalter und zu Beginn der Neuzeit die in Stadt und Land am weitesten verbreitete Form des mittel- und langfristigen Kredits. Der Rentenkredit kann als Vorform der modernen Hypothek angesehen werden, da sich ein Grundstückseigentümer dadurch Kapital verschaffte, daß er sein Haus oder Grundstück mit einer Rente belastete. Wie das im einzelnen funktionierte, zeigt das folgende Beispiel aus Hamburg:

Am 10. Dezember 1484 verließ der Bürgermeister Johannes Huge dem Kaufmann Meyno van Bergen 50 Mark Rente für ein Kapital von 750 Mark aus seinem Haus in der Catharinenstraße und beurkundete dies vor dem Ratmann Christian van der Hoye; die Rente wurde jährlich zu Ostern fällig. Johannes Huge nahm einen Kredit über 750 Mark auf, indem er eine jährliche Rente von 50 Mark an Meyno van Bergen verkaufte. Dieser legte mit dem Rentenkauf 750 Mark an und erhielt dafür jährlich 6,66 % Zins (50 Mark von 750 Mark). Dabei haftete für die Rentenzahlung nicht der Rentenverkäufer oder Kreditnehmer Johannes Huge, sondern sein Haus in der Catharinenstraße. Falls die Rente nicht pünktlich gezahlt wurde, konnte der Gläubiger Meyno van Bergen vor Gericht die Besitzeinweisung in das Haus in der Catharinenstraße erstreiten.

Auf dem Land war das Muster ähnlich. Hier erhielt ein Bauer für den Verkauf einer auf einem Stück Land liegenden Rente oder Gült (lat. *census consignativus*) eine bestimmte Summe Geldes als Darlehen, für das er einen jährlichen Zins von seinem Ernteertrag zahlte. Die Gläubiger, d. h. die Käufer des Zinses, waren Klöster, kirchliche Institutionen und reiche Grundbesitzer, die ihre Geldüberschüsse mit bis zu 10 % Verzinsung nach den päpstlichen Bullen zum *census consignativus* legal arbeiten ließen. Insbesondere im 16. Jh., als sich das Kreditangebot nach der →Edelmetallknappheit des vorangegangenen Jahrhunderts wieder entspannte, nutzten

Bauern überall in Europa den Rentenkredit dazu, um Bodenmeliorationen oder Rentabilitätssteigerungen der Agrarproduktion wie die Anlage von Weinbergen oder Olivenbäumen zu finanzieren. Die weitere Entwicklung im 17. und 18. Jh. bleibt im dunkeln. In den Städten scheint der Rentenkredit durch den Hypothekarkredit zurückgedrängt worden zu sein, während auf dem Lande die Kriege des 17. Jhs. das Kreditangebot wie das Gültvermögen der Gläubiger drastisch reduzierten. *Michael North*

Lit.: B. Schnapper, Les rentes aux XVIe siècle, Paris 1957; Van der Wee, S. 303–05; North (Hg.), Kredit.

Ricardo, David (1772–1823)
Er entstammte einer jüdischen Familie portugiesischer Abkunft, die noch vor seiner Geburt aus Holland nach England eingewandert war. Im Alter von 14 Jahren trat Ricardo in die Börsenmaklerfirma seines Vaters ein. Mit 21 Jahren machte er sich selbständig, nachdem es zum Bruch mit seiner Familie gekommen war, weil er eine Christin geheiratet hatte. Ricardo war als Wertpapierhändler äußerst erfolgreich, wurde in wenigen Jahren sehr wohlhabend und konnte sich ab dem 25. Lebensjahr unbeschwert seinen wissenschaftlichen und politischen Neigungen widmen. Sein Interesse an ökonomischen Fragen erwachte, als er 1799 zufällig Adam Smith' klassisches Werk *An Inquiry into the Nature and Causes of the Wealth of Nations* (1776) in die Hände bekam. Bis an sein Lebensende sollte sich daraufhin der Geschäftsmann und spätere Parlamentsabgeordnete Ricardo, der nie ein akademisches Amt anstrebte, an den wirtschaftstheoretischen und -politischen Kontroversen seiner Zeit in einer ingeniösen Weise beteiligen, die ihm einen dauerhaften Platz unter den bedeutendsten und einflußreichsten Ökonomen aller Zeiten gesichert hat. Gleich seine ersten Beiträge erregten Aufsehen, weil sie dezidierte Ansichten zu damals hoch aktuellen und heiß umstrittenen Problemen der Geldtheorie und Währungspolitik enthielten. Nachdem England 1793 in den Koalitionskrieg gegen Frankreich eingetreten war, kam es sowohl zur →Hortung von Gold im Inland als auch zu Goldabflüssen ins Ausland, wodurch die umlaufenden und in Gold einlösbaren →Banknoten der →Bank of England sowie indirekt auch die der regionalen →Country Banks nicht mehr ausreichend durch Goldreserven gedeckt waren. Das Parlament beschloß daher im Jahre 1797, die Goldeinlösung der Pfundnoten vorübergehend zu suspendieren *(Bank Restriction Act)*. Die Noten der Bank of England wurden damit definitives Geld. Ihr Umlauf nahm in dem Maße zu, in dem die Bank Handelswechsel diskontierte und der Regierung Kriegskredite gab. Als Napoleon ab 1806 die englischen Seehandelswege militärisch blockierte (Kontinentalsperre) und Mißernten auftraten, geriet zudem die

englische →Zahlungsbilanz ins Defizit. Unter diesen Umständen wurde für Edelmetallbarren *(bullions)* und -münzen – trotz staatlicher Verbote – ein Aufgeld (sog. Bullion-Prämie) verlangt und gezahlt. Mit anderen Worten: Der innere und äußere →Geldwert des englischen Pfundes fiel, und das «schlechte» Papiergeld verdrängte im Wirtschaftsverkehr weiterhin das «gute» Metallgeld (→Greshamsches Gesetz). Über die Ursachen und Wirkungen dieser Erscheinungen kam es öffentlich zum Streit (Bullion-Kontroverse). Für Ricardo war der wunde Punkt eindeutig die ungezügelte Ausgabe inkonvertibler Banknoten. Er äußerte dies zunächst anonym 1809 in einem Artikel für den *Morning Chronicle*. Im Jahr darauf wiederholte er seine Argumente offen und ausführlicher in der kleinen scharfsinnigen Schrift *The High Price of Bullion, a Proof of the Depreciation of Bank Notes*. Er verlangte die Reduzierung der vorhandenen Notengeldmenge und «eine Aufhebung des Gesetzes, welches die Goldeinlösungspflicht für Banknoten suspendierte». Daraufhin befaßte sich ein parlamentarischer Untersuchungsausschuß mit diesen Fragen und legte noch im Jahr 1810 den sog. *Bullion Report* vor, der sich Ricardos Auffassungen weitgehend zu eigen machte. Das Parlament lehnte jedoch die Empfehlungen des Berichts mit großer Mehrheit ab und folgte den Anträgen der anti-bullionistischen «Fraktion», die von den Direktoren der Bank of England unterstützt wurde. Sie war der Ansicht, daß sich die Höhe des Goldpreises und der Wechselkurse unabhängig von der Notenzirkulation bestimmte, der Wertverfall des Pfundes durch die u.a. kriegsbedingt verschlechterte Zahlungsbilanz verursacht würde und auch inkonvertible Banknoten ihren Wert behielten, solange sie gegen Hereinnahme guter Handelswechsel ausgegeben würden *(real bills doctrine)*. Ricardo verteidigte dagegen die Schlußfolgerungen des Bullion-Berichtes in drei Leserbriefen an den *Morning Chronicle* sowie in einem *Reply to Mr. Bosanquet's Practical Observations on the Report of The Bullion Committee* (1811). Aber es sollten noch ungefähr zehn Jahre vergehen, bis sich die (bullionistische) Position Ricardos auch politisch durchsetzte. Erst 1819 beschloß das Parlament, die Goldeinlösung der Banknoten wiederaufzunehmen. Doch schon wenige Jahre nach Ricardos Tod lebte die Kontroverse erneut auf. Trotz einlösbarer Banknoten gab es im Wechsel →Inflation und →Deflation im Lande. Man stritt nun darüber, ob *konvertible* Banknoten «richtiges» →Geld oder «bloß» Kreditzahlungsmittel wären und ob von ihnen überhaupt inflatorische bzw. deflatorische Wirkungen ausgehen könnten. Ricardos Ideen beherrschten auch diese Debatte. Sie prägten stark die in der bullionistischen Tradition stehende →Currency-Lehre, die sich mit der mehr anti-bullionistisch orientierten, von →Tooke angeführten →Banking-Schule auseinanderzusetzen hatte und sich schließlich in der →Peelschen Bankakte (1844) praktisch niederschlug. Diese Bankreform verwirklichte Ricardos *Plan for the Establishment of a National Bank* (posthum

1824) insoweit konsequent, als das Kreditgeschäft der Bank of England von ihrem Notenausgabegeschäft getrennt und allein die Notengeldschöpfung durch eine feste Regel quantitativ beschränkt wurde. Die Reform blieb dennoch hinter Ricardos Vorstellungen von einer (ökonomisch) idealen Währungsverfassung zurück. Sowohl in seiner Streitschrift *Proposals for an Economical and Secure Currency ...* (1816) als auch in seinem Hauptwerk *On the Principles of Political Economy, and Taxation* (1817) hatte er sich nachdrücklich für ein reines Gold(kern)währungssystem eingesetzt, in dem nur Banknoten umlaufen, die lediglich in Goldbarren einlösbar sein sollten *(gold bullion standard):* «Ein Geldumlauf ist am vollkommensten, wenn er gänzlich aus Papiergeld besteht, aber Papiergeld von einem gleichen Werte wie das Gold, das es zu vertreten beansprucht. Der Gebrauch von Papiergeld anstatt von Gold ersetzt das kostspieligste durch das billigste Material und befähigt das Land, ... alles Gold, das es vorher zu diesem Zwecke benutzte, gegen Rohstoffe, Werkzeuge und Nahrungsmittel einzutauschen, durch deren Gebrauch sein Wohlstand wie seine Genüsse vermehrt werden.» Mit seinen geldtheoretischen und währungspolitischen Arbeiten hat Ricardo zu seiner Zeit wohl am meisten dazu beigetragen, die →Quantitätstheorie des Binnenwertes des Geldes, die Kaufkraftparitätentheorie der →Wechselkurse und die Theorie der →Goldwährung einschließlich der Mechanik des →Zahlungsbilanzausgleichs *(specie-flow mechanism)* systematisch zu begründen. Ricardos überragende Bedeutung für die Wirtschaftswissenschaft besteht allerdings mehr noch in seiner Methode, funktionale und kausale Beziehungen unter strengen Annahmen modellmäßig zu analysieren sowie in seiner klassischen güterwirtschaftlichen Theorie: «Die Gesetze aufzufinden, welche die Verteilung des Gesamtertrages der Erde als Rente, Profit und Lohn bestimmen, ist das Hauptproblem der Politischen Ökonomie.» Ausgehend von diesen «Gesetzen» beurteilte Ricardo die Zukunft des aufkommenden Industriekapitalismus eher pessimistisch. Bei wachsender Bevölkerung müßten zunehmend schlechtere Böden bewirtschaftet werden, wodurch mit den Getreidepreisen die Lebenshaltungskosten so steigen würden, daß höhere Löhne zu zahlen sind, damit aber die zur Kapitalansammlung benötigten Gewinne fallen dürften. Einen diese Entwicklung retardierenden Effekt erwartete Ricardo von billigen Getreideimporten. Aus dieser Perspektive begründete er mit der Theorie der komparativen Kosten die Vorteilhaftigkeit internationaler Arbeitsteilung (Freihandelsargument). Geld und Kredit spielten in seinen realwirtschaftlichen Überlegungen nur insoweit eine Rolle, als sie seines Erachtens gute Hilfsmittel sind, den Wirtschaftsverkehr zu erleichtern. Gegenüber den Wirtschaftsgesetzen selbst wirkten sie jedoch «indifferent» bzw. «neutral»: «Der Kredit erzeugt kein Kapital, sondern überträgt nur Kapital.» Und auch vom vernünftigen Geldgebrauch könnten keine Störungen ausgehen, denn: «Kein Mensch wird freiwillig sein Geld horten, er wird stets bemüht sein, es so produktiv wie möglich zu verwenden...» Ricardo argumentierte mit dieser «Geld- und Kreditschleier»-These u.a. in einem Briefwechsel, der sich ab 1810 zwischen ihm, seinem Freund Thomas Robert Malthus und Jean-Baptiste Say über die Frage entspann, unter welchen (theoretischen) Bedingungen es eine allgemeine Überproduktion und Absatzstockung *(«general glut»)* geben könne, wie sie Anfang des 19. Jahrhunderts in verschiedenen europäischen Ländern beobachtet worden war. Riocardo stützte dabei in einem wichtigen Punkt das sog. Saysche Theorem mit der Feststellung: «Produkte werden stets mit Produkten gekauft. Geld ist nur das Mittel, welches den Austausch bewirkt.» *Heinz Rieter*

Lit.: The Works and Correspondence of David Ricardo, ed. by P. Sraffa, with the collaboration of M. H. Dobb, 11 Bde., Cambridge 1951–73; H. D. Kurz (Hg.), D. Ricardo, Über die Grundsätze der Politischen Ökonomie und der Besteuerung, Marburg 1994; The Paper Pound of 1797–1821, The Bullion Report, 8th June 1810, ed. with an Introduction by E. Cannan, 2nd ed., London 1925; F. W. Fetter, Development of British Monetary Orthodoxy, Cambridge, Mass. 1965; W. Eltis, David Ricardo (1772–1823), J. Starbatty (Hg.), Klassiker des ökonomischen Denkens, I, München 1989, S. 188–207, 296f., 310–12.

Richtpfennig

Der Richtpfennig entspricht $1/_{256}$ einer →(Gewichts)Mark und war eine wichtige Einheit beim Wiegen von Münzen. Zu Beginn des 18. Jhs. wurde er abermals in 256 Teile, Richtpfennigteile genannt, untergliedert: Ein Richtpfennig war damit $1/_{65536}$ einer Kölner →Mark und wog 3,5 Milligramm. Wo beispielsweise das genaue Reichstalergewicht nach der →Reichsmünzordnung von 1559 zu beachten war wie bei der →Hamburger Bank bis 1770, spielte das genaue Talergewicht nach Richtpfennigen eine bedeutende Rolle. Vorgeschrieben waren formell 8192 Richtpfennigteile, die jedoch bei der Verschlechterung des vorhandenen Talerbestandes durch Abrieb und Beschnittenwerden bzw. wegen der weitgehend unterwertigen neuen →Taler nicht mehr erreicht wurden. Daher gab man 1744 reduzierte Normalgewichte aus Messing zu 7960 Richtpfennigteilen für den Durchschnittstaler aus. *Konrad Schneider*

Lit.: Luschin, S. 198f.; v. Schrötter, S. 566f.; K. Schneider, Banco, Species und Courant, Koblenz 1986; Zur Problematik des Substanzverlustes bei den deutschen Talern vgl. M. Cuno, Der gar zu gemein werdende alte und neue Betrug unter denen Reichsthalern, Hamburg 1712.

Ricorsa

Die Ricorsa (ital. = zurücklaufend) war eine mit einem Wechsel kombinierte Vereinbarung. Es handelte sich dabei um eine Form des *cambio fittizio* (→Trockenwechsel), ein verstecktes Darlehen, bei dem der Gewinn oder der Zinssatz unsicher war, was den spekulativen Charakter dieser Hin- und Zurückwechseloperation ausmacht. Die Ricorsa, die sich auf den →Wechselmessen des 16. und 17. Jhs. entwickelte, unterschied sich vom Trockenwechsel dadurch, daß das mehrfache Hin- und Zurückwechseln zwischen dem Bankier und seinen Kunden fest vereinbart war: als Investition für einen Gläubigerkunden und als Kredit für einen Schuldnerkunden. Außerdem wurden die Kurse für das Zurückwechseln in Anlehnung an die tatsächlichen →Wechselkurse festgesetzt, um dem Gläubiger (Wechselnehmer) einen Gewinn zu garantieren. Dabei funktionierte die Ricorsa wie folgt: Der *cambista* oder Wechselbankier (Bankier A), der ungenannte Gläubiger und Schuldner vertrat, wies einen Bankier (Bankier B) auf der →Wechselmesse an, «an sich selbst zu zahlen» und dafür einen →Wechsel auf Bankier A zu ziehen, der bei Fälligkeit wieder an sich selbst zahlte. Der Zins entsprach z. B. der Kursdifferenz von 100 Scudi di marche in Venedig (132 Dukaten) und auf der Messe in Piacenza (134 Dukaten), so daß der Gewinn 2 Dukaten in 3 Monaten (abzüglich einer Provision von 0,034 %) betrug. Die →Usance wurde so manipuliert, daß sie mehrere Wechsel auf die Messe und zurück im Jahr ermöglichte. Zwischen Venedig und Piacenza gab es vier *ricambii* im Jahr, aber oft wurden die Darlehen *con ricorsa* über einen noch längeren Zeitraum immer wieder erneuert, falls der Schuldner das Geld nicht aufbringen konnte. Es gibt Beispiele für eine «Fortsetzung des Wechsels» zwischen Genua und Piacenza bzw. zwischen Venedig und Piacenza, die 13 (1580–96) bzw. 6 Jahre (1605–11) dauerten.

Ricorsa-Wechsel wurden zur Verschleierung des →Wuchers bei Krediten durchgeführt, aber sie dienten in erster Linie Bankwesen und Handel. So konnten Genueser Bankiers mit Hilfe der Ricorsa der Spanischen Krone große Summen vorschießen, während diese auf die Ankunft der amerikanischen Silberflotte wartete (→Asiento). Ebenso ermöglichte die Ricorsa dem Kaufmann die schnelle Kreditaufnahme, z. B. zum Erwerb einer Rückfracht in Livorno, falls sich der Verkauf der gerade eingetroffenen Waren verzögerte. Schließlich war die Ricorsa für die Kapitalbesitzenden eine Gelegenheit zur Investition mit mittlerer Verzinsung von 12–14 %.

Reinhold C. Mueller

Lit.: G. Mandich, Le Pacte de Ricorsa et le marché italien des changes au XVIIe siècle, Paris 1953; Ders., Le fiere genovesi di soli cambi, culla delle borse valori, Rivista milanese di economia 17 (1986), S. 132–46; J. G. da Silva, Banque et credit en Italie au XVII siècle, Paris 1969; A. de Maddelena, Operatori lombardi sulle fiere dei cambi di Piacenza, Ders., Dalla città al borgo, Milano 1982, Kap. 4.

Rijder

Der Rijder oder Philippus d'or war die Standardgoldmünze der Burgundischen Niederlande im 15. Jh., als Herzog Philipp der Gute das burgundische Münzwesen in das europäische →Währungssystem integrierte. Der Name Rijder oder Cavalier leitet sich von dem Münzbild mit dem Herzog zu Pferde ab. Die Goldmünze, die erstmals in der Münzordnung von 1433 für die Grafschaft Flandern und die Herrschaft Mechelen genannt ist, wurde 1434 offiziell in den Niederlanden eingeführt. Vom Münztyp her entsprach der Rijder dem französischen →Franc (à cheval), vom →Feingewicht (3,6 g) und →Feingehalt (992/1000 Karat) dem berühmten englischen Heinrichsnobel (→Nobel). Der Rijder stand damit in einer Reihe hochwertiger europäischer Goldmünzen (→Floren, Genovino, →Dukat etc.). Der Münzfuß erfuhr, abgesehen von der Grafschaft Burgund, keine Veränderungen. Der Kurs des Rijder betrug 48 flämische Grote. In den Niederlanden wurde der Rijder in den Provinzen Flandern (Gent), Brabant (Brüssel), Hennegau (Valenciennes) und Holland (Dordrecht) geprägt. Dabei stand die Münzstätte Gent mit einer Produktion von 944 099 Stück deutlich vor Brüssel (479 365 Stück) an der Spitze. Für Holland und Hennegau sind die Produktionszahlen nicht genau zu berechnen. Im Jahre 1447 wurde die Prägung wegen der allgemeinen →Edelmetallknappheit eingestellt. Jedoch erwähnen normative Münzquellen (→Valvationen) den Rijder noch bis ins 16. Jh. Dabei zeigen die Verringerung des Münzfußes einerseits und der steigende Rijderkurs andererseits, daß die Regierung bestrebt war, die Rijder aus dem Umlauf zu ziehen und als Rohstoff für die Prägung neuer Standardgoldmünzen (1454 und 1466) zu verwenden. *Erik Aerts*

Lit.: H. Enno van Gelder, M. Hoc, Les monnaies des Pays-Bas bourguignons et espagnols, 1434–1713, Amsterdam 1960, S. 10f.; P. Spufford, Monetary Problems and Policies in the Burgundian Netherlands, 1433–1496, Leiden 1970; E. Aerts, H. Van der Wee, Vlaams-Brabantse muntstatistieken, II, Workshop on Quantitative Economic History. Mimeographed Paper 81.01, Leuven 1985.

Riksbank →Sveriges Riksbank

Rothschild

Die Privatbankiersfamilie Rothschild war vom Wiener Kongreß bis zum Ende des 19. Jhs. die größte Finanzmacht der Welt. Ihr Aufstieg begann nach dem Siebenjährigen Kriege, als der Frankfurter Antiquitäten-, Textilien- und Wechselhändler Meyer Amschel Rothschild →Hoffaktor, d. h. Hoflieferant und Hofbankier des Landgrafen von Hessen-Kassel, eines der reichsten deutschen Fürsten jener Zeit, wurde (1769). Als bevorzugter Agent in den Geldangelegenheiten des Landgrafen gewann Rothschild aussichtsreiche Geschäftsverbindungen, u. a. zum Kaiserhof in Wien und zum letzten Mainzer Kurfürsten und späteren Fürstprimas bzw. Großherzog von Frankfurt, Karl Theodor von Dalberg. Von diesem erreichte er 1811 die Emanzipation der Juden in Frankfurt. 1810 machte er seine Söhne zu Teilhabern, und die Firma hieß nun M. A. Rothschild & Söhne. Sie war das Stammhaus der Rothschild-Banken auf dem Kontinent. Schon vorher hatte Meyer Amschels dritter und fähigster Sohn Nathan in London ein eigenes Bankhaus eröffnet (1804). Er war 1798 nach Manchester gegangen, um von dort aus das Frankfurter Haus mit englischen Industrie- und Kolonialwaren zu versorgen. Nathan belieferte auch englische Weiterverarbeiter und hatte bis 1804 schon soviel flüssige Mittel gewonnen, daß er sich in London als →Merchant Banker betätigen konnte. Seit 1811 stand er in geschäftlichen Beziehungen zur britischen Regierung und besorgte für sie den Transfer der Subsidien, die Großbritannien seinen Verbündeten im Kampf gegen Napoleon teils in Geld, teils in Waren gab.

Als Frankfurt im Winter 1813/14 Hauptquartier der verbündeten Österreicher, Preußen und Russen war, wurden die Rothschilds als Finanzagenten für die österreichische Regierung tätig und knüpften die Verbindung zu Metternich an, der in den nächsten dreieinhalb Jahrzehnten einer ihrer größten amtlichen und privaten Kunden und zugleich ihr wichtigster politischer Gönner war. Das Frankfurter Stammhaus wurde seit dem Tode Meyer Amschels (1812) von seinem ältesten Sohn Amschel geleitet. Der jüngste Sohn James hatte 1812 in Paris eine Filiale eingerichtet. Diese wurde 1816 zur rechtlich selbständigen Firma und erfreute sich des besonderen Wohlwollens der wiederhergestellten Bourbonen-Monarchie, da die Rothschilds sich im Dienste der Gegner Napoleons nützlich gemacht hatten. 1816 eröffnete Salomon, der zweitälteste Sohn Meyer Amschels, eine Filiale in Wien. Als 1820 österreichische Truppen in das Königreich Neapel einrückten, um das Regime der dortigen Bourbonen-Dynastie zu stabilisieren, wurde in Neapel unter der Leitung des vierten der fünf Söhne Meyer Amschels, Karl, ebenfalls eine Filiale eingerichtet. Es bestanden nun drei Rothschild-Banken in London, Frankfurt und Paris und zwei zum Frankfurter Haus gehörende Filialen in Wien und Neapel. Diese beiden Filialen wurden 1844 rechtlich selbständige Firmen.

Seit 1815 regelten die fünf Rothschild-Brüder die Verteilung des Vermögens untereinander, die Aufteilung des Geschäftskapitals auf die einzelnen Firmen, die Verteilung der Gewinne und Verluste und die Zusammenarbeit der Firmen in einem Gesellschaftsvertrag, der immer auf drei Jahre abgeschlossen und dann entweder stillschweigend oder auch mit neuen Bedingungen um jeweils drei Jahre verlängert wurde. Aufgrund des Gesellschaftsvertrages bestand das Haus Rothschild aus drei, von 1844 bis 1863 aus fünf, von 1863 bis 1901 aus vier und von 1901 bis 1915 aus drei untereinander verbundenen Firmen. Intern wurden die Firmen als Zweige eines Unternehmens betrachtet. Nach außen mußten sie, da sie in verschiedenen Staaten mit unterschiedlichen privatrechtlichen Vorschriften domizilierten, als rechtlich unabhängige, den Rechtsvorschriften ihres jeweiligen Heimatlandes entsprechende Gesellschaften firmieren. Jede der Rothschild-Banken war eine Offene Handelsgesellschaft. Beim ersten Vertragsabschluß wurde das Gesamtvermögen mit 3,3 Mill. Francs bewertet. Drei Jahre später wurde im Gesellschaftsvertrag von 1818 ein Vermögen von 42,5 Mill. Francs angegeben. Selbst wenn man annimmt, daß 1815 noch etliche offene Posten vorsichtshalber sehr niedrig bewertet wurden, bleibt der Vermögenszuwachs in so kurzer Zeit enorm. Wie er zustande gekommen ist, konnte bisher noch nicht geklärt werden. Keiner durfte vor Ablauf der dreijährigen Vertragszeit seinen Gewinn ganz oder teilweise aus einer der Firmen herausziehen. Es durfte auch keiner persönliche Nebengeschäfte machen. Jede Woche mußten die Gesellschafter, auch wenn sie auf Reisen waren, Nachrichten über den Geschäftsgang austauschen. Dafür unterhielt das Haus Rothschild einen eigenen Kurierdienst. Einmal im Jahr wurden die Bilanzen der Rothschild-Banken zu einer Rothschild-Gesamtbilanz im Frankfurter Haus zusammengefaßt. Der führende Kopf des «Gesamthauses» Rothschild war bis zu seinem Tode (1836) Nathan. Während der nächsten 30 Jahre war James in Paris der *spiritus rector* der Rothschild-Banken. Nach seinem Tode (1868) waren Lionel, danach, von 1879 bis 1915 Nathaniel, beide in London, leitender Kopf der Rothschilds. Nach 1915 gab es kein «Gesamthaus» Rothschild mehr.

An einigen größeren Plätzen außerhalb ihrer Geschäftssitze vertrauten die Rothschilds ihre Interessenvertretung einem anderen Privatbankier als Korrespondenten an. In Berlin war das seit 1828 das Bankhaus Bleichröder. Wo größere eigene Interessen zu verfolgen waren, richteten die Rothschilds eigene Agenturen ein: in Brüssel, Madrid, New York, New Orleans, Havanna, Mexico, Rom, Turin und Triest. Als Neapel nach der Einigung Italiens nicht mehr Hauptstadt war, wurde 1863 die Rothschild-Bank in Neapel geschlossen. Den italienischen Zweig führte das Frankfurter Stammhaus weiter.

Bis in die 1840er Jahre waren Staatsanleihen und Kredite an Magnaten das Hauptgeschäft der Rothschilds; dann rückte die Eisenbahnfinanzierung in den Vordergrund. Im letzten Viertel des 19. Jhs. begann das Engagement in Bergwerken und Industrieunternehmen. Seit der Jahrhundertwende übertraf es das Staatsanleihegeschäft. Unter den politischen Finanzoperationen der Rothschilds waren zwei von besonderer Bedeutung: Die Pariser und Londoner Rothschilds waren zu mindestens 25 % an dem Bankenkonsortium beteiligt, das durch eine Anleihe der französischen Regierung die vorzeitige Zahlung der Kriegsentschädigung von 5 Mrd. Francs an das Deutsche Reich nach der Niederlage 1870/71 ermöglichte. Die Rothschilds verdienten daran 75 Mill. Francs. 1875 überwies Lionel

Das Haus Rothschild im 19. Jh.

Rothschild binnen weniger Stunden Disraeli einen Kredit von 4 Mill. Pfund (= 20 Mill. Goldmark) zum überraschenden Kauf der Suez-Kanal-Aktien des ägyptischen Khedive durch die britische Regierung. Lionel verdiente dabei 153 000 Pfund (etwa 3 Mill. Goldmark). Insgesamt haben die Rothschilds im 19. Jh. Staatsanleihen für etwa 26 Mrd. Goldmark vermittelt.

Karl Erich Born

Lit.: E. C. Corti, Die Rothschilds, neu bearb. u. weitergef. v. W. Gong, Frankfurt 1962; B. Gille, Histoire de la maison de Rothschild, 2 Bde., Genève 1965–67; J. Bouvier, Les Rothschild, Paris 1967.

Rubel

Der Rubel (russ. *rubl'*) ist eine russische Währungseinheit und Großsilbermünze. Im 13. Jh. wurde die Bezeichnung Rubel zuerst in Novgorod für die dort üblichen länglichen Silberbarren (→Grivna) zu rund 200 g verwendet. Mit dem Aufkommen der Münzprägung (→Kopeke) in den russischen Fürstentümern endete das Barrensystem, und der Rubel, bis dahin Gewichtsstandard und Zahlungseinheit, wurde jetzt auch Rechnungseinheit. Die russische Münzreform von 1534 unterteilte den Moskauer Rechnungsrubel in 100 Kopeken und schuf damit bereits ein Dezimalsystem, ohne daß der Rubel zunächst ausgeprägt wurde. Der Bedarf an Großsilbermünzen Mitte des 17. Jhs. führte zum Import und zur Gegenstempelung mitteleuropäischer Talermünzen, in Rußland →Jefimki genannt. Erst mit Zar Peter dem Großen fand das bis dahin mittelalterliche russische Münzsystem ein Ende, als 1698 das Gewicht der seit 1704 geprägten Silberrubel zu 100 Kupferkopeken mit 24,89 g Feinsilber festgelegt, später aber bis auf 18 g reduziert wurde. Die in Europa als Großsilbermünze anerkannten Rubel folgten äußerlich und auch vom Gewicht her westlichem Vorbild. Unter Katharina II. kam es 1770 zum kurzfristigen und dann wieder aufgegebenen Versuch, kupferne Rubel im Gewicht von 1 kg als Lösung von Währungsproblemen auszugeben.

Außerdem emittierte man →Staatspapiergeld (sog. Assignacii) in Scheinen von 25 bis 100 Rubel, die zur Etablierung einer zweiten Währungs- und Recheneinheit, dem Papierrubel (neben dem Silberrubel), führten. Durch die massive Papiergeldemission in den Napoleonischen Kriegen verfiel der Kurs des Papierrubels, so daß 1840 3½ Papierrubel einem Silberrubel entsprachen. Mit dem Übergang Rußlands zur →Goldwährung 1897 wurde der Goldrubel als neue Währungseinheit eingeführt. Der Silberrubel, den die Sowjetunion nach der Oktoberrevolution weiterprägte, verfiel zur Scheidemünze.

Konrad Schneider

Lit.: v. Schrötter, S. 575 ff., I. G. Spasskij, Das russische Münzsystem, Berlin 1983; Heß, S. 136–39.

S

Sachsenpfennig

Die von der vermeintlichen Herkunft bzw. vom Erscheinungsbild ausgehende Bezeichnung Sachsen- oder Wenden- und Rand-, Bischofs- oder Kreuzpfennig (poln. Denary krzyżowe) weist auf die Unsicherheit bei der Zuweisung dieser Münzen im 19./20. Jh. hin. Es handelt sich um →Denare, die typologisch und chronologisch in zwei Gruppen zerfallen. Die ältere des 10. Jhs. (vor 942?) umfaßt größere Gepräge, die deutlich auf karolingische Vorbilder (Christiana-Religio-Denare) zurückgehen und einen Tempel und ein Kreuz mit Kugeln in den Winkeln, jeweils umgeben von Trugschrift, zeigen; die jüngere des 11. Jhs. besteht aus kleineren Prägungen, beiderseits mit unterschiedlich ausgestalteten Kreuzen und Trugschriften versehen, die aber zum Teil erkennbare Buchstaben und deutliche Beizeichen (Krummstab, Waage, Fahne) enthalten. Dazwischen liegt eine Übergangsgruppe, die Einflüsse von Münzen aus Magdeburg und Deventer erkennen läßt. Gemeinsam ist allen Sachsenpfennigen ein stark aufgeklopfter Rand. Die Zuweisung der Pfennige war, wie der Hinweis auf Sachsen und Wenden andeutet, zeitweise zwischen der deutschen und polnischen Numismatik umstritten. Jetzt wird allgemein die Ansicht vertreten, daß die Prägung von Sachsen, von Magdeburg (evtl. auch Bardowick), unter Otto I. ausging, daß aber bald auch andere Münzstätten vor allem des Saaleraumes (Halle, Naumburg) daran beteiligt waren und dann eine umfangreiche Weiterprägung im westslavischen Gebiet stattfand. Die Verbreitung zeigt, daß die Sachsenpfennige Eingang in den wikingerzeitlichen Münzumlauf des Ostseeraumes (Fernhandelsdenare) fanden, vor allem aber wegen der starken Konzentration zwischen Elbe und Weichsel als →Handelsmünze der westslavischen Region anzusehen sind.

Gert Hatz

Lit.: v. Schrötter, S. 580 f.; M. Gumowski, Corpus Nummorum Poloniae, I, Kraków 1939, S. 109 ff.; V. Jammer, Die Anfänge der Münzprägung im Herzogtum Sachsen, Hamburg 1952, S. 58–61; R. Kiersnowski, Kilka uwag o znaleziskach monet wczesnośredniowiecznych z Połabia, Slavia Antiqua 8 (1961), S. 157–93, bes. S. 178 ff.; V. Hatz, Sachsenpfennige, KHL 14 (1969), Sp. 629–33; St. Suchodolski, L. Gajewski et al., Skarby wczesnośredniowieczne z obszaru Polski, Atlas, Wrocław 1982, S. 17, Karte 10; G. Hatz, Die ersten Sachsenpfennige in Schweden, St. Kuczyński (Hg.), Nummus et Historia (Festschrift Kiersnowski), Warszawa 1985, S. 33–42.

Sceat

Etwa parallel zur Entwicklung im merowingischen Frankenreich, wo gegen 670 der Übergang von der Gold- zur Silberwährung, von den →Trienten zu den →Denaren erfolgte, gingen auch die Angelsachsen und Friesen zur Prägung von Denaren über, die in der wissenschaftlichen Terminologie des 17. Jhs. den Namen Sceat (got. *skatts* = Schatz) erhielten, womit ursprünglich jedoch in den Gesetzen Æthelberts von Kent (ca. 603, Überlieferung später) ein Goldgewicht gemeint war. Die zusammengehörige – im insularen oder kontinentalen Ursprung manchmal nicht zu scheidende –, jedoch keinen völlig deckungsgleichen Umlauf bildende Gruppe der anglofriesischen Sceattas lehnte sich in der Form an die voraufgehende Goldprägung an. Die kleinen Münzen hatten anfangs einen hohen Silbergehalt (90–95 %) und wogen ca. 1,20–1,30 g, Feingehalt und Gewicht sanken später erheblich ab. Die eigenständigen, wenn auch teilweise von römischen und merowingischen Vorbildern beeinflußten Gepräge sind variantenreich, die angelsächsische Numismatik zählt über 100 Typen, die in 26 Serien und 3 Phasen eingeteilt werden: ca. 680–710 und ca. 710–750/60 mit überlappender Zwischenzeit. Die infolge mangelhafter oder fehlender Schriftlichkeit weder den →Münzherrn (Könige, Geistlichkeit, Kaufleute, Goldschmiede?) noch die Prägestätte (Canterbury, London, Southampton, York, Domburg, Dorestad?) nennenden Sceattas drangen in ihrer Fabrikation in den englischen Teilkönigreichen von Südost nach Nordwest mit deutlicher Konzentration von Einzelfunden in den Siedlungen an der See vor, also von Kent ausgehend bis nach Northumbria; in Friesland lag der Schwerpunkt der Prägung offenbar im Rheinmündungsgebiet und an den Küsten (Terpen). Die Fundverbreitung läßt sich in Spuren bis in den Süden des Merowingerreiches erkennen. Als überwiegend friesisch angesehene Sceattas (sog. Porcupine- und Wodan/Monster-Typen) markieren in ihren Funden den Rheinverlauf (Friesenhandel) und die Ausstrahlung nach Norden. Funde im dänischen Ribe haben neuerdings die Vermutung einer dortigen Prägung aufkommen lassen. Abgelöst wurden die Sceattas im dritten Viertel des 8. Jhs. (mit Verzögerung in Northumbria) durch die breiteren Karolinger-Denare in Friesland (Dorestad) bzw. die →Pennies der angelsächsischen Königreiche. Infolge zahlreicher neuer Einzelfunde in England ist die Sceat-Forschung zur Zeit im Fluß.

Gert Hatz

Lit.: v. Schrötter, S. 591; S. E. Rigold, The Principal Series of English Sceattas, BNJ 47 (1977), S. 21–30; W. Op den Velde, De in Nederland voorkommende sceatta's, De Beeldenaar 6 (1982), S. 40–52, 83–96; J. Callmer, Sceatta Problems in the Light of the Finds from Åhus, Lund 1984; D. Hill, D. M. Metcalf (Hgg.), Sceattas in England and on the Continent, Oxford 1984; Grierson-Blackburn, S. 149–54, 164–89; D. M. Metcalf, Thrymsas and Sceattas, 3 Bde., London 1993–94, S. 63 ff.

Schatzwechsel

Schatzwechsel (Treasury Bills) wurden in Großbritannien seit 1877 emittiert. Sie stellten eine Weiterentwicklung älterer Formen schwebender Staatsschuldtitel wie der →Exchequer Bills bzw. Exchequer Bonds dar. Während letztere eine Laufzeit von zwei bis drei Jahren (Exchequer Bonds) oder eine nicht genau spezifizierte Laufzeit besaßen (Exchequer Bills), war der Schatzwechsel dem →(Handels)Wechsel nachempfunden. Er wurde vom Schatzamt auf die Staatskasse gezogen und seine Laufzeit betrug höchstens ein Jahr, in der Regel jedoch drei Monate. Die Papiere waren nominell unverzinslich und wurden gegen einen →Diskontabschlag verkauft, dessen Höhe sich nach den aktuellen Verhältnissen auf dem Geldmarkt richtete.

Obwohl derartige Schatzscheine seit 1877 auch vom Deutschen Reich emittiert, dort aber nur als eine mögliche Variante kurz- oder mittelfristiger Staatsschuldtitel angesehen wurden, pries man dieses neue Finanzierungsinstrument in Großbritannien als eine finanztechnische Innovation von großer Reichweite. Da die britischen Banken hohe Anforderungen an diejenigen Wertpapiere stellten, in die sie investierten, war der Schatzwechsel besonders gut geeignet, den in seiner Bedeutung stark rückläufigen Handelswechsel in den Wertpapierportfolios der Banken zu ersetzen. Vor dem Ersten Weltkrieg hielt sich die Regierung jedoch bei der Emission von Schatzwechseln sehr zurück. Ihr Anteil am Gesamtbestand der von den Banken gehaltenen Wechsel dürfte deshalb zu dieser Zeit kaum mehr als 10 % betragen haben. *Dieter Ziegler*

Lit.: E. von Philippovich, Die Bank of England im Dienste der Finanzverwaltung des Staates, Leipzig 1911; R. Will, Die schwebenden Schulden der europäischen Großstaaten, Tübingen 1921; M. Collins, Money and Banking in the United Kingdom, London 1988, S. 103 ff.

Schaumünze

Schaumünzen oder Medaillen, deren Hauptzweck die Darstellung von Personen oder Ereignissen und nicht zuletzt auch die Propaganda ist, sind keine Zahlungsmittel im eigentlichen Sinn. Dennoch haben nachweislich viele von ihnen als solche gedient, insbesondere wenn sie im Gewicht von Münzen ausgebracht wurden. Dies war bei den deutschen Goldmedaillen des 17. und 18. Jhs. oft der Fall; als Beispiel mögen die hamburgischen →Portugalöser ebenso wie viele Medaillen im Gewicht von einfachen und mehrfachen →Dukaten dienen. Aber auch silberne Medaillen im Talergewicht tragen oft derartige Abnutzungsspuren, so daß sie als Zahlungsmittel umgelaufen sein müssen. *Konrad Schneider*

Lit.: H. Bolzenthal, Skizzen zur Kunstgeschichte der modernen Medaillenarbeit (1429–1840), Berlin 1840; K. Domanig, Die deutsche Medaille, Wien 1907; G. Habich,

Die deutschen Schaumünzen des XVI. Jahrhunderts, 2 Text- und 3 Tafelbände, München 1929–34.

Scheck

Eine international einheitliche Definition des Begriffs Scheck (engl., frz. *cheque*) gab es bis zum Ende des 19. Jhs. noch nicht. Sie wurde erst im Jahr 1931 durch das Genfer Wechsel- und Scheckrechtsabkommen erreicht. Weitgehende Einigkeit bestand jedoch auch schon vorher darin, daß unter einem Scheck eine formularmäßige Bankdepotsichtanweisung zu verstehen sei, durch die der Aussteller seiner Bank den Auftrag erteilt, gegen Aushändigung der Urkunde die darin verzeichnete Summe an eine dritte Person auszuzahlen. Gewöhnlich hielt der Aussteller ein Guthaben bei der Bank, aus dem die Summe gezahlt wurde. Es war unter Umständen aber auch möglich, die Auszahlung mit einem Bankkredit zu verbinden.

Der Begriff Scheck geht auf den italienischen Begriff *scacco* (Staatsschatz) zurück, von dem wiederum der englische Begriff Exchequer (→Exchequer Bills) abgeleitet ist. Diese etymologische Wurzel des Begriffs deutet an, daß die Vorläufer der modernen schriftlichen Depotanweisung ursprünglich für Zahlungen der öffentlichen Gewalten verwandt wurden. Eine Bankdepotanweisung Privater ist erstmals in Italien im ausgehenden 14. Jh. nachweisbar. Größere Bedeutung als Zahlungsmittel erreichte sie aber erst im 17. Jh. in Antwerpen und Amsterdam, von wo aus sie sich auch nach England ausbreitete. Zu diesem Zeitpunkt tauchen Schecks in den Büchern der Londoner Banken häufig noch als *orders, vouchers* oder *discharges* auf. Der Scheck *(cheque)* bürgerte sich erst im 18. Jh. ein, als sich die Bankanweisung funktional von der →Banknote zu trennen begann. In Großbritannien wurde der Scheck lange Zeit als eine Sonderform des →Wechsels betrachtet und unterlag deshalb keiner gesonderten Gesetzgebung. Erwähnung fand er erstmals im *Bills of Exchange Act* des Jahres 1882.

Zu diesem Zeitpunkt hatte der Scheck Banknote und Wechsel als wichtigstes Zahlungsmittel weit hinter sich gelassen. Denn durch die effektive Begrenzung der Banknotenzirkulation in der →Peelschen Bankakte aus dem Jahr 1844 blieb der Scheck das einzig schnell und ausreichend verfügbare (weil nicht kontingentierte) Zahlungsmittel im Geschäftsverkehr. Nach 1844 begannen die britischen →Zettelbanken zügig damit, das Depositengeschäft aufzubauen und – unterstützt durch ein leistungsfähiges Clearing – den Kunden den Scheck als bequeme Alternative sowohl zur Banknote als auch zum Wechsel anzudienen. Der Erfolg dieser Bemühungen war so groß, daß der Inlandswechsel auch als Mittel zur Kreditbeschaffung zunehmend durch die Kombination Buchkredit/Scheck verdrängt werden konnte.

Gegen Ende des 19. Jhs. war England allen anderen Staaten bei der Durchsetzung des bargeldlosen Zahlungsverkehrs weit voraus, wie ein Vergleich der Notenzirkulation pro Kopf der Bevölkerung um 1905 zeigt (England: 13,20 Mark, Deutschland: 23,30 Mark, Frankreich: 103,70 Mark). Die Ursache für die sich in diesen Zahlen ausdrückende Rückständigkeit der kontinentaleuropäischen Länder lag nicht allein am entwickelteren britischen Handelsverkehr, sondern insbesondere auch an staatlichen Restriktionen (etwa bei der Annahme verzinslicher Depositen durch private Banken) oder an fiskalischen, aus dem staatlichen →Münzregal hergeleiteten Vorbehalten gegen den freien Verkehr von Geldsurrogaten. Aus den gleichen Gründen, die die Entwicklung privater Notenbanken einschränkten oder gar verhinderten, wurden etwa in Deutschland und Frankreich Schecks und Wechsel mit hohen Stempelsteuern belegt, die ihre Verbreitung empfindlich beeinträchtigten. *Dieter Ziegler*

Lit.: E. Jaffe, Das englische Bankwesen, Leipzig 1904; S. Buff, Der gegenwärtige Stand und die Zukunft des Scheckverkehrs in Deutschland, München 1907; F.T. Melton, Sir Robert Clayton and the Origins of English Deposit Banking, 1658–1685, Cambridge 1986.

Scheidemünzen

Scheidemünzen oder Kreditmünzen besitzen im Gegensatz zu den →Währungsmünzen eine gesetzlich festgelegte eingeschränkte Zahlkraft bis zu einem bestimmten Betrag. In der Regel sind sie Teilstücke der Währungsmünzen auf den untersten Wertstufen. Sie werden und wurden unterwertig ausgebracht, zunächst aus mehr oder weniger stark legiertem Silber, ab dem 18. Jh. zunehmend aus Kupfer und unedlen Metallen. Der →Nennwert war höher als der →Metallwert, so daß die Münze aufgrund des Kredits, den sie genoß, als Zahlungsmittel diente. Im System der reinen →Goldwährung waren auch die höheren Nominale aus Silber Scheidemünzen, z.B. die Zwei- und Fünfmarkstücke der deutschen Währungsreform von 1871/73. Die Geldgeschichte ist voll von Mißbräuchen bei der Scheidemünzherstellung, die vielfach zur fiskalischen Nutzung des →Münzregals verwendet wurde. In Fällen von Mangel an Währungs- und →Handelsmünzen wurden auch größere Beträge in Scheidemünzen bezahlt, manchmal sogar in versiegelten Rollen («Rolltaler») oder Tüten. *Konrad Schneider*

Lit.: G. Schmoller, Über die Ausbildung einer richtigen Scheidemünzenpolitik, vom 14. bis zum 18. Jh., Schmollers Jahrbuch 24 (1900), S. 1247–74; M. Palyi, Scheidemünzen, Handwörterbuch der Staatswissenschaften, VII, Jena 1926, S. 200–05.

Scherf →Obol

Schilling
Die Etymologie ist umstritten. Mit Scilling u. ä., ursprünglich einer Gewichtseinheit, wurden in germanischen Sprachen byzantinische und völkerwanderungszeitliche Solidi bezeichnet. In der Karolingerzeit meinte der Begriff Schilling/Solidus eine nicht ausgeprägte Rechenmünze im Werte von 12 Denaren (zugleich 1/20 Pfund → «Karls-Pfund»). Als geprägte Silbermünze gehört der weitverbreitete Schilling in die Kategorie der ab 1266/1300 aufkommenden → Groschen; er ist meist mit Wappendarstellungen versehen und örtlich und zeitlich starken Gewichtsschwankungen unterworfen (meist zwischen 2,50 und 1,70 g rauh). Bei längerer Prägedauer sank er oft auch zur kupfernen → Scheidemünze ab. Es wird aus der Überlieferung nicht immer deutlich, ob die Verwendung des Schillingbegriffes konkret eine zeitgenössische Münzbezeichnung oder eine Recheneinheit von 12 Pfennigen meint. Im Rheinland entwickelten sich in der zweiten Hälfte des 14. Jhs. besonders von Turnosen und englischen Edwards-Sterlingen abgeleitete Prägungen in Schillingswerten. Schillinge des Deutschen Ordens sind ab etwa 1380 bezeugt. Als «sundische Schillinge» (6 Pfennig lübisch) galten kurz nach 1410 ausgebrachte Nominale, die auch als pommersche Großpfennige bekannt geworden sind. Ein besonderer Schwerpunkt der Schillingprägung entwickelte sich im Bereich des Wendischen Münzvereins ab 1432 von Lübeck, Hamburg, Wismar und Lüneburg ausgehend (→ Münzvereine). Schillinge hielten sich als Kleinmünzen in Hamburg bis 1855, in Mecklenburg bis 1866. Weitere Schillinggebiete entstanden Ende des 14. Jhs. und durch mehrere → Münzvereine des 15. Jhs. in Franken (u. a. Nürnberg, Bamberg, Würzburg, Brandenburg-Franken, Oberpfalz) und in Schwaben (1423 Riedlinger Vertrag, Württemberg, Städte Bodensee und Allgäu; 1475 Leonberger Vertrag, Württemberg und Baden), etwas später auch in der Schweiz. Insbesondere in Würzburg und Württemberg dauerte die Prägung bis weit in die Neuzeit. Die im Gewicht stark variierenden westfälischen Schillinge sind gleichfalls zum großen Teil den neuzeitlichen Scheidemünzen zuzurechnen, die auch in Kupfer ausgebracht wurden (Münster, Osnabrück). Im polnisch-baltisch-preußischen Bereich verfielen die neuzeitlichen Schillinge als Groschenteilstücke zu kleinsten Kupfernominalen (bis Anfang 19. Jh.). Der ebenfalls lange Zeit als Rechnungseinheit verwendete englische Shilling entwickelte sich als Münze in der ersten Hälfte des 16. Jhs. aus dem höherwertigen Testoon (1504, 9,33 g) und zeigte das Porträt des Herrschers; die Prägung dauerte im Münzsystem 1 Pound = 20 Shilling = 240 Pence bis 1971. Die niederländische Version war der Schelling zu 6 Stübern, der nach der Unabhängigkeitserklärung 1581 geprägt und mit diversen erläuternden Zusätzen versehen wurde (z. B. Arend-, Roos-, Ruiter-, Snaphaan-Schelling). Der skandinavische Skilling wurde ausgebracht: in Dänemark zuerst kurz vor der Mitte des 15. Jhs., später oft in Mehrfach-

stücken (8, 4, 2), zuletzt als Kleinmünze 1872; in Norwegen seit dem Beginn des 16. Jhs.; in Schweden als Kupferstück 1777–1855. In Österreich wurde der Schilling 1924 (und 1945) als Währungseinheit eingeführt (1 Schilling = 100 Groschen). *Gert Hatz*

Lit.: v. Schrötter, S. 597–602; E. Waschinski, Die Münz- und Währungspolitik des Deutschen Ordens in Preußen, Göttingen 1952, S. 72 ff.; M. Gumowski, Handbuch der polnischen Numismatik, Graz 1960, S. 29 passim; Jesse, S. 104 ff.; N. L. Rasmusson, Skilling, KHL 15 (1970), Sp. 503 ff.; C. E. Challis, The Tudor Coinage, Manchester 1978, S. 97 ff.; N. Klüßendorf, Vom Sterling zum Schilling, eine rheinische Entwicklung des 14. Jhs., St. Kuczyński (Hg.), Nummus et Historia (Festschrift Kiersnowski), Warszawa 1985, S. 177–85; Schüttenhelm, S. 185 ff., 239 ff., 251 ff.

Schinderling

Schinderling (von schinden) ist die zeitgenössisch-volkstümliche Bezeichnung für sehr schlechte österreichische und bayerische (Schwarz)Pfennige der Jahre 1457–60. Als Ursache der minderwertigen Prägungen werden neben der Türkengefahr vor allem die verheerenden Erbstreitigkeiten angesehen, die 1457 nach dem Tode des Königs Ladislaus Postumus von Böhmen und Ungarn zwischen Kaiser Friedrich III. und seinem Bruder Erzherzog Albrecht VI. ausbrachen. Zur →Kriegsfinanzierung fanden in den besonders durch Vergabe des Prägerechtes mit Gewinnbeteiligung des Kaisers ausgebeuteten Münzstätten Wiener Neustadt, Graz, St. Veit, Laibach und weiteren Orten bis nach Ungarn, die im Einflußbereich Friedrichs lagen, und in den oberösterreichischen Städten Linz, Enns und Freistadt, die Erzherzog Albrecht unterstanden, rapide Verschlechterungen der Pfennige (und Kreuzer) statt. Wurden 1457 noch 270 Pfennige auf den ungarischen Gulden gerechnet, so waren es 1460 3686 Stück. Der Feingehalt sank derart, daß 23 040 Pfennige aus der feinen Mark mit einem Einzelgewicht von 0,012 g (rauh 0,389 g) ausgebracht wurden, die schließlich in reine Kupferpfennige übergingen. Eine →Inflation mit gewaltigen Teuerungen war die Folge. Mit Hilfe der Wiener Münzerhausgenossen erfolgte 1460 eine allmähliche Stabilisierung der Währungsverhältnisse durch Abwertung und Verrufung sowie durch die Einführung besserer (Weiß)Pfennige (0,58 g rauh, 0,18 g fein). Offenbar in gegenseitiger Wechselwirkung mit den Verhältnissen in Österreich entstanden auch in Bayern (Niederbayern-Landshut; Oberbayern-München, Straubing), in der Oberpfalz (Neumarkt), in den Grafschaften Oettingen und Hals sowie in Passau und Salzburg Schinderlinge, die gelegentlich als die Vorläufer der österreichischen Prägungen angesehen werden. *Gert Hatz*

Lit.: v. Schrötter, S. 602 f.; C. Schalk, Der Münzfuß der Wiener Pfennige in den Jahren 1424 bis 1480, NZ 12 (1880), S. 186–282, 324–78, 245 ff.; A. Luschin v. Ebengreuth, Das Münzwesen in Österreich ob und unter der Enns im ausgehenden Mittelalter, II,

Jahrbuch des Vereines für Landeskunde von Niederösterreich N.F. 1916/17, S. 367–438, bes. S. 375 ff.; H.-J. Kellner, Die Münzen der niederbayerischen Münzstätten, Grünwald 1958, S. 19 ff. passim; G. Probszt, Österreichische Münz- und Geldgeschichte, Wien 1973, S. 264 ff., 286 ff.; R. Gaettens, Geschichte der Inflationen, München 1982, S. 40–51; E. Götz, Die Münzprägung der Oberpfalz, Nürnberg 1992, S. 46 ff. passim.

Schlagschatz

Der Schlagschatz (engl. *seigniorage*, frz. *seigneuriage*) war der Reingewinn des →Münzherrn aus der Münzprägung. Er stand ihm kraft seines →Münzregals zu und war eine der wenigen Einkünfte, die der Fürst elastisch seinem Bedarf anpassen konnte. Aus diesem Grund wurden die →Münzstätten im Mittelalter und zum Teil noch in der Frühen Neuzeit wie gewinnorientierte Unternehmen geführt und nicht als Institutionen im Dienste der Allgemeinheit. Jedoch konnte der Münzherr den Schlagschatz nicht willkürlich erhöhen, da er bestimmte Marktkräfte zu respektieren hatte. Der Schlagschatz wurde gewöhnlich wie eine Steuer von dem in der Münzstätte verprägten Edelmetall erhoben. Von den aus einer →Mark Silber oder Gold geprägten Münzen zog der →Münzmeister einen Teil als Schlagschatz für den Herrn und einen anderen Teil als →Münzkosten für sich ab. Für die restlichen Münzen kaufte die Münzstätte die Mark Prägesilber oder Gold. Wenn der Münzherr den Schlagschatz zu hoch ansetzte, war der Ankaufspreis für Edelmetall entsprechend niedriger. Die Münzstätte lief Gefahr, daß ihr kein Edelmetall mehr angeboten wurde. Wenn dies der Fall war, half nur noch eine →Abwertung. Auf diese Weise konnte der Münzherr für das in die Münzstätte gebrachte Silber nominell einen höheren Preis zahlen, ohne auf seinen hohen Schlagschatz verzichten zu müssen. *John H. Munro*

Lit.: v. Schrötter, S. 603 f.; J. H. Munro, Wool, Cloth, and Gold: The Struggle for Bullion in Anglo-Burgundian Trade, 1340–1478, Brussels 1973; Ders., Bullion Flows and Monetary Policies in England and the Low Countries, 1350–1500, Hampshire 1992.

Schreckenberger

Hochwertige Groschenmünzen wurden ab 1498 aus dem Silber der Gruben von Schreckenberg (ab 1501: Annaberg) im Erzgebirge geschlagen. Wegen des Engels im Münzbild nannte man sie auch Engelgroschen. Die schweren Groschen galten zunächst 1/7 Gulden = 3 Zinsgroschen und wurden vorwiegend zur Gewinnausschüttung an die Teilhaber von Bergwerken (Gewerken) verwendet (→Ausbeutemünzen). Kurfürst August I. erhöhte 1558 ihr Gewicht und damit ihren Wert auf 1/6 Gulden. Sie wurden bis 1571, als der Obersächsische Kreis den Reichstaler zu 24 Guten Groschen einführte, in stattlichen Mengen in Kursachsen und den Besitzungen der ernestinischen Wettiner geschlagen. Entsprechend ihrer Qualität fanden sie weite Verbreitung.

In der →Kipper- und Wipperzeit lebte die Währungsbezeichnung wieder auf, als Kursachsen und die ernestinischen Wettiner massenhaft Kippermünzen, insbesondere zu 4 und 8 Groschen mit dem Bild des Engels in Verkehr brachten. Die Bezeichnung wurde auf vergleichbare Kippermünzen übertragen. Dies waren z.B. die Drei- und Sechsbätzner (12 und 24 Kreuzer) der Gulden-Kreuzer-Währung. Sie gehörten in Süd- und Südwestdeutschland zu den verbreitetsten Kippermünzen und wurden hierher in großen Mengen beispielsweise aus dem kleinen Ardennenfürstentum Château-Renault gebracht. Auch die westfälischen →Schillinge mit der Wertzahl 21 auf dem Doppeladler zählen zu den neuen Schreckenbergern, ebenso die ursprünglich niederländischen →Adlerschillinge (brabantsche Schreckenberger) samt ihren zahlreichen, auch italienischen Nachahmungen. *Konrad Schneider*

Lit.: Deutsches Wörterbuch, IX, Leipzig 1899, Sp. 1672f.; W. Haupt, Sächsische Münzkunde, Berlin 1974, S. 90–96, 131–39; N. Klüßendorf, Der Münzschatz von Herborn, Zur Kipperzeit in der Grafschaft Nassau-Dillenburg, Marburg 1989, bes. S. 70f.

Schrötling →Prägetechnik

Schrot →Rauhgewicht

Schuldverschreibung →Obligation

Sechsling

Der niederdeutsche Sechsling (Soesling) stellt einen Wert von 6 Pfennigen dar (½ →Schilling) und läßt sich zuerst 1388 in Lübeck nachweisen (Sollgewicht rauh 1,77 g), wo bereits seit 1381/82 Dreilinge geprägt wurden. Durch den Rezeß von 1392 fanden die Sechslinge dann Eingang in das hansische Münzsystem (Wendischer →Münzverein) und wurden auch in Hamburg, Wismar und Lüneburg ausgebracht. Die Gepräge zeigen beiderseits die Stadtwappen. Die Prägung dehnte sich in der Folge weiter insbesondere auf Mecklenburg und Pommern aus; hier ist neben landesherrlichen Emissionen die umfangreiche Prägung in Rostock und Stralsund im 16. Jh. hervorzuheben, wo sich ein Verhältnis von 1:2 bei lübischer zu sundischer Währung herausbildete (Sechsling = sundischer Schilling). An der Wende vom 16. zum 17. Jh. ging die Bedeutung der Sechslinge erheblich zugunsten der →Doppelschillinge zurück. In den Hansestädten verkümmerten die Sechslinge schließlich zu Kleinmünzen, u. a. in Hamburg bis 1855. Bei den späteren Prägungen geben die Ziffern 64 und 96 im Reichsapfel die Eingliederung in den Talerfuß zu 32 bzw. 48 Schilling an. Im 15./16. Jh. drangen die hansischen Sechslinge in den nordischen Münzumlauf ein. Sie wurden in Dänemark zuerst kurzfristig 1424, dann vor allem am Beginn des 16. Jhs., auch in Schleswig-Holstein, geschlagen und endeten in Ausläufern z. T. als Kupfermünzen Mitte des 17. Jhs. bzw. in Altona 1787. Auch die schleswig-holsteinische provisorische Regierung gab 1850/51 als Sechslinge bezeichnete Kupferprägungen heraus. In Norwegen prägte König Hans (1481–1512) nach hansischem Vorbild Søslinge.

Gert Hatz

Lit.: v. Schrötter, S. 620; Jesse, S. 91 ff. passim; N. L. Rasmusson, Sechsling, KHL 15 (1970), Sp. 64 f.; G. Galster, Unionstidens udmøntninger, København 1972, S. 20 f. passim; B. Kluge, Der Münzfund von Krien, Berlin 1982 (maschschr. Diss.), S. 87–131; M. Kunzel, Münzmeister und Chronologie der undatierten Rostocker Sechslinge des 16. Jhs., BNF 1 (1987), S. 45–58; G. Stefke, Der «wendische Münzverein» und seine Nachbarn im 14. Jahrhundert: Gepräge-Vorbilder und ihre Nachahmungen von den Anfängen bis 1391/92, HBN 33/35 (1979/81, 1988), S. 107–52, S. 139 ff.

Seigerhüttenprozeß

Der Seigerhüttenprozeß wurde im 15. Jh. zur Abtrennung von Silber (und Gold) aus edelmetallhaltigem Rohkupfer («Schwarzkupfer») im technischen Maßstab entwickelt und – regional unterschiedlich – teilweise bis ins 19. Jh. hinein praktiziert. Abgelöst wurde die »schöne Kunst« der Kupferseigerung (Lazarus Ercker 1580) zunächst vom →Amalgamationsprozeß und schließlich von der Kupferelektrolyse.

Zu «seigern» in enger etymologischer Beziehung steht das in der Umgangssprache noch gebräuchliche Verb «seihen», das einen Klär- oder Reinigungsvorgang in Verbindung mit einer Flüssigkeit bezeichnet. Beide Verben gehen auf die indogermanische Wurzel *seik* (ausgießen, rinnen, träufeln) zurück. Das nhd. «seihen» ist mit «seigen» bzw. «seigern» durch grammatikalischen Wechsel (zwischen h und g) verknüpft, mhd. *sihen* bzw. *sigen* (niederfallen, tröpfeln, herabfließen, sinken, sich neigen). Die sich neigende →Münzwaage (Seige) verweist auf das Seigen oder Seigern von Münzen, d. h. das Aussondern vollgewichtiger Stücke, eine zwar streng verbotene, dennoch vielgeübte, das Münzwesen schädigende Praxis.

Der erste technologisch eindeutige urkundliche Beleg für die Ausübung der Kupferseigertechnik verweist auf die Schmelzhütte vor dem Frauentor in Nürnberg im Jahre 1453. Die früheste bildliche Darstellung findet sich im *Mittelalterlichen Hausbuch* (um 1482). In einer ersten Gründungswelle entstanden in und um Nürnberg zwischen 1450 und 1460 vier weitere Seigerhütten, die ihr Rohkupfer aus Böhmen, Thüringen und dem Erzgebirge, auch wohl bereits aus dem Mansfelder Revier bezogen. Zu großer wirtschaftlicher und politischer Bedeutung gelangten die Thüringer Seigerhütten, die von Nürnberg ausgehend seit 1460 in mehreren Gründungsschüben entstanden, darunter eine der Fugger-Thurzo-Gesellschaft in Hohenkirchen bei Georgenthal (1495/96) (→Montanwirtschaft). Seigerhütten errichtete man nach und nach auch in Sachsen, Oberungarn, Böhmen, am Harz und anderenorts, wo silberhaltiges Schwarzkupfer anfiel. In den nordostalpinen Montanrevieren, wo seit den späten 60er Jahren des 15. Jhs. Versuche zur Übernahme des Seigerhüttenprozesses mit Hilfe Nürnberger Fachleute belegt sind, entwickelte sich schließlich eine Symbiose von Elementen der bodenständigen Kupfermetallurgie und solchen der neuen Kupferseigertechnik, der (Tiroler) →Abdarrprozeß.

Der durch die Aufarbeitung anfallender Nebenprodukte recht komplexe Verfahrensgang der Kupferseigerung stellt im Prinzip eine Umkristallisation des edelmetallhaltigen Kupfers im Legierungsmittel Blei dar. Hierbei gehen die Edelmetalle in das Blei über, aus dem sie mit Hilfe des Treibverfahrens (Kupellation) isoliert werden können. Der Prozeß besteht aus drei Hauptoperationen:

1. Frischen des Kupfers mit der 3- bis 4fachen Menge Blei (= Gemischbildung durch Zusammenschmelzen).
2. Abgießen von Seigerstücken und Abkühlung (= innere Separation des Kupfers von der entstehenden Blei-Silber-Legierung durch selektive Kristallisation).
3. Erhitzen der Seigerstücke zu leichter Rotglut (= äußere Separation der Blei-Silber-Legierung durch selektives Ausschmelzen).

Das ausgeschmolzene Seigerblei wird anschließend auf dem Treibherd (→Treibarbeit) selektiv oxidiert (Abzug der Bleiglätte), bis der «Silberblick» erscheint. Gegenüber der traditionellen Bleiarbeit konnte die Silberausbeute durch die Kupferseigerung bei etwa gleichem Aufwand um rund 50% gesteigert werden. Dadurch ließen sich auch solche Kupfersorten entsilbern, die dafür zuvor aufgrund ihres geringen Gehalts nicht geeignet waren. Der Seigerhüttenprozeß beeinflußte daher in hohem Maße die europäische Wirtschaft (→Kupfer). *Lothar Suhling*

Lit.: E. Westermann, Das Eislebener Garkupfer und seine Bedeutung für den europäischen Kupfermarkt 1460–1560, Köln–Wien 1971; L. Suhling, Der Seigerhüttenprozeß. Die Technologie des Kupferseigerns nach dem frühen metallurgischen Schrifttum, Stuttgart 1976; Ders., Technologische Entwicklungen in der mittelalterlichen Kupfermetallurgie, Erzmetall 31 (1978), H. 7/8, S. 348–53.

Silber I

Silber (lat. *argentum*, Ag) ist ein chem. Element, ein weiß glänzendes, sehr dehnbares, weiches und gut formbares Edelmetall; spez. Gew. 10,5, Schmelzpunkt 960,8 °C, Siedepunkt 2212 °C. In der Natur kommt Silber häufig gediegen vor, aber auch chemisch verbunden, insbesondere als Begleiter von Blei, Kupfer und Zink in deren sulfidischen Erzen wie Bleiglanz, Kupferkies und Zinkblende. Die wichtigsten Silberminerale sind Argentit (= Silberglanz, Ag_2S); Pyrargyrit (= dunkles Rotgültigerz, Antimonsilberblende, Ag_3SbS_3); Proustit (= lichtes Rotgültigerz, Arsensilberblende, Ag_3AsS_3); Chlorargyrit (= Hornsilber, AgCl); dazu treten die Fahlerze wie Freibergit $((CuAg)_3SbS_{3-4})$ u. a. mit ihren starken Kupferanteilen. Gleich ob gediegen oder in mineralischen Verbindungen sind Silbererze in den Lagerstätten innig mit taubem Gestein verwachsen, müssen also bergmännisch gewonnen und anschließend verhüttet werden. Gerade wegen des oft gleichzeitigen Anfalls von →Kupfer und →Blei bei der Verhüttung bzw. des Bleibedarfs beim Treibprozeß (→Treibarbeit), beim →Seiger- und →Abdarrverfahren ist es schwer, das Silber isoliert zu betrachten.

Die arabischen Eroberungen und die Entstehung der islamischen Welt seit dem 7. Jh. veränderten Gewinnung und Handel aller Münzmetalle von Indien bis zu den Anrainern des Mittelmeers. Zu der von Ost nach West fortschreitenden Enthortung von →Gold in Form von Kriegsbeute, dem systematischen Grabraub, der Besteuerung der Kirchen und ihrer Goldschätze sowie dem Gewinn neuen Goldes samt Verbesserung der Schmelztechnik durch das →Amalgamationsverfahren trat die Silbergewinnung hinzu. Die Muslime nahmen die Gewinnung von Silber in der alten Landschaft Tartessos in Südspanien wieder auf und förderten bis in die Frühe Neuzeit das Silber aus dem marokkanischen Atlas. Wichtiger war die große Zone an Silbervorkommen in Armenien, Nordiran und Zentralasien, welche schon die Sassaniden für ihren →Dirham ausgebeutet hatten. Hauptabbaugebiete waren das Revier von Bendschīr in den Bergen von Kabul und das Revier von Taschkent in Transoxanien. Letzteres soll im frühen 9. Jh. allein 30 Tonnen Silber im Jahr erbracht haben. Dazu trat die Region des kikilischen Taurus mit dem berühmten Lager von Bulghār Maden. Das hier gewonnene Silber wurde in nahe gelegenen Münzstätten als Dirham ausgeprägt, dessen Gewicht unter dem Kalifat von Omar (634–644) vereinheitlicht worden war. 20 Dirhams entsprachen 1 →Dinar aus Gold, den man ab Ende des 7. Jhs. zu prägen begann. Welche Bedeutung die Edelmetallgewinnung in der islamischen Welt in rund eineinhalb Jahrhunderten erreicht hatte, wird an folgendem Beispiel sichtbar. Um 800 soll das gesamte Einkommen des Kalifen rund 400 Millionen Dirhams, nach Sture Bolin das 25fache der Welt-Silber-Produktion von 1500 betragen haben. Der so in der islamischen Welt geschaffene mittelmeerische →Bimetallismus hatte Berührungszonen mit dem werdenden römisch-christlichen Abendland durch die nordspanischen Königreiche und Venedig sowie die Reiche von Kiew und Byzanz. Über letztere gelangten im späten 9. Jh. massenweise Dirhams in die slavische und skandinavische Welt und führten dort zu einer sog. Gewichtsgeldwirtschaft, welche sich von den Anfängen einer Münzgeldwirtschaft in England, Frankreich und Deutschland unterschied. Diese Silberwelle scheint einem zeitgleichen kerneuropäischen Silberbergbau nicht dienlich gewesen zu sein; denn erst mit dem Rückgang des Zustroms kufischer Silbermünzen ab Mitte des 10. Jhs. tauchen schriftliche Nachrichten über Silberbergwerke im ottonisch-salischen Reich auf: Harz 968, Vogesen 984, südlicher Schwarzwald 1028. Während es Anfang des 12. Jhs. nur zwei Dutzend Münzstätten gab, werden für die Zeit von 1140 bis 1197 rund 215 genannt. Das deutet auf eine rapide gestiegene Silberproduktion hin. Sie kam aus den oben genannten Revieren und seit der zweiten Hälfte des 12. Jhs. aus den Vorkommen von Trient, Montieri und Massa Marittima in der Toskana, aus Sardinien, dem Lavant-Tal in Kärnten und Freiberg im Erzgebirge. Dazu trat im 13. Jh. die Silberförderung in Iglau/Mähren, Kuttenberg/Böhmen und den ungarischen Bergstädten. Diese Epoche des europäischen Bergbaus auf Silber endete in einem allgemeinen Niedergang im 14. Jh. (→Montanwirtschaft). Ein erneuter Aufschwung zeichnete sich frühestens im zweiten Drittel des 15. Jhs. ab. Das Einsetzen der Förderung der Fahlerze im Schwazer und des Kupferschiefers im Mansfelder Revier im dritten Jahrzehnt des 15. Jhs. scheint auf mehrere Gründe zurückzugehen: ein günstiges Angebot des absolut notwendigen Zuschlags Blei, neue Verwendungszwecke des Kuppelprodukts Kupfer und den Mangel an Silber. Beschleunigt wurde der Abbau mit der großbetrieblichen Anwendung des →Seigerverfahrens im Nürnberger Raum ab 1450 und der Abwanderung der dort tätigen Seigerhandelsgesellschaften mit ihren Werken ab 1461 an den Thüringer Wald. 1470 setzten die bedeutenden Funde von Silber am Schneeberg ein, aber auch die Rechnungen über die Brandsilberproduktion des Falkenstein bei Schwaz. In beiden Fällen sind Jahr für Jahr exakte Angaben überliefert, doch fehlen bisher entsprechend genaue Daten der Südtiroler Reviere zu Primör, Klausen, Sterzing, Nals und Terlan. Für Rattenberg sind nur einzelne Jahresangaben bekannt. Die Silber- und Kupferproduktion der Thüringer Seigerhütten läßt sich erst ab 1506 recht genau berechnen, wenn auch nicht Jahr für Jahr. Außer Schneeberg lieferte noch Geyer ab 1472 Silber; dazu gesellten sich ab 1492 Annaberg, ab 1501 Buchholz, ab 1524 Marienberg und Scheibenberg im Erzgebirge. Vom Ende des 15. bis zur Mitte des 16. Jhs. darf ebenfalls das aus dem ungarischen Reichkupfer auf den Seigerhütten der Firma Fugger erzeugte Silber nicht vernachlässigt werden. Bis zur massiv sich steigernden Silberproduktion in Joachimstal Mitte der zwanziger Jahre des 16. Jhs. erzeugten die

Nordtiroler Reviere um Schwaz rund 55 % des europäischen Silbers, während es vor 1500 zwischen 65 und 85 % waren, d.h. ab 1470 6 bis 12 Tonnen Silber jährlich. Bis 1520 wuchs die europäische Erzeugung auf 35 bis 42 Tonnen Silber im Jahr, um von 1523 an bis etwa 1540 rund 45 bis 50 Tonnen im Jahr zu erreichen. Obwohl sich danach die Ausbringung im Erzgebirge, in Joachimstal und Schwaz sowie auf den Thüringer und Fuggerschen Seigerhütten nicht unerheblich reduzierte, wurde dieser Rückgang bis Mitte der fünfziger Jahre ganz sicher durch die Erzeugung im Leberthal (1–2 Tonnen), am Röhrerbühel (1–2 Tonnen), im Kössental (1 Tonne), im Harz (2 Tonnen) und in Freiberg (5 Tonnen) ausgeglichen. Wenn im Einzugsgebiet von Kremnitz und Schemnitz dann allein 1555 noch 14 Tonnen oder im spanischen Guadalcanal 1556 17 Tonnen hinzukamen, dann reichte die Phase der höchsten Silberproduktion in Europa von 1523 bis etwa 1556, wobei die hier gebrachten Zahlen Minimalangaben darstellen. Kleinere Vorkommen wie in Maßmünster/Vogesen, Kuttenberg, Salzburg oder im Ostalpenraum sind nämlich nicht berücksichtigt. Doch schon 1546–1550 übertraf das amerikanische Silber (→Silber II) mit 115 Tonnen im Jahr die gleichzeitige europäische Produktion ganz wesentlich. Hohe Bleipreise in den fünfziger Jahren legten dann die tatsächlich ungünstige Kosten-Erlös-Situation vieler Silbergruben in Europa bloß, die sich trotz einer schweren Krisis der südamerikanischen Silbererzeugung zwischen 1557 und 1572 weiter verschlechterte, weil kostendeckende Preise wegen der Zufuhr aus der Neuen Welt nicht durchsetzbar waren. Seit Ende der 1550er Jahre fiel die europäische Silberproduktion rasch, viele Bergwerke wurden bis zum Dreißigjährigen Krieg aufgegeben oder als staatliche Zuschußbetriebe weitergeführt. Nur der Harz mit 4–5 und das sächsische Erzgebirge mit 8–4 Tonnen jährlich hielten sich annehmbar; für andere Reviere liegen Zahlen vergleichbarer Güte nicht vor. So wurde der Bedarf des europäischen Silbermarktes vom Ende des 16. Jhs. bis zum Beginn des 19. Jhs. zu mindestens 85 % durch amerikanisches Silber gedeckt. Der Rest wurde durch das Silber des Oberharzes, von Freiberg und Johann-Georgenstadt, von Kongsberg/Norwegen sowie Nerchinsk und Kolyvan im Altai bestritten. *Ekkehard Westermann*

Lit.: H. Steuer, Zum Umfang der Silbergewinnung im mittelalterlichen Europa nach der schriftlichen Überlieferung, Freiburger Universitätsblätter 109 (1980), S. 79–83; H. Kellenbenz (Hg.), Precious Metals in the Age of Expansion, Stuttgart 1981; E. Westermann (Hg.), Die Listen der Brandsilberproduktion des Falkenstein bei Schwaz von 1470 bis 1623, Wien 1988; I. Blanchard, «Russia's Age of Silver»: Precious Metal Production and Economic Growth in the 18th Century, London 1989; J. H. Munro, The Central European Mining Boom, Mint Outputs and Prices in the Low Countries and England 1450–1550, E. Van Cauwenberghe (Hg.), Money, Coins and Commerce, Leuven 1991, S. 119–84; C. Bartels, Vom frühneuzeitlichen Montangewerbe zur Bergbauindustrie. Erzbergbau im Oberharz 1635–1866, Bochum 1992; M. Lombard, Blütezeit des Islam. Eine Wirtschafts- und Kulturgeschichte. 8.–11. Jh., Frankfurt 1992.

Silber II

Bereits in präkolumbischer Zeit wurde in Amerika Silber gewonnen, dem man sakrale Eigenschaften zuschrieb. Der Silberbergbau erfolgte nur in geringen Tiefen, und die geförderten Mengen waren im Vergleich zu Kupfer und Gold unbedeutend. So fanden die Eroberer bei den Azteken nach 1521 auch nur geringe Silbervorräte. Nach der Eroberung des Inkareiches (1533) wurden dann aus den erbeuteten und eingeschmolzenen silbernen Kunstgegenständen bis 1535 etwa 20 Tonnen Metall gewonnen. Zunächst beschränkten sich die Kolonisten in Mexiko und Peru darauf, Gold und Silber als Tributleistungen von der indianischen Bevölkerung einzufordern. 1524 engagierten sich die ersten Europäer im mexikanischen Silberbergbau. 1537 kauften die Sevillaner Faktoren der →Fugger eine Silbermine in Súltepec (Mexiko), wo deutsche Bergleute die mitteleuropäischen Bergbautechniken, insbesondere die Verwendung von Blei im Verhüttungsprozeß, bereits zu Beginn der Kolonialzeit auf die mexikanischen Verhältnisse übertrugen. Die Entdeckung neuer Vorkommen im nördlichen Mexiko (Zacatecas 1545, Guanajuato 1548) markierte den eigentlichen Beginn der Silberproduktion. Bereits in den fünfziger Jahren waren aber die reichen, leicht abbaubaren Vorkommen auch in den neuen Minen erschöpft. Da das 1554–57 in Mexiko entwickelte →Amalgamationsverfahren für Silber die gewinnbringende Verhüttung von Erzen mit geringem Edelmetallgehalt ermöglichte, konnte es sich dort sofort durchsetzen. Bei dieser neuen Methode wurde erheblich weniger Holz und Wasser benötigt als bei den mitteleuropäischen Verfahren, außerdem war man nun nicht mehr auf die englischen Bleilieferungen angewiesen, da man das →Quecksilber aus dem Mutterland Spanien und später aus Idria (Slowenien) beziehen konnte. Eine veränderte Form des normalerweise unter freiem Himmel durchgeführten Amalgamationsverfahrens wurde 1640 von dem Priester A. Barba in Peru entwickelt. Hierbei lief der Amalgamationsprozeß in geschlossenen Gefäßen unter Zufuhr von Wärme ab. Dieses Verfahren fand aber erst in Europa im 18. Jh. Verwendung.

Auch in Peru und Hochperu (Bolivien) begann eine im Vergleich zur vorspanischen Zeit deutlich erhöhte Silberförderung erst 1545 mit der Entdeckung reicher Vorkommen in Potosí (Hochperu). Da hier die Produktion zunächst weitgehend in den Händen autochthoner Bergleute verblieb, fand das Amalgamationsverfahren erst 1573 mit der Einführung der *mit'a* und der gleichzeitig erfolgten Übernahme der Produktion durch die weißen Kolonisten Verbreitung. Bei der *mit'a* handelte es sich um eine spezielle Form der Zwangsarbeit von Teilen der indianischen Bevölkerung in den Silberminen von Potosí und dem Quecksilberbergwerk von Huancavelica bei Lima, die erst 1700 aufgehoben wurde.

Insgesamt erhöhte sich die amerikanische Silbererzeugung von ca. 23 Tonnen im Jahr (1541–1545) auf 115 Tonnen (1546–1550) und erreichte

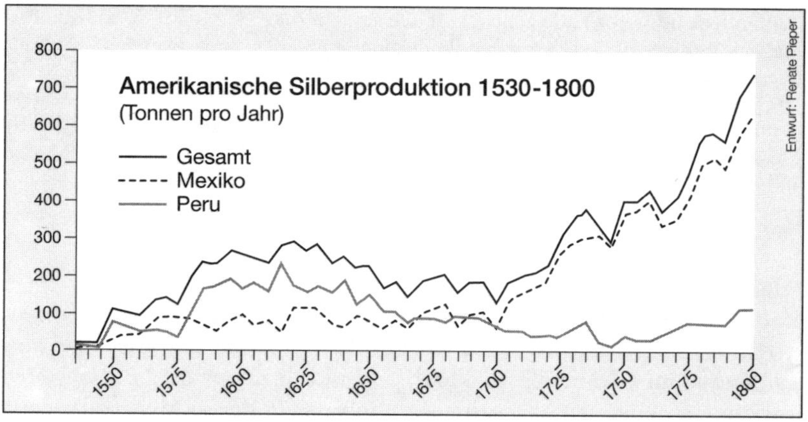

1610–1630 ca. 280 Tonnen. Im Verlauf des 17. Jhs. ging die Produktion um die Hälfte zurück. Dies ist auf die Erschöpfung reicherer Vorkommen, fehlende Arbeitskräfte infolge der demographischen Katastrophe unter den amerikanischen Ureinwohnern und zu geringe Quecksilberlieferungen aus Europa zurückzuführen. Erst im Zuge der bourbonischen Reformpolitik des 18. Jhs. nahm die amerikanische Silbererzeugung einen erneuten Aufschwung. Unter staatlicher Aufsicht floß das Quecksilber wieder regelmäßiger, und der Preis wurde in zwei Stufen um 50 % gesenkt. Hinzu kam die Einführung technischer Verbesserungen, die man aus Europa übernahm, wie den Einsatz von Sprengstoff und die verstärkte Verwendung von Maschinen mit Maultier- oder Pferdeantrieb. Diese Investitionen wurden durch die Gründung spezieller, staatlich geförderter Kreditinstitutionen (Bancos de avío) unterstützt. Die Verbesserungen kamen vor allem dem mexikanischen Bergbau zugute, dessen Ausstoß sich von ca. 120 Tonnen pro Jahr (1700) auf über 600 Tonnen pro Jahr (1800) erhöhte. Damit wurde Mexiko zum weltgrößten Silberproduzenten, eine Stellung, die es bis ins 19. Jh. beibehielt. In Hochperu (Potosí, Oruro) scheiterte eine intensive Kapitalisierung und damit eine deutliche Erhöhung der Silberproduktion, wohingegen es in Peru (Cerro de Pasco, Hualgayoc) zu einem Anstieg der Erzeugung kam. Damit betrug der jährliche Silberausstoß in Amerika am Ende der Kolonialzeit ca. 800 Tonnen. Die Entwicklung der amerikanischen Silberproduktion seit der spanischen Kolonialzeit zeigt, daß Amerika seit der zweiten Hälfte des 16. Jhs. bis zum heutigen Tag eine weltweit führende Stellung in der Silberproduktion einnahm.

Renate Pieper

Lit.: P. Bakewell, Registered Silver Production in the Potosi District, 1550–1735, JbLA 12 (1975), S. 67–103; Ders., Mining in Colonial Spanish America, L. Bethell (Hg.), The

Cambridge History of Latin America, II, Cambridge 1984, S. 110–51; A. Szászdi, Preliminary Estimate of Gold and Silver Production in America 1501–1610, H. Kellenbenz (Hg.), Precious Metals in the Age of Expansion, Stuttgart 1981, S. 151–223; H. S. Klein, J. J. Tepaske, The 17th Century Crisis in New Spain: Myth or Reality, Past & Present 90 (1981), S. 116–35; J. F. Richards (Hg.), Precious Metals in the Later Medieval and Early Modern Worlds, Durham, N. C., 1983; H.-J. Puhle (Hg.), The Economies of Mexico and Peru During the Late Colonial Period, 1760–1810, Berlin 1986.

Silberbrenner

In Revieren mit erheblichem Bergbau auf →Silber erstellte der Silberbrenner jene Unterlagen, mit denen das aus dem →Münzregal fließende Vorkaufsrecht auf Edelmetalle praktisch geltend gemacht wurde. Bei kleineren Vorkommen hingegen übernahm der Probierer in der →Münzstätte diese Aufgabe. In den Tiroler Revieren mußte das von den Gewerken in deren Hütten erzeugte Blicksilber (→Treibarbeit) dem jeweiligen Bergrichter angezeigt, von diesem mit einem Losungszettel versehen und dann dem landesherrlichen Silberbrenner in dessen Brenngaden nach Schwaz geliefert werden. Hier wurden in Gegenwart des Schmelzers oder dessen Vertreters der Blick zerschlagen, die Stücke wieder zusammengelegt und diese mit einer «gerechten Wienischen wag» gewogen. Das Gewicht wurde anschließend vom Silberbrenner samt Namen des Gewerken und genauem Datum ins Jahresregister eingetragen und für den →Münzmeister ein Monatsregister erstellt. Danach wurde ein Drittel des Blicks auf Schwazer Brand zu 14½ Lot gebrannt und der österreichische Schild, das Zeichen des Gewerken und das Gewicht des so entstandenen Brandsilbers in Mark und Lot aufgebracht. Jetzt war das Silber handelsfähig, mußte aber zuvor in der Losungsstube der Münze zu Hall präsentiert werden. Das galt aber nur für das Silber im sog. schweren Wechsel, während das Silber im sog. ringen Wechsel nach Abgabe von 30 kr je Mark frei war. Beim schweren Wechsel wurde die Mark zu einem fixen Preis von 8 fl. angenommen, wobei 5 fl. an den Schmelzer und die Differenz von 3 fl. in die fürstliche Kasse gingen. Diese Einkünfte stellten die Basis dar für die sog. Silberkäufe der Firmen →Fugger, Gossembrot, Baumgartner, Höchstetter u. a. Auf der Basis Erfurter Gewichts arbeitete der Silberbrenner im erzgebirgischen Bergbau dem Zehntner (→Kux) zu, da hier nicht vom Erz, sondern vom Silber der Zehnte einbehalten wurde. *Ekkehard Westermann*

Lit.: A. Laube, Studien über den erzgebirgischen Silberbergbau von 1470 bis 1546, Berlin 1974, S. 51–58, 78 f; E. Westermann (Hg.), Die Listen der Brandsilberproduktion des Falkenstein bei Schwaz von 1470 bis 1623, Wien 1988, S. 37–51.

Silberwährung →Monometallismus

Silberbrenner, Georg Engelhard von Löhneiß (1690)

Skandinavische Münzunion

Die Skandinavische Münzunion war die mit dem Vertrag vom 18. 12. 1872 zwischen Dänemark, Norwegen und Schweden geschlossene Währungsunion, die die Einführung eines gemeinsamen, dezimalen Münzsystems auf Goldbasis zum Ziel hatte. Recheneinheit wurden die dänische, norwegische und schwedische →Krone zu 100 →Öre mit einem →Feingewicht von 0,403 g. Begünstigt wurde dieser Schritt durch die bereits vor Vertragsabschluß weit fortgeschrittene Interzirkulation und eine weitgehende Konvergenz der beteiligten Volkswirtschaften. Zweck des Zusammenschlusses sollte die Schaffung eines größeren Währungsgebietes, die

Erleichterung des Zahlungsverkehrs sowie eine dauerhafte Stabilisierung der →Wechselkurse sein. Wichtigster Bestandteil der Union war ein 1885 zwischen den drei →Zentralbanken geschlossenes Abkommen, wonach gegenseitig dreimonatige Kredite zum Saldenausgleich ohne Zins- und Provisionsabzug gewährt wurden, was den Goldabfluß (→Goldstandard) einschränkte, übermäßige Münzwanderung verhinderte und so wesentlich zu stabilen Wechselkursen beitrug. Entscheidend für das Funktionieren des Münzbundes war ferner eine gut abgestimmte Diskontpolitik sowie die ständige Bereitschaft der Partner zu notwendigen Modifikationen. Die ursprünglich vereinbarte Parität konnte bis 1914 vor allem auch durch eine ähnliche Entwicklung der Wachstums- und Inflationsraten und des Konjunkturverlaufs aufrechterhalten werden. Erst während und nach dem Ersten Weltkrieg gewannen nationalstaatliche Belange in der Politik der Zentralbanken an Bedeutung und überlagerten die integrierenden Faktoren. Der Beitritt der skandinavischen Staaten zum Sterling-Block 1933 markiert das Ende der Münzunion. *Friedrich Zellfelder*

Lit.: J. B. Esslen, Münzbund, Handwörterbuch der Staatswissenschaften, VI, Jena 1925, S. 668f; T. Theurl. Eine gemeinsame Währung für Europa. 12 Lehren aus der Geschichte. Innsbruck 1992. S. 214–41.

Société Générale (de Belgique)

Die 1822 auf Anregung König Wilhelms I. der Niederlande gegründete Société Générale des Pays-Bas pour Favoriser l'Industrie Nationale war die erste →Universalbank. Sie nahm Einlagen an, emittierte Banknoten, diskontierte →Wechsel und fungierte nach der Unabhängigkeit Belgiens von den Niederlanden (1830) auch als Staatskasse und -bank des jungen Staates. Gedacht war die Société Générale, wie ihr Name schon sagt, zur Förderung der Industrie. Dies sollte durch langfristige Kredite und Beteiligungen geschehen. Jedoch waren die Startbedingungen alles andere als günstig. König Wilhelm I. mußte den größten Teil des Aktienkapitals von 30 Mill. fl. selbst zeichnen, und der Vorstand der Bank, zumeist Brüsseler Privatbankiers, zeigte sich langfristigen Krediten gegenüber sehr skeptisch. Abgesehen von Krediten an die Bergwerksbesitzer in der Borinage blieb deshalb der Beitrag der Société Générale zur Industriefinanzierung anfangs bescheiden. Als die Steinkohlebergwerke in den 1830er Jahren in die Krise gerieten, wandelte die Bank sie systematisch in Aktiengesellschaften um, an denen sie Mehrheitsbeteiligungen erwarb. Die in ihren Besitz übergegangenen Bergwerke stellten das Kernstück eines breitgefächerten Industrieemporiums dar, das in den folgenden Jahrzehnten weiter ausgebaut wurde. 1848 geriet die Société Générale wie viele europäische Banken und Bankiers in die Krise, die sie aber dank der Unterstützung des Staates überlebte. Sie verzichtete auf ihr Notenemissionsrecht zugunsten der Nationalbank (Banque Nationale), als diese 1850 als →Zentralnotenbank und Staatskasse gegründet wurde. Seitdem konzentrierte sich die Société Générale auf die Rolle als Kreditbeschaffer für die Industrie und begründete durch Beteiligungen an der Eisen- und Stahlindustrie sowie am Eisenbahnbau den belgischen Ruf im Bereich des *industrial banking*. Die Société Générale, die auch eine wichtige Rolle im Kongo (z. B. bei der Gründung der Union Minière du Haut-Katanga) spielte, wurde 1903 in Société Générale de Belgique umbenannt und firmiert heute unter ihrem niederländischen Namen Generale Maatschappij van Belgie. *Helma Houtman-De Smedt*

Lit.: Le centenaire de la Société Générale de Belgique (1822–1922), Bruxelles o. J. (1922); J. Laureyssens, The Société Générale and the Origin of Industrial Investment Banking, Belgisch Tijdschrift voor de Nieuwste Geschiedenis 6 (1975), S. 93–115; Ders., Growth of Central Banking: The Société Générale and its Impact on the Development of Belgium's Monetary System during the United Kingdom of the Netherlands (1815–30), JEEH 15 (1986), S. 599–616; H. Houtman-De Smedt, «Wie es wuchs»: «Industrial Banking» in Belgien, M. North (Hg.), Nordwesteuropa in der Weltwirtschaft 1750–1950, Stuttgart 1993, S. 163–75.

Solidus →Schilling

Sonnenkrone →Ecu d'or au soleil

Sovereign

Als Sovereign bzw. Souverain d'or bezeichnet man die langlebigste englische Goldmünze und ihre kontinentalen Nachprägungen. Der Sovereign wurde 1489 von König Heinrich VII. als Äquivalent eines Pfundes Silbergeld zu 20 Schilling eingeführt und diente in England bzw. Großbritannien bis zur Aufhebung des →Goldstandards als →Währungsmünze. Zunächst hatte der Sovereign ein Feingewicht von 15,47 g, sank aber allmählich bis auf 7,32 g im Jahr 1816. In diesem Jahr wurde der Sovereign bei der gesetzlichen Festlegung der Goldwährung in Großbritannien Hauptwährungsmünze und trat an die Stelle der Guinea. Diese war von 1663 an im Wert von 20 Schilling und einem Feingewicht von zunächst 7,77 g aus dem von der Guineaküste importierten Gold geprägt worden (daher der Name).

Eine Nachahmung des englischen Sovereign war der von 1612 an in den Spanischen Niederlanden geprägte Souverain d'or. Besonders zahlreich wurde das Doppelstück im Wert von 6 niederländischen Gulden hergestellt. Das Feingewicht des doppelten Souverain d'or entsprach mit 10,2 g dem des zeitgenössischen englischen Sovereign. Er wurde auch nach dem

Übergang der südlichen Niederlande an Österreich weiter geprägt und erreichte in der zweiten Hälfte des 18. Jhs. nicht zuletzt wegen seiner Stabilität den allgemein anerkannten Status einer Reichsgoldmünze, die nicht nur in den Niederlanden, sondern auch als Doppelstück in Österreich und bis 1856 in dessen italienischen Besitzungen geprägt wurde (Sovrano). Während des ersten Koalitionskrieges setzte der Kaiser 1793 eine Höherbewertung der Souverains d'or, der →Dukaten und der →Kronentaler zur →Kriegsfinanzierung durch. *Konrad Schneider*

Lit.: v. Schrötter, S. 245, 645; G. C. Brooke, English Coins, London 1950; A. Delmonte, Le Bénélux d'or/De gouden Benelux, Amsterdam 1964; G. Probszt, Österreichische Münz- und Geldgeschichte, Wien 1963.

Sparkassen

Sparkassen sind Finanzinstitutionen, die sich im frühen 19. Jh. (z. B. in Großbritannien, den U. S. A. oder Deutschland) auszubreiten begannen. Wie schon der Name andeutet, stand zu Anfang das Passivgeschäft im Mittelpunkt: die Spareinlagen. Denn Sparkassen waren zunächst als sozialpädagogische Einrichtungen konzipiert, um die Sparneigung der einkommensschwachen Schichten zu fördern. Dieses Ziel war in Deutschland an das Problem der Armenfürsorge gekoppelt, an die Hoffnung, durch Förderung der Ersparnisbildung den ärmeren Bevölkerungsgruppen Hilfe bei der Bewältigung von Krisenzeiten zu geben und gleichzeitig die Armenkassen zu entlasten.

Einer solchen Zielsetzung war es zu verdanken, daß sich die ersten Sparkassen nicht als potente Kreditgeber ausgezeichnet haben, sondern allenfalls als bescheidener Anziehungspunkt für Ersparnisse. Um die Mitte des 19. Jhs. kam es zu einer Veränderung dieser Situation. Hemmende Vorschriften zur Mittelverwendung wurden gelockert, das klassische Anlagefeld der Immobilien- bzw. Hypothekenfinanzierung wurde richtig erschlossen und ausgebaut, gestützt sicherlich durch die zu dieser Zeit deutlich steigenden Immobilienpreise – vor allem in den wachsenden Städten. Nach einschlägigen Schätzungen für Deutschland stiegen die von den Sparkassen ausgewiesenen Spareinlagen zwischen ca. 1850 und 1913 von 200 Mill. auf fast 20 Mrd. Mark, d. h. von 0,5 auf 8,0 % des gesamten Kapitalstocks der deutschen Wirtschaft. Fast 60 % der Mittel der Sparkassen war 1913 in Hypothekenkrediten angelegt, der Rest in Staatspapieren und Personal- oder Kommunalkrediten. Mit dem wachsenden Gewicht der Sparkassengeschäfte gingen organisatorische Veränderungen einher. In den 1880er Jahren haben deutsche Sparkassen zunächst regionale Verbände und dann (1884) den deutschen Sparkassenverband gebildet, um eine Interessenvertretung und ein Instrument der überregionalen Koordinierung – 1913 gab es über 3000 Sparkassen – zu haben. Im frühen 20. Jh.

(1908) haben Sparkassen →Kontokorrentkonten in Zusammenhang mit →Scheck- und Überweisungsverkehr eingeführt und zur Abwicklung dieses z. T. überregional ausgerichteten Geschäftes Giroverbände bzw. Girozentralen gegründet. Während die Ortsverbundenheit und Ausrichtung der Sparkassen – sie waren von den Kommunen als Gewährsträger rechtlich abhängig – ihnen einen Wettbewerbsvorteil bei Lokalgeschäften gegenüber anderen Kreditinstituten verschaffte, trugen die Verbandsorganisationen und Girozentralen zur Erweiterung ihres Angebotes an ihre Kunden bei. Bis 1914 waren Sparkassen zu ernstzunehmenden Konkurrenten anderer Finanzinstitutionen geworden, nicht nur der →Privatbankiers, sondern sogar auch der Aktienkreditbanken.

Im 20. Jh. haben die Sparkassen stärker ihre kurzfristigen Kontokorrentgeschäfte in Verbindung mit langfristigen Anleihen und Wertpapieremissionen insbesondere der Kommunen entwickelt. Eine deutliche Beschleunigung in dieser Hinsicht fand nach 1914 statt. Zunehmend wurden die Sparkassen →Universalbanken. *Richard H. Tilly*

Lit.: W. Hoffmann, Die Entwicklung der Sparkassen im Rahmen des Wachstums der deutschen Wirtschaft (1850–1967), ZgStW 125 (1969) S. 561ff; J. Wysocki, Untersuchungen zur Wirtschafts- und Sozialgeschichte der deutschen Sparkassen im 19. Jahrhundert. Stuttgart 1980; J. Mura, Entwicklungslinien der deutschen Sparkassengeschichte. Stuttgart 1987.

Staatsfinanzen

Von Staatsfinanzen oder öffentlichen Finanzen kann man sprechen, seit Personen und Institutionen öffentliche Aufgaben wahrnehmen und sich dazu bestimmter einnahmen- und ausgabenpolitischer Instrumente bedienen. Dies war bereits im Spätmittelalter der Fall, in dem aber in der Regel noch nicht zwischen den Finanzen des Fürsten und denen des Staates unterschieden wurde. Eine Ausnahme bildete Venedig, wo man die Einkünfte des Dogen von denen des Staates trennte. Die Finanzen der mittelalterlichen Regierung setzten sich aus traditionellen ordentlichen Einnahmen, aus außerordentlichen →Steuern sowie aus Anleihen bei besonderem Bedarf zusammen. Dabei ermöglichten die Fortschritte in der →Monetarisierung Westeuropas den Regierungen seit dem 13. Jh., Einnahmen in Naturalien und Diensten in Geld umzuwandeln sowie um Steuern und Abgaben in Geld zu bitten. Regelmäßige Geldeinnahmen vergrößerten die politische Möglichkeit der Herrscher auf vielfältige Weise. Beispielsweise konnte der Herrscher zum ersten Mal feste Geldgehälter zahlen und mußte nicht länger alle militärischen und persönlichen Dienste mit Landverleihungen belohnen. Damit wurden die Grundlagen für eine unabhängige – nur dem Herrscher verpflichtete – Bürokratie gelegt.

Die wichtigste traditionelle Einnahme war die aus dem Land. Bis zum

12. und 13. Jh. empfingen die Grundherren ihre Einkommen als Naturalien: südlich einer Linie, die von der Loire zum Main führt, in Form von Naturalabgaben; nördlich davon wurden sie auf den Fronhöfen mit Fronarbeit erzeugt. Ein kleiner Teil der Zinse war immer auch in Geld entrichtet worden, aber erst mit dem – durch den expandierenden Silberbergbau – wachsenden Geldangebot wurden Natural- und Arbeitsleistungen in Geldrenten verwandelt. Neben dem Land als Grundlage der traditionellen Einnahmen gab es weitere Einnahmen aus den Regalien wie aus der Grundherrschaft: aus Bergbau, Mühlen, Backöfen, Märkten, Zöllen (die gerade zum Unterhalt von Brücken, Straßen und Pässen ausreichten), der Rechtsprechung, den Städten sowie außerordentliche Hilfen für den Herrscher, wenn sein ältester Sohn zum Ritter geschlagen wurde, seine älteste Tochter heiratete oder falls er selbst in Gefangenschaft geriet, zum Aufbringen des Lösegeldes. Zu diesen Einnahmen gehörten auch die Einnahmen aus dem →Münzregal, der →Schlagschatz.

Wenn der akute Geldbedarf die ordentlichen Einnahmen überstieg oder diese nicht schnell genug zu mobilisieren waren, griffen Fürst oder Staat auf →Steuern oder Kredite zurück. Am besten war die öffentliche Kreditaufnahme in den norditalienischen Stadtstaaten und den stark urbanisierten niederländischen Territorien organisiert. Vom 13. Jh. an nahmen die italienischen Stadtrepubliken Florenz, Genua oder Venedig zur →Kriegsfinanzierung zinsbringende Zwangsanleihen *(prestanze)* von ihren reicheren Bürgern auf, deren Umfang nach dem Reichtum der Gläubiger gestaffelt war. Bis zur Mitte des 14. Jhs. zahlten die Städte die Darlehen in relativ kurzer Zeit zurück. Dazu und zur Zinszahlung erhoben sie erhöhte indirekte Steuern, die natürlich die ärmere Stadtbevölkerung am härtesten trafen. Jedoch ließen die steigenden Kosten und die häufigen Kriege im späteren 14. Jh. eine schnelle Tilgung der Anleihen nicht mehr zu. Neue Kredite mußten aufgenommen werden, noch bevor die alten zurückgezahlt werden konnten. Als Konsequenz schufen die Städte eine permanente Staatsschuld, den →Monte, mit dem die noch nicht getilgten *prestanze* konsolidiert wurden. Diejenigen, die Tilgungsansprüche in der Hand hielten, konnten diese verkaufen, und der Käufer erhielt daraus regelmäßige Einnahmen, solange die Stadt in der Lage war, die Zinsen aus indirekten Steuern zu zahlen. Die Monte-Anteile erwiesen sich als beliebte Investitionsform für die, die eine gesicherte Anlage ohne Risiko suchten. Die Kriegskosten konnten aber einen Punkt erreichen, an dem die Stadtschuld nicht weiter erhöht werden konnte, so daß die Republiken – widerstrebend – zu direkten Steuern Zuflucht nehmen mußten.

In den niederländischen Städten, aber auch in deutschen Städten erhob der Rat freiwillige Anleihen sowohl von den Bürgern der eigenen Stadt als auch von Auswärtigen, indem sie Renten verkauften. Zu Anfang waren das Leibrenten, die aus Verbrauchssteuern gezahlt wurden und mit dem

Tod des Gläubigers an die Stadt zurückfielen. Später weiteten die Städte das Kreditsystem aus und verkauften sowohl zeitlich befristete als auch erbliche ewige Renten. Die Besitzer konnten diese weiterverkaufen, und der Käufer übernahm die Ansprüche auf die jährlichen Zinsen. Die Stadtrenten unterschieden sich also nicht grundlegend von den übertragbaren Stadtschuldanteilen in Italien.

Die Grafen und Herzöge der niederländischen Territorien, deren Kredit schlechter als der der Städte war, nahmen Kredite bei den Städten auf, die diese wiederum durch den Verkauf von Stadtrenten aufbrachten. Dieses System funktionierte – trotz einiger Stadtbankrotte Ende des 15. Jhs. – gut und wurde bis in die Frühe Neuzeit beibehalten, in der sich die Niederländische Republik auf die gleiche Weise finanzierte. In anderen Teilen Europas hatten die Herrscher erheblich größere Schwierigkeiten, Kredite zu bekommen. Sie mußten dazu die lokalen Filialen internationaler Handels- und Bankhäuser oder einheimische Kaufmannskonsortien unter Druck setzen und außerdem erhebliche Zinsen dafür zahlen. Ein Druckmittel war dabei immer die Vergabe oder Verweigerung von Handelsprivilegien. Für die Gläubiger hatten solche Darlehen fast immer negative Folgen: Die Riccardi aus Lucca, die Frescobaldi aus Florenz, die Bardi und die Peruzzi aus Florenz liehen alle an englische Könige und erlitten dadurch große Verluste, wie auch später die →Medici durch ihre Kredite an die Burgundischen Herzöge und die →Fugger an die Spanische Krone. *Peter Spufford*

Die Staatsfinanzen spielten in der Frühen Neuzeit, wie zu allen Zeiten, aber mehr als im Mittelalter, eine zentrale Rolle in allen Staaten Europas. Nicht von ungefähr nannte sie Friedrich der Große den «Nerv des Staates». Die Höhe der Einkünfte, die Finanzkraft, der Umfang der Verschuldung und die Qualität des Finanzsystems bestimmten stark das Gewicht des jeweiligen Staates im politischen und militärischen Kräftefeld der Mächte. Die Finanzverwaltung gestaltete sich in den meisten Staaten Europas damals für heutige Verhältnisse recht komplex und unübersichtlich. Meist gab es wenig Kontrolle, keine Budgets im modernen Sinne oder recht unvollkommene Budgets. Sehr oft bestanden verschiedene Zentralkassen nebeneinander, die teilweise vom Monarchen, teilweise von den Ständen abhingen, wie z. B. letzteres in Bayern oder Sachsen für 45 % bzw. 46 % der Staatseinkünfte. Ferner wurden verschiedene Rechnungen und Fonds jeweils getrennt abgerechnet. Das System verkomplizierte sich noch dadurch, daß es in den meisten Staaten Usus war, zu leistende Zahlungen auf einzelne, manchmal erst Jahre später zu erwartende Staatseinkünfte zu assignieren, die dann nicht mehr in die Zentralkasse gelangten, im entsprechenden Jahr abgingen und einen Teil der laufenden Einnahmen blockierten.

Die Spitze der Finanzverwaltung bildeten meist Kollegialbehörden, so der Conseil des Finances in Frankreich, das General-Direktorium in Brandenburg-Preußen, die kaiserlich-königliche Hofkammer in Österreich-Böhmen, die Hofkammer in Kurbayern oder Kurmainz. Wenn auch die Staatseinkünfte in der Zeit nach Kategorien wie Kameraleinkünfte, Hofkammereinnahmen, Landschaftskasse, Kontributionen, ordentliche oder feste Einnahmen und außerordentliche Einkünfte u. ä. eingeteilt waren, so ist es doch sinnvoll, sie hier einheitlich nach den drei Kategorien direkte →Steuern, ferner indirekte Steuern und →Zölle und schließlich Domänen- und Regalieneinkünfte zu gliedern. In allen Staaten und Territorien Europas bestanden die Staatseinkünfte aus diesen drei Kategorien. Der Anteil, den sie an den Staatseinnahmen der einzelnen Staaten ausmachten, war recht unterschiedlich. Während z. B. in den überwiegend agrarischen Staaten Frankreich, Habsburgische Erblande oder Kurbayern die direkten Steuern mehr als 40 % der Einkünfte repräsentierten, war im Handelsstaat England der Prozentsatz der indirekten Steuern und Zölle besonders hoch (1765: 74 %). Über außergewöhnliche Einnahmen aus den Domänen und Regalien im weiteren Sinne verfügten z.B. die Preußische Monarchie (1765/66: 30,7 %) oder Kurhannover (1757/58: 43,3 %).

In den meisten Staaten bildeten die direkten Steuern einen besonders wichtigen Einnahmeposten. Die bedeutendste direkte Steuer war fast überall eine kombinierte Grund- und Vermögensteuer (Land Tax, Taille, Kontributionen u. a.). Dazu kam oft eine kombinierte Personen- und Vermögen- oder Kopfsteuer. Die Pro-Kopf-Belastung an direkten Steuern war in Kursachsen, Frankreich und Großbritannien relativ hoch, in der preußischen Monarchie relativ niedrig. Allerdings war für die wirkliche Belastung der Abgabepflichtigen vor allem die Art der Verteilung der Lasten entscheidend, und die ließ in den meisten Staaten sehr zu wünschen übrig. So waren in Frankreich die besonders leistungsfähigen zwei ersten Stände (Klerus und Adel) größtenteils von der direkten Besteuerung befreit, das Bürgertum meist weniger belastet als das Bauerntum. In Schweden, Dänemark, in der Preußischen Monarchie (außer in Ostpreußen und Schlesien), in Kursachsen und in Kurhannover mußte der Adel keine direkten Steuern zahlen. In anderen Territorien (Habsburgische Erblande, Kurbayern, Schlesien) wurden Adel und Klerus zu wesentlich geringeren Steuersätzen als die Bauern herangezogen.

In den verschiedenen europäischen Staaten war die Art der indirekten Steuern und Zölle, die nur schwer zu trennen waren, recht ähnlich. Ihr Ertrag war wesentlich durch die Gesellschafts- und Wirtschaftsstruktur bedingt. Ein wesentlicher Stein des Anstoßes bildete hier die Gabelle in Frankreich, da diese Salzsteuer besonders ungerecht und ungleich erhoben wurde, wesentlich ungerechter als entsprechende indirekte Steuern in anderen Staaten Europas.

Die indirekten Steuern und Zölle wurden entweder in Staatsregie erhoben und verwaltet (in England, Preußische Monarchie, teilweise in Kurbayern, in Frankreich unter Necker z. T.) oder verpachtet (Ferme générale in Frankreich, Schweden, Habsburger Monarchie), was angesichts der schwerfälligen, teueren staatlichen Verwaltung meist als für den Monarchen kostengünstiger und effizienter galt. Durch die Verpachtung entstand überall eine Kombination von freiem Unternehmertum und administrativer Staatsfunktion, die oft eine effiziente Kontrolle erschwerte.

Während in England die Domänen- und Regalieneinkünfte extrem klein waren und auch in Frankreich nur einen geringen Prozentsatz der Staatseinkünfte repräsentierten, gehörten sie in den meisten deutschen Territorien zu den besonders wichtigen Staatseinnahmen. In Brandenburg-Preußen, wo 1740 der Domänenbesitz ein Viertel der Gesamtoberfläche ausmachte, wurde dieser großenteils an Generalpächter vergeben, die halb Privatunternehmer, halb Beamte des Königs waren. Auch in Kurhannover, wo der Domänenbesitz besonders bedeutend war, wurden die Domänen meist verpachtet.

Hohe Domänen- und Regalieneinkünfte erhöhten die direkte Verfügungsgewalt des jeweiligen Monarchen über einen wichtigen Anteil der Staatseinnahmen. Diese Verfügungsgewalt war sehr verschieden. Auf der einen Seite standen Dänemark und Frankreich, wo der jeweilige König über alle bzw. den größten Teil der Einkünfte direkt verfügen konnte. Auf der anderen Seite standen, aufgrund der Verfassungsstruktur, England, wo der König nur über die Civil List (1765 etwa 8 % der Staatseinnahmen), oder geistliche Territorien im Heiligen Römischen Reich, wie Kurköln oder Kurmainz, wo die Kurfürsten ebenfalls nur über einen kleinen Prozentsatz der Staatseinkünfte direkt verfügen konnten. In England bestimmte über die Verwendung der anderen 92 % das Parlament, in Kurköln oder Kurmainz bewilligten und kontrollierten die Landstände (einschließlich Domkapitel) bzw. das Domkapitel die meisten Einkünfte.

Zwischen diese Extreme sind die anderen Staaten zu stellen, wo der Monarch über einen großen Teil der Staatseinnahmen direkt verfügte, bei einem anderen Teil aber auf die Bewilligung durch die Stände oder Ständedeputationen angewiesen war (Spanien bis in die Zeit Philipps V., Schweden, Preußische Monarchie, Österreichisch-böhmische Erblande bis 1748, Kursachsen, Kurbayern u. a.).

Von zentraler Bedeutung für die Verfügbarkeit der Staatseinkünfte war auch die Verschuldung der einzelnen Länder. Diese Schulden waren in den meisten Staaten relativ hoch und steigerten sich im Laufe der Zeit, so daß jeweils ein wichtiger Teil der Einnahmen durch den Zinsendienst blockiert war. Besonders negativ machten sich die hohen Schulden für die Staatsfinanzen Frankreichs bemerkbar, wo sie zu den wichtigen Ursachen der Revolution zählen, aber auch für die Finanzsituation in Kursachsen, in der

Habsburger Monarchie und in Kurbayern. England wurde mit seinen hohen Schulden leichter fertig, weil das Parlament bei der Tilgung und bei der Durchsetzung höherer Steuern eine wichtige Rolle spielte. Eine absolute Ausnahmesituation gab es im Preußen Friedrich Wilhelms I., das nicht nur keine Schulden hatte, sondern auch noch einen großen Staatsschatz in bar ansammeln konnte, den Friedrich II. – nach Verschuldung im Krieg – in Friedenszeiten noch erhöhte. Da die Ausgabenetats meist unter den verschiedensten Kriterien zusammengestellt und die Ausgaben verschieden aufgeführt wurden (Hofkammeramts-, Kriegszahlausgaben, Schuldentilgungswerk u. ä.), ist es oft schwer, die Ausgaben der einzelnen Staaten zu vergleichen. Sie bestanden aber meist aus drei Hauptkategorien, erstens Militärausgaben, sehr oft die umfangreichsten, zweitens die Kosten für den Hof, die Verwaltung, Justiz, Pensionen usw., und drittens der Zinsen- und Schuldendienst. *Peter C. Hartmann*

Im 19. Jh. wurde am Ende einer langen Entwicklung die finanzwirtschaftliche Moderne erreicht. Die modernen öffentlichen Finanzen prägten sich dabei in Deutschland auf einzelstaatlicher, zentraler und kommunaler Ebene verschieden aus. In den ersten beiden Dritteln des 19. Jhs. lief der finanzielle Wandel vorwiegend auf einzelstaatlicher Ebene ab. Dabei änderte sich erstens die Finanzverfassung. Das Ende des Heiligen Römischen Reiches brachte den Staaten die volle Finanzhoheit. Sie konnten nun endgültig ständische Teilhabeansprüche beiseite schieben, fürstliche Privat- von den Staatsfinanzen scheiden und so öffentliche Finanzen freisetzen. Diese Monopolisierung der Finanzgewalt durch den Staat warf die Frage nach der Partizipation seiner Bürger auf. Antworten fanden die Verfassungen mit dem Budgetrecht der Kammern. Zweitens wandelten sich die Finanzinstitutionen. Es entstanden gesonderte und einheitliche, hierarchisch aufgebaute und bürokratisch organisierte Finanzverwaltungen mit leistungsfähigerem Kassen-, Rechnungs- und Kontrollwesen. Drittens formte sich eine regelhafte finanzpolitische Willensbildung aus, in deren Zentrum Aufstellung, Vollzug und Kontrolle des Haushalts standen. Viertens gab es Änderungen in Niveau und Struktur der Ausgaben. Soweit die schwer vergleichbaren Haushaltsdaten erkennen lassen, nahm der Anteil öffentlicher Ausgaben am Sozialprodukt an der Wende vom 18. zum 19. Jh. zu, ging in den 20er und 30er Jahren zurück und blieb bis in die 70er Jahre annähernd konstant. Zugleich sanken die Aufwendungen für Herrscher und Hof; jene für Verwaltung und Militär, aber auch für den Schuldendienst nahmen zu. Fünftens wandelten sich die Einnahmen. Die Bedeutung überkommener erwerbswirtschaftlicher Einkünfte ging zurück, die der →Steuern, zunächst der indirekten, besonders der Zölle, dann der direkten, wuchs. Sechstens kamen öffentliche Schulden auf, rechtlich normiert und zentral verwaltet, den gesamten Staat verpflichtend und solide fundiert, die als öffentliche Anleihen auf Kapitalmärkten plaziert und von Privatpersonen gezeichnet wurden.

Auf zentraler Ebene lief der finanzielle Wandel langsamer ab. Den begrenzten Zuständigkeiten des Deutschen Bundes entsprach eine wenig entwickelte Finanzwirtschaft. Kaum anders sah es beim Deutschen Zollverein aus. Vorübergehend ließ die Revolution von 1848/49 eine Reichsfinanzwirtschaft entstehen. Ihren rechtlichen Rahmen steckte die Verfassung ab; ein Ministerium verwaltete sie. Es gab einen Haushalt mit Matrikularbeiträgen auf der Einnahmen-, Aufwendungen für Flotte und Heer auf der Ausgabenseite. Mit dem Deutschen Reich etablierte sich endgültig eine zentrale Finanzwirtschaft. Die Verfassung von 1871 legte mit den Aufgaben die Ausgaben- wie Einnahmenverteilung zwischen Reich und Bundesstaaten fest. Reichsschatzamt und -schuldenverwaltung entstanden als zentrale Institutionen. Von den Militärausgaben abgesehen mußte der Haushalt jährlich durch Reichstag und Bundesrat verabschiedet werden. Die Ausgaben für Heer, später auch Flotte und Sozialversicherung finanzierte das Reich aus Erwerbseinkünften, Zöllen und Steuern sowie Matrikularbeiträgen. Doch hielt das Wachstum dieser Einnahmen mit dem der Ausgaben nicht Schritt, die bis in die 80er Jahre zwar gesunken waren, dann aber steil anstiegen. So wuchsen die Schulden und zwangen zu Finanzreformen (1879, 1906, 1909). Sie brachten, da die Bundesstaaten an ihrem Monopol auf die direkten Steuern festhielten, einen komplizierten Finanzausgleich und sowohl höhere als auch neue → Steuern.

Erhebliche finanzielle Dynamik entfaltete sich seit dem späten 19. Jh. auf kommunaler Ebene. Zwar wuchsen die Ausgaben aller Gebietskörperschaften, doch mit unterschiedlichen Raten: Die der Bundesstaaten vervierfachten, jene des Reiches und der Kommunen versechsfachten sich zwischen 1881 und 1913, so daß von den gesamten öffentlichen Ausgaben etwa 32 % (1881: 45) auf die Bundesstaaten, 35 % (29) auf das Reich und 33 % (26) auf die Kommunen entfielen. Darin spiegelt sich wider, daß die Städte mit ihrer expandierenden Leistungsverwaltung zu Hauptträgern moderner Daseinsvorsorge wurden. Die Ausgaben für Erziehung, Verkehr und Sozialleistungen standen deshalb durchweg in dem vom Kämmerer aufgestellten und von der Repräsentativversammlung verabschiedeten Haushaltsplan an der Spitze. Finanziert wurden sie in unterschiedlicher Zusammensetzung aus Vermögenseinnahmen, Gebühren und Beiträgen, Staatszuweisungen sowie → Steuern und Krediten. *Hans-Peter Ullmann*

Mit diesem dreigliedrigen Finanzsystem stand Deutschland im Vergleich zu Großbritannien und Frankreich mit ihren zentralen Finanzverfassungen einzigartig da. Dennoch unterschieden sich auch die britischen und französischen Staatsfinanzen im 19. Jh. (wie schon in Mittelalter und Früher Neuzeit) erheblich voneinander. Während Großbritannien einen ausgeglichenen Haushalt aufwies und diesen zu 80–90 % aus Zolleinnahmen und dem Aufkommen der indirekten und direkten Steuern finanzierte, gelang es Frankreich aufgrund seines unzureichenden Steuersystems in dem Zeitraum 1801–1882 allein in vier Jahren, seine Ausgaben durch Einnahmen zu decken. Das chronische Haushaltsdefizit mußte mit Anleihen ausgeglichen werden, so daß Frankreich am Vorabend des Ersten Weltkriegs – sowohl absolut als auch pro Kopf der Bevölkerung – als das am höchsten verschuldete Land der Erde angesehen wurde. *Michael North*

Lit.: P. Spufford, Assemblies of Estates, Taxation and Control of Coinage in Medieval Europe, Studies Presented to the International Commission for the History of Representative and Parliamentary Institutions, XXXI, Louvain 1966, S. 115–30; F. C. Lane, Venice and History, Baltimore 1966; J. Day, Money and Credit in Medieval and Renaissance Italy; Ders., The Medieval Market Economy, Oxford 1987, S. 141–61; P. C. Hartmann, Geld als Instrument europäischer Machtpolitik im Zeitalter des Absolutismus, München 1978; Ders., Das Steuersystem der europäischen Staaten am Ende des Ancien Régime, Zürich 1979; Ders., La dette publique aux XVIIe et XIXe siècles, son developpement sur le plan local, régional et national, Bruxelles 1980; W. Paravicini, K. F. Werner (Hgg.), Histoire comparée de l'administration (XIVe–XVIIIe siècles), München 1980; J. Meyer, Le poids de l'Etat XVIIIe–XXe siècles, Paris 1983; W. Gerloff, Die Finanz- und Zollpolitik des Deutschen Reiches, Jena 1913; Handbuch der Finanzwissenschaft, 4 Bde., Tübingen 1926–29, ²1952–65, ³1977–83; K. T. Eheberg, Finanzen II: Geschichte der Finanzen, Handwörterbuch der Staatswissenschaften, IV, Jena 1927, S. 9–98; J. Bolenz, Wachstum und Strukturwandel der kommunalen Ausgaben in Deutschland 1849–1913, Diss. Freiburg 1965; K. Borchardt, Staatsverbrauch und öffentliche Investitionen in Deutschland 1780–1850, Diss. Göttingen 1968; P.-C. Witt, Die Finanzpolitik des Deutschen Reiches von 1903 bis 1913, Lübeck 1970; H.-P. Ullmann, Staatsschulden und Reformpolitik, 2 Bde., Göttingen 1986; E. Schremmer, Taxation and Public Finance: Britain, France and Germany, CEHE, VIII, Cambridge 1989, S. 315–494.

Staatspapiergeld → Papiergeld

Sterling

Die Etymologie des Begriffes Sterling ist nicht restlos geklärt. Am wahrscheinlichsten ist die Ableitung vom spätaltenglischen *steorling* (= Münze mit einem Stern aus as. *steorra*, = Stern), zumal einige der frühen anglonormannischen Pfennige einen Stern auf der Rückseite aufweisen. Auszuschließen sind die Herleitung vom as. *staer* (= Star) nach den vier Mauerschwalben auf der Rückseite der Sovereign-Pfennige Edwards des Bekenners (1056–59) oder von den «Osterlingen». Als nachträgliche Etymologie hat sich die Ableitung von der schottischen Stadt Sterling erwiesen. Belegt seit der Wende zum 12. Jh., bezeichnet Sterling zunächst den anglo-normannischen, später englischen → Penny. Diese Bedeutung behielt der Begriff in lateinischen Quellen aus England bis Ende des Mittelalters (daher *libra sterlingorum* = Pfund Sterling, Sterling in der Mehrzahl!), aber seit der Mitte des 15. Jhs. setzt sich Sterling im Singular in englischsprachigen Texten in der Bedeutung englische Währung allmählich durch. Infolge des politisch und handelsmäßig bedingten, massiven Abflusses englischer Pfennige mit ihrem im ganzen Mittelalter gleichbleibenden Feingehalt (925/1000) über die Champagne-Messen nach Italien an der Wende zum 13. Jh. (bereits 1202 zirkulierten sie in Venedig) bürgerte sich Sterling in Venedig, Genua, im östlichen Mittelmeerraum und auch in Westeuropa im Laufe des 13. Jhs. als Standardfeingehalt für Silber ein. Im 14. Jh. war Sterling die normale Bezeichnung für den venezianischen Feingehaltsstandard für Silberbarren geworden, aber an anderen Orten wird erst im 14. Jh. die Unterscheidung zwischen Sterling-Pfennigen und Silberbarren mit dem Sterling-Feingehaltsstandard quellenmäßig eindeutig faßbar. Mit der Einführung einer englischen Goldwährung scheint die Bedeutung von Sterling als Feingehaltsmaßstab zurückgegangen zu sein, und erst im 19. Jh. wurde Sterling zu einer internationalen →Leitwährung (→Pfund Sterling).

Stuart Jenks

Lit.: P. Grierson, Sterling, R. M. H. Dolley (Hg.), Anglo-Saxon Coins, London 1961, S. 266–83; A. Feavearyear, The Pound Sterling, Oxford 1963, S. 8 f.; Spufford, Money, S. 141, 155, 218–19.

Steuern

Das Wort Steuer (engl. *tax*, franz. *impôt*) leitet sich vom ahd. *stiura* (= Stützung, Hilfe) ab. Steuern waren in der Vergangenheit wie heute einmalige oder laufende Abgaben zur Deckung des Finanzbedarfs von Staaten, Städten und anderen öffentlichen Gewalten. Im Gegensatz zu Gebühren stellen Steuern keinen direkten Gegenwert für besondere Leistungen dar, wurden jedoch zwangsweise erhoben. Seit dem 13. Jh. stieg mit der Ausbreitung der Geldwirtschaft der Finanzbedarf der Fürsten. Dabei eröffnete die →Monetarisierung der Gesellschaft den Regierungen zum ersten Mal die Möglichkeit, Steuern in Geld zu erheben. Deshalb existiert seit dieser Zeit eine Vielfalt indirekter und direkter Steuern. Indirekte Steuern gaben der Regierung eine reguläre Einkommensbasis, auf der sie die Staatsgeschäfte führen konnte. Der Nachteil aber war, daß das indirekte Steueraufkommen in Kriegs- und Krisenzeiten durch zusätzliche Mittel aus Anleihen oder direkten Steuern ergänzt werden mußte. Die englischen Könige beispielsweise hatten seit den 1270er Jahren ihre Haupteinkunftsquelle in →Zöllen, insbesondere im Zoll auf Wolle, dem wichtigsten englischen Ausfuhrgut. Aber auch die übrigen Ein- und Ausfuhren mußten wie in den meisten europäischen Häfen verzollt werden. In den Städten im Binnenland entsprachen Torzölle, Verkaufs- und Verbrauchsteuern, insbesondere auf Bier und Wein, den Einnahmen aus den Häfen. Solche Steuern spielten in Norditalien und in den Niederlanden im 14. Jh. eine bedeutende Rolle. Gleichzeitig wurden im Kriegsfall zinsbringende Anleihen aufgenommen, die später aus dem Aufkommen der indirekten Steuern zu verzinsen und zu tilgen waren (→ Staatsfinanzen, Kriegsfinanzierung).

Die im mittelalterlichen Europa am weitesten verbreitete direkte Steuer war die Herdsteuer *(focagium)*. Ihre Anfänge finden sich im 12. Jh., als einige Fürsten für die Gewährung einer Herdsteuer auf ihr Recht der → Münzverrufung verzichteten. In diesem Fall hieß die Herdsteuer *monetagium*. Herdsteuern besteuerten das Vermögen, wobei man von der Annahme ausging, daß die Zahl der Herde in einem Haus ein Indikator für die Größe des Hauses und damit für das Vermögen des Besitzers war. Da die erhaltenen Herdsteuerregister die Zahl der Haushalte überliefern, werden sie heute von der Historischen Demographie als Quellen zur Rekonstruktion der Bevölkerungsentwicklung genutzt. Auf das bewegliche Vermögen wurden aber auch – z. B. in England im 13. Jh. – spezielle Vermögensteuern erhoben. Hierzu bedurfte es einer genauen Schätzung des beweglichen Vermögens. Da die Mehrzahl der englischen Steuerzahler Bauern waren, wurden in der Realität die Einnahmen aus dem Verkauf der Ernte besteuert. Vom 14. Jh. an führte man keine zeitraubenden Einzelveranlagungen mehr durch, sondern zog die Steuer bis zum 16. Jh. dorfweise nach der letzten existierenden Schätzung ein. Auch in den norditalienischen Städten wurden seit dem 13. Jh. direkte Steuern auf die persönlichen Einkommen erhoben. Im 14. Jh. wurden sie durch am Vermögen orientierte Zwangsanleihen ersetzt. Als diese im 15. Jh. zusammen mit dem indirekten Steueraufkommen nicht länger ausreichten, den durch Krieg erhöhten Finanzbedarf zu befriedigen, kehrten die Städte zu direkter Besteuerung zurück. Die Einnahmeregister des Florentiner *catasto* von 1427 geben aufgrund ihrer Vollständigkeit und ihres Detailreichtums ein ungewöhnlich präzises Bild von der Vermögensverteilung im 15. Jh. Ähnlichkeiten mit der italienischen Entwicklung zeigen die in den deutschen Städten gezahlten direkten Steuern. Sie wurden seit dem 13. Jh. als Vermögensteuern zunächst auf Immobilien und später ebenfalls auf bewegliches Vermögen erhoben, aber spätestens im 15. Jh. zugunsten von städtischen Anleihen (Renten) zurückgedrängt, teilweise wie in Köln sogar ganz abgeschafft. Daneben forderten die Landesherren eine auf dem Grundbesitz lastende Vermögensteuer, die Bede. Vergleichsweise ineffektiv war dagegen das französische Steuersystem. Obwohl Frankreich mehr als dreimal soviel Einwohner hatte wie England, war es diesem lange Zeit militärisch unterlegen, weil der englische König seine Untertanen erfolgreich besteuerte. Die erste direkte Steuer, die Taille, führte Karl V. 1360 ein, um damit das Lösegeld für seinen in Gefangenschaft geratenen Vater Johann II. aufzubringen. Weiter dienten die Steuereinnahmen zur Entlohnung der französischen Truppen, die die englischen Okkupanten aus dem Land vertreiben sollten. Jedoch ordnete Karl noch auf seinem Sterbebett (1380) die Abschaffung der Taille an. Sie wurde 1430 unter Karl VII. auf Anraten der Stände wieder erhoben und als ordentliche Steuer dauerhaft beibehalten, da sich die Engländer noch immer im Lande befanden. Dabei wurde das Steueraufkommen als fester Betrag von vornherein festgelegt und dann auf die Provinzen sowie auf immer kleinere Einheiten verteilt. Wie die Taille letztlich erhoben wurde (vielfach als Herdsteuer), war eine lokale Angelegenheit. Allgemein wurden die Steuern im Mittelalter als außerordentliche Hilfen «erbeten» und waren daher an die Zustimmung der Stände gebunden. Entsprechend gab es nicht nur Spannungen zwischen dem Finanzbedarf des Staates oder der Kommune und der Bewilligungsbereitschaft der Vertreter des Adels oder der Bürgerschaft, sondern auch unterschiedliche Interessen hinsichtlich der Besteuerungsarten. Der Adel bevorzugte direkte Steuern, die er kontrollieren konnte und von denen er meistens befreit war, und plädierte für niedrige indirekte Steuern. Dagegen favorisierten die reichen Bürger hohe indirekte Steuern (die von der Masse der Verbraucher getragen wurden) und vor allem öffentliche Anleihen, in die sie ihr Geld mit Gewinn investieren konnten. *Peter Spufford*

In der Frühen Neuzeit nahm aufgrund der wachsenden Ausgaben für Militär, Hof und Verwaltung der Geldbedarf der Staaten gewaltig zu. Deshalb kamen die Könige bzw. Landesherren und Fürsten nicht mehr mit den Mitteln aus, die nach der Auffassung der Zeit als ordentliche Einnahmen betrachtet wurden, nämlich die Einkünfte aus der eigenen Grund- und Gutsherrschaft, den Forsten, Gerichtseinnahmen, Lehensgebühren, Regalien etc. Die Monarchen und Fürsten waren deshalb genötigt, immer mehr auf andere Einnahmen, insbesondere auf die Steuern zurückzugreifen. Die jeweiligen Steuern, die in den verschiedenen Staaten meist ihre Wurzeln im Spätmittelalter hatten, wurden wegen des steigenden Finanzbedarfs immer häufiger und schließlich fast überall regelmäßig erhoben. Man baute das Steuersystem besonders im Zeitalter des Absolutismus aus und vervollständigte es. Galten die Steuern teilweise im 16. und im 17. Jh. theoretisch noch als außerordentliche Einnahmen, obwohl sie bereits die wichtigsten Staatseinkünfte darstellten, so zählten sie spätestens im 18. Jh. überall zu den ordentlichen Einnahmen. Wie auch heute gab es in der Frühen Neuzeit zwei Hauptsteuerkategorien: 1. die direkten Steuern und 2. die indirekten Steuern.

1. Direkte Steuern

In den meisten Staaten Europas war eine kombinierte Grund- und Vermögensteuer die wichtigste direkte Steuer: die Land Tax in England, der Jahreszins (Kontribution) in Schweden, die Grundsteuern (Kornskat, Matrikelskat) in Dänemark, der Servicio in Spanien oder etwa die Kontributionen in den hannoverschen Herzogtümern Grubenhagen, Sachsen-Lauenburg, in den Österreichischen Erblanden, in der Preußischen Monarchie (auch in Schlesien, Kleve-Mark und Moers), die Schocksteuern in Kursachsen, die «Steuern» in Kurbayern oder die Schatzungen in Kurmainz. Die Taille in Frankreich spielte hingegen nicht diese überragende Rolle, da dort auch der Anteil der Capitation und des Dixième bzw. der Vingtièmes am direkten Steueraufkommen beachtlich war.

Sehr oft gab es in Europa damals neben der kombinierten Grund- und Vermögensteuer bzw. der Grundsteuer auch kombinierte Personen- und Vermögen- bzw. Kopfsteuern, deren Ertrag aber in den meisten Fällen im Vergleich zu den Grundsteuern bescheiden war. Als Beispiele seien hier genannt die Einkommensteuer für Pensions- und Staatsgehaltsempfänger (Special Taxes on Pensions and Offices) in England, die Personen- und Vermögensteuer in Schweden, der Volks- und Familienschatz (Famille- og Folksskat) in Dänemark, das Kopfgeld in Hamburg, das polnische Kopfgeld in Danzig, die Schulden- und Klassensteuer in Österreich-Böhmen oder das Kopfgeld in Kursachsen oder Kurmainz. Bei der Capitation in Frankreich handelte es sich nur teilweise um eine Personen- und Vermögensteuer, da sie in der Praxis in einem großen Teil des Landes von der nicht privilegierten Landbevölkerung nur als ein Zuschlag der Taille (Grund- und Vermögensteuer) erhoben wurde.

Die wichtigsten direkten Steuern waren im allgemeinen im Gegensatz zu unseren heutigen Quotitätsteuern Repartitionsteuern, d. h. der Fürst oder die Stände legten von vornherein die Höhe des Steueraufkommens fest. Dieses Quantum wurde dann auf die verschiedenen Provinzen oder Verwaltungseinheiten umgelegt und dann von dort weiter auf die Pfarreien aufgeteilt. Letztere legten schließlich das auf sie gefallene Steuerquantum auf die einzelnen Steuerpflichtigen um. Die Pro-Kopf-Belastung an direkten Steuern war damals in den verschiedenen Staaten unterschiedlich. Sie war z. B. in einem Stadtstaat wie Hamburg relativ hoch, in Kursachsen, Frankreich oder Großbritannien wesentlich höher als etwa in der Preußischen Monarchie oder in Kurbayern.

2. *Indirekte Steuern*

Die indirekten Steuern, die damals besonders von den Binnenzöllen schlecht zu trennen sind, repräsentierten vor allem bei Handelsstaaten einen hohen Prozentsatz der Staatseinnahmen.

Es handelt sich dabei unter anderem um die Akzise in England, d. h. die Temporary Excises und die Hereditary Excises, erhoben auf Bier, Met, Spirituosen, Tee, Kaffee, Malz, Hopfen, Seifen, Kattun, Gold- und Silberwaren u. a., die Aides in Frankreich, die Getreideabgabe für die Magazine (Magasinsavgift å Korn) in Schweden, die Akzise in Hamburg, Brandenburg-Preußen oder Kurmainz, die Generalkonsumationsakzise in Kursachsen, der Licent in Kurhannover, das Umgeld in Kurbayern, die Alcabala (Verkaufsteuern) in Spanien u. a.

Im wesentlichen wurden in allen Staaten etwa die gleichen Produkte versteuert oder mit Zöllen belegt: Getränke, Lebensmittel und Luxusgüter aller Art. Eine wichtige Rolle spielte in einigen Staaten die Salzsteuer (einschließlich Salzmonopol), so in Frankreich (Gabelle), in England (Salt Duty), in Kurbayern (Salzmonopol) und in den Österreichischen Erblanden (Salzmonopol). *Peter C. Hartmann*

Im 19. Jh. kam der Aufstieg des Steuerstaates, d. h. der Ausbau eines Systems regelmäßiger Steuern zum Abschluß. Die Entwicklung der Steuern in diesem Jh. ist – wegen der politischen Situation Deutschlands – Steuergeschichte zuerst der Einzelstaaten, dann des Bundes bzw. Reiches und schließlich der Kommunen. Im Rahmen der Entstehung von →Staats- oder öffentlichen Finanzen wurde das Steuerwesen der Einzelstaaten in einer ersten Welle von Steuerreformen umgestaltet. Zu ihren Voraussetzungen zählten das Ende des Heiligen Römischen Reiches sowie der ständischen Verfassungen, die Neuerungen verhindert hatten. Anstöße gingen vom steigenden Finanzbedarf, dem herrschenden Steuerwirrwarr sowie den sich wandelnden Auffassungen vom Wesen und Zweck der Besteuerung aus. Ziel der Reformen war es, Steuerprivilegien abzuschaffen und die allgemeine, gleiche Steuerpflicht einzuführen, das Steuersystem nach einfachen, klaren, für den ganzen Staat einheitlichen Grundsätzen umzugestalten sowie das Steuerwesen zu verstaatlichen, indem Veranlagung und Erhebung der Abgaben allein den Finanzbehörden überlassen wurden. Die Prinzipien moderner Besteuerung setzten sich in den einzelnen Staaten mehr oder minder rasch und weitgehend durch, so daß verschiedenartige Steuersysteme entstanden. Ein breites Spektrum an Möglichkeiten zeigten Ausgestaltung und Gewichtung der indirekten Steuern, also der weniger leicht überwälzbaren Abgaben bzw. solcher, die nicht unmittelbar bei den zu belastenden Personen erhoben werden. Bei den direkten Steuern sind vor allem zwei Entwicklungen erkennbar. Die süddeutschen Staaten bauten, an ältere Traditionen anknüpfend, Ertragsteuersysteme auf (Baden 1810–15, Württemberg 1820–21, Bayern 1808–28), die den Ertrag von Liegenschaften, Gebäuden und Gewerben bei den ertragbringenden Objekten zu erfassen suchten. Abgerundet wurden diese Real- durch Personalsteuern. Preußen hingegen, das die Reformen weniger konsequent vorantrieb, behielt die alten Grund- und Gebäudesteuern bis 1861 bei, ergänzt lediglich um eine Gewerbesteuer (1810/1820). Sein Steuersystem mußte deshalb über Personalsteuern weitergebildet werden. Da sich die in den preußischen Provinzen ab 1808 erhobenen Einkommensteuern nicht zu einer allgemeinen Staatssteuer ausbauen ließen, wurde 1820 die Klassensteuer eingeführt. 1851 und 1873 reformiert, entwickelte sie sich zu einer klassifizierten Einkommensteuer. Die Steuersysteme der Einzelstaaten näherten sich im letzten Drittel des 19. Jhs. einander an. Die ungleiche Belastung von Landwirtschaft und Industrie, die mit der Industrialisierung zum Nachteil des Fiskus zunahm, Bemühungen um eine gerechtere, der individuellen Leistungsfähigkeit gemäßere Besteuerung, aber auch die Steuerverteilung zwischen Reich und Bundesstaaten sowie der wachsende Finanzbedarf der Kommunen, lösten eine zweite Welle von Steuerreformen aus. Mit ihnen setzte sich die Einkommensteuer durch; sie erfaßte die Leistungsfähigkeit des Steuerpflichtigen über das ihm zufließende Gesamteinkommen. In Baden (1884), Württemberg (1903) und Bayern (1910) traten Einkommen- neben die Ertragsteuern und drückten diese zu Nebensteuern herab. Preußen baute mit der Miquelschen Steuerreform (1891) die klassifizierte zu einer modernen Einkommensteuer aus.

Anders als bei den Einzelstaaten schritt die Steuerentwicklung beim Bund bzw. Reich kaum voran. Weder der Deutsche Bund noch die Reichszentralgewalt zur Zeit der Revolution von 1848/49 erhoben Steuern. Auch der Deutsche Zollverein kam über Ansätze (→ Zölle, Zuckersteuer) nicht hinaus. Erst das Deutsche Reich verfügte mit Zöllen, Verbrauch- (Tabak, Bier, Branntwein, Zucker, Salz) und Verkehrsteuern (Stempel) über eigene Reichssteuern. Die Finanzreformen gestalteten diese aus und erschlossen neue Steuerquellen, vor allem über Verkehrsteuern. Zugriffe auf die direkten Steuern gelangen mit der Erbanfallsteuer (1906), dem Wehrbeitrag, einer einmaligen Abgabe vom Vermögen, und der Vermögenzuwachssteuer (1913). Die Steuersysteme der Kommunen waren vielgestaltig, da gerade die Städte ihre Steuern, wenn auch nur mit staatlicher Genehmigung, eigenständig festlegen konnten. Durchweg herrschten Verbrauchsteuern und Zuschläge zu den direkten Staatssteuern vor. Letztere gewannen an Gewicht, da das Reich die indirekte Besteuerung der Kommunen zunehmend einengte und der wachsende Finanzbedarf die Gemeinden zwang, sich ergiebigere Steuerquellen zu erschließen. *Hans-Peter Ullmann*

Vorbild für den Ausbau der Einkommensteuer und damit für die Modernisierung der Steuerverfassung in den deutschen Staaten war Großbritannien, das im 19. Jh. das fortschrittlichste und effektivste Steuersystem in Europa aufgebaut hatte. Die 1842 eingeführte Steuer von 2–3 % des belastbaren Einkommens verschaffte dem Staat – infolge des wachsenden britischen Volkseinkommens – steigende Einkünfte. Außerdem war die Einkommensteuer in Kriegszeiten (→ Kriegsfinanzierung) durch eine kurzfristige Erhöhung des Steuersatzes dem aktuellen Finanzbedarf flexibel anzupassen. Bis zum Ersten Weltkrieg sank der Anteil der Zölle und indirekten Steuern (auf Zucker, Alkohol, Tabak, Tee) von 64 % der Staatseinkünfte (1843) auf 38 % (1913), während die direkten Steuern (Einkommen-, Grund-, Haus-, Erbschaftsteuer) von weniger als 20 % auf 39 % stiegen. In Frankreich dagegen wurde eine Einkommensteuer erst im Jahre 1914 eingeführt, und auch dann mußten die Franzosen noch nicht ihre Einkommen erklären. So kam ein erheblicher Teil der Einkommen dem Staatshaushalt nicht zugute, der weitgehend auf direkten Steuern basierte und durch regelmäßige Kreditaufnahmen ausgeglichen werden mußte.

Michael North

Lit.: P. Spufford, Assemblies of Estates, Taxation and Control of Coinage in Medieval Europe, Studies Presented to the International Commission for the History of Representative and Parliamentary Institutions, XXXI, Louvain 1966, S. 115–30; Handbuch der Finanzwissenschaft, I–III/IV, Tübingen 1926–29, [2]1952–65, [3]1977–83; J. R. Maddicot, The English Peasantry and the Demands of the Crown, London 1975; G. Ardant, Histoire de l'impôt, 2 Bde., Paris 1971–72; P. C. Hartmann, Das Steuersystem der europäischen Staaten am Ende des Ancien Régime, Zürich 1979; A. Wagner, Finanzwissenschaft, III–IV, Leipzig 1899/1901–10; H. Führbaum, Die Entwicklung der Gemeindesteuern in Deutschland (Preußen) bis zum Beginn des Ersten Weltkrieges, Diss. Münster 1971; W. R. Lee, Tax Structure and Economic Growth in Germany, 1750–1850, JEEH 4 (1975), S. 153–78; W. Steitz, Feudalwesen und Staatssteuersystem, Göttingen 1976; S. Wagner, Die staatliche Grund- und Gebäudesteuer in der preußischen Rheinprovinz von 1815 bis 1895, Köln 1980; P. Linzbach, Der Werdegang der preußischen Einkommenssteuer unter besonderer Berücksichtigung ihrer kausaler Entwicklungsfaktoren, Frankfurt 1984; U. Metzger, J. Weingarten, Einkommensteuer und Einkommensteuerverwaltung in Deutschland, Opladen 1989; E. Schremmer, Taxation and Public Finance: Britain, France and Germany, CEHE, VIII, Cambridge 1989, S. 315–494.

Strettezza

Strettezza (ital. meist gebraucht zusammen mit seinem Antonym →*larghezza*) bezeichnete seit dem 14. Jh. einen engen Geldmarkt mit geringem Kapitalangebot, großer Nachfrage, hohen Wechselkursen bzw. hohen Kreditzinsen. Bernardo Davanzati leitete 1581 den Begriff metaphorisch vom Schließen einer Faust ab. Nachfrage auf dem Wechselmarkt bedeutete Kreditnachfrage in Form von →Wechseln sowie Nachfrage nach Edelmetall. Bei großer Nachfrage standen viele Wechselgeber, die Kredit aufnehmen wollten, wenigen Wechselnehmern gegenüber, die die Mittel dafür zur Verfügung stellen konnten. Das Edelmetall war knapp. Falls sich *strettezza* auf einem →Finanzplatz abzeichnete, rieten die →Kaufmannsnotizbücher, dorthin rechtzeitig Gelder zu überweisen und Edelmetall zu schikken, um als Gläubiger (Wechselnehmer) davon zu profitieren. Eine gewisse Vorhersehbarkeit der Marktentwicklung begünstigte spekulative Kreditoperationen auf dem Wechselmarkt: Bankiers und Wechsler wußten im allgemeinen, wann der Markt günstig für die Kreditvergabe (Wechselnehmer) und wann günstig für die Kreditaufnahme (Wechselgeber) war.

Reinhold C. Mueller

Lit.: R. de Roover, Money, Banking and Credit in Mediaeval Bruges, Cambridge, Mass., 1948, S. 66f.; R. C. Mueller, «Chome l'uciello di passagio»: la demande saisonnière des espèces et le marché des changes à Venise au Moyen Age, J. Day (Hg.), Etudes d'histoire monétaires, Lille 1984, S. 195–219.

Stüber

Der Stüber (ndl. Stuiver) war eine niederländische Groschenmünze des Spätmittelalters, später auch eine rheinische, westfälische und ostfriesische →Scheidemünze. Entstanden ist der Stüber zu Beginn des 15. Jhs. in den Niederlanden als Doppelgroschen (Plak) mit dem helmtragenden Löwen als Münzbild. Bis zur Einführung der dezimalen Währung war der Stüber in den Niederlanden die wichtigste Klein- und Rechenmünze. Nach der Währungsreform von 1694 galt der Gulden 20 Stüber zu je 8 →Deuten.

Entsprechend der wirtschaftlichen Bedeutung der Niederlande breiteten sich die Stüber über die Grenzen aus: ab 1491 nach Ostfriesland, wo sie bis in die hannoversche Zeit im 19. Jh. geprägt wurden und wo die Stüberrechnung bis 1841 Bestand hatte. Seit dem frühen 17. Jh. gewann der Stüber am Niederrhein an Boden, zuerst in Kleve, dann aber auch in Jülich und Berg in Konkurrenz zum niederrheinischen →Albus. In Lingen und Teilen des münsterischen Emslandes setzte sich die Stüberrechnung ebenfalls durch, auch in der Grafschaft Bentheim. Zu Beginn des 18. Jhs. begann der Stüber am Niederrhein den Albus zu verdrängen: Sowohl Kurköln als auch Jülich-Berg nahmen die Herstellung von Stübern (1/60 Reichstaler) und deren Teilstücken auf. In großen Mengen wurden um die Mitte des 18. Jhs. kupferne Viertelstüberstücke geprägt, auch zu spekulativen Zwecken (Kurköln, Jülich-Berg, Wied-Runkel) wie zum Export an den Niederrhein. Insbesondere Jülich-Berg und das Großherzogtum Berg prägten neben Preußen (in Kleve) große Mengen dieses Nominals. Ihre weiteste Ausdehnung erreichten die Stübernominale um die Mitte des 18. Jhs. in den Westerwälder Territorien Sayn-Altenkirchen, Wied-Neuwied und Wied-Runkel, wo sie neben Kreuzernominalen geprägt wurden.

Konrad Schneider

Lit.: A. Noss, Die Rheinische Prägung der Possidierenden Fürsten = MBNG 34 (1916); K. Kennepohl, Die Münzen der Grafschaften Bentheim und Tecklenburg sowie der Herrschaft Rheda, Frankfurt 1927, bes. S. 15–22; Für den Niederrhein: A. Noss, der Niederrheinische Albus, MBNG 11 (1892), S. 1–46, vgl. hier auch die zahlreichen Korpuswerke von Noss für das Niederrheingebiet; Van Gelder, bes. S. 270; K. Schneider, Das Münzwesen des Großherzogtums Berg, Urbar 1978; Ders., Das Münzwesen in den Grafschaften Wied-Neuwied und Wied-Runkel, Frankfurt 1975.

Styca

Die Styca-Prägung ist eine Besonderheit des Königreiches Northumbria. Dort wurde, abweichend von den sonst in England aufkommenden breiteren →Pennies, die Fabrikation der →Sceattas in der zweiten Hälfte des 8. Jhs. weitergeführt und ging dann im 9. Jh. rasch in eine reine Kupferprägung über. Diese Münzen wurden seit dem 17. Jh. zur Unterscheidung von ihren besseren Vorläufern als Stycas bezeichnet (northumbrische Form des aengl. *stycce* = Stück). Die etwa 1,2–1,3 g wiegenden, im Bild äußerst einfachen Gepräge (meist nur Kreuze und Punkte), nennen in den Umschriften stets den Münzherrn (König oder Erzbischof von York) und den Münzmeister. Aus den Kombinationen der Namen ergibt sich eine relative Abfolge der Prägungen. Die numismatische Chronologie der Münzherren weicht von der auf Schriftquellen gestützten etwas ab. Die Stycas wurden von zahlreichen verwilderten Imitationen unsicherer Herkunft begleitet, die nach Ausweis der Funde offenbar mit den regulären Münzen umliefen. Die Styca-Prägung endete mit der Eroberung Yorks durch die Wikinger (866/867). *Gert Hatz*

Lit.: v. Schrötter, S. 669; C. S. S. Lyon, A Reappraisal of the Sceatta and Styca Coinage of Northumbria, BNJ 28 (1955–57, 1958), S. 227–42, bes. S. 230ff.; H. E. Pagan, The Bolton Percy Hoard of 1967, BNJ 43 (1973), S. 1–44; Grierson-Blackburn, S. 296–303.

Sveriges Riksbank

Sveriges Riksbank, die Reichsbank Schwedens, wurde 1668 gegründet, nachdem ihr Vorgänger, der private Stockholms Banco in Konkurs gegangen war. Stockholms Banco, privilegiert 1656, hatte 1657 als →Wechselbank und später auch als Leihbank den Betrieb aufgenommen. Ihr Gründer und erster Direktor war der aus Livland stammende Johann Palmstruch (mit bürgerlichem Namen Hans Wittmacher). Er hatte die →Wisselbank und die →Bank van Lening in Holland kennengelernt, wo er – möglicherweise wegen Wirtschaftsspionage – fünf Jahre im Gefängnis hatte zubringen müssen. Seine Erfindung war 1661 die →Banknote, der Kreditivsedel. Dabei machte sich Palmstruch den Umstand zunutze, daß bis zu 20 kg schwere kupferne →Plattenmünzen als Zahlungsmittel umliefen, und jeder folglich die bequemen Noten akzeptierte. Jedoch waren Palmstruchs Banknoten nicht – wie beispielsweise bei den englischen →Goldschmieden – durch Einlagen gedeckt. Dies führte im Herbst 1663, als immer mehr Banknotenbesitzer panikartig die Einlösung in Kupfergeld verlangten, zu einem Wertverfall der Banknoten (allerdings um nicht mehr als 10 %) und 1664 zur (voreiligen) Schließung der Bank durch die schwedische Regierung. Vier Jahre (1668) später gründete das schwedische Parlament die nach ihm benannte Sveriges Rikes Ständers Bank, die älteste Staatsbank der Welt, die 1867 den Namen Sveriges Riksbank erhielt. Die neue Bank hatte eine Giroabteilung (Wexelbank) und eine Pfandleihabteilung (Länebank), gab aber im 17. Jh. keine Banknoten mehr aus. Dennoch existierten Sonderformen der Banknote in Gestalt von Zahlungsanweisungen (→Schecks) bzw. →Depositenscheinen. Hinzu kamen die von den öffentlichen Kassen angenommenen Transportnoten, die mit Unterschrift übertragen (schwed. transportiert) werden mußten. Insgesamt blieb die Notenemission der Bank im 18. Jh. bescheiden, während der Staat im Zuge der →Kriegsfinanzierung mehrfach →Staatspapiergeld (Riksgäld) emittierte. Eine Konsolidierung von Währung und Finanzen gelang erst um 1820, als sich die Wertverhältnisse zwischen den drei verschiedenen Reichstalereinheiten stabilisierten: 1 Reichstaler Specie (Silber) = 2⅔ Reichstaler Banco (Banknoten) = 4 Reichstaler Riksgäld (Staatspapiergeld). Im Laufe des 19. und 20. Jhs. entwickelte sich die Bank zu einer modernen →Zentralnotenbank. 1834 wurden feste Vorschriften zur →Notendeckung in Silber und 1873 nach der Einführung der →Goldwährung in Gold eingeführt, und 1903 erhielt die Bank das Monopol der Notenemission, das bis dahin noch durch private →Notenbanken in Frage gestellt worden war. *Lars O. Lagerqvist*

Lit.: C. D. Skogman, Anteckninger om Rikets ständers bank och allmänna lånerörelsen i Sverige, 2 Bde., Stockholm 1845–46; S. Brisman et al., Sveriges Riksbank 1668–1918, 5 Bde., Stockholm 1918–31; E. F. Heckscher, The Bank of Sweden and its Connection with the Bank of Amsterdam, J. G. van Dillen (Hg.), The History of the Principal Public Banks, The Hague 1934, S. 161–99; T. Lindgren, Riksbankens sedelhistoria 1668–1968, Stockholm 1968.

T

Taler

Taler ist der Oberbegriff für eine Vielfalt von Großsilbermünzen, die seit dem ausgehenden 15. Jh. geprägt wurden. Stammväter waren der halbe und der ganze Guldiner, die Erzherzog Sigismund (als Graf) von Tirol, zunächst noch als silbernes Äquivalent des Guldens (→Floren) 1484/86, prägen ließ. Schon bald danach folgten vorwiegend in Süddeutschland weitere Guldiner, wie man die Großsilbermünzen zunächst noch nannte. Zum wichtigsten dieser Guldiner wurde der Taler nach sächsischem Fuß nach der dortigen Münzreform von 1500 aus den ertragreichen Silbergruben des Erzgebirges. Die ersten sächsischen Guldengroschen wogen 27,4 g fein und erhielten durch Abmachungen mit den ebenfalls Silber produzierenden Grafen von Mansfeld sowie dem Erzstift Magdeburg und dem Hochstift Halberstadt in Mitteldeutschland ein recht großes Umlaufsgebiet, dem sich 1520 die ebenfalls nur für wenige Jahrzehnte erfolgreichen Bergbau treibenden böhmischen Grafen Schlick mit ihren in St. Joachimstal geprägten Guldinern anschlossen. Sie gaben dem neuen Nominal den Namen, unter dem es schließlich bekannt wurde: Taler (frühe Nennung 1526 im Harz). Schwierigkeiten mit der →Gold-Silber-Relation, die schließlich aufgegeben werden mußte, führten zu einer Verringerung des →Feingewichtes. Im Heiligen Römischen Reich versuchte man mit den →Reichsmünzordnungen zu einer Vereinheitlichung der in verschiedenen →Münzfüßen ausgebrachten Großsilbermünzen zu kommen. Die Eßlinger Münzordnung von 1524 ging am sächsischen Fuß vorbei und führte einen – kaum geprägten – eigenen Guldiner ein. Das Haus Habsburg ignorierte sie ebenfalls, als Karl V. den Habsburgern 1525 gestattete, die Guldiner um 1/64 Mark (Quentchen) leichter zu prägen und ihnen das sog. «Quintelprivileg» erteilte. Nach 1540 nahm die Guldiner- und Talerprägung im Reich zu, nicht zuletzt durch den Schmalkaldischen Krieg. Die nun folgende Augsburger Reichsmünzordnung von 1551 konnte den Dualismus zwischen Taler und Guldiner nicht überwinden, als ein Reichsguldiner zu 72 Kreuzern in Anlehnung an den im Kurs gestiegenen Goldgulden festgelegt wurde. Nord- und Mitteldeutschland, aber auch west- und süddeutsche Reichsstände hielten am Taler fest, der zu einer unverzichtbaren Größe geworden und beispielsweise die norddeutschen →Markprägungen ersetzt hatte. Daher betrieb Kaiser Ferdinand I. eine weitere Reichsmünzordnung, die 1559 in Augsburg verabschiedet wurde und die Bindung des Silbergeldes an das Gold aufgab. Die die süddeutschen Währungsverhältnisse begünstigende Silbermünze war der →(Silber)Gulden zu 60 →Kreuzern, der inzwischen in Süddeutschland heimisch geworden war. Der Taler wurde neben anderen Sorten diesmal sogar verboten und seit 1551 mit 68 Kreuzern unterbewertet. Folge war die Ablehnung der neuen Reichsmünzordnung durch die talerprägenden Reichsstände und die schließliche Anerkennung des Talers durch den Reichsabschied von 1566. Neun Reichstaler sollten aus der Kölner →Mark zu 233,856 g ausgebracht werden, hatten also jeweils ein (Norm)Feingewicht von 25,98 g. Diese gesetzliche Regelung galt bis 1806, ungeachtet der tatsächlichen Entwicklung.

Parallel zum tatsächlich ausgeprägten Taler, dem Speziestaler, bürgerte sich der Rechnungstaler ein, nach 1600 in Nord- und Mitteldeutschland zu 24 Guten Groschen und im Süden zu 90 Kreuzern unter Beibehaltung von regionalen Sonderwährungen. Nach dem →Leipziger Münzvertrag wurden die Paritäten für den Speziestaler auf 32 Gute Groschen bzw. 120 Kreuzer erhöht; das Rechnungssystem wurde hiervon nicht berührt.

Inzwischen hatten die Niederlande mit der Prägung der →Philippstaler begonnen. Nach Ausbruch des Unabhängigkeitskrieges gegen Spanien 1568 wurden dann von den dortigen Grafen, Herren und Städten minderwertige Taler in großen Mengen geprägt. Der Reichstaler nach der Reichsmünzordnung blieb →Leitmünze im Reich, auch wenn seine Prägung durch die Entwicklung des Silberpreises wiederholt unterbrochen und im 18. Jh. schließlich nahezu unmöglich wurde. In der →Kipper- und Wipperzeit wurden kurzfristig unterwertige «Kippertaler» geprägt, so in Sachsen, Thüringen und Bayern. Ein letztes Aufblühen der Prägung von Reichstalern und ihren Teilstücken vollzog sich nach dem Ende der Kipper- und Wipperzeit, als ein Großteil des schlechten Geldes in Talermünze umgeprägt wurde. Unterhöhlt wurde der Fuß des Reichstalers durch die Habsburger selbst, unter denen Erzherzog Ferdinand II. (1564–1595) als Regent von Tirol und der Vorlande sowie Kaiser Karl VI. besonders zu nennen sind. Karl VI. – gefolgt von den Olmützer Bischöfen – ließ derart viele unterwertige Taler prägen, daß die auf vollwertige Reichstaler fundierte →Hamburger Bank in Schwierigkeiten kam und das Normgewicht für die Mark →Banco senkte. Nach der Einführung des →Graumannschen Münzfußes 1750 und des →Konventionstalers 1753 haben eigentlich nur noch Kurhannover und Braunschweig-Wolfenbüttel Reichsspeziestaler vorwiegend als Harzer →Ausbeutetaler geprägt.

Im 17. und 18. Jh. gaben einige Reichsstände (Sachsen, Brandenburg, Köln etc.) Taler nach ausländischem Vorbild aus, so nach dem des →Löwentalers und des →Patagons oder Albertustalers. In der zweiten Hälfte des 18. Jhs. prägten dann insbesondere Braunschweig-Wolfenbüttel, Preußen, die Elbherzogtümer und Kurland Albertustaler als →Handelsmünzen für das Ostseegebiet. Aus den südlichen Niederlanden drang Ende des 18. Jhs. der →Kronentaler weiter ins Reich ein. Sonderformen am Niederrhein waren der bergische Kuranttaler, von dem 16 auf die feine Mark

Taler der Münzstätte Joachimstal (1 : 1)

gingen, und der Kassataler des bergischen Großherzogs Joachim Murat zu $^1/_{18}$ einer feinen Mark. In der zwar formell bis 1648 zum Reich gehörenden Schweiz galten die Reichsmünzordnungen nicht. Die hier geprägten Talermünzen waren in der Regel leichter als die Reichstaler und wurden im Reich daher – wenn auch meist vergebens – bekämpft.

Die außerdeutschen Staaten begannen zu sehr unterschiedlichen Zeitpunkten mit der Talerprägung, manche erst im 17. und 18. Jh. wie Frankreich, das Osmanische Reich und Rußland (→Piaster, →Dukaton, →Louis blanc, →Krone, →Rubel). In Italien wurden im Laufe des 16. Jhs. Talermünzen mit unterschiedlichem Gewicht geprägt, so in Mailand, dem Kirchenstaat, Florenz, Neapel, Venedig und Genua, die die Namen Ducatone (= große Dukaten), Scudi oder Piaster trugen. Die für das Nachahmen jeglicher absetzbarer Münzsorten bekannten kleinen italienischen Herren haben diejenigen Talermünzen imitiert, die ihnen hierzu geeignet erschienen. Polen-Litauen begann erst während des livländischen Krieges mit der Prägung von Talern mit unterschiedlichem Feingewicht und ging 1765 zum Konventionsfuß über. In den nordischen Ländern begann die Prägung von Talermünzen schon früh, in Dänemark schon zu Beginn des 16. Jhs. nach Joachimstaler Vorbild. Schweden folgte bald darauf. Der von der Reichsmünzordnung leicht abweichende dänisch-schwedische Speziestaler ($9^1/_4$ aus der feinen Mark) wurde dort ab 1764 bzw. 1776 Hauptnominal. Nach der dänischen Währungsreform von 1813 galt der neue Reichsbanktaler (Rigsbankdaler) einen halben Speziestaler und wurde 1854 in Reichstaler umbenannt. *Konrad Schneider*

Lit.: v. Schrötter, S. 676f.; Heß; Deutsche Bundesbank (Hg.), Deutsche Taler von den Anfängen der Talerprägung bis zum Dreißigjährigen Krieg (Verf. J. Weschke), München 1966; Dies., Deutsche Taler vom Dreißigjährigen Krieg bis zum Ende der Talerprägung (Verf. J. Weschke), München 1967; K. Schneider, Banco, Species und Courant, Koblenz 1986.

Tarì

Der Tarì war eine Goldmünze Siziliens und Süditaliens mit einem Gewicht von ca. 1,05 g und entsprach einem Viertel des islamischen →Dinars. Der Name leitet sich aus dem Arabischen (= frisch) ab und bezeichnet eine frisch oder neu geprägte Münze. Die ersten Tarì wurden in Sizilien während der arabischen Herrschaft (9.–11. Jh.) geprägt und fanden weite Verbreitung im südlichen Italien, wo man sie in Salerno und Amalfi nachahmte. Nach der Eroberung Siziliens durch die Normannen 1072 setzten die Normannenherzöge bzw. -könige, die Staufer-Kaiser und schließlich Karl von Anjou die Tarìprägung in großem Umfang bis 1278 fort. Während der ganzen Zeit blieben der Feingehalt mit 16⅓ Karat und das durchschnittliche Gewicht von ca. 1 g stabil, obwohl einzelne Exemplare deutliche Gewichtsabweichungen zeigten. Deshalb wurden sie im Zahlungsverkehr zugewogen und oft in versiegelten Säckchen aufbewahrt. Vom Auswiegen der Stücke leitete sich auch die Gewichtsbezeichnung Tarì ab, der 0,88 g schwer war (das entsprach dem durchschnittlichen Feingewicht der Münze) und 1/30 einer Unze darstellte. Nach dem Ende der Tarìprägung ging der Name auf eine Rechenmünze über, die den Silberwert eines Tarì enthielt. Die letzte Münze, die in Tarì unterteilt wurde, war der unter Ferdinand III. als König beider Sizilien (Sizilien und Neapel) geprägte Piaster von 1810, der zu 12 Tarì gerechnet wurde. Daneben prägten die Johanniter auf Malta von 1530 an Tarì und rechneten bis zum Ende des 18. Jhs. in dieser Münze. *Andrea Saccocci*

Lit.: v. Schrötter, S. 681 f.; E. Martinori, La moneta, Roma 1915, S. 510–14; S. M. Stern, Tarì, Studi Medioevali, 3 a Ser. 11 (1970), S. 177–207; R. Spahr, Le Monete Siciliane dai Bizantini a Carlo d'Angio (582–1282), Zürich 1976.

Taula de Cambi

Unter dem Namen Taula de Cambi bzw. Canvi (= Wechseltafel) entstanden in den Städten des Königreichs Aragón seit dem 15. Jh. öffentliche →Wechselbanken. Die Taulas nahmen Einlagen an und tätigten wie die →Wechsler Überweisungen von Konto zu Konto, gewährten aber keine Kredite. Die erste Taula und zugleich die erste öffentliche Bank der Welt war die 1401 gegründete Taula de Cambi in Barcelona. Sie mobilisierte ihr Arbeitskapital dadurch, daß jeder Testamentsvollstrecker verpflichtet wurde, alle über 100 Sueldos hinausgehenden Beträge in der Bank zu deponieren. Weitere Bankgründungen, z. B. in Valencia (1408/09), folgten, obwohl die meisten Taulas die →Edelmetallknappheit des 15. Jhs. nicht überlebten. Erst im 16. und zu Beginn des 17. Jhs. erlebte das öffentliche Wechselbankwesen wie auch in Italien (→Banco della Piazza di Rialto) einen neuen Aufschwung. 1611 wurde in Barcelona neben der bereits bestehenden Taula de Cambi eine Banca de la Ciudad gegründet, die zusätzlich Aufgaben der öffentlichen Finanzverwaltung wie die Aufbewahrung von Steuergeldern übernahm. Beide Banken mußten zweimal ihre Zahlungen einstellen, so daß Philipp V. nach der zweiten Insolvenz (1714) eine neue Institution, die Tabla Nummulara de Comunes Depósitos, gründete, die bis ins 19. Jh. erfolgreich arbeitete. Weitere städtische Taulas schossen in Valencia, Gerona, Lérida etc. aus dem Boden, bestanden aber selten länger als ein Jahrhundert. *Michael North*

Lit.: M. Sánchez Sarto, Les Banques publiques en Espagne jusqu'à 1815, J. G. van Dillen (Hg.), History of the Principal Public Banks, The Hague 1934, S. 1–14; A. P. Usher, The Early History of Deposit Banking in Mediterranean Europe, New York 1967, Teil 2; H. Pohl (Hg.), Europäische Bankengeschichte, Frankfurt 1993, S. 91 f.

Testone

Der Name Testone leitet sich von dem Porträt im Münzbild (ital. *testa* = Kopf) ab und bezeichnet die seit dem ausgehenden 15. Jh. in Italien geprägten schweren Großsilbermünzen. Die erste Münze dieses Namens wurde 1474 in Mailand von Herzog Galeazzo Maria Sforza geprägt. Sie trug sein Porträt und entsprach im Wert (Feingewicht 9,28 g) ungefähr einer → Lira imperiale. Von da an bezeichnete Testone für mehr als ein Jahrhundert alle Großsilbermünzen mit Porträt, die dem Mailänder Prototyp ungefähr entsprachen – unabhängig von ihrem Wert in → Rechengeld oder ihrem → Wechselkurs. Beispielsweise hatte der Mailänder Testone ein Rauhgewicht von 9,8 g und war eine Lira lombarda wert, während der unter Ercole von Este 1475 in Ferrara geprägte Testone nur 3,8 g wog und 6 Soldi der Lira marchesana entsprach. Der Florentiner Testone von 1535 schließlich, dessen Stempel Benvenuto Cellini geschnitten hatte, wog 10 g und war 2 Lire fiorentine wert.

Testoni wurden in allen italienischen Renaissance-Münzstätten geschlagen und gelangten von dort in andere europäische Staaten. Erzherzog Sigismund der Münzreiche von Tirol z. B. ließ 1482 – noch vor dem → Guldiner – nach dem Vorbild des Testone den Pfundner im Wert eines Zählpfundes (→ Rechengeld) prägen. Nachgeahmt wurde der Testone auch in Frankreich (Teston), in der Schweiz und in Süddeutschland unter dem Namen Dicken sowie in England als → S(c)hilling zu 12 Pence.

Andrea Saccocci

Lit.: E. Martinori, La moneta, Roma 1915, S. 520–25; P. Grierson, The Monetary Pattern of the 16th-Century Coinage, TRHS, 5. Ser. 21 (1971), S. 45–60.

Thesaurierung → Münzfunde

Tooke, Thomas (1774–1858)
Der in Rußland geborene Sohn eines dort tätigen britischen Geistlichen arbeitete ab seinem 30. Lebensjahr in England zunächst als selbständiger Kaufmann und später als Direktor bzw. Verwaltungsrat von Versicherungs- und anderen Gesellschaften. Er trat in dieser Zeit entschieden für Freihandel, aber auch für Sozialreformen ein und gründete 1821 gemeinsam mit Thomas Robert Malthus, James Mill, →David Ricardo und Robert Torrens einen *Political Economy Club*, um ein ständiges Forum für die Diskussion ökonomischer Probleme zu schaffen. Sein wissenschaftliches Hauptinteresse richtete sich auf das Gebiet des Geld- und Finanzwesens, auf dem er sich bald einen solchen Ruf erwarb, daß er manchen Zeitgenossen als «head of the monetary science» (John Stuart Mill) erschien. Er wurde oftmals vor parlamentarische Untersuchungsausschüsse geladen, um seine Meinung zu aktuellen geld- und währungspolitischen Fragen zu hören. Zudem war er ein unerschrockener Debattierer und – im vorgerückten Alter – ein immens fleißiger Schriftsteller. Sein erstes Buch enthält *Thoughts and Details on the High and Low Prices of the Last Thirty Years* (1823). Ihm folgten *Considerations on the State of Currency* (1826) sowie zwei Monographien, die sich sehr kritisch mit der →Peelschen Bankakte von 1844 einschließlich ihrer Vor- und Nachgeschichte auseinandersetzen: *An Inquiry into the Currency Principle; The Connection of the Currency with Prices and the Expediency of a Separation of Issue from Banking* (1844) und *On the Bank Charter Act of 1844, its Principles and Operation, with Suggestions for an Improved Administration of the Bank of England* (1856). Tookes Hauptwerk ist und bleibt jedoch *A History of Prices, and of the State of Circulation, 1793 to 1856,* dessen sechs Bände zwischen 1838 und 1857 erschienen. Mitverfasser der beiden letzten Bände war William Newmarch (1820–1882). Der amerikanische Geldtheoretiker Francis Amasa Walker charakterisierte dieses Werk später als «the most memorable economico-statistical investigation ever undertaken» (zit. nach Rieter). Es ist nach wie vor eine wichtige wirtschaftshistorische Quelle. Tooke bietet nicht nur eine detaillierte Preisgeschichte, sondern deckt mit seiner breiten Darstellung die realen und monetären Entwicklungen ab, die im 18. Jh. und bis zur Mitte des 19. Jhs. innerhalb und außerhalb des Vereinigten Königreiches stattgefunden haben. Bei seinen Untersuchungen beklagt Tooke besonders den mehrdeutigen Gebrauch des Begriffes →Geldwert («value of money») in der zeitgenössischen Diskussion, der zu vielen Konfusionen Anlaß gebe. Er selbst macht sich u. a. über die «richtige» Geldwertmessung Gedanken. Zwar bleibt auch er weitgehend dabei, den Binnenwert an der Höhe der Getreidepreise abzulesen, doch manchmal bezieht er sich bereits auf das «Niveau der Warenpreise», ohne freilich Methoden der Indexrechnung anzuwenden, die damals durchaus bekannt waren. Sein theoretisches Problembewußtsein verrät schon, daß es ihm letztlich nicht um das Sam-

meln von Material an sich geht. Er will vielmehr anhand der historischen Fakten die Gültigkeit ökonomischer Theorien überprüfen. Dabei ist die Grundmelodie seines gesamten Bemühens durch den Versuch bestimmt, die strenge →Quantitätstheorie des Geldwertes zu widerlegen bzw. zu relativieren. Insoweit war Tooke der Gegenspieler →Ricardos und der von dessen Ideen stark inspirierten Bullionismus- resp. →Currency-Schule. In dieser Rolle war Tooke zugleich unbestrittenes Haupt und unermüdliches Sprachrohr der →Banking-Schule. Nach deren Auffassung sind in Gold einlösbare Banknoten kein Geld, sondern – wie Handelswechsel und Bankdepositen – (private) Kredit(zahlungs)mittel, von denen weder inflatorische oder deflatorische noch reale konjunkturelle Wirkungen ausgehen können, solange sie nach den kaufmännischen Bonitätsregeln («good banking») in Umlauf gebracht werden und damit ihr Rückstrom zu den Emittenten gesichert ist («law of reflux»). Ihre Ausgabe bedürfe daher keiner besonderen Kontrolle durch geldpolitische Instanzen oder (staatliche) Regelmechanismen. Der Kredit und die Schöpfung kreditärer Zahlungsmittel seien nur dann von Übel, wenn sie mißbraucht werden: «Der Credit bildet, in seinem ordentlichen und rechtmässigen Gebrauch, eines der wichtigeren Mittel zum sparsameren Umgang mit Geld und zur besten und wohlfeilsten Vertheilung von Capital und Einkommen unter die verschiedenen Classen der Gesellschaft. Aber er ist auch ein Mittel, das zu Zeiten, wenn ein grosser Unternehmungsgeist rege ist, eine fast unbegränzte Ausdehnung zulässt...» Tooke zeigt sodann, daß es Expansionen und Kontraktionen des Kreditvolumens nicht nur in Währungsordnungen mit uneinlösbarem Papiergeld geben kann, sondern ebenso in einem System mit einlösbaren Banknoten oder bei einer reinen Metallumlaufswährung. In Verbindung mit (kreditgespeisten) Warenspekulationen drohten sogar Wirtschaftskrisen. Tooke beschreibt entsprechende Konjunkturschwankungen in England für die Jahre 1824/25 und 1835/36. Er zählt damit zu den älteren Überproduktionstheoretikern, die in der Spekulation und im Kreditmißbrauch die Ursachen des Konjunkturphänomens erblickten. Auf anderen Feldern war er sogar ein «Pioneer of Monetary Theory» (Arie Arnon), denn sein Werk offenbart einige geld(wert)theoretische Überlegungen, die seiner Zeit weit vorauseilten. Tooke gilt neben Richard Cantillon als Vorläufer oder Mitbegründer jener «Einkommenstheorie des Geldes», die nach ihm u.a. von Knut Wicksell, Joseph Schumpeter, John Maynard Keynes und Arthur Cecil Pigou vertreten worden ist. Sie geht davon aus, daß sich Änderungen der →Geldmenge nur über die Einkommensströme auf das Preisniveau auswirken können. Dieser Ansatz steht in der →Geldtheorie – oft etwas verschwommen – als dritte Alternative neben der →Quantitätstheorie und der Produktionskostentheorie des →Geldwertes. Tookes Kernthese lautet: «Und somit gelangen wir zu dem schliesslich bestimmenden Princip für Preise in Geld. Es ist die Menge Geldes, die aus den Einnahmen der verschiedenen

Classen der Gesellschaft, unter den Bezeichnungen von Rente, Gewinn, Gehalten und Löhnen hervorgeht und zur Bestreitung der laufenden Ausgaben je nach den Bedürfnissen und Gewohnheiten derselben dient, wodurch allein das begränzende Princip der Gesammtheit der Preise in Geld, – der einzigen, die man richtiger Weise mit der Bezeichnung *allgemeiner Preise* belegen kann, gebildet wird.» Doch nicht nur bei der Suche nach «The *Ultimate* Causes of Price Changes», sondern auch bei der Erkundung der kurzfristigen Geldwertschwankungen erwies sich Tooke als Pionier. Er diskutiert neben der damals dominierenden →quantitätstheoretischen →Inflationserklärung bereits in aller Klarheit eine Inflationslehre, die auf dem Konzept der Überschußnachfrage basiert. Beide Ansätze lehnt er mehr oder weniger ab und konfrontiert sie mit einer kosten- und angebotsorientierten Analyse jener Art, wie sie erst in der zweiten Hälfte dieses Jahrhunderts «modern» wurde. Insoweit trifft auch und gerade auf Tooke immer noch das zu, was Friedrich A. von Hayek 1931 rückblickend festgestellt hat (zit. nach Rieter): «... wer die geldtheoretischen Schriften der ersten Hälfte des 19. Jahrhunderts kennt, wird zustimmen, daß sich in der geldtheoretischen Literatur der Gegenwart kaum ein Gedanke findet, der nicht einem oder mehreren Autoren jener Zeit vertraut war.» *Heinz Rieter*

Lit.: T. Tooke, W. Newmarch, Die Geschichte und Bestimmung der Preise während der Jahre 1793–1857, 2 Bde., autorisierte Uebersetzung von C. W. Asher, Dresden 1858/59; T. E. Gregory, An Introduction to Tooke and Newmarch's A History of Prices and of the State of the Circulation from 1792 to 1856, London 1928; H. Rieter, Die gegenwärtige Inflationstheorie und ihre Ansätze im Werk von Thomas Tooke, Berlin–New York 1971; M. Pivetti, Tooke, Thomas (1774–1858), The New Palgrave: A Dictionary of Economics, IV, London–New York 1987, S. 657 ff.; A. Arnon, Thomas Tooke: Pioneer of Monetary Theory, London 1990.

Torgauer Rezeß →Leipziger Fuß

Treibarbeit

Die Treibarbeit (Treiben) war Teil der Aufbereitungsarbeiten, um über Klauben, Pochen, Setzen und die Herdarbeit (Niederschlagsarbeit) aus Silbererz münzfähiges →(Brand)Silber zu gewinnen. Das Silber wurde, gleichviel in welcher Form es in Erzen auftrat, vor seiner Abscheidung in anderen Metallen (→Blei, →Kupfer, →Quecksilber) angesammelt. Die eigentliche Gewinnung des Silbers setzte folglich unmittelbar an die Gewinnung des Bleis oder Kupfers aus deren Erzen an, während bei der →Amalgamation zur Separierung Quecksilber zugeführt wurde. Die Silbergewinnung aus Blei diente der Trennung des Silbers vom Blei durch Überführung des Bleis in Bleioxid, Bleiglätte (PbO) mittels oxidierendem Schmelzen in einem Treibherd.

Die feuermetallurgische Trennung des Silbers vom Blei geschah im Schmelzfluß durch Überleiten von Luft über ein hocherhitztes Bad silberhaltigen Bleis im Treibherd, einem geschlossenen Herdflammofen. Dabei oxidierte alles Blei allmählich zu Bleiglätte. Diese schwamm auf der Badoberfläche und wurde mit Glättehaken durch die Glättegasse zum Ablaufen gebracht und so lange beobachtet, bis alles Blei oxidierte und nur noch Silber auf dem Herd war. Beim Zerreißen der letzten dünnen Glätteschicht erschien der Spiegel der etwa 1000 bis 1100°C heißen Silberschmelze und damit – kurzfristig – der «Silberblick» und das mehr oder weniger noch unreine Silber (Blicksilber). Dieses Blicksilber enthielt neben ca. 90 % Silber noch Blei (oder Kupfer) und bedurfte, um zu Feinsilber zu werden, einer Raffination, das sog. Feinbrennen. Das geschah durch erneutes oxidierendes Schmelzen, wodurch die fremden Metalle verschlackt und von der porösen Herdmasse (Asche, Kalk) aufgesogen wurden, bereits in der Münzstätte. *Hans-Joachim Kraschewski*

Lit.: C. A. Schlüter, Gründlicher Unterricht von Hütte-Werken... nebst einem vollständigen Probier-Buch, Braunschweig 1738; L. Suhling, Der Seigerhüttenprozeß. Die Technologie des Kupferseigerns nach dem frühen metallurgischen Schrifttum, Stuttgart 1976; H. Burose et al., Die Zellerfelder Münze. Vier Beiträge zur Geschichte der alten Münzstätte, Clausthal-Zellerfeld 1984; H.-J. Kraschewski, Quellen zum Goslarer Bleihandel in der Frühen Neuzeit (1525–1625), Hildesheim 1990.

Tremissis → Triens

Triens

Der Triens oder Tremissis (spätlat. *tremissis* = ein Drittel) entsprach einem Drittel des römischen Solidus mit einem Gewicht von etwa 1,5 g und war die wichtigste in der Völkerwanderungszeit geprägte Goldmünze. Auf der Vorderseite der Münze waren der Kaiser, auf der Rückseite eine Victoria und später andere Darstellungen abgebildet. In den Königreichen der Völkerwanderungszeit war der Triens die Hauptmünze, die dann im 8. Jh. vom karolingischen →Denar als Hauptwährung abgelöst wurde. Den Triens prägten Burgunder, Langobarden, Ostgoten, Sueven und Westgoten, besonders massenhaft aber die Franken unter den Merowingern. Die Münzinschriften geben wichtige Auskünfte über die Prägeorte (→Münzstätten) und die →*monetarii* (Münzer) und damit auch über den organisatorischen Aufbau des Münzwesens. Im merowingischen Frankenreich spielte z. B. der später heiliggesprochene Goldschmied Eligius (etwa 588–660) eine bedeutende Rolle als *monetarius* in den Jahren 629–641, als er die stufenweise Veränderung der Tremisses von einer beinahe reinen Goldmünze zu einer Goldmünze mit größerem Silberanteil überwachte. *Jørgen Steen Jensen*

Lit.: v. Schrötter, S. 702 ff.; J. Lafaurie, Panorame de la numismatique mérovingienne, Cercle d'études numismatiques. Bulletin, IV, Bruxelles 1967, S. 41–51; Ders., Eligius Monetarius, RN, 6 Sér. 19 (1977), S. 111–51; St. Suchodolski, Moneta i obrót pieniężny w Europie Zachodniej, Warszawa 1982; Grierson-Blackburn; P. Grierson, M. Mays, Catalogue of Late Roman Coins in the Dumbarton Oaks Collection, Washington 1992.

Trockenwechsel

Der Trockenwechsel oder *cambio secco* unterschied sich vom gewöhnlichen →Wechsel *(cambio reale)* dadurch, daß er nicht dem Handel diente. Der Handelswechsel ermöglichte eine Geldüberweisung anstelle einer – teuren und gefährlichen – Edelmetallsendung; er wurde in einer anderen Stadt fällig und mußte dort eingelöst werden. Dagegen war beim Trockenwechsel die Zahlung bei Fälligkeit fiktiv, da er nicht zur Geldüberweisung, sondern mit dem Ziel durchgeführt wurde, Gewinne aus Veränderungen der Wechselkurse zu ziehen. Dazu stellte der Bezogene (der oft zugleich der Begünstigte war) des Wechsels zur Einlösung des Wechsels wiederum einen Wechsel aus, so daß in der Realität überhaupt kein Geld floß. Dieses Hin- und Zurückweisen *(cambium – recambium)* zwischen zwei Städten verschaffte dem Kaufmann Kredit, solange der ursprüngliche Gläubiger (Wechselnehmer) sein Geld nicht zurückhaben wollte und bereit war, den Wechsel zu erneuern. Beispiele vom frühen 14. bis zum 17. Jh. zeigen, daß solche Darlehen 12–14 % Zinsen (versteckt in der Differenz zwischen den →Wechselkursen der beiden Städte) brachten. Neben dem Trockenwechsel gab es noch mehr fiktive Wechseloperationen *(cambio fittizio),* mit denen man sich Kredit verschaffte. So wechselte man hin und zurück, setzte aber die Wechselkurse anders als beim Trockenwechsel von vornherein fest, um ein wucherisches Darlehen zu verschleiern. Bei einer anderen Operation legte der Bankier zwar die aktuellen Wechselkurse zugrunde, aber die Wechseloperation fand nur in seinem Buch statt; so gewährte er Kredit und sparte noch Kommissions-, Makler- und Postgebühren. Auch ein vorher abgesprochener Wechselprotest des Bezogenen, der zurückwechselte, verlängerte den Kreditzeitraum. Eine letzte Möglichkeit, von der vor allem auf den →Wechselmessen des 16. und 17. Jhs. reger Gebrauch gemacht wurde, war die →Ricorsa. *Cambio secco* und *cambio fittizio* wurden von den Zeitgenossen unterschiedlich beurteilt. Kaufleute hoben den spekulativen Charakter und die unsicheren Gewinnaussichten hervor, die diese Operationen legitimierten. Moralisten sahen darin →Wucher, der durch den Wechsel verbrämt wurde, und zogen die Legitimität der Operation in Zweifel, wenn sie sie nicht sogar völlig verurteilten. In wirtschaftlicher Hinsicht eröffnete der Trockenwechsel Geschäftsleuten und Nichtgeschäftsleuten die Möglichkeit, in einer Reihe von Wechseloperationen Geld aufzunehmen. Dabei konnte der Gläubiger, wenn er einen Verlust befürchtete, jederzeit den Kredit kündigen, indem er den Wechsel nicht erneuerte. *Reinhold C. Mueller*

Lit.: R. de Roover, What is Dry Exchange?; Ders., Cambium ad Venetias, beide wiederveröffentlicht von J. Kirshner (Hg.), Business, Banking and Economic Thought in Late Medieval and Early Modern Europe, Chicago 1974, S. 183–99; Ders., The Rise and Decline of the Medici Bank, 1397–1494, Cambridge, Mass., 1963; G. Mandich, Per una ricostruzione delle operazioni mercantili e bancarie della compagnia dei Covoni, A. Sapori (Hg.), Libro giallo della compagnia dei Covoni, Milano 1970.

Turnose → Groschen

U

Umlaufgeschwindigkeit

Die Umlaufgeschwindigkeit des Geldes bzw. die Geldumlaufgeschwindigkeit bezeichnet die Häufigkeit, mit der eine Geldeinheit in einer bestimmten Zeitperiode für Umsätze verwendet wird. Die Steigerung der Umlaufgeschwindigkeit wirkt wie eine Vermehrung, die Reduzierung der Umlaufgeschwindigkeit wie eine Verminderung der → Geldmenge. Die Umlaufgeschwindigkeit ist Bestandteil der → Verkehrsgleichung (Quantitätsgleichung) und hierbei zusammen mit der Geldmenge Bestimmungskomponente des Preisniveaus. Während den Geldmengenveränderungen langfristige Auswirkungen auf das Preisniveau zugeschrieben werden, ist die Umlaufgeschwindigkeit in diesem Zusammenhang allenfalls kurzfristig von Bedeutung. In der modernen Wirtschaftsstatistik werden die Umlaufgeschwindigkeiten der → Geldmengenaggregate (M_1, M_2, M_3) ausgewiesen. Dies ist für frühneuzeitliche Währungssysteme aufgrund der unzureichenden Quellenlage nicht möglich. *Rainer Metz*

Lit.: A. Woll, Quantitätstheorie, Handwörterbuch der Wirtschaftswissenschaft, VI, Stuttgart 1981, S. 392–99.

Universalbanken

Unter Universalbanken versteht man in erster Linie Bankinstitutionen, welche kurzfristige Kredit- und Depositengeschäfte mit langfristigen Kapitalmarkttransaktionen verbinden. Nach einer strengeren Definition umfaßt der Begriff nur die Institutionen, die alle gängigen Bankgeschäfte anbieten – vom Hypothekenkredit über Außenhandelsfinanzierung bis hin zur Anlageberatung. Auf jeden Fall werden Universalbanken als Gegensatz zu spezialisierten Kreditinstituten gesehen, z. B. zu → Depositenbanken, welche nur liquide und kurzfristige Geschäfte pflegen, oder zu Anlagebanken (Investment Banks), die nur langfristige Kredit- oder Wertpapiertransaktionen vermitteln. Theoretisch lassen sich dem Universalbanktyp erhebliche informationsökonomische Vorteile gegenüber Spezialbanken zurechnen, weil jene Institutionen Erfahrungen aus den laufenden Geschäftsverbindungen zur Beurteilung von Kapitalmarkttransaktionen direkt herleiten und verwenden können (und umgekehrt). Soweit Universalbanken Großbanken mit hohen Marktanteilen an relevanten Geschäftsarten sind, können den o. a. Vorteilen bedeutende volkswirtschaftliche Kosten – bedingt durch die Konzentration wirtschaftlicher Macht bei Großbanken –

Kassenhalle einer Universalbank, der Berliner Disconto-Gesellschaft (1901)

gegenüberstehen. Diese Frage wird in der Literatur noch kontrovers diskutiert.

Die ersten Universalbanken sind in dem jungen Königreich Belgien in den 1830er Jahren gegründet worden, von denen die →Société Générale die bedeutendste war. Sie haben die belgische Industrialisierung erfolgreich unterstützt, mußten jedoch durch Krisenerfahrungen 1838 und 1848 den liquidsten Teil ihrer Operationen – nämlich ihre Notenemission – aufgeben, was sie vorläufig faktisch zu Anlagebanken machte. Erst gegen Ende des 19. Jhs. wuchs das «reguläre» kurzfristige Bankgeschäft wieder an, allerdings z. T. über Tochtergesellschaften. Eindeutiger als Universalbanktyp konzipiert war die 1852 in Frankreich gegründete Société Générale de →Crédit Mobilier. Wie die belgischen Banken, die ja in gewisser Weise als Vorbilder gedient haben, war der Crédit Mobilier eine Aktiengesellschaft, deren Aktien selbst zunächst attraktive Anlageobjekte darstellten. In den ersten Jahren ihres Bestehens hatte der Crédit Mobilier große Erfolge, besonders als Gründer neuer Unternehmen im Ausland (vor allem bei Eisenbahnprojekten). In den 1860er Jahren jedoch scheiterte das Unternehmen hauptsächlich an der Unausgewogenheit seiner Anlagepolitik und dem mangelnden Ausbau des laufenden Bankgeschäftes. Dennoch hatte es wesentlich zur Diffusion der Institution Universalbank in Europa beigetragen, am erfolgreichsten wohl in Mitteleuropa. In Deutschland und der Donaumonarchie haben Universalbanken am stärksten das Bankensystem geprägt, und hier läßt sich der Einfluß des Crédit Mobilier auch klar dokumentieren, z. B. in Deutschland 1853 bei der Gründung der Darmstädter Bank und in Österreich 1856 bei der Gründung der Credit-Anstalt. Für Deutschland muß man aber auf landeseigene Wurzeln des Universalbanktyps hinweisen, denn vor Gründung des Crédit Mobilier haben deutsche →Privatbankiers bereits erfolgreich Geld- und Kapitalmarktaktivitäten kombiniert, vor allem bei Eisenbahngründungen und -finanzierung, und sie haben dabei die Industrialisierung Deutschlands ein gutes Stück vorangetrieben. Gerade diese Privatbankiers waren denn auch diejenigen Unternehmer, die Universalbanken in aktienrechtlicher Form gegründet haben. Seit dem letzten Drittel des 19. Jhs. wurden Privatbankiers von den Aktienkreditbanken verdrängt. Im 20. Jh. in Deutschland werden also unter Universalbanken in der Regel die großen Aktienbanken verstanden, die enge Beziehungen zu Industriegroßunternehmen pflegen und Kapitalmarkttransaktionen dominieren.

Gleichwohl haben sich im Laufe des 20. Jhs. auch die →Sparkassen und →Kreditgenossenschaften (zusammen mit ihren zentralen Organen) zu Universalbanken entwickelt. Die Sparkassen betrieben seit ca. 1909 kurzfristige Bankgeschäfte und erhielten 1921 ausdrücklich die Erlaubnis, Wertpapiergeschäfte anzubieten. Die Kreditgenossenschaften haben über ihre Zentralkasse schon zu Anfang des 20. Jhs. Kapitalmarkttransaktionen durchgeführt, aber der eigentliche Sprung zur Verbindung von «regulären» Bank- und Kapitalmarktgeschäften kam erst in der Gegenwart.

Die volkswirtschaftliche Rolle der Universalbanken wird seit ca. 100 Jahren kontrovers diskutiert. Für die Zeit bis 1914 wird diesen Banken ein positiver Beitrag zum Wirtschaftswachstum Deutschlands dank effizienter Mobilisierung von Kapital zur Finanzierung risikoreicher Innovationen der Großindustrie beigemessen. Die Zwischenkriegszeit zeigt dagegen die deutschen Universalbanken als geschwächte Opfer der Inflationszeit (in den 1920er Jahren) und dann als Krisenherd in den 1930er Jahren. Es stellt sich hier die Frage, inwiefern das glanzlose Agieren in dieser Zeit auf die veränderten Rahmenbedingungen zurückzuführen ist, insbesondere auf die restriktive Haltung der Zentralnotenbank, der Reichsbank, die ja vor 1914 als wichtige Stütze der deutschen Universalbanken galt. *Richard H. Tilly*

Lit.: R. E. Cameron, France and the Economic Development of Europe, Princeton 1961; Ders., Die Gründung der Darmstädter Bank, Tradition 2 (1957), S. 104–31; Born, Geld; R. Tilly, Zur Entwicklung der deutschen Universalbanken im 19. und 20. Jh. Wachstumsmotor oder Machtkartell?, S. Pollard und D. Ziegler (Hgg.), Markt, Staat, Planung, St. Katharinen 1992, S. 128–56.

Usance

Usance (vom ital. *usanza* oder *uso*) bezeichnet einen Handelsbrauch im allgemeinen und das unter italienischen →Wechslern und Bankiers gebräuchliche Verfahren, den Fälligkeitstermin (Verfallstag) von →Wechseln festzusetzen, d. h. die Zahlungsfrist im besonderen. Die Usance wurde entweder vom Datum der Ausstellung *(fatta)* oder vom Datum der «Sicht» *(vista)*, an dem der Wechsel präsentiert und akzeptiert wurde, oder in einer Kombination beider Daten festgesetzt. Beispielsweise betrug die Usance zwischen italienischen →Finanzplätzen und London 3 Monate nach Ausstellung des Wechsels und 2 Monate nach Ausstellung zwischen Italien und Brügge, wogegen es zwischen Venedig und Mailand jeweils 10 Tage nach Sicht waren; im Wechselverkehr Venedig–Florenz schließlich galten auf der Strecke Venedig–Florenz 20 Tage nach Ausstellung, während es auf der Route Florenz–Venedig 5 Tage nach Sicht waren.

Die Distanz zwischen den Wechselplätzen *(distancia loci)* bedeutete einen Zeitunterschied *(distancia temporis)*, und Zeit bedeutete Kredit. Wenn man die Usancen mit den Postlaufzeiten vergleicht – beide Zeitangaben wurden in den Florentiner →Kaufmannsnotizbüchern notiert –, dann übertrafen die Usancen erheblich die Zeiten, die ein Wechsel oder ein Brief benötigte, um seinen Empfänger in einer anderen Stadt zu erreichen. Durch die Usance wurde also ein Kreditelement in die Wechseloperation eingeführt, egal ob es sich um einen einfachen Wechsel oder um das Hin- und Zurückwechseln *(cambium – recambium)* handelte. Beispielsweise ermöglichten die Usancen zusammen mit der Brieflaufzeit (5–6 Tage) im Wechselverkehr Venedig–Florenz ein *recambium* von einem Monat und damit einen kurzfristigen Kredit. Die meisten Wechsel setzten die Fälligkeit einfach «nach Usance» fest; jedoch konnten die Kontrahenten den Kreditzeitraum auch verkürzen bzw. verlängern, indem sie von der Usance Tage abzogen oder hinzuaddierten, die halbe Usance forderten oder gegen Gebühr die doppelte Usance gewährten. Die Usance war allgemein seit dem beginnenden 14. Jh. verbreitet und sollte sich in den folgenden Jahrhunderten nicht grundlegend verändern. Eine Alternative zur Usance war auf den Messen bzw. →Wechselmessen die Festlegung der Fälligkeit auf einen Messetermin, gewöhnlich den der nächsten Messe.

Reinhold C. Mueller

Lit.: G. Mandich, Per una ricostruzione delle operazioni mercantili e bancarie della compagnia dei Covoni, A. Sapori (Hg.), Libro giallo della compagnia dei Covoni, Milano 1970; F. Melis, Intensità e regolarità nella diffusione dell'informazione economica generale nel Meditterraneo e in Occidente alla fine del Medioevo, Mélanges en l'honneur de F. Braudel, Toulouse 1973, I, S. 389–424; Spufford, Handbook of Medieval Exchange, London 1986, S. xxxi und Anhang; Ders., Spätmittelalterliche Kaufmannsnotizbücher als Quelle zur Bankengeschichte, North (Hg.), Kredit, S. 103–20 (mit bibliographischen Angaben über die Kaufmannsnotizbücher).

V

Vales reales

Die Vales reales waren Schuldverschreibungen, die die Spanische Krone zwischen 1780 und 1799 mit einer Laufzeit von 20 Jahren und 4 % Jahreszins ausgab. Die Vales reales waren mit Annahmezwang ausgestattet und konnten zur Zahlung von Steuerschulden und privaten Verbindlichkeiten verwendet werden. In Spanien stellten die Vales reales eine Vorform des → Papiergeldes dar. Da der größte Teil der Vales reales sich auf einen Nennwert von 600 Pesos de vellón (1 Peso de vellón = 15 Reales, 2 Maravedís) belief und selbst die kleinste Stückelung noch 150 Pesos de vellón betrug – den Lohn, den ein Madrider Maurermeister zu jener Zeit in 300 Tagen erhielt –, beschränkte sich die Verwendung der Vales reales auf größere Transaktionen. Die ersten Vales reales gab die Spanische Krone auf Vorschlag des Bankiers Francisco de Cabarrús 1780 aus, um damit die Kosten des Krieges gegen England und die Unterstützung der nordamerikanischen Unabhängigkeitsbewegung zu finanzieren. Insgesamt wurden zwischen 1780 und 1782 Vales reales im Wert von 30 Millionen Pesos de vellón (oder 450 Millionen → Reales de vellón) ausgegeben. 1782 wurde der → Banco de San Carlos gegründet, der mit eigenem Kapital ausgestattet, die Zinszahlungen und Einlösungen der Vales reales übernehmen und dadurch die Kurse der Staatspapiere stützen sollte. Erst 1786 hatte sich die Situation der Staatsfinanzen soweit normalisiert, daß die Vales reales 2 % über ihrem Nominalwert gehandelt wurden. Der Eintritt Spaniens in den Ersten Koalitionskrieg gegen Frankreich erforderte 1794–1795 die erneute Emission von Vales reales im Wert von insgesamt 963 Millionen Reales. Daraufhin sank der Kurs wieder unter den Nennwert. 1798 ordnete die Krone die Versteigerung von Kirchenbesitz zugunsten der Staatskasse an (Desamortisation). Die Käufer konnten einen Teil des Preises in Vales reales bezahlen, wodurch sich das Volumen der in Umlauf befindlichen Schuldverschreibungen verringerte. Der restliche Erlös aus dem Verkauf der Kirchengüter sollte über eine hierfür zu gründende Caja de Amortización zur Verzinsung und Tilgung der ausgegebenen Vales reales verwendet werden. Zur Finanzierung des Krieges gegen England kam es 1799 zu einer erneuten Emission von Vales reales im Werte von 799 Millionen Reales. Nach der Restauration der Bourbonen erkannte Ferdinand VII. 1815 die durch Vales reales verbriefte Staatsschuld zwar an, angesichts der desolaten Haushaltslage sank ihr Kurs aber bis auf 20 % im Jahre 1817. Im März und August 1818 wurden die bisherigen Vales reales auch offiziell abgewertet und in neue Schuldverschreibungen umgewandelt. *Renate Pieper*

Lit.: E. J. Hamilton, War and Prices in Spain, 1651–1800, New York 1969, Kap. 4; P. Tedde de Lorca, El Banco de San Carlos (1782–1829), Madrid 1988.

Valvation

Valvation leitet sich vom lat. *valere* (= gelten) ab und war der seit dem Spätmittelalter gebräuchliche Begriff für Münztarifierung, d. h. für die Wertfestsetzungen einheimischer und fremder Münzen in einem Währungsgebiet. Valvationen wurden meist in Form von illustrierten Einblatt-

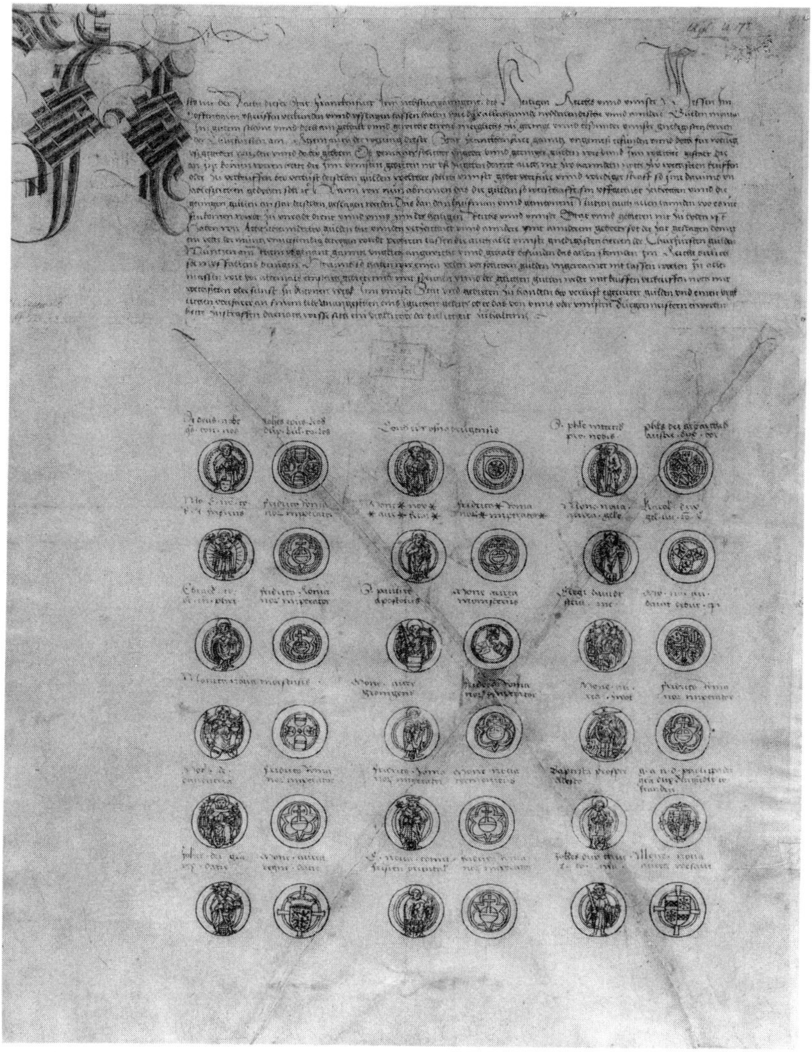

Valvation (Münztarifierung) mit der Warnung vor schlechten Guldensorten, Frankfurt (um 1490)

drucken seit dem ausgehenden 15. Jh. in Kraft gesetzt und durch öffentlichen Anschlag publiziert. Diese Patente enthielten die Bewertungen verschiedener auch auswärtiger Sorten nach dem jeweiligen lokalen Währungssystem und waren somit amtlich festgesetzte Kurse, von denen die tatsächlich im Zahlungsverkehr verwendeten Kurse oft deutlich abwichen. Insbesondere bei Sorten, die aus Knappheit und Beliebtheit mit Aufgeld gehandelt wurden, war dies der Fall. Der Quellenwert von Valvationen ist daher eingeschränkt, und die Aussagen müssen durch weitere Quellenbelege überprüft werden. Wollte der Gesetzgeber bestimmte Sorten aus dem Zahlungsverkehr verbannen, griff er zum Mittel der →Münzverrufung und verbot bestimmte Sorten gänzlich. In der Regel waren diese Maßnahmen genauso fruchtlos wie die amtliche Festsetzung von Kursen. Trotz der angeführten Einschränkungen sind die Valvationen und Münzverrufungen wichtige Quellen zur Münz- und Geldgeschichte, belegen sie doch den Umlauf bestimmter Sorten in einer Region auch in quantitativer Hinsicht, denn nur gelegentliches Auftreten hätte den Gesetzgeber nicht zur Drucklegung und zur Anfertigung kostspieliger Holzschnitte und Kupferstiche für die Abbildungen der unerwünschten Sorten veranlaßt.

Konrad Schneider

Lit.: v. Schrötter, S. 439, 716.

Verkehrsgleichung

Die von dem amerikanischen Nationalökonomen →Irving Fisher aufgestellte Verkehrsgleichung oder Quantitätsgleichung besagt, daß das Produkt aus →Geldmenge $(M + M')$ und →Umlaufgeschwindigkeit $(V + V')$ gleich dem Produkt aus Preisniveau (P) und Transaktions(Handels-)volumen (T) ist: $M \cdot V + M' \cdot V' = P \cdot T$. Dabei sind M die umlaufende Menge an Bargeld und M' das Buchgeldvolumen sowie V die Umlaufgeschwindigkeit des Bargeldes und V' die Umlaufgeschwindigkeit des Buchgeldes, während T die Summe der umgesetzten Gütermengen repräsentiert und P das allgemeine Preisniveau. Jedoch ist die Verkehrsgleichung nur dann erfüllt, wenn alle Güter und Leistungstransaktionen über den Austausch von Geld abgewickelt werden.

Da sich mit Hilfe der Fisherschen Verkehrsgleichung Art und Richtung der Beziehungen der in ihr enthaltenen ökonomischen Variablen nicht nachweisen lassen, ist sie von der →Quantitätstheorie streng zu unterscheiden. Diese versucht, die Beziehungen zwischen den Größen der Gleichungen durch Einführung von Hypothesen funktional zu beschreiben. Trotzdem hat Fisher in der Verkehrsgleichung nicht einfach eine tautologische Beziehung gesehen, sondern einen fundamentalen Zusammenhang zwischen Geldmenge und Preisniveau. Fisher spricht gar von einem Gesetz der direkten Proportion zwischen der Quantität des Geldes und dem Preisniveau.

Fragt man nach den in der Gleichung enthaltenen Möglichkeiten von Preisniveauänderungen, so zeigt sich, daß sich das Preisniveau proportional zu Variationen der Geldmenge oder der Umlaufgeschwindigkeit und umgekehrt proportional zu solchen der Gütermenge verändert. Danach muß bei einer Konstanz von V, V′ und T und bei einer Erhöhung von M und/oder M′ auch P proportional steigen, das dabei als das Verhältnis zwischen der Geld- und Gütermenge definiert ist. In diesem Sinne haben z. B. der Franzose →Jean Bodin und der Italiener Bernardo Davanzati den säkularen Preisanstieg des 16. Jhs. (→Preisrevolution) zu erklären versucht. *Rainer Metz*

Lit.: A. Woll, Quantitätstheorie, Handwörterbuch der Wirtschaftswissenschaft, VI, Stuttgart 1981, S. 392–99; D. O. Flynn, Use and Misuse of the Quantity Theory of Money in Early Modern Historiography, E. van Cauwenberghe, F. Irsigler (Hgg.), Münzprägung, Geldumlauf und Wechselkurse, Trier 1984, S. 383–417; D. Duwendag et al., Geldtheorie und Geldpolitik, Köln 1974.

W

Währung

Der Begriff Währung leitet sich vom mhd. *werunge* (= Gewährleistung) ab und bezeichnet die gesetzliche Ordnung des Geldwesens eines Landes. Darunter fallen die Festlegung des Münzsystems (→Münzfuß), des →gesetzlichen Zahlungsmittels sowie des Austauschverhältnisses gegenüber den ausländischen Währungen (Währungsparität). In einem weiteren Sinne ist dann Währung das Geld oder die Geldeinheit eines Landes. So wird von Zahlungen in ausländischer Währung (Valuta) ebenso gesprochen wie vom →Dollar oder vom →Pfund Sterling als nationalen Währungen oder internationalen →Leitwährungen. In der Geschichte der Währungen vollzog sich ein jahrhundertelanger Übergangsprozeß von der Silberwährung (→Monometallismus) über die Doppel- oder →Parallelwährungen (→Bimetallismus) zu der →Goldwährung, die die verschiedenen Formen der Goldumlaufswährung, der Goldkernwährung und der Golddevisenwährung annahm. *Michael North*

Lit.: G. Schmölders, Währung, EnzyLex, II, Frankfurt 1957, S. 1630f.; O. Veit, Grundriß der Währungspolitik, Frankfurt 1969.

Währungsmünzen

Als Währungsmünzen (im Gegensatz zu den →Scheidemünzen) bezeichnet man die Hauptnominale der →Gold-, Silber- und Doppelwährungen. Währungsmünzen bildeten die Grundlage des Währungssystems. Voraussetzung dafür waren mehrstufige Systeme, wie sie sich in Europa im Mittelalter vom 14. Jh. an entwickelten. Im Heiligen Römischen Reich wurde der →Taler in den →Reichsmünzordnungen des 16. Jhs. zur Hauptwährungsmünze. In Ländern mit →Doppelwährungen konnten Gold- und Silbermünzen nebeneinander die Funktion von Währungsmünzen einnehmen wie in Frankreich der →Louis d'or und der →Louis blanc. Das Deutsche Reich legte 1871/73 seiner Goldwährung das – auch Krone genannte – goldene Zehnmarkstück zugrunde. Mit der Suspendierung der Einlösungspflicht von Banknoten in Gold zu Beginn des Ersten Weltkrieges und der Aufgabe des →Goldstandards endete die Zeit der Währungsmünzen. *Konrad Schneider*

Lit.: Luschin, S. 206–12.

Währungspolitik → Geld- und Währungspolitik

Währungsraum

Ein Währungsraum ist eine geographische Einheit mit einem → Finanzplatz als Zentrum (Finanzzentrum), in der eine Währung als Basis von Finanztransaktionen Verwendung findet. Existierten innerhalb einer Region mehrere Wirtschaftsräume mit jeweils unterschiedlicher Währung, so war jeder Wirtschaftsraum zugleich auch Währungsraum. Durch die Integration von Wirtschaftsräumen (gemeinsamer Markt) kam es abhängig von der jeweiligen ökonomischen Ausgangssituation und von der Machtverteilung im gesamten Raum zur Ausbildung eines gemeinsamen, vergrößerten Währungsraumes.

Durch den Wettbewerb der Zentren ehemals autonomer Wirtschaftsräume untereinander wurden im Zuge der Integration die Dienstleistungen auf dem finanziellen Sektor durch einen neuen vergrößerten rauminternen Zahlungsausgleich ersetzt (Clearing durch → Privatbankiers mit → Wechselverbindung im internationalen → Zahlungsverkehr). Die Verrechnungsstelle dieses Clearingsystems befand sich in der Regel in einer Stadt, deren zugehöriger Geldmarkt durch seine Kapitalkraft zum zentralen Geldmarkt wurde, die Währung dieses Finanzzentrums wurde zur → Leitwährung des gesamten integrierten Raumes (Leitwährungsraum).

Politisch motivierte Entscheidungen für eine Stadt als Zentrum (Hauptstadt) ermöglichten in der Regel überdurchschnittliche Wachstumsraten sowie den Zufluß von mobilen Produktionsfaktoren für diese. Diese Stadt war dann das Finanzzentrum des Raumes mit einer – politisch forcierten – Währung (Währungsraum). Die genannten Entwicklungen konnten auch nacheinander ablaufen, wenn das Zentrum des Leitwährungsraumes aufgrund seiner ökonomischen Stärke durch politische Entscheidung die Hauptstadtsfunktion innerhalb eines Staates übernahm.

Markus A. Denzel und Oskar Schwarzer

Lit.: R. I. McKinnon, Optimum Currency Areas, American Economic Review 53 (1963), S. 717–25; O. Schwarzer, Die räumliche Ordnung der Wirtschaft in Deutschland um 1910, Stuttgart 1990; O. Schwarzer et al., Das System des internationalen Zahlungsverkehrs, J. Schneider (Hg.), Währungen der Welt, I, Stuttgart 1991, S. 1–34.

Währungssystem

Alle regional oder überregional ökonomisch relevanten → Währungen waren im mittelalterlichen und frühneuzeitlichen Europa als Münz- bzw. → Rechengeldsysteme einheitlich geordnet, d. h. die Münzen bzw. Recheneinheiten einer Währung standen in denselben fixen Relationen zueinander wie die Münzen und Recheneinheiten in den Währungen geographisch benachbarter Regionen. Die seit dem 13. Jh. neu eingeführten Münzen bzw. Einheiten (→ Münze) wurden über bestimmte Relationen in das bestehende System integriert. Regionale Besonderheiten in Gewicht und Feingehalt des gleichen Münztypus, d. h. von Münzen gleicher Stellung im System, aufgrund unterschiedlicher Ausprägung konnten dann mit Hilfe der Feststellung des Wertes einer Münze auf den jeweiligen Geldmärkten (Notierung von → Wechsel- und Geldkursen) ausgeglichen werden.

Das so umrissene europäische Währungssystem des Mittelalters und der Frühen Neuzeit hatte seine Ursprünge im diocletianisch-konstantinischen Münzsystem des beginnenden 4. Jhs.: Die Libra Gold (Pfund; 327,45 g) wurde unterteilt in 12 Unciae (27,89 g) oder 72 Solidi (4,55 g); der Solidus entsprach 4 Scripula (1,14 g) à 6 Siliquae oder Karat (0,189 g). Vom 4. Jh. an war der → Solidus die Basismünze und -recheneinheit in weiten Teilen des christlichen Europa, wurde jedoch im Merowingerreich zu immer weniger Siliquae ausgebracht. Mit dem Übergang zur reinen Silberwährung unter weitgehender Einstellung der Goldausmünzung unter Pippin I. wurde der Denar, der ursprünglich einer Drittel-Solidus-Münze (→ Triens) entsprochen hatte, als der zwölfte Teil des Solidus zur Grundlage des Münzsystems (754/55): 1 Libra = 22 Solidi = 264 Denarii. Karl der Große modifizierte dann dieses System, indem er sowohl die Relation zwischen Libra und Solidus auf 1 : 20 (780/81) als auch das Gewicht des Münzpfunds (→ «Karls-Pfund») veränderte (794), so daß der neue Denar zum alten wie 3 : 4 stand: 1 Libra = 12 Unzen = 20 Solidi = 240 Denarii. Dieser Denar von 794 bildete die Grundlage für die weitere Entwicklung im 9. Jh. im gesamten Frankenreich mit Norditalien und dem christlichen Teil Spaniens sowie in Teilen Englands. Das System Karls wurde zur Grundrelation der sich im Laufe der Jahrhunderte entwickelnden Währungen und der dazugehörigen, aufgrund immer wieder leicht veränderter Pfund- bzw. Unzengewichte regional unterschiedlichen Ausprägungen:

England:	1 Pound Sterling	= 20 Shillings	= 240 Pence
Frankreich:	1 Livre	= 20 Sols (Sous)	= 240 Deniers
Italien:	1 Lira	= 20 Soldi	= 240 Denari
Spanien:	1 Libra	= 20 Sueldos	= 240 Dineros
«Reich»:	1 Pfund	= 20 Schillinge	= 240 Pfennige
aber:			
Bayern/Österreich:	1 Pfund	= 8 Schillinge	= 240 Pfennige

Auch über die Grenzen des damals christlichen Europa hinaus existierten Verbindungen zu diesem System. Der Solidus war im byzantinischen Machtbereich, wenn auch in veränderter Form, verändertem Gewicht und Feingehalt, weiterhin ausgeprägt worden, und der → Dinar des Kalifenreiches stand in Relation ebenso zum Solidus wie zur persisch-sassanidischen

Vorgängermünze. Die Handelsbeziehungen zwischen der arabischen Welt und Nordwesteuropa hatten zur Folge, daß arabische Münzen in Relation zu eigenen Gewichtseinheiten und mit eigenem Gepräge nachgeahmt wurden.

Das Libra-Solidus-System blieb die Basis der europäischen Währungssysteme, als im Gefolge der «Kommerziellen Revolution» für Groß- und Kleinhandel größere Münzen benötigt wurden. So wurden im Italien des ausgehenden 12. und beginnenden 13. Jhs. große Silbermünzen (Grossi) zuerst zu 4 – entsprechend dem englischen →Sterling –, später zu 12 Denaren – entsprechend dem Solidus – und um die Mitte des 13. Jhs. die der →Lira entsprechenden Goldmünzen zu 240 Denari (z. B. →Floren, Genovino →Dukat) in das bestehende System eingepaßt. Außerhalb Italiens lief diese Entwicklung zeitverschoben ab (→Gros tournois zu 12 Deniers in Frankreich 1266). In den sich hieraus entwickelnden Währungssystemen wurden die Münz- bzw. Recheneinheiten auch Jahrhunderte später rechnerisch noch in gleicher Weise unterteilt (→Rechengeld). Auch spätere, neue Münzen insbesondere des romanischen Sprachraums rechnete man vielfach nach 20 Solidi bzw. 240 Denarii, so im Falle der regional und zeitlich unterschiedlichen →Escudo-, →Ecu- oder →Dukatprägungen vom ausgehenden Mittelalter bis in das 18. Jh. In Frankreich wurde beispielsweise der Ecu d'or als Gegenwert von 3 →Livres tournois ebenso wie dieser in 20 Sols (Sous) bzw. 240 Deniers unterteilt, allerdings mit dem Zusatz «d'or»:

1 Ecu d'or =	3 Livres tournois =	20 Sols d'or =	240 Deniers d'or
	1 Livre tournois =	20 Sols =	240 Deniers

Selbst wenn Prägungen nicht dem Libra-Solidus-System entsprachen oder ihm rechnerisch nicht mehr kompatibel waren, wie die →Guinea in England zu 21 Schilling, erfolgte die Rechnung in der Regel nach der derzeit nicht ausgeprägten Einheit, hier also des Pfund Sterling zu 20 Schilling. Wurden Prägungen außerhalb des Libra-Solidus-Systems vorgenommen, so standen sie doch in Relation zu diesem, im Falle des Verhältnisses des Reichstalers zu 90 Kreuzern: Libra zu 240 Denarii wie 8 : 3 oder des Gulden zu 60 Kreuzern wie 4 : 1.

Das Libra-Solidus-System verlor erst mit der Einführung bzw. Durchsetzung des Dezimalsystems seine Bedeutung, obwohl es noch lange in Gebrauch war. So wurde es in Frankreich 1829/34 im Rahmen des Beschlusses zur Umprägung der Münzen aus der Zeit des Ancien Régime beseitigt, obwohl schon seit 1795 im Münzwesen im Dezimalsystem gerechnet werden sollte. Auch in Italien war es bei bestimmten Kursnotierungen noch gegen Ende des 19. Jhs. in Gebrauch und im Vereinigten Königreich schließlich bis 1971. *Markus A. Denzel*

Lit.: W. Taeuber, Geld und Kredit im Mittelalter, Berlin 1933; H. Witthöft, Münzfuß, Kleingewichte, pondus Caroli und die Grundlegung des nordeuropäischen Maß- und Gewichtswesens in fränkischer Zeit, Ostfildern 1984; Ders., Die Münzordnungen und das Grundgewicht im Deutschen Reich vom 16. Jh. bis 1871/72, E. Schremmer (Hg.), Geld und Währung vom 16. Jh. bis zur Gegenwart, S. 45–68; Spufford, Money; M. A. Denzel, «La Practica della Cambiatura». Europäischer Zahlungsverkehr vom 14. bis zum 17. Jh., Stuttgart 1994; Ders., Münz- und Währungssysteme in der Levante nach Pegolottis «Practica della Mercatura», D. Ahrens (Hg.), Ordo et Mensura, III, St. Katharinen 1994.

Wardein → Münzstätte

Warengeld → Naturalgeld

Warenkredit

Als Warenkredit oder Borgkauf bezeichnet man die Überlassung von Handelswaren gegen das Versprechen einer späteren Bezahlung. Dieser vom Verkäufer an den Käufer gewährte Kredit steht somit im Gegensatz zum → Vorauskreditieren, dem vom Käufer an den Verkäufer gewährten, durch die spätere Lieferung der Ware rückzahlbaren Darlehen. Beide Formen des Warenerwerbskredits grenzen sich vom Barkauf ab. Die Wahl zwischen Vorauskreditieren, Warenkredit und Bargeldgeschäft hing von der relativen Kapitalausstattung des Käufers und des Verkäufers ab: Je mehr Kapital dem Kaufmann zur Verfügung stand, um so eher konnte er selber bar kaufen (oder gar vorauszahlen) und seinen eigenen Kunden Kredit einräumen. So konnten italienische Kaufleute, die die päpstlichen Steuern in England einsammelten und somit (zumindest mittelfristig) über diese Kapitalien neben den Einlagen ihrer Gesellschafter verfügten, im 13. und 14. Jh. künftige Wollieferungen englischer Abteien vorausbezahlen und ihnen sogar noch größere Summen vorstrecken, damit sie weitere, über die eigene Produktionskapazität weit hinausgehende Wollmengen auf dem Markt aufkaufen konnten. Auch die Große Ravensburger Gesellschaft, die die Vorzüge einer für das 15. Jh. überdurchschnittlichen Kapitalausstattung genoß, kaufte stets bar ein und verkaufte auf Kredit. Allerdings waren große, kapitalstarke Firmen die Ausnahme im nordeuropäischen Handel des Hoch- und Spätmittelalters. Typisch waren die zahlreichen kleinen, unterkapitalisierten Firmen, die gezwungen waren, Handelsgüter auf Borg zu erwerben. So ist eine Kreditkette zwischen Produzenten und Konsumenten charakteristisch für den nordeuropäischen Fern- und Außenhandel des Hoch- und Spätmittelalters.

Bei näherem Hinschauen ist keine Zäsur zwischen der Annahme (und

Verzinsung) von Kapitalien, die von Dritten zu Handelszwecken aufgenommen wurden, und Warenkrediten zu erkennen: So oder so waren die Fernhändler Schuldner, auch wenn einige es vorzogen, lieber ihren Investoren als ihren Lieferanten Geld zu schulden. Allerdings bot der Warenkredit den kleinen nordeuropäischen Kaufleuten einen unschätzbaren Vorteil: Man benötigte erheblich weniger Kapital, um einen gegebenen Umsatz zu erreichen. So haben Hansekaufleute im Ausland im ganzen Mittelalter regelmäßig Handelsgüter auf Borg erworben und Warenkredite an die Abnehmer dieser Waren gewährt. Neue Dimensionen gewann der Warenkredit in der Frühen Neuzeit durch die Expansion des →Wechsels (Handels- bzw. Warenwechsel) im Nord- und Ostseeraum. Dabei bezahlten die Kaufleute zunächst ihre Waren mit Wechsel (die drei Monate später fällig wurden), während im 19. Jh. die Lieferanten selbst mit einem Wechsel das Konto des Warenschuldners (Käufers) belasteten, um schnell an ihr Geld zu kommen. *Stuart Jenks*

Lit.: M. Postan, Credit in Medieval Trade, EHR 1 (1928), S. 234–61; S. Jenks, War die Hanse kreditfeindlich? VSWG 69 (1982), S. 305–38; A. Vannini Marx (Hg.), Credito, banche e investamenti secoli XIII–XX, Firenze 1985; North (Hg.), Kredit; siehe auch unter Wechsel.

Wechsel

Der Wechsel oder Wechselbrief (ital. *lettera di cambio,* frz. *lettre de change,* engl. *bill of exchange*) war ein Kredit- und Transferinstrument und diente dazu: 1. einen Kredit in einer Stadt im Land A aufzunehmen und in einer anderen Stadt im Land B zurückzuzahlen, und 2. Geld von einer Stadt im Land A in eine ander Stadt im Land B zu überweisen. Da die Gelder in der einen Stadt in Währung A aufgenommen oder überwiesen, aber später in der anderen Stadt in Währung B zurück- oder ausgezahlt wurden, war mit dem Wechsel immer ein Geldwechsel verbunden, für den ein bestimmter →Wechselkurs festgelegt wurde. Dabei benutzte man den Wechsel beispielsweise für den Ankauf und die Verschiffung von Waren oder für internationale Geldtransfers (internationale Darlehen und deren Rückzahlung, Lösegelder, Subsidien). Der Wechsel war eine italienische Erfindung und entwickelte sich aus den Finanzierungsinstrumenten des Messehandels (→Wechselmessen) im 12. und 13. Jh., den *lettres de foires* und dem →*instrumentum ex causa cambii.* Während diese eine Zahlungsverpflichtung oder ein Zahlungsversprechen darstellten, war der Wechsel ein Zahlungsauftrag, mit dem der Aussteller des Wechsels einen Vertreter in einer anderen Stadt aufforderte, an seiner Stelle zu zahlen.

Als Kredit- und Transferinstrument betraf der Wechsel in seiner klassischen Form vier Parteien: den Wechselnehmer (Remittent, ital. *dattore* oder *rimettente*) und den Aussteller des Wechsels (Trassant, ital. *prendi-*

tore oder *traente*) in der Stadt A sowie den Bezogenen (Trassat, ital. *pagatore* oder *trattario*) und den Begünstigten (Präsentant, ital. *beneficiario*) in der Stadt B, die jeweils die lokale Währung der Stadt A bzw. B benutzten. Im folgenden Beispiel ist A Brügge und B Barcelona, und der Wechsel dient zur Finanzierung des Tuchexports von Brügge nach Barcelona. In Brügge gewährte der Wechselnehmer dem Aussteller des Wechsels ein Darlehen in flämischer Währung, in der er von ihm «einen Wechsel kaufte». Der Aussteller, der den «Wechsel verkaufte», «zog» zugleich den Wechsel auf seinen Bankier in Barcelona, den Bezogenen, d. h. er wies ihn an, den Darlehnsbetrag in der Währung Barcelonas an den Vertreter des Wechselnehmers, den Begünstigten, zu zahlen. Der Wechsel spezifizierte den Darlehnsbetrag in flämischen Pfund, den Wechselkurs zwischen beiden Währungen und den Auszahlungsbetrag in barcelonesischen Pfund. Normalerweise schickte der Wechselaussteller ein Duplikat *(secunda)* des Wechsels an seinen Bankier in Barcelona (den Bezogenen), während der Wechselnehmer den «gekauften» Wechsel im Original *(prima)* und mehrere Kopien des Wechsels (damit eine sicher ankam) an seinen Vertreter in Barcelona (den Begünstigten) sandte. Der Begünstigte präsentierte dem Bezogenen den Wechsel, zum «Akzept«. Wenn dieser den Wechsel durch das Wort *accettata* (akzeptiert) und Datum und Unterschrift auf der Rückseite des Wechsels formell akzeptiert hatte, wurde er zum Akzeptanten und mußte am Verfallstag, d. h. bei Fälligkeit des Wechsels gemäß der lokalen →Usance, an den Begünstigten die vereinbarte Summe zahlen. Interessant war dabei die Rolle des Bezogenen, der den auf seine Bank gezogenen Wechsel akzeptierte und dem Aussteller des Wechsels bei Bedarf auch Kredit gewährte. In der normalen Geschäftspraxis unterhielt der Brügger Wechselaussteller bei seinem Bankier in Barcelona ein Konto, dessen Guthaben alle fälligen Wechsel deckte. Wenn der Aussteller also «einen Wechsel verkaufte», verkaufte er in Wirklichkeit nur einen Anspruch auf das Guthaben seines Kontos in Barcelona. Möglicherweise übernahm der Bankier in Barcelona als →Merchant Banker auch den Verkauf der Wolltuche für den Aussteller und schrieb diesem den Erlös aus dem Verkauf gut. Nur wenn das Konto nicht gefüllt war, mußte der Bankier als Bezogener den Wechsel mit eigenen Mitteln einlösen, d. h. dem Aussteller Kredit einräumen. Auf diese Weise bildeten sich schon im Mittelalter die Grundlagen für den neuzeitlichen →Akzeptkredit heraus, bei dem das bezogene Bankhaus als Akzeptant die Einlösung des Wechsels für den Aussteller garantierte.

Der Begünstigte, der in Barcelona das Geld für den Wechselnehmer einzog, war oft ebenfalls ein Merchant Banker. Er schrieb den Betrag entweder gut oder er wechselte zurück *(recambium)*, indem er einen Wechsel kaufte, der in Brügge fällig wurde und zugunsten des ursprünglichen Wechselnehmers ausgestellt war. Auf diese Weise erhielt dieser (als neuer

Begünstigter) bei Fälligkeit des Wechsels eine größere Summe in flämischen Pfund Groote zurück, als er ursprünglich beim Kauf des Wechsels in Brügge ausgegeben hatte. Dies lag daran, daß sich Aussteller und Wechselnehmer auf einen Kurs geeinigt hatten, der über der Münzparität und den beim Geldwechsel geltenden Kursen lag. Diese Kursdifferenz kann als Zins erklärt werden, zumal Raymond de Roover und seine Schüler immer wieder bekräftigt haben, daß der Zins oder der Gewinn beim Wechsel im Wechselkurs «versteckt» wurden. Für de Roover erklärt sich die Bedeutung des Wechsels vor allem darin, daß er die kirchlichen und weltlichen Wucherverbote zu umgehen half. Dabei erfüllte der Wechsel in vielen Fällen überhaupt nicht die Bedingung des →Wuchers, da der Gewinn aus den Wechseltransaktionen ungewiß war und der Wechselnehmer so ein Risiko trug. Fast immer gewannen aber die Merchant Bankers, die Wechsel kauften, und manchmal stellten die Wechsel eine sicherere Investition als der Handel selbst dar. Aber ihr Gewinn blieb ungewiß, da sich die Wechselkurse ungünstig für den Wechselnehmer verändert haben konnten, bevor der Zurückwechsel *(recambium)* erfolgt war. Beispielsweise konnten Veränderungen der Münzparität durch →Abwertung oder →Aufwertung, Änderungen in der offiziellen Bewertung von Gold und Silber (→Gold-Silber-Relation), Veränderungen der →Zahlungsbilanz eines Landes, spekulativer Wechselhandel und Veränderungen der Zinsraten die Wechselkurse kurz- und langfristig beeinflussen. Falls die Wechselpartner aber die Wechselkurse für das Hin- und das Zurückwechseln bereits im voraus festsetzten (noch bevor Darlehen gegeben wurden), dann war das offensichtlicher Wucher, der von der Kirche verurteilt wurde (→Trockenwechsel).

Wenn der Wechsel nicht vorrangig der Kreditbeschaffung, sondern dem Geldtransfer diente, kaufte der Wechselnehmer einen Wechsel, um auf diese Weise Geld in eine andere Stadt zu überweisen, z. B. um dort eine Schuld zu begleichen. Der Begünstigte, meist auch ein Merchant Banker, war dann vermutlich derjenige, dem der Wechselnehmer das Geld schuldete. Ein *recambium* war damit überflüssig. Der Wechsel, der auf die Bedürfnisse der italienischen Handelsgesellschaften mit Filialen im Ausland (→Bank) ausgerichtet war, setzte sich im 14. Jh. im Handel der Italiener mit dem westlichen Mittelmeer und Westeuropa durch, konnte aber den im Nordwesten Europas als Kredit- und Transferinstrument gebrauchten →Inhaber-Schuldschein erst im Laufe des 16. Jhs. verdrängen. Indem der Wechsel Geld zum Einkauf in der lokalen Währung verfügbar machte, ohne daß der Kaufmann es extra mitführen mußte, stellte der Wechsel eine der wichtigsten Errungenschaften der europäischen Wirtschaftsgeschichte dar. Durch die Verbreitung des Wechsels reduzierten sich die internationalen Edelmetalltransfers im spätmittelalterlichen Europa. Dennoch wurden Edelmetallversendungen nicht völlig überflüssig.

Handelsbilanzdefizite setzten noch immer →Edelmetallströme in Bewegung, und auch Regierungen und Heerführer verschifften Goldmünzen, um Kriege zu führen, wenn das Silbergeld nicht in ausreichendem Maße oder ausreichender Qualität zur Verfügung stand. Oftmals konnten auch die Kurse für Wechsel von den im Münzwechsel geltenden Kursen soweit abweichen, daß es günstiger war, Edelmetall zu versenden, als Geld per Wechsel zu transferieren. *John H. Munro*

In der Neuzeit entwickelte sich der Wechsel zum wichtigsten Finanzierungsinstrument der europäischen Wirtschaft, indem er die für das Wachstum der Wirtschaft notwendige internationale Liquidität, d.h. genügend flüssige Mittel zum Ausgleich der Zahlungsverpflichtungen schuf. Ermöglicht wurde die europaweite Zirkulation des Wechsels im Kreise von Bankiers und Kaufleuten durch das →Indossament und den →Diskont. Sollte der Wechsel als «internationales Geld» zirkulieren können, so mußte er von überregional kreditwürdigen Firmen ausgestellt und von Korrespondenten-Firmen (Geschäftspartnern) mit vergleichbarer internationaler Reputation an anderen →Finanzplätzen akzeptiert bzw. eingelöst werden. So galten seit dem 17. Jh. – außer Edelmetall – Wechsel, die auf Amsterdamer Bankhäuser gezogen wurden, als internationale Zahlungsmittel. In der zweiten Hälfte des 18. Jhs. erlangten Wechsel «auf Londoner Bankiers» denselben Status, den sie nach den Napoleonischen Kriegen bis ca. 1870 alleine und unangefochten behaupteten. Nach 1870 schließlich waren alle an den →Börsen Westeuropas gehandelten Wechsel als internationale Zahlungsmittel anerkannt. Neben diese Waren- oder Handelswechsel erstklassiger Firmen traten zunehmend Finanzwechsel (Bank Bills, First Class Bills), die nicht mehr einem Handelsgeschäft, sondern der Geldbeschaffung der Bankiers dienten.

Mit der gewaltigen Expansion des Wechselverkehrs änderten sich die Funktionsabläufe, und neue Begriffe bürgerten sich ein: für den gezogenen Wechsel die Bezeichnung Tratte; für den an den Wechselnehmer (Remittent) gegebenen bzw. mit durch Indossament weitergegebenen Wechsel die Bezeichnung Rimesse. Es war auch weiterhin üblich, vom Original des Wechsels *(prima)* ein Duplikat *(secunda)* anzufertigen. Jedoch wurden diese jetzt anders als im Mittelalter eingesetzt: Ein Lieferant stellte, um schnell zu seinem Geld zu kommen, einen Wechsel aus. Er zog diesen auf einen vom Kunden genannten Akzeptanten, meist ein Bankhaus, und schickte die Tratte *(prima)* – zeitgleich mit der Warenlieferung an den Kunden – an das Bankhaus zum Akzept. Die *secunda* verkaufte er an der einheimischen Börse oder schickte sie zur Begleichung einer Schuld an einen auswärtigen Gläubiger. Der neue Wechselnehmer (Remittent) übernahm den Wechsel (Rimesse) mittels →Indossament. Durch fortgesetztes Indossieren wurde bis zur Fälligkeit des Wechsels Liquidität bereitgestellt.

Der letzte Wechselnehmer präsentierte am Verfallstag dem Akzeptanten den Wechsel und erhielt unter Berücksichtigung der am jeweiligen Finanzplatz geltenden Usancen sein Geld.

Große Bedeutung erhielt diese Art des Wechselverkehrs durch den sog. Wechsel-Rembours (von frz. *rembourser* = zurückerstatten), der der Finanzierung des internationalen Warenverkehrs diente. Dabei akzeptierte beispielsweise die Bank eines Londoner Getreideimporteurs die Tratte *(prima)* eines Mecklenburger Getreideexporteurs gegen Übergabe der Eignerdokumente als Sicherheit. Durch ihr Akzept gab die Bank einen Rembourskredit, d. h. sie belastete das Konto des Importeurs, der wiederum gegen Ausgleich seines Kontos das Eigentum an dem aus Mecklenburg gelieferten Getreide erhielt. Der Mecklenburger Exporteur verkaufte die *secunda* (Rimesse) mit Zinsabschlag (→Diskont) an der Hamburger Börse, und damit waren seine Forderungen erfüllt. Umgekehrt lief der Fall, wenn beispielsweise ein Tuchexporteur aus Manchester Stoffe nach Dresden verkaufte (vgl. Diagramm). Die Verrechnung der gegenseitigen Forderungen übernahmen Londoner und Hamburger Banken, die zu diesem Zwecke laufende Rechnungen (→Kontokorrent) unterhielten.

Markus A. Denzel und Oskar Schwarzer

Lit.: R. de Roover, L'évolution de la lettre de change, XIVe–XVIIIe siècles, Paris 1953; Ders., Money, Banking, and Credit in Mediaeval Bruges, Cambridge, Mass., 1948; J. H. Munro, Bullionism and the Bill of Exchange in England, 1272–1663, The Dawn of Modern Banking, New Haven 1979, S. 169–240; P. Spufford, Handbook of Medieval Exchange, London 1986; North (Hg.), Kredit; G. J. Goschen, Theorie der auswärtigen

Wechselcourse, Berlin 1915; R. Walter, Wechsel, Pari, Kurs und ihre Bedeutung für das Überseegeschäft des 19. Jhs., Scripta Mercaturae 1982/1, S. 55–78; O. Schwarzer et al., Das System des internationalen Zahlungsverkehrs, J. Schneider (Hg.), Währungen der Welt, I, Stuttgart 1991, S. 1–34.

Wechselbank →Bank, Banco della Piazza di Rialto, Banco Giro, Banco Publico, Hamburger Bank, Taula de Cambi und Wisselbank

Wechselkurs

Der Wechselkurs oder Devisenkurs drückt den Preis einer auswärtigen Währung in einheimischer Währung und umgekehrt aus. Für das Mittelalter lassen sich zwei Arten von Wechselkursen unterscheiden: 1. die lokalen Wechselkurse, die lokale Transaktionen an einem Ort und zu einer Zeit betrafen; 2. die internationalen Wechselkurse, denen zwei zu unterschiedlicher Zeit und an unterschiedlichen Orten durchgeführte Transaktionen zugrunde lagen. Für beide Arten von Wechselkursen und Transaktionen besitzen wir Quellen vom 12. Jh. an. Das Wachstum des Handels seit dieser Zeit machte es immer häufiger notwendig, auswärtige Münzen oder Silberbarren gegen einheimische Münzen zu wechseln. In vielen Städten übernahmen lokale →Wechsler diese Aufgabe. Die Parität des manuellen Wechsels wurde nach dem Silbergehalt der beteiligten Münzen oder Barren berechnet und in lokalem →Rechengeld ausgedrückt. Fürsten und Städte legten regelmäßig nicht nur fest, welche Münzen umlaufen bzw. nicht umlaufen sollten, sondern auch zu welchem Kurs fremde Münzen umlaufen oder gewechselt werden sollten. Diese offiziellen Kursfestsetzungen oder →Valvationen sind meist die einzigen Quellen für die Kenntnis der lokalen Kurse, da die Wechsler selten darüber Buch führten. Für den Historiker besonders wertvoll sind deshalb die Kursnotierungen, die der Kämmerer des Bischofs Wolfgang von Passau auf dessen Romreise 1204 machte.

Im 13. Jh. wurde der manuelle Wechsel durch die Einführung der großen Silbermünzen (→Groschen) und der Goldmünzen (→Floren, →Dukat) immer wichtiger. Weder die Goldmünzen noch die großen Silbermünzen standen nämlich in einer festen Relation zu den existierenden kleinen Münzen. Der Kurs des venezianischen Grosso schwankte z. B. zwischen 26 und 30 Denari piccoli in den Jahren 1254–76. Entsprechend wuchs der Münzwechsel mit dem Wechsel von Goldmünzen gegen Silbermünzen sowie von Groschen gegen →Denare stark an. Aufschluß über die Kurse bieten die Aufzeichnungen der *proveditori degli cambiatori,* der Aufseher über die Wechsler in Florenz. Diese registrierten jeden Tag (1389–1432) bei der Schließung des Mercato Nuovo die von den Wechslern angebotenen Kurse. Dabei lag die Gewinnspanne der Wechsler in den unterschiedlichen Ankaufs- und Verkaufskursen für Gold und Silber. Derjenige, der Silber brachte und Gold verlangte, bekam einen etwas schlechteren Kurs als der, der Gold brachte und Silber benötigte.

Internationale Wechselkurse sind zum ersten Mal am Ende des 12. Jhs. überliefert, als man auf einigen Handelsrouten nicht mehr Fässer mit Münzen und Silberbarren oder Beutel mit Goldstaub schickte, sondern Geld mit Hilfe des →*instrumentum ex causa cambii,* dem Vorläufer des →Wechsels, von einem zum anderen Ort überwies. Wir wissen von solchen «Papier»-Zahlungen, da die Wechselverträge vor öffentlichen Notaren geschlossen und in ihre Register eingetragen wurden. Leider spezifizieren diese Einträge oft nur, wann, wo und an wen die zweite Zahlung (die erste fand vor dem Notar statt) erfolgen sollte, ohne daß der Kurs genannt wird. Die frühesten internationalen Wechselkurse betreffen Transaktionen zwischen den führenden norditalienischen Städten Genua, Mailand, Pavia, Verona, Venedig, Bologna, Lucca, Pisa und Siena (noch nicht Florenz), aber auch Transaktionen zwischen diesen Städten und der Kurie, Palermo und Marseille, dem Nahen Osten (Konstantinopel, Akkon und Alexandria), Nordafrika (Tunis, Bougie, Ceuta) sowie den Messen in der Champagne. Nur allmählich entwickelten sich Wechseltransaktionen der italienischen Städte mit der Iberischen Halbinsel, mit Paris, Brügge und London. Der internationale Wechselverkehr wurde dabei von toskanischen Handelshäusern beherrscht, denen dafür ein weitverzweigtes Netz von Filialen im Mittelmeer und Westeuropa zur Verfügung stand (→Bank). Deshalb sind die meisten Wechselkurse aus den italienischen Städten überliefert, wo im 14. Jh. Florenz und im 15. Jh. Venedig die wichtigsten Zentren des Wechselverkehrs waren. Seit dem ausgehenden 14. Jh. übernahmen auch die oberdeutschen Kaufleute die italienischen Geschäftspraktiken, so daß sich die internationalen Wechseltransaktionen ein Jahrhundert später südlich einer Linie abspielten, die von London über Antwerpen und Prag nach Venedig verlief.

Die →Wechsel selbst haben selten überlebt, da sie gewöhnlich nach der Zahlung an den Begünstigten vernichtet wurden. Eine Ausnahme bildet das außergewöhnliche Datini-Archiv in Prato, das die Wechsel wie die übrige Geschäftskorrespondenz der gleichnamigen Handelsgesellschaft der Nachwelt überliefert. Aufzeichnungen über die Wechselkurse hinterließen ebenfalls die →Merchant Bankers, die für ihre Kunden Gelder überwiesen. Denn sie trugen meistens die ausgestellten, akzeptierten und eingelösten Wechsel ebenso wie die Wechsel, gegen die ein Protest lief, in ein spezielles Buch ein. Eine weitere wichtige Quelle für die Wechselkurse stellen die Berichte der auswärtigen Faktoren dar, in denen diese manchmal mehrfach in der Woche die Florentiner Zentrale über die Marktlage informierten. Diese Quellen zeigen, daß sich die Wechselkurse zwar an der

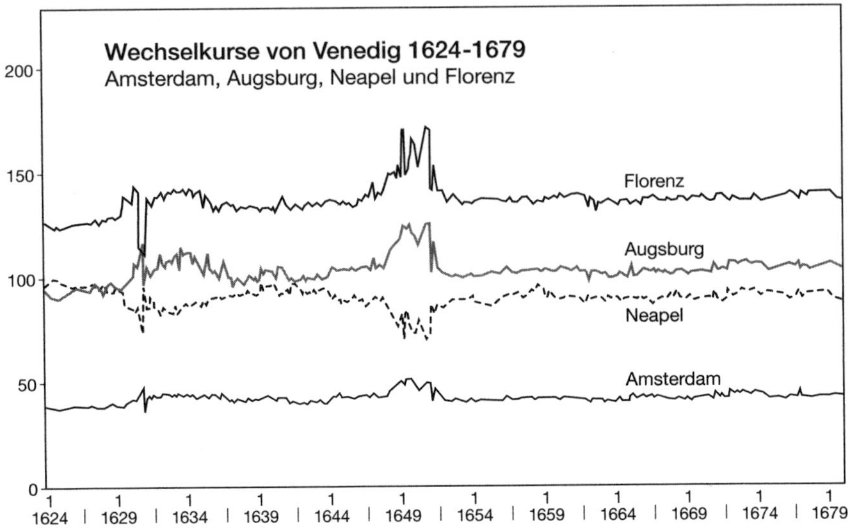

Parität, d. h. dem Wertverhältnis der beteiligten Münzen oder Währungen, orientierten, aber saisonal, täglich und manchmal sogar stündlich schwankten. Die Parität wurde in der Regel durch den Edelmetallgehalt der Währungen bestimmt, in Zeiten der →Abwertung jedoch durch den Preis, den die →Münzstätten für Edelmetall boten. Daneben beeinflußten verschiedene, teilweise vorhersehbare Faktoren die Schwankungen der Wechselkurse. Das Geld wurde zu bestimmten Zeiten knapp *(→strettezza):* in Venedig beispielsweise, wenn sich die Galeeren auf die Fahrt in den Osten begaben und große Mengen Edelmetall zum Einkauf mitführten. Zu anderen Zeiten war Geld im Überfluß vorhanden und damit billig *(→larghezza):* in Venedig, wenn die deutschen Kaufleute mit neuen Silbervorräten ankamen.

Während der lokale Wechsler beim Wechsel von Silber in Gold Gewinn machte, zog der internationale Merchant Banker daraus Gewinn, daß er die Kursunterschiede von Ort zu Ort und von Zeit zu Zeit nutzte. Wie letzterer dabei vorging, zeigen die zeitgenössischen →Kaufmannsnotizbücher. Darin notierten die Kaufleute, wie die Währungsparitäten zu berechnen waren, wie und wann sich die Kurse veränderten und in welchen Zeiträumen die Zahlungen getätigt wurden. Diese Bücher stellen daher eine zentrale Quelle für die Kenntnis des mittelalterlichen Wechselverkehrs dar.

Peter Spufford

In der Frühen Neuzeit änderte sich nichts Grundsätzliches am System der Wechselkurse. Allein die Überlieferung der Wechselkursnotierungen nahm gewaltig zu. Dabei sind folgende Notierungsweisen zu unterscheiden:

1. als Preis für eine (oder 100) fremde Geldeinheit(en), gemessen in der Währung vor Ort (Preiskurs, Devisenkurs); 2. als Preis für eine (oder 100) heimische Geldeinheit(en), ausgedrückt in fremder Währung (Mengenkurs) (bei Kursangaben, die nicht auf eine oder 100 Einheiten notieren [z. B. 5, 200, 300], liegen ältere Traditionen vor); 3. als Auf- bzw. Abgeld (Agio bzw. Disagio). Verwenden zwei Plätze im Zahlungsverkehr eine fixierte Austauschrelation, so kann die Notierung als Abweichung hiervon in Prozent erfolgen. Diese fixe Austauschrelation besteht in der Regel

Wechselkursnotierungen in Paris 1832 (in Auswahl)

1.	1,05 Francs	für 1 Rubel Banko in St. Petersburg
	83 Francs	für 100 österreichische Lire in Venedig
2.	1 Ecu (à 3 Francs)	für 617 Rees in Lissabon
3.	½ % Disagio	für 100 Francs in Marseille
	1½ % Agio	für 100 Francs in Frankfurt/M.
		bei 640 Francs = 297 Gulden in Karolin à 11 Gulden

durch die Gleichheit der Währungssysteme an zwei Plätzen; damit kann die prozentuale Abweichung von der Parität (= 1 oder 100) als Kurs angegeben werden. In Ausnahmefällen erfolgt diese Notierungsweise auf der Basis einer nominellen oder fixierten Parität infolge kommerzieller Akzeptanz.

In «Normaljahren» lagen Wechselkurse seit dem 17. Jh. in der Regel innerhalb von Bandbreiten, die maximal ±5 % von der Parität abwichen (Graphik). Unregelmäßigkeiten sind zurückzuführen auf politische Krisen oder Interventionen vor allem im Währungssystem. Die Oszillation der Kurse war dabei auch abhängig von der Bedeutung der notierten Plätze als Partner im überregionalen Verbund. Da bis ca. 1880 der internationale Zahlungsverkehr überwiegend auf Warentransaktionen zurückgeführt werden konnte, waren regional orientierte Reaktionen im Kursverlauf durchaus normal. Daß es aber auch Ereignisse gab, die das ganze europäische System betrafen, zeigen gleichgerichtete, lang- oder kurzfristige Reaktionen auf verschiedenen Plätzen (z. B. infolge der Französischen Revolution und in der Napoleonischen Zeit). Eine grundlegende Änderung trat erst in der Zeit des →Goldstandards ein, und zwar jeweils für die Länder, in denen sich die Goldwährung durchgesetzt hatte (Graphik unten). Die hohe Korrelation zwischen stabilen Wechselkursen und intensiver Kommunikation zwischen den Goldwährungsländern wird deutlich (z. B. Paris–London), während die Kurse der verbliebenen Silberländer in Abhängigkeit vom Silberpreis starken Schwankungen unterlagen (z. B. St. Pe-

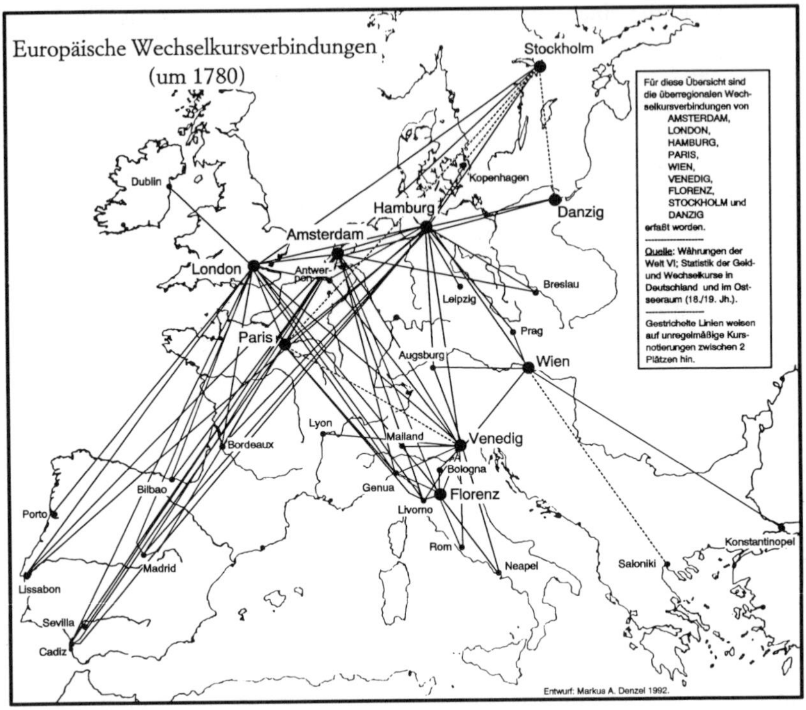

Europäische Wechselkursverbindungen
(um 1780)
Stockholm
Für diese Übersicht sind die überregionalen Wechselkursverbindungen von
AMSTERDAM,
LONDON,
HAMBURG,
PARIS,
WIEN,
VENEDIG,
FLORENZ,
STOCKHOLM und
DANZIG
erfaßt worden.
Quelle: Währungen der Welt VI; Statistik der Geld- und Wechselkurse in Deutschland und im Ostseeraum (18./19. Jh.).
Gestrichelte Linien weisen auf unregelmäßige Kursnotierungen zwischen 2 Plätzen hin.
Dublin
Kopenhagen
Hamburg
Danzig
Amsterdam
London
Antwerpen
Breslau
Leipzig
Prag
Paris
Augsburg
Wien
Lyon
Mailand
Venedig
Bordeaux
Bologna
Genua
Florenz
Bilbao
Livorno
Porto
Konstantinopel
Rom
Madrid
Saloniki
Neapel
Lissabon
Sevilla
Cadiz
Entwurf: Markus A. Denzel 1992.

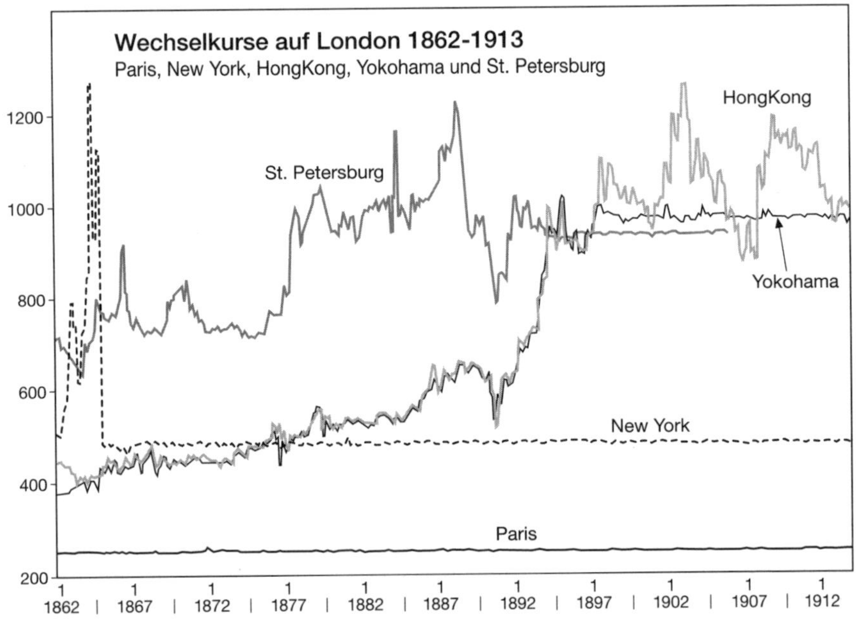

Wechselkurse auf London 1862-1913
Paris, New York, HongKong, Yokohama und St. Petersburg
1200
1000
800
600
400
200
HongKong
St. Petersburg
Yokohama
New York
Paris
1862
1867
1872
1877
1882
1887
1892
1897
1902
1907
1912

tersburg – London bis ca. 1899; Hongkong – London). Gleiches galt für außereuropäische Plätze. Erst im Gefolge der (telegraphischen) Seekabel und mit der Einführung von Goldwährungen stabilisierten sich die Wechselkurse (z. B. New York – London, Yokohama – London). Dies war zugleich ein Ausdruck der Intensivierung des wirtschaftlichen Austausches, da man unternehmerische Entscheidungen, welche zuvor wegen Unsicherheit (lange Informationszeiten) unterlassen wurden, jetzt realisierte.

Markus A. Denzel und Oskar Schwarzer

Lit.: G. T. Flügels Cours=Zettel oder Erklärungen der Wechsel= und Staatspapier=Course..., Frankfurt/M. 1932; F. Noback, Systematisches Lehrbuch der Handelswissenschaft, Berlin 1849; G. J. Goschen, Theorie der auswärtigen Wechselkurse, Berlin 1915; P. Spufford, Handbook of Medieval Exchange, London 1986; P. Bernholz, Flexible Exchange Rates in Historical Perspective, Princeton 1982; J. Schneider (Hg.), Währungen der Welt, I, III, IV, VI, Stuttgart 1991–93; Ders., O. Schwarzer (Hgg.), Statistik der Geld- und Wechselkurse in Deutschland (1815–1913), St. Katharinen 1990; Ders., (Hg.), Statistik der Geld- und Wechselkurse in Deutschland und im Ostseeraum (18. und 19. Jh.), St. Katharinen 1992.

Wechselmessen

Wechselmessen waren die Zusammenkünfte der →Merchant Bankers zum Ausgleich im internationalen Zahlungsverkehr. Bereits auf den Messen der Champagne, den ersten internationalen Warenmessen im 12. und 13. Jh., wurden an festen Zahltagen zum Abschluß jeder Messe die beim Messehandel eingegangenen Verbindlichkeiten ausgeglichen. Aus diesen Zahltagen entwickelten sich gut hundert Jahre später in Genf die ersten internationalen Wechselmessen, die jeweils im Anschluß an die Warenmesse stattfanden, aber noch mit dieser verbunden waren. Die Kaufleute bezahlten ihre Käufe auf den Warenmessen mit →Wechseln und legten deren Fälligkeit auf den nächsten Messetermin. Sie erhielten so Kredit, den sie mit dem Erlös aus dem Verkauf der Ware begleichen konnten. Auf den Wechselmessen wurden die fälligen Wechsel «scontriert», d. h. gegen andere Ansprüche verrechnet. Dazu benutzte man in Genf als stabile Rechnungseinheit die Goldmark zu 28 Unzen, auf die alle Wechselkurse bezogen waren. Die italienischen Merchant Bankers in Genf verdienten an der Scontration ebenso wie am →Zahlungsverkehr der Kurie und an privaten Darlehen. Als der französische König Ludwig XI. 1463 die Messen in Lyon großzügig privilegierte (unbegrenzter Kapitalverkehr, Freigabe der →Wechselkurse), zogen die Italiener dorthin um.

Die Lyoner *foires de change* wurden so vom ausgehenden 15. Jh. an zum Zentrum des internationalen Kapitalverkehrs mit einem von der Warenmesse unabhängigen Ritual: An den ersten beiden Tagen versammelten sich die Kaufleute vor der Loggia der Florentiner, wo die fälligen Wechsel öffentlich aufgerufen wurden; man akzeptierte die Wechsel, protestierte oder akzeptierte unter Protest. Jeder trug Ansprüche und Verbindlichkeiten in sein *scartofaccio* oder *carnet* ein und zog Bilanz. Am dritten Tag verkündete der Konsul der Florentiner die nächsten Messetermine und damit die Laufzeiten der Meßwechsel; anschließend einigten sich Florentiner, Genuesen und Luccheser über den *conto* (die durchschnittlichen Wechselkurse) und den Zinssatz für die Darlehen von Messe zu Messe *(dépôt)*. Erst danach konnten die Kaufleute ihre Ansprüche und Verbindlichkeiten direkt oder über Dritte ausgleichen. Falls der bargeldlose Ausgleich nicht möglich war, bezahlte man bar oder vertagte sich bis zur nächsten Messe. Gerechnet wurde in der Goldmark zu 65 Ecus (de marc). Die Bedeutung der Lyoner Messen beruhte auf dem großen Umfang der hier scontrierten Wechsel und auf der europäischen Reichweite dieses Clearingzentrums, dem die Kastilischen Messen (Villalon, Rioseco, Medina del Campo) ebenso wie die Brabanter Messen (Bergen op Zoom, Antwerpen) oder die Frankfurter Messe untergeordnet waren. Mitte des 16. Jhs. gerieten die Lyoner Messen durch den fiskalischen Druck der Französischen Krone in die Krise. Zum einen schränkten die erhobenen Zölle und Abgaben den freien Waren- und Geldverkehr ein, zum anderen nahmen die französischen Könige die Wechselmesse in immer stärkerem Maße als Kreditmarkt in Anspruch. Der internationale Zahlungsverkehr verlagerte sich unter der Führung der Genuesen nach Besançon und 1575 nach Piacenza, wo nur noch scontriert und kein Warenhandel mehr getrieben wurde. Die Genuesen schufen mit dem auf sieben verschiedenen Goldmünzen basierenden Scudo di marche eine stabile Meßwährung, so daß der Kaufmann, der einen Wechsel auf Piacenza zog oder bis zur dortigen Wechselmesse Geld lieh, keine Kursverluste hatte. Im ausgehenden 16. Jh. finanzierten die Messen von Piacenza über →Asientos die Spanische Krone und deren militärische Unternehmungen. Nach dem dritten spanischen Staatsbankrott 1607 verloren die Messen von Piacenza ihre internationale Bedeutung. Die →Börsen, die öffentlichen →Wechselbanken und das →Indossament machten die Messe als Platz des bargeldlosen Zahlungsausgleichs weitgehend überflüssig. Gläubiger und Schuldner konnten ihre Ansprüche an der Börse vergleichen, Wechsel mit Indossament zum Zahlungsausgleich weitergeben und ausgestellte Wechsel durch den →Banco Giro oder die →Wisselbank klären lassen. *Michael North*

Lit.: R. Ehrenberg, Das Zeitalter der Fugger, 2 Bde., Jena 1922; R.-H. Bautier, Les foires de Champagne, Bruxelles 1953; D. Gioffrè, Gênes et les foires de change, Paris 1960; J.-F. Bergier, Les foires de Genève et l'économie internationale de la Renaissance, Paris 1963; R. Gascon, Grand commerce et vie urbaine au XVIe siècle. Lyon et ses marchands, 2 Bde., La Haye 1971; Van der Wee, S. 315–22. J. Schneider, Hat das Indossament zum Niedergang der Wechselmessen im 17. und 18. Jh. beigetragen?, North (Hg.), Geldumlauf, S. 183–93; H. Pohl (Hg.), Frankfurt im Messenetz Europas, Frankfurt 1991.

Wechselstube → Wechsler

Wechsler

Der Wechslerberuf entstand, weil Reisende (bes. Fernhändler) fremde Münzen bzw. Edelmetallbarren in lokale Währung umtauschen mußten. Die Anfänge dieses Handwechsels und seine berufs- bzw. zunftmäßige Organisation bleiben uns verborgen. Sobald die Wechsler ins Licht der Überlieferung getreten waren, boten sie bereits bankmäßige Dienstleistungen an. Die genuesischen *bancherii* (von *bancus,* dem Tisch, an dem sie ihren Beruf ausübten) nahmen vor 1200 Einlagen *(depositum regulare)* an, führten Konten für diese Einleger, gewährten guten Kunden Überziehungskredite (→ Geldschöpfung) und tätigten mittels Gut- und Lastschriften bargeldlose Zahlungen in deren Auftrag, auch wenn der Empfänger nicht zu den eigenen Kunden zählte (hier wurden eigens zum Clearing eingerichtete Konten bei den Berufskollegen am Ort zwischengeschaltet). Außerhalb Genuas setzten sich die bankartigen Dienstleistungen der Wechsler nur langsam durch (Lucca ca. 1265; Venedig vor 1274; Barcelona vor 1284; Lille 1294; Champagne-Messen Ende des 13. Jhs., aber nur mit italienischen Wechslern; Valencia und Lérida ca. 1300; Brügge vor 1365; Straßburg, Lüttich und Konstantinopel im 14. Jh.). Bis ca. 1350 bevorzugten die meisten westeuropäischen Kaufleute die bargeldlose Zahlung über die Wechsler, mit Ausnahme von Frankreich und England, wo die Verrechnung wohl über die → Goldschmiede lief.

Die Wechsler bedienten in der Regel die örtlichen Kaufleute und Makler (in Brügge auch Herbergswirte und Händler; in Venedig zudem Pächter und Handwerker). In Anbetracht dieser breiten, auch mittelständischen Kundschaft der Wechsler schätzt man, daß im 14. Jh. auf 30 Personen in Venedig und Brügge ein Bankkontobesitzer kam. Daß die Wechsler (außer in Deutschland) auf den örtlichen Zahlungsverkehr beschränkt blieben, ist nicht zuletzt darauf zurückzuführen, daß ein Transfer nur mündlich – durch den Kontoinhaber selbst oder seinen hierzu Ermächtigten – angeordnet werden konnte, weshalb sich die Wechsler am zentralen Marktplatz der Stadt etablierten. Schriftliche Zahlungsanweisungen *(polizze)* hat man bislang nicht vor 1374 (in Pisa) nachweisen können, und sie blieben im Mittelalter weitgehend eine toskanische Sonderheit (in Venedig bis ins 18. Jh. verboten). Ohne Korrespondenten in anderen Handelsstädten mußten die Wechsler überörtliche Zahlungen den international tätigen Kaufleuten überlassen, wickelten aber die Auszahlung einlaufender → Wechsel(briefe) bargeldlos ab. Allerdings schritten der Brügger Magistrat und die Herzöge von Burgund hiergegen mit Verboten ein, die zunächst (1399, 1400) auf die Entthesaurierung mutmaßlich gehorteten Goldes, dann auf ein generelles Verbot des Depositen- und → Girogeschäfts (1467; 1489 mit Bußgeldern für Wechsler und Einleger) zielten.

Eine wichtige Ausnahme zur Regel der Ortsgebundenheit bildeten die Wechselstuben in Deutschland (nachzuweisen im 12. Jh. in Augsburg; im 13. Jh. in Nürnberg, Nördlingen; im 14. Jh. in Regensburg, Basel, Straßburg, Köln, Speyer und den Montanzentren im Reich; im 15. Jh. in Breslau, Krakau, Wien). Dank ihrer Verbindungen zu Korrespondenten in Italien und Deutschland sowie eigener Anwesenheit auf den Frankfurter Messen konnten sich die Nürnberger und Kölner Wechsler (im Gegensatz zu ihren italienischen und Brügger Berufskollegen) nachweislich als Wechselnehmer (Remittenten) am überörtlichen Wechselgeschäft beteiligen. Ihr leistungsfähiges Nachrichtensystem übermittelte rasch die Preise und Kurse auf dem oberitalienischen Edelmetall- und Wechselmarkt und ermöglichte die Teilnahme am internationalen Arbitragegeschäft. Allerdings sind bislang nur die süddeutschen und rheinischen, nicht jedoch die hansischen Wechsler untersucht worden.

Vielerorts wies man den Wechslern öffentlich-rechtliche Aufgaben zu. Überall waren sie dazu angehalten, fremde, minderwertige, verrufene und gefälschte Münzen auszusortieren und der Münze zu verkaufen. Daraus ergab sich eine Beteiligung am Edelmetallhandel, z. B. in Nürnberg, wo viele Wechsler das Monopolrecht besaßen, Edelmetall in den Montanzentren unter dem Marktkurs aufzukaufen (Bergwechsel), und mit Gold und Silber handelten. In Venedig erwarben Wechsler – trotz der Senatsverbote (1379–1429) – das über die Alpen importierte Edelmetall (bargeldlose Zahlung durch Bankgutschrift) und finanzierten den Aufkauf durch Dritte mit Überziehungskrediten. In Brügge genossen die Wechsler nur ein faktisches Monopol des Edelmetallerwerbs, waren aber zur Abgabe an der Münze rechtlich angehalten. Besonders im südeuropäischen Raum fungierten die Wechsler auch als Stadtkassen, indem sie überschüssige städtische Mittel als Depositen annahmen, Zahlungen im Auftrag der Stadt tätigten und dem Gemeinwesen Darlehen gewährten. Diese Aktivitäten wurden im 16. Jh. infolge der wirtschaftlichen Instabilität vieler Wechslerbetriebe den städtischen →Wechselbanken übertragen. In Deutschland – besonders in den älteren Wirtschaftszentren wie Köln, Straßburg und Regensburg, wo der Wechsel aus der Münzerhausgenossenschaft entstanden war, aber auch in Nürnberg – gehörte schließlich die Emission neuer Prägungen zu den öffentlich-rechtlichen Aufgaben der Wechsler.

Das schlagartige Schwinden der Wechsler im nordalpinen Raum zwischen 1390 und 1400 ist nur im Lichte ihrer Geschäftspraktiken erklärlich. Vorschriften über persönliche Haftung, erforderliche Mindestreserven und Bürgschaften vermochten weder dem stark spekulativen Zug des Berufes noch seiner Krisenanfälligkeit abzuhelfen. Wechsler, die Gebühren für den Handwechsel sowie für die Auszahlung von Einlagen forderten, deckten nur einen Teil ihrer Verbindlichkeiten durch Bargeldreserven ab (Fraktionalreserve) und verliehen oder investierten den Rest. Wenn der Wechsler Nettobargeldabflüsse zu verzeichnen hatte, konnte er weder die Überziehungskredite noch die Investitionen leicht liquidieren, und es gab keine andere Refinanzierungsmöglichkeit. Auch wenn sich die Wechsler stets mit Forderungen eines Disagio oder Verzögerungen dagegen wehrten, Bargeld auszuzahlen, waren sie gesetzlich zur Auszahlung von Sichteinlagen auf Verlangen des Kunden angehalten. So konnten sie bei einer generell erhöhten Bargeldpräferenz ihrer Kundschaft nur auf ihre Barreserven zurückgreifen, und dies machte sie krisenanfällig. Die Ursachen für eine allgemeine Abhebungswelle waren vielfältig, aber in der Regel vorhersehbar. Saisonal bedingt war dies z. B. in Florenz und Brügge, wo Bares im Herbst zum Wareneinkauf auf dem Lande abgehoben wurde, oder in Venedig und Genua, wo Gleiches vor der Abfahrt der Galeeren zu beobachten war. Es gab aber auch zyklische Ursachen. Zum Ausgleich eines Handelsdefizits mußten die Kunden ihre Konten nach und nach liquidieren, bis eine →Münzverschlechterung das Defizit und nebenbei auch die Liquidität der Wechsler schlagartig aufbesserte, indem sie den Wert ihrer Bargeldreserven nominal erhöhte, während ihre in Münzgeld ausgedrückten Verbindlichkeiten gleichblieben. Unvorhersehbar waren Abhebungswellen, die durch den Vertrauensverlust der Kunden verursacht waren. Betraf dies nur einzelne Wechsler, deren Fehlinvestitionen sich zur Insolvenz potenziert hatten, so war der Berufsstand nicht gefährdet. Entscheidend für das Wechslersterben war die →Edelmetallknappheit, die zwischen 1390 und 1420 krisenhafte Ausmaße annahm und sich erst ab 1465 allmählich besserte. Der Rückgang der Edelmetallieferungen aus den Montanzentren führte zunächst zu einer Verringerung der Bargeldreserven der Wechsler im nordalpinen Raum, löste aber auch eine langfristige Tendenz zur Thesaurierung des Edelmetalls und zur Bevorzugung des Bargelds in ganz Europa aus. Deren Folgen wurden z. B. in Burgund durch eine →Aufwertung der Münzen (1389), die die Abhebung von Einlagen zwecks Edelmetallexports attraktiver machte, sowie durch die Anordnungen des Brügger Magistrats (1399, 1400), daß künftig Wechselbriefe bar auszuzahlen waren, verschärft. Die hierdurch ausgelöste Abhebungswelle überlebten die wirtschaftlich anfälligen, von wenigen Großkunden abhängigen Wechslerbetriebe größtenteils nicht. Die herzoglich-burgundischen Gesetze, die Raymond de Roover als Erklärung des Wechslersterbens anführt, wurden erst spät (1433, 1467, 1489) verabschiedet und können allenfalls die Lage der wenigen noch überlebenden Wechslerbetriebe zusätzlich verschlimmert haben.

Stuart Jenks

Lit.: R. de Roover, Money, Banking and Credit in Mediaeval Bruges, Cambridge, Mass., 1948; Ders., New Interpretations of the History of Banking, Journal of World History 2 (1954), S. 38–76; F. Melis (Hg.), Documenti per la storia economica dei secoli XIII–XVI, Firenze 1972, S. 75–103 und 463–95; W. von Stromer, Funktion und Rechtsnatur der Wechselstuben als Banken, Bankhistorisches Archiv 1 (1979), S. 3–34; Ders., Oberdeutsche Hochfinanz 1350–1450, Wiesbaden 1970, bes. S. 342–86; R. C. Mueller, The Role of Bank Money in Venice, 1300–1500, Studi Veneziani n. s. 3 (1979), S. 47–96; The Dawn of Modern Banking, New Haven 1979; A. Vannini Marx (Hg.), Credito, banche e investimenti secoli XII–XX, Firenze 1985; Banchi pubblici, banchi privati e monti di pietà nell'Europa preindustriale, 2 Bde., Genova 1991.

Wertpapiere → Aktien, Effekten, Obligationen

Wiener Münzvertrag

Nach den →München-Dresdener Münzverträgen brachte der Wiener Münzvertrag vom 24. 1. 1857 den währungstechnischen Anschluß Österreichs an die Zollvereinsstaaten. Künftig galten im Bereich des Deutschen Bundes drei →Münzfüße auf der Basis eines Münzpfundes zu 500 Gramm Feinsilber statt der alten Kölner →Mark: für Preußen der 30-Taler-Fuß, für Österreich der 45-Gulden-Fuß und für die süddeutschen Staaten der 52½-Gulden-Fuß. Gemeinsame Vereinsmünze wurde das Vereins-Taler-Stück im 30-Taler-Fuß mit einem Feingewicht von 16,70 g. Ein Vereinstaler entsprach 1½ neuen österreichischen Gulden bzw. 1¾ süddeutschen Gulden. Mit dem Vertrag wurde die Dominanz des preußischen Talers gegenüber den Ländern mit Guldenwährung endgültig festgeschrieben. Österreich verzichtete auf die geplante Einführung einer →Goldwährung sowie auf den alten →Konventionsfuß von 1753 und führte zum 19. 9. 1857 die sog. Österreichische Währung ein (1 Gulden = 100 Neukreuzer). Der Vertrag beinhaltete ferner eine moderne Definition des Scheidemünzwesens sowie den endgültigen Durchbruch des Dezimalsystems auf dem Währungssektor. Obwohl Österreich und Liechtenstein im Berliner Vertrag von 1867 wieder aus der Münzkonvention ausscheiden mußten, stellt der Wiener Münzvertrag eine wichtige Vorstufe zur Schaffung einer einheitlichen deutschen Währung dar, wie sie 1873 mit der Einführung der Deutschen Mark vollzogen wurde. *Friedrich Zellfelder*

Lit.: K. Helfferich, Die Folgen des deutsch-österreichischen Münzvereins von 1857, Straßburg 1894. Rittmann, S. 713–38.

Wisselbank

Die Amsterdamsche Wisselbank (von ndl. *wissel* = Wechsel) war die erste städtische →Wechselbank in Westeuropa. Mit ihrer Gründung 1609 knüpfte die Stadt Amsterdam an italienische Vorbilder wie den →Banco di Piazza di Rialto in Venedig an. Die Wisselbank erfüllte vier für die niederländische Wirtschaft des 17. Jhs. essentielle Funktionen. Sie schuf im monetären Chaos des beginnenden 17. Jhs. stabile →Handelsmünzen, die der Handel als *negotiepenningen* im Ostseeraum, der Levante und Ostindien benötigte. Die Bank etablierte ein internationales Clearingsystem. Kaufleute unterhielten Konten bei der Bank, auf die sie →Wechsel zogen, und die Bank überwies die Beträge von dem Konto eines Kunden auf das Konto eines anderen. Die Bank verwendete dazu wie die Bankiers auf den →Wechselmessen eine stabile Rechenwährung, den Bankgulden. Da laut städtischer Verordnung alle Wechsel über 600 fl. durch die Bank geklärt werden mußten, unterhielten alle wichtigen Handelsfirmen Konten bei der Wisselbank. Hinzu kamen die Kreditvergabe an die öffentliche Hand und der Edelmetallhandel. Die Bankkunden zahlten auch Edelmetall auf ihre Konten ein und erhielten dafür eine Quittung *(recepis)*. Da sie mit diesen Quittungen andere Verpflichtungen begleichen konnten, ließen die Kaufleute ihr Edelmetall in der Bank, und die Bank arbeitete mit dem Gold und Silber ihrer Kunden. Amsterdam wurde zum bedeutendsten internationalen Edelmetallmarkt, da die Wisselbank jede gewünschte internationale Grobmünze in größeren Mengen vorrätig hatte. Aufgrund des Erfolgs der Wisselbank wurden in Middelburg (1616), Delft (1628), Rotterdam (1635), aber auch in Hamburg (1619 →Hamburger Bank) städtische Wechselbanken nach Amsterdamer Vorbild gegründet. *Michael North*

Lit.: J. G. van Dillen, The Bank of Amsterdam, Ders., (Hg.), History of the Principal Public Banks, The Hague 1934, S. 79–100; Van der Wee, S. 337f.

Witten

Der Trend zur Schaffung von Mehrfachpfennigen führte in Norddeutschland 1365 in Lübeck zur Prägung eines Vierpfennigstückes, das rasch in mehreren Orten nachgeahmt wurde. Durch vereinheitlichende Absprachen zwischen Lübeck, Hamburg, Wismar und Lüneburg (ab 1379/81), denen sich weitere Münzstätten mit wechselnder Zugehörigkeit oder mit bloßen Nachahmungen anschlossen, entwickelte sich der Witten zeitweilig zu einer →Leitmünze für die Münzpolitik der Hanse. Man spricht in der wissenschaftlichen Terminologie seit dem frühen 19. Jh. vom Wendischen →Münzverein. Der helle «witten penningh van 4 penningen» (mndt. *wit, witte* = weiß) hatte ein Sollgewicht von 1,33 g; seit 1375 gab es in Lübeck auch entsprechende Viertelwitten (Pfennige), bald danach auch Dreilinge. Die Münzbilder der Witten zeigen in der Regel Wappen und Kreuze sowie besondere Kennzeichen der jeweiligen Emissionen. Die Prägung dauerte mit Unterbrechungen und mit Wertminderung bis in den Beginn des

16. Jhs. und wurde in den Hanserezessen geregelt. Der Einfluß der Münzsorte in regulären Vereinsprägungen und deren Nachahmungen erstreckte sich in Ausläufern im Westen über den Niederrhein (Randerath, Heinsberg) hinaus – in Westfalen kam es zu Gegenstempelungen –, im Norden bis Skandinavien und im Osten bis Pommern. Die zeitliche Zuordnung der Nachprägungen zu ihren Vorbildern wird noch diskutiert; teilweise sind die Imitationen nicht zeitgleich, sondern später anzusetzen. Im 15. Jh. verlagerte sich das Schwergewicht der Prägung nach Mecklenburg (Rostock, Landesherren) und Westpommern (Stralsund, Herzöge), wobei sich der leichte rostock-sundische und der noch schlechtere slavische Münzfuß Ende des 14. Jhs. entwickelten, so daß aus der lübischen →Leitwährung eine Inlandswährung wurde. Es zeichneten sich in den Funden getrennte Umlaufsgebiete zwischen westlichen und östlichen Witten ab. Als Hvid (dän. = weiß) drang der Witten über Flensburg und Ribe in die dänisch-norwegische Münzprägung ein; er endete dort 1686 als heruntergekommene dänische Kleinmünze. Auch die Stockholmer →Örtugar um 1370 werden auf die Witten zurückgeführt. Im 17./18 Jh. fand der Name Witten nochwals Verwendung für die Dreipfennigstücke in Schwedisch-Pommern und Wismar.

Gert Hatz

Lit.: v. Schrötter, S. 748 f.; Jesse, S. 78 ff. passim; P. Berghaus, Phänomene der deutschen Münzgeschichte des 14./15. Jhs. im Ostseegebiet, Acta Viybyensia IV, Visby 1973, S. 81–115; B. Kluge, Die Wittenprägung in Mecklenburg/Pommern und ihr Anteil am Geldverkehr des Ostseeraumes im 14. und 15. Jh., NNÅ 1981, S. 90–114; G. Stefke, Silbergeld-Probleme im westlichen Ostseeraum, ca. 1380–ca. 1430, NNÅ 1981, S. 58–89; Ders., Der «wendische Münzverein» und seine Nachbarn im 14. Jh: Gepräge-Vorbilder und ihre Nachahmungen von den Anfängen bis 1391/92, HBN 33/35 (1979/81, 1988), S. 107–52; M. Kunzel, Die werlesch-mecklenburgische Wittenprägung im 14. und 15. Jahrhundert, BNF 2 (1988), S. 29–50.

Wucher

Bis zum Ende des Mittelalters hatte sich ein Konsens darüber gebildet, was Wucher war, welche Strafen er nach sich zog und wie die damit verbundene Sünde zu büßen war. Der Begriff Wucher leitet sich aus dem ahd. *wuohhar* (= Ertrag, Gewinn) her. Dagegen geht der in den mittelalterlichen Quellen vorherrschende lateinische Terminus *usura* auf das *usu aeris* des römischen Rechts zurück, das den Zins bezeichnete, den ein Schuldner für die Zeit zahlte, in der die Schuld noch nicht zurückgezahlt war. Die mittelalterliche Definition des Wuchers stammte vom Hl. Ambrosius und wurde in der Kirchenrechtssammlung des *Decretum Gratiani* (um 1140) fortgeschrieben. Ambrosius hatte formuliert: «Alles, was über das Kapital [Darlehen] hinaus gefordert wird, ist Wucher.» Dabei konnte das Darlehen aus Geld, aber auch aus Wein, Öl, Getreide oder anderen Verbrauchsgütern bestehen. Wucher wurde als Übel angesehen, weil es eine Sünde gegen die Nächstenliebe und die Brüderlichkeit war. Das göttliche Recht im Alten Testament (Exodus 22,25; Leviticus 25, 35–37; Deuteronomium 23, 19–26) und Christus im Neuen Testament verboten den Wucher: «Leihet, ohne etwas zurückzuerwarten» (*mutuum date nihil inde sperantes,* Lukas 6,35). Alle Darlehen sollten unentgeltlich sein. Die Hoffnung oder die Absicht, an dem Darlehen zu verdienen, wurde verurteilt. Christi Gebot wurde zum Wucherverbot, als es Papst Urban III. Ende des 12. Jhs. in seinem Dekret *Consuluit* zitierte und autoritativ auslegte. Die Wucherabsicht wurde von den Beichtvätern seitdem dazu benutzt, Wucherer zur Rückerstattung ihrer Gewinne zu bringen. Wucher galt als Verstoß gegen das Recht, der Wucherer folglich als Dieb und sein Gewinn als gestohlenes Gut, das den Bestohlenen zurückgegeben werden mußte. Falls diese oder ihre Erben nicht auffindbar waren, mußte der Wucherer Wiedergutmachung an die «Armen» leisten, unter denen man kirchliche, insbesondere klösterliche Stiftungen verstand.

Die Auffassung, daß der Wucher gegen das Recht verstieß, wurde mit der Fortentwicklung des römischen Rechts im 12. Jh. elaboriert. Das römische *Corpus iuris civilis* beschrieb und definierte zwei Arten unentgeltlicher Darlehen. Das erste war das *mutuum,* ein Darlehen zum Verbrauch, aber nicht zur Benutzung (z. B. Geld, Essen und Trinken). Im *mutuum* trug der Schuldner das Risiko des Verlusts oder der Beschädigung dessen, was er sich geliehen hatte. Er mußte nicht das geliehene Gut, sondern die gleiche Menge und Qualität zurückgeben. Der Verleiher besaß keinen Anspruch auf Zins, deshalb war eine Gebühr theoretisch illegal. In der Praxis erlaubte das römische Recht aber dem Verleiher, mehr als die ausgeliehene Menge zu nehmen, falls darüber ein besonderer Vertrag *(stipulatio)* geschlossen worden war. Das zweite unentgeltliche Darlehen war das sog. *commodatum,* in dem die leihweise Benutzung eines Gutes vereinbart wurde. Falls man auf das *commodatum* eine Gebühr erhob, wurde daraus ein Leih- oder Pachtvertrag *(locatio rei).*

Kirchenrechtler und Theologen akzeptierten die Definitionen des römischen Rechts *(mutuum, commodatum, locatio),* während sie die Zinsvereinbarung der *stipulatio* verwarfen. Aus dem römischen Recht leiteten die mittelalterlichen Kommentatoren ein Grundprinzip ab, nämlich, daß es unnatürlich sei, aus dem Gebrauch von Geld Gewinn zu ziehen. Sie konnten sich dabei auf Aristoteles berufen, der das Geld als Mittel des Tausches betrachtet hatte. Da das Geld von der Gesellschaft als Wertmesser für die zu tauschenden Güter eingeführt worden war, konnte es keine natürlichen Früchte bringen und daher auch keine legitime Quelle des Gewinns sein. Von den Scholastikern entwickelte vor allem Thomas von Aquin aus dem römischen Recht und den Schriften des Aristoteles eine Argumentation gegen die produktive Verwendung von Geld, die in der Aussage *nummus non parit nummos* («Geld pflanzt sich nicht fort») gipfelte. Jedoch gab es für Thomas von Aquin auch Ausnahmen. Wenn z.B. jemand in seiner Geschäftspartnerschaft Geld gab und das Risiko mittrug, dann war ein Gewinn über den Kapitaleinsatz gerechtfertigt. Denn in einer Teilhaberschaft investierte der eine sein Kapital und der andere (der das Geld lieh) seine Arbeitskraft, so daß sich beide den Gewinn teilten. In der Folgezeit zitierte man Thomas von Aquin meistens als Autorität für die Auffassung, daß Geldverleih Wucher sei. Jedoch wurde die aristotelische These von der Unfruchtbarkeit des Geldes auch verworfen, so im 13. Jh. von dem Franziskaner Petrus Johannes Olivi, der zwischen – juristisch – sterilem und fruchtbarem Geld unterschied: «Wenn Geld oder Gut von seinem Besitzer zur Erzielung eines bestimmten Ertrags eingesetzt wird, besitzt es nicht dessen simple Eigenschaft, sondern darüber hinaus die Eigenschaft eines ertragbringenden Samens, die wir *capitale* nennen.» Olivis Doktrin wurde im 15. Jh. von Bernardino von Siena dazu benutzt, die Gewinne der Kaufleute als legitim zu verteidigen. Dabei war sich die Mehrheit der Kanonisten und Theologen darüber einig, daß die Kaufleute für ihre gesellschaftlich notwendige Funktion entschädigt werden müßten. Dennoch war den Wächtern des Wucherverbots der Kauf und Verkauf auf Kredit (→Warenkredit) höchst verdächtig. In dem einen Fall akzeptierte der Verkäufer einen Zahlungsaufschub unter der Bedingung, daß er einen höheren Preis erhielt; in dem anderen Fall stimmte der Käufer einer späteren Lieferung zu, wenn er weniger dafür bezahlen mußte. D.h. die Gewährung eines Kredits brachte dem Verkäufer bzw. dem Käufer einen Gewinn. Die Schlüsselfrage dabei war, ob der Kreditgeber aus der Kreditgewährung einen Gewinn ziehen wollte. In einem solchen Fall handelte es sich um Wucher. Wenn aber die Preisentwicklung nicht vorhersehbar war und der Kreditgeber ein Risiko trug, war sein Gewinn legitim. Ein interessantes Argument führte in diesem Zusammenhang Wilhelm von Auxerre, Bischof von Paris, ins Feld, als er dem Verkäufer auf Kredit vorwarf, er verkaufe Zeit, was eine Sünde sei, da die Zeit allen gehöre.

Schon im 13. Jh. wurden zahlreiche Ausnahmen von der Regel gemacht, daß es Wucher sei, mehr als das Darlehen zu fordern. 12 dieser Ausnahmen stellte Hostiensis zusammen, die im Laufe der Zeit von fast allen Kanonisten und Theologen gebilligt wurden. Dies war von großer praktischer Bedeutung, weil man dadurch bestimmte Kreditformen nicht länger stigmatisierte. Eine Ausnahme stellte ein Geschenk (*donum*) dar, das der Schuldner seinem Gläubiger gab, um diesem seine Dankbarkeit zu erweisen, sofern dies spontan und nicht auf Druck des Gläubigers erfolgte. Wenn der Gläubiger aber auf ein Geschenk hoffte, beging er «geistigen» Wucher. Eine andere Ausnahme bildete die Forderung von Schadenersatz (*interesse* bzw. *damna*) von einem Schuldner, der seinen Verpflichtungen nicht nachkam. Wenn z.B. ein Schuldner sein Darlehen nicht rechtzeitig

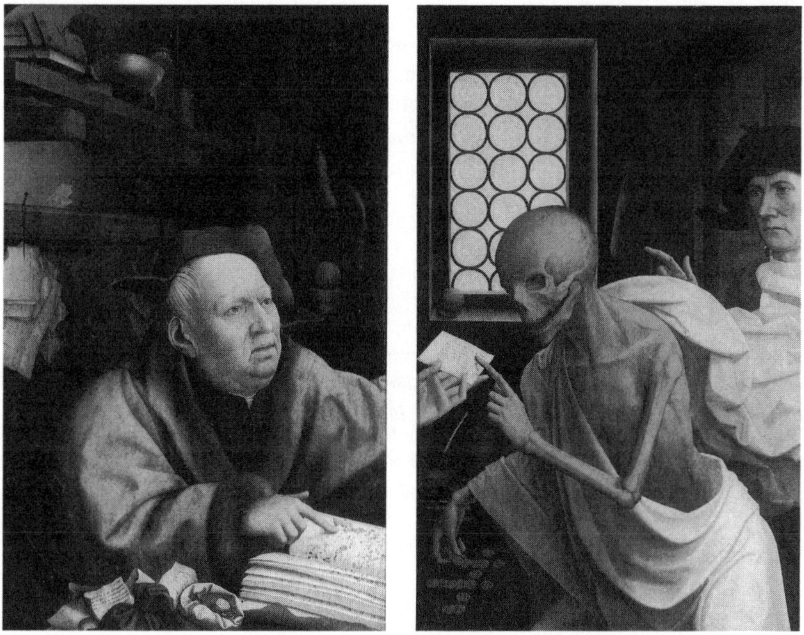

Der Wucherer und der Tod, Diptychon von Jan Provoost (um 1515)

zurückzahlte, hatte der Gläubiger einen Anspruch auf Entschädigung. Dieser konnte jedoch nur geltend gemacht werden, wenn der Schuldner die mit dem Gläubiger geschlossene Vereinbarung gebrochen hatte. Vertragsstrafen waren für solche Fälle von den mittelalterlichen Juristen vorgesehen. Falls aber ein Vertrag eine Strafklausel mit Entschädigungsbestimmung enthielt, obwohl Gläubiger und Schuldner von vornherein wußten, daß die Rückzahlung verspätet erfolgen würde, dann wurde ein solcher Vertrag als Betrug *(in fraudem usurarum)* angesehen. Rolandino Passageri aus Bologna führte in seinem Handbuch der Notarkunst mehrere Verträge mit Strafklauseln an, die die Strafe auf das Doppelte der geliehenen Summe festsetzten: eine seit dem 13. Jh. gebräuchliche Methode, um den illegalen Gewinn zu verbergen.

Die Wucherdefinition des *Decretum Gratiani* blieb durch das gesamte Mittelalter und die Frühe Neuzeit gültig, zumindest dort wo das katholische Bekenntnis vorherrschte. Jedoch wurde der Wucherbegriff von Juristen und Theologen angesichts der Vielfalt der existierenden und neu entstehenden Kreditformen und -institutionen (Hypotheken, Renten, Wechsel, Banken, Staatsschuld, Versicherung etc.) immer weiter gefaßt. Vor allem gingen die Regierungen im 16. Jh. dazu über, zinstragende Darlehen bis zu einer gewissen Zinshöhe zu legalisieren (Niederlande 1541 bis 12,5 %, England 1571 bis 10 %, →Zinsentwicklung). Spätere Autoren (seit dem 19. Jh.) haben sich über die mittelalterliche Wucherdebatte lustig gemacht und sie als ein weites Feld der Kasuistik abgetan. Bei näherer Untersuchung der Wucherverbote und ihres Wandels erscheint diese Kasuistik aber als Ausdruck der dynamischen und spannungsreichen Beziehung zwischen einer ethischen und religiösen Vision einerseits und praktischer Notwendigkeit andererseits. *Julius Kirshner*

Lit.: W. Endemann, Studien in der romanisch-kanonistischen Wirtschafts- und Rechtslehre bis gegen Ende des 17. Jhs., Berlin 1874; J. T. Noonan, The Scholastic Analysis of Usury, Cambridge, Mass., 1957; B. Nelson, The Idea of Usury, Chicago 1969; J. Gilchrist, The Church and Economic Activity in the Middle Ages, London 1969, R. de Roover, La pensée économique des scholastiques, Montréal 1971; J. Kirshner, K. Lo Prete, Peter John Olivi's Treatises on Contracts of Sale, Usury, and Restitution, Quaderni Fiorentini 13 (1984), S. 233–86; J. Le Goff, Wucherzins und Höllenqualen, Stuttgart 1988; O. Langholm, Economics in the Medieval Schools: Wealth, Exchange, Value, Money & Usury according to Paris Theological Tradition, 1200–1350, Leiden 1992.

Z

Zahlungsbilanz

Unter der Zahlungsbilanz eines Landes versteht man die systematische Aufzeichung aller wirtschaftlichen Transaktionen, die in einem bestimmten Zeitraum (z. B. einem Jahr) zwischen In- und Ausländern stattgefunden haben, zuzüglich bestimmter ausländischer Vermögenstransaktionen zwischen Inländern. Die Zahlungsbilanz ist keine Bilanz im betriebswirtschaftlichen Sinne, sondern Teil der Volkswirtschaftlichen Gesamtrechnung (Einkommens- und Güterstromanalyse). Die Zahlungsbilanz untergliedert sich in: 1. die Handelsbilanz, die die Warenlieferungen aus dem Ausland (Importe) und die Warenlieferungen an das Ausland (Exporte) gegenüberstellt; 2. die Dienstleistungsbilanz der Transport- und Versicherungsleistungen, des Reiseverkehrs und der Kapitalerträge; 3. die Übertragungsbilanz unentgeltlicher Leistungen (Erbschaften, Entwicklungshilfe, Beiträge zu internationalen Organisationen); 4. die Kapital(verkehrs) bilanz der Kapitalimporte und -exporte; 5. die Devisenbilanz der Zu- und Abgänge an Gold und Devisen der →Zentralbank; 6. die Fehlerbilanz (Ermittlungsfehler). Da die Zahlungsbilanz nach dem Prinzip der →Doppelten Buchführung geführt wird, ist sie rechnerisch immer ausgeglichen. Die ersten drei Teilbilanzen werden zur sog. Leistungsbilanz im weiteren Sinne zusammengefaßt. Um die außenwirtschaftliche Position einer Volkswirtschaft zu beschreiben, stellt man die Salden bestimmter Teilbilanzen fest und spricht z. B. von einem Leistungsbilanzüberschuß oder -defizit.

Genaue Aufstellungen von Zahlungsbilanzen als Grundlagen der Politik wurden aber erst nach dem Zusammenbruch des internationalen →Goldstandards, d. h. in der Zeit nach dem Ersten Weltkrieg in gewisser Regelmäßigkeit durchgeführt. Dennoch hat man sich bereits im Spätmittelalter und in der Frühen Neuzeit Gedanken um die Handelsbilanz gemacht. Sowohl die →Münzpolitik des →Bullionismus als auch die Philosophie des Merkantilismus sahen den Reichtum und die Macht eines Landes in seinen Edelmetallvorräten begründet. Daher versuchten die Verantwortlichen, die aus Handelsbilanzdefiziten entstehenden Edelmetallabflüsse (→Edelmetallströme) durch Münzausfuhrverbote zu unterbinden (was natürlich den Handel behinderte) bzw. durch eine aktive Handelsbilanz (→Thomas Mun), mehr Geld ins Land zu ziehen, als man für ausländische Güter ausgab. Die Gleichsetzung von Reichtum und Edelmetallmenge und damit auch das Konzept der aktiven Handelsbilanz wurde zum ersten Mal von →David Hume im 18. Jh. in Frage gestellt.

Hume setzte dagegen den automatischen Zahlungsausgleich des →Goldstandards, durch den sich Handels- oder Zahlungsbilanzprobleme von selbst lösten und der Wohlstand der Volkswirtschaft stieg.

Michael North

Lit.: A. Stobbe, Volkswirtschaftliches Rechnungswesen, Berlin 1972, Kap. 6; F. Haslinger, Volkswirtschaftliche Gesamtrechnung, München 1990, S. 127–39.

Zahlungsverkehr

Zahlungsverkehr ist die Übertragung von Zahlungsmitteln zum Forderungsausgleich für erbrachte Leistungen. Zwischen Leistungserbringung durch den Gläubiger und Forderungsausgleich durch den Schuldner entstand dann eine räumliche und damit immer auch zeitliche Distanz, wenn ein Markt eine bestimmte räumliche Größe (Marktplatz) überschritt. Der Ausgleich von Forderungen wurde – auch in historischer Abfolge – durch Waren (→Naturalgeld), ungeprägtes bzw. geprägtes Edelmetall (Münzen, Bargeld), Buchgeld und Geldsurrogate (z. B. →Wechsel, →Scheck) vermittelt. Die Metallversendung nach Gewicht befriedigte den Gläubiger und war damit die sicherste Methode des Schuldausgleichs, denn sie bedurfte keiner rechtlichen Absicherung durch eine übergeordnete Autorität. Wurde das Austauschmedium durch Geldsurrogate kreditiert, war eine Gläubiger wie Schuldner gleichermaßen bindende Rechtsordnung sowie eine gegenseitige Kontoführung zwischen Gläubiger und Schuldner als Resultat gegenseitiger Guthaben oder Forderungen notwendig. Sollten Medien des bargeldlosen Zahlungsverkehrs in multilateralen Verrechnungen (→Giro) verwendet werden, so bedurfte es einer gemeinsamen Clearingstelle (→Bank, Messe), die die Erfordernisse ihres Wirtschaftsgebietes abdeckte.

Die Wirtschaft der Antike und weiter Teile des europäischen Mittelalters kannten Zahlungsverkehr nur in der Form des Austauschs von Naturalgeld oder Edelmetallen. Im Italien des 12./13. Jhs. bildeten toskanische und oberitalienische Kaufmannsfamilien (→Merchant Bankers) und Gesellschaften ein erstes überregionales, bargeldloses Zahlungssystem aus, an das über die Messen in der Champagne auch nordwesteuropäische Regionen angeschlossen waren. Die päpstliche Kurie nutzte dieses System in großem Umfang zum bargeldlosen Transfer von Geldern in der ganzen westlichen Christenheit (→Zahlungsverkehr der Kurie). →Wechselmessen übernahmen seit dem 15. Jh. die Funktion von Etappen im europaweiten Zahlungsverkehrssystem (Genf, Lyon) bzw. von übergeordneten Clearingstellen (Lyon, Besançon/Piacenza/Novi, Kastilien). Bis zum 18. Jh. wurden das gesamte West- und Mitteleuropa sowie der Ostseeraum in das System des bargeldlosen Zahlungsverkehrs auf der Basis des →Wechsels als Träger der Liquidität (mit →Indossament) einbezogen, wobei sich das Schwergewicht der Transaktionen vom Mittelmeerraum nach Nordwesteuropa (Antwerpen, Amsterdam, London) verlagerte. Im Handel mit Übersee wurden im 19. Jh. nur die Mechanismen des Zahlungsverkehrs verwendet, die auch in diesen weniger rechtssicheren Gebieten praktikabel waren, d. h. vor allem der Wechsel-Rembours. Bargeldlose Transaktionen fanden nur zwischen europäischen Unternehmen und/oder in internationalen Faktura-Währungen (z. B. →Pfund Sterling) statt. Die entstehenden nationalen Gironetze (Privat- oder Filialbanken) ermöglichten bargeldlosen Zahlungsverkehr (und damit Kosteneinsparungen) auch für kleine Unternehmen und Privatleute. Durch die verkürzten Kommunikationszeiten (Telegraph) gewannen →Scheck und telegraphische Anweisung gegen Ende des 19. Jhs. neben dem Wechsel immer größere Bedeutung.

Markus A. Denzel und Oskar Schwarzer

Lit.: M. A. Denzel, Kurialer Zahlungsverkehr im 13. und 14. Jh., Stuttgart 1991; Ders., «La Practica della Cambiatura». Europäischer Zahlungsverkehr vom 14. bis zum 17. Jh., Stuttgart 1994; J. Schneider (Hg.), Währungen der Welt, I, IV, VI, Stuttgart 1991–92; O. Schwarzer, Goldwährungssysteme und internationaler Zahlungsverkehr zwischen 1870 und 1914, E Schremmer (Hg.), Geld und Währung vom 16. Jh. bis zur Gegenwart, Stuttgart 1993, S. 191–228.

Zahlungsverkehr der Kurie

Der Zahlungsverkehr der Kurie, d. h. die überregionalen Finanztransaktionen des Papstes bzw. seiner Verwaltung, war bis zum 11. Jh. weitgehend auf gelegentliche Geldgeschenke oder Zuwendungen (→Peterspfennig) an den Heiligen Stuhl beschränkt. Erst mit den Kreuzzügen (Kreuzzugssubsidien) und der immer stärkeren politischen Einflußnahme in Europa erweiterte sich der Umfang wie der geographische Radius kurialer Einnahmen und Ausgaben. Die Einführung neuer oder die Wiederbelebung bereits bestehender Abgaben geistlicher und weltlicher Fürsten, wie Annaten, Servitien, Benefiziengelder, Zensus- und Zehntleistungen, an die Kurie wurde verstärkt seit der Mitte des 12. Jhs. betrieben. Eine Steigerung dieser Praxis und damit der (theoretisch) einzunehmenden Summen gelang durch die Reservation immer umfangreicherer Pfründen und Benefizien durch und für den Papst, anfänglich bei niederen Klerikern (Annaten), seit der Mitte des 13. Jhs. auch bei höheren (Servitien), gipfelnd schließlich 1363 in der Generalreservation Urbans V. (1362–1370). Der Aufbau eines zentralisierten Kollektorenwesens seit Innozenz III. (1198–1216) und die Neuordnung der kurialen Finanzverwaltung unter Clemens V. (1305–1314) und Johannes XXII. (1316–1334) ermöglichten zudem die effizientere Einziehung und Verwaltung der dem päpstlichen Hof zustehenden Gelder. Damit konnten im 14. Jh. Summen in bisher nie gekannter Höhe eingenommen werden und standen der päpstlichen Politik und Haushaltsführung zur Verfügung. Die schnellstmögliche Einziehung und Distribution von kurialen Geldern in weiten Teilen Europas und der Levante war durch die Zusammenarbeit mit toskanischen und oberitalienischen →Merchant Bankers an wichtigen →Finanzplätzen, wie Brügge, Avignon, Florenz, Venedig und Famagusta, gewährleistet. Die Einbindung der italienischen Kaufleute und ihrer Techniken in das kirchliche Geld-, Kredit- und Kollektorenwesen infolge der Ausdehnung des päpstlichen Finanzapparates erleichterte der Kurie die Adaption moderner Techniken im Geldverkehr (Einführung des kaufmännischen Rechnungswesens; bargeldloser Geldtransfer durch Wechselbriefe mit Hilfe von *campsores* als Kollektoren; Übernahme des neuen, florentinischen Münzssystems des 13. Jhs. mit dem →Floren als Hauptzahlungs- und Rechenmünze und deren Nachprägung seit Johannes XXII.).

Auf den Reformkonzilien zu Konstanz (1414–1418) und Basel (1431–1437 bzw. 1448) sowie Trient (1545–1563) wurde unter dem Stichwort der «Annatenfrage» vor allem von den Klerikern nördlich der Alpen Kritik an der kurialen Abgabepolitik geübt. Vom 15. Jh. an verlor der kuriale Zahlungsverkehr an Bedeutung, da der Beitrag der Weltkirche zu den kurialen Finanzen zurückging, weniger als Folge der Reformation, sondern als Folge der restriktiven Fiskalpolitik der katholischen Staaten. Der Erhebungsapparat der Kurie war spätestens im 17. Jh. weitgehend auf Italien, Spanien und Portugal beschränkt, die in der Regel nur geringe Einkünfte an die Zentralkasse transferierten. Die immer höheren Steuereinnahmen aus dem Kirchenstaat ermöglichten jedoch z. T. hohe päpstliche Subsidienzahlungen an katholische Mächte (z. B. im Dreißigjährigen Krieg). Der Zahlungsverkehr der römischen Kirche des 18. und 19. Jhs. (bis 1870) war im wesentlichen inneritalienisch und erstreckte sich auf staatliche Belange des Kirchenstaates. *Markus A. Denzel*

Lit.: C. Bauer, Die Epochen der Papstfinanz. Ein Versuch, HZ 138 (1928), S. 457–503; A. Esch, Bankiers der Kirche im großen Schisma, Quellen und Forschungen aus italienischen Bibliotheken und Archiven 46 (1966), S. 277–398; K. Ganzer, Das Konzil von Trient und die Annaten, E. Gatz (Hg.), Römische Kurie, Kirchliche Finanzen, Vatikanisches Archiv (Festschrift Hoberg), I, Rom 1979, S. 215–48; M. A. Denzel, Kurialer Zahlungsverkehr im 13. und 14. Jh., Stuttgart 1991; W. Reinhard, Papstfinanz und Kirchenstaat im 16. und 17. Jh., A. De Maddalena, H. Kellenbenz (Hgg.), Finanzen und Staatsräson in Italien und Deutschland in der frühen Neuzeit, Berlin 1992, S. 269–94.

Zentralbank

Die Funktionen der modernen Zentralbank als Währungsbank, als Zentralnotenbank (Monopol auf die Ausgabe von →Banknoten in einem bestimmten Land) und als Reservebank (Bank der Banken mit →Lender-of-

Last-Resort-Funktion) entwickelten sich in verschiedenen europäischen Staaten trotz unterschiedlicher institutioneller Rahmenbedingungen etwa gleichzeitig seit dem letzten Drittel des 19. Jhs. Die Institute selber sind dabei häufig wesentlich älter oder gehen auf ältere (Noten)Bankgründungen zurück wie in Spanien (Banco de España gegr. 1856; Vorgängerinnen Banco Español de San Fernando 1829–56, →Banco de San Carlos 1782–1829), Deutschland (Bundesbank gegr. 1957; Vorgängerinnen: Bank deutscher Länder 1948–57; →Reichsbank 1876–1945/47; →Preußische Bank 1847–75) und Italien (Banca d'Italia gegr. 1893; Vorgängerin: Banca Nazionale 1849–93). Von wenigen Ausnahmen abgesehen wurden die europäischen Zentralbanken in der Regel nicht bereits als Staatsbanken mit dem Monopol auf die Ausgabe von Banknoten gegründet. Vielmehr mußten sie sich (bzw. ihre Vorgängerinnen) erst selber als öffentlich-rechtliche Aktiengesellschaft oder auch nur als staatlich privilegierte Aktienbank im Laufe des 19. Jhs. gegen konkurrierende →Zettelbanken durchsetzen.

Die ältesten, heute noch existierenden Zentralnotenbanken sind die folgenden: →Sveriges Riksbank (Schweden, gegr. 1668), →Bank of England (England, gegr. 1694; die 1695 gegründete Bank of Scotland und die 1727 gegr. Royal Bank of Scotland, die weiterhin ein begrenztes Notenausgaberecht besitzen, beeinträchtigen die diesbezüglichen Funktionen der Bank of England nicht), →Banque de France (Frankreich, gegr. 1800); Nationalbanken (Dänemark, gegr. 1813/18) Nederlandsche Bank (Niederlande, gegr. 1814); Norges Bank (Norwegen, gegr. 1816), Nationalbank (Österreich, gegr. 1816, →Privilegierte Österreichische Nationalbank); Banco de Portugal (Portugal, gegr. 1846) sowie Banque Nationale (Belgien, gegr. 1850).

Am Ende des 19. Jhs. besaßen nur wenige europäische Staaten noch keine Zentralnotenbank. Eine wichtige Ausnahme ist die Schweiz, die erst im Jahr 1907 mit der Nationalbank eine solche erhielt. Auch das Federal Reserve System der USA wurde erst im 20. Jh. errichtet (1913). Dieser, wie auch anderer späterer Zentralbankgründungen, war eine gründliche Auswertung der europäischen Erfahrungen vorausgegangen. *Dieter Ziegler*

Lit.: K. Dierschke, F. Müller, Die Notenbanken der Welt, Berlin 1926; C. A. E. Goodhart, The Evolution of Central Banks, Cambridge, Mass., 1988.

Zentralnotenbank →Zentralbank

Zettelbank

Unter einer Zettelbank wurde ursprünglich ein «Zettel» (= Banknoten) ausgebendes Kreditinstitut verstanden, das – obwohl meist vom Staat konzessioniert – mit anderen Zettelbanken in Konkurrenz stand. Einen abwertenden Beiklang bekam der Zettel im deutschen Sprachgebrauch erst um die Mitte des 19. Jhs., als während eines kurzen Gründungsbooms privater Notenbanken immer mehr unzureichend gedeckte Zettel in Umlauf kamen. Diese wurden als «Bunte Scheine», «Wilde Scheine» oder auch als Zettel von den Noten der quasi-staatlichen Notenbanken (insbesondere der →Preußischen Bank) unterschieden.

Die Ursprünge der modernen Notenbanken finden sich im 17. Jh. in London. Bei der Vielfalt umlaufender Geldsorten war die Bewertung einzelner Münzen in dieser Zeit ein großes Problem. Der Handel ging deshalb zunehmend dazu über, die vereinnahmten Gold- und Silbermünzen an die →Goldschmiede der Stadt abzugeben und deren Schuldverschreibung (Promissory Note) selber als Zahlungsmittel zu benutzen. Die Goldschmiede benutzten mit der Zeit einen Teil der bei ihnen deponierten Gelder zum Aufbau eines eigenständigen Kreditgeschäftes. Nach der Gründung der →Bank of England wurden die ehemaligen Goldschmiede-Banken zwar in London aus dem Banknotengeschäft verdrängt, aber in der englischen Provinz schossen in der zweiten Hälfte des 18. Jhs. Zettelbanken (→Country Banks) wie Pilze aus dem Boden.

Erst die →Peelsche Bankakte (1844) änderte die Situation grundlegend. Es hatte zwar bereits vorher Versuche gegeben, der Bank-of-England-Note ein Notenmonopol im gesamten Lande zu verschaffen, aber die Erfolge waren gering. Durch die Peelsche Bankakte wurde die Notenausgabe der Zettelbanken gesetzlich begrenzt, so daß diese ihr Passivgeschäft nur durch die Pflege des Depositengeschäfts ausdehnen konnten. Die Zettelbanken verzichteten daraufhin zwar nicht auf ihr Notenrecht, wie die Autoren des Gesetzes gehofft hatten, aber die Notenausgabe verlor zunehmend an Bedeutung gegenüber dem schnell wachsenden Depositengeschäft.

Seine weiteste Ausprägung erlebte das Zettelbankwesen in Schottland. Bis zur Ausweitung der Peelschen Bankakte auf Schottland (und Irland) im Jahr 1845 genossen die dortigen Banken «Bankfreiheit», d. h. sie konnten weitgehend frei von staatlichen Restriktionen und ohne die überlegene Konkurrenz einer staatlich privilegierten Zentralnotenbank Zettel ausgeben und durch →Cash Credits in Umlauf bringen. Durch die kleineren Nennwerte der Noten (1 Pfund gegenüber 5 Pfund Mindestnennwert der englischen Zentralbanknoten) gelang es sogar, den Gebrauch von Zetteln im Kleinverkehr durchzusetzen und damit die Zahlungsmittelknappheit im kapitalarmen Schottland zu lindern.

In den meisten anderen europäischen Ländern wurde den privaten Zettelbanken keine vergleichbare Entfaltungsmöglichkeit eingeräumt. Denn gerade während der Blütezeit des Merkantilismus dehnte der Staat seine Hoheitsrechte (→Münzregal) häufig auch auf das →Papiergeld aus. Dem-

Zettelbank, die Niedersächsische Bank in Bückeburg (um 1875)

zufolge wollte er entweder selber das Bedürfnis nach Vereinfachung des Zahlungsverkehrs befriedigen oder bestenfalls eine Bank als Notenbank privilegieren, die als Gegenleistung den Kreditbedarf des Staates zu decken hatte. Das galt beispielsweise für den 1656 gegründeten Stockholms Banco (den privaten Vorläufer von →Sveriges Riksbank) oder für die 1736 gegründete private dänische Kurantbank. Keine der kontinentaleuropäischen Notenbanken war im 18. Jh. sonderlich erfolgreich. Entweder waren sie zu eng an die Finanzierung des Staates gekoppelt, oder das Bedürfnis nach Zetteln war von seiten des Handels und des Gewerbes noch gar nicht entwickelt, so daß die Banken ihre Noten nicht in die Zirkulation bekamen.

Im 19. Jh. wurde im Zuge der einsetzenden Industrialisierung auch auf dem Kontinent der Mangel an Zahlungsmitteln immer bedrückender. Weil die privilegierten Banken diesem Mangel nicht abhelfen konnten oder durften, forderten immer mehr (oftmals liberale) Unternehmer und Bankiers Bankfreiheit nach schottischem Vorbild. In Frankreich war die Errichtung von Zettelbanken nach der Gründung der →Banque de France zunächst verboten und bestehende Privatnotenbanken in Paris gezwungen worden, ihre Noten einzuziehen (1803). Nachdem sich jedoch die Banque de France seit 1817 aus der Provinz zurückgezogen hatte, war die Gründung von Zettelbanken dort wieder zulässig. In den folgenden Jahren wurden deshalb in mehreren größeren Städten des Landes Zettelbanken errichtet. Diese Phase relativer Bankfreiheit endete aber im Jahr 1848, als neun selbständige Zettelbanken in Filialen der Banque de France umgewandelt wurden, wodurch diese mit einem Schlag das Notenmonopol im Lande zugesprochen bekam. Zwangsvereinigungen von Zettelbanken mit der Zentralnotenbank – wenn auch nicht immer mit dem Ziel der Schaffung eines Notenmonopols – gab es auch in anderen Staaten wie Portugal (1846), Spanien (1847 und 1874) und Italien (1894).

In Deutschland war die Ausgangslage ähnlich wie in Frankreich. Auch dort konnten die Protagonisten der Bankfreiheit ihre Forderungen zunächst ein Stück weit durchsetzen, indem sie in den deutschen Kleinstaaten Zettelbanken gründeten und damit die preußische Regierung zwangen, durch die Novellierung der →Preußischen Bankordnung eine ausreichende Versorgung mit Zahlungsmitteln durch eine quasi-staatliche Zentralnotenbank zu gewährleisten. Im Gegensatz zu Frankreich wurde in Deutschland jedoch die private Konkurrenz nicht zwangsweise beseitigt, sondern eher nach englischem Vorbild verdrängt. Seit dem Ende des 19. Jhs. spielten Zettelbanken praktisch keine Rolle mehr, da sich die Zentralnotenbanken in dieser Zeit in fast allen Ländern Europas durchgesetzt hatten. Sofern sie nicht durch gesetzliche Vorschriften zur Notenemission gänzlich beseitigt worden waren, hatten die Zettelbanken entweder ihre Notenausgabe freiwillig aufgegeben, oder sie fristeten eine unbedeutende Randexistenz, die allerdings unter Umständen bis in die Zwischenkriegszeit hineinreichen konnte. *Dieter Ziegler*

Lit.: P. Geyer, Theorie und Praxis des Zettelbankwesens, München 1867; A. Wagner, System der Zettelbankpolitik, Freiburg 1873, K. Dierschke, F. Müller, Die Notenbanken der Welt, Berlin 1926; Born, Geld, S. 15 ff.

Zinnaischer Fuß →Leipziger Fuß

Zinsentwicklung

Der Zins leitet sich vom lat. *census* (= Schätzung, Abgabe) ab und stellt ein Agio für die Höherschätzung von Gegenwartsgütern gegenüber Zukunftsgütern (D. Schneider) dar. Hierbei sind Zinsen für langfristige, dinglich gesicherte →Kredite (z. B. Hypotheken) üblicherweise niedriger als solche für kurzfristige (z. B. Konsumtivkredite).

Das mit der aristotelischen Philosophie und Ethik *(Pecunia pecuniam*

Zinsentwicklung vom Frühmittelalter bis 1600

Westgotenreich		12%
Venedig	12./13. Jh.	20%
Genua	12./13. Jh.	25%
Champagne-Messen	1311	20%
SW-Deutschland	Judenschulden (13.–15. Jh.)	43,33%
Mainz	Judenschulden (1255)	33,33%
Norddeutschland	Anf. 14. Jh.	10%
Lübeck	Anf. 14. Jh.	5%
Deutschland	Ende 14. Jh.	5–7%
Dortmund	Ende 14. Jh.	11–12⅓%
Magdeburg	1419	7½%
Genua	Casa di S. Giorgio, 15. Jh.	4–7%
Sachsen	1519 (Luther)	4–6%
Sachsen	1539 (Luther)	6–8%
Schweiz	16. Jh. (Zwingli, Calvin)	5%
Genua	Casa di S. Giorgio, 16. Jh.	3%
Deutschland	16. Jh. (Wechsel)	5–6%
Deutschland	16. Jh. (Leibrenten)	7–13%
Genua	um 1600	2%

non parere potest = «Geld pflanzt sich nicht fort») sowie mit dem Lukas-Evangelium (6,35: *Mutuum date nihil inde sperantes!* = «Leihet, ohne etwas zurückzuerwarten!») begründete und durch die scholastische Theologie des Thomas von Aquin (1224–1274) vom Moral- zum Rechtsgebot stilisierte sog. Kanonische Zinsverbot (→Wucher) der römischen Kirche wurde trotz mannigfaltiger theologischer Traktate seiner kanonistischen Verteidiger zu allen Zeiten, zumal von der Kirche selbst, umgangen. So rechtfertigte Nikolaus III. (1277–1280) die «maßvolle» Zinsnahme mit entstandenen Ausgaben beim Geldverleih.

Vom 12. bis 14. Jh. betrug der Zinsfuß in West- und Mitteleuropa in der Regel um 10 % und sank dann vom Ende des 14. bis zum 16. Jh. auf etwa 5 % ab, wie ihn auch die Monti di Pietà (→Pfandleihhäuser) zumeist festschrieben. In einigen Regionen belief er sich bereits in der zweiten Hälfte des 14. Jhs. auf zwischen 7 und 8 %, um dann im 15. Jh. bereits auf 6 % oder 5 % herabzusinken.

Allerdings war der Zinsfuß des kaufmännischen Darlehenskredits (z. B. für eine 2–3 Monate dauernde Handelsreise) häufig wesentlich höher (Florenz 20–266 %; Nîmes [1289] 40–202 %) – ein Indiz für fehlende Kontinuität im Geschäftsleben. In verschiedenen deutschen Städten gab es Beschränkungen für Juden (daneben z. T. auch für →Lombarden) zur Höhe der Zinsnahme, oftmals auf 21⅔ %, 32½ % oder 43⅓% (Köln: 108 % [13. Jh.]; 54,2 % [Ende 13. Jh.]; 36,1 % [14. Jh.]; Frankfurt/M.: 1491, jährl. 21,33 %). Diese Werte ergaben sich aus der Berechnung eines wö-

Europäische Bankdiskontsätze 1861–1913

Jahr	Italien	England	Frankreich	Deutschland	Österreich	Belgien	Niederlande	Rußland
1861	6,32	5,21	5,53	4,00	5,00	3,80	3,07	
1862	5,06	2,53	3,77	4,00	5,00	3,18	3,73	
1863	5,73	4,43	4,65	4,04	5,00	3,63	3,63	
1864	7,82	7,35	6,50	5,31	5,00	5,61	5,35	
1865	5,46	4,77	3,72	4,97	5,00	4,08	3,99	
1866	6,14	6,94	3,67	6,22	4,94	4,26	5,89	
1867	5,31	2,53	2,71	4,00	4,00	2,96	3,05	
1868	5,00	2,06	2,50	4,00	4,00	2,50	2,66	
1869	5,00	3,20	2,50	4,25	4,35	2,50	3,50	
1870	5,12	3,09	4,01	4,91	5,44	3,38	4,30	
1871	5,00	2,88	5,70	4,15	5,99	4,06	3,28	
1872	5,00	4,10	5,15	4,29	5,66	3,77	3,22	
1873	5,00	4,80	5,15	4,85	5,22	5,06	4,84	
1874	5,00	3,70	4,30	4,40	4,80	4,35	3,63	
1875	5,00	2,25	4,00	4,30	4,60	3,85	3,32	
1876	5,00	2,70	3,40	4,15	4,50	2,75	3,00	6,59
1877	5,00	2,90	4,25	4,40	4,50	2,70	3,00	6,11
1878	4,74	3,65	2,20	4,30	4,50	3,20	3,45	6,00
1879	4,00	2,50	2,50	3,70	4,15	3,05	3,17	6,00
1880	4,00	2,75	2,81	4,24	4,00	3,35	3,00	6,00
1881	4,17	3,50	3,84	4,42	4,00	4,08	3,27	6,00
1882	5,00	4,12	3,80	4,54	4,20	4,42	4,47	6,00
1883	5,00	3,56	3,07	4,03	4,11	3,60	4,12	6,00
1884	4,75	2,95	3,00	4,00	4,00	3,32	3,18	6,00
1885	5,08	3,00	3,00	4,12	4,00	3,28	2,70	5,92
1886	4,75	3,00	3,00	3,28	4,00	2,80	2,50	5,00
1887	5,50	3,33	3,00	3,41	4,12	3,10	2,50	5,00
1888	5,50	3,20	3,30	3,32	4,17	3,32	2,50	5,36
1889	5,17	3,50	3,13	3,68	4,19	3,53	2,50	5,68
1890	6,00	4,55	3,00	4,52	4,48	3,20	2,80	5,40
1891		3,32	3,00	3,78	4,40	3,00	3,12	4,87
1892		2,52	2,70	3,20	4,02	2,70	2,70	4,88
1893		3,05	2,50	4,07	4,24	2,83	3,40	4,26
1894		2,11	2,50	3,12	4,08	3,00	2,58	4,00
1895		2,00	2,10	3,14	4,30	2,60	2,50	4,57
1896		2,48	2,00	3,66	4,09	2,84	3,03	4,50
1897		2,63	2,00	3,81	4,00	3,00	3,13	4,65
1898		3,25	2,20	4,27	4,16	3,04	2,60	4,83
1899		3,75	3,06	5,04	5,04	3,92	3,58	5,36
1900		3,96	3,25	5,33	4,58	4,09	3,61	5,52
1901		3,72	3,00	4,10	4,08	3,28	3,23	5,15
1902		3,33	3,00	3,32	3,55	3,00	3,00	4,55
1903		3,75	3,00	3,84	3,50	3,17	3,40	4,50
1904		3,30	3,00	4,22	3,50	3,00	3,23	5,42
1905		3,01	3,00	3,82	3,70	3,17	2,68	5,69
1906		4,27	3,00	5,15	4,33	3,84	4,11	7,29
1907		4,93	3,45	6,03	4,90	4,95	5,10	7,12
1908		3,01	3,04	4,76	4,25	3,56	3,38	5,99
1909		3,10	3,00	3,93	4,00	3,11	2,88	4,99
1910		3,72	3,00	4,35	4,19	4,12	4,23	4,50
1911		3,47	3,13	4,40	4,40	4,15	3,45	4,50
1912		3,77	3,37	4,95	5,15	4,49	4,00	5,00
1913		4,77	4,00	5,89	5,95	5,00	4,52	6,00

chentlichen Zinssatzes von 1, 1½ oder 2 →Heller je Pfund pro Woche (= wöchentliche Zinseszinsnahme). Sehr starke regionale Schwankungen im Zinsgefüge (in Regensburg, Augsburg und Wien im 15. Jh. bis zu 86⅔ %) zeigen die fehlende Integration zwischen den lokalen Kapitalmärkten der Zeit. Im Norden des Reiches lag der Zinsfuß aufgrund der geringeren →Monetarisierung bis in die Neuzeit hinein allgemein ca. 2 % höher als im Süden und Westen, im Osten etwa 4–5 %.

Die Entwicklung eines tendenziellen Fallens der Zinssätze zumindest in den wirtschaftlich fortschrittlichsten Gebieten Europas setzte sich in der Frühen Neuzeit fort. In den Niederlanden wurde der Zinssatz von den Staaten von Holland im ersten Jahrzehnt des 17. Jhs. von 10 % auf schrittweise 6½ % gesenkt, 1640 auf 5 % und 1655 auf 4 %, und auf dem hochentwickelten Geldmarkt von Amsterdam konnte Geld bereits um 2 % geliehen werden. Regionale Schwankungen und Unterschiede wurden aufgrund zunehmender Integration der Geldmärkte in ihrer Höhe wie auch Häufigkeit geringer. So betrug der Zinssatz im 18. Jh. 5 %, bei Wechseln 4 % (in Osteuropa bisweilen noch etwa 1 % höher; so in Danzig bis zu 6 % [um 1730]); für Staatsanleihen lagen sie meist 1–2 % höher. Schon 1682 hatte G. W. Leibniz eine juristische und mathematisch-logische Rechtfertigung der Kapitalwertberechnung (= Zinseszinsberechnung) vorgelegt, die erstmals 1724 in Sachsen geltendes Recht wurde.

Seit 1815 sind in Deutschland drei Perioden der Zinsfuß-Bewegung in sicheren Anlagen festzustellen: 1. 1815–1845: Absinken des Zinsfußes von 8 % auf 3 %; 2. 1845–1871: Ansteigen des Zinsfußes auf 5 %; 3. ab 1871: absinkende Tendenz. Der Wechseldiskont hingegen unterlag wesentlich stärker den Schwankungen der europaweit verbundenen Geldmärkte.

Markus A. Denzel und Oskar Schwarzer

Lit.: W. Endemann, Studien in der romanistisch-kanonistischen Rechtslehre bis gegen Ende des 17. Jhs., Berlin 1874; S. Homer, History of Interest Rates, New Brunswick 1963; D. Schneider, Allgemeine Betriebswirtschaftslehre, München 1987; J. Schneider, O. Schwarzer (Hgg.), Statistik der Geld- und Wechselkurse in Deutschland (1815–1913), St. Katharinen 1990.

Zölle

Zoll leitet sich von dem lat. *teloneum* ab, das die Zollstation und die Abgabe selbst bezeichnete. Zölle sind hoheitliche Abgaben, die auf Ein-, Aus- und Durchfuhr von Waren erhoben werden. Nach dem Zweck der Erhebung unterscheidet man Schutz- und Finanzzölle, nach der Bemessungsgrundlage Wertzölle und spezifische Zölle, die auf einer Mengeneinheit wie Gewicht oder Stückzahl beruhen.

Als Erbe der spätantiken Staatswirtschaft übernahmen die Merowingerkönige das Zollwesen und dehnten es auch auf den ostfränkischen Teil ihres Reiches aus. Die Grafen erhoben im königlichen Auftrag zehnprozentige Abgaben in den Seehäfen (z.B. Quentowik und Dorestad) und an den Alpenpässen. Darüber hinaus wurde der gesamte Verkehr, nicht nur der Handel, mit zahlreichen Zollgebühren belegt: Wagengeld *(rotaticum)*, Lastgeld *(portaticum)*, Saumgeld *(saumaticum)*, Bootsgeld *(barganaticum)*, Brückengeld *(pontaticum)*. Betonten die Kapitularien den Gebührencharakter der Zölle als Ausgleich für den Unterhalt der Verkehrswege und für die Gewährung von Schutz, so ist doch auch bereits in fränkischer Zeit eine ausgeprägt fiskalische Zielsetzung der Zollerhebung nicht zu übersehen, wobei allerdings Kirchen, Klöster und privilegierte Hofkaufleute ganz oder teilweise von der Zollzahlung befreit waren.

Die bereits unter den Merowingern verbreitete Praxis, Zölle an kirchliche Institutionen zu vergeben, verstärkte sich im ostfränkisch-deutschen Reich seit der Zeit der Ottonen. Der Empfängerkreis wurde auch auf weltliche Große ausgedehnt, die aber zusätzlich über eigene Zollrechte als Ausfluß erblich gewordener Lehen und – vor allem in Gebieten des Siedlungsausbaus – autogener Herrschaftsrechte verfügten. Reichsrechtlich bestätigt wurde dieser Zustand 1220 und 1232 durch Friedrich II. in der *Confoederatio cum Principibus Ecclesiasticis* und in dem *Statutum in Favorem Principum*, mit denen die Zollrechte der geistlichen und weltlichen Fürsten anerkannt wurden. Dagegen wurde im Mainzer Reichslandfrieden von 1235 grundsätzlich am Zollregal des Königs festgehalten. Mit der endgültigen Durchsetzung der Territorialstaatlichkeit seit dem Interregnum gelangten dann aber auch die Zollrechte durch Verleihungen, Schenkungen und Verpfändungen fast vollständig in den Besitz der Landesherren, während das Reich trotz gegenläufiger Anstrengungen Rudolfs von Habsburg und Albrechts I. über keine eigenen Zolleinkünfte verfügen konnte. Da allerdings sämtliche institutionellen Voraussetzungen zu einer eigenen Fiskalverwaltung fehlten, waren Zollrechte seitens der Zentralgewalt überhaupt nur durch Vergabe bzw. Verpfändung finanzpolitisch mobilisierbar.

Die Zölle wurden vor allem aufgrund ihrer im Vergleich zur Steuer technisch viel einfacheren Erhebung zu einem wichtigen Finanzinstrument, das vor allem den dringenden Bargeldbedarf von Landesherren sicherstellen konnte. Die Errichtung neuer und die Erhöhung bestehender Zölle wurde vielfach mit dem Gemeinwohl (bes. den Kosten der Friedenssicherung) begründet. Doch ist unverkennbar, daß das Zollregal überwiegend unter fiskalischen Aspekten ausgeübt wurde: Der Anteil der Zölle an den Zentraleinkünften war vor allem in den rheinischen und alpenländischen Territorien hoch, im Kurfürstentum Köln wurde im 15. Jh. mit 49 % ein Maximalwert erreicht. Der enge Konnex zwischen Geld und politischer Macht führte konsequenterweise im Spätmittelalter zu zahlreichen förmlichen Zollkriegen.

Die kleinräumige territoriale Gliederung des deutschen Reiches und der Wettlauf der Landesherren um die fiskalische Abschöpfung von Handel und Verkehr ließen im Spätmittelalter vor allem im Südwesten und Westen, längs der Rheinstraße, ein dichtes Netz von Zollstätten entstehen. So hatte beispielsweise Albrecht Dürer auf seiner Rheinreise im Jahr 1520 zwischen Mainz und Köln durchschnittlich alle 20 km eine Zollstelle zu passieren. Doch sollte daraus nicht vorschnell auf eine Lähmung des Warenverkehrs geschlossen werden: Spätmittelalterliche Zollpolitik war zwar sicher nicht in erster Linie dem Gedanken des Gemeinwohls verpflichtet, aber es widersprach dem wohlerwogenen Eigeninteresse eines jeden Zollinhabers, durch übermäßige fiskalische Belastung Handel und Verkehr dauerhaft zu beeinträchtigen. In der Praxis konnten so die tariflich festgelegten Sollsätze durch die Verwendung eigener fiskalischer Maßeinheiten wie durch Verhandlungen zwischen Zolleinnehmern und Kaufleuten bzw. Spediteuren über die Höhe des zu zahlenden Betrages erheblich reduziert werden. Gemildert wurde die fiskalische Belastung des Handels auch durch eine Vielzahl von Zollabkommen zwischen den Reichsstädten, die für ihre Bürger Freihandelsräume schufen, wobei es vor allem Nürnberg gelang, ein weitgespanntes Netz von Zollvergünstigungen aufzubauen.

Waren für den deutschen Raum eine Vielzahl von Binnenzöllen und das Vorherrschen des fiskalischen Interesses typisch, so verfügte England, begünstigt durch seine Insellage und die überragende Rolle eines Exportgutes – zunächst der Wolle, dann des Wolltuchs – über ein Außenzollsystem, das der politischen Zentrale, König und Parlament, die Verfügung über die Zollerträge beließ. Im Unterschied zu der weitestgehend empirisch orientierten Politik der deutschen Zollinhaber wurden in England schon um die Wende des 13. zum 14. Jh. Ansätze theoretischen Nachdenkens erkennbar: Die Wirkungen der Zölle auf das Wirtschaftsleben, speziell auf die Erzeuger- und Verbraucherpreise, wurden von Adel und Parlament diskutiert. War die unterschiedliche Belastung von Wolle und Wolltuchen bei den englischen Exporten noch fiskalisch motiviert, so läßt sich bei den italienischen Städten und den Territorialstaaten Mittel- und Norditaliens eine systematische Abschirmung des heimischen Gewerbes gegen die auswärtige Konkurrenz durch Zölle nachweisen. Damit wurde die Schutzzollpolitik des Merkantilismus weitgehend vorweggenommen.

Die Zölle waren damit Teil der sich ausbildenden Wirtschaftspolitik der europäischen Staaten, behinderten wie die zeitgenössischen nichtfiskalischen Handelshemmnisse – die unzureichende Verkehrsinfrastruktur, das zersplitterte System von Münzen, Maßen und Gewichten – die Entwicklung von Handel und Gewerbe, trugen aber auch durch ihre Erträge zur Ausbildung des frühmodernen Staates bei.

Ulf Dirlmeier und Fritz Schmidt

In der Neuzeit wurden die Zölle zum Instrument einer systematischen Außenhandelspolitik. Zwar entsprang die Einsicht der besonderen Vorteilhaftigkeit von Exportzöllen bei weitgehend preisunelastischer Auslandsnachfrage (z. B. bei Rohstoffen) erst dem nationalökonomischen Denken des 18. und 19. Jhs., aber man war sich schon früher der Tatsache bewußt, daß mit Importzöllen mißliebige ausländische Anbieter diskriminiert werden konnten. Dies führte bald zu der Einsicht, daß eine derartige Politik mit wirtschaftsmächtigen Partnerstaaten nicht lange durchzuhalten war, da diese in ähnlich protektionistischer Weise reagierten. So entwickelten sich bi- oder multilateral verhandelte Ausnahmen vom allgemeinen Zolltarif in Form von Präferenzzöllen, die wiederum nicht einbezogene Drittländer diskriminierten. Hieraus entstanden dann im 19. Jh. Meistbegünstigungsklauseln, womit bilateral vereinbarte Handelsvorteile auch auf die übrigen handelsvertraglich verbundenen Länder ausgedehnt wurden.

Im Laufe der Zeit wandelten sich auch die Bemessungsgrundlagen der Zollerhebung beträchtlich. Während bis zum 19. Jh. der spezifische Zoll überwog, der sich auf Mengeneinheiten bezog (Stückzahl, Gewicht) und in Anbetracht der höchst heterogenen Metrologie der unterschiedlichen Länder bzw. Kommunen nur sehr aufwendig zu erheben war, ging man im Zuge der Industrialisierung immer mehr auf Wertzölle über. Wertzölle bemessen sich als Prozentsätze vom Produktwert und erleichtern generell das Inkasso. Andererseits bieten sie einen Anreiz für Importeure, durch Unterfakturierung ihre Zollbelastung zu reduzieren.

Die Entwicklung der Zölle zum handelspolitischen Instrument verlief parallel zum Aufbau der Grenzzollsysteme (ohne dabei die Binnenzölle aufzuheben). Eine Reformierung des Zollwesens erfolgte im Merkantilismus insoweit, als man zunehmend Zollfreiheiten strich und die Tarife verfeinerte sowie transparenter gestaltete. Damit ging die Vereinheitlichung der Zollgebiete und die Beseitigung der Privatzölle einher, meist begleitet von der Diversifizierung tarifärer und nichttarifärer Zollinstrumentarien. Geradezu beispielhaft geschah dies im 18. Jh. in der Habsburger Monarchie mit dem systematischen Aufbau eines protektionistischen Apparats. Auch in Brandenburg-Preußen kannte man bereits in der Zeit des Großen Kurfürsten Im- und Exportverbote, Einfuhrsperren, den einseitigen Handelsvertrag, Zollkriege und ähnliche Instrumente protektionistischer Wirtschaftspolitik. Demgegenüber strebten die kleineren Territorien, insbesondere die Reichsstädte, eher nach liberalem Zollgebaren, lebten sie doch im wesentlichen vom freien Zwischenhandel. Die großen europäischen Staaten dagegen, allen voran Frankreich, England und Österreich, waren zu einem erheblichen Teil auf die Zölle als Einnahmequelle angewiesen und steigerten diese im Umfang ihrer wachsenden Ausgaben. England deckte in merkantilistischer Zeit die Hälfte seiner Ausgaben durch Zölle.

Wie man von einschlägigen Berichten berühmter Zeitgenossen weiß, waren die handelspolitischen Belastungen in Deutschland in der Zeit vor der Gründung des Zollvereins sehr erheblich. Allein die Vielfalt der Zollgrenzen (Ende des 18. Jhs. noch ca. 1800 in Deutschland und allein 67 in Preußen) stellte ein vielbeklagtes Hemmnis ersten Ranges dar. Daher galt als oberstes Gebot die Beseitigung der Binnenzölle, der Abbau der tarifären und nichttarifären Restriktionen und die Vereinheitlichung des Wirtschaftsraums. Reformerische Maßnahmen richteten sich auch auf die Zollverwaltung und das Zollrecht. Während die süddeutschen Staaten zwischen 1807 und 1812 ihre Binnenzölle abbauten und Grenzzölle einführten, versuchte Preußen mit dem Zollgesetz vom 26. Mai 1818 ein Ähnliches und hob gleichzeitig bestehende Ein- und Ausfuhrverbote auf. Das fortschrittliche preußische Zollgesetz war aber weniger liberal als es zunächst den Anschein hatte, da der Gewichtszoll bei sinkenden Preisen einer relativen Mehrbelastung der Güter gleichkam. Andererseits war man – ganz im Sinne eines «Erziehungszolls» (Friedrich List) – bestrebt, die jungen Industrien durch hohe Zölle auf entsprechende ausländische Wettbewerbsgüter zu schützen, auf der anderen Seite aber den Handel zu fördern und dem Staat höhere Einnahmen zu sichern.

Die preußischen Maßnahmen waren insofern richtungweisend, als sich die Gesetzgebung des am 1. 1. 1834 entstandenen Zollvereins daran orientierte. Anfang der 40er Jahre versuchte man die junge deutsche Industrie durch die Anhebung der Zolltarife zu schützen, auch wenn die Erhöhung durch den Einfluß der Freihändler relativ moderat ausfiel. Im Zuge des Umdenkprozesses durch die Revolution von 1848 und die Durchsetzung liberalen Gedankenguts kam es zur Abkehr vom Gedanken des Protektionismus. Diese Entwicklung fand ihren augenfälligsten Ausdruck im preußisch-französischen Handelsvertrag von 1862, der neben dem Grundsatz der Meistbegünstigung auch den Abbau von Handelsschranken beinhaltete. 1865 stimmte das Zollparlament der weiteren Gültigkeit des Abkommens zu und hielt bis zu seiner Auflösung 1871 an den Grundsätzen liberaler Handelspolitik fest.

Durch die Reichsgründung von 1871 war gleichzeitig ein einheitliches Zoll- und Handelsgebiet mit gemeinsamer Zollgrenze geschaffen worden. Das Reich übernahm die relativ niedrigen Zolltarife des Zollvereins, und wo noch Schutzzölle bestanden, wie z. B. bei Roheisen, wurden nahezu alle bis spätestens 1873 beseitigt; die letzten (Eisenwaren) fielen per 1. 1. 1877 weg. Doch in der Zwischenzeit hatte die «Gründerkrise» bereits wieder die Gegenseite genährt. Die Stagnation ließ ausländischen Konkurrenzdruck weniger leicht verkraften und führte zu ersten Sondierungen protektionistischer Kreise, wobei die Industrie mehr und mehr von der Landwirtschaft, die unter einer strukturellen Krise zu leiden hatte, Zuspruch erfuhr. Beide, aber mehr noch die Landwirtschaft, hatten darunter zu leiden, daß durch die sog. Verkehrsrevolution und die beträchtlichen Frachtkostensenkungen ausländische Produkte den deutschen Markt erreichten und unter Druck setzten. Als Antwort darauf wurde vielfach wieder eine Tarifrevision erwogen und schließlich 1879 mit Wirkung ab 1. 1. 1880 realisiert.

Die Zollreform brachte zwar den fiskalischen Nutzen, den sich Bismarck für das Reich erhoffte, doch die Agrarkrise, die struktureller Natur war, konnte auch mit der erheblichen Erhöhung der Tarife 1885 und 1887 auf bis zu 60 % nicht gelöst werden. Eine geschickte Vertragspolitik, meist auf der Basis gegenseitiger Meistbegünstigung, brachte dem Außenhandel des Deutschen Reichs bis 1892 gute Voraussetzungen. Nach einer Lockerung der Tarife mit wichtigen europäischen Handelspartnern im Rahmen der liberalen Zollpolitik unter Caprivi gewannen nach dessen Entlassung 1894 wiederum die Protektionisten die Oberhand, die das Zolltarifgesetz von 1902 formulierten, das aber erst per 1. Januar 1906 in Kraft trat. Dies diskriminierte vor allem jene Handelspartner, mit denen keine gesonderten Handelsverträge zustandekamen. Die hohen Zölle verstärkten die Neigung zu vertraglichen Regelungen, die dann meist bis zum Ersten Weltkrieg galten.

Die Ereignisse nach 1914 brachten kriegstypische zollpolitische Maßnahmen, die kurzfristig der veränderlichen Situation angepaßt wurden. Die Wiedereinführung von Ausfuhrzöllen und sogar Ausfuhrverboten bei kriegswichtigen Gütern wurde flankiert durch die Zollbefreiung einiger lebenswichtiger Güter, doch das Hauptproblem bestand im allgemeinen Zusammenbruch der Märkte und der Versorgung, dem man sporadisch und mit wenig Erfolg durch kurzfristige Handelsabkommen entgegenzutreten versuchte. Die Zollerträge, die vor Kriegsbeginn den Etat erheblich stützten, versickerten allmählich. *Rolf Walter*

Lit.: T. Sommerlad, Die Rheinzölle im Mittelalter, Halle 1894, Ndr. Aalen 1978; N. S. B. Gras, The Early English Customs System, Cambridge, Mass., 1918; W. Stein, Handels- und Verkehrsgeschichte der deutschen Kaiserzeit, Berlin 1922, Ndr. Darmstadt 1967; H. Troe, Münze, Zoll und Markt und ihre finanzielle Bedeutung für das Reich vom Ausgang der Staufer bis zum Regierungsantritt Karls IV., Stuttgart 1937; O. Stolz, Zur Entwicklungsgeschichte des Zollwesens innerhalb des alten Deutschen Reiches, VSWG 41 (1954), S. 1–41; CEHE, III, Cambridge 1963, S. 281–429; K. W. Hardach, Die Bedeutung wirtschaftlicher Faktoren bei der Wiedereinführung der Eisen- und Getreidezölle in Deutschland 1879, Berlin 1967; E. Klein, Geschichte der öffentlichen Finanzen in Deutschland 1500–1870, Wiesbaden 1974; R. Kaiser, Steuer und Zoll in der Merowingerzeit, Francia 7 (1979), S. 1–17; M. Mollat, Reflexion sur les origines des douanes en Europe occidentale, W. Paravicini, K. F. Werner (Hgg.), Histoire comparée de l'administration, München 1980, S. 497–510; H. Pohl (Hg.), Die Auswirkungen von Zöllen und anderen Handelshemmnissen auf Wirtschaft und Gesellschaft vom Mittelalter bis zur Gegenwart, Stuttgart 1985; Ders., Zölle II: Geschichte, Handwörterbuch der Wirtschaftswissenschaft, IX, Stuttgart 1981, S. 648–60; H. Hassinger, Geschichte des Zollwesens, Handels und Verkehrs in den östlichen Alpenländern vom Spätmittelalter bis in die zweite Hälfte des 18. Jhs., Stuttgart 1987.

Anhang

Abbildungs- und Quellenverzeichnis

Seite 13: Hützler, Kaspar: Rekensbock, Lübeck 1547, Staats- und Universitätsbibliothek Hamburg
Seite 19: Aktie der Union Actiengesellschaft für Bergbau, Eisen- und Stahl-Industrie (1872), Westfälisches Wirtschaftsarchiv, Dortmund
Seite 43: 5-Guineas-Note einer Country-Bank, der Gloucester Old Bank (1813), Deutsche Bundesbank, Geldmuseum
Seite 69: Innenansicht des Palazzo di San Giorgio in Genua, (Instituto Geografico de Agostino)
Seite 91: Doppelte Buchführung: Jan Luiken «De Koopman» (1718) Foto: Staatsbibliothek, München
Seite 97: Ecu d'or au soleil (Sonnenkrone) Franz' I. (1515–47), Deutsche Bundesbank, Geldmuseum
Seite 115: Floren von 1324, Museo Bottacin, Padua
Seite 141: Goldschmiedewerkstatt, Kupferstich von Etienne Delaune (1576), Stuttgart, Staatsgalerie, Graphische Sammlung
Seite 155: Das Rathaus und die Bank in Hamburg (um 1835), Staatsarchiv Hamburg
Seite 165: Wechsel mit Indossament (1537), Archivio di Stato, Firenze
Seite 182: Julius-Turm in Spandau, Kreis der Freunde und Förderer des Heimatmuseums Spandau
Seite 188: Kassenschein des Deutschen Reiches über 50 Mark (1899), Deutsche Bundesbank, Geldmuseum
Seite 215: John Law (1720), Kupferstichsammlung Het groote tafereel der dwaasheid, Amsterdam 1720, Commerzbank Frankfurt
Seite 239: Lorenzo de' Medici, «il Magnifico», Büste von Andrea del Verrocchio, National Gallery of Art, Washington D. C., Samuel H. Kress Collection
Seite 279: Nobel Edwards IV. (1461–70, 1471–83), Deutsche Bundesbank, Geldmuseum
Seite 292: Otto-Adelheid-Pfennig (10. Jh.), Staatliche Museen zu Berlin, Preußischer Kulturbesitz, Münzkabinett
Seite 306: Pfandleihhaus, Statuten des Monte della Pietà in Rom (1618/1658), Banca di Roma, Archivio Storico
Seite 325: Quecksilber-Bergwerk Idria (17. Jh.)
Seite 348: Das Haus Rothschild im 19. Jh., Stadtarchiv Frankfurt
Seite 367: Silberbrenner, Georg Engelhard von Löhneiß (1690), Vereinigung der Freunde von Kunst und Kultur im Bergbau e. V., Bochum
Seite 391: Taler der Münzstätte Joachimstal, Deutsche Bundesbank, Geldmuseum
Seite 401: Kassenhalle einer Universalbank, der Berliner Disconto-Gesellschaft (1901), Historisches Archiv der Deutschen Bank
Seite 405: Valvation (Münztarifierung) mit der Warnung vor schlechten Guldensorten, Frankfurt (1490er Jahre), Stadtarchiv Frankfurt
Seite 433: «Der Wucherer und der Tod«, Diptychon von Jan Provoost (um 1515), Museum der Schönen Künste, Brügge
Seite 441: Zettelbank, die Niedersächsische Bank in Bückeburg (um 1875), aus: H. Feng-

ler, Geschichte der deutschen Notenbanken vor Einführung der Mark-Währung, Regenstauf (Gietl, 1992).

Karten und Tabellen

Über die Autorinnen und Autoren

Aerts, Erik, Prof. Dr., Bacc. Ph., geb. 1954; lehrt an der Vlaamse Economische Hogeschool in Brüssel Wirtschafts- und Sozialgeschichte und ist Forschungsleiter im Algemeen Rijksarchief van Belgie.
Veröff. u. a.: De economische ontwikkeling van Europa. Documenten, 950–1450, Leuven 1985 (zus. mit W. Dupon); De economische ontwikkeling van Europa, 950–1950, Leuven ^{8}1991 (zus. mit H. Van der Wee); Proceedings of the Tenth International Economic History Congress, Leuven 1990 (Hg.).

Born, Karl Erich, Prof. Dr. phil., geb. 1922; lehrte Wirtschafts- und Sozialgeschichte an der Universität Tübingen.
Veröff. u. a.: Staat und Sozialpolitik seit Bismarcks Sturz, Wiesbaden 1957; Die deutsche Bankenkrise 1931, München 1967; Geschichte der Wirtschaftswissenschaften an der Universität Tübingen 1817–1967, Tübingen 1967; Moritz von Sachsen und die Fürstenverschwörung gegen Karl V., Darmstadt 1972; Von der Reichsgründung bis zum Ersten Weltkrieg, München (1975) ^{14}1991; Geld und Banken im 19. und 20. Jh., Stuttgart 1977; Wirtschafts- und Sozialgeschichte des Deutschen Kaiserreichs 1867/71–1914, Stuttgart 1985.

Cottrell, Philip L., Prof. PhD., geb. 1944; lehrt Wirtschafts- und Sozialgeschichte an der Universität of Leicester.
Veröff. u. a.: British Overseas Investment, London 1975; Industrial Finance, 1830–1914, London ^{2}1980; Money and Power (Festschrift Pressnell), London 1988 (Hg. zus. mit D. Moggridge); European Industry and Banking between the Wars, London 1992 (Hg. zus. mit H. Lindgren und A. Teichova).

Denzel, Markus A., Dr. phil., geb. 1967; ist Hochschulassistent an der Universität Göttingen.
Veröff. u. a.: Kurialer Zahlungsverkehr im 13. und 14. Jh., Suttgart 1991; Währungen der Welt, Stuttgart 1991 ff. (Hg. zus. mit J. Schneider und O. Schwarzer); «La Practica della Cambiatura». Europäischer Zahlungsverkehr vom 14. bis zum 17. Jh., Stuttgart 1994.

Dirlmeier, Ulf, Prof. Dr. phil., geb. 1938; lehrt Mittlere und Neuere Geschichte an der Universität Gesamthochschule Siegen.
Veröff. u. a.: Mittelalterliche Hoheitsträger im wirtschaftlichen Wettbewerb, Wiesbaden 1966; Untersuchungen zu Einkommensverhältnissen und Lebenshaltungskosten in oberdeutschen Städten des Spätmittelalters, Heidelberg 1978; Die Karolinger, Stuttgart 1987; Die Ursprünge Frankreichs bis zum Jahr 1000, Stuttgart 1989 (zus. mit K. F. Werner); Menschen, Dinge und Umwelt, St. Katharinen 1989 (Hg. zus. mit Gerhard Fouquet).

EHRLICHER, WERNER, Prof. Dr. rer. pol., geb. 1920; lehrte Finanzwissenschaft an der Universität Freiburg.
Veröff. zur Geldtheorie, Geldpolitik, Finanztheorie und Finanzpolitik sowie zu geschichtlichen Entwicklungen u. a. des Kapitalmarktes, der öffentlichen Finanzen und der Konjunktur- und Wachstumsprozesse.

ESCH, ARNOLD, Prof. Dr. phil., geb. 1936; ist Direktor des Deutschen Historischen Instituts in Rom.
Veröff. vor allem zur Geschichte des Spätmittelalters und der Renaissance in Italien, darunter besonders: wirtschaftsgeschichtliche Fragen, handelnde Personengruppen, Nachleben der Antike.

FELLONI, GIUSEPPE, Prof. Dr., geb. 1929; lehrt Wirtschaftsgeschichte an der Università di Genova.
Veröff. u. a.: Il mercato monetario in Piemonte nel sec. XVIII, Milano 1968; Gli investimenti finanziari genovesi in Europa tra il Seicento e la Restaurazione, Milano 1971; Inventario dell'archivio del Banco di San Giorgio (1407–1805), Roma 1989 ff.

HÄGERMANN, DIETER, Prof. Dr. phil., geb 1939; lehrt Mittelalterliche Geschichte an der Universität Bremen.
Veröff. u. a.: Studien zum Urkundenwesen Wilhelms von Holland, Köln–Wien 1977; Europäisches Montanwesen im Hochmittelalter. Das Trienter Bergrecht 1185–1214, Köln-Wien 1986; MGH Diplomata. Die Urkunden der deutschen Kaiser und Könige, XVIII, 1: Die Urkunden Heinrich Raspes und Wilhelms von Holland 1246–1252, München 1989 (zus. mit J. Kruisherr und A. Gawlik); Europäisches Bergrecht in der Toscana. Die Ordinamenta von Massa Marittima im 13. und 14. Jh., Köln-Wien 1991 (zus. mit K.-H. Ludwig); Landbau und Handwerk 750–1000, Berlin 1991 (zus. mit Helmut Schneider).

HARTMANN, PETER CLAUS, Prof. Dr. phil., geb. 1940; lehrt Allgemeine und Neuere Geschichte an der Universität Mainz.
Veröff. u. a.: Geld als Instrument europäischer Machtpolitik im Zeitalter des Merkantilismus, München 1978; Das Steuersystem der europäischen Staaten am Ende des Ancien Régime, Zürich-München 1979; Essays zur historischen Entwicklung des Bankensystems, Mannheim 1980 (zus. mit R. Bogaert); Französische Verfassungsgeschichte der Neuzeit (1450–1980). Ein Überblick, Darmstadt 1985; Bayerns Weg in die Gegenwart, Regensburg 1989.

HATZ, GERT, Prof. Dr. phil., geb. 1928; war Hauptkustos am Museum für Hamburgische Geschichte und lehrte Numismatik an den Universitäten Hamburg und Kiel.
Veröff. u. a.: Handel und Verkehr zwischen dem Deutschen Reich und Schweden in der späten Wikingerzeit, Lund 1974; Hamburger Beiträge zur Numismatik (Mithg. seit 1961); Corpus nummorum saeculorum IX–XI qui in Suecia reperti sunt (Mitarbeiter seit 1975).

HECKENAST, GUSZTÁV, Dr. phil., geb. 1922; ist Mitarbeiter des Historischen Instituts der Ungarischen Akademie der Wissenschaften in Budapest.
Veröff. u. a.: Aus der Geschichte der ostmitteleuropäischen Bauernbewegungen im

16.–17. Jh., Budapest 1977 (Hg.); Das Eisenhüttenwesen in Ungarn bis 1800, Budapest 1991 (ungarisch).

HOUTMAN-DE SMEDT, HELMA, Prof. Dr.; lehrt Wirtschafts- und Sozialgeschichte an der Universiteit Antwerpen.
Veröff. u. a.: Charles Proli. Homme d'affaires et banquier anversois, 1723–86. Biographie et histoire de l'entreprise, 5 Bde., Louvain 1980; Charles Proli. Antwerpse zakenman en bankier, 1723–86. Een biografische en bedrijfshistorische studie, Brussel 1983; Die Entstehung des modernen Geld- und Finanzwesens Europas in der Neuzeit, H. Pohl (Hg.), Europäische Bankengeschichte, Frankfurt 1993, S. 75–173 (zus. mit H. Van der Wee).

HSIA, RONNIE PO-CHIA, Prof. PhD, geb. 1955; lehrt europäische Geschichte an der New York University.
Veröff. u. a.: Society and Religion in Münster 1535–1618, New Haven 1984 (dt. Übersetzung, Münster 1989), The Myth of Ritual Murder: Jews and Magic in Reformation Germany, (New Haven 1988); Social Discipline in the Reformation: Central Europe, 1550–1750, London 1989 (dt. Übersetzung, Bielefeld 1992).

ILISCH, LUTZ, Dr. phil., geb. 1950; forscht und lehrt an der Forschungsstelle für islamische Numismatik, Orientalisches Seminar der Universität Tübingen.
Veröff. u. a.: Münzgeschenke und Geschenkmünzen in der mittelalterlichen islamischen Welt, Münstersche Numismatische Zeitung 14 (1984), 15 (1985); Sylloge Numorum Arabicorum Tübingen, Tübingen 1993.

JENKS, STUART, Prof. Dr. phil., geb. 1948; lehrt Mittelalterliche Geschichte an der Universität Erlangen-Nürnberg.
Veröff. u. a.: War die Hanse kreditfeindlich? VSWG 69 (1982), S. 305–38; Hartgeld und Wechsel im hansisch-englischen Handel des 15. Jhs., North (Hg.), Geldumlauf, S. 127–66; England, die Hanse und Preußen: Handel und Diplomatie, 1377–1474, Köln-Wien 1992; Der Hansische Sonderweg? Köln-Wien 1993 (Hg. zus. mit M. North).

JENSEN, JØRGEN STEEN, geb. 1938; ist Direktor der Kgl. Mønt- og Medaillesamling in Kopenhagen.
Veröff. u. a.: Møntfundet fra Kirial på Djursland. 81422 mønter deponeret o. 1365, NNÅ 1970, S. 37–168; Coinage and Monetary Circulation in the Baltic Area c. 1350-c. 1500, NNÅ 1982 (Hg.); Commentationes Numismaticae 1988 (Festschrift Hatz), Hamburg 1988 (Hg. zus. mit P. Berghaus, J. Bracker und L. O. Lagerqvist).

KANG, ZHENG, Dr. phil., geb. 1953; ist wiss. Mitarbeiter der Caisse des Dépôts et Consignations in Arcueil.
Veröff. u. a.: Lieu de savoir social. La Société de Statistique de Paris aux XIXe siècle (1860–1910), thèse de doctorat, l'Ecole des Hautes Etudes en Sciences Sociales, Paris 1989; Le financement de la retraite, Avignon 1990 (zus. mit J. M. Thiveaud); Circuit à long terme et système monétaire, Revue d'économie financiere, Spezialausgabe: La Caisse des dépôts et consignations, 175 ans, 1991, pp. 87–124.

KIRSHNER, JULIUS, Prof. PhD, geb. 1939; lehrt Mittelalterliche Geschichte an der University of Chicago.
Veröff. u. a.: Business, Banking and Economic Thought in Late Medieval and Early Modern Europe. Selected Studies of Raymond de Roover, Chicago 1974 (Hg.); Pursuing Honor While Avoiding Sin, Milan 1978; Women of the Medieval World, Oxford 1985; The University of Chicago Readings in Western Civilization, Chicago 1986–87.

KLEIN, PETER WOLFGANG, Prof. Dr., geb. 1931; lehrte Geschichte der Neuzeit an der Rijksuniversiteit Leiden.
Veröff. u. a.: De Trippen in de 17e euw, Assen 1965; Van Stapelmarkt tot Welvaartsstaat, Rotterdam 1971; Algemene Geschiedenis in Drievoud, Leiden 1986.

KRASCHEWSKI, HANS-JOACHIM, Dr. phil., geb. 1938; ist Seminarleiter für Geschichte am Studienseminar in Marburg.
Veröff. u. a.: Wirtschaftspolitik im deutschen Territorialstaat des 16. Jhs.: Herzog Julius von Braunschweig-Wolfenbüttel, Köln-Wien 1978; Quellen zum Goslarer Bleihandel in der frühen Neuzeit (1525–1625), Hildesheim 1990.

KRÜGER, KERSTEN, Prof. Dr. phil., geb. 1939; lehrt Neuere Geschichte an der Universität Rostock.
Veröff. u. a.: Finanzstaat Hessen 1500–1567. Staatsbildung im Übergang vom Domänestaat zum Steuerstaat, Marburg 1980; Sozialstruktur der Stadt Oldenburg 1630 und 1678. Analysen in historischer Finanzsoziologie anhand staatlicher Steuerregister, Oldenburg 1986; Die Grafschaften Oldenburg und Delmenhorst nach der Steuererhebung von 1744. Teil 1: Berufliche Gliederung und Veranlagung der Steuerpflichtigen. Teil 2: Namenslisten der Steuerpflichtigen, Oldenburg 1988; Dänische und schwedische Kriegsfinanzierung im Dreißigjährigen Krieg bis 1635, K. Repgen (Hg.), Krieg und Politik 1618–1648, München 1988, S. 277–98; Altona 1803, Berufssystematik für eine präindustrielle Stadtgesellschaft anhand der Volkszählung, Kiel 1991 (zus. mit H. Brandenburg, R. Gehrmann, A. Künne und J. Rüffer).

LAGERQVIST, LARS O., Dr. phil., geb. 1929; war Direktor des Kungl. Myntkabinettet in Stockholm.
Veröff. u. a.: Svenska mynt under vikingatid och medeltid (ca. 995–1521) samt gotländska mynt (ca. 1140–1565), Stockholm 1970; Commentationes Numismaticae 1988 (Festschrift Hatz), Hamburg 1988 (Hg. zus. mit P. Berghaus, J. Bracker und J. Steen Jensen).

LUDWIG, KARL-HEINZ, Prof. Dr. phil., geb. 1931; lehrt Sozial-, Technik- und Wirtschaftsgeschichte an der Universität Bremen.
Veröff. u. a.: Technik und Ingenieure im Dritten Reich, Düsseldorf 1974; Gold- und Silberbergbau im Übergang vom Mittelalter zur Neuzeit, München-Salzburg 1987; Bergbau und Arbeitsrecht, Wien 1989 (Hg.); Metalle und Macht 1000–1600, Berlin 1992 (zus. mit V. Schmidtchen).

METZ, RAINER, Dr. phil., geb. 1951; ist Wissenschaftlicher Angestellter am Zentralarchiv für Empirische Sozialforschung an der Universität Köln.
Veröff. u. a.: Geld, Währung und Preisentwicklung. Der Niederrheinraum im europäischen Vergleich: 1350–1800, Frankfurt 1990; Wachstum und lange Wellen – Erklä-

rungshypothesen langfristiger Konjunktur- und Wachstumsschwankungen in Industrienationen, Neue Politische Literatur 1 (1993) S. 43–72; Probleme der statistischen Analyse langer historischer Zeitreihen, VSWG 80 (1993), S. 457–86.

MUELLER, REINHOLD C., Prof. PhD, geb. 1940; lehrt Sozial- und Wirtschaftsgeschichte des Mittelalters an der Università di Venezia.
Veröff. u. a.: Money and Banking in Medieval and Renaissance Venice, Bd. I: Coins and Moneys of Account, Baltimore 1985 (zus. mit Frederic Lane).

MUNRO, JOHN H., Prof. PhD, geb. 1938; lehrt Wirtschaftsgeschichte an der University of Toronto.
Veröff. u. a.: Wool, Cloth, and Gold: The Struggle for Bullion in Anglo-Burgundian Trade, 1340–1478, Brussels–Toronto 1973; Bullion Flows and Monetary Policies in England and the Low Countries, 1350–1500, Hampshire 1992; Textiles, Towns and Trade: Essays in the Economic History of Late-Medieval England and the Low Countries, Hampshire 1994.

NORTH, MICHAEL, Prof. Dr. phil., geb. 1954; lehrt Mittlere und Neuere Geschichte an der Universität Kiel.
Veröff. u. a.: Geldumlauf, Währungssysteme und Zahlungsverkehr 1300–1800, Köln-Wien 1989 (Hg.); Geldumlauf und Wirtschaftskonjunktur im südlichen Ostseeraum an der Wende zur Neuzeit (1440–1570), Sigmaringen 1990; Kredit im spätmittelalterlichen und frühneuzeitlichen Europa, Köln-Wien 1992 (Hg.); Kunst und Kommerz im Golden Zeitalter, Köln-Wien 1992; Nordwesteuropa in der Weltwirtschaft 1750–1950, Stuttgart 1993 (Hg.); Das Geld und seine Geschichte vom Mittelalter bis zur Gegenwart, München 1994.

ORBELL, JOHN, PhD, geb. 1950; ist Archivar von Baring Brothers & Co. in London.
Veröff. u. a.: A Guide to the Historical Records of British Banking, London, 1985(zus. mit L. Presnell); A History of Baring Brothers & Co., Limited to 1939, London 1985; A Guide to Tracing the History of a Business, London 1987.

PETERS, LAMBERT F., Dr. phil., geb. 1940; war im Höheren Schuldienst in Bayern.
Veröff. u. a.: Der Handel Nürnbergs am Anfang des Dreißigjährigen Krieges. Stuttgart 1994; Quellen zur europäischen Bank- und Handelsgeschichte. 3 Bde., Nürnberg 1995.

PIEPER, RENATE, Privatdozentin Dr. phil., geb. 1956; ist Hochschulassistentin an der Universität Hamburg.
Veröff. u. a.: Die Preisrevolution in Spanien (1500–1640), Stuttgart 1985; Die spanischen Kronfinanzen in der zweiten Hälfte des 18. Jhs. (1753–1788), Stuttgart 1988; Cambios tecnológicos y problemas de medio ambiente en la minería novohispaña durante la época colonial, Madrid 1992.

REICHERT, WINFRIED, Dr. phil., geb. 1956; ist Wissenschaftlicher Assistent an der Universität Trier.
Veröff. u. a.: Finanzpolitik und Landesherrschaft. Zur Entwicklung der Grafschaft Katzenelnbogen vom 12. bis zum 14. Jh., Trier 1985; Landesherrschaft zwischen Reich und Frankreich. Verfassung, Wirtschaft und Territorialpolitik in der Grafschaft Luxemburg von der Mitte des 13. bis zur Mitte des 14. Jhs., 2 Bde., Trier 1993.

RIETER, HEINZ, Prof. Dr. rer. oec., geb. 1937; lehrt Volkswirtschaftslehre an der Universität Hamburg.
Veröff. u. a.: Die gegenwärtige Inflationstheorie und ihre Ansätze im Werk von Thomas Tooke, Berlin 1971; Geldwertstabilität aus der Sicht privater Haushalte, Stabilisierungspolitik in der Marktwirtschaft, Berlin 1975; Theoriegeschichtliche Beiträge über Quesnay (1983, 1989), Keynes/Schumpeter(1984) und Marshall (1992) in den Studien zur Entwicklung der Ökonomischen Theorie.

SACCOCCI, ANDREA, Prof. Dr., geb. 1953; lehrt Numismatik an der Università di Udine.
Veröff. u. a.: Monete e medaglie a Venezia, Venezia 1977 (zus. mit G. Gorini und P. Visona); «A testa o croce». Immagini d'arte nelle monete e nelle medaglie del Rinascimento, Padova 1991 (zus. mit G. Gorini und R. Parise).

SCHMIDT, FRITZ, Dipl.-Volkswirt, geb. 1952; ist Wissenschaftlicher Mitarbeiter an der Universität Gesamthochschule Siegen.
Veröff. u. a.: Zur Genese kapitalistischer Konsumformen im Venedig der Frühen Neuzeit, J. Reulecke (Hg.), Stadtgeschichte als Zivilisationsgeschichte. Beiträge zum Wandel städtischer Wirtschafts-, Lebens- und Wahrnehmungsweisen, Essen 1990, S. 23–40.

SCHNEIDER, KONRAD, Dr. phil., geb. 1950; ist Archivoberrat am Stadtarchiv Frankfurt a. M.
Veröff. u. a.: Das Münzwesen in den Territorien des Westerwaldes, des Taunus und des Lahngebietes und die Münzpolitik des Oberrheinischen Reichskreises im 17. Jh., Urbar 1977; Banco, Species und Courant, Koblenz 1986; Frankfurt und die Kipper- und Wipperinflation der Jahre 1619–1623, Frankfurt 1990.

SCHWARZER, OSKAR, Dr. phil., geb. 1955; ist Hochschulassistent an der Universität Bamberg.
Veröff. u. a.: Die räumliche Ordnung der Wirtschaft um 1910, Stuttgart 1990; Währungen der Welt, Suttgart 1991 ff. (Hg. zus. mit J. Schneider und F. Zellfelder bzw. M. Denzel).

SOETAERT, PAUL, Dr. phil., geb. 1948; ist Bibliothekar an der Erasmus Universiteit Rotterdam.
Veröff. u. a.: De «Berg van Charitate» te Brugge, een stedelijke leenbank (1573–1795), Brussel 1974; De Bergen van Barmhartigheid in de Spaanse, de Oostenrijkse en de Franse Nederlanden (1618–1795), Brussel 1986.

SPUFFORD, PETER, PhD, Reader, geb. 1934; lehrt Mittelalterliche Wirtschaftsgeschichte an der University of Cambridge und ist Fellow des Queens' College.
Veröff. u. a.: Monetary Problems and Policies in the Burgundian Netherlands, 1433–96, Leiden 1970; Handbook of Medieval Exchange, London 1986; Money and Its Use in Medieval Europe, Cambridge 1988; Later Medieval Mints, London 1988 (Hg. zus. mit N. J. Mayhew); Medieval European Trade Routes, Antwerpen 1995.

SUHLING, LOTHAR, Prof. Dr. phil., geb. 1938; ist Direktor des Landesmuseums für Technik und Arbeit in Mannheim.

Veröff. u. a.: Erdöl und Erdölprodukte in der Geschichte, München–Düsseldorf 1975; Der Seigerhüttenprozeß. Die Technologie des Kupferseigerns nach dem frühen metallurgischen Schrifttum, Stuttgart 1976; Die Entwicklung des Ingenieurstudiums in Dortmund, Fachhochschule Dortmund. 90 Jahre praxisbezogenes Studium in Dortmund 1890 bis 1980, Dortmund 1980, S. 9–131; Aufschließen, Gewinnen und Fördern. Geschichte des Bergbaus, Reinbek bei Hamburg 1983; Technik, Arbeit und große Industrie. Entwicklungen in der Zeit der Weimarer Republik, Sonderdruck Landesmuseum Mannheim 1988.

Starke, Wolfgang, geb. 1969; ist freier Redakteur und Lektor.
Veröff. u. a.: Handbücher und Traktate für den Gebrauch des Kaufmanns, 1470–1820, Tijdschrift voor Geschiedenis 103 (1990), S. 279–93 (zus. mit D. Grote und J. Hoock); «Ein nye Rekensboek vp aller Koepmanshandelinge». Kommerzielles Wissen in den niederdeutschen Arithmetiken des 16. und 17. Jhs., S. Jenks, M. North (Hgg.), Der hansische Sonderweg?, Köln-Wien 1993, S. 235–54.

Tilly, Richard H., Prof. Dr., geb. 1932; lehrt Wirtschafts- und Sozialgeschichte an der Universität Münster und leitet das gleichnamige Institut.
Veröff. u. a.: Financial Institutions and Industrialization in the Rhineland, 1815–70, Madison 1966; The Rebellious Century (zus. mit C. und L. Tilly), Cambridge, Mass., 1975; Kapital, Staat und Protest in der deutschen Industrialisierung, Göttingen 1980; Vom Zollverein zum Industriestaat, München 1990.

Tucci, Ugo, Prof. Dr.; lehrte Wirtschaftsgeschichte an der Università di Venezia.
Veröff. u. a.: Mercanti, navi, monete, nel Cinquecento veneziano, Bologna 1981.

Ullmann, Hans-Peter, Prof. Dr. phil., geb. 1949; lehrt Wirtschafts- und Sozialgeschichte an der Universität Tübingen.
Veröff. u. a.: Der Bund der Industriellen. Organisation, Einfluß und Politik klein- und mittelbetrieblicher Industrieller im Deutschen Kaiserreich 1895–1914, Göttingen 1976; Bibliographie zur Geschichte der deutschen Parteien und Interessenverbände, Göttingen 1978; Deutschland zwischen Revolution und Restauration, Königstein 1981 (Hg. zus. mit H. Berding); Staatsschulden und Reformpolitik. Die Entstehung öffentlicher Schulden in Bayern und Baden 1780–1820, 2 Bde., Göttingen 1986; Interessenverbände in Deutschland, Frankfurt 1988; Deutschland und Frankreich im Zeitalter der Französischen Revolution, Frankfurt 1989 (Hg. zus. mit H. Berding u. E. François); Der Staat, die Spieler und das Glück. Lotterien im Deutschland des 18. und 19. Jhs., Berlin 1991.

Valentinitsch, Helfried, Prof. Dr. phil., geb. 1943; leitet die Abt. f. Geschichte des Wirtschafts- und Sozialrechts am Inst. f. Österr. Rechtsgeschichte der Universität Graz und lehrt Wirtschafts- und Sozialgeschichte an der Rechtswissenschaftlichen und an der Geisteswissenschaftlichen Fakultät.
Veröff. u. a.: Die Meuterei der kaiserlichen Regimenter in Kärnten und Steiermark 1656, Wien 1975; Das landesfürstliche Quecksilberbergwerk Idria 1575–1659, Graz 1981.

Walter, Rolf, Prof. Dr. rer. pol., geb. 1953; lehrt Wirtschafts- und Sozialgeschichte an der Universität Jena.

Veröff. u. a.: Deutschland und Venezuela (1815–70), Wiesbaden 1983; Los Alemanes en Venezuela, 2 Bde., Caracas 1985–91; Die Kommerzialisierung von Landwirtschaft und Gewerbe in Württemberg 1750–1850, St. Katharinen 1990; Der Traum vom Eldorado. Die deutsche Conquista in Venezuela im 16. Jh., München 1992; Einführung in die Wirtschafts- und Sozialgeschichte, Paderborn 1994.

WESTERMANN, EKKEHARD, Prof. Dr. phil., geb. 1940; lehrt an der Pädagogischen Hochschule Karlsruhe Geschichte und ihre Didaktik.
Veröff. u. a.: Internationaler Ochsenhandel (1350–1750), Stuttgart 1979 (Hg.); Montanwirtschaft Mitteleuropas vom 12. bis 17. Jh. Stand, Wege und Aufgaben der Forschung (Hg. zus. mit W. Kroker), Bochum 1984; Quantifizierungsprobleme bei der Erforschung der europäischen Montanwirtschaft des 15. bis 18. Jhs., St. Katharinen 1988 (Hg.); zahlreiche Aufsätze zur Montan- und Handelsgeschichte der Frühen Neuzeit.

WITTHÖFT, HARALD, Prof. Dr. phil., geb. 1931; lehrt Wirtschafts- und Sozialgeschichte, Westfälische Landesgeschichte und Didaktik der Geschichte an der Universität Gesamthochschule Siegen.
Veröff. u. a.: Umrisse einer historischen Metrologie zum Nutzen der wirtschafts- und sozialgeschichtlichen Forschung. Maß und Gewicht in Stadt und Land Lüneburg, im Hanseraum und im Kurfürstentum/Königreich Hannover vom 13. bis zum 19. Jh., 2 Bde., Göttingen 1979; Deutsche Bibliographie zur historischen Metrologie. Das deutsche und deutschsprachige Schrifttum. Erweitert um ausgewählte Arbeiten zur historischen Metrologie europäischer und außereuropäischer Staaten, St. Katharinen 1991 (zus. mit K. J. Roth und R. Schamberger); Deutsche Maße und Gewichte des 19. Jhs. Nach Gesetzen, Verordnungen und autorisierten Publikationen deutscher Staaten, Territorien und Städte, 3 Bde., St. Katharinen 1993–94 (zus. mit Mitarbeitern).

WOLF, JÜRGEN RAINER, Dr. phil., geb. 1947; ist Archivoberrat am Hessischen Staatsarchiv Darmstadt.
Veröff. u. a.: Steuerpolitik im schlesischen Ständestaat. Untersuchungen zur Wirtschafts- und Sozialstruktur Schlesiens im 17. und 18. Jh., Marburg 1978.

YAMEY, BASIL, Prof. B. CoM, geb. 1919; lehrte Ökonomie an der London School of Economics and Political Science (University of London).
Veröff. u. a.: Studies on the History of Accounting, New York 1978; Art and Accounting, New Haven 1989.

ZELLFELDER, FRIEDRICH, Dr. phil., geb. 1961; ist Mitarbeiter an der Universität Bamberg.
Veröff. u. a.: Währungen der Welt, Stuttgart 1991 ff. (Hg. zus. mit J. Schneider und O. Schwarzer); Das Kundennetz des Bankhauses Gebr. Bethmann im Spiegel der Hauptbücher, 1738–1816, Stuttgart 1994.

ZIEGLER, DIETER, Dr. phil., geb. 1956; ist Hochschulassistent an der Universität Bielefeld.
Veröff. u. a.: Das Korsett der «Alten Dame». Die Geschäftspolitik der Bank of England 1844–1913, Frankfurt 1990; Central Bank, Peripheral Industry. The Bank of England in the Provinces 1826–1913, Leicester 1990; Markt, Staat, Planung, St. Katharinen 1992 (Hg. zus. mit S. Pollard).

Stichwortverzeichnis

Buchanzeigen

Rechtsgeschichte

Richard van Dülmen
Theater des Schreckens
Gerichtspraxis und Strafrituale in der frühen Neuzeit
3. Auflage. 1988. 240 Seiten mit 15 Abbildungen
und 13 Tabellen. Paperback
Beck'sche Reihe Band 349

Mario Bretone
Geschichte des römischen Rechts
Von den Anfängen bis zu Justinian
Aus dem Italienischen von Brigitte Galsterer
1992. 471 Seiten.
Leinen

Alexander Demandt (Hrsg.)
Macht und Recht
Große Prozesse in der Geschichte
3., unveränderte Auflage. 1991. 318 Seiten.
Leinen

Gernot Kocher
Zeichen und Symbole des Rechts
Eine historische Ikonographie
1992. 200 Seiten mit 257 Abbildungen.
Leinen

Walter Schomburg
Lexikon der deutschen Steuer- und Zollgeschichte
Abgaben, Dienste, Gebühren, Steuern und Zölle von den Anfängen
bis 1806.
1992. IX, 444 Seiten.
Leinen

Gerhard Köbler
Bilder aus der deutschen Rechtsgeschichte
Von den Anfängen bis zur Gegenwart
1988. 384 Seiten mit 144 Abbildungen.
Leinen

Wirtschafts- und Sozialgeschichte

Michael North
Das Geld und seine Geschichte
Vom Mittelalter bis zur Gegenwart
1994. 272 Seiten mit 30 Abbildungen, 10 Tabellen,
4 Diagrammen und 3 Karten.
Leinen

Michel Austin/Pierre Vidal-Naquet
Gesellschaft und Wirtschaft im alten Griechenland
Aus dem Französischen von Andreas Wittenburg
1984. XVI, 344 Seiten.
Broschiert

Rainer Beck
Unterfinning
Ländliche Gesellschaft vor Anbruch der Moderne
1993. 667 Seiten mit 22 Abbildungen und 15 Graphiken.
Leinen

Gerhard A. Ritter
Sozialversicherung in Deutschland und England
Entstehung und Grundzüge im Vergleich
1983. 188 Seiten.
Broschiert

Gerold Ambrosius/William H. Hubbard
Sozial- und Wirtschaftsgeschichte Europas im 20. Jahrhundert
1986. 329 Seiten mit 54 Abbildungen und 22 Tabellen.
Broschiert

Die Deutsche Bank
Von Lothar Gall, Gerald D. Feldman, Harold James,
Carl-Ludwig Holtfrerich, Hans E. Büschgen
1995. Etwa 1100 Seiten mit Abbildungen auf Tafeln.
Leinen

Verlag C.H. Beck München

IV

KÖTÜ ÇOCUK

BÜŞRA KÜÇÜK

EPHESUS®

Şans meleklerim Semanur ve Buse'ye...

IV

KÖTÜ ÇOCUK

I. KISIM

TURUNCU

Yeniden doğuş... Yeni başlangıçlar...

Onu ilk gördüğümde benim karanlık dünyamdaki son günümdü. Yıllarca ışık görmemiş, aydınlığı unutmak üzere olan bir hayalettim. Yedi yaşındaki zayıf bedenimin arasında sıkışıp kalmış on sekiz yaşındaki ruhum son kez çırpınıyordu. Bitmek bilmeyen kavgalar, annemin giderek aklını yitirmesine şahit olmam, korkmam, babamı suçlamam, ondan nefret etmem ama onu hâlâ sevmem... Her boğulmak üzere olduğumda yaptığım gibi resme sığındığım bir an, üzerime kusan karanlığın içinde gözlerimi kamaştıran bir turuncu belirdi korkarak.

Her karanlık sabah oradan geçerdim. Başkalarıyla aynı gökyüzünün altında farklı bir güne başlardık. Kiminin yüzü bembeyaz, kimininki tozpembe olurdu. Ertesi gün renkler değişirdi ama ben hep aynı bakardım. Değişmeyen ve bitmek bilmeyen bir hastalıktı. Kaderim üstüme siyah bir kan kusuyordu.

Etrafımızda dönen o kader bağlarında bir şey oldu. Bir... Şey... Bir mucize! Biri yanlışlıkla düştü. Yanlış bir karar verdi. Belki de hata yaptı ve o mucize imkânsızlıkların arasında gerçekleşti. Karşıma *o* çıktı.

Başlarda fark etmedim. Sonra günden güne büyüyen turuncu ışığı görmek istemedim. Arkamı döndüm. Kaçtım. Giderek karanlığı parçaladı, güneşim oldu. Kaçamaz oldum.

O renge anlam veremediğim bir sempatisi vardı ve şimdi baygınken, hayata tutunmaya çalışırken bile etrafında o renk vardı. Küçük ampullerin etraflarına yaydığı turuncu renk bugün biraz daha iyiyi haber veriyordu. Soluk bir kâğıt gibi olan ten rengi biraz daha yakışmıştı turuncuya. Neredeyse her saat başı onu izlediğim için değişikliği fark edemeyeceğimi bildiğimden, belirli aralıklarla video kaydı alıyordum. Doktorlardan gizli. O işe yaramaz doktorlara hâlâ güvenmiyordum. Soruşturma çoktan açılmıştı. Kayla on beş gündür etrafını saran ve bedeninin ısısının normale dönmesine yardımcı olan ampullerin arasında yatarken, onu buna mecbur bırakan doktorlar savunma dilekçeleriyle uğraşıyorlardı. Ama boşuna bir uğraştı onlarınki... Kayla'nın bu hale gelmesinde büyük pay sahibi olan kara listedeki iki düşmanımın kendilerini unutturmak için ortadan kaybolmalarının olduğu gibi.

Ellerimi cama yasladım. Ona uzanabilirmişim gibi. O orada ampullerin arasında uzanmış günden güne iyi olmaya çalışırken ve aramızda bu cam varken kendimi zavallı gibi hissediyordum. Bu şeylerin hepsi benim yüzümden başına gelmişti. Bu beni daha da vicdanıma mahkûm ediyordu. Elim kolum bağlı, iyi olmasını bekliyordum.

Benimle hiç tanışmasaydı, peşime hiç takılmasa ya da onu bırakıp gitseydim, o çocuklarla hiç karşılaşmayacaktı. Hepsi benim pisliğimdi. Benim pisliğim yüzümden orada yatıyordu.

"Meriç... Çay getirdim."

Nefesimi dışarı bıraktığımda önümdeki camda bir buğu oluştu. Güçsüz bedenine bir kez daha bakıp camın önünden ayrıldım. Ömer'in uzattığı bardağı aldım ve birlikte yan odaya geçtik. Koltuklardan birine oturdum. Ömer hemen yanımdaydı. Çayından bir yudum içip uzayan saçlarını karıştırdı. Bukleleri kendini göstermeye başlamıştı. İki haftadır hepimiz hayattan kopmuş gibi yaşıyorduk. Kayla gibi...

"İyi haberlerim var."

Herkesin sandığı gibi boş durmuyordum. Onlara sakin olduğumu gösteriyordum sadece. Çaydan büyük bir yudum alıp boğazımı yumuşatmasını bekledikten sonra Bora'ya başımla işaret verdim. Karşımıza oturdu.

"İki maymun sonunda saklandıkları yerden kafalarını gösterdi."

Çok uzun süre saklanacaklarını düşünmüştüm ama ne kadar aptal olduklarını unutmuştum. Benim iki hafta ortalıkta gözükmemem onlara cesaret vermişti.

Kayla'ya bu şerefsizliği yapan o iki çocuğu arama görevini Bora'ya vermiştim. Bana boş gelmeyeceğinden emindim. Sakin görünürdü ama fare deliğine girmiş birini bile bulurdu. Çok yeri biliyordu. Benim aksime Bora, gerçekten o mahallelerde, gerçek kabadayılarla büyümüştü. Bizim takıldığımız ortamda da ihtiyarlar vardı ama kabadayı olmaktan çok sarhoştular. Bora'nın babası da eski bir kabadayı olduğu için ihtiyarlar arasında sözü geçiyordu. Bu sayede istediği kişiyi kolayca bulabiliyordu. Bora doğduğunda yaşadıkları bir kaçırılma olayından sonra yemin ettiği için, oğlunun da bu işlerden uzak durmasını istiyordu. Fakat önemli durumlarda ahbaplarına ulaşmamızda bize yardımcı oluyordu. Benim babam gibi değildi.

"Hamamların olduğu caddede pis bir delik var. Tahminimce hamama giden kadınları izliyor pislik herifler."

Gözlerimi devirdim. O iki uçkuruna düşkün çocuktan intikamımı fena alacaktım ama bunun için hazırlık yapmam gerekiyordu.

"Mekân buldun mu?"

Başını salladı. Bardağımı alıp kafasına dikledikten sonra yeniden duvarlarla aynı renkte olan sehpanın üstüne bıraktı.

"Cidden filmlerdeki gibi işkence yapıp bu işten zararsız kurtulacağını sanmıyorsun, değil mi?"

"Onları öldürmeyeceğim, Ömer. Aslında hak ettikleri bu ama hesabımı gördükten sonra polise teslim edeceğim."

"Ve onlar da seni şikâyet etmeyecekler?"

"Etsinler."

Nefesini dışarı bıraktıktan sonra arkasına yaslandı. Beni annemden çok düşünmesi bazen bunaltıcı oluyordu. Babamla annem iki haftada toplam üç kez ziyarete gelmişlerdi. Gitmelerini istemiştim. Mükemmel tatillerine ara vermişlerdi ne de olsa ama ikisi de Kayla uyanmadan gitmeyeceklerini söylemişti. Bir ara samimiyetlerine gerçekten inanmıştım hatta.

Bora, "Ruşen Amca var. Babamın eski dostlarından. Şehrin dışında terk edilmiş bir arazisi varmış. O arazide bir de terk edilmiş bir bina. İki katlı bir şey. Bir kere babamla gitmiştik. Bana bir çeşit ders veriyordu," dedikten sonra alnını kaşıdı.

Canım sıkkın olmasa gerçekten gülmeyi başarabilirdim ama sadece tebessüm ettim. Babası onu serserilikten uzak tutmak için çeşitli numaralar yapmıştı. Her defasında Bora kendini bir süre eve kapatır ve ders çalışırdı. Sonra sokağa çıkmaya başladığında yavaş yavaş unutur ve yeniden aramıza katılırdı.

"Nasıl olsa seni kurtaracak bir baban var, istediğini yap tabii."

Ömer'in sızlanmalarına kulak asmadım. Dizimle Bora'yı dürttüm.

"Tamam. Uygunsa eğer orası olsun."

"Uygun tabii. Konuştum ben. Hem istersek adam da ayarlarmış Ruşen Amca."

"Bir mafyaya bulaşmadığınız kalmıştı. On yıl falan yer misiniz?"

Bora, Ömer'e tuhaf bir bakış attıktan sonra yeniden bana döndü ve ciddiyetini korudu.

"Babam *siz bulaşmayın adamlar halletsin* dedi ama *olmaz* dedim."

"İyi yapmışsın," diye karşılık verdim oturduğum yerde yayılırken. Tüm gece uyanık kalmıştım. Yorgunluk kürklü bir manto gibi omuzlarıma ağırlık veriyordu. Kıvrılıp uyumak istiyordum. Beni ayakta tutan tek şey intikam alma düşüncesiydi.

"Seni de baban kurtarır ya da içeride bir adam ayarlayıp ikinizi de korur. On yıl sonra da mafya olarak çıkarsınız."

Bora, Ömer'e inanamıyormuş gibi bakarken içimi çektim. Ben onun bu zırvalıklarına alışıktım ama herkes değildi.

"Seni de alırız yemeklerimizi yaparsın," diye dalga geçtiğimde yalandan güldü. Endişeleniyordu. Haklıydı. Belki de söylediği şeyler olacaktı ama ben onun gibi endişelenemezdim. Buna hakkım yoktu.

Uzanılmaması gereken kişiye uzanan ellere kelepçe takılmadan önce görülecek hesabım vardı. Bana yaşattıkları korkunun daha beterini onlara yaşatmadan rahat edemezdim. Benim olayım buydu. Kimse benden doğru olanı yapmamı beklemiyordu.

"Seni ancak ziyarete gelirim, yavrum. Kirli çamaşırlarını almak için."

Oturduğum yerden doğrularak ayağa kalktım.

"Biraz eve gideceğim. Yalnız bırakmayın."

"Oradan kalkıp bir yere kaçamaz, Meriç."

"Buraya hâlâ güvenmiyorum, Ömer. Arada bir kontrol et."

"Tamam. Merak etme. Git biraz uyu."

"Görüşürüz," dedikten sonra odadan ayrıldım. Koridora çıkmadan önce yeniden Kayla'nın odasına doğru yürüdüm. Camın önüne geçtikten sonra, bir aksilik var mı diye bakışlarımı odanın içinde gezdirdim. Ampuller hâlâ etrafındaydı ve yanıyordu. Bedeninin ısısını yerine getirme görevini üstlenmiş o küçük ampullere doktorlardan daha fazla güveniyordum.

Zayıf düşmüş bir melek gibiydi. Dokunsam incinecekti sanki. Elimi camın üstüne koydum. Aramızda bu cam olmasa bile ona dokunamazdım sanırım. Yaşadığından emin olmak için biraz daha canlı görünmesine ihtiyacım vardı. Sadece biraz daha aralık dudaklar, kusurlu baygın gözler ve al olmuş yanaklar...

"Biraz daha dayan, baş belası. Az kaldı."

∞

Akşamüzeri...

Kendimi odama kapattığım bir saatin ardından fırçayı bırakıp lavaboya gittim. Beni ayakta tutan müzik evin içinde gümbürderken duvarlardaki titreşimi hissediyordum. Ellerimi yıkayıp boyaları temizledikten sonra odaya geri döndüm. Kumandayı bulup müzik çaları kapattım. Klimayı ayarladıktan sonra odadan çıktım ve kapıyı kilitledim.

Geçen yıla oranla havalar daha sıcaktı. Kayla'nın buz gibi olan bedenine karşı havanın sıcaklığı... Hastaneden uzun süre ayrı kalmak istemiyordum. Benim gitmemi bekliyorlarmış gibi anında kurtlar türüyordu. Kayla'nın babasının koruduğu bir Caner belasına ilaveten, Kayla'nın annesinin koruduğu bir Berkan belası vardı. İkisini de ona yakın görmek istemiyordum. Neyse ki o cam beni ondan uzak tuttuğu gibi diğerlerini de tutuyordu.

Yaz tatiline girdiğimiz için şehir nüfusu azalmıştı. Trafikte fazla oyalanmayacağımı bildiğim için hastaneye geri dönmeden önce biraz dinlenip duş almaya karar verdim. İki saat uyursam gece orada olabilirdim.

Annem ve babam Kayla'yla ilgilenmemden memnundular. Duygularımı belli ettiğim için daha insansı gözüktüğümle ilgili şeyler söylüyorlardı. Endişelendiğimi görmenin onları mutlu edeceğini bilmiyordum. Endişelenmiştim. Tersi nasıl mümkün olabilirdi ki? Hayatımı *'çevremdekiler rahatsız olmasın'* kuralına uyarak geçirmeye çalışıyordum. Benim için hiçbir değeri olmayan, sadece yattığım kızlar bile benimleyken iyi vakit geçirsinler istiyordum. Annem ve babam sanki hep benden rahatsız oluyorlardı. Çocukluğumu onların kavga ederlerken benim orada olmamdan rahatsız oluşlarını izleyerek geçirmiştim. Çevremdekilerin benim yanımda iyi hissetmelerini isterken tam tersi olmuştu. Benim yüzümden ona zarar vermişlerdi. Onun değer verdiği bir şeyi ondan almışlardı. Başka neler olduğunu bilmiyordum ama o çocukların nasıl insanlar olduklarını bilmek bile daha fazlası olduğuna beni inandırıyordu.

Sadece bir kere kızgınlığıma yenik düşüp onu yalnız bırakmak için oyalanmıştım ve başına bir şey gelmişti. Sanki bunu bekler gibi...

Onu neredeyse kaybediyordum.

Ona söylediklerim aklımdan geçerken korkunun esiri olduğumu kendime hatırlattım. Kaybetme korkusu beni zayıf düşürmüştü. Kimse bunu bilmiyordu. Kayla bile.

İnsanların zayıf anları üzerine kitaplar okumuştum. Benimkinin sadece ailem ve unutamadığım çocukluğun kırmızı noktalı görüntüleri olduğunu sanıyordum. Beklemediğim bir anda hayatıma giren ve gezdiği her yere ona dair bir kırıntı bırakan kızın beni bu kadar etkilediğini bilmiyordum. Kalbinin attığını duyduğumda yıllar sonra ilk kez bir şeyi hissettim.

Yıllardır kayıp olan bir şeyi... Neredeyse unuttuğum bir şeyi...

Yatağımın kenarındaki resim kâğıdını elime aldım. Baygın gözleriyle bana bakan kızı izledim. Resmi yerine bıraktıktan sonra yatağa uzanıp, onun sustuğu günlerde yapmayı alışkanlık haline getirdiğim kitabı açıp okumaya başladım.

... "Ben yıktım onu" diyorsun; ben de, senin kendini nasıl yiyip bitirdiğini görmüyor muyum? "Sokağa çıkınca rahat bir soluk alabiliyorum ancak" diyorsun; ama ben burada sıcacık odamda oturuyorum, sırtımda sabahlığım, ayağımda terlikler, rahatım, gözüm saatte... (Ne yapayım? Saati izlemek zorundayım.)

Avusturya'dan izin kâğıdım gelmeden çıkamam yola. Üç günden uzun sürecek kalmalar için özel bir izin gerekiyormuş. Bir hafta önce yazdım, karşılığını bekliyorum.

"Ben yıktım onu" sözü çıkmıyor usumdan. Tersine inanmak kadar gerçeğe aykırı bu söz. Bu ne benim suçum, ne de başkalarının. Ben karanlıkların adamıyım, ortalara çıkmamam gerekir, en doğrusu bu.*

"Tanıdık..." diye mırıldandıktan sonra kitabı kapatıp çekmecenin içine attım. *Karanlığa saklanıp sızlanmaktan başka bir şey yapmayan korkağın teki. Seviyormuş! Tek derdi daha fazla acı çekmek. Hiçbir zaman gerçekten istemedi ki. İstese karanlıktan kurtulurdu.* Acı bir şekilde benzerliğimiz beni suçlu

---

* Milena'ya Mektuplar, Franz Kafka

hissettirirken inledim. Yıllardır karanlığa saklanıyordum. Aydınlık gözümü kör eder diye korkuyordum. Ne farkım vardı ki o ahmaktan! Resmi yeniden elime alınca hatırladım kalp atışlarını. Benim o ahmaktan farkım vardı. Yıllar önce kaybettiğim bir şey... Umut. Parmaklarımı resmin üzerinde gezdirdim.

"O umut sensin, Kayla."

1

On beş gün sonra...

"Artık bir şeyler daha fazla ağır geliyor."

Başımı duvara yaslayıp duyduğum şeyin keyfini çıkardım. Yalnız olmadığımı hissettirdiği için bu kadınla aynı mekânı paylaşmayı seviyordum. Şu bir ayda her gün vücuduma batırılan iğnelerden bir tanesi acı verilerek çıkarılmıştı. Her gün benden daha acınası halde olan insanlara yakınlaşmıştım. Zavallı adamların yazdığı zavallı yaşam hikâyeleri, çaresizlikleri, çırpınışları, zavallı bir hayatı anlatan şarkılar, umutsuz, paranoyak, depresif insanları anlatan filmler ve Nazlı Hanım... Yakınımdaki en canlı patetik o olduğu için daha değerliydi gözümde. Oldukça zavallıydı. Her geçen gün, Kayla'nın uyanmadığı her saat biraz daha dibe batıyordu. Umutsuzluğu elle tutulur bir hal almaya yakındı. Ben öyle değildim. O kalbin attığını duymuştum ve Kayla'nın savaştığını biliyordum. O baş belası kolay pes edecek bir kız değildi. Daha başını ağrıtacağı, hayatlarına karışacağı, kendi çevresine çekeceği, kendinden çok düşüneceği insanlar vardı.

Neşe elini Kayla'nın annesinin omzuna koydu. Her gün birlikte vakit geçirdiğimiz için birbirimize alışmıştık. Onu morgdan çıkardığım gün Neşe yanıma ilk gelenlerden biriydi. Şaşkınca bana bakmış, sonra anlamıştı. Konuşmadan daha iyi anlaşıyorduk. Annesi ve babası ise daha çok minnet duyuyordu. Açıkça konuşmamıştık. Buna gerek de yoktu. Uyandığında, bir süre sonra onu benden uzak tutmak isteyeceklerini biliyordum.

"Hiçbir şey yapamıyorum. O burada böyle yaşamaya çalışırken, yaptığım her şey kızıma saygısızlık gibi."

"Öyle değil. O sadece dinleniyor."

Neşe'nin saçma tesellisine gözlerimi devirip ayağımı kaldırdım. Oturduğum yere bastıktan sonra başımı dizime yasladım. Bir aydır o odada, etrafındaki ampullerin arasında uyuyordu ya da her ne haltsa... Uyanık değildi. İlk zamanlara oranla daha canlı gözüküyordu. Hatta son iki gündür eskisi gibi bile denilebilirdi. Daha zayıf ve yanakları içeri çökmüş, göz altları morarmış bir Kayla. O halde bile Neşe denen bu kızdan daha iyi bir haldeydi. Ömer bu kıza nasıl tahammül ediyordu anlam veremiyordum. Benim göremediğim iyi bir yanı olduğundan bahsediyordu. Neşe bana benim yüzümden o yanını göstermiyormuş. Hem suçlu hem güçlü oluyordum kısaca.

Kayla'nın annesi peçeteyle burnunu sildikten sonra titreyerek içini çekti. Bazı günler fazla dirençli gözüküyordu, sanki kimse onu yıldıramazmış gibi. Bazı günler ise Kayla kadar zayıf oluyordu. Yine de onu ağlarken hiç görmemiştim. Garip bir kadındı. Kayla'nın bizi hissettiğine inanıyordu. Bu yüzden çoğunlukla güçlü gibi davranıyordu.

Eğer Kayla bizi hissetseydi... Uyanmamakta haklıydı. Gerçeklerle yüzleşmek zor olacaktı.

Kapı açıldığında ayağa kalktık. Sedyeyle onu çıkarmalarını izledim. Elimi enseme atıp yaklaştım. Bir ayın ardından ilk kez aramızda cam yoktu. Annesi ve Neşe sedyenin bir ucuna geçerken hemşire bir şeyler söyledi. Söyledikleri uğultu gibi duyuluyordu. Koridorda ilerlemeye başladılar. Ensemdeki saçlarla oynarken mesafeyi açmadan onları takip ettim. Gözlerimi bir an bile ondan ayırmadan...

Etrafında ampuller varken teni daha canlı gözüküyordu. Şimdi ise soluktu. Uyanık olsa kendisiyle vampir diye dalga geçip sonra da huysuzlanırdı ama hâlâ uyanmamıştı. Asansörün yanından geçerken kapı açılınca duraksadım. Bir an Kayla'nın babasıyla göz göze geldik. Bakışlarımı tekrar Kayla'ya çevirdiğimde yeni odasından içeri girmek üzereydiler. Bakışlarımı takip eden Vural Bey büyük adımlar atarak onlara yetiştiğinde, ensemi kaşımayı bırakıp soğuk duvarların olduğu hastane koridorunda ilerledim. Kapının önüne gelince durdum. İçeride onu seven, ona zarar vermeyen insanlar vardı. Ellerimi kapının iki yanına yaslayıp sesleri dinledim. Kayla'ya sesleniyorlar, iyi olacağına dair şeyler söylüyorlardı.

Yavaşça kapıdan uzaklaşıp duvarın dibindeki koltuğa oturdum. Ellerimin arasına aldığım başımı eğerek gözlerimi kapattım. Görüntüsünü gözümün önüne getirmeye çalıştım. Biraz daha iyi olmaya ihtiyacı vardı. Bir ayı atlatmıştı, şimdi yeni bir süreç başlıyordu. Daha kendinde olduğu bir süreç.

"Neden içeri girmedin?"

Babası yanıma oturduğunda başımı kaldırdım. Odanın içine doğru baktığımda yatak bile gözükmüyordu. İçeride dolanan bir hemşire vardı.

"Birlikte oturmamız onu fazla heyecanlandırırdı. Annesi garip şekilde onun bizi hissettiğini düşünüyor. Eğer öyleyse bu, yorgun kalbi için fazla olur."

Üzerime diktiği bakışları dikkatimi çekince başımı ona doğru çevirdim. Sorarcasına baktığımda dudağını yukarı kaldırdı. Bir ay içinde yaşlanmıştı. Benim nasıl göründüğümü merak ettim.

"Kayla'yla gerçekten uzun vakit geçirmişsin. Onun gibi konuştuğunun farkında olmadığına bahse girerim."

Söylediklerini düşündüm. Sonra da kendi söylediklerimi... Cidden saçmalamıştım.

"Korkuyorsun, değil mi?"

"Neden korkacakmışım?"

"Sigara içsem fena olmaz aslında," diye mırıldandığında içimi çektim. *Sen bir de bana sor!* "Korkma. O değişmez. Hâlâ benim herkese değer veren küçük kızım."

Bakışlarımı yeniden ona çevirdim. Kızını morgdan çıkardığım için bana minnettardı ama bunu Kayla'nın annesi kadar göstermiyordu. Baba olarak hâlâ korumaya çalıştığı bir ağırlığı vardı.

Bir zamanlar birbirimizi yumrukladığımızı hatırlayınca başımı diğer tarafa çevirdim.

Tanışmamız iyi olmamıştı. Kabul.

"Nazlı'yla Neşe'yi yemeğe götüreceğim. Korkunu biz yokken yen."

Gülümsedim. Kızıyla birlikte olduğumu bildiği halde bilmiyor gibi davranıyordu. Buna saygı duyarak başımı salladım.

Söylediği gibi bir saat sonra Nazlı Hanım ve Neşe'yi alıp yemeğe götürdü. Çocuklar yarın geleceklerdi. Nazlı Hanım'ın kesin emri vardı. İlk günden fazla ziyaretçi istemiyordu.

Doktorlar odadan çıktıktan sonra yarım saat kadar koridorda dolandım. Son hemşire kapıyı açıp çıktığında çenemi kaşıyordum. Başımı kaldırıp baktığımda gülümsedi.

"Uyanıyor. Görmek istersiniz belki."

Elimi aşağı indirip dudaklarımı araladıktan sonra durdum. Babası hâlâ kızının aynı olduğunu düşünüyor ya da umuyordu. Bir ay ölümle yaşamın arasında kalmıştı. Bir ayı hayatından çalınmıştı. Değer verdiği bir şeyi kaybetmişti ve toparlanmaya ihtiyacı vardı. Beni suçlayabilirdi. Görmek istemeyebilirdi. Her şey olabilirdi, çünkü onun değer verdiği bir *şeyi* ben hiç umursamamıştım.

Hemşire tereddüt ederek bana baktıktan sonra, "Ailesinden kimse yok. Tanıdık birilerini görmeyi isteyebilir," dedi ve arkasını dönüp yürümeye başladı.

Elimi saçlarımın arasından geçirip inledim. Hastanenin ona ayrılan koridorundaki boşlukta sesim yankılandı. Bir aydır on beş adım uzağında durup onu izlemiştim ve şimdi ondan kaçıyor muydum?

"O aynı Kayla. Bir şey değişmedi."

Kendi kendime bir yalan fısıldadıktan sonra avuç içlerimi şakaklarıma vurdum.

"Aynı Kayla!"

Derin bir nefes alıp son söylediğimi tekrarlayarak odaya doğru ilerledim. Aralık duran kapıyı açıp içeri girdikten sonra arkamdan kapattım. İniltilerini duyduğumda gözlerimi yumdum. Gerçekten yaşıyordu! Sırtımı duvara yaslayıp ellerimle yüzümü sıvazladım. Yaşıyordu!

Cansız bir beden gibi duran vücuttan ibaret değildi artık. Yüzümü tekrar sıvazladıktan sonra sessizce nefes alıp verdim ve sırtımı duvardan ayırdım. Üç uzun adım attığımda görüş açıma girdi. Gözlerini ağır hareketlerle açmaya çalışıyordu. Aralık dudaklarının arasından çıkan fısıltıyı andıran iniltileri dinledikten sonra yatağa doğru yürüdüm.

"Kayla?"

Gözlerini bu sefer daha hızlı ama hâlâ yavaş sayılabilecek ağırlıkta açtı. Yanına yaklaştım. Dizimi yatağın üstüne koyup alnını öptüm. Kokusunu bir ay sonra içime çektim. Kayla kokuyordu.

Soğuk değildi teni. Her zamanki gibiydi. Cansız olmayan Kayla.

Başını eğip karnına doğru baktığında elini tuttum.

"Yaşıyorsun."

Bakışlarını karnından ayırmadı. Öncelik o bebekteydi. Ölümüne sebep olacak olan bebekte.

"Her şey şimdi daha güzel olacak."

Elini avucumun içinden çekip karnına götürdüğünde yanağından çenesine doğru bir yaş süzüldü.

Hâlâ karnına bakıyordu. Yatağa dikkatlice oturup elimi karnının üstüne koyduktan sonra, "Sana söz veriyorum, istediğin zaman bunu yeniden yapabiliriz, Kayla. Kendini üzme. Önemli olan sensin," diye yalan söyledim. Şu an sadece kendini düşünmesini istiyordum. Dudaklarını birbirine bastırdı. Bir yaş daha çenesine doğru akarken elimi karnından ayırıp yanaklarındaki ıslaklığı sildim.

Alnını bir kez daha öptükten sonra kulağına eğilip fısıldadım.

"Sana bunu yaşatanlardan intikamımızı alacağım. İstersen benden kaç... Sevme beni. Çünkü ona senin kadar değer vermedim. Şimdi bile bana kızıyorsun biliyorum. Sen ona üzülüyorsun ama benim umurumda bile değil. Çünkü sen varsın, Kayla. Uyandın. Yaşıyorsun ve inan bana tek umursadığım şey bu. Benim yüzümden başına gelenler için özür dilerim. Eğer istemiyorum seni dersen... Ne kadar istemezsen isteme, arada gelip seni göreceğim. İyi olduğunu bilmem gerek. İntikamımızı aldıktan sonrasına... O zaman karar veririz."

Uyandığına göre başının çaresine bakabilirdi. Şimdi sıra intikamdaydı.

"Ve... Seni özledim, baş belası."

∞

"Merhaba, Kayla. Ben Umut Oylum. Kenan Bey'in yakın dostuyum. Vural Bey'le de daha önce tanışmıştık. Sizinle ilgilenmek benim için büyük bir deneyimdi."

Hayat hiç olmadığı kadar garipti. Karşımda hiç tanımadığım bir adam duruyordu. Turuncuya dönük hafif kıvrımlı saçları, İngilizleri andıran bir siması vardı. Yüzündeki çilleri zar zor seçiyordum. El kol hareketleri de oldukça zarifti. Bana benimle ilgilenmenin büyük bir deneyim olduğunu söyleyecek kadar da sevimli olmaya çalışıyordu. Kötü bir hasta olduğum için özel mi hissetmeliydim? İşin tuhaf yanına gelecek olursak, kendimi bu adama yakın hissediyordum.

"Zor bir dönem geçirdik. Tanışıyor sayılırız ancak..." Elindeki dosyayı kaldırdığında, arkasındaki beyaz önlüklü hemşire hemen uzanıp aldı. "Gözlerinizle tanıştığımız ilk günü not edelim," diye devam ettikten sonra yanıma geldi.

Annem ve babam duvarın dibinde endişeyle bizi izlerken Meriç kapıya yakın duruyordu. Neşe annemin hemen yanında tırnaklarını kemirirken, bu kadar ziyaretçinin fazla olup olmadığına karar vermeye çalıştım.

"Bana bak lütfen."

Doktorun ricasıyla gözlerimi yukarı kaldırdığımda başparmağını kaşımın altına koyup alnıma doğru hafifçe çekti.

"Oldukça büyük ve güzel gözlerin var."

Doktor beni incelerken, ben de onun yüzündeki çillere baktım. Hepsi farklı tonlardaydı. Biri kahverengiye yakın soluk bir renkti. Bir diğeri turuncu gibiydi. İrili ufaklı çilleri gözlerinin altını süslüyordu. Sevimli değil daha çok çekici gösteriyordu doktoru. Saçlarına bakılacak olursa sakalları da kızılımsı bir renge sahip ve muhtemelen kıvrımlı olurdu. Tahminimce babamla aynı yaşlardaydı. İyi bir doktor olmak için fazla gençti. İyi olduğuna emindim. Kenan Amca gösterişli, başarılı olan insanları çevresinde tutardı. Vasat ya da sıradan bir doktorla 'yakın arkadaş' olmazdı.

"Ve biraz da baygın. Şiir yazılabilecek kadar karakteristik."

Parmağını kaşımdan çekip doğrulduktan sonra hemşireye dönerek bir şeyler fısıldadı. Kız telaşla söylediklerini dosyaya yazarken doktor yeniden bana döndü.

"İyi bir hasta doktor ilişkisi kurmak için sana karşı açık olmam gerek. Duyacağın şeyler seni şaşırtabilir..." Parmaklarını ovaladıktan sonra zarifçe önlüğünün ceplerine koydu. "Ailen senin için endişeleniyor ama bazı gerçekleri saklamak sonradan sende daha büyük etkiler yaratabilir."

Bakışlarımı ondan bir an bile ayırmadım. Dudağını ıslattıktan sonra başıyla arkasındaki duvara monte edilmiş televizyonu işaret etti.

"Sadece televizyonu açman bile yeterli. Hastaneye getirildiğinde çok kan kaybetmişsin. Ameliyatınla görevli doktor bebeği kurtarmak istemiş ancak bu kesinlikle senin açından iyi bir tercih değilmiş ve sonucunda daha çok zarar görmüşsün."

Benimle ilgilenen ve bebeğimi kurtarmaya çalışan doktorun kim olduğunu merak ettim. Biraz daha deneyemez miydi? Neden o burada değildi? Ona sormak istediğim şeyler vardı. Geçmiş zaman kipiyle kurduğu cümlelere bakılırsa, bu doktorun sonradan geldiği anlaşılıyordu. Özel olarak getirilmiş bir doktor... Babam ve ortağının ekonomik gücüne karşı annem her zaman tepki gösterirdi. Bu sefer de göstermiş miydi acaba?

"Kalbinin durduğunu düşünüp ameliyata son vermişler."

Bakışlarımı kavuniçi rengindeki duvardan ayırıp yeniden doktora çevirdim. Beni *deneyim* olarak görmesinin sebebi bebeğimi kaybetmem ya da Kenan Amca'nın bir tanıdığı olmam değildi. Ses tonundaki değişiklikten bir şeylerin olduğunu anlayabiliyordum. Devam etmesi için bekledim. Acele etmedi. Bakışlarını anne ve babamın olduğu tarafa çevirdi. Bense sadece ona baktım. Saniyeler sonra yeniden gözlerimiz buluştu.

"Kötü bir deneyim. Morgdan çıkarıldın ve bir aydır vücudunun normal ısısına dönmesini sağlamak için geleneksel bir tedavi yöntemi uyguladık."

Bir aydır uyuyor muydum?

"Sonunda hayata tutundun. Seni biraz daha hastanede gözetim altında tutacağız ve sonra hayatına yeniden devam edeceksin ya da... Yeni bir hayata hoş geldin, Kayla."

Tepkimi bekleyen sadece doktor değildi. Odadaki herkes benden bir tepki bekliyordu. Onları nasıl memnun edeceğimi bilmiyordum. Bir ayı hayatlarından çalmıştım. Bebeğimi kaybetmiştim. Onlara kim bilir ne tür acılar yaşatmıştım. Bir fikrim bile yoktu. Morgda kaldığım süre boyunca onlara ne olmuştu?

Gizlice hamile kalma kararı almış ve herkesi kandırmıştım. Gerçekleri saklayıp onları dinlememiş ve bebeği dünyaya getirme konusunda diretmiştim. Sonunda yapabildiğim tek şey onlara kaybetme hissini yaşatmak ve sonrasında geri gelmekti. Harika iş! Tam da benden beklenileceği gibi.

"Sen mucizesin, Kayla."

Annemin ağlamaklı sesini duyduğumda gözlerimi kapattım.

Ben hatayım, anne.

∞

İki hafta sonra...

Tam bir ay... Dünyaya gözlerimi kapadığım bir ay. Annemin deyimiyle ben güzellik uykusundayken, çevremdekilerin hayatında pek bir değişiklik olmamış. Hepsi hayatlarını ağırdan alarak sekteye uğratmış. Benim yüzümden.

Babam hastanedeki işlemleri sonlandırırken, annem çantaları arabaya taşıyordu. Rüzgâr saçlarımı uçurduğunda üzerimdeki polar hırkaya daha sıkı sarındım. Annem bu sırada bagajı açmış, kendi kendine bir şeyler söyleyerek çantaları yerleştiriyordu. Hayat onların söylediğine göre normale dönmüştü. Bunu anlamıyordum, çünkü hatırladığım son şey Meriç'in kollarında oluşumdu. Sonra uyanmış ve yeni bir güne başlamıştım. Bebeğim olmadan. Bazı şeyler, bunun bu kadar basit olmadığını ağır bir metalle kafama vurup beni sarsarak öğretmişti. Bir ay... Çevremdeki herkesin hayatından bir parça kopardığım bir ay.

Babam elini omzuma koyduğunda dağınık kafamı toparladım.

"Gidelim."

Arabaya doğru yürümeye başladık.

Annem "Bitti mi?" diye gereksiz bir soru sorduğunda babam daha gereksiz bir şey yapıp ona cevap verdi. "Bitti, gidebiliriz."

Büyük Escalade'in arka koltuğuna yerleştim. Annem kemerini takarken babam arabayı çalıştırdı. Sabahın erken saatleri olduğu için trafik yoktu. Yolun üstünde kayar gibiydik. Annem trafiğin rahatlığı hakkında bir şeyler söylediğinde, babam da onu destekleyici bir şeyler mırıldandı. Aradan geçen bir ay, onların iletişim kurmasında yararlı birtakım olanaklar sağlamıştı belki de... Uyuduğum için bilemiyordum.

Kulaklığımı taktıktan sonra müziği başlattım ve başımı cama yasladım. Psikolog erken dönemde yaşadığım hamileliğin yükünü taşıyamadığımı, bu yüzden kendimi suçladığımı düşünüyordu. Bir çeşit travmaymış. Bu nedenle konuşmuyormuşum. Annem ve babam bunları duyduktan sonra bana daha fazla sevgi göstermeye başladıkları için o kadını hapse atmaları gerektiğini düşünüyordum. İhtiyacım olan bana ilgi göstermeleri değildi. Onları kandırmış, korkutmuş ve hayatlarından çalmıştım. Beni suçlamaları kendimi daha iyi hissetmemi sağlardı ancak bu yönde tek bir adım atmamışlardı. En azından yargılayıcı bakışlar atabilirlerdi ama tek yaptıkları mutlu olmaktı.

İki hafta boyunca doktorları ikna edecek bir performans sergileyip hastaneden erken ayrılmayı başardığımda biraz iyi hissetmiştim. Onun dışında Ömer ve Neşe'nin tüm şaklabanlıklarına karşı bile içimde bir kıpırtı olmamıştı.

Ben onlara haksızlık ediyordum ama onlar beni gülümsetmeye çalışıyorlardı. Bu adil değildi.

Yolculuğa devam ederken aynı şarkıyı tekrar dinledim.

Meriç iki hafta boyunca sadece üç kez yanıma uğramıştı. Uzaktan bakmış, birileriyle konuşmuş ve sonra da gitmişti. Diğerlerinin aksine benimle konuşmaya çalışmamıştı. İlk uyandığımda gerekli konuşmayı yapmıştı. Ondan beklenilecek şeyleri söylemiş ve ardından gitmişti. İlgilenmemişti. Başka biri olsa nasıl hissederdi bilmiyordum. Kendimi bile tanıyamıyordum.

Onun yanımda olması ve diğerleri gibi davranması gerektiğini düşünen sevgiye muhtaç, güçsüz yanımdı. Hastanedeki odanın kapısı her açıldığında umutlanan ve başka biri girdiğinde öfkelenen bir yan. Günler boyunca ona öfkelenmiştim. Öfkem o kadar büyümüştü ki, yanıma uğradığında da sırtımı dönüp yüzüne bakmamakla cezalandırmıştım onu. Belki de kendimi.

Diğer yanım ise, kurumuş yapraklarla kaplı içime ferahlatıcı bir rüzgâr üflüyordu. Başından beri onda dikkatimi çeken şeyi hâlâ koruyordu. Başkaları gibi beni kandırmıyor, gerçekleri saklamıyor ya da bana iyi gelmeye çalışmıyordu. Ne istiyorsa onu yapıyordu ki bu bana sadece bir insan olduğumu hatırlatıyordu. Yüce bir kişi gibi hatalarımın saklandığı, görmezden gelindiği ve ne yaparsam yapayım en iyisini hak ettiğim oyununa dâhil olmadı. Hiçbir zaman. Gerçek olan oydu ve ben onun yanında nefes aldığımı hissediyordum.

Yanıma geldiği zamanlarda sadece bir konudan bahsetti. Beni şaşırtmadı.

O çocuklardan intikam almasını istemiyordum.

Polis, yazılı ifademi aldıktan sonra gerekli şeyleri yapmak için harekete geçmişti. Onları Meriç'ten önce bulmalarını diliyordum ancak buna pek inandığım söylenemezdi.

Araba evin önünde durunca kapıyı açtım. Annem ve babamı beklemeden dışarı çıktım. Babam çantaları alırken annem peşime takılıp koluma girdi. Her şey yolundaymış gibi davranıyordu. Hiçbir şeyin yolunda olmadığını görmezden gelmek sadece benim için imkânsızdı anlaşılan. Annem uzanıp zile bastığında sakince nefes aldım. Bir ay sonra evime adım atacaktım. Galiba. Bana bir ay gibi gelmiyordu. Bir ay uyumuş olduğuma hâlâ inanamıyordum. Bu bana yapılan bir şaka olsaydı daha kolay kabullenebilirdim. Morgda kaldığımı hayal dahi edemiyordum.

Kapı açıldığında Nursena Hanım "Kuzum," diyerek kollarını boynuma doladı. Eğilip hafifçe sarıldım. Annem paltosunu çıkarırken Nursiş kollarını çözdü. Üzerimdeki hırkayı alırken takip edemediğim onlarca şeyi sıraladı. Konuşmamak bir süre sonra duyma yetimin tembelleşmesine de sebep olmuştu. Herkes benden mucizeymişim gibi bahsederken kulaklarımı tıkamayı alışkanlık haline getirmiştim. Nursena Hanım'ın söylediği çoğu şeyi de bu yüzden kaçırdım.

Kazağımın kollarını düzeltip içeri doğru yürüdüm. Annemi beklemedim. Bir an önce odama gidip sessizliğimle baş başa kalmak istiyordum. Salonun kapısına yaklaştığımda Neşe önüme atlayıp "Sürpriz!" diye bağırınca nefesimi tuttum. Bileğime yapışıp beni içeri çektiğinde dengemi sağlayana kadar birkaç saniye tökezledim. Cansu kollarını boynuma dolayıp "Hoş geldin, bir tanem," derken, Ömer ve Semih kafalarındaki kukuletaları çıkarıp sehpanın üzerine bıraktılar. Etrafta renk renk balonlar vardı. Hayatlarını zehir etmemi mi kutluyorlardı? Arkadaşlarım gerçekten tuhaftı.

Cansu kollarını çözdüğünde Semih yanıma geldi. "Sarışın," dedikten sonra nazikçe sarıldı. Nefesini saçlarımın arasında hissettiğimde içim titredi. Ayrıldığında Ömer uzanıp yanağımı öptü. Hastanede sürekli başımdaydı zaten. Neşe kolumu tutup çektiğinde hareket etmedim. Dönüp bana bakınca bileğimi kendime çektim. Beni konuşturmak için bunları organize ettiğinin farkındaydım ama hastaneden yeni çıkmıştım, dinlenmeye ihtiyacım vardı. Bunu bilmesi gerekiyordu. Kendi içimde onu böyle yargılamam, bir an sivri bir cisim vücuduma girmiş gibi acıttı. Sesli bir şekilde bunu söylesem bana öfkelenir, kızar ama fazla umursamazdı. Şimdi o duymadığı için ona haksızlık etmiş gibi hissediyordum. Karmaşık duygularımı önemsemem gerekmiyordu. Konuşmak zorunda değildim.

Arkamı dönüp yürümeye başladığımda, "Kayla?" dedi kırgın bir sesle. Zaten kırgın ve kızgın olması gerekiyordu. Duraksamadan devam ettim. Ta ki biri kollarını belime dolayana kadar.

"Kaçamazsın, sarışın. Bizimle biraz otur. Senin için pasta aldım. Sonra istersen seni yatağına kucağımda taşırım."

Merdivenlere yönelmek için bir hamle yaptığımda, itiraz ettiğini belli eden bir ses çıkardı ve ardından bileğimi tutup beni yeniden salonun ortasına çekti. Diğerleri bana endişeyle bakarken, Semih koltuğa oturtup "Pastalarımız nerede?" diye sordu umarsızca. Hiçbir sorun yokmuş gibi. Biraz tanıdıktı. Sanki… Bana benziyordu.

Baş belası bir çocuktu.

∞

Konuşmadığım için hayatımı yönetemeyeceğimi sanan insanların arasında kalmak can sıkıcıydı. Sadece konuşmuyordum ama çevremdekilere kalırsa yemek yemeyi, dışarı çıkıp hava almayı, uyumayı, dinlenmeyi akıl edemeyen bir varlığa dönüşmüştüm. Yalnızca istemiyor olabileceğimi düşünmüyorlardı. Onların fikirlerine ihtiyacım varmış gibi kendilerini benim için düşünmeye programlamışlardı. Meriç, ondan dört adım geride olan babam, Semih, Caner ve Berkan dışında. Meriç bu konuda kesinlikle ilk sıradaydı.

Annem ve diğer tüm hemcinslerim bebekmişim gibi davranıyorlardı. Uyandığım anda tüm işkence başa sarıyordu, bu yüzden yatakta daha uzun vakit geçirir hale gelmiştim. Uyuduğumu düşündüklerinde o kadar karışmıyorlardı neyse ki. Yataktan dışarı çıkmak zorunda olduğum anlarda yakalanmamaya çalışıyordum. Yakalandığımda ise tüm o *'Şunu ister misin? Buna ihtiyacın vardır!'* saçmalıkları yeniden başlıyordu.

"Çok iyi ya!"

Bakışlarımı yanımda oturan ve uzun bacaklarının yardımıyla salıncağı sallayan Caner'e çevirdim. Yüzünde herhangi bir kavganın hatırası olacak tek bir çizik dahi yoktu. Çenesinde çıkmaya başlamış sakalları dışında yüzü pürüzsüzdü. Dolgun dudaklarını hareket ettirmeye devam etti.

"Konuşmaman. Böyle bir kız olacağını tahmin etmezdim. Siz buna programlanmış gibisiniz ama şu an bir buluşu ilk görenlerden biri gibi heyecanlıyım."

Dudaklarım yukarı kıvrıldığında gözlerini büyütüp, "Vay canına! Gülebiliyorsun," dedi.

Utanarak elimi dudağımın üstüne kapattığımda yüzümü saklamaya çalışıyordum.

"Hey, gerçekten gülüyorsun."

Elini uzatıp yüzümü saklamada bana yardımcı olan saçımı nazikçe tuttu. Kulağımın arkasına sıkıştırırken, "Bunu ilk kez yapıyorsun, değil mi? Annen hiç tepki vermediğinden bahsetti," dedi yumuşak bir tonda.

Annem herkese durumumun özetini değil de detaylarını anlatıyordu anlaşılan. Endişelendiğini görebiliyordum ama biraz abartıyordu.

"Aramızda özel bir şey var, biliyorsun, değil mi? Meriç olsun ya da olmasın... Bu bağ bizim elimizde."

Elimi dudağımdan çekip yüzüne baktım. Geriye doğru çekildiğimde elini saçımdan ayırıp arkasına yaslandı. Onun aksine ben dizlerimi kendime doğru çekmiştim ve salıncağı sallandırma görevini tamamen ona bıraktığım için kontrol ondaydı. Bacakları bizi hareket ettirmek için görevini yerine getirirken, çenesindeki seyrek çıkmış tüylerin olduğu bölgeyi kaşıdı.

"Merak etme, bunu kimseye söylemem. Gülümsemen sır."

Önüme düşen saçı arkaya attıktan sonra bileğimdeki tokayla saçlarımı topladım. Üzerimdeki hırkaya biraz daha sıkı sarındım. Son günlerde hava biraz soğuktu. Haberlerde gelecek haftanın çok sıcak geçeceğini söylemişlerdi. Annem buna sevinmişti. Çabuk üşüyordu.

"Meriç ortalarda yok."

Bakışlarımı yeniden ona çevirdiğimde, gözlerini bahçenin diğer ucuna dikmiş parmaklarıyla dizinde ritim tutuyordu.

"Seni önemsediğini söyleyip aranızın bozulmamasını istediğimden değil ama haklı."

Dizimi karnıma doğru iyice çektikten sonra çenemi yasladım. Caner gibi birinin Meriç'in planlarını desteklemesi kadar normal bir şey yoktu.

"Bil diye söylüyorum... Eğer ihtiyacı olursa onun yanında olurum."

Bu biraz şaşırtıcı olurdu işte. Caner'in bana karşı tutumu değişikti. İyi biri olmaya çalışıyordu ama başkalarına karşı hâlâ aynı çocuktu. Özellikle Meriç ile hâlâ zıt kutuplardaydılar. Kavga etme potansiyelleri çok yüksekti. İkisinin yan yana durması sürpriz olurdu. Meriç bunu istemeyeceği için üstünde fazla düşünmedim. Nefesimi dışarı bırakıp bacaklarımı aşağı doğru sallandırdıktan sonra, bahçe salıncağının kenarındaki demir zincire tutundum.

"Gitme vakti mi?"

Ayağa kalktığımda benimle birlikte harekete geçti. Eve doğru birlikte yürüdük. Berkan içeride beni bekliyordu. Caner ile vakit geçirmem için izin vermişti. Annem ziyaret sürelerini eşit tutmaya özen gösteriyordu. Söz hakkı ondaydı ne de olsa. Caner yanağımı öperken sabun kokusu gülümsememe sebep oldu.

"Temiz olmamı sevdiğini biliyorum," diye fısıldadıktan sonra parmaklarıyla hafifçe yanağımı sıktı. Önümde durduğu için Berkan'ın beni görmesini engelliyordu. "Sır," dedikten sonra göz kırptı ve arkasını döndü.

Annem ona kapıya kadar eşlik ederken koltuğun kenarına oturdum. Hastanedeyken yeterince ziyaret etmişlerdi ama evde de peşimi bırakmamakta ısrarcıydılar.

"O çocuğu gözüm tutmuyor."

Berkan hâlâ birlikteymişiz gibi davranmaya devam ediyordu. Sehpanın üzerindeki kumandayı alıp televizyonu açtım.

"Aranızda bir şey geçmedi, değil mi?"

Tahmin edemezsin.

"Boş ver. Aptalca bir soruydu."

Onu öptüm.

"Sen belki Meriç'e bakarsın sonuçta çocuk resim filan çiziyormuş, değil mi? Ama bu çocukta senin etkileneceğin bir şey yok."

Boynunda dudaklarımı gezdirdiğime inanabiliyor musun?

"Cidden saçmaladım."

Bana özel bile hissettirdi. Senin yapamadığın kadar...

Uzanıp elimi tuttuğunda gözlerimi televizyondan ayırmadım. Bir komedyenin konuk olduğu sabah programında reklama girilmişti. Bebek maması reklamındaki çocuk etrafa gülücükler saçıyordu.

"Sesini duymayı özledim, Kayla. Bu... Senin en uzun susma rekorundan bile fazla."

Parmakları avucumun içinde gezinirken iyice yaklaştı. Onu hissediyordum ama gözlerimi televizyondan ayırmamakta ısrar ettim. Bahsettiği şeyde haklıydı. Alışveriş merkezinde beni tek başıma bırakıp arkadaşlarıyla futbol menajerlik oyunu oynamak için gittiğinde onunla tam üç gün konuşmamıştım. Hiçbir şekilde sesimi duymamıştı. Tabii o yakınlarımda değilken başkalarıyla konuşuyordum. Şimdi ise sadece kendimle konuşuyordum ve bu içimde bir volkan gibi büyürken tek yapabildiğim başkalarını dinlemekti.

Annem boğazını temizlediğinde kafamı kapıya doğru çevirdim. Berkan'ın eli hâlâ benimkinin üstündeydi.

"Kayla, misafirin var."

Meriç annemin arkasından salona girdiğinde kıpırdamadım. Kafamı televizyona çevirmek üzereydim ki görüş açıma uzun boylu bir kız girince duraksadım. Elimi kendime çekip bacaklarımın arasına aldıktan sonra arkama yaslandım. Hastaneden çıkarken uğramamasını anlayabilirdim. Annem kalabalık istemiyordu. Gerçi biraz kurcalayacak olursam, Meriç annemin ne düşündüğünü umursamazdı ama bunu yapmamayı tercih etmişti. Eve geldiğimde gelmesini beklemiştim ama o yine gelmemişti. Şimdi gelmeye zahmet etmişti. Yanında Hayal'i getirme inceliğini göstererek üstelik.

"Senin kalacak bir yerin yok mu?"

Gelir gelmez ilk sözü de bana değildi tabii ki. Berkan koltuğa biraz daha yayıldı. "Çok ince düşüncelisin, dostum."

Meriç ona cevap vermek yerine elini boynuma koyup üzerime eğildi. Dudaklarını alnıma bastırdığında gözlerimi kapadım. Vanilya kokusu ruhumu yumuşatırken dudakları tenimden ayrılınca gözlerimi açtım.

"Hayal seni ziyaret etmek istedi."

"Merhaba, Kayla."

Bakışlarımı Meriç'in üzerindeki gece mavisi gömlekten alıp ona çevirdiğimde gülümsedi. Annem oturması için işaret edince çaprazımdaki koltuğun kenarına hanımefendi edasıyla oturdu. Kazağının kolunu parmaklarının üstüne kadar çektikten sonra konuşmaya başladı.

"Sana çikolata getirdik. Tam olarak neli sevdiğini bilmediğim için karışık aldım."

Annem benim yerime nazikçe teşekkür edip çikolata paketini açtı ve sehpanın üstüne bıraktı. Bakışlarını üzerime diktiğini hissetmeme rağmen gözlerimi televizyondan ayırmadım ancak bir tane çikolata alıp ağzına attığını görmüştüm. Annem enfes olduğunu mırıldanırken bir tane de Berkan yedi.

Annem Hayal'e nasıl olduğunu, ne okumak istediğini sorarken sadece televizyon izledim. Reklam bittiğinde dizi tanıtımlarını izlemek de üç dakikamı almıştı. Program yeniden başladığında ekrandaki sarışın kadın reklamların bittiğini ve sohbete kaldıkları yerden devam ettiklerini söyledi. Komedyen konuğunun espri yapmasını istiyordu. Bunun için yem olacak birkaç şey söylemesi gerekiyordu ki bu konuda oldukça başarılıydı. Komedyen onun ufak eksiklerinden yararlanarak espri yaparken, kadın konuyu toparlamak yerine gülmeyi tercih etti. Ekranın altında sonraki konuğun bir astrolog olduğu haberi geçerken kahkahasını bastırmaya çalışıyordu. Annem ise hâlâ Hayal'e sorular soruyordu.

On dakika kadar orada oturma işkencesine devam ettikten sonra ayağa kalkıp odama gitmek için salonun kapısına yöneldim. Bir anda sessizlik olmuştu ama annem hemen duruma el atıp yorgun olduğumu söyledi.

Merdivenleri çıkarken hâlâ toparlanamadığımı anlattığını duydum.

Annemin söylediklerine fazla takılmadım. İnsanlara kabalık yapmamın üstünü örtmeye ve beni temize çıkarmaya çalışıyordu. Odama girdikten sonra tüm bunlardan kaçış yöntemim olan yatağıma yöneldim. Meriç'in gelmeyeceğini biliyordum. Çok değer verdiği arkadaşı Hayal'i evine bırakacaktı. Başımı yastığa koyduktan sonra gözlerimi kapattım. Tenimi sarmalayan gerginlik yüzünden uyuyamayacağımı biliyordum. Bir süre sonra yatmaktan vazgeçip doğruldum. Komodinin üstündeki kitabı alıp okumaya başladım.

Kitap okumaya öyle çok dalmıştım ki, babam seslendiğinde kendime gelmem birkaç saniyemi aldı. Saate baktığımda akşam olduğunu fark ettim. Kitabı kapatıp komodinin üstüne bıraktım.

Aşağı inerken babam merdivenlerin başındaydı.

"Ben de seni uyandırmaya gelecektim."

Basamakların sonuna geldiğimde kolunu omzuma atıp beni mutfağa yönlendirdi. Karşılıklı oturduktan sonra annem ve Nursena Hanım'ı bekledik. Onlar da bize katılınca yemeğimizi yemeye başladık. Nursiş patates kızartması ve köfte yapmıştı. Babam çorba kâsesini önüme bırakıp "Önce bu," dediğinde annem boğazını temizledi.

"Kayla ve ben yazın pek çorba içmeyiz."

Babam arkasına yaslanıp kaşığını eline aldıktan sonra devam etti. "Burası benim evim ve Kayla'nın önce biraz çorba içmesini istiyorum. İstemezsen sen içmezsin, Nazlı."

Nursiş dalgınlıkla bana bakarken annem "Kayla'yı sevmediği yemekleri yemeye mi zorluyorsun?" diye sordu.

"Sağlıklı olmasını istiyorum."

"Kızım benimleyken de yeterince sağlıklıydı."

"Kahvaltı yapmadan çocuğunu okula gönderen bir anne mi söylüyor bunu?"

Annemin kaşları çatıldı. Öfkelendiğini görebiliyordum. Çatalını bıraktı. "Sen... Ne demeye çalışıyorsun? Kızıma bakamıyor muyum ben? Unutma Vural, sadece Kayla için onu almana izin verdim."

Babam çorbasından bir kaşık aldıktan sonra ona cevap verdi. "Neyse ki boşa çabalamaktan kurtardın kendini."

Kaşığı elime alıp çorbadan içmeye başladığımda, sıkça yapılan bu tartışmaya son vermeyi diledim. Masada bir sessizlik oldu. Annemin kendini tuttuğunu biliyordum. Babam buraya ilk geldiğimdeki adama dönmüştü. Şu güçlü, pençeleri olan ve sinir bozucu adam... Bu tartışmayı laflarının bir kısmını değiştirip sıkça tekrarlıyorlardı. Annem benim için susarken babam çorbasına devam etti. Bir süre sonra annem de tabağındaki patatesleri yemeye başladı.

"Ve sana söylemek istediğim bir şey var, kızım." Çorba kâsesini sandalyesiyle birlikte geriye doğru uzanıp tezgâhın üstüne bıraktıktan sonra tekrar sandalyesine düzgünce yerleşti. Nursiş onun servisini önüne bırakırken konuşmaya başladı. "Yeşim ile ilişkimizi bir boyut atlatmak istiyoruz."

Anneme baktım. Yüzünü tabağından kaldırmadı. Çatalıyla köfteyi ikiye bölerken yeniden babama döndüm.

"Bir kış düğünü düşünüyoruz. O zamana kadar bir yüzük takabiliriz. Yeşim'in ailesi seni de tanımak istiyor."

Babamın yüzük takmak istediğini belirttiği kadın, hastanedeyken beni sürekli ziyaret etmişti. Ama bu, birbirimizi iyi tanıdığımız ve aramızdaki ilişkinin süper olduğu anlamına gelmiyordu. Onu hâlâ tanımıyordum ve babamla evlenmesini istediğimden de emin değildim. Bu kadar sorunum varken bir de ailesiyle tanışacağımı hiç sanmıyordum.

Nursiş çorba kâsesini alıp servisi bıraktığında önüme döndüm. Başımı tabağıma eğdikten sonra göz ucuyla anneme baktım. Yüzü kızarmıştı ama yemeğine ara vermedi. Tabağımdakileri hızlıca yedim ve onların bir şey söylemesine izin vermeden yerimden kalkıp mutfaktan çıktım.

Odama gidip yatağıma uzandım. Yaklaşık bir saat sonra annem geldi. Uyuyor gibi yaptım. Yüzündeki kırgınlığı ya da öfkeyi görmek istemiyordum. Alnımı öptükten sonra sessizce odadan çıktı.

Dakikalar sonra aşağıdan gelen kapı sesini duydum. Annem bir süreliğine Nursena Hanım'ın evine taşınmıştı. Nursiş bazen bu evdeki odasında kalırdı ama annem varken her gece eve gideceğini babama iletmişti. Bunu bilmek içimi biraz rahatlatıyordu. Annemin yalnız kalmasını istemiyordum.

Başımı tekrar yastığa koydum. Babamın bunu yaptığına inanamıyordum. En azından annem yokken söyleyebilirdi. Bu üzerimdeki yükü azaltmıştı belki ama bunu istemiyordum. Evlenmesini istemiyordum. Başka bir kadınla birlikte olduğunu görmek istemediğim gibi, annemin üzülmesini de istemiyordum. Bir yanım beni konuşturmak için yaptığına inanıyordu ama bu kesinlikle berbat bir yöntemdi.

Huzursuzca yatağın içinde kıvrıldım ve cenin pozisyonunu aldım.

Yarın kim bilir neler olacaktı...

Uykunun derinliklerine düşerken bir tıkırtı duyunca babamın geldiğini düşünüp gözlerimi araladım. Yorgan açılıp vücuduma soğuk çarptığında ve yatağın diğer tarafı çöktüğünde gelenin babam olmadığını anladım.

Konuşmamak zor değildi. Çünkü kelimelerin canımı acıtacağını biliyordum. Kimse beni cezalandırmazken, ben kendimi susmakla cezalandırıyordum. Fakat şu an susmakta en çok zorlanacağım anlardan birini yaşıyordum. Hastanedeyken çok sık gelmemesine biraz bozulmuştum ama bir yandan da rahattım. Şimdi ise kendi hamlesini gerçekleştirme vakti gelmişti. Bu beni delicesine korkuturken, nasıl mücadele edeceğimi bilmiyordum. Kolu usulca belime dolanırken burnunu saçlarımın arasında gezdirdi. Kulağıma kadar ulaştığında "Bana dön," diye fısıldadı.

Kıpırdamadım. Ona dönersem, yüzünü görürsem her şey daha zor olacaktı.

"Kapını kilitledim. Üstelik baban annenleri bırakmaya gitmiş olabilir. Onu görmedim. Yalnızız."

Blöf yaptığına emindim. Babam beni asla evde yalnız bırakıp gitmezdi. Taksi çağırmıştı muhtemelen. Birazdan da gelip bana iyi geceler dileyecekti.

Parmakları kolumu kavradı.

"Bana dön, sevgilim."

Biz hâlâ sevgili miydik? Biz hiç sevgili olmuş muyduk?

Enseme küçük bir öpücük bıraktıktan sonra beni harekete geçirmek için kolumu okşadı. Direnmekten vazgeçip kıpırdandım.

"Demek bu susma oyununa devam edeceksin."

Gözlerim çenesindeydi. Gözlerine bakmamakta ısrar ettim. Buna da zorlayamazdı beni herhalde.

"Neşe cadısı seni konuşturamadı, değil mi? Hiç şaşırmadım."

Neşe'ye laf atmak için geldiyse onu dinleyebilirdim. Buna alışmıştım zaten. Neşe de sürekli onun ne kadar sorumsuz olduğundan bahsediyor, yanımda olması gerektiğini söyleyip duruyordu. Ama Ömer yanımızdayken Meriç hakkında pek konuşmuyordu. Araları onun yüzünden bir kez bozulmuştu ve Neşe akıllı bir kızdı benim aksime. Aynı konuyu bir daha gündeme getirmezdi. Bense çocuk gibi davranıp Hayal'e kendi evimde kabalık etmiştim. Üstelik o olgunluk gösterip beni ziyarete gelmişti. Ne kadar varlığından rahatsız olsam da misafirimdi ama bunu umursamamıştım. Meriç istese beni bırakıp ona gidebilirdi. Karamel ten rengi ve dolgun saçlarıyla çok duru bir güzelliği vardı. Benim gibi ruhsuz değildi. Sevecen ve olgundu. Meriç'in başını ağrıtmayacağı kesindi. Zaten bunca yıl arkadaş olduklarına göre tüm bunları Meriç de düşünüyordu.

"Altı haftadır uzağımdasın. Yakındın ama sana dokunamıyordum. Şimdi nefesim yeniden tenine çarpıyor."

Parmağı yanağımı okşarken dudağını yukarı doğru kıvırdı.

"Dudaklarını konuşmaktan başka şeylere harcayabilirsin, baş belası."

Ne yapacağımı bilmiyordum. Diş fırçalamak ve yemek yemek dışında ağzımı uzun zamandır başka bir şey için harekete geçirmemiştim. Dudağını yanağıma bastırdığında kokumu içine çektiğini duydum. Ruhumun okşandığını hissettim. Bunu uzun zamandır yaşamamıştım. Sanki hiçbir şey olmamış gibiydi. Tıpkı geçmişteki gibi hissediyordum. Buna hakkım varmış gibi. Babamın beni karanlıktan korumak için yatağımın iki başına yerleştirdiği özel aydınlatmaların tavanımda yarattığı turuncu yıldızlara bakmaktan vazgeçip gözlerimi kapattım ve sessizce vanilya kokusunu içime çektim.

Birçok şey yaşamıştık. Onunla kimseyle paylaşmayacağım şeyleri paylaşmıştım. Kendimden bile beklemediğim şeyleri onun için yapmıştım. Hakarete uğrayıp sineye çekmiş, kabul etmeyeceğim şeyleri kabul etmiş, ahlaksızca şeyler yapmıştım. Şu an burada olması bile ahlaksızcaydı. İnsanlar benden annem gibi olmamı bekliyorlardı. Anneannem hastanedeyken bir hafta kadar yanımda kalmıştı. Kırgındı. Belli etmemeye çalışmıştı ama hissetmiştim. Annem onu hayal kırıklığına uğratmıştı. Benden de fazla umutlu değildi. Küçükken hep babasız büyümenin benim için iyi olmadığını, bazı şeylerden eksik olduğumu ve sonumun onun gibi olacağını söylerdi anneme. Baba korkusu dediği şey bende yoktu çünkü. Annemi beni mutlu etmek ve eksik hissettirmemek için sürekli anlayışlı davranmakla suçlar, bunun benim için iyi olmadığını söylerdi. Annemse her defasında ona beni iyi yetiştirdiğini söyleyerek konuyu geçici bir süreliğine kapatırdı. Kimileri tarafından ahlaksızca şeyler yapmıştım.

Annemin babamla ne yaşadığını bilmiyordum ama Meriç bana normalde herkesin yaşamadığı şeyleri yaşatmıştı. Üstelik bunlar bana iyi hissettirmişti. Arzularının esiri olan genç bir kız gibi davranmıştım. Mantığımı hiçbir zaman devreye sokamamıştım. Neşe benim olmak istediğim kızdı. İkimiz de küçükken insanların öpüşmesini ve birlikte olmasını iğrenç bulurduk. Erkeklere güvenmeyen iki kızdık. Ve sonunda yine güvenmediğim için, hamile kalmak gibi dâhiyane bir plan yapmıştım.

Sevginin resmiyetle sınırlandırılamayacağını savunanlar beni acımasızca yargılamazlardı belki. Yine de bu benim hata yaptığım gerçeğini değiştirmiyordu. Hata yaptığımı biliyordum. Hayatımın hiçbir zaman eskisi gibi olmayacağını da biliyordum. Sadece hatanın içinde alabileceğim kadar iyi nefes almak istiyordum. Eğer elimde geçmişe dönmek gibi bir fırsat olsaydı, bunları yaşamamayı tercih ederdim. Cinsel ilişkiden uzak kalıp, annem gibi olmamak... Bunu kesinlikle isterdim, çünkü hayatımın çizgisini tamamen değiştirmiştim. Ben annem kadar güçlü bir kadın değildim.

"Orada öyle uzanıyordun, Kayla. Öldüğünü sanmıştım."

Gözünü silerek yanağımdan ayrıldığında ona baktım. Gözleri kızarmıştı. O ve diğerleri öldüğümü düşünmüştü.

"Sonra bir ay boyunca senin yaşamanı bekledim. Ne ölüydün, ne de yaşıyordun. Her gün... Her gün öyle beklemek... Ya ölürsen, ya yaşarsan... Sen orada yatarken hepimizi değiştirdin. Benden hep iyi olmamı bekledin ama bunu diğerleri gibi yapmadın."

Parmakları saçımdan bir tutamı tarayarak omzuma kadar indi.

"Nasıl yaptın bilmiyorum ama içimdeki o küçük çocuğu gördün. Onu duydun. Bu yetmiyormuş gibi ona uzandın."

Tenime değen parmaklarını elime doğru yavaş yavaş indirdi.

"Zayıf kalp atışlarını o duydu. Sen orada ölümle yaşam arasında yatarken, bu sefer o seni gördü. Direnmeyi bıraktım. Sen hayatıma girdiğin gün, bir daha hiçbir şeyin eskisi gibi olmayacağını biliyordum. Seni istemedim. Kaçmak istedim, çünkü yeniden o çocuk olmak istemiyordum. İncinmek istemedim ama sen beni darmadağın ettin."

Gözünde biriken yaş akmadan elinin tersiyle gözlerini tekrar sildi. Boğazını temizledikten sonra uzanıp alnımı öptü.

"İstediğin kadar sus. Seni duymak için sesine ihtiyacı olmayan biri var." Parmakları saçımla oynarken alnımdan aşağı doğru inen dudağı benimkinin üstünde durdu. "İçimde."

Dudağıma bir öpücük bıraktıktan sonra yataktan kalktı. Hiçbir şey söylemeden odadan çıktı.

Sırtüstü uzanıp tavandaki turuncu yıldızları izlemeye başladım.

∞

Bazı şeyler hiç değişmez. Hayatınızın çizgisini değiştirecek bir adım atarsınız, herkesin hayatından geri gelmeyecek zamanları çalarsınız, onlara en büyük korkulardan birini yaşatırsınız, ölümle yaşam arasında uzunca bir süre kalırsınız ama hayata döndüğünüzde bazı şeyler tanıdıktır ve onları unutmazsınız.

Durumlar ve yaşanan olaylar tepkilerinizi değiştirir sadece...

Benim de öyle oldu.

Neşe bahçeye çağırdığı için aşağıya inmiştim. Bahçeye adım attığımda yalnız olmadığımı fark ettim. Neşe, Ömer, Berkan, Cansu, Bora, Semih, Caner hepsi benimle birlikte bahçedeydi. Kendimi sirke çıkarılmış ve bir şeyler yapması beklenilen bir maymun gibi hissediyordum. Kaçmak için gerilediğimde biri arkamdan sarıldı. Bu Meriç'ti.

"Boşuna direnme. Bazı şeyleri öğrenmen gerek, aptal sarışın."

Kulağıma doğru fısıldadıktan sonra çenesini başıma yasladı ve daha yüksek sesle konuştu.

"Anlat, Neşe!"

Neşe kolunu sıvazlayıp bir adım yaklaştıktan sonra dudaklarını araladı.

"Meriç, Ömer'e haber verdiğinde birlikteydik. Kahvaltı için buluşmuştuk. Günümüz süper başladığı için süper geçeceğini falan düşünüyorduk ama sonra her şey darmaduman oldu, Kayla. Hastaneye gidene kadar yol bitmek bilmedi. Sonra Meriç'i gördük. Üzerindeki tişörtte senin kanın vardı ve o an..."

Durup elinin tersiyle gözünü sildi. Ömer ona yaklaşıp omzunu öptüğünde Neşe devam etti.

"Hayatımda hiç o kadar korktuğumu hatırlamıyorum. Bir keresinde seninle kaybolmuştuk ve çok küçüktük. Telefonlarımız yoktu. Hatırlıyor musun? Deli gibi korkuyorduk ama birbirimize belli etmemeye çalışıyorduk. Sonra ikimiz de dayanamadık ve ağlamaya başladık ama yanımda sen vardın. O kadar da korkunç değildi, çünkü birbirimize destek olacağımızı biliyorduk. Sonra sanki bizi hiç bulamayacaklarmış ve biz yeni bir hayata başlayacakmışız gibi, birbirimizi her zaman koruyacağımıza dair söz verdik." Gözlerinde biriken yaşı silip gülümseyerek devam etti. "Sonra polisler bizi buldu. Annen polis karakolunu ayağa kaldırmasaydı daha geç bulacaklardı belki de ama o yarım saatte çok korkmuştum. Meriç'i o halde, üzerinde senin kanınla gördüğümde ise, o korkunun hiçbir anlamı kalmadı. Çünkü ilk defa seni kaybedeceğimi düşündüm."

"Hepimiz birbirimize sahte inançlar aşılamaya çalıştık, Kayla."

"Hiçbirimiz inanmıyorduk ama."

Semih, Cansu'yu desteklerken Meriç'in kollarından kurtulmaya çalıştım.

"Doktor bebeğini kaybettiğini söylediğinde pek umurumda olmadı. O an bunun için bana kızacağını bile düşündüm ama tek önemli olan sendin. Seni bizden alacak olan o bebek değil."

Semih'in itirafına karşı burnumu çektim. Bebeğimi kaybetmemi kimse umursamamıştı yani. Oysa en çok Semih kabullenmişti onu.

Caner dudağını ısırarak bana bakarken yorgunca göz kırptı. Berkan onun hemen önünde duruyordu. Hastaneye sonradan geldiği için, benim gibi yabancıydı tüm bu anlatılanlara.

"Doktor ikinci kez çıktığında neredeyse her tarafında kan vardı. Biz senin için kan verirken, seni kurtaracağımızı düşünmüştük."

Onları benim için endişelenirken hayal etmek istemiyordum. Ben belki de gerçekten bir bebek istemiyordum bile. Buna hazır olup olmadığımı bilmiyordum ama onun için mücadele etmiştim. Oysa onlar sadece beni düşünmüşlerdi. Ben… Onları düşünseydim... Bunların hiçbiri olmayacaktı belki de.

"Oysa doktor 'kaybettik' dedi. O aptal doktor çıkıp senin öldüğünü söyledi. İşte o an bir parçam koptu. Sen benim kardeşimdin. Ağladım. Bunun böyle devam edeceğini biliyordum ama sonra düşündüm ki… Zamanla alışacaktım. Bir süre sonra sen hiç var olmamışsın gibi hayatıma devam edecek, senin için gözyaşı bile akıtamayacak kadar normal olacaktım. O an kendimi öyle suçlu hissettim ki."

"Seni o yere götürürlerken annen üşüyeceğini söyledi," dedi Cansu. Gözündeki yaşı silip gülümsedikten sonra ekledi. "Haklıydı."

Annem… O her zaman benim için iyi olanı düşünmüştü ve onu dinlemediğim her planda ayağıma dolanan ipleri bu sefer boynuma dolamıştım. Anneme ne kadar büyük bir acı yaşattığımı düşününce kollarımı kurtarmak için çırpındım.

"Susun artık!"

Bu yaptıkları, onlara yaşattıklarımı hatırlatıp kendimi daha da suçlamamdan başka bir işe yaramıyordu.

Neşe gözlerini sildi. "Sen sus! Daha bitmedi, tamam mı?" Ömer'in tuttuğu kolunu çekip biraz daha yaklaştı. "Kendimi suçladım. Neden ben değil de sen diye düşündüm. Annenin yüzüne bakamayacağımı düşündüm. Herkes *Neden Kayla?* diyecekti. İkimizi karşılaştırıp duracaklardı. Yaşasaydın benimle aynı yaşta olacağını söyleyip, hayatının nasıl devam edeceğiyle ilgili tahminler yapacaklardı."

"Kapa çeneni!"

"O kadar şımarıksın ki…" diye bağırdığında dudaklarımı birbirine bastırdım. Kimse konuşmuyordu. Sadece biz bağrışıyorduk.

"Sadece bana kızın istedim, çünkü hepsi benim hatamdı!"

"Hayır! Hepsi o doktorun hatasıydı, aptal!"

"Hayır!"

"Ne oluyor burada?"

Annemin sesini duyduğumda, yanağımdan çeneme doğru akan yaşlarla birlikte "Anne!" diye seslendim. Boğuk çıkan sesimi duyup duymadığından emin olamadığım için bir kez daha seslendim.

Annem "Bırak kızımı!" deyip Meriç'in kollarını çözdükten sonra bana sarıldı.

"Götür beni buradan, anne."

"Hepiniz gidin! Gösteri bitti. Çabuk! Bahçeyi boşaltın derhal!"

Annemin sıcaklığına sarılırken ağlamaya devam ettim.

Odama çıktığımızda "Özür dilerim," dedim.

Annem gözyaşlarımı silerken sesi titriyordu. "Geçti, bebeğim."

"Sana yaşattıklarım için özür dilerim, anne. Ben korktum. Konuşmaktan ve her şeyin benim hatam olmasını söylemekten, her şeyi duymaktan korktum ama Meriç…

Ondan nefret ediyorum, çünkü kaçtığım her şeyle beni yüzleştirdi."

"Hiçbir şey senin hatan değil."

İçimi çekerek ağlamaya devam ederken beni yatağa yatırdı ve yanıma uzandı. Her şey olmadan önce sözleştiğimiz gibi yine birlikteydik.

Odanın kapısı açıldığında babamın sesini duydum. Kısa bir an sonra o da yanıma uzandı. "Özür dilerim, baba," dediğimde alnımı öptü.

"Geçti."

Derin bir nefes verdiğini duyduğumda kolunu tutup gitmesini engelledim. Anneme ve babama sarılarak ağlamaya devam ettim.

2

Yeni bir güne uyandığımda bazı şeylerden kaçmamın son bulduğunun bilincindeydim. Susma sona erdiğine göre artık kaçtığım sorumluluklarla yüzleşecektim. Kahvaltıda bize Meriç de katılmıştı. Mutfak kapısının önünde kısaca "Özür dilerim," dedikten hemen sonra.

Kimse onun kahvaltıda bize eşlik etmesini umursamıyordu. Ben uyurken her şey sandığımdan daha hızlı ilerlemişti. Belki de bu konuşmada burada olmalıydı. Ailem bu yüzden bu kadar sessizdi. Bunu kahvaltının ilerleyen dakikalarında anladım.

"Özel Atahan Üniversitesi'ne kaydın yaptırıldı." Kaşlarımı kaldırdığımda babam devam etti. "Biz senin bu şansını kaybetmek istemeyeceğini düşündük ve yakınımızda olman daha iyi olurdu ama eğer istersen bu yıl dondurabilirsin. Hazır değilsen yani."

"Eee..." Saçımı kulağımın arkasına attım. "Ben hiç böyle düşünmemiştim. Açıkçası sürpriz oldu."

Özel üniversitede okumayı kesinlikle düşünmemiştim. Bakışlarım anneme kaydığında aklımdan geçenleri okur gibi konuştu.

"Baban oradaki eğitimin senin için daha uygun olduğunu söyledi."

Böyle düşündükleri için onları suçlayamazdım. Ya Meriç? O ne yapacaktı? Bu şehirde kalmak istemiyordu. Onu anlıyordum. Gitmek istiyordu. Çırpınan ruhunu görebiliyordum. Ailesinden, sorunlarından, ona geçmişi hatırlatan bu şehirden gitmek istiyordu.

"Sen? İtalya'ya ya da başka bir yere gidecek misin?"

"Aslında daha önemli işlerim var. Onları halletmeden buradan ayrılmayı düşünmüyorum. Resim hocam görüşmeyi sürdürüyor. Okula kabul edildim ama bir dahaki dönem ya da bir sonraki yıl gitmem için."

"O zamana kadar ne yapacaksın?" diye sordum ilgimi ondan bir an olsun ayırmadan. Meriç ise bana bakmadan, tabağındaki sosislerle oynayarak konuşuyordu.

"Semih ve ben de Atahan'a kaydolduk."

"Semih ve sen?" dedim onaylatmak istercesine.

Meriç kafasını sallarken babam yeniden söz aldı.

"Kenan'la bunun daha iyi olduğunu düşündük. Ayrıca Meriç'in yurt dışındaki okuluyla ilişkileri var. Eğer sen de istersen..."

Bu konuşmaya bakılırsa Semih'e söz hakkı tanınmamıştı. Kim bilir ne kadar kızmıştı ama benim durumum varken babasıyla bu konu hakkında çok da konuşabildiğini düşünmüyordum. Kenan Amca buna muhtemelen izin vermemişti.

"Ben de istersem ne?"

"Sen de kabul edildin, Kayla."

Meriç babamın yerine cevapladığında sabah sabah bu kadar şokun yeterli olduğunu düşünüp arkama yaslandım. Yurt dışında eğitim hakkım vardı ki bu Neşe'nin annesinin hayaliydi.

"Neşe?" diye sorduğumda annem dudağını peçeteyle sildi.

"Ömer ve Neşe Ankara Üniversitesi'ne kayıt yaptırdı. ERASMUS ile birlikte bir yıl İngiltere'de okuma hayalleri var."

"Peki ya Caner? Kazanabildi mi?"

"Evet. Spor akademisinde okumaya hak kazandı."

"Berkan da İzmir'de okuyacak. İstediği gibi. Cansu da İzmir'de ve diğer arkadaşınız..."

"Bora."

Annem Meriç'e teşekkür ettikten sonra devam etti. "Evet, Bora... O da Aydın'da okuyacak."

Benim, Semih'in ve Meriç'inki dışında herkesin hayatı planladığı yönde ilerliyordu. Onlar için sevinmiştim ama kendim için emin değildim. Yeni bir özel okul düşüncesi beni geriyordu. Atahan Koleji alışkın olduğum gibi değildi. Görünmez bir sınır vardı burslular ile diğerlerini ayıran. Kimse sesini çıkartıp tek bir şey demiyordu ama herkes o sınırın farkındaydı. Üniversitenin nasıl olduğunu bilmiyordum ama içimden bir ses fazla lüks olduğunu söylüyordu. Ben sıradan bir hayat istiyordum halbuki.

"Yine de karar senin, kızım. İstediğin her şeye biz saygı duyarız."

Kafamı salladıktan sonra çayımdan son yudumu aldım.

"Umut Bey'i bir akşam yemeğe davet etmek istiyoruz. Seninle çok ilgilendi."

"Olur."

Kahvaltıdan sonra Meriç'in ailesinin görkemli evine doğru yola çıktık. Aslında onlar bize gelmeyi teklif etmişlerdi ama Meriç ailelerimizin birlikte çok vakit geçirmesini istemiyordu. Babasıyla arasında her an bir kıvılcımlanma olabileceğinden, ailemin buna şahit olmasından kaçıyordu. Zaten hastanedeyken ziyaretime gelmişlerdi. Yeniden konuşmaya başladığım için annesi beni yine görmek istemişti. Ben daha söylemeden Meriç iyi ve düşünceli çocuk rolünü oynayarak birini aradı. Dobby'nin kulübede ve bağlı olmasını tembihledi. Arabayı evin önüne park ettikten sonra, "Annemler arka bahçededir. Ben tıraş olup geleceğim. Dobby kulübesinde," dedi. Ben kafamı sallarken o merdivenleri ikişer ikişer atlayarak çıktı.

Gösterişli evin arka tarafına geçmek için etrafını dolaşmaya başladım. Bahçedeki otları kesen adam beni gördüğünde gülümseyerek elini kaldırdı. Tebessüm edip ona el salladıktan sonra yürümeye devam ettim. Buraya geldiğim zamanlarda onunla kısa diyaloglarımız olmuştu. Anlattığına göre, Meriç'i doğduğundan beri tanıyormuş. Sakin bir çocukmuş ama Semih ve Ömer geldiğinde işler çabucak değişirmiş.

"Her şey bizim suçumuz. Meriç'e biraz daha iyi davranamaz mısın?"

Nermin Hanım'ın sesini duyduğumda adım atmayı bıraktım. Aile kavgalarından birini yapıyorlardı ve Meriç bunun çok sık olduğunu, garipsememem gerektiğini söylemişti birkaç kez. Yine de onları rahatsız etmek istemedim. Arkamı dönmek üzereydim ki Aytaç Bey'in sesini duydum.

"Gelecekler şimdi, kapat şu konuyu artık."

Her zamanki aldatma konusundan bahsetmediklerini anladığımda, dinlemenin ayıp olduğunu bilmeme rağmen orada kaldım. Duvara yaslanıp görünmediğimden emin oldum. O sırada Nermin Hanım'ın sesini duydum.

"Belki de bilmeli."

Nermin Hanım'ın bu sözüne karşı Aytaç Bey'in sesi daha da hiddetli çıktı.

"Öğrenirse bizimle arasında olan bağı tamamen koparacağını biliyorsun, değil mi?"

Bahçıvanın bana baktığını fark ettiğimde ellerimi eteğimin ceplerinde gezdirdim. Telaşla geldiğim yöne doğru koşarken beceriksizce gülümseyip, "Sanırım telefonumu arabada unuttum," dedim. Tekrar evin önüne geldiğimde nefes nefese kalmıştım. Meriç'in anne ve babasının ondan sakladığı bir şey vardı. Meriç'in öğrenmesinden korkuyorlardı.

"Kayla, ne yapıyorsun burada?"

Olduğum yerde sıçradım.

"Sadece benim."

"Şey... Telefonumu arabada unuttum sandım ama cebimdeymiş."

Merdivenleri hızlıca inip önümde durdu. Bir süre beni inceledikten sonra yüzümü ellerinin arasına aldı.

"Bazen seni bir daha hiç böyle göremeyeceğim hissine kapılıyorum."

Yavaşça eğildiğinde midemde o eski heyecan dalgası kendini gösterdi. Dudakları dikkatli bir şekilde benimkini öperken tüm organlarımın titrediğini hissettim.

Onu öpmek, dokunduğunda buzun içinde saklı kalan ateşi büyütüyor ve patlatıyordu. Tüm hücrelerim alev topuna dönüşüyordu ve bu, ben her hücremi kaybedene kadar devam ediyordu. Dudaklarını çektiğinde küller bir araya gelip kendini yeniliyor ve o beni her öptüğünde tekrarlanıyordu.

"Ama işte buradasın. Canlı bir şekilde. Sanırım bunun için beyaz temalı bir şeyler çizme vakti geldi."

Dudakları bir kez daha nazikçe benimkileri bulduğunda, patlama ve kül olma evresi tekrarlandı. Tüm bedenim soğuyor ama aynı zamanda içim yanıyordu. Bu zıtlıkların arasında sersemliyordum fakat her şeye rağmen tarif edemeyeceğim kadar iyi hissettiriyordu.

Elleri boynuma indiğinde dudağının hareketi biraz şiddetlendi ama hâlâ normal Meriç'e göre fazla nazikti. Dudağını tekrar çektiğinde sıcak nefesi benimkilere çarptı. Gözlerimi açıp ona baktığımda onunkiler kapalıydı.

"Seni, suratıma çarpan bu nefesini benden almaya çalışanlara her günün, her dakikanın, her saniyenin bedelini teker teker ödeteceğim, Kayla. Hiç acımadan."

Elleri tekrar yanaklarıma çıktı ve başparmaklarıyla tenimi okşadı.

"Ve sen de her zamankinden daha güçlü olacaksın. Bu senin yeni hayatın. Hâlâ benimleysen savaşmayı öğrenmelisin. Senin isteklerin, senin arzuların... Başkalarını değil, sadece seni düşünmelisin."

Konuşmama izin vermeden dudağını alnıma bastırdı. Vanilya kokusu etrafımı sararken gözlerimi kapadım. Ellerimi beline koyduğumda yeniden yüzüme baktı.

"Karşımda dur, bana savaş aç istersen ama sadece kendin için yap bunu. Başkasını düşünmeden. Seni bir kere kaybettim ya da öyle sandım ve inan bana bu boktan hayatımdaki en büyük yara o zaman açıldı. Beni sebepsizce, karşılıksız, hak etmediğim kadar seven tek kişi sendin ve birinin seni benden almış olma düşüncesi beceriksiz, çaresiz, hiç olmadığım kadar zayıf hissettirdi. Artık kimsenin seni elimden almasına izin vermem. Senden tek bir şey istiyorum, Kayla. Güçlü ol. Sadece bu."

Dudağı tekrar benimkini bulduğunda gözlerimi kapadım. Şimdi biraz daha kendi gibiydi. Daha tutkulu ve Meriç gibi öpüyordu. Dili benimkinin üstünde sert ve bir o kadar da yumuşak darbeler bırakıp kayarken tişörtünü ellerimin arasına aldım. Hissettiklerini hissetmeye çalışmak bile zordu. O bunları yaşamıştı. Biri onu benden almaya çalışsa ve benim yapacak hiçbir şeyim olmasa, işe yaramaz hissederdim. Onun hissettiği gibi...

Yeniden çekildiğinde nefes nefese kalmıştım. O ise her zamanki gibi normaldi.

"Hadi gidelim," deyip elimi tuttu.

Onu takip ettim ve biraz önce yalnız yürüdüğüm yolu bu kez birlikte geçtik. Neyse ki anne ve babası büyük sırları hakkında konuşmayı kesmişlerdi de Meriç şüphelenecek hiçbir şey duymadı.

Ne olduğunu öğrenmeden ona bir şey söyleyemezdim. Ailesiyle arasındaki zayıf bağa bir de güvensizlik eklemek istemiyordum ama her ne saklıyorlarsa bunu bilmek istediğime emindim.

"Aynı okulda olmanıza çok sevindik. Ömer de keşke burada kalsaydı ama aile okulunda daha fazla kalmak istemedi herhalde."

"Ağabeyi onun için en iyisini düşünüyor ama gençler bunu anlamıyor ki."

Aytaç Bey homurdanırken başımı eğip alnımı kaşıdım. Sessizliği yeniden Nermin Hanım bozdu. Bana masadaki kurabiyelerden ikram ettiğinde, makaronla yaşadıklarımız aklıma geldiğinden kibarca reddettim. Birbirimizi ilk kez, ben bir korumanın omuzlarında rezil olduktan hemen sonra Meriç'e küfrederken tanımıştık. Hatıralar yanaklarımı kızartırken başımı biraz daha eğdim. Dobby arada sırada havlıyordu. Bağlı olduğunu bilmeme rağmen endişeliydim. Tasmasını koparabilme ihtimali bana çok yakın geliyordu. Korkum eskisinden daha fazlaydı artık.

"Yurt dışı hakkında ne düşünüyorsunuz?"

Kafamı çevirip Meriç'e baktığımda iyi çocuk rolünü sürdürüp benim yerime cevap verdi. "Bunun için daha erken."

Nermin Hanım kafasını sallayıp kahvesinden bir yudum alırken Aytaç Bey ayağa kalktı. "Şirkette işlerim var.

Sağlığına kavuşmana çok sevindik, kızım. Tekrar görüşmek dileğiyle."

Ailesine soğuk ve kaba davranmasına rağmen dışarıya karşı oldukça kibardı.

Başımı sallayıp "Görüşmek üzere," dedim.

Aytaç Bey, Nermin Hanım'a baş işareti yaptıktan sonra yanımızdan ayrıldı.

Meriç babasının gidişiyle rahatlayıp oturduğu yerde yayılırken "Sonunda işleri aklına geldi," dedi.

Annesi kaşlarını muzipçe çatarak baktıktan sonra cevap verdi. "Hafta sonu arkadaşı gelecek diye önceden toplantıları halletmeye çalışıyor."

Meriç inleyerek başını geriye attığında onu izliyordum. Bu misafir Meriç'i de ilgilendiriyordu anlaşılan. Nermin Hanım "Seni biraz yoracağız ama en azından birlikte bir yemek yeriz," dediğinde haklı olduğumu anladım. Bundan bana bahsetmemişti.

"Biliyorum ama yıllar önce gördüğüm insanlarla uzun vakit geçireceğimi sanma."

Nermin Hanım uzanıp oğlunun dizini okşarken gülümsüyordu. "Sen ölçünü bilirsin."

Ona bu kadar güveniyor muydu, yoksa böyle söyleyerek onu ölçülü olmaya mı sevk ediyordu emin olamadım.

"Kaylacığım, sen de gel. Hem böylece Meriç daha az sıkılmış olur."

Meriç kafasını çevirip bana baktığında, "Çok naziksiniz ama gelmesem daha iyi," dedim. Tanımadığım insanlarla dolu bir yemekte bulunma düşüncesi beni geriyordu. Yabancılık çekip daha da gerileceğime emindim.

"Sıkıcı iş konuşmaları olmayacak. Hem Meriç'in çocukluk arkadaşları var. Halil Mert ve Hazan çok tatlı çocuklardır."

"Şımarık," diyerek Meriç araya girince Nermin Hanım dizine kibarca vurdu. "Herkesin senin gibi paraya bağımlı olmamasını bekleyemezsin."

Meriç bu konuşmadan sıkıldığını mimikleriyle belli ederken uzanıp yanaklarına dokunmak istedim. Annesinin yanında bu hoş olmazdı. Şişirdiği yanaklarındaki havayı dışarı bıraktıktan sonra bakışları beni buldu.

"Yukarı çıkalım, Kayla. Annem de bu arada biraz beni özlesin de üstüme gelmesin."

Ayağa kalktığımda annesinin alnını öpüyordu. Doğrulduğunda elini nazikçe belime koyduğunu hissettim. Dokunuşları beni heyecanlandırırken eve doğru yönlendirdi. Yürürken birkaç kez kafamı çevirip ona baktım ama tepki vermedi.

İçeri girdiğimizde elini belimden ayırınca hayal kırıklığı yaşadım. Ona dokunmayı ve onun dokunuşlarını hissetmeyi seviyordum. Üst kata çıkan merdivenleri işaret edince hiçbir şey demeden yukarı çıktım. Odasına gitmek yerine resim odasını gösterince oraya yöneldim. Cebinden çıkardığı anahtarla kilidi açmasını izledim. Bir şeye odaklandığında yüzündeki tüm kaslar görevini yerine getirmek için özenle çalışıyordu. Bu yüzden resim yaparken onu izlemeyi seviyordum.

Kapıyı açıp geçmem için bekledi. İçeri adım attığımda gözlerimi birkaç kez kırpıştırdım. En az yirmi tane şövale vardı. Hepsinin üzerinde de başlanmış ama henüz bitmemiş resimler. Elini tekrar belimde hissettiğimde başımı çevirip ona baktım.

"Buradaki ilk şahsi sergim için özel bir konu olmasını istiyordum. Bir de lisenin bitmesini... Şimdiye kadar bu yüzden bekledik. Sana yaptığım şeyleri göstermekten hoşlanmadığımı biliyorsun."

Nefesi boynuma çarparken heyecanlanmamak elimde değildi. Başımı salladığımda diğer eli karnımın üstünde dolaştı. O belki farkında olmadan elini hareket ettiriyordu ama bu benim dikkatimden kaçmıyor, beni heyecanlandırıyordu.

"Sana belki hatırlamak istemeyeceğin şeyleri hatırlatacak bunlar. O yüzden önce sana söylemek istedim. İznini almam gerek."

"Benden izin mi istiyorsun?" diye hayretle sordum.

"Bir kısmı seninle alakalı olduğu için..." Pencerenin önündeki şövaleyi gösterdi. "O senin masumluğunu, daha doğrusu utangaçlığını ilk kırışın. Nü bir çalışma değil. Sadece konusu bu. Bitmeden anlayamazsın. Lütfen bana güven."

Başımı salladığımda başka birini işaret etti. Çizgiler bunda daha kalın ve belirgindi. Diğerindeki yumuşak dokunuşların aksine, henüz gün yüzüne çıkmamış çizimin ilk adımları bile göz dolduruyordu.

"O senin direnişlerini anlatıyor. Eee... Ailene karşı."

Üstü siyah, zarif bir kumaşla örtülü olanı gösterip "O ne?" diye sorduğumda elimi tuttu.

"Aşağı inelim. Bugünlük bu kadar."

"Meriç..."

"Hadi Kayla," deyip beni odanın dışına sürükledikten sonra anahtarı deliğine sokup kilidi çevirdi. Ne olduğunu saklıyordu. Diğerleri gibi bitmemişse saklamasının bir anlamı yoktu. Zaten ne çizdiğini çıkaramıyordum bile. Yüzüne baktığımda "Hadi," dedi yeniden ve hızla ilerledi.

Merdivenlerin başına geldiğinde biriyle konuştuğunu duydum. "Senin burada ne işin var?" Ona yetiştiğimde Semih'i gördüm. Meriç'e ortaklık ettiği için onlara kızgındım ama babasının onu burada zorla tuttuğunu hatırlayınca ona olan öfkemi yitiriyordum.

"Annemle geldik. Sarışın, sen de mi buradaydın?"

Başımı sallayıp merdivenlerden inmeye başladım. Yanına vardığımda kollarını belime doladı. Meriç'in tepkisini düşünmeden ona eşlik ettiğimde mırıldandı. Meriç kolunu tutup onu çekince yüzüne yayılan alaycı bir ifadeyle, "Sana da merhaba, Meriç. Çok kibarsın," dedi.

"Uzatma. Gidelim, Kayla."

"Ah! Kayla da mı burada?"

Alev Teyze'nin sesi geniş salonu doldurduğunda Semih'in yüzüne muzip bir ifade yerleşti. Meriç'in sessizce inlediğini duysam da tebessüm ederek Alev Teyze'ye döndüm. Aramızdaki mesafeyi kısa sürede kapatıp kollarını boynuma doladı.

"Mutlu haberleri aldım."

"Nasılsınız?"

Yüzüme bakıp yanaklarımı sıktıktan sonra "Şahane," diye cırladı.

Nermin Hanım imdadıma yetişen kişi oldu. "Çocuklar gidecek herhalde."

Meriç onu onayladığında Alev Teyze beni bırakıp ona sarıldı. Meriç'in tepkisini endişeyle beklerken gözlerimi ondan ayırmadım. Bana bakarken "Nasılsınız?" diye sordu benim gibi.

"Ne çok özledim seni. Bir akşam yemeğe gelin. Annene bunu söylemeye gelmiştim. Yeterince uzak kaldık."

Meriç kafasını salladı. "Siz halledin. Bizim şimdi çıkmamız gerek."

Sözü bittiğinde elini bana doğru uzattı. Bakışlar üzerimizde gezerken tereddüt ederek elimi uzattım ve hemen tuttu.

"Ben de sizinle geleyim. Nermin Teyze, sonra görüşürüz."

Semih, Nermin Hanım'ı öperken Meriç beni çoktan kapıya kadar ilerletmişti. Dışarı çıktığımızda Semih arkamızdan yetişti. Arabaya yaklaştığımızda "Bizimle gelmek gibi bir planın yok, değil mi?" diye sordu Meriç.

Kapıyı açarken Semih'e bakıp gülümsedim. Peşimize takılacağına emindim.

"Arabayı annem kullanacak. Bu durumda tabii ki sizinle geliyorum. Şehir merkezinde bırakırsın beni."

Meriç'in cevabını beklemeden arabanın arka kapısını açıp kendini içeri attığında ön koltuğa yerleşip kemerimi bağladım. Bir süre sonra Meriç inat etmeyi bırakıp arabaya bindi ve oyalanmadan çalıştırdı.

∞

Umut Bey, benimle bir ay boyunca ilgilenen doktorum, uyandığımda ilk gördüğüm yüz, ilk duyduğum sesin sahibi çok kibar ve bir o kadar da nazikti. Evimize üç demet çiçekle gelecek kadar zarifti. Anneme, bana ve evimizde yaşadığını bildiği Nursena Hanım'a. Babamla onun sevdiği konular hakkında derin sohbet edecek kadar düşünceli ve sıra bana geldiğinde sanki hiç öyle arafta kalmış bir dönem geçirmemişim gibi davranan bir doktor.

Semih ve ailesi de yemeğimize katıldığı için masa oldukça kalabalıktı. Kenan Amca'yla Umut Bey uzun yıllardır arkadaşlarmış. Bir yurt dışı seyahatinde tanışmışlar ve Kenan Amca tabii ki böyle başarılı bir doktorla ilişkisini koparmamış.

O gece hakkında bana söyledikleri tek şey morga kaldırıldığım ve Meriç'in beni oradan çıkardığıydı. Neden morga girdiğini, kalbimin attığını nasıl anladığını bilmiyordum. Apar topar beni oradan çıkarmış ve zaten yolda olan Umut Bey geldiğinde de onun hastası olmuşum. Umut Bey'in onaylamadığı hiçbir doktor benimle ilgilenmemiş. Ameliyatıma giren doktor hâlâ yargılanma sürecindeymiş. Savunmasını okumadım ama Meriç'in ameliyattan önce onu mesleğiyle tehdit ettiğini ve bu şartlar altında konsantre olamadığını anlattığı komik bir dilekçe verdiğini öğrendim.

Umut Bey bunun mesleki açıdan büyük bir hata olduğunu, hasta yakınlarının psikolojisinin onu etkilememesi gerektiğini savundu. Babam ve Meriç bu konuda oldukça sertti. En ağır cezayı alması için araya en iyi avukatları koymuşlardı. Kaya-Er Ortak İnşaat Şirketi'nin avukatlarına ilaveten Tuna Holding'in en iyi avukatı da benim için bir davaya hazırlanıyordu.

"Meriç, şu tuzu uzatsana."

Beni derin düşüncelerden ayıran Semih'in sesi oldu. Sırıtan bir ifadeyle Meriç'e bakıyordu. Tuzluk tam ortada duruyordu. Uzansa alabilirdi ama karşısında duran Meriç'ten rica ediyordu. Uzanıp tuzu elime aldıktan sonra tabağımdaki fasulyelerin üstüne serptim. Gülümseyerek ona uzattığımda dudaklarını birbirine bastırıp tuzu aldı. Küçük bir çocuk gibi Meriç'e sataşıyordu. Şu an iki ailenin bulunduğu bir yemekte olmaktan rahatsızlık duyan bir çocuğu sinir etmek hoşuna gidiyordu.

"Kayla, edebiyat okuyacağını duydum. Daha önceden bir merakın vardı muhakkak."

Gülümsedim. "Biraz."

"Kayla bu konuda çok gizlidir."

"Okul dergisinde bir denemesi yayınlanmıştı. Edebiyat öğretmenimizin gözde öğrencisi."

Semih göz kırptığında "Kes şunu," diye mırıldandım.

"Çok iyi yürekli bir kızsın, Kaylacığım. Senin kaleminden huzur verici şeyler çıkıyordur eminim."

Semih "Öyle," diyerek annesini destekledi.

Bu sırada doktorum yeniden söz aldı. "Bir arkadaşım gençlik dergisi editörü. Eğer istersen onunla görüşmen için bir randevu ayarlayabilirim. Senin için iyi bir deneyim olur."

O konuşurken, tabağındaki tavuk etini kesişini izliyordum. Masada bir sessizlik olunca bakışlarımı yüzüne kaldırdım ve turuncu saçlarının yansıması gibi duran yüzündeki küçük çillere baktım.

"Teşekkür ederim. Gerçekten iyi olabilir. Çevremde iyi vakit geçirebileceğim bir editör bulmak zor." Babamın huzursuzca yerinde kıpırdandığı gözümden kaçmasa da direkt ona bakmadım.

"Kendini hazır hissettiğin zaman beni araman yeterli. Çok yakın dostumdur."

Tekrar teşekkür edip yemeğime geri döndüğümde Alev Teyze neşeli sesiyle "Harika!" diye cırladı. "Semih, Kayla, Meriç'in aynı üniversitede olması büyük şans."

Annem ve babam tereddüt ederek bana bakarken "Gerçekten öyle," dedim. Semih'in bu konuda mutlu bir profil sergileyeceğinden emin değildim. Meriç daha çok tepkisiz kalacak taraftı ve bir tepki bekleyen ebeveynlere verilebileceğin en iyisini vermek bana düşüyordu.

Annem gözle görülür bir şekilde rahatlayarak "Bu konuda şanslılar," dedi.

Semih'in kalantor babası şişinerek Semih'i gıcık etmek için ağzını açtığında kimse onu susturamazdı. "Biz bir şey biliyoruz da konuşuyoruz. Sonra çok dua edeceksiniz."

Bakışlarım Semih'i bulduğunda üzgün ve kızgın gözüküyordu. Gülümseyerek ona güç vermek istedim. Bakışlarını tabağına indirip yemeğine geri döndüğünde Alev Teyze elini onun omzuna koyup okşadı.

"Oğlumla daha sık vakit geçirmek için iyi bir fırsat. Seyahatlere elimden geldiğince ara vereceğim. Hem önümüzde bir düğün de var. Burada olmak lazım."

Babam öksürerek boğazını temizlerken, Alev Teyze yaptığı patavatsızlığı fark edip çenesini kapadı. Anneme baktığımda omuzları düşmüştü. Başını tabağına eğerek yüzünü saklarken güçsüzlüğü canımı acıttı. O kadar derin bir acıydı ki, babamdan nefret ettiğimi düşündüm. Kenan Amca kadar düşüncesiz davranıp herkesin içinde çenemi açmak istemiyordum ama annemin kırgınlığı beni öfkelendiriyordu.

"İlgileneceğiniz bir düğün var, ne yorucu. Neyse ki benim öyle sıkıntılarım yok. Size afiyet olsun."

Sandalyemi geriye ittirip kalktıktan sonra merdivenlere doğru yürüdüm. Salonda oluşan sessizlik işkence gibiydi. Merdivenlere ulaştığımda hızlıca basamakları tırmanıp odama çıktım. Kapıyı daha yeni kapatmıştım ki tekrar açıldı. Odanın içinde volta atarken Meriç'i görünce hızlıca aramızdaki mesafeyi kapatıp kollarımı boynuna doladım. İyi davranma limitinin az olduğunu biliyordum, bu davranışımdan rahatsız olacağını da... Yine de ona sarılmak istemiştim.

Ellerini belimdeki hassas noktada hissettiğimde "Kendine gel," dedi.

Başımı omzuyla boynunun birleştiği yumuşak kıvrımdan ayırmadan salladığımda burnum tenine sürttündü.

"Sen babasız büyümüş bir çocuksun, Kayla. Bununla yıllarca başa çıktın, şimdi saçma bir evliliğin seni bu kadar küçültmesine izin verme."

"Kendimi küçültüyor muyum?" Kollarımı çözüp ondan ayrıldım. "Annem yıllarca kendimi ezik hissetmeyeyim diye bana güçlü gözüktü. Denedi en azından. Herkesin kahramanı babasıyken benimki annemdi!"

"Senin en azından bir kahramanın vardı." O ana kadar gözyaşlarımı umursamamıştım. Ellerimi kaldırıp yanaklarımı sildiğimde kalbimi kırmaya devam etti. "Şımarık bir çocuk gibi davranma."

"Annem gözümün önünde ilk kez kalkanlarını bu kadar indirirken nasıl güçlü olmamı beklersin? Canım acıyor, anlamıyor musun?" deyip tekrar ağlamaya başladım.

Yatağın üstüne oturduğumda odanın kapısı açıldı ve annem içeri girdi. Meriç yanıma gelip elini yanağıma koyduktan sonra eğildi. "Pencereni açık bırak." Kulağımın yakınında fısıldadıktan sonra dudağını alnıma bastırdı. Benden uzaklaştığında gözlerimi yeniden sildim.

Meriç odadan çıktıktan sonra annem yanıma gelip yatağa oturdu. "Sana bunları yaşattığım için üzgünüm."

"Ben bir şey yaşamadım, Kayla. Kendini neden suçluyorsun?"

"Burada olmasaydın bunları görmek zorunda kalmazdın. Bu yemek saçmaydı zaten. Her şeyin en başından beri saçma olduğu gibi. Ben olmasaydım, sen babamla birlikte olacaktın, anne."

Annem kollarını boynuma dolayıp saçlarımı okşamaya başladığında ona sıkıca sarıldım.

"Ben pişman değilim. Seni herkesten çok seviyorum. Yanımda olmanı hiçbir şeye değişmezdim, bebeğim. Baban istediği kişiyle birlikte olabilir. Bizim üstümüzden uzun yıllar geçti. Hatırlamıyorum bile."

"Yalan söylüyorsun," deyip tekrar ağlamaya başladığımda güldüğünü duydum.

"Haklısın. Yalandı ama hatırladığımda canım acımıyor. Sadece evlilik hayalleri kurduğum adamın başka biriyle bunları gerçekleştirecek olması tuhaf geldi. Sadece bu ama babanın bunları yaşamaya hakkı var, Kayla."

"İstemiyorum. Seninle evlenmeyecek korkaklığı yaptıysa başka biriyle birlikte olmaya hakkı yok."

Omuzlarımdan tutup beni kendinden ayırdığında kahkaha atmıştı ama bu yalancı bir kahkahaydı.

"Şımarık bir kız gibi davranıyorsun ve öfken geçtiğinde bu yaptıklarından utanacaksın. Şimdi biraz dinlen. Nursena'yla birlikte çıkacağız. Yarın yeniden görüşürüz akıllı kızımla. Tamam mı?"

Başımı salladığımda yanaklarımı öptü.

"İyi geceler, bebeğim."

"İyi geceler, anne."

O gittikten sonra kapıyı kilitledim. Babamla konuşmak istemiyordum. Duşa girip bir buçuk saate yakın suyun altında kaldım. Parmaklarım buruşmaya başladığında sudan çıkıp kendimi kuruladım. Saçlarımı tarayıp odaya geçtikten sonra pencereyi açtım. Kapıma iki kez vurulunca oraya doğru yürüdüm ama ses vermedim. Bir süre sonra babamın sesini duydum.

"Kayla, duştan çıktıysan bana iyi olup olmadığını söyler misin?"

Tırnaklarımı kemirecek kadar gergindim. Derin bir nefes aldıktan sonra ağzımı açtım.

"Seninle konuşmak istemiyorum."

"Tamam."

Bir daha da ses gelmedi. Yatağıma çıkıp başucumdaki kitabı okumaya çalıştım. Bir süre sonra gerçekten kendi dünyamdan kopup karakterlerin dünyasına dalmıştım. Onların hayatı bana kendiminkini unuttururken rahatlıyordum. Göz kapaklarım ağırlaşmaya başlamıştı ki, pencereden gelen seslerle kitabı kapatıp yatağın üzerinde doğruldum.

Meriç saniyeler sonra gövdesini tamamen içeri sokmayı başardı. Dikkatle onu izlerken "Uykun var mı?" diye sordu. Başımı salladığımda pantolonunun düğmesini çözdü. Ardından fermuarını indirişini izledim. Kafasını kaldırıp yeniden bana baktı. "Kapı kilitli mi?"

Ben kafamı sallarken o pantolonunu bacaklarından sıyırmıştı. Yanıma geldiğinde "Tişörtün?" diye sordum.

Üzerindeki tişörte baktı. "Yeni değiştirdim. Sorun mu?"

Kafamı iki yana sallasam da omuz silkip tişörtü çıkardı. Yarı çıplak halde yanıma uzandı.

"Ne yaptın?"

"Duş aldım ve biraz kitap okudum."

Kafasını uzatıp komodinin üstündeki kitaba baktıktan sonra dudağını büzdü. "Daha klasik şeyler okumalısın."

Modern aşk romanlarını okumamı destekleyeceğini düşünmemiştim zaten.

"Onları da okuyorum."

Söylediğimi duymazdan geldi. "Ve duş aldın," deyip saçlarıma doğru eğildi. Nefesini içine çekerek saçlarımı kokladığında tenime çarpan nefesinin etkisiyle kıkırdadım.

"Sen ne okuyorsun?"

"Seninkilerden."

Parmağıyla burnunun üstünde bir yeri kaşırken beni dinliyor gibi gözükmüyordu. Bu konu umurunda değil gibiydi. Gözleri yatağın üstünde herhangi bir noktaya dalmıştı. Vanilya kokusu yatağıma yayılmaya devam ederken sonunda gözleri benimkileri buldu.

"Daha yeni uyandın."

"Hayır, aslında daha uyumamıştım. Seni..."

"Ölümden daha yeni uyandın," diyerek sözümü kesti ve özür dilemeden devam etti. "Sustun. Buna izin vermedik. Susarken kendi içinde çözmeye çalıştın belki. Üstesinden gelmeye çabaladın ama hiç konuşmadın bunları. Kimse sana sormadı muhtemelen. Ben de sormadım."

Başımı iki yana salladım. "Sorun değil."

"O şeyi... Sana hissettirdiklerini önemsediğini bildiğim halde nasıl hissettiğini sormadım. Sustuğun zamanda kaldı sanki hepsi. Sonra bir de baban ve şu saçma evlilik muhabbeti."

Elimi uzatıp yanağını okşadım. "Bana öyle davranman sorun değil. İçin rahat edecekse sadece özür dile. Böyle af dileme, bütün suçları üstüne çekme."

Yatağın içinde ona doğru biraz daha kaydım. Kolu boynumun altından dolanıp saçlarımla oynamaya başladığında dirseğimden destek aldım. Meriç başını yastığa yaslamış bana bakarken yanağını okşamaya devam ettim.

"Ben buna alıştım, Meriç. Kaybettiğim şeylerin acısını yaşamak nasıl, bilmiyorum. Korkma... Babamın yokluğuyla o kadar uzun süre mücadele ettim ki, bunun da üstesinden gelirim."

"Nasıl?"

"Başka şansımız yok. Ben bunu çok erken öğrendim. Ne olursa olsun yaşamaya devam ediyorsun. Ağlıyorsun... Yemek yemiyorsun... Canın acıyor... O kadar çok acıyor ki, parçalanacağını sanıyorsun. Böyle kalbinden göğsüne doğru uzun uzun bir sızı..." Burnumu çektim. Gülümserken elimin tersiyle gözümden akan yaşları sildim. "Ama ölmüyorsun işte. Bazen kendin istesen de olmuyor. Yaşamaya devam ediyorsun. Hayat öyle bir şey ki, sen düşerken bile seni ayakta tutuyor."

Meriç başparmağıyla gözümden akan yaşı sildikten sonra, yanağını okşayan elimi tutup dudağına yaklaştırdı ve üstüne ufak bir öpücük bıraktı.

"Kendin ayaklarını yere basınca daha az acıyor. Yürümeye başladığında bir şeyler kopuyor senden. Geriye dönüp baktıkça canın yine acıyor ama insan yürümeye devam ediyor."

"Benimle birlikte yürü."

Elimin üstüne küçük bir öpücük daha bıraktı. Gülümsedim yanağımda kuruyan gözyaşlarımın arasından. Omzuna doğru kaydım. Başımı yasladım ve kokusunu sessizce içime çektim.

Sen arkana bakmaya korkuyorsun, Meriç. Kim var arkanda? Kimi bıraktın? Kimi görmek seni bu kadar korkutuyor? Tanıdık biri mi? Sen gibi biri mi? Yoksa sen mi?

3

Sabah uyandığımda Meriç çoktan gitmişti. Yüzümü yıkayıp odaya geri döndüğümde başucumdaki kitabın üstüne bıraktığı notu fark ettim. Yatağa oturup kâğıdı elime aldım ve düzgün el yazısının üstünde parmaklarımı gezdirdim.

Birkaç gün ortalıkta olmayacağım. Yanında olmayacağım ama içimde olacaksın. Sergi için sana ihtiyacım var. Lütfen... Dışarıda yalnız olma.

Bu süre içinde yanımda olmasan da benimle ol. Seni hissederim, sen beni hissettiğin sürece.

Kâğıdı ikiye katlayıp kitabın arasına yerleştirdikten sonra, üzerimi değiştirmek için hareketlendim. O ortalıkta yokken, onun için bir şeyler yapabilirdim. Her ne kadar resimle ilgilense de, intikam planlarını unutmadığına emindim. O benim için bir şeyler yapabiliyorsa, ben de onun için ailesinin ondan sakladığı şeyi bulabilirdim.

Annem bana hiçbir şeyin saklı kalmaması gerektiğini öğretmişti. Babamın bizi terk ettiğini bilerek büyümüştüm. Bunu bilmeseydim, babam sonradan ortaya çıktığında annemi de kaybederdim. Bana yalan söylediği için onu affetmezdim. Bundan emindim, çünkü beni doğruyla büyüttüğü için anneme minnettardım.

Bir saat sonra Kahverengi Kafe'deydim. Semih beni beş dakika kadar bekletince, kafenin ismiyle uyumlu renkteki dekorasyonunu inceleme fırsatı doğmuştu. Turuncu, kırmızı ve sarı renkleri şaha kalkmış bir atı anımsatan duvardaki aydınlatmanın gerçekten bir at olduğunu beş dakikanın sonunda fark edebilmiştim.

"Güzel, değil mi?"

"Öyle."

"Geç kaldım, kusura bakma."

Karşıma oturduğunda, içerinin dekorasyonunu incelemeyi bırakıp ona döndüm.

"Okulla ilgili birkaç şey vardı. Oraya daha önce hiç gitmedim. Babam birkaç kez okuduğum lisenin adına bir de üniversite olduğunu söylemişti ama hiç merak etmemiştim. Şimdi orada okuyor olacağıma inanamıyorum."

"Ben orayı seçenek olarak bile yazmayı düşünmüyordum." Elime biraz daha yaslandıktan sonra, "Neden karşı çıkmıyorsun?" diye sordum.

Arkasına yaslanıp gömleğinin yakalarını düzeltti. Yüz hatları biraz gerilmişti.

"Çünkü o benim babam. Yaşadığım hayatı bana o sağladı. Onun parasıyla ve sahip olduğum soyadıyla bir yerlere geldim. Belki bunlar hiç olmasaydı yine iyi bir sporcu olabilirdim ama bu kadar kolay olmazdı. Ona nankörlük edemem. Eğer eğitim açısından bakacak olursak o haklı, burası bana daha iyi eğitim verecek. Ondan uzaklaşmak istememi bununla kıyaslayamam. İkimiz de beni düşünüyoruz. O sadece mantıklı olan taraf. Her neyse. Bu konu oldukça sıkıcı."

Gülümseyerek elini tuttum. "Sen her babanın sahip olmayı isteyeceği bir çocuksun."

"Ya, ne demezsin!"

Elini çekip alnını kaşıdı. Bu konu onu rahatsız ediyordu. Belki böyle düşündüğü için ona süt çocuğu gibi yakıştırmalar yapılacağından çekiniyordu. O kesinlikle düşünceli ve nankör olmayan bir çocuktu. Ben kendi hayatımı kendim çizmek istiyordum ama o, en az babası kadar mantıklı davranıp ona hak veriyordu.

"Cansu ve Bora yeniden birlikte. Bu konuda senin bir payın var mı?"

Gülümseyerek başını yere eğdi. Kesinlikle onun bir payı vardı.

"Sadece ona hiçbir zaman birlikte olamayacağımızı söyledim. Kafası karışmıştı ve bunu çözüme ulaştırdım."

"Senin açından hiçbir sorun yok yani?"

"Ne sorunu olabilir ki? O kız sıkıcı bir hayat demek. Ben böyle oldukça iyiyim."

Gözlerinde bir kırgınlık görsem de üstüne gitmedim. Onlarınki hiç başlamadan yarım kalmış bir ilişki gibiydi. Böyle olmaları ona ceza mı hediye mi bilmiyordum. Kendimi Cansu'nun yerine koyduğumda ne isteyeceğime karar veremiyordum. Semih'in yerine koyamıyordum bile. O tam bir gizli kutuydu. Gerçekte ne istediğini göstermiyordu.

"Yeniden böyle olduğunu görmek güzel." Kafamı kaldırıp ona baktığımda tebessüm ederek "Boş ver," dedi.

Ben ameliyattayken ya da baygınken neler yaşadığını bilmiyordum. Bu yüzden suçluluk hissetmeyi bırakamıyordum ama bunun onlara bir faydası olmadığını idrak ettiğimden beri bu konuda ağzımı açmama kararı almıştım.

"Semih, sana söylemem gereken bir şey var. Bana yardım edebilecek tek kişi senmişsin gibi gözüküyor."

"Söyle bakalım. Kahraman olmaya bayılırım."

Siparişlerimiz geldiğinde garsonun uzaklaşmasını sabırla bekledim. Portakal suyumdan birkaç yudum aldıktan sonra, masanın üstündeki ellerimi birbirine kenetledim.

"Meriç'in anne ve babasının ondan gizlediği bir şey var."

"Ah! Dur bakalım! Tuna Ailesi ve sırları! Ben almayayım!"

"Semih! Yardımına ihtiyacım var diyorum."

"Kayla, ciddiyim. O aile... Bırak her şeyi kendi aralarında halletsinler. O kadar şey oldu. Bak yine onlar birlikte ama biz... Koptuk. Eskiden birlikte vakit geçirirdik, şimdi ise sadece özel günlerde nezaketen birbirine selam veren ailelere dönüştük. Onlar fırtına gibi. Çevrelerindeki herkesi parçalara ayırıyorlar."

"Meriç için?"

"Meriç benim için bugüne dek ne yaptı? Neden onun için bir şeyler yapayım ki?"

Derin bir nefes alıp verdim. Meriç'i ona karşı savunamıyordum. Semih haklıydı. O ailede tuhaf bir şeyler vardı. Herkesten uzak, buz gibi ve karanlıktılar.

"Tamam, ben kendi başıma hallederim."

"İyi yaparsın. Bir hata yapıp Ömer'e böyle bir teklifle sakın gitme. O kıvırcık asla değerli Meriç'in arkasından iş çevirmez, buna müsaade bile etmez."

Hiçbir şey söylemeden portakal suyumdan yudumladım. Yalnızdım. Belki Semih'i ikna ederdim ama Ömer asla benim yanımda yer almayacaktı. Anne ve babasının Meriç'ten ne sakladığını öğrenmeden, Meriç'in bu sırdan haberdar olmasını göze alamazdım. Onu üzecek bir şeyse annesiyle görüşebilirdim. Onları ikna edebilirdim. İçimden bir ses bunca zaman sakladıkları şeyin Meriç'in yararına olmayacağını söylüyordu.

Akşam kızlarla bizim evde toplandık. Babam biz rahat edelim diye ya da sevgilisiyle daha fazla vakit geçirmek için eve her zamankinden geç geldi. Nursiş bizimle birlikte olduğu için sık sık arayıp nasıl olduğumuzu da sormadı. Buna inanmak istiyordum, çünkü başka bir kadınla vakit geçirirken beni unutma ihtimalini düşünmek istemiyordum.

Hayatımda hiçbir şey çok hızlı geçmiyordu ama çok yavaş ilerlediği de söylenilemezdi.

"Kayla!"

Neşe'nin suratıma fırlattığı patlamış mısır yanağıma çarpıp kucağıma düşünce onu alıp ağzıma attım.

"Üniversite zamanı görüşemeyeceğiz yani."

Neşe kafasını kaldırıp "Kaykay," dedi ve uzanıp yanağımı öptü.

Bu sefer gerçekten ayrı okullarda olacaktık. Bu da adını koymadığımız bir veda partisiydi.

"Neyse ki tatillerimiz var. Bayram tatilleri, vize sonraları... Tabii siz burada olursanız. Yani Eskişehir'e gitmezseniz," dedi Cansu.

"Ben mutlaka gelirim buraya."

"Ben de. Sanırım." İkisi de kafasını kaldırıp bir açıklama beklercesine bana bakınca devam ettim. "Babam evlenirse bu evde yaşamam. Tatilimi yurtta geçirmek de istemem. Bilmiyorum. Eskişehir'de olabilirim ya da size kalmaya gelirim."

Cansu yüzüne buruk bir tebessüm yerleştirdi. "Tabii ki gelirsin."

"Babanla görüşmeyecek misin?"

"Tabii ki görüşeceğim. Yani birkaç saat. Dışarıda. Bilmiyorum işte, hallederiz sanırım."

"Sonsuza dek kadına bir yabancı gibi davranamazsın."

Neşe'nin mantıklı tarafına gözlerimi devirdiğimde omuz silkti.

"Zorunlu zamanlarda selamlaşırım."

"Harika çözüm."

Bu sefer ben elimdeki mısırları ona fırlatınca gülerek birer birer topladı ve ağzına attı.

"Semih, Meriç ve sen ne güzel birlikte olacaksınız."

"Öyle," diye mırıldandım. Muhtemelen hiçbirimizin asıl tercihi değildi Özel Atahan Üniversitesi ama bir şekilde orada okuyacaktık.

"Bora'yla yakınsın."

"Sen de Ömer'le aynı okuldasın."

Birbirlerini omuzlarıyla dürttüklerinde gülümsedim. Lisede iyi arkadaşlar edinmiştik. Eskişehir'deki gibi değildi hiçbir şey. Daha yakındı.

"Bir şey itiraf edeyim mi?" İkimiz de Neşe'ye baktığımızda dudağını kemirdi. "Kayla hastanedeyken sen ve Semih'in arasında bir şey olacak sandım. Yani ben sizi hep bekledim aslında."

Cansu'nun yüzü kızarırken başını önündeki kâseye eğdi. "Sadece birbirimize destek oluyorduk."

"Biliyorum. Sadece ben Semih'in sana karşı direndiğine inanıyorum."

"Öyle bir şey yok. Biz hiç olmayız. Zaten benimki platonik bir şeydi. Yani bilirsiniz, o popüler çocuktu. Her kız ona âşıktı ve ben de onlardan biriydim işte."

Dudaklarından hızlıca çıkan kelimeler onun heyecanını ele verirken sessiz kaldım. Bir ara ben de Semih'in ondan hoşlandığını düşünmüştüm. Bora için üzülmüştüm hatta. Ama şimdi düşününce, belki de o zaman Semih daha çok üzülmüştü. O gözümde öyle bir yerdeydi ki, bir kız için asla üzülmez diye düşünüyordum. Bir an bunun için kendimi suçlu hissettim.

"Bence çok çabuk vazgeçtin. Yani ne bileyim... Evet, Bora'yla tanıştın ama Semih'le olan yaşanmamışlığın sana zarar verebilir."

Neşe'nin sözleriyle zihnimin içindeki vicdan mahkemesinden ayrılıp tekrar odaya döndüğümde, Cansu'nun kafasını iki yana salladığını gördüm.

"Bora'yla ayrıyken Semih bana yakın olduğunda aklım karıştı evet. Tüm o *Biz birlikte olabilir miyiz?* hayallerini hatırladım. Bu bana sadece daha fazla acı yaşattı. Ben yıllarca ona karşı kendimi çirkin, güçsüz ve zayıf gördüm. O hep yukarıdaydı. Ben sanki onun asla bakmayacağı, her zaman ezeceği hizmetçi kızdım. Sonra bir anda çıkıp beni öptü. Bu, *beni sevebilir* anlamına gelmiyor. O erkek, Neşe. Çapkın bir erkek. Bora'yı ondan küçük görüyorum belki ama bu aşağılamak için değil. Biz Bora'yla neredeyse aynı yerdeyiz. Ona ulaşabiliyorum ya da o bana ulaşabiliyor. Onun beni sevmesi o kadar da imkânsız değil ama Semih asla ve asla benimle olmaz. Bunu anla lütfen."

Konuşma onu yormuştu. Gözlerinin altı kızarmıştı. Nefesinin düzene girmesi için bekledi. Gözlerini kaldırıp bana baktığında gülümsemeye çalıştım. Hayatımda hiç iki erkek arasında kalmamıştım. Meriç'le takıldığım ilk zamanlar hayatımda Berkan vardı ama onunla ilişkimize ara verdiğimiz bir dönemdi. Berkan'a çok bağlı değildim. O daha çok benim arkadaşım gibiydi üstelik. Meriç ise hayatımda tatmadığım yeni bir heyecandı. Onun derinliğini keşfettikçe bu heyecan sevgiye dönüşmüştü ama Cansu'nunki bambaşkaydı. Semih'i uzun yıllar karşılıksız sevmişti, sonra karşısına bambaşka biri çıkmıştı. O daha sakin ve huzurlu bir sevgiydi. Oldukça zordu. Bana bir şey söylemem için bakıyordu ama bu konuda o kadar deneyimsizdim ki, söylenecek doğru kelimeleri bulamıyordum.

"Her şey senin düşündüğün kadar sınırlarla belli olmaz."

"Öyle değil işte, Neşe! Ömer herkesle muhabbet edebilecek biri. Sen onunla hiçbir şey anlamıyorsun ama ailesinin içine girdiğinde kendini yabancı hissedeceksin. Onlar, Semihler ve... Meriçler. O kadar farklılar ki. Evet, bizim de maddi durumumuz iyi ama babam beni o koleje gönderdiğinde ailemizde bir şeyler kısıyordu. Sadece daha iyi bir eğitim almam için buna katlandılar ki benim akrabalarım bizim kadar bile para kazanmıyorlar. Benim çevrem onlara göre daha sakin, mülayim belki. Eminim ki sen de böyle bir çevrede yetiştin ama Semih, Ömer ve öğrendiğim kadarıyla Meriç hep öyle bir ortamda büyüdüler. Bizim ortamlarımız farklı ve bu bir yerde onlara yansıyor. Belki Semih bunu hayatının her anında belli ediyor ama bir gün gelecek ve o görmek istemediğin sınırı Ömer de sana gösterecek."

"Belki haklısın... Dediğin gibi olacak ve canım yanacak. Belki ailesinin içinde kendimi yabancı hissedeceğim ama bu kadar mantıklı düşünmek beni daha çok yorar. Yine de sen bilirsin."

"Ben sadece Bora'yı kırdığım için üzgünüm."

İkisi arasındaki gerilim çok derin çizgilere sahip değildi ama yine de bunu uzatmak istemiyordum.

"Meriç ortalarda yok."

"Nerede olduğunu bilmiyor musun?"

"Resim yapacakmış."

"Resim yapacağı zamanlar okuldan izin alırdı," dedi Cansu.

Neşe gözlerini devirdi. "Sanatçı kompleksi." Yanımdaki yastığı alıp ona fırlattığımda güldü. "Kızma, Kaykay. Tamam, ondan nefret ediyorum diyemem. Seni kurtardığı için ona minnettarım aslına bakarsan. Sadece biraz fazla bencil."

"Beni nasıl kurtardı?"

Sorum karşısında ikisi de oturdukları yerde rahatsızca kıpırdandı.

"Her gece bunu düşünerek uyuyorum zaten. Bilmiyorum. Belki de çok yeni olduğu ve tam anlamıyla onu hissedemediğim için bebeğimi kaybetmek beni o kadar da derinden sarsmadı. Evet, içim acıyor ama benim için yaptıklarınızı düşündükçe biraz iyi hissediyorum. Hâlâ siz varsınız en azından. Bu yüzden konuşmaktan kaçmamam gerekiyor diye düşünüyorum."

Neşe ağzına bir cips attıktan sonra çiğnemeye başladı.

"Biz haberi aldığımızda Meriç yoktu. Bir ara ayrıldı hastaneden, nedenini bilmiyorum. Döndüğünde sen oradaydın işte. O da seni görmek istedi. Tabii önce doktora saldırdı. Sonra biz bahçeye çıktık. Bir an sonra onu gördüm. Kucağında sen vardın."

Elini kaldırıp gözünü sildiğinde tepkisizce onu izledim. Morg demekten çekinmişti.

"Kalbinin attığını duymadım ama ona orada deli gibi davranmadım. İnandım."

"Neredeyse tüm hastane çalışanları, özellikle senin yattığın katta çalışanlar bir ay boyunca senden mucize olarak bahsettiler. Senin konuşmadığını öğrenince psikologunun raporuyla neredeyse hepsi uyarıldı. Bu yüzden seni kimse rahatsız etmedi ama hepsi uyandığını görmeyi bekliyordu."

Tebessüm ettim.

"Berbat bir arkadaş olarak o zaman sana sormadım ama nasıldı? Yani hamile olmak?"

Başımı kaldırıp Neşe'ye bakarken omuzlarımı düşürdüm. "Belki bir hareketini hissetsem ona daha çok bağlanırdım ama bizim aramızdaki şey onun varlığını bilmemdi. Ayrıca Meriç ve bana ait ortak bir şey olduğunu bilmek... Çok özeldi."

"Biraz beklenmedik ve erken oldu ama bunu yeniden yapabileceğini biliyorsun."

"Sanmıyorum."

İkisi de merakla bana bakarken elimin tersiyle alnımı kaşıdım. Parmaklarımı silmem gerekiyordu. Mısır yüzünden tuz ve yağ bulaşmıştı.

"Meriç her şeyden çok çabuk etkilenen biri. Bebek yüzünden çok kan kaybettiğimi söylediler. Olabilecek bir kazaya karşı bu riske girmek istemez. Üstelik çocuk sevdiği pek söylenemez. Çocuğu olacağını öğrendiğinde biraz bile sevinmedi ya da benimsemedi. Tabii ki bu yaşta evlenmeyi düşünmüyorum ama Meriç buna o kadar uzak ki... Evliliği ailesi yüzünden ilişkileri bozan bir yapı olarak görüyor. Aslında korkuyor demek daha doğru."

"Birine bağlanmasını da kimse beklemezdi."

Bakışlarımı Cansu'ya çevirip, "Bağlanmadı," dedim. "Kendini suçladığı için o kadar önemsiyormuş gibi davranıyor. Ne kadar umursamaz gözükse de, kendisinin neden olduğu her şeyde fazla duyarlı."

"Bunu söylemek her ne kadar hoşuma gitmese de, seni seviyor, Kayla. Sana farklı bakıyor. Sen onun bir parçasıymışsın gibi."

Güldüm.

"Belki de öyle ama Meriç sadece bunu bilerek o parçadan uzakta yaşayabilecek biri."

Cansu'nun telefonu çalmaya başladığında sohbetimiz sona erince hepimizde gözle görülür bir rahatlama oldu. Yüzündeki gülümsemeden arayanın Bora olduğu belli oluyordu. Konuşmak için banyoya geçtiğinde Neşe ellerini silip telefonunu kurcalamaya başladı.

"Ömer'i arasam iyi olur."

Başımı sallayıp ellerimi temizledikten sonra telefonumu elime aldım. Berkan'dan bir mesaj vardı.

Gönderen: Berkan
Eskişehir'den ayrılmana hiç izin vermemeliydim, Kayla. Aptalın tekiyim! Daha erken gelecektim. Annene söylemiştim ama olmadı işte. Yakında oradayım.

Cevaplaya bastım.

Gönderilen: Berkan
Biz hâlâ arkadaşız, Berkan. Geldiğinde görüşürüz.

Umutsuzca telefonu yatağın üstüne bırakıp ayağa kalktım ve etrafı toplamaya başladım. Topladığım şeyleri mutfağa götürdükten sonra kâseleri bulaşık makinesine yerleştirdim. Babamın salonda televizyon izlediğini duyabiliyordum. Merdivenlere yöneldiğimde bana seslenince duraksadım.

"Kızlar bekliyor."

"Biraz bekleyebilirler." Sert ses tonuna karşı gözlerimi kapatıp nefes aldım ve salona yöneldim. Karşısına geçtiğimde televizyonun sesini kıstı. "Otur, kızım."

Gergin ve yorgun gözüküyordu. Oturduğumda nefesini dışarı üfleyerek yüzünü sıvazladı.

"Mutlu olmam senin için önemli değil mi? Sadece bunu öğrenmek istiyorum."

Ben yıllarca babam olmadan acı çekerek yaşamıştım. Şimdi kızının ona tepki göstermesi ve göreceli mutluluğunu istememesi onun canını acıtıyorsa, bunu yaşamasında hiçbir yanlış yoktu. Sorun bunları nasıl dile getireceğimdi. Onun kalbini sert sözlerimle yeterince kırmıştım. Şimdi birkaç süslü sözle içini rahatlatmasına izin vermeli miydim?

"Babam olmadan doğdum. Annem birine *baba* dememe izin vermedi. Bunun için biriyle evlenmedi. Bana hep bir babam olduğunu tüm gerçekleriyle anlattı. Kendimi kandırmayayım diye. Niye evlenmedi, biliyor musun? Başka birini senin yerine koymamam için. Ben ikinizin sebep olduğu mutlu bir an hatırlamıyorum ama ikinizin sebep olduğu o kadar çok mutsuz hatıram var ki... Şimdi sen, ben evliliğini onaylamadığım için biraz mutsuz olacaksan eğer, bu gerçekten benim için sorun değil. Benden evliliğini desteklememi ya da destekliyor gibi yapmamı beklemen çok bencilce, baba. Zaten ne olduysa sizin bencillikleriniz yüzünden oldu. Şimdi izin verirsen, beni biraz olsun mutlu eden arkadaşlarımın yanına gitmek istiyorum."

Babamı salonda tek başına bırakıp merdivenlere yöneldiğimde içim biraz buruktu. Ona, kendime, anneme üzülüyordum. Hepimiz mutlu olmayı hak ediyorduk ama bir türlü işleri yoluna sokamıyorduk. Bu olmayan ailenin laneti bendim. Annemle babam arasında olabilecek her şeyi ben bozmuştum. Şimdi de onların ayrı ayrı mutlu olmalarının önündeki engeldim.

4

Semih'ten...

Yorgunluktan başımın içinde büyük bir ağrı meydana gelmişti. Aslında daha çok, ıslak bir yığın kıyafet top haline getirilip beynimin yerine konulmuş gibiydi. Ağırlık kafamı kaldırmada bana zorluk yaşatıyordu. Çalışmaya alışkın değildim. Ben, Semih Taşer... Bir restoranda çalışıyordum. Soyadımdaki her harfin var oluşuna aykırı olarak ben, çalışıyordum! Başımdaki diktatör çekici patronum da bana işkence eden kötü bir melekti. Beni küçük görmesi yetmiyormuş gibi, bir de inadına sevgilisiyle yakınlaşıyordu. Kadınları tanıyordum. Bana bakmamaya çalışıyordu. Bunu hissedebiliyordum. Ona olan ilgimin farkında olacak kadar zeki bir kadındı ve dikkatini çekmeyi başarmıştım.

Beynimin ağrısıyla hesabı alıp arkamı döndüğümde, o adamın eli patronum Öykü'nün belindeydi. Evet, benden daha güçlü olduğu kesindi. Bir kere kendi işi vardı.

Bense hâlâ babamın emri altında yaşayan bir çocuktum ve bu rahatsız ediciydi ama tüm bunlar umurumda değildi.

Sabahtan beri çalışıyordum. Daha önce çalışmadığım için çabuk yoruluyorum diye kendimi kandırmıştım ama kahretsin ki yıllardır spor yapıyordum. Evet, ikisi aynı şey değildi biliyordum. Bunun farkındaydım ama bu kadar yorulmamın tek bir açıklaması vardı.

Duygularını aldırmış patronum!

Kimseye biraz bile acımıyordu. Tek düşündüğü şey müşteri memnuniyeti başlığı altında, işletmenin sekteye uğramadan çalışmaya devam etmesiydi. Gözünü hırs bürümüş sarışının aklı fikri başarılı olmaktaydı. Birkaç gün içinde bunu anlamam zor olmamıştı. Bizi sürekli çalıştırırken, yorulmamızı hiç umursamıyordu. Önemli olan bu değildi çünkü, işimizi yerine getirip getirmediğimizdi. Bunu iyi bir şekilde yaptığımız sürece nasıl olduğumuz biraz bile umurunda değildi.

Hesabı tezgâhın üstüne sertçe bırakıp kral ve kraliçenin yanından geçtikten sonra hızla mutfağa girdim. Önüme çıkan aşçıya çarpıp özür dilemeden arka kapıya yöneldim. Dışarı çıktığımda temiz havayı içime çekerek sırtımı duvara yasladım.

"Ne yapıyorsun sen?"

Onun sesini duyduğumda gözlerimi açıp gökyüzüne baktım.

"Senin kölen olacağımı falan sandın sanırım ama ben ekmek parasına muhtaç olduğu için ne dersen yapacak olan adamlardan değilim. En fazla babamdan biraz azar işitirim. Rahat bırak şimdi beni."

"Saygısızlık etme! Burada çalışıyorsan herkesle eşitsin!"

Başımı çevirip ona baktıktan sonra karşısına geçtim. İsterse yirmi santim topuklu giysin, yine de benden kısaydı. Başımı hafifçe eğdim. "Para kazanmak isteyen insanları robot gibi çalıştırmak saygı mı senin için? Aferin, süper bir patronsun. Herkesten çok kazanıyorsun. Gözünü başarı hırsı bürümüş senin!"

Elini yanağıma indirdiğinde bileğini tuttum. Burada babam istedi diye işe başlamıştım. İşe ihtiyacım yoktu. O yüzden istediğim her şeyi korkmadan söyleyebiliyordum ve buna alışkın olmayan patronum kolay öfkelenmişti.

"Çabuk işinin başına geri dön!" derken kolunu çekmeye çalıştı ama bırakmadım.

"Çalışanlarını robot gibi görüp nasıl duygusuz patron olduğunu düşündükten sonra hâlâ kendini haklı buluyorsan, yarın beni kov. Öyle biriyle çalışmayı bırak, konuşmayı bile zaman kaybı olarak görürüm."

Kolunu hızlıca çekip demir kapıyı açtıktan sonra içeri girdi. Sırtımı tekrar duvara yaslayıp gözlerimi yeniden kapadım ve bir şarkı mırıldanmaya başladım.

Demir kapı gürültüyle açıldığında başımı çevirip kim olduğuna baktım. Burada çalışanlardan biriydi.

Akın dışarı çıkıp kapıyı kapattıktan sonra, "Ne dedin Öykü Hanım'a?" diye sordu.

Omuz silktim. "Hiç. Azarlamaya gelmiş beni."

"Ağladığını sandım ama sonra gözünü sildi. İşine geri dönmeni söyledi. Kızdırma istersen. Sinirleri bozuk gibi."

Akın tekrar içeri girerken susuzluktan ve yorgunluktan kurumuş dudağımı yaladım. Hâlâ sahip olduğu duyguları vardı yani. Bunları ortaya çıkardığım için pişmanlık duymuyordum. Doğruları söylemiştim.

Keyifle ıslık öttürmeye başladım. Kahverengi'deki iş hayatım sandığımdan daha eğlenceli olacaktı.

∞

Annemin eski bir dükkândan aldığı çalar saat zırlamaya devam ediyordu. Ne çabuk sabah olmuştu? Yüzümü buruşturup başımı biraz daha yastığa bastırdım. Elimi uzatıp zırlayan aleti parçalamadan susturduktan sonra inleyerek doğruldum. Kemiklerim ağrıyordu. Hafta sonu masaja gitsem iyi olurdu. Antrenmanlar başladığında ne halt yiyecektim bilmiyordum. Babam o zaman için konuşmamıştı. Okul açılana kadar çalışacağımdan bahsetmişti ki antrenmanlarımın başlamasına az kalmıştı.

Kim derdi ki Semih Taşer okulun açılmasını isteyecek?

Bacaklarımı yataktan aşağı uzattım. İnleyerek alnımı ovaladım. Cidden köle gibi çalıştırılıyordum ve yorgunluğumu atmak için iki gün hiç kalkmadan yatakta kalabilirdim. Bunun için vakit yoktu maalesef. Saate baktığımda altı buçuğu biraz geçtiğini fark ettim. En azından küvette biraz oyalanmak için vaktim vardı. Ağrıyan vücudumu kaldırıp banyoya doğru yürümeye başladım. Ayaklarım babamı şirkette çalışmaya ikna edemediğim için bana hakaret ediyordu. Topuğumdan diz kapağıma kadar ince bir sızı vardı, oradan da kalçama doğru uzanan daha hafifçe bir sızı. Tepsi taşımaktan güçsüzleşmiş kollarımı saymıyordum bile. Evet, tatilde formumu biraz düşürmüştüm.

Antrenman yapmamıştım ama arada bir koşmuştum. Bir anda vücuduma bu kadar yüklendiğim hiç olmamıştı.

Kesinlikle dinlenmeye ihtiyacım vardı. Suyu açıp soyunduktan sonra aynanın karşısına geçtim. Dişlerimi fırçaladım ve aynadaki yorgun surata baktım. Uyumak istediğini haykıran yakışıklı bir yüz... Sırıttığımda böyle daha iyi olduğuna karar verdim.

Elimi aynanın yanından duvara yasladıktan sonra biraz daha yaklaştım. Tenim lavabonun soğuk zeminine değdiğinde inleyerek geriye sıçradım.

Elimi göbeğimin altına koyup okşadım. Cidden soğuktu. Ve çıplak olarak banyoda dolanmayı kesmeliydim. Suyun içine girdikten sonra uyumamayı kendime hatırlatarak mayıştım. Gözlerimin üstündeki ağırlık beni ele geçirirken nefesimi tutup kafamı suyun altına soktum. Yaklaşık bir dakika orada kaldıktan sonra kafamı su yüzüne çıkarıp derin bir nefes aldım. Şimdi biraz açılmıştım.

Havluyu belime sarıp odama geçtiğimde saate tekrar baktım. İş yerinde olmam için tam tamına otuz beş dakikam vardı. Keten pantolonumun üstüne gömleğimi geçirdikten sonra saçlarımı hızlıca kuruttum. Cep telefonumu alıp odadan çıktığımda mutfaktan sesler geliyordu. Oraya doğru yöneldim. Annem arada bir erken kalkıyordu.

"Günaydın," dediğimde bana gülerek karşılık verdi ve oturmam için işaret yaptı.

Babam yoktu. Belki de çoktan çıkmıştı.

Annem aklımdan geçenleri okumuşçasına, "Baban duşta. Biraz beklersen seni bırakır," dedi.

"Ah, kendi arabamı tercih ederim," deyip kahvaltı etmeye başladım. Annem daha ağır yiyordu. Babama da eşlik etmek istediğini anlıyordum. Bir süre ağzıma bir sürü şey tıkıp karnımı doyurduktan sonra yavaşladım. Sonra aklıma Kayla gelince anneme baktım. Meriç'in aile sırrını ben de merak ediyordum.

"Düşündüm de, *Desperate Housewives** gibiyiz. Geçen yemekte kırdığın pottan sonra aklıma geldi bu."

Annem kızararak başını saklarken kendini savundu. "Siz yetişkinsiniz, bunun üstesinden gelebilirsiniz diye düşündüm."

"Kayla farklı anne ve başka biriyle evlenecek olsan o adamı iyi bir benzetirdim."

"Kıskanç oğlum."

Şımarık annem!

"Meriç'in zengin olduğunu gizlemesi, Ömer, ben ve onun dostluğumuzu gizlememiz, senin yaptıkların, Vural Amca'nın Nazlı Hanım'la yaşadıkları, Meriç'in babasının annesini aldatması... Ne bileyim, fazla entrika. Bizden iyi bir film çıkarmış."

Annem ondan da bahsettiğimde biraz utandı. O konuyu çoktan unutmuştum. Babamla çoğu zaman kavga ederdi. Şımarık bir kadındı ve sürekli sevilmek istiyordu. Babamın despot tavırlarından sıkılıp onu kıskandırmak istemişti. Neyse ki Aytaç Amca ona karşılık vermemişti de, işler iyice raydan çıkmamıştı.

"Öyle gibi ama bizden daha fenaları da var."

---

* *Desperate Housewives: Televizyon dizisi (Umutsuz Ev Kadınları).*

"Daha çok deşilse bizden daha ne oyunlar çıkar kim bilir. Buna eminim."

Annemin mimiklerini dikkatlice takip ettim. Önce boğazını temizledi. Sonra gözlerini kaçırdı. Annem duygularını gizleyemeyen biriydi. Kendini çabuk ele veriyordu. Sonrasında toparlasa da...

"Ah! Gözünde bizi bu kadar da büyütme, oğlum. Sadece gençlik hataları işte." Hızlıca yerinden kalktığında, kahvaltı etmeyi bırakmış onu izliyordum. "Babana eşlik etmek için de midemde biraz yer kalsın."

Oturduğum yerden kalktım. Fazla tatlı bir annem vardı. Yanağından öptüm.

"Ben çıkıyorum. Size afiyet olsun."

"Kolay gelsin, bir tanem."

Bu iyi temenniye inanmasam da gülümsedim. Evden çıktıktan sonra Kayla'ya mesaj yolladım.

Gönderilen: Sarışın

Günaydın, fıstık. Annem hâlâ birkaç sırrın var olduğunun belirtilerini verdi. Bu özel olarak Meriçlerin ailesine mi ait, yoksa ucu sana ya da bana dokunur mu bilmiyorum ama ne fark eder ki? Gizli bir şey varsa ortaya çıkmalı. İşe gidiyorum. İnan ben de çok şaşkınım ama işe başladım! Sonra bunun üzerinde konuşalım. Öptüğümü hisset... ;)

Onunla konuşurken eğleniyordum. Utandırmak ve öfkelendirmek hobilerim arasına girmişti. Annem gibiydi.

Duygularını gizlemekte tam bir beceriksizdi. Onu düşünerek biraz keyiflenmiştim. Kahverengi'nin park yerine geldiğimde ise yorgunluğum kafama balyozla vurarak varlığını hatırlattı.

Arabayı kilitleyip arka kapıya doğru yürüdüm. Mutfağa girdiğimde herkesi selamladım. Dünkü asi tavrıma rağmen darılmışa benzemeyen aşçı gülümseyerek bana karşılık verdi. Önlüğümü alıp belime taktığımda, "Bugün iyisin ha?" diye sordu.

"Akşama doğru yapacaklarıma aldırma. Sabrım tükeniyor." Göz kırptıktan sonra mutfaktan çıktım. Sabahın bu saatinde çok az müşteri vardı.

"Sem! Şunları beş numaralı masaya götürsene."

"Sana da günaydın, Leyla," deyip elindeki tepsiyi aldığımda mahcup bir şekilde gülümsedi.

"Günaydın, Semih."

Beş numaralı masaya kahve servislerini yaptıktan sonra çapkın gülümsemelerimden birini gönderdim. İki genç kızdan biri içini geçirirken diğeri kibarca teşekkür etmişti. Neyse ki arada kibar müşteriler de oluyordu. Tüm gün burada birilerine hizmet ediyordum ve bazı suratsızlar tek kelime dahi etmiyordu. Bu bana kendimi hatırlatmıyor değildi ama bundan ders çıkarmıştım işte. Bence artık babam beni buradan almalıydı.

"Semih, buraya bir bakar mısın?"

Leyla'nın yanına gittiğimde bana gülümseyerek bir tepsi daha uzattı. Kendi işlerini bana yaptıracak kadar kurnaz bir kızdı. Sabahki enerjimin verdiği güce tutunarak centilmenlik yapmaya karar verdim ve gülümsedim.

"Hangi masa?"

Kırmızı ojeli, törpülü tırnaklara sahip bir el tepsiyi tuttuğunda Leyla kızarıp bozararak başını yere eğdi. Öykü direkt ona bakıyordu.

"Kendi işlerini başkalarına yaptırmak çok kurnazca ve bir o kadar da takım işine aykırı. Öyle değil mi, Leyla? Şimdi kendine ait masalarla sen ilgilen. Bir başkası değil."

"Şu an ilgileneceğim bir müşteri yok, ben hallederim," diye araya girdiğimde hâlâ elimde olan tepsiyi Leyla'ya doğru ittirdi.

"Hemen dediğimi yap!"

"Peki, efendim."

"Sen de odama gel," deyip yürümeye başladığında bana söylediğini biliyordum. Yine de onun peşine takılmak yerine, Leyla'nın kolunu tutup durdurdum. Kulağına eğildim.

"Huysuzun teki işte. Sen çok tatlıydın, boş ver."

Öykü adımı sessiz ama derin bir şekilde vurguladı. Leyla gülümserken onu bırakıp Öykü'nün peşine takıldım. Zümrüt yeşili, dizinin altına kadar inen dar bir eteğin üstüne krem rengi, tülden bir gömlek giymişti. Sırıtarak peşinden yürümeye devam ettim. Odasına girdiğimde o çoktan kestane ağacından yapılmış masasının arkasına geçmişti. Karşısındaki koltuklardan birine oturduğumda altın rengi kaplaması olan kaleminin arkasını masasının üstüne vurdu.

"Seni kaç kez daha uyaracağım, Semih?"

"Bence ilk olarak dün dediğim şeyi yaptın mı onu konuşalım, Öykü. Zira seninle çalışmam ve senin bana hesap sorman buna bağlı," dediğimde dişlerinin arasından "Öykü Hanım!" diye düzeltti. Onu umursamadım. "Hâlâ cevabımı almadım."

Bacağımı diğerinin üstüne kabaca attığımda daha çok gerildi. Sırtını zarifçe dikleştirdi.

"Eğer çok bilmek istiyorsan bunu sen çöz. Baban benimle konuşmadığı sürece hâlâ burada çalışan birisin benim gözümde ve çalışanlarımın önünde benim kararlarımı sorgulamaktan vazgeç. Yıllardır kurduğum düzeni anarşistlik yaparak bozamazsın."

"Anarşistlik?" deyip gülmeye başlayınca daha da öfkelendi. Dudaklarımı birbirine bastırıp elimi üstüne örttüğümde, kalemin arkasını masaya vurmaya kaldığı yerden devam etti.

"Üniversiteye gitmeden içinde isyankâr bir ruh oluşmuş ama burası benim dünyam. Burada benim kurallarıma boyun eğmekten başka şansın yok."

"Sadece çok katısın, Öykü. Leyla'ya kendim yardım ediyordum. Bana zorla bir şey yaptırmıyordu."

"Leyla bugün bunu sana yapıyorsa, yarın herkese yapmaya cesaret eder. Üstelik neden çok yorulduğun şimdi belli oluyor. Kızlara centilmenlik yapacağım derken kendini fazla yoruyorsun ve sonra bana başkaldırıyorsun. Dün söylediklerini tekrar gözden geçirmeliyim."

Söylediklerimi cidden düşünmüştü yani. Bu iyiydi işte.

"Leyla'yı kıskanmana gerek yok. Onun için sana başkaldırmıyorum, Öykü."

Dişlerini birbirine bastırıp göğsünü yukarı kaldırdı. Nefesini bıraktıktan sonra, "Öykü Hanım demek bu kadar zor mu?" diye sordu sabırla.

Bu soru beni gülümsetti. "Ondan daha iyi seçenekler var sadece."

"Lütfen kurallarıma saygılı ol ve babana karşı beni zor durumda bırakma. Şimdi çıkabilirsin."

Onu dinleyip ayağa kalktıktan sonra hiçbir şey söylemeden odasından çıktım. Bana her ne kadar diğer çalışanlarından biriymişim gibi davranmaya çalışsa da, öyle olmadığımı her ikimiz de biliyorduk. Babamın kurallarına ikimiz de boyun eğmiştik sadece.

5

Günlerdir Meriç'i görmüyordum.

Neşe ve Cansu, üniversiteye başka bir şehirde gidecekleri için günlerini alışveriş yaparak ya da toparlanarak geçiriyorlardı. Semih işe girmişti. Bense evdeydim.

Bugün bir değişiklik yapıp Nursiş'le alışverişe çıkmıştık. Kendimize yeni giysiler aldıktan sonra onu kuaföre bile götürmüştüm. Güzel bir yemeğin ardından birlikte taksiye bindik. Onu evine bıraktıktan sonra yola sessizce Meriç'i düşünerek devam ettim. Sergisi yaklaştığı için yaptığı işe, yalnızlığına saygı duyuyordum ama içimden bir ses sadece sergiyle uğraşmadığını söylüyordu. O çocuklardan intikam almak istediğini biliyordum ama bunun ne boyutta olduğunu kestiremiyordum. Kötü şeyler yaşamıştık. Yine de onun bu intikam arzusundan vazgeçmesini istiyordum. Benim için birilerine zarar vermesini ya da benim yüzümden zarar görmesini istemiyordum. Onun yapacaklarından ve başına gelebileceklerden korkarak taksiden indikten sonra eve doğru sallanarak yürüdüm.

"Ne cüretle bunu bana söylersin?"

Annemin çığlığını duyduğumda, Meriç'le ilgili olan tüm düşüncelerim koşarak zihnimin içindeki gölgelerin arkasına saklandı. Ne olduğunu anlamaya çalışırken sessizce anahtarı cebime atıp içeri girdim.

Bu sefer sesi çıkan babam oldu.

"Kızının söylediklerini hatırla."

Annemin dudaklarından çıkan "Hah!" sesini duyduğumda kapıyı sessizce kapatıp yaslandım. Ne söylemiştim?

"Kayla küçük bir çocukken ne istiyorsa şu anda buna inanıyor ama sen onu o kadar az tanıyorsun ki bunun farkında bile değilsin!"

"Bu konuya yeniden girme, Nazlı! Oldu ve bitti. Şimdi kızımla aramı düzeltmeye çalışıyorum ve sen buna izin vermiyorsun."

Kaşlarımı çatarak babamın söylediklerine bir anlam kazandırmaya çalıştım. Annemin bu işle alakası neydi? Son günlerde aramız biraz kötüyse bu tamamen onun evlilik kararıyla ilgiliydi.

"Oldu ve bitti! Öyle mi? Oldu ve bitti! Hamile kaldığımda da böyle demiştin, hatırlıyor musun, Vural? Oldu ve bitti. Senin tüm hayatın bu iki kelimeyi mi kapsıyor? Oldu ve bitti!"

"Başlama yine, Nazlı."

"Biliyor musun, sana laf atmaya çalışmayacağım. Ne halin varsa gör. Ben, sen yokken yıllarca kızıma neden bir babası olmadığını, bizim evimizde neden bir erkek olmadığını, insanların bana orospuymuşum gibi davranıp neden öyle ahlaksız tekliflerde bulunduğunu anlattım..."

Annemin burnunu çektiğini duyduğumda elimi dudaklarımın üstüne kapattım. Daha önce kimseye karşı bu itiraflarda bulunmamıştı. O her zaman güçlüydü.

"Senin yüzünden duymayı hak etmediğim o kadar çirkin şey duydum ki... Senin yüzünden bana kızımı satmayı teklif ettiler. Senin bizi terk edip gittiğin o cehennemde, ben kızımı tüm pisliklerden uzak tutmak için her şeyimi feda ettim. Şimdi seni anlasın diye yardımcı falan olmayacağım, Vural. Kendi yıkıntılarını sakın bana bulaştırayım deme."

Annemin sesi kısıldıktan hemen sonra onu holde gördüm. Beni fark ettiğinde gözleri büyüse de hırsla yürümeye devam etti. Gözlerimi silip "Anne," diye fısıldadığımda kolumu tuttu.

"Çekil, Kayla."

Ona itiraz etmeye çalışırken beni şaşırtarak kapının önünden çekti ve kapıyı açıp dışarı çıktı. Nemli gözlerimi silip bu sefer daha yüksek sesle "Anne!" diye seslendim ve peşinden dışarı çıkıp arkasından koştum. Ağlamaya devam ederken bir kez daha seslendiğimde durdu. Burnumu çekerek ona doğru yürürken yüzünü bana döndü. Öfkeden yüzü kızarmıştı. Saçlarıyla oynayarak onları dağıttığını görebiliyordum. Saçını zarifçe ama bir o kadar da öfkeyle kulağının arkasına itişini izlerken, "Ben de seninle geleceğim," dedim. Babamla olmam en başından beri hataydı.

"Eve dön, Kayla."

"Benim evim orası değil."

"Evet, orası. Şimdi hemen oraya dön!"

Başımı iki yana sallayıp elimin tersiyle burnumu sildim. "Beni yine terk etme, anne. Beni burada bırakıp sırtını dönme. Yine yapma."

Parmaklarını gözlerine bastırdıktan sonra birkaç adım attı. Ellerini omuzlarıma koyup bana doğru eğildiğinde burnumu çektim.

"Yıllarca sen güçlü bir kız ol diye debelendim, Kayla. Her battığımda senin için yeniden çıktım. Neden? Sen zayıf ol diye mi sence? Kaç diye mi?" Ellerini omuzlarımdan aşağı düşürüp bir adım uzaklaştı. Bir elini tekrar kaldırıp saçını geriye doğru attıktan sonra bağırmaya devam etti. "Baban gibi kaçıp git diye mi?" Ardından eliyle evi gösterip fısıldadı. "Oraya dön ve bir daha asla *korkakça* davranma!"

Arkasını dönüp hızla uzaklaştı. Zihnimin içinde iğrenerek tonladığı kelime yankılanıyordu. Babam seslenene kadar da bu devam etti. Gözlerimi kapatıp derin bir nefes aldıktan sonra arkamı döndüm ve eve doğru yürüdüm.

"Kayla?"

"Başka biriyle evlenmeni asla desteklemeyeceğim, baba! Asla!"

Merdivenleri hızla çıkıp odama girdim ve kilidi çevirip ağlamaya başladım. Anneme yapılanları hatırlamak beni yaralıyordu. O başına gelen kötü hiçbir şeyi hak etmemişti. Sadece birini sevip ona güvenmişti. Yaptığı belki hataydı ama o çirkin yakıştırmaların hiçbirini hak etmiyordu benim annem. İnsanlar ucu kendilerine dokunmadığında, bazen çok acımasız olabiliyorlardı. Anneme karşı oldukları gibi. Eskişehir benim için hem cennet hem de cehennemdi. Orada doğmuş, orada büyümüştüm. Orayı seviyordum ama anneme yapılanlar aklıma geldikçe orası bir cehenneme dönüşüyor ve beni boğuyordu. Burada yaşamayı bu yüzden de biraz kabullenmiştim. Annem hiçbir zaman ona yapılanları böyle sesli bir şekilde dile getirmemişti. Şimdi onun ağzından bunları duyduğumda garip olmuştum. Sanki annem o çirkin şeyleri hiç duymuyor gibiydi önceden. Güçlüydü. Fakat şimdi duyduğunu ve bunun onu ne kadar etkilediğini biliyordum. Annemi üzen herkesten nefret ediyordum.

Gözyaşlarımı silip yataktan aşağı inerken hâlâ burnumu çekiyordum. Telefonumu alıp Meriç'e bir mesaj yazdıktan sonra çantamı koluma takıp odadan çıktım ve babama hiçbir şey söylemeden evden ayrıldım.

Bir saat sonra Meriç'in dairesindeydim. Kanepeye kurulup televizyonu açtım ve rastgele bir kanalda durup ekranda dönen gösteriyi boş gözlerle izlemeye başladım. O morgdan çıkamasaydım bunların hiçbiri için üzülmeyecektim. Babama kızmayacaktım ama annem bensiz daha çok üzülecekti Benden güçlü olmamı istiyordu. Her şeyi ben güçlü olayım diye yapmıştı. Büyüdüğümde nelerle karşılaşacağımı biliyordu. Bana bakarken acıyan gözlere beni alıştırmıştı. Bir gün onun çektiği zorluklarla, o görmezden gelmeye alıştığım çirkin düşüncelerle karşılaşacağımı biliyordu. Beni her şeye karşı güçlü olmam için yetiştirmişti. Şimdi onun kızı gibi davranmam gerekiyordu. Annemin kızıydım ben, hiçbir zaman babamın kızı olmamıştım.

"Kayla?" Başımı çevirip Meriç'i görene kadar anahtarın kapıda çıkardığı sesi duymamıştım. Anahtarı, anahtar deliğinden çıkarıp içeri girerken "İyi misin?" diye sordu.

Başımı salladım. Çok daha iyi olacaktım ama bunun için hazır olup olmadığımı bilmiyordum. Gözlerim yeniden televizyon ekranına kilitlendi. Meriç gelip yanıma oturana dek öyle kaldım.

"Baban?"

"İkisi de."

Elini saçlarının arasından geçirdiğini göz ucuyla görebilmiştim. Hâlâ ekrana kilitliydim. Bir dakika sonra başka bir yere baksam televizyonda ne olduğunu söyleyemezdim ama gözlerim oradaydı.

Meriç koltuğa yan oturup beni bacaklarının arasına çektiğinde gözlerimi televizyon ekranından ayırabildim. Sırtımı onun göğsüne yasladıktan sonra saçlarımı koklamasını hissetmeye çalıştım. Elleriyle parmak boğumlarımı okşarken hiçbir şey konuşmadık. Ne olduğunu ya da neden olduğunu sormadı. Belki de biliyordu. Belki de konuşmadan anlaşıyorduk yine. O sihir yine gerçekleşiyordu. Belki sesim çıkmadan duyuyordu beni.

Güneş batarken odanın içine sızmayı başaran turuncu ışık pencerenin önüne koyduğum kaktüslerin üzerinden süzülerek zemine vururken, Meriç yastığın arasından bir kitap çıkardı. Ben ne yapacağını beklerken kitabı önüme kadar getirdi.

"Bir sayfa aç."

Onu dinleyip rastgele bir sayfa açtım. Başka hiçbir şey konuşmadık. Meriç mucizevî sesiyle kitabı okumaya başladı, kelimelere can verdi. Ben de başımı onun omzuna yaslayıp sakallarının saçlarımın arasına karışmasına ses çıkarmadan onu dinledim.

O nahoş sesiyle kelimelere can vermeye devam ederken, başımı hafifçe çevirip onu izlemeye başladım. Herkese gösterdiği kişiliğinin aksine yüzü kesinlikle masumdu. Ona baktığımda daha çok sevmek istiyordum. Her haliyle seviyordum onu. Ne yaparsa yapsın, ondan uzak kalmam gerekse bile o hep içimde olacaktı. Buna emindim. Sanki başka birini sevmem mümkün değildi. Onu sevmekle görevlendirilmiş ve bu göreve mahkûm edilmiş gibiydim.

Öyle bir mahkûmiyetti ki bu, okyanus gibi sonsuz bir armağandı.

Omzunda uyuyakalmıştım. Gözlerimi tekrar açtığımda koltukta yalnızdım. Odanın içi aydınlıktı. Telefonuma uzanıp baktığımda babamın aradığını gördüm ama ona geri dönmedim. Annemin mesajını iyi olduğumu yazıp yanıtladıktan sonra üstümdeki örtüyü katlayıp koltuğun kenarına bıraktım.

"Günaydın!"

"Günaydın! Eee... Bir yere mi gidiyorsun?"

Saçımı kulağımın arkasına sıkıştırırken takım elbise içindeki Meriç'i izliyordum.

"Holding. Gitmem gerek ama... Sen de gel. Sonra seni bırakırım."

"Benim gelmem doğru olur mu?"

Meriç nefesini sessizce alıp verdikten sonra "Toparlan, çıkalım," dedi.

∞

Tuna Holding tahmin ettiğimden daha görkemliydi. Şehir merkezinden biraz uzakta kalıyordu. Meriç bana personel için özel servisler olduğundan bahsetmişti. İçeriye girdiğimizde Meriç'in varlığı yüzünden kimse işine ara vermedi. Görünmez sınırlar ve belirli işler vardı. Herkes kendi üstüne düşeni yapıyordu. Kibarca Meriç'e selam verip işlerine devam ediyorlardı. Kimsenin patronun oğlunun gözünü boyamak gibi bir derdi yoktu. Herkes işiyle ilgiliydi. Bu ilk kat için geçerliydi belki de. Statünün arttığı üst katlarda Meriç'e selam verme zamanı daha uzun sürmüştü. Birkaç kişi nasıl olduğunu sormaya bile zaman ayırmıştı. Meriç ise onlara hiç ilgilenmeden soğuk cevaplar vermişti. Kibar sayılmayacak kadar soğuktu ama kimse bunu önemsiyor gibi durmuyordu. Meriç'le ilgilenmek görevleriymiş gibi profesyonelce yaklaşıyorlardı. Bu durum ne kadar profesyonel olabilirse...

İlk katın duruluğuna karşı bulunduğum kat fazla gösterişliydi. Değişik bir mimarisi vardı. Asansörden indiğimizde sanki farklı bir binaya geçiş yapmışız gibi hissettim. Her şey parlaktı öncelikle. Sanki özenle içinden su akarmış gibi parlaklık sağlanan camlar duvarları kaplamıştı. Yerdeki zemin öylesine temizdi ki, eğilsem yüzümü görecekmişim gibi hissediyordum. Bir taksinin sığabileceği genişlikteki koridorda karşılıklı sıralanmış, yaklaşık on tane kapının önünden geçtik. Odaların içi gözükse de fazla ilgilenmeden önüme bakmıştım. L biçiminde olan koridorun diğer ucunu döndüğümüzde, bu sefer yolumuzun daha uzun olduğunun farkına vardım. Duvarlarda simetrik olarak yerleştirilmiş tablolar ve ışıklandırmalar vardı.

Her şey ne fazla, ne de eksikti. Ne çok abartı, ne de çok duru. Gece mavisi, siyah ve beyaz. İşte bu katın renkleri bunlardı. Oldukça ilgi çekici ve bir o kadar da masum.

"Siktiğimin uzun koridorları, değil mi?"

Dikkatimi Meriç'e verdiğimde sendeleyince dirseğimden tutup yere kapaklanmamamı engelledi. Elimi tuttuğunda benimle dalga geçse de onu umursamadım. "Düz yolda bile düşmeyi becerebilen bir kızla işlerim ne kadar sekteye uğrayabilir ki?"

Boşluğuma denk gelmişti. Elimi tutmaktan rahatsız olduğunu biliyordum. Koridorun sonuna geldiğimizde elimi bırakıp belime dokundu.

Köşeyi döndüğümüzde bizi büyük bir alan karşıladı. Burada özel odalar yoktu. Sekreter olduğunu tahmin ettiğim kadının yanına doğru ilerlerken Meriç acele etmem için belime bastırıyordu. Adımlarımı hızlandırdığım sırada kadın bizi fark edip ayağa kalktı.

Burada içerideki renk hâkimiyeti siyahtan arınmış ve mavinin tonunu biraz açmıştı. Göğüslerine kadar üç düğmesi açık olan, tülü andıran bir gömlek giyen siyah, küt saçlı kadın yüzüne bir gülümseme yerleştirip "Hoş geldiniz, Meriç Bey," dediğinde durmuştuk.

"Avukat nerede?"

Kadın gülümsemeye devam ederek cevap verdi. "Odasında. Sizi bekliyorlar. Misafirinize ne ikram edeyim?"

Meriç bana döndü. "Sen burada takıl. Şu ileride..." deyip duraksadıktan sonra kafasını sol tarafa çevirdi. "Kahve makineleri var," diye devam ettiğinde başımı salladım.

Meriç'in kadını biraz olsun umursamadığı dikkatimi çekmişti. Yeniden bana döndü. "Uzun sürmez."

"Tamam."

Oval bir meydana benzeyen yerde sekreter masasının önünde dikilirken beni bekleyen kadına gülümseyip ortadaki deri koltuklara doğru ilerledim. Koltukların ortasındaki sehpa ve yerdeki zemin neredeyse birbiriyle aynıydı. Biraz önce Meriç'le benim yürüdüğüm koridordan gelen bir adam telaşla olduğum yere yaklaşırken bakışlarımı başka tarafa çevirdim. Önümdeki sehpaya bir yığın dosya yerleştirdiğini göz ucuyla görmüştüm.

"Merhaba!"

Bakışlarımı telaş içindeki adama çevirdim. "Merhaba."

"Bana yardım eder misin?"

Tereddüt ederek "Tabii," dediğimde kucağıma kalın bir klasör koydu.

"İçinde boş bir dosya olup olmadığını acil bulman gerek."

"Pekâlâ," deyip klasörün kapağını açtım.

"Bu arada sen kimsin?"

Dosyaları birer birer çevirirken ona cevap verdim. "İsmim Kayla."

"Güzelmiş. Yeni misin?"

"Hayır. Burada çalışmıyorum."

"Bu daha da iyi. Çalışanlardan birine kendi işlerimi yaptırdığımı görürlerse dedikodu malzemesi olurum."

Dosyaları tek tek çevirmeye devam ederken sehpayı kendine doğru çekmiş adama baktım. Kâğıtları dörtlü gruplara ayırmış, üst üste diziyordu.

"Kesinlikle öyle değilim," deyip dosyaları kontrol etmeye geri döndüm.

"Buna cidden sevindim, Kayla. Bu arada benim ismim de Demir."

"Memnun oldum. Burada bir tane boş dosya var."

Kafasını kaldırıp kucağımdaki klasöre baktıktan sonra önündeki kâğıtlara döndü. Kenara ayırdıklarının en altındakini bana uzatınca alıp boş dosyaya yerleştirdim. Dosyaları çevirmeye devam ettim.

"İnsanlar sürekli bir açığımı arıyorlar. Bu şartlar altında sakin olmam çok zor."

"Stajyer misin?"

Demir soruma karşılık güldü.

"Keşke öyle olsam. Holding sahibinin yeğeniyim. Torpille alındığımı falan düşünüyorlar ama inan bana bu holdinge girmek için çok çalıştım."

Meriç'in kuzeni? Meriç bana akrabalarından hiç bahsetmemişti. Onlarla görüştüğünü bile bilmiyordum. Babam gibi kendi ailesinden kopuk yaşadığını düşünüyordum ama anlaşılan öyle değildi.

"Şey, bir tane daha boş buldum."

Yine altta kalan kâğıdı çıkarıp bana uzattı.

"Ayrıca amcam sırf yeğeniyim diye beni işe alacak biri değil. Buradakilerin düşünmediği şey bu."

Onu dinliyormuş gibi yaparken daha dikkatli inceledim. Meriç babasına da benziyordu ama annesini daha çok andırıyordu. Dikkatlice baktığımda Demir'in Aytaç Amca'ya daha çok benzediğini fark ettim.

"Zaten birkaç aylığına buradayım. Sonra Ankara'ya gidip özgür olacağım. Yani bunu umuyorum."

Tuna erkeklerinin Ankara'da özgürlük bulacaklarını düşünmesine sebep olan neydi?

"Neden öyle düşündün?"

Bir an olsun işine ara vermeden bana cevap verdi. "Orada daha küçük bir şirket var. Hem kimse buradaki kadar bilmiş değil," dedikten sonra etrafa bakındı. "Her şeyi bildiğini sanan ahlak bekçileri."

Fısıltısı karşısında Meriç'in buradan ne kadar rahatsız olduğunu hatırladım. Çoğu kişinin ona acıyarak baktığını iddia etmişti. Demek bundan Demir de rahatsız oluyordu.

"Bir boş daha," dediğimde kenara ayırdığı son kâğıdı uzattı.

"Teşekkürler. Sanırım bu sondu."

Kâğıdı dosyanın içine yerleştirdikten sonra klasörün kapağını kapattım. Sehpanın üstüne bıraktığımda o da ayırdığı kâğıtları diğer klasörlerin içine yerleştirdi.

"Teşekkürler, Kayla. Bir can kurtardın," deyip üst üste koyduğu klasörleri kucakladıktan sonra göz kırptı.

"Rica ederim."

Meriç'in kuzeni gözden kaybolurken etrafa bir göz gezdirdim. Sekreter ve benim dışımda kimse yoktu. Meriç de henüz avukatla görüşmesine son vermemişti. Ayağa kalkıp tarif ettiği yere doğru yürüdüm. Oval şekildeki meydanın bir tarafında bizim geçtiğimiz koridorun daha darına açılan bir geçiş vardı. O tarafa yöneldiğimde kahve makinelerini ve orada dikilen iki kadını fark ettim. Ben onların yanına gidene kadar üç kez kaçamak bakışlar atmışlardı.

"Merhaba," diye mırıldanıp çantamdan bozuk para çıkardım.

"Merhaba. Şey, seni biraz önce gördüm. Demir Bey'e yardım ediyordun sanırım."

Bizi izleyen birini fark etmemiştim. Yine de başımı salladım. "Evet."

"Hep gergindir. Tabii Aytaç Bey'e mahcup olmak istemiyor." Sarışın kadının bu yorumuyla diğeri omzunu silkti. "Babası gibi uzakta kalmalıydı bence. Burada boşa çırpınıyor."

İki kadının konuşmasını dinlemek için hangi kahveyi seçeceğime karar verme işini biraz uzattım.

"Yapma ama. Adam biraz fazla laubali olabilir ama oğlu hiç de öyle değil."

Sarışın olan, diğer kadının omzunu dürttü. "Yoksa Demir Bey'den mi hoşlanıyorsun?"

"Saçmalama!"

Kıkırdayarak uzaklaştıklarında bol şekerli sade kahvemi alıp geldiğim yere doğru yürümeye başladım. Meriç'in amcası burada çalışmıyordu yani. Her ne iş yapıyorsa Demir'e uygun değildi anlaşılan. Amcasının yanında olmayı seçtiğine göre…

"Kayla! Ben de seni arıyordum. Gidelim mi?"

"Olur," dediğimde Meriç yanındaki şık giyimli adamın elini sıktı. Avukat olmalıydı büyük ihtimalle. Adam açık kapıdan içeri girdiğinde Meriç bana yaklaştı.

"Kahve içmek mi istiyorsun?"

"Aslında sadece oyalanmak içindi," dediğimde, elimdeki bardağı alıp kafasına dikti.

"İşte bitti. Gidebiliriz."

Meriç bardağı sekreterin masasının üstüne bırakıp elini belime yerleştirdikten sonra yürümeye başladık. Koridor bu kez biraz hareketliydi. İnsanlar odalarından dışarı çıkıp başka odalara geçerken sürekli durup Meriç'e selam verdiler. Ben onun arkasından önüme bakarak yürümeye devam ederken, bakışların ondan sonra bana geçtiğini biliyordum. Yine de kimseyle göz teması kurmamaya özen gösterdim. Asansöre bindiğimizde nefesini sesli bir şekilde dışarı bırakınca ona döndüm.

"Burada ne kadar az vakit geçirirsen o kadar huzurlu olursun."

"Sadece sana selam veriyorlar."

"Sadece beni sinir ediyorlar," dedikten sonra elini ensesinde gezdirdi.

Asansör durduğunda belime dokunup beni hızlı adımlar atmaya zorlayınca ona ayak uydurmaya çalıştım. Dışarı çıktığımızda "Bir kuzenin olduğunu bilmiyordum," dedim. Sürekli konu değiştirmem karşısında başını sıkıntıyla iki yana salladı ve son söylediğim şeye odaklandı.

Önce biraz sessiz kalsa da sonra hiçbir şey olmamış gibi omuz silkti. "Yokmuş gibi devam edebilirsin."

"Onun hakkında konuşuyorlardı. Amcan gibi sizden uzak durmasının daha iyi olduğunu düşünen birkaç kadın."

"Birkaç geveze. Bu beni ilgilendirmiyor, Kayla. Amcam iyi adamdır ama pek görüşmeyiz. Uzak durmayı tercih ediyor. Demir onun aksine düzenli bir işi olmasını istediği için burada ama ilişkilerimiz o kadar sağlam değil."

"O senin kuzenin."

Arabanın kapısını açtığında durup yüzüme baktı. "Ne önemli ama! Daha anne ve babamla doğru düzgün geçinemezken kuzenim pek umurumda değil. Şimdi otur da defolup gidelim şuradan."

Sürücü koltuğunun yanındaki koltuğa yerleştiğimde kapımı kapatıp kendi tarafına geçti.

"Benim hiç kuzenim yok ya da ben bilmiyorum. Babamla bu konu üzerinde fazla konuşmadık. Güzel bir şey olabilir. Yani kardeşin gibi."

"Bilmiyorum," deyip omuz silktikten sonra arabayı çalıştırdı. Umursamazlığının doruklarında bir Meriç Tuna'ydı yine.

Yola çıktığımızda dikkatini dağıtmamak için konuşmadım. Bunun yerine radyoyu açıp güzel bir şarkı buldum ve yola şarkı dinleyerek devam ettik.

Meriç beni eve bıraktığında bir sürpriz beni bekliyordu. Mutfaktan gelen sadece kurabiye kokusu değildi. Nursiş'in kahkahasına eşlik eden farklı bir ton vardı. Ömer.

Ayakkabılarımı çıkarıp çantamı yere bıraktıktan sonra mutfağa doğru ilerledim.

"Selam!"

Ağzını kurabiyeyle dolduran Ömer'in yüzünde hâlâ büyük bir gülümseme vardı.

"Kuzum, hoş geldin! Biz de Ömer'le azcık laflıyorduk."

"Hoş buldum. Ben de kurabiye istiyorum."

"Tabii, kuzum. Siz bahçeye çıkın, burayı biraz havalandırayım ben. Size de kurabiye getireyim sonra."

İkimiz de aynı anda onu onayladıktan sonra birlikte bahçeye çıktık. Sallanan koltuğa yerleştiğimde Ömer yüzümü inceliyordu.

"Bir şey mi oldu, Kayla?"

"Neden?"

"Benden kaçıyorsun."

"Hayır. Şey... Annem ve babam... Sorunlar yaşadığımız bir dönem."

Evet, ondan kaçıyordum. Meriç'in ailesiyle ilgili merakımın onu rahatsız edeceğini biliyordum. Meriç için endişelenmesini istemiyordum. Eğer iyi bir şeyse, o zaman Meriç de Ömer de öğrenebilirdi ama iyi olup olmadığını öğrenene kadar onlara bir şey belli etmemem gerekiyordu.

"Hadi ya! Atlatılacak gibi mi?"

"Bilmem. Yetişkinlere akıl sır ermiyor. Sen nasılsın? Kızlar üniversite için alışveriş yapıp duruyor. Semih çalışıyor."

"Çalıştığını duydum. Biraz olgunlaşır umarım."

"Onun hakkında fazla acımasızsın, Ömer. Aslında fazla olgun bir çocuk. Bunu sen de biliyorsun."

"Belki," deyip kafasını kaşımaya başlayınca ona döndüm.

"Gergin gözüküyorsun."

"Evet. Aslında konu tam da bu. Herkese sataşmaya başladım."

"Ne olduğunu anlat artık."

"Bu sıralar kendimi sorgular oldum, Kayla. Benim içimdeki sesin gevezeliği ve filozof kesilmesi yetmiyormuş gibi, bir de annem, abim ve Meriç üstüme geliyor. Neyse ki Neşe anlayışlı bir kız. Onu üzmek istemiyorum ama bu dönemde belki de ayrı kalmalıyız. Onun duygularını incitmekten korkuyorum."

"Ona her şeyi güzelce anlatırsan seni anlayacaktır," dedim konunun ne olduğunu bilmeden. Kafasını sallayıp öyle olmasını umduğunu belli eden bir ifadeyle bana baktığında, sabırla devam etmesini bekliyordum.

"Evin küçük çocuğu olmak çok zor. Yıllarca beni şımarttılar ve şimdi bunu sorguluyorlar."

"Neyi?"

"Çocukluğumu," deyip sesli bir nefes bıraktıktan sonra devam etti. "Tüm bu olanlar... Senin başına gelenler... Hastanede yaşadıklarım... Sanki hepimiz için bir dersti. O olaydan ve vücudunun ısısının yerine gelmesini beklediğimiz o uzun günlerden etkilenmemem imkânsız. Bu, hayatımda belki de sadece bir kez tanık olacağım bir şey. Bir insanı hayatta tutmaya çalışan ampullerin bu kadar önemli olabileceğini daha önce hiç düşünmemiştim. Hayata daha farklı bir gözle bakar oldum. Meriç bu durumum karşısında kız gibi düşündüğümden şikâyet ediyor. Annem fazla pimpirikli olduğumu, bu şekilde beni

Ankara'ya gönderemeyeceğini söylüyor. Abimin üzerinde baskı yapıyor. Aslında babamı da ele geçirmiş durumda."

"Ama kaydını yaptırdın, değil mi?"

"Kaydımı Atahan'a aldırmaları o kadar da zor değil. Neşe'ye bunu nasıl açıklarım?"

"Sen ne istiyorsun?"

"Ankara'yı istiyorum. Belki de istediğimi sanıyorum. Emin değilim. Orası benim için daha iyi ama Meriç ve Semih burada. Yine birlikteler. Yani çok yakın olmasalar da aynı yerde olduklarını bilmek bile yeterli. Biz çocukluğumuzdan beri birlikteyiz. Onların burada olduğunu bilip Ankara'ya gitmek zor geliyor. Babam bunu çocukça buluyor ama annem Ankara'ya gidersem sarsılacağımdan endişeleniyor. Ne olacağını bilmiyorum ve kendime güvenim şu sıralar gerçekten yeterli değil."

"Buraya ilk geldiğimde her şey benim için berbattı. Hep öyle kalacağını sandım ama görüyorsun işte... Size sahibim."

Başını kaldırıp bana baktığında gözlerindeki çaresizliği gördüm.

"Seni orada tutan bir şey yoktu, Kayla. O yüzden buraya ve bize alışman zor olmadı. Neşe de geldi zaten. Senin aksine ben gerçek arkadaşlarıma burada sahibim ve onlar hep burada kalacaklar. Neşe'nin orada olması tabii ki sahip olacağım en iyi şeylerden. Sadece hiçbir şeyden emin değilim."

"Bu çok normal. Biz aslında hâlâ çocuğuz. Üniversiteye başlıyoruz diye bir anda yetişkin olmuyoruz ki... Korkman, korkmamız çok doğal. Belki orada çok mutlu olacaksın. Belki geri döneceksin. Kimse seçimlerin yüzünden sana kızamaz. Sadece yapmak istediklerini yap. Anneni, babanı, bizi ya da Neşe'yi düşünmeden."

"Sanırım öyle yapacağım. Gidip göreceğiz. Deneyeceğim. Olmadı geri dönerim, değil mi? Ailem için bu o kadar da zor değil. Hem Meriç ve Semih bensiz burada birbirini yer."

Hâlâ Meriç ve Semih'i düşünmesi beni güldürmüştü. Meriç ve Semih dışındaki diğer tüm endişeleri yersiz gibi geliyordu. Onlardan uzakta olmak istemiyordu. Onların kardeş gibi büyüdüğünü anlamamı sağlayan şey Ömer'di. Diğer ikisi bunu başarılı bir şekilde gizlese de, Ömer geçmişteki izleri saklamıyordu.

"Arkadaşlar demişken, ben de Eskişehir'e gitmeyi düşünüyorum. Annem oraya döndü. Telefonda çok konuşamıyoruz. Eski arkadaşlarımı da görmüş olurum. Hepsi bir yerlere dağılmadan önce..."

Nursiş elinde kurabiyelerin olduğu tabakla geldiğinde sohbetimize ara verdik ve iki obur birlikte kurabiye yedik.

6

Eskişehir'de olmak beni mutlu ediyordu. Kendi evimde, kendi yuvamda... İçime çektiğim hava dünyanın en temiz havası, baktığım yerler en güzel yeriydi sanki. Kent Park'ta yaptığım bir saatlik yürüyüşün ardından banklardan birine oturmuş dinleniyordum. Eve yürümek için enerjimin yerine gelmesini beklerken temiz havayı sık sık içime çektim. Üzerimdeki şişme, rengi kavuniçini andıran yelek beni biraz terletmişti. Hava ne kadar sıcak olsa da üstümden çıkarmadım. Telefonumu ve paralarımı onun cebinde taşıyordum.

Oturduğum bankın hemen yanındaki büfeden aldığım su şişesinin kapağını açıp kuru boğazımı ıslattım. Birkaç yudumdan sonra kapağı kapattım. Şişeyi yarılamıştım. Benim gibi sabah yürüyüşü yapanların yanında, sabahın bu saatlerinde yüzmeye gelenler de vardı. Kahkahalar eşliğinde önümden geçen grubun ellerindeki plaj çantalarından bunu anlamıştım.

Lisedeki arkadaşlarımla birkaç kez biz de gelmiştik. O zamanlar insanlara aldırmadan gürültü çıkaran gençlerden biriydim. Üzerinden Porsuk'un suyu kadar zaman geçmiş gibiydi. Kim derdi ki bir şehir değişikliği bu kadar şeye yol açacak?

Ayağa kalkıp bacaklarımı esnettikten sonra telefonumu cebimden çıkarıp baktım. Hiçbir şey yoktu. Alışkın olduğum bu manzara karşısında telefonu yeniden cebime atıp köprüye doğru yürümeye başladım. Karşıya geçip eve gidecektim. Annem çoktan kahvaltıyı hazırlamış olmalıydı.

Dönüş yolunda ekmek alıp eve ulaştığımda tahmin ettiğim gibi kahvaltı hazırdı. Duş aldıktan sonra annemle birlikte kahvaltı yaptık. Ardından onu uğurladım. Mutfağı topladıktan sonra evi havalandırmak için odaların camlarını açtım. Kendi odama geçip dikkatle etrafa bakındım. Yatağımı ayakucundan tutup odanın ortasına doğru çektim. Kayıp popomun üstüne düşsem de yatağı yerinden oynatabilmiştim.

Dün gece hazırladığım gazeteleri duvarın dibine serdikten sonra, büyükbabamdan kalma küçük iskemleyi gazetelerin üstüne yerleştirdim. Tekrar mutfağa gidip kendim için büyük bir bardağa soğuk su doldurdum. Odaya geri döndüğümde sudan bir yudum alıp bardağı eskiden çalışma masasının durduğu yerdeki kitaplığın bir rafına bıraktım. Dün aldığım boya kutularını duvarın dibine kadar taşıdıktan sonra fırçaya uzandım.

Annemin yardımıyla en az elli kere silip yeniden çizerek bitirdiğimiz sonsuzluk işaretinin önündeki iskemleye çıktım. Fırçayı boya kutusuna batırdıktan sonra önüme baktım. Sonsuzluk işaretinin kalın çizgisinin üstünden turuncu boya fırçasını geçirirken elimin titrememesine özen gösterdim. İşaretin üst kısmındaki eğimin ortasına geldiğimde fırçayı tekrar boya kutusunun içine batırdım. Acele etmeden işareti boyamam, yeniden üstünden geçmem yirmi dakikamı almıştı.

Daha ince olan fırçayı alıp siyah boya kutusunun içine batırdıktan sonra duvara döndüm. İşaretin sol tarafındaki eğimler arasında oluşan boşluğa kurşun kalemle bastırmadan çizdiğimiz harfin üstünde fırçayı gezdirdim. Harf olduğu için daha zor oluyordu. Fırça izi kalmaması için daha dikkatli olmam gerekmişti. Harflerin üstünden geçmek işareti yapmaktan daha uzun sürdüğünden, kolumu biraz dinlendirmek zorunda kaldım. Daha sonra sağ taraftaki boşluktaki harfleri boyamaya devam ettim.

Sonunda boyama işi bittiğinde boya fırçalarını ve kutularını kaldırıp etrafı temizledim. Yatağı eski yerine ittikten sonra Meriç için hazırladığım albümdeki çoğaltılmış fotoğrafların olduğu kutuyu çıkardım. Bir fotoğrafın üç kopyası vardı. Kutunun içinden poster boyutunda olanını çıkardıktan sonra çalışma masasının üstünden makası alıp kesmeye başladım.

Lise mezuniyet törenine giderken çekilen bir fotoğraftı. O gün Meriç'in ifadesini görmek için kendi kendimi yiyip bitirmiştim. O gün hamileydim... Bakışlarımı tavana dikip "Bunu düşünme, Kayla!" diye mırıldandıktan sonra gözlerimi kırpıştırdım. Yeniden fotoğrafa baktığımda Meriç'in yüzüne odaklandım. Onu karizmatik gösteren takım elbisenin içinde sıkılgan gözüküyordu. Yine de objektife karşı biraz tebessüm etmişti. Gülümseme ifadesini dudağının ufak kıvrımlarından anlamak için bir dakikaya yakın süre bakmak gerekiyordu. Belimi kavrayan elinin varlığını hâlâ hissedebiliyordum. Onun yanında ben tam bir ahmak gibi duruyordum. O özgüvenli, karizmatik, sanatçı ruhu yüzüne yansımış çocuğa karşı ezik, ahmak ve aptal bir kız vardı.

Makası hareket ettirmeye devam ettiğimde yüzlerimizi kesmemeye özen gösterdim. Sonunda kalp şekline getirebildiğim fotoğrafı sonsuzluk işaretinin ortasına yapıştırmak için kenara bıraktım. Boyanın kuruduğundan emin olmam gerekiyordu.

O sırada telefon çalmaya başlayınca heyecanlanarak yataktan aşağı indim. Berkan'ın aradığını görünce yaşadığım hayal kırıklığı heyecanımı yerle bir etmişti. Telefonu sessize aldıktan sonra yere oturup bağdaş kurdum.

Arama sonlanınca duvarın son halinin fotoğrafını çekip ona gönderdim. Bir cevap beklemediğimden, annemin yanına gitmek için hazırlandım ve oyalanmadan evden çıktım. Dükkânla ev arasında minibüse binecek kadar uzun bir mesafe olmasa da yürüyünce biraz vakit alıyordu.

Günün erken saatleri ve okul dönemi olmadığı için sokaklar her zamankinden daha boştu. Banklarda oturmuş gazete okuyan ihtiyarların oralarda olmasına alışkın olduğum için yalnız hissetmiyordum. Sonunda dükkâna yaklaştığımda adımlarımı hızlandırdım. Dükkânın kapısının önündeyken içeride beni fark edip gülümseyen annemi gördüm. Telefonla konuştuğunu seçebiliyordum. Kapıyı ittirip içeri girdiğimde ona yardımcı olan Çetin'in olmadığını anladım. Kim bilir yine nereye gitmişti. Annemin bir eskiciden temiz bulup aldığı tekli koltuklardan birine oturduktan sonra telefonumu elime aldım. Neşe'yle dün geceden beri görüşmemiştik. Muhtemelen hâlâ uyuyordu. Güne benim kadar erken başlamaya üşenen bir yapısı vardı. Anneme göstermek için çektiğim fotoğrafa bakarken, annemin dün geceki söyledikleri ve benim ona verdiğim cevaplar beynimin içinde yankılandı.

"Bu sence de çok saçma değil mi, Kayla?"

"Bunu son günlerde çoğu çift yapıyor, anne. Yabancı ünlülerden sonra popüler oldu."

"Onların isimlerini kısaltma gibi huyları da var benim tatlı kızım ama bu onların isimlerine uyuyor. Bizimkilere değil."

"Sadece bir simge. Kimse bize böyle seslenmiyor."

"Kay-Riç."

"Bence sevimli. Sanırım. Neyse... Dedim ya kimse bize öyle seslenmiyor."

Ekrandaki fotoğraf kararıp üstüne açılan yeni pencerede Meriç'in adı yazınca heyecandan kusacağımı sandım. Bir mesaj gelmişti. Meriç'ten.

Ah! Gerçekten heyecandan kusmak üzereydim.

Gönderen: Meriç ♥

İnsanlar yaşlandıkça çocuklaşırlarmış. Sen şimdiden başladın, Kayla. Benjamin Button gibi olursan seni kucağıma alıp ağzına emzik tıkmam, haberin olsun.

Mesajı en az on kez okumuştum. Annem bana seslenene kadar okumaya devam ettim. Neden bu kadar huysuz ve sinir bozucuydu?

"Bir tanem, sana sesleniyorum."

Dikkatimi anneme verdiğimde gülümsediğini gördüm.

"Ne yapıyorsun öyle telefonla?"

"Sana göstereyim," dedikten sonra, asıl amacı anneme gösterilmek olan fotoğrafı açtım ve ayağa kalkıp tezgâha yaklaştım. Annem camın altındaki yüzükleri yerleştirmeyi bırakıp bana baktığında telefonu ona uzattım.

"Çok sevimli olmuş. Hâlâ bana biraz anlamsız gelse de."

"Meriç çocukça buldu."

Annem zarif bir kahkaha atıp telefonumu camın üstüne bıraktıktan sonra, Erzurum'dan getirttiği taşlarla yapılmış yüzükleri yerleştirmeye devam etti.

"Bunu sevimli bulması garip olurdu. O bir erkek."

"Öyle ama Meriç'in çocukça bulması normal bir çocukça bulma değil, anne. Benimle dalga geçiyor."

Telefonumu alıp cebime tıkıştırdığımda annem zümrüt yeşilini andıran taşlı yüzüğü alıp parmağına taktı ve inceledi. Parmağı taşın üstünde gezinirken efsanevi bir olayı anlatan metni okur gibi konuştu.

"Onu öyle seviyor olmalısın. Yoksa bu kadar şeyi yapmazdın, değil mi?"

Annemin söylediklerini düşündüm.

"Öyle," diye mırıldandım ve dönüp tekrar koltuğa oturdum. "Anne... Ben, ben olmaktan çıktım mı? Bazen kendimi tanıyamıyorum."

Yüzüğü çıkarıp diğerlerinin arasına yerleştirdikten sonra bana bakarak o çok sevdiğim anne gülümsemesini yüzüne yerleştirdi. İçimi ısıtan o gülümsemesi...

"Sadece büyüyorsun."

Yüzüklerin olduğu kadifemsi kutuyu camın önüne doğru ittirdikten sonra bilekliklere geçti.

"Babanın yanında olmanı istedim, çünkü büyürken ona da ihtiyacın vardı. Sadece benim etki alanımın uzandığı bir çevrede yeterince büyüdün. Burada hayatını şekillendirecek temel düşüncelere sahip olduğunu düşünüyorum ama biraz da babana ihtiyacın vardı. Onun bir gün geleceğini biliyordum, Kayla. O beni terk etmişti, seni değil."

"Beni terk etti. Sonra geldi ve şimdi yeniden terk ediyor."

"Acımasız olma."

Kapı açıldığında ikimiz de sustuk.

Çetin elinde bir tepsiyle içeri girdi. "Kahveler geldi," deyip sırıttıktan sonra bardakları tezgâhın üstüne bıraktı.

"Sağ ol, Çetin."

"Ne demek efendim. Siz yokken yalnız kahve içmek berbattı. Şu tepsiyi bırakıp geliyorum."

Babamın mevzusu kapandığı için tekrar açmaya yeltenmedim. Buradayken kendimi dinlendirmek istiyordum. Bunları tekrar düşünüp yormak değil.

Telefonumu elime aldığımda annem bilekliklerle uğraşıyordu. Berkan'ın mesajına hâlâ cevap vermemiştim. Umursamadan Meriç'in mesajına geri döndüm.

Gönderilen: Meriç ♥

Onu yapacak erkekler varken benim o duvara adının harflerini yazmam senin için bir şey ifade etmiyor mu gerçekten?

Unuttuğum şey, Meriç'le konuşurken dikkat etmem gerektiğiydi.

Gönderen: Meriç ♥

Onu yapacak erkeklerle tartış bu konuyu.

"Senden nefret ediyorum."

"Kimden?"

Fısıldadığımı sanıyordum ama öfkem buna müsaade etmemişti anlaşılan. Başımı kaldırıp anneme baktıktan sonra ayağa kalktım.

Tezgâhın arkasına geçip kolyeleri askılarına takmaya başladığımda içeri bir müşteri girdi. Ortaokul çağındaki kızlar anneme ismiyle seslenince buraya sık sık geldiklerini düşündüm. Annem de onları sıcakkanlılıkla karşılaşmıştı. Benim yüzümden buradan uzun süre uzak kalmıştı. Küçük kızlarla kısa bir sohbet ettikten sonra bileklikleri çıkarıp onlara gösterdi. Arada bir bana kaçamak bakışlar atan kızlar, bir yandan da bilekliklerle ilgileniyorlardı.

Yakın arkadaş oldukları her hallerinden belli oluyordu. Annem onlara üzerinde kelebekli bir taş olan farklı renklerde iki bileklik sattıktan sonra dükkândan ayrılmışlardı.

"Neşe ve senin gibiler. Her ay gelip arkadaşlıklarının simgesi olarak birer bileklik alırlar. Bu zamana kadar onlara sekiz arkadaş bilekliği sattım."

"Güzelmiş."

"Öyle. Bana iyi bir şeye ortak olduğumu hissettiriyorlar."

Dirseğimi cam tezgâha dayayıp "Bir şeye daha ortak olur musun?" diye sorduğumda, kaşını kaldırarak bana döndü.

"Meriç ve sana mı?"

"Evet. Şu kalın iplerle yapılan bilekliklerden takıyordu. Eskiden. Şu sıralar neredeyse hiç aksesuar kullanmasa da belki... Saklar en azından."

"Nasıl olmasını istiyorsun?"

"Sana güveniyorum. Usta sensin."

Öğleden sonra dükkân neredeyse hiç boş kalmadı. Biri gelip biri gitti. Bazıları bir şey almasa da akşama doğru annem iyi satış yapmıştı. Ayakta durmaktan yorulmuştum. Çetin de benimle birlikte olmasına rağmen hiç yorulmuşa benzemiyordu. Annem altıya doğru ikimize de izin verdiğinde Çetin kalmak için ısrar etmişti. Annemi yalnız bırakmak istemiyordu. Ona bu yüzden minnettardım.

Akşam Neşe'yle buluşmak için dükkândan ayrıldığımda Berkan yeniden aradı. Geldiğimde onunla bir kez görüşmüştük ama Berkan'ın hâlâ sevgili olabileceğimize inandığını görmem sonucunda bir daha onunla görüşmeme kararı almıştım. Ama o her gün ısrarla aramaya, mesaj bırakmaya devam ediyordu. Ondan ne kadar kaçsam da, Neşe'yi kandırabilmeyi başarmıştı. Buluşacağımız kafeye gittiğimde yanında Berkan'ın da olmasının anlamı buydu.

Neşe lavaboya gittiğinde yalnız kalmıştık.

"Söylesene, Kayla... Sana tasma takmış gibi davranan o çocuk nasıl oluyor da bir hafta olmasına rağmen ortalarda gözükmüyor?"

Gözlerimi devirip masada duran dondurmanın üstünde kaşıkla elips çizmeye devam ettim. Eskişehir'de kafamı dinlemeye çalışıyordum. Bu yüzden buraya gelmiştim. Berkan ise sanki her fırsatta bana laf sokuyordu. Kendini buna programlamış gibiydi. Bu canımı sıkıyordu ama onu incitmemek için bir şey söylememiştim bu zamana kadar.

"Öncelikle onun hakkında böyle düşünsen bile bana yansıtma lütfen."

"Hah! Unutmuşum. Konuşma özgürlüğünü de elinden alıyor, değil mi?"

"Değil! Onu tanımıyorsun. Bizi bilmiyorsun, Berkan! Meriç ve ben birbirimizi anlıyoruz. O sadece daha önce önemsediği herkesi kaybettiği için bana böyle davranıyor. Onu anlamadan onun hakkında konuşamazsın!"

"Kendini kandırıyorsun. Senin için üzülüyorum."

"Seninle olsaydım da ben kendim için üzülürdüm, Berkan."

Son sözüm aramıza soğuk bir duvar ördüğünde neredeyse titremiştim. Kollarımı bedenime dolayıp soğuk havanın etkisinden kaçmayı bile deneyecektim. Berkan yüzünde zorlama bir gülümsemeyle bana bakıp elini saçlarının arasına attığında "Özür dilerim," diye fısıldadım. Kafasını ağır hareketlerle iki yana salladı. Kırıldığını görebiliyordum ama zamanı geri alamazdım.

"Seni mutlu edeceğime inanmaman kırıcı. Bense bizim bir gün gerçekten birlikte olacağımızı düşünüyordum. Bilirsin işte, ikimiz de bazı zamanlar farklı heyecanlar istedik. Bu çocuk da senin için öyleydi. Buna inanıyordum en azından. Fırtına durduğunda yeniden sakin kasaba olacaktı. Orada biz olacaktık."

"Üzgünüm. Seni kaybetmek istemiyorum. Seni çok seviyorum ama..."

"Onu daha çok seviyorsun," diye cümlemi tamamladığında uzanıp elini tuttum. Meriç'in erkeksi yapıdaki ince parmaklarının aksine yamuk ve sevimli olan parmaklarını okşadım.

"Senin ve onun yeri çok ayrı."

"Bununla yetinmeli miyim?"

"Sen bana âşık değilsin, Berkan. Lütfen öyleymiş gibi davranma. Başka biriyle çok mutlu olacağını ikimiz de biliyoruz."

Elini parmaklarımın arasından çekip kucağına koyduktan sonra başını kaldırıp yüzüme baktı. Her zaman çocuksu bir muziplikle gülen gözlerinde sanki bir sis bulutu vardı. İlk defa bu kadar olgun gözüküyordu.

"Sen benim için hep ilk olandın, Kayla. İlk sırada hep sen vardın. Gezip tozduğum kızları hiç senin rakibin olarak görmedim ama sen beni çok yanlış anlamışsın. Neyse... Ben artık gideyim. Sonra görüşürüz."

Ben hiçbir şey söyleyemeden ayaklandı. Arkasından sadece onu izledim.

Neşe gelip yerine oturduğunda "Berkan nerede?" diye sordu.

Gözümü kapıdan ayırıp "Gitti," dediğimde omzunu silkti.

"Zaten onun yanında rahatça konuşamıyorum. Ömer şu sıra öyle içine kapanık ki... Bir şey söylememek için kendimi zor tutuyorum. Sanki ağzımı açsam beni terk edecekmiş gibi."

"Seni seviyor, neden terk etsin ki?" dedikten sonra dikkatimi tamamen ona verdim. Berkan'ı sonra düşünecektim. Bugün beni gerçekten şaşırtmıştı. Sanki onu tanımıyormuşum gibi hissetmiştim ve bu canımı acıtmıştı. Çok derinden.

"Çünkü arkadaşlarını daha çok seviyor."

'Daha çok seviyor' kısmını göz ardı ettim. Bir tercih yaparken en zorlanılan durum buydu. Seversin ya da sevmezsin. Seçim o zaman kolay olur. Ama işin içine 'daha' girdiğinde acı verici bir seçim oluyordu. Bir parçan koparılıyormuş gibi.

"Mantıklı davranacağına eminim. Hepimiz büyüdük. Seni çok seviyorum ama ayrı kalacağımız zamanlar da olacak. O yüzden Atahan'a gideceğim. Her ne kadar kendi seçimim olmasa da."

"Ben de seni seviyorum, Kaykay," deyip elimi tuttuğunda gülümsedim. Olabilecek en iyi dosta sahiptim. Şimdi onun için bir şeyler yapmam gerekiyordu. Ömer'in seçimlerine ne kadar karışmak istemesem de, doğru şeyi yapmasında ona destek olabilirdim.

"Ömer'in ailesi nasıldı?"

"Şeker insanlar ama çok kalamadım zaten. Cansu'nun şu bahsettiği sınırları görecek kadar kalmadım en azından," dediğinde tekrar gülümsedim. Telefonu çalmaya başladığında heyecanlanarak "Ömer!" diye cırladı ve oturduğu sandalyeyi geriye ittirdi. Rahat konuşmak için kafeden dışarı çıkarken onu izledim. Havuza gidip biraz esmerleşmişti. Şortu yanmış bacaklarını çok güzel gösteriyordu.

Telefonumu elime alıp boş boş bakındıktan sonra umutsuzca tekrar çantanın içine attım. Zihnimi istemesem de Berkan'ın sözleri kurcalıyordu. Bundan nefret ederek gözlerimi sıkıca yumdum. Derin bir nefes aldıktan sonra yeniden açtım.

Kafenin tam karşısındaki hediyelik eşya satan dükkânın önünde duran insan topluluğu arasında bakışlarımı gezdirirken bir yandan da Neşe'yi gözetliyordum. Eli belinde başını omzuna yatırmış halde telefonla konuşurken sırtı bana dönük olduğu için yüzündeki ifadeyi göremiyordum. Bakışlarım tekrar hediyelik eşya satan dükkânın önüne gittiğinde orada kulağımı deldirdiğim günü hatırladım. Ortaokuldaydık ve okuldan kaçtığımız bir gündü. Neşe'yle birlikte aldığımız arkadaşlık küpelerini takabilmemiz için bunu yaptırmıştım. Yoksa uzunca bir süre daha korkumdan o koltuğa oturamazdım. Küçükken her şeyden fazlaca korkan bir çocuktum. Köpek korkum hâlâ devam ediyordu. Hız da öyle. Meriç'in motoruna bindiğim zamanlar kendimi özgür hissetmem gerekirken, kaza yapabileceğimizi düşünerek tedirgin oluyordum. Bunu yapmaya son vermem gerekiyordu ama korkularımın esiri olmuş gibiydim.

Dükkânın önündeki kalabalığa bir şeyler satmaya çalışan adamın tahtadan yapılma bir kılıç uzattığı çocuğu bir an Meriç'e benzetince sandalyemi hızla geriye ittirdim. Kalbim ağzımın içinde atarken çocuk tahta kılıcı savurdu. Yüzünün Meriç ile alakası olmadığını gördüğümde elimi kalbimin üstüne koyup sandalyeyi eski yerine doğru çektim. Onun buraya geleceğini düşünmek aptalcaydı. Düşünmeden hareket etmiştim zaten. Beynim onun Eskişehir'de hediyelik eşya satan bir dükkânda bulunmasının mümkün olmadığının sinyallerini vermeden heyecanlanmıştım.

Onu özlüyordum.

Neşe'den ayrılıp eve döndüğümde geç olmuştu. Annemle birlikte yemek yedikten sonra odama geçtim. Şarjda olan telefonumu kontrol ettiğimde bir sesli mesaj olduğunu gördüm. Meriç'tendi!

Bir haftadır görüşmüyoruz.

Mesajı durdurup derin bir nefes aldım. Gergin miydi? Sesinden mutsuz olduğunu hissetmiştim. Sadece saçmalıyor da olabilirdim. Yine o rüyalardan birini mi görmüştü? Babası ve annesi belki yeniden tartışmıştı. Ben burada, ondan uzaktayken rüya mı görmüştü? Bunlarla kendi kendine başa çıkmaya çalıştığını biliyordum. Son zamanlarda eğer gördüyse bile bunu bana hiç yansıtmamıştı. Toparlandığını düşünmüştüm ama belki de bu sefer her şey daha ağır olmuştu. Ne olduğunu öğrenmek için mesajın devamını dinlemem gerekiyordu.

Evet.

Derin bir nefes alıp devam etmesi için tuşa bastım.

Sesini bile duymuyorum. Bu beni rahatsız etti mi diye sorarsan sana yalan söylemem. Hayır. Yokluğunu fazla hissetmedim. Sen yokken nasılsam öyle yaşadım. Yine de neden seni rüyamda gördüğümü bilmiyorum.

Mesajı yeniden durdurdum. Rüyasında beni mi görmüştü? Biraz önce aklımda kurduğum her şeyi yerle bir etmişti. Evet, anlaşılan onu uykusundan eden bir rüyaydı ama tahmin ettiğim gibi annesi ve babasına dair bir rüya değildi. Benim içinde olduğum bir rüyaydı. Beni rüyasında görmüş olması bile tuhaftı. Mesajı dinlemeye devam etmek için tuşa bastıktan sonra telefonu kendime doğru iyice yaklaştırdım.

Seni kaybettiğimi sandığım o anı tekrar yaşadım.

Bu sefer o susmuştu. Beş saniye kadar dinlendikten sonra nefes aldığını duydum. Titrek ve boğuk bir uğultu gibiydi. Nedenini bilmediğim bir gözyaşı yanağımdan aşağı süzülürken, tekrar konuşmaya başlayan Meriç'i dinledim.

Çok kötüydü, Kayla. O anı sana asla anlatamam. Bana yaşarken cehennemi yaşattığın o anı anlatmaya gücüm yok.

Meriç tekrar nefes aldığında sigara içtiğini anladım. Dumanının kokusu sanki burnuma kadar gelmişti. Gözümden akan yaşlar yanağımı ıslatırken burnumu çektim. Midemde ince bir sızı vardı. Her tarafım titriyordu ve buna engel olamıyordum. Telefonun elimden düşmemesi için parmaklarımı iyice sıkmam gerekmişti.

Orada olman çok saçma. Seni görmemem çok saçma. Bize bahşedilen her gün yakınımda olmalısın oysa. Birlikte olmalıyız. Anlıyor musun beni? Sana mecbur değilim ama nefes alacağım her gün benimle olmasan bile seni görmek istiyorum.

Sigaradan bir nefes daha çektiğini belli eden o boğuk ses çıktıktan sonra mesaj sona erdi.

Cevaplaya bastıktan sonra parmaklarım tuşların üstünde gezindi.

Gönderilen: Meriç ♥

Gel.

Onu hayal ederek uykuya daldığımda içimdeki kıpırtı dinlenmeye çekilmişti.

Rüyamda Meriç'i takım elbiseyle haber sunuculuğu yaparken görüyorum. Kıyametin koptuğunu haber vermek yerine sıradan bir spor haberinden bahsediyor. Sigarasını da yakmamış. Sıkıcı bir haber sunuyor. Sonra aniden her şey değişiyor. Meriç'in ailesinin evindeyiz. Nermin Hanım ve Aytaç Bey'in baş başa vermiş bir şey konuştuğunu uzaktan izliyorum. Bir anda Meriç de onların yanında bitiyor ve konuştukları şeyi ondan nasıl sakladıklarını sorguluyor. Nermin Hanım fenalaşırken yerimden kıpırdayamıyorum. Aytaç Bey karısına bakıp her şeyin, başlarına gelen tüm rahatsızlıkların Meriç yüzünden olduğunu söylerken, Meriç'in yanında bir kız olduğunu fark ediyorum. Kısa sarı saçları olan bir kız. Boyu Meriç'ten daha kısa ama yaşça ondan büyük görünen bir kız. Aytaç Bey'in Meriç'e bağırması üzerine elini kaldırıp Meriç'in omzuna koyuyor ve hiçbir şeyin onun suçu olmadığını söylüyor. Dudaklarını hareket ettirmese de sesini duyduğuma neredeyse eminim. İçimden onun Meriç'in ablası olduğunu geçiriyorum. Meriç'in bilmediği ablası. Aytaç Bey tekrar Meriç'e bağırdığında bu sefer kızdan önce Meriç babasına karşı çıkıyor. Her şeyin benim yüzümden olduğunu bilirken saklandığım yerden çıkamıyorum. Tüm bunların sebebi benim. Meriç'in her şeyi öğrenmesinin sebebi benim. Bu aileyi yeniden parçalara bölen benim.

Aytaç Bey'in Meriç'in suratına inen eliyle gözlerini açtım.

Yeniden odamdaydım. Ter içinde uyanmıştım. Saçlarımın enseme yapıştığını hissediyordum. Her şeyin bir rüya olduğunu idrak ettiğimde yüzümü buruşturarak yataktan aşağı indim. Güzel bir şeyler görmeyi hiç beceremeyecektim. Abla mı? Gerçekten bilinçaltım bundan daha iyisini türetememiş miydi? Aile sırrı Aytaç Bey'in katil olduğu olabilirdi. O kadar parayı nasıl kazanmıştı sahiden? Babamın ortaklık üzerine kurulu bir şirketi vardı ama Meriçler kadar lüks bir hayatımız yoktu. İki katlı, çok da büyük olmayan bir ev babama göre idealdi. Aytaç Bey'in yaşadığı ev ise zenginlik kokuyordu. Büyük bir arsanın tam ortasındaydı. İki katlı villaların olduğu bir sitenin de üstünde kalıyordu. Çevresindeki villalar da lükstü ama Tuna Malikânesi bunlardan ayrı, tek başına tepeye kurulmuştu.

Fantastik romanlara konu olacak kadar yalnız başınaydı ama aynı romanlara uygun olmayacak kadar da canlıydı. Terk edilmiş ya da Nora Grey'in* evi kadar sisle kaplı bir yolu yoktu en azından. Daha çok MTV'de yayınlanan zenginlerin evi gibiydi. Sinema salonu ya da bodrum katına kurulmuş bir oyun salonu yoktu. Belki de ben bilmiyordum ama büyüklük açısından bunlara müsaitti.

Vücudumu esnettikten sonra bunları düşünmeye son verdim. Bu kadar zengin olması katil, hırsız ya da kaçakçı olacağı anlamına gelmiyordu. Çok zeki ya da çalışkan da olabilirdi. Aile sırrı her neyse bunun Aytaç Bey'in parasıyla ilgili olduğunu sanmıyordum.

Dün gece olanlar aklıma geldiğinde esneme hareketlerini bırakıp yatağın içinde telefonumu aradım. Yastığımın hemen yanındaydı. Umut ederek ekrana baktım ama

* *Nora Grey:* Ülkemizde de yayımlanan *Hush Hush* Serisinin ana karakteri.

hiçbir şey yoktu. Meriç'e attığım mesaja hiçbir yanıt gelmemişti. Belki de gece mesaj atmak yerine yola çıkmıştı. O zaman çoktan şehirde olurdu. Bunu düşünüp pencerenin önüne koştum ve kalbimin olduğu yerde bir kelebek kanat çırparken perdeyi çekip dışarı baktım. Gözlerim onu aradı ama Meriç'i bırakın bir insan bile yoktu.

Saçma düşüncelerimi bir kenara bırakıp buluşma için hazırlandım. Lisedekilerle buluşma günü gelmişti.

∞

Lise arkadaşlarımla buluşmak garipti. Aradan sanki uzun yıllar geçmiş gibiydi. O kadar çok şey yaşamıştım ki, kendimi onlara çok uzak hissediyordum. Sohbetlerine bile ayak uyduramıyordum. Berkan da benim gibi pek sohbete katılmıyordu. Daha çok elindeki bira bardağını ağzına götürüp yudumlamak ve beni izlemekle meşguldü. Neşe kahkahalar atarak kolumu hafifçe dürttüğünde sohbete kulak kesildim.

"Berkan ile Kayla yine çok uyumlu. Bizimle ilgilenmiyorlar."

Sude'nin sözüyle sohbet kesildiğinde Neşe sırtını dikleştirip oturduğu sandalyede geriye doğru kaydı.

"Onlar artık bir çift değil, biliyorsunuz değil mi? Kayla'nın sevgilisi var ve bu konunun konuşulmasından bile memnun kalmaz."

Neşe'ye *Ne yapıyorsun sen?* bakışlarımı yolladım. Şu an en son konuşmak istediğim şey Meriç ve onunla olan ilişkimdi.

İmge kızıla boyattığı saçlarını omzunun arkasına atıp merakla bize döndü. "Vay canına! Kimmiş o kıskanç?"

Neşe ona bakıp "Meriç... Meriç Tuna. Ressam," dediğinde ne yapmaya çalıştığını anladım. Berkan yüzünden Meriç'ten bahsediyordu ama Neşe'yi bunu yapmaya iten ne olmuştu bilmiyordum.

"Meriç Tuna mı?"

Sarhoş olmaya başladığını bakışlarından anladığım Serhat, İmge'ye doğru eğilip "Ne o? Eskilerinden mi?" diye sorduğunda bunun gerçek olup olmayacağını düşündüm. Gerilmiş bir halde İmge'nin cevabını beklerken tırnaklarımı avucumun içine batırdım.

"Saçmala!"

Neşe, Berkan'a sert sert bakarken İmge tekrar konuşunca ona odaklandım.

"Tanıyorum ben o çocuğu. Kuzenimin resim yarışmasına gitmiştim. Orada görmüştüm. Çok soğuk bir şey. Kimseyle konuşmuyordu. İtici bir çocuk. Yani tuhaf... Berkan gibi neşeli bir çocuktan ayrılıp onun gibi biriyle nasıl oldun?"

Ben daha ağzımı açamadan Serhat lafa atladı. "Sanki Kayla çok farklı! Yanlış anlama fıstık ama sen hep şu canavarlardan daha olgun oldun. Yani biraz soğuksun aslında ama seni böyle seviyoruz."

"Serhat haklı. Ben Kayla'ya ilk zamanlar alışamamıştım. Biraz soğuk ama sonra tanıdıkça alıştım."

Simge bana bakıp sırıtınca gülümsedim. İlk tanıştığımız zamanlarda hemen yakınlaşmamıştık. Biz zaten hep Neşe'yle birlikteydik. Onunlayken başka birini aramıyordum.

"Her neyse... Siz çocuğu görmediniz tamam mı? Cidden itici bir soğukluğu var. Yakışıklı olsa anlayacağım ama öyle çok dikkat çeken biri de değil."

Meriç'i bu kadar yargılamasına dayanamayıp "Ben seviyorum," dediğimde Serhat büyük bir kahkaha attı.

Berkan masanın üstündeki bardağı alıp kafasına diklediğinde kollarımı etrafıma sardım. Buradan gitmek istiyordum. Hiçbir şey eskisi değildi. Ben artık buraya ait değildim. Kendimi yabancı hissediyordum ve yabancı hissettiğim bir ortamda olmaktan mutlu değildim.

"Belki de hayat ona etrafındaki kızlara yılışıklık edecek ya da çekici gözükmek için kasacak kadar çamur atmamıştır. Kimseye gülümsemek ya da sıcak gözükmek zorunda değil. Derin düşünebilen bir çocuk o. Kayla da onunla güçlü oluyor."

Neşe'den beklemediğim bu tepki karşısında İmge pes ederek ellerini kaldırdı.

"Ben gidiyorum. Annemin yanına uğramam gerek."

Gerginliğim herkes tarafından hissediliyordu. Ben bu şehirden ayrılırken bu ortamdan da ayrılmıştım. Eskiden neredeyse her gün birlikte olup eğlendiğim arkadaşlarımın yanında şimdi huzursuzdum. Cansu, Ömer, Semih, Bora, hatta Caner... Onlarlayken daha mutluydum. Huzurlu.

Kimse ses çıkarmayınca "Görüşürüz," deyip arkamı döndüm. Arkamdan onlar da aynı şeyi mırıldanmışlardı. Böyle olacağını düşünmemiştim. Kimse beni bu şehirden, şehirle aramdaki bağdan, arkadaşlarımdan koparamaz sanıyordum ama olmuştu. Buradayken hamurdum, sonra ekmek olmuştum. Şimdi yeniden hamur olma ihtimalim yoktu.

"Kayla!" Kapıyı açıp dışarı çıkmıştım ki, Berkan'ın sesiyle arkamı döndüm. Yanıma gelip kapıyı kapattı. "Konuşalım mı?"

Elini ensesine atıp masumca baktığında "Tamam," dedim. Sırtımı duvara yaslayıp onu inceledim. "Ne zamandır bu kadar çok içiyorsun?"

"Hayatını kurtardığını biliyorum. Bu yüzden mi her şey?"

Anlaşılan ikimiz farklı şeylerden bahsediyorduk.

"Lütfen, Berkan. Bu konu hakkında konuşmak istemiyorum."

Ellerini ceplerinden çıkarıp iki yanımdan duvara yasladığında huzursuzca kıpırdandım.

"Kes şunu. Annem beni bekliyor. Konuşmayacaksan gideceğim."

Beni dinlemeyip yüzüme doğru eğildiğinde ellerimi kaldırıp omuzlarına yerleştirdim. "Lütfen, Berkan. Sarhoşsun ve ne yaptığını bilmiyorsun."

"Benden uzak durman mı gerekiyor, Kayla? Erkek arkadaşına ihanet edemez misin? Bana ettin ama! Beni terk edip başka birine gittin. Onunla neler yaşadın anlatsana!"

Sarhoştu ve bu beni korkutuyordu. Omuzlarını ittirmeye çalıştım. "Lütfen, bırak gideyim."

Sırtımı duvara iyice yaslayıp güç alarak onu ittirmeye devam etsem de gücüm yeterli olmamıştı. Dirseklerim yavaşça aşağı doğru kırılmış ve onun bana yaklaşmasını engelleyememiştim. Güçlü bir çocuktu. Onu ne kadar ittirmeye çalışsam da başarılı olamıyordum. Bana bu şekilde yakınlaşacak biri değildi ama şu an sarhoştu. Aklı yerinde değildi.

"Sana böyle yaklaşıyor mu, Kayla?" diye fısıldadığında bir elini duvardan ayırıp bacağıma dokundu. Parmakları eteğimin altından kalçama doğru çıkarken o çocuğun dokunuşlarını yeniden hissettim. Sahilde yaşadıklarımı tekrar yaşıyormuş gibi hissetmeye başladığımda "Lütfen, yapma!" diye yalvardım.

Sesim bana ait değildi. Korkuyordum.

"Lütfen, Berkan. Bırak beni."

Elini duvara vurdu. "Ne var, Kayla?" diye bağırdığında ellerimle kulaklarımı kapadım. "Bundan hoşlanmadın mı?" diye kükreyerek bağırmaya devam ettiğinde duvara doğru iyice sindim. Çenemi tuttuğunda hıçkırmamak için dudaklarımı sıkıca bastırdım. "Biz, Kayla... Biz olacaktık. Sen. Her şeyi. Mahvettin! Ama ben buna izin vermeyeceğim. Benimle ne kadar mutlu olduğunu hatırlayacaksın, sevgilim."

Dudağını benimkinin üstüne bastırdığında ellerimi omuzlarına vurup onu uzaklaştırmaya çalıştım ama bu onu daha çok bana yaklaştırıyordu. Gözyaşlarımı tutamıyordum. Onu ittirmeye çalışırken yorulmuştum.

Sinirlenip benden uzaklaştığında "İnat etme!" diye bağırdı.

Onu dinlemeyip yaş dolu gözlerimle koşmaya başladım ama çok uzaklaşamadan beni yakalayıp kollarını bedenime sardı. Nasıl böyle birine dönüşmüştü? Nasıl bu hale gelecek kadar içmişti?

Ağlamaya devam ederken bir kez daha "Bırak!" diye yalvardım. Her şeyi bana yeniden yaşatıyordu. Yaşadıklarımın ne kadarından haberdardı bilmiyordum ama bilse bile şu an sarhoştu. Dudağını boynuma bastırdığında sesimin dışarı çıkmasına aldırmadan ağlamaya devam ettim.

Karanlık sinsiydi. Dünyaya tertemiz geliyorduk ve karanlık en ufak bir zayıflık anını kolluyordu. O anı yakaladığında usulca sokuluyordu. Ruhuna bulaştığını anlamıyordun en başta. Bir şey olmaz diyordun. Bir şey olmaz. Tertemiz ruhuna bulaşmış küçük siyah bir noktadan ne zarar gelir ki? Bir şey olmaz. Bir kere bulaştı mı, diğer seferler daha kolay ilerliyordu. Her zayıf anında yayılıyordu. Bir şey oluyordu. Sen fark etmiyordun ama usul usul bir şey oluyordu. Sonunda karanlık, içinde küçük beyaz bir nokta kalana kadar büyüyor ve onu da yok edene kadar durmuyordu.

Ben o karanlıkta doğmuştum. Ben bir günahın çocuğuydum. Ben annemin hırsı, babamın bencilliğinin çocuğuydum. Doğduğumdan beri karanlıktaydım. Yıllarca karanlığın içinde boğuşmuştum. Kendimi kurtarmaya çalıştıkça daha da karanlığa boğulmuştum. Belki kurtulabilirdim. Belki kendimi kurtarmak için bana bir şans verilmişti. Yeniden doğmuştum. Öyle sanıyordum. Yanılmıştım. Bu sinsi karanlık beni hiçbir zaman bırakmayacaktı. Şimdi en yakınımdan saldırıyordu ruhuma.

"Kayla!"

Meriç'in sesi kulaklarımı doldurduğunda Berkan'ın vücudumu saran kolları gevşedi. Yeniden beni kurtaracak mıydı? Beyaz noktamı kaybetmemek için avuçlarının içine alıp beni yine kurtaracak mıydı? Çünkü ben tek başıma o beyaz noktayı kurtaramıyordum. Ellerim titriyordu. Kaybetmekten o kadar çok korkuyordum ki... Karanlığa gömülmekten o kadar çok korkuyordum ki...

Meriç kolumu tutup beni ondan ayırdıktan sonra yumruk yaptığı elini Berkan'ın suratına indirdi. Duvara yaslanıp elimi dudağımın üstüne kapattım. Her tarafımın titrediğini yeni fark ediyordum. Berkan yere yığıldığında ellerimi birbirine kenetledim.

Benim titreyen ellerimin arasında tutmaya korktuğum beyaz noktam kaybolmasın diye *o* vardı. Birlikte tutuyorduk küçük beyaz noktayı.

"Sen mi benden daha iyisin, lan!"

Ayağını Berkan'ın karnına geçirdikten sonra üzerine eğilip suratını yumruklamaya başladı. Berkan'ın ona karşılık verebileceğini biliyordum ama sarhoş olduğundan ya da yaptıklarının farkına vardığından tepki vermiyordu.

"Sen mi seviyorsun bu kızı?" diye bağırıp karnını tekmelerken Berkan'ın ağzından akan kanı fark ettim.

Zorla çıkan sesimle "Meriç..." diye seslendiğimde ona vurmaya devam ediyordu.

Berkan öğürerek dizlerini karnına çekmeye çalışırken Meriç onu tekmelemeye devam etti. Savurduğu küfürler sokağın ortasında yankılanırken bir adam kapıyı açıp dışarı çıktı. Başka bir barın arka kapısıydı. Önce Meriç ve Berkan'a, ardından bana baktıktan sonra hiçbir şey olmamış gibi tekrar içeri girdi. Polisi arayacaktı.

"Meriç! Götür beni buradan."

Nihayet dikkatini çekebilmiştim. Başını çevirip bana baktı. "Gidelim," dediğimde yere eğilip Berkan'ı yakalarından tuttu. "Seni gebertmediğime şükret."

Onu sertçe bırakıp karnına bir tekme daha attı. Elimi tutup beni peşinden sürüklemeye başladığında dönüp Berkan'a baktım. Kafasını hafifçe kaldırmış ağzındaki kanı yere tükürüyordu.

Sokaktan uzaklaştığımızda elini tuttuğum parmaklarımı sıkıp durdum.

"Meriç, yapma," deyip onu durdurmaya çalıştığımda bağırarak omuzlarımı tuttu. "Bir kere! Lanet olsun! Sadece bir kere beni dinle! Sana ondan uzak dur dediğim halde sürekli arkadaşım deyip durdun! Şimdi ne oldu?"

"Meriç, lütfen. O sarhoştu."

Şok olmuş gibi bir ifadeyle bana bakıp omuzlarımı bıraktıktan sonra, bağırarak yumruğunu duvara geçirdi. "Hâlâ bana onu savunuyorsun, Kayla! O çocuğu geberteceğim!" deyip geldiğimiz yöne doğru yürümeye başlayınca gözlerimi çabucak silip peşine takıldım.

Kolunu tutup onu durduğumda çabucak benden kurtuldu. "Sana kimse dokunamaz, tamam mı? Siktiğimin dünyasında kimse sana zorla dokunamaz! Bir daha olmaz!"

"Meriç, yapma lütfen."

Gözyaşlarım yeniden yanağımı ıslatmaya başladığında yüzümü ellerinin arasına alıp alnını alnıma yasladı. "Yapma. Ağlama."

"O kendinde değil, Meriç. Pişman olacak. Ben onun nasıl bu hale geldiğini anlamadım. O... Yaralı. Seninle olduğum için... Bugün diğerleri de üstüne gitti. Pişman olacak."

"Ağlama. Onun için ağlama, Kayla!"

"Bir şey yapmayacağına söz ver!" Hiçbir şey söylemeyince yaşlı gözlerimi ona diktim. "Lütfen. Ona bir şey yapma. Geri dönelim. Gidelim buradan. Onu bir daha görmeyeceğim. Görmek istemiyorum ama lütfen ona bir şey yapma."

Nefesini dışarı bıraktıktan sonra dudağını alnıma bastırdı. "Gidelim bu şehirden."

Tişörtüne sıkıca tutunup başımı omzuna yasladım. Korktuğum her an yanımdaydı, bir mucize gibi. Ben onsuz eksik bir ruhtum, onunlayken iyi hissediyordum.

Öfkesini bir kenara itip bana sıkıca sarıldı ve başını eğip saçlarımı kokladı. Dudağını şakağımdan alnıma doğru öperek hareket ettirdikten sonra bir yerde durdu. Parmakları saçlarımın arasında geziniyordu. Seviyordu beni, biliyordum. Ben de onu seviyordum.

"Sen öyle benimsin ki, başka hiçbir karanlığın sana bulaşmasına izin vermem, benim küçük beyaz noktam."

Başımı hafifçe geriye itip yüzüne baktım. Saçlarımın arasındaki elleri şimdi yanaklarımdaydı. Gözlerimin içine bakıyordu. Gözlerinin içine bakıyordum. Orası benim cennetimdi. İçinde kaybolduğum bir cennet!

"Çünkü sen sadece benim karanlığımın umudusun. Sadece bana bu kadar yakışıyorsun."

Eğilip gözümün hemen altına dudağını bastırdığında ona daha sıkı tutundum.

"Senin bir damla gözyaşın için herkesi karşıma alırım. Kimse bir daha sana zarar veremeyecek. Gerekirse yanından bir an bile ayrılmayacağım."

Konuşurken tenime çarpan dudağını elmacık kemiğimin üstüne kadar indirdikten sonra derin bir nefes aldı. Kokumu içine çekerken tenime derin bir öpücük bıraktı.

Mühürümdü onun her bir dokunuşu. Ondan başkasını böyle sevemezdim. Mühürlenmişti ruhum onunla.

7

Ertesi gün başımda büyük bir zonklamayla gözlerimi yeni bir güne açmış, duşta her zamankinden fazla vakit geçirerek kendime gelmeye çalışmıştım. Dün olanların zihnimde yarattığı hasarı büyütüp, o hasarın altında ezilmek istemiyordum. Delinmişti zihnimin bir köşesi ve o deliğin üstünü var gücümle kapatmaya çalışıyordum. O delik genişlerse kendimi toparlayamazdım. Çünkü bu kez buna sebep olan yabancı ve zarar vermek istemesine şaşırmayacağım birileri değildi. Bu sefer tanıdıktı, çok yakındı, çok yakınımdı ve bana zarar vermek isteyeceğini hiçbir zaman düşünmediğim biriydi. Bu sefer daha zordu. Olmamış gibi davranmalıydım. Yokmuş gibi yapmalıydım. Üstüne gidersem bu enkazın altında kalmaktan korkuyordum. *Ya Meriç olmasaydı?* diye düşünmek zihnimde karanlık ağlar örüyor, bedenimi oraya hapsetmeyi iştahla bekliyordu. Demir'in işlerini üstlenip Ankara'ya geçtiğini söylemişti. Beni merak ettiğini söylemeyecek kadar gururluydu. Dönerken de bana uğramıştı.

Annemden nerede olduğumu öğrenip beni görmek için oraya gelmese... Düşünmemeliydim!

"Kayla! Meriç geldi."

Annemin sesi aynanın karşısında dikilmiş, soluk gözlerimin içindeki korkuda kaybolmuş olan bedenimi uyandırmıştı. Titreyen ellerimi harekete geçirdim. Saçlarımı kulağımın arkasına sıkıştırdım. Nefes alıp verdim ve aynanın önünden çekilip kapıya doğru yürüdüm.

Annem bir şeyim olduğunu anlamıştı. Sormuyordu ama dün geceden beri gözleri üstümdeydi. Ne olduğunu ona anlatamazdım. Annemi bir kez daha üzemezdim. Üstelik buna sebep olan kişiyi öğrenirse, onun üstüne dökülecek enkaz kalıntıları daha fazlaydı. O annemdi. Kendini daha çok suçlar, daha çok pişman olur, daha çok üzülürdü.

"Günaydın."

Mutfağın girişinde durup omzumu kapıya yasladım. Mutfağın ortasında dikilen Meriç'e ve tezgâhın önündeki anneme baktım.

"Meriç'in geldiğini söylememiştin."

Meriç'in gözleri üstümdeydi. İyiydim. Ona gözlerimle cevap vermeyi umdum. Üstünde *Don Quixote* yazılı tişörtü ve yüzündeki masum ifadeyle mutfağımda onu görmek güne güzel bir başlangıç demekti.

"Buraya gel, Meriç. Kayla biraz halsiz. Kahvaltıyı hazırlamama yardım eder misin?"

"Ben mi?"

Annem ilk kez bize doğru döndü ve Meriç'e bakarak rahat bir şekilde "Evet, sen!" dedi. "Gel. Şu domatesleri benim için doğrar mısın?"

Meriç tezgâha yaklaşsa da bu konuda tereddütlü gözüküyordu. İçeri doğru hareket edip sandalyeyi çektim ve oturdum.

"Düzgün kesebileceğimden emin değilim."

"O kadar da beceriksiz değilsindir herhalde. Kayla resim yaptığını söylemişti. El becerin olması gerekmez mi?"

"Evet ama..." Annem domateslerin olduğu kâseyi ve bıçağı onun önüne ittiğinde Meriç sustu.

"Göreceğiz şimdi. Domatesler temiz. Sadece dilimleyeceksin."

"Pekâlâ."

Meriç bıçağı eline alıp dikkatle domateslere baktı. Onu ilk defa böyle görüyordum. Kendine su almışlığı dışında mutfakta çok bir iş yapmazdı ve şimdi büyüdüğüm evin mutfağında kahvaltı hazırlanmasına yardım ediyordu.

"Gördün mü? Yapabiliyormuşsun."

"Daha önce kimse bana bunu yaptırmadı."

Meriç'in yüzünde bir gülümseme vardı. Annemin onayı onu mutlu etmiş gibi gözüküyordu ve bunu izlemek tuhaftı.

"Annelerle vakit geçirmek için iyi bir yöntem ama erkek çocukları pek mutfağa sokulmaz. Tabii bu benim için geçerli değil."

"Annem hep kendi problemleriyle uğraştı. Sanırım mutfak olayı son sıralardaydı. Bunalım dönemi uzun sürdü. Pek vakit geçiremedik."

Annem başını onaylarcasına salladı ve babam duymayacak olsa da ona bir göndermede bulundu. "Kahvaltılar ne zaman olursa olsun birlikte yapılır."

"Ben uzun zamandır ailemle birlikte kahvaltı yapmıyorum ya da böyle toplu yemekler. Sadece arada bir. Misafir varsa."

"Meriç, ailenden uzak kalman eminim ki anneni üzüyordur."

Meriç bir an anneme odaklandı. Bakışlarını uzun sayılabilecek bir süre annemden ayırmadı. Sonra ikinci domatese geçti ve "Belki," diye yanıtladı. "Ama bu o kadar uzun sürmez, çünkü annem için ben ikinci sıradayım."

"Hiçbir anne çocuğunu ikinci sıraya koymaz."

"Annem babama saplantılı bir şekilde âşık. Babam onu aldattığı halde..."

Cümlesini yarıda kesince annem elindeki tahta kaşığı tezgâhın üstüne bırakıp omzuna dokundu. Meriç'in yüzüne bir tebessüm yerleşmişti.

"Sanırım bu ailenin kadınlarında bir şey var. Size özel. Kayla gibi siz de benimle gerçekten ilgileniyor gibi gözüküyorsunuz. Hiç umurunuzda olmaması gerektiği halde... Ben teşekkür ederim."

"Bazen büyüklerin işine akıl sır ermez ama bu deli oldukları anlamına gelmez. Her şey gün gelir çözülür. Kayla'nın baba düğümünü çözmek için on altı yıl beklemek zorunda kaldık. Anne ve baban eminim bir şeyleri düzeltmeye çalışıyorlardır." Annem yüzüne düşen bir tutam saçı kulağının arkasına sıkıştırdıktan sonra Meriç'in omzuna hafifçe vurdu. "Oldu bunlar. Harikasın! Teşekkür ederim. Kayla'nın yanına geç. Gerisini ben hallederim."

Meriç ellerini kuruladıktan sonra yanıma oturdu. Annem de az sonra karşımıza oturmuştu. Annem ve Meriç'in daha çok konuştuğu, normal şeylerden bahsedilen bir kahvaltının sonunda anneme bulaşıklarda yardım eden yine Meriç oldu. Ben kahvaltılıkları buzdolabına yerleştirirken onlar da bulaşıkları halletmişlerdi.

Bugün dönecektik. Neşe'yi de alıp Melehan'a geri dönecektik. Annem daha sonra beni ziyaret etmek için gelecekti. Meriç'le gitmek istememe ses çıkarmamıştı. Ona anlatamazdım ama o beni anlıyordu.

Çantamı hazırladığımda gitme vakti de gelmişti.

Annem kollarını boynuma dolayıp bana sıkı sıkı sarıldı. Konuşmasına gerek yoktu. Onun her zaman benimle olduğunu biliyordum.

"Seni seviyorum, anne. Çok bekleme, gel. Tamam mı?"

"Geleceğim, bir tanem! Nursena'ya selam söyle."

"Tamam." Yanaklarını öptüm ve geri çekildim.

Annem Meriç'e sarıldıktan sonra "Dikkatli ol yolda. Kızlarım sana emanet," diye bir uyarıda bulundu. Meriç başını sallarken kapıyı açtım.

"Meriç..."

İkimiz birden anneme döndüğümüzde annem kollarını Meriç'in boynuna dolayıp ona sıkıca sarıldı. "Birbirinize iyi bakın. Sakın kaybetmeyin, tamam mı?"

Annem onu bırakıp kollarını bana doladığında gözüm Meriç'teydi. Bana ya da anneme bakmadı. Hemen sırtını dönüp kapıdan dışarı çıktı ve ayakkabılarını giymek için hareketlendi.

"Onu neden sevdiğini biliyorum." Annem kulağıma fısıldadıktan sonra yüzümü ellerinin arasına aldı. Yüzündeki gülümseme derinleşti. Yanaklarıma büyük öpücükler bıraktıktan sonra bizi gözünden akan yaşları silerek uğurladı.

∞

Eve gittiğimde Nursena Hanım'a sürpriz olmuştu. Gelmemi beklemiyordu. Onlara haber vermemiştim. Babam da evdeydi. Salondaki masanın üstüne yığdığı dosyalardan kafasını kaldırdığında yüzündeki şaşkın ifadeyi gizleyemedi. Elindeki kurşun kalemle kafasını kaşırken "Seni beklemiyorduk," dedi.

"Sürpriz yapmış benim kuzum."

"Hoş geldin, kızım."

Babam kalemi masanın üstüne bıraktığında ona doğru yürüdüm. Kollarımı beline doladım. "Hoş buldum."

Babam saçlarımı okşarken bu anın tadını çıkarmaya çalıştım. Aramızdaki ilişkiyi ilerletmiş olsak da birbirimize hâlâ çok yakın değildik.

"Geleceğini söyleseydin seni alırdım."

"İşlerin yoğun," deyip masayı işaret ettiğimde arkasına baktı. Bir elini beline yerleştirip yükünü sağ bacağına verdi.

"Bu ara biraz yoğun çalışmam gerekiyor."

Başımı sallayarak dosyalara göz gezdirdim. Hiçbir şey anlamadığım çizimlerin olduğu kâğıtların birkaçı masanın üstüne açılmış, birkaçı da rulo halindeydi.

"Düğünden önce halledilmesi gereken projeler var."

Gözlerim babamınkilerle buluştuğunda kafasını kaşıyordu. Elini indirip bacağına vurduğunda bakışlarını kaçırmıştı. "Okullar açılmadan olması daha iyi olur diye düşündük. Tabii sen başka bir zamanı uygun görürsen onu da düşünebiliriz. Senin uygun olman bizim için daha önemli."

Babamı sakince dinliyor gibi gözüksem de, içimde büyük bir sallantının olduğunu hissediyordum. Yıkım oluşturacak kadar büyük bir sallantıydı.

"Kendime kalacak bir yer bulmam okul varken beni zorlar. İyi düşünmüşsünüz."

"Bunu söylemediğimi biliyorsun, Kayla. Ben senin bizimle kalmanı istiyorum."

"Bunun imkânı yok. Yurtlara bakacağım."

Babamın cevap vermesini beklemeden arkamı döndüm ve merdivenlere doğru yürümeye başladım. Her bir basamak hayatımın ayrı bir dönemiydi sanki. İlk doğduğumda baba kokusunu alamamıştım. Emeklememi görmek için beni çağıran ya da mama yemem için türlü oyunlar yapan bir babam olmamıştı. İlkokula başladığımda elimden tutan ya da okul çıkışında gelip beni alan bir adam da yoktu. Neşe ve annesiyle birlikte annemin dükkânına kadar birlikte yürürdüm. Annem bazı zamanlar beni mutlu etmek için çıkışlarda bana sürpriz yapardı. Bunları o zamanlar fark edemiyordum ama onun gelmesi bana babamın yokluğunu unutturup beni mutlu ediyordu. Zaten hiç olmayan bir şeyin acısını çekmek saçmaydı ama ben babamı hiç görmesem de özlediğimi hissediyordum.

Lisenin iki buçuk yılında hiçbir aktivitemde yanımda olmamıştı. Sonra bir anda hayatıma girip, bana emirler yağdırıp durmuştu. O zamanlar ondan nefret ediyordum ama o ilk adımı atarak aramızı düzeltmeye çalışmıştı. Herkes hamilelik konusunda beni karşısına alırken, babam bana kollarını açmıştı. Beni korumuştu. Şimdi ona bu kadar yakınken aramıza başka bir kadının girecek olması canımı acıtıyordu.

Odamın kapısını açtıktan sonra içeri girip kilidi çevirdim. Babam canımı acıtıyordu ve bu acı bende ağlama isteği doğruyordu. Onu kaybetmek istemiyordum. Onunla biraz daha vakit geçirmek istiyordum. Onlar da bunu istedikleri için benim Eskişehir'den ayrılmama yol açmışlardı ama şimdi ne annem ne de babam bunu düşünüyordu. Birlikte geçireceğimiz zaman bu kadar az olacaksa, neden hayatımın düzenini bozmuşlardı ki? Tek yaptıkları bencillikti.

Aile sorunlarımdan kaçmak için arkadaşlarıma koştum. Neşe, teyzesinde yol yorgunluğunu atıyordu. Ben de Cansu ve Bora'nın buluşmasına ortak oldum. Bora'nın Cansu için yaptığı taçtan çıkardığı bir papatyayı bana hediye etmesi dışında günümü kurtaran bir güzellik olmadı. İki sevgilisinin buluşmasını bozmuş gibi hissedip durdum. Sonra da onları yalnız bırakıp eve geri döndüm ve babamdan kaçmak için erkenden yatağa girdim. Uyumak en güzel kaçıştı.

Ertesi günü de odamda geçirdim. Eskişehir'den dönmek hataydı ama orada da kalamazdım. Buraya gelir gelmez yeni bir sorun hemen hayatıma dâhil olmuş ve orada yaşadıklarımın üstünü biraz daha kolay örtmüştüm. Maalesef kötü bir olayın üstünü iyisiyle örtecek lüksüm yoktu.

Gönderilen: Meriç ♥

Ben kötüyüm.

Gönderen: Meriç ♥

Sana iyi gelecek bir yer biliyorum ama gittiğimiz yerde kalmamız gerekir. Baban?

Gönderilen: Meriç ♥

Beni almaya gel.

Üstüme bir hırka geçirdikten sonra, aynı evin içinde saklambaç oynadığım babamla yüzleşmek için merdivenlerden aşağı indim. Bu kaçamak ikimize de iyi gelecekti.

"Ben gidiyorum. Biraz izin ver bana."

Babam evlenmek için erkenden bitirmek istediği işinden başını kaldırıp bana baktığında kiminle gidiyor olduğumu anladığını biliyordum.

"Olmaz desem beni dinleyecek misin?"

"Başa dönmeyelim. Seni kırmak istemiyorum. Kaçıyorum zaten senden. İzin ver biraz nefes alayım."

Babam sehpayı ittirip yerden kalktıktan sonra ellerini beline yasladı. "Kayla, ben böyle olsun istemiyorum. Konuşarak bunu..."

"Lütfen, baba! Seninle bunu konuşmak istemiyorum. Lütfen!"

"Ben de o çocukla gitmeni istemiyorum!"

"Beni o kurtardı!"

"Senin başına her şey onun yüzünden geldi!"

"Benim başıma her şey senin yüzünden geldi!"

"Yeniden başlamayalım. O çocuğu savunmak için bizi harcama! Bunu konuştuk. Ne kadar daha özür dileyeyim? Elimden başka bir şey gelmiyor!"

Çantamın sapına sıkıca tutundum.

"Biraz çabala!"

"Ben ne yapıyorum?"

Gözümden akan yaş yanağımı ıslatarak çeneme doğru inerken elimi kaldırıp yanağımı sildim.

"Sen başka bir kadını seviyorsun!"

"Kayla..."

Arkamı dönüp hızla kapıya doğru yürüdüm. Babam arkamdan gelmeden kendimi dışarı atıp koşmaya başladım. Sokak boyunca koştum, koştum, koştum. Gözyaşlarım dinene kadar koştum. Bir motor önümde durduğunda gözümdeki yaşları sildim. Arkasına geçip oturduktan sonra kollarımı beline doladım.

Motorun durduğu yerde düşünmeyi bırakalı çok olmuştu. Başımı kaldırıp karşıya doğru baktığımda bizi bekleyen dağ evini gördüm. İki katlıydı. Karanlıkta arkasındaki ağaçların ağzında küçük bir lokma gibi duruyordu. Kapısının önündeki ve trabzanlardaki turuncu ışıklandırmalar olmasa görüneceğinden bile emin değildim. Evi kaplayan ahşap karanlığa yakışan koyuluk da asil bir tona sahipti.

"Evimin olmadığı ve Kemik'e gitmek istemediğim zamanlar buraya gelirdim."

Oraya kavuşmak istediğini belli eden heyecanlı adımlar atarak yürüyen Meriç'in iki adım arkasında kalmıştım. Kafasını çevirip bana baktıktan sonra, cebindeki ellerini çıkarmadan kollarını hareket ettirdi.

"Babam bizi burada bulabilir mi?"

"Annem ve babam beni bulamadığına göre seninki asla başaramaz," dedikten sonra göz kırptı. Meriç'in kavuşmak için hızlı adımlar attığı dağ evine bir kez daha baktım. İçeride bizi nasıl insanlar karşılayacak bilmiyordum. Tek bildiğim şey orada farklı bir Meriç göreceğimdi. Geçmişten bir Meriç.

"Geri dönmeye mi karar verdin?"

Elimde seni daha iyi tanımak için bir fırsat varken mi?

Asla!

∞

Dağ evinin içinde yeniden doğmuş gibi hissetmiştim. Babam ve evlilik isteği bir süre hiç aklıma gelmemişti bile. İçeride çeşitli tütsü kokuları vardı. Toprak kokulu olanı diğerlerinden ayırabiliyordum.

Bizim dışımızda içeride yaşlı iki çift vardı. Bir tanesi buranın sahibi Kumsal Bey ve eşi Cennet Hanım'dı. Diğerleri de onların misafirleriydi. Herkesin Meriç'i tanıyor olması onun buraya sık sık geldiğini belli ediyordu. Meriç'i daha önce anlayışlı, kibar, centilmen biri olarak görmüştüm. Annesi ve büyükannesinin yanında genelde böyle oluyordu ama bu yaşlı çiftlerin arasında sanki birden on yaş büyümüştü. Aynı zamanda da çekingen bir gençti. Bu harmoni öyle dengeliydi ki, Meriç'i hayranlıkla izlememek için irademi kullanmam gerekiyordu. Tok sesli Kumsal Bey'in anlattığı kaz ile ilgili bir hikâye sonunda herkes gülmeye başladığında Meriç başını yere eğip saçını karıştırdı. Güldüğünü görebiliyordum ama bunu yine de herkese uzun süre göstermekten kaçınıyordu. Güldüğünde dudağının hemen yanında, çenesine doğru küçük bir çizgi oluşuyordu. Gamzeden çok ona özel bir işaret gibiydi. Varlığını fazla belli etmiyordu. Saklanmak istenen gülümsemenin imzasıydı sanki.

"Kumsal yine çok konuştu. Bir kahve vakti."

Cennet Hanım ayaklandığında Kumsal Bey hınzırca sırıtarak dudaklarının fermuarını çeker gibi yaptı. Otuz beş yıldır birliktelermiş. Bunun otuz iki yılı evli geçmiş. Kumsal Bey üç yıl fazladan beklediğini söylenip hayıflandığında, Cennet Hanım naz yapmanın iyi olduğunu savunuyordu. Meriç'le otuz beş yıl birlikte olmayı hayal edemiyordum. Bu hayal edilemez bir şeydi.

"Siz de içiyorsunuz, değil mi çocuklar? Ya da size uygun başka içecekler de var."

Cennet Hanım'ın sorusu karşısında Meriç ona bakıp kendinden emin ama bir o kadar da mahcup bir şekilde, "Biz biraz dinlensek daha iyi olur," dedi.

Kumsal Bey "Yoldan geldiler," diyerek Meriç'i desteklediğinde başımı yere eğdim. Sebepsizce utanıyordum. Oysa Meriç oldukça sakindi. Ses tonundan ne kadar soğukkanlı olduğunu hissediyordum ama bu konuşma beni germişti. "Kahvaltıda görüşürüz o zaman."

"İyi geceler."

Meriç'in hemen arkasında dikildikten sonra aynı şeyi tekrarladım. Sedirlerde oturan yaşlı çift ve Kumsal Bey aynı şekilde bize iyi geceler diledikten sonra, Meriç'le birlikte yürümeye başladık. Toprak kokusu azalırken Meriç'in yönlendirdiği merdivenleri tırmanmaya başladım. Basamakları çıkarken duvardaki fotoğrafları inceledim.

"Buraya gelen çiftlerin fotoğrafları."

Meriç'in açıklaması üzerine fotoğraflara daha dikkatli bakmaya başladım. Gülümseyen onlarca surat vardı. Hepsi burada çekilmiş fotoğraflardı. Farklı farklı yaşlarda bir sürü çiftin olduğu fotoğraflar duvarın tamamını kaplıyordu neredeyse.

"Buradan gel."

"Burada da bir odan var mı?"

"Hayır ama geldiğimde boşsa hep aynı yerde kalırım. Hem buranın temizliğine güveniyorum."

İşaret ettiği koridora girdikten sonra ilerlemeye devam ettik.

Odası beni gülümsetecek bir kokuya sahipti. Toprak kokulu tütsü burada yerini vanilyaya bırakmıştı. Meriç'in özellikle bu odayı seçtiğini düşünmeme sebep olan koku odanın içinde durdukça etkisini kaybederken gevşediğimi hissediyordum. Üzerinde ufak çiçeklerin olduğu yatak örtüsü ve çiçek deseni kaplamalı duvarlar Meriç için fazlaydı belki ama ona burada iyi gelen bir şeyler olduğuna emindim. O her neyse, onun yanında bu küçük şeylere takılmıyordu.

"Ayrı bir banyo yok. Kullanacaksan koridordakini kullan."

Başımı salladıktan sonra kapıya doğru yürüdüm. Aynı anda kapı tıklatılınca sanki kapının arkasındaki babammış gibi gerildim. Meriç yanımdan geçip kapıyı açtığında o tatlı sesi duymamla gerilim vücudumdan süzülerek ayrıldı.

"Kayla ve senin için giyecek bir şeyler getirdim. Valiziniz yoktu."

"Teşekkür ederim. Biraz hazırlıksız oldu."

"Önemli değil. En doğru yere geldin. Haydi iyi geceler size."

Meriç kırık bir sesle "İyi geceler," dedikten sonra arkasını döndü. Elindekileri gösterirken yüzünde muzip bir ifade vardı. "Sana çok yakışacak."

Koridorun sonundaki ortak banyo oldukça temizdi. Kapıyı açtığım anda burnuma misvak kokusu gelmişti. Burası koku cenneti gibiydi. Benim tercihim hiç kuşkusuz vanilya olandı. Elimi yüzümü yıkadıktan sonra üzerimdekileri çıkarıp katladım. Cennet Hanım'ın getirdiği çiçekli beyaz geceliği üzerime geçirdikten sonra aynadaki görüntüme baktım. Aşağıdakilerin keyifli seslerini duyduğumda güvende olduğumu hissettim. Muhtemelen burada yalnız başımıza olsaydık korkardım, çünkü ormanın içindeydik. Meriç'e güvenmediğimden değildi. O, bu hayatta bana güven veren ilk erkekti ama yaşı büyük birilerinin bizimle olması bana huzur veriyordu.

Meriç'in yeri her zaman başka ve özel olacaktı. Belki bunu kimse anlamayacaktı. Çünkü çevremdeki kimse hiçbir zaman ben olmamıştı, olamayacaktı da. Babasız dünyaya gelmiştim. Evlilik dışı hamileliği yüzünden neredeyse tüm akrabalarımız anneme yüz çevirmişti. Sadece annem ve büyükannem vardı. Sonra da Neşe olmuştu.

Hayatta güvendiğim sadece üç kişi vardı. Diğerleri, diğerleriydi işte.

Ama sonra bir patlama oldu. Benim Bing-Bang'im. Doğmadan önce hayatımın yönünü belirleyen adam bir anda gelip yine aynı şeyi yaptı ve bu sefer ibreyi ters yöne çevirdi. Bana yeni bir hayat sundu.

Beyazdan koparılan küçük bir noktaydım; siyah, kocaman bir kâğıdın ortasına bırakıldım. O karanlığın içinde kaybolduğumu, boğulduğumu hissediyordum. Sonra olmayacak bir şey oldu ve o korkudan tir tir titrediğim karanlığın içinde bir el benimkini tuttu.

"Sonunda çıkabildin yani... Büyükanne?"

Aynı elin sahibi beni dalgın düşüncelerimden ayırıp kahkaha atmaya başladığında kafamı eğip üzerimdeki geceliğe baktım. Beş saniye sonra itiraz etmemeye karar verdim, çünkü itiraz edilecek bir tarafı yoktu. Çıkardığım kıyafetlerime sıkıca sarılıp "Sen kendine bak, büyükbaba!" dedikten sonra omzuna çarpıp yanından geçtim ve odaya girdim. "Ben her türlü senin aklını başından alırım."

İçimi çektikten sonra kıyafetleri pencerenin yanındaki koltuğun üstüne bıraktım. Meriç'in çıkardığı pantolon ve gömlek de oradaydı. On dakika geçmeden odaya geri döndüğünde yüzünde hâlâ su damlaları vardı. Yüzünü iyi kurulamamıştı. Yazın bunu pek yapmıyordu zaten. Yüzünde kalan üç beş damlanın onu ferahlattığını iddia edecek kadar hayalperest bir ressamdı.

"Sergi ne durumda?" diye sorduğumda, üzerindeki büyükbaba pijamasının üstünün düğmelerini çözmeye başladı.

"Neredeyse hepsi bitti. Gecikmesini istemiyorum."

"Daha çok var."

"Yapacak işlerim de var," derken yatağın örtüsünü kaldırıyordu.

"Adam kaçırmak gibi mi?" deyip gözlerimi devirdim.

Başını kaldırıp bana baktığında yüzünde pek sık rastlanmayan içten bir gülümsemeyle karşılaştım.

"Beni böyle seviyorsun sanıyordum."

"Zarar görmeni ya da hapse girmeni istemiyorum."

Yatağa uzanıp yanını işaret ettiğinde ayakta durmaya bir son verip yanına uzandım. Başımı omzuna yasladıktan sonra kollarımı beline doladım.

"Bana hiçbir şey olmayacak. Şimdi sen anlat. Ne oldu?"

Saçlarımla oynamaya başladığında gözlerimi yumdum.

"Benim bir yurt bulmam gerek. Babam evlendiğinde... O evde kalamam."

"Yurt?"

"Özel olmayacak."

"Özel olmayan yurt... Başvurun yok, değil mi?"

"Hayır." Gözlerimi açtım. Parmakları saçımdan çeneme doğru kaymıştı. Çenemi okşuyordu. "Belki de çalışırım. Bu yüzden de bir işim olması lazım."

"Bunları çok kolay halledebiliriz."

"Ama..."

"Ama bunu istemezsin."

Askaya zenginliğinden kaçıp Tuna Hanedanlığına sığınamazdım. Ben Nazlı Salman'ın kızıydım. Ayaklarımın üstünde durabilirdim.

"Baban seni kaybetmeyi göze alamaz."

"Alacak gibi gözüküyor."

Nazikçe tuttuğu çenemi kaldırdığında gözlerimiz birbiriyle buluştu. "O zaman aptalın teki demektir."

Eğilip dudağıma bir öpücük bıraktıktan sonra kokumu içine çekti. "Üzülme. Babana ya da annene ihtiyacın yok."

"Ben senin gibi yapamam, Meriç. Ben senin kadar güçlü değilim. Babamla zaten yıllarca ayrıydık. Ona kavuştum diyemeden başka bir kadının aramıza girmesine dayanamam."

"Ben hep seninleyim. Bir gün beni yanında istemesen de, ben yanında olmasam da, ihtiyacın olduğunda kollarımı açacağım ve sen bana sarılacaksın. Senin içindeki tüm karanlık kabulüm. Sen iyi hissedene kadar kollarımın arasından çıkarmam seni."

Elimi kaldırıp yanağını okşadım.

"Meriç Tuna, beni yine kendinle zehirliyorsun."

8

"Hemen geliyorum!"

Gözlerimi açtığımda Meriç gömleğini üstüne geçirmiş düğmelerini ilikliyordu. Pencereden içeriye vuran cılız ışık sabah olduğunu anlamama yardım etti. Odanın içi hâlâ karanlıktı. Gitmemiz gerektiğini anlamıştım. Ailesine ya da köpeğine bir şey mi olmuştu?

"Kayla!" Bana döndüğünde telefonu yatağın üstüne bıraktı. "Uyandın mı? Gitmemiz gerek."

Başımı salladım. Ona soru sormadan bacaklarımı yataktan aşağı uzatıp harekete geçtim. Ben kıyafetlerime uzanırken o pantolonunu giymişti.

"Kötü bir şey mi?"

"Hayır. Acele et. Aşağıdakilere veda edeyim. Seni bekliyorum."

Tekrar başımı salladım ve hızla kıyafetlerimi üzerime geçirdim. Aşağı inmeden önce yatağı toparlamaya çalıştım. Onu çok bekletmek istemediğim için elimden geldiğince acele etmiştim. Yola çıkmadan önce güzel bir yerde güzel bir gece geçirmemize olanak sağlayan Kumsal Bey ve eşine teşekkür ettik.

Motora bindiğimde olan biteni anlamıştım. "Onları buldun, değil mi?"

Meriç bana cevap vermek yerine motoru çalıştırdı. Korkumu bildiği için çok hız yapmamaya çalışsa da hızlıydık. Orman yolunda ona sıkıca sarılırken güneşin ağaçların üstünde yükselmesini izledim.

Ona yarın da böyle sıkıca sarılabilecek miydim? O çocuklara ne yapacaktı?

Meriç'le ilk tanıştığımız günden beri bu çocuklar hayatımızdaydı. Onları sürekli görmüştüm. Beni korkutacak şeyler yapmışlardı. Onların isimleri yoktu. Onlar Caner gibi değillerdi. Caner iyi olmaya çalışan biriydi. Babam onun elinden tutmuştu. Şimdi yeni bir hayat kurmaya çalışıyordu. O çocukların elinden kimse tutmamıştı. Belki de onlara uzanan elleri geri tepmişlerdi. İsimlerini bilmiyordum. Benden bir şeyler çalmışlardı. Benden hayatımı çalmak üzereydiler. Yeniden uyanmıştım ama bu Meriç'in benden vazgeçmemesi sayesinde olmuştu.

Benden çaldıklarının yanında eski hayatımın bir kısmına geri tutunmuştum. Geri dönüşü olmayan bir yola girmemiştim. Bir bebek sahibi olmak için erkendi. Yeniden uyandığımda sanki aklım başıma gelmişti. Eskiden düşündüklerim şimdi beni utandırıyordu. O sonsuzluğa yakın uykumda babasızlığımın verdiği hatalar, çocuk olmakla büyümek arasında yaptığım yanlışlar boğulmuştu. Onlar benimle birlikte o yataktan kalkamamıştı.

"Kayla... Geldik."

Gözlerimi açtım. Evin hemen önündeydik. Güneş artık tepedeydi. Arkasına gizlendiği ağaçlar yoktu. Sadece babamın evi ve biz vardık.

"Sen..."

"Eve gir. Merak etme. Hadi."

Motordan inip kaskı ona uzattığımda yüzüne küçük bir tebessüm yerleştirdi.

"Eve gir. Git ve uyumaya devam et. Akşam geleceğim. Babanla konuşacağım bir konu var."

"Dikkat et."

"Hadi, baş belası! Kurtlar seni kapmadan eve girdiğini görmek istiyorum."

Hiçbir sorun yokmuş, tehlikeli bir şeyler olmayacakmış gibi davranması beni rahatlatmasa da onu bu şekilde durduramayacağımı biliyordum. Arkamı dönüp eve doğru yürüdüm. İçeri girdikten sonra Semih'e mesaj attım.

Gönderilen: Semih

Meriç o çocukların izini buldu. Onların peşinden gitti. Nereye gittiğini bilmiyorum ama motoruyla... Ona yardım et. Lütfen. Başına bir şey gelmesine engel ol.

1999, Melehan...

"Meriç, ne oldu söylesene!"

"Ömer, bırak beni!"

"Ama ne olduğunu söylemiyorsun. Neden ağlıyorsun? Biri bir şey mi yaptı? Anneme söyleyelim. Abime söyleriz, döver belki. Hadi söyle!"

Alnımı dizime iyice yaslayıp yüzümün gözükmesini engelleyerek kollarımı etrafıma doladım. Kimsenin ağladığımı görmesini istemiyordum. Annesi ve babası kavga ediyor diye ağlayan çocukla herkes dalga geçerdi. Ömer bunu anlamayarak beni sinir ediyordu. Git dediğimde gitmesi gerekirdi. Erkekler böyle yapardı ama o Hayal gibi başımdan ayrılmıyordu.

"Ömer, sen burada ne yapıyorsun?"

Semih'in sesini duyduğunda gözlerimi çabucak sildim. Ömer gözyaşlarımla dalga geçmezdi ama Semih bunu yapardı. Gözünden yaş akana kadar gülerdi hatta. Bir kere bunu yapmıştı. O zamanı hatırladıkça onu yumruklamak istiyordum.

"Meriç'e bir şey oldu."

"Seni sersem! Saklambaç oynuyoruz. Sen de Meriç'in saklandığı yeri işgal ediyorsun. Ebe birazdan ikinizi birden görecek. Çabuk kendine başka bir yer bul."

Başımı kaldırdığımda Ömer şaşkınca etrafa bakınıyordu. Ona inanmış gibi gözükmüyordu.

"Evet," dediğimde kaşlarını kaldırarak bana baktı. Yalan söylediğimi öğrense anneme şikâyet ederdi ama beni rahat bırakması için buna değerdi. Zaten annem babamla kavga etmekle meşgulken bunu pek umursamazdı.

"Neden ağlıyordun peki?"

"Ağlamıyordum!"

Semih "Ebe geliyor. Git saklan!" diyerek onu omzundan iteklediğinde Ömer koşmaya başladı.

İlk kural! Oyun her zaman önemlidir!

Bahçenin arka tarafına döndüğünde Semih ona bakmayı bırakıp yanıma geldi. Yere oturup bağdaş kurdu.

"Ebe falan yok."

"Neden yalan söyledin?" diye sorduğumda kolunu omzuma attı.

"Ben hepinizden büyüğüm, oğlum. Sizi korumak benim görevim."

Onun doğum günü benden birkaç hafta önceydi. Annemler öyle söylüyorlardı ama bazı yıllar birlikte kutlardık. Geçen yıl bizim evin bahçesinde birlikte kutlamıştık. Ondan önceki yıl Semihlerin evinde kutladığımız gibi. Ömer içimizde en küçük olandı ama hepimizin doğum günleri birbirine yakındı. Semih'le benimki daha yakın olduğu için bazen kıskanıyordu. Birlikte doğum günü yapmak istiyordu ama annesi ona olmayacağını söylüyordu. Yine de bu yıl birlikte mum üflemiştik. O bizim en küçük erkek kardeşimiz gibiydi ve biz onu kandırmıştık.

"Ona yalan söyledik," dediğimde Semih dizini benimkine çarptı.

"O hep seni düşünür. Affeder, merak etme. Ama ben büyük olanım. İkinizi de düşünmek zorundayım. Babam ne diyor, biliyor musun?"

"Ne?" diye sorduğumda büyük bir sır verirmiş gibi fısıldamaya başladı.

"Büyükler her zaman kardeşleri bir arada tutmak zorundaymış. Yalan söylemek zorunda kalsam bile hem de. Ben hep sizi koruyacağım. Asker gibi."

Filmlerdeki gururlu askerler gibi çenesini dikleştirdiğinde alnımı kırıştırdım. Bu sürekli devam edecek bir oyun muydu? Büyüsek bile...

"Küssek bile mi?"

"Küssek bile. Kardeş sözü."

∞

Semih'ten...

Gönderilen: Sarışın

O iş tamam. Sen hazırlan. Neşe'ye bahsettiğim mekâna gidin. Orada görüşürüz.

Mesaj gönderildikten sonra telefonu cebime sıkıştırdım. Babam ve Aytaç Amca bizim evde beklerken, Meriç'i kurtarma görevi bana düşmüştü. Polis ve babamın adamlarının arasında bekliyorduk. Bora'nın da Meriç'in de başı belaya girmeden bu işi atlatacaktık.

"İçerideler. Aradığımız iki çocuk ve dört kişi daha. Silahsızlar. İkisi darbedilmiş."

Dudağımın arasındaki otla oynarken ellerim ceplerimde olan biteni izliyordum. Şaşırtıcı bir şey yoktu. Meriç silah taşımazdı. Etrafındakilerin başını belaya sokacak bir işe bulaşmazdı. O iki çocuğa burada nasıl bir ceza hazırladıysa erken sona erecekti. Bu hoşuna gitmeyecek olsa da onun iyiliğini düşünmek zorundaydık.

"Tamam tamam. Haydi. Çok uzatmayın. Girin içeri, alın iki kaçağı. Diğerlerini de karakola götürün. İfadelerini alın."

Emirle harekete geçen bir grup şehir dışında kalan bu yerdeki barınağın etrafını sararken, komiser babamın yardımcısına bir şeyler söyledi. Neşat Bey yanıma geldiğinde dudağımın arasındaki ottan kurtuldum.

"Tamamdır, Semih. Meriç'i alır, oradan eve geçeriz."

"Neşat Bey, Meriç'le siz ilgilenseniz. O sonra beni bulur zaten."

"Tamam tamam. Haydi, sen keyfine bak. Burada sorun yok."

Gülümseyerek arabama doğru yürüdüm. Geride bıraktığım curcunayı izlemek keyifli olsa da, Meriç'i daha da öfkelendirmek işin zevkli yanıydı. Babasından sonra beni bulup hesap sormasını tercih ediyordum.

Arabama atlayıp oradan uzaklaşırken radyoyu açtım. Keyifli bir müzik bulduktan sonra eşlik ederek yola devam ettim.

Cem'in çalıştığı bar iki bölümlüydü. Giriş kat kafeydi. Gayet hoş bir mekândı aslında ama çalıştığım yerin yanından bile geçemezdi. Kendimi antikacıda gibi hissettiğim bir dekorasyona sahipti. Küçük bir sahnede iki tane sandalye vardı. Bir siyah gitar çalınmak için bekliyordu. Cevizden yapılma, bel yüksekliğindeki masalar o kadar boştu ki, erken geldiğimi düşündüm. Halbuki Meriç'in bulduğu o izbe yer bana ülkenin diğer ucuna gitmişim gibi hissettirmişti. Bodrum kata indiğimde keyfim yerine geldi.

Şehrin yarısı buradaydı.

Gürültü sağır edecek kadar fazlaydı. Renkli disko ışıkları insanların üzerinde bir yönde dans edip, bir süre sonra ters yöne dönmeye başlıyordu. Karanlıktı. Zifiri karanlığı bozan şey disko ışıklarıydı. İnsanlar çıldırmış gibi dans ediyorlardı. Hepsi ben gelmeden kafayı bulmuştu sanki. Görebildiğim tek şey havaya kalkmış eller ve sallanan kafalardı. Eski şarkıların günümüze uyarlanmasıyla insanları eğlendiren bu kulüp benim zevkimin dışındaydı. Şarkıları orijinal halleriyle seviyordum. Yüzümü ekşitip bizimkileri bulmayı umarak kalabalığın arasına girdim.

Kalabalığın arasında gözlerini disko topuna dikmiş bakan şaşkın kızı bulduğumda kolumu beline doladım. "Eğleniyor musun?"

Kolumu tutup dans eden insanların arasında beni çekiştirmeye başladığında diğerlerinin yanına gittiğimizi fark ettim. Neşe ve Ömer sarmaş dolaş halde dans ederken, Cansu uzaktan onları izliyordu. Bu kız neden hiçbir zaman kendini serbest bırakmıyordu? Deli gibi eğlenmeliydi.

"Semih geldi!"

Müziği bastırmaya çalışarak bağıran Kayla, yapışık ikiliyi birbirinden ayırmayı başarmıştı.

"Kahramanınız!" diye kendi kendimi takdim ettim.

"Senin biricik kardeşini..." Ömer'e uzattığım parmağımı Cansu'ya çevirdim. "Senin de biricik sevgilini kurtardım. İkisi de iyi. Başları belaya girmeyecek. Gereksiz çocuğu pek bilmiyorum ama Meriç şu an babasından azar işitiyordur." Saatimi kontrol ettim. "Yakında burada olur. O gelmeden yukarı çıkıp Cem'i dinlemeye ne dersiniz?"

"Gerçekten iyi mi?"

Kayla'nın koluna girip onu tekrar kalabalığın içine itekledim. "Merak etme. Başını beladan kurtardım. Dediğim gibi, yakında burada olur."

Orijinal müzik dinlemenin vakti gelmişti. Yukarı çıktığımızda bizimle birlikte gürültüden kaçan birkaç kişi daha vardı. Bir saat içinde alt kattaki gürültü giderek azaldı. Her kimin partisiyse erken bitmişti. İnsanlar canlı müzik için yerlerini almaya başladıklarında, kulağımın pasını silen nostalji dolu şarkılarla kendi kendime eşlik ediyordum. Kayla dakikada otuz kez telefonunu kontrol ediyor, Ömer ve Neşe gözlerimi devirmeme sebep olan ilişkilerini yaşıyorlardı.

Sahneye Cem'den önce çıkan kız yabancı şarkıları kendi yorumuyla söylemeye başladığında Kayla'ya doğru eğildim. "Endişelenmeyi ne zaman bırakacaksın?"

"O dediğin gibi buraya geldiğinde. Mesajlarıma cevap vermiyor."

"Çünkü babasının karşısında, Kayla. Oradan çıktığı gibi de beni bulmaya gelecek. Üzgünüm sarışın ama Meriç'in hayatında sevgiden daha öncelikli olan şeyler var. Onun hayatında öncelikli olmak istiyorsan onu kızdır. Öfkelensin. Koşarak sana gelir."

"Çok kötüsün, Semih."

Yüzüne doğru eğilip burnunu sıktım. "İltifatların için teşekkür ederim."

"Biraz ciddi ol. Ya babası ona bir şey yaparsa?"

"Meriç sana babasını nasıl tanıttı acaba? Aytaç Amca sadece onu kızdıracak ama o zaten işini böldüğüm için bana kızgın olduğundan babasını duymayacak bile. Gelip hesap sormak için babasını dinliyormuş gibi yapıyordur."

Kayla telefonunu masanın üstüne bıraktıktan sonra yüzündeki hayretle bana döndü. "Sen de bu durumdan keyif alıyorsun!"

"Biz de birbirimizi böyle seviyoruz. Ben sizin ilişkinizin garipliğini sorguluyor muyum?"

"Sorgulamıyor musun?"

"Kayla! Dur, dur, dur!" Ellerimi havaya kaldırıp ona teslim oldum. "Ben seninle kavga edemem. Lütfen bunu Meriç'e sakla. Bak... Şarkıyı dinle. Size ne kadar da uygun!"

Kayla sahnedeki kıza bir anlık bakıp yeniden bana döndüğünde yüzünde anlamsız bir ifade vardı. "Toxic?*"

"Evet."

"Bence sen kızdan hoşlandın da böyle diyorsun."

Sodamı yudumlarken sahneye bir bakış attım. "Fena değil ama ilgim başka birinde."

Gözlerini devirip telefonuna geri döndü ve Meriç'e yeni bir mesaj yazmaya başladı. Bu kız beni birazcık dinlese huzura erecekti ama hâlâ başının dertte olabileceği ihtimalleriyle kafayı yiyordu.

Sahnedeki kız yerini Cem'e bıraktığında büyük bir alkış koptu. Etrafımdaki herkesi buraya çekmiştim. Çoğunu tanımıyordum ama benim çağırdığımı duyan herkes neredeyse gelmişti. Arkadaşım ilk gününde büyük bir kalabalığı hak ediyordu. Ömer ve Meriç'in yokluğunda lisede en yakın arkadaşım o olmuştu.

Cem ilk şarkıdan sonra herkese teşekkür edip bir yenisine başladı. Saatimi kontrol ettim. Karakolda ifadesi

---

* *Toxic:* Britney Spears'ın bir şarkısı.

çoktan alınıp serbest bırakılmış olmalıydı. Bizim eve gidip azar işitmesi ve sonrasında babamdan tavsiye dinlemesi gerekiyordu. Muhtemelen şu an öfkesinin doruklarında babamı dinliyordu. Kendi babasından sonra bir de benimkinden akıl alması... Onları bizim evde beklemeleri için ikna etmem çok kolay olmuştu. Meriç kafayı yemeden o evden çıkmayı başarırsa, yarım saat sonra burada olurdu.

Şarkı bittiğinde herkesle birlikte ben de Cem'i alkışlamaya başladım. Boğazını temizledikten sonra tekrar mikrofona yaklaştı.

"Herkese teşekkürler. Özellikle beni yalnız bırakmayan tüm okul arkadaşlarıma çok teşekkür ederim. Şimdi izin verirseniz lisede her anı birlikte geçirdiğim dostumu sahneye davet ediyorum. Basketbolda ve müzikte hep birlikteydik. Semih!"

Alkışlara aynı şekilde karşılık verirken sahneye doğru yürüdüm. Gitarı elime aldıktan sonra mikrofona yaklaştım. "Umarım keyif alırsınız!"

Lisede katıldığımız müzik yarışmasındaymışız gibi kısa sürede uyum yakaladığımızda biraz daha gevşedim. Şarkıyı söylemeye devam ederken karşımdaki insanlara baktım. Çoğunu dört yıl boyunca neredeyse her gün görmüştük. Aynı okulda birlikte vakit geçirmiştik. İstemeden büyük bir aile olmuştuk. Artık eskisi gibi olamayacaktık. Gözüm daha yakın arkadaşlarıma kaydı. Ömer ve Meriç ile çocukluktan beri arkadaştık. Lise boyunca Ömer'le arkadaş gibi olmasak da, onun her zaman yakınlarda olduğunu bilmek bana iyi gelmişti. Sonra Meriç... Onunla olan düşmanlığımız bile bazı arkadaşlıklardan daha gerçekti.

Bana daha yakındı. Neşe bile arkadaşım olmuştu. Kayla... Tuhaf, sakar ve baş belası. Cansu... Uzun süre onun farkına varamamıştım. Silik bir kızdı ama sanırım... Sanırım beni gerçekten seven sayılı insanlardan biriydi. Belki de bu zamana dek beni en çok o sevmişti ama ben ona hak ettiği sevgiyi vermemiştim.

"Yarım aklım bir sana erdi..." dedikten sonra bakışlarımı ondan ayırdım. Cem benim yerime devam ederken gözlerimi indirdim. Gitarın üstündeki parmaklarıma bakarak devam ettim.

Bir daha eskisi gibi olmayacaktı hiçbir şey. Ayrılıyorduk. Kopuyorduk birbirimizden. Gerçek hayata başlıyorduk ya da gerçek hayatı geride bırakıp yetişkin olmaya hazırlanıyorduk. Mutluluğun peşinden koşarken yalancı, sahte kimliklerimiz olacaktı.

Kafenin kapısı açıldığında şarkı bitmişti. Alkışlara gülümseyerek karşılık verirken gitarı bıraktım ve ayağa kalktım. Meriç gelmişti.

Cem programına devam ederken masaların arasında ilerleyip dışarı çıktım.

"Kayla, içeride bekle!"

"Meriç, seni merak ettim. Beni biraz..."

"İçeride bekle!"

"Ona ben söyledim. Yardım etmesini istedim."

"Biliyorum! İçeri geçer misin? Lütfen, Kayla!"

Kayla aralık duran kapıdan içeri girdiğinde yürümeye başladım. Kafenin yan tarafındaki ara sokağa sessizce yürüdük. Bizden başka kimse yoktu. Sokak kedileri bile...

"Ne halt yiyorsun?"

"Hiç!"

Ellerimi cebimden çıkardım ve karanlık sokakta, caddedeki sokak lambasının aydınlattığı yerin son çizgisine kadar ilerledim.

"Eskisi gibi olmaya mı karar verdin? Bu yaptıkların..."

"Kayla yardım istedi."

"Dört sene! Dört koca sene! Aynı okulda birbirimizi tanımadık biz! Ondan öncesi de var. Annem babamdan kaçarken, o cehennemde daha dibi olamaz dediğim an yeni bir darbeyle daha çok düşerken bir kere merak etmedin. Şimdi ne oldu? Sözünü şimdi mi hatırladın?"

"Ömer merak etti de ne oldu? Yardım edebildi mi sana?"

"Sen Ömer değilsin!"

"Haklısın! Ben Ömer değilim! Benim de sorunlarım vardı! Ben de düştüm. Kimse yoktu, Meriç! Sen de yoktun! Ömer de! Senin en azından Ömer'in vardı, değil mi?"

"Semih, yapma!"

"Ne? Ne var? Hiçbir şeyi umursamıyor gibi yaparken gerçekten umursamadığımı mı düşündünüz? Benim ailem benim umurumda değil miydi? Senin en azından annen kaçmadı! Benim annem evde bile değildi! Yalnız olan bendim, ben! Babam anneme olan öfkesini, hırsını, azmini, ne sıkıntısı varsa benden çıkardı! Bir kere... Bir kere başımı okşamadı be! Bana bak!" Ellerimi iki yana açtım. "Bak, kimi görüyorsun? Şehrin en iyi kolejinin en gözde öğrencisi! Ömer'in okulunda ondan daha popüleri, daha başarılısı, takım kaptanı, okulda derecede, yalnız ve gözde öğrenci! SEMİH TAŞER!" Kollarım iki yanıma düştü. "Bu gördüğün kişiliği babam yarattı. Ben yoktum ki arkadaşlarımın yanında olayım. Ben gitmiştim, Meriç. Sen gittiğinde ben de gitmiştim. Ömer de gitmişti. Biz birlikteyken arkadaştık. Sonra koptuk."

"Şimdi ne değişti?"

Yüzümü sıvazladım. "O ölüyordu. Hatırladın mı? Ölüyordu ya! Bir yıl önce hayatıma giren kız ölüyordu. O uyandığında, geçmişe gömdüğüm çocukluğum da uyandı." Elimi terlemiş saçlarımın arasından geçirdim. Konuşurken soğuktan ağzımdan duman çıksa da bağırmak beni terletmişti. "Sen hâlâ uykuda olabilirsin. Sana ne haldesin diye sormayacağım. Ben sadece sözümü tutacağım."

"Ne oluyor burada?"

Ömer yanımıza doğru gelirken Meriç tek kelime etmedi.

"Ne düşündüğünüz umurumda değil. Seversiniz ya da sevmezsiniz. Nefret edin ya da etmeyin. Ben yeniden deneyeceğim. İkinize de hesap soracak değilim. Bu babamla benim aramda olan bir mevzuydu. Bitti. Bitirdim." Elimi tekrar saçlarımın arasından geçirdim. Yüzümü sıvazladım. "Kendimi bulmaya çalışacağım. Ve sözümü tutacağım. Bir şey olursa, beğenseniz de beğenmeseniz de yanınızdayım. Haydi... Bu kadar muhabbet yeter. Ben kaçtım."

Hızlı adımlarla o sokaktan çıkıp cadde boyunca yürüdüm. Arabaya gidene dek duraksamadım. Park yerine geldiğimde yavaşladım. Karanlıkta yavaşça arabaya doğru yürüdüm. En zoru bitmişti.

Elimi arabaya yaslayıp soluklandım.

"Kardeş sözü..."

9

Yapraklar salına salına döküldü. Milyonlarca insanın sırrını saklayan deniz bulutlardan aldığı rengini sakince sergilerken hafif bir esinti vardı.

Bir çocuğun bisikletinden çıkan tıkırtı bana Eskişehir'deki dar sokağımızı anımsatıyordu. Neşe'yle birlikte bisiklete binmeyi yeni öğrendiğimiz zamanlarda yaptığımız yarışları...

Esinti bacaklarıma çarparken çimlerin arasında durmaya bir son verdim ve korkularımın üstüne doğru yürüdüm. Burada başıma gelenleri unutmuyordum.

Sanki deniz kenarında yürüyen insanların arasında ruhumdan parçalar savruluyordu her bir yana. Gri bir sis bulutu... Neredeydim? Her bir yerde görüyordum kendimi. Hata yapan ben... Yanlışını korumaya çalışan ben... Korkan ben... Kaybetmekten korkan ben... Ölmekten korkan ben...

Hatalarından pişman olan bendim şimdi.

Denizin kenarına geldiğimde elimdeki kırmızı gülleri dalgaların üstüne bıraktım. Bu şehirde sevdiğim ilk adamı, kaybettiğim adamı anabileceğim tek yer burasıydı. Burada hem onu, hem de en büyük hatayı yapan yanımı ve bir bebeği kaybetmiştim.

"Herkes kurtarılmayı hak eder demiştin... Ben de hak ediyor muyum, Bay Harrington?"

Bu şehirde karanlık olan bendim. Karanlığın içinde boğulurken beni kurtarmak için mi uzatmıştı bana elini? Beni kurtarmak mı istemişti?

"Keşke burada olsan, Bay Harrington." Gözümden akan yaşı sildim. "Seni özledim."

Derin bir nefes aldım.

Hep kalbimdesin, kendini korsan sanan adam.

Arkamı dönüp kalabalıklaşmaya başlayan insanların arasında yürüdüm. Onu hiçbir zaman unutmayacaktım. Gerçekte kimdi, nasıl bir hayatı vardı hiçbir zaman öğrenemeyecektim belki ama onun unutulmasına izin vermeyecektim. En azından ben ömrümün sonuna dek onu anacaktım. O bunu hak ediyordu.

Taksideyken üstümde hâlâ büyük bir özlem, acı ve korku vardı. Orada yeniden bulunmak sandığım kadar korkutucu değildi ama yine de tuhaftı. Artık güvendeydim, diğer herkes kadar. O çocuklar tutuklanmıştı. Doktorlar için bugün ilk duruşma vardı. Babam oraya gitmek zorunda olmadığımı söylemişti. Muhtemelen bugün sonuca varmayacaktı. Askaya, Taşer ve Tuna Ailelerinin avukatları benim yerime oradaydılar. Doktor umurumda değildi. O bebeği yaşatmayı başarsa hayatım nasıl olurdu düşünemiyordum.

Bunu düşünmek kendimi kötü hissettiriyordu ama hatalarımın farkına varmıştım. Böyle olması daha doğruydu. Annem, Meriç, Neşe haklıydı. Babam haklıydı.

Annemden daha iyi bir hayat yaşamak istemediğim için onu taklit etmiştim. Onun gibi olmayı seçmiştim. Ruhum kabul etmek istemesem de hâlâ yaralıydı. Bunun için ne babama kızabiliyordum ne de anneme. Hatalarımın sebebini onlara yükleyemezdim. Baş etmeliydim ama ben sürekli yanlış tercihler yapıyordum.

Bu benim ikinci şansımdı. Artık sorun olmaktan çıkmalıydım.

Son Kış Restoran deniz kenarındaydı. Hardal ve beyaz renklere sahip bir dış görünümü vardı. Girişteki merdivenlerden çıktıktan sonra ahşap kapıyı ittirip içeri girdim. Etrafa bakındığımda annemi fark etmem uzun sürmedi. Bir garson bana doğru yaklaşırken, nereye gideceğimi biliyorum sinyalleri verip sağlam adımlarla annemlerin oturduğu masaya ilerledim. Umut Bey'in yanında düz siyah saçlı bir kadın daha vardı.

Onlara eşlik ettikten kısa bir süre sonra Leyla Hanım'dan hoşlandığımı fark etmiştim. Yeşim gibi marjinal bir tarzı yoktu. Kot pantolonun üstüne beyaz bir tişört giymişti. Bir kulağında dört delik vardı. Hepsi de altın rengindeki küpelerle süslenmişti ama diğer kulağında sadece yine altın renginde top bir küpe vardı. Sol elinin işaret parmağındaki nazar boncuklu yüzük haricinde başka bir aksesuarı yoktu. Sağ bileğindeki dövme aksesuardan sayılmıyorsa tabii. Oldukça sade ama bir o kadar da ilgi çekiciydi. Yüzünde makyaj olduğu belliydi ama rengarenk boyamamıştı kendini. Gözleri siyah saçlarına uygun diye aynı renge boyanmıştı ama korkunç gözükmüyordu. Tam tersi ilgi çekiciydi.

"Umut senden o kadar bahsetti ki, sonunda tanışabilmemize çok sevindim."

"Ben de."

Umut Bey, özel doktorumdan daha öte bir yerdeydi. Attığım her adımdan sorumluydu. Bir işe girmek istediğimi ona söylemiştim ve buna o karar verecekti.

"Senin sayende Umut Bey de sonunda temelli dönüş yapabildi."

"Öyle. Burası çok sakin, bir o kadar da gelişmiş bir yer. Çok kalabalık değil ama sanki ihtiyacın olan herkes varmış gibi."

Tam olarak öyle! diye düşündüm. Bu şehri en iyi anlatan iki cümle bu olmalıydı.

"Bu şanslı hastane hangisi peki?" diye Leyla Hanım yeni bir soru yönelttiğinde annem kahvesini yudumladı.

"Aynı yerde kalıyorum. Sanırım zaten orada bir açık olacak. Mahkemede çok sağlam avukatlar olduğunu duydum. Kenan Bey ile konuşma imkânımız oldu. Sanırım Tuna Holding'in avukatı buranın en iyisiymiş."

"Tuna Holding mi?"

Bakışlarım Leyla Hanım'a kaydığında annem "Onları tanıyor musunuz?" diye sordu merakla. Meriç ve ailesi hakkında bilgi almak istemesini anlıyordum ama bu hali beni gülümsetmişti.

Leyla Hanım omuzlarını silkti. "Şehrin en varlıklı aileleri işimin bir parçası. Gerçi Taşer soyadını duyduğumda Tunaların da bu işte olduğunu tahmin etmem gerekirdi."

Umut Bey dirseğine kadar sıyırdığı gömleğinin yakasını düzeltirken ona takılmadan edemedi. "Leyla bir ara onlara kafayı takmıştı ama sonra pes etti. Burasının Brezilya dizilerinin çevrildiği bir yer olmadığını anlaması yine de haddinden fazla uzun sürdü."

Leyla Hanım ona tebessüm ederek cevap verdi. "Sizin işleriniz nasıl gidiyor?"

Bu soru annemeydi. Meriç'in ailesinin konusunun kapanması ortamdaki tüm havayı bir anda değiştirdi. Leyla Hanım annemin küçük ve sevgi dolu işletmesini ilgiyle dinlerken ben de dikkatle ona bakıyordum. Bir ara o ailelere fazla kafayı takması bana çok tanıdık geliyordu. Sonunda biz de mi öyle olacaktık? Umut Bey'in dediği gibi pes ederdik ve aile sırrı ortaya çıkmadan biz onu geçmişe iterdik. Hangisi iyiydi bilmiyordum ki... Keşke bilseydim. Ama Nermin Hanım'ın Meriç'e bahsetmek istemesi içimde iyi bir şey olduğu hissini doğuruyordu. Yoksa bir anne oğlunu neden üzmek istesin ki?

"Eğer işten konuşmaya devam edeceksek sıra Kayla'ya geldi."

"O benim hastam. Onu çok yormayan bir iş olması lazım. Psikologunla görüştüm, Kayla. İstikrarlı bir katılım eksikliğin var."

Umut Bey'e özür dileyen bir bakış attım. "İstemiyorum. Yaşayarak üstesinden gelmeye çalışıyorum. Sanırım bu daha yararlı. Aynı şeyleri dillendirip tekrar etmek kulağa eğlenceli gelmiyor."

"Seni anlıyorum. Bu çok mantıklı. Yine de arada bir seni görmek isterim. En azından birlikte bir şeyler yaparız."

"Bu onun 'seni kontrol edeceğim ama senin ruhun bile duymayacak' demesi. Kibar olmaya çalışıyor."

Leyla Hanım'a bakıp gülümsediğimde Umut Bey şikâyet ederek "Her şeyi açığa çıkarmak zorunda mısın?" diye sordu.

"Merak etme, Umut. Ben tüm bunları bilerek senin bu kibar teklifine tamam demiştim."

"Siz?"

"Evet. Bir trafik kazası ama mühim bir şey değil. Gerçeğe dönmeme yaradı bile diyebilirim."

Bu kadında bir şey vardı. Sadece hikâyesini iki yabancıyla paylaşmak istemiyordu ve bu konuda onu suçlayamazdım.

"Bazen öyle olur."

İki yetişkin kadın birbirine bakıp gülümserken, Umut Bey ve ben biraz yabancı kaldık. Sonunda Leyla Hanım toparlandı ve işim hakkında konuşmaya başladı. Bir anda ciddiyetini geri kazanmış ve bir patron olmuştu.

"Benim bir çalışma ekibim var. Bir süre onlarla takıl. Ayak işlerini yapmayacaksın ama bir köşe yazısı yazmayacağını da bil. Tam olarak kimin sana daha çok ihtiyacı var, buna ofise gittiğimizde karar veririz. Ders saatlerini ve tatil yaparak geçirmek istediğin saatleri bize bildirirsin. Sana stajyer gözüyle bakmayacağım. Serbest çalışan gibi olacaksın. Eğitim alacaksın ama paranı da vereceğiz."

"Merak etmeyin, Nazlı Hanım. İşten bahsederken bir kaplana dönüşüyor ama iş saatleri konusunda Kayla tamam dese bile benim belirlediğim bir sınır var."

Umut Bey, Leyla Hanım'ın sözünü kesip annemin içini rahatlattığında annem gülümsedi.

"Evet, kontrol merkezi. Senin dediğin gibi olacak her şey. Şimdi müsaadenizle gitmem gerekiyor. Çünkü yetiştirmem gereken işler var."

"Yani ben işe alındım mı?"

Çantasını omzuna taktıktan sonra göz kırptı. "Seni kaçırır mıyım? Yarın gel, sana uygun bir konum bulalım."

Çok hareketliydi. Bir anda buradayken bir anda gitmişti.

"Açıkçası iş temposu çok hareketli gibi ve bu beni endişelendiriyor."

"İyi hissedeceğim, anne."

"Onu kontrol edeceğim. Kayla... Kendini göz altında hissettiğini biliyorum ama öyle hissetmemeye çalış. Evet, Kenan Bey benim için çok değerli ama bu sadece onunla ilgili değil. Hassas bir dönemden geçiyorsun. Bu dönemde doktorun olarak seninle ilgilenmem gerekiyor."

"Teşekkür ederim. Kendimi kötü hissedersem sizinle paylaşırım ama çalışmanın bana iyi geleceğini düşünüyorum."

Hem buna ihtiyacım var. Babamla birlikte kalamam. O kadınla birlikte kalamam.

"Eee... Ben izninizle lavaboya gideceğim."

Masadan kalkıp lavaboya doğru ilerledim. İçeri girerken nerede olduğunu gördüğüm için aramama gerek kalmamıştı.

"Yıllar sonra karşıma çıkıyorsun ve beni tehdit mi ediyorsun?"

Lavaboya girmek üzereyken, duyduğum sesi Leyla Hanım'ın sesine benzettiğimi fark edip duraksadım. Dış kapının yakınında bir kadın ve bir adam duruyordu. Onları gizleyen büyük bir saksı vardı. Yeşil yaprakların arasından Leyla Hanım'ın saçlarını görebiliyordum.

"Sana sadece hatırlatıyorum."

Bu sesi tanıyordum. Ama kim olduğunu hatırlayamıyordum. Konuşmaları dinlemem doğru değildi. Lavaboya yöneldiğimde beni yine Leyla Hanım'ın sesi durdurdu.

"Demir! Ailenden yeteri kadar zarar gördüm. Hatırlatmana ihtiyacım yok. Onları korumaktan yorulmadın mı?"

Demir... Demir Tuna mıydı? Leyla Hanım, Meriç'in kuzenini ne kadar tanıyordu? Demir ona neyi hatırlatıyordu ki?

"Konunun benimle bir ilgisi yok, Leyla. Ona ya da başka birine hiçbir şey anlatma yeter."

Leyla Hanım kafasını iki yana salladı. "Kimseye bir şey anlatmayacağım. Tamam mı? Şimdi rahat bırak beni."

Leyla Hanım öfkeyle kapıyı açıp dışarı çıktığında Demir'in yüzü yaprakların arasında gözüktü. Onun arkasından bakıyordu. Beni görmüş müydü? Leyla Hanım'ın bir şey anlatmaması gereken kişi ben miydim?

O biliyordu. Meriç'ten gizlenen şeyi Demir biliyordu.

Leyla da biliyordu.

Demir'e gözükmeden kendimi hızlıca lavaboya attıktan sonra aynanın karşısında bir süre kalakaldım. Demir kim olduğumu anlamış mıydı? Belki Meriç'le konuşmuşlardı. Tabii ki konuşmuşlardı. Ankara'ya gittiğinde bunu öylesine yapmayacağını benim kadar Demir de biliyor olmalıydı.

Yüzümü soğuk suyla yıkadıktan sonra annemlerin yanına geri döndüm. İçim içimi kemirerek bir süre daha yemeğe devam ettim. Akşam eve döndüğümde beni düşünmekten alıkoyacak bir misafirim vardı.

"Cici kız."

Babam hiç de babasal olmayan tepkiler verip gülümseyerek salona geçtiğinde, bana kollarını açmış bekleyen Caner'e doğru yürüdüm.

"Uzun zaman oldu," deyip beline hafifçe sarıldığımda kollarını sıkıca bedenime sardı.

"Hem de çok." Başını kulağıma yaklaştırdı ve sadece benim duyabileceğim bir sesle "Seni özledim," dedi.

Aramızdaki bu yakınlığı hiç bozmak istemesem de, "Meriç de seni özledi," diye dalga geçip karnına vurdum. Sabun kokusu burnuma kadar gelmişti.

Gülerek kolunu omzuma attı. "İnan bana, ona olan nefretim bir miktar azaldı. Senin için yaptıklarını biliyorum. Ona yardım etmek isterdim."

Bir şey söylememe fırsat vermeden kolunu omzumdan ayırıp salona girdi ve "Vural Amca... En sevdiğim oyun mu yoksa o?" diye haykırdı.

Babam yere çömelmiş oyun konsoluyla uğraşıyordu. "Seninle birlikte son kapışmamızdan sonra bu oyunun müptelası oldum diyebilirim."

"Bir oyundan hoşlandığını bilmiyordum. Daha çok işlerinle yoğundun," diye araya girdiğimde babam gülümseyerek koltuğa yerleşti.

"Kafa dağıtmak için iyi bir şey. Stratejik hem. Caner'le oynarız diye bir tane edindim."

Caner keyifle babamın yanına yerleştiğinde gözlerimi devirdim. Evlat edinmeye mi karar vermişti? Caner'in iyi bir babaya ihtiyacı vardı ama onun zaten babası vardı. O adam için bir tedavi ayarlasa daha iyi olurdu.

Hayır, babamı kıskanmıyordum. Sadece...

"Ben de oynayabilir miyim?"

Bu sefer hayretle bakma sırası babamdaydı. Caner ondan daha çabuk toparlanıp "Buraya gel, Kayla," dedi.

Bacaklarımı harekete geçirdim ve onların arasına oturdum. Caner önce oyun konsolunu benim elime verdi ama o kadar yabancıydım ki sonra bundan vazgeçti. Kendi elinde göstermeye karar verdiğinde onu takip etmeye çalıştım ama bu sırada babam atağa geçmişti. En sonunda konsol yeniden benim elimdeydi ve Caner'in elleri de benimkilerin üstünde. Babam biraz bile rahatsız olmamıştı. Onun bu davranışı sınırı geçmediğimi düşünmeme yardımcı oluyordu. Aslında dışarıdan bakıldığında bulunduğum pozisyon Meriç'i bir kavgaya itecek seviyedeydi ama içeriğine bakacak olursak Caner'in gözleri ekrandan ayrılmıyordu. Parmaklarıma yön veriyordu ama bunu yaparken kolunun altında olmak onun biraz bile umurunda değilmiş gibiydi. Oyuna konsantre olmuş durumdaydı. Babam da öyle.

Oyundan sonra babam yanında getirdiği evrakları düzenlemek için salondaki masayı kendine çalışma yeri olarak belirledi. Çalışırken taktığı gözlüğü de ortaya çıktığında Caner'le kanepenin iki ucuna yerleşmiştik.

"Pekâlâ... Nasılsın?"

"İyiyim. Belli olmuyor mu?"

Bana bakıp sırıttığında omuzlarımı düşürdüm. İyi olmadığım belliydi demek.

"Senin Meriç'in işine karışmamana sevindim. Onu kurtaracak bir sürü avukat var ama sen... Babam her zaman senin yanında olur ama kavgalara karışmanı istemediğini biliyorsun."

"Ne o? Ablam olmaya mı karar verdin yoksa? Bak... Güzel şeyler yaşadık, kardeş olmak ilk tercihim değil."

"Kapat çeneni!" diye homurdandım. Bu onu biraz daha gülümsetmişti.

Onda iyi olan bir şeyler vardı. Kemik'e ve oradaki karanlığa yakışmıyordu. Şimdi olduğu yerde daha güzeldi. Babam onun daha iyi bir çocuk olması için elinden geleni yapacaktı. Bunu biliyordum ve Caner için mutluydum.

"Sorun ne? Sen mi yoksa?"

"Hiç... Yorgunum sadece. İşe girdim. Daha doğrusu başlayacağım. Onun gerginliği de var."

"Vay! Kayla! Çok mu güçlüsün yoksa..." Bana doğru eğildiğinde göz ucuyla babama baktım. Kâğıtların üstüne eğilmiş harıl harıl bir şeyler yazıyordu. Tekrar Caner'e ve onun renkli gözlerine baktığımda sabun kokusu etrafımı sarmıştı. "Yoksa kimliğini gizleyen bir kahraman mısın?"

Koltuğun arkalığına uzattığı elini kaldırıp saçlarımın ucuyla oynamaya başladığında gülümsedim. "Sadece ayakta kalmaya çalışan yorgun bir savaşçıyım."

Omuzlarım biraz daha düştü. Bedenim ona doğru çevrildi. Beni ona çeken bir şey vardı ve bir süre buna engel olmadım. Bana iyi hissettiriyordu.

Saçlarımla oynayan parmakları, bana doğru eğilmiş bedeni ve ona doğru çekilen ben...

"Sen çok güçlü bir kızsın, Kayla."

Ona sarılmak istediğimi fark ettiğimde kendimi geri çektim. Ayağa kalkıp ondan daha da uzaklaştığımda yüzündeki küçük bir tebessümle arkasına yaslanmıştı.

"Ben çok yorgunum. Sonra yeniden görüşürüz. Sorun olmaz, değil mi?"

"Hayır. Zaten kısa süreliğine uğramıştım. Annem bekliyor beni de."

Babam ikimize birden bakarken gülümsemeye zorladım kendimi. "Tamam o halde. Sonra görüşürüz."

Ondan bir cevap beklemeden kendimi salondan dışarı attım. Merdivenleri hızla çıktıktan sonra odaya girip kapıyı kilitledim. Sanki odama gelmeye yeltenecekmiş gibi. Kimi kimden koruyordum?

Ona sarılmak isteyen bendim. Bu neden olmuştu onu bile bilmiyordum.

∞

Fısıltı isimli gençlik dergisinin binası çok da büyük değildi. Benim bulunduğum kat, depo büyüklüğündeki basım işlerinin yapıldığı katın hemen üstüydü. İki yapılı kişinin yan yana geçemeyeceği merdivenlerin bitiminde karşı karşıya kaldığım sahne ilk anda beni dondurdu. Tuna Holding'i ve görkemini görmüş biri olarak burası bir anda çok küçük, dar ve dolu gözükmüştü. Tuna Holding'in insanı buzdan yapılmış bir şatoda hissettiren atmosferinden bir parça aramamın sonucu koca bir hiçlikti. Burada her şey baklavanın dilimleri gibiydi. Kat kat ve yoğun. Bireysel masaların üstünde tüylü kalemler, aile resimleri, oyuncak maymun ve stres topu gibi kişisel eşyaların dışında ortak olarak bolca kâğıt, dosya, büyük boy kahve fincanı ve bir de bilgisayar vardı. Masalarının başlarındaki insanlar büyük oranda ciddi gözüküyorlardı. Alındaki çizgiler ve kısılmış gözler odaklanmanın belirtilerini açıkça ortaya seriyordu.

Ortama biraz daha aşina hissettiğimde merdivenlerin başında dikilmeye son verip yürümeye başladım. Kahverengi jaluzilerin arasından sızmayı başaran ışık içerideki tozların havada asılı kalmış gibi nasıl dans ettiklerini gösteriyordu.

Bacaklarıma dolanan dizimin hemen üstündeki bol eteğim ve onun üstüne giydiğim sade bir tişörtle buraya uyup uymayacağıma olan merakım insanları gözlemlerken yavaşça söndü. Kimse bankada çalışanlar kadar şık ya da Yeşim gibi salaş değildi.

"Birine mi bakmıştın, küçük hanım?"

Elindeki beyaz ve bulutu andıran katmanları olan kupayla önümden geçip gitmekteyken bir anda duran adam merakla bana bakmaya devam edince yutkundum.

"Leyla Hanım?"

Adam gülümseyince sakinleştirici iğne yapılmış gibi gevşedim. Elini omzuma hafifçe dokundurduktan sonra "Buradan," dedi.

Çalışma masalarının arasından rüzgâr gibi geçtik. Dikdörtgen şeklindeki ofisin sonundaki beyaza boyanmış ve ahşaptan çok cama sahip kapıyı tıklattıktan sonra cevap beklemeden açtı. Benden önce içeri adım attığında tereddüt edip dışarıda kaldım. Konuşmayı duyabiliyordum.

"Bir bayan seni arıyor."

Saniyeler sonra Leyla Hanım dışarı çıktı. Yüzüne yorgun bir gülümseme yayıldı. Kolunu omzuma doladı. "Yeni asistanın Kayla. Kayla, bu tuhaf adam da senin muhatap olacağın tek kişi." Tek kaşını yukarı kaldırdı, "Benim haricimde," diye ekledi.

Leyla Hanım'ın saç renginin ikizine sahip olan adam gülümseyerek kendini tanıttı. "Yağız."

Konuşmama fırsat olmadan Leyla Hanım kulağıma doğru eğildi. "Burada çalışanları ne kadar seversem seveyim, hepsi çömez gördüğü kişiden hizmet bekler. Yağız haricinde kimsenin isteklerine kulak asma. Umut'un özel emri."

Başımı salladım. Leyla Hanım odasına geri döndü ve ben de Yağız Bey'in peşine takıldım. Masası Leyla Hanım'ın odasına çok yakındı. Diğer masalardan ayrılan bir alandaydı. Sonradan öğrendim ki, ben Leyla Hanım'ın asistanının asistanı olmuştum. Yani kontrol Leyla Hanım'ın da dediği gibi hâlâ doktorumdaydı.

İşim çok zor değildi. Dosyaları baş harflerine göre adlandırıyor, iki harften aynı olduğunda yanlarına bir rakam ekliyordum. Daha sonra alfabetik sıraya göre onları sıralıyor ve türüne göre olan büyük dosyaya yerleştiriyordum. Magazin, müzik, kitap, spor, sinema, tiyatro haberlerinin yanında astrolojinin güncel haberleri, yaklaşan şehir içi etkinlikleri de bu dosyaların arasında bulunuyordu. Önüme bırakılan kâğıtları türlerine göre sınıflandırmak, adlandırmak ve sonra bir üst düzeyde yeniden sınıflandırmak öğlene kadar sürmüştü. Yağız Bey ile bu sürede çok az konuşma imkânımız olmuştu. Genelde Leyla Hanım'ın odasıyla kendi masası arasında volta atıp duruyordu. En az yirmi kez nasıl gittiğini sormuş, on iki kez de öğle molasına az kaldığını söyleyerek beni motive etmeye çalışmıştı.

Mola vakti gelip çattığında da büyük bir coşkuyla "Gidelim, yavru kurt!" diyerek beni, benim için ayrılmış kare şeklindeki masanın başından ayırdı.

Öğleden sonra işe geri döndüğümde tempom değişti. Dosyaları arşive yolladıktan sonra, Yağız Bey'in önüme bıraktığı bilgisayarda köşe yazılarındaki imla hatalarını kontrol ettim. Gözümden kaçan bir şey var mı diye ikinci defa üstlerinden geçtim. Yağız Bey bana kahve getirdiği sırada derginin magazin bölümüyle ilgili çalışanı Zeliha ile tanıştım. Gülünce iki yanağında da derin gamzeler oluşuyordu. Kısa saçları bukle bukleydi. Bu tatlı haliyle olduğundan daha küçük gösteriyordu. Bundan memnun olarak yaşını rahatça söylemişti. Beş dakikalık kısa sohbetimizden sonra kendi masasına geri döndü. Akşama doğru birkaç kızla daha tanıştım ama hiçbiri Zeliha kadar sıcakkanlı değildi.

"Artık eve git, çaylak. Bugünlük bu kadar."

"Ama siz..."

"Doktoru tehlikeli çaylaklar için çalışma saatlerimizin sonuna geldik. Leyla telefonda, o yüzden işinin bittiğini haber vermek bana düştü. Git artık!"

Yağız Bey beni sandalyemden kaldırıp çantamı omzuma taktıktan sonra merdivenlerin başına kadar uğurladı. Basamakları indiğimden emin olduktan sonra arkasını dönüp uzaklaştı.

Basım atölyesi sabahkinden daha seyrekti. Sayfa kokularının arasından geçerken adım atmakta fazla acele etmedim. Kitap kokusu ölümsüzlük iksiri gibiydi.

İçime daha çok çektim ve yürümeye devam ettim.

Ağır demir kapıyı ittirmek için bir omzumu kapıya doğru bastırmam gerekti. Omzumdaki tozu silkeledikten sonra yere daha sağlam basarak yürümeye başladım. Başımdaki ağrıyı o anda fark ettim. Tüm gün bir şeyler okumak, gözümün önünden harflerin geçmesi zihnimi yormuştu. Bunu çalışırken çok fark etmemiştim ama kelimelerden uzaklaştığımda beynime bir anda ağırlık çökmüştü. Gözüm kararınca elimi alnıma yasladım. Sendeleyince durdum. Hayır, bayılmak istemiyordum. Yoksa babam çalışmama asla izin vermezdi.

"Kayla!"

Bir kapı sesi duymuştum ama bu seslenen...

"Neyin var? Bana yaslan."

Bileğimi ve belimi tuttuğunda yükümü ona verip göğsüne yaslandım. Başımın dönmesi ve gözümün karaltısı geçene kadar sessizce durdum.

"Seni burada görmeyi beklemiyordum," dedim ve hâlâ dönmekte olan başımı fazla çevirmeden burnunu göğsüne sürttüm. Vanilyanın hazinesi buradaydı. Duş almıştı. Vanilyalı duş jelini kullanmıştı üstelik.

Eli sırtımda gezinirken, "İyi ki de buradayım. Seni arabaya götürelim," dedi. Yine çok hareket etmeden başımı yukarı aşağı salladım ve gözlerimi açtım. Mercedes ile aramızdaki uzaklık bir anda gözümde büyümüştü ama kendimi Meriç'e taşıttıracak değildim. Dün olanlardan sonra bu ilk karşılaşmamızdı. Benim düşünmeye fırsatım bile olmamıştı. Gece uykuya dalana kadar yatağımda geçen süreyi saymazsak hiç düşünmemiştim. Şimdi de düşünecek durumda değildim.

Meriç'in eli belimde arabaya kadar yürüdüm. Bir kere kucağına almayı teklif etti ama hemen reddettim. Sonunda Mercedes'e ulaştığımızda gülümseyerek koltuğa yerleştim.

"Bana su alır mısın?" diye sorduğum sırada Meriç kemerimi bağlıyordu.

Hiçbir şey demeden arabanın arkasından dolandı ve köşedeki büfeye yürüdü. Başımı deri koltuğa yasladıktan sonra gözlerimi kapadım. Ne kadar zaman geçti bilmiyordum. Meriç arabayı çalıştırdığında gözlerimi açtım. Meriç'in uzattığı poşette bir şişe su, bir portakal suyu, bir fıstıklı çikolata ve bir de Marlboro paketi vardı. Her zamankinden.

Sadece su şişesini aldığımda bana kaşlarını çatarak baktı. "Kan şekerin düşmüş olabilir. Çikolatayı ye ve meyve suyunu iç."

Ana caddeye çıkmadan önce kulaklığını taktı ve birini aradı. "Çikolata!" diye uyarınca paketi elime alıp açtım. "Merhaba, Umut Bey," dediğinde hızla ona dönüp "Ne yapıyorsun?" diye fısıldadım. Gözleri yola odaklanmıştı. Köşeden dönerken tekrar konuştu. "Kayla'yı almaya gelmiştim. Bir anda başı döndü. Bu ne kadar normal?"

"Ben iyiyim!" diye solusam da Meriç tatmin olmadı.

Kontrolcü olmaları beni daha da hasta hissettiriyordu ama onları bir şekilde anlıyordum. Sonu morgda biten filmleri özenle araştırıp bir liste çıkarmış ve sonunda her gece bir tanesini izlemiştim. Hissettiğim şey berbattı. Kimsenin başına gelmesini istemeyeceğim bir şey. İster istemez kendimi empati yaparken bulmuştum ve bu tepkilerini normal karşılamam gerekiyordu. Ben olsam daha fazlasını yapardım çünkü.

"Pekâlâ. Onunla konuşun. Bu böyle devam ederse..." dedikten sonra sustu ve bir süre sonra "Tamam," dedi. Telefonu kapatıp kulaklığını çıkardığında "Çikolata," diye hatırlattı.

Çikolatadan büyük bir ısırık aldım. Portakal suyumu da bitirdiğimde eve yaklaşmıştık. Şişenin kapağını kapattıktan sonra, "Bunu neye borçluyuz?" diye sordum.

Meriç gözlerini yoldan ayırmadan omuz silkti. Sanki beni iş çıkışında beklemesi çok normalmiş gibi.

"Haber de vermedin. Daha geç çıkabilirdim. Ne kadar daha beklemeyi düşünüyordun?"

"Bundan hoşlanmadım. Bedenin bu tempoya hazır değilse bırak işi," diyerek beni tamamen duymazdan gelince uzatmadım. Onun açtığı konuyla da devam edebilirdik.

"İyiyim ben. İşimden de gayet memnunum."

Bakışları bir an üzerimde gezindikten sonra gözlerini kıstı ve tekrar yola döndü. Düşüncelerime saygı duyuyordu evet. Ne istersem onu yapmam gerektiğini savunan iyi bir avukat gibiydi ama tüm bunlardan hoşlandığı söylenemezdi.

"Bir daha tekrarlanırsa, ne kadar memnun olduğun umurunda olmaz."

Düşüncelerini daha iyi dile getiremezdi. O buydu işte. Saygı duyardı ama bir yere kadar. Sonuçta o her şeyi iyi bildiğini düşünüyordu. Genelde öyle de oluyordu. Yaş tahtaya basmazdı kısaca. Onun her hareketi sağlam adımlarla atılıyordu ama yine de ona karşı hemen her şeyi kabullenmek bana göre değildi.

"Bu işe ihtiyacım var, Meriç. Babamın yanından ayrıldıktan sonra onun parasını alamam. Annemden de kabul edemem. Kendi ayaklarımın üstünde durmalıyım."

"Sağlığından daha önemli değil," diye kestirip attığında gözlerimi devirdim. Sadece biraz başım dönmüştü. O olaydan sonra en ufak bir şeyde herkesin paranoyak gibi davranması sinirimi bozuyordu. Anlayışım ufak tedirginlikleri kaldırabiliyordu sadece. Çikolata ve portakal suyu gibi...

"İyiyim ben. Ve o paraya ihtiyacım var."

"Para sence problem olarak gördüğüm bir şey mi?"

Duyduklarım karşısında hayretle ona döndüğümde yola bakmayı sürdürdü.

"Senin babanın parasını alacağımı mı sandın?" *Kendi babamın parasını reddederken.*

"Benim. Benim param. Her ne kadar pek öyle gözükmese de, holdingde çalışıyorum. İmza yetkim var ve sınırsız sıkıcı toplantılara katılıyorum."

"Fark etmez!" diye araya girdiğimde kafasını çevirip yüzüme baktı. Kahverengi gözleri yağmurdan sonraki toprak görüntüsüne sahipti. Yine de yumuşamadım.

"Ne düşündüğün aslında pek umurumda değil, Kayla."

"Neden? Sence hâlâ yeterince akıllı değil miyim?"

"Benden bir bebek yapmayı istiyor, bunda inat ediyor, kendi hayatını tehlikeye atıyorsun ama zor durumda kaldığında benim paramı kabul etmiyorsun. İşte bu yüzden ne düşündüğün umurumda değil! Aynı şey bir daha tekrarlanırsa işten ayrılırsın. İhtiyacın olan parayı da banka hesabımdan istediğin zaman çekersin. İstersen hepsini çek. Yeter ki o lanet işte çalışacağım diye tutturma."

"Senin parana elimi sürmeyeceğim!"

Kaşlarını çatarak bana baktı. Kıvrımlı kirpiklerini kılıç gibi kullanıp ruhani darbelerle karşısındakini yaralayabilme özelliğine sahipti. Çok güzel değildi. Yüzüne bakıldığında o herkesin ayılıp biteceği çocuklara benzemiyordu. Yumuşak hatları vardı ama tek tek baktığımda... O kadar özeldi ki...

"Daha bitirmedim! Benimle tartışmaya çalışma. Neyim varsa benim olduğu kadar senin de. Sen duygularımızı paylaşalım diyorsun, ben seninle her şeyi paylaşmayı teklif ediyorum."

"Araya duygusal bir yaklaşım sokmak beni etkilediğin anlamına gelmez. Sadece çok zekisin, beni nasıl kandıracağını biliyorsun."

Sözlerim onu gülümsetmişti.

Ve o gülümseme, mucizevi.

"Para hakkında konuşmayalım, Kayla. Sana bir kart veririm. İstediğin zaman istediğin kadar çekersin."

İtiraz etmek için dudaklarımı araladığımda bir elini direksiyondan ayırıp sus işareti yaptı. "Nefes alman gururundan daha önemli. Bunu kabullensen iyi olur."

Almayacağım para yüzünden tartışmanın gereksiz olduğunu düşünüp sustum. Evin önüne geldiğimizde araba durunca başımı ona çevirdim.

"Teşekkür ederim. Bir daha gelmene ve beni kontrol etmene gerek yok. Ben iyi hissediyorum."

Arabadan inip ona hiçbir şey söylemeden eve doğru yürüdüm. İçeri girdiğimde Mercedes hareket etmişti.

"Seni ısırırım."

Çantamı yere bırakıp ayakkabılarımı çıkardığımda mutfaktan Neşe'nin sesi gelmeye devam ediyordu.

"Diyet menü seni doyurmaz. Hayır, sevgilim... Kayla geldi. Bana ölümcül bakışlarını yollamadan kapatayım. Yarın konuşalım."

Biz ilişkimizi yürütmeye çabalarken onların bu kadar tatlı olması tabii ki canımı sıkmıyordu. Mutfağa girdiğimde ona ölümcül bakışlar atmasam da gözlerimi devirdim. O da bana öpücük gönderdi.

"Seni seviyorum," dedikten sonra telefonu kapatıp masanın üstüne koydu ve bana döndü. "Meriç bıraktı. Ne kadar romantik!"

"Eskiden daha sevimliydin. Onun tarafında değilken."

Kollarını bana dolayıp yanağıma sulu bir öpücük bıraktıktan sonra kahkaha attı. "Kıskandın mı, Kaykay? Korkma... Hâlâ en iyi arkadaşınım."

"Hele bir olma!"

Gülüşerek salona geçtiğimizde beni bir çikolata cenneti bekliyordu.

"İlk işini kutluyoruz!"

Neşe'nin çığlığına Nursiş ve Cansu da eşlik edince kısa süreli bir konser yaşadım. Sonra pastayı kesip, şeker komasına girene kadar yedik. Onlara ilk iş günümü anlattım.

"Yarın seni yeniden almaya gelecek mi?"

Neşe'nin ilgisini çeken şey tabii ki hikâyenin ona göre romantik olan tarafıydı.

"Bilmem. Gelmemesini söyledim ama beni pek dinlediği söylenemez."

"Peki, nasıldı? İş yani... Yoruldun mu çok?"

Omuz silktim. "Biraz ama alışırım."

"Biz yarın Bora'yla yurtlara eşyalarımızın bir kısmını götüreceğiz. Belki birkaç gün orada kalırız. Birlikte tatil gibi. O yüzden seni görmek istedim ve bu kutlama da güzel bahanemiz oldu."

"Yani bu vedalaşma mı?"

"Bir süreliğine."

Yüzümü Neşe'ye çevirdiğimde ağzı doluydu ama o halde konuşmaya çalıştı. "Merak etme! Ben bir süre daha buradayım."

"İkinizle aynı anda vedalaşmayı kaldıramazdım. Peki... Yine geleceksin ama değil mi? Diğer eşyaların için... Ne bileyim..."

"Geleceğim ama belki de ablam getirir. Bilmiyorum."

Suratım bir anda asılmıştı. Kollarımı ona dolayıp sıkıca sarıldığımda Neşe de bize katıldı ve birkaç gözyaşı dökmeye izin vererek Cansu'yla vedalaştık.

Ayrılık vakti gelmişti. Büyüyorduk ve büyüdükçe bazı parçalarımızı koparmamız gerekiyordu. Bazı şeyleri kazanmak için bazı şeylerden fedakârlık etmeliydik.

Hayat şimdi başlıyordu.

Ertesi gün Cansu ve Bora'yı uğurladıktan sonra bunu daha çok hissettik. Otobüs giderken sanki bir filmin içinde, ayrılık sahnesindeydik. Arkada tüyler ürperten, acı dolu bir ayrılık müziği... Değişecektik. Büyüyecektik. O otobüs bizim çocukluğumuzdu. Bizi koparıyordu. Artık tek başımıza kalacaktık. Tek başımıza mücadele etmeyi öğrenecektik.

"Haydi Kayla!"

Otobüsün arkasından bakarken Neşe koluma girip beni çekiştirdi. Ömer'in üniversite hediyesi olan arabasına atlayıp Meriç'in evine doğru yola çıktığımızda üstümdeki hüzünden bir parça kurtulmuştum. En azından Cansu ve

Bora birbirlerine yakın olacaklardı. Neşe ve Ömer... Semih, Meriç ve ben de aynı okulda olacaktık. Hiçbir şey eskisi gibi olmayacaktı ama yine birbirimizi bulacaktık.

∞

"Yani siz ikiniz gerçekten de kan kardeşisiniz?"

Neşe merakla karşısındaki iki çocuğa bakarken, en son ne zaman kavga etmeden bu kadar uzun süre birlikte vakit geçirdiklerini hatırlamaya çalışıyordum. O sırada kapı zili çalmaya başladı.

"Üç. Üçüncümüz de geldi."

Meriç yemeğiyle ilgilenirken Ömer kapıyı açmak için hareketlendi. Semih'i çağırmak benim fikrimdi ve onlar da çok itiraz etmeden bunu kabul etmişlerdi.

"Selam, en sevdiğim ruhu yaşlanmış arkadaşlarım! Liseye veda partisi veriyorsunuz ve bunu hamburger kolayla mı yapıyorsunuz?"

Semih'ten önce homurtusu odaya ulaşmıştı. İçeri girip bize gözlerini devirerek baktığında Neşe ona bir dilim pizza uzattı.

"Pizza da var!"

"Ah! Ne heyecanlı!"

"Haydi gel de hikâyenin devamını dinleyelim!"

"Hangi hikâye?"

Yanıma oturup pizzadan bir dilim alırken omzumu dürttü. Meriç'in bakışları üstümdeydi ama ona bir şey söylemedi. Ömer eski yerine geçtiğinde anlatmaya başladı.

"Bizim bahçede bir dut ağacı vardı. Hep karıncalar olurdu. Onlara basmamak için çabalarken elimi kanattım.

Ben ağlayınca Meriç bunun önemsiz olduğunu kanıtlamak için kendi parmağını kesti. Sonra Semih geldi ve o da."

Parmaklarımın arasındaki patatesi ağzıma götürmek için oyalarken "Çok tatlı," diye mırıldandım.

"Meriç, Kayla'ya dereye gittiğimiz günü anlattın mı?"

"Senin korkaklık dolu utanç anılarını kimseye anlatmıyorum, Ömer!"

Semih sırıtarak ona destek olduğunda Ömer ikisine de dil çıkardı. "Siz iki ukala çocukluğunuzda da böyle kasıntıydınız. Eğlenmek nedir bilmiyorlar!"

"Babalarımız bir gün bizi bir dağa çıkardılar. Erkek erkeğe gitmiştik. Onlar mangal yaparken biz dereye girdik. O kadar soğuktu ki, titrerken ayağım kaymış düşmüştüm. Baştan aşağı ıslanıp daha da titredim. Meriç ve Semih yine beni kurtardılar tabii. Baban o gün biraz tuhaftı. Hatırlıyor musun, Meriç?"

Meriç omuz silkti. "Yine annemi krize sokacak bir şey yapmıştır ve sonra da evden uzaklaşmıştır."

"Baban üzgün gözüküyordu," dedi Ömer ağzı dolu bir halde.

Aytaç Tuna'nın oğlu ise ağzı doluyken asla konuşmazdı.

"O gün benim babam da çok gergindi diye hatırlıyorum. Sürekli telefonda birileriyle görüşüyordu. İşte bir sıkıntı vardı."

"Ben bir şey hatırlamıyorum. O ara babalarımız hâlâ ortaktı."

Ömer kafasını kaşırken Semih ona gülümseyerek bakıyordu. "Sen ne zaman işlerle ilgilendin, kıvırcık?"

"Ah pardon! Sen yedi yaşındayken de patrondun. Nasıl unuttum!"

"Patron değildim. Patronun oğluydum. Sen oyun oynuyordun, ufaklık."

"Yaşıtlarımın yaptığı gibi." Omuz silkip hamburgerinden büyük bir ısırık aldı. Semih ona daha fazla cevap vermedi. Gülümseyerek pizzadan ısırdı. Meriç onlara aldırış etmeden hamburgerini yemeye devam ediyordu.

Bir an Neşe'yle göz göze geldik. Bizim çocukluk anılarımız daha eğlenceliydi.

"Atışmak sizin sevginizi göstermenizse kabulüm. Yakında ayrılacağız. Birlikte geçirdiğimiz zamanların değerini bilelim."

Neşe ikisinin de omzuna elini koyduğunda Meriç'in omzunu dürttüm. "Sana da diyor."

"Ben de diyorum ki... Artık geç oldu. Semih, sen de yeni gelmiştin ama ziyaretin kısası makbul."

"Yine kibarlığı üstünde."

Semih bir başka pizza dilimini eline aldığında Ömer, Neşe'nin burnuna sürdüğü unu temizlemeye çalışıyordu. Meriç ikisine anlamsız bir ifadeyle bakarken ayağa kalktı.

"Neşe'cim, sevgilini de alıp gider misin? Elimden bu kadarı geliyor. Ömer'in arabasında bu cıvıklığınıza devam etmeniz için Kayla'yı ben bırakırım."

Ömer, Neşe'nin burnundaki unu öpücükleriyle temizlemeye çalışırken kıkırdadı. "Eminim sadece bizi düşünüyorsun."

"Evet! Hadi evimde daha fazla sırnaşmayın da gidin! Semih, sen de o dilimi arabanda bitir."

Semih ayağa kalkmıştı bile. "Ben kaçtım zaten. Pizza ve zevksiz partiniz için teşekkürler. Daha az eziyet göreceğim iş yerime gidiyorum."

"Ha-ha!"

Meriç'in yalandan kahkahasını Ömer takip etti. "Orada gözüne kestirdiğin biri olduğunu bilmiyoruz sanki!"

"Ah! Ne kadar da iyi anlaşıyorsunuz! Bu geceyi organize ettiğimiz için çok iyilik meleğiyiz."

Neşe yanağıma ıslak bir öpücük kondurduktan sonra Ömer'in elini bırakmadan Semih'in peşine takıldı.

"Harikasınız! Yine tekrarlayalım. Üniversiteden mezun olduktan sonra falan... BELKİ!"

Meriç kapıyı kapatıp odaya geri döndüğünde kutuları kaldırıyordum. Bana sessizce yardım ettikten sonra elinde bir peçeteyle önümde durdu. Son kutu elimdeydi. Onu da bırakıp gitmek için hazırlanacaktım. Meriç kutuyu elimden alıp diğerlerinin üstüne bıraktıktan sonra önüme geçti.

"Gideyim ben de."

Elindeki peçeteyle az önce Neşe'nin öptüğü yanağımı sildiğinde kıkırdamadan edemedim. "Ne yapıyorsun?"

"Fazla cıvık bir arkadaşın var."

"Senin de öyle."

"Neyse ki birbirlerini bulmuşlar."

Yanağımı silme işini dikkatle yaptıktan sonra peçeteyi kutuların üstüne koydu. Geri geldiğinde uzanıp yanağına ıslak bir öpücük bıraktım. "Bu da mı çok cıvık?"

"Birileri kötü bir kız olmak istiyor galiba."

"Belki."

Parmaklarımın üstünde yükselip aynı öpücüğü diğer yanağına da bırakırken ellerini belime yerleştirdi. Ondan kaçmam artık çok zordu. Elleri belimdeyken gitmeme izin vermezdi.

"Babam beni bekliyor."

Ellerimi ensesinde birleştirdim. Saçlarının arasında gezinen parmaklarımla dikkatini dağıtmayı umdum ama o inceleyen gözlerle bana bakıyordu.

"Bugün çok yoruldun mu?"

"Hayır."

"Neşe ve Ömer seni almaya geldiğinde de…"

"Onlar geldiğinde de iyi hissediyordum."

"Önceki gün kahvaltı yapmış mıydın?"

"Meriç, ben iyiyim."

Ellerimi ensesinden indirdiğimde bileklerimden yakalayıp onları eski yerlerine geri götürdü. Tekrar belime sarıldığında biraz öncekinden daha yakındık.

"Aramızdaki gereksiz gurur meselesini düşünüp bana hak verdin mi?" Yüzünde alaycı bir ifade vardı. Benimle eğleniyordu.

"Gereksiz gurur meselesini kendi evime çıktığımda, kendi paramla yaşarken tekrar konuşalım mı? Ya da kendi işimdeyken. Eğer bana ailenin parasını teklif etmeyi sürdürürsen senin yanında kalamayacağım."

"Olman gereken yer burası. Benim yanım."

Yanaklarım kızarırken daha cesur görünmek istiyordum. Ona doğru biraz daha yaklaştığımda bacaklarımız birbirine değiyordu. "Senin yanın?"

"Burası... Benim evim... Benim kollarımın arası... Benim yanım..."

Başını eğip burnunu boynuma sürttü. Kokumu içine çekti.

"Sana ihtiyacım var, Kayla. Rüyalardan kurtulsam da kötü anılar peşimi bırakmıyor. Aklımın içinde zehirli sarmaşıklar..."

Meriç kafasını omzuma yasladığında gözlerimi kapadım. Bu Meriç'i tanıyordum. Hatırlamaktan korkuyordu. Yalnız kalmak istemiyordu. O yüzden Cansu ve Bora'yı uğurlama planına hiç itiraz etmemişti, evinin kapısını bir arkadaş buluşmasına açmıştı.

Ensesindeki saçları okşadım. "Buradayım..." *Buradayım, sevgilim. Senin yanında. Senin evinde. Senin kollarının arasında. Olmak istediğim yerde...*

∞

"Doğada üçgen ya da dairenin kendisi var mı?"

Mutfaktan salona geçmiş oturuyorduk. Televizyon kısık sesteydi. Gece kuşağı programlarından biri açıktı ama ikimizin de onunla çok ilgilendiğini söylenemezdi. Meriç onun aklını dağıtma çalışmalarım sonucunda yine bir yerlere dalmış ve sonra düşündüren bir soruyla aramıza dönmüştü.

Meriç'in bu ciddi sorusunun nereye gideceğini bilmesem de gülümseyerek cevap verdim. "Hayır."

Marlboro paketinden bir tane çekti ve dudaklarının arasına yerleştirdi. Kartal kabartması olan çakmağı elinde, sigara hâlâ dudaklarının arasındayken yeniden konuştu. "Doğada benzerleri vardır. Kendileri yoktur. Matematiğin nesnesi doğada yoktur. İnsan aklına dayanır. Akıl yürütme, mantık..."

Çakmak odada yankılanacak bir ses çıkardı ve Meriç dudaklarının arasındaki sigarayı sarıdan kırmıza dönüşen o mucizeye yaklaştırdı. Sigaranın ucundan çıtırdama sesleri geldiğinde çakmak uzaklaştı. Bir başparmağın zarif dokunuşuyla gri kapak kapandı ve mucize söndü.

"Akıl nesneyi de, nesnenin tanımını da, değiştirilmesine izin vermeden kendi üretiyor."

Öğretmen olsa o dersi ondan alabilmek için her şeyi yapabileceğimi biliyordum. Çünkü Meriç buydu; sana en iyisini yaptırmak için elindekinin en iyisini verirdi. İdeal bir öğretmenin olması gerektiği gibi. Küçük ama hiçbiri basite indirgenemeyecek değerdeki kitaplardan birinde altını çizdiği yeri alıntı yapıyordu.

"Sen... Buraya geldiğin o kız değilsin. Sen şimdi, tanımı yapılmış nesnesini kendi üreten bir aklın ne ifade ettiğini biliyorsun. Biz birbirimizi bir kez tanıdık, yaşadık. Bundan sonra asla birbirimizden başka asıl olanı bulamayacağız. Doğada birbirimizden başka hiçbir şey asıl değil, benzer."

"Aramızdaki bu şeyin... Asıl olduğuna mı inanıyorsun?" diye sordum fısıltıyla. Terleyen avucumun içinde parmaklarım kayarak doğru çiziyordu. İç açıları toplamı 180 derece olan üçgen gibi mi görüyordu? Doğada sadece benzerleri olan ama kendisi o olmayan bu asıl olanın tanımı gibi miydik? Meriç'in parmaklarının arasında tuttuğu zehri vücuduna aktarmasını sabırla izledim. Duman dağılarak dudaklarının arasından yükseldiğinde yutkundum ve kendimi hazırladım.

"Aramızdaki şey... Izdırap, acı, sevgi, arzu, sevap, günah..." Koltuğun ucuna doğru kaydı ve kahverenginin en sıcak tonuyla beni kendine kilitledi. "O şeyin hayatımdaki yerinden eminim."

"Gerçek?" diye tereddüt ederek sordum. Sigarasının külünü yanındaki ceviz sehpanın üstünde bulunan küllüğe döktükten sonra gözlerini yine bana sabitledi.

"Gerçek bu. Başkalarıyla yaşayacağımız her şey ancak gerçeğin yansıması ya da benzeri olur."

İçine matematiği katarak, romantik bir şeyi romantik değil de mantıklı gibi göstermek... Tam da Meriç'ten beklenilecek bir şeydi. Normal insanlarca tabiri, gerçek aşkı ya da gerçekten sevdiği kişi olmamdı. Sanırım... Hayır. İnsanların gerçekten sevdiği ya da âşık olduğunu sandığı kişi değişebilirdi. İki kez âşık olabilir ya da gerçekten sevebilirdi ama matematik değişmezdi. Üçgenle ya da kareyle aynı tanıma ait farklı bir şey yoktu. Tanım neyse oydu. Biri çıkıp da iç açılarının toplamı 160 derece olan üçgen var diyemezdi. Meriç'in bahsettiği şey... Gerçek sevgi ya da aşk değildi. Gerçeğin kendisiydi. Bizi gerçeğin kaynağı olarak görüyordu.

Yanağıma bir öpücük bıraktıktan sonra başını omzuma yasladı. "Burası benim cennetim. İyi ki varsın, baş belası."

Kokumu bir kez daha içine çekti derin derin…

"Karanlığı dağıttın ışığınla…"

Elimin üstünü okşayan parmakları benimkilerin arasından geçti. Parmaklarımızı birbirine kenetledikten sonra kendi kendine mırıldandı.

"Beni lanetten kurtardın, melek!"

Meriç gözlerini kapattığında kalbim onun ismini söylüyordu sanki. Kalp atışımın gecenin sessizliğini bozan gürültüsü sakinleşmeden telefonumun ekranı parladı.

Gönderen: Semih
Sırrı bilen biri var.

Gönderilen: Semih
Kim?

Gönderen: Semih
O kısma henüz gelemedim.

Gönderilen: Semih
Öğren!

10

Bir hafta sonra...

"Eraltay Ailesi'nin on sekiz yaşındaki kızlarının doğum günü partisine davetliyiz!"

Neşe kulağımın dibinde bir kez daha bağırdığında önümdeki derginin sayfasını çevirdim ve astroloji bölümüne bakınmaya başladım. Yay burcunun günlük yorumunu gözümle sayfada tararken Neşe konuşmaya devam etti.

"Ömer ilk hafta gitmeyelim dedi ama ailelerimiz gitmemizden yana. Bir hafta sonra burada olmayacağız yani. Cansu ve Bora da olmayacak. Yeniden gidecekler. Son kez eğlenceli bir şey yapmalıyız!"

İş hayatında beklemediğim sürprizler, aşk hayatımdaki inişli çıkışlı süreç, arkadaşlarımla aramı iyi tutarsam daha mutlu olurmuşum falan filan... Her zamanki şeyler yazıyordu. Neşe'nin konuşmasının odaklanmadığım kısmı da sona erdiğinde kalemi yanağıma bastırdım.

"Asıl sebep, kostüm partisi olması," dediğimde itiraz etmeden "Evet," dedi heceleri uzatarak.

"Eskişehir'deyken her hafta bir arkadaşım kostüm partisi vermiyordu, Kayla. Bu kadar heyecansız bir hayat zor olmalı. Düşünsene, Meriç vampir oluyormuş," dediğinde gözlerimi dergiden ayırıp ona baktım. Odamın bir köşesinde sandalyenin üstüne oturmuş bacaklarını pencerenin altındaki kalorifer peteğine uzatmıştı. Tırnaklarına siyah mat ojeyi sürmeye devam ediyordu. O oje olmadığında kafayı yemiş gibi dolanıyordu. Bu yüzden her zaman bir tane yedeği olurdu.

Arkadaşımın tuhaf takıntılarını düşünmeyi bir kenara bırakıp, "Bu beni heyecanlandırmıyor," dedim kendimden emin bir şekilde.

"Lütfen!"

"Dans da edilecek mi?"

"Özel bir koreografi bile var. İsmimizi yazdırıp derslere katılabiliriz!" derken hevesi gözlerindeki parıltıdan belli oluyordu.

"Cansu ile ismini yazdır. Ben yokum. Sadece geleceğim o kadar."

"Ama..."

"Neşe!"

Ojenin kapağını kapatırken "Tamam. Kabul. Sen meleksin," diye sıralamaya başladı.

Derginin bu ayki etkinlik sayfasına geldiğimde hızlıca bir göz gezdirdim. Konserlerden benim katılabileceğim üç tane vardı ama içimde bir istek yoktu. Düğün de yaklaşıyordu. Bunu hatırladıkça nasıl sokakta kalacağımı da düşünmeye başlıyordum. Neşe yokken teyzesinde kalamazdım. Yurtlardan hiçbirinde yer yoktu. Sadece yedeklerden altmış altıncı sırada olduğumdan biraz umutluydum. Geçen hafta Semih'le üniversiteye gitmiştik. Atahan Üniversitesi lisede olduğu gibi bordo ve krem rengi ağırlıklı bir yapıya sahipti. Kampüsün içinde bir yemekhane, bir kantin, üç tane kafe vardı. Dersliklerine Semih yüzünden girmemiştik. Tüm sene boyunca oraya doyacağıma beni inandırmıştı. Spor tesislerinin olduğu yerde bir saate yakın vakit geçirdikten sonra geri dönmüştük. Çıkardığım sonuç yemekhaneden yemezsem yediğim yemek bile benim bütçemi zorlayacaktı. Ders kitaplarını hesaba katmıyordum bile. Dergideki işime devam etmezsem, annemin bankaya yatırdığı parayla idare etmem en fazla iki ya da iki buçuk ay sürerdi.

"Alışveriş yapmalıyız!"

"Hayır! Buna ayıracak bütçem yok," dediğimde Neşe ağzını kapadı ve öpücük yollayıp odadan dışarı çıktı. "Sakın bu işe karışma!" diye bağırdım arkasından. Beni duyduğuna emindim ama hiçbir şey söylemedi.

Dergiyi kapatıp sırtüstü döndükten sonra gözlerimi tavana diktim.

Annemin Meriç ve benim için yaptığı bileklikleri astığım takı askılığından yeşil renkteki yüzüğümü alıp parmağıma taktıktan sonra dolabımın karşısına geçtim ve dergiyi karıştırırken kafamda tasarladığım kıyafetleri bulup çıkardım. Kot pantolonumu üstüme geçirdikten sonra siyah atletimi giydim. Zikzak desenleri olan, renkli, ince bir hırka ile kıyafetimi tamamladıktan sonra saçlarımı topladım.

Dergiye gittiğimde Leyla Hanım ve Yağız Bey'i görmeden kendimi arşive kapattım. Dosyaları düzenlemem saatler sürüyordu. Bunu geçen hafta yaptığımda deneyimlemiştim, o yüzden bu sefer daha hızlı ve düzenliydim. Yine de işime yarayacak dosyaları düzenlemem üç saatimi almıştı. Öğle molası gelmeden yukarı kata çıkabilmiştim.

Çekmecemdeki çikolatanın paketini açıp bir ısırık alırken, bir yandan da Neşe'nin attığı mesajlara bakıyordum. Cansu ile alışverişe çıkmış ve gözüne hoş gelen her şeyin fotoğrafını çekmişti. Tam bir parti kızıydı.

"Seni uyardım! Sen onu yanında işe mi aldın?"

Kapı kapandığında ses kesildi. Birkaç saniye sonra Yağız Bey yanımdaydı. "Kayla..." Kafamı kaldırıp ona baktığımda stresli gözüküyordu. "Senin arşivdeki işin bitti mi?"

"Evet. Bugün erkenciyim."

O sesi tanıyordum. Demir buradaydı. Neden beni tehlike olarak görüyordu?

"Eee... Harika ama ben senden diğer dosyaları da düzenlemeni istiyorum."

Ayağa kalktım. Buradan uzaklaşmam gerekiyordu yani. "Tamam."

Yağız Bey elini omzuma koyduğunda yüzünde zoraki bir gülümseme belirdi. "Harikasın, çaylak."

Ona gülümseyerek karşılık verdikten sonra masanın üstünden telefonumu alıp arşive geri döndüm. Semih'in attığı mesajı tekrar okudum.

Gönderilen: Semih

Demir Tuna.

Günümün neredeyse tamamını arşivde geçirdim. Demir Tuna dergi binasını terk ettiğinde ortalıkta rahatça gezinmeme izin verildi. Yağız Bey arşiv işini unutmuştu bile. Burada olanlara şaşırmıyordum. Tuna Ailesi'ni ilgilendiren bir magazin haberini araştırdıklarına emindim. Arşive tıkıldığım zaman içerisinde geçmişi kontrol etme fırsatım da olmuştu ama bildiklerim dışında bir haber bulamamıştım. Üstelik konu o zamanki dergi sayfalarında çok küçük bir yer kaplamış ve uzatılmadan gündem değişmişti. Özellikle şehrin magazin haberlerine, iş dünyasının patronlarına önem veren dergide bu haberin bu kadar kısa yer tutması mantıklı gelmiyordu. Ahlaki açıdan iyi bir yaklaşımdı ama benzer olayların daha fazla konuşulduğunu gördüğümden beri işin arkasında para ve tehdit kokusu alıyordum.

Dergiden çıktıktan sonra Semih'in mesaj attığı adrese gitmek için taksiye atladım. Neşe'den hâlâ haber yoktu. Eskiden bir partiye katılacak olduğumuzda birkaç gün önceden ne giyeceğimizi, saçımızı nasıl yapacağımızı düşünmeye başlar, bu işkenceye beni de dâhil ederdi. Şimdi Ömer vardı ve en yakın arkadaşımı onunla paylaşmak zorundaydım. Bundan şikâyetçi miydim? Hayır!

Yağmur başlayınca taksi yavaşlamıştı. Adres bana tanıdık gelmemişti ama bulunduğumuz yer Meriç'in dairesinin olduğu sokağa benziyordu. Gösterişten uzak, şehrin içinde dar bir sokağın önünde durduğumuzda ücreti ödeyip dışarı çıktım. Kaldırımın köşesine sığınıp cep telefonumu bir kez daha kontrol ettim. Adres bu sokağı gösteriyordu. Kapı numarasına baktıktan sonra çiseleyen yağmurun altında yürümeye başladım.

Sırrı öğrenmeye çok yaklaşmıştım. Meriç bundan hoşlanmayacaktı, biliyordum ama ucunda büyük bir belki vardı. Belki onu kurtarabilirdim. Annesi ona söylemek istiyorsa, bu onun için iyi bir şey olabilirdi. Babası, annesini aldatmıştı. Babasının Meriç'ten gizlemeye çalıştığı şey ne olabilirdi? Servetini nasıl kazandığı mı? Çok zenginlerdi. Filmlerdeki kadar zenginlerdi. Babam da iyi para kazanıyordu. Annemle yaşadığım hayat gibi değildi ama yine de Meriç'in ailesinin servetinin yakınlarında bile değildik. Aytaç Tuna'nın kirli işleri belki de bu aileyi parçalamıştı. Nermin Hanım'ın bildiği şeyler olabilirdi, Aytaç Bey'i bu işlerden uzaklaştırmak istediği için belki de sürekli tartışıyorlardı. Meriç'in çocukluğu onların kavgalarına ortak olmakla geçmişti. Sonunda bu tartışmalardan ve karısından sıkıldığı için başka biriyle eğlenmek istemiş olabilirdi. Nermin Hanım çok güzel ve zarif bir kadındı. Onu hasta eden sevdiği adamdı.

Oğlunu da hasta etmişti.

Belki Meriç'e biraz nefes aldırabilirdim. Nermin Hanım söylemek istiyordu ama Aytaç Bey onu durduruyordu. Gerçeği öğrenmek Meriç'e iyi gelecekse beni durduramazdı. Bana karışamazdı.

Önemli olan biz değildik. Önemli olan Meriç'ti.

Beş kattan daha yüksek olan apartmanların yan yana sıralandığı Arnavut kaldırımlı sokakta yürürken numaralara bakmaya devam ediyordum. Biri sırtüstü yere düştüğünde elimi dudağımın üstüne kapatıp çığlığıma engel oldum. Bu Semih'ti!

Yerden kalkıp biraz önce dışarı atıldığı apartmanın kapısında görünen Demir'e saldırdığında donmuş halde onları izliyordum. Semih yumruğunu onun suratına geçirdiğinde Demir sendeledi ama yere yıkılmadı.

Semih onu yakalarından tutup "Gerçeği anlat!" diye haykırdığında onlara doğru koşmaya başladım.

"Semih!"

Demir benim sesimi duyunca az önceki öfkesinden biraz olsun arınmış, daha çok şaşırmış bir halde bana döndü. "Sen... Siz birlikte misiniz?"

Semih bana bakmıyordu. "Gerçeği anlat!"

Etrafa saçtığı tükürükler Demir'in suratını da bulduğunda dikkatini tekrar ona verdi ama artık öfkeli gözükmüyordu. Yanlarına iyice yaklaştığımda elimi uzatıp Semih'in omzuna koydum.

"Sakin ol!"

"Kayla haklı. Madem bu işe burnunuzu soktunuz, sakin olmalısınız," dedi Demir kanayan burnunu çekerek.

"Ben yıllardır sakinim!"

Semih o kadar yüksek sesle bağırmıştı ki, geri çekilmeden edemedim. Kalbim hızla atarken kendimi toplamaya çalışıp tekrar Semih'e doğru yaklaştım. "Bırak onu, Semih!"

Semih onun yakalarını bırakıp kollarını iki yana açtığında bir adım gerisindeydim. Demir sadece ona bakıyordu.

İkisi de önce gözleriyle savaşıyor, sonra kelimeler ağızlarından dökülüyordu.

"Hadi anlat! Sakinim!"

Demir gözlerini çok kısa bir an bana çevirdikten sonra başını iki yana salladı. Ellerini beline yerleştirip içini çekti. Kanayan burnuyla nefes alması onu zorluyordu.

"Yanılmamışım. Leyla senin hiçbir şeyle ilgin olmadığını söyleyip duruyordu ama bak, ben haklıymışım. Sadece merak ediyorum, Kayla... Yengemle amcamın Meriç'ten bir şey sakladığını nasıl öğrendin? Meriç bilse bana sorardı ama o habersiz."

"Ne önemi var? Lafı geveleme! Babamın bu işle ne alakası var?"

Kızarıklığım yüzümden taşmadan önce Semih'e döndüm. Kenan Amca'nın da bu işle bir ilgisi mi vardı? Semih neden bu kadar öfkeliydi?

"Ne kadar meraklısınız? Bu kadar yıl birileri sustuysa, neden siz kurcalıyorsunuz?"

"Anlat!"

"İyi! Amcam, yengemin babamla bir ilişkisi olduğunu öğrendiği için onu aldattı!"

"Ne?"

"Ne?"

Semih'le aynı anda ağzımızdan çıkan soru, şiddetlenen yağmurun damlalarından birinde asılı kaldı. Kulaklarım uğuldamaya başlamıştı. Karanlık içime tekrar çöküyordu.

"Senin baban ihaleden önce amcama... Onların birlikte çekilmiş fotoğraflarını göndermiş."

"Yalan söylüyorsun! Babam öyle bir şey yapmaz!"

"Yaptı! Bizim ailemizi mahvettiniz! Sizin şirketiniz o ihaleyi kazandı, çünkü amcam ve babam geri çekildi!"

"Yalan söylüyorsun!"

Semih tekrar Demir'in üstüne saldırınca, Demir ondan kolayca kurtulup yüzüne yumruğunu geçirdi. Semih yere düştüğünde hâlâ "Yalan söylüyorsun!" diye bağırıyordu.

Onu yerden kaldırmak için dizlerimin üstüne çöktüğümde kalbim boğazımdaydı. Nefes alamayacak gibi hissediyordum. Titreyen ellerimle ıslanmış yakalarından tutup onu kaldırmaya çalıştım.

"Bu işin peşini bırakın! Biz zaten parçalandık. Amcam beni de, Meriç'i de, hatta seni bile bu işten uzak tutmaya çalıştı. Biz öğrendiğimize göre geriye kaldı bir. Onu bu işe bulaştırmayın!"

Demir caddeye doğru yürürken yeniden Semih'e döndüm.

"Kayla, babam öyle bir şey yapmaz. Babam o kadar kötü biri değil."

Söylediğine kendi bile inanmıyordu. Babasının yapmış olabileceğini biliyordu. Sadece bunun gerçek olmamasını istiyordu. Korkuyordu. Onu anlıyordum. Hepimizin babası korkunç hatalar yapmıştı. Ama biz yine de onları sevmeye devam ediyorduk. Çocuk olmak böyleydi işte.

"Kayla... Babam yapmaz."

Gözünden akan yaş patlayan dudağına doğru inerken dişlerimi birbirine bastırdım. Biz bunları hak etmemiştik. Meriç de, Demir de, Semih de, ben de... Hiçbir çocuk babalarının hatalarını sırtlanmak zorunda değildi ama buna mecbur bırakılıyorduk. Kollarımı ona dolayıp sıkıca sarıldım.

"Benim babam o kadar kötü biri değil."

∞

İki gün çabucak geçti...

İçimde beni rahatsız eden bir tohum vardı. İçimde gömülü kaldığı yerde yeşeriyordu. Rahatsız ediyordu. Varlığını hissetmek azap gibiydi ve ben bununla yaşamak zorundaydım.

Semih gitmişti. İlk kez babasını umursamadan hareket etmişti belki de. Annesinin yanına, Paris'e gitmişti. O günden beri konuşmamıştık ama ona söz vermiştim. O gelene kadar en azından kimseye bir şey söylemeyecektim.

Ne söyleyebilirdim ki? Kime ne söyleyecektim?

Nermin Hanım'ın oğluna söylemek istediği şey Meriç'e iyi gelir miydi? Kim günah çıkaracaktı? Nermin Hanım kocasının sırtındaki, bir babanın sırtındaki yükü hafifletmek istiyordu. Aynadaki görüntüm bana acı acı gülümsedi.

Bütün suçu üstlenen Aytaç Tuna, aslında biraz kahraman mıydı? Bir şeyler olmuştu. O, hatanın içinde farklı bir hata daha yapan biriydi. Düştüğü çukura karısını ve oğlunu da sürüklemişti. Meriç'i çıkarmaya çalışmışlardı. O derin, karanlık çukurdan onu kendilerinden uzaklaştırarak çıkarmaya çalışmışlardı. Nermin Hanım oğlunu da kocasını da rahatlatmak istiyor olabilirdi. Ona hak bile verebilirdim. Tüm yük kocasının sırtındaydı. Belki Meriç bunları bilse, babasına olan öfkesi biraz azalırdı. Gerçeklerin çirkinliğiyle babasının yaptığı hatayı biraz, sadece biraz affedebilirdi ama Semih... Aytaç Amca görünürde oğlunun kahramanı değildi belki ama gizlice hem oğlunun kahramanı olmaya çalışmış, hem de Semih'i korumuştu.

Başımı geriye atıp nefesimi sesli bir şekilde dışarı bıraktım.

Düşünme! Bugüne odaklan! Son iki günden biraz daha huzurlu ol!

Eraltay Ailesi'nin nikah törenine katıldığımda onlar hakkında biraz deneyim edinmiştim ve bu doğum günü partisinin ne kadar gösterişli olabileceğini tahmin etmem için hayal gücümün sınırlarını zorlamam gerekmiyordu. Neşe'nin bunu araştırmalarıyla benden daha iyi bildiğinin de farkındaydım ama o yoktu.

Saçlarımı taradıktan sonra dolabımın karşısına geçtim ve kendime rahat bir şeyler çıkardım. Partiye daha saatler vardı ve bir süre kitap okuyabilirdim. Tişört ve şortumu giydikten sonra yatağın üstüne uzanıp, geçen gün bir hanın içindeki küçük bir dükkândan aldığım kitabı okumaya başladım.

Kelimelerin arasında farklı bir dünyaya dalmanın keyfini sürerken, kafa şişirmeden düşünmekten kaçmanın bu tatlı yöntemine sıkı sıkıya sarıldım. Ancak bu keyfim çok uzun sürmedi. Odamın kapısı açıldığında gelenin Neşe olduğunu biliyordum.

"Geç kaldın. Ömer'le mi uğraşıyordun?" diye sordum kafamı kitaptan kaldırmadan.

"Bir Soru Bir Aşk! İçi aşk dolu bir kitap daha."

O kadife ses zihnimi dağıtıp gözlerimi kitaptan ayırdığında, duvara omzunu yaslamış çocuğa baktım. Bir anda ellerim titremeye başlamıştı. Yanaklarımın kızardığını hissederken yutkunmaya çalıştım. İki gündür ortalıkta yoktu. Sergisi için babasıyla mekân gezdiğinden, holdingdeki işlerinden ve hâlâ bitmemiş resimleri olduğundan bahsetmişti. Bunların hepsi bana bir bahane gibi gelmişti. Birçok kez Demir'i arayıp ona bir şey anlatıp anlatmadığını sormak istemiştim ama beni engelleyen bir korku vardı. Demir muhtemelen benden hoşlanmıyordu. Tipik bir Tuna erkeği! Ailesinin işlerine karışılmasından hoşlanmadığını anlamıştım.

"Ne zaman başka şeyler okuyacaksın?"

"Bir önerin mi var?" diye sormayı başardıktan sonra gözlerimi ondan ayırıp kitaba çevirdim. Artık kelimeler önemli değildi. Baksam bile orada ne yazdığını algılayamıyordum. En azından buradaydı ve her zamanki gibi bana takılıyordu. Bir sorun yoktu. Bahaneleri gerçek olabilirdi. Sergi onun için önemliydi. Ona kendi sözlerini hatırlatıp, her gün birbirimizi görmemiz gerektiğini söyleyip mızmızlanmak istesem de bunu yapmadım. Onu özlemeyi seviyordum. Karşıma her çıktığında nefesimi kesmesini sevdiğim gibi.

"Gerçekten okuyacaksan öneride bulunabilirim."

"Kitap okumaktan hoşlanman hâlâ garip geliyor. Yanlış anlama, sadece tuhaf."

Ona bakmamayı sürdürüyordum ama hâlâ aynı yerde aynı pozisyonda durduğunu görebiliyordum. Kolları önünde bağlıydı. Başı da hafifçe öne eğikti.

"Benim hakkımda bilmediğin çok şey var."

Aile kavgalarından kaçmak için resim çizme, yumuşak şekerlerin renk ve sayılarına göre kaç farklı şekilde sıralanabileceğini hesaplama dışında, bir de zengin kitap hazinesi olmasına şaşırmamalıydım.

"Sana bir şey getirdim," dedi benden cevap alamayınca.

O an kitaba karşı iki dakika önce yitirdiğim ilgimin gölgesini bile tamamen kaybetmiştim. Başımı kaldırıp ona baktığımda arkasını dönüp eğildiğini gördüm. Duvarın arkasından kucağında bir kutuyla bana döndüğünde kitabı elimden bırakıp yataktan aşağı indim.

Kucağındaki kutuyu yatağın üstüne bırakmasını hayretle izledim. Bir ona bir de sarı renkteki büyük kutuya baktım. Bu tuhaf anın tadını çıkararak bir süre daha bakmaya devam ettim. Meriç sonunda sıkılarak, "Bakmayacak mısın?" diye sorduğunda gözlerimi ona sabitledim. Siyah pantolon, gri tişört, uzun süredir takmadığı küpeleri... Farklı olan bir şey vardı. Onu ilk gördüğüm haline çok benziyordu.

"Bana hediye mi aldın?"

Meriç gözlerini devirip kutuyu başıyla işaret ettikten sonra sıkılgan bir tonda cevapladı. "Senin adını vücuduma yazdırdım, Kayla. Sersemliğini üzerinden at da içine bak."

Hareket edip kutuya yaklaştım. Elimi uzattığım sırada kahverengi gözleriyle beni izlediğini hissedebiliyordum.

Düşünmeyi bırakıp silkelendim ve kutunun kapağını tutup kaldırdım.

"Ah, Neşe'nin sabahtan beri neden burada olmadığı şimdi belli oluyor. Buna hiç gerek yoktu, Meriç. Çünkü bunu kabul etmeyeceğim."

Kutunun kapağını kapattım. Meriç elini kapağın üstüne koyup bana yaklaşırken geri çekilmeye yeltendim ama diğer eliyle dirseğimi kavrayıp buna engel oldu.

"Annem genç kızlık elbiselerinden birkaçını bir gün kızı olursa diye saklamış. Çok antika bir düşünce ama sonuç olarak ben bunları giyemem ve sen giyersen çok mutlu olacak."

"Beni bu kadar çaresiz bırakmandan nefret ediyorum."

Dişlerimin arasından çıkan tıslama onun keyfini biraz yerine getirmişti. Canı sıkkın gözükmüyordu ama her zamankinden biraz daha fazla ruhsuzdu. Elini dirseğimden omzuma kadar çıkardıktan sonra diğer elini belime doladı. Aramızdaki mesafeyi kapatırken vanilya kokusunu içime çektim.

"Hazırlan. Sonra bir şeyler yemeye gideriz. Akşam da partiye katılırız."

"Gerçekten partiye gitmek istiyor musun?" diye sorduğumda dudaklarını saçlarımın üzerinde gezdiriyordu.

"Dans etmeni seyretmek istiyorum."

∞

Meriç'in annesinin elbisesi bana bir beden büyüktü. Pudraya benzeyen sarı renkteki tülün eteklerinde küçük bir dantel şerit vardı. Astarı kalın olmasına rağmen iç çamaşırlarımı krem rengi olanlarla değiştirdim. Elbisenin bolluğunu gizlemek için arkamdan bir iğneyle tutturdum. Onu gizlemek için de saçlarımı salık bıraktım. Açık renk göz makyajımı tamamladıktan sonra portakallı parlatıcıyla dudaklarımı renklendirdim. Yedi santimetrelik topuğu olan açık ayakkabıları kutusundan çıkarıp elime aldıktan sonra odadan ayrıldım ve aşağı indim.

Meriç mutfakta Nursiş'le sohbet ediyordu. Beni gördüklerinde ikisi birden sustu. Meriç ayağa kalkıp yanıma doğru geldi, sonra da evden ayrıldık.

Mercedes kapının önünde bizi bekliyordu. Motor yerine bunu tercih etmesini Eraltaylara borçlu olduğumuzu biliyordum. Mercedes'in konforlu koltuğuna yayılıp kemerimi bağladığımda Meriç gaza basmıştı. Ana yola çıktığımızda müziği açmak için elimi uzattım ama Meriç parmaklarımı havadayken yakalayıp buna müsaade etmedi.

"Dün gece seni rüyamda gördüm," dediğinde dudağımı ısırdım. Parmaklarım hâlâ avucundayken, bakışlarımı onun yüzü hariç arabanın içindeki her noktada gezdirmekte kararlıydım. "Eskişehir'deydin. Ben gitmeni istemediğim halde."

Eskişehir artık sadece annem ve çocukluk anılarım demekti. Orada bir arkadaşım ya da başka biri kalmamıştı. Berkan ile bir daha konuşmamıştık. Bana ulaşmak istemişti ama onu kendimden uzak tutmak için her şeyi yapmıştım.

"Sadece bir rüya..."

Alt dudağını dişlerinin arasından kurtarıp ıslattıktan sonra, bakışlarını bir an yoldan ayırıp bana çevirdi. "Gerçekten öyle mi, Kayla?"

"Nasıl?"

"Benim söylediklerim senin için önemli mi?"

Koltukta huzursuzca kıpırdandım. "Hep öyleydi, Meriç."

Gülümsediğinde huzursuzluk uzaklara gitti. Omuzlarım gevşedi, arkama biraz daha rahat yaslandım.

"Elbise sana çok yakışmış."

"Annenin elbisesi çok güzel. Kumaşı çok yumuşak."

Meriç benim elbise yorumuma karşılık "Tam da senin tenine uygun," dediğinde gözlerimi kapatıp derin bir nefes aldım.

Meriç gaza bastığında başımı kaldırıp önümde kayan yola baktım. Kesik şeritler düz bir çizgiymiş gibi göz yanılsaması oluştururken, "Biraz yavaşla," diye fısıldadım ama beni duymadı bile.

Mena Otel'in önünde durduğumuzda Meriç benden önce arabadan indi. Bebek gibi mızmızlanmamam gerektiğini kendime hatırlattıktan sonra, hızın etkisini üstümden atmaya çalışarak arabadan indim.

"Fark ettim ki seni buraya sadece odaya hapsetmek için getirmişim. Sana otelimizin lezzetli yemeklerinden yeme fırsatı sunacağım."

Anahtarı onu bekleyen çocuğa verdikten sonra birlikte merdivenlerden çıkmaya başladık.

"Şeflerimizden biri İtalyan, diğeri Azeri. İkisi de işinde harika. Birçok dünya mutfağına hâkimler," derken bir eliyle dirseğimi tutuyor, öbür eliyle ensesini kaşıyordu. Basamaklara dikkatlice basarken gözlerimi ondan ayırmıyordum. Onun ismini alan otelin aşçılarını bana anlatırken övgümü kazanmak ister gibiydi. "Bayılacaksın. Parmaklarını bile yiyebilirsin. Özellikle kırmızı ette ustalar. Seversin, değil mi? Eğer tercih etmezsen sana makarnaları öneririm. Bir İtalyan lezzeti."

"Et olur. Sen ne önerirsen o olur aslında."

Resepsiyonun önünden geçtikten sonra restoranın olduğu geniş salona ulaştık. Duvarlar bej rengine boyanmıştı. Altın rengindeki perdeler yere kadar uzanıyordu. Yerdeki taşlar Tuna Holding'de olduğu gibi parıltılıydı. Adımlarımı atarken kayacağımdan endişeleniyordum.

Meriç dirseğimdeki elini belime indirip "Şuraya geçelim," diye fısıldadığında başımı salladım ve gösterdiği masaya doğru ilerledim. Tüm masalar yuvarlaktı. Salon da yuvarlak şekildeydi ve masalar da bu düzene göre yerleştirilmişti. Halkanın dışında olanlar daha küçük boyuttaydı. En dıştakilerden birine yerleştikten sonra Meriç ikimiz yerine de sipariş verdi.

"Serginin tarihi belli oldu. 10 Ocak."

"Doğum gününün olduğu ay," diye mırıldandığımda omuz silkti. "Bu bir kutlama mı?"

"Hayır. Bu özel bir gün. Sergi benim için çok değerli."

Gözlerindeki kararlılık birazdan bedeninden soyutlanıp ayrı bir bedene sahip olacak gibiydi. Doğum gününden daha değerliydi elbette.

"İtalyanca kursumuz okulla eşzamanlı başlıyor. Sana adresi mesaj atarım daha sonra. Eğer yeterli düzeye ulaşırsa bir dahaki dönem gideriz. İstersen sonraki güz dönemine erteleriz. Bu konuda sıkıntı çıkacağını sanmıyorum."

"Geleceğimiz hakkında plan yapmışsın," diyerek sözünü kestiğimde, bir elini masanın üstüne uzattı.

"Bu bir sorun mu?"

Tabii ki sorun değildi. Sadece tuhaftı. Karşımda eski benliğinden küçük bir kırıntı dahi taşımayan bir Meriç Tuna vardı. İçine hapsettiği çocuk böyle miydi? Eğer aile sorunları olmasaydı ya da Ömer'in büyüdüğü ailenin içinde yetişseydi Meriç böyle mi olacaktı? Elbette kibarlığı, nazikliği ve düşünceli olması çok güzeldi ancak bir o kadar da garipti. Bu çocuğu görmek onu tanıdığımdan beri pek mümkün olmamıştı. Şimdi ise büsbütün içinde gizlediği çocuğu gösteriyordu bana. Her şey kulağa iyi geliyordu ama bilinçaltımda küçük bir korku, içinde bulunduğu sert kabuğu zorluyor ve bir civciv gibi dışarı çıkmaya hevesleniyordu. Tek farkı sevimli sarı tüylü değildi. Karanlıktı.

Siyah temalı bilinçaltım bana Meriç'e ne kadar benzediğimi hatırlattığında silkelenip kendimi toplamaya çalıştım.

"Değil ama bunu sık yapmadığın için biraz şaşkınım."

Pekâlâ. Alışabilirdim.

"Dans edelim mi?"

Gözlerimi kırpıştırıp bir süre ona baktım. Tamam, beş saniye önce alışabilme kararı almış olabilirdim ama dans teklif etmek de ne demek oluyordu? Meriç sandalyeden kalkıp elimi tutana kadar bu konuda ciddi olduğunu düşünmüyordum.

Tanımadığım bir Meriç beni korkutuyordu ama tanıdığım Meriç'in karanlık yanları beni korkutmuyordu.

Biraz daha gevşedim ve sonunda gülümsemeye çalıştım. "Ne yapıyorsun?"

"Hadi kalk."

"Kimse dans etmiyor."

Etrafa bir göz gezdirdim. Meriç elimi çekiştirip "Kalk Kayla!" dediğinde sandalyeyi yere gürültülü bir şekilde sürterek geriye ittirdim ve topuklu ayakkabıların üstünde dengemi bulmaya çalıştım. Birkaç göz şimdi bize çevrilmişti. Ne yani, otel sahibinin oğlunun kız arkadaşının biraz gürültü yapmaya hakkı yok muydu? *Bu ne türden uzun bir tamlamaydı böyle?* Düşüncelerime gözlerimi devirip omuzlarımı dikleştirdim. Meriç belimi kavrayıp kulağıma doğru eğildi. "Terasa çıkalım."

Yemek yiyen onca insanın arasında dans etmektense terasa çıkmayı tercih ederdim. Siparişlerimiz gelmemişti ama Meriç birisine çoktan işaret vermişti bile. Terasta bizi karşılayan ılık hava eteklerimin bacaklarımın arasına dolanmasına sebep olurken, rahat gözükmeye gayret ederek Meriç'in yanından yürüdüm.

Antik Roma'dan kalma görüntüsüyle ilgi geçen sütunların önünde durduğumuzda nazikçe beni kendine çevirip elini belimdeki hassas noktanın üstüne yerleştirdi. Gerçekten dans edecektik! Kaskatı kesilmemi saymazsak iyi durumdaydım. Elimi tuttuğunda, belimdeki eliyle beni kendi vücuduna yaslamıştı.

"Biraz gevşe, Kayla. Bu hayattaki en huzur verici müziğin ritmine bırak kendini."

Deneyebilirdim. Belki.

"Louis Armstrong!" dedi hayran olduğunu belli eden bir tınıda. Ve onun hakkında bilmediğim bir şey daha öğreniyordum; hayran olduğu insanlar.

O kendini bu kadar özgür bırakıyorsa, ben de bir şeyler deneyebilirdim. Ve deneyeceksem eğer, kendi kurallarımı da koyabilirdim.

"O zaman beni izle."

Meydan mı okuyordum?

EVET!

Ne yaptığımı biliyor muydum?

HAYIR!

Klasik bir Kayla durumu.

Müzik!

Müziği hisset!

Sihirli sözcükleri zihnimin içine fısıldadıktan sonra gözlerimi kapattım ve vücudumu ritme göre hareket ettirmeye başladım. Kalçam, ayaklarım, ellerim bir süre sonra dışarıdan nasıl gözüktüklerini umursamadan hareket etmeye başlamıştı. Bu müziğin büyüsüydü. Omuzlarım ilk defa bu kadar özgürdü. Bedenim müzikle dans ediyordu. Müziğin yumuşak dokunuşları bedenimi okşarken kolayca gevşedim. Büyünün içinde gözlerim kapalıydı. Eteklerime, yüzüme, saçlarıma dokunarak kendi kendimle dans ettim. Gözlerimi açtığımda Meriç'in bedeninin çok yakınımda olduğunu hissetmiştim. Yanaklarım kızarırken durup başımı kaldırdım. Elini cebinden çıkarıp çenemi tuttu. Başparmağı ile çenemi okşadı.

"Sen başıma gelen en masum şeysin."

Yanaklarım pembeleşirken gözlerimi kırpıştırdım. Meriç parmağını çenemden ayırıp dudağıma doğru çıkardığında yumuşayan kahverengi gözlerinin içine bakıyordum. Aralık duran dudağımın üstünde parmağını gezdirirken gözlerimi kapadım. Parmağı dudağımın her noktasında dolanıp bir tam tur attıktan sonra, iki eliyle birlikte boynumu kavrayıp eğildi ve dudağını benimkiyle buluşturdu.

Peri masalının içinde olduğumu hissettiren müziğin sonuna geldiğimizde dudaklarımız birleşmişti. Beni bir dakikaya yakın süre orada öylece öptü. Hiç acele etmeden, en saf öpüşmelerimizden birini yaşadık. Dudağını çekeceğini sandığım bir anda nefes alıp tekrar öpmeye devam etti. Ellerim onun omuzlarındaydı. Ayağımda topuklu ayakkabılar olduğu için şanslıydım. Ensesindeki saçlarını okşamaya başladığımda Meriç dudağını yüzümde gezdiriyordu. Yumuşak dokunuşlarıyla ruhumu okşayarak beni bir kez daha öptükten sonra dudağını benden ayırdı. Biraz hayal kırıklığı yaşayarak ona bakarken başını eğmişti. Onun baktığı yere gözlerimi çevirdiğimde cebinden çıkardığı siyah kutuyu gördüm ve bedenim anında buz kesti. Ellerim omuzlarından aşağı düşerken kalbimin yerine ağır buz kütlesi yerleştiğini sandım.

Yutkunma işlevini, nefes alma işlevini, hareket etme işlevini unutunca düşünmek daha zor oluyordu. Bu anın yakın bir gelecekte olacağını hiçbir zaman düşünmediğim için kendimi biraz bile olsa hazırlamamıştım. O kutunun içinden kolye de çıkabilirdi ya da küpe. Küpeydi, değil mi? Kolye için fazla küçük olurdu. Küpeydi o.

Gevşe, Kayla!

"Ailemi seçme şansım yoktu. Değiştirmenin de imkânı yok. Ama her şeye rağmen onlar benim ailem. İlk ailem. Bu yüzden benim için her şeye rağmen çok değerliler."

Gözlerimi kutudan ayırıp onun gözlerinin içine baktım. Bir küpe için böyle bir konuşma başlangıcı olamazdı.

Haydi ama Meriç! Abartıyorsun!

Lütfen abartmış ol! Biz... O... Hayır. Lütfen abartmış ol. Çıldırmış olamazsın!

"Ama ikinci bir hayatım olacaksa ve bir aile oluşturacaksam, bunun ilkine çok benzememesini istedim. Oradaki rollerin aynı olmamasını istedim. Sen anneme çok benziyordun. Bu yüzden sana çok yakındım ama bir o kadar da kızıyordum. Aslında... Sen onlardan farklısın, değil mi Kayla?"

Kutunun kapağını açtığında gülümsemek üzereydim. Uzun bir aradan sonra nefes aldım. Tek taş değildi!

"Bu büyükannemin yüzüğü. Anneme vermiş ve annem de... Bilirsin işte. Sıra sende."

Ne? Hayır! Saçmalama! Bu saçmalığın daniskası! Sen Meriç Tuna'sın! Evlilik teklifi mi? Delirdin! Kesinlikle delirdin! Biz evlenemeyiz!

"Kayla?"

Gözlerimi, ortasında bulunan yeşil taşının etrafı altın rengindeki küçük taşlarla çevrili yüzükten ayırıp Meriç'in kahverengi gözlerinin içine baktığımda, boğazımdan aşağı sert bir yumru indi.

"Meriç, ben korkuyorum."

Patavatsızlığımla anı mahvetmekte üstüme yoktu.

Gözlerinin içinde bir an parıltı olduğunu sandım ama sonra bilinçaltımın bu anın şaka olmasını istemesine yorumlayıp bu fikirden vazgeçtim.

"Benim yanında olduğum bir şey seni korkutuyor mu?" diye sorduğunda mideme bir yumruk yemiş gibi hissettim.

Kusmak istiyordum. İçimdeki her şeyi organlarımla beraber dışarı atmak istiyordum. Ancak o zaman bu acıyan, parçalanan, kanayan içimdeki heyecan mekanizmasından kurtulabilirdim.

"Ben..."

"Ben kendimden eminim, Kayla. Sen kendinden emin misin?"

Yüzüğü çıkarıp elimi tuttuğunda titriyordum. Yüzüğü parmağıma takmak için acele etmedi. Parmaklarımı okşadı. Gözlerimi ondan ayırmadım. Sonunda kahverengi hazine benim gri çöplüğüme ulaştığında ağzını bir kez daha açtı.

"Tamam dersen, bu yüzük sonsuza dek senin olacak."

Kahretsin! Bu çocuk çıldırmıştı! Delirmiş! Kafayı yemiş! Tımarhanelik!

Ve benim bu durum karşısında ne kadar normal olmamı bekliyordu ki?

Meriç Tuna oyunun kurallarını değiştirmişken biraz delice davranmanın bir sakıncası olamazdı. Bay Harrington gibi. Evlilikten deli gibi korkuyordum. Başıma gelecek son şey olacağına inanıyordum hatta. Ben evlilik nedir onu bile bilmiyordum. Sadece dışarıdan gözlemlediğim kadarıyla fikir yürütüyordum ve her beş aileden sadece iki tanesinin huzur içinde olduğunu görüyordum. Diğerleri huzurlu olmaya çalışıyordu ve üstünlük çabalayan taraftaydı. İki çabalayan taraftan çıkma insanın aile kurup huzura kavuşması mümkün müydü? Dibe batmaları daha mümkün gözüküyordu ve bu beni deli gibi korkutuyordu. Başımı yorganın altına sokup *Hayır! Hayır! Hayır!*

diyerek ağlamak ve korkumun geçmesini beklemek istiyordum. Ama bana elini uzatan Meriç'ti. Bu hayatta kendimi yanında güvende hissettiğim, sevdiğim ilk erkek. Babamdan bile önce...

"Tamam," diye fısıldadığımda sesim boğuk ama umutlu çıkmıştı.

Yüzüğü parmağıma geçirdi. Ve... Hayal kırıklığına uğradığını sandığım bir sesle kelimeler ağzından döküldü. "Ben de öyle tahmin etmiştim."

Elimi bıraktı. Ne olduğunu idrak edemediğim bir anda arkasını dönüp yürümeye başladı. Bedenim zangırdayarak titrerken nasıl yaptım bilmiyorum ama konuşmayı başardım.

"Ne yapıyorsun?"

Meriç durmadı ve ben bedenimi doğaüstü güçlerin kontrol ettiğine inanarak hareket ettim. Koşarak peşinden gittim ve onu merdivenlerin başında yakaladım. Kolunu kavrayıp önüne geçtiğimde benden önce konuştu.

"Sakın sorgulama, Kayla."

Ben ağzımı açmak üzereyken dirseğimi kavradı. Benim onun kolunu tutan elim şimdi boşlukta sallanıyordu ve dirseğimde onun güçlü parmakları vardı. Bu değişim ne kadar kısa sürede oldu takip edememiştim.

"Yoksa benim biricik sevgilim, vedalaşmamız çok acı olur."

Gözlerinde gördüğüm şey... Korku muydu? Hayal kırıklığı mı? Pişmanlık mı? Ne için pişmanlık?

Gözlerinin derinliklerine baktım. Nefret yoktu. Bunun için derin bir nefes alabilirdim ama kahverenginin içinde gördüğüm hayal kırıklığı kanadımı kırıyordu. Nefret onarılabilirdi belki ama ya hayal kırıklığı? Kolumu bırakıp merdivenleri ikişer ikişer atlayarak inmeye başladığında donuk gözlerimle onu izledim. Gözlerinin etkisinden çıktığımda, dudaklarından dökülen kelimeleri hatırladım. Vedalaşma?

Öğrenmişti!

Hayır. Demir ondan saklamamızı istemişti. Hem öğrendiyse tüm bunları neden yapmıştı? Bu gece...

Bedenim korkudan titremenin farklı ve kontrol edilmez bir boyutuna atladığında tırabzanın soğuk mermerine dokunup merdivenleri düşmeden inmeye çalıştım. Düşersem geç kalırdım. Zangırdayan bedenimi kontrol etmenin epey güç olacağını sanıyordum ama zamanın nasıl geçtiğini bile anlamadan merdivenleri bitirmiş ve toprak zemine ulaşmıştım. Sanki biri gözümün önüne siyah bir efekt koyuyor ve zaman slaytlar halinde hızla akıyor gibiydi. İnce topuklarım toprağa batıp çıkarken elimden geldiğince nefes alma işinde becerikli olmaya çalışıyordum. Saçlarım heyecandan ve korkudan salgılanan ter yüzünden tenime yapışmıştı. Meriç'i bahçenin ortasında yakalayıp önüne geçtiğimde korku filmi gibi karanlık bir efektle geçen zaman durdu. Salonda Frank Sinatra çalıyordu. Bunu iyi biliyordum. Annem ben küçükken neredeyse her gece bunu dinlerdi. Birlikte *Strangers In The Night*'ta dans ederdik. Arada bir Neşe de bize katılırdı. Kostümlerimiz ve bu şarkıya özel dansımız için koreografimiz bile vardı. Çocukluğumun en tatlı anılarının arkasında bu şarkı çalıyordu. Şimdi ilk defa bu müzik beni korkutuyordu.

"Yapma! Sana zarar vermeden çekip gitmeme izin ver!"

Başımı iki yana salladım. Ona baktığımda gideceğini görüyordum. Hep bir gün gideceği hissiyle yaşamıştım. O gün gelmişti. Gözlerinde bunu görüyordum ama beni böyle bırakırsa onu hep bekleyecektim.

"Sen karanlıksın Meriç Tuna ve bilmelisin ki ben artık karanlıktan korkmuyorum."

Bu Meriç'i şaşırtmıştı ama etkilenmişe benzemiyordu. Bana ne yaptığını bilmeyen bir soytarıymışım gibi bakıyordu. Bu bakışları biliyordum. Müzik yükseldiğinde Meriç'in sesi de yükseldi. Sadece o Sinatra kadar yumuşak bir ton kullanmıyordu.

"Sorsana öyleyse, Kayla!" diye bağırdığında kolunu tutan elim boşluğa düştü.

Sorun sadece ailesinin ondan sakladığı gerçek değildi. Daha fazlasıydı. Meriç'i incitmiştim. Hayal kırıklığına uğramıştım.

"Aileme burnunu haddinden fazla soktuktan sonra sana neden büyükannemin yüzüğünü verdiğimi sor!"

Biliyordu. Nasıl bildiğinin bir önemi yoktu. Her şeyi biliyordu.

"Annem babamı aldatmış. Öğrendin... Mutlu musun, Kayla?"

Öfkeden bağırırken gözlerinden siyah bir ateş fışkırıyordu. Daha önce onu hiç bu kadar karanlık görmemiştim.

O içindeki çocuk korkudan üstünü siyah bir perdeyle örtmüş ve kendini gizlemişti.

"Babam annemden intikam almak için onun yolunu tercih etmiş." Acı acı güldü. "Annemi yıllarca masum sandım. Tüm bu iğrençliği öğrendiğin için mutlu musun?"

Sesinin beni hâlâ nasıl yere düşürmediğini düşünürken beni kollarımdan kavradı. Biraz önce kulağımı sağır edecek kadar yüksek bir ton kullanan çocuğun sesi bu sefer fısıltı gibi çıktı.

"Ama asıl nedeni ne, biliyor musun? Onlardan hiçbir farkın yok. Bana hiçbir şey söylemedin. Onlar gibi sustun. Beni hiç yanıltmıyorsun, Kayla. Beni hiç şaşırtmıyorsun."

Yüzüme doğru eğildiğinde gözlerindeki karanlığı daha yakından gördüm. O karanlık insanı boğabilirdi.

"Annem babamı amcamla aldatmış." Kollarımı sıkan parmaklarını bir anda gevşettikten sonra kolumu yavaşça bıraktı. "Sen masumsun ve eminim ki bundan pişmansın ama haklarını tükettin, Kayla. Sınırı bu sefer çok aştın. O kadar zavallıyım ki, son dakikaya kadar bana gerçeği söylemen için sana fırsatlar sundum. Siktiğimin gerçeğini öğrenmeni affetmek için gerçeği söylemeni, onlardan farklı olmanı bekledim ama yapmadın!"

Gözlerinin altı kızarmıştı. Ağzımı açıp bir şey söylemek istiyordum ama yapamıyordum. Hiçbir şey düşünemiyordum. Tek yaptığım şey onu izlemekti. Öfkeden kızarmış gözlerini, alnında biriken ter damlalarının şakaklarından aşağı nasıl aktığını, nefes alıp verirken burun deliklerinin nasıl hareket ettiğini, dudağının titremesini izliyordum.

"Artık seninle uğraşamam. Sen büyümeyen bir çocuksun. Bu kadar yakınıma gelmene ben izin verdim, bu yüzden en çok sen acıtıyorsun. Şimdi de gideceksin. O yüzük sende kalsın istedim, çünkü senin sahip olabileceğin en değerli şey bu. Benden sana bir hatıra. Bir daha asla buna benzer bir şey yaşayamayacağız. Her şey eksik olacak. Ben buna alışkınım. Sen nasıl başa çıkacaksın bilmiyorum ama artık umurumda değil, Kayla. Sen sadece hayatımın bir döneminde bana ait olan masumluk olacaksın. Bir dövmeden ibaret. Sonrası yok! Çünkü artık seni istemiyorum."

Korku bedenimi ele geçirirken son gücümü kullandım. "Yapma..." diye bir fısıltı çıktı dudaklarımdan. Daha fazlasını yaparsa biz tamamen biterdik.

Lütfen, Meriç. Bizim için bir kapıyı aralık bırak.

Ama beni dinlemedi. Gözlerimle ona yalvardım ama o bir an bile tereddüt etmeden zehirli sözcüklerinin dudağından çıkmasına müsaade etti. Bu zamana kadar ne yaparsam yapayım, ne yaşarsak yaşayalım, o hep biraz bile olsa içindeki çocuğun varlığını hissettirmişti ama şimdi beyaz noktası, umudu yoktu. Kapkaraydı. En acımasız yüzünü bana karşı sergilerken bir kere bile gözünü kırpmadı.

"Kendi ailen bile yokken benimkini düşünmeni beklemek aptallık olurdu. Sen aile ne demek nereden bileceksin ki, değil mi?"

Burnumun içinde ince bir sızı oluşurken kalbimin parçalanmasını duydum. Enkazın gürültüsü kulaklarımı sağır ederken Meriç yanımdan geçip gitti. Dizlerim toprağa düştüğünde boğuk bir ses duyuyordum. Yüzümün ıslandığını hissediyordum. Nefes alamadığımı hissediyordum.

ama canımı asıl acıtan bunlar değildi. Beni ailemden vurmuştu. *Olmayan ailemden!* Canımı en çok yakacağı yeri biliyordu ve tam merkeze kılıcını savurmuştu.

İyi olan her şeyin beni terk ettiğini hissedebiliyordum. Karanlık beni yutuyordu ve kurtulmak için çaba sarf etmiyordum. Boğazımda bir ateş vardı. Düşüyordum...

İlk defa bu kadar derinden anlıyordum *onu*.

Karanlık, yapayalnız, kaybolmuş ve zayıf...

II. KISIM

BAŞ BELASI

1

Siyahın içindeki beyaz nokta...

Siyahı kim olarak görmüştüm? Siyah aslında kimdi?

Beyaz nokta gerçekten var mıydı?

Umut kimdi? Herkesi kurtarmaya çalışan ben mi? Herkesi yaralayan ben mi?

Ne siyahtım, ne de küçük beyaz bir nokta. Şimdi dünyam hiç olmadığı kadar griydi. Belki normal olan buydu. Diğer herkesinki gibi benim hayatım da iki rengi karıştırıp normalliğe ulaşmıştı. Mutlu olmalıydım. Arzuladığım o normal hayat beni kucaklamıştı.

O gittiğinde sadece *o* gitmemişti.

Beni herkes gibi biri yaparak gitmişti. *Daha ne kadar acı çekebilirim?* diye düşündükçe olduğum kişi olmaktan çıkmıştım. Babasız büyüyen kız olmanın acısı, annesine acıyan kızın acısı, eksiklik yaşayarak büyüyen kızın acısı, sevmekten korkan kızın acısı, güvenmekten korkan kızın acısı... Hepsi benim kafamda büyüttüğüm şeylerdi. Aslında küçük bedenime sığdırmaya çalışmadan yaşamaya kalksam mutlu bile olabileceğim bir hayatı kendi zehrimle sorunların merkezi haline getirmiş, acının derinliğini kontrol etmek için toprağı kazıp durmuştum. En derine inene kadar durmamıştım. Kurtuluşu arıyordum. Dibini gördüğümde tükenecektim. Sonra ayağa kalkabilirdim.

Kazdım, kazdım, kazdım...

Tırnaklarım kanadı ama kazmaya devam ettim.

Uslanmadım.

Canımı acıtan her şeyin üstüne gittim, gittim, gittim!

Sonra üstümden geçtiler. Çiğnediler beni. Daha da derine sürüklendi bedenim. Toprak yuttum, ruhum kanadı. Nefes alamadım.

Öleceğini sandığın bir an...

Ölmüyorsun.

Bittim, tükendim diyorsun ama ölmüyorsun. Ölmediğini anladığında kalkmak zorunda kalıyorsun.

Toprakta siyahı bıraktım. Beyazsa gökyüzünde ulaşamayacağım bir yerde.

Gri olarak kalktım.

"Üç yüz elli yedi lira. Nakit mi taksit mi?"

Tam üç dakikadır üç yüz elli yedi liralık bir alışveriş için sıramın gelmesini bekliyordum. Nakit ödeyecek adamın kız çocuğu kendi için aldırdığı pudingleri tek bir poşete hevesle dolduruyordu. Karısı yoktu. Evde mi kalmıştı, yoksa ondan ayrılmış mıydı? Korkak bir adama benzemiyordu, kızına sahip çıkmıştı en azından. Hafta sonu için onu almış olsa alışverişe getirmezdi. Aldıkları şeyler arasında temizlik ürünleri de vardı ve erkeklerin temizlik ürünü almak gibi alışkanlıklara sahip olmadıklarını bilecek kadar uzun süredir babamla birlikte yaşıyordum. Anne evde kalmış olmalıydı. Kız ve babası birlikte alışverişe çıkmışlardı ki içimden bir ses annenin evde kalmasının kızı pek de üzmediğini söylüyordu. Ağzı kulaklarındaydı, babası o ne isterse alışveriş arabasına atmasına izin vermişti anlaşılan. Küçük kız kendi için aldıklarını doldururken kahverengi saçları kaşlarıyla aynı renkte olan, benden bir kafa boyu uzun adam kredi kartını deri cüzdanının içindeki diğer kartların arasına yerleştirip ona yardım etmeye koyuldu.

Kasadaki kız benim için fazla acele etmedi. Onların gitmesini beklediği anlaşılıyordu. Neredeyse saçımın ucundaki tonla aynı renkte olan platin rengindeki saçlarını düzeltirken başını çevirmiş, omzunun arkasından diğer kasadaki görevli kızla konuşuyordu. Sepetimdekileri boşaltırken baba kız gitmek için yola koyulmuş, böylece benim sıram da gelmişti.

Kasiyer aldıklarımı sırayla geçirirken kasanın diğer ucuna gidip poşete doldurmaya başladım. Birileri benim yüzümden üç dakika beklesin istemiyordum. Üç yüz liralık alışveriş yapsaydım belki daha fazla burada kalırdım ama aldıklarım en fazla...

"Yüz yirmi lira..."

Kıza fırsat tanımadan "Nakit," dedim ve cüzdanımdan parayı çıkarıp uzattım. Ben poşetlerimi almış giderken arkamdaki adamın sırası gelmişti.

"Bir de Marlboro."

Olduğum yerde durduğumda kasiyer kız bıkkınlıkla kolunu geriye uzatmıştı. Artık yerini ezberlediği sigarayı aldığında ise arkamı dönmüştüm. Hızlı adımlarla oradan uzaklaştım.

Otoparkta babamın bana ödünç verdiği süt kadar beyaz olan Beetle'ıma yerleştikten sonra ellerimi direksiyona yerleştirip bekledim. Birçok şeyi geride bırakabilirdim. Çiçekli elbiselerden vazgeçmek en zoru olmuştu. Frambuaz ve portakal barındıran hiçbir ürünü kullanmamaya özen gösteriyordum. Kokum bile değişmişti. Omuzlarıma değen saçlarımın uçlarında beyaza yakın bir ton vardı. Neredeyse her şey değişmişti ama onu bana hatırlatan zilyon tane şeyin hiçbirinden kurtulamıyordum. Sanki hayatımın her anında o vardı. Ondan kurtulmak istedikçe onun hatıralarına gömülüyordum. Bir gün benden tamamen gidecekti. Hatıraları yok olana dek dayanmalıydım.

Anahtarı çevirdim. Gitmem gereken bir okul, bitirmem gereken bir köşe yazısı, düşünmemem gereken bir *KARANLIK* vardı.

∞

Sekiz Ay Önce...

Ne halde olduğuma karar veremiyordum. Her şey üzerine sis perdesi çekilmiş siyah beyaz bir filmden alınan bölük pörçük sahneler gibi geliyordu. Yaşıyordum, en azından bundan emindim. Boğazıma kadar karanlığa batmıştım. Son günlerde canım hiçbir şey yapmak istemiyordu. Hangisi daha iyiydi karar veremiyordum. Edward'ın terk ettiği Bella mı, hafızası silindiği için Patch'i unutan Nora mı?*

Sanırım ben Nora gibi hafızasının silinmiş olmasını isteyen, göğsünün ortasında bir boşluk hisseden Bella'ydım.

Onu unutmayı düşünmek bedenimin kontrolsüzce sarsılmasına sebep olduğunda yorgana sıkıca sarındım. Dişlerim birbirine çarparken gözlerimi sımsıkı yumdum. Böyle bir şeyi dilediğim için cezalandırılmalıydım. Unutmak istemeyi dilemek kolaydı ama bunun olduğunu düşünmek, başımı yastığın altına sokup bu korkunç fikri aklımdan uzaklaştırma isteği doğurmuştu. Bunu düşündükten kısa bir an sonra başımı yastığın altına sokup bu düşünceyi aklımdan atmaya çalıştım.

---

* *Twilight* ve *Hush Hush* serilerinin karakterleri.

Onu unutmak mı? Hiç hatırlamamak? Biraz önce hiç yaşamamış olmayı dilemiştim. Onunla olduğumda ilk kez gerçekten yaşadığımı hissetmiştim ve biraz önce bunun hiç olmamasını dilemiştim. Psikiyatriden randevu almam gerekiyordu. Yoksa gerçekten onu bana unutturacak bir hastalığa yakalanabilirdim. Hayır! Bunun olmaması için tedavi olurdum ama onu unutmayı göze alamazdım.

Asla! Bunun olmasına izin veremem.

Kapı açıldı. Adım sesleri... Yaklaştı, yaklaştı, yaklaştı...

"Kafanı yastığın altından çıkar, Kayla."

Annem artık neredeyse buraya yerleşmişti. Daha önce gidip geliyordu ama üç gündür bu evde, babamın evinde konaklıyordu. Kendimi Bella'ya benzetirken bunu öylesine yapmamıştım. Geceleri kâbuslar görüyordum. Babam işe şişmiş gözlerle gidiyordu. Annemin burada kalmasını o teklif etmişti. Hâlâ rahat uyuduğundan emin değildim ama geceleri ağlamayı kesemiyordum. *O*, hastalık gibiydi. Gündüzleri kalbimdeki sızıyı birkaç gözyaşıyla atlattığım oluyordu ama geceleri dayanılmazdı. Yokluğunun acısı gecenin soğuğuyla birleşip beni acımasızca karanlığa boğuyordu.

Annem yastığı çektiğinde güneş ışığı gözüme çarptı. Yüzümü buruşturup yorganı başıma çektikten hemen sonra annem onu da kaldırdı. Sızlanarak sırtımı pencereye döndüm ve cenin pozisyonunda kıvrıldım. Sadece bir kez çığlık atarak uyanmıştım. O gece babam başımda beklemişti. Sonraları hiç uyanmadım ama kâbuslar görmeye devam ettim. Her seferinde farklı bir senaryo oluyordu. Mekânlar ve yanımızdaki diğer kişiler farklıydı ama sonunda hep aynı şey oluyordu. *Adını söylemek istemediğim*

Tuna, arkasını dönüp gidiyordu. Yanımdaki her kimse onu bırakıp peşinden gidiyordum ama beni duymuyordu. Çığlık attığımı sanıyordum ama kendi sesimi bile duymuyordum. Ona yetişemiyordum. Sabah uyandığımda yüzümde kuruyan gözyaşlarından ağladığımı anlıyordum.

"Yüzünü yıka ve kahvaltıya in. Seni bekliyoruz."

Annem saçlarımı öptükten sonra beni kendi halime bırakıp odadan çıktı. Güçlü gözüküyordu ama onu Nursiş'le konuşurken duymuştum. İki gün önce. Uyuduğumu sandığı bir anda salonda onunla dertleşiyordu. Saatlerin verdiği susuzluğumu gidermek için mutfağa inmeye karar vermiştim. Annemin ağlamaklı sesini merdivenlerde duydum. Hayatımdaki yeni gelişmelerden biri. Acı çekmekten hoşlanır gibiydim. Bu yüzden oturup annemin acısını dinledim. Soğuk merdiven basamağında başımı dizime yaslayıp o acıyla beslendim. O ağladıkça ben de sessizce ağladım. Daha sonra su içmeden odama geri döndüm.

Kimse güçlü değildi. Kitaplardaki o kötü adamlara dönmüştüm. Yaptığım en iyi şey çevremdekilere zarar vermekti. Bu yüzden buradan çekip gitme fikri son zamanlarda oldukça mantıklı gözüküyordu. Trenle seyahat edebilirdim. Gözlerimi açtığımda hangi ülkede olduğumu bilmemek istiyordum. Açıkçası kendimi oyalayacak şeylere ihtiyacım vardı. Kaybolmak istiyordum.

Yataktan aşağı indikten sonra bir süre bekledim. Gözlerimin önündeki karartı yavaşça dağılırken dengemi sağladım ve banyoya doğru yürüdüm.

Elimi ve yüzümü yıkayıp, dağılmış saçlarımı tarama zahmetine girmeden turuncu bir lastikle topladım. Babam, annem ve Nursena Hanım'a eşlik etmek için mutfağa indiğimde kahvaltı için beni beklediklerini gördüm. Benim yüzümden onlar da aç kalmamalıydılar. Sandalyeye oturduğumda Nursiş kalkıp çay servisi yaptı. Annem benim için portakal suyu doldugu bardağı önüme bıraktığında babam hepimize birden "Afiyet olsun," deyip kahvaltıya başladı. Kahvaltı çeşidi fazlaydı. Siyah zeytin, yeşil zeytin, beyaz peynir, kaşar peyniri, fındık ezmesi, domates, salatalık, sucuk...

"Ekmeğine tereyağı sürmemi ister misin?"

Bakışlarımı kaldırıp babama baktığımda ciddi olduğunu gördüm. Benim için ekmeğe tereyağı sürecekti. Başımı salladığımda canım tereyağlı ekmek çekmiyordu. Gitmeden önce onları mutlu etmem gerektiğini düşünüyordum. O, her zaman kendimi düşünmem gerektiğini söylerdi ama bu bencillikten başka bir şey değildi. Babam kahvaltı bıçağıyla diğer dilimlerden daha kalın olan ekmeğin üstüne tereyağı sürerken, o dilimi bilerek seçtiğini düşündüm.

"Baban ekmeğini sürene kadar peynir zeytin yiyebilirsin, tatlım."

Annemi dinleyip çatalı elime aldım. Hangisi onları daha mutlu eder diye karar vermek üzereyken gözüm çatala takıldı. Üç dişli çatal parmaklarımın arasında duruyordu. Benim vereceğim kararla beyaz peynire ya da siyah zeytine batacaktı.

"Ekmeğin hazır, prenses."

Babam tereyağlı ekmeği önümdeki kahvaltı tabağının üstüne bıraktığında gözüm hâlâ çatalın dişlerindeydi. Bir süre sonra annem çatalı elimden alıp beyaz peynire batırdı ve yemem için ağzımın önüne kadar getirdi. Kendimi bebek gibi hissediyordum. Sadece depresyondaydım.

Bebek değildim. Başımı iki yana salladıktan sonra tabağın üstünde duran ekmek dilimini elime aldım ve ısırdım. Tereyağı ağzımın içindeki tatsızlığa bir nebze olsun tat katarken, babamın bakışlarının üstümde olduğunu hissediyordum. Canım ne bal, ne de fındık ezmesi çekiyordu. Kahvaltıda sadece tereyağlı ekmek tüketiyordum. Babamın bunu fark etmesi tuhaf ve güzeldi. Annem dişlerinde hâlâ beyaz bir yatağı anımsatan peynir diliminin olduğu çatalı tabağıma bıraktığında ben ekmeğimden ikinci ısırığımı almıştım.

"Sizinle paylaşmam gereken bir karar aldım."

Masadaki tüm kadınlar bakışlarını ona çevirince babam omuzlarını dikleştirdi. Elinde tuttuğu çatala odaklanmamaya çalıştım. Onun da üç dişli olduğundan emindim. Ve bu, şu an takılmamam gereken bir şeydi. Dikkatimi tekrar babama verdim. Dudağını ıslattı ve sonra her sabah söylenen bir günaydın gibi tonlayarak, "Düğünü erteleme kararı aldım," dedi. Annemin havaya kalkan kaşları iki saniye sonra indi ve bakışlarını tabağına çevirdi. Tabağına aldığı salatalık dilimlerinden bir tanesini çatalının ucuna ittirdikten sonra batırdı ve ağzına götürdü. "Kışa kadar zaman verdik. Seninle ilgilenmem gerek. Baba olma işinde biraz acemiyim ama bana bir şans daha vereceğini umuyorum."

Babam konuşurken annem gözlerini tabağından ayırmıyordu. Salatalık dilimlerini birer birer ağzına götürürken yüz ifadesinden ne düşündüğünü çözmeye çalışıyordum ama bu konudaki becerimi de diğer her şey gibi yitirmiştim sanki. Babamın hâlâ benden bir cevap beklediğini hatırladığımda anneme bakmayı kesip ona döndüm.

"Benim için bunu yapmana gerek yoktu."

"Evet ama bunu yapmak istiyorum."

Omuz silktim. Babam da omuz silkti. Sonra kahvaltı etmeye geri döndük. Beni önemsemesinin beni mutlu ettiğini ona söylemedim. O da bana ne hissettiğimi sormadı. Kahvaltıdan sonra alnımı öpüp işe gitti. Ben de annem ve Nursiş'i mutfakta bırakıp ait olduğum yere geri döndüm.

Yatağıma.

Onu görmeyeli bugün tam bir hafta oluyordu. Bir hafta önce bugün hayatımda bir daha görmek istemediğim otelin bahçesinde beni terk edip gitmişti. Rüyalarımda olduğu gibi bana arkasını dönmüştü. Yüzünü son kez gördüğümde ağzından dökülen kelimeleri hatırlamak, bir eli boğazımdan içeri sokup ciğerlerimi koparıyordu. Diğer herkes, bu dünyadaki diğer herkes bunu yapabilirdi ama o... En çok ondan beklemem gerekirdi, değil mi? Bana böyle bir acıyı yaşatabilecek en kötü, en akıllı, en kurnaz, en acımasız kişi oydu. Ölümden döndükten sonra bana gösterdiği o sahte yüzüne kandığım için şimdi bu kadar üzülüyordum. Eskiden olsa... İlk tanıştığımız zamanlarda olsa bu kadar acımazdı belki de canım ama o oyuna hâkimdi. Ne zaman ne yaptığını biliyordu. En iyi stratejiyi bulup öyle hamle yapıyordu. Bu yüzden şimdi canım bu kadar acıyordu. İlk tanıştığımızda ondan hep benimle dalga geçmesini beklemiştim. Canını sıktığım her an o darbeyi vurmasını. Beklentimin aksine hiçbir zaman beni ailemden vurmadı. Bana destek oldu. Beni güçlü buluyordu. Daha da güçlü olmam için yanımda duruyordu. Onu sevmem için her şeyi yapmıştı sanki.

Ama o gece... O gece de onu sevmemem için her şeyi yapmıştı.

Bazen çok eksikmiş gibi hissediyordum, çünkü tıpkı Bella gibi halüsinasyon görmenin mümkün olup olmadığını düşünürken buluyordum kendimi. Onu görmek istemiyor olmam, onu görmeye muhtaç olduğum gerçeğini değiştirmiyordu. Onu görmeye muhtaçtım. Ona alışmıştım ve bunun en kötüsü olduğunun farkındaydım.

Sadece tüm bu olanları değiştirme lüksüm yoktu. Ya da hafızamı kaybetme lüksüm yoktu. Öyle olsa bile *artık benim olmayan* Tuna, Patch gibi beni korumak için benden uzak durmazdı. O beni istemediği için benden uzak dururdu. Peki ya bunu mu isterdim? Bunu düşünmeden edemiyordum. Ben... Ben onu unutmaya hazır değildim. Matrix'i* izlemiş biri olarak nasıl olur da her şeyi unutmayı isteyebilirdim ki? İsteyemezdim. Gerçek, istemesem de onunla yaşadıklarımdı. O bana yaşadığımı, bir birey olduğumu hissettirmişti. Beni önemsemişti. Ne kadar aptalca olsa da fikirlerimi değiştirmeye çalışmamıştı. Onu ilgilendirse bile... Truman** kapının arkasındaki gerçek dünyayı öğrendikten sonra o fanusun içinde ona biçilen hayatı seçseydi, belki ben de onu ve bana hissettirdiklerini unutmayı tercih edebilirdim. Sadece aşk ya da sevgi olsaydı onu unutmayı kesinlikle isterdim ama aramızdaki şey bu kadar basit değildi. Çok daha fazlasıydı.

Dünyadaki en şanssız kız olmak zorunda mıydım? Bir hafta boyunca acınası hale gelen kadınların başrol olduğu filmleri izleyerek bu soruyu bir anlığına unutmak

* *Matrix:* Dünya çapında ilgiyle izlenen bilimkurgu filmi.

** *Truman:* Truman Show isimli filmin ana karakteri.

istemiştim ama SON yazısını gördükten hemen sonra yine bu soruyla baş başa kalmıştım. Ne olurdu diğer kızlar gibi sadece âşık olsaydım? Ya da hastalıklı, mazoşist de olabilirdim. Ne bileyim... Binlerce seçenek vardı. Normal ve sıradan bir şey olurdu. Lisede arkadaşlarımdan dinlediklerim ya da kitaplarda okuduklarım gibi.

Neden basit değildi? Neden ona sadece âşık değildim ya da sadece sevmiyordum? Neden daha fazlasıydı? Onun gibi biri olmak zorunda mıydı? Boğuluyordum. Gözyaşlarım gözümde yeniden biriktiğinde ellerimi boğazımın üstüne kapattım. Bunlar yaşanmamış olsun istiyordum. Onu affetmek istiyordum. Gelsin, beni affetsin, bir şeyler söyleyip beni kandırsın ve bana sarılsın istiyordum. Kahretsin! Onu unutmayı sadece bir şartla kabul edebilirdim. Gelip beni kandırıp yeniden yanımda olacaksa onu unutmaya razı olurdum. O yeniden yanımda olacaksa her şeyi unutmaya razıydım. Zavallı, bir erkeğe muhtaç kız olmaktan her zaman korkmuştum ve şimdi o kızdım.

Annem içeri girdiğinde sanki bunu bekliyormuşum gibi hıçkırmaya başladım. Annem telaşla yanıma geldiğinde yatağın üstünde oturmuş hıçkırıyordum. Boğazımdaki ellerimi tutup çekmesine izin verdim.

"Bebeğim..." Sanırım söyleyecek doğru şeyi bulamadığından devamını getirmedi. "Nursena, su!" diye bağırdı hemen sonra.

Hıçkırmaya son veremiyordum. Boğazımdan korkunç hırıltılar ve uğultular çıkıyordu. Bir anda ayağa fırladım. Annem benimle birlikte kalktığında yatakla duvarın arasında yürümeye başladım.

"Aptal gibi davranıyorum. "

Gözlerimi elimin tersiyle sildim ve hıçkırıklarımın arasında konuşmaya çalıştım.

"Onu affetmek istediğimi biliyor musun? "

Annem en az benimki kadar büyük ve yuvarlak gözleriyle endişeli bir halde bana bakıyordu.

"Senin kızın gibi değilim! Senin kadar güçlü değilim, çünkü onu affetmeyi çok istiyorum, anne! Beni kandırsın istiyorum," dedikten sonra yüzümü duvara döndüm. Ellerimle duvarı tokatladım. "Beni kandırsın... Ona inanayım... Yine birlikte olalım istiyorum. "

Gözyaşlarım hâlâ akıyordu. Annem ellerini omzuma koyduğunda farklı adım sesleri duydum. Bir süre sonra annem beni kendine çevirip elime bir bardak su tutuşturdu. Birkaç yudum aldım. Gözyaşlarım akmaya devam ederken anneme doğru ittirdiğim bardağı elimden aldı.

"Onu affetmek istiyorum, anne."

Annem bardağı Nursena Hanım'a uzattıktan sonra yatağın üstüne oturdu. Dizlerimin üstüne çöküp başımı onun kucağına koydum ve ağlamaya devam ettim. Böyle yaparak onu üzdüğümü biliyordum ama sığınacağım en sıcak liman annemdi.

"Keşke ondan nefret etsem, onu sevmesem ama olmuyor. Onu içimden söküp atamıyorum. Sanki o tamamen giderse ben de bitermişim gibi."

Tekrar hıçkırığa boğulduğumda annem saçlarımı okşadı. "İyi olacaksın, bir tanem."

Başımı iki yana salladım. Olmayacağım!

"Bir daha hiç gerçekten iyi olmayacağım, anne."

Sesli bir şekilde ağlarken, ağzımdan çıkanın ne kadar gerçek olduğunu düşünmemeye çalıştım. Çünkü bu, içimdeki boşluğu karanlıkla dolduruyordu.

Birbirimizi özgür bırakmalıydık.

Bu o kadar korkunç bir karardı ki, bedenimin sarsılmasını kendime sarılarak bile engelleyemedim.

Meriç'in gençliğine ait bir anı olmak...

Sıcak gözyaşlarım yanaklarımı ıslatarak çeneme doğru inerken ellerimle yüzümü kapattım. Bir gün çocuklarına değilse bile belki torunlarına anlatırdı. Bunu düşünmek içimdeki çığlık atma isteğini körüklerken ellerimi ağzımın üstüne kapattım.

Acı hissetmeden bir dakikayı uyanık geçirmek çok uzaklarda gibi gözüküyordu.

∞

"Kayla, sana diyorum!"

Şarap kırmızısı renginde boyanmış tırnaklar gözümün önünde bir sağa bir sola sallanırken kendimi toparladım. Kâbuslar geri gelmişti. Bir Marlboro paketinin bunu yaptığına inanamıyordum ama nedeninin bu olduğuna emindim.

"Pardon! Döndüm. Artık buradayım. Ne demiştin?"

Birce tırnaklarını masaya vurmaya başladığında uzanıp ellerini tuttum. "Özür dilerim. Sadece bir kâbus gördüm. Pek iyi uyuyamadım ve aklım orada kaldı. Üstesinden geleceğim."

"Pekâlâ. Kötü çocukları sevmediğini, hatta onlardan hiç haz etmediğini biliyorum ama Serhat yeni bir mekân keşfetmiş ve oraya kesinlikle gitmemiz gerek. Neredeyse bir yıldır kapalıymış. Başka biri devralmış ve şu an yepyeni bir mekânımız var."

"Siz gidin. Dediğin gibi hoşlanmıyorum ve karşılaşmak da istemiyorum."

Dondurmamı kaşıkladım. Bunun konuyu değiştireceğini umuyordum. Limon dilimin üstünde erirken Birce beni ikna etme çabalarına devam ediyordu. Ne kadar otantik, tutku dolu olduğu umurumda değildi.

"Karaoke yapmaktan sıkıldım, Kayla. Yeni bir şeylere ihtiyacım var. İletişim fakültesi geçen cuma orada tiyatro sonrası kutlama yapmış. Her on kızdan beşinin artık görüştüğü yeni bir çocuk var. Dikkatini çekti mi bilmiyorum ama oranlarla konuşuyorum ve oranlar bana diyor ki, eğer bir hafta içinde herhangi biriyle flörtleşmeye başlamazsam, o futbol beyinli adını hatırlamadığım çocuk yeniden peşime takılacak. En son sebep olduğu rezilliği hatırlatmamı ister misin?"

Gülerek dondurmadan bir kaşık daha aldım. Fakültenin girişine papatya yapraklarıyla BENİ AFFET! yazan bir futbol zekâsından bahsediyorduk. Unutmam mümkün değildi.

"Belki de gerçek aşkın odur."

Birce elini havaya kaldırıp ciddi bir ifadeyle bana baktıktan sonra suratını buruşturdu.

"Lütfen!"

"Tamam anladım, o gerçek aşkın değil. Bir dakika... Adını ben de hatırlamıyorum. Her neyse... Adını hatırlamadığım çocuğu kendinden uzak tutmak için işine yarayacak bir deste yakın erkek arkadaşın var."

"Onların hepsi dediğin gibi yakın erkek arkadaşım ve o inatçı çocuğun bundan haberi var. Kayla, neredeyse bir yıldır arkadaşız ve eğer benden gizli geceleri odana erkek atmıyorsan, seni tanıdığımdan beri kimseyle flörtleşmedin," dedikten sonra masanın üstünden bana doğru eğilip fısıldadı. "Öpüşmediğinden bahsetmiyorum bile."

"Bunu kabul etmiyorum. İki hafta önceki dansta Beden Eğitimi Öğretmenliği okuyan bir çocukla dans ettim ve elleri sırtımın her tarafındaydı."

"Çünkü çocuk seninle dans ediyordu, Kayla. Daha ileri de gidebilirdi, tabii dans biter bitmez ondan uzaklaşmasaydın."

"Ağzı kokuyordu," diye yalan söyledim ama Birce böyle bir yalana inanacak bir kız değildi.

"Çocuğun etrafa yaydığı testosteronla bir kız hamile kalabilirdi, Kayla. Bahane üretme."

Sadece hatırlamak istemediğim şeyler var.

Hatırlamak istemediğim şeyler o kadar derindi ki, üstesinden gelmek ilk başlarda epey zor olmuştu. Hayatımdan çıkarılacak şeylerin bir listesini yapmıştım. Annem ve babam bunu tuhaf bulsa da bana saygı göstermişlerdi. Ancak üç dişli çatalları çöpe atmaya başladığımda iş tuhaflık konusunda bir iki basamak birden atladı ve yardım almam gerektiğini söylediler. Hayatı boyunca sadece iki kere okulun rehberlik servisini kullanan birine göre psikologa gidip bir şeyler anlatmak gerçekten zordu. Üçüncü seanstan sonra 'hatırlamak istemediklerim' hakkında konuşmaya başlayabilmiştim. Eskiden haftada iki kere gidiyordum. Sonra bu haftada bir, iki haftada bir ve ayda bire indi.

"Saçların uzamış. Ve şu an canımı epey sıktın. Ne dersin, kuaföre gidelim mi?"

Bir saat sonra kuafördeydik. Şehir merkezinde onlarca kuaför olmasına rağmen, biz şehrin batı ucuna kadar gidiyorduk. Birce'nin ve artık benim saçlarıma dokunan tek bir kişi vardı. Barış!

Birce yüz bakımı yaptırırken, ikinci psikologum Barış omzumun on santim kadar aşağısına inmiş saçlarımı eski haline getirdi. Buraya ilk geldiğimde saçlarımın halinden memnun değildi. Şehirde küçük bir kuaför dükkânı olan birine kestirmiştim. Barış'a göre saçıma tecavüz etmişti. Sonra onun sihirli parmakları devreye girdi ve gerçekten farklı göründüm. Artık saçımda iki renk vardı. Sarı saçlarımın doğallığını bozmak istemese de, benim ısrarımla uçlarındaki rengi açmıştı. İstediğim şey aynaya baktığımda farklı birini görmekti. Çiçekli elbiselerimi Eskişehir'e yollarken içim gerçekten burkulmuştu ama bana onu hatırlattıklarını fark ettiğimde hepsini kolilere doldurmuştum. Psikologuma göre bu normal bir tepkiydi. Daha kötülerini gördüğüne bahse girerdim, çünkü bana hiç de normal gelmiyordu.

"Makyajına sihirli dokunuşlar ister misin?"

Heyecanla başımı salladım, Barış bundan memnun olmuşçasına sırıtıp beni makyaj odasına aldı. Birce'yi benden daha uzun süredir tanıyordu. Birce buraya on üç yaşından beri geliyormuş. Şehrin batı tarafında doğduğu için liseyi de burada okumuştu ama üniversite için doğu tarafında bir öğrenci apartında yaşamaya başlamıştı. Hayatı her ne kadar partiler ve eğlencelerle çok yoğun olsa da, her hafta sonu ailesinin yanına geliyordu. Arada bir hafta içlerinde Barış'ın Güzellik Salonu için de geldiğimiz oluyordu.

Birce'ye hâlâ birçok şeyi anlatmamıştım. Ona güvenmediğimden değil, sadece anlatamıyordum ama psikologuma ya da Barış'a anlatmak benim için daha kolaydı. Makyaj odası benim ikinci danışma salonumdu.

Etrafa altın renginde ışık saçan ampullerle çevrili olan aynanın karşısındaki deri koltuğa yerleşip, Barış'ın makyajımı çıkarmasını sabırla bekledim. Bana nasıl makyaj yapmam gerektiğini öğretirken buraya sık sık geleceğime dair bir söz almıştı. Sadece sevdikleri için bunu yaptığını söyleyerek beni şımartmıştı da.

"Anlat bakalım, Kayla," dedi yüzüme doğru eğilip nazikçe gözümün üstünü temizlerken. Ağzı her zamanki gibi mentollü sigara kokuyordu ama bundan iğrenmiyordum. Gözümün üstüne sürdüğüm o siyah kalın tabakanın ve bakışlarımı daha çekici hale getiren farın güzel gözükmesinin tek sebebi olan adam bana sırıttığında diğer gözümü de kapatıp güldüm.

"Birce beni serserilerin takıldığı yeni bir mekâna götürmek istiyor."

"Sen de fobilerinin üstüne yürüme yöntemini seçmiyorsun."

"Adı üstünde fobi. Hiçbir zaman bir fobimin üstüne yürüyemedim."

Bir kedi almış olmam, köpeklerle aramın iyi olduğu anlamına gelmiyordu. Trouble bir sokak kedisiydi. Onu gördüğümde bana en az benim kadar yalnız ve ürkek gelmişti. O yüzden aramızda sıkı bir bağ vardı ama itiraf etmeliydim ki, Nursena Hanım ve babam olmasa açlıktan bir gün zafiyet geçirebilirdi. Bakımı konusunda hâlâ çok acemiydim.

"Ona gitmek istememenin sebebini açıklasan bu kaçışların daha sancısız olabilir." Şimdi sıra diğer gözümdeydi.

"Biliyorsun, ona bunu anlatırsam daha çok üstüne gitmem için baskı yapar."

"Bunu seksi bulur."

İkimiz birden gülmeye başladık. Birce güçlü bir kızdı. Gerçekten güçlü. Ona bir gün anlatacaktım. Sadece psikologum ve Barış haricinde birine anlatacak gücü kendimde bulmayı bekliyordum. O günden sonra ne annemle, ne babamla, ne Neşe'yle, ne de başka biriyle bunu konuştum. Hepsi de bana saygı duydu. Neşe ve Ömer, anladığım kadarıyla Ankara'da bir peri masalı yaşıyorlardı. Cansu ve Bora'nın görüşmesi onlar kadar sık –her gün– olmasa da birliktelikleri hâlâ devam ediyordu. Bora da benim gibi özel bir üniversitedeydi. Cansu, Atahan ile iş birliği olduğunu söylemişti ama detayları bilmiyordum. Yarışlara hazırlanıyordu. Hayatımda bir yenilik daha... Neşe hâlâ en yakın dostumdu ama Cansu ve Birce'yle ondan daha sık görüşüyordum. Bu isteyerek yaptığım bir şey değildi. Cansu'yla mesajlaşmaya başlamıştık ve sonra bunun bizi eğlendirdiğini fark etmiştik. Böylelikle farklı bir mesaj arkadaşlığımız doğmuştu. Onu lisedeyken de tanıyordum ama artık daha iyi tanıdığımı düşünüyordum.

Birce ise... Hayatımın her gününde vardı. Hafta sonları sadece mesaj olarak katılsa da, diğer her gün fiziksel olarak yanımdaydı.

Barış'ın yanından çıktıktan sonra yine karaoke yapmaya gittik. Ondan sonra daha sakin bir kafede kahve içip evlerimize dağıldık. İki yılın ardından bu şehrin sokaklarında kendimi artık güvende hissediyordum. Buraya alıştığım için olduğunu öne sürüyordu psikologum. Artık sokakları biliyordum. Nereden gidersem daha güvenli, neresi dua ederek geçmeme sebep olur biliyordum ve ona göre hareket ediyordum. Ve bir arabam vardı. Kendimi güvende hissetmemin asıl sebebi oydu. Karanlık çöktüğünde çoğu sokak bana hâlâ tehlikeli geliyordu. Bana zarar vermeye kalkışanlar hâlâ hapiste olsalar da...

Beetle'ımı Cadillac'ın yanına park ettikten sonra anahtarımı çantanın içine atıp eve doğru yürüdüm. Çalıların arasından bir ses geldiğinde o tarafa dönüp Trouble'a seslendim. Hiçbir kıpırtı olmadı. Anahtarı bulup içeri girdiğimde salondan artık sesine aşina olduğum adamın sesi geliyordu. Babam yine spor kanalındaydı.

"Ben geldim!" diye seslenirken ayakkabılarımı çıkarıyordum.

Babam elinde bir tabakla salondan çıktı. "Hoş geldin! Tost ister misin?"

Başımı salladım. Çantamı alıp salona doğru yürürken etrafa bakındım. "Trouble nerede?"

"Bahçede. Uzun süredir orada."

Çantayı merdivenlerin başına bıraktıktan sonra salona girdim. Bahçeye açılan kapının önünde durup yeniden ona seslendiğimde sesini duydum ama kendisi hâlâ görünürde yoktu. Mama kâsesini alıp kapının önüne koyduktan sonra ona bir kez daha seslendim. Bu sefer bir mırıltı sesi duyuldu. Yakınlardaydı ama onu göremiyordum.

"Bir fare bulmuş olamaz, değil mi?"

Koltuğa yayıldığımda babam elinde tabaklarla geri dönmüştü. Kenarlarından acılı sos akan tostu bana uzattığında teşekkür ettim.

"O kedi bir fare yakaladığında onun için özel bir tören düzenlememiz gerekir."

"Lütfen onu küçük görme, baba."

Babam elindeki tostla bahçe kapısını işaret ederek "İşte geliyor," dedi.

Gözlerimi kısarak baktığımda Trouble'ı ve yavaş adımlarını fark ettim. Sanki bana cevap verecekmiş gibi ona

"Nerelerdesin?" diye sorduğum sırada kapının önündeki mama kâsesinin içine başını eğdi. Tostumdan bir ısırık alırken onu izliyordum. Kokladıktan sonra kâsenin yanından geçip ona ait olan mindere yürümeye başladı.

"Gerçekten bir fare yakalamış olabilir. Sabahtan beri hiçbir şey yemedi, o kâseyi öyle boş geçmiş olamaz."

"Belki de hastadır. Onu veterinere götürmeli miyiz?"

"Yarını bekle. Böyle yapmaya devam ederse götürürüz."

Tostumu yedikten sonra babamın tabağını da alıp mutfağa gittim. Babam temiz bir adamdı ama bulaşıkları makineye koyma işini hep es geçiyordu. Lavabonun içine yığılmış bulaşıkları durulayıp makineye yerleştirdikten sonra salona geri döndüm. Trouble'ın yanına gidip dizlerimin üstüne çöktüğümde kafası hâlâ minderdeydi. Onu canlandırmak için bir süre okşadım ama mırıltılar çıkarmak dışında bir şey yapmayınca bundan vazgeçip hayvanı rahat bıraktım.

Babama iyi geceler diledikten sonra merdivenin başındaki çantamı da alıp odama çıktım. Bacaklarımı morartacak kadar sıkı görünen ama aslında çok rahat olan kot pantolonu bacaklarımdan aşağı sıyırdıktan sonra bluzumdan da kurtuldum. Dolaptan kendime bir tişört ve şort çıkardım.

Dolabımda artık jileler, deri ve kloş etekler, onların üstüne giyebileceğim basit, sıradan şeyler, çiçek deseni olmayan elbiseler, kot pantolonlar vardı.

Hatırlamama olayı bana biraz pahalıya patlamıştı ama babam bir zamanlar kullanmamak için ısrar ettiğim kredi kartını bana bağışlayarak depresyonuma yardımcı olmuştu.

Ona geri ödüyordum. O buna gerek olmadığını söylese de evin alışverişini ben yapıyordum.

Dolabın kapaklarını kapattıktan sonra yatağın üstüne uzanıp başucumdaki kitabı aldım. Yirmi sayfa okuduktan sonra esnemeye başlamıştım. Kitabı kapatıp örtünün altına girdikten sonra gözlerimi yumdum.

Beni uyandıran alarm oldu. Derse yetişmek için hızla yataktan kalktım. Yüzümü yıkayıp üstümü değiştirdikten sonra çantamı kapıp evden ayrıldım. Ders bittiğinde Birce beni hâlâ ikna etmeye çalışıyordu. Kampüsün en sessiz kafesinde oturmuş patates kızartması yerken burada olma nedenimizin beni ikna etmek olduğunu biliyordum, çünkü o genelde burası hariç her yerde takılırdı. Birce kesinlikle ilgi çeken ve bundan hoşlanan bir kızdı.

"Sırf seni ikna etmek için salsa dersimi ektim."

"Salsa dersine sadece eğlenmek için gidiyorsun. Öğreneceğin yeni bir şey yok," dedim ağzıma bir patates dilimi daha atarak. Buranın patateslerini seviyordum.

"Gururumu okşadın. Herkes oradan bahsediyor, Kayla. Dirty Dance'deki kızlar gece orada tanıştıkları çocuklardan bahsediyordu. Öğrendiğime göre senin okuduğun liseye çok yakın. Eskiden tam bir çöplükmüş, eminim haberin yoktur ama yenilenmiş bir Kemik'e gitmemiz gerek!"

"Ne dedin?"

Birce sonunda ilgimi çektiğini fark edip heyecanla anlatmaya devam etti. "Kemik! Devamı yok. Oradakiler buraya ne derseniz deyin diyormuş. Eğlence kulübü, bar, kafe... Sen ne istersen!"

Eğlence kulübü, bar, kafe ya da *birilerinin rahatça sevişt*i*ği odaları olan gizli bir yer.*

"Oradan haberin var mı?"

"Orası güzel bir yer değil."

"Haberin var! Kayla, her şeyi değişmiş."

"Bundan ne kadar eminsin? Eski halini gördün mü?"

İştahım kaçmıştı. Markette birinin Marlboro istemesine birçok kez maruz kalmıştım. Bunun üstesinden gelebiliyordum ama Kemik? Oraya gidemezdim. Birce'nin benim için yaptığı fedakârlıklar –bu kafeye gelmesi gibi– sonucunda onunla gidecektim ama Kemik'e gidemezdim.

"Hayır! Ama gidenler görmüş. Duvarları eski halini anlatıyormuş."

Bu da ne demek oluyordu? Kemik'in duvarları cinsellik içeren posterlerle kaplıydı. Orasının kapandığını duymuştum. Babam, Önder Atahan ile bir olup orasının okulun çevresine uygun olmadığını kanıtlayan bir dava açmıştı. Avukatlar o kadar iyiydi ki dava ertelemesi bile olmamıştı. Babam hiç bahsetmese de, hapisteki iki çocuğun ve benim bu davanın bir parçası, hatta hâkimi ikna eden büyük bir parçası olduğunu biliyordum.

"Birce, orada olmak istediğimi sanmıyorum. Üzgünüm."

Saniyeler önce gülümseyen suratı asıldı. Toz pembe renkteki deri çantasını kapıp ayağa kalktı. Kırılmıştı. "Seni hiç anlamıyorum!"

Arkasından baktım ama hiçbir şey söyleyemedim. Telefonum çalmaya başladığında çantamı koluma takıp oturduğum yerden kalktım. Kafeden çıkarken telefonu kulağıma götürdüm.

"Cansu!"

"Kayla! Sana süper bir haberim var! Bu hafta sonu Bora'yla birlikte oraya geliyoruz!"

"Ne? Ah! Çok sevindim ama bir dakika! Kötü bir şey yok, değil mi?"

"Hayır. Sadece Bora'nın Önder Atahan ile görüşmesi gerekiyor. Uçak biletini o karşıladı zaten. Biliyorsun, Bora'ya burs veriyor."

Atahan Ailesi ve yardımseverlikleri...

"Evet. Buna o kadar sevindim ki! Seni çok özledim ve Bora'yı da tabii."

Kış tatilinde Cansu'yu sadece bir gün görebilmiştim. Ailesiyle birlikte Uludağ'a gitmişti ve bir daha görüşememiştik. O bir günü saymazsak, son görüştüğümüzde depresyondaydım ve yanımda olduğunu zar zor hatırlıyordum.

"Biz de seni çok özledik! Ama çok kalamayacağız. Bora'nın hemen dönmesi gerekiyor. Benim de tabii. Cuma gecesi uçak inmiş olacak. Cumartesi sabahı annemlerle olacağıma söz verdim. Yoksa bu yolculuğa izin vermiyorlardı. Pazar öğlen de uçağımız var. Yani bana cumartesi geceni ayırabilir misin?"

"Tabii ki! Dergiden sonra tamamen boşum."

"Harika! Kahretsin! Hoca geldi, sonra görüşürüz. Öptüm."

Ve telefon kapandı. Onu çok özlemiştim. Sadece Bora'yı görmek konusunda şüphelerim vardı. Her şey bana onu hatırlatırken, Bora'nın üzerimde yaratacağı tepkiden emin değildim. Herkes onun yokluğuyla iyi başa çıkabildiğime beni inandırmaya çalışıyordu. Sonuçta herkesin gözünde önce korkunç bir şekilde terk edilmiş, depresyona girmiş ve sonra gerçekten terk edilmiş zavallı kızdım. Meriç, İtalya'ya gitmişti. Sergisini ertelemiş ve eğitim için planladığı gibi gitmişti. Biz sırrın bir kısmını öğrenmiştik. Meriç beni acımasızca terk etmişti. Semih, Paris'ten döndüğünde gerçeği bana anlatmıştı. Meriç'e de anlatmıştı. Gerçekler ortaya çıktığında herkes barışacağımızı düşünmüştü ama Meriç çekip gitmişti.

Her şeyi Semih'in dedesi başlatmıştı. Büyük şirketlerin katılacağı ihaleyi kazanırsa kendi şirketlerinin itibarı artacaktı. Kenan Amca ona uymak istememişti ama babasının üzerinde kurduğu baskıyla kendini ona ispatlamak zorunda kalmıştı. Aynı Semih'in babasına kendini ispatlamak için yaptığı şeyler gibi. Bu ağır ve ahlaksız bir olaydı ama Kenan Amca bir kere buna bulaşmıştı. Meriç'in amcasıyla annesi arasında bir şey varmış gibi gösterdikleri fotoğraflar Aytaç Tuna'ya ulaşınca, ihale Tuna Ailesi'nin düşündüğü şeyler arasında gerilemiş ve ihaleyi Semih'in dedesi kazanmıştı.

Sonrası çorap söküğü gibi gelmişti zaten.

Aytaç Tuna'nın yaptığı hata, Alev Teyze'nin yapmaya kalkıştığı hata... İki aile birbirinden tamamen kopmuştu. Bir taraf gözle görülür bir dağınıklığa düşmüş, diğer taraf gizlice dağılmıştı.

Meriç gerçekleri öğrendiği için mutluydum. Ailesini biraz olsun affedebildiği için mutluydum ama bizim için bir kurtuluş yoktu. Hiçbir zaman da olmayacaktı.

2

"Herkese iyi akşamlar!"

Kolumun altına sıkıştırdığım dosyanın düşmemesi için büyük bir özen gösterip kapıyı açtıktan sonra kendimi dışarı attım. Kahve bardağı ve telefon bir elimdeydi. Arabama neredeyse yetmiş adım kalmıştı ve telefonum çalıyordu. Dosyaların kolumun altında güvende olduklarına emin olduktan sonra telefonu yavaşça kulağıma yaklaştırdım.

"Efendim!"

"Annemlerle işim bitti. Bora'nın yanına gidiyorum. Neredesin?"

"Dergiden şimdi ayrıldım. Arabaya yürüyorum."

"Tamam. Kahverengi'de buluşuyoruz o zaman."

"Evet. Hoşça kal!"

Telefonu kapatıp arabanın kapısını açtıktan sonra, önce dosyaları ardından kahve bardağını güvenli bir yere koydum. Telefonumu yan koltuğun üstüne attıktan sonra emniyet kemerimi taktım. Bugün dört kez yaptığım gibi

Birce'yi aramaya karar verdiğimde henüz arabayı çalıştırmamıştım. Telefona uzanıp numarasını bulduktan sonra kulağıma götürdüm.

"Evet."

"Birce, özür dilerim. Pazartesiden beri benimle konuşmuyorsun."

"Çünkü ben sana her sırrımı veriyorum ve nedenini bilmesem de senin istemediğin şeylerin uzağında duruyorum. Sen ise bir kereliğine benim istediğim yerde olmuyorsun. Üstelik sebep bile göstermedin, Kayla. Senden başka kız arkadaşım yok. Diğerleriyle senin kadar yakın değilim. Seninle eğlenmek istediğimi bile anlamıyorsun."

Gözlerimi kapatıp nefesimi dışarı bıraktım.

"Neredesin? Seni almaya geliyorum."

"Gerek yok, Kayla. Bunları söyledikten sonra benimle gelmenin bir anlamı yok."

"Liseden arkadaşım geliyor. Cansu. Sadece bu akşam müsait, yarın öğlen dönecek. Sen üzgünken onunla mutlu olamam. Kemik'i eskiden görmüştüm. Yenilenmişse eğer... Merak ediyorum. Gerçekten."

Kısa bir sessizlik oldu.

"Apartın önündeki duraktayım. Acele et."

Gülümseyerek telefonu kapattıktan sonra mesajlara girdim.

Gönderilen: Cansu

Plan değişti. Kemik'te buluşalım. Birinin gönlünü almam gerekiyordu. Sonra anlatırım.

Gönderilen: Semih

Üzgünüm yakışıklı, bu gece beni göremeyeceksin ama söz veriyorum, haftaya seninleyim. İstediğin kadar.

Telefonu tekrar koltuğun üstüne attıktan sonra Beetle'ımı çalıştırdım ve yola koyuldum. Kendimi ne kadar hazırlamazsam o kadar az heyecanlanırdım. Heyecanlanacak bir şey yoktu.

"Heyecanlanacak bir şey yok!"

Ne kadar olduğundan emin olamadığım kadar uzun süredir adım atmadığım sokakta yürürken ağzımda değişik bir tat oluşmuştu. Elimi karnımın üstüne bastırıp Birce'nin benden ayrı geçirdiği dört günde neler yaptığına konsantre olmaya çalışırken giderek oraya yaklaşıyorduk. Sokak eskisinden çok da farklı değildi. Arabayı caddenin başına park etmek zorunda kalmıştım. Zaman kazandığım için mutluydum ama her adım vücudumda ayrı bir yaranın kabuğunu kaldırıyordu. Buraya hiç gelmemem gerekiyordu. Başımı çevirip arkama baktığımda hâlâ geri dönebileceğimi biliyordum. Eğer gidersem Birce'yle olan arkadaşlığımı iyice çıkmaza sürüklerdim. Ondan zaten birçok şeyi saklıyordum. Saklamak istemesem de konuşmayarak saklamış oluyordum.

"Arkadaşların ne zaman gelecek?"

"Belki de oradadırlar. Ve işte orası! Eskiden de dışı böyle mi gözüküyordu?"

Duvarları siyaha boyanmış, yepyeni inşa edilmiş görünümü olan Kemik'e baktım. Camlarında siyah filmler vardı. Büyük harflerle KEMİK yazıyordu ve sadece o yazı beyaz renkti. Camın hemen yanındaki duvara gözüm kaydığında tüylerim diken diken oldu. Kollarımı bedenime dolayıp sessizce nefes aldım. Sırtımın birçok kez yaslandığı duvarda tanıdık bir şey aradım ama bana verdiği tek şey his olmuştu.

"Hayır. Çok daha eski gözüküyordu."

"Haydi girelim."

Kovboyların takıldığı barları anımsatan kapı da gitmişti. Siyah ahşap bir kapı Birce elini uzatmadan açıldığında nefesimi tuttum. İçeriden çıkan gürültücü iki kız kıkırdayarak geldiğimiz yolu yürümeye başladığında başımı sallayıp Birce'nin peşine takıldım.

Burası...

Hiçbir şey eskisi gibi değildi. Zemindeki ahşap yenilenmiş, masalar ve sandalyeler kullanılabilir hale gelmiş, bar baştan aşağı değişmişti. Her şey yeni ve temiz gözüküyordu. İyi hissetmem gerekiyordu, çünkü bana eskiyi hatırlatacak tek bir eşya yoktu. Ama duvarlar... Duvarlar öyle korkutucuydu ki... Ve tavan...

Birisi kollarını boynuma doladığında gözlerimi sıkıca yumdum. "Buraya neden gelmek istediğini bilmiyorum ama çok ürkütücü. Üstesinden gelebiliriz."

Yüzümü görecek kadar benden uzaklaştıktan sonra "Seni çok özledim!" dedi ve tekrar sarıldık. Ben de onu çok özlemiştim. Cansu'yu Birce ile tanıştırdıktan sonra Bora'nın yanına geçtik. İkinci bir tanışma faslının ardından kendimi bir sandalyenin üstüne taşıdım. Oturmaya ihtiyacım vardı.

"Kahverengi'de olmayı tercih ederdim. Kayla, seni aramaya çalıştık ama..."

"Birce burayı çok merak ediyordu."

Birce kaşlarını kaldırıp indirdikten sonra "Tüm suç benim," diye kabullendi muzipçe. "Tüm kampüsün gündem konusu burası. Gelmemiz gerek diye düşündüm. Duvar ve tavan biraz ürpertici olsa da..." Omuz silkti. "Hoşuma gitti."

Cansu masanın altından elimi tutup sıktığında ona bakıp gülümsedim. Duvardaki ve tavandaki resimlerle başa çıkabilirdim. Onu görmediğim sürece...

Bora bize içecek bir şeyler getirmeye gittiğinde, Cansu ve Birce dans hakkında konuşmaya başladılar. Cansu eskiden bale yapıyordu ve şimdi de esnekliğini geri kazanmak için dansa devam etmeye karar vermişti. Birce onun hangi dansa daha yatkın olduğunu keşfetmeye çalışırken bakışlarımı yukarı kattaki odalara çıkan gizli bölmenin olduğu tarafa çevirdim. Her şey o kadar değişmişti ki, bir an nerede olduğunu hatırlayamadım. Barın yeri bile değişmişti ama o gizli bölmenin olduğu yeri keşfetmem çok da uzun sürmedi.

"Kayla!"

Bora önüme bir portakal suyu bıraktığında gözlerimi ona çevirdim. Sesindeki ton uyarır gibiydi. Gülümsemeye çalıştığımda o da yüzüne mükemmel bir gülümseme yerleştirdi. Diğer kızların önüne içeceklerini bıraktıktan sonra yanımdaki sandalyeye yerleşti.

"Okul nasıl gidiyor?"

Birce ve Cansu koyu bir sohbete dalmışlardı. Portakal suyumdan bir yudum aldıktan sonra, "Gerçekten merak ettiğin bu mu?" diye sordum.

"Okul ve hayatın nasıl gidiyor merak ediyorum. Mutlu hissediyor musun?"

"İyi," deyip kestirip attım. En yakın arkadaşına bir rapor verip vermeyeceğini bilmiyordum. Onun benim hakkımda bir şey bilmesini istemiyordum. Onu düşünmek ya da onun beni düşünmesini istemiyordum. 'İyi' politik bir cevaptı. Mükemmel bir iyi de olabilirdi, kötüyü gizlemek için söylenmiş yalancı bir iyi de. Verdiğim cevaptan memnundum.

"Burası senin için iyi bir yer değil. Telefonumu açsaydın arkadaşını ikna edebilirdik."

"Burası beni rahatsız etmiyor," diye yalan söyledim. Duvarda ve tavanda onun suratının olduğu bir kareyle karşılaşmaktan delicesine korkuyordum. Hiçbir sosyal medya hesabını kullanmıyordum. Numarasını silmiştim. Fotoğraflarımızı atmaya kıyamamış olsam da, çatı katında kum torbasının arkasında bir sandığın içinde duruyorlardı.

"İçeri girdiğinde seni gördüm, Kayla."

"Önder Atahan'ın sana burs verdiğini duydum. Gerçekten hak ediyorsun. O harika bir adam ve senin daha iyi yerlere gelmen için her şeyi yapacaktır."

"Evet, öyle. Benimle olduğu için şanslıyım."

Bora sırıtarak sodasından büyük bir yudum alırken, üzerimdeki sırt dekoltesi olan siyah elbisemi çekiştirdim. Saçlarımı kestirdiğimden beri Birce bana sırt dekoltesi olan şeyler almam konusunda ısrar ediyordu. Çok küçük bir dekoltesi olsa da birkaç parça kıyafetim böyleydi.

"Eskiden çiçekli elbiseler giyerdin," diye fısıldadıktan sonra Cansu'ya doğru döndü.

"Dirty Dance asla olmaz. Unut bunu. Sıradakine geçelim, Birce."

Bora beni geriyordu. Eskiden böyle yapmazdı. Şu an sanki en yakın arkadaşını ondan uzaklara sürüklediğim için benden intikam alıyordu.

"Benden hoşlanmıyor gibisin."

Kızlar dans konusuna geri döndüğünde gülümseyerek sodadan bir yudum daha aldı. "Senden her zaman hoşlandım, Kayla. Sadece biraz farklı gözüküyorsun. Saçlarının uçları beyaz mı?" dedikten sonra gözlerini kısarak baktı. Omuzlarımı dikleştirdim.

"Sayılır."

Ona sarının tonlarından bahsetmek istemiyordum. Onun için beyazsa, beyazdı.

"Ve gözlerin... Karanlık bakıyorsun."

"Buna buğulu diyorlar."

Bora kafasını sallayıp "Buğulu," diye tekrar ettikten sonra omuz silkti. "Eski halini sanırım daha çok seviyordum."

Cansu'ya baktım. Eskisinden çok farklı gözükmüyordu. Hâlâ çok güzeldi. Sarı saçları parlaktı, yüzünde makyaj vardı ama Bora'nın biraz önce bana bakarken yaptığı gibi kaşlarını çatacağı türden değildi. Cansu'yu sıcacık gösteren canlı bir makyajdı. Ve üstünde her zamanki gibi onu şık gösteren bir elbise vardı.

"Eskiden daha masum gözüküyordun."

Kaşlarımı kaldırıp ona doğru eğildim. "Artık çok masum değilim."

Bu Bora'yı gülümsetince gerildim. Bana inanmıyordu.

"Sadece yeni bir maske takmış gibisin, Kayla. Sahneden indiğinde yine aynı sensin."

Hızla oturduğum yerden kalkıp "Lavaboya gideceğim," dedim ve masaların arasında yürümeye başladım. İçeride çok ağır bir müzik vardı. Sıkıcı değildi. Daha çok... İnsanın arzularına dokunan notaların bir araya gelmesiydi. Birbirlerine değen vücutlar da müziğin büyüsüne kendini kaptırmış gibiydi. Duvarlara bakmaktan özenle kaçınıp kapıyı ittirdikten sonra rahat bir nefes aldım. Tuvaletin duvarı ve tavanı neyse ki içerinin devamı değildi. Siyah duvarları renklendiren şey kırmızı lavaboydu. Musluğu çevirdim. Yüzümü birkaç kez yıkadıktan sonra aynadaki yansımama baktım. Vamp bir makyajım yoktu ama eskisi gibi de değildim. Bora haklıydı. Farklı gözüküyordum. Bir anda kendimi çok yapay ve çirkin hissettim. Elimi uzatıp peçete kopardıktan sonra yüzümü kurulayıp derin bir nefes aldım. Bora beni uzun süredir görmüyordu. Bana öyle garip bakmasının tek sebebi buydu.

Lavabodan çıktığımda kollarımı etrafıma doladım. Birce, Cansu ve Bora birlikte bir şeye gülüyorlardı. Dudağımı kemirirken bir anda arkamı dönüp duvara bakmaya başladım. Kapının yanından beş adım uzaklaştığımda hâlâ onu görmemiştim. Fotoğraflar irili ufaklıydı. Yine de en küçüğü bir karış büyüklüğünde olduğu için onu görmeme olasılığım yoktu. Her fotoğrafta kalabalık yoktu, hatta bazılarında sadece Kemik'in dekorasyonu vardı. Pes edip geri dönmek üzereydim. Bulunduğum yerden iki adım ötemde, duvarın ortasında diğerlerinin iki katı büyüklüğünde bir fotoğraf vardı. Onu fark etmem çok zor olmamıştı. Arka bahçede çekilmişti. Masaların neredeyse hepsini alan bir fotoğraftı. Fotoğrafa doğru yaklaştım.

Önünde durduğumda önce etrafındaki fotoğraflara baktım. Birkaç tanıdık yüz gördüğümde kalbimin ritmi değişmişti. İsimlerini bile bilmediğim adamların yüzlerini görmek avuçlarımın içini terletmişken onu...

Sonunda gözlerimi kaldırıp o fotoğrafa bakabildiğimde hızlıca onun yüzünü aradım ama yoktu. Avuçlarımı elbisemin eteklerine silerken Caner'in yüzünü gördüm. Her zaman oturduğu yerdeydi. Yüzünü yandan görebiliyordum. Onun oturduğu masanın hemen karşısına baktığımda Bora vardı ve...

İlk bakışta yüzünü görememiştim çünkü yüzü kameraya dönük değildi. Hemen arkasında bir başka adam oturduğu için kafasının sadece bir kısmı gözüküyordu ama o olduğunu biliyordum. Onun saçları, onun eli, onun sigarası...

Odaya çıkmaya karar vermem bir saniyemi aldı. Gizli bölme tam da tuvaletin olduğu tarafta kalıyordu. Eğer ne yaptığımı biliyor gibi gözükürsem kimsenin dikkatini çekmezdim. Büyük askılığın arkasında kalan duvarın yukarı kata çıkan merdivenlere açıldığını biliyordum. Burada birçok kez bulunmuştum. Yerinden emindim. Askılığın arkasına geçtiğimde birkaç saniye bekledim. Dolaptan hiçbir farkı olmayan ahşabı geriye doğru ittirdim. Küçük bir ses çıkmıştı. Hızlıca kapının diğer tarafına geçtikten sonra arkamdan kapattım. Dar merdiven şimdi tam karşımda duruyordu. Burayı kim satın aldıysa gizli bölmeyi de yeniden dekore etmişti. Her şey temiz ve daha lüks gözüküyordu. Merdivenleri çıkarken anılar birer birer zihnimin karanlık köşelerinden kurtuluyordu. Onları zapt etmem aylarımı almıştı ama şimdi her basamakta bir tanesi karşımdaydı.

Merdivenlerden biraz daha geniş olan koridora çıktığımda geri dönmek üzereydim. Koridorun sonundaki odada bir şey bulamayacağımı biliyordum ama ayaklarım yine de oraya gitmeye kararlıydı. Kalbim boğazımda atıyordu. Nefes almak eskisinden daha zor bir hale gelmişti. Orada ilk kez uyuduğumuz günün görüntüleri zihnimin her yerindeydi. Onun tişörtüyle, onun kokusu üstüme sinerken onunla birlikte uyumuştum. Beni ilk kez öptüğünden hemen sonra o odaya çıkmıştık.

Ah!

Geri dönmek için çok geç değildi. Başımı çevirip merdivenlere doğru baktım.

Ayaklarım yeniden bana meydan okudu. Kapının önüne geldiğimde elimi uzatıp bekledim. Neyi görmek istiyordum? Her şeyi değişmiş bir oda beni memnun eder miydi? Hiçbir şeyin eskisi gibi olmadığını görmek beni üzer miydi, yoksa iyi mi hissettirirdi karar veremiyordum. Elimi kapının koluna atıp çevirdim.

Kilitliydi.

İçeride biri olup olmadığını bilmiyordum. Kulağımı kapıya dayayıp bir ses duymaya çalıştım. Eğer birisi varsa ona yanlış geldiğimi izah edebilirdim. Bu sırada içerisini görme imkânım olabilirdi.

Arkamdaki kapı açıldığında telaşla sırtımı kapıya dayadım. İçeriden çıkan sarışın, kirli sakalları olan çocuk beni baştan aşağı süzdü.

"Senin burada ne işin var?"

"Senin burada ne işin var? Tüm odalar kilitli sanıyordum."

"Burada kalıyorum ve sen?"

"Ben de burada kalıyorum."

Yarı yarıya bir yalan söylemiştim. Çocuk tatmin olmamış gibi kaşlarını kaldırdı. Onu ikna etmem gerekiyordu ya da buna ihtiyacım yoktu. Onu ikna etmek zorunda değildim.

"Diğer odalar kilitli mi?"

"Bunu bilmek istiyorsun, çünkü..."

"Çünkü güvende olup olmadığımı öğrenmem gerek. Eskiden burası hiç de güvenli değildi."

"Hey! Senin burada olmaman gerekiyor."

Cenk'i gördüğümde biraz şaşırdım, biraz da gerildim. Yakalanmıştım. Beni tanımayan bir çocuğa karşı durmak kolaydı ama Cenk beni tanıyordu. Buraya girip çıktığım her gün beni görmüştü. Burası kapatıldığında işsiz kalmasının sebebi bir ölçüde bendim ve içimden bir ses benden nefret ettiğini söylüyordu.

"Yeniden buradasın demek. Buranın yeni sahibinin seni işe almasına sevindim."

Cenk merdivenlerin başından bana doğru gelirken sırıttı. "Bu bir anlaşma. Peder farklı koşullarda devretmeyi reddetti ve sen şimdi gidiyorsun."

Gidebilirdim. O beni bu kadar çabuk kovmak istemeseydi.

"Burayı uzun süredir biliyorum. Kimseye bir şey söylemedim. Endişe etmene gerek yok. Sadece bu odaya girmek istiyorum."

"Giremezsin."

"Bu odada kaldığımı biliyorsun. Şimdi de girmek istiyorum."

"Öyle bir şey olmayacak, çünkü artık eski Kemik yok."

"Bu odanın kimin olduğunu biliyorsun, değil mi?" diye ona meydan okuduğumda öfkeli gözüküyordu.

"Senin onunla hiçbir işin kalmadığını ve buranın artık yeni bir sahibi olduğunu biliyorum. İşimi kaybedemem, o yüzden hemen aşağı iniyorsun."

"Kayla?"

Cenk gözlerini devirdiğinde Bora ellerini havaya kaldırdı. "Bir süredir ortalıkta yoktu ve senin buraya girdiğini görünce peşine takıldım. Kimse görmedi, rahatla. Bu baş belasını alıp gidiyorum."

Bora konuşmama fırsat vermeden beni kolunun altına alıp oradan uzaklaştırırken başımı çevirip bakabildim. Cenk beni göstererek biraz önce konuştuğum kirli sakallı çocuğa bir şeyler söylerken Bora beni önüne alıp merdivenlerden inmemi işaret etti.

Yeniden insanların arasına karıştığımızda yanımdan yürümeye devam ederek kulağıma fısıldadı. "Ne yapıyorsun?"

"Sadece merak ettim."

"Neyi, Kayla? Gerçekler ortaya çıktığında ailesiyle kalabilecekken, ilk kez aile olabilecekken, sen gitme diye o gitti. Neyi merak ediyorsun?"

"Hiç... Hiçbir şey. Gitmem gerek."

Artık orada kalamazdım. Cansu'ya sıkıca sarıldıktan sonra Birce ile birlikte oradan ayrıldım. Yolda ona hiçbir şey anlatmadım, o da sormadı ama bir şeyler olduğunu düşündüğünü biliyordum. Sadece bu gece konuşamayacak kadar yorgun hissediyordum. Onu kaldığı apartın önüne bıraktıktan sonra eve doğru sürdüm.

∞

Bora'nın söylediklerinden sonra kendimi berbat hissediyordum. Gece yatakta bir sağa bir sola dönüp durmuştum. Güneş doğmak üzereyken uykuya dalmıştım ve sadece üç saat uyuyabilmiştim. Kahvaltı yaptıktan sonra Cansu'ya iyi yolculuklar mesajı attım. Birce beni bir yere çağırmadan önce biraz vaktim vardı. Hazırlanıp evden çıkmam yarım saatimi aldı.

Kemik'in önüne geldiğimde telefonumu sessize aldım. Birce pazar sabahları uyurdu. İki haftadır sınavlara hazırlandığı için ailesinin yanına gitmiyordu. Burada kaldığı hafta sonları da öğlene kadar uyuyordu.

Neden burada olduğumu bilmiyordum. Burada olmam gerekiyormuş gibi hissediyordum. Kapıyı ittirip içeri girdiğimde dün geceki kalabalık yoktu. Duvar kenarındaki masada oturmuş limonata içen çocuk içerideki tek müşteri gibi gözüküyordu. Arka bahçede biri olup olmadığını bilmiyordum. Bara doğru ilerlerken gözlerim Cenk'i aradı ama barmen hiç de ona benzemiyordu.

"Soda," deyip bar taburesine oturdum. Çantamı barın üstüne bıraktıktan sonra saçlarımı kulaklarımın arkasına sıkıştırdım.

"Dün burada başka biri vardı. Hmm... Adı... Cenk olabilir."

Barmen kafasını kaldırıp bana baktığında sodayı önüme uzatmıştı. "Cenk bugün izinli."

Başımı hafifçe sallarken elimi saçımın arasında gezdirdim. "İzinli... Peki, çalışmayacak olsa da buralara gelir mi?"

Tek kaşı kalkarken beni süzdü. "Üzgünüm. Yarın gelirsen onu görebilirsin."

Başımı salladıktan sonra sodayı yudumladım. İhtiyacım olan tam da buydu. Sodayı kapıp lavaboya yakın bir yere geçtikten sonra limonatasını içip bilgisayarıyla ilgilenen çocuğu izledim. İlgisini tamamen önündeki bilgisayara vermişti. İçeride hafif bir müzik vardı. Ruhu sakinleştiren bir türdü. Sodayı yarıladığımda çantamı alıp lavaboya yürüdüm. Aynanın önünde biraz oyalandıktan sonra tekrar içeri girdim. Barmen ortalıkta yoktu. Fazla düşünmedim, yarım dakika sonra gizli bölmedeki merdivenlerin ilk basamağındaydım. Dünkü gibi bir durumla karşılaşmamak için acele etmem gerekiyordu. Biraz da şansa ihtiyacım vardı. Basamakları hızlıca tırmanıp koridorun sonuna doğru arkama bakmadan yürüdüm. Saçımı tutturduğum ince tel tokayı kapının anahtar deliğine soktuğumda hâlâ bir şansım vardı.

"Hadi!" Dün gece internette bir araştırma yapmıştım. Doğru hareket edersem bu kapıyı açmam o kadar da zor olmayacaktı. Olmaması gerekiyordu. "Hadi!"

Basamaklardan bir ses geldiğinde başımı çevirip o tarafa doğru baktım. Yeniden yakalanırsam beni Kemik'in kara listesine yazabilirlerdi. Derin bir nefes alıp doğru şeyi yaptığımdan emin olmaya çalışarak elimdeki tel tokayı oynattığımda kapı açıldı. Kendimi içeri atıp kapıyı sessizce kapattıktan sonra sırtımı yaslayıp bekledim.

Sonunda içeride ve güvende olduğumu fark ettiğimde nefesimi sessizce bırakıp etrafı inceledim. Hiçbir şey değişmemişti. Meriç'in çift kişilik yatağı, pencerenin kenarındaki koltuğu, dolabı... Onun dışında hiçbir eksik yoktu. Kemik'in diğer her şeyi değişirken, neden bu odaya hiç dokunulmamıştı? Yeni sahibinin bu gizli odalardan haberi olmama ihtimali var mıydı? Belki de Cenk yalan söylemişti. Peder ve eski takımı burayı gizli tutarak birilerini koruyorlardı. Mesela kendilerini...

Ve ben şimdi ne yapacaktım? Burada değişen hiçbir şey yoktu ama ondan bir parça da yoktu. Sadece bir zamanlar kaldığı odaydı. Bir zamanlar birlikte kaldığımız oda! Odanın ortasındaki yatakta birlikte yattığımız ilk günü hatırladım. Dolaptan bir battaniye çıkarıp üstüme örtmüştü, sonra bir de yorganı üstüne çekerek üşümemizi engellemişti. Hâlâ odada bir ısıtma yoktu ki bu muhtemelen gereksiz bir harcama olurdu. O battaniyeyi görme umuduyla dolaba doğru yürüdüm. İçerideki kimseye göstermeden onu buradan çıkarabilir miydim? Neden bunu düşünmüştüm peki? O battaniyeye ya da ona ihtiyacım yoktu ama şimdi eskiden birlikte kaldığımız odaya gelmiştim. Kemik'e gelmek en başından beri hataydı!

Dolabın kapaklarını açtığımda kendime kızıyordum. Burada olmamam gerekiyordu.

Ah, bir dakika! Burası eğer Meriç'in odasıysa ve buraya kimse dokunmadıysa, bu deri eldivenlerin de burada olmaması gerekiyordu. Meriç eldiven kullanmazdı. Onu hiç eldivenle görmemiştim. Soğukta ellerinin eklemleri kızarır, damarları belirginleşir ama yine de eldiven takmazdı. Uzanıp deri eldiveni elime aldığımda buranın artık ona ait olmadığını düşündüm. Peki ama neden mobilyaları değiştirmemişlerdi? Belki de gerek duymamışlardı. Müşterilerin ulaşamayacağı yerlerde bir yenilemeye ihtiyaç yoktu ama bu çok iğrençti. O yatakta ben ve Meriç birlikte yatmıştık. Şimdi başka birinin yatıyor olması fikri midemi bulandırmıştı. Eldiveni aldığım yere bırakıp dolabın kapaklarını kapattıktan sonra yatağa doğru yürüdüm. Koridordan gelen ses beni durdurdu.

"Emin misin?"

"Evet, lavaboya girdi. Hâlâ içeride olmalı."

"Orada kimse yok, Mete!"

"Sodasının parasını daha ödemedi bile."

Lanet olsun! Hemen buradan çıkmam gerekiyordu. Bir kapı sesi duyduğumda yapacak daha akıllıca planım olmadığı için kapıyı açıp koridora çıktım. Kimse yoktu. Kapıyı sessizce kapatıp merdivenlere doğru gürültü yapmadan koşmaya başladım. Mete şu barmen olmalıydı. Bana yalan söylemişti. Cenk buradaydı. Ve kesinlikle beni arıyordu. Merdivenleri hızlıca indikten sonra kapıyı açtım. Askılığın arkasından çıkmadan önce kafamı uzatıp içeriyi kontrol ettim. Limonatası bitmiş olan çocuk dışında kimse yoktu. Askılığın arkasından çıkıp koşar adımlarla lavaboya gittim.

Yüzümü yıkadıktan sonra derin bir nefes aldım. Rol yapmam gerekiyordu. Buraya bir daha gelmeyecektim. İşim bitmişti. Çıkıp gitmem yeterliydi. Aklımdan geçen şeyi idrak ettiğimde kendi kendime gülmeye başladım. Her ne zaman buraya bir daha gelmeyeceğim desem, çok kısa sürede yeniden geliyordum.

İçeri geçtiğimde Mete barın arkasındaydı. Beni görünce kaşlarını çattı. Kaşlarımı kaldırıp gülümsedikten sonra yürümeye başladım. Soda şişesini elime alıp bara doğru yürüdüm. Çantamdan çıkardığım kâğıt parayı barın üstüne bıraktıktan sonra, dost canlısı bir sesle "İyi günler!" deyip oradan ayrıldım. Cenk kapıyı açık bıraktığımı fark ederse peşime takılabilirdi. Dışarı çıktığımda olabildiğince hızlı hareket ederek arabama doğru ilerledim.

Eve gittiğimde Nursiş geri dönmüştü. Hafta sonu tatili pazar geceleri sona eriyordu. Yemek hazırlamasını engellemek için babamla birlikte onun da çok sevdiği acılı pizzadan sipariş ettik. Yemeğin ardından da film gecesi yaptık.

Sonraki bir hafta oldukça yoğun geçti. Final haftası yaklaştığı için derslerimi aksatmamaya çalışıyordum. Haftanın dört günü dersim vardı ve hafta içi her gün dergiye uğruyordum. Evrak işlerini halletme görevim devam ediyordu. Fısıltı Gençlik Dergisi'nde artık küçük bir köşem vardı. Hafta sonlarımı yazı yazarak geçiriyordum. Aynı zamanda üniversitenin edebiyat kulübüne üyeydim ve her ay bir etkinliğimiz oluyordu. Bir dönem boyunca birbirinden güzel etkinliklerde bulunmuştuk. Bir köy okulunu boyama, ana sınıfında hikâye okuma, huzurevinde kitap okuma, kamp, piknik, alışveriş merkezinde kitap okuma, bir kitabı sokağın ortasında canlandırma… Hepsi birbirinden eğlenceliydi. Bir blogumuz bile vardı. Hayatımın herhangi bir döneminde bu kadar yoğun olmamıştım. İlk başta çok çabuk yoruluyor ve eve gelir gelmez kendimi yatağa atıyordum ama Birce'yle arkadaş olmak bir süre sonra buna izin vermemeye başladı. Karaoke gecelerimiz, sadece kahve içtiğimiz geceler hayatımın bu dönemindeki değerli hatıralarıydı.

"Bil bakalım pazar gecesi nereye gidiyoruz!"

"Çarşamba günü ilk sınavım olduğunu düşünürsek, bir yere gitmek kulağa çok da mantıklı gelmiyor."

"Amaç da bu! Final öncesi parti! Biraz dağıtmak herkesin hakkı. Basın Yayın Bölümü'nün düzenlediği bir parti ve aldığım duyumlara göre Beden Eğitimi Bölümü'ndeki erkeklerin çoğu katılıyormuş. Partiyi hazırlayan grupla çok yakın arkadaşlarmış."

Bu da demek oluyordu ki, biz kesinlikle oradaydık. Birce'nin beden eğitimi okuyanlara karşı küçük bir zaafı vardı. Şehirdeki falcı bir kadın ona ruh eşinin sporcu ve okuldan olduğunu söylediğinden beri öyleydi en azından.

Birce'ye itiraz etme hakkım yoktu. Geçen sefer benimle en uzun süre konuşmama rekorunu kırmıştı ve ondan hâlâ gizlediğim şeylerin varlığı vicdanımı rahat bırakmıyordu. Böylece finallere çalışma işini geceye bırakıp cumartesi gününü alışveriş ve bakım yaparak geçirdik. Ruh eşiyle bu sefer karşılaşacağına olan inancı oldukça yüksekti. Pazar sabahı kahvaltı yaptıktan sonra, bir süre kendime banyoda dinlenme izni verdim. Neredeyse güneş doğana kadar ders çalışmıştım. Dergideki köşe yazım henüz bitmemişti ve hazırlanmam gereken bir parti vardı.

Final haftasının beni yoracağını bildiğimden, kendime bugün için işleri ve sınavları düşünmeme hakkı tanıyıp banyoda dinlenme saatimi biraz daha uzattım. Daha sonra hazırlanma süreci başladı. Nursiş becerikli elleriyle saçlarımı istediğim şekilde dağınık topuz haline getirirken, ben de makyajımı hallettim. Büstiyer ve dar bir etek gibi duran elbisemi üzerime geçirmem çok kolay olmuştu. Kumaşı içine kolayca girebileceğim kadar esnek, hatlarımı belli edecek kadar inceydi. Üniversiteye başladığımdan beri üç kilo vermiştim. Çok büyük bir şey değildi ama eski fotoğraflarımı gördüğümde yüzümdeki zayıflığın farkına varıyordum. İnce topuklu kırmızı ayakkabıları giyip evden çıktıktan sonra arabama atlayıp Birce'nin apartına doğru yola çıktım.

Üniversiteyle birlikte kurallarda biraz esneme olmuştu. Babam özel gecelerde eve gece yarısından sonra gelmeme izin veriyordu. Arabamla olduğu müddetçe bu izin geçerliydi ve bu zamana kadar gece yarısı olmadan eve döndüğüm için bana olan güveni sağlamdı. Arabamı apartın önüne park ettikten sonra telefonumu bulup annemi aradım.

"Biricik kızım!"

"Anneciğim, nasılsın?"

"İyiyim, bir tanem. Şu anda büyükannene gidiyorum."

"O iyi mi?"

"Oldukça iyi. Anne kız günü yapmaya karar verdik."

"Anne, o gerçekten iyi mi?"

Annemin derin bir nefes alıp verdiğini duydum. "Sadece yalnız kalmak artık eskisi kadar hoşuna gitmiyor ve ben sık sık onu ziyaret ediyorum. Her şey yolunda, bir tanem. Sen ne zaman geliyorsun?"

"Sınavlarımın bitmesi on günü bulur. Onlardan sonra konuşsak olur mu? Şu an tek düşünebildiğim bu."

"Başaracağını biliyorum. Kayla, şu an Petek Abla'nın arabasını sürüyorum, sonra konuşsak olur mu?"

"Ah, tabii. Seni seviyorum, anne."

"Ben de seni, minik kuşum."

Telefonu kapattıktan sonra parmaklarımı direksiyona yerleştirip beklemeye başladım. Apartın kapısı sürekli açılıp duruyordu ama beş dakika boyunca dışarı çıkanlardan hiçbiri Birce olmadı. Sıkılmaya başladığım sırada neyse ki o kapı bir kez daha açıldı ve yüzünde kocaman bir gülümsemeyle Birce dışarı çıktı.

"Gitmek üzereydim."

Kapıyı kapatıp emniyet kemerini taktıktan sonra kucağındaki çantayı arka koltuğa fırlattı. "İkimiz için eksik aksesuarları bulmaya çalışıyordum. Ve harika gözüküyorsun."

"Sen daha çok."

"Eh, ikimiz de harikaysak neden hâlâ o anahtarı çevirmiyorsun?"

Partinin yapıldığı yer GECE YARISI adında bir kulüptü. Melehan'da daha büyük ve gösterişli kulüpler vardı. Semih, ergenliğe dair her şeyi bir kenara attığını ilan ettikten sonra, olgun ve çapkın adamlar gibi davranmaya yemin etmişti. Yemin konusunda bir virgül eklemiş olmalıydı, çünkü gittiği her yere beni de götürüyordu. Sanki...

Sanki onun koruyucu meleğiydim. Gittiğimiz her kulübün kapısından kim olduğumu hatırlayarak çıkmıştı. İçeride kaç kızla dans ederse etsin –ki bazılarıyla sadece dans etmekle kalmadığını biliyordum– her seferinde hiçbir şey yapmadığını iddia etse de, ortadan kaybolduğu dakikalarda uslu bir çocuk olduğuna inanmıyordum. Her ne olursa olsun sonunda onu evine götürmüştüm ve kendi yatağında uyumuştu.

Gece Yarısı, Semih'le gittiğim kulüpler kadar gösterişli değildi. Daha çok üniversitelilerin takılacağı mütevazı bir kulüptü. Tavanı alçak, başımı döndüren hareket halinde renkli ışıkları ve büyük bir disko topunun olduğu kulübe girmeden önce Birce'nin bana uzattığı maskeyi takmıştım. Saçlarım hâlâ yeterince uzun olmadığı için bozulmasından korktuğum bir topuzum vardı ve bu yüzden dans etmekte acele etmiyordum. Birce ile eğlence hayatım her ne kadar renklense de dans konusunda yetenekli sayılmazdım. Kolayca dans etmemi sağlayacak şey kafamın biraz sallanması olurdu ama içki içemezdim. Eve dönerken araba sürecektim. Yüzümdeki maskeyi çıkarıp etrafa daha dikkatli baktım.

Edebiyat kulübünden bir arkadaşımı bir kızın boynunu öperken yakaladığımda bana biraz utanarak selam verdi. Gülümseyerek ona karşılık verdikten sonra kalabalığın arasına karıştım. Birce elinde bardaklarla geri döndüğünde alkolsüz olana uzandım. Birilerinin içki ısmarlamasına izin vermiyorduk, çünkü barmenlerle tanıdık olan birçok kişi vardı. İlk kuralımız erkeklere güvenmemekti. Her ne kadar tanımış olsak da üniversitedeki hiçbir erkeğe güvenmeyecektik.

"Biriyle tanıştım. Arkadaşları var. Gidelim!"

Kolumu tutup çekiştirmeye başladığında sodadan yudumladım. Beden eğitiminde okuduğunu ilk bakışta anladığım çocuğun adı Tayfun'du. Birlikte geçirdiğimiz on dakikada onun Birce'yle ilgilendiğini anlamıştım. Konuşurken bedeni Birce'ye dönüktü, hatta başkalarıyla konuşurken bile bedeni Birce'ye dönüktü. Onunla flörtleşiyordu ve Birce de kesinlikle buna izin veriyordu.

"Kayla ve ben bu yıl tanıştık. Sınıfımız oldukça kalabalık ve açıkçası Kayla dışında biriyle bu kadar yakın olmayı hiç istemezdim. Yani nasıldır bilirsin... Onun senin yakın arkadaşın olacağını hissedersin."

Tayfun'un bakışları sadece üç saniyeliğine üzerimde gezdiğinde gülümsedim. Sonra yeniden ilgisini Birce'ye verdi. "Biz genelde takım olarak hareket ediyoruz ama demek istediğin şeyi biliyorum. Birisi takıma ayak uyduramadığında onda takım ruhunun olmadığını anlıyoruz."

Bir kızın bir erkekle düşüncelerinin ne kadar farklı olduğuna şahit olurken gülümsemeden edemedim ama ikisi de birbiriyle ilgileniyordu ve ortak bir dil bulmaya çalışmaları çok etkileyiciydi.

"Ya sonra ne oluyor? Yani ben yakın olmak istemediğim insanla sadece selamlaşıyorum. Takımdaki o takım ruhu taşımayan çocuğa ne oluyor?"

Tayfun, Birce'ye biraz daha yaklaştığında onunla artık flörtleşmiyordu. Şimdi bir takım kaptanıydı ve kendini ispatlamak istiyordu. Karşısındaki kızın onun yaptığı işi umursamasının hoşuna gittiği her halinden belliydi ve bunu iyi değerlendirmek istiyordu.

"Ona değer verdiğimizi, takım için ona ihtiyacımız olduğunu hissettiririz. Önemli olan birey değildir. Eğer bencillik yaparsak takım zarar görür. Futbol takım işidir. Bencil oyuncu yetenekliyse sadece kendine yarar sağlar. Takım onu da istemez. Hep birlikte takıma yararlı olabiliriz. Asıl istediğimiz de budur. Bir takım ne kadar iyiyse oyuncuları da o kadar değerli olur."

"Bir gün sizi izleyebilir miyim peki?"

Birce kaleyi iyi fethediyordu. Tayfun yüzünü ona yaklaştırıp "Kesinlikle," dedikten sonra içkisini yudumladı.

"Hepiniz aynı sınıfta mısınız?"

Birce elini zarifçe Tayfun'un kol kaslarının üstüne yerleştirdi. Tayfun bu hamleyle ona biraz daha yaklaşsa da başını çevirip arkasındaki arkadaş grubuna baktı. "Ömür benimle aynı sınıfta. Yaman, Timur ve Kamer üçüncü sınıfta."

Birce bana bakıp gülümsediğinde Ömür'le konuşmam gerektiğini anladım. Çifte randevudan ben ne kadar nefret ediyorsam, Birce o kadar hoşlanıyordu. Bugüne kadar onun için buna birkaç kez katılmıştım. İlk randevuda hoşlandığı çocuğun fazla ileri gidip her şeyi bozmasından korktuğu için çifte randevuyu kullanıyordu. Bu kendini kandırmak mı, yoksa gerçeği oyalamak mı ikimiz de bilmiyorduk.

Sodamdan bir yudum daha aldıktan sonra görevimi yerine getirmek için harekete geçtim. Tayfun'un yanından dolanıp dalgalı saçlı çocuğun yanına geçtim.

"Selam. Ömür, değil mi?"

"Evet ve sen de Kayla olmalısın."

Üçüncü sınıflardaki diğer üç çocuğa sırtını dönüp vücudunu bana çevirdiğinde bu işin sandığımdan kolay olacağını anlamıştım. İlgisini çekmiştim. Oldukça da yakışıklıydı. Eğer yılışık ya da aptal değilse, onunla Birce'nin memnun kalacağı kadar uzun vakit geçirebilirdim.

"Birce'yi sadece içecek bir şeyler alması için yollamıştım ve o dedikodumu mu yaptı?"

Ömür gülümseyerek limonlu sodayı yudumladı. "İyi şeylerdi."

"Ah, o zaman biraz daha az kızgınım." Kendi sodamla onunkini işaret ettiğimde gamzesi belirdi.

"Eve bırakma görevi bu gece benim."

"Her zaman o görev benim oluyor. Alkolle aram çok iyi olmadığı için şikâyetçi değilim."

Dirseğimi barın üstüne yasladığımda bana bir adım daha yaklaştı. Koyu kumral saçları ve zümrüt yeşili gözleri vardı. Güldüğünde gamzesi beliriyordu. Benden neredeyse bir kafa boyu uzundu.

Elimdeki maskeyi sodanın yanına bıraktığımda "Seninki nerede?" diye sordum.

"Aslında bizim yok ya da en azından benim yok. Şansımızı denemek istedik ve kimse girmemizi engellemedi."

"Hımm... Kulağa daha çok görevliler tanıdığınızmış gibi geliyor."

Gülümsemeyi neden engelleyemiyordum? Birce'nin hoşlandığı birçok çocuğun arkadaşıyla konuşmuştum ve hiçbirinde bu kadar çok gülümsememiştim. Hatta en sonuncusunda tam beş kez tuvalete gitmiştim. Ömür yüzünü bana doğru eğdiğinde merakla onu bekledim.

"Sana bir sır. Sadece tanıdık değil, ev arkadaşımız."

Ciddiyetle yaptığı itiraftan sonra yüzüne mükemmel gülümsemesini yerleştirdi. Geri çekilecekken parmakları benimkine değdiğinde bakışlarım ellerimize kaydı. Sodasını tuttuğunda yanlışlıkla dokunduğunu anladım ama o hiçbir şey olmamış gibi devam etti. Benimle ilgilenmiyor gibiydi ama ilgilendiğini anlamıştım. Belki de sadece arkadaşının ilgilendiği kızın yakın arkadaşını oyalıyordu.

"Futbol oynadığınızı duydum."

"İyi bir takımız. Üniversiteler arası turnuvada üçüncü olduk. Takımın en iyi oyuncuları geçen yıl mezun oldukları için neredeyse yeni bir takımız." Sodasından yudumladıktan sonra göğsünü kabarttı. Üçüncü olmak onu gururlandırıyordu. Takımın çaylaklarından biri olduğunu biliyordum. Birinci sınıflar hep çaylak olurdu. Semih hariç.

"Ah, edebiyat işleriyle o kadar yoğun bir yıl geçirdim ki hiçbir maça gelemedim."

"Kibarlık etmene gerek yok, Kayla. Futbolun hiç ilgini çekmemesi benim için sürpriz olmaz."

Gülümseyerek bedenimi iyice ona döndürdükten sonra kendi sodamı yudumladım. "Seni hayal kırıklığına uğratmak istemem ama futbolla ilgilenirim."

"Beni etkilemeye mi çalışıyorsun? Yanlış anlama, sadece futbola başvuracak kadar çaresiz gözükmüyorsun."

Bunu bir iltifat olarak kabul etmek özgüvenime bir parça enerji eklemişti. Barın üstündeki maskemle oynamayı bırakıp omuzlarımı silktim.

"Çocukken en sevdiğim şey mahalledeki erkeklerle birlikte futbol oynamaktı. Geçen yıl bir arkadaşımın takımında konuk oyuncu oldum. Gerçekten hayal kırıklığına uğrayacaksın, çünkü bir gol attım."

Ömür kahkaha attığında dalga geçmediğini biliyordum. Daha çok etkilenmişe benziyordu. Koyu pembe dudaklarını birbirine bastırdığında gamzeleri hâlâ silinmemişti.

"Gerçekten beni şaşırttın, Kayla."

Özgüvenle ona bir bakış atıp sodamı yudumladım. "İkinci olan takımda arkadaşım var. Beni takımına konuk olarak alan oydu. İsmi Caner."

Ömür bir an kaşlarını çatıp düşündü. Sonra kafasını hafifçe salladı. "Akçay. Onu hatırlıyorum. Berabere kaldığımız maçtan sonra bir eğlencede karşılaşmıştık. İyi bir çocuk."

"Öyle."

Mırıltımı Ömür'ün duyup duymadığından emin değildim. Caner liseden mezun olduktan sonra eski çevresiyle bağlarını tamamen koparmıştı. Şehrin diğer ucundaki spor akademisine gidiyordu. Birkaç haftada bir babamı ve beni ziyarete geliyordu. Her geldiğinde onunla karşılaşmasam da, birlikte zaman geçirdiğimizde onun ne kadar değiştiğine şahit olmuştum. Eskisinden daha iyi bir çocuktu. Artık kendine daha çok güveniyordu ve bir şeyleri başarmaya olan inancı artmıştı.

"Pekâlâ, isminin olayı ne?"

Gözlerim yeniden onunkilerle buluştuğunda omuz silktim. "Anlamı annemi etkilemiş olmalı." Kaşları kalkıp indiğinde açıklama ihtiyacı duydum. "Saf, kötülükten uzak, masum demek."

Başını hafifçe sallayıp sodasını yudumladığında, benimle ilgilenmediğini düşünüp dans eden Birce ve Tayfun'u izlemeye başladım. Birce kolları çocuğun boynunda, yüzünde kocaman bir gülümsemeyle dans ediyordu. Hareketli bir müzikte neden ona bu kadar yakın olduğunu biliyordum. Başkalarının ona temas etmesini istemiyordu. Tayfun'un beline yerleştirdiği elleri de onu koruyan başka bir etmendi.

"Ya bu geceki olayın ne?"

"Finallerin öncesinde eğlence. Herkesinki bu değil mi?"

"Hayır, bunu kastetmedim. Neden isminin anlamını reddeder gibi giyindin?"

Başımı çevirip yeniden ona baktım. "Öyle yapmadım." Kaşlarını kaldırıp indirdiğinde bunun tiki olup olmadığını merak ettim.

"Üzgünüm, belki de isminin anlamını düşününce aklımda canlanan kız fazla masum."

"Ben şu an öyle gözükmüyor muyum?"

"Bilmem, öyle misin? Seni tanımıyorum, Kayla. Öyleysen bile farklı bir maske takmış gibisin."

Ona başımdan geçen her şeyi anlatsam beni anlar mıydı? Ona baktığımda yaptığım şeyi onaylamayacağını hissediyordum. Beni her nasıl görüyorsa öyle değil de masum görmeyi tercih edeceğe benziyordu. Geçen gece Bora bana baktığında geçmişimi bildiği için yeni halime alışamadığını düşünmüştüm ama şimdi beni hiç tanımayan bir çocuk maske taktığımı düşünüyordu.

"Dans etmek ister misin?"

Başımı iki yana salladım. "Lavaboyu kullanmam gerek. Eee... Seninle konuşmak güzeldi."

Ömür'ün yanından ayrıldıktan sonra lavaboya yöneldim ama sırayı fark ettiğimde bundan vazgeçip tekrar kalabalığın arasına karıştım. İnsanların kıyafetleriyle ya da dış görünüşleriyle yargılandığını biliyordum. Umursamamam gerekirken umursadığım için kendime kızgındım ama içten içe sadece bu kadar olmadığını biliyordum. Değişen şey sadece kıyafetlerim ya da saçım değildi. Elimdeki maskeyi taktıktan sonra derin bir nefes alıp çıkışa doğru ilerledim. Temiz havaya ihtiyacım vardı.

Biri elini karnımın üstüne bastırdığında Semih'in bana sürpriz yaptığını düşündüm. Arkamdaki çocuk beni kendine yasladığında elbisemin kumaşının bu kadar ince olmasının bir hata olduğunu fark ettim.

"Hey, yavaş ol!"

Burnu saçlarımın arasındayken bir anda dudağını boynumda hissedince onun Semih olmadığını anladım. Semih'le tüm bunları geride bırakmıştık. Beni utandırmak her ne kadar hoşuna gitse de artık beni rahat bırakmıştı. Utandıracak hiçbir şey yapmıyordu.

Oysa arkamdaki çocuk, beni bedenine yaslamış, bana beni ister gibi dokunuyordu. Dışarıdan bakıldığında karnımın üstünde yavaşça hareket eden parmakların göründükleri gibi olmadığını biliyordum. Çünkü ben o eski masum kız değildim. Bir erkeğin verdiği işaretleri anlayacak kadar uzun süre kadınlara dokunmada becerikli bir erkekle birlikte olmuştum.

"Sanırım kız arkadaşına benzettin ama ben yalnızım." Göbeğimin üstünde duran elin üstüne kendi ellerimi yerleştirdikten sonra dilimi ısırdım. "Yani arkadaşım burada, yalnız değilim ve gerçekten beni kız arkadaşına benzetmiş olmalısın."

Ondan birkaç santim uzaklaşmayı başardığımda yanlış anlamanın farkına vardığını düşündüm. O da mahcup olmuş olmalıydı, çünkü bana gerçekten de masumca dokunmamıştı. Diğer eli boğazımın üstüne kapanıp beni yeniden kendine çektiğinde dudağımdan bir inleyiş çıktı ama bu zevk almaktan çok şaşkınlıktı. Dudağını yeniden boynuma bastırdığında gözlerimi kapattım. Boğazımı kapatan elin nefes almamı engellemesi gerekiyordu ama amacı bana zarar vermek değildi.

"Kes şunu! Cidden oyun oynamıyorum."

Dudağı tenime temas ettiğinde kısık bir nefes aldım. Her şey bir anda oldu. Dudağı benimkinin üstüne kapandığında geri çekilmek istedim. İrademi sonuna kadar kullanıp onu ittirmeye çalıştım ve bunda bir ölçüde başarılı da oldum. Maskemi çıkarıp yere bıraktığında sıranın ona geldiğini düşünüp ondan uzaklaşmadım. İşte bu hataydı, çünkü bir sonraki hamlesi yüzümü ellerinin arasına alıp beni yeniden öpmek oldu. Geriye kalan tüm irademi kullanıp onu itmek ve maskesinin altında kalan yüzünü görmek istiyordum ama bir şey beni engelliyordu. Aylar sonra birini öpüyordum ve tanımadığım birini öpmek beni heyecanlandırmamalıydı. Bir yanlışın içindeydim. Bir yanlışın içinde olmalıydım, çünkü öbür türlüsü daha korkunçtu.

Birce'yi bulup ona gideceğimi haber vermem iki dakikamı almamıştı. Beş dakika sonunda arabamda ve dağılmış haldeydim. Aklım yerinde değildi. Kaza yapmamak için trafikte insanları çıldırtacak kadar yavaş sürdüm. Eve ulaştığımda, babam beklediğinden daha erken geldiğim için bir şeylerin ters gittiğini anladı ama üstüme gelmedi. Neyse ki! Ona Meriç'in şehirde olduğunu, bir partide yüzünü göstermeden beni öptüğünü düşündüğümü söyleyemezdim. Bu beni psikologla haftanın her günü randevudan daha ileriye götürürdü.

O olamazdı ama o olduğuna emindim. Dudaklarını hissetmeyeli uzun zaman olmuştu ama beni nasıl öptüğünü hatırlıyordum. Onu tanıyordum. Bu durumda beni nasıl öptüğünü biliyordum demek daha doğru olurdu belki de. Kıyafetlerimi üstümden hızlıca çıkarıp banyoya girdim. Ne olup bittiğini öğrenmenin tek bir yolu vardı. Onunla yüzleşmek.

O odanın kilitli olması, eşyaların değişmemesi, deri eldiven ve partide olanlar tesadüf olamazdı. O geri dönmüştü.

3

Semih gözlerini üstüme dikti. Baskı altında hissetmemem için hiçbir rahatlatıcı sebep yoktu. Partide olan biteni anlatabileceğim tek kişi eskiden benim hakkımda edepsizce şeyler düşünen, artık romantik bir ilişki peşinde olan ve bunu hiçbir zaman itiraf etmeyen Semih'ti. Yaz aylarında garsonluk yaptığı Kahverengi'nin patroniçesi Öykü'yle birlikte olduğu gecenin sabahında yatakta yalnız uyandığından beri, incinmiş ve bunu daha fazla çapkınlıkla örtmeye çalışan bir Semih vardı. İşin aslı, Öykü'den sonra biriyle gerçekten ilgilendiğine inanmıyordum. Henüz olanları ve hissettiklerini kabul etmediği için bunun hakkında konuşmamıştık.

"O burada olsa bana söylerdin, değil mi?"

Semih gözlerini devirip elini havada salladı. "Ah, pekâlâ... Bu iş buraya kadar," dedikten sonra aramızdaki sehpanın üstünden bana doğru eğildi ve fısıldadı. "Onu yeniden özleme aşamasına mı geçtin?"

"Ne? Hayır!"

"Bak Kayla, iki aydır oldukça iyisin ve onu gerçekten aştığını düşünmeye başlamıştım ama şimdi bir paranoyak gibi davranıyorsun. Meriç şehre gizlice gelip bu tür bir oyun oynayacak biri değil. Şimdi kendini kandırmayı bırak."

Haklı olabilirdi ama olmayabilirdi de.

Onun gibiydi. Bunu kimseye anlatamazdım ama onun gibiydi işte.

"Haklısın. Öykü'den sonra olgunlaştığının farkında mısın?"

"Aslında benim antrenman yapmam gerek, Kayla."

"Ben de ders çalışmaya gidecektim." Konuyu hızla geçiştirmesi işime geldiğinden ona itiraz etmedim.

"Kütüphaneye mi?"

"Hayır."

"Her zaman orada olmaz mıydın sen?"

Çantamı toparlayıp ayağa kalktım. "Şehirdeki kütüphaneye gideceğim." Uzanıp yanağına bir öpücük bıraktıktan sonra "Kendini çok yorma," diye fısıldadım.

Kırk dakika sonra Kemik'in önündeydim. İçeriye girdiğimde tuhaf bir rahatlama hissettim. Cenk'in yerine başka biri bakıyordu. Hâlâ buralarda olabilme ihtimaline karşı acele etmem gerektiğini bilerek harekete geçtim. Kendime bir soda ve yanında patates kızartması istedikten sonra lavaboya doğru yürüdüm. Akşamüzeri olmasına rağmen içerisi oldukça kalabalıktı. Lavaboya girip sonra çıkma oyunlarını bir kenara bırakıp, direkt olarak askıların olduğu tarafa yöneldim.

Kapının önüne geldiğimde farklı hissediyordum. Geçen seferlerde olduğu gibi kapının arkasında ne olduğunu bilmeden burada dikilmiyordum.

Bedenimi saran tuhaf ve rahatsız edici his gözlerimi kapatma isteği doğurduğunda kendime birkaç saniye izin verdim. Gözlerimi kapatıp terlemiş avuç içlerimi pantolonuma silerken dudağım dişlerimin arasındaydı. Bu sıcak histen hiç hoşlanmamıştım. Onun kapının ardında olduğu düşüncesi sıcaklığı daha da arttırıyordu. Herkesi, hatta kendimi bile kandırıyor olabilirdim. Rolümü gitgide ne kadar iyi oynasam da, içimde bir yerlerde onu yeniden görmek isteyen umut dolu bir kız vardı. Her şeyin üstesinden gelebileceğine inanıyordu çünkü o.

Kapı açıldığında yüreğimin ağzımdan çıkacağını sandım. Gözlerim ben emir vermeden çoktan açılmıştı ve sonra bir şey oldu.

Kustum!

Beğeni dolu olmayan ama yine de nazik olan ses çok yakınımdaydı. Başımı kaldırıp bakamıyordum. Neden kustuğumu bilmiyordum. Midem bulanmamıştı bile. Ya da... Ah! Yüreğimin ağzımdan çıkacağını sandığımda midem bulanıyor olmalıydı.

"Sen iyi misin?"

"E-evet."

"Üzgünüm, karşına böyle çıkmak istemezdim."

Gözlerimi kapatıp dudağımı elimin tersiyle sildikten sonra doğruldum ve başımı kaldırdım. "Haklısın. İnsanların karşısına böyle çıkmak seni tatmin etmiyor olmalı.

Sen olduğunu biliyorum ve cevaplar almadan buradan gitmeye niyetim yok."

Karşımdaki yabancı adamın yüzünü bir gülümseme kaplarken, başıyla arkasında hâlâ açık olan kapıyı işaret etti. "Gel, biraz otur. Seninle sohbet etmeyi ben de isterim."

Ah! Onunla Meriç ve benim hatıralarımla dolu olan odada sohbet etmeyecektim. "Aşağıda," dedikten sonra onu beklemeden arkamı dönüp yürümeye başladım. Kusmuğu kimin temizleyeceği umurumda değildi. Cenk olmasını tercih ederdim. Beni en başından beri rahatsız ediyordu. Onun kusmuğumla ilgilenmesi gerçekten hoşuma giderdi.

Kafenin içine geri döndüğümde patateslerim hazırdı. Midem boşaldığından beri daha aç hissediyordum. Kendime oturacak bir yer bulup patateslerim ve sodamla ayakta dikilmeyi bıraktıktan üç dakika sonra, biraz önce önünde kustuğum adam gelip karşıma oturdu.

"Resmen tanışmadık. Ben Toprak."

Bana uzanan eli sıkmak yerine patateslerden birini ağzıma atıp çiğnemeye başladım. Kibarlık etmeyi bırakalı uzun zaman olmuştu. Benimle eğlenen adamın elini tutmayacağımı anladığında gülümseyerek sodama uzandı ve garip bakışlarım altında sodayı yudumladı.

Dün gece beni öptüğünü düşünürsek, sodamı yudumlaması o kadar da garip değildi. Ne cüretle beni öpmüştü? Ah! Ondan bir anda nefret etmiştim ve midem bulanmıştı ama kusma nedenimin bu olmadığını biliyordum.

"Anlat!"

"Kayla, tahmin ettiğim gibi biri değilsin. Sen... Daha cesursun."

"İsmimi nereden bildiğinle başlayabiliriz."

Yüzündeki sinir bozucu gülümseme daha geniş bir alana yayıldı. Ukalaydı.

"Pekâlâ... Bak, dün gece çok eğlenceliydi ama bugün işlerim var. O yüzden seninle oynamayacağım. Burayı satın aldığımda odamda kara kalemle çizilmiş bir resmin vardı. Ben de buradakilere sordum. Onu unuttuğunu sandım. Sana geri getirecektim ama bu çok sıradan olurdu. Biraz eğlenceli hale getirdim. Resim şu an maalesef yanımda değil ama sana ulaştıracağım emin ol."

Hikâyesi hayal edemeyeceğim kadar inandırıcıydı. Yaşadığım hayal kırıklığı kalbimden bir parça alıp götürmüştü. Patatesleri bırakıp ayağa kalktım. "İstemiyorum. Onunla ne yaparsan yap. İstemiyorum."

Arkamda bıraktığım şey hayal kırıklığından da öteydi. Kendimden gizlemeyeceğim kadar ağır gerçekler vardı. O olmasını beklemiştim, o olmasını istemiştim. Onu görmek istemiyor değildim. Onu görmesem daha iyi olurdu. Bazı zamanlar iyi olan şeylere ihtiyaç duymazdık. Bazı zamanlar sadece isterdik. Yanımızda olmasını isterdik, yanımızda olmasının iyi olup olmadığını umursamadan. Sonrasında kalbime bir hançer sokacağını bilsem de birkaç saniye yanımda olmasını isterdim. Özlemek böyle bir şey miydi? Onu çok derinlerimde özlüyordum. İçimden söküp atamayacağım kadar derinlerimdeydi.

Özlemek, gurursuzdu.

Bizi hak etmeyen, üzen, yaralayan, inciten, parçalayan insanları özlemenin başka bir yolu yoktu. Ancak gurursuz olması gerekirdi buna izin vermesi için.

Sokağa çıktığımda yukarı yürümek yerine bayırdan aşağı inmeye başladım. Eski okuluma giden yolda tanıdık bir ara sokağın önünde durup kendimi o tarafa yönlendirdim. Sadece bir gün, birkaç saat kendime izin verirsem geri toparlanamamaktan korkuyordum. Onun için bir gözyaşının akmasına izin verirsem durduramamaktan korkuyordum. Onu aramaktan korkuyordum. Kendimi çiğneyip yeniden ona gitmekten korkuyordum.

Kendimi gri bir dünyaya hapsetmiştim. Şimdi ne çok beyazdım, ne de siyah. Ondan önce ben en korkunç çığlığın, en acı sessizliğin karanlığındaydım. Etrafıma sardığım renkli duvar beni güçlü göstermişti. Herkes o renk cümbüşüne bakarken dudağında bir gülümseme, gözlerinde şüphe oluyordu. Renklerinin ardındaki karanlığı görecekler diye öyle çok korkuyordum ki daha, daha fazla parlatıyordum renkleri. Şüphe hiçbir zaman gitmedi. Herkes bende o karanlığın olduğunu biliyordu ama kimse dikkatli bakmaya cesaret edemiyordu. Çünkü kimse bir çocuğun acısına şahit olmak istemiyordu. Herkes için en kolayı, en iyisi renkleri görmekti. Karanlık insanları korkutuyordu. Karanlık, insanların elini kolunu bağlıyordu.

Ama ben karanlıktım. Orada doğmuştum. Benim küçük beyaz bir noktam vardı. Annem. Tanıştığım herkesin bir rengi vardı. Tanıştığım herkese onun rengiyle görünmeye çalıştım. Farklı olduğunda bir şeylerin yanlış gittiğini düşünüyorlardı. Merak ediyorlar, kurcalıyorlar ve zavallı hislerine yenik düşüp siyahı görmek istiyorlardı. Çocukken en acı şeyleri deneyimlemiştim. Aslımı saklayan renklerin ardını görmeyi başaran birkaç çocuk tüm acımasızlığıyla benimle dalga geçtiğinde o boşlukların yerini daha dayanıklı renklerle kapattım. Büyüdükçe o renklerin varlığına o kadar inandım ki, karanlık gitgide küçüldü. Ama hiçbir zaman beni terk etmedi.

Onunla tanıştığımda, onun ait olduğu yeri biliyordum. O kadar tanıdıktı ki, ondan vazgeçip arkamı dönemezdim. Onun karanlığına çekilmiştim. Orası ait olduğum yerdi. Kendimi gizlemek zorunda olmadığım, renklerin yıkılmaması için uğraşmak zorunda kalmadığım, tanıdık bir yer. Farklılıklar vardı ama biz aynı yerdeydik.

Onunlayken beyaz hiç olmadığı kadar parlaktı. Gittikçe büyüyordu. Ama sonra kaçınılmaz son gerçekleşti. Eskisi gibi karanlık olamazdım. Başkalarından gizlemeye çalıştığım bir şey kalmamıştı. Herkes... Herkes o karanlığı görmüştü. Meriç sahte renkli perdemi kaldırdığında çıplak gibi hissetmiştim. O perde kalktığında önce karanlıkta kaybolacağımı sandım. Herkes tüm zayıflığımı çıplak gözlerle görürken kendimi saklayabileceğim hiçbir şey yoktu.

O gittiğinde tüm karanlığı benden alıp gitmişti. Beyazın tamamını benden söküp aldığı gibi.

Şimdi...

Şimdi ben gride boğuluyordum.

Sırtım duvara çarptığında vücudumun aşağı kaymasına izin verdim. Yere oturduğumda dizlerimi karnıma doğru çekip donuk gözlerle karşı duvara baktım. Ondan izler görmeye ihtiyacım vardı. Gittiğinden beri ondan tek bir haber almamıştım. Sesini duymamıştım. Kokusu... Kokusunu unutmuştum. Gözlerimi kapattığımda yüzünü eksiksiz bir şekilde göremiyordum. Yüzünün önünde gri bir sis vardı. Yüzünü unutmak kalbimi kanatıyordu.

Gri ne siyah gibi netti, ne de beyaz gibi. Gri bulanıktı, gri boğuktu. Karanlığın içinde kayabileceğin gibi ya da beyazın içinde uçabileceğin kadar pürüzsüz değildi. Gride her tarafım bir yerlere çarpıyordu, her yerde tümsekler, bıçaklar, taşlar, dikenler vardı. Kanamama izin vermeyen yaralar beni zehirliyordu. Yere çakılamıyordum. Yere çakılmadan ayağa kalkamazdım. Ayağa kalkmam için buna ihtiyacım vardı ama bu yeni, boğucu renk buna izin vermiyordu. Ben her gün kendi içimde zehirleniyordum. Sonu olmayan bir düşüşün içindeydim. Yaralanmaya mahkûm, kurtuluşu olmayan bir düşüş...

Gözlerimi kapatıp derin bir nefes aldım. Sanki içimi temizleyebilirmiş gibi.

Birbirine bastırdığım dişlerimi serbest bırakıp titreyen ellerimle yerden destek aldıktan sonra ayağa kalktım. Herkes gibi yapmak zorundaydım. Hiçbir şey olmamış gibi yoluma devam etmeliydim. Sanki gri beni boğmuyormuş gibi yapmak zorunda olduğumu bilerek o ara sokaktan çıktım ve arabama doğru yürüdüm.

∞

Birinci sınıfın ikinci yarısı oldukça zordu. Osmanlıca dersine alışmaya çalıştığım her an, yanlış bir bölüm seçmişim hissine kapılıyordum. Zorluklarla yüzleşmek beni yıldırmıştı belki de ama bazen gerçekten okumak istediğim bölümün bu olup olmadığını düşünürken buluyordum kendimi. Editör olmak istiyordum ama aynı zamanda bunun için üniversitede geçmek zorunda olduğum derslerin ne kadar gerekli olduğunu sorgulamaktan vazgeçemiyordum. Vize ve final haftalarında tüm bu karmaşa beynimin içinde daha çok yer işgal ediyordu. Sınavlardan uzak olduğum tarihlerde her şey daha kolay idare ediliyordu.

Birce'nin bizde yatılı misafir olduğu üç gün dâhil, sınav haftası boyunca kendimi eve hapsettim. Evde kimsenin ses çıkarmamaya özen gösterdiği günler boyunca gece yarısına kadar ders çalıştım. Birce'nin olduğu günlerde bile neredeyse güneş doğana kadar kitaplardan başımı kaldırmamıştım.

Üniversite hayatım ikiye ayrılıyordu. Sınav zamanları ve diğer günler. Karaoke gecelerine ara verip ders çalışmaya odaklamıştık. Çıkıp bir yerlerde oturup bir şeyler yemeyi özlediğim süre boyunca kendimi yaz okulundan kurtulmaya odaklayarak ayakta kalabildim. Bir saatten daha az süren sınavlara makyaj yapmayıp gittiğim her gün bana iyi olup olmadığımı soran onlarca insana kibarca gülümsemiştim. Hasta olduğumu sanıyorlardı. Aynaya baktığımda sadece ben vardım ama üniversitedekiler beni neredeyse ilk kez öyle gördükleri için onlara garip gelmişti. İki haftanın sonunda neyse ki bana iyi olup olmadığımı sormayı bırakmışlardı.

Nasıl geçtiğini bilmediğim ve sonuçları benim için sürpriz olan sınavların sonuncusuna girdiğim günün farklı bir önemi vardı. Neşe'nin sınavları çoktan bitmişti. Sonuçlarını beklediği bir haftanın ardından bütünleme sınavlarına kalmadığını öğrenince Eskişehir'e gitmişti. Benim sınavlarım bittiğinde Melehan'a gelecekti. Teyzesi tatile çıktığı için bizde kalacaktı. Yeniden birlikte olacağımız için çok heyecanlıydım ama bir yandan da korkuyordum. Bu yıl onunla çok az görüşmüştük.

Yeni dış görünüşüm onun aklında farklı düşünceler doğurabilirdi ve o Neşe'ydi. Bunları hiç düşünmeden dışarı vurup yüzüme çarpardı. Buna hazır mıydım bilmiyordum.

"Bitti!"

"Ah, evet!"

"Bir şeyler yapalım mı?"

Çantamı koluma takıp fakültenin önündeki banklardan kalktığımda Birce merdivenleri iniyordu.

"Neşe gelecek, biliyorsun. Odada yer açmam lazım."

Onunla arama giren mesafenin farkındaydım. Bu her ne kadar kısa bir mesafe olsa da fark ediliyordu. Kemik için yaptığımız kavgadan bu yana mesafe aramızdaydı. Birce beni ona karşı yakın olmamakla suçluyordu. Bunda da haksız değildi. Hâlâ ona anlatmadığım şeyler vardı. Ona neden anlatamadığımı anlayacağını düşünmediğim için bunu hep geciktirmiştim ama artık çıkmazdaydım.

"Gelip yatağımın üstünde oturmaya ve ben bir yerler açarken beni izlemeye ne diyorsun?"

"Kuaföre gitmeyi düşünüyordum ama bunu yarın da yapabilirim."

Çıkış kapısına kadar birlikte yürüdükten sonra otobüse bindik. "Eve dönecek misin?"

"Şehrin diğer ucundaki evime mi? Evet. Yarın sabah gideceğim. İki gün sonra geri gelip kitaplarımı atmayı düşünüyorum."

"Sınav sonuçlarını beklemeden mi?" Gülümsedim.

"Bu bir totem."

Neşe için odamda yer açma işi sandığımdan daha kısa sürdü. Ders kitaplarımı kaldırınca makyaj eşyaları için gereken yer açılıyordu. Böylece en büyük problem halledilmiş oldu. Dolaptan birkaç kıyafeti katlayıp diğerlerinin üstüne koyduğumda kıyafet problemi de çözülmüştü. Ayakkabıları için yatağın altını ayarlamıştım. Birce'yle kendimizi ödüllendirmek için hazırladığımız dondurmaları alıp bahçeye çıktığımızda Trouble bizi yalnız bırakmadı. Çok kısa bir sürede bahçedeki her köşeyi gezdi ve sonunda yorulup kendine bulduğu ilk gölgede çimlerin üstüne uzandı. Babam olmasaydı birçok kez yemek aramak için evden kaçmış olurdu ama neyse ki babam bunu unutmuyordu.

"Pekâlâ... Neşe ve Cansu geldiğinde bana mesaj atmayı unutacak mısın?"

"Bu mümkün değil."

Dondurmasından bir kaşık alıp omuz silkti.

"Mümkün değil, Birce."

Onu inandırmak için yapmam gereken çok basitti. Dürüst olmak. Ne zamandan beri dürüst olmak bana bu kadar zor görünüyordu?

"Seni tanıyorum, Kayla. Sandığından daha fazla. Hayatında sadece üniversitede sana eşlik eden iyi bir arkadaşım."

"Öyle olmadığını biliyorsun."

"Benden sakladığın şeyler olduğunu bildiğimden daha fazla değil."

Derin bir nefes alıp dondurma kâsesini bacaklarımın arasına yerleştirdim. Trouble hâlâ olduğu yerde uzanıyordu. Gerçekten gri tüyleri olan bir kedi olmak zorunda mıydı? Sarı tüyleri olan çok tatlı bir kedi de olabilirdi. Hâlâ çok tatlıydı ama griydi. Gri bu aralar bana o kadar da iyi gelmiyordu.

"Sana anlatamayacağımdan değil. Bunu kimseye anlatamıyorum."

"Diğerleri bunu biliyor gibi. Bak, onlar seni benden daha uzun süredir tanıyorlar. Bunu biliyorum ama ben aramızdaki arkadaşlığı gerçek sanıyordum. Senin bana güvenmemenin tek nedeni beni öyle görmemen."

Başımı iki yana salladım. Neden böyle düşünüyordu ki? Tabii ki o gerçek arkadaşlarımdan biriydi. Öylesine birini hayatıma bu kadar dâhil etmezdim. Onu birini unutmak için kullanmıyordum. Muhtemelen Birce bunun tersini düşünüyordu ama onu gerçekten arkadaşım olarak görüyordum.

"Geçmişte olan bir şey. Onlar biliyorlar ya da ne hissettiğimi tahmin ediyorlar ama artık kimseyle bunu konuşmuyorum."

"Ne yani, korkuyor musun?" Cevap vermeyince Birce kaşlarını havaya kaldırıp gülümsedi. "Cidden bu mu? Kayla, sen hayatta gördüğüm en güçlü insanlardansın. Geçmişin hakkında konuşmaktan nasıl korkabilirsin? Sustukça unutacağını mı düşünüyorsun? Biliyorsun bu olmayacak."

"Hazır değilim."

"Neye?"

"Birce, gerçekten bunu konuşmak istemiyorum."

"Farkında mısın, bu artık sadece benimle konuşmadığın şeyler değil, herkesle konuşmaktan kaçtığın şeylere dönüştü. Böyle bir şey yokmuş gibi seninle normal arkadaşlığımızı sürdüremem. Aklımı toplamam gerek. Eve bir gün erken dönmeliyim belki de."

Dondurma kâsesini yere bırakıp ayakkabılarını giydikten sonra koltuğun üstündeki çantasını alıp gitti ve ben hiçbir şey söylemedim.

Birce gittikten kısa bir süre sonra babam geldi. Birlikte akşam yemeğini hazırlayıp yedikten sonra bulaşıkları yıkadım. Babam televizyonun karşısında iki haftadır yapmaktan kaçındığı gibi sesi açıp spor kanalları arasında gezerken, birikmiş çöpü çıkarıp kapının önüne bıraktım. Neşe'yi otogardan almaya gitmemize çok az kalmıştı. Paçalarını kıvırdığım bol bir kot pantolonun üstüne bir tişört geçirdikten sonra saçlarımı ensemin biraz üstünden topladım. Saçlarım çok uzun olmadığı için toplandığında biraz garip hissettiriyordu ama kötü olmadığına kendimi çoktan ikna etmiştim. Altına topuklu ayakkabı giydiğimde çok tarz gösteren pantolonum spor ayakkabılar konusunda o kadar da cömert olmuyordu. Aşağı indiğimde yine de spor olanları tercih ettim.

"Çöpleri atmaya çıkıyorum. Döndüğümde arabada ol, baba. Geç kalıp onu bekletmek istemiyorum."

"Tamam, ufaklık."

Babamdan istediğim cevabı aldıktan sonra dışarı çıkıp çöp poşetini yerden kaldırdım. Ufaklık demesi tabii ki tercihlerim arasında yoktu, sadece onayladığı kısmıyla idare edebilirdim.

Bir motor sesine dikkat kesilecek biri değildim ama şu an iki buçuk yıldır oturduğum sokaktaydım. Bu sokaktan bu saatte motosikletle birinin geçtiğine çok sık rastlanmamıştı. Babam her ne kadar buranın lüks bir site olmadığını bana kanıtlasa da, burada herkes ev sahibiydi ve kimsenin garajında bir motosiklet yoktu. Eğer biri son günlerde lüks arabalarından vazgeçip yeni maceralar aramadıysa, bu yabancı birinin sebep olduğu bir sesti ve bunu anlamak için tek bir yol vardı.

Koşmaya başlamadan önce çöpü yere bırakmıştım. Kaldırıma çıktığımda motor sokağın diğer ucundaydı. Köşeyi dönmeden onun bir motosiklet olduğundan emin olacağım kadar uzun bir süre onu görme fırsatım olmuştu. Yanılmamıştım, o ses bir motora aitti. Gecenin karanlığını kesen simsiyah bir motor.

"Kayla! Bir şey mi oldu?"

O motor olduğundan emin değildim ama onun olduğunu sanmak bile iki hafta önce bir sokak arasında bıraktığım o umudu geri getirmişti. Umut ve korku.

"Hayır, bir şey yok."

Çöpü almak için geri dönerken babam Escalade'i garajdan çıkarmaya gitti. Buna inanmak istemiyordum ama onun dönmüş olabileceği fikri aklımı bir kemirgen gibi deşiyordu. O, akıllı biriydi. Tüm hayatını bir düzene sokup, kendi düzeninin içinde yaşıyordu. Dışarıdan kimse o düzene müdahale edemiyordu. Hayatının sağlam zeminini iyi kurmuştu. Aklı her bir katı sağlamlığını koruyarak çıkmıştı. Onun döndüğünü sandığım ilk seferde yanılmıştım. Oyun isteyen bir zenginin eğlencesi olmuştum. Onda peşinden gideceğim şeyler vardı ama sokağımdan geçen bir motorla bir şeyleri kovalayamazdım. Bir an önce kendimi toplamalı ve her yerde onu görmeyi beklemeyi bırakmalıydım.

Otogara gittiğimizde arabadan adeta atlamıştım. Neşe'nin otobüsünden daha erken oraya ulaşamamıştık. Bizi neredeyse üç dakika beklemişti. Hayalimde karanlık bir sokak ve bavuluyla Neşe vardı. Kendimi suçladığım üç dakikanın sonunda arabadan atlayıp otogara koşarak gittim. Karşılaştığım manzara ise çok Neşeseldi. Kendine bir içecek almış, oturduğu yerde onu yudumluyordu.

"Neşe!"

Beni görünce yüzüne yayılan büyük gülümsemeyle tekrar harekete geçtim ve ona doğru koşmaya devam ettim. Kollarımı boynuna doladığımda ikimiz de gülüyorduk. Romantik bir karşılama olmasını isterdim ama olmuyordu. Kahkahalarımız birbirine karışırken yüzünü ellerimin arasına alıp onu öpmeyi unutmadım.

"Kaykay, saçların o kadar komik ki gülmeyi bırakamıyorum!"

"Sen kendi kısa saçlarını hiç görmedin, değil mi?"

Benim gibi Neşe de üniversitede bir değişiklik yapıp saçlarını kısa kestirmişti. Benim saçlarım omuzlarımın aşağısında bir parmak kadar uzunken, onunkiler ensesini bile kapatmıyordu. Benim aksime saçları çok gür olduğu için bu halde bile güzel ve çekiciydi. Gözünün altındaki beni öptükten sonra ona bir kez daha sıkıca sarıldım.

"Seni çok özledim."

"Benim ne kadar özlediğimi bilsen, bir kereliğine otobüse atlayıp Ankara'ya gelirdin. Sana ne kadar yalvardığımı hatırlıyor musun? Çünkü o telefon görüşmelerini uzaydan biriyle yaptığımı düşünmeye başlamıştım."

Onu kollarımın arasında sıkmayı bırakıp koluna girdikten sonra gülümseyerek "Gidelim. Babam bekliyor," dedim.

"Ve babalar her zaman kurtarıcıdır, öyle mi? Neyse konuyu uzatmayacağım. Babanı görmeyi geciktirmek işime gelmez."

Kıkırdayıp bavulunu aramıza aldığında ona yardım etmek için harekete geçtim.

Eve geri döndüğümüzde saat gece yarısını geçmişti. Babam bizi yalnız bırakıp odasına çekildiğinde Neşe'yle üstümüzü değiştirip yatağın içine girdik ve birbirimize birlikte geçireceğimiz günler boyunca detaylarını anlatacağımız şeylerin ana başlıklarını anlattık. Bende çok malzeme yoktu ama Neşe yine de onsuz bir yıl geçirdiğim üniversitenin benim için önemli sayılabilecek her anını anlattırmıştı. Onun hayatı kesinlikle benimkinden daha heyecanlıydı. Sevgilisiyle aynı derslere girmeseler de aynı kampüsün içinde birlikteydiler. Neşe aralarında ileri gidecek hiçbir şey olmadığını söylese de, iki kere Ömer'in dairesinde kalmıştı.

"Biliyorsun, sekse olan bakış açım çok farklı. Sen bunu utanç olarak görürken ben her zaman romantik nedenlere bağlardım ama Ömer bana kendimi o kadar özel hissettiriyor ki beklemek çok... Tahmin etmediğim kadar çok heyecanlı."

"Peki ya..."

"Hayır. Gerçekten masum öpücükler dışında hiçbir şey yapmıyoruz. Bundan sıkılacağımı ve ondan soğuyacağımı düşündüğüm bazı anlar oldu. Yani o çok... Tutucu. Ama öyle olmadı işte. Benim istediğim şeyleri onun da istediğini biliyorum ama her şeyin doğru olmasını istiyor. Kendi inançları ve dünyaya karşı bakış açısı bana sıkıcı gelmiyor. Dediğim gibi, sadece bana kendimi daha da özel hissettiriyor."

"Bunlar harika ama hâlâ biraz garip. Senin bu kadar anlayışlı olman..."

Kaşlarımı çatarak ona baktım. Yüzünde gizleyemediği bir gülümseme vardı. Şeytani bir ruhu gizleyen masum bir gülümseme gibi. Neşe kötü biri değildi ama böyle anlayışlı olmasının iyi bir nedeninin olduğuna bahse vardım.

"Sevgi, Kaykay... İnsana farklı bir bakış açısı kazandırabiliyor."

Uzanıp yanağını öptüm. "Şimdi uyu. Esnemekten ağzının yırtılmasını istemem. Yarın sabah konuşmaya devam ederiz, çünkü sana hiç inanmıyorum."

4

"Ankara'da deniz görememekten kafayı yiyeceğim o kadar çok zaman oldu ki! Neşe Eskişehir'de büyüdüğü için benden daha rahattı ama benim için bazı zamanlar gerçekten işkenceydi."

Ömer başını koltuğun arkalığına yaslayıp iki yana sallarken Neşe gülüyordu.

"Ne diyorsun ya! Deniz görmeden yaşamanın tadı var mı? Kafayı yerdim herhalde."

"Var ya, burada denizi görmeye bu kadar düşkün olduğumu bilmiyordum ama oraya gittiğimde aslında bunun benim için ne kadar önemli olduğunu fark ettim. Deniz görmek istiyordum. Ben umurunda olmadan yanından geçip gideyim ama o dalgaların sesini duyayım."

Ömer, Semih'e doğru eğilip büyük bir iştahla denize olan özlemini paylaşırken, Cansu onlara bakıp gözlerini devirdi. Her gün deniz gördüğü yetmiyormuş gibi, Bora yüzünden havuzla da içe içe yaşamıştı. Bora hâlâ yarışa hazırlanıyordu üstelik.

"Sen zaten en büyük saçmalığı orayı yazarak yaptın! Akdeniz'de okumalıydın, dostum!"

"Bunu sen istiyordun, Semih."

"Pekâlâ, ben de tüm yıl boyunca ayağımı denize sokmadım. Mızmızlanmayı bırakın da bizi denize götürün."

"Ne? Bunun için yanımızda kıyafet bile yok."

Neşe, Cansu'ya bakıp dil çıkardıktan sonra oturduğu puftan kalkıp Ömer'e doğru yürümeye başladı. "Kıyafetten kastın bikinilerse, yol üstünde bulabiliriz. Haydi ama koca adamlar, kalkın ve arabayı hazırlayın."

"Neşe, ben gelemem."

"Cansu!"

"Sevgilim, Cansu haklı. Bunun için plan yapmamız gerekir."

Neşe bu sefer Ömer'e döndü. İtiraz eden herkese o daha büyük itiraz edebilirdi. "Ömer!"

"Gitmesek daha iyi."

"Az önce deniz için sızlanıyordun, neden şimdi böyle yapıyorsun?"

Ömer mırın kırın yaparken Semih'in bana baktığını fark edince gözlerimi ona diktim.

"Ne var?"

"Bence de gitmesek daha iyi."

"Semih, sen de mi?"

Semih? İkisi bir olmuş denize gitmenin kötü bir fikir olduğunu savunuyorsa, kesinlikle denize gitmemiz gerekiyordu.

"Gidelim! Neşe haklı. Hiçbirimiz tatile gitmedik."

"Ama gideceğiz."

"Kendi adına konuş, kıvırcık! Benim henüz bir planım yok. Eskişehir'e dönersem ayağım denize girmeden üçüncü yılımı devirmiş olurum."

"Oh! Üç yıldır denize girmedin mi?"

Semih bana acıyarak bakmaya başladığında Neşe gibi oturduğum yerden kalktım. "O yüzden beni denize götürüyorsun."

Kendini toparlayıp boğazını temizlediğinde kaşlarımı kaldırarak ona baktım, çünkü itiraz edecek gibi duruyordu.

"Bora'nın yanına gitsem daha iyi. Bu hoşuna gitmez."

"Bence Cansu olmadan sizi denize götürmemiz çok iyi bir arkadaşlık gibi gözükmüyor."

"Saçmalama, Semih! Cansu'nun neden gelmediğini hepimiz biliyoruz."

"Her halükarda..."

"Sizin derdiniz ne?"

Neşe ikisine birden kaşlarını kaldırarak bakarken onun arkasına geçtim. Bunun cevabını ben de çok merak ediyordum.

İlk pes eden Semih oldu. "Tamam. Arabayı hazırlıyorum."

Semih kalkıp evine girdikten sonra, Ömer de oturduğu yerden kalkıp Neşe'nin yanına geldi. O sırada telefonuma bir mesaj gelince oturduğum pufun yanında yere bıraktığım telefonu eğilip aldım.

Merhaba, Kayla. Beni hatırlayıp hatırlamadığını kontrol etmek istedim. İzmir'e dönmeden önce seni görmek isterim. Ömür.

Partiden beri görüşmemiştik. Birce üzerinden bana ulaşmaya çalışmadığı her günün sonunda ondan umudumu kesmiştim. İyi biriydi, ondan hoşlanmıştım. Kendimi bir ilişki içinde hayal edemiyordum ama sohbet ederken sıkılmadığım birisiydi. Onunla yeniden görüşmeyi istiyor muydum? Çok uzun süredir biriyle özel olarak konuşmamıştım. Ona takılıp kalmamıştım. Onu geride bırakmıştım ama başka birini hayatıma almayarak kendime haksızlık ediyordum. Bunu Ömür'le eğlendiğimi fark ettiğimde anlamıştım. Konuşmanın sonu başı kadar eğlenceli olmasa da hoşuma gitmişti. Numarasını kaydetsem de mesajı yanıtlamak için acele etmedim.

Cansu'yu bıraktıktan sonra sahile doğru yola koyulduk. Neşe'nin dediği gibi, yol üstünde deniz için ihtiyaç duyacağımız her şeyi alacağımız bir yer bulmuştuk.

Soyunma kabininde bikinilerimizi giyip kıyafetlerimizi arabaya bıraktıktan sonra Ömer ve Semih'i bekledik.

"İkisi de bir garip ama sonuç olarak buradayız."

Semih'in kahkahasıyla kendimi topladığım sırada Neşe telefonunu da kıyafetlerinin arasına bıraktı.

"O kadar komik olan ne, Semih?"

"Kayla'nın hayal ettiğim kadar güzel bir fiziği olduğunu görmek, Neşe'cim."

Gözlerimi devirip yürümeye başladığımda Semih de peşime takıldı. Neşe ve Ömer'i yalnız bırakmak ikimizin de yapacağı şeydi. Onları yalnız bırakırken birlikte vakit geçireceğimiz onca zaman olacaktı.

"Çok zayıfım. Kapa çeneni."

"Saçmalama, Kayla. Tamam, büyük göğüslerin ya da..."

"Semih, kapa çeneni."

"Demek istediğim şey öyle olmasına gerek yok. Böyle çok sensin. Hem masum, hem de güzel."

"İltifatın için teşekkür ederim. Bu konuyu kapatabilir miyiz?"

"Pekâlâ, sen ne düşünüyorsun?"

"Ne?"

Önüme geçip bana karın kaslarını gösterdiğinde gülmeye başladım. "Senin neredeyse her antrenmanına katılıyorum, Semih. Gördüğüm şey yeni sayılmaz."

Yüzüne çarpık bir gülümseme yerleştirip "O zaman daha detaylı bir yorum yapabilirsin," dediğinde kollarını tutup onu yanıma çektim.

"Geri geri yürürken düşeceksin."

"Seni dinliyorum."

"Gayet iyisin ikiz egoya sahip, Semih."

Kolunu omzuma atıp beni kendine çektiğinde düşmemek için kısa süreliğine ona sarılmak zorunda kalmıştım. O sırada saçlarımı öpmeyi es geçmemişti. Dengemi toparladığımda ondan uzaklaşıp denize doğru koşmaya başladım. Çığlık atarak koşuyordum. Ayaklarım denizin suyuna ilk ulaştığında soğuk olduğunu fark ettim ama durmadım. Dizime kadar ulaştığında yeni bir çığlık atarak geriye doğru koştum ama Semih beni belimden yakalayıp denize soktu. Bir süre sonra suyun soğukluğu rahatsız etmese de çığlık atmaya devam ettim. Semih'in beni bıraktığı yerde su göğsüme kadar geliyordu.

"Çok soğuk!"

Gülümseyerek ellerini suya çarptığında yüzüme gelen sudan kaçmaya çalıştım ama kaçabileceğim bir yer yoktu. Yüzüme çarpan tuzlu su gözlerimi yakınca bir kez daha çığlık attım. Ondan kaçmak için yüzmeye başlamamın ardından çok geçmeden bileğimi yakalayıp beni suyun altına çekti.

Neşe ve Ömer de yanımıza geldiğinde birbirimizle uğraşmayı bırakıp birlikte yüzdük. Şakalaştık ve yüzmeye devam ettik. En erken yorulan bendim. Onlar yüzmeye devam ederlerken güneşlenmek için yanlarından ayrıldım. Aklımda Ömür'ün mesajı vardı. O gece oradan kaçarak ona kabalık etmiştim. Üstüne bir de onun aramasını beklemiştim. Bir ilişki yaşamayalı uzun süre olmuştu. Biri arkadaşlığın devamı olarak ilerleyen, diğeri ne olduğunu hiçbir zaman anlamayacağım şekilde yaşanan iki ilişki geçmişimden çok da tecrübeli olduğum çıkarılamazdı.

"Sana krem sürmemi ister misin?"

"Onu biz soyunma kabininde halletmiştik."

"Ah!" Semih ve çapkın gülümsemesi bana yaklaşırken şezlongun üzerine uzandım ve gözlerimi kapattım. "Gerçekten güzelsin."

"Gölgeni üzerimden çek, Semih."

Kıkırtısını duysam da gözlerimi açmadım. Saniyeler sonra güneşi yeniden hissettim. Karnımızı doyurduktan sonra tekrar yorulana kadar yüzdük. Akşam olduğunda evlerimize ulaşmıştık ve yorgunluktan Neşe de ben de hemen uyuyakaldık.

Ertesi sabah büyük bir tembellikle yüzümü yıkarken, Ömür'e mesaj atmadığımı hatırlayınca telaşlanarak suyu kapattım. Havlu elimde yüzümü kurularken odaya geçip telefonuma koştum. Çok geç kalmadığımı umarak ona bir mesaj attıktan sonra havluyu yerine asmaya gittim. O sırada telefonum çalmaya başlayınca koşarak odaya geri döndüm. Neşe homurtular çıkarırken telefonu kulağıma götürdüm.

"Efendim!"

"Kayla, günaydın."

"Günaydın."

"Senden umudumu kesmiştim."

"Mesajına cevap veremedim. Dün... Kusura bakma."

"Önemli değil. Geri döneceğini bilsem dün gece yola çıkmazdım."

"İzmir'e mi gittin?"

Büyük hayal kırıklığı bedenime yüklenirken Neşe kaşlarını çatarak beni süzdü. Yatağın ayakucuna oturmuş, Ömür'ün cevap vermesini bekliyordum.

"Hayır. Şehrin diğer yakasındayım. İki gün sonra döneceğim. Eşyalarımı alıp dönmeden önce birkaç saatim olacak. Seni o zaman görebilir miyim?"

"Tabii... Yani, işte olacağım ama bir şeyler ayarlayabilirim."

"Çok sevinirim."

"Tamam."

Güldüğünü duyduğumda karşımdaymış gibi kızardım. Neşe'nin kaşları biraz daha çatıldı.

"Öyleyse görüşürüz."

"Görüşürüz."

Telefonu kapatıp yatağın üstüne bıraktıktan sonra hiçbir şey olmamış gibi devam ettim. Dolabın karşısına geçip kendime bugün için bir şeyler bakmaya başladım.

"Ne yapıyorsun?"

"Dergiye giderken giyeceğim şeyleri seçmeye çalışıyorum."

"O halde oradan bir tişört ve etek alıp bana dön. Çünkü yanakların kızarırken kiminle konuştuğunu bilmek istiyorum ve birlikte geçirdiğimiz saatler boyunca anlatmadığın bu kişiyi cidden merak ettiğimi bilmelisin."

Dolabın kapağının arkasından kafamı uzatıp ona bakarken sakin olmaya özen gösterdim. "Yanağım kızarmadı." Dolabın içine geri dönüp onun dediği gibi bir tişört ve etek çıkardıktan sonra onları yatağın üstüne bıraktım.

"Kimdi o?" Aynanın karşısında saçlarımı taramaya başladığımda Neşe yataktan aşağı indi. "Kayla? Meriç'ten sonra..."

"Lütfen... Bunun onunla bir ilgisi yok."

"Meriç dememden mi rahatsız oluyorsun?"

"Hayır!"

Sesindeki ima beni rahatsız ettiği için çıkışmıştım. Saçımı taramaya geri döndüğümde Neşe hemen arkamdaydı.

"İyi, çünkü Meriç dememden hâlâ rahatsız oluyorsan bu onu aşamamış olduğun anlamına gelir. Çünkü Meriç'le senin hakkında konuşurken..."

"Onunla benim hakkımda mı konuşuyorsun?" Taramayı bırakıp ona döndüm. "Bir dakika! Sen onunla konuşuyor musun?"

"Evet! Buna neden şaşırdın ki?"

"Siz iyi geçinmezdiniz bile!"

"İlişkimiz biraz karışık ama sonuçta birbirimizden nefret etmediğimizi biliyorsun. Üstelik o erkek arkadaşımın kardeş gibi gördüğü arkadaşı."

"Onunla neden konuşuyorsun ki? Bu işi Ömer de yapabilirdi?"

"Senin konuşmadığın biriyle konuşmam arkadaşlığımızı zedeliyor mu?"

"Neşe, o benim konuşmadığım biri değil. O beni incitti!"

"Ben de tam bu yüzden onunla konuştum!"

"Bunu yapmaman gerekiyordu!"

Birbirimize bağırıyorduk. Ve ikimizin de sakinleşmeye niyeti yoktu. Onun Meriç'le konuşuyor olması bana son derece mantıksız geliyordu ve Neşe'ye bakılacak olursa da benim bu tavrım ona son derece mantıksız geliyordu.

"Ah, tabii ki bunu yapmam gerekiyordu! Seni üzecek ve ben sessiz mi kalacağım? Ömer de, ben de bunu yapamazdık!"

"Elinize ne geçti? Koca bir hiç!"

"Ah, yapma! Onu benden daha iyi tanıyorsun. Pişman olduğunu bilmiyorum diyemezsin."

Kaşlarımı çatıp ona baktım. Meriç'in tarafına mı geçmişti?

"Onu affet demiyorum, tamam mı? Sadece en azından pişman olduğunu görmek... İyi işte."

"Pişman olması hiçbir şeyi geri almıyor, Neşe! O da bunu çok iyi biliyor."

"Sen kin tutmazdın."

Buraya kadardı.

"Sen anlayamazsın! Senin bir ailen vardı. Beni hiçbir zaman anlamadın! Anlamayacaksın da! Neden bilmediğin bir şey hakkında akıl vermeye çalışıyorsun ki? Yapma! Çünkü bu çok sinir bozucu! Kimse... Hiç kimse benim hakkımda konuşmasın artık."

Kıyafetleri yatağın üstünden alıp odadan çıktıktan sonra merdivenleri hızlıca indim. Aşağı kattaki banyoya girip yere oturdum. Sakinleşmem ve ellerimin titremesinin geçmesi bir süre beni oyaladı. Sonra ayağa kalktım. Ayağa kalkmaya alışmıştım. Üstümü değiştirdim. Nursiş'e seslenmeden evden çıkıp arabama atladım ve dergiye doğru sürdüm.

Dergide yoluma çıkan herkese zoraki bir gülümsemeyle selam vermem insanların dikkatinden kaçmamıştı. Her gün laflamak için yanıma uğrayan Metin ve Peri bugün yanıma hiç gelmemişlerdi. Leyla Hanım odasından birkaç kere çıkıp herkese görevlerini hatırlatmış ya da odasına getirilmesini istediği dosyaları bulmamızı emretmişti. Dosyalardan haberi olanlar koşuşturmaya girerken, ben masamın başında kalıp turuncu kalemliğime gözlerimi dikip durdum. Elimi klavyenin üstüne götürdüğüm anlarda yazmak istediğim hiçbir şeyin olmayışı kendimi beceriksiz hissettiriyordu. Sonunda bilgisayardan vazgeçip kendimi arşive kapattım. Burada olmayı benden çok seven yoktu. Herkesin lanetli odası benim kaçış noktamdı. Burada gözyaşlarımı akıttığım, sessizliğe boğulduğum birçok gün olmuştu. Alfabetik sıraya göre dizilmiş dosyaları raflardan indirip yere yığdıktan sonra bağdaş kurup oturdum ve hepsini yeniden kontrol etmeye başladım.

Son bir yılda birçok değişiklik olmuştu. Hepsinin üstesinden gelmem zor olmamıştı. Birce'yle karaoke gecelerimizi özlemiştim. Edebiyat kulübündeki toplantıları, birlikte katıldığımız etkinlikleri, partileri... Hepsi fiziksel olarak beni yorarken ruhumu besleyen, yeniden doğmamı sağlayan enerji takviyeleriydi. Hayatımın değiştiğini fark edemeyecek kadar yoğundum ve bu yoğunluk bir süre sonra alışkanlığa dönüşmüştü. Ben hayatıma yeni giren şeylerin ne kadar alışılmadık olduğunu kavrayamadan onlara alışmıştım. Ne zaman ki geçmişe dair bir yer yeniden gündemime girmişti, işte o anda yukarı doğru epey yol kat ettiğim bina riske girdi. Küçük bir nokta görmezden gelip de kapatacağım kadar zararsız değildi. Nokta bir çatlağa dönüştü ve sonra geçmişe ait olan her şey teker teker geri dönüp çatlağı büyüttü. Yeni hayatımı temsil eden büyük binada şimdi onu yıkacak büyük bir çatlak vardı.

İyi olduğumu sanmıştım. Toparladığımı sanmıştım. Geçmişi geride bıraktığımda gerçekten iyi olabileceğimi düşünmüştüm. Neşe, Ömer, Cansu, Bora... Hepsi uzaktayken treni idare etmek gözüme zor gözükmemişti. Onlar birer birer önüme çıktığında sisin altında kalmış gibi hissediyordum. Her şey çok yeniydi. Asıl korkum frenlerin tutmamasıydı. Kontrolü yitirip savrulmak istemiyordum.

Her durakta birilerinin seyahat etmesine izin vermiştim. Kapılarımı açmak onları kendi korumasız yolculuğuma davet etmek hataydı. Şimdi kontrolü kaybedersem tek kaybeden ben olmayacaktım.

Dergiden çıktığımda eve gitmek yerine uzun zamandır hiç gitmediğim bir yere doğru sürdüm. Neşe'yle bu sefer çok ileri gitmiştim. Ne kadar ileride olduğunu göremediğim kadar uzaktı. Düzeltebilirdik. Çocukluktan beri arkadaş olmak böyle bir şeydi. O benim olmayan kız kardeşimdi. Aramıza ne kadar mesafe, sır, yalan, nefret girse de, biz bir gün yine karşı karşıya gelip birbirimize sarılırdık.

Arabadan indiğimde, yeniden her şeyin üstesinden geleceğini düşünen, güçlü bir kız gibi hissetmeye ihtiyacım olduğunu iliklerime kadar biliyordum. Bunu yaparken en başarılı olduğum zamanlar, lise sıralarındaki ergen halime aitti. Şu anda çok büyümüş sayılmazdım ama o günler farklıydı.

Yine korkmuştum ve yine ona gelmiştim. Bay Harrington'ı özlemiştim. Ona ihtiyacım vardı. Dünyanın kirliliğine karşı duran tertemiz bir adamdı. O yürüyebilen, konuşabilen bir romandı. Onunla karşılaştığımda kendimi onun dünyasında buluyordum. Şimdi bu dünyadan uzaklaşmaya ve onun hikâyesinin içinde yer olmaya o kadar ihtiyacım vardı ki...

Titreyen elimi kaldırıp gözümden akan yaşı sildim. Ben korkak bir kızdım. Kendini kitaplara hapsedip acılarını unutmaya çalışan korkak bir kız. Babamın yokluğunu, annemin çırpınışlarını, bana bakan üzüntülü suratları unutmak için kitaplara sığınmıştım. Oradaki yeni dünya bana acılarımı, çaresizliğimi, eksikliğimi unutturup kendi hikâyesinin içine aldıkça buna bağımlı hale gelmiştim. Gerçekten istediğim şeyin kitaplarla iç içe olmak mı, yoksa başka bir şey yapmak mı olduğunu bilmiyordum. Çünkü başka türlüsü nasıl olur bir fikrim yoktu.

Bay Harrington bir kitaptı. Meriç bir kitaptı. Sahip olmayı istediğim bebek bir kitaptı.

Ben çok kötü birisiydim.

Babamla yeni başladığım hayat beni korkuttuğu için Bay Harrington'a sığınmıştım. Ardından annemin benim için mücadele etmeyişi, benden bıktığını düşünmeye başlamam, yeni okul ve yeni arkadaşlar beni korkutunca Meriç'e sığınmıştım. Ve Meriç'in bende yarattığı duyguların yoğunluğu, gidecek olma düşüncesi beni o kadar korkutmuştu ki, o bebeği istemiştim.

Bencilliğim o kadar büyüktü ki kendimden nefret ediyordum. Geri dönüp arabaya doğru yürümeye başladım. Kendime bir daha içki içmeyeceğime dair söz vermiştim ama içimdeki karanlığı kabul etmek bedenimi korku cehennemine hapsetmişti. Tek istediğim bu karanlık düşüncelerden kurtulmaktı. Acılarından kurtulmak için ölmeyi tercih eden biriydim.

Arabayı Meriç'in dairesinin olduğu sokağın başına park ettiğimde, titreyen elimi durdurabilmek için şişeyi parmaklarımın arasında sıkıca tuttum. Hak ettiğim şey iğrenç bir kokuya sahip olan biraydı ama her şeyin daha hızlı gelişmesini istiyordum. Eğer biraz daha düşünmeye devam edersem bina yıkılacaktı. Oraya gitmem, kendimle yüzleşmem büyük bir hataydı. Tek bir kaçış yolu vardı ve ben o kaçış yolunun kapağını açıp yudumlamaya başladım. Bir yıldır kaçtığım her şey birer birer önüme çıkmıştı.

Burası da yüzleşmem gereken yerlerden biriydi. Hepsinden kurtulmak ve diğer insanların yaptığı gibi hayatıma devam etmek istiyordum. Kötü biri olduğunu görmezden gelen insanlar başlarını yastığa rahatça koyup uyuyabiliyorlarsa, ben de bunu yapmayı öğrenebilirdim. Hayat zaten biraz da buna yardım etmiyor muydu? Bir şekilde her şeyin üstesinden gelebiliyorduk.

Oh! Aferin, Kayla! İşte saçma şeyler hakkında düşünmeye başladın.

Binanın yıkılmasına izin veremedim. Bir katı bulanık hatıralarla gizleyip üstüne yeni kat çıkabilirdim. Yıkılmasından daha iyiydi. Sarhoşken hiçbir şey benim için iyi gitmemişti ama bu sefer amacım kendimi kurtarmaktı.

Şişenin içindeki sıvı azaldıkça bencilliğim ve kötülüğüm gözümde daha az önemli olmaya başladı. Bu dünyada herkes kendi için bir şeyler yapardı, değil mi? Köpekler bile kendileri için yaşıyorlardı. Dobby'nin Meriç için onun üstüne atlayıp yüzünü koca diliyle yaladığını düşünmüyordum. Köpekler sahiplerine âşık olabilir miydi? Kediler? Kediler sahiplerine âşık olabiliyorlardı. Kedilerin âşık olabileceğini bile düşünmemiştim. Peki ya insanlar? İnsanlar evcil hayvanlarına âşık olabilirler miydi? Bu sapkın düşünceler aklımın her tarafına büyük bir doğa olayı gibi hızla yayılıyordu.

Mantıklı olan her hücrem intihar ederken, beynimin içinde kediler ve köpekler vardı. Gri tüylü Trouble, büyük koca köpek Dobby'ye pençelerini gösterirken kahkaha attım. Benim küçük ürkek kedim beni Dobby'den koruyabilirdi. Dobby, Trouble'ın pençelerinden korkup kaçmaya başladığında kıkırdadım. Şişeyi ağzıma götürüp boğazımı ıslatacak sıvıyı beklerken yüzümde hâlâ bir gülümse vardı ama şişenin boş olduğunu fark ettiğimde yok oldu. Belki Trouble da bir kitaptı. Tabii ki o da bir kitaptı ve ben küçük bir kediyi kendi bencilliğim için kullanmıştım.

Votka şişesini koltuğun üstüne bırakıp çantamı kucağıma aldım. Cüzdanımda biraz daha para vardı ama daha kolay yoldan da alkole ulaşabilirdim. Dairenin anahtarı cüzdanımın saklı cebindeydi. Kendimi arabadan dışarı atıp kapıyı kapattıktan sonra arabayı kilitledim ve sokak boyunca yürümeye başladım. Yere baktığımda düşecek gibi hissediyordum. Bu yüzden gökyüzüne baktım. Bulutlar hep hareket ederdi, değil mi?

Apartmanın merdivenlerini çıkarken kendime sessiz olma emri vermiştim. Asansör olmadığı için bu apartmanı yıkmaları gerekiyordu. Çatı katına çıkana kadar yorulmuştum. Anahtarı deliğe yerleştirmeye çalışırken pes etmek üzereydim. Arabama gidip cüzdanımdan para almalıydım ya da doğrudan markete gidip votka çalabilirdim. Yakalanmadan önce birkaç yudum içmeyi başarabilirdim üstelik. Pes edip sırtımı duvara yasladım ve yere doğru kaydım. Popom yere çarptığında sızlanarak yüzümü buruşturdum. Sandığımdan daha hızlı kaymış olmalıydım. Melehan'da bu sokağa ve bu apartmana benzeyen onlarca yer vardı. Bir şeylerle yüzleşeceksem bu daireye girmek zorundaydım.

Hızla yerimden kalkıp anahtarı bir kez daha deliğe yerleştirmeye çalıştım. Başım dönüyordu. Gözlerimi kapatıp derin bir nefes aldım. Kendime biraz izin verdim ve sonra gözlerimi yavaşça açtım. Gözümün önündeki karanlık perdenin kalkmasını beklemek birkaç saniyemi almıştı. Gözlerim açık tekrar derin bir nefes alıp ciğerlerimi temiz havayla doldurduktan sonra titreyen elimi yönetmeye çalıştım. İlk denemede başarısız oldum. Kilit değişmiş olamazdı. Anahtara bir kez daha baktım. Bu olduğuna emindim. Anahtarlık kullanmıyordum Cüzdanımın gizli bölmesinde saklı, üzerinde turuncu bir kalemle kalp çizilmiş olan tek anahtarlık buydu. Ve bu anahtar kapıyı açmak zorundaydı. Anahtarı bir kez daha deliğin önüne getirdikten sonra, içimden kapıya yalvararak deliğe yerleştirmeye çalıştım ve bu sefer oldu. Başarmıştım! Kilidi çevirip kapıyı hafifçe ittirdiğimde içeri doğru açıldı.

Gülümseyip içeri girdikten sonra, cebimdeki arabamın kumandasıyla birlikte anahtarı kapının hemen girişindeki anahtarlığa bıraktım.

Sandığım gibi beni huzur verici bir vanilya kokusu karşılamamıştı. Evin havasız ve toz dolu oluşuna karşı yüzümü buruşturmadan edemedim. En azından annesi arada bir uğrayıp burayı temizleyemez miydi? Tabii bir gün oğlu dönecek olsa bunu yapabilirdi.

Salon ve mutfak hariç evin diğer odalarının kapıları kapalıydı. Meriç'in yatak odasına doğru ilerlerken resimlerinin bulunduğu küçük odanın önünde durdum. Kapı kolunu indirsem de açılmadı. Kilitliydi. Yatak odasına doğru devam ettim. Aynı şeyle karşılaşınca kaşlarımı çatıp banyoya geçtim. Orası kilitli değildi. Ellerimi yıkayıp salona yürüdüm. Ellerimi neden yıkadığımı bile bilmiyordum.

Koltuğun üstündeki beyaz çarşafı kaldırıp oturduktan sonra odanın içini gözlerimle taradım. Burası Meriç'in dairesinden çok, terk edilmiş herhangi bir daireye benziyordu. Oturduğum yerden kalkıp pencereyi açtıktan sonra başımı dışarı uzattım. Burası çok yüksekti ve hâlâ başım dönüyordu. Gökyüzüne bakıp ciğerlerimi temiz havayla doldurduktan sonra koltuğa geri döndüm. Başım şimdi eskisinden daha çok dönüyordu. Uzanıp ellerimi yanağımın altına yerleştirdikten sonra gözlerimi kapattım.

"Bilmeni istiyorum. Seni değil, sevmeyi özledim. Sevmeni..."

∞

Meriç'ten...

Bir bodrum katında birikmiş eski defterler... Hayatım eskimeye mahkûm defterlerden meydana geliyordu. Daha kaç kere defter değiştirecektim?

Her ne kadar sıradan bir ailem olmasını istediysem de bu olmamıştı. Ne kadar sıradan bir hayat sürmeye çalıştıysam da becerememiştim. Sözü olmayan şarkılar gibiydim. Daha kaç kere düşecektim? İçimdeki ses zihnimdeki düşüncelerin önüne büyük bir bariyer ördü.

Belki de hiç gerçekten düşmedin!

Bora ne kadar düşsem de ayaklarımın altında yumuşak bir minder olduğunu söyleyip dururdu. Dizlerim hiç kaldırıma çarpıp kanamamıştı. Bu zamana dek...

Yalanlarla, sırlarla dolu hayatımda entrika hiç eksik olmuyordu. Doğru düzgün yaşamayı başaramıyorduk. Her şey başarılı olmak içindi. Babamın kurduğu Tuna Cumhuriyeti ailemizin cehennemiydi. Bu başarı, istikrar bozulmasın, zirvedeki yerimiz kaybolmasın, saygınlığımızı yitirmeyelim diye bir sürü entrika çevrilmişti. Ne kadar para kazandığımız umurumda değildi. Evimiz dışarıdan bakıldığında büyük bir araziyi kaplayan yüksek duvarlarla çevrili, tehlikelere karşı korunaklıydı. Oysa içindeki herkes korkuyordu. Hiçbir şey bizi insanların hırslarından koruyamıyordu.

İtalya'da içinde olmak istediğim hayatı yaşamıştım. Normal öğrencilerden bir farkım yoktu. Entrikalar olmadan yaşamak beni dinlendirmişti. Sadece Meriç olmak güzeldi.

Kimse bir holdingin başına geçtiğimde nasıl yürüteceğimi merak etmemişti ya da ailemin kimlerden olduğu kimsenin umurunda değildi. Herkes sadece nasıl resim çizdiğimle ilgilenmiş, benimle arkadaş olmak için bana yaklaşmıştı. Kim olduğumun kimsenin umurunda olmadığı bir hayat, hayal ettiğimden daha iyi hissettirmişti. Geri dönmek, isteyeceğim türden bir şey değildi.

"Beni dinliyor musun?"

"İyi olduğunu söylediğin yerden sonrasını hayır."

"Harika! Şimdi sana her şeyi yeniden anlatmak zorundayım."

"Ah! Lütfen bunu yapma."

Ömer telefonun diğer ucundan bir kahkaha atarken koltuğa uzanıp tavanı izlemeye başladım. Bana çenesiyle işkence etmeye bayılıyordu.

"Özetleyecek olursam, Kayla delirmiş durumda."

"Deliliğinin derecesi ne?"

"Aslında normaldi. Bir yıldır ne kadar deliyse o kadar deli. Beş dakika öncesine kadar."

"Beş dakika önce ne oldu?"

"Hani şu bahsettiğin kırılma noktası var ya... O olmuş olabilir."

Sırıttım. "Hiç sanmıyorum. Çok inatçı ve güçlü. Daha fazla dayanacak."

"Kemik'e gidip odanı karıştırdığında ve oraya tekrar gittiğinde de aynı şeyi söylemiştin."

"Abartan sensin. Oraya gitmesi hataydı ama gitmesine engel olamadınız. Bir kere gittiğinde ne olmasını bekliyordun ki? Tabii ki merak edecekti. Hem de fazlaca."

"Merak ve peşine düşmek aynı şeyler değil, Meriç."

Bir kez daha gülümsedim. Kayla'nın merak konusunda azı yoktu. Bir şeyi ya çok merak eder ve peşine düşerdi, ya da merak etmezdi.

"Çok bela bir kız."

"Neyse ki karşısında zeki biri var."

Ömer ağzına her ne attıysa onu çiğnerken mırıltılar eşliğinde bana onay vermişti. Ağzındakini yutmasını sabırla bekledim.

"Bu sefer cidden abarttı. Neşe'yle kavga etmişler, sonra hiç aramamış."

"Sen tam bir pisliksin, Meriç! Senden korkuyorum!"

Neşe arkadan bağırdığında gülümsedim. Kayla'nın bir gün ona böyle bir çıkış yapacağını bildiği halde bu olmayacak gibi yaşıyordu. Ben sadece olacakları söylemiştim. Bunun yaşanması için Neşe'nin de yardımcı olması gerekiyordu ve o tabii ki çok iyi bir iş çıkarmıştı. Bu engeli aştıktan sonra arkadaşlıkları daha iyi olacaktı. Ben hayatında olmasam da, ailesinin sorunlarından bahsedebildiği bir arkadaşı olacaktı. İkisine bıraksam bu yüzleşmeyi ertelemek için birbirlerini alttan alıp duracaklardı.

"Sevgiline ilettiği sevgi mesajını aldığımı söyle."

"Söylerim," dedikten sonra bağırmaya başladı. "Meriç senden çok memnunmuş, sevgilim. Korkmamanı söylüyor."

"Biraz önce Neşe'yi aradı. Sarhoştu."

Sarhoş mu? Bu beklenmedik bir şeydi.

"İyi mi o?"

"Bilmiyoruz. Telefonda kediler ve köpeklerle ilgili bir şey zırvaladı."

Harika! İçki de merakla aynıydı. Ya hiç içmiyor, ya da zil zurna sarhoş oluyordu. Bu kız gerçekten belaydı. Kendini tehlikeye atmamayı ne zaman öğrenecekti? Bu zamana kadar çok iyi idare etmişti. Bugün ne olmuştu da alkol almak gibi dahiyane bir şeye başvurmuştu?

"Ara ve nerede olduğunu öğren."

Telefonu kapatıp portakal suyunun tamamını mideme indirdim. Entrikalarla dolu hayatımı geride bırakmak hiç zor olmamıştı ama Kayla'yı geride bırakamazdım. Ona yaptıklarımdan sonra bile.

Ondan uzak durmak çok zor olmuştu ama artık aklımı toparlamıştım. Benim hayatım onun için o kadar yalanlarla ve oyunlarla doluydu ki bocalamıştı. Ona masum gelen her adım büyük bir enkaza sebep olmuştu ama o bunları bilerek yapmamıştı. Beni ya da ailemi tanıdığını düşünmüştü. Onun için çok büyük bir dünyada bizi ne kadar iyi tanıyabilirdi ki? Sadece gölgelerimizi görüp bizi tanıdığını sanmıştı. Onu davranışlarından dolayı suçladığım her an için kendime öfkeliydim. Ona öğretmeliydim. Çevremdeki herkesin ne kadar kirli oyunlar çevirdiğini ve bunu sadece daha fazla para kazanmak için yaptıklarını bilirse bundan iğrenebilirdi. Yine de yanımda dururdu, çünkü o acınası seviyede başkalarına yardım etmeyi seven bir kızdı.

Ve şimdi o kızın iyi olduğunu bilmem gerekiyordu. Ömer'i tekrar aradım.

"Hemen bilgi istiyorum!"

"Hemen bilgi vereyim. Horuldayarak uyuyor ve her neredeyse söylemeden telefonu kapattı."

Başımı geriye yasladım. Sakin olmaya çalışarak nefes alıp verdim. Sarhoş ve Kayla. Kulağa iyi gelmiyordu.

"Nerede olduğunu bul, Ömer!"

5

Kediler ve köpekler… Trouble, Dobby'yi bulmuştu. Onun kuyruğuyla oynayıp duruyordu. Trouble ondan korkmuyordu ama Dobby ona zarar verebilirdi.

"Trouble! Seni incitecek!"

"Bir şey olmaz."

Trouble? Konuşmaya mı başlamıştı?

Başımın üstündeki ağırlık şiddetlenirken, hareket ettiğimi anlamak birkaç saniyemi aldı. Gözlerimi açmaya çalıştım. Bir koku alıyordum ama ne olduğunu çıkaramadım. Gözlerimi tekrar açmaya çalıştım. Bir hırka…

"Meriç?"

Yattığım yerde değildim. Havada gibiydim. Gözlerimi tekrar açmaya çalıştım. Meriç buradaydı. Bulanık görüşüm onun yüzünü görmeme tam olarak izin vermese de o olduğunu biliyordum. Başımı omzuna yasladım.

"İyi ki geldin."

Bedenim ondan koparken daha yumuşak bir yere serildi. O yeniden gitmeden bileğini tutabilmiştim.

"Ben çok bencil ve kötü biriyim." Yastık o kadar yumuşaktı ki... İçine doğru iyice gömüldüm. "Gitme!"

Elimi tuttuğunda gülümsedim. Gözlerimi açmaya halim yoktu ama o buradaydı.

"Sen gördüğüm en masum şeysin."

Sesini yeniden duymak o kadar güzeldi ki...

O ise benim gördüğüm en mucizevi şeydi.

Mucize...

Mucizem...

Mucizemdi...

∞

Gözlerimi açtığımda başımda beynimi süzen bir iş makinesi çalışıyordu.

Ve ben Meriç'in kilitli odasındaydım.

Meriç'in dairesinde ne arıyordum?

Neden buraya gelmiştim ki?

En önemlisi bu oda kilitliydi! Ben buraya nasıl girmiştim?

Vanilya kokusu sinmiş yastıktan hızla ayrılıp yatakta oturur pozisyona gelmek iyi bir fikir değildi. Başımın arkasından alnıma kadar uzanan, içi mikrop dolu bir iğne yemiş gibi vücudum tepki vermişti. Kafama saniyede bir oda dolusu güllelerden biri çarpıyor gibi hissederken, üstümdeki ince örtüyü kenara ittirip bacaklarımı aşağı sarkıttım. Mor, pembe ve mavi bulutlardan oluşan, her şeyin jelibonlar gibi yumuşacık olduğu korkunç bilinçaltımda perdeler açıldıkça vücudum titremenin farklı bir boyutuna geçiyordu ve bu değişim saniyeler içinde olduğundan oturduğum yerde sarsılıyordum.

Yarım yamalak hatırlıyordum. Yanıma geldiğini... Beni kucağına aldığını... Yatağına taşıdığını... Ona *Gitme!* dediğimi... Bir küfür mırıldanmak üzereyken dudaklarımı birbirine bastırdım. Bunu nasıl yapmıştım? Beni bu odaya o taşımıştı. İşte bilinçaltımdaki üzeri teker teker açılan görüntülerin en korkuncu... Yeniden gitmek için arkasını döndüğünde onun elini tutmuştum. Gözlerimi kapatıp sessizce inledim.

Karşıma çıktığı ilk anda yeniden ona karşı kalkanlarımı indirmiştim. Ona *Gitme!* demiştim. Rahat rahat kendime küfür edebilirdim. Başımdaki ağrıyı göz ardı etmeme yardımcı olan bir öfkem vardı. Ayağa ilk kalktığımda gözlerim karardı ama yataktan destek alıp düşmeden ayakta kalabildim. Odadan çıktıktan sonra duvara tutunarak yürümeye devam ettim. Mutfaktan sesler geliyordu.

Durdum. Onunla yüzde yetmişlere yakın ayıklıkta olan kafamla karşılaşmaya hazır mıydım? Kendime bu kadar kızgınken...

Ani bir kararla mutfağa gitmek yerine kapıya yöneldim. Elim tokmaktayken omzuma dokununca duraksadım. Kalbim ağzımda, kulaklarımda, gözlerimde, her yerimde atıyordu.

"Eşyalarımı sonra alırım."

Kapıyı açmak için ellerim otomatik olarak harekete geçti.

"Sana kahve yaptım. Sonra istediğin yere gidebilirsin."

Bir tam dönüş yapıp sırtımı kapıya yasladıktan sonra kapı koluna daha sıkı tutundum. Başımdan aşağı yakıcı, ağır bir sıvı döküldüğünü sandım. Bayılmak üzereydim.

"Ömer?"

"İşkembe çorbası da yapabilirdim ama seni sevdiğimden kahveyi tercih ettim."

Yüzüne tatlı bir gülümse yerleştirdi. Gözlerim evin içini tarasa da onun burada olmadığını biliyordum. "Gitsem daha iyi."

Ellerini omuzlarıma yerleştirip beni mutfağa sürüklerken çok güç sarf etmemişti. Daha yeni yataktan çıkmama rağmen o kadar yorgun hissediyordum ki, masanın üstüne kafamı koyup uyumak son derece cazip geliyordu.

"Neşe'ye buraya geldiğini söylediğinde kapıda sızacağını sandım. Anahtarın olduğunu bilmiyordum."

"Vardı. Neşe'ye burada olduğumu mu söyledim?"

"Evet. Hatırlamıyor musun?"

Tezgâhın üstünde duran kahve fincanına cezvedeki kahveyi dökerken sırtı bana dönüktü.

"Hayır."

"Koltukta her tarafını ağrıtacak bir pozisyonda yatıyordun."

"Beni odaya sen mi taşıdın?"

Gülümseyerek bana döndükten sonra elindeki fincanı önüme bıraktı ve karşıma oturdu. "Korkma, sandığın kadar ağır değilsin ya da gizli kaslarımla bana o kadar gelmedi." Pazularını gösteren o meşhur hareketi yaptıktan sonra "Haydi kahveni iç," diye ekledi.

Hayır, böyle olmamıştı. Beni o odaya Meriç'in taşıdığını hatırlıyordum. Elimi tuttuğunu da hatırlıyordum. Sesini de... Aylarca bunu unutmak adına kendi içimde binlerce terapi gerçekleştirdikten sonra... Onun dokunuşlarını biliyordum. Onu unutmak istediğim her günün gecesinde o yanımdaymış da bana sarılıyormuş gibi uykuya dalmıştım. Onun bana dokunuşlarını unutacak kadar uzun zaman geçmemişti.

Ömer bana yalan söylüyordu. Onu seviyordum ama o, Meriç'in en yakın arkadaşıydı. Ne söylersem söyleyeyim, Meriç ona ne öğrettiyse ya da Ömer, Meriç'i kurtarmak için ne düşündüyse onu iddia edecekti. Hâlâ sersem gibiydim. Boş yere tartışacak enerjim olmadığından, sadece Ömer'in benden yapmamı istediklerini yaptım ve çok fazla konuşmadım.

Eve döndüğümde Neşe'nin babamın yanında beni azarlamasına ses çıkarmadım. İçki içtiğimi babam anlamasın diye sabahki tartışmamızı biraz daha büyüterek beni arkadaşça azarlamıştı. Ona odaya çıkana kadar tahammül ettim. Kapıyı kapattığımda sıra bendeydi.

"Meriç döndü ve bana söylemedin!"

"Ne?"

"Ömer'in yalan söylediğini anlamadığımı mı sandın?"

"Neden bahsediyorsun, Kayla?"

Kapıdan ayrılıp ellerimi bacaklarıma vurdum. "Tamam! Sen kazandın. Onu hayatımdan tam olarak çıkaramadım. Hâlâ istemesem de onu düşündüğüm zamanlar oluyor ama bu, onu istediğim anlamına gelmiyor."

"Bunlar çok normal. Uzun bir ilişkiniz oldu."

Sabahki tavrının yanında anlayışlı olarak konuyu değiştirmesine izin vermeyecek kadar aklım yerindeydi.

"O eve Meriç geldi. Kanepede beni bulan ve odasına taşıyan oydu."

"Ömer'i yolladım, Kayla. Babana da kavga ettiğimizi, senin kafanı dinlemeye gittiğini söyledim."

"Kes şunu! Bana artık yalan söyleme!"

"Söylediklerim yalan değil."

"Meriç'in dokunuşlarının gerçek olup olmadığını ayırt edebilecek kadar çok rüya gördüm, Neşe. Uyandığımda hepsinin rüya olduğunu biliyordum. Onu gördüğüm her rüyadan sonra uyandığımda ondan daha çok nefret ettim. Kendimdense bin kat daha fazla... Çünkü unutamıyordum! Bugün o gerçekti. Sarhoş halimle hayal gördüğüme inanmak benim için çok daha kolay ama değildi! Her ne amacı varsa söyle planı bozuldu. Benden saklanarak oyun oynamasına gerek yok!"

Neşe'yi odada yalnız bırakıp aşağı indikten sonra, kendime mutfaktan atıştıracak bir şeyler aldım. İkisinin de Meriç'le bir şeyler karıştırdığına neredeyse emindim ama bu oyunu istedikleri gibi oynayamayacaklardı. Ömer'i anlayabiliyordum ama Neşe'nin Meriç'in tarafında olması kırıcıydı. Onun en yakın arkadaşı bendim. Sevgilisinin onu Meriç'in tarafına çekmesi muhtemeldi ama Neşe öyle biri değildi. Meriç'in yanındaysa, onun yanında olmayı doğru buluyor demekti. Bu benim davranışlarımı aptalca bulması anlamına geliyordu ya da aynı anda hem davranışlarımı aptalca buluyor, hem de bizim barışmamızı istiyordu.

Derin bir nefes alıp sandalyeyi çekip oturdum ve dilimlenmiş ekmeklerin üstüne tereyağ ile çilek reçeli sürmeye başladım. Sanki herkes onun tarafındaydı. Yalnız ve direnmek zorunda olan, boşa kürek çeken taraf ben oluyordum. Yine de bunun böyle olmasını istemiyordum. Mideme bir şeyler indikçe sakinleştim. Neşe'yle kavga etmek zehirli bir iğneyi başıma saplıyordu. O beni kurtarmıştı ama ben yine ona bağırıp durmuştum.

Acaba her şeyi kafamda kurmuş olabilir miydim?

Uzun süredir alkol almıyordum ve bu bende ağır bir kafa yapmış olabilirdi. *O olduğuna eminim* diyordum. *Dokunuşunu hissettim* diyordum. Rüyalarımda hissedememiştim, çünkü gerçekte kimse yoktu. Bilinçaltımda ruhumun yaşadığı şeylerle, gerçekte birinin bana dokunması arasında fark vardı. Belki gerçekten Ömer'di. O yüzden dokunuşlarını hissedebilmiştim. Bir yanım buna inanmak istemezken, diğer yanım bunu çok mantıklı bulmuştu.

Kavanozu açıp içinden çıkardığım cevizleri ekmeğin üstüne serptikten sonra bardağa meyve suyu doldurup arkama yaslandım. Hiçbir şeyden emin olamamak beni çıldırtıyordu. Bundan birkaç ay öncesine kadar onun yokluğuyla daha kolay başa çıkıyordum. Onu görmek isteyen tarafıma mantıklı bir neden bile uydurmuştum. Bu sadece görmeyi istemeydi. Çünkü kötü sonuçları olsa da, hayatımın önemli bir döneminde o hep benimleydi. Onu görmek istiyor olmam, onunla yeniden birlikte olacağım anlamına gelmiyordu. Bununla başa çıkabilirdim. Başa çıkabileceğimi sanıyordum ama bu görme isteği sandığım kadar masum değilse... Bana onu bir hayaletmiş gibi gösterecekse belki de birine danışmam gerekiyordu.

Üç dilim ekmek yedikten sonra bardağımdaki son yudumu alıp ortalığı toparladım. Yeniden odaya çıktığımda Neşe telefonla konuşuyordu. Onu rahatsız etmemek için lavaboya girdim. Onun yanına geri döndüğümde telefonu kapatmıştı.

"Özür dilerim." Yatağın üstüne oturup bağdaş kurdum. "Terapi görmem gerekiyor belki de."

Neşe yanıma gelip sıkıca sarıldığında kollarımı beline doladım. Şehir onlar yokken daha kolaydı. Hepsi geri döndüğünde, sanki geçmişe götüren bir makineyle yolculuk yapmışım gibi altüst olmuştum. Öyle yaşamayı nasıl öğrendiysem, üç aylığına böyle yaşamayı da öğrenebilirdim.

"Çok yorucu bir gündü. Artık uyumalıyız."

"Galiba öyle."

∞

Ömür'ün adresini yolladığı yere giderken navigasyonun doğru yolu gösterip göstermediğinden bir an şüphe duymuştum. Daha önce gelmediğim bir yerdi. Tepeyi çıktıkça şehirden uzaklaşmış gibi hissediyordum. Beni almayı teklif etmişti ama hâlâ insanlara güvenmeyen bir yanım kendi arabamla gitmemin daha güvenli olduğuna beni ikna etmişti. Yolda yanımdan geçen arabalar olmasa çoktan geri dönüp başka bir yerde buluşmayı teklif etmiştim ama ıssız bir yol olmaması beni devam etmeye sürüklemişti. Navigasyon hedefe yaklaştık uyarısını verdiğinde düzlüğe ulaşmıştım. Eskişehir'deki Şelale Park'ı andıran bir tepeye çıkmıştım. Yapay, büyük bir şelalenin hemen önünde bir kafe duruyordu. Arabayı kafenin park yerine bıraktıktan sonra telefonumu ve çantamı elime alıp arabadan indim. Dışarısı çok kalabalık olmasına rağmen, Ömür'ü bulmak için önce kafeye girmeyi seçtim. İçeride fazla oyalanmayıp terasa çıktığımda onu köşedeki bir masada buldum.

"Gelmeyeceğini düşünmeye başlamıştım."

Ayağa kalkıp bana sarıldı. Bu, ne arkadaşız ne de fazlası dedirten bir yakınlıktı. Rahatsız edici olup insanın beynini kemirenlerden.

"Yolda geri dönmeyi çok düşündüm."

Sağ kolunu hafifçe kaldırıp manzarayı işaret ederken "Değdi mi?" diye sordu.

Kesinlikle değmişti. Melehan önümde karanlığı ve o karanlığı aydınlatan masum noktalarıyla uzanıyordu.

"Sandığından daha çok."

Karşısındaki sandalyeye oturup şehri izlemeye devam ettim. Hayatımı her anlamda değiştiren şehre tepeden bakıyordum. Yukarılarda olmama rağmen kendimi hâlâ bu şehre karşı güçsüz hissediyordum. Karanlıktan korkmayanlar ışıkları yakmamıştı. Sanki şehrin karanlık her yanında o vardı. Karanlığın içinden çıkmayacaktı. O karanlığın vücut bulmuş haliydi. Karanlık bir karanlık değil, umut veren bir karanlıktı.

"Çok derin bakıyorsun."

"Neredeyse her insan yeniden başlamayı ister. Hayat herkesi her zaman çok mutlu etmiyor. Ben hiç beklemediğim bir zamanda yeniden başlamak zorunda kaldım. Bu şehre ilk adımımı attığımda artık hiçbir şey eskisi gibi olmayacaktı. Bunu inkâr ettim ama şimdi biliyorum. Hayatımın *Melehan'dan sonra*sını yaşıyorum."

İçimdeki korkunç ses beni düzeltti.

Meriç'ten sonrası...

"Senin için iyi oldu mu?"

Kendimi toparlayıp oturduğum yerde hafifçe silkelendim ve gülümsemeye çalıştım. "Birçok açıdan." Ömür kaşlarını kaldırarak baktığında omuz silktim. "Beklentiyi çok yüksek tutmamak gerekir. Yaşamak da büyük bir şey."

"Öyle tabii."

Garson siparişlerimizi getirene kadar Ömür'ün partiden sonra nelerle ilgilendiğini dinledim. Soracak her türlü soruyu sormuştum sanki. Psikolojik destek almak için acele etmemeye karar vermiş olsam da, geçmişin beni içine çekmesiyle bocalayan ruhumu yeni insanlara tutunarak kurtarmayı seçmiştim.

Yemeklerimiz geldiğinde biraz daha gevşedim. Yemek her zaman beni kurtarırdı. Onun karşısında neden gerildiğimi bile bilmiyordum. Benim hakkımda olumsuz şeyler düşünmesini istemiyordum, çünkü bunları söylemekten kaçınmıyordu.

Az pişmiş tavuk etinin lezzetine kendimi kaptırıp yanındaki salata ve pilavı biraz beklettim. Önce tavukları yiyip sonra tabağın geri kalanıyla ilgilendim. Her şey o kadar lezzetliydi ki, neredeyse doymamış gibi hissediyordum. Bir tabak daha isteyecek kadar lezzetine köle olmuştum ama kendimi kontrol edip midemin iyiliğini düşündüm.

"Tatile çıkmayı düşünüyor musun?"

"Bilmediğim yerlere gitmek istiyorum."

"İzmir'i biliyor musun?"

"Çok fazla değil," diye mırıldandım.

Çok küçükken bir kez gitmiştim ama hatıralarımda çok yer tutmayan bir seyahatti. Neşe her yaz iki haftalığına Bodrum'daki amcasının yanına giderdi. Bir keresinde ben de onlarla gitmiştim. Bir günlüğüne İzmir'e uğramışlığımız vardı ama küçücük zihnimin her ayrıntısını hatırladığı bir gün değildi. Ondan sonra bir daha annemi bırakıp hiçbir yere gitmedim. Bir yaz birlikte Ayvalık'a gitmiştik. Annem kendi dükkânını açtıktan sonra da her yazı Eskişehir'de geçirdik.

"Kaybolmak istersen sana yardımcı olurum."

Gülümseyerek meyve suyumu yudumlarken gözlerimi tekrar şehrin manzarasına çevirdim. Babam bu yaz birlikte tatil yapmamızı istiyordu. Annemi bırakıp onunla gitmeyi istemediğim için cevap vermemiştim. Babam ben olmadan gitmeyeceğini söylüyordu. Annem olmadan da ben gitmek istemiyordum. Annem her şeyin en iyisini hak ediyordu. Bu zamana kadar her şeyi kendi emeğiyle kazanmıştı. Tatilin iyisini yapmayı da hak ediyordu ama iyi bir yerde tatil yapmaya para ayırmayacağını biliyordum. Onunla daha iyi şeyler yapılabileceğini iddia ederdi.

"Seni üzecek bir şey mi söyledim?"

"Ne? Hayır. Sadece annemi özledim. Neyse ki bu hafta sonu geliyor."

Başını salladığında "Annem ve babam ayrı," diye açıkladım. Ömür bunun hakkında yorum yapmak yerine tatlı isteyip istemediğimi sordu. Ben daha ağzımı açamadan garsona işaret verdi ve yine bana sormadan iki dondurma söyledi.

"Kayla, benim arkadaş çevrem çok geniştir." Ona ne söylemem gerektiğini düşünürken, dudaklarımı birbirine bastırıp gülümsemek dışında bir şey yapamadım. "Yani seni buraya arkadaşlarıma bir yenisini eklemek için çağırmadım ya da senden çok iyi bir arkadaş olacağını düşündüğüm için seni aramadım."

"Yani demek istediğin..."

Gülerek saçlarını karıştırdığında yanakları hafifçe kızarmıştı. Bu konuyu konuştuğu için utanmadığını biliyordum. Kendine çok fazla güvenen bir erkekti.

"İyi arkadaş olmayacağından değil. Yanlış anlama. Eminim ki sen en iyi arkadaşlarımı bile sollarsın ama ben seninle arkadaş olmak istemiyorum."

"Tamam. Şimdi anladım."

"Senin üstünde baskı kuracak değilim. İzmir'e döneceğim. Sen kaybolmak istiyorsun. Eğer ikimiz de birbirimizi istiyorsak... Bir şekilde birbirimize çekiliriz, değil mi?"

"Tanıdığım en iyi teklifi yapan erkeksin," dediğimde gülmeye başladı.

"Her kızda böyle olmuyor. Sen farklısın. Gittiğimde araya mesafe ve zaman girecek. Burada kalacak olsam daha farklı olurdu ama bu şartlarda elimden gelenin en iyisi bu."

Gülümseyerek meyve suyumdan bir yudum daha aldıktan sonra "Tamam," diye mırıldandım.

"Tamam. Dondurmanı yedikten sonra, sana tatil boyunca beni aklının bir köşesine atıp unutmaman için bir hatıra bırakacağım."

"Öyle mi?"

"Evet."

"Dondurma istemiyorum."

"Benim için bu kadar hevesli olman gururumu okşuyor."

İşin aslı dondurmayı gerçekten istemiyordum. Bilinçaltımı körükleyecek her şeyden kaçmam gerektiğini hissediyordum.

"O zaman hesabı ödeyip geliyorum."

Ömür kalktığında çantamı omzuma asıp peşine takıldım. Onunla kafenin girişinde birleşip dışarı çıktığımızda elimi tutarak beni şaşırttı. Konuşmasından her şeyi zamana bırakacağımız sonucunu çıkartmıştım ama...

"Saat geldi."

"Ne saati?"

Beni şelalenin önüne çektiğinde durduk. Elimi bırakıp karşıma geçti ve "Bekle," diye fısıldadı. Ne olduğunu anlamıyordum ama bir 'Beni Unutma' öpücüğüne ihtiyacım yoktu. Bu, her şeyi mahvedecek bir hamle olurdu. Dişlerimi birbirine bastırıp bundan nasıl kurtulacağımı düşünmeye kendimi zorlarken bir gitar sesi duyuldu. Hemen ardından keman ve saksafon... Ömür'ün suratını bir gülümseme kaplarken şelalenin tarafından açılan fıskiyeler çalıştı. Bir anda küçük çaplı bir yağmurun altında kalmıştık. Ben daha ne olduğunu anlayamadan Ömür beni kendine çekip dans pozisyonu aldığında yapacak çok bir şeyim kalmamıştı. Romantik bir müzik yoktu, tango da yapmıyorduk. Üzerimize yağan suyun altında ıslanarak, gülerek dans ediyorduk. Bir süre sonra birkaç çift de bize katıldığında bu artık daha da eğlenceli bir hal almaya başlamıştı. Okul kampında Cem'le dans ettiğim günden hatırladığım kadarıyla Ömür'e kolayca uyum sağlayabilmiştim.

O haklıydı.

Bu an, onu aklımın köşesine itip unutmama asla izin vermeyecekti.

6

Ertesi gün gece Ömür'le yaşadıklarımın etkisinde uyandığımda bir yanım hafiflemiş hissediyordum. Sanki yarım yüzyıl yaşamıştım da şimdiki gibi hissetmeye susamıştım. Akşam Birce'yle şehirde görüşmek üzere sözleştikten sonra kahvaltımı yaptım. Neşe'yi uyandırmadan evden ayrılıp dergiye doğru yola koyuldum.

Hava bugün her zamankinden daha güzeldi. Mahalleden çıkıp da ana yola girdiğimde arabamın camlarını indirip kısa saçlarımın dalgalanmasına izin verdim. Önüme düşmemesi için üstünde papatya desenleri olan beyaz bir tülle bandaj yapmıştım. Keyfim oldukça yerindeydi. Eskiden kaçtığım şeyler dün geceden beri beni daha az rahatsız ediyordu. En azından eski kıyafetlerim...

Parmağımı uzatıp radyoyu açtım ve yıllardır dinlediğim bir şarkının yeni versiyonunu genç bir sesten dinlemeye başladım. *Umurumda* çalarken yola devam ettim. İşe vardığımda da bir süre şarkı dilimde dolandı.

Hiçbir şey bir gecede değişmemişti ama yine de biraz farklı hissediyordum. Âşık olmamıştım. Bunun bir gün başıma geleceğine kendimi ikna edemediğim yıllardan sonra âşık olmam imkânsız gibi geliyordu. Bir şeyleri çok farklı... Çok çok farklı bir şekilde derinlerde yaşamıştım. Bu şey ayaklarım yerden kesilerek başlamamıştı. Mideme giren sancılar ve kramplar hayatımın bir parçası olmuştu, kusmanın eşiğinde geçirdiğim bir milyon anım olmuştu ama hiçbiri aşk gibi değildi.

Biri tarafından sevilmenin dışında, dünyadaki en önemli şey gibi sevilmeyi hissetmiştim. Bu korkutucuydu. İnsanın omzuna korkutucu bir yük bırakan bir histi. Sonuçları da korkutucu olmuştu. Çünkü bir insanın sevdiği birini ne kadar kanatabileceğini derinlerimde acı bir şekilde tecrübe etmiştim.

Artık birini çok sevmek ya da biri tarafından çok sevilmek istemiyordum. Hiçbir şeyin fazlasını istemiyordum. Dünya var olduğundan beri yaşanan tüm kötü olayların sebebi, bir şeylerin çok olması değil miydi? Dünyanın küçücük bir parçası olan benim için sade bir hayat idealdi. Bir daha böyle bir acı yaşamak istemiyordum. Bu her şeyin en kötüsü gibiydi.

İçinde birden çok duyguyu barındıran acımasız, keskin bir bıçak...

Kalbimi söküp yerinden aldığından beri daha basit bir varlıktım. Böyle daha iyi hissediyordum. Büyümek beni daha mekanik hissetmeye mecbur eden kötülüklerle tanıştırdığından beri, basit olmak mücevher gibi gözüküyordu.

Dergideki işim sona erdiğinde Birce ile buluşmak için yola çıktım. Radyoda ruhumu dinlendiren bir müzik çalıyordu. Arkadaşımla aramızda soğuk bir hava vardı. Birçok kez buna benzer şeyler yaşamıştık. Her defasında üstesinden gelebilmiştik. Bu sefer de öyle olacaktı. Birce her ne kadar çok az düşünen, aklı havada bir kız gibi görünse de onu tanıyordum. Konuşmasak da beni anlayacağını biliyordum. Üniversitede iyi bir arkadaş edineceğimi düşünmemiştim. Ruhsuz yeni kimliğimle insanların bana yaklaşmaya cesaret edeceğine dair şüphelerim vardı ama bir şekilde o benim en yakın arkadaşım olmuştu. Şimdi onu kaybetmek istemiyordum.

Boydan boya cam girişi olan kafeye girmeden içeride oturan Birce'yi görebilmiştim. Camın hemen yanındaki ahşabı açık renk olan yuvarlak masayı tercih etmişti. Kaldırım Kafe'nin içindeki masaların hiçbiri birbirinin aynı değildi. Ahşaplarının rengi aynı olan bir tane bile örnek yoktu. Hepsinin yuvarlak olması dışında ortak bir yönleri de yoktu. Tuhaf, ilginç ve hoş bir kafeydi. Cadde üstündeki iş yerlerinde çalışanların asıl müşterileriydi. Bizim gibi üniversite öğrencilerinin büyük bir kesiminin sevdiği bir kafeydi. Birce ile buraya ilk geldiğimizde, adını hatırlamadığım bir adamı takip ediyorduk. Yorulmuştuk ve dinlenmek için burayı seçmiştik. Birce'nin avukat olduğuna ikna olmadığı ama avukat olan bir dönemki erkek arkadaşıydı.

İçeri girdiğimde beni hemen fark etti. Yüzüne yayılan tebessüm büyürken kendimi gülümserken buldum. Onu özlemiştim. Her günü birlikte geçirdiğin zaman çok daha kolay özlüyordun. O yerinden kalkmadan kollarımı boynuna dolayıp sıkıca sarıldım.

"Bizde kalmalısın."

"Ben de seni özledim, Kayla! Sizde kalmam için ciğerlerime oksijen gitmesine ihtiyacım var."

Gülerek onu bıraktıktan sonra doğruldum. Aylarca, göz ucuyla gördüğüm ve bana onu anımsatan her benzerliğe gözlerimi dikmiştim. O kadar çaresizdim ki, sadece siyah bir paltosu var diye yaşlı bir kadını bile o sandığım olmuştu. Birilerini o sanmaya öyle alışmıştım ki, bir süre sonra buna bağışıklık kazanmıştım. Doğrulurken, az önce yürüdüğüm kaldırımda duran birini o sanmıştım. Yüzümde hâlâ bir gülümseme varken gözlerim refleks olarak tekrar o benzerliğe gittiğinde, bulutların mutasyona uğramasıyla buza dönüşen bir şimşeğin kafama düştüğünü sandım.

"Kayla?"

Birce'nin sesini duymama rağmen gözlerimi ondan ayırmadım. Gözümü kırparsam kaybolacak gibiydi. Kalp atışlarımın hızlandığı sırada cam kapıyı içeri doğru ittirdi ve benimle aynı mekânın içine doğru adımını attı. Bu sırada Birce bir kez daha adımı sayıklamıştı. Bakışlarımı ondan ayırıp önümde duran sandalyeye indirdim. O arkamdan geçerken tanıdık kokusunu almayı bekledim ama değişen bir parfümden başka bir şey yoktu. Bana temas etmeden gittiğinde kendimi sandalyenin üstüne bıraktım. Bacaklarımın titrediğini oturduğumda fark ettim. Sadece bacaklarım da değildi. Ellerimi birbirine kenetledikten sonra dizlerimin arasına yerleştirdim. Çok değil, bundan birkaç gün önce en yakın arkadaşımla ona mesaj iletmiştim. Oyun oynamaya gerek olmadığını söylemiştim. Peki, neden şimdi buna hiç hazır değilmişim gibi hissediyordum?

"Bu o, değil mi?"

Az sonra kalbimi kusacaktım. Boğazımın içinde atıyordu. Göğüs kafesim saniyelere meydan okuyarak yukarı inip çıkarken bakışlarımı zar zor Birce'ye çevirdim.

"Senin tüm susmalarının sebebi, o adam."

O adam…

Gözlerimi kafenin içinde gezdirmeye korksam da, onun nerede oturduğunu hissedebiliyordum. Benden sadece iki masa uzaklıkta onun karanlığı hissediliyordu.

"Buradan gidebiliriz."

Birce çantasına doğru hareketlendiğinde boğazımı temizledim. Sesimin çıkacağına olan inançsızlığımla ağzımı açtığımda, beni şaşırtacak şekilde pürüzsüz bir sesle konuştum.

"Hayır. Ondan kaçamam…" Aylardır onu bana anımsatacak şeylerden kaçmamı hatırlayarak ekledim. "Şimdi olmaz."

"Olay ne? Evli miydi? Siz birlikteyken. Yoksa çocuğu falan olduğunu mu öğrendin?"

"Ne?"

"Seni bu hale getirmesinin sebebi ne? Ve neden sana bakmadı bile? Dur bir dakika! Onu aldatmadın, değil mi?"

"Ne? Hayır!"

Bana bakmamıştı bile…

"Sen karşımda onunla mücadele ederken, bu şey yaşanmıyormuş gibi davranamam, Kayla."

"Aramızda öyle bir şey olmadı."

Kendimden beklemediğim bir şekilde ağzımdan dökülen cümlenin devamını getirmem gerektiğini Birce'ye baktığımda anladım. Ondan bir şeyler saklayabilirdim. Bugüne kadar saklamıştım ama haklıydı. Şimdi beni bu karşılaşmada gördükten sonra susmam ona haksızlık olurdu. O, en yakın arkadaşlarımdan biriydi.

Garson gelip siparişlerimizi sorduğunda, gerilen kaslarımı gevşetmeye çalışarak arkama yaslandım. Elektrik şoku yendiğinde nasıl hissedilir bilmiyordum ama tüm kaslarım yerinden çekilmiş ve sonra geri bırakılmış gibi hissediyordum. Garson bir suyla geri döndüğünde Birce sabırsızlıkla beni bekliyordu.

"Benim erkek arkadaşımdı. Biz... Birlikte olması beklenmeyen çiftlerdendik."

Atahan Koleji'ndeki öğrenci sitesi ve orada yazanlar aklıma geldiğinde bakışlarımı kaldırıp ona doğru baktım. Karşısında bir adam oturuyordu. Dikkatle o adamı dinliyordu. Beni fark etmemiş olması mümkün müydü? Kendimi tokatladım. Bu mümkün değildi. Onun hayatında sürprizlere yer yoktu.

"Alain Delon gibi bir adamla çıkıyorsun ve bunu bana şimdi söylüyorsun. Harika!"

Ona daha dikkatli baktığımda, İtalya'nın onu ne kadar değiştirdiğini fark ettim. Onu umursamaz, dağınık ve çekici gösteren kirli sakalları yoktu. Zayıflamıştı. Kollarındaki kıvrımlar hâlâ yerindeydi ama zayıf gözüküyordu. Kaybettiğim kilolarımı hatırladığımda buna şaşırmamam gerektiğini düşündüm. Hem çok çalıştığını hayal edebiliyordum. Oraya resim için gitmişti ve resim söz konusu olduğunda uyumadan günler geçirebilirdi.

Ona baktığımı fark ettiğinden emindim ama buna rağmen bir kere bile gözlerini bana çevirmemişti.

"Pekâlâ, ondan gözünü alman için daha ne kadar beklemem gerekecek?"

Boğazımı tekrar temizledim ve gözlerimi bu sefer Birce'ye diktim.

"Biz farklı şekillerde aynı sorunları olan... Ortak bir şeyimiz vardı. Farklı şekillerde yaşadığımız. Birbirimizi anladığımız için onu daha önceden tanıyor gibiydim ama aynı zamanda o çok zor biriydi. Sonunda ben bir hata yaptım ve bunun üstüne o da bir hata yaptı. Bir daha bir araya gelmedik. Bir yıldır burada değildi. Geri döndüğünden şüphelenmiştim ama... Bu hazırlıksız oldu."

"Çok canını acıtmış olmalı."

Gözlerimi ellerime indirdim. Aynı şeyleri bir daha hissetmek istemiyordum.

"Canını çok acıtmış olmalısın ki sana bunu yapmış."

Bakışlarım yeniden Birce'yi bulduğunda omuz silkti. "Babam bir kere anneme tokat atmıştı. Neredeyse boşanacaklardı. Babam o gün sarhoştu. Kavga ettiklerini duymuştum. Sonra tokat sesini... Annem babama bir şey söyledikten sonra bir daha haftalarca konuşmadı. Çocuk aklımla çok hatırlamıyorum ama babam o sözden sonra bir daha hiç alkol almadı. Değişik bir adam oldu. İkisi de sonra birbirinden özür dilemiş. Annem geçenlerde tokadı unuttuğunu söyledi. Babam yıllarca çok utandı yaptığı şeyden dolayı. Defalarca af diledi. Annem bir daha böyle bir şey yapmayacağına inandığı için sonunda onu gerçekten affetti ama babamın hâlâ o sözü unutmadığını düşündüğünü söyleyip ne kadar pişman olduğunu anlattı. Yani... İkisi arasında çok fark var tabii ama... Birinin canını çok yakarsan, o seninkini daha çok yakabilir, Kayla."

Dudağımı ısırıp bu benzetmenin aslında ne kadar bana dokunduğunu düşündüm. Meriç için iyi bir şey yapmaya çalışırken, bunun onun için ne kadar hassas bir konu olduğunu, sonuçlarının ona ne kadar zarar verebileceğini unutmuştum.

Sonunda bıçağı ona uzatan bendim. O da alıp kalbime saplamıştı.

"Kalkalım mı?"

Birce daha cevap vermeden ayağa kalkmıştım. Meriç'in de kalkmaya yeltendiğini görünce yüzümü kapıya dönüp yürümeye başladım.

"Kayla!"

Onu duymazdan gelip adım atmaya devam ettim. Adımı onun sesinden duymayalı neredeyse üç yüz gün olacaktı ve şu an kulağımda ismim aralıksız yankılanıyordu. Meriç'in birine –muhtemelen Birce'ye– "Affedersiniz," demesinden saniyeler sonra parmakları dirseğime hafifçe dokundu. Beni durdurduğunda artık parmaklarını hissetmiyordum. Önüme Alain Delon haliyle geçtiğinde, ayakta durmak için direnç göstererek gözlerimi kaldırdım.

"Holding olarak önemli bir proje yapıyoruz. Projeyi yürütme kurulunun başında olduğum için işimin başına dönmem gerekiyordu. Sana haber vermeden görünmez olmayı planlamıştım ama Ömer bunun mümkün olmayacağını söyledi. Bir haberi varmış. "

Ağzımın içinde büyüyen tükürüğü zorlukla yutkundum. Demek bu seviyedeydik. Merhabalaşmak bizim için bitmişti.

"Açıklama yapmak zorunda değilsin."

"Evet, tabii. Ve bir şey daha var..." Yüzüme doğru eğildiğinde geri adım atmak istedim ama bir şey bana engel oldu. Dudakları kulağımın hemen yanında durdu. Nefesi tenime çarptığında nefesimi ağır ağır dışarı bıraktım. "Saçlarını beğendim."

Meriç geldiği masaya geri döndüğünde sokağa adımımı atmıştım. Birce hemen ardımda, hiçbir şey söylemeden arabayı park ettiğim yere kadar yürüdü. O olduğuna inanamıyordum. Defalarca onun şehre döndüğünü düşünüp, kendimi paranoyak olmakla burun buruna getirmiştim. Bugün hiç beklemediğim bir anda karşıma çıkmıştı. Onu görmeyeli sonsuzluk kadar uzun bir zaman geçmiş gibiydi.

Ve şimdi onu yeniden gördüğümde...

Arabama neredeyse yirmi adım kala durdum. Elimi saçlarımın arasına götürmek için kaldırmamın üstünden bir saniye geçmişti ki, ne yapacağımı unutmuş gibi kalakaldım. Parmaklarım önce dudaklarıma değip sonra boynuma indi. Boynumdaki ter parmaklarıma değdiğinde ellerimi indirdim. Bir ses duydum ama algım çevremde ne olup bittiğinde değildi. Kendimi dinliyordum. Kalbimin atışı kulaklarımdaki uğultuyla senkronize halinde büyük bir konser veriyordu. Sırtımı kaldırımın bitişiğindeki taş döşeli binanın duvarına yaslayıp ağırlaşan başımı yere eğdim.

Onu unutmak için aylarca, günlerce, saatlerce, kahrolası dakikalarca kendimle savaşmıştım. Onu affetmek isteyen, onu affetmeye muhtaç olan, onu seven, onu özleyen, onu hisseden, kendini suçlayan, pişman olan birçok farklı parçam vardı. Hepsi bana aitti ve ben hepsiyle önce topluca, sonra tek tek baş etmek zorunda kalmıştım. Kafamın ve kalbimin içinde günlerce süren kanlı savaş beni yorduğunda onları biraz susturabilmiştim. Sonra aylarca bir olup sessiz bir isyana ortak oldular. Duygularım beni devirmek isteyen güçtü. Direnmiştim. Onları susturmak için acımasız olmuştum.

İçimde bana karşı olan güç, tek tek susturduğum her duygum, zoraki uykularından uyanmıştı. Gözlerim onu yeniden gördüğünde, onun kahverengi gözlerine yeniden baktığında affetmek istemiştim. Kulaklarım onun naif sesini yeniden duyduğunda, yaptığım hatalar beynimin içini ateşe verip kendimi suçlu hissetmeme yol açmıştı. Bedenim onun ürkek dokunuşunu yeniden hissettiğinde... Kendimi onun kollarına bırakıp, beni sevdiğini yeniden hissetmek istemiştim. Çok kısa bir an uçurumdan atlamayı düşünmüştüm.

"Kayla..."

Birce'nin bana uzanan kolu bedenime değmeden sırtımı duvardan ayırıp doğruldum. Ben uçurumdan atlamayacaktım. Ruhum dizlerinin üstüne çökmüş kalkamıyorken, ben yeniden dimdik ayaktaydım. Birbiri ardına birkaç sersem adımdan sonra arabamla aramızda olan mesafeyi kapatıp sürücü koltuğuna yerleştim. Direksiyonu sıkıca kavrayıp yola odaklandım ve eve ulaşana kadar tek kelime etmedim.

Odamın içinde bir duvardan diğerine dolaşıp durdum. Oturdum, kalktım, yeniden dolandım, yatağa uzandım, kalktım, yeniden dolandım... Odada geçirebildiğim zaman dilimi bir buçuk saatten fazla sürmedi. Nursiş ne olup bittiğini soramadan yeniden arabamın koltuğundaydım. Hiç duraksamadan anahtarı çevirip yola çıktım.

Bir anda! Bir anda karşıma çıkmıştı! Onun burada olduğunu idrak etmeme, kabul etmeme izin vermeden bir anda bana görünüp sonra...

Gaza bastım. Onu nerede bulabileceğimi bilmiyordum ama nereye gidebileceğini biliyordum. Dairesinin önüne geldiğimde bu aptalca karardan vazgeçip geriye sürdüm ama bu kararımdan da vazgeçmem saniyelerimi aldı. Arabayı sokağın başında park ettikten sonra inip apartmana doğru yürümeye başladım.

Yağmur beynimin içindeki kara bulutlardan ciğerlerime doğru şiddetli bir şekilde yağıyordu. İçimdeki soğuktan kaçanlar parmaklarımın ucundan intihar ediyordu. Bilinmezliğin içine gidiyordum. Benimki cesaret değildi. Yüzmeyi bilmeden denize atlamaktı.

Merdivenleri hızla çıktım. Kapıyı yumrukladığımda akıllı olan son hücrem de parmağımın ucundan intihar etti.

Ve kapı açıldı.

"Ne yaptığını sanıyorsun sen?"

Onun gözlerine bir anlığına bakma iznimi erkenden kullandıktan sonra, boynundaki küçük bir benin olduğu yere gözlerimi diktim.

"Bir anda karşıma çıkamazsın!"

"İçeri gel."

Benimkinin aksine ne kadar sakin, ne kadar uysal, ne kadar... Kadife gibiydi sesi... Barış için elini uzatıyordu.

Yapma, Kayla! Böyle düşündürmesine izin verme!

Gözlerimi yanaklarında gezdirirken gözlerini teğet geçtim.

"Bir anda kendini bana gösterip hemen sonra yanıma gelemezsin!"

Bir adım geri gitti. Kapıyı sonuna kadar açmıştı. "Lütfen, içeri gel."

Lütfen? Hâlâ sakindi. Hâlâ sesi yumuşacıktı. Alay etmiyordu. Alay eder gibi bile değildi. Ne olmuştu ona? Ne yapmıştı kendine? Rol mü yapıyordu? Çok güzel rol yapardı. Beni defalarca kandırmıştı? Her seferinde ona yenilmiştim! Her seferinde tuzağına düşmüştüm!

Kirpikleri... O kıvrımlarda dinlenebilir miydim? Yorulmuştum. Ona karşı savaşmaktan... O yokken bile onunla boğuşmaktan yorulmuştum. Orada bile soluklanabilir miydim?

"Komşular... Eğer onları rahatsız etmekten pişman olmayacaksan..."

"Olmayacağım! Beni çok iyi tanıdığını mı sanıyorsun? Ama nereden bileceksin? Beni parçalara ayırıp çekip gittiğinde, parçalarımı kusursuzca toplayabileceğimi sanmıyordun, değil mi?"

Dudağını ıslattı. Çenesindeki kas seğirdi. Birazdan eski haline dönecekti. Onun tuzağına düşmemiştim. Düşmeyecektim! Değişmemişti. O değişemezdi. O acımasızdı. Onarılmaz...

"Sen gittin! Sen defolup gittin! Ben neler yaşadım, biliyor musun? Ben seni unutmak için nelerden vazgeçtim, biliyor musun?"

Kollarımı iki yana açtım.

"Şu halime bak!"

Gözlerini kontrol ettim. Gözlerimdeydi. Kalbimin gürültüsü kulağımda...

"Şu halime bak dedim!"

Beni dinlemedi. Gözlerime bakarken her şeyi görüyor gibiydi.

"Gözlerime değil! Bana bak! Üstümdekilere! Saçlarıma! Ayağımdaki ayakkabılara! Bana ait değilmiş gibi gözüken her şeye bak! Gözlerime değil!"

Apartmanda bir kapı sertçe kapandı. Gözleri hâlâ gözlerimdeydi. Gücüm yavaşça tükenirken kollarım iki yanıma düştü.

"Ben seni unutmak için kendimden vazgeçtim. Sen!" Ona doğru bir adım attım. "Sen!"

Ona doğru salladığım işaret parmağım tişörtüne değmeden elimi indirdim. Burada hâlâ vanilya kokuyordu. O vanilya kokusuyla beni zehirlemişti!

"Sen! Hiçbir şey olmamış gibi aniden karşıma çıkıp, benim onardığım her şeyi bir anda yıkamazsın! Bir anda bana yaklaşamazsın! Senin döküntülerinin arasından kurtarmaya çalıştıklarım hakkında yorum yapamazsın!"

Kapıyı kapatıp arkasını ona yasladığında karşısında duruyordum.

"Sakın sevinme! Sakın! Buraya gelip sana bana neler yaptığını anlattığım için güçsüz olduğumu sanma! Senden korkmuyorum ben! Sen... Sadece..."

Ona baktım...

Küçülmüş beline... Zayıflığının altındaki ince kaslarına, kısalmış saçlarına...

"Benim kâbuslarım, acılarım, savaşımsın... Kendi içimde halledeceğim bir virüs, hastalık! Seni anlıyorum."

Güldüm.

"Seni şimdi anlıyorum. Ben varken hep derdin ya... *Sakın üstüne alınma, Kayla! Bu benimle alakalı.*"

Gözlerimi korkusuzca onunkilere diktim. Sanki o hiç ara vermeden benimkilere bakıyordu. Hiç yorulmadan...

"Sen varsın ama bu artık sadece benimle alakalı."

Neden kızmıyordu? Neden hâlâ onu kapının önünde ilk gördüğüm zamanki gibi bakıyordu? Hiç mi öfkelenmemişti? Alay etmiyor, kızmıyor, gülmüyordu.

Göğsüm hızla yukarı çıkıp inerken kapı kolundaki eli hareket etti. Bana doğru gelirken geriye bir adım attım. Gözlerini benimkilere kilitlemişti. Onun derinliğinden kaçmadığım saniyeler boyunca kapının açıldığını fark edemedim. Hiçbir şey söylemeden geri çekildiğinde gitmem için yol açılmış oldu.

Bu kadar mı?

Bağırıp çağırmama izin verip gitmemi seyredecekti. Ellerimi yumruk yaptığımı tırnaklarım avucumun içine batınca fark ettim. Parmaklarımı gevşetip hırsla iki adım attıktan sonra tam onun önünde durdum.

"Benimle oyun oynama!"

"Haklısın."

Kulaklarım duyduğu şeyi inkâr ederken, aklımın içindeki şeytan bir alay bekliyordu. Kalbim... Onu kendim kapatmıştım. Dışarıda rahat bir nefes alana kadar...

"Seni merak ettim, özledim, görmek istedim. Seni rahatsız etmek istemediğim için sapık gibi takip ettim. Sen hissetmek istedim. Karşına hiç çıkmadan gidecektim ama mümkün olmadığını öğrendiğimde bundan vazgeçtim."

"Ne zamandır?"

Gözleri ilk defa gözlerimden ayrılıp yüzümde gezindiğinde düşündüğünü biliyordum. Neyi düşünüyordu?

"Ne zamandır dedim!"

"Seni korkutmak istemedim."

"Ne zamandır beni takip ediyorsun?"

"Birkaç haftadır."

"Odama girdin mi?"

"Hayır." Başını iki yana salladı. "Hayır. Evine girmedim."

"O partideki?"

"Sana asla gözükmeyecektim. Ben olduğumu bile bilmeyecektin."

"Beni öptün! Sen olduğunu bilmeyecek miydim? Seni tanımayacağımı mı düşündün?"

"Neredeyse bir yıl oldu."

"O diğer çocuk? Kemik? Beni kandırmaya çalıştın! Delirdiğimi düşünmeye başlamıştım. Sendin ama başka biri çıkıp kendi olduğuna inandırdı! Sen..."

"Hataydı. Yapmamam gerekiyordu. Düzeltmeye çalıştım."

"Burada... Ömer değildi. Sendin. Bendim de!"

"Ömer trafiğe takıldığını söyleyince gelmek zorunda kaldım. Sarhoş olduğunu söyledi. Sana bir şey olur diye geldim. Kontrol etmek için."

"Sonra... Yine beni kandırmaya çalıştın. Ömer olduğunu düşünmeye zorlandın."

"Öyle daha huzurlu olacaktın."

"Benim yerime düşünme!"

"Kendi hatalarımı onarmaya çalıştım. İkisi de hataydı. Seninle oyun oynamadım."

"Başka? Başka nerede vardın ve ben seni görmedim? Ya da başka biri gibi göründün? Anlatsana! Nasıl oyun oynadığını anlat!"

Kapıyı ileri doğru ittirdi ama kapatmadı. O yaklaştığında ben geriledim. Sırtım duvara yaslandığında o da durmuştu.

"Oyun oynamadım. Ben de senden korkmuyorum. Tüm zayıflıklarımı söylüyorum işte. Seni özlediğim için, görmek istediğim için ve sen beni görmek istemediğin için seni gizlice izlemek zorunda kaldım. Bir kapüşonun altına saklandım, senin şarkı söyleyişini izledim. Detoneli sesinin kalbimde yarattığı muazzam ritmi hissettim."

"Hâlâ alaycı."

"Hâlâ gerçekçi. Sesin Birce'nin söylediği kadar güzel değil ya da sana asılan barmenin söylediği kadar seksi... Detoneli ve pürüzlü ama şarkı söylerken keyif aldığın için seni dinleyenlere de keyifli hissettiriyorsun."

Avuç içlerimi duvara yasladım. Karaoke yaparken beni izlemişti. Barmen bana asılıyor muydu? Birce de bunu birkaç kez iddia etmişti ama üstünde çok durmamıştı. Birce'yi tanıyordu. İsmini biliyordu.

"Trouble'a hep o beslendikten sonra yemek veriyorsun. Bunu çimlerin arkasına bir zavallı gibi saklandığımda öğrendim."

"Benim kedimi mi besledin?"

"Sadece biraz oynadık. Sen benim köpeğime bir kez bile sevgi göstermedin ama ben senin kedini sevdim. Dobby seni seviyor, belki bir gün Trouble da beni sever. Onu hiç beslemedim. Bunu baban, bazen de Nursena yapıyor."

"Yeter! Bir daha beni gözetleme. Bana yaklaşma."

"Elimden geldiğince senden uzak kalırım."

Kapı tekrar açıldığında gözlerimi ondan ayırıp daireden dışarı çıktım. Merdivenleri hızlıca indim. Kendimi dışarı attığımda sırtımı duvara yaslayıp derin bir nefes aldım.

Allah'ım, bana yardım et!

Yukarıdan beni izliyor muydu? Bir nefes daha alıp kendimi toparladım. Silkelenip omuzlarımı dikleştirdikten sonra, sokağın başındaki arabama doğru sakin adımlarla ilerledim.

Bir daha onu görmeyecektim.

Bir daha onu görmeyecektim.

Bir daha onu görmeyeceksin!

Görmeyeceksin!

Görmeyeceğim!

Görmeyeceğim!

O yok!

Yok!

7

"Etrafta sapık gibi dolanıp seni gözetlemesi çok zavallıca. Lisedeki o karanlık çocuğun bir gün bu hale düşeceği aklımın ucundan geçmezdi."

Dışarıda yağmur yağıyordu. Güneş öğleden sonra bir anda kaybolmuş, gökyüzünü gri bulutlar kaplamış ve kısa bir süre sonra toprak ıslanmaya başlamıştı. Trouble patilerini cama yaslamış dışarı çıkmak için amansız bir mücadele verirken, üstümdeki ince hırkaya biraz daha sıkı sarıldım.

"Bora onun korkunç bir yatılı okulda kaldığından bahsetti. Her şeyi program dâhilindeymiş."

"Bu Bora'ya göre korkunç olabilir. Meriç için çok da zor değildir. Demek istediğim, onun hayatı hep program dâhilindeydi. Buna o kadar alışmış ki, şimdi de her şey onun kontrolünde."

Cansu artık televizyona hiç bakmıyordu. Kucağındaki kâseden dondurma yemeye devam ederken arkasındaki yastığı düzeltti. Koltuğa biraz daha yayıldı ve onun hakkında konuşmaya devam etti.

"Yine de korkunç. Ortaokulda hepimiz utanç duyduğumuz şeyler yapmışızdır ama düşünsene... Meriç hep aklı başında bir çocuk olmuş. Sonra güm! Üniversiteye başlıyor ve sevdiği kızı uzaktan takip eden bir çocuğa dönüşüyor. Eminim onun için bu çok daha utanç vericidir."

"Bu insandan insana değişir mi?"

"Tabii! Anaokulundan lise ikinci sınıfa kadar Semih'i gözetlemiş biri olarak şimdi onu uzaktan izlesem, bu bana o kadar da utanç verici gelmezdi. Kendimi iyi hissettirecek bahaneler bulabilirdim. Geçmişten bu yana bunu yaptığımı söylemek yardımcı olurdu ama onu bir düşünsene... Hayatında yaptığı en büyük çocukluk bu olabilir."

"Her neyse..."

Cansu omuz silkti ama konunun burada kapanmayacağını biliyordum. "Bir yandan da romantik."

"Cansu, beni yabancı biriymiş gibi öptü ve yabancı biri olduğunu inandırmaya çalıştı."

"Bunu söylemen romantik olduğunu düşünmemi engellemedi."

Bir omuz silkme daha.

Team Meriç bir üye daha kazanmıştı anlaşılan. Kabul. Hepiniz onun tarafına geçin. Ben yalnız kalırım!

"Bu arada... Sen döndüğünü biliyor muydun?"

"Hayır. Yemin ederim, Bora ile bunun hakkında konuşmadık bile. Meriç'in geleceğini tahmin etmemiştim."

Neşe biliyordu. O haindi! Meriç'in tarafındaki hain arkadaşım! Bu savaşta hainlerin hepsiyle yüzleşecektim. Başta benden kaçan bir kıvırcık vardı!

Trouble dışarı çıkma savaşına son verip yastığının üstüne kıvrıldığında bana küskün bir bakış attığını sandım. Belki de kızgındı.

"Birce... O ne düşündü?"

"Baş döndürücü bir yakışıklılığı olması dışında mı?"

"Hah! İşte ben de bunu söylemek istiyordum ama bir türlü söyleyemedim! Yani canın acır diye..."

Koltuğun üstünde bir anda fırlamış ve sonra bu tepkisinin fazlalığını kapatmak için yavaş yavaş oturduğu yere sinmişti. Boğazını temizledikten sonra yüzüne masum bir gülümseme yerleştirdi.

"Lisede bu kadar yakışıklı değildi ama dün onu gördüm de... Senden ayrıldıktan sonra onu daha yakışıklı görmek..."

"Yeter. Gerçekten yeter. Anlıyorum." Ellerimi teslim olur gibi iki yana kaldırdım. "Hepiniz onun tarafındasınız. O yakışıklı, karizmatik, akıl alır gibi değil ama romantik şeyler yapıyor. Evet. Hepinize hak veriyorum ama benim için bitti."

Kapı zili çalmaya başladığında koltuktan aşağı indim. Ayaklarım yere bastığında söylediklerime bir nokta koyma arzusu ile doldum.

"Gerçekten bitti."

Semih, Bora ile birlikte bizi almaya geldiğinde şaşırabilirdim ama emir eğer bir arkadaş grubu olmayı başardıysak bu grubun en korkutucu ikilisinden gelmişti. Bu grubun en korkutucu ikilisinin en sevimli gözükenler olmasının tuhaflığına girmek bile istemiyordum.

O kıvırcık ve onun hain sevgilisi nasıl oluyordu da her istediklerini herkese yaptırabiliyorlardı anlamıyordum ama işte yine olmuştu. Semih'in son derece lüks arabasında Semih, Bora, Cansu ve ben birlikteydik. Gerginlik bile yoktu. Bora ve Semih sohbet etmese bile birbirlerine rahatsız edici bir enerji de yaymıyordu. Herkes yola bakıyordu. Üniversite bizi büyütmüş olmalıydı.

"Ömer'in evine gitmeyeli yıllar oluyor."

"Ben ilk defa gideceğim. Umarım iyi bir özür hazırlamıştır, yoksa onun kıvırcık saçlarını yolmak zorunda kalacağım."

"Sakin ol, sarışın! Atahan Malikânesi evrende görüp görebileceğin en sessiz yerlerdendir. Oraya gitmeden şiddet arzunu bir köşeye bıraksan iyi olur."

Ah, bir de Atahan Kuralları! Ailesi evde olmadığı için şanslıydım. Nasıl bir yere gittiğimi bilmiyordum ama içimden bir ses kuralların hâkimiyetinde bir ev olduğunu fısıldıyordu. Nefes almak için dahi izin almalıydım belki de.

"Hepimizi oraya çağırıyorlarsa... Meriç de olacak mı?"

"Sanmıyorum!"

Cansu muhtemelen rahatsız olacağımı düşündüğü soruya hızlı bir şekilde cevap verip, kendince sevgilisini uyarmıştı ama Bora ona çok fazla aldırış etmeden yeni bir soru ortaya attı.

"Ömer'in onu çağırmamasına şaşırırım."

"Neşe var, sevgilim. Muhtemelen o, Ömer'in 'çocukluk arkadaşımı çok seviyorum' yanını törpülemiştir."

Semih'in kıkırdayışı bu konudan keyif aldığını ispatlıyordu.

"Ah, yapma! Neşe, Team Meriç'in en gözde üyelerinden! Ömer'in öyle bir yanı varsa da onu törpüleyecek bir sevgilisi olduğunu sanmıyorum."

"Bu konu giderek daha eğlenceli oluyor! Bu akşam sandığım kadar sıkılmayacağım!"

"Team Meriç de ne?"

"O yüzündeki komik ifadeyi yok et, yüzücü. Senin VIP olduğun bir örgüt. Endişelenme, bir şeyden geri kalmadın."

Bora, Semih'e aldırış etmeyip omzunun üstünden bize döndüğünde, ona cevap vermek için Cansu hazır bekliyordu.

"Meriç'in tarafındakiler diyebiliriz. Kayla düşmanlarını belirlediği bir savaş ilan etti."

"Hah! Peki, bu Team Meriç'e başka kimler dâhil? Şu basketbolcunun son durumu ne mesela?"

"O kaçak oynuyor, Bora'cım! Ama sevgilin bu sabahki konuşmasında taraf değiştirdiğini açıkça belli etti!"

"Ne? HAYIR!"

"Sevgilim, sen hangi taraftaydın ki?"

"İşte tam da bundan bahsediyorum."

Gözlerimi devirdim. Herkesi büyülemede ustaydı.

Semih büyük bir kahkaha attı. "Sözlerimi geri alıyorum. En iyi gecelerden birine aday!"

"Sen kaçakmışsın. Neden bu kadar keyiflisin?"

"Asla nerede olduğumu bilemedikleri için her iki tarafa da yakınım. Neden keyifli olmayayım?"

"Ben Kayla'ya düşman değilim."

"Bil bakalım, Kayla bir şeyi sana mı anlatır bana mı?"

"Kayla?"

"Üzgünüm Bora ama sana anlatmam demek, ona anlatmam demek."

"Kalbimi kırdın." Arkasına yaslandı. "Ama haklısın."

Şaşırtmadın!

"Ben senin tarafındayım. Sen beni karşı tarafa itelemeye çalışsan bile!"

"Yapma!"

"Yapma!"

Semih ile ortak sitemimiz Cansu'nun suratını asmasına sebep olunca Bora tekrar bize döndü. Emniyet kemeri onu zorlasa da çenesini koltuğun arkalığına yaslayıp gözlerini Cansu'ya dikti.

"Üzülme, sevgilim. Benim olduğum tarafa yakın olman suç değil. Burada kimse senden daha masum değil."

Bir düşününce...

"Haklı."

Semih de benden hemen sonra onayladı. Ve araba durduğunda geldiğimizi anladım.

Atahanların evi görkemli mimarisiyle tarih sayfalarından birine ait gibiydi. Beyaz ve altın rengi hem şık, hem de lüks bir hava katıyordu. *Burada yaşamak ister miydim?* diye sorgularken buldum kendimi. Misafir olarak gelmişken bile üstümdeki kıyafetlerin buraya yabancı olduğunu hissettim. Klasik düz elbiselerimden birini giysem buraya daha uygun hissedebilirdim.

Kısa kucaklaşmamızdan sonra hepimiz salonda bir yere yerleştik.

"Rahatınıza bakın. Annem evden epey uzakta. O gelmeden ev temizlenmiş olur zaten."

"Uzatma, kıvırcık. Annen ortalığı dağıtacağımızdan emin olacak kadar akıllı bir kadın. Bunu bildiğim için rahatıma bakıyorum zaten."

Ömer ayakta dikiliyor ve çenesini kaşıyordu. Birkaç saniye sonra arkasındaki koltuğa oturdu. "Öyle de kabul edebiliriz."

"Ömer biraz gergin, çünkü hepiniz buradasınız. Ona kalsa sizinle tek tek konuşmaktan yanaydı."

"Ne konuda? Meriç'in şehre döndüğünü bizden gizlemek gibi mi?"

"Bu da bir konu..."

"Ya da beni kandırmaya çalıştığını mı söyleyecek?"

"Bu da var tabii..."

"İzin verirsen Kaykay, Meriç'in şehre dönmesi ve Ömer'in onu korumak için küçük yalanlar söylemesi dışında daha önemli bir şey var."

"Ah! Öyle mi? Merakla bekliyorum."

Arkama yaslandım. Hain! Gerçekten Team Meriç olmuştu. Bunca yıl koruduğumuz arkadaşlığımızın biraz bile hakkı yoktu anlaşılan. Neşe'ye gözlerimi kısmış bakarken kapı zili çaldı.

"A-ha! Ben demiştim! Meriç, değil mi?"

Cansu, Bora'nın yanağını okşayıp onun doğru tahmin etme sevincini paylaşırken, Ömer salondan kaçarak çıktı. Onunla yeniden karşılaşacaktım. Neden yapmayacağımı söylediğim şeyleri yeniden yaparken buluyordum kendimi? Bu adil değildi!

"Ve karşınızda... Suzan!"

"Suzan mı?"

Hepimiz birden dönüp ona baktığımızda bir elini havaya kaldırıp bize el salladı. Kimse onun burada olmasını beklemiyordu, o da dâhil. Bora yerinden kalkıp onu kucaklayana kadar rahatsız edici şok anımız devam etti.

"Eee... Sohbetlerimizde es geçmiş olabiliriz ama Suzan'la aynı okuldayız."

Tebrikler, Neşe! Bunu şimdi söyleyebildin.

"Ve hatta biz aynı sınıftayız!"

Sana da tebrikler, Ömer!

İkisine de içimden gözlerimi devirdikten sonra Suzan'a hafifçe sarılarak "Hoş geldin," dedim. Sırayla Suzan'a hoş geldin deme görevimizi yerine getirdikten sonra aramızda ona da bir yer açtık. İlk başlarda birbirimizi rahatsız ediyorduk ama zaman geçtikçe aramızdaki negatifliği hiç değilse nötrlemiştik.

"Herkes burada olduğuna göre..."

"Herkes derken?"

Cansu, Bora'nın yüzünü avuçlarının arasına alıp yanağına bir öpücük bıraktı. "Zorlama, sevgilim."

Üzgünüm, Bora. Hain de olsa birilerinin içinde Team Kayla vardı herhalde.

Ömer boğazını temizledi. Neşe hemen yanında, koltuğun kenarında oturmuş onun elini tutuyordu.

"Hepinize burada olduğunuz için teşekkür ederiz. Biz bir şey düşündük. Bunu da sizinle paylaşmak istedik."

"Hiç heyecanlı değil."

"Kapa çeneni, Semih!"

"Tamam, Ömerciğim."

Semih ona bir öpücük gönderdiğinde Ömer gözlerini deviriyordu.

"Siz ikiniz… Yeter." Neşe boğazını temizledi ve etrafa gülücük saçarak hepimize tek tek baktı. Sanki gülümsemesinden her şeyi anlamamız gerekiyordu. "Bu gece hep birlikte burada olmamızın sebebiii…"

Son hece uzadığına göre açıklama vakti gelmişti.

"Ömer bana evlenme teklifi etti!"

"NE?"

"NE?"

"Ha-ha! Ne sürpriz ama!"

Tepkilerimiz neredeyse aynı anda olmuştu. Ortamı bir sessizlik kapladığında Bora sözü aldı. "Siz ciddi misiniz?"

Biraz önce ne duymuştuk biz?

"Ömer bana evlenme teklifi etti ve ben de kabul ettim!"

"NE?"

"NE?"

"Ah! Burada herkes kendini tekrar ediyor."

Semih yayıldığı koltukta homurtular çıkarmaya başladığında, yaşadığım şoktan dolayı ağzımdan başka bir sözcüğün çıkacağına inanmıyordum. İnansam ona çenesini kapamasını söylerdim.

"Tebrik etme vakti! Ağzınızı kapatın!"

"Neşe, tebrik ederim ama bir kez daha söylüyorum... NE?"

Neşe ve Cansu sarılırken, Semih oturduğu koltuktan parmaklarıyla Ömer'e ateş ediyordu. Ömer keyifliydi. Gerginliği uçup gitmişti. Bunlar çıldırmış olmalıydılar. Ankara'da nasıl bir yıl geçirmişlerdi de evlenme kararı almak onlar için bu kadar kolay olmuştu?

Suzan buna şaşırmamıştı bile. Muhtemelen biliyordu. Ankara'da bir evlilik teklifi. Neşe bunu söylemek için bu zamana kadar beklemişti. Tamam. Cansu'yla ondan daha fazla konuştuğum için kendimi suçladığım her anı geri almak istiyordum.

"Tebrikler, dostum!"

Bora ve Ömer tokalaşırken, Neşe haini Semih'i boğazlamayı bırakmış, kahkahası yüzünden silinmeden bana dönmüştü. Ayağa kalkıp onu kucakladım. Aklım hâlâ yerinde değildi ama ağzımdan "Tebrik ederim," çıkabilmişti.

Kapı zili bir kez daha çaldı. Salonun ortasındaki tebrikleşme sona erdiğinde Neşe arkasında Meriç'le tekrar salona girmişti.

Tebrikler Bora, yanılmadın!

"Ben de tam gidiyordum. Bu gece yeterince çılgınlığa şahit oldum."

"Kayla! Daha konuşmamız bitmedi. Otur yerine lütfen."

Gözlerimi devirmek ve çekip gitmek istiyordum ama tüm arkadaşlarım olgun davranırken, aynı arabada kavga etmeden gelen Semih ve Bora hâlâ sakin bir şekilde dururken, Suzan kimseye küçümseyici bakışlar atmazken, bunu yapamazdım.

Koltuğa geri oturdum. Meriç arkamdaki yemek masasının orada çevirdiği sandalyeye yerleştiğinde, sadece benden değil herkesten uzaktaydı. Suzan'la merhabalaşmamıştı. Daha önce görüşmüşlerdi belki de... Ona bir bakış attım. Meriç'i gözetlemiyordu. Neşe ve Ömer'in evlenme kararını benden önce öğrendiği için onu kıskanmıyordum! Meriç'le daha önce görüştüğü için de onu kıskanmıyordum!

"Ailelerimizle görüşeceğiz. Belki zor bir süreç olacak."

"Sonuçta erken bir evlilik."

Teşekkürler, Cansu!

Ortamı bozan kız olmamak için kendimi susmaya zorlamıştım ama neyse ki biri mantıklı konuşuyordu.

"Evet ama bu çağda dünyada örneklerimiz var. Biz birlikte daha mutlu olacağız."

"İşin aslı, Ömer'in geleneklerine fazla bağlı olması Neşe'yi sıkmış ve orta yolu bulmak için çılgınca bir karar almışlar."

TEŞEKKÜRLER, SEMİH!

Bu çılgınca kararı bir yılda mı almışlardı? Ömer'in ailesi buna izin verir miydi? Neşe'nin annesi sinir krizi geçirebilirdi. Neşe üniversiteyi bitirmeden evlenirse, ona dair yapılan bütün eğitim planları okyanus derinlerine batar ve Toprak Ailesi'nde büyük bir krize sebep olurdu.

Atahanlar peki? Onların eğitim odaklı ailesi bu evliliğe ne tepki verecekti? Ailelerin bu işe dâhil olmasıyla ortaya çıkacak sorunlar ikisinin huzurunu kaçırıp ayrılmalarına sebep olabilirdi. Ya da inat edip temeli sağlam olmayan bir evlilik yapabilirlerdi. Sonra ailelerin huzursuzluğu onlara da geçer, belki maddi sıkıntı bile çekerlerdi. Bunlar aralarındaki ilişkiyi bozar ve erken yaşta evlilik yetmiyormuş gibi, bir de erken yaşta boşanırlardı.

"Bu gerçekten delilik! Evlenemezsiniz!"

Uzun süredir birbirlerine bakan Ömer ve Neşe kahkaha atmaya başladıklarında, buza dönmüş bedenim donup kalmıştı. Küçük bir şok geçiriyordum, kulağımda iki çılgın kahkaha vardı.

"Ne? Neden gülüyorsunuz? Neşe!"

Neşe arsız arsız gülmeye devam ederken Ömer biraz toparlanmıştı. "Sakin ol, yeni! Sadece nişanlanacağız! Evlilik bize bile erken!"

"Oh!" Derin bir nefes alıp arkama yaslandım. "En çok size erken. Bize bileymiş!" Olgun gözükmek umurumda değildi. İkisine de ağır ağır gözlerimi devirdim.

"Harika! Sizi çılgınlar! Küçük nişanınız için tebrik ederim! Görevimiz sona erdi mi?"

"Hayır, prens hazretleri! Biz unutulmaz bir nişan istiyoruz. Küçük bir davet ama her an fotoğraflanacak. Ömer'le bir dans düşündük. Sizin de içinde olduğunuz."

"Neşe'm bir dans hocası buldu bile."

Neşe'nin aklından kim bilir daha neler geçti, kıvırcık.

"Ve ben de bu yüzden buradayım galiba. Biri eksik mi kalmıştı?"

"Lütfen, Suzan. Öyle düşünme. Sen ve ben lisede çok yakın değildik ama bu tamamen saçmalık. Ankara'da bunu fark ettik. Hem bu fotoğrafta yabancı insanlar olsun istemiyoruz."

Ömer boğazını temizleyip Semih'i işaret etti. "Bu yüzden Öykü partnerin olamayacak, Semih."

"Bu saçmalık. Gelecekte karım olabilir. Yabancı sayılmaz."

Gözlerini deviren sadece ben değildim.

"İhtimaller üzerinden hareket edebileceğimiz bir düğün organize etmiyoruz, Semih! Bu benim düğünüm ve arkadaşlarımız olarak bizi mutlu etmek zorundasınız!"

Neşe ve ona asla *hayır* diyememek!

"Bize uyar."

Bora, Cansu'nun yanağına bir öpücük bırakırken Neşe ellerini birbirine çarptı. Heyecanlıydı. Ailelerine söylemedikleri halde önlerinde bir engel görmüyorlardı. Onları aşabileceklerinden emindiler.

"Pekâlâ! Ne tür bir dans olacak? Dirty Dance gibi mi?"

"Yok, Paso Doble!"

"Ha-ha! Beni şaşırtın ve vals demeyin!"

"VALS!"

Semih başını iki yana sallarken gözlerini devirmeyi ihmal etmemişti. "Çok yaratıcısın! Bravo!"

"Huysuzluk etme, Semih! Düğünümüz için ailelerimizi de dâhil edeceğimiz daha geleneksel bir tören düşündük."

"Muhtemelen dört beş yıl sonrası için plan yapmanız ne hoş!"

"Sen de huysuzluk etme, Kaykay! Vals hocamız hafta içi her gün bir saatini bize ayıracak. Yani siz de öyle."

Bu gece daha kaç tane emir alacaktık kim bilir.

"Partnerlerimiz?"

"Semih, kapa çeneni."

"Bu bir teklif mi, sarışın? Öyleyse daha kibar olmalısın."

"Cidden kapa çeneni!"

Geriye Suzan ve Meriç kalıyordu. Ah, harika! Onları kendi ellerimle partner yapıyordum. Bir iki yıl önceki halime bunu söylesem bana aptal olduğumu haykırırdı. Hiçbir şey bilmeyen, hâlâ Meriç'in kurtarılabileceğini düşünen saf halim! O onarılmazdı!

"Saat kaçta?"

Ooo! Birileri huysuzluk etmek yerine plana hemen dâhil oluyordu.

"Akşam sekizden dokuza kadar, yavrum."

"Tamamdır."

"Bizim için de sorun yok."

Cansu sevgilisini elini okşayarak destekledi. Semih omuz silkip sorun olmadığını beden diliyle belli etmeyi tercih ederken Suzan da ona ortak oldu.

"Nişan nerede olacak?"

"Şimdilik sürpriz. Siz dansı düşünün. Yarın başlıyor çünkü."

Vals!

Meriç'i görmek zorunda olacağım günler!

Merhaba, zorluğun sayamadığım seviyesi!

∞

Elim klavyenin üstünde bir süredir ekrana bakıyordum. Yazının son paragrafını yazacak konsantrasyonum yoktu ve bir süredir geri gelmesi için kendimi zorluyordum. Leyla Hanım çoktan çıkmıştı. Bugün önemli biriyle röportajı vardı ve bunu bizden bile saklıyordu. O önemli insanlarla görüşme ayarlayıp röportaj çıkarabildiği için güçlüydü. Ben onun asistanının asistanıydım ve kendi köşe yazımın son paragrafını bile yazamıyordum. Burada olmayı hak etmem gerekiyordu. Kontrol manyağı bir doktorun hastası kontejyanından iş bulduğumu kimseye düşündürmemeliydim.

Ah! Belki de bunu düşünmeyi önce kendime yasaklamalıydım. Doktorum bir aydır yurt dışındaydı. Bir kez telefonda görüşmüştük. Artık iyi olduğumu düşünüyordu ama az da olsa gözü hâlâ üstümdeydi.

Ölümden dönen kız... Bana göre bir kere daha yaşama hakkı verilmiş kızdım ve yeni hayatıma çok da iyi başlangıç yapmamıştım. Uzun bir depresyon sürecinden çıkmış halim, şimdi yeni bir depresyona gizliden hazırlanıyor gibiydi. Bedenim uyumayı, sabah kahvaltı yapmayı, kedimi sevmeyi, işe gelmeyi hallediyordu ama ruhum çoğu zaman benden kaçarak eşyalarını topluyordu.

Derin bir nefes aldım ve elimi klavyeden çektim. Gözlerim harflerin üstünde gezindi. Bu yazı yarın geceye kadar bitmek zorundaydı ve benim elimden gelen en iyi şey klavyeye bakmaktı.

Dudağımı dişledim. Konsantre olamıyordum ve tek yaptığım şey karışık olan aklımın içine kırmızı ipler bağlamaktı. Son paragrafı eksik olan yazıyı kaydettim. Bilgisayarı kapattıktan sonra hâlâ ofiste olanlara beceriksizce el salladım ve koşar adımlarla merdivenlere ilerledim.

Kabul etmek istemiyordum ama o geldiğinde bir tarafım dağılmıştı. Toparlayamıyordum. Tüm arkadaşlarım, hatta Birce bile onun tarafındayken kimseyle dertleşemiyordum. Cehennemdeki dert ortağım da bir süredir yoktu. Geçmişi silmeye çalışmıştım, bazıları kendiliğinden silinmişti. Bir süre bana dert ortağı olan bordo rujlu kadın artık yoktu. Bay Harrington yoktu. Peder yoktu.

Binadan dışarı çıktığımda saçlarımı kulağımın arkasına sıkıştırıp yürümeye başladım. Arabama doğru giderken etrafı hızlıca taradım. Görünürde yoktu ama bunca zaman bana fark ettirmeden etrafımda dolanmıştı. Karaoke yaparken beni izlediğini düşünmek yanaklarımın kızarmasına sebep oluyordu. Eski arkadaşlarımdan kimse karaoke yaptığımı bilmiyordu.

"Alo, baba!"

Kemerimi bağladım. "Efendim, kızım."

"Neşe'yle olacağımı biliyorsun. Yine de haber vereyim dedim."

"Evet, biliyorum. Annenle konuştum bugün. O senden önce hatırlattı."

"Seni mi aradı?"

Arabayı çalıştırdım ama hareket ettirmedim.

"Evet. Neşe'nin annesi de yanındaydı. Bizimle kaldığı için teşekkür etmek istemiş."

"Ah, anladım. Pekâlâ. Sonra görüşürüz?"

"Trafikte dikkatli ol."

"Tamamdır. Hoşça kal."

Telefonu kapattıktan sonra arabayı park yerinden çıkardım.

Dans için çalışacağımız yer Atahan Ailesi'nin parmağının değdiği açıkça belli olan bir salondu. Nişan fikri başta her iki aileyi de şoka uğratsa da, evlilik kararını üniversiteden sonraya aldıkları için minnet duyarak nişana sıcak bakmak zorunda kalmışlardı. Ömer beğenilmeyecek bir damat adayı değildi ama arkasında duran ailesinin gücü beni korkutuyordu. Neşe'nin ailesi için aynı şeyi söyleyemezdim. Neşe prenses gibi yetiştirilmişti. Anne ve babası onu kusursuza yakın görüyorlardı. Güveniyorlar ve sevgilerini ondan asla esirgemiyorlardı. Bu zamana kadar Neşe onları hayal kırıklığına uğratacak bir şey de yapmamıştı. Benim aksime ailesini mutlu ediyordu.

Ömer'in ailesi için kesin bir fikrim yoktu ama Önder Atahan, Atahan Koleji'nde okuyan her öğrencinin hayran olduğu adam, ailede en çok sözü geçen kişi gibi duruyordu. Ömer'in babası sakin ve her şeye ayak uyduracak birine benziyordu. Annesi mutlak otorite sahibi olmak isteyen güçtü. Önder Atahan ise onların ortasında dengeyi kuran, Ömer'in hayatındaki kalın çizgileri çizip içini doldurmasına müsaade eden ana karakterdi. Neşe'yi seviyorlardı. Onlar için daha iyisi var mıydı ya da varsa onu isterler miydi bilemiyordum ama çok istekli olmasalar da nişan fikrini kabul etmişlerdi.

Nihayetinde sırf biz dans dersi alalım diye büyük bir salon kiralamışlardı. Duvar yerine dört tarafı aynayla kaplı, küçük ampullerinden turuncu ışık saçılan aydınlatmalar tavana yılbaşı ağacı süsleri gibi yerleştirilmişti. Pencere yoktu. Bu da otomatik olarak salonun havasız olduğunu düşünmeme sebep olmuştu ancak durum böyle değildi. Sonbaharda dökülen yaprakları anımsatan zemin rengine düşen turuncu ışık yansımaları beni mutlu ediyordu ama diğerlerinin çok umurunda değil gibiydi. Dans ederken rahat edeceğimiz kıyafetlere kadar her şey düşünülmüştü. Dışarıda bir ihtiyacımız olursa onu halletmek için bekleyen üç görevli vardı. Bize sadece dans etmek kalıyordu.

Hocamız geldiğinde yan yana sıralanmak için harekete geçmiştik.

"Sarışın, o elbisenin etekleri ne kadar hareket edebiliyor? Bacaklarıma dolanıp beni düşürmesini istemiyorum."

"Endişelenme, Semih. Önce egonu düşüreceği için toparlanmaya fırsat bulursun."

"Bugün bıçak üstünde oturuyormuş gibi davranmak yerine bıçakla dalga geçiyorsun demek. İyi. Ben de kıskançlıktan kuduracağını düşünmüştüm."

Kaşlarımı çattım. "Neden kıskanacakmışım?"

"Meriç'in resim yapan büyülü parmakları Suzan'a değeceği için olabilir mi?"

"O dediğin bir asır önce gibi geliyor."

Gözlerimi ondan ayırıp hocaya diktim. Konuyu uzatmasını istemiyordum. Hocaya odaklandım ve Semih'in onunla ilgilenmediğimi anlaması için kollarımı göğsümün üstünde kavuşturdum. Beni anladı ya da sıkıldı. Konuyu uzatmadı.

Başlangıçta öğrendiklerimiz sandığım kadar zor değildi. Birkaç adım, nasıl duracağımız, bedenimizi nasıl kontrol etmemiz gerektiği... Her şeyden öte sadece Semih'e odaklanmak sandığımdan daha zordu.

Onları görmek istemiyordum. Dansa odaklanmalıydım. Dansa odaklanmam için de Semih'e odaklanmam gerekiyordu ve o da bunu yaparken kendimi rahat hissetmediğimi fark ettim.

"Harikasınız, böyle devam edin."

Dans hocamız fısıltıyla yanımızdan geçtikten sonra Neşe ve Ömer'in yanına doğru ilerledi. Başrol onlardı. En iyisi onlar olmalıydı. Biz sadece eşlik edecektik.

"Seni incittim mi?"

"Neden bahsediyorsun?"

Belimin üstündeki parmakları hareket etti. "Ondan bahsetmemeliydim. Üzgünüm."

"Olanlardan sonra beni tatile çıkardın. Senin sayende üç ülke gezdim. Toparlanmama yardım ettin. Yeniden ayağa kalkabilmem için bana cesaret verdin. Yani hâlâ kredin var ama bu tekrarlayabileceğin anlamına gelmiyor."

Gözlerinde sıcacık bir parıltı belirdi. Dudağının kenarı yukarı doğru kıvrılırken fısıldadı. "Çok güzel olduğunu biliyor musun?"

"Yapma."

Vals yapmaya çalışırken ondan ne kadar uzakta durabilirdim ki?

"Bir çocukla çıktım. Bir partide tanıştık. Sonra beni akşam yemeğine davet etti. Unutmayacağımı iddia ettiği bir şekilde veda etti ve tatile çıktı."

"Vaov! Pekâlâ, unutamayacağın şeyi gerçekten de unutamayacak mısın?"

"Şu an için hâlâ aklımda."

"Çocuğun bir şansı var yani?"

"İkinci öğrendiğimiz hareketi de uygulamaya başlayalım."

Hocamızın uyarısıyla bir hareketi daha çalışmamız arasına kattık. Ömür'ü düşündüm. Düşünceli, aklı başında, yakışıklı biriydi. Hayatımda kimse yokken, o olmasını isteyebileceğim birine benziyordu. Berkan, Meriç gibi hasarlardan sonra onunla olabilir miydim bilmiyordum. Bir süre kimseyi istemiyordum belki de...

"Cevap yok mu? Sandığımdan daha ciddi biri mi yoksa?"

"Çok iyi birine benziyor."

"Hak ettiğin gibi."

Gözlerim onunkileri buldu. Caner'i öptüğümde, ona sarıldığımda içimde farklı bir his oluşmuştu. Ona hep yanlış zamanda yaklaştığım için böyle hissetmiş olabilirdim. Caner'le iyi anlaşıyordum ama onunla romantik bir şeyler yaşayamazdık. Yanlış zamanlarda yaşadığımız yakınlaşmalar onu çekici, aramızdaki şeyi heyecanlı gösterse de, aklım başımdayken düşündüğümde birlikte bir geleceğimiz yoktu.

Semih'le onun dalga geçmeleri dışında yakınlaşmamıştık ama şu an onunla dans ederken, Ömür'le sahte yağmurun altında dans ettiğimiz andan daha çok heyecanlıydım.

"Seninle olma ihtimalim daha fazla sanırım."

"Ooo, Kayla! Bu bir çıkma teklifi mi yoksa?"

O böyle oynuyorsa ben de oynayabilirdim. Utanmaktan sıkılmıştım.

"Kabul eder misiniz, Semih Bey?"

"Memnuniyetle, Kayla Hanım! Randevumuz nerede? Senin evinde mi, benim evimde mi? Yoksa ikimizin soyadını taşıyan şirkette mi?"

"Senin gururunu inciten Kahverengi'ye ne dersin?"

"Olgun kadınlarla bir süre göz teması bile kurmuyorum. Kalbimi sandığından fazla incittiler."

"Ya da senin sandığından daha fazla."

Hocamız ellerini şaklattığında durduk ve ona döndük. "Harikasınız. Biraz ara verelim, sonra devam ederiz."

Herkes hocanın peşinden koşarak salondan çıkarken, yerde duran çantama doğru yürüdüm. Büyük bir şey başarmış, ona ve Suzan'a neredeyse hiç bakmamıştım. Yere oturup bacaklarımı uzattıktan sonra çantamdan çıkardığım telefonumu karıştırmaya başladım. Birce ailesiyle birlikte telefonun çoğu zaman çekmediği bir tatil köyüne gitmişti. Diğer tüm arkadaşlarımla da aynı yerde olduğum için mesaj yoktu. Uzun süredir kullanmadığım sosyal medya hesaplarımı tek tek karıştırmaya başladım.

Dakikalar sonra Cansu ve Bora salona geri dönmüşlerdi.

"Kayla, hoca geliyor."

Telefonumu çantamın içine attıktan sonra ayağa kalktım. Dersimiz yarım saat daha sürdü. Onunla hiç konuşmadan, göz göze gelmeden geçirdiğim ilk günün sonunda, diğer günlerin de böyle geçmesini umarak eve gittik.

Neşe yorgunluktan erkenden uyumuştu. Bense bilgisayarımın karşısında son paragrafla mücadele ediyordum. O kadar çok silip baştan yazmaya çalışmıştım ki, artık yazının başıyla alakasız konulara değinmeye başladığımda buna bir son verdim.

Uyumadan önce Trouble'ı görmek için salona indiğimde babamın hâlâ uyanık olduğunu fark ettim.

"Neden hâlâ uyumadın?"

"Aynı şeyi senin için düşünüyordum." Dizlerimin üstüne çöktükten sonra Trouble'ın gri tüylerinin üstünü okşamaya başladım.

"Kitap okumaya dalmışım. Sen... Onun döndüğünü duydum."

"İş."

Babamın lafını kestiğimi fark ettiğimde dişlerimi birbirine bastırdım. Hızlı tepki vermeye acilen son vermeliydim. Trouble'dan uzaklaşıp ayağa kalktım. Babamın yanına oturduğumda elindeki kitabın kapağını kapatıp bana döndü.

"Bitirmem gereken yazıyı bir türlü bitiremedim."

"Kızım sandığımdan daha hızlı büyüyor. Eve iş getirmeye erken başladın."

"Çok olgun gözükmeyi isterdim ama sana yalan söylemeyeceğim, baba. O geldiğinde bir tarafımı darmadağın etti ve o dağınıklığı toparlayıp aklımı işime veremiyorum."

"Halledersin."

Ona sık sık sarılmıyordum. İnişlerimiz çıkışlarımız olmuştu. Aramızdaki duvara büyük bir darbe indirdiğimiz zamanlar da olmuştu ama onunla her zaman çok yakın değildik. O duvarın kalıntılarının bir kısmı hâlâ duruyordu. Bu normal olmalıydı. Bir anda hayatıma giren babama alışmak sandığımdan kolay olmuştu. Onu hiçbir zaman affetmeyeceğimi düşünüyordum ama bir babam olmasına o kadar ihtiyacım vardı ki onu affetmeye çalışmakta zorluk çekmemiştim.

Uzanıp kollarımı babamın boynuna doladığımda şaşırdığını biliyordum ama utanıp geri kaçmadan beni kucakladı.

"Sen arkamda olmasaydın bu kadar güçlü olamazdım."

Saçlarımı okşadı. Defalarca... Defalarca onu suçlamıştım. Beni terk ettiği için insanlara güvenmiyordum. Yaptığım her hatayı onun hayatımda yarattığı boşluğa bağlayıp, her fırsatta onu suçlamıştım. O benimle verdiği mücadelede en kötü anlarımda bile bana destek olup beni korurken, ilk yaralandığımda yine onu suçlamıştım. Depresyonda geçirdiğim bir zamanın bir kısmında ona imalarda bulunmuş, bazen yüzüne tükürür gibi konuşmuş, bir sefer de onunla bağıra bağıra kavga etmiştim. Meriç'e olan öfkemi ona kusmuştum. Utanacağım şeyler yapmıştım ama o yine arkamda durmuştu. Bana bir kere bile *git* dememişti. Annemin yanına yollayabilir ya da yurt ayarlayabilirdi ama o hep benim onunla kalmamı istemişti. Evlilik kararı aldığında bile…

"Her şey için özür dilerim, baba. Seni yordum, üzdüm."

"Sadece büyüyorsun."

Babamın güven hissettiğim kollarının arasından ayrıldığımda yüzünde hüzünlü bir gülümseme vardı.

"İyi geceler, baba."

"İyi geceler, kızım."

8

Kar yağışı bu yıl erken başlamıştı. Dün geceden beri yağıyordu. Leyla Hanım bu sabah arayıp işe gelmememi söylediğinde içten içe sevinmiş ve ona çok da ısrar etmemiştim. Umut Bey'in bu işte bir parmağı olabilirdi. Ölümden dönmem beni hastalıklı biri yapmamıştı ama bünyem hâlâ çok zayıftı. Kansızlığımı dengelemek için yemem gereken şeylerden hoşlanmıyordum. Ateşlendiğim zaman babam endişeleniyordu ve hasta olmamı kendince yasaklamıştı. Soğuk havalarda dışarıda bulunmamı bile istemiyordu.

Günün bir kısmını Neşe'ye kendi hazırladığı davetiyelerde yardımda bulunarak geçirdim. Öğleden sonra Ömer onu alıp kıyafet provasına götürene kadar davetiyeleri bitirmiştik. Ona artık kızgın değildim. Nişanı için çok mutlu ve heyecanlıydı. O tam bir parti kızıydı ve bu onun için en büyük partilerden biri olacaktı. Her şeyi heyecanla planlıyordu. Bugünlerde onunla tartışıp bir an bile olsa huzursuz olmasını istemiyordum. Bunu yaparsam kendimle ayrı bir savaş başlatmış olurdum. Onun için bu organizasyonun ne kadar önemli olduğunu biliyordum.

Ömer kendi ailesini Neşe'nin mutluluğu için bastırmış, sorun çıkarmalarını engellemişken, bu kümedeki en küçük eleman olarak huzursuzluk çıkarmam aptallık olurdu. Herkes onun mutluluğu için sesini çıkarmadan üstüne düşeni yapıyordu. Her akşam Meriç'le aynı ortamda bir saat geçiriyorduk. Üç hafta olmuştu ve biz bu üç haftayı birbirimizle hiç konuşmadan geçirmiştik. Bazı anlar gözüm ister istemez ona gidiyordu. Suzan'a gülümsediğini görmüştüm. Derslerin ikinci gününde... Suzan onun ayağına bastığında o sadece gülümsemişti. Suzan'ı bir yıldır görmüyordum. Lisede asi bir yanı vardı. Bizden o kadar uzaktı ki, onu tanımamıza izin vermemişti. Bir yıl ona ne kattı bilmiyordum ama son günlerde gördüğüm Suzan farklıydı. Bir zamanlar hoşlandığı, belki hâlâ hoşlandığı adamın kolları arasında çok zarif ve kibar gözüküyordu. Sanki dış görünüşü Suzan, içi Hayal olmuştu. Onun zarifliği ve prensesliği Suzan'a bulaşmıştı. Belki de Meriç çevresinde böyle bir etki yaratıyordu.

Kıskanmıyordum.

Onun bir başkasıyla birlikte güzel gözükmesi beni düşündürüyordu. Biz birlikte nasıldık? O, Suzan'la bu kadar güzel gözükürken... Onu Hayal'le bile hayal edebiliyordum ama karşısına kendimi koyamıyordum. Kendimi çirkin ya da güçsüz hissetmiyordum ama onun yanına layık değildim. Bu histen bir türlü kurtulamıyordum. Eskiden de böyle miydi? Onunla okulda karşılaşmam, birlikte Kemik'e gitmemiz, okuldaki parti, mezuniyetimiz... Her an aklıma geliyordu ama bizi birlikte göremiyordum. Eskisinden daha farklı bir görüntüsü vardı. Daha hoş birine dönüşmüştü. Sanki içinde beyaz nokta büyümüştü.

Omzumu pencerenin kenarına yasladım. Kar taneleri büyüyerek yere düşüyordu. O kadar uzun zamandır böyle huzurlu hissetmemiştim ki, yabancı bir his gibi geliyordu. Şimdi kışın soğuğu pencereden içeriye sızmaya çalışırken kar yağışını sıcacık odamda durup izlemek kalbimin içinde bir çocuğun gülümsemesini sağlıyordu.

"Kayla!"

Kapım tıklatıldığında "İçeri gel!" diye seslendim. Arabamın kar lastiği takılı olsa da babam böyle bir havada araba kullanmamı istememişti. O yüzden bakıcılarımdan biri olan Semih beni almaya gelmişti.

"Hazır mısın?"

"Sayılır."

Atkımı almak için dolabın karşısına geçtiğimde Semih odamın içinde dolanıyordu. Geçen yılbaşında Birce'nin aldığı kırmızı atkıyı boynuma doladım.

"Prova yapalım mı?"

Bilgisayarımdaki müziklerden biri odanın içindeki havayı bir anda değiştirmişti. Romantik, duygusal, yumuşacık besteleri bir araya getirdiğim müzik listesini başlatmıştı.

"Zaten bir saat boyunca gözlerinin içine baktığım yetmiyor mu?"

"Korkuyor musun?"

Ona dönüp tek kaşımı kaldırdım. "Neden korkacakmışım?"

"Baş döndürücü cazibemden?"

Ona doğru yürüdüm. Odamın içinde hareket edecek çok bir yer yoktu ama meydan okumayı kabul etmiştim.

Dansa başlamak için karşısına geçtiğimde "Valsi boş ver!" dedi. Ellerimi tutup beni kendine yaklaştırdığında piyanonun sesi kalbime kadar ulaşmıştı.

Kollarımı kaldırıp omuzlarına yerleştirdim. "Yoruldum, Semih."

Hareket etmeye başladık. Elleri belimi nazikçe tutuyordu.

"Onu hayatıma almak büyük bir aptallıktı. Cesaret sandığım bir aptallık." Başımı kaldırıp gözlerinin içine baktım. Çoğu zaman bana güven veren gözlerinin içinde bir yumuşaklık vardı. "Herkes beni uyarmaya çalıştı. Sen, babam, Cansu, Ömer bile... Herkes yaralanacağımı biliyordu ama ben kimseyi dinlemedim."

"Aşk böyle bir şey."

"Ben ona âşık değildim." Daha da kötüsü... Onun içini gördüğüm ilk anda onu sevmiştim ben. Sonra yuvarlanıp durmuştum. Derinliğine...

"Kanatlarım koparılmış gibi. Her gün onu görmek, yarayı her gün bir kez daha kanatmak gibi. Hiç kurtulamayacakmışım gibi geliyor. Bir yıl geçti. Koca bir yıl ama o geri geldiğinde sanki... Soğuttuğum her şey yeniden alevlendi."

Bir elini belimden ayırıp yüzümün önüne düşen saçı kulağımın arkasına ittirdiğinde başımı hafifçe iki yana salladım. "Caner, Bora, sen... Siz de en başta tehlikeli gözüküyordunuz ama hiçbiriniz onun gibi değildiniz aslında. Hiç kimse onun kadar acıtamazdı canımı."

"Üzülme artık. Sen mutlu olmalısın, Kayla. Kendin için mutlu olmalısın. Denemelisin en azından."

"Denemedim mi sanıyorsun?"

"Ondan kurtulmak istemiyor gibisin. Onun acısıyla besleniyorsun. Sevgisi, nefreti ya da acısı… Fark etmez. İçinde bir şekilde onu taşıyorsun."

Kollarımı ondan ayırıp geri çekildim. Benimle böyle konuşamazdı. Yaralı geçirdiğim her anıma o şahitlik etmişti. Şimdi böyle konuşamazdı ama neden ona itiraz etmiyordum? Neden bir yanım ona hak veriyordu?

"Kendine bunu yapma!"

"Sus, Semih!"

"Gerçekleri inkâr etme artık."

"Sus dedim!"

İşte sesim kırılmıştı, gözlerim pes etmişti. Gözümden bir damla yaş süzüldüğünde onunla mücadele etmedim. Silerek gizlemeye çalışmadım. Buraya kadardı.

"Seni üzmek istemedim."

"Tek yaptığın bu ama! Denedim! Denedim ben. Onunla mücadele ettim. Onsuzlukla mücadele ettim ama olmuyor, anladın mı? Gitmiyor! İstiyor muyum sanıyorsun sen? İstemiyorum! Gitsin istiyorum ama şuradan gitmiyor işte! Aklımın içinde. Gider sandım ama gitmiyor. Yoruldum. Onu kovamıyorum. Aklımdan bir türlü çıkartamıyorum. Ben pes ettim. Bu şekilde mücadele ediyorum. O orada dururken, onu istemeyerek devam etmek zorundayım. Bu benim cezam! Bu annemi, babamı, Neşe'yi, Cansu'yu, seni, herkesi… Ondan uzak durmamı söyleyen herkesi, Bay Harrington'ı bile dinlemememin cezası! Ben ondan hiçbir zaman kurtulamayacağım."

Elimin tersiyle gözyaşımı sildiğimde uzakta durmayı bırakıp bana sıkıca sarıldı.

"Ağlama."

Bu mümkün değildi, en azından şimdilik. Hıçkırıklarımı dudaklarımı birbirine sıkıca bastırarak zapt ediyordum. "Bana onu unutturabilir misin?" Başımı kaldırıp çenemi göğsüne yasladım.

"Kayla..."

Onu unutmak istiyordum. Başka birinin bana onu unutturmasını istiyordum. Herkes unutulurdu. Ömür'le bunu yapamazdım belki. Caner onu hatırlatmaktan daha ilerisini yapamazdı. En başta bir çocukluk yapıp babamı kızdırmak için en tehlikelisine gitmesem, okulun yaramaz çocuğuna gitsem şu an bunların hiçbiri yaşanmamış olurdu. Semih'le birlikte olabilirdim. Meriç hayatımın hiçbir anına dokunmayan, okulda belki de hiçbir zaman dikkatle bakmayacağım biri olurdu. Canım bu kadar acımazdı. Semih canımı onun kadar acıtmazdı, çünkü Semih beni hiçbir zaman onun kadar iyi anlamazdı. Canımı o kadar acıtmayı düşünemezdi. Başka şeyler denerdi ama onun kadar doğru yere kılıcını saplayamazdı.

"Keşke onun yerine sen olsaydın..."

Saçlarımı okşamaya devam ederken fısıltısıyla gözlerimi kaldırıp ona baktım. "Yapma böyle."

"Beni sever miydin, Semih?"

"Kayla..."

"Beni gerçekten sever miydin? Bana kızsan, canımı onun kadar acıtır mıydın?"

"Düşünme böyle."

Saçlarımı kulağımın arkasına ittirirken üzgün görünüyordu. Yüzüm aylardır tuttuğum gözyaşlarımla ıslanıyordu. Dışarıda yağan kar kadar soğuktu içim. Üşüyordum.

"Bir bebeğimiz olsa..."

Omuzlarımı sıkıca tuttu. "Kayla, kendine gel!"

"Ondan kurtulmak istemezdin, değil mi Semih? Onu severdin sen."

"Belkilere kaldıysan boğuluyorsundur. Seni son kez kurtarıyorum."

Eğildi...

Semih Taşer... Ne tuhaf! Yıllar önce dediğin şey oldu. Sonunda seni öpüyorum.

Hem de kar yağarken ve en sevdiğim müzik çalarken...

∞

Salonda Neşe, Cansu'ya davetiye örneklerini gösterirken, Suzan bir köşede telefonuna gömülmüştü. Ömer, Meriç ve Bora birlikte salona girdiklerinde hoca da hemen arkalarından geldi. Semih ortalıkta yoktu ama herkes gibi ben de hocanın gelmesiyle yerimi aldım.

"Kar yağarken vals! Harika! Bugün nasılsınız?"

Az nüfuslu sınıfımızdan çeşitli cevaplarken gelirken kapı tekrar açıldı ve Semih özür dileyerek içeri girdi. Arabada onunla hiç konuşmamıştık. Buraya geldiğimizde de gözden kaybolmuştu ve işte şimdi yanımdaydı.

"Erken başlayıp erken bitirelim mi? Kar yağışı bizi yolda bırakmasın."

"Hocam! Neşe'nin de izni olursa ben partner değiştirmek istiyorum."

Hepimiz birden dönüp Semih'e baktığımızda omuz silkti. "Suzan'la lisedeki şu soğuk duvarımızı kırmak için bunun iyi bir fırsat olduğunu düşündüm."

"Ne saçmalıyorsun sen?"

Hoca bir Suzan'a bir Semih'e baktıktan sonra "Sizin seçiminiz," dedi.

Neşe ya da diğerleri ses çıkarmıyordu. Semih beni yalnız bırakıp Suzan'a doğru yürüdüğünde onu tokatlamak istiyordum ama yapabildiğim tek şey orada dikilmek ve arkasından bakmak oldu. Cansu bana *Ne oluyor?* der gibi bir bakış atmıştı ama ona burada ifade edebileceğim bir olay değildi.

"Benim için fark etmez. Meriç?"

Harika! Suzan anlayışlı kız olmuştu ve lisede nefret ettiği çocuğun dans teklifini kabul etmek üzereydi.

"Sen bilirsin, Suzan."

"O zamaaaan…" Semih, Suzan'ın elini tutup onun yanına geçti. "HARİKA!"

"Semih! Konuşabilir miyiz?"

Onun cevap vermesini beklemeden ve diğerlerinin bakışlarına aldırmadan salondan çıktım. Merdivenleri hızla tırmandım. Arkamdan geliyordu, benim kadar hızlı olmasa da arkamda olduğunu biliyordum. Kapıyı açıp çatı katına çıktığımda vücuduma çarpan soğuk hava içimi titretse de geri kaçmadım. Kollarımı etrafıma dolayıp onun gelmesini bekledim.

"Burada donacaksın."

Nihayet geldiğinde kollarım çözüldü. Dönüp ona baktım. "Ne yapıyorsun?"

"Doğru olanı."

"Doğru olan bu mu? Aşağıda yaptığın şey doğru muydu?"

"Evet. Şimdi içeri gir."

Arkasını dönmek üzereyken ona bağırdım. "Girmiyorum! Bana bunu yapamazsın!"

"Yapıyorum ama!"

"Çocuklaşma!"

"Sen çocuklaşma! Meriç'ten bahsedip duruyorsun! Meriç, Meriç, Meriç! Ne ben, ne başka biri... Onunla yaşadığın şeyleri başkasıyla yaşasan nasıl olurdu diye düşünüyorsun. Benden bebeğin olsa mutlu olacağını mı sanıyorsun? Buna izin bile vermezdin. Meriç'te beğenmediğin her ne varsa, başkasının bunu yapmayacağını düşünüp onu suçlamaya devam ediyorsun. Asıl suçlu sensin, Kayla!"

Üzerime doğru yürüdü! Öfkelenmişti.

"Pişmansın." Elimi çözüp omzuna vurdum. "Pişman oldun. O yüzden böyle konuşuyorsun!"

"Evet, çünkü yapmamam gereken bir şeyi yaptım! Sırf sen anla diye!"

"Neyi? Neyi anlayacağım?"

Omuzlarımı sıkıca tuttu. "Hayatında hep birilerini suçluyorsun. Baban, Meriç... Şimdi de ben! Mutsuz olduğun şeylerde senin de bir payın var, Kayla!"

"Öyle mi? Babam beni doğmadan terk etti! Daha doğmadan ne yapmış olabilirim?"

"Terk etti... Sonra bunu telafi etmeye çalıştı ama sen geçmişe o kadar takılıp kalıyorsun ki, mutlu olmaya çalışmıyorsun bile. Hâlâ canın her sıkıldığında babanı suçluyorsun. İleride ne olacak? Birinin sana Meriç'i unutturmasını istiyorsun ama her kavgada ya Meriç'i suçlayacaksın ya da sana yeterince unutturamadığı için yanındaki diğer adamı. Senin kavgan kendinle. Hiç kimseyle mutlu olamayacaksın, çünkü tek yaptığın şey acıyı kendine çekmek!"

"Hiçbir şey bilmiyorsun!"

"Annenden daha iyi bir hayat yaşamamak için, babanın sana verdiği kredi kartını bile kullanmıyorsun. Daha iyi biri olmamak için onun yaptığı hatanın aynısını bilerek yaptın sen. Meriç bahanendi, arkasına saklandın. Hiçbir şey bilmiyorum. Evet!"

"Öyle değil!"

Bağırmaktan boğazıma saplanan ağrı gözümün yaşarmasına sebep olmuştu. Burnumu çekip kafamı başka bir tarafa çevirerek birkaç saniye kazanmaya çalıştım.

"Sırf annen öyle yaşadı diye kendinin de o hayatı hak ettiğini düşünecek kadar zavallısın."

Öfkeyle kalkan elim onun yanağına indiği anda pişman olmuştum.

"Ö-özür dilerim. Özür dilerim, Semih. Ben bunu yapmak istememiştim."

Bir adım geri gittiğinde ona uzanmak istedim ama donup kalmıştım. Yanağı kıpkırmızı olmuştu. Buna elim mi neden olmuştu, kar yağışının sebep olduğu soğuk mu? Yoksa ikisi birden mi?

"Önemli değil, Kayla. Sana kızmıyorum ama beni anla. Kardeşimin belki de sevdiği tek kadın sen olacaksın ve ben seni öptüm. Çünkü benimle olamayacağını anlamanı istedim. Seni seviyorum ama öyle değil. Sen de beni öyle sevmiyorsun. Sevemezsin de... Bu tuhaf his ve suçluluk duygumla beni biraz yalnız bırak. Lütfen... Buna ihtiyacım var."

İçeri girip gözden kaybolduğunda arkamı döndüm. Topuklu ayakkabılarımla kaymadan çatının ucuna kadar ilerledim. Ağlamak üzereydim. Yeniden... Bu kez kendimi susturmak evdeki kadar kolay olmazdı.

Elimi dudağımın üstüne bastırdım.

Söylediklerinde haklıydı. Acımasız da olsa haklıydı. Beni öpmesi yanlıştı ve ona bunu yaptıran bendim. Üstelik o andan zevk almasam bile beni rahatsız etmemesi daha büyük yanlıştı. Ne yapıyordum ben?

Hiç büyümeyecek miydim?

Elimi dudağımın üstünden çekip çığlık attığımda her tarafım titriyordu. İnce dans kıyafetim beni soğuktan korumada sınıfta kalıyordu. Omuzlarıma daha kalın bir şey örtüldüğünde arkama döndüm.

"İçeri gel."

Elimin tersiyle gözlerimi sildim. Kar taneleri her yerdeydi. Saçımda, yüzümde, üstümde...

Ona hiçbir şey söylemeden sağlam adımlar atmaya çalışarak yürüdüm ama topuklu ayakkabılarla kaymamam bir mucizeydi ve maalesef mucize bir gecede iki kez gerçekleşmedi. Dönüş yolunda düşmek üzereyken Meriç buna müsaade etmedi. Dengemi tekrar topladığımda daha sağlam adımlar atmaya çalıştım ve biraz öncekinden daha yavaş hareket ederek içeri girdim. Altları ıslanmış ayakkabıları ayağımdan çıkardıktan sonra merdivenleri inmeye başladım. Derse girmek istemiyordum. Fiziksel ve ruhsal olarak darmadağın olmuştum. Salonun bir üst katındaki odanın kapısını açıp içeri girdiğimde karanlığı hiç bozmadan yürüdüm. Salonun aksine bir duvarın yerinde boydan boya cam vardı ve aynalar yoktu. Cama doğru yürürken saçımda biriken karları elimle temizlemeye çalıştım. Meriç'in paltosuna sarılıp yere çömeldikten sonra başımı pencereye yasladım.

"Kayla..."

"Seninle konuşmak istemiyorum."

"Konuşmayalım ama burada duramazsın."

Ona cevap vermedim. Kar yağışını izlemek istiyordum. Bugün bir kez yaptığı gibi bana yeniden huzurlu hissettirebilirdi.

Ayakkabılarının zeminde çıkardığı ses bana doğru geldiğini haber veriyordu. Kar o kadar masumdu ki, huzur vermemesi imkânsızdı. Tüm kötülükleri yere serseler, kar onları temizleyebilirdi. Gökyüzünden yere dökülüşü bu kadar narin ve masumken, yerdeki tüm kiri gizlememesi beklenebilir miydi? Yapıyordu ama... Yumuşacık görüntüsünün arkasında o kadar güçlüydü ki...

"Islanmışsın, üstündeki şey incecik... Hasta olacaksın."

Burnumu çektim. Burnum da akıyordu. Bağırmaktan boğazımın acımasını saymıyordum. Haklıydı. İçeri girmiştim ama hâlâ titriyordum. Ceketi beni ısıtmaya yetmiyordu.

Yanımda dizinin üstüne çökmüş bekliyordu ama ona bakmıyordum. Kar yağışı sadece dışarıda değildi. İçime de yağıyordu. Onun kokusu içimdeki karanlığı gizlemeye yetecek kadar masumdu.

"Kıyafetlerin nerede?"

Artık büyümek istiyordum. Artık hata yapmak istemiyordum. Artık doğru kararlar alıp uygulamak istiyordum. Neden büyümek bu kadar zordu? Neden Semih'in, Meriç'in görmeyi başardıkları şeyleri ben göremiyordum. Belki diğerleri de hatalarımın farkındaydılar ama yüzüme söylemiyorlardı. Neden ben onlar gibi değildim? Neden hâlâ hata üstüne hata yapıyordum?

Meriç yanımdan kalkıp gittiğinde ceketine daha sıkı sarındım. Dişlerim birbirine çarpıyordu. Saçımdan damlayan su damlaları tenime çarptıkça bağırmak istesem de birbirine bastırdığım dudaklarımı aralamadım. Yanımda eskilerden sadece Semih kalmıştı. Her anımda yanımda olan Semih'i de bugün en uzağa ittirmiştim. Diğerlerini uzağa itip acılarımdan uzak tutmayı başardığım gibi Semih'i de iteklemiştim. Bundan sonra o da sadece bir kısmımı görecekti. Sadece onunla konuşacak, diğer yarım yokmuş gibi davranacaktı.

Meriç geri geldiğinde dizlerimin önüne çantamı bıraktı.

"Tamam, benimle konuşma ama üstünü değiştir."

Gözlerimi çantadan ayırıp tekrar dışarı çevirdiğimde dizlerinin üstüne çöktü. Çantayı yerden alıp kucağıma bıraktı. "Kıyafetlerini değiştir yoksa ben zorla değiştiririm."

"Geri döndün demek." Gülümsedim. "Buraya kadar mıydı ben değiştim rolün?"

"Üstünü değiştir!"

"Bana karışma!"

Çenesindeki kas seğirdi. Dudaklarını birbirine bastırmıştı ama benimkiyle aynı sebepten değil. O kızmıştı. "Üstünü değiştirir misin, Kayla? Lütfen."

Çantaya uzandım. Titreyen elimle fermuarı açmakta zorluk yaşayınca bana birkaç saniye bile fırsat vermeden fermuarı tutup çantayı açtı. Parmaklarının elime değmesini belki o umursamamıştı ama...

"Hadi! Acele et! Lütfen..."

Çantamın içinden kazağımı çıkarırken gözlerimi ona çevirdim. Acele etmemi istiyordu. Sabırsızdı. Kazağı üstüme geçirdiğimde daha mutlu olacağına neredeyse emindim.

Ceketi omzumdan aşağı ittirip kazağı boynumdan geçirdim. Uzanıp her şeyi doğru yapmamı istiyor gibiydi. İçeride kalan ıslak saçlarımdaydı gözü ama onu bekletecektim. Kazağı indirdikten sonra kollarını giymeden içimdeki elbisenin askılarından kurtuldum. Gözlerini saçlarımdan ayırıp çantamdan pantolonumu çıkardıktan sonra arkasını döndü.

Çok naziksiniz, Meriç Tuna.

Oturduğum yerde elbiseden kurtulup pantolonumu giydim. Çantamın içinde bulduğum tokayla, birbirine dolanmış saçlarımı beceriksizce toplamaya çalıştım. O sırada Meriç tekrar bana dönmüştü.

"Saçların ıslak. Havlu bakındım ama yoktu. Eve gitmelisin."

Tokayla verdiğim mücadeleyi kazandığımda kollarımı bacaklarımın etrafına sardım. "Arabam yok. Semih'le geldim. Neşe dersi bitirmeden de bir yere gidemem."

"Sorun bu mu yani? Kalk lütfen. Seni eve ben götürürüm."

"Derse git, Meriç."

"Partnerim olmadan dersin bir yararı yok, Kayla."

"Tek başına da bir şeyler öğrenebilirsin."

"Öğrenebileceğim yeni bir şey yok. Kalkar mısın artık?"

"Ah, doğru. Meriç Tuna... Tabii ki vals yapmayı biliyor."

Cebinden telefonunu çıkarıp birkaç tuşa bastığında, ona kötü kötü bakmayı bırakıp kar yağışını izlemeye geri döndüm. Lütfen daha hızlı huzur verir misin? Buna ihtiyacım var!

"Alo! Ben Meriç. Vals dersindeyiz. Kayla ıslandı ve eve gelmemek için inat ediyor. Siz gelip onu alabilir misiniz?"

"Ne yapıyorsun?"

"Hayır, benim için sorun yok. Getirebilirim tabii ki."

"Meriç!"

"Tamam, Vural Bey. Geldiğimde görüşürüz."

Gözlerimi devirip ayağa kalktım. Çantamın içinden çıkardığım ayakkabılarımı hızlıca ayağıma geçirdikten sonra yürümeye başladım. "Taksi çağıracağım."

"Baban bundan hoşlanmaz."

"Bunu sen bilemeyeceksin!"

Merdivenleri inerken telefonum çalmaya başladığında çantamdan çıkarmak için bir an duraksadım ve sonra hızla inmeye devam ettim.

"Efendim, baba."

"Meriç seni eve bırakacak."

"Ondan bunu ben istemedim."

"Taksiye binmeyi aklından geçirme."

"Sana mesaj mı attı?"

Dönüp ona baktığımda duraksamadan yanımdan geçti ve merdivenleri inmeye devam etti.

"Hayır. Senin ne kadar inatçı olduğunu biliyorum. Kar yağıyor. İnan bana Meriç'e daha çok güveniyorum. Onunla gel. Beni daha fazla merakta bırakma."

Diğerine çok da benzemeyen, yerden epey yüksek ama yine bir Mercedes olan arabanın içinde kendimi ufak bir nokta gibi hissediyordum. Meriç belki de aile mirasını kısıtlamaya bir son vermişti. Onu ve seçimlerini sorgulamaktan vazgeçip tekrar kar yağışına odaklandım. Silecekler kar tanelerini parçalayıp erimesine sebep olurken başımı omzuma doğru çevirdim.

Bundan sonra ne olacaktı? Dans partnerimi kaybetmiştim ve Neşe'nin kuralları dâhilinde partnerim olacak tek kişi Meriç'ti. Belki Suzan kabul ediliyorsa Caner de kabul edilebilirdi ama o zaman Meriç'e de bir partner gerekecekti. Neşe her şeyi sayılarla planlamıştı. Fazladan bir çift fazladan ders, kıyafet ve planlama demekti. Eğer ikimizden biri bu dansa katılmazsa Neşe ikimizi de affetmezdi. Ne Meriç'in ne benim kaçma lüksümüz yoktu. Bunu en başından bildiğimiz için kararın alındığı gün itiraz etmemiştik.

Meriç arabadaki bütün ısıtıcıları devreye soktuğu için titremem çok geçmeden sona erdi. Koltuğumdaki ısıtıcı uykumu bile getirmişti. Kar yağışını izlerken sıcağın verdiği gevşemeyle gözlerimi açık tutmak giderek zorlayıcı bir hal aldı. Sokaktan çıkana kadar epey süre geçmişti ama ana caddeye ulaştığımızda yollar tuzlanmış olduğundan kolayca ilerledik. Ben bu sırada gözlerimi birkaç saniye dinlendirmek için kendime izin verdim.

Korna sesiyle gözümü açtığımda trafikteydik. Korna sesleri giderek artınca yüzümü buruşturdum. Kendimi toplamaya çalışırken saati fark ettim. Bir saat geçmişti ve biz hâlâ yolda mıydık?

"Neden hâlâ yoldayız?"

"Kaza."

"Kim? Biz de mi?"

"Hayır. Sakin ol. İleride."

"Babam merak etmiştir." Arka koltuktaki çantama uzanmaya çalıştım. "Babanla konuştum. O da henüz eve gidememiş. Buzlanma yüzünden yol değiştirmek zorunda kalmışlar. Kenan Amca'yı bırakmış. Şimdi eve geçiyormuş."

Çantamdan vazgeçip tekrar arkama yaslandım.

"Hâlâ üşüyor musun?"

"Hayır."

Aslında koltuğumdaki sıcaklığı biraz azaltabilirdi fakat bunu ona söylemekten vazgeçtim. Dışarıda kar yağması çok güzeldi ama ısınmak daha güzeldi.

"Ben düşündüm. Ömer ve Neşe'yi incitmeyip aynı zamanda seni rahatsız etmeden şu dansta kalmanın bir yolunu bulamadım ama sorun değil, yapamayacağımı söylerim."

"Sorun. Herkes benim yüzümden senin kaçtığını düşünüyor. Ailenden uzak kaldığın için beni suçluyorlar."

"Öyle bir şey yok."

"Aptal değilim. Ne düşündüklerini biliyorum."

"Öyle olsa bile bu kimseyi ilgilendirmez."

"Dansı bırakamazsın."

"Böyle olmasını istemiyorum, Kayla. Zaten ortaya çıkma niyetinde değilim. Seni rahatsız etmek istemiyordum. Semih'le konuşurum."

"Hayır!"

Önümüzdeki araç epey ilerlediğinde Meriç sonunda biraz hareket etti. Yavaş ve temkinli gidiyordu.

"Benden rahatsız olmayacağından emin misin? Tartışmak ya da iğnelemek dışında benimle konuşmuyorsun bile."

"Dans ederken konuşmamıza gerek yok."

"Sana dokunacağım."

Boğazını temizledi. Bunu ben de yapmak istiyordum ama söylediği şeyi daha utandırıcı bir hale sokmamak için kendimi tuttum.

"Sadece dans edeceğiz."

"Senin için sakınca yoksa?"

"Yok!"

Gözlerini bir an bana çevirdi. "Tamam. Öyle olsun ama bilmeni istiyorum ki, Semih'le konuşabilirim."

"İstemiyorum!"

"Onunla neden kavga ettiniz?"

"Semih'ten öğrenemezmişsin gibi bana mı soruyorsun?"

Omuz silkti.

"Ama eğer sen partnerini kaybetmek istemiyorsan... Semih'le konuşabilirsin tabii."

"Suzan tahmin ettiğimden daha iyi. İlk başta biraz zorlansa da çabuk kavradı."

"Uyumlusunuz."

"Ayak uyduruyoruz."

Başımı salladım. Orası gayet açıktı zaten.

"Ama Semih'le dans etmek istiyorsa edebilir."

"Sen kiminle dans etmek istiyorsun?"

"Suzan kadar rahat değilsin. Seni gördüm, kendini akışına bırakmıyorsun." Cevap vermemişti. "Suzan'ı tercih ederim, çünkü seni rahatsız etmek istemiyorum. Aramızda böyle bir problem olmasaydı, ilk tercihim ve sonraki her tercihim sen olurdun."

Geç gelen cevabı için teşekkür mü etmeliydim?

Güzel bir şey söyleyecekse bunu en başta bozmadan edemiyordu. İtalya ona biraz kibarlık katmış olabilirdi ama hâlâ önce bozup sonra parçaları yerine getirmekten vazgeçememişti. İyi bir şey yaptığını sanıyordu ama aslında sadece aynı yere geri getiriyordu.

"Sen? Eğer sana bunu sorma hakkım varsa... Sen kimi tercih ederdin?"

"Son tercihim sen olurdun."

Başımı ona çevirmedim ama yüzünü bana çevirdiğini görebiliyordum. Birkaç saniye yüzüme bakarak oyalandıktan sonra yola bakmaya geri döndü. Ne diyebilirdim ki? Yapmak istemiyordum ama belki de onun gibi bozduğum parçaları yerine getirmeliydim. Ben ne kadar ona mani olmak istesem de, hasta olmamam için çabalıyordu.

"Senin yanına yakışmıyorum. O yüzden..."

"Bunu kim söyledi?"

"Ne fark eder?"

"Bunu söyleyen kişi seçimlerinde çok kötü demektir. Bu da sen olduğunu düşünmeme sebep oluyor."

"O zaman benim için kötü biri olduğunu söylüyorsun. Geçmişteki seçimlerimi sorgulamak pek de eğlenceli değil, ha?"

Omuz silkti. Bu konunun onun canını sıkacağını düşünmüştüm ama şu an canını sıkan bir şey varsa, o da kar yağışı yüzünden dikkatsiz sürücülerin sebep olduğu kazaydı. Ha bir de... Kendimi incecik bir elbiseyle karın altına atmam, orada kalmam, ıslanmama müsaade etmem, onun beni önce kurutma sonra eve getirme çabalarına itiraz etmem sonucu trafikte kalmamız ve hâlâ yatağımda olmamam ile ortaya çıkabilecek hastalanma riskim... Ah! Benden daha öfkeli olduğu biri varsa, o da iki denklemde de ortak eleman olan dikkatsiz sürücülerdi. Kar yağışının mucizesi onları Meriç'in gazabından korusun!

"Senin için kötü bir tercih olduğum yeni bir bilgi değil. Bu şekilde şöyle bir sonuç ortaya çıkıyor. Senin için kötü bir tercihim. Birbirimize yakışıyoruz ve son tercihin olmam baştan sona hata."

Şah Mat?

"Bunu reddedecek olsan bile seni haklı çıkaramayacağım bir konu var. Birbirimize yakışmamız tartışma konusu bile olamaz. Sen benim beyaz noktamsın. O olmadan karanlığımın bir anlamı yok."

Şah Mat!

"Ben beyaz nokta değilim. Senin yanıldığın şey bu. Görmüyor musun?" Nefesimi alay ederek dışarı bıraktım. Kendime bakınca beyaz noktadan bir parça bile görmüyordum.

"Neyi?"

"Etrafımdaki karanlığı. Doğduğumdan beri içinde hapsolduğum karanlık!"

"Sana bakınca gördüğüm şey... İyilik, sevgi, merhamet... Umut."

Camdan dışarı baktım. Kar yağışı yavaşlamıştı. Artık kar tanelerinin boyutu da küçülmüştü. Meriç içine hapsettiği çocuğu bende görmüş gibi anlattığında ona cevap vermek yerine sustum. Çünkü o çocuğu kirletmek istemiyordum. Kelimelerimle onu boğmak istemiyordum. Umudunu söküp alamazdım. Umudunu yok edersem o çocuğu öldürürdüm.

Ne tuhaf!

O geceden sonra... O çocuğu hâlâ içinde yaşatıyordu.

Sen çok tuhaf bir çocuksun, Meriç Tuna. Ve ben seni sevmekten vazgeçemiyorum.

∞

Tak!

Tak!

Tak!

Arkamı dönüp bakmıyordum ama onun hâlâ beni beklediğini biliyordum. Babamın arabası kapının önündeydi. Bizden önce gelmişti. Kapıyı açtığında kendimi içeri attım.

"Meriç, içeri gel!"

Ayakkabılarımı çıkarırken başımı kaldırıp babama baktım. Bir eli havada Meriç'i içeri davet ediyordu. Teşekkür etme niyetine gözlerimi devirdim. Ne zaman bu kadar medeni olmuştu?

Ayakkabılarımı çıkarıp koşarak merdivenlere yöneldim. Dolabımdaki en kalın pijamaları üstüme geçirdikten sonra uyumak istiyordum ama aşağıda neler olduğunu da merak ettiğimden odadan çıktım.

Salondan gelen gülüşmeler merakımı giderek arttırdı.

"Kayla! Sana süt ısıttım."

Salonun önünden geçip mutfağa yöneldim. Masanın üstündeki içi süt dolu bardağı aldıktan sonra salona geçtim.

Babam ve Meriç ben aralarına dâhil olduğumda konuşmayı kestiler ama ikisinin de yüzünde bir tebessüm vardı. Meriç eskisinden daha çok gülümsüyordu. Meriç'ten en uzak köşeye oraya doğru ilerledim. Trouble'ın yatağına en yakın olan yerdi ama Trouble yerinde yoktu.

"Neşe dönebilecek mi?"

"Semih'le konuştum. Kenan onu bir gece misafir edecek. Alev evde."

Rahatlamıştım. Alev Teyze ile Neşe çok vakit geçirmemişlerdi ama birlikte olduklarında kolayca iletişim kurabiliyorlardı. İkisi de konuşmayı çok seviyor ve erkeklerden bahsetmek ikisini de ayrıca mutlu ediyordu.

"Pekâlâ."

İşin iyi yanı, benim yerime Semih'in başının etini yiyecekti. Salonda olan biteni öğrenmeden Semih'i rahat bırakmazdı. Neşe ne Kenan Amca'dan, ne de babamdan çekiniyordu. Eminim ki Aytaç Tuna'nın yanında bile istediği gibi davranır, onun kurallarına takılmazdı. Onu kıskanıyordum.

"Ben kalkayım."

"Yoksa biz de seni misafir etmek zorunda kalacağız!"

Babam bana neredeyse uyarır gibi bakarken omuzlarımı düşürdüm. Bana karşı Meriç'in yanında yer alacağı aklımın ucundan bile geçmezdi. Hiçbir zaman!

Kadere bakın ki Meriç'in tarafında olanlar giderek artıyordu. En yakınlarım bile onun yanına geçiyordu ve ben bunu engelleyemiyordum. İşin aslı onları karşı tarafa iten bendim.

"Sahlep için teşekkürler."

Ayağa kalkıp babamın elini sıktıktan sonra birlikte salondan çıktılar. Kendi kaleme attığım golden sonra bir de ondan gol yemiştim. O aklı başında, olgun birey rolünü oynarken, ben acımasız kıza dönüyordum. Herkesin onun tarafında olmasına şaşırmamam gerekiyordu.

Herkes hata yapardı. Hata yapan herkes, sonrasında bunu telafi etmeye çalışanın yanında yer alıyordu. Ben sadece daha da uzatıyordum. Semih haklıydı. Acıyla yaşıyordum.

Bardağın yarısı hâlâ doluyken sehpanın üstüne bıraktım. Salondan çıkmak üzereyken babam önümü kesti.

"Biraz konuşalım."

"Ben de bunu bekliyordum."

"O zaman..."

Pes ettim. "Oturuyorum."

Eski yerime geri döndükten sonra artık süt içmek istemesem de bardağı yeniden avuçlarımın arasına aldım. Süt artık eskisi kadar sıcak değildi ama yine de avucumun içi kısa bir süre sonra ısındı.

"Öncelikle neden kar yağarken ıslandığını sorabilir miyim? Salonda olman gerekiyordu."

Süte bakmaya devam ettim. Ne kadarını anlatmam gerektiğine karar vermeye çalışırken Semih'i düşündüm. Şu an lisede varlığından bile haberi olduğunu düşünmediğim kızla dans ediyordu. Onunla yaşadıklarım arkadaşlığımıza zarar vermişti. O bunu yüzüme karşı bağırana kadar kendime itiraf etmek istememiştim. Büyüdüğümü sanıyordum. Büyüyordum da ama fiziksel ve zihinsel olarak büyürken hata yapmaya devam ediyordum. Böyle olacağını sanmıyordum. Büyüme serüvenimin bir kısmı kendimi düştüğüm bataklıktan çıkarmaya çalışarak geçmişti.

Diğer yarısında ayağa kalkmaya çalışmış ve iyi de başarmıştım. Toparlamaya çalıştığım bir ailem, yürütmeye çalıştığım bir işim, eğitim hayatım, yeni arkadaşlarım vardı. Bu zamana kadar olgunlaştığımı düşünecek kadar iyi yürütmüştüm ama sonra ne olmuştu? Onun burada olduğunu düşünmek aklımın bir köşesine düştüğünde hata yapmaya başlamış ve gerçekten geri döndüğünü öğrendiğimde her şey hızla değişmişti.

"Hava almak istedim."

Bardağı sehpanın üstüne geri bıraktım. Artık süt içmeyecek ya da ona bakarak zaman kazanmaya çalışmayacaktım.

Trouble koltuğun arkasından çıkıp kendi yerine doğru paytak adımlar atarken yarı yolda durup patisinin üstünü yalamaya başladı.

"Kendini hasta edecek kadar sorumsuzca davrandın. Bir sorun mu var?"

"Semih'le tartıştık. Çünkü partner değiştirme kararı aldı ve benim Meriç'ten başka partner olasılığım kalmadı."

"Eğer bu senin için bu kadar büyük bir sorunsa, Neşe'yle konuşup bunu halledebilirdin."

"Ne olacaktı, baba? Sevgilisi olan Bora mı partner değiştirecekti? Ya da damat adayı Ömer'le mi dans edecektim?"

"Seni anlardı. Katılmayabilirdin."

"Evet, katılmayabilirdim. Bu şekilde Ömer'in de en yakın arkadaşı Meriç partnersiz kalacak ve o da dansta olmayacaktı. Bizi anlayışla karşılarlardı ama yıllar sonra bile konuşulacak 'günü bozan kişi' ben olurdum."

"Senin nasıl hissettiğinden daha mı önemli?"

"Gelecekte nasıl hissedeceğimden daha önemli değil."

Babam nefesini pes ederek dışarı bıraktı. Ne diyebilirdim ki? Her şekilde canı sıkılan ben olacaktım. Gelecekteki ben ya da şimdiki ben. Sebep olan bendim. Semih'i buna ben zorlamıştım ve şikâyet etmem boşunaydı. Suzan'a kaçmasının yolunu ben açmıştım.

"Pekâlâ. Benim yapabileceğim bir şey yok sanırım."

"Hayır. Teşekkürler baba ama Neşe'yle konuşman bir işe yaramaz. Aramızda halledeceğimiz türden bir şey." Alnımı kaşıdım. Trouble yerine uzanmış ve çoktan gözlerini yummuştu. Benim tarafımda olduğunu biliyordum. En azından onu Meriç'in kucağında görmemiştim.

"Odama çıkacağım. Biraz yorgunum."

"Tabii tabii... Beni yanlış anlama kızım ama Meriç'e yaptığın şey... Sana yakışmadı."

"Onun kadar kaba değildim." Ayağa kalkıp merdivenlere doğru yürümeye başladım. Kendimi savunma şeklim acınasıydı.

"İyi geceler, Kayla."

"İyi geceler."

Merdivenleri hızla çıkıp kendimi odama kapattım. Pencerenin önüne geçip perdeyi açtıktan sonra omzumu duvara yaslayıp kar yağışını izlemeye başladım. Bir günde üç kere sığındığım şey bir kez daha bana huzur sağlayabilir miydi?

Ne yapmalıydım? Herkes ne yapmamı bekliyordu? Onu affetsem herkes mutlu olacak gibiydi? Herkes çok mu eski bana benzemişti, yoksa ben mi çok gaddar olmuştum? O acımasız biriydi. Onun öfkelendiğinde ne kadar tehlikeli olabildiğini biliyordum. Buna birçok kez şahit olmuştum ama biz birbirimizi seviyorduk. Bana hiç hissetmediğim kadar değerli hissettirmişti. O halde bu kadar acımasız olması beklenilebilir bir şey değildi. Kimse... Hiç kimse o gece olanları tam olarak bilmiyordu. Meriç'in canımı ne kadar acıttığına şahit olmuşlardı ama kalbimin yarasını kimse görmemişti. Kimseye de bunu anlatamazdım.

O yüzden kimseye kızamazdım. Onlar Meriç'i affedebilirdi.

Derin bir nefes alıp yatağıma geri döndüm.

∞

Vals dersi için son haftaya girdiğimizde partnerim değişmişti. Üç hafta sonunda ilk kez derse giderken heyecanlıydım. Klasik müzik sadece etrafta deli gibi dolanmamı engelliyordu. Aynanın karşında kendime bakarken kalbimin atışını duyuyordum. Damarlarımdaki kanın akışını hissedebilecek kadar gergindim.

Kısa saçlarımı ensemde topladım. Boynuma atkımı doladıktan sonra kendime bir kez daha baktım. Onunla dans etmeye hazır mıydım?

"Kayla! Annen geldi!"

Kapı zilinin çaldığını duymuştum ama gelenin Nursiş olduğunu düşünmüştüm. Annem? Geleceğinden haberim bile yoktu. Böyle bir havada yolculuk etmesini asla istemezdim. Bu da bana neden haber vermediğini açıklıyordu.

Çantamı ve kabanımı alıp hızlıca odadan çıktım. Annemle babam salonda karşılıklı oturuyor ama hiçbir şey konuşmuyorlardı. Çantayı ve kabanı yere bırakıp anneme doğru koştuğumda sığınacağım kişiyi bulmuştum.

"Müziği açık mı unuttun?"

Kollarım annemin boynundayken "Özür dilerim," diye mırıldandım.

"Seni çok özledim, bir tanem!"

"Ben de seni!"

Ondan ayrılsam da ellerimiz ayrılmamıştı. Koltukta yan yana oturduğumuzda müziğin sesi kesilmişti. "Neden bana haber vermedin?"

"Sürpriz olsun istedim!"

"Ya da endişe etmemi istemedin?"

Annem gülümsedikten sonra yanağıma büyük bir öpücük bıraktı. Kıskanıp ben de onu öptüm.

"Neşe'yle uğraşmak seni yormuştur diye düşündüm. Teyzesi iki gün sonra dönüyor. Annesi de gelecek. Ben iki gün önceden geldim sadece."

"Babamla konuşmuşsunuz."

Annem beni yanına çekip başımı omzuna yasladıktan sonra saçlarımla oynamaya başladı.

"Evet, Neşe'yle ilgilendiği için ailesi teşekkür etmek istedi."

Babam giderken çantamı ve kabanımı da yerden kaldırmıştı. Bizi yalnız bırakmak için bir süre mutfakta oyalandığını tahmin edebiliyordum.

"Eee... Dans dersleri nasıl gidiyor?"

"Düne kadar iyiydi."

"Baban bir şeylerden bahsetti."

Başımı omzundan ayırmadan yüzüne bakmaya çalıştım. Babamla eskisinden daha çok konuşuyorlardı.

"Partnerim değişti. Artık Meriç'le dans etmek zorundayım."

"Bu senin için iyi bir sınav. Kaçarak değil, yüzleşerek onu unuttuğunu kendine kanıtladığında daha rahat hissedeceksin."

Başımı eğip omzuna daha rahat yaslandım. Artık annemin yüzüne bakmıyordum, o da benimkini göremiyordu. Söylediği şeyde haklıydı. Onsuz neler yaptığım önemli değildi. Onunla karşılaştığımda asıl sınavı verecektim ve ben sınava kötü başlamıştım.

"Ne düşünüyorsun?"

"Ne düşündüğümü iyi biliyorsun."

Annem saçlarıma bir öpücük bırakırken ona daha sıkı sarıldım. Onunla konuşmadan anlaşabiliyorduk. Annemi bu yüzden daha çok seviyordum. Benimle arkadaş olmasını, benim en iyi arkadaşım olmasını seviyordum.

"Kayla! Biraz daha kalacak mısın, yoksa seni bırakayım mı?"

Babam salonun kapısında göründüğünde annem saçıma bir öpücük daha bıraktı. "İşine git. Akşam buradayım."

"Bizimle mi kalacaksın?"

"Akşam burada olacağım."

"Evet. Annen bizimle kalacak. Nursena Hanım kızlarına ziyarete gitti. Ona birkaç gün izin verdim."

Ayağa kalkıp kabanımı giydim. "Peki, sen... Otelde kalmayacaksın, öyle mi?"

"Kar yağışı durmadı, Kayla. Başına bir şey gelse seni buradan alana kadar ne kadar vakit geçer haberin var mı?"

"Ya da annemin başına bir şey gelse..."

"Evet. İkinizin de... Ya da benim başıma bir şey gelse... Her neyse... Hazır mısın?"

Çantamı omzuma taktım. "Hazırım!"

Şimdi biraz mutluydum.

∞

Dergiden çıktıktan sonra taksiye atlayıp salona gittim. Erken gitmemek için dergide ne kadar oyalansam da hocanın geç kalmasıyla kızların sorgusundan kaçmayı başaramamıştım. Dün akşam Meriç'le baş başa kaldığım pencerenin kenarında bu sefer kızlarla birlikteydim.

"Semih'i ne kadar zorlasam da anlatmadı. Bu ne demek oluyor?"

Yere oturup topuklu ayakkabılarımı çıkardım. Bu ayakkabılar ayağımda ne kadar uzun kalırsa benim için o kadar hızlı işkenceye dönüşüyordu.

"Kayla! Sana diyorum."

"Ben söyleyeyim."

Başımı kaldırıp Cansu'ya baktım. Kırmızı elbisenin içinde o kadar güzel gözüküyordu ki... Zamanında Semih'in ilgisini çekememiş olması çok garip geliyordu. Belki de o, Bora'nın şansıydı. Bu yüzden kader Semih'in onu fark etmesine engel olmuştu.

"Biriniz konuşacak mısınız?"

Cansu bana bakıp gülümsedikten sonra omzuna aldığı şala biraz daha sıkı sarındı.

"Kayla'yı öpmüş."

"Ne?"

"Neşe, lütfen bağırma!"

"Bunu nasıl yapar? Yıllar sonra hâlâ seninle bir şansı olduğunu mu düşünüyor? O kız kimdi? Patronu... Ondan sonra bile mi? Ve sen! Bunu Cansu'ya söyledin ama bana neden anlatmadın?"

Neşe'nin ardı ardına gelen sorularına benim yerime Cansu cevap verdi.

"O söylemedi." Eğilip yanımıza oturdu. "Semih'i maalesef çok iyi gözlemlediğim ve tanıdığım bir geçmişim var. Onun ne gibi durumlarda nasıl hareket edeceğini az çok biliyorum. Kayla'dan bir anda uzaklaştığına göre, onu öpmüş ve şimdi de kaçıyor demektir. Göründüğünün aksine o kadar da cesur bir çapkın değil."

Haklıydı. Semih'in bir kullanım kılavuzu olsaydı, altında Cansu'nun imzasını görebilirdik.

"Harika! Seni ne demeye öptü?"

Keşke bu soruyu da benim yerime Cansu cevaplayabilseydi. Ona bir bakış attığımda yüzündeki gülümseme genişledi.

"Tahmin edeyim mi?"

"Lütfen..."

"Hayır! Tahmin istemiyorum. Neden?"

Neşe cadılaşmaya başlamıştı işte.

"Onun üstüne gittim, o da genelde çevremdeki erkeklerin beni susturmak için yaptığı şeyi yaptı." Sinirle oturduğum yerden kalktım. "Üstlerinde böyle bir etki bırakıyorum demek ki! Her şeyin sorumlusu benim!"

"Kayla! Buraya gel."

"Neşe, rahat bırak onu."

Kapıdan çıkmadan önce Cansu'yu duyabilmiştim. Merdivenleri hızla indikten sonra lavaboya girdim. Maalesef burada da yalnız kalamayacaktım.

"Yüzümü yıkıyordum. Keyfine bak. Birazdan çıkarım."

"Acele etmene gerek yok."

Aynanın karşısına geçtim. Musluğu çevirdim ve kendime odaklanmaya çalıştım. Suzan ellerini sabunluyordu.

"Semih'in benimle dans etmek istemesine şaşırdım ama üniversitede Ömer bana çok yardımcı oldu. Onlar hakkında ne kadar yanıldığımı fark ettim. Lisede büyük olduğumuzu sanıyoruz ama aldığımız kararlar ne kadar çocukça, değil mi?"

Aynadan ona baktım. Ellerini sabunlamaya devam ediyordu. Öylesine sohbet ediyordu. Lisede olsak bu anı yaşamamızın imkânı yoktu.

"Öyle..."

"Şimdiki ben olsam, Meriç'e olan acınası hayranlığımdan daha erken kurtulurdum. Sen okula geldiğinde..."

"Neden böyle düşünüyorsun?"

"Okulda azınlıktık. Saçma sapan bir magazin sitesi bizi yönetiyordu. Onlar bizi *doğuştan şanslılar*dan ayırıp *burslu* diye adlandırdı. Biz de azınlık olmayı kabul ettik.

Gözümü biraz açsaydım, Meriç'ten daha iyileri olduğunu fark edebilirdim."

Eğilip yüzümü yıkadım. Bir yandan da onu dinlemeye devam ettim.

"Sana farklı bakıyordu. Bunu o zamanlar kabul etmek istemesem de öyleydi."

Omuz silkip yüzünü yıkamaya başladığında yüzümü kuruttuğum kâğıt havluyu çöpe attım. Bir tane de ona aldıktan sonra yüzünü yıkamasını bekledim.

"Muhtemelen beş yıl sonraki biz, şu anki halimizden memnun olmayacak ama en azından lise cehenneminden kurtulduk."

Uzattığım havluyu alıp teşekkür ettikten sonra yüzünü kuruladı.

"Semih'le dans etmek geçmişteki aptallığımdan kurtulmak için iyi bir şans. Senin için sorun var mı?"

Bu soruyu o kadar umursamazca sormuştu ki, sorun olduğunu söylersem kendimi zavallı gibi hissedeceğimden emindim. Kendimi gülmeye zorladım.

"Hayır."

"Buna sevindim. Salonda görüşürüz."

Ve yanımdan çekip gitti.

Suzan'ın öylesine yaptığı konuşma, muhtemelen farkında bile değildi ama benim için büyük bir dersti. Tuvalette yapılan basit bir konuşma, birkaç dakika sonra Meriç'le yapacağım dansın heyecanını benden almıştı. Onun yanındayken hatalar yapan, saçmalayan bir kızdım. Artık öyle olmadığımı herkese göstermeliydim.

Salona geri döndüğümde herkes yerindeydi. Küçük bir nefes aldıktan sonra kapı önünde dikilmeyi bırakıp Meriç'in yanına doğru yürüdüm. Yerimi aldığımda gözlerimi hocaya diktim. Düşünmemeye çalıştım ama bugün duş almıştı. Vanilya kokuyordu.

"Herkes yerindeyse başlayalım!"

Kumandanın üstündeki tuşa basıldı ve salonun içini bir müzik kapladı.

İşte geliyoruz...

Birbirimize döndüğümüzde içimden tekrarladım. *Bu benim sınavım!*

Kollarımı zarifçe kaldırdım ve aramızda dansın izin verdiği mesafeyi bulduktan sonra bir elimi omzuna, diğer elimi... Onun elinin üstüne bıraktım. Eli sırtımdaki yerini bulduğunda gözleri üstümdeydi. Kahverenginin cennetine hapsolmamak için gözlerimi kaçırdım. Elimi mümkün olduğunca kibar ve sıkı tutuyordu. Bu oranı sadece o bulabilirdi. Sigara tutuşunu hatırlıyordum. Resim yaparken kullandığı parmakları sigarayı bile sanatsal bir parça gibi gösteriyordu.

"Bir, iki, üç!"

Hareket etmeye başladığımızda hocanın sesini duymuyordum. Dans odaklı kalmak için içimden saydım. *Bir, iki, üç... Bir, iki, üç...*

Sayma işlemi başladığımız yere geri dönene kadar devam etti.

"Bir dakika!"

Hocamızın el şaklatması ile durduk. Ellerimi ondan ayırıp yanına geçerken rahat bir nefes aldım.

"Az bir vaktimiz kaldı. Hareketlerin anlaşıldığını görüyorum. Hepiniz harikasınız. Koreografinin başında beyler salondaki yerini alınca hanımefendileri birer birer Ömer takdim edecek. Herkes yerini aldığında Ömer salonun diğer ucundaki Neşe'nin yanına gidecek ve ona sevgisini sunarak dansa davet edecek. Bunu sizinle özel olarak çalışmıştık, Ömer ve Neşe. Herkes hazır olduğunda sizden böyle ezbere hareketler istemiyorum. Kendinizi dansa bırakmanızı istiyorum. Ortaya sınırların içinde bir dans gösterisi çıkmamalı. Mutluluğunuzu paylaşmalısınız. Hareketleri aynı anda yapmak yerine birbirinizle paylaşmalısınız. Şimdi sizden bunu istiyorum."

"Harika!"

Neşe sabırsızlanarak Ömer'i çekiştiririrken, Cansu ve Bora birbirlerine gülümsüyorlardı. Salonun diğer tarafında Suzan ve Semih vardı. Bir tarafta da biz. Kendimi dansa bırakmak istemiyordum. Ezberlediklerimi uygulamak istiyordum. Saydığım zaman benim için her şey daha kolaydı.

Müzik yeniden başladığında her zaman çalıştığımızın aksine yeni bir şey çalıyordu. Heyecanlanmak istemiyordum ama ilk kez duyduğum notalar buna müsaade etmiyordu. Ezberlenmiş şekilde ezberlenmiş müzikle devam etmek daha kolaydı. Çaresizce etrafıma baktım. Diğerleri başlamıştı. Yepyeni bir şeye başlamak beni korkutuyordu. Sayılar olmadığında, kendimi müziğe ve dansa bıraktığımda...

"Yapmak istemiyor musun?"

Başımı çevirip ona baktım ve dudağımdan dökülen şeye engel olamadım. "Korkuyorum."

Kaşları bir anlığına yukarı kalktı. Sonra dans pozisyonu aldı. Beni davet ediyordu. Göğsüm yukarı çıkıp inerken gözlerimi kapatıp derin bir nefes aldım. Ona yaklaştım ve kollarımı kaldırdım.

"Sadece dans et benimle."

Bir an gülümsediğini sandım ama sonra kayboldu. Birlikte hareket etmeye başladığımızda gözlerimi ondan ayıramıyordum. Müzik sanki kahverengi gözlerinden duyuluyordu. Gözbebekleri kadar siyah ve sert, etrafındaki kahverengi kadar yoğun, kahverenginin içine yayılan açık tonu kadar yumuşak... Kendimi görebiliyordum. Kendi soluk bakışlarımı, soluk suratımı, ona bakarken dehşete düşen yüzümü...

"Rahatla."

"Nasıl?"

"Bana güven."

Ağzımdan küçük bir kahkaha kaçtı.

"Bana güvenmezsen bu dansı beceremeyiz."

"Ne o? Kaçacak mısın?"

"Kaçmadım."

Yüzüme alaycı bir gülümseme yerleştirdim. Bundan becerikli olduğumu biliyordum. Bir yılım gülümsemenin çeşitli hallerini yüzüme yerleştirmeye çalışarak geçmişti. Sırtımdaki elinin varlığını parmaklarını tenime bastırana kadar fark etmiyordum. Başını öfkeyle ona çevirdiğimde hemen toparladı. Parmakları tekrar hissetmekle hissetmemek arasında kaldığım haline geri döndü.

"Seni özgür bıraktım."

"Umurumda değil. Sadece dans et!"

Hiçbir şey söylemedi. Yüzündeki kasları da istediği gibi hareket ettirebilse, kızdığını gizlemede yeteri kadar başarılı olurdu ama o hâkimiyeti henüz eline geçirememişti.

Dizinin üstüne çöktüğünde etrafında yavaş adımlar atmak istesem de, diğerlerine ve müziğe ayak uydurup istediğimden daha erken turumu tamamladım. Ayağa kalkarken bıraktığı elimi tekrar tutup beni zarifçe kendine çektiğinde artık profesyonel olmadığını biliyordum.

"Duygularını karıştırma."

"İmkânsız. Dans ediyoruz."

Yukarı kaldırdığı kollarımızın altında kendi etrafımda dönmemi sabırla bekledi. Bedenlerimiz yeniden buluştuğunda ton değişti. Biraz daha hızlanmıştık. Biraz daha yakındık. Odan kaçmak istiyordum ama dönüşümüz ve hızımız beni ona yaklaştırıyordu. Ondan kaçarsam düşebilirdim ve düşmemek için ona güvenmek zorundaydım. Ona yakın olmalıydım. Haklıydı.

Gözlerimi ondan ayırmadan, onun kollarının arasında kendimi müziğe teslim ettim.

Kar yağışı iki gün daha sürdü, sonrasında yavaş yavaş güneş kendini gösterdi ve biz o salonda beş gün daha kendimizi müziğe bırakıp dans ettik. Onun kollarının arasında, vanilyanın etkisinde, giderek ona daha çok güvenerek, gözlerimi ondan daha az kaçırarak geçirdiğim günlerin sonunda savaşım bittiğinde, bunu kutlamak için diğerlerine eşlik ettim ve birlikte karaoke yapmaya gittik. Bu bir çeşit nişanlanmadan önce yapılan partiydi. Benimse galibiyet kutlamamdı. Çünkü o dans salonunda, nefesini tenimde hissedebildiğim kadar yakınımda olduğu zamanlarda ona teslim olmamıştım. Sandığımdan daha güçlüydüm. Küllerimden doğmuştum. Ve o da bunun farkındaydı.

Bir yıla yakın süredir geldiğim Karaoke Bar ilk kez bu kadar boştu. Atahan, Taşer ve Tuna soyadları aynı anda bir yerde bulununca orası ister istemez onlara özel bir hal alıyordu. Böyle bir kural ya da yasa olabilirdi. Artık şüphelenmeye başlamıştım. Kendimize aldığımız içecekler alkolsüzdü. Kimileri araba kullanacağından, kimileri de içtiğinde saçmaladığı için alkolden uzak durulmuştu.

Daha kimse doğru düzgün dinlenemeden Neşe kendini sahneye atmıştı. Kimse onun bu enerjisini sorgulamadı. Sertap Erener'den bir şarkı seçmişti. Bir yandan sodasını yudumlarken, bir yandan da müziğe göre kıvırtıyordu.

"Bu grubun en masum iki üyesinin nişanlanması grubun tek şansı olabilir diye korkuyor musun?"

Cansu sahnede ikimizin de asla kıvırtamayacağı gibi kıvırtan ve cilve yapan Neşe'ye gözlerini büyüterek bakarken içeceğini yudumladı. "Korkmuyor değilim. Örümcek ağı gibiyiz. Diğerlerine karışmadan aşklarını yaşayan tek çift onlar ve nişanlanıyorlar."

"Şans dağıtılmış olduysa hepsini onlar almış olabilir."

Semih, Bora, Cansu cehennemi ve Semih, Kayla, Meriç cehennemi... Sürekli aramızda problemler çıkmıştı. Benim dâhil olduğum bir grup daha vardı. Caner, Kayla, Meriç. Sorunlu iki kişi vardı galiba... Birden fazla kümeye dâhil olan Semih ve ben. İki sorunlunun bir arada olamayacağını da görmüştük. Bu arkadaş grubundan tertemiz bir aşkla çıkan Neşe ve Ömer'in istediği gibi kutlama hakkı vardı.

"Aslına bakarsan onların arasına da Meriç girmişti. Çok da pürüzsüz sayılmazlar."

Cansu gözünü Neşe'den ve sahnede ona sarılarak eşlik eden Ömer'den alamazken kendini rahatlamaya çalışmıştı. İkisine bir kez daha baktım. Neşe ona arkasından sarılmış olan sevgilisine bakarken şarkıyı "Bak aşk diyorum, yanaş diyorum, kime diyorum?" diyerek bitirdi. Ömer'i aynı bu sözlerle sahneye davet etmiş ve aşklarını sahnede göstermeye başlamışlardı.

"Kesinlikle haklısın! Pürüzsüz değiller." Omuz silktim. "Aralarına Meriç girmişti."

Onlar bir öpücükle sahne performanslarını sona erdirdiklerinde birbirimize baktık. İlk itirafı Cansu yaptı.

"Kıskançlık?"

"Kesinlikle!"

Gülerek bardaklarımızı tokuşturduk ve kıskançlığımıza içtik. Neşe ve Ömer ellerini ayırmadan yanımıza geri döndüğünde boş kalan sahneye Suzan çıkmıştı. Semih yeni partnerine göz kırpıp onu cesaretlendirirken, bu hareketini fark eden sadece bendim.

"Bir yıl beni biraz değiştirse de, Neşe kadar hareketli bir şarkı söyleyecek kıvamda değilim. O yüzden... İdare edin."

Şarkısını seçtiğinde içeceğimden son yudumumu alıp oturduğum sandalyeden indim. Bu şarkıya ben de eşlik edecektim. Suzan bu hareketime biraz şaşırsa da mikrofonunu kenara çekip sahnede bana yer açtı. Savaşmak kazandığın zaman zevkli oluyordu.

Suzan ilk kısmı söyledikten sonra sıra bana gelmişti. Semih'i görebiliyordum. Çiftler birbiriyle ilgilenirken, Semih keyifle bizi izliyordu. Beş günlük süreçte küs kalmamıştık ama çok fazla da konuşmamıştık.

"Eski sevgili merak edilmez mi?

Beş senelik aşk unutup silinmez ki!"

Suzan'a döndüğümde o benim yerime devam etti. Ben daha çok *Kalpsiz!* kısmına eşlik etmeyi istiyordum. Meriç'in bahsettiği o pürüzlü sesimle insanlara işkence etmektense, doğru yerlere eşlik ederek sahnede kaldım. Suzan benden daha güzel söylüyordu. Zaten şarkı onun şarkısıydı. Ben bazı yerlerde ona eşlik etmiştim o kadar. Eğlenmiştim de. Meriç'i gülümsetmek yerine kızdırmayı amaçlasam ve tam tersi olsa da eğlenmiştim. Hatta en iyi performanslarımdan biriydi.

Belki baştan sonra bakınca benim için doğru bir seçim gibi gözükmüyordu ama depresyon dönemimi kabul ederek güçlü gözüktüğümü biliyordum. Öyle hissediyordum. Ve şarkının son kısmı kesinlikle istediğim etkide bir yumruk gibiydi. Sahneden indiğimde iki dakika öncesine göre daha mutluydum, daha güçlü hissediyordum.

"Bu gece bir harika! Neşe!"

Hepimiz yerlerimizdeydik. Semih bardağını havaya kaldırdığında dikkatimizi ona verdik.

"Kabul etmeliyim ki bu dans işi başta can sıkıcı gözüküyordu ama kızım, sen şahane bir şeysin! Bir aydır bizden çaldığın saatler ve bu gece için sana ve senin gibi şahane biriyle birlikte olduğu için bu şanslı herife kadehimi kaldırıyorum!"

"Sağ ol, Semih. Beni gururlandırdın."

Ömer onun kadar alaycı bir dil kullandıktan sonra bardağını kaldırdı.

"Neşe ve Ömer'e!"

Bora'nın daha derli toplu sunumuyla bardaklarımızı kaldırdık ve birer yudum aldık.

Kahkahalar ve üniversite anıları bir saat bizi müzikten alıkoyarak birbirimize odakladı. Artık anlatmaktan ve gülmekten yorulduğumuzda ilk vazgeçen Semih'ti. Reklam arası vermek istiyordu.

"Sahneye kim çıkıyor? Star olarak kendimi sona saklıyorum da!"

"Ben çıktım sayılır. Siz düşünün."

"Sen çıkmış sayılmazsın."

"Evet. Meriç çıkmak istiyormuş. Sahne Meriç'in!"

Neşe sevgilisine destek olarak "Meriç! Meriç! Meriç!" diye alkış tuttuğunda, Meriç belki de onu susturmak için yerinden kalktı ve sahneye doğru yürüdü.

Merak ediyordum, çünkü onun şarkı söylediğini daha önce hiç duymamıştım. İtiraz etmemişti. Burada herkes öylesine söylediği için mi gerilmemişti, yoksa her zamanki rahatlığı mı üstündeydi bilmiyordum. İçimdeki bir başka ses ise *Yoksa bu işte de mi iyi?* diye merakla soruyordu.

O sahneye çıktığında ilgisiz gözükmeye çalışabilirdim ama yapmadım. Şarkı söyleyecekti ve ben merak ediyordum. Bedenimi sahneye doğru çevirdim. Fısıltılar kesilmişti.

Meriç Tuna'nın şarkı söylemesini merak eden tek kişi ben değildim. Boğazını temizledikten sonra bir şarkı seçti. Üstüme alınmamaya çalıştığım bir şarkı seçmişti.

Son Defa benimkinden daha iyi bir tercih olmuştu.

Ve daha manidar...

Onun konuşmasına izin vermemiştim. Aylar sonra çok yakındık. Fazla yakın. Müziğin bizi savunmasız bıraktığı bir zamanda birbirimize teslim olmuştuk ama hiçbir zaman sınırı aşacak bir konuşma yapmamıştık. Susuyordu. Görünmez sınırlarımı görüyor ve çizgileri silmeye çalışmıyor ya da üstünden atlamıyordu. Saygı duyuyordu. Gözlerime bakıp beni konuşmak zorunda bırakmamıştı. Tersine anlayışlı olmuştu. Hiç olmadığı kadar...

Ama şimdi bu şarkıyla sanki günlerdir söyleyemediği şeyleri söylüyordu. Söylemek istedikleri bunun gibi şeyler miydi?

Kalbim zorlukla ama duyabileceğim kadar yüksek bir tonda atıyordu. Kalp atışlarım da hoparlörden veriliyordu. Sadece o şarkı söylemiyordu. Oturduğum yerde durmaya devam ediyordum ama kalbim ona eşlik ediyordu.

Söylemek istedikleri bunlar mıydı?

Hayır, değildi.

Peki o zaman neden bu şarkıyı seçmişti?

Hayır, böyle hissetmiyor!

Neden gözlerini benden ayırmıyor?

Kandırmaya çalışıyor!

Öyle olsa çok farklı davranacağını biliyordum! Bambaşka bir yol izlerdi.

Onun söylemek istediklerine daha fazla kafa yorarsam, bedenimin yarısını kurtardığım bataklığa geri batardım. Oysa karnıma kadar çıkmayı başarmıştım. Çimlere sıkıca tutunuyordum. Var gücümle tutunuyordum. Yeniden toprağa basacağım gün koşacaktım. Çok uzaklara... Çamur üstümden temizlenene kadar koşacaktım. Bu benim en büyük savaşımdı. Annem haklıydı. Bataklıktan kurtulmak için bu savaşı kazanmalıydım. Burada oturup onun içinde merhamet olduğunu düşünmeye başlamak kaybetmek demekti. Bu sözler ona ait değildi. Böyle düşünemezdi! O böyle değildi!

Sandalyeden inmeye çalışırken yere düşürdüğüm kabanımı dengemi yeniden kazandığımda yerden kaldırdım.

"İyi misin?"

Kimin sorduğunu bile bilmeden kafamı salladım, kabanı eski yerine bıraktım ve lavaboya doğru hızlı adımlar attım. Her adımda kalbimin atışı beynimde bir sarsıntıya sebep oluyordu. Onu sesini hâlâ duyuyordum.

Koridora çıktığımda sırtımı soğuk duvara yasladım. Avuç içlerimi duvara yaslayıp gözlerimi yumdum. Ben güçlüydüm. Güçlü olmak zorundaydım.

Bu benim kendimle olan savaşımdı. Hata yapılırdı ama bazı şeyler unutulmazdı. İnsanlar pişman olurdu ama bu yeniden hata yapmayacakları anlamına gelmezdi. Kendimi korumalıydım. Kendimi insanlardan korumalıydım. Mutlu olmalıydım. Artık ben de mutlu olmalıydım. Her şey normale döndüğünde benim anlatılacak bir hikâyem kalmayacaktı. Sürekli hatalar yapan kız olmayı bıraktığımda, normal bir hayata kavuştuğumda artık son bulacaktı.

"Kayla?"

Sessizce nefes aldım. Onun sakinleştirici kokusu çok yakındaydı. Gözlerimi açtım.

"İyi misin?"

"Ben normal olmak istiyorum, Meriç."

Ellerini tereddüt ederek arka cebine götürdü. Ne yapacağını bilmiyordu ya da Meriç Tuna bir anlığına anlamamıştı.

"Eskisi gibi… Anlatacak bir hikâyem olmasın istiyorum. Buraya geldiğimden beri olan şey artık olmasın istiyorum."

Bir süre durdu. Ölüm sessizliği aramızda beden bulmadan önce kafasını ağır ağır salladı. "Anladım. Senden tek bir şey isteyebilir miyim?"

Tek bir şey?

Elleri cebinden çıktı. İki yanında öylece durdu.

"Onu hayatına geri alma."

Berkan? Onu hayatıma geri almayacaktım. Zaman geçince öfkem geçer sanmıştım. Öfkem azalmıştı ama zaman bize çare olmamıştı. Onunla hâlâ konuşmak istemiyordum. Çünkü onu affedemiyordum. Yüzünü görmek bana iyi gelmeyecekti. Yapmaması gereken bir şey yapmıştı. Asla yapmaması gereken bir şey yapmıştı. Ona verdiğim değerin karşısında hiç hak etmediğim bir şeyi bana yaşatmıştı.

"Endişelenme."

Ellerini beline koydu. Başını yana çevirdi, bir süre öyle durduktan sonra dişlerinin arasındaki dudağını serbest bıraktı ve yeniden gözlerini bana çevirdi.

"Söz ver."

"Meriç..."

"Söz verir misin?"

Hayatımdan birilerini çıkaramamak gibi bir sorunum vardı. İtibarım yüzünden bana güvenmemesini bir şekilde anlıyordum.

"Söz veriyorum. Şimdi gidebilir miyim?"

"Teşekkür ederim."

Ne demek, Meriç Tuna!

Önümden çekilip geçmem için yol verdiğinde gözlerimi ondan ayırdım ve yürümeye başladım.

Çoğu şeyde olduğu gibi şarkı söylemede de iyiydi ve ben bunu yıllar sonra bugün, ondan vazgeçtiğimde öğreniyordum.

Geri döndüğümde sahnede Semih, Ömer ve Bora vardı. Üçünü yan yana hayal etmek, Atahan Koleji'nde okuyan biri için zor şeylerden biriydi. Hayal gücü fazla geniş biri bunu ancak yapardı.

"BEN! MESELA! UÇARIM MESELA! YERLERE GÖKLERE SI-ĞA-MI-YOR-UM!"

Semih'in başladığı şarkıya Bora devam edince ikinci şok dalgası bedenimden geçti. Kızların yanına geri döndüğümde hayretle sahnedeki üç çocuğu izliyordum.

"Neler oluyor?"

"Birisi onlara alkol mü verdi diye soruyordum ben de."

"Korkmayın, kızlar! Bunların hepsi Neşe Toprak'ın projesinin bir ürünü. Geç Gelen Arkadaşlıklar başlığını koymayı düşünüyorum."

Neşe yerinde zıplayarak ayağa kalktıktan sonra Cansu'yu kolundan çekerek sahneye sürükledi. Meriç arkamdan geçerek Suzan'ın yanındaki yerini aldığında bir an göz göze gelsek de, hemen sonra ikimiz de sahnedeki çılgınları izlemeye geri döndük. Şarkının yarısında sahneden taşıp bizi de aralarına aldıklarında, lise boyunca yaşamadığımız bir mutluluğu birlikte paylaştık. Neşe haklıydı. Bu resmen GEÇ GELEN ARKADAŞLIKLAR projesiydi ve biz şu an bu projenin en eğlenceli anını hatıralarımıza kazıyorduk.

Hep birlikte hiç olmadığımız kadar eğleniyorduk.

9

Kar yerini günler sonra ondan tek bir iz bırakmayan güneşe bıraktığından beri yaşanan en sıcak gündü. Bazılarımız hâlâ kalın giysiler tercih ederek dışarı çıksa da, bazılarımız kabanlardan ve atkılardan kurtulmuştu.

Neşe'nin saçı yapılırken Atahanların evinde kuaföre dönüşmüş odanın penceresinden dışarıyı izliyordum. İşte o büyük gün gelmişti.

"Kayla, elbiseni giy!"

Kapının önüne tanıdık bir Mercedes yaklaştığında gülümsedim. Satmamıştı.

"Merak etme. Geç kalmayacağım."

Pencerenin önünden ayrılıp, askıda duran çivit mavisi rengindeki elbisemi aldım. Suzan ve Cansu'nunkiyle aynı renkteydi. Modelleri biraz farklıydı ama hepimiz göz yormayacak şekilde birbirine benzeyen kıyafetler giyecektik. Sadece Neşe'ninki beyaz ağırlıklıydı ama onunkinde de mavi göze çarpıyordu.

"Arkadaşın geliyor mu?"

Elbisenin fermuarını çekmeye çalışırken bir yandan da ona cevap verdim. "Evet. Birce'yi davet ettiğin için teşekkürler!"

"Ne demek! Ben yokken sana baktığı için ona kızgın olsam da, bir o kadar da minnettarım!"

"Çok kibarsın," diye fısıldadım.

"Caner? O da geliyor mu?"

Bu soruyu soran Cansu'ydu. Neşe kibarlıktan ya da kalabalığı sevdiğinden, lisede selam verdiği insanları bile çağıracaktı ama Ömer ona bir sınır çizmişti. Bu şaşırtıcıydı. Çünkü Neşe onu ikna etmek yerine dinlemişti ve liseden sadece birkaç kişiyi çağırmıştı. Bir zamanlar kamptaki kısa süreli dans partnerim olan Cem ve Caner gibi...

"Bora ve Meriç geldi. Biz Suzan'la aşağı iniyoruz. Acele edin!"

Fermuarla mücadelem sona erdiğinde derin bir nefes aldım.

Neşe'nin yanına geçtiğimde saçlarını yapan kadına teşekkür ediyordu. Kadın dışarı çıkınca bana döndü.

"Peri gibi gözüküyorsun."

Eteğinin tüllerini havaya kaldırıp zarifçe beni selamladığında gülümsedim. Dünyadaki en güzel nişan töreni onunki olacaktı ve o en güzeliydi.

Neşe, hanım hanımcık görüntüsünün altında cazibeli, alımlı, çekici bir kadın saklıyordu. Ailesinde bile söz hakkı onda olurdu. İstediği şeyleri insanlara yaptırmada zorluk yaşamazdı. Genelde istediği her şeyi alırdı.

"Sen de çok güzelsin. İyi ki benim arkadaşımsın. İyi ki... Benimlesin."

"Sen olmasan böyle bir gün olmazdı. Sensiz yapamazdım, biliyorsun değil mi?"

"Makyajını bozacak şeyler düşünme! Çok güzel bir gün olacak."

"Biliyorum. Seni zor durumda bıraktım farkındayım ama bir şeyi bilmeni istiyorum, Kayla. Ben..."

"Ne?"

"Bilerek yaptım. Senin sandığın gibi Meriç'le barış diye değil... Ben onu dinledim. Seninle sizin hakkınızda konuşmamızı istemiyor. O yüzden sana hiçbir şey söylemedim ama... Yani barışsanız mutlu olurdum. Barışmayacaksanız da... Senin güçlü olmanı istedim. Ondan kaçıyordun. Eskisi gibi sık konuşmasak da biz kardeşiz." Elini kalbimin üstüne koydu. "Kardeşler birbirlerinin ne hissettiklerini bilirler. Kimsenin seni anlamadığını düşünüyorsun. Senin yaşadıklarını yaşamadığımı sanıyorsun. Belki haklısın ama ben seninle her şeyi yaşadım. Sen üzülme diye görmezden geldiğim şeylerin ardından seni gülümsetmeye çalıştım. Sen o gecelerde yatağına yattığında benim huzurla uyuduğumu mu sanıyorsun?"

"Neşe..."

"Sen benim kardeşimsin, Kayla."

"Özür dilerim."

"Üzül diye söylemedim, şapşal. Haydi bana sarıl da aşağı inelim. Senin nişanına kadar en güzeli olacak olan nişanım bizi bekliyor!"

Kollarımı ona dolayıp sıkıca sarıldım. Saçlarımızın bozulması ikimizin de umurunda değildi.

"Seni çok seviyorum!"

"Ben de seni çok seviyorum, Kaykay!"

Gözyaşı akıtmadan birbirimizden ayrıldıktan sonra odadan çıktık. Merdivenlerin başında bizi Ömer bekliyordu. Neşe'ye ve bana aynı anda iki kolunu açsa da onları yalnız bıraktım.

"Neşe'm, prenses olmuşsun!"

"Sen de çok yakışıklı bir prens. Peki, sadece meraktan soruyorum. Bu prens karnını doyurdu mu? Ömer, dans ederken karnının gurultusunu duymak istemiyorum."

"Doydum. Yemin ederim."

İkisi merdivenlerden inerken gülmeden edemedim. Peri masallarındaki kadar romantik olmasalar da, o masallarda olduğundan daha güzeldiler.

Onları izlerken, merdivenin başında bekleyen Meriç'in geldiğini fark edememiştim. Son basamaktayken oyunu bozmamak için gülümsedim ve koluna girdim. Birlikte evden ayrılıp arabalara bindik. Cansu ve Bora bizimle aynı arabadaydılar. Ömer ve Neşe de Semih'in arabasına binmişlerdi. Suzan da onlarla birlikteydi.

Nişan töreninin yapılacağı yer eve çok uzak değildi. Trafikten ayrılıp sahil yoluna girince daha hızlı ilerlemiştik. Mekâna ulaşmamız yaklaşık yarım saatimizi almıştı.

Salon ders aldığımız sınıfa çok benziyordu. Zemin yuvarlaktı, duvar yerine her taraf camdı. Aileler masalara çoktan yerleşmişti. Neşe'nin ve Ömer'in ailesi çocuklarının aldığı karara uyup aceleyle bir tören organize ettiğinden, geleneklere çok bağlı kalmamışlardı. Kız isteme olmasa da bir yemekte tanışıp kaynaşmışlardı. Tören için her şeyi anneler birlikte organize etmiş, Neşe'ye sadece dans derslerine katılmak kalmıştı. Ömer'in ailesinin gizli bir resmiyeti vardı ama onlar da Neşe'yi çok sevmişlerdi. Herkes onun mutluluğu için bir şeyler yapıyordu, çünkü en başta Ömer onun mutluluğunu istiyordu.

En yakın arkadaşımın nişanlandığı gün olmasının yanında, benim açımdan bir önemi daha vardı. Herkesten gizli kalbimin derinliklerinde tuttuğum not defterine annem ve babamla birlikte geçirdiğim özel bir gün daha ekleyebilecektim.

Salondaki insanlara eşsiz bir müzik ziyafeti veren küçük orkestra bize tanıdık gelen şeyler çalmaya devam ederken, anne ve babamla paylaştığım masada onların sohbetini dinliyordum. Artık imkânsıza inanmıyordum. Masallar gerçek olabiliyordu. Küçük bir kız çocuğuyken uykum gelmesin diye kendi kendime anlattığım masalların içindeydim.

Artık sırlar, gizemler, yalanlar yoktu.

Affetmeyi öğreniyorduk, birlikte olmayı öğreniyorduk. Birbirimizi kabul etmeyi öğreniyorduk.

Cem, Suzan, Meriç, Caner, Ömer, Semih, Cansu, Neşe ve ben birbirimizden bir şey saklamadan birlikte vakit geçirebiliyorduk.

Kendi küçük dünyamdan buraya geldiğimde benim için sayfaları boş bir kitap açılmıştı. Bu karmaşık, yabancı olduğum, sırlarla dolu yeni hayatımda bocalamıştım. Bir kahraman vardı, istemediğim. Ondan kurtulup kitabı kapatmak istediğimde başka kahramanlarla dolmuştu sayfalarım. Kurtulmak istedikçe sayfaları çevirmiş, çevirmiş, çevirmiş, anlatmaya devam etmiştim.

Eskiden annem ve ben vardık. Hiçbir zaman gelmeyecek biyolojik bir babam vardı. Bunu küçük yaşta kabullendiğimden, o hayatı normal saymak zor olmamıştı. Normal, normal olmaktan çıktığında yolumu kaybetmiştim.

Karanlık sokaklarda yolumu bulmaya çalıştıkça ara sokaklara dalmış, iyice kaybolmuştum.

Yalanlar, sırlar beni daha dar sokaklara sürüklemişti.

Yavaş yavaş aydınlanıyordu sokaklarım. Bir şekilde toparlanmış, düşe kalka yolumu bulmuştum. Her yeni kayboluşta ya ben ayağa kalkmıştım ya da ailem beni ayağa kaldırmıştı. Babamı kabul ettikçe kurtulmuştum o bilinmezlikten. Artık biliyordum... Sahip olduğum en değerli şey, ailemdi.

Işıklar önce söndü, sohbetler yarıda kesildi. Loş bir aydınlatma büyü gibi ortalığa yayıldığında herkesin başı girişe çevrildi. Orkestra devreye girdi, sessizlik naif bir sesle bozuldu ve birkaç saniye sonra Neşe ile Ömer, birlikte yürüyecekleri yolun ilk adımlarını attılar.

Alkışların orkestraya eşlik ettiği uzun yolda Neşe ve Ömer etrafa mutluluk bulaştıracak gülücükler saçarak ilerledikten sonra salonun merkezinde durdular. Aileleri iki yanda dizilerek onları karşılamıştı. Önder Atahan'ın konuşmasının ardından yüzükler parmaklardaki yerini aldı. Her şey o kadar büyülüydü ki, gözümü kırpmak bile istemiyordum. Neşe'nin yüzünden silinmeyen gülümsemesi, Ömer'in hem ona hayran bakışları hem de etrafa saçtığı mutluluk, Önder Abi'nin bir yerde titreyen sesi, anne ve babalarının gözlerindeki ıslaklık...

Ömer, Neşe'nin yanağına bir öpücük bıraktığında büyük bir alkış koptu ve uzunca bir süre herkes onları alkışladı. Doğru hislerin peşinden gidip, doğru yola birlikte adım atmışlardı. Mutlu olmayı hak ediyorlardı.

Masala dâhil olma vakti geldiğinde bir büyünün içindeymişiz gibi hissettiren o müzik başlamıştı. Eteklerimi zarifçe tutarak yerimi aldım. Hepimiz onlar için unutulmayacak bir anı bırakmak istiyorduk.

Kırgınlığımı, öfkemi birkaç büyülü dakika için geride bırakıp dans etmeye başladığımda, bunun en iyi dansım olacağını biliyordum. Çünkü ilk kez müziğin büyüsüne, Neşe ve Ömer'in sevgisinin büyüsüne kendimi bu kadar bırakmıştım. Partnerimin kolları arasında en iyi dansımı ediyordum.

Onların sevgisinin perisi üstümüzde uçmaya devam etti. Etrafa biraz daha mutluluk saçtı. Büyü tozları üstümüze düştükçe masalın içindeki sayfamız renklendi. Müzik bizi bulutların üstüne taşıdı ve dans bitene kadar orada kalmamıza izin verdi.

Bir masalın içinde, büyük bir baloda, birbirini seven insanların dans ettiği bir andı.

Romantik, huzurlu ve büyülü...

∞

"Kayla, seninle bir konu hakkında konuşmalıyız."

Annem ve babam, işten geldiğim bir günün akşamında beni salonda bekliyorlardı. Önce üstümü değiştirip bir şeyler yememe izin vermişlerdi. Eve adımı ilk attığımda bir şey olduğunu biliyordum. Nursiş'in izin günü değildi. Ne annem ne de babam bana günümün nasıl geçtiğiyle ilgili sorular sormuştu. Sadece beklemişlerdi. Açık duran televizyonun yaptığı boş gürültü olan biteni anlamama mani olmamıştı. Babam her zamanki yerinde oturuyor, annem çaprazındaki koltuğun kenarındaydı. İkisini de rahatlıkta göreceğim yere geçmek için Trouble'ın yanından ayrıldıktan sonra yavaş adımlar attım.

Nişan töreninden beri annem bizimleydi. Nursena Hanım'da kalmış, Eskişehir'e gitmek için acele etmemişti.

Okullar çoktan açılmıştı. Neşe, Ömer, Suzan, Cansu ve Bora nişan töreni yüzünden geciktirdikleri okullarına geri dönmüşlerdi.

Ben de eski, normale oldukça yaklaşan hayatıma yeniden kavuşmuştum. Okula başladığımızda Semih'le hiçbir şey olmamış gibi devam etmiştik. Bu birimizin planlayarak yaptığı bir şey değildi, üstünde durmadan böyle devam etmesine izin vermiştik.

Ve o, dediği gibi yoktu. Döndüğünü düşünüyordum ama bir yerlere giderken etrafı kontrol etmekten kendimi alamıyordum. Bundan kurtulmam muhtemelen birkaç ayımı alacaktı. İzlenmediğime kendimi inandırana kadar etrafa biraz daha dikkatli bakmanın kimseye bir zararı yoktu.

"Sana söylememiz gereken bir şey var."

"Evet..." Arkamdaki yastığı kucağıma aldım. "Sizi dinliyorum, anne."

"Aslına bakarsan benim söylemem gereken birkaç şey var."

Bu sefer bakışlarımı babama çevirdim. Korkmak istemiyordum ama gerilmeye başlamıştım. Kötü bir şey mi olmuştu? Doktorum şehre geri döndüğünde beni kontrol etmişti. Sorun olmadığını söylese de sorun var mıydı?

"Evet, baba."

"Sırlardan hoşlanmadığını sanıyorum."

Hoşlanmıyordum. Başıma ne geldiyse sırlar yüzünden gelmişti.

"Bir sırrı ortaya çıkarmak için kendini büyük bir depresyonun ortasına attın."

Ah, anne! Biraz daha az dürüst olur musun?

Neden babam gibi değildi? Her zaman doğruları söylemek zorunda mıydı? Doğrular ve gerçekler bazen saklı kalabilirdi.

Ah! Bunu ben mi söylüyordum? Yine haklısın, anne!

"Ne? Nedir, söyleyin de bitsin bu işkence."

"İşkence mi yapıyoruz?" Babam anneme döndüğünde yüzünde karışık bir ifade vardı. Annemin yüzünde ise tek bir çizgi bile yoktu.

"Rahatla, Vural. Kızın kendi içinde bizimle savaşıyor ve anlaşılan kaybediyor."

"Kazandın!" Gözlerimi devirdim. "Şimdi ne olduğunu anlatacak mısınız? Görünmez hançeri kalbime saplamak üzereyim."

Babam biraz rahatlayıp arkasına yaslandıktan sonra parmaklarıyla oynamaya başladı. Hadi ama! Bunu babamın yapamayacağını hepimiz biliyorduk. Bakışlarımı anneme çevirdim.

"Baban çok istekli olmasa da, Meriç'e yaşattığın şeyi yaşamanın üstesinden gelebileceğini savundum. Haklı olduğumu kabul etti, çünkü üstesinden gelinmeyecek bir şey olsa, sırf merak ettiğin için bir ailenin özelini kurcalamazdın."

Bu bir mahkemeydi. Kimsenin yapmaya cesaret edemediği şeyi tabii ki annem yapıyordu. Çünkü hep yapardı. Hatalarımın üstünü kapatmazdı. Yapacağı en büyük iyilik, bir süre kendimi toplamama izin vermek olurdu ki o an gelip çattığında gözyaşlarına sığınıp kaçmayayım.

Pekâlâ, buna hazır değildim ama geciktiremezdim. Annem bunun için bir yıldan uzun bir süre bana izin vermişti. Şimdi hatalarımla yüzleşmeliydim.

"Ne demek istediğini anladım."

"Çok iyi. Üstüne biraz daha konuşmama gerek var mı?"

"Hayır. Çok net anladım."

"Ben söylediğim için olmadığını düşünüyorum. Kendine uzun süre verdin. Hiçbirimiz bunu bozmak istemedik. Kendini dinlemek için bolca vaktin olduğunu sanıyorum."

"Öyle."

"Sonunda..."

"Yapmam gereken şeyleri yapmadım. Bunun için buradayız, değil mi? Artık kaçmak yok. Kabul ediyorum. Devam edebilir miyiz?"

"Harika. Tabii ki. Vural, sen bir şey söylüyordun..."

Babam annemle aramdaki şifreli konuşmayı alnını kırıştırarak takip etse de, onun da konuya hâkim olduğunu biliyordum. Sırtımı dikleştirirken kucağımdaki yastıktan kurtuldum.

Bu kadar uzun bir süreden sonra annemin bunu yapmayacağını düşünmüştüm. Ne kadar zor bir süreç geçirdiğimi gördükten sonra bunu yapmayız sanmıştım. Bir nedeni olmalıydı? Bir nedeni kesinlikle vardı.

Babam çenesini sıvazladı. Başlamaya çekiniyordu ama başladığında devamı hemen gelecek gibiydi. Kelimelerin dudağından dökülmek için sabırsızca beklediğini görebiliyordum.

Söyle ve özgürlüğüne kavuşsunlar!

"Meriç'le ilgili... Değil mi?"

Onunla ilgili olduğunu biliyordum. Annem poker suratıyla beni izlerken babam biraz rahatladı. Onunla ilgiliydi.

"Herkesin... Onunla eskisinden daha iyi anlaştığını görüyorsun. O olaydan sonra..."

"Evet. Hayatımı kurtardı. Size kızmıyorum. Onunla görüşmemenizi isteyemem. Bu benim meselem."

"Sen bize bir şey anlatmadın ama Meriç anlattı, kızım."

Kulaklarım uğuldamaya başladığında kalbimi duyabiliyordum. Doğru şeyi duyduğumu sanmıyordum. Acele etmemeliydim. Farklı bir şeyden bahsediyor olabilirdi.

"Seni nasıl incittiğini..."

"Bunu neden yaptı?"

Sesim beklenmedik şekilde yüksek çıktığında dilimi ısırdım. Sakin olmalıydım ama... Kahretsin! Bunu neden yapmıştı? Anne ve babamla aramı düzeltmeye çalışırken, onların dâhil olduğu bir zayıflığım yüzünden bu kadar kırıldığımı bilmek zorunda değillerdi!

"Senin aksine Meriç bize yardımcı olmaya çalıştı."

"Ah! Anne!"

"Annene ya da Meriç'e kızma. Seni o halde görüp nedenini öğrenmeyeceğimi mi sanıyordun?"

Ah! En başından beri biliyordu. Babam her şeyi en başından beri biliyordu ve ben sadece kendimi kandırmıştım. Onun hiçbir şey bilmediğini düşünerek bir de en ufak öfke nöbetimde yine ona saldırmıştım.

"Her neyse! Tamam." Nefes almaya çalıştım. Göğsüm hızla yukarı çıkıp inerken, kalbim göğüs kafesimi tekmelerken becerikli olmaya çalıştım ve ciğerlerime havayı ulaştırdım. "Özür dilerim. Bunu bilmenizi istemezdim. Sizinle ilgili gözükse de değil, kendi zayıflığım ve üstesinden gelmem uzun sürdü. Kendinizi suçlamayın lütfen. Sizden tek istediğim bu."

"Ne kadar güçlü olduğunu görüyoruz, kızım. Her şeye rağmen yanında olmaya çalıştık ama daha fazlasını yapmak isterdik."

"Baba, lütfen... Bunun hakkında konuşmayalım."

"Tamam... Meriç ailesi hakkında gerçekleri tam anlamıyla öğrendiğinde benim yanıma geldi. Özür diledi. Senden de özür dilemek istiyordu ama yapmayacağını söyledi. Onu şu an bile anlamakta zorluk çeksem de, senin sürekli kafama sokmaya çalıştığın o şeyi hatırlattım kendime." Biraz durduktan sonra benim taklidimi yapmaya başladı. "O değişik bir çocuk, baba. Düşüncelerini sorgulama. Sana aptalca gelebilir ama inan bana, kendi dünyasında haklı olduğu bir nokta kesinlikle vardır. Bunu sonradan sen de mutlaka görürsün. O yüzden lütfen onu yumruklamadan önce bu dediklerimi kendine hatırlat."

Sağ ol, baba. Hiçbir şeyi unutmamışsın! Oysa beni bir an bile dinlemediğini düşünüyordum ve her fırsatta seni gıcık etmek için bunu tekrarlıyordum.

"Seni dinledim, kızım. O tuhaf çocuğu yumruklamadan biraz daha konuşmasına izin verdim. Gideceğini söyledi. Senden özür dilemeden gitmesi fikri çok hoşuma gitmedi ama bunda sen suçlusun."

Kabul ediyorum, suçlu benim. Artık cezamı kesin ve bu giderek tuhaflaşan muhabbet sona ersin. Huzurla yatağıma gideyim ve konuşulan her şeyi unutmak için uykuya dalayım.

"Ona saygı duyuyorum, çünkü benim o ana kadar fark etmediğim bir şeyi gösterdi."

Ne olduğunu sormaya korkuyordum.

Babam çenesini kaşıyıp önce anneme, sonra bana baktı. Ve evet, yeniden konuşmaya hazırdı.

"Senin bana ve benim sana ne kadar ihtiyacımız olduğunu. Görmezden gelerek evlilik kararı almıştım. Bunun bizim için çok da büyük bir sorun olmadığını düşünüyordum ama yanılıyormuşum."

Yapma! Yapma! Seni budala! Beni aileme karşı daha ne kadar küçük düşürdün? Annemle babamın yeniden birlikte olmasını istediğimi de söyledin mi? Seni aptal! Ah Meriç! Meriç Aptal Tuna!

"Biliyor musun, onu dinleyerek hata yapmışsın. Çünkü evliliğin aramızdaki ilişkiyi bozmazdı. Zaten büyüyorum ve seninle çok uzun süre aynı evi paylaşmayacağız."

"Yalan söylemeyi bırak ve yerine otur, Kayla."

"Anne!"

"Hâlâ hata yapman ikimizin de umurunda değil. Büyümek istediğini biliyoruz ama ikimizin yanında çocukça şeyler yapman bizi şaşırtmaz. Bunun değerini bil."

Yerime geri oturdum. Onunla mücadele edemezdim.

"Sonuçta Meriç dedi diye evliliği ertelemedim, Kayla. Ona hak verdiğim için bu kararı aldım. Daha sonrası bana gösterdi ki, bir evlilik yapsam bu asıl hatam olurmuş. Yeşim ve ben uzun bir süredir görüşmüyoruz."

Oh?

Evet. Oh! Sessiz bir oh! Buna sevindiğimi gizleyemezdim.

"Diğer çocuklar..."

"Yapma!" Gözlerimi kapattım. Herkes her şeyi biliyor olamazdı, değil mi? Eğer öyleyse bu konuşmanın sonunda Meriç'i boğazlamaya gidecektim!

"O, gittiğinde onun hakkında konuşmalarını istemedi. Senin üstünde bir baskı oluşmasın diye..."

Böyle mi demişti? Hah! Aslı şöyle olmalıydı; Meriç Tuna, giderken bana huzuru ve özgürlüğümü verdi. Meraklı olan herkesi susturdu ve bana yapacak çok bir şey bırakmadı.

"Anlıyorum. Ailemi ve arkadaşlarımı toparlamaya çalıştı. Sonunda bana sadece kendimi toparlamak kaldı. Pekâlâ... Bunun için de ona teşekkür ederim, anne. Bu konuşma daha tuhaf yerlere gidecek mi, yoksa sindirmem için odama çıkabilir miyim?"

"Son bir şey... Bizim için de tuhaf ve kabul etmesi zor olsa da… Aranızda farklı bir ilişki vardı."

Babam boğazını temizlediğinde annem ona döndü. "Özür dilerim. Konunun bu kısmında ben olmasam?

"Lütfen!"

"Tabii… Anneler ne için var, değil mi?"

"Nazlı, sen harikasın!"

"İltifat mı ettin az önce? Ah! Neredeyse yirmi yıl sonra…"

Annem gözlerini devirirken babam bir gülümsemeyle bizi yalnız bırakıp bahçeye çıktı. Trouble fırsatı değerlendirip onunla birlikte kendini dışarı atmıştı. Şimdi baş başaydık.

"Kayla…"

"Anne, bunu yapmak zorunda değiliz. Anlıyorum. Ondan özür dileyeceğim ve teşekkür de ederim. Yetmez mi?"

"Meriç gerçekten gidecek, Kayla."

Sessizlik…

Kulaklarım uğuldamaya başladığında boğazımı temizledim.

"Bunu zaten biliyorum. Gitti. Artık başka bir ülkede."

"Gelmeyecek, Kayla. Asla. Ailesi oradan bir ev almayı düşünüyor."

"Ne… Ne yapmamı istiyorsun? Bir şey mi yapmalıyım? Bu onların kararı. Bizi ilgilendirmiyor."

Gözlerimi neden kaçırıyordum o zaman? Kalbim yeniden göğüs kafesimle savaşmaya başlamıştı. Gri tüylü kedim çimlerin üstünde paytak adımlar atmayı bırakıp babamın kucağına atladığında kulaklarım uğulduyordu. Yeniden!

"Hiçbir şey. Senden hiçbir şey beklemiyoruz, kızım. Ne kadar öğrenmeni istemese de, senin bunları bilmen gerekiyordu. Sana bir şey bıraktı."

O ana kadar fark etmediğim kâğıdı sehpanın üstünden alıp bana uzattığında ayağa kalktım. Annemin parmaklarının arasındaki kâğıdı alıp salondan çıktım. Odama girene kadar kâğıtta ne yazdığını okumadım.

Kapıyı kapattıktan sonra katlı kâğıdı açtım.

Onun düzgün el yazısı...

Biraz geç kaldı ama artık ertelemenin bir anlamı yok. Bir daha buralarda hiç olmayacağım. Sen artık hiç olmayacaksın. Ben seni hiç hak etmedim ama bu sergi benden sonra senin aslında... Gelirsen... Lütfen, gel.

Meriç

Bir kadın, cinayet işledi. Kendini karanlık görüyordu. Yanılmıyordu da, çok karanlıktı. Bu yüzden kurbanı bu kadar kolay kandırabilmişti. Boğdu onu, öldürdü. Elleriyle değil, kalbiyle öldürdü. Bir ölüm bir kurtuluş. Serbest kaldı küçük adam. Bir kadın, cinayet işledi. Bir ölümden bir iyilik serbest kaldı.

Melehan'ın batı tarafında, gösterişli caddelerinden birinde, altmış yıllık bir bir konağın ışıkları otuz beş yıl sonra ilk kez o gece yanıyordu. Korkunç hikâyeler vardı etrafta, dilden dile değişen hikâyeler... Etrafında modernleşen binaların yanında tarihten bir virgül gibi durmaya devam eden konağın yıllar sonra içi yeniden insanla dolmuştu.

Sanat için bir geceliğine ölümden dönmüştü konak.

Şehrin köklü ailelerinden oluşan misafir kısmı sergi yerini biraz demode ve ürkütücü bulsa da, diğer taraf meraklı ve hevesliydi. Kulaktan kulağa fısıltıların arasında meraklı gözler her yerdeydi.

Kadeh cam sehpanın üstüne bir erkek tarafından nazikçe bırakıldı. "Neden? Neden? Herkes bunu soruyor."

Meriç Tuna sigarasını epey derin içine çekti. Bir gözü kapalı olsa da kıstığı diğeriyle arkadaşlarına bakıyordu. Sergi, sahibinin istediğinden daha kalabalıktı. Bu kalabalığa sebep olan ailesi onun için kaçamak odası da hazırlamıştı. Misafirler gelmeye başladığından beri Meriç o odadan dışarı çıkmamıştı.

"Efsane bir şey ortaya çıkarmışsın, Meriç. Acayip bir şey!"

Çocukluktan beri arkadaş olan üç delikanlı bir odadaydı. Kendisini diğer ikisinin abisi olarak gören Semih, bir dönemi hiç konuşmadan geçirdiği kardeşinin sergisini gezerken, içinde bulundukları konağın gerginliğini üstünden atamamış, misafirlerin yüzlerinde bile hayranlığı ve takdiri görmüştü. Meriç ile gurur duyuyordu. Bu gururu saklama ihtiyacı duymadı genç adam. Gözünden akan yaşı başparmağıyla sildikten sonra burnunu çekti.

"Seninle gurur duyuyorum, kardeşim."

Meriç küçük bir tebessüm yüzüne yayılırken sigarayı dudağından ayırdı ve dumanı dışarı halkalar oluşturarak bıraktı.

"Yeniden eskisi gibi olacağımız kimin aklına gelirdi?"

Kıvırcık, parmağındaki yüzükle oynuyordu. Semih'in gözyaşıyla dalga geçmek istiyordu. Böyle fırsatları çok sık yakalayamıyordu ama bir kelime daha ederse ondan daha fazla gözyaşı akıtacağını hissettiğinden, bu isteğiyle mücadele etmeye çalıştı.

Aynı saatlerde şehrin diğer yakasında, Kayla ona sımsıkı sarılan kolların arasında gözyaşı dökmemek için dişlerini birbirine bastırıyordu.

"Gitmek zorunda mısın?"

Arkadaşının burnunu çekerek kurduğu cümle haddinden uzun sürmüştü. Kayla, doğum kusuru gibi gördüğü büyük, yuvarlak gözlerini gökyüzüne dikti. Yıldızlara baktı. "Sonsuza dek sürmeyecek."

Artık birilerinin hayatını mahvetmek istemiyordu. Melehan ona iyi gelmemişti. Babasını bulması ve onu babası gibi hissetmesi en büyük kazancıydı. O hiçbir zaman Melehan'a ait olmamıştı ama Meriç öyleydi. Meriç'in hayatı buradaydı. Onu elinden almayacaktı.

"Arada bir geleceğim."

Bir aile olup zor bir karar vermişlerdi. Bu kararı almaları hiç kolay olmamıştı. Şirketin yurt dışındaki işlerinin başına geçecek olan Vural, ailenin tek şansıydı. Kayla artık yabancı bir ülkede, yabancı insanlarla birlikte yeniden başlayacaktı. Korkuyordu. Hayatında *bu son* dediği her keskin virajdan sonra bir tanesiyle daha karşılaşmıştı. Gideceği yere alışamamaktan, o hayata tutunamamaktan korkuyordu.

Babasının yanına taşınmasından sonra her şey ilk kez normalleşmeye başlamıştı oysa. Üniversiteye gidiyor, bir dergide çalışıyor ve büyüyordu. Büyüdüğünü hissediyordu. Kendini çalışarak, okula giderek ve yeni arkadaşlarıyla eğlenerek bir yıldan fazla süre oyalamıştı. Düşünmemişti pek…

Ama o geri geldiğinde yeniden düşünmeye başlamıştı.

"Arada bir... Ne kadar büyük bir teselli! Onun..."

"Ben kendim istedim. Ailemle birlikte olacağım. Annem de bizimle gelecek. Bir otel evimiz olacak. Bir süre... Belki annem ve babam yeniden dener. Kim bilir... Eskisi gibi değiller." Kayla'nın omuzları düştü. Boşa umutlanmamak için onlarla ilgili hayal kurmayı uzunca bir süre önce kendine yasaklamıştı ama kalbinin kırık bir yanında bekliyordu. Annesinin ve babasının birbirini sevdiğini görmeyi bekliyordu. Yavaşça omzunu silkti. "Belki aile oluruz."

Turuncu ışıklar zayıfladı. Gecenin son aşamasına gelinmişti. Bir çocuğun büyümesini anlatan resimler ziyaretçiler tarafından gözlemlenmiş, değerlendirilmiş, üstüne yorumlar yapılmıştı. Genç yaşına rağmen şehrin en kalabalık sergilerinden birini gerçekleştiren adam sığınağından henüz çıkmamıştı. Soyadının bilinmişliği, onun gizemi, yeteneğinin doğurduğu merak... Birçok sebepten bir arada duran kalabalık onu bekliyordu. Onu tanımayanlar konuşması için fikir yürütmeye çalışırken, tanıyanlar bu beklentinin kısa bir konuşmayla sona ereceğini biliyordu.

"Gelmedi... Meriç."

Semih, Meriç'i saklandığı yerden çıkarmak için onun yanına geri döndüğünde parmaklarıyla oynuyordu. Kayla'nın gideceğini biliyordu. Genç kızla önceki gün vedalaşmıştı. Bir hafta önce babası sayesinde Kayla'nın şehirden, hatta ülkeden gideceğini öğrenmişti ama bunu Meriç'e söylemek için acele etmemişti.

"Ona kızma. Çok yoruldu. Eminim mantıklı bir açıklaması vardır."

Meriç elindeki kadehi sehpanın üstüne biraz sertçe bıraktıktan sonra ayağa kalktı. Kravatını düzeltirken Ömer'e hiç bakmadı. Sırtı Semih'e dönüktü ama onu yakınında hissediyordu.

"Ona kızgın değilim. Ona nasıl kızgın olabileceğimi düşünürsün? Bana bir baksana! Hayatına giren belalı insanlardan uzak durmayıp onları iyileştireceğine inanacak kadar güçlü bir kız o! Onu o kadar hak etmiyordum ki, sonunda her şeyi elime yüzüme bulaştırdım. Şu hale bak... Buraya gelmeyişi onu ne kadar incittiğimi yüzüme vuruyor. Hepsi bu!"

Öfkeyle arkasını döndü. Eli alnında duruyor, yüzünü en yakın arkadaşlarından gizliyordu. Kalbinin derinleri acıyordu. Ulaşıp o acıyı soğutamayacak kadar derindeydi. Kendini zehirliyordu. Daha güçlü bir çocuk olamadığı için kendine kızgındı. Anne ve babası kavga eden, babası annesini aldatan ilk çocuk o değildi. Kaçmıştı. Acılarından kaçmaya çalışmıştı. Resme sığınması onun en iyi yanıydı. Diğer her şey hataydı. O hatalar yüzünden, annesinden sonra sevmeyi isteyeceği tek kadını kaybetmişti.

"Ellerimden düşürdüm onu. Kalbimin derinlerine gömdüm ama ellerimden düşürdüm."

"Ben arayacağım. Kesin yoldadır zaten."

Ömer telefonunu cebinden çıkarırken Meriç alnını ovalıyordu.

"Ömer, bırak..."

"Meriç'e veda etmeden gitmez, Semih. Ben şimdi arıyorum."

"Ömer, bırak işte!"

Meriç derin bir nefes aldıktan sonra onlara doğru döndü. Gözlerinin altındaki kızarıklığı en iyi tanıyan kız şimdi ona sebepti.

"Bırak, Ömer. Semih'i dinle. Ben... Elimi yüzümü yıkayayım. Sonra şu konuşmayı yapalım. Bitsin bu gece artık."

Semih onu kolundan tutup durduğunda Meriç oradan çıkmak üzereydi. Kafasını sabırla kaldırdı ve çocukluk arkadaşının suratına baktı.

"Bu senin gecen. Kimsenin, hiç kimsenin bu geceyi bozmasına izin verme."

"Bunların bir anlamı yok."

"Sen yaptın onların hepsini. Tabii ki bir anlamı var."

Meriç kolunu kendine doğru çektiğinde arkadaşının elinden kurtulmuştu. Ömer onun hemen arkasında duruyordu.

"Evet, Meriç. Hepsinin bir anlamı var."

"Benim bir anlamım yok ama!"

"Sen... Ne demek istiyorsun?" Semih küçük bir kahkaha attı. Eğlenmiyordu. Onunla dalga geçmek istemiyordu ama o anı yumuşatmak için gülmek zorundaymış gibi hissetmişti.

"Çok düşünme! Ben söyleyeyim. Çünkü artık yoruldum!"

"Ne oluyor burada?" Nermin Tuna içeri girdiğinde oğlu öfkeyle ona bakıyordu. Gözlerini Semih ve Ömer'in üstünde gezdirdiği halde bir cevap alamayınca tekrar oğluna döndü. "Ne oluyor, Meriç?"

"Yoruldum, anne... Güçlü olmaya çalışmaktan yoruldum. Sürekli savaşıp durmaktan yoruldum!"

Meriç yumruğunu duvara geçirdiğinde annesinin dudaklarından tiz bir çığlık kaçtı. Semih ve Ömer'i dışarı yollayıp insanları biraz oyalamasını istedikten sonra oğluna yaklaştı. Omzunu okşayıp onu kendine çevirdiğinde Meriç'in gözleri yaşla dolmuştu.

"Özür dilerim. Sana bunları yaşattığımız için özür dilerim."

"Senin bir suçun yok." Meriç hemen kendini toplamaya çalıştı. Burnunu çekip kafasını omzuna doğru çevirdikten sonra derin bir nefes aldı. "Senin bir suçun yok, anne. Babamın bile bir suçu yok. Ben daha güçlü olabilirdim ama zayıftım. Biliyorsun. Ben hep zayıftım. Dövüşemezdim bile. Yatılı okulda öğrendim gerçi."

Annesinin yüzündeki benzer yarım bir gülümseme onunkinde de vardı. Eski günleri hatırlamak ona bir an iyi hissettirmişti.

"İyiyim ben." Annesinin yüzünü ellerinin arasına aldıktan sonra alnına kısa bir öpücük bıraktı. "İyiyim, anne. Sadece pişmanım ama üstesinden gelirim. Hatalarımın cezasını çekmek zorundayım. Halledemeyeceğim bir şey değil."

Nermin Tuna başını salladı. Oğlunun büyüdüğünü görebiliyordu. O hep yaşından biraz daha erken büyümüştü ama şimdi ona baktığında küçücük oğlunun kalbini duyabiliyordu. Yıllar önce görmeyi bıraktığı o küçük çocuk şimdi yeniden oğluyla birlikteydi.

"Biliyorum."

"Hadi! İçeri geçelim. Misafirlerimize teşekkür etmem gerek."

Artık herkes hazırdı. Son anda Vural Askaya ve Nazlı Salman da sergiye katılmıştı. İçeri birlikte girmişlerdi. Yanlarında bir de Caner vardı. Meriç'in, tanıdığından farklı biri olduğunu biliyordu, onu tebrik etmek için orada olmak istemişti. Caner diğerlerinin arasına katıldığında Neşe ve Cansu onu sevgiyle karşılarken Bora çekimser durmuştu. Eskiden çok iyi geçinmeseler de artık yan yana durabiliyorlardı. Onu başıyla selamladıktan sonra diğerleriyle birlikte alkışlamaya başladı.

Meriç koridorun başında, onu bekleyen yerde durduktan sonra kadehini hafifçe kaldırıp misafirlerini selamladı. Ömer sevgilisinin yanındaki yerini aldığında, Semih telefonunu kurcalıyordu. Kayla'dan bir mesaj beklemişti ama yoktu. Telefonunu cebine attıktan sonra gözlerini Meriç'e çevirdi.

"Hepinize geldiğiniz için teşekkür ederim. Benim kaybettiğim çocukluğuma ve büyümeme ortak oldunuz. Ben çok konuşmam ama size en savunmasız kaldığım dilde kendimi anlattım. Bu benim savaşım. Karanlık da benim, o karanlığın içinde saklı küçük beyaz nokta da... Kayboldum kendi içimde. Kendi kendimin cehennemi oldum. Sonra... Sonra bir mucize oldu."

Meriç Tuna durdu. Kalabalığa ne anlatıyordu? Zaten yeterince çok şey anlatmamış mıydı resimleriyle? Tüm çıplaklığıyla yaptığı hataları, yanlışları, çaresizliğini, güçsüzlüğünü anlatmıştı. Boğazını temizledi.

"Birisi bana benimkine benzer bir hikâye anlattı gözleriyle. Gözleri... Siyahın içindeki küçük beyaz nokta gibiydi..."

Sustu yeniden. Birbirine bastırdığı dudaklarını çözdüğünde omuzları düşmüştü.

"Teşekkür ederim..."

Alkış sesleri arasında arkasını döndü ve sığınağına doğru hızlı adımlarla yürüdü. Annesi ve babası onun yerine tebrikleri kabul ederken, Meriç kendini sığınağına kilitlemişti. Söylemesine gerek yoktu. Sergi bitmişti.

Karanlığın Derini'nin ziyaretçileri dağılırken herkesin üstünde büyük bir memnuniyet vardı. Gece misafirler için güzel geçmişti. Genç bir yeteneğin sırlarına ortak olmanın verdiği keyifle gülümseyerek konaktan ayrılan insanların ardında Tanju Okan'ın sesi duyuluyordu. Meriç'in Kayla için düşündüğü ama Kayla'nın duymadığı şarkı, aslında Meriç'in itirafıydı. *Kadınım* salondaki misafirleri uğurlarken, dinlemesi gereken kişi konaktan ve Meriç'ten çok uzaktaydı.

Yabancılar gittiğinde sığınağından çıkan Meriç arkadaşlarının tebriklerini kabul ederken Caner uzaktan onu izliyordu. Her zaman onun karşısında durmuştu. Meriç'i her zaman farklı görmüştü. Meriç çöplüğe girmeye çalışan eskimiş, altın kaplama bir eşya gibiydi. Onun ait olmadığı o çöplükte kendi evinde hissediyordu Caner. Oradan çıkmak için her şeyi yapardı ama Meriç oraya girmeye çalışıyordu. Ona, o çöplükten kurtulma şansı olduğu halde kurtulmadığı, tam tersi oraya girmeye çalıştığı için öfke doluydu. Meriç için oranın bir oyun olduğunu düşündüğü her an onu yumruklamak istemiş ya da yumruklamıştı.

Onun ait olduğu yerin böyle bir yer olduğunu biliyordu ama şimdi Meriç'e baktığı zaman her zamankinden farklı hissediyordu. Meriç'e üzülüyordu. O hiçbir yere ait değildi. Gittiği hiçbir yerde evinde gibi hissetmeyecekti. Bora ve Cansu onun yanından ayrılıp diğerlerine katılmak için hızlı adımlarla Caner'in yanından geçip giderken bir elini cebinden çıkardı ve bir zamanlar baş düşmanı olan çocuğa doğru yürümeye başladı.

"Tebrik ederim!"

İki genç üç saniye süren soğuk bakışların ardından birbirine sırıttı. Meriç elini saçlarının arasından geçirirken *ah*'layarak bir nefes aldı.

"Her şey için özür dilerim. Saçma sapan kavgalarımız..."

"Birçoğunu hak ettim."

Alnı kırışan genç adam karşısındaki çocuğa bakarken başını sallayarak onayladı. "Ben de... Ben de öyle."

"Birbirimizi kışkırttık."

Elini havaya kaldırdı Caner. Meriç ondan bakışlarını ayırmadı. Sonra havadaki elini sıkıca tutarken omuzlarıyla selamlaştılar.

"Yeteneğin göz kamaştırıcı. Resimden çok anladığım söylenemez ama büyüleyici..."

"Teşekkür ederim, Caner."

"Ben artık gideyim."

"Çocuklarla Font Karaoke'de buluşacağız. Sonra herkes dağılacak. Bir daha ne zaman görüşürüz kim bilir. Eee... Bize katıl. Uygunsan..."

Caner dudağını büzüştürüp düşünürken omuz silkti. Artık büyümüşlerdi. Kavga etmeden vakit geçirmeyi başarabilirlerdi. "Olur. Orada görüşürüz."

Başıyla selam verdikten sonra ellerini cebine attı ve arkasını dönüp yürümeye başladı. Islığıyla çalan şarkıya eşlik ederken, Meriç'in konuşmasını düşünüyordu. Onun ait olduğu yer Kayla'nın olduğu yerdi. O kızın hayatı, Meriç'in eviydi.

Kapıya varmak üzereyken dönüp Meriç'e seslendi. "Meriç!"

Genç adamın bakışları kapının önündeki yeşil gözleri yeniden bulduğunda kapı aralanmıştı.

"Seni ilk tanıdığımda senden nefret etmiştim. Neden biliyor musun?"

"Neden?"

"Bizim aksimize senin kurtulma şansın vardı ama sen kaybetmek için savaşıyordun sanki. Seni hem kıskanmış, hem de şansını kullanmayan bir aptal olduğun için senden nefret etmiştim."

"Bu fikrin değişti mi?"

Omuz silkti. "Artık senden nefret etmiyorum."

Meriç gülümsedi. "İyi. Bunu ne değiştirdi? Resimlerim mi?"

Caner de ona gülümsedi. Dudağını ısırırken resimlere hızlıca bir göz attı. Dediği gibi resimden pek anlamıyordu ama karanlık bir resmin içine hapsolmuş yüzü gözükmeyen kızın Kayla olduğunu biliyordu. Başıyla onu işaret etti.

"Onu herkesten uzak tutmaya çalıştın. Sadece senin yanında dursun istedin. Ödün kopuyordu, değil mi? Onu kaybetmekten... Ona o kadar ihtiyacın vardı ki, kaybedeceğim diye deliye döndün."

"İşte o kadar yalnız hissediyordum."

"Sana akıl verecek son kişi benim belki ama... Siz çoktan aile olmuşsunuz. Ne kadar uzak durursan dur, insan ailesinden kopamıyor."

Bir daha konuşmadılar. Caner ıslığına devam edip dışarı çıktıktan sonra Nermin ve Aytaç Tuna oğullarını son kez tebrik edip oradan ayrıldı. Sergi gerçekten bitmişti.

İçkisinden son yudumu aldı ve kadehi bıraktı. Görevlilere sessiz bir selam verdikten sonra resimlerinin arasından hikâyesini burada bitirmiş gibi rahatlayarak geçti. Sonu mutlu ya da mutsuz o karanlık hikâyenin sonuna gelmişti. Şimdi ailesiyle birlikte ilk kez aile olduklarını hissederek yeni bir hayata başlayacaktı. Kayla da aynısını yapacaktı. Bu hikâyenin kaybedeni yoktu.

Herkes savaş yarası almıştı. Bazıları kan revan içinde kalmıştı ama sonunda...

Herkes ailesini kazanmıştı.

∞

Konaktan iki sokak aşağıda Font Karaoke'de Caner sandığından daha sıcak bir kucaklaşmayla karşılanmış ve diğerlerinin arasına hızla karışmıştı. Lisede döneminde hepsine çok ciddi gelen olaylar kahkahalar eşliğinde anlatılırken, geç kurulan arkadaşlıkların düğümleri sıkıca atılıyordu. Ne kadar uzağa giderlerse gitsinler en özel günlerinde yine birlikte olacaklarını biliyorlardı. Büyürken yaşayabilecekleri en korkunç şeyleri yaşamışlardı. Birbirlerine düşmandılar. Çoğu birbiriyle kavga etmişti. Bazısı birini herkesten çok sevdiğini ve hep seveceğini düşünürken, şimdi ona sadece tebessüm ederek bakıyordu. Hiç beklemediği birine âşık olmuştu. Aşk da öyle değil miydi zaten? İmkânsız görüneni buluyordu kalbin, sıkıca sarılıyordu sonra ona. Birbirinden farklı aileleri olsa da, ruhları aynı olduğu için bırakmıyorlardı kenetlenmiş ellerini.

Büyürken affetmeyi öğreniyordu insan. Babasını, annesini, kardeşini... Sevgi durduğu sürece affetmek imkânsız olmuyordu.

Büyürken sevmeyi öğreniyordu insan. Ne fazla ne az... Sevginin kimseye zarar vermediği yerde sevmeyi öğreniyorlardı.

O yüzden Semih, ona zarar veren ilişkilerden uzak durmaya karar vermişti. Önce ailesiyle düzeltecekti arasını. Babasıyla kendi kendine verdiği savaşı bitirecek, birlikte eğlenmeyi öğrenecekti. Gerekirse babasına da öğretecekti.

Ömer ve Neşe, ailelerini heyecanlandırmadan sakin kararlar alacaklardı. Birlikte aldıkları çılgın kararları yumuşatarak çevredeki insanlara açıklayacaklardı.

Suzan, büyürken insanları uzaktan yargılamayacaktı. Onları ait olmadıkları kalıplara sokup kendinden üstün görmeyecekti. Kendi değerinin farkına varmıştı.

Caner savaşmaya devam edecekti. Çok çalışacaktı. Başarmak için çok çalışmak zorundaydı. Bundan şikâyetçi değildi. Savaşmayı sevmişti. Birinin ona güvendiğini bilmek ona savaşmayı öğretmişti.

Cansu ve Bora, sevgilerinden emin olmuşlardı. Herkesin karşısına zorluklar çıkacaktı ama üstesinden gelebileceklerini biliyorlardı. Çünkü hiçbir şey kolay değildi. Değer verdikleri her şey için pes etmeden savaşmaya devam edeceklerdi.

"Şimdi! Şarkı söyleme vakti! Görelim bakalım maharetlerinizi!"

Semih ayağa kalkıp herkese birden meydan okuduğunda küçük bir sessizlik oluştu. Yarışma başlıyordu ve az önce bazılarının gözünden yaş akmasına sebep olan kahkahalar son bulmuştu. Hepsi ciddileşmişti.

Biri ayağa kalktı ve meydan okumayı kabul etti.

"Performansımdan sonra bacaklarının titrediğini göreceğim, yavrum!"

Hepsi birden kahkahaya boğulurken Ömer şans öpücüğünü aldı ve sahneye doğru koşar adımlarla ilerledi.

Konağın önündeki Mercedes'in kilidi açıldığında sokakta kısa süreli bir aydınlanma oldu. Meriç merdivenleri hızla indi. Demir kapıyı açıp dışarı çıktıktan sonra arabasının önünden dolandı. Eğlenceyi daha fazla kaçırmadan onlara katılmalıydı. Yıllardır yaptığı her şeyden kurtulmuştu sanki. Caner'le yaşadıklarından sonra onunla belki de ilk kez eğlenerek vakit geçirecekti. İtiraf etmekten kaçınmıyordu artık. İçindeki çocuğu bulduğundan beri daha iyi hissediyordu.

"Gidemedim!"

Boynunda dudağının sıcaklığını hissetti. Sonra sesi duyuldu.

"Umudumuz."

Gözleri yeniden birbirini bulduğunda, ikisinin kalbi aynı anda atıyordu. Hayatının en önemli resmini yapar gibi parmakları Kayla'nın saçları arasında gezinirken, gözlerini ondan bir an olsun ayırmadı. İkisi de bir şey söylemedi. Onlar en çok susarak konuşuyorlardı. Gözleriyle konuşuyor, kalpleriyle birbirlerini anlıyorlardı.

Mucize o gece Karanlığın Derini'nde bir kez daha gerçekleşti. Onlar birbirlerine susarak *Seni seviyorum!* dediler.

Sonra sessizliği bir öpücük mühürledi.

Meriç yüzünde göz kamaştırıcı bir tebessümle onu öpmeyi bırakıp gözlerinin içine yeniden baktığında, Kayla onu büyülenerek izliyordu. Bu tebessümü çok özlemişti.

Meriç'in tebessümü gülümsemeye dönüşürken dudaklarını araladı.

"Baş belası Kayla Derin Askaya... Derin'im... İyi ki geldin hayatıma."

SON

Teşekkür

Aile, her şeyimiz. Biz olmamızın sebebi. Varlığı, yokluğu ya da eksikliği… Kim olduğumuzun kaynağı. Hatalarımız, başardıklarımız, sahip olduklarımız, şükrettiklerimiz, ders çıkardıklarımız… Aile, her şeyimiz. Aileme ve ailem gibi olan sevdiklerime çok teşekkür ederim.

Seher Karabulut'a, utangaç bir okurdan arkadaşlığa giden yolda desteklerin ve sevgin için çok teşekkür ederim. Ecem, Fatma ve kocaman ailem, iyi ki varsınız!

Mesajlarıyla, armağanlarıyla, sevgileriyle yanımda olan okurlarıma, kötü çocuklarıma, bizi kavuşturma yolunda yanlarında olan ve sabırla bekleyen değerli ailelerine çok teşekkür ederim.

İki çocuğun sesi olma yolunda bir hatam olduysa affola.

İlk kitaptan beri bir hatıra bırakalım diyerek çıktığımız bu yolda, #bukötüçocukbenim diyerek fotoğraflarını benimle paylaşan ve paylaşmaya devam eden herkese çok teşekkürler!

Elveda, Kayla! Elveda, Meriç!

Ömer, Neşe, Semih, Cansu, Bora, Caner, Berkan, Suzan, Vural, Nazlı, Kenan, Alev, Nursiş… Elveda, çocuklar!

Elveda, Bay Harrington!

Kötü Çocuklardan Veda

Kötü Çocuk benim için gerçekten değerli kitaplardan ve onları bırakmak beni üzüyor. Ben onları bırakmayacağım, onlar her zaman yanımda olacak.

Ecem

∞

Kötü Çocuk sayesinde hiç kitap okumayan ben, kitap okumaya başladım. Çoook sevdim Kötü Çocuk'u. Birkaç ay hiç başucumdan ayırmadım. Her gün birini okudum tekrar tekrar. Bu yüzden çok teşekkür ederim. Bana böyle güzel cümleler, sayfalar, kitaplar kazandırdığın için...

Eylül Ceren

∞

Her güzel şeyin bir sonu vardır. Fakat bu o kadar güzeldi ki, biz sonunun gelebileceğini düşünmedik. Elveda Meriç. Elveda Kayla. Elveda KayRiç.

Azra

∞

Kötü Çocuk... Kötü Çocuk benim için bir ilkti. Şöyle ki, bu kadar hızlı bitirdiğim ve seri olması için dua ettiğim, yazarına sarılmak için dilek tuttuğum... Şu an belki tek değil ama ilkler unutulmaz.

Berfin

Benim vedam şu: Sana bu kadar alışmışken senden ayrılmak çok zor, Kötü Çocuk!

Ada

∞

Siyahın içindeki beyaz nokta diyerek kollarının arasına kocaman bir dünya sığdırıp, bizi uzun bir süre dünyalarına misafir ettiler. Turuncu umudumuz oldu. Sizi asla unutmayacağız. Büşra'nın Kafka'ya söylediği gibi; "Sevgili, Kayla... Meriç'i nasıl öylesine sevebildi o narin kalbin?"

Zeynep

∞

Şunu söylemeliyim ki; ben bu vedaya hazır değilim. Kötü Çocuk en derinlerimde saklı oldu her zaman. Tüm o önyargılara ve eleştirilere rağmen hiçbir zaman değişmedi. Değil Meriç'i, değil Kayla'yı, Nursiş'i bile özleyeceğim. Son kez heyecanla gideceğim Kötü Çocuk'umu elime alabilmek için kitapçıya. Son kez gün sayacağım ve son kez okumak için heyecanlanacağım. En sevdiğim renk hep turuncu olarak kalacak. Meriç'i derinlerimde yaşatacağım. Ve sen mükemmelsin, sarı meleğim. Her kararında arkanda olacağım. Sizi seviyorum Kötü Çocuklar.

Meliş

∞

Benim için Kötü Çocuk'a veda diye bir şey asla geçerli değil. Bize iyiliğin kötülüğün içinde de yaşayabileceğini, hatta mükemmel olabildiklerini gösteren, umudumuza ışık tutan, herkesin içinde ufak da olsa iyilik olduğunu gösteren, Meriç Tuna'nın çok çok çok güzel bir adam olduğunu, Kayla'nın asla pes etmediğini anlatan bu güzel kitabın bu yüzden bir vedası olamaz. Kayriç turuncusu, pembesi, mavisi ve diğer rengi ne olursa olsun, Kayriç her zaman umudumuz oldu. Her zaman olmaya da devam edecek.

Ve Büşra Abla, sen bize bu kitabı verdiğin için, karakterlerini ve kendini bize açtığın için en büyük teşekkürü sen hak ediyorsun. Seni seviyorum.

Kıymet Ece

∞

Kitaplara bağlı bir insan olarak sonları okumakta hep zorluk çekmişimdir. Çünkü bitsin istemedim hiç. İlk imza gününde, Ankara'da sana sarıldıktan ve imzanı aldıktan sonra, ikinci imza gününde sana sarılıp hediyelerini verdikten ve Semanur Abla fotoğraflarımızı çektikten sonra, yaşadığım duygular öyle özel ve güzeldi ki... Kuyruklarda oluşan dostluklar ve sana seslenirken herkesin birbirine uyum sağlaması... Seni çok çok seviyorum. Bizi unutma

Cansu

∞

Bitmedi, bitmeyecek bizim Kötü Çocuk'umuz. Her zaman kalbimizin bir köşesinde atmaya devam edecek. Bizimle olacak. Bu bir son değil aslında bir başlangıç, yeni yelkenler açıyoruz. Seni seviyorum.

Esra

∞

Turuncuya umut dolduran kız, sakar bir sarışını ölümüne seven çocuk, sizi seviyoruz!

Elfin

∞

Ve buraya sığmayan
her veda mesajı için çok teşekkürler!

Kötü Çocuk serisinin yazarı Büşra Küçük yepyeni kitabı Bir, İki, Üç, Sen'de bir uçtan ötekine salınan genç bir kızın yaşadıklarını mercek altına alıyor. Okurlar Bir, İki, Üç, Sen'le hüzünden mutluluğa pek çok duyguyu aynı anda tadacak.
Herkesin bir hikâyesi vardı hayatta. Sayfa sayfa, satır satır yazılırdı. Fakat Arya kendi hikâyesinin bile ana karakteri değildi. Başkalarının istekleri, hayalleri onun hayatı olmuştu. Tam da bu yüzden "doğuştan yan rol" diyordu kendine.

Ama bir gün, hem de hiç beklenmedik bir şekilde, genç kız hayatında ilk kez kendi başına bir karar aldı ve aldığı bu karar Arya'nın hayatını derinden etkileyecek, umulmadık olayların yaşanmasına sebep olacaktı.